U0563885

盖国梁　主编

中华韵典

上海古籍出版社

提示：

# 前　　言

　　相信，这部《中华韵典》的问世，不久即会像《新华字典》一样为国人所熟悉。

　　《中华韵典》与《新华字典》不同，字典是查字的，韵典是查韵的。《中华韵典》由今韵、古韵、诗律、词谱、曲牌等部分组成。它主要是为新旧体诗作者和现代歌词曲艺创作者，按照汉语规范化读音用韵的一部通用韵书。

　　中华民族韵文的用韵，是随着社会和语言的发展在不断演变的。诗经、楚辞、汉赋、唐诗、宋词、元曲、明清曲艺等的用韵，无不是追踪着前人的辙迹，而又有更新和发展的。上个世纪初期印行的《中华新韵》和后期由上海古籍出版社出版的《诗韵新编》，对推动白话文运动后的诗歌繁荣曾起过极大的作用；但随着时代文明的发展，两书遗存旧时代痕迹逐渐显现出来，已与现代的用韵状况和新旧体诗、歌词曲艺的创作需求不相协合。不少社会诗社团体和诗歌创作者对《诗韵新编》提出了不少批评和宝贵意见，企望能出版一部对新旧体诗和现代歌词曲艺创作者均能通用的规范实用的新韵书。

　　这部《中华韵典》是为推广和促进现代汉语用韵的规范化而编写的，为取得社会更广泛的认同和方便韵文作者的应用，在编辑、结构、组词、定位等方面，都朝着这个方向努力。我们注意吸取前人和当代有关韵学的研究成果,多年来,对现代汉语用韵作了认真的剖析和精细的勘定,将以前《中华新韵》和《诗韵新编》的十八个韵部,整合归结为现在的二十个韵部。如将以前《诗韵新编》痕部分列入侵(in,ün)、真(en,un)两部,原痕部中的ün,un,亦分别列入侵、真两部。又将庚部中的ing韵分出为青部。至于儿部,字数太少本难以单独入韵,若与支、齐两韵通押,为吴语方音,不宜提倡;但儿部有四声,在讲究诗句的平仄时还是用得着的,故列于韵部末尾。经整合后的二十个韵目为:东庚江支微,鱼无齐佳开,先萧皆歌波,尤侵真青儿。如此排列,邻韵相邻,便于通押,也便于记忆。再将以前每个韵部下所分阴平、阳平、上声、去声、入声五部,由博反约,简分为平仄两部。将现代韵书中最难处理的入声字,按照现代汉语的规范化读音,辟出"旧读入声",分别续列于平仄两部后,以便入声韵的查找。我们还在每个韵字下,作简明释义,注明旧属韵部,根据《佩文韵府》、《诗韵合璧》等韵书和现代社会的新词新语,荟萃修辞韵藻,重新组词,以备学诗者征取。

　　诗律、词谱和曲牌是《中华韵典》的重要组成部分。诗律所列十六式,包括了律诗、绝句的全部标准格式。以往各地出版的《诗词格律》,最多的只收选词牌150个。《中华韵典》作为一部完整和系统的工具书,根据《钦定词谱》、万树《词律》等优秀版本整理考定,改用平仄声调新式标注方式,收录词牌400谱,基本上囊括了传世的所有词牌。为满足部分人士的需要,再遴选有代表性的曲牌五十阕。书中,我们还附以旧时的诗韵、词韵和曲韵。诗韵择用通行的《佩文诗韵》,词韵采用被词家奉为圭臬的《词林正韵》,曲韵选入最具规范的《中原音韵》。如此,特为方便旧体诗词作者和爱好者检索之用。诸如此类科学合理的编排,使这部新型韵书既可供现代人实际运作,在形式上又同传统韵书相似,无论对新旧体诗人,还是现代歌词曲艺创作者,都极具实用性。

《中华韵典》的编写,在创意策划阶段,达世平、史良昭、曹明纲、田松青等同仁曾参与理论问题的商磋和探讨。赵昌平先生对编撰该书的艰难性和应当注意的问题曾给以提示,曹明纲先生在书稿杀青后对框架亦辅以合理性的调整。参加编写人员如下:

盖国梁　负责一东、二庚、三江、四支、五微、八齐、九佳、十开、十三皆、十四歌、十五波、十七侵韵部,以及诗韵、词韵、曲韵和诗律、词谱等部;并负责制定全书体例及文字统稿。

田松青　负责六鱼、七无、十六尤、十九青、二十儿韵部。

钟小燕　负责十一先韵部。

史良昭　负责十二萧韵部,曲牌,以及全书的修正和审定。

姜俊俊　负责十八真韵部。

严克勤　负责装帧设计。

最后,还要感谢李国章先生和王兴康先生的鼓励和支持。藉此,我代表全体同仁,对所有为此书作出默默奉献的人,深致谢忱。

盖国梁

*若有学术问题,请径与盖国梁先生商讨。

E-mail:gaiguoliang@163.com

# 目　　录

前　言
音　韵

## 今　韵二十部

# 古　韵三种

# 体　式

## 诗　律十六式

# 词　谱 四百调

## 曲 牌 五十阕

## 索　引

# 今

# 韵

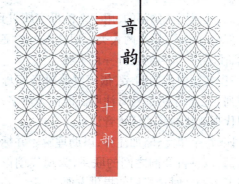

音韵

二十部

# 凡　　例

一、本韵典以现代规范化的普通话字音为标准,参照《中华新韵》、《汉语诗韵》、《诗韵新编》等上世纪的韵书,对旧韵目作了精细的剖析和勘定,重新整合,分为二十部。

二、凡属同一韵部的,用一个韵母字统贯到底。每一部中分平声、仄声两大类。旧读入声的字分列其后,使平声、仄声的区分一目了然。

三、各部中的用韵字,依照汉语拼音字母的次序排列。多音字另加括号注明。旧读入声字,仍按照现代规范化的普通话读音注音。

四、每个单字,略加注释,以助理解。并标明旧属韵部,以见古今韵之间的联系,为现代创作者创作新旧体韵文时选择用韵提供方便。

五、举例词语,以"～"代替作韵脚用的本字,丰俭择善而定,提供创作者选择征取。

# 一 东

## 平 声

**冲** chōng 突破。重要的地方。
[旧属一东二冬]
飞～ 俯～ 横～ 缓～ 猛～ 反～
要～ 折～ 大～ 脉～ 谦～ 虚～
清～ 渊～ 幼～ 上～ 怒～ 急～
鹤一～ 当其～ 怒发～ 剑气～
气冲～ 兴冲～ 怒冲～ 朝前～
(另见仄声 chòng)

**充** chōng 满;足。担任;当。
[旧属一东]
补～ 扩～ 冒～ 混～ 假～ 气～
德～ 体～ 内～ 填～ 暂～ 权～
国木～ 仓廪～ 学力～ 粮饷～

**忡** chōng 忧虑不安。
[旧属一东]
有～ 怔～ 心～ 忡～

**茺**
**翀** chōng 茺蔚,益母草。
[旧属一东]
chōng 鸟向上飞。

**舂** chōng 放在石臼中捣碎。
[旧属二冬]
晓～ 溪～ 山～ 寒～ 夜～ 晚～
宿～ 市～ 村～ 邻～ 冬～ 机～
暮村～ 野碓～ 急杵～ 带月～
促晓～ 夕阳～ 水自～ 浪头～

**惷** chōng 愚笨。
[旧属二冬三江二宋三绛]
愚～ 狂～ 浅～ 少～ 怜～ 癫～

**憧** chōng 心意不定。
[旧属二冬]
憧～ 愚～

**罿** chōng 捕鸟的网。
[旧属一东]
张～ 鸿～ 离～ 兔～

**艟** chōng 艨艟,古代战船。
[旧属一东三绛]

**虫** chóng 虫子。
[旧属一东]
昆～ 飞～ 甲～ 毛～ 草～ 蛀～
玉～ 狡～ 金～ 禾～ 沙～ 蛰～
候～ 蠹～ 鸣～ 夏～ 蝗～ 吟～
寒～ 秋～ 雕～ 害～ 小～ 网～
毒～ 幼～ 大～ 爬～ 臭～ 冬～
百足～ 蠹书～ 可怜～ 害人～
细腰～ 毛毛～ 磕头～ 寄生～
甲壳～ 萤火～ 胡涂～

**种** chóng 姓。
[旧属一东]
(另见仄声 zhǒng;zhòng)

**重** chóng 重复。重新。层。
[旧属二冬]
九～ 千～ 万～ 双～ 几～ 檐～
百～ 重～ 碧～ 衣～ 深～ 七～
花影～ 第一～ 玉楼～ 关山～
殿阁～ 锦绣～ 水云～ 十二～
峰岚～ 旧恨～
(另见仄声 zhòng)

**崇** chóng 高。重视;尊敬。
[旧属一东]
推～ 尊～ 恩～ 功～ 攸～ 石～
礼意～ 众所～ 岱岳～ 功名～

**匆** cōng 急;忙。
[旧属一东]
莫匆～ 梦匆～ 去匆～ 客匆～

**苁** cōng 苁蓉。

**囱** cōng 烟囱。

**玱** cōng 玱瑲,佩玉相碰声。
[旧属三江]
玎～

**枞** cōng 冷杉。
[旧属二冬]
松～ 美～ 楔～ 枞～ 山～ 冬～

**锹** cōng 短矛。
[旧属二冬三江]
铮～ (金属声)矛～ 鏦～

**葱** cōng 调味品。青色。
[旧属一东]
香～ 绮～ 削～ 茏～ 水～ 春～
青～ 郁～ 葱～ 雨园～ 水晶～
三亩～ 发如～

**骢** cōng 青白色相间的马。
[旧属一东]
青～ 云～ 花～ 玉～ 铁～ 银～
红～ 乘～ 随～ 皎雪～ 凝露～
连钱～ 千金～

**璁** cōng 似玉的石头。
[旧属一东]
玉珑～ 辔珑～ 晓珑～ 寒珑～

**聪** cōng 听觉。聪明。
[旧属一东]
天～ 耳～ 神～ 明～ 失～ 掩～
发尧～ 赞天～ 师旷～ 病后～

**熜** cōng 微火，热气。

**从** cóng 跟随。从属。
[旧属二冬二宋]
顺～ 服～ 盲～ 依～ 听～ 信～
风～ 无～ 过～ 自～ 胁～ 适～
云～ 久～ 远～ 何～ 迫～ 不～
景～ 曲～ 朋～ 相～ 随～ 侍～
车马～

**丛** cóng 聚集。丛生。
[旧属一东]
花～ 草～ 竹～ 芳～ 论～ 刀～
幽～ 蚕～ 深～ 寒～ 人～ 满～
石～ 千～ 新～ 烟～ 林～ 碧～
谈～ 桂～ 深～ 榛～ 山～ 秋～
锦绣～ 绿杨～ 百花～ 荆棘～
万木～ 晓露～ 绮罗～ 簿书～

**淙** cóng 流水声。
[旧属二冬三江三绛]
淙～ 石～ 悬～ 流～ 飞～ 夜～

**悰** cóng 心情；情绪。
[旧属二冬]
离～ 欢～ 久～ 少～ 寡～ 情～
洗醉～ 遣无～

**琮** cóng 玉器。
[旧属二冬]
大～ 享～ 璧～ 加～ 黄～ 用～
八方～ 玉琤～ 锦合～ 起事～

**藂** cóng 聚集。

**东** dōng 东方。主人。
[旧属一东]
江～ 桥～ 墙～ 井～ 房～ 浦～
浙～ 川～ 亚～ 街～ 南～ 海～
河～ 近～ 城～ 山～ 辽～ 关～
巴～ 向～ 丁～ 正～ 篱～ 自～
任西～ 百川～ 水长～ 西复～
日升～ 画楼～ 斗柄～ 柳河～

**冬** dōng 冬季。象声词。
[旧属二冬]
寒～ 隆～ 严～ 御～ 三～ 立～
秋～ 孟～ 初～ 仲～ 季～ 残～
涉～ 丁～ 杪～ 来～ 穷～ 过～
忆旧～ 秋复～ 响冬～ 天下～
过一～

**咚** dōng 象声词。
咕～ 咚～

**氡** dōng 气体元素。

**鸫** dōng 鸟名。

**蝀** dōng 䗖蝀，虹。
[旧属一东]

**工** gōng 工人。工作。工程。
[旧属一东]
开～ 动～ 兴～ 手～ 加～ 施～
监～ 分～ 同～ 上～ 完～ 放～
竣～ 考～ 百～ 作～ 农～ 人～
求～ 化～ 神～ 良～ 勤～ 罢～
乐～ 怠～ 技～ 巧～ 女～ 画～
鬼～ 窝～ 拙～ 玉～ 群～ 句～
土木～ 点染～ 造化～ 夺天～
书法～

**弓** gōng 弓箭。量器。弯曲。
执～挂～宝～伤～彤～角～
雕～良～一～强～画～桃～
弯～弹～引～檀～杯～惊～
月半～月如～背如～六钧～

**公** gōng 公事。尊称。
[旧属一东]
奉～明～壶～太～济～天～
办～雷～王～家～周～充～
至～从～在～不～因～三～
生～愚～狙～急～大～秉～
姜太～十八～紫髯～不负～

**功** gōng 功劳。成效。技术。
[旧属一东]
丰～战～奇～建～成～立～
戎～岁～用～庆～居～事～
肤～殊～奏～矜～图～论～
表～让～收～归～报～争～
全～夸～武～元～喜～歌～
边～邀～累～树～神～天～
赫赫～汗马～第一～造化～
补天～绝代～化育～万世～

**红** gōng 女红；女工。
[旧属一东]
（另见 hóng）

**攻** gōng 攻打。致力研究。
[旧属一东]
进～强～火～力～环～近～
急～反～相～善～合～面～
群～夹～专～交～围～猛～
鸣鼓～偏师～五毒～习战～

**供** gōng 供应；供给。
[旧属二冬]
提～资～屡～上～正～秋～
山色～茶茗～漫自～菽水～
（另见仄声 gòng）

**肱** gōng 胳膊。
[旧属十蒸]
股～曲～枕～共～奇～良～
麾以～三折～不横～香满～

**宫** gōng 宫殿。
[旧属一东]
月～皇～故～九～楚～秦～
绛～法～花～冰～东～后～

泮～吴～汉～离～梵～守～
三～白～行～天～龙～蟾～
深～迷～冬～昭阳～长乐～
广寒～水晶～阿房～九成～
碧霞～翠微～文化～少年～

**恭** gōng 恭敬。
[旧属二冬]
虔～卑～貌～礼～谦～敬～
肃～足～寅～靖～弥～温～
梓里～醉后～夫妇～听必～

**蚣** gōng 蜈蚣。
[旧属二冬]

**躬** gōng 亲自实践。弯身。
[旧属一东]
鞠～卑～我～反～持～抚～
省～微～曲～直～圣～匪～
善积～不曲～省厥～息夫～

**鹒** gōng 鸟名。

**龚** gōng 姓。
[旧属二冬]

**堪** gōng 用于人名。

**觥** gōng 兽角形酒器。
[旧属八庚]
酒～金～洗～羽～瑶～举～
百～玉～满～飞～置～奉～
巨～兕～酌～伴～溢～持～
不计～玛瑙～饮一～千年～

**吽** hōng 佛教咒语用字。

**轰** hōng 象声词。驱逐。
[旧属八庚]
雷～炮～齐～砰～嘲～喧～

**哄** hōng 哄抬。哄堂。
[旧属一送三绛]
人～一～喧～帆～虚～起～
众相～闹哄～蛇豕～两耳～
（另见仄声 hǒng；hòng）

**訇** hōng 大声。
[旧属八庚]
阿～砰～铿～隐～轷～訇～
笑语～雷霆～

**烘** hōng 用火烘干。
[旧属一东]
熏~ 冬~ 晴~ 帘~ 微~ 霞~
薄日~ 玉簟~ 春夜~ 竹炉~
火云~ 暖烘~ 炽炭~ 衣篝~

**薨** hōng 指君主死。
[旧属十蒸]

**弘** hóng 大。扩充;光大。
[旧属十蒸]
恢~ 德~ 宽~ 广~ 大~ 深~
仁义~ 家训~ 奕世~ 天覆~

**红** hóng 红色。喜庆。
[旧属一东]
鲜~ 晕~ 桃~ 飞~ 心~ 飘~
朱~ 春~ 花~ 面~ 灯~ 残~
落~ 猩~ 挂~ 绽~ 嫩~ 碎~
剪~ 愁~ 啼~ 裁~ 口~ 乱~
新~ 分~ 烛~ 褪~ 通~ 眼~
粉~ 暖~ 嫣~ 冷~ 小~ 软~
夹岸~ 白间~ 映酒~ 霜叶~
落霞~ 醉颜~ 状元~ 老来~
浴日~ 一点~ 照眼~ 夕阳~
榴火~ 满堂~ 月月~ 东方~
(另见 gōng)

**叿** hóng 嚪叿,钟音。
[旧属八庚]

**闳** hóng 里门。宏大。
[旧属八庚]
高~ 深~ 开~ 九~ 闲~ 闱~
落下~ 快登~ 路寝~ 止扉~

**宏** hóng 宏大。
[旧属八庚]
恢~ 声~ 宽~ 用~ 气~ 含~
器量~ 意匠~ 洛下~ 绍汉~

**纮** hóng 帽子的带子。
[旧属八庚]
朱~ 八~ 元~ 天~ 青~ 长~
张~ 结~ 连~ 缁组~ 龙负~
飘彩~ 血染~

**泓** hóng 水深而广。量词。
[旧属八庚]
一~ 寒~ 玉~ 石~ 澄~ 淳~
渊~ 陶~ 乳~ 银~ 泉~ 碧~
碧云~ 涵星~ 水半~ 月一~

浦云~ 水一~ 雪作~ 满地~

**荭** hóng 水草。

**虹** hóng 彩虹。
[旧属一东三绛]
霓~ 长~ 白~ 春~ 腾~ 残~
垂~ 玉~ 断~ 架~ 晚~ 飞~
万丈~ 饮涧~ 桥似~ 送雨~
带霞~ 贯日~ 气如~ 七色~
(另见三江 jiàng)

**铉** hóng 金属撞击声。

**竑** hóng 广大。

**洪** hóng 大。洪水。
[旧属一东]
山排~ 分~ 蓄~ 溢~ 奔~
四~ 宽~ 射~ 恩~ 恢~ 声~

**翃** hóng 飞。
[旧属八庚]

**鍧** hóng 箭上装置。

**魟** hóng 鱼名。

**鸿** hóng 鸿雁。书信。大。
[旧属一东]
征~ 飞~ 秋~ 归~ 孤~ 哀~
来~ 宾~ 断~ 冥~ 塞~ 惊~
渚~ 霜~ 过~ 诗~ 轻~ 栖~
听晓~ 带月~ 雪里~ 点点~
寄书~

**潂** hóng 同'荭'。

**蕻** hóng 腌制蔬菜。
[旧属一送]
水~ 嫩~ 蕨~ 雪里~
(另见仄声 hòng)

**黉** hóng 古代的学校。
[旧属八庚]
修~ 二~ 春~ 庠序~

**垌** jiōng 野外。
[旧属九青]

郊～ 林～ 秋～ 野～ 守～ 草～

**駉** jiōng 马肥壮。
[旧属九青]

鲁～ 戎～ 军～ 奔～ 战～ 赤～

**扃** jiōng 门环。门扇。关门。
[旧属九青]

昼～ 竹～ 夜～ 掩～ 闭～ 云～
禅～ 松～ 门～ 启～ 柴～ 扣～
户长～ 雾半～ 昼亦～ 访玉～

**空** kōng
[旧属一东]

长～ 天～ 晴～ 星～ 凌～ 碧～
太～ 寒～ 遥～ 澄～ 领～ 悬～
横～ 摩～ 排～ 腾～ 凭～ 腹～
盘～ 半～ 囊～ 真～ 行～ 远～
虚～ 高～ 航～ 落～ 架～ 当～
防～ 书～ 望～ 司～ 蔽～ 秋～
百虑～ 万籁～ 四坐～ 四壁～
斗帐～ 往事～ 天地～ 鹤翻～
水连～ 眼界～ 月流～ 孙悟～
（另见仄声 kòng）

**倥** kōng 倥侗，蒙昧无知。
[旧属一东—董]
（另见仄声 kǒng）

**崆** kōng 崆峒，地名。

**悾** kōng 悾悾，形容诚恳。
[旧属一东]

**箜** kōng 箜篌，古代弦乐器。

**隆** lōng 黑咕隆咚。
[旧属一东]
（另见 lóng）

**龙** lóng 传说的神异动物。
[旧属二冬]

神～ 蛟～ 云～ 卧～ 虹～ 飞～
登～ 画～ 犹～ 雕～ 从～ 双～
攀～ 玉～ 群～ 苍～ 屠～ 游～
巨～ 潜～ 合～ 降～ 毒～ 乘～
鱼～ 蟠～ 蛰～ 跃～ 烛～ 伏～
缚～ 火～ 五～ 真～ 黄～ 垂～
元～ 夔～ 山～ 文～ 天～ 恐～
起卧～ 马如～ 人中～ 霸王～

**茏** lóng 茏葱，青翠茂盛。

蒙～ 葱～ 蓬～

**咙** lóng 发音器官。
[旧属一东]

喉～ 鸟～

**泷** lóng 急流的水。
[旧属三江]

湍～ 急～ 怒～ 奔～ 石～ 涛～
九～ 飞～ 惊～ 神～ 寒～ 泻～
泷～ 七里～
（另见三江 shuāng）

**珑** lóng
[旧属一东]

玲～ 瓦～ 鸿～ 玉声～ 月玲～

**栊** lóng 窗户。栅栏。
[旧属一东]

房～ 帘～ 绛～ 玉～ 绮～ 星～
珠～ 月～ 雕～ 石～ 疏～ 竹～
白云～ 翡翠～ 影拂～ 月隐～

**昽** lóng 日出貌。
[旧属一东]

昽～ 通～ 葱～ 曈～

**胧** lóng 朦胧。
[旧属一东]

**砻** lóng 去稻壳的工具。
[旧属一东—送]

磨～ 巧～ 磋～ 新～ 芟～ 镂～

**眬** lòng 蒙眬。
[旧属三江]

**聋** lóng 听不见。
[旧属一东]

耳～ 装～ 振～ 半～ 痴～ 瘖～
顽～ 治～ 不～ 微～ 真～ 昏～

**笼** lóng 笼子。
[旧属一东]

牢～ 囚～ 竹～ 樊～ 熏～ 灯～
开～ 鹅～ 鸡～ 筠～ 满～ 智～
雀～ 雕～ 轻～ 蒸～ 烟～ 烛～
碧纱～ 淡烟～ 雨声～ 鸟窥～
（另见仄声 lǒng）

**舡** lóng 有篷的小船。

**隆** lóng 盛大。兴盛。深厚。
[旧属一东]

兴~ 丰~ 化~ 业~ 道~ 优~
穹~ 隆~ 郁~ 日~ 蕴~ 光~
礼益~ 日方~ 德声~ 声望~
(另见 lōng)

**癃** lóng 衰弱多病。
[旧属一东]

疲~ 衰~

**窿** lóng 坑道。
[旧属一东]

穹~ 苍~ 窟~

**农** nóng 农业。农民。
[旧属二冬]

惘~ 司~ 老~ 菜~ 富~ 工~
花~ 劝~ 贫~ 归~ 神~ 务~
重~ 学~ 山~ 茶~ 惰~ 妨~
石户~ 不违~ 古羲~ 力稼~

**侬** nóng 我。你。
[旧属二冬]

吴~ 唤~ 逢~ 笑~ 劝~ 留~
阿~ 负~ 个~ 忆~ 懊~ 怨~
正愁~ 负情~ 不为~ 认得~

**哝** nóng 小声说话。
[旧属二冬]

唧~ 咕~ 哝~

**浓** nóng 稠密。浓厚。
[旧属二冬]

情~ 睡~ 香~ 意~ 花~ 柳~
烟~ 雾~ 霜~ 酒~ 翠~ 兴~
浓~ 肥~ 味~ 雨意~ 兴转~
晓露~ 露华~ 粉痕~ 绿荫~
春意~ 泼黛~

**脓** nóng 脓液。
[旧属二冬]

化~ 流~ 血~ 溃~ 出~ 肥~

**秾** nóng 茂盛貌。
[旧属二冬]

繁~ 纤~ 丰~ 妖~ 春~ 鲜~
着雨~ 酒花~ 桃李~ 一朵~

**酫** nóng 酒味厚。

酒~ 薰~ 醅~ 酿~ 醇~ 甕~

**邛** qióng 邛崃，四川山名。
[旧属二冬]

如~ 邛~ 临~

**穷** qióng 没钱。用尽。穷尽。
[旧属一东]

家~ 人~ 困~ 途~ 山~ 计~
贫~ 命~ 遇~ 数~ 道~ 势~
智~ 术~ 守~ 固~ 无~ 心~
力~ 水~ 送~ 难~ 赈~ 词~
救~ 图~ 技~ 末~ 村~ 身~
志不~ 乐无~ 岁月~ 心力~

**茕** qióng 孤单。
[旧属八庚]

茕~ 诸~ 孤~ 独~

**穹** qióng 穹隆;天空。
[旧属一东]

苍~ 隆~ 层~ 碧~ 紫~ 昊~
上~ 秋~ 璇~ 高~ 清~ 天~
阁倚~ 凤来~ 月丽~ 天门~

**芎** qióng 草药。
[旧属一东]

香~ 芎~

**筇** qióng 竹名。
[旧属二冬]

倚~ 短~ 携~ 枯~ 仙~ 疏~
长~ 杖~ 瘦~ 曳~ 扶~ 持~
七尺~ 水云~ 泉绕~

**琼** qióng 美玉。
[旧属八庚]

瑶~ 紫~ 碎~ 碧~ 报~ 素~
黄~ 投~ 寒~ 翠~ 洁~ 如~
佩玉~ 一片~ 掬香~ 鹿怀~

**蛩** qióng 蟋蟀。
[旧属二冬]

吟~ 秋~ 鸣~ 砌~ 暗~ 晚~
客~ 冷~ 莎~ 幽~ 潜~ 斗~
听夜~ 泣寒~ 四壁~ 石中~

**跫** qióng 跫跫，足音。
[旧属二冬]

**銎** qióng 安斧柄的孔。
[旧属二冬]

斧~ 方~

**藑** qióng 藑茅，香藑，草名。
[旧属八庚]

**戒** róng 兵器。军事。
[旧属一东]

兵~　参~　女~　阿~　郎~　伏~
启~　西~　军~　元~　兴~　从~

**肜** róng 古代的一种祭祀。
[旧属一东]

**茸** róng 纤细柔软貌。
[旧属二冬二肿]

鹿~　茸~　参~　蒙~　杞~　绿~
碧~　紫~　红~　蓼~　蓊~　纤~
翠织~　鹿养~　散红~　莫抽~
细草~　霜毛~　尾端~　蒲花~

**荣** róng 草木茂盛。荣耀。
[旧属八庚]

繁~　枯~　光~　春~　向~　尊~
敷~　宠~　殊~　增~　虚~　显~
欣~　桓~　贪~　取~　衰~　攀~
承~　南~　身~　争~　安~　辞~
恩~　滋~　生~　垂~　珍~　发~
余~　妻~　兰~　轩冕~　梦中~
衣锦~　木向~　题柱~　雨露~
百花~　一枝~

**绒** róng 绒毛。
[旧属一东]

丝~　羊~　鸭~　驼~　呢~　短~
红~　石~　唾~　香~　棉~　飞~
毛绒~　长毛~　灯心~　五色~

**容** róng 容纳。原谅。相貌。
[旧属二冬]

笑~　丽~　芳~　愁~　内~　阵~
宽~　包~　收~　从~　整~　姿~
仪~　市~　病~　怒~　婉~　瘦~
旧~　动~　戚~　敛~　醉~　尘~
羞~　毁~　动~　雍~　纵~　军~
玉~　先~　音~　秋~　遗~　冶~
花~　涵~　美~　不改~　绝世~
花想~　妒花~　憔悴~　无所~
冰雪~

**嵘** róng
[旧属八庚]

峥~　钟~

**蓉** róng 成都的别称。
[旧属二冬]

芙~　玉~　紫~　椰~　冬~　豆~

**溶** róng 溶化;溶解。
[旧属二冬二肿]

消~　月~　摇~　悠~　溶~　速~

**瑢** róng 玒瑢,佩玉相碰声。
[旧属二冬]

**榕** róng 木名。福州别称。
[旧属二冬]

十亩~　连理~　满庭~　不材~

**熔** róng 熔化。

冶~　陶~　铸~　范~

**蝾** róng 蝾蝾,蜥蜴。
[旧属八庚]

**镕** róng 同'熔'。
[旧属二冬]

冶~　铸~　陶~

**融** róng 融化。调和。流通。
[旧属一东]

交~　通~　金~　融圆~　浑~
雪~　祝~　光~　相~　春~　消~
海日~　两相~　月色~　蜂蜡~
晓阁~　露光~　雪初~　瑞气~

**忪** sōng 惺忪。
[旧属二冬]
(另见 zhōng)

**松** sōng 松树。松散。
[旧属二冬]

青~　劲~　云~　苍~　茂~　雪~
乔~　长~　孤~　古~　赤~　老~
贞~　虬~　倚~　奇~　种~　怪~
疏~　高~　霜~　如~　肉~　放~
寒~　巨~　武~　万壑~　古殿~
涧底~　凤尾~　三经~　万年~
五陵~　雪压~　不老~　百尺~
后凋~　岁寒~　迎客~

**娀** sōng 有娀,古国名。
[旧属一东]

**凇** sōng 冰晶。
[旧属二冬一送二宋]

雾~(树挂)雨~(冰挂)露~
霜~　暮~　冻~　野~　冰~　晨~

**菘** sōng 白菜。
[旧属一东]

寒~ 甘~ 园~ 青~ 晚~ 葵~
白~ 嫩~ 绿~ 早~ 春~ 秋~
雨后~ 紫花~ 九英~ 四时~

**淞** sōng 吴淞,上海地名。
[旧属二冬]

**嵩** sōng 山高。
[旧属一东]
华~ 碧~ 高~ 呼~ 衡~ 秋~

**厖** sóng 精液。
真~ (软弱无能)

**恫** tōng 病痛。
[旧属一东]
(另见仄声 dòng)

**通** tōng 通畅。连接。
[旧属一东]
沟~ 灵~ 开~ 贯~ 融~ 神~
流~ 普~ 旁~ 变~ 交~ 打~
圆~ 穷~ 私~ 精~ 四~ 串~
清~ 隶~ 亨~ 博~ 想~ 远~
兼~ 互~ 会~ 旁~ 相~ 疏~
潜~ 感~ 六~ 明~ 海~ 三~
一线~ 鸟道~ 曲径~ 音信~
道路~ 往来~ 梦魂~ 意未~
千里~ 两岸~ 曲曲~ 红通~
(另见仄声 tòng)

**嗵** tōng 象声词。
嗵~ (心跳)

**仝** tóng 同'同'。姓。
卢~

**同** tóng 没有差别。
[旧属一东]
共~ 情~ 协~ 偕~ 如~ 相~
不~ 苟~ 异~ 合~ 混~ 大~
会~ 雷~ 一~ 心~ 参~ 陪~
随~ 趣~ 和~ 金~ 攸~ 志~
好恶~ 与人~ 苦甘~ 风月~
两心~ 古今~ 造化~ 约略~
(另见仄声 tòng)

**佟** tóng 姓。

**彤** tóng 赤色。
[旧属一东二冬]
丹~ 管~ 红彤~

**岭** tóng 岭峪,北京地名。

**侗** tóng 幼稚;无知。
[旧属一东]
倥~ (蒙昧)
(另见仄声 dòng;tǒng)

**垌** tóng 垌冢,湖北地名。
(另见仄声 dòng)

**苘** tóng 苘蒿,蓬蒿。

**峒** tóng 崆峒,地名。
[旧属一东]
(另见仄声 dòng)

**桐** tóng 树名。
[旧属一东]
梧~ 疏~ 古~ 碧~ 翠~ 刺~
高~ 华~ 孤~ 油~ 修~ 苍~
泡~ 丝~ 焦~ 新~ 金~ 洗~
庭下~ 北窗~ 一叶~ 露井~
玉池~ 百尺~ 蜀山~ 凤栖~

**砼** tóng 混凝土。

**烔** tóng 烔炀河,安徽地名。

**铜** tóng 金属。
[旧属一东]
青~ 黄~ 紫~ 赤~ 点~ 吹~
古~ 铸~ 废~ 采~ 金~ 生~
牡牡~ 漏催~ 爪如~

**童** tóng 小孩子。
[旧属一东]
牧~ 神~ 顽~ 琴~ 书~ 小~
玉~ 钓~ 狡~ 儿~ 奇~ 黄~
仙~ 金~ 才~ 灵~ 樵~ 歌~
村~ 孩~ 还~ 牻背~ 课儿~
竹马~ 认归~ 颜犹~ 五尺~
放鹤

**酮** tóng 奶酪。化合物。
[旧属一东]

骆 ~ 马 ~

**鲖** tóng 鲖城,安徽地名。
[旧属一东]

**潼** tóng 潼关,陕西地名。
[旧属一东]

临 ~ 济 ~ 梓 ~ 河 ~ 崤 ~

**橦** tóng 木棉树。
[旧属二冬三江]

**曈** tóng 日出之光。
[旧属一东]

曈 ~ 秋 ~

**朣** tóng 朣朦,不明亮的样子。
[旧属一东]

**瞳** tóng 瞳孔。
[旧属一东]

双 ~ 重 ~ 转 ~ 明 ~ 凝 ~ 亮 ~

**凶** xiōng 凶恶。
[旧属二冬]

吉 ~ 岁 ~ 荒 ~ 年 ~ 殄 ~ 群 ~
摧 ~ 凶 ~ 穷 ~ 行 ~ 逞 ~ 元 ~
纠 ~ 四 ~ 转 ~ 无 ~ 除 ~ 帮 ~
鸦噪 ~ 不为 ~ 殄妖 ~ 妄作 ~

**兄** xiōng 兄长。
[旧属八庚]

弟 ~ 长 ~ 老 ~ 诸 ~ 吾 ~ 仁 ~
难 ~ 父 ~ 家 ~ 胞 ~ 表 ~ 从 ~
师 ~ 女 ~ 阿 ~ 令 ~ 乃 ~ 宗 ~
伯 ~ 藕 ~ 唤 ~ 事 ~ 石 ~ 梅 ~
近于 ~ 十年 ~ 难为 ~ 愿代 ~
事以 ~ 四海 ~ 白发 ~ 孔方 ~

**芎** xiōng 草药。
[旧属一东]

川 ~ 野 ~

**匈** xiōng 匈奴。
[旧属二冬]

匈 ~ (纷扰)

**讻** xiōng 声势浩大。
[旧属二冬]

讻 ~ 鞠 ~

**汹** xiōng 汹涌翻腾。
[旧属二冬二肿]

汹 ~ 波 ~ 谷 ~ 石 ~ 河 ~ 水 ~
洪涛 ~ 白浪 ~ 夜潮 ~ 急流 ~

**恟** xiōng 恐惧;惊吓。
[旧属二冬二肿]

**胸** xiōng 胸怀。
[旧属二冬]

心 ~ 扪 ~ 荡 ~ 填 ~ 罗 ~ 抚 ~
酥 ~ 捶 ~ 挺 ~ 坦 ~ 贴 ~ 敞 ~
涕沾 ~ 豁心 ~ 恨萦 ~ 磊块 ~
芥蒂 ~ 落落 ~ 半露 ~

**雄** xióng 雄性。雄威。
[旧属一东]

英 ~ 枭 ~ 群 ~ 称 ~ 争 ~ 雌 ~
奸 ~ 才 ~ 七 ~ 心 ~ 词 ~ 鬼 ~
豪 ~ 气 ~ 财 ~ 文 ~ 气 ~ 两 ~
冠世 ~ 万夫 ~ 气色 ~ 五岳 ~

**熊** xióng 狗熊。
[旧属一东]

梦 ~ 白 ~ 黑 ~ 棕 ~ 丸 ~ 熊 ~
当 ~ 兆 ~ 猎 ~ 画 ~ 非 ~ 占 ~
援树 ~ 北极 ~ 手搏 ~ 舐掌 ~

**佣** yōng 仆人。雇用。
[旧属二冬]

雇 ~ 书 ~ 女 ~ 家 ~ 客 ~ 耕 ~
酒家 ~ 为人 ~ 赁市 ~ 治家 ~
(另见仄声 yòng)

**拥** yōng 拥抱。拥护。
[旧属二肿]

簇 ~ 花 ~ 坐 ~ 雪 ~ 夹 ~ 蜂 ~
山 ~ 双 ~ 沙 ~ 桥 ~ 香 ~ 妓 ~
崖石 ~ 朱轩 ~ 金甲 ~ 群龙 ~

**痈** yōng 毒疮。
[旧属二冬]

吮 ~ 溃 ~ 毒 ~ 破 ~ 烂 ~ 疔 ~

**邕** yōng 广西南宁别称。
[旧属二冬]

蔡 ~ 李 ~

**庸** yōng 没有作为。用。
[旧属二冬]

平 ~ 凡 ~ 附 ~ 登 ~ 无 ~ 何 ~
居 ~ 庸 ~ 至 ~ 才 ~ 市 ~ 中 ~
车服 ~ 剑何 ~

**噰** yōng 象声词。
[旧属二冬]

噰 ~ (鸟叫声)

**鄘** yōng 古国名。
[旧属二冬]
邶~ 旧~

**雍** yōng 和谐。
[旧属二冬二宋]
国~ 肃~ 临~ 歌~ 时~ 环~
辟~ 梁~ 雍~ 陶~ 熙~ 和~
洽尧~ 羡顾~

**澭** yōng 澭水,江西水名。
[旧属二冬]

**墉** yōng 城。墙。
[旧属二冬]
列~ 四~ 城~ 垣~ 金~ 崇~
穿~ 高~ 乘~ 筑~ 厚~ 颓~
石为~ 喜若~ 万雉~ 积如~

**慵** yōng 懒。困倦。
[旧属二冬]
疏~ 春~ 兴~ 性~ 放~ 步~
小~ 心~ 天~ 饱~ 愚~ 酒~
午梦~ 梦亦~ 笔未~ 临镜~
燕飞~ 一生~ 莫辞~ 蝶飞~

**镛** yōng 古乐器。
[旧属二冬]
大~ 霜~ 笙~ 金~ 维~ 琴~

**壅** yōng 堵塞。
[旧属二冬二肿二宋]
培~ 路~ 川~ 塞~ 决~ 蔽~
数叶~ 土半~ 泥沙~ 积垢~

**臃** yōng 肿。
[旧属二冬]

**齈** yōng 同'雍'。
[旧属二冬]

**鱅** yōng 胖头鱼。
[旧属二冬]
鲋~ 胡~

**饔** yōng 熟食。早餐。
[旧属二冬]
佐~ 外~ 尸~ 朝~ 庖~ 洁~

**喁** yóng 鱼口露出水面。
[旧属二冬]
喁~ (众人景仰归向)
(另见六鱼 yú)

**颙** yóng 大。仰慕。
[旧属二冬]
颙~ (温和貌)

**中** zhōng 中心。内部。
[旧属一东]
心~ 胸~ 梦~ 舟~ 意~ 闺~
慧~ 镜~ 楼~ 匣~ 囊~ 途~
腹~ 朝~ 宫~ 江~ 眠~ 折~
其~ 郎~ 禁~ 月~ 掌~ 集~
执~ 正~ 居~ 热~ 忙~ 个~
宇~ 闲~ 林~ 天~ 空~ 日~
目~ 雨~ 此~ 局~ 留~ 域~
当~ 方~ 枕~ 适~ 暗~ 山~
方寸~ 日方~ 缥缈~ 有无~
掌握~ 梦寐~ 月明~ 不意~
(另见仄声 zhòng)

**忪** zhōng 征忪;惊恐。
[旧属二冬]
(另见 sōng)

**忠** zhōng 忠诚。
[旧属一东]
精~ 效~ 愚~ 尽~ 竭~ 公~
孤~ 表~ 朴~ 怀~ 敦~ 献~
铁石~ 报国~ 贯日~ 千古~
老黄~ 寸心~ 平生~ 表纯~

**终** zhōng 最后。
[旧属一东]
曲~ 鲜~ 将~ 欢~ 送~ 图~
无~ 慎~ 善~ 始~ 岁~ 永~
老有~ 乐未~ 岁欲~ 从一~

**柊** zhōng 柊树。柊叶。

**盅** zhōng 酒杯。
[旧属一东]
酒~ 茶~ 虚~ 玉~ 瑶~ 小~
琥珀~ 水一~ 喝两~ 酒满~

**钟** zhōng 响器。计时器。
[旧属二冬]
撞~ 敲~ 疏~ 时~ 金~ 霜~
暮~ 警~ 丧~ 瑶~ 尧~ 晓~
远~ 歌~ 清~ 梵~ 洪~ 晨~
晚~ 禁~ 宵~ 鼓~ 石~ 鼎~
曙~ 午~ 巨~ 闻~ 悬~ 林~
玉~ 酒~ 龙~ 釜~ 千~ 万~
夜半~ 自鸣~ 老龙~ 带月~

远寺～ 五更～ 暮村～ 情所～

**衷** <sup>zhōng</sup> 内心。
[旧属一东一送]
折～ 由～ 苦～ 深～ 诱～ 和～
寸～ 愚～ 私～ 隐～ 初～ 洁～
热～ 幽～ 清～ 天～ 动～ 感～
取其～ 清浊～ 铁石～

**螽** <sup>zhōng</sup> 蝗类。
[旧属一东]
阜～ 草～ 斯～ 春～ 青～

**堫** <sup>zōng</sup> 鸡堫,蕈类。

**椶** <sup>zōng</sup> 木名。
[旧属二冬]
枯～ 美～ 枞～ 梁材～
（另见 cōng）

**宗** <sup>zōng</sup> 宗族。宗派。
[旧属二冬]
祖～ 正～ 开～ 卷～ 朝～ 同～
亢～ 大～ 词～ 文～ 南～ 北～
禅～ 一～ 儒～ 列～ 六～ 女～
岱～ 诗～ 世～ 百世～ 凤所～
言有～ 风雅～ 五经～ 阮嗣～
万物～ 第一～

**综** <sup>zōng</sup> 综合。
[旧属二宋]
错～ 篡～ 贯～ 参～ 研～ 兼～
博～ 并～ 甄～ 旁～ 寻～ 通～
万机～ 五曹～ 六十～ 青丝～
（另见二庚 zèng）

**棕** <sup>zōng</sup> 棕榈。棕毛。
[旧属一东]
海～ 寒～ 碧～ 编～ 采～ 风～
石翠～ 楚地～

**琮** <sup>zōng</sup> 有机化合物。

**骏** <sup>zōng</sup> 马鬃。
[旧属一东]
金～ 风～ 朱～ 白雪～ 贯珠～

**踪** <sup>zōng</sup> 踪迹。
[旧属二冬]
寻～ 旧～ 跟～ 游～ 追～ 失～
遗～ 敌～ 萍～ 绝～ 影～ 客～

行～ 希～ 无～ 前～ 芳～ 孤～
嘉～ 遐～ 雪～ 高～ 云～ 迷～
无定～ 千古～ 白鹭～ 尘外～

**鬃** <sup>zōng</sup> 颈上长毛。
马～ 猪～ 红～ 风～ 金～ 朱～

山岳～ 歌声～ 草色～ 星斗～
旌旗～ 风幡～ 香尘～ 花气～

**冻** <sup>dòng</sup> 遇冷凝固。
[旧属一送]

冰～ 解～ 忍～ 地～上～ 霜～
海～ 贫～ 瓶～ 云～ 溪～ 消～
结～ 呵～ 鱼～ 凿～ 耐～ 砚～
阳～ 春～ 凝～ 涕～ 薄～ 速～
寒泪～ 双眉～ 果子～ 花木～

# 仄 声

**宠** <sup>chǒng</sup> 宠爱;偏爱。
[旧属二肿]

恩～ 受～ 恃～ 失～ 承～ 光～
争～ 爱～ 固～ 希～ 优～ 荷～
市～ 内～ 怙～ 席～ 得～ 专～
感～ 外～ 居～ 嬖～ 擅～ 君～
妒～ 贵～ 荣～ 非分～ 三世～
金吾～ 金门～ 飞燕～ 宫人～
金带～ 专房～

**冲** <sup>chòng</sup> 劲足;力大。
[旧属二冬]

真～ 嗓门～ 气味～
（另见平声 chōng）

**晭** <sup>chòng</sup> 瞳瞳,困极小睡。

**铳** <sup>chòng</sup> 一种火器。

火～ 鸟～ 放～

**董** <sup>dǒng</sup> 监督管理。董事。
[旧属一董]

古～ 南～ 校～ 监～ 分～ 周～
丁～ 贾～ 商～ 下帷～ 躬自～

**懂** <sup>dǒng</sup> 知道;了解。
[旧属一董]

装～ 不～ 听～ 半～ 懵～ 似～

**动** <sup>dòng</sup> 动作;行动。改变。
[旧属一董]

摇～ 挪～ 移～ 活～ 劳～ 鼓～
举～ 感～ 流～ 行～ 波～ 开～
跳～ 走～ 轰～ 萌～ 悚～ 群～
心～ 调～ 运～ 煽～ 出～ 蠢～
转～ 激～ 颤～ 搏～ 振～ 妄～
震～ 发～ 牵～ 惊～ 响～ 打～
挑～ 掀～ 地～ 策～ 冲～ 推～
骚～ 游～ 变～ 蠕～ 倾～ 生～
风～ 机～ 雷～ 色～ 自～ 主～
被～ 反～ 暴～ 浮～ 不～ 吹～

**侗** <sup>dòng</sup> 侗族。
[旧属一董]
（另见 tǒng;平声 tóng）

**垌** <sup>dòng</sup> 田地。地名。

田～ 儒～（广东地名）
合伞～（贵州地名）
（另见平声 tóng）

**栋** <sup>dòng</sup> 栋梁。量词。
[旧属一送]

画～ 梁～ 高～ 连～ 层～ 国～
绣～ 藻～ 文～ 云～ 巢～ 虹～
天～ 刻～ 松～ 茅～ 隆～ 华～
大厦～ 木兰～ 书充～ 龙缠～

**峒** <sup>dòng</sup> 山洞。地名。
（另见平声 tóng）

**胨** <sup>dòng</sup> 蛋白胨。

**洞** <sup>dòng</sup> 洞穴。穿透;透彻。
[旧属一董一送]

石～ 山～ 岩～ 风～ 空～ 桥～
漏～ 涵～ 泉～ 窑～ 狗～ 苔～
鸿～ 古～ 萝～ 荒～ 仙～ 黑～
白云～ 水帘～ 桃源～ 仙人～

**恫** <sup>dòng</sup> 恐惧;恐吓。
[旧属一送]
心～ 骇～ 惚～（不得志）
（另见平声 tōng）

**胴** <sup>dòng</sup> 胴体;躯体。

**硐** <sup>dòng</sup> 窑洞。矿坑。
[旧属一董]

**巩** <sup>gǒng</sup> 巩固。姓。
[旧属二肿]

克～ 王～ 河～ 势～ 曾～

**汞** gǒng 水银。
[旧属一董]

丹～ 铅～ 升～ 真～ 化～ 流～
泥～ 沙～ 花～ 金～ 凝～ 银～
丹井～ 离宫～ 盘泻～

**拱** gǒng 拱形;弧形。
[旧属二肿]

桥～ 木～ 垂～ 高～ 环～ 端～
打～ 合～ 深～ 云～ 大～ 日～
松柏～ 篁竹～ 冬青～ 众星～

**珙** gǒng 玉石。
[旧属二肿]

双～ 珪～

**栱** gǒng 枓栱,同斗栱。
[旧属二肿]

斗～ 绮～ 朱～

**蛬** gǒng,又 qióng 蟋蟀。
[旧属二冬二肿]

吟～ 秋～ 斗～ 寒～ 鸣～ 夜～

**共** gòng 相同。共同。
[旧属二冬二宋]

公～ 总～ 不～ 统～ 通～ 靖～
天下～ 与民～ 忧患～ 山山～
笑语～ 杯酒～ 灯火～ 乡器～
风雨～ 生死～

**贡** gòng 贡献。贡品。
[旧属一送]

纳～ 岁～ 进～ 赋～ 献～ 入～
禹～ 子～ 九～ 土～ 海～ 新～
万民～ 仙人～ 雨前～ 方物～

**供** gòng 供词。供品。
[旧属二宋]

招～ 口～ 逼～ 诱～ 翻～ 画～
录～ 上～ 献～ 蔬～ 清～ 斋～
春盘～ 鸡黍～ 香钵～ 怪石～
(另见平声 gōng)

**唝** gòng 唝吥,柬埔寨地名。
[旧属一董]
(另见 hǒng)

**哄** hǒng 哄骗。
[旧属一送三绛]

趁～ 虚～ 巧～ 终夜～ 风雷～

(另见 hòng;平声 hōng)

**嗊** hǒng 曲调。腔调。
[旧属一董]

哮～ 嗊～ 啰～ (曲)
(另见 gòng)

**讧** hòng 争吵;混乱。
[旧属一东]

内～ 兵～ 蛮～

**哄** hòng 喧闹。
[旧属一送三绛]

起～ 一～ 笑～ 市～ 宣～ 人～
(另见 hǒng;平声 hōng)

**蕻** hòng 茂盛。长茎。
[旧属一送]

菜～ 嫩～ 厥～
(另见平声 hóng)

**冋** jiǒng 光。明亮。

**炅** jiǒng 日光。明亮。
(另见五微 guì)

**迥** jiǒng 远。
[旧属二十四迥]

路～ 地～ 秋～ 清～ 虚～ 高～
天～ 幽～ 林～ 江～ 窗～ 道～
江湖～ 秋帆～ 柴门～ 滩声～
笙歌～ 天月～ 云霄～ 孤鹤～

**洞** jiǒng 水深而阔。
[旧属二十四迥]

越～ 截～ 下～ 穿～ 春～ 寒～

**絅** jiǒng 单衣。
[旧属一东一送]

鸿～ 羽～ 薄～ 丝～ 罗～ 脱～

**炯** jiǒng 明亮。
[旧属二十四迥]

炯～ 霄～ 目～

**煛** jiǒng 日光。
[旧属二十三梗]

**颎** jiǒng 火光。
[旧属一十四迥]

**窘** jiǒng 穷困。为难。
[旧属十一轸]

困～ 穷～ 势～ 寒～ 枯～ 数～
惶～ 见～ 人～ 情～ 露～ 愈～
生途～ 意象～ 戒步～ 诗才～

麦～ 丘～ 高～ 宽～ 荒～ 瓜～
瓦～ 甲～ 药～ 卧～ 阡～ 旧～
武侯～ 咸阳～ 麦无～

**孔** kǒng 洞;窟窿。姓。
[旧属一董]

竹～ 石～ 壁～ 腹～ 窗～ 穿～
圆～ 方～ 针～ 一～ 七～ 百～
心～ 鼻～ 面～ 瞳～ 钱～ 眼～
藕～ 毛～ 凿～ 姬～ 鸾～ 小～
青天～ 针九～ 阅一～

**拢** lǒng 合上。靠近。
[旧属一董]

并～ 轻～ 拗～ 拉～ 归～ 聚～
合～ 靠～ 梳～ 收～ 汇～ 收～

**恐** kǒng 害怕;畏惧。
[旧属二肿二宋]

惊～ 惶～ 心～ 忧～ 震～ 无～
犹～ 或～ 大～ 惴～ 将～ 微～
寒～ 初～ 畏～ 士卒～ 鬼神～
小人～ 牛羊～

**笼** lǒng 笼罩。
[旧属一东一董]

箱～ 药～ 铁～ 鹅～ 负～ 茶～
鸟～ 翠～ 竹～ 书～ 熏～ 鱼～
青丝～ 初携～ 麂皮～ 碧纱～
（另见平声 lōng）

**倥** kǒng 倥偬;匆忙;穷困。
[旧属一东一董]
（另见平声 kōng）

**弄** lòng 弄堂。小巷。
[旧属一送]

里～ 小～ 烟花～
（另见 nòng）

**空** kòng 空白。空隙。
[旧属一送]

亏～ 凿～ 屡～ 缺～ 填～ 补～
闲～ 抽～ 偷～ 篱～ 虚～ 闲～
巧补～ 苍苔～ 潭影～ 怀抱～
（另见平声 kōng）

**哢** lòng 鸟叫。
[旧属一送]

莺～ 鸟～ 晴～ 清～ 春～ 争～
余～ 闲～ 柔～ 幽～ 新～ 琴～
百舌～ 春禽～ 因风～ 鹦鹉～

**弄** lòng 石山间的小块平地。

**控** kòng 控告。控制。
[旧属一送]

受～ 失～ 遥～ 馨～ 虚～ 逸～
力～ 归～ 搏～ 申～ 弦～ 北～
大邦～ 一章～ 黄门～ 风雨～

**弄** nòng 逗引。玩耍。
[旧属一送]

玩～ 卖～ 戏～ 作～ 愚～ 簸～
糊～ 巧～ 春～ 抚～ 狎～ 吟～
捻～ 莺～ 清～ 蝶～ 摆～ 三～
捉～ 摄～ 耍～ 舞～ 拨～ 嘲～
云色～ 白鹤～ 龙吟～ 桓伊～
长笛～ 江南～ 琼箫～ 琵琶～
（另见 lòng）

**鞚** kòng 马勒。
[旧属一送]

引～ 紫～ 缓～ 揽～ 纵～ 飞～
放～ 捉～ 抛～ 驰～ 归～ 尘～
游龙～ 羲和～ 青丝～ 神马～

**冗** rǒng 多余。烦琐。
[旧属二肿]

闲～ 滥～ 疲～ 拨～ 简～ 却～
衰～ 文～ 散～ 纷～ 春～ 荒～
人事～ 簿书～ 机构～ 束装～

**优** lǒng 优侗,同'笼统'。

**陇** lǒng 甘肃别称。
[旧属二肿]

关～ 秦～ 得～ 北～ 垂～ 麦～
戍～ 九～ 河～ 黄云～ 横江～
开边～ 眺燕～

**毪** rǒng 细软的毛。
[旧属二肿]

鹅～ 鸭～ 巢～ 毛～ 一身～

**垄** lǒng 土埂。田埂。
[旧属二肿]

**扨** sǒng 挺立。

**怂** sǒng 惊惧。

**耸** sǒng 耸立。
[旧属二肿]
高~ 肩~ 峭~ 云~ 秀~ 双~
骨~ 山~ 孤~ 凌烟~ 金刹~
云梯~ 虎脊~

**悚** sǒng 害怕。
[旧属二肿]
畏~ 惊~ 震~ 惭~ 惶~ 悚~
毛发~ 朝野~ 群听~ 妇孺~

**竦** sǒng 恭敬。
[旧属二肿]
神~ 岑~ 天~ 山~ 岸~ 高~
飞观~ 银台~ 风力~ 枯枝~

**讼** sòng 打官司。
[旧属二宋]
诉~ 聚~ 听~ 自~ 争~ 息~
嚣~ 辨~ 庭~ 小吏~ 士女~
无留~ 解忿~

**宋** sòng 朝代。姓。
[旧属二宋]
唐~ 老~ 两~ 北~ 屈~ 杞~
赵~ 南~ 汴~ 辽~ 晋~ 仿~
国于~ 取之~ 西为~ 始有~

**送** sòng 赠与。传递。
[旧属一送]
欢~ 迎~ 远~ 目~ 递~ 传~
护~ 奉~ 赠~ 运~ 拜~ 分~
投~ 放~ 断~ 播~ 遣~ 输~
葬~ 纵~ 馈~ 坐~ 醉~ 载~
荐~ 钱~ 赡~ 追~ 郊~ 相~
歌~ 吟~ 挽~ 驰~ 飞~ 伴~
风雷~ 沙鸥~ 慷慨~ 春色~
携酒~ 吞声~ 鸣莺~ 好风~

**诵** sòng 诵读。称述。
[旧属二宋]
朗~ 讽~ 吟~ 夜~ 暗~ 称~
弦~ 成~ 背~ 记~ 讲~ 温~
春~ 朝~ 夕~ 长~ 传~ 口~
天下~ 反复~ 朝夕~ 教儿~

**唪** sòng 响度单位。

**颂** sòng 颂扬。
[旧属二宋]
赞~ 称~ 歌~ 敬~ 献~ 吟~
周~ 善~ 祝~ 碑~ 奏~ 桔~
清风~ 升平~ 出师~ 甘露~

**侗** tǒng 优侗，同'笼统'。
[旧属一东]
(另见 dòng；平声 tóng)

**统** tǒng 总括；全部。
[旧属二宋]
正~ 一~ 垂~ 分~ 传~ 总~
贯~ 兼~ 文~ 承~ 大~ 长~
体~ 系~ 血~ 政~ 笼~ 统~
百代~ 万物~ 千载~

**捅** tǒng 戳；碰。戳穿。

**桶** tǒng
[旧属一董]
水~ 木~ 漆~ 饭~ 吊~ 小~
满~ 石~ 平~ 斗~ 铁~ 马~
蜂辞~ 汽油~ 柏油~ 啤酒~

**筒** tǒng 竹管。
[旧属一东]
竹~ 诗~ 银~ 翠~ 香~ 饭~
著~ 蕉~ 钓~ 书~ 邮~ 笔~
电~ 听~ 烟~ 袖~ 袜~ 话~
万花~ 书画~ 寄鱼~ 紫荷~

**同** tòng 胡同。
[旧属一东]
(另见平声 tóng)

**恸** tòng 极度悲哀。
[旧属一送]
悲~ 哀~ 号~ 大~ 感~ 恸~
内~ 哭~ 永~ 新~ 哽~ 抽~
临风~ 不胜~ 穷途~ 追往~
同一~

**通** tòng 量词。
[旧属一东]
一~ 三~
(另见平声 tōng)

**痛** tòng 痛楚。悲伤。
[旧属一送]
心~ 疼~ 悲~ 惨~ 腹~ 头~
苦~ 沉~ 剧~ 抽~ 隐~ 忍~

悼～ 哀～ 病～ 伤～ 阵～ 思～
止～ 嗟～ 冤～ 含～ 长～ 绞～
黍离～ 片时～ 抱余～ 怀沙～

**诇** xiòng 刺探。
[旧属一东一送]

**夐** xiòng 遥远。久远。
[旧属二十四敬]

辽～ 遐～ 幽～ 地～ 悠～ 广～
故乡～ 清风～

**永** yǒng 永久。
[旧属二十三梗]

隽～ 夜～ 日～ 情～ 味～ 春～
江～ 昼～ 宵～ 悠～ 祚～ 茶～
椿寿～ 声依～ 更漏～

**甬** yǒng 甬道。宁波别称。
[旧属二肿]

禁～ 长～ 沪杭～

**咏** yǒng 诵读。抒发。
[旧属二十四敬]

吟～ 新～ 题～ 啸～ 讽～ 歌～
觞～ 清～ 高～ 鹤～ 长～ 松～
黄竹～ 沧浪～ 月下～ 风人～

**泳** yǒng 游水。
[旧属二十四敬]

游～ 涵～ 蛙～ 仰～ 潜～ 翔～
鱼川～ 轻鸥～ 不可～ 迎风～

**俑** yǒng 殉葬的偶像。
[旧属二肿]

木～ 始～ 为～ 作～ 唐～ 陶～
兵马～ 始作～ 秦墓～ 皇陵～

**勇** yǒng 勇敢。勇猛。
[旧属二肿]

英～ 义～ 奋～ 骁～ 大～ 神～
养～ 智～ 好～ 逞～ 余～ 一～
尚～ 恃～ 兵～ 丈夫～ 血气～
大敌～ 匹夫～

**埇** yǒng 石埇。广西地名。

**涌** yǒng 涌流。涌现。
[旧属二肿]

云～ 日～ 川～ 浪～ 沸～ 雾～
泉～ 泅～ 潮～ 海～ 月～ 喷～
雪～ 瀑～ 风～ 坌～ 腾～ 管～

波涛～ 诗思～ 文思～ 群峰～

**恿** yǒng 怂恿，暗中鼓动。
[旧属二肿]

**湧** yǒng 同'涌'。姓。
[旧属二肿]

**蛹** yǒng 变态的昆虫。
[旧属二肿]

蚕～ 蜂～ 土～ 玉～ 抽～ 弃～

**踊** yǒng 跳跃。
[旧属二肿]

曲～ 喜～ 腾～ 惊～ 蛇～ 鱼～
三～ 鹄～ 跃～ 哭～ 座～ 愤～
千人～ 琅琊～ 蛙善～ 鲸鲵～

**鲬** yǒng 鱼名。

**用** yòng 用处。需要。
[旧属二宋]

妙～ 信～ 受～ 享～ 启～ 擢～
器～ 利～ 效～ 日～ 食～ 足～
得～ 运～ 录～ 应～ 作～ 零～
费～ 使～ 通～ 适～ 节～ 没～
有～ 调～ 急～ 采～ 自～ 何～
起～ 两～ 选～ 引～ 套～ 留～
家～ 实～ 任～ 顶～ 常～ 征～
公～ 中～ 专～ 挪～ 御～ 活～
为世～ 难为～ 无以～

**佣** yòng 佣金。
[旧属二冬]
(另见平声 yōng)

**肿** zhǒng 肿胀。
[旧属二肿]

浮～ 疣～ 足～ 腹～ 脚～ 臃～
虚～ 水～ 黄～ 红～ 背～ 消～
目尽～ 马背～

**种** zhǒng 物种。人种。
[旧属二肿]

播～ 品～ 良～ 龙～ 黄～ 万～
麦～ 有～ 选～ 留～ 浸～ 配～
绝～ 传～ 芒～ 几～ 蚕～ 菜～
下～ 嘉～ 谬～ 多～ 变～ 种～
聪明～ 佳丽～ 百谷～ 本无～
(另见 zhòng；平声 chóng)

**冢** zhǒng 坟墓。
[旧属二肿]

荒~ 古~ 孤~ 青~ 新~ 疑~
发~ 蔽~ 守~ 汲~ 马~ 破~
空~ 笔~ 山~ 枯~ 义~ 川~
扫~ 石~ 土~ 文~ 仙~ 乱~
英雄~ 楚王~ 千家~ 衣冠~

# 踵
zhǒng 脚后跟。
[旧属二肿]
接~ 举~ 决~ 反~ 授~ 移~
放~ 曳~ 继~ 顶~ 蹑~ 摩~
不旋~ 息以~ 汗至~

# 種
zhǒng 同'种'。
[旧属一东]
（另见 zhòng）

# 中
zhòng 正对上。
[旧属一送]
射~ 切~ 言~ 微~ 幸~ 误~
阴~ 屡~ 双~ 亿~ 考~ 连~
命~ 百~ 看~ 高~ 巧~ 猜~
一发~ 射雀~ 一一~ 击不~
（另见平声 zhōng）

# 仲
zhòng 居中。第二。
[旧属一送]
孟~ 扶~ 子~ 和~ 伯~ 昆~
翁~ 管~ 虞~ 南~ 杜~ 儒~
潘阳~ 瑕丘~ 友牧~

# 众
zhòng 众多。
[旧属一送]
民~ 群~ 合~ 公~ 大~ 听~
观~ 出~ 动~ 惑~ 聚~ 纠~
得~ 蚁~ 抚~ 惊~ 殊~ 容~
游食~ 儿女~ 乌合~ 吾从~

# 种
zhòng 种植。
[旧属二宋]
耕~ 催~ 施~ 农~ 自~ 手~
火~ 栽~ 播~ 分~ 移~ 快~
赶~ 抢~ 芒~ 莳~ 广~ 春~
农家~ 缘堤~ 锄云~ 及时~
（另见 zhǒng；平声 chóng）

# 重
zhòng 重量。重视。
[旧属二宋二肿]

慎~ 尊~ 郑~ 珍~ 器~ 保~
看~ 自~ 藉~ 贵~ 负~ 起~
轻~ 注~ 持~ 稳~ 推~ 辐~
着~ 侧~ 言~ 任~ 体~ 积~
荷~ 举~ 偏~ 沉~ 严~ 庄~
隆~ 浓~ 比~ 吃~ 借~ 敬~
繁~ 净~ 病~ 九鼎~ 声价~
泰山~ 千斤~ 恩义~ 千钧~
责任~ 担子~
（另见平声 chóng）

# 蚛
zhòng 虫咬。

# 種
zhòng 同'种'。
[旧属一东]
（另见 zhǒng）

# 总
zǒng 总括。
[旧属一东一董]
汇~ 归~ 提~ 聚~ 抓~ 共~
拢~ 分~ 统~ 执~ 合~ 江~
百禄~ 百揆~ 万物~ 王者~

# 捴
zǒng 同'总'。

# 傯
zǒng 倥偬,急迫匆忙。
[旧属一董一送]

# 纵
zòng 纵向。释放。放任。
[旧属二宋]
放~ 操~ 天~ 故~ 侈~ 宽~
骄~ 恣~ 擒~ 豪~ 欲~ 狂~
民气~ 游目~ 哀而~ 天网~

# 疭
zòng 瘛疭,痉挛。
[旧属二宋]

# 粽
zòng 粽子。
白~ 裹~ 肉~ 枣~ 剥~ 食~
八宝~ 碱水~ 端午~ 青箬~
糯米~ 赤豆~ 小脚~ 嘉兴~

# 二 庚

## 平 声

**伻** bēng 使者。
[旧属八庚]
乃 ~ 绝域 ~

**祊** bēng 设祭的地方。
[旧属八庚]
归 ~ 祭 ~ 宗 ~ 严 ~ 杞 ~ 桃 ~

**崩** bēng 崩塌。崩溃。
[旧属十蒸]
天 ~ 分 ~ 土 ~ 岸 ~ 石 ~ 堤 ~
雪 ~ 山 ~ 驾 ~ 裂 ~ 霹雳 ~

**绷** bēng 拉紧。
[旧属八庚]
绣 ~ 怀 ~ 小 ~ 锦 ~ 罗 ~ 围 ~
见 ~ 脱 ~ 香 ~ 床 ~ 倒 ~ 紧 ~
花 ~ 竹 ~ 棕 ~ 簾 ~ 绳 ~ 丝 ~
(另见仄声 běng;bèng)

**嘣** bēng 跳动声。
嘣 ~ (心跳)

**甭** béng 不用。

**噌** cēng 象声词。叱责。
[旧属十蒸]
挨 ~
(另见 chēng)

**层** céng 层叠。层面。
[旧属十蒸]
层 ~ 数 ~ 一 ~ 几 ~ 三 ~ 基 ~
断 ~ 高 ~ 里 ~ 夹 ~ 地 ~ 上 ~
下 ~ 云 ~ 浪 ~ 千 ~ 外 ~ 九 ~
层 ~ 塔 ~ 阶 ~ 不计 ~ 青山 ~
最高 ~ 十二 ~ 大气 ~

**曾** céng 曾经。
[旧属十蒸]
何 ~ 几 ~ 未 ~ 不 ~ 旧 ~ 虽 ~

旧时 ~ 记吾 ~
(另见 zēng)

**嶒** céng 峻嶒,山高。
[旧属十蒸]

**柽** chēng 柽柳。
[旧属八庚]
杉 ~ 文 ~ 春 ~ 花 ~ 赤 ~ 风 ~
香 ~ 水 ~ 松 ~ 青 ~ 丹 ~ 雨 ~

**琤** chēng 玉声。
[旧属八庚]
琮 ~ 琤 ~ 清 ~ 淙 ~ 玉 ~ 玼 ~

**称** chēng 称道。赞扬。
[旧属十蒸]
可 ~ 职 ~ 虚 ~ 同 ~ 并 ~ 美 ~
名 ~ 尊 ~ 羞 ~ 号 ~ 声 ~ 自 ~
通 ~ 交 ~ 见 ~ 著 ~ 盛 ~ 谦 ~
简 ~ 人 ~ 俗 ~ 羡 ~ 不 ~ 眤 ~
众口 ~ 天下 ~ 不足 ~ 世所 ~
到今 ~ 品谊 ~ 百姓 ~
(另见十八真 chèn)

**蛏** chēng 蛏子。
[旧属八庚]
鲜 ~ 蚌 ~ 螺 ~ 春 ~ 河 ~ 巨 ~

**铛** chēng 平底锅。
[旧属八庚]
饼 ~ 茶 ~ 药 ~ 酒 ~ 鼎 ~ 炉 ~
铜 ~ 移 ~ 石 ~ 破 ~ 条 ~ 铁 ~
三足 ~ 有耳 ~ 龙头 ~
(另见三江 dāng)

**偁** chēng 同'称'。人名用字。

**赪** chēng 赤色。
[旧属八庚]
颜 ~ 童 ~ 肩 ~ 微 ~ 鲂 ~ 紫 ~
含 ~ 发 ~ 色 ~ 锦尾 ~ 断霞 ~
娇颜 ~ 兽面 ~

**撑** chēng 撑持。
[旧属八庚]

苦～ 硬～ 力～ 支～ 独～ 手～
拄～ 孤～ 难～ 肩～ 死～ 久～
万卷～ 双鬓～ 小舟～ 两臂～

# 噌
chēng 噌吰，钟鼓音。
[旧属十蒸八庚]
（另见 cēng）

# 瞠
chēng 瞠着眼看。
[旧属八庚]

# 成
chéng 成功。成果。
[旧属八庚]

赞～ 事～ 功～ 九～ 化～ 染～
早～ 收～ 作～ 完～ 守～ 玉～
年～ 晚～ 集～ 造～ 落～ 老～
垂～ 大～ 责～ 养～ 观～ 长～
生～ 形～ 速～ 告～ 未～ 无～
难～ 诗～ 一～ 目～ 说～ 建～
倚马～ 羽翼～ 七步～ 血凝～
事竟～ 八九～ 天生～ 不日～
梦不～ 落笔～ 学业～ 顷刻～

# 丞
chéng 辅助官。
[旧属十蒸]

右～ 县～ 署～ 簿～ 郡～ 驿～
寺～ 海～ 监～ 字～ 令～ 扶～
秘书～ 鸿胪～ 殿中～

# 呈
chéng 呈递。
[旧属八庚]

进～ 上～ 敬～ 秋～ 谨～ 纷～
瑞光～ 百戏～ 薄技～ 肝胆～
百花～ 祥瑞～ 错落～ 诗卷～
肺腑～ 万象～ 锦绣～

# 枨
chéng 门旁木。
[旧属八庚]

中～ 天～ 申～ 拂～ 旧～ 宽～

# 郕
chéng 周朝国名。
[旧属八庚]

入～ 隰～ 会于～

# 诚
chéng 诚实真挚。
[旧属八庚]

真～ 至～ 忠～ 精～ 赤～ 志～
悃～ 虔～ 专～ 开～ 推～ 输～
投～ 竭～ 立～ 丹～ 款～ 纯～
见～ 意～ 修～ 明～ 心～ 凤～
积～ 洁～ 克～ 素～ 表～ 贵～
肝血～ 犬马～ 报国～ 知我～

# 承
chéng 担负。接续。
[旧属十蒸]

敬～ 思～ 嗣～ 敢～ 勉～ 愿～
难～ 绍～ 丕～ 相～ 应～ 担～
继～ 奉～ 趋～ 启～ 师～ 禀～
仰～ 顺～ 轴～ 秉～ 咋～ 今～
敢不～ 莫敢～ 露光～

# 城
chéng 城墙。城市。
[旧属八庚]

都～ 京～ 长～ 边～ 古～ 帝～
荒～ 丽～ 高～ 云～ 争～ 禁～
空～ 攻～ 绕～ 锦～ 火～ 围～
盈～ 山～ 金～ 愁～ 干～ 成～
书～ 倾～ 坚～ 江～ 满～ 春～
半～ 孤～ 小～ 连～ 凤～ 赤～
东～ 旧～ 商～ 石头～ 不夜～
美食～ 紫金～ 受降～

# 宬
chéng 档案库。

皇史～

# 埕
chéng 酒瓮。

# 晟
chéng 姓。
[旧属二十四敬]

大～（宋乐府名）
（另见仄声 shèng）

# 乘
chéng 佛教流派。
[旧属十蒸]

大～ 小～ 金～ 佛～ 三～ 玉～
法～ 秋～ 十～ 超～ 自～ 相～
隙可～ 最上～ 仙槎～ 庆云～
（另见仄声 shèng）

# 盛
chéng 盛器。
[旧属八庚]

满～ 粢～ 碗～ 奉～ 共～ 酒～
囊～ 接～ 簋～ 春～ 筐～ 容～
瓦盆～ 珠盘～ 金钵～ 宝函～
（另见仄声 shèng）

# 铖
chéng 用于人名。

# 程
chéng 规矩。程序。
[旧属八庚]

前～ 客～ 雁～ 睡～ 宵～ 倦～
工～ 课～ 历～ 路～ 过～ 启～

运～ 旅～ 水～ 途～ 返～ 车～
飞～ 教～ 行～ 登～ 日～ 进～
云～ 航～ 章～ 规～ 鹏～ 计～
归～ 邮～ 射～ 远～ 短～ 编～
问归～ 数月～ 万里～ 问去～

**惩** chéng 处罚。警戒。
[旧属十蒸]
严～ 薄～ 重～ 可～ 莫～ 劝～

**乘** chéng 同'乘'。
(另见仄声 shèng)

**裎** chéng 光着身子。
[旧属八庚]
裸～ 徒～ 羞～
(另见仄声 chěng)

**塍** chéng 田埂。
[旧属十蒸]
田～ 稻～ 沟～ 满～ 新～ 春～
秋～ 千～ 旧～ 麦～ 菜～ 马～
雪满～ 水冲～

**酲** chéng 酒醉。
[旧属八庚]
解～ 宿～ 微～ 余～ 春～ 洗～
如～ 含～ 昏～ 五斗～ 醒宿～

**澄** chéng 澄清。
[旧属十蒸]
波～ 水～ 河～ 江～ 清～ 海～
潭～ 月～ 心～ 镜～ 泉～ 气～
冰镜～ 秋水～ 雨后～ 玉宇～
(另见仄声 dèng)

**橙** chéng 橙色。橙子。
[旧属八庚]
金～ 香～ 甜～ 酸～ 红～ 柑～
霜～ 破～ 新～ 北～ 移～ 秋～
擘～ 柚～ 绿～ 甘～ 锦～ 脐～
柚似～ 给客～ 摘新～ 指擘～

**灯** dēng 灯具。
[旧属十蒸]
渔～ 书～ 剔～ 天～ 锦～ 青～
莲～ 扑～ 疏～ 古～ 残～ 壁～
昏～ 孤～ 华～ 绿～ 路～ 宫～
船～ 桥～ 塔～ 春～ 花～ 纱～
红～ 放～ 寒～ 龙～ 上～ 点～
幻～ 烧～ 明～ 油～ 挑～ 掌～

张～ 看～ 收～ 观～ 电～ 彩～
上元～ 走马～ 霓虹～ 万盏～
照窗～ 夜雨～ 红绿～ 聚光～

**登** dēng 登高。成熟。
[旧属十蒸]
咸～ 共～ 幸～ 频～ 首～ 再～
白～ 同～ 先～ 摩～ 丰～ 名～
年～ 岁～ 三～ 攀～ 秋～ 高～
捷足～ 红榜～ 云路～ 揽辔～

**噔** dēng 象声词。
咯～ 噔～

**镫** dēng 古器皿。
[旧属十蒸]
(另见仄声 dèng)

**簦** dēng 有柄的笠。
[旧属十蒸]
担～

**蹬** dēng 腿脚往下用力。
[旧属二十五径]
脚～ 足～ 快～ 使劲～ 用力～
(另见仄声 dèng)

**鞚** ēng 马缰绳。

**丰** fēng 丰富。丰盈。
[旧属一东]
岁～ 财～ 国～ 民～ 年～ 物～
祈～ 歌～ 滋～ 新～ 阜～ 兆～
稻粱～ 羽毛～ 五谷～ 海内～

**风** fēng 风气。风光。
[旧属一东]
春～ 东～ 晓～ 晚～ 呼～ 细～
流～ 轻～ 仙～ 嘲～ 儒～ 民～
国～ 朔～ 北～ 高～ 悲～ 香～
家～ 清～ 微～ 松～ 回～ 临～
南～ 熏～ 光～ 蕙～ 古～ 吟～
荷～ 西～ 金～ 秋～ 台～ 口～
暖～ 凉～ 天～ 好～ 英～ 冷～
诗～ 顶～ 热～ 顺～ 逆～ 歪～
狂～ 雄～ 作～ 移～ 和～ 威～
当～ 阴～ 暴～ 凌～ 屏～ 探～
捕～ 放～ 晨～ 整～ 起～ 刮～
旋～ 迎～ 土～ 海～ 通～ 闻～
上～ 下～ 追～ 山～ 接～ 飘～

江～ 飔～ 采～ 乘长～ 万里～
破浪～ 淡荡～ 杨柳～ 浪随～
长者～ 野岸～ 高士～ 面面～
落花～ 两袖～ 打头～ 耳边～
唱大～ 五夜～ 世纪～

**沣** fēng 沣水,陕西水名。
[旧属一东]

**沨** fēng 水声。
[旧属一东]

**枫** fēng 枫树。
[旧属一东]

丹～ 江～ 霜～ 林～ 秋～ 晚～
落～ 锦～ 枯～ 灵～ 青～ 香～
红～ 冷～ 山～ 一林～ 两岸～

**封** fēng 封闭。封赏。
[旧属二冬二宋]

冰～ 雪～ 尘～ 华～ 弥～ 开～
信～ 缄～ 启～ 素～ 密～ 自～
旧～ 四～ 追～ 霜～ 斜～ 查～
万户～ 远山～ 白云～ 烟雨～

**疯** fēng 疯癫。疯狂。

发～ 装～ 撒～ 癫～ 酒～ 逼～
人来～

**峰** fēng 山顶。
[旧属二冬]

群～ 顶～ 数～ 层～ 危～ 山～
洪～ 碧～ 孤～ 奇～ 云～ 主～
驼～ 冰～ 险～ 远～ 乱～ 诸～
眉～ 万～ 巅～ 翠～ 笔～ 晓～
玉～ 晴～ 前～ 雪～ 尖～ 高～
碧玉～ 缥缈～ 落雁～ 白云～
第一～ 飞来～ 最高～ 日观～

**烽** fēng 烽火。
[旧属二冬]

宵～ 边～ 传～ 息～ 狼～ 夜～
塞～ 飞～ 沉～ 斥堠～ 夜望～

**葑** fēng 芜菁。
[旧属二冬二宋]

采～ 泽～ 湖～ 千顷～
(另见仄声 fèng)

**锋** fēng 锋利。
[旧属二冬]

针～ 交～ 挫～ 销～ 折～ 剑～

追～ 禅～ 余～ 前～ 机～ 冲～
霜～ 笔～ 争～ 藏～ 中～ 悬～
摧～ 敛～ 词～ 谈～ 刀～ 冷～
急先～ 百炼～ 不露～ 樱其～

**蜂** fēng 蜜蜂。
[旧属二冬]

群～ 懒～ 园～ 山～ 胡～ 黄～
马～ 游～ 狂～ 工～ 养～ 野～
采花～ 细腰～ 一窝～ 过墙～

**酆** fēng 周朝都邑。姓。
[旧属一东]

**冯** féng 姓。
[旧属一东]
(另见十九青 píng)

**逢** féng 遇到。
[旧属一东二冬三江]

相～ 重～ 偶～ 未～ 再～ 屡～
忽～ 初～ 乍～ 遭～ 难～ 躬～
欣～ 恭～ 每～ 一笑～ 萍水～
喜相～ 千载～ 月下～ 到处～
梦里～ 绝世～

**缝** féng 缝补。缝纫。
[旧属二冬]

针～ 弥～ 可～ 懒～ 新～ 裁～
密密～ 纤手～ 倩人～
(另见仄声 fèng)

**更** gēng 更改。夜记时。
[旧属八庚]

三～ 五～ 敲～ 断～ 残～ 深～
初～ 迭～ 变～ 纷～ 新～ 报～
岁～ 寒～ 打～ 长短～ 寒暑～
岁月～
(另见仄声 gèng)

**庚** gēng 年龄。
[旧属八庚]

年～ 同～ 长～ 呼～ 仓～ 五～
三～ 商～ 后～ 先～ 由～ 盘～
甲～ 梦～ 贵～ 异后～ 斗指～
岁在～

**畊** gēng 同'耕'。
[旧属八庚]

**耕** gēng 耕耘。
[旧属八庚]

春～ 笔～ 烟～ 火～ 力～ 躬～

晨～ 刀～ 归～ 助～ 代～ 寒～
深～ 催～ 耦～ 牛～ 机～ 舌～
辍～ 促～ 锄～ 息～ 心～ 笔～
退而～ 学稼～ 带月～ 白云～
有莘～ 买犊～

**浭** gēng 浭水,蓟运河的上游。

**赓** gēng 继续;赓续。
[旧属八庚]
新～ 重～ 载～ 复～ 共～ 同～
喜起～

**缏** gēng 粗绳索。
[旧属十蒸]
高～ 环～

**鹒** gēng 鸧鹒,黄鹂。
[旧属八庚]
春～ 鸣～ 黄～

**羹** gēng 糊状食物。
[旧属八庚]
甜～ 调～ 鱼～ 和～ 分～ 沸～
太～ 尊～ 菜～ 藜～ 豆～ 羊～
啜～ 蛇～ 香～ 玉～ 尝～ 残～
玉糁～ 水果～ 豆腐～ 一杯～
闭门～ 桂花～

**亨** hēng 顺利。亨通。
[旧属八庚]
咸～ 元～ 泰～ 丰～ 时～ 心～
运～ 遇～ 境～ 先～ 复～ 大～
有时～ 草木～ 民物～

**哼** hēng 哼哼,象声词。
[旧属十三元]

**啈** hēng 叹词,表示禁止。

(另见仄声 hèng)

**脝** hēng 膨脝,肚胀貌。

**行** héng 道行,功夫。
[旧属二十四敬]
(另见三江 háng;十九青 xíng)

**恒** héng 恒久。恒心。
[旧属十蒸]
有～ 无～ 永～ 月～ 来～ 性～
如～ 超～ 咸～ 天道～ 雷风～

**姮** héng 姮娥,嫦娥。

**珩** héng 佩玉。
[旧属八庚]
白～ 佩～ 璜～ 楚～ 沉～

**桁** héng 檩。
[旧属七阳八庚]
屋～ 朱～ 椽～ 一～ 朱雀～

**鸻** héng 海鸟。

**横** héng 横向。
[旧属八庚]
纵～ 云～ 连～ 山～ 剑～ 舟～
笛～ 钗～ 雁～ 气～ 蛮～ 尸～
雁阵～ 桥影～ 一笛～ 老梅～
绿绮～ 膝琴～ 残露～ 半梢～
笔势～ 花影～ 远山～ 玉绳～
蝶乱～ 铁锁～ 画舸～ 一苇～
斗柄～ 大江～ 宝刀～ 荆棘～
(另见仄声 hèng)

**衡** héng 衡量。衡器。
[旧属八庚]
权～ 钧～ 持～ 司～ 鉴～ 连～
倚～ 秉～ 均～ 文～ 平～ 盱～
抗～ 玉～ 争～ 失～ 嵩～ 南～
度量～

**蘅** héng 杜蘅,草药。
[旧属八庚]
红～ 绿～ 园～ 春～ 楚～ 幽～
篱～ 马佩～

**阬** kēng 同'坑'。
[旧属八庚]

**坑** kēng 坑洼。坑道。
陷～ 水～ 弹～ 矿～ 炉～ 茅～
沙～ 土～ 火～ 泥～ 粪～ 雪～
沟～ 满～ 石～ 万人～ 萝卜～

**吭** kēng 吭气。吭声。
[旧属七阳二十三漾]
不～
(另见三江 háng)

**硁** kēng 敲石声。
[旧属八庚]

硁~（形容浅薄固执）

**铿** <sup>kēng</sup> 象声词。
[旧属八庚]
阴~ 铿~ 敲~ 彭~

**棱** <sup>lēng</sup>
[旧属十蒸]
扑~ 摸~ 八~ 金~ 银~
月半~ 石露~ 刀剑~
（另见 léng；十九青 líng）

**嶙** <sup>lēng</sup> 象声词。
嶙~（纺车声）

**崚** <sup>léng</sup> 崚嶒，山高。
[旧属十蒸]
峥~ 昆~

**塄** <sup>léng</sup> 田埂。

**棱** <sup>léng</sup>
[旧属十蒸]
瓦~ 见~ 威~ 锋~ 模~ 觚~
石~ 窗~ 有~ 桌子~ 搓板~
木头~
（另见 lēng；十九青 líng）

**楞** <sup>léng</sup> 同'棱'.

**薐** <sup>léng</sup> 菠薐菜，菠菜。

**蒙** <sup>mēng</sup> 乱猜。昏迷。
[旧属一东]
瞎~ 发~
（另见 méng；仄声 měng）

**龙** <sup>méng</sup> 龙茸，蓬松。
[旧属三江]
（另见三江 máng）

**氓** <sup>méng</sup> 古代称百姓。
[旧属八庚]
愚~ 犬~ 庶~ 群~ 安~ 编~
蚩蚩~
（另见三江 máng）

**虻** <sup>méng</sup> 虫名。
牛~ 麦~ 蚊~

**萌** <sup>méng</sup> 萌牙。萌生。
[旧属八庚]
方~ 群~ 将~ 未~ 复~ 潜~
草木~ 春意~ 万物~

**蒙** <sup>méng</sup> 蒙蔽。蒙昧。
[旧属一东]
昏~ 愚~ 童~ 困~ 尘~ 相~
发~ 开~ 空~ 溟~ 欺~ 启~
承~ 多~ 沂~ 云蒙~ 白蒙~
（另见 mēng；仄声 měng）

**盟** <sup>méng</sup> 发誓。盟约。
[旧属八庚十四敬]
联~ 结~ 要~ 鸥~ 同~ 山~
宗~ 司~ 渝~ 会~ 寻~ 主~
寒~ 新~ 背~ 诗~ 订~ 旧~
乞~ 弃~ 修~ 歃血~ 牛耳~
菊松~ 割臂~ 猿鹤~ 晋齐~
城下~

**甍** <sup>méng</sup> 屋脊。
[旧属八庚]
雕~ 画~ 连~ 翠~ 朱~ 飞~
瑶~ 千~ 紫~ 古~ 绣~ 栋~
万瓦~ 殿西~ 结霞~

**瞢** <sup>méng</sup> 目不明。
[旧属一东一送十蒸]
闿~ 昏~ 云~ 瞢~

**幪** <sup>méng</sup> 帐幕。
[旧属一东一董一送]
复~ 锦~ 绣~ 帡~（庇护）

**濛** <sup>méng</sup> 形容细雨。
[旧属十蒸]
空~ 微~ 鸿~ 冥~ 濛~ 迷~
烟雨~

**檬** <sup>méng</sup> 柠檬。

**曚** <sup>méng</sup> 曚昽，日光不明。
[旧属一东一董]

**朦** <sup>méng</sup> 朦胧。
[旧属一东]

**鹲** <sup>méng</sup> 海鸟。

**礞** <sup>méng</sup> 礞石，矿物。

**矇** <sup>méng</sup> 眼睛失明。
[旧属一东一董]

瞽~ 昏~ 瞍~ 愚~ 瞳~
五缠~ 心矇~

**艨** <sup>méng</sup> 艨艟,古代战船。
[旧属一东一送]

**能** <sup>néng</sup> 能力。能量。
[旧属十蒸十灰]

技~ 无~ 才~ 独~ 鲜~ 选~
异~ 举~ 慧~ 廉~ 授~ 逞~
争~ 称~ 不~ 难~ 多~ 全~
贤~ 可~ 性~ 效~ 低~ 万~
本~ 功~ 热~ 磁~ 电~ 光~
未为~ 百不~ 我独~ 原子~

**氜** <sup>pēng</sup> 同'砰'。

**抨** <sup>pēng</sup> 抨击。
[旧属八庚]

弹~ 惊~

**怦** <sup>pēng</sup> 形容心跳。
[旧属八庚]

怦~ 心~

**砰** <sup>pēng</sup> 象声词。
[旧属八庚]

砰~ 雷~ 磕~ 硼~ 霆~

**烹** <sup>pēng</sup> 烹饪。烹调。
[旧属八庚]

煎~ 割~ 自~ 肥~ 遭~ 油~
珍~ 新~ 晨~ 雀舌~ 对雪~
笋蕨~ 活火~ 走狗~

**嘭** <sup>pēng</sup> 象声词。

嘭~ (敲门声)

**澎** <sup>pēng</sup> 溅。
(另见 péng)

**芃** <sup>péng</sup> 芃芃,植物茂盛。
[旧属一东]

**朋** <sup>péng</sup> 朋友。
[旧属十蒸]

诗~ 邀~ 交~ 得~ 狐~ 同~
作~ 好~ 大~ 携~ 酒~ 丧~
会~ 友~ 良~ 高~ 亲~ 宾~

无~ 百~ 旧~ 寿作~ 月为~
探花~

**堋** <sup>péng</sup> 分水堤。
[旧属十蒸二十五径]

行~ 望~ 泥~ 朝而~ 日中~

**弸** <sup>péng</sup> 充满。
[旧属八庚]

阴~ 绝~

**彭** <sup>péng</sup> 姓。
[旧属八庚]

老~ (长寿者)

**棚** <sup>péng</sup> 棚架。
[旧属八庚]

凉~ 花~ 茶~ 豆~ 顶~ 瓜~
天~ 搭~ 彩~ 松~ 窝~ 锦~
竹~ 书~ 秋~ 战~ 工~ 草~
乞巧~ 莲花~ 傀儡~ 牲口~

**蓬** <sup>péng</sup> 蓬蒿。蓬松。
[旧属一东]

秋~ 飞~ 飘~ 阆~ 旋~ 转~
蒿~ 莲~ 断~ 惊~ 头~ 蓬~
万里~ 陌上~ 久栖~ 独转~

**硼** <sup>péng</sup> 非金属元素。

**搒** <sup>péng</sup> 打大板。
[旧属八庚]
敲~
(另见三江 bàng)

**鹏** <sup>péng</sup> 传说的大鸟。
[旧属十蒸]

鲲~ 奋~ 大~ 博~ 溟~ 云~
北海~ 九霄~ 垂天~ 图南~
化飞~ 天池~

**澎** <sup>péng</sup> 澎湖。
(另见 pēng)

**篷** <sup>péng</sup> 篷子。
[旧属一东]

船~ 芦~ 鸟~ 钓~ 低~ 帐~
敞~ 扯~ 卷~ 张~ 孤~ 疏~
挂~ 雨~ 雪~ 短~ 掩~ 车~
半推~ 雨打~ 风满~

**膨** <sup>péng</sup> 胀大,膨胀。

**鬔** péng 头发松散。[旧属十蒸]

**蟚** péng 蟚蜞,比螃蟹小。

**扔** rēng 抛掷。[旧属十蒸]

**仍** réng 依照。频繁。[旧属十蒸]
一~ 相~ 频~ 因~ 有~ 云~
簿书~ 旧典~ 岁事~

**礽** réng 福。[旧属十蒸]

**僧** sēng 和尚。[旧属十蒸]
诗~ 归~ 孤~ 留~ 逢~ 茶~
访~ 病~ 醉~ 圣~ 斋~ 老~
尼~ 野~ 高~ 山~ 唐~ 寺~
行脚~ 补衲~ 云水~ 坐禅~
苦行~

**鬙** sēng 鬅鬙,头发散乱。[旧属十蒸]

**升** shēng 升腾。[旧属十蒸]
高~ 擢~ 上~ 递~ 日~ 月~
斗~ 盈~ 初~ 东~ 飞~ 云~
同~ 龙~ 退~ 渐~ 攀~ 荣~
月初~ 一轮~ 晚霞~ 如日~

**生** shēng 生育。生存。[旧属八庚]
苍~ 人~ 民~ 平~ 三~ 忘~
谋~ 瘼~ 伏~ 苟~ 残~ 半~
学~ 小~ 鳏~ 写~ 天~ 怎~
先~ 后~ 医~ 死~ 师~ 书~
童~ 长~ 发~ 花~ 放~ 晚~
产~ 寄~ 卫~ 众~ 丛~ 好~
偏~ 重~ 杀~ 云~ 李~ 偷~
回~ 逃~ 舍~ 催~ 夹~ 营~
更~ 贪~ 怒~ 厚~ 虚~ 降~
诞~ 孳~ 轻~ 新~ 再~ 群~
风~ 潮~ 浮~ 养~ 诸~ 初~
陌~ 此~ 双~ 一~ 门~ 今~
来~ 前~ 李~ 春意~ 髀肉~
活生~ 白发~ 悟前~ 治此~
愧吾~ 寄此~

**声** shēng 声音。声誉。[旧属八庚]
风~ 雨~ 涛~ 雷~ 棋~ 贤~
潮~ 雁~ 清~ 娇~ 悲~ 春~
柔~ 轻~ 扬~ 箫~ 吠~ 竹~
蛩~ 车~ 低~ 钟~ 书~ 秋~
吞~ 呼~ 鸟~ 直~ 虫~ 歌~
笑~ 欢~ 正~ 郑~ 大~ 新~
先~ 高~ 和~ 回~ 铃~ 曼~
掌~ 名~ 失~ 相~ 放~ 应~
叹~ 无~ 飞~ 同~ 齐~ 双~
尾~ 哭~ 泉~ 笛~ 机~ 水~
琴~ 蛙~ 政~ 船~ 声~ 有~
弦歌~ 金石~ 马蹄~ 掷地~
夜啼~ 断续~ 淅沥~ 落叶~
爆竹~ 锣鼓~ 鸡犬~ 不吭~

**狌** shēng 黄鼠狼。
鼯~ 狸~ 飞~ 夜~

**牲** shēng 牲畜。[旧属八庚]
牺~ 牢~ 特~ 用~ 奉~ 宰~
割~ 大~ 荐~ 陈~ 洁~ 牵~
十二~ 四时~

**笙** shēng 管乐器。[旧属八庚]
吹~ 竽~ 玉~ 匏~ 芦~ 凤~
瓶~ 鸾~ 调~ 银~ 桃~ 晓~
紫~ 鹤~ 琼~ 云和~ 巧奏~
叶底~

**甥** shēng 外甥。[旧属八庚]
舅~ 诸~ 馆~ 弥~ 贵~ 携~
似舅~ 鲁直~ 在此~

**渑** shēng 人名用字。

**鼪** shēng 黄鼬。[旧属八庚]
猫~ 飞~

**渑** shéng 古水名。[旧属十蒸]
淄~ 崤~ 绿~ 酒如~ 辨淄~
(另见十一先 miǎn)

**绳** shéng 绳索。纠正。[旧属十蒸]

准~ 纤~ 丝~ 麻~ 玉~ 彩~
赤~ 长~ 结~ 搓~ 走~ 缰~
缆~ 跳~ 引~ 系~ 大~ 墨~
规~ 受~ 牵~ 线~ 钢~ 拉~
雨如~ 上吊~ 贯彩~ 红头~

**熥** tēng 凉熟食再蒸。

熥一~

**鼟** tēng 鼟鼟,鼓声。
[旧属十蒸]

**疼** téng 疼痛。疼爱。

头~ 心~ 手~ 酸~ 偏~ 发~
生~ 不~ 怕~ 最~ 很~ 刺~

**腾** téng 腾跃。
[旧属十蒸]

龙~ 翻~ 云~ 上~ 烟~ 飞~
骁~ 折~ 升~ 蒸~ 欢~ 奔~
沸~ 图~ 势~ 凤~ 神~ 轩~
远~ 光~ 价~ 超~ 声~ 驹~
万里~ 地气~ 声誉~ 虎气~
紫云~ 海日~ 风雷~ 喜气~

**誊** téng 誊写。
[旧属十蒸]

缮~ 抄~ 手~ 传~ 代~ 重~
照样~ 倩人~

**滕** téng 周朝国名。
[旧属十蒸]

长~ 先~ 朱~ 笑~

**螣** téng 螣蛇,传说会飞的蛇。
[旧属十蒸十三职]

**縢** téng 束缚。
[旧属十蒸]

金~ 绳~ 绿~ 行~ (绑腿)

**藤** téng 藤蔓。
[旧属十蒸]

瘦~ 钩~ 老~ 蔓~ 翠~ 疏~
古~ 寒~ 蟠~ 葛~ 攀~ 紫~
青~ 黄~ 枯~ 长~ 悬~ 牵~
树困~ 月挂~ 卧古~ 长春~

**鰧** téng 鱼名。

**翁** wēng 老头。
[旧属一东]

老~ 渔~ 钓~ 野~ 醉~ 仙~
山~ 邻~ 塞~ 村~ 诗~ 盲~
田舍~ 主人~ 白发~ 不倒~
百岁~ 蓑笠~

**嗡** wēng 象声词。

嗡~

**滃** wēng 滃江,广东水名。
[旧属一董]
(另见仄声 wěng)

**鶲** wēng 鸟名。

**鰧** wēng 鱼名。

**曾** zēng 间隔两代。
[旧属十蒸]

高~ 孙~
(另见 céng)

**增** zēng 增加。
[旧属十蒸]

倍~ 递~ 岁~ 量~ 虚~ 月~
日~ 方~ 加~ 大~ 寿~ 价~
气益~ 岁月~ 白发~ 寒气~

**憎** zēng 憎恨。
[旧属十蒸]

爱~ 嫌~ 怨~ 可~ 生~ 取~
痛~ 屡~ 心~ 有谁~ 无所~

**缯** zēng 丝织品统称。
[旧属十蒸]

金~ 丝~ 绛~ 锦~ 裂~ 贩~
赤~ 素~ 彩~ 公子~ 一尺~
(另见仄声 zèng)

**罾** zēng 方形鱼网。
[旧属十蒸]

鱼~ 投~ 挂~ 溪~ 下~ 扳~
大~ 泽中~ 蛟可~

**矰** zēng 绳箭。
[旧属十蒸]

飞~ 弋~ 缴~ 短~ 设~ 高~
白羽~ 巧避~ 不受~

**丁** zhēng 丁丁,象声词。
[旧属八庚]
(另见十九青 dīng)

**正** <sup>zhēng</sup> 正月。
[旧属八庚]

新~ 春~ 元~ 夏~
(另见仄声 zhèng)

**争** <sup>zhēng</sup> 争夺。争执。
[旧属八庚]

竞~ 抗~ 不~ 息~ 蚁~ 虎~
纷~ 战~ 相~ 交~ 力~ 论~
斗~ 无~ 兵~ 喧~ 雄~ 刬~
龙虎~ 莫与~ 蜗角~ 鹬蚌~
口舌~ 分秒~

**征** <sup>zhēng</sup> 征程。征收。
[旧属八庚]

出~ 从~ 远~ 东~ 孤~ 徂~
西~ 催~ 遐~ 师~ 长~ 南~
宵~ 特~ 象~ 开~ 科~ 休~
明~ 无~ 停~ 不足~ 万里~
布缕~ 雁南~

**怔** <sup>zhēng</sup> 心悸。
(另见仄声 zhèng)

**挣** <sup>zhēng</sup> 挣扎。

苦~ 力~ 死~ 硬~ 扎~
(另见仄声 zhèng)

**峥** <sup>zhēng</sup> 峥嵘。
[旧属八庚]

嵘~ 霄~ 泓~ 崩~

**狰** <sup>zhēng</sup> 狰狞。

**钲** <sup>zhēng</sup> 打击乐器。
[旧属八庚]

金~ 铜~ 鸣~ 敲~ 叩~ 银~
晓~ 旆~ 扣~ 鼓~ 悬~ 箫~

**症** <sup>zhēng</sup> 症结。
[旧属十蒸]

(另见仄声 zhèng)

**烝** <sup>zhēng</sup> 众多。
[旧属十蒸二十五径]

饮~ 烝~ 房~ 林~ 庐~ 尝~
冬~ 享~ 浮~ 雨~ 郁~ 炎~
己卯~ 冬日~

**睁** <sup>zhēng</sup> 张开眼睛。

眼睁~

**铮** <sup>zhēng</sup> 象声词。
[旧属八庚]

铋~ 铿~ 铮~
(另见仄声 zhèng)

**筝** <sup>zhēng</sup> 古乐器。
[旧属八庚]

风~ 调~ 鸣~ 银~ 凤~ 瑶~
琴~ 秦~ 轧~ 闻~ 抚~ 鼓~
索~ 哀~ 鸿~ 横~ 小~ 排~
拍~ 推~ 宝~ 求~ 理~ 弹~
月夜~ 玉人~ 井凉~

**蒸** <sup>zhēng</sup> 蒸发。
[旧属十蒸]

气~ 云~ 霞~ 烂~ 薪~ 樵~
暑~ 郁~ 炎~ 熏~ 蒸~ 水~
暑气~ 花露~

**鬇** <sup>zhēng</sup> 鬇鬡,头发蓬松。
[旧属八庚]

**鲭** <sup>zhēng</sup> 鱼肉杂烩。
[旧属八庚]

饭~ 言~ 煮~ 醒酒~ 五侯~
(另见十九青 qīng)

# 仄 声

**菶** běng 草木茂盛。
[旧属一董]
萋~ 菶~ 蓊~

**绷** běng 板着。
[旧属八庚]
（另见 bèng；平声 bēng）

**琫** běng 刀鞘饰物。
[旧属一董]
玉~ 剑~ 佩~ 镣~

**泵** bèng 压力机。
水~ 风~ 电~ 气~ 油~

**迸** bèng 迸溅。
[旧属二十四敬]
飞~ 珠~ 石~ 泉~ 泪~ 流~
远~ 波~ 笋~ 奔~ 乱~ 血~
蒲芽~ 白发~ 滑欲~

**蚌** bèng 蚌埠，安徽地名。
[旧属三讲]
（另见三江 bàng）

**绷** bèng 裂开。
[旧属八庚]
（另见 běng；平声 bēng）

**甏** bèng 坛子；瓮。
酒~ 瓦~ 缸~

**镚** bèng 镚子，硬币。

**蹦** bèng 跳。
蹦~ 活~ 欢~ 一~ 直~ 飞~

**蹭** cèng 行动迟缓。
磨~ 往前~

**逞** chěng 达到目的。
[旧属二十三梗]

得~ 未~ 不~ 一~ 巧~ 骄~

**骋** chěng 马跑。放开。
[旧属二十三梗]
驰~ 驱~ 腾~ 骥足~ 靡所~
志未~ 无由~ 妙思~

**裎** chěng 对襟单衣。
[旧属二十三梗]
（另见平声 chéng）

**秤** chèng 杆秤。
磅~ 司~ 过~ 掌~ 案~ 地~
掉~ 台~ 开~ 亏~ 盘~ 折~
市~ 抬~ 压~ 小~ 轻~ 举~
天平~ 公平~ 一杆~ 弹簧~

**牚** chèng 斜柱。

**等** děng 等级。等候。
[旧属二十四迥]
平~ 头~ 高~ 初~ 上~ 减~
同~ 殊~ 何~ 公~ 空~ 立~
相~ 降~ 三~ 会~ 列~ 齐~
独~ 优~ 特~ 超~ 坐~ 等~
此~ 我~ 彼~ 这~ 不~ 尔~
半途~ 彻夜~

**戥** děng 戥子，小秤。

**邓** dèng 姓。
[旧属二十五径]

**凳** dèng 凳子。
[旧属二十五径]
木~ 长~ 板~ 床~ 几~ 机~
老虎~

**嶝** dèng 山道。
[旧属二十五径]
悬~ 梯~ 松~ 回~ 石~ 险~

**澄** dèng 滤清。
[旧属十蒸]
（另见平声 chéng）

**磴** dèng 石头台阶。
[旧属二十五径]
石~ 岩~ 萝~ 盘~ 松~ 云~

**瞪** dèng 直视。
[旧属八庚]

怒目~ 看海~ 怒鲸~

**镫** dèng 马镫。[旧属二十五径]

鞍~ 金~ 脚~ 敲金~ 鸣金~
（另见平声 dēng）

**蹬** dèng 蹭蹬，不得意。[旧属二十五径]
（另见平声 dēng）

**讽** fěng 讽刺。讽诵。[旧属一送]

吟~ 嘲~ 讥~ 隐~ 托~ 微~
指~ 九~ 感~ 嗟~ 謷~ 传~
箴~ 微~ 热~ 君子~ 片言~
诗多~

**覂** fěng 颠覆。[旧属二肿]

财~ 告~ 穷~ 驾~ 匮~

**唪** fěng 大声吟诵。[旧属一董]

**凤** fèng 凤凰。[旧属一送]

龙~ 彩~ 双~ 鸾~ 丹~ 幺~
鸣~ 猎~ 骑~ 绣~ 玉~ 附~
舞~ 吐~ 金~ 孤~ 学~ 浴~
朝阳~ 箫史~ 钗头~ 桐花~

**奉** fèng 奉献。奉候。[旧属二肿]

侍~ 信~ 应~ 翼~ 承~ 推~
欣~ 新~ 天~ 共~ 顺~ 阳~
遵~ 崇~ 供~ 敬~ 素~ 呈~
甘旨~ 玉帛~ 风雨~ 公家~

**俸** fèng 俸禄。[旧属二宋]

薄~ 鹤~ 厚~ 分~ 增~ 微~
清~ 薪~ 月~ 学~ 年~ 官~

**葑** fèng 菰根。[旧属二宋]

菰~ 春~ 枯~ 荄~ 浮~ 田~
除~ 湖~ 积~ 万顷~
（另见平声 fēng）

**赗** fèng 丧礼。[旧属一送]

赗~ 列~ 赠~ 归~ 追~ 周~

诸侯~ 千缣~

**缝** fèng 缝隙。[旧属二宋]

石~ 墙~ 瓦~ 甲~ 络~ 锦~
薜~ 冰~ 衣~ 泥~ 裂~ 破~
书~ 裤~ 无~ 见~ 门~ 帘~
（另见平声 féng）

**埂** gěng 田间小路。

土~ 田~ 山~ 旧~ 堤~ 地~

**耿** gěng 光明。耿直。[旧属二十三梗]

耿~ 光~ 忧~ 酸~ 清~
银河~ 斜汉~

**哽** gěng 语塞。[旧属二十三梗]

悲~ 哀~ 泣~ 悲咽~ 银河~

**绠** gěng 汲水用的绳子。[旧属二十三梗]

汲~ 修~ 短~ 素~ 纤~
红丝~ 汲井~

**梗** gěng 茎。顽固。阻塞。[旧属二十三梗]

作~ 顽~ 桃~ 路~ 道~ 横~
泛~ 断~ 萍~ 土~ 强~ 纷~
浮~ 榛~ 艰~ 荒~ 蓬~ 花~
人情~ 为国~ 三江~ 双崤~

**颈** gěng 脖子。[旧属二十三梗]

脖~
（另见十九青 jǐng）

**鲠** gěng 鱼骨刺喉。[旧属二十三梗]

清~ 忠~ 刚~ 强~ 骨~ 祝~
高~ 汲~ 峭~ 如~

**更** gèng 愈加。再。[旧属二十四敬]
（另见平声 gēng）

**堩** gèng 道路。

**晅** gèng 晒。

**哼** hèng 发狠的声音。
(另见平声 hēng)

**横** hèng 横暴。
[旧属二十四敬]
蛮~ 强~ 骄~ 暴~ 凶~ 专~
(另见平声 héng)

**冷** lěng 温度低。
[旧属二十三梗]
寒~ 月~ 水~ 风~ 露~ 衾~
衣~ 花~ 云~ 天~ 香~ 齿~
冰~ 泉~ 梦~ 霜~ 清~ 生~
春~ 心~ 枕~ 袪~ 灰~ 夜~
烟波~ 秋月~ 空山~ 珠帘~

**埁** lèng 长头埁，江西地名。

**愣** lèng 发呆。鲁莽。
发~ 呆~

**睖** lèng 睁大眼睛注视。

**勐** měng 勇敢。傣族区划。

**猛** měng 猛烈。
[旧属二十三梗]
威~ 勇~ 刚~ 势~ 力~ 凶~
虎~ 鸷~ 生~ 不忍~ 示服~
宽济~

**蒙** měng 蒙古族简称。
[旧属一东]
内~
(另见平声 mēng;méng)

**锰** měng 金属元素。

**蜢** měng 蚱蜢。
[旧属二十三梗]

**艋** měng 舴艋，小船。
[旧属二十三梗]

**獴** měng 哺乳动物。
蟹~ 蛇~

**懵** měng 懵懂。
[旧属一东一董]

坐~ 懵~ (无知貌)

**蠓** měng 昆虫。
[旧属一董]
蠛~ 一~ 飞~ 无蚊~

**孟** mèng 排行第一。
[旧属二十四敬]
孔~ 荀~ 颜~ 赵~ 论~ 优~
季~ (伯仲)

**梦** mèng 梦幻。
[旧属一送]
乡~ 幽~ 清~ 别~ 美~ 佳~
春~ 秋~ 寻~ 客~ 昼~ 远~
断~ 归~ 恶~ 异~ 痴~ 占~
吉~ 妖~ 香~ 乱~ 圆~ 云~
旧~ 鹤~ 醉~ 薄~ 短~ 寄~
无~ 睡~ 幻~ 魂~ 入~ 大~
如~ 午~ 宵~ 若~ 残~ 噩~
迷~ 同~ 说~ 好~ 惊~ 梦~
黄粱~ 蝴蝶~ 南柯~ 神女~
高阳~ 鸳鸯~ 相思~ 梦中~
华胥~

**捧** pěng 用双手托。
[旧属二肿]
手~ 花~ 云~ 亲~ 拜~ 双~
跪~ 满~ 高~ 红袖~ 千官~
圆荷~ 紫泥~ 神人~

**椪** pèng 椪柑，乔木。

**碰** pèng 撞击。相遇。
磕~ 相~

**省** shěng 节约。省份。
[旧属二十三梗]
俭~ 节~ 减~ 分~ 行~ 外~
工夫~ 东三~
(另见十九青 xǐng)

**眚** shěng 目生翳。过错。
[旧属二十三梗]
大~ 灾~ 白~ 思~ 非~ 一~
降妖~

**圣** shèng 圣洁。圣贤。
[旧属二十四敬]
诗~ 至~ 大~ 神~ 棋~ 彦~
后~ 笔~ 希~ 明~ 仁~ 清~

书～ 天～ 宗～ 元～ 草～ 酒～
孙大～

**胜** shèng 胜利。胜景。
[旧属二十五径]

决～ 得～ 全～ 常～ 争～ 战～
获～ 优～ 制～ 乘～ 形～ 春～
好～ 取～ 名～ 百～ 入～ 大～
虑～ 彩～ 万～ 不～ 卜～ 花～
十～ 孰～ 难～ 未～ 能～ 易～
山川～ 呼卢～

**晟** shèng 光明。兴盛。
[旧属二十四敬]
(另见平声 chéng)

**乘** shèng 史书。车辆。
[旧属二十五径]

车～ 千～ 万～ 卒～ 超～ 骖～
上～ 史～ 家～ 大～ 野～ 密～
(另见平声 chéng)

**盛** shèng 盛大。兴旺。
[旧属二十四敬]

茂～ 丰～ 繁～ 兴～ 隆～ 贵～
旺～ 昌～ 鼎～ 强～ 业～ 气～
花木～ 儒风～ 才华～
(另见平声 chéng)

**剩** shèng 剩余。
[旧属二十五径]

下～ 余～ 少～ 应有～ 奇零～

**椉** shèng 同'乘'。
(另见平声 chéng)

**嵊** shèng 嵊县,浙江地名。

**塕** wěng 尘土。
[旧属一董]

出埃～ 乱吹～

**蓊** wěng 草木茂盛。
[旧属一董]

郁～

**滃** wěng 水盛貌。云起貌。
[旧属一董]

雾～ 流～ 郁～ 云～
(另见平声 wēng)

**瓮** wèng 陶器。

**蕹** wèng 蕹菜。

**齆** wèng 鼻塞。

**綜** zèng 织布机装置。
[旧属二宋]
(另见一东 zōng)

**铴** zèng 闪光耀眼。

**缯** zèng 绑;扎。
[旧属十蒸]
(另见平声 zēng)

**赠** zèng 赠送。
[旧属二十五径]

馈～ 持～ 投～ 分～ 遥～ 捐～
千金～ 麦舟～ 瑶华～ 绨袍～
宝刀～ 指国～

**甑** zèng 炊具。
[旧属二十五径]

石～ 堕～ 釜～ 尘生～ 破釜～

**拯** zhěng 拯救。
[旧属二十四迥]

拔～ 匡～ 不～ 哀～ 谁～ 包～

**整** zhěng 整齐。整顿。
[旧属二十三梗]

调～ 完～ 严～ 重～ 修～ 齐～
平～ 零～ 整～ 几席～ 庭除～
篱落～

**正** zhèng 正中。正直。
[旧属二十四敬]

矫～ 更～ 改～ 匡～ 方～ 中～
反～ 立～ 端～ 纯～ 斧～ 修～
平～ 严～ 上～ 夏～ 清～ 真～
严～ 周～ 守～ 持～ 转～ 务～
扶～ 刚～ 归～ 廉～ 笔～ 身～
秉～ 指～ 就～ 纠～ 公～ 校～
(另见平声 zhēng)

**证** zhèng 证明。证据。
[旧属二十五径]

凭～ 指～ 见～ 引～ 考～ 保～
旁～ 论～ 足～ 人～ 物～ 左～

实~ 铁~ 作~ 印~ 伪~ 取~

**郑** zhèng 周朝国名。
[旧属二十四敬]

**怔** zhèng 发愣;发呆。

怔~
(另见平声 zhēng)

**诤** zhèng 直言规劝。
[旧属二十四敬]

**政** zhèng 政治。事务。
[旧属二十四敬]
辅~ 宽~ 荒~ 朝~ 善~ 行~
施~ 秉~ 德~ 民~ 简~ 市~
从~ 苛~ 执~ 国~ 专~ 听~
财~ 农~ 军~ 家~ 邮~ 党~

**挣** zhèng 挣钱的挣。

(另见平声 zhēng)

**阐** zhèng 阐闳,挣扎。

**症** zhèng 症状。
[旧属十蒸]
癌~ 病~ 寒~ 结~ 热~ 实~
死~ 顽~ 炎~ 急~ 险~ 临~
对~ 虚~ 绝~ 膏肓~ 后遗~

(另见平声 zhēng)

**铮** zhèng 铮亮。

(另见平声 zhēng)

# 三　江

## 平　声

**卬** áng 我。同'昂'。姓。
[旧属七阳]
顒 ~ 枝 ~ 四时 ~

**昂** áng 昂首。昂扬。
[旧属七阳]
高 ~ 轩 ~ 激 ~ 枝 ~ 颙 ~ 形 ~
自 ~ 价 ~ 低 ~ 气昂 ~ 首一 ~
四时 ~

**邦** bāng 国。
[旧属三江]
友 ~ 建 ~ 旧 ~ 海 ~ 他 ~ 贵 ~
怀 ~ 为 ~ 藩 ~ 异 ~ 邻 ~ 盟 ~
兴 ~ 安 ~ 万 ~ 新 ~ 大 ~ 丧 ~
乡 ~ 联 ~ 家 ~ 唇齿 ~ 威远 ~
礼义 ~ 乌托 ~

**帮** bāng 帮助。帮派。
相 ~ 互 ~ 黑 ~ 结 ~ 大 ~ 匪 ~
船 ~ 鞋 ~ 马 ~ 白菜 ~ 青红 ~
四人 ~

**梆** bāng 敲木声。

**梆** bāng 打更用的梆子。
[旧属三江]

**浜** bāng 小河。
击 ~ 更 ~ 寒 ~ 街 ~ 敲 ~ 河 ~
鱼 ~ 水 ~ 池 ~ 小 ~ 草 ~ 横 ~

**仓** cāng 仓房;仓库。
[旧属七阳]
囷 ~ 积 ~ 空 ~ 陈 ~ 农 ~ 漏 ~
开 ~ 倾 ~ 储 ~ 钱 ~ 船 ~ 社 ~
太 ~ 清 ~ 千 ~ 粮 ~ 义 ~ 翻 ~
谷满 ~ 海陵 ~ 常满 ~ 不涸 ~
大盈 ~ 甘泉 ~ 永丰 ~ 储备 ~

**伧** cāng 粗野。
[旧属八庚]
老 ~ 饥 ~ 荒 ~ 彼 ~ 穷 ~ 鄙 ~
语音 ~ 未饶 ~
(另见十八真 chēn)

**苍** cāng 苍白。苍天。
[旧属七阳]
上 ~ 郁 ~ 青 ~ 穹 ~ 彼 ~ 昊 ~
皓 ~ 色 ~ 发 ~ 须 ~ 莽 ~ 空 ~
鬓毛 ~ 天苍 ~

**沧** cāng 青绿色。
[旧属七阳]
澜 ~ 渠 ~ 沧 ~ 兰 ~ 渔 ~ 清 ~

**鸧** cāng 鸧鹒,黄鹂。
[旧属七阳]
奇 ~ 云 ~ 灵 ~ 鸿 ~ 鸥 ~ 凫 ~

**舱** cāng 舱室。
船 ~ 空 ~ 满 ~ 机 ~ 客 ~ 前 ~

**藏** cáng 隐藏。储藏。
[旧属七阳]
收 ~ 贮 ~ 躲 ~ 蕴 ~ 窝 ~ 闭 ~
冬 ~ 包 ~ 自 ~ 内 ~ 秘 ~ 深 ~
龟 ~ 怀 ~ 旧 ~ 心 ~ 珍 ~ 璧 ~
密 ~ 不 ~ 久 ~ 家 ~ 身 ~ 私 ~
世 ~ 夜 ~ 胸 ~ 埋 ~ 暗 ~ 潜 ~
天地 ~ 泥中 ~ 良弓 ~ 捉迷 ~
(另见仄声 zàng)

**伥** chāng 伥鬼。
[旧属七阳]
虎 ~ 盲 ~ 鬼 ~ 作 ~ 夜 ~ 伥 ~

**昌** chāng 昌盛。昌明。
[旧属七阳]
永 ~ 文 ~ 百 ~ 邦 ~ 盛 ~ 顺 ~
德 ~ 家 ~ 祚 ~ 其 ~ 国 ~ 炽 ~
万物 ~ 五世 ~ 道德 ~

**倡** chāng 艺人。娼妓。
[旧属七阳]

优～ 俳～ 客～ 歌～ 戏～ 女～
幸～ 庸～ 浩～ 义～ 故～ 名～
酒家～ 常从～ 青楼～ 路边～

**菖** chāng 菖蒲。
[旧属七阳]

石～ 白～ 泥～ 浮～ 饵～ 蒲～
夏日～ 满地～ 雨湿～ 卧地～

**猖** chāng 猖狂。
[旧属七阳]

披～ 奸～

**阊** chāng 阊阖,天门。
[旧属七阳]

金～ 吴～ 阖～ 不过～

**娼** chāng 妓女。
[旧属十九皓]

暗～ 嫖～ 狎～ 载～ 夜～ 携～
宿～ 游～ 为～ 捉～

**鲳** chāng 鲳鱼。
[旧属七阳]

**长** cháng 长度。长处。
[旧属七阳二十三漾]

昼～ 夜～ 日～ 眉～ 颈～ 路～
漏～ 梦～ 宵～ 修～ 伟～ 擅～
谋～ 韵～ 臂～ 尾～ 短～ 专～
寸～ 见～ 绵～ 漫～ 悠～ 顾～
取～ 特～ 天～ 冗～ 鞭～ 截～
舒～ 延～ 久～ 所～ 扬～ 深～
寿域～ 地脉～ 夏日～ 岁月～
瑞烟～ 意味～ 引兴～ 滟滟～
(另见仄声 zhǎng)

**场** cháng 空地。市集。
[旧属七阳]

打～ 起～ 赶～ 梦一～
(另见仄声 chǎng)

**苌** cháng 苌楚,猕猴桃。
[旧属七阳]

毛～

**肠** cháng 肠子。
[旧属七阳]

饥～ 愁～ 柔～ 羊～ 刚～ 盲～
肺～ 鱼～ 烂～ 刮～ 腐～ 寸～
枯～ 肝～ 鸡～ 沥～ 空～ 洗～
煎～ 抽～ 妒～ 衷～ 心～ 诗～
牵～ 断～ 热～ 酒～ 别～ 回～

冰雪～ 铁石～ 感人～ 千结～
无它～

**尝** cháng 尝试。曾经。
[旧属七阳]

未～ 何～ 品～ 先～ 不～ 同～
屡～ 口～ 独～ 再～ 细～ 初～
共～ 亲～ 饱～ 备～ 点～ 已～
每度～ 尔来～ 自在～ 次第～

**徜** cháng 徜徉。同'徜徉'。
(另见仄声 tǎng)

**常** cháng 常规。常事。
[旧属七阳]

平～ 不～ 顺～ 循～ 违～ 超～
反～ 经～ 无～ 时～ 通～ 往～
照～ 故～ 如～ 失～ 日～ 寻～
非～ 家～ 伦～ 异～ 正～ 常～
以为～ 隐其～ 静于～ 亦是～

**偿** cháng 偿还。
[旧属七阳二十三漾]

赔～ 清～ 补～ 密～ 代～ 酬～
不～ 奉～ 归～ 无～ 抵～ 报～
如愿～ 百全～ 无意～ 不足～
不求～ 十倍～ 何以～ 后日～

**徜** cháng 徜徉,闲游。

**裳** cháng 古指裙子。
[旧属七阳]

霓～ 云～ 锦～ 荷～ 黄～ 制～
拂～ 拖～ 缇～ 衣～ 露～ 解～
搴～ 仙～ 瑶～ 绡～ 绣～ 裂～
红～ 绿～ 垂～ 绛～ 素～ 襦～
揽～ 挽～ 裙～ 风为～ 水溅～
藕丝～ 芙蓉～ 汗透～ 纨绔～
披薄～

**嫦** cháng 嫦娥。

**创** chuāng 创伤。
[旧属七阳]

被～ 刀～ 重～ 金～ 受～ 旧～
(另见仄声 chuàng)

**㧱** chuāng 撞击。
[旧属三江]

㧱～ 峥～ 撑～ 春～ 夜～ 轻～

玉润 ～ 谁敢 ～

## 疮 chuāng 疮口。疮疤。
[旧属七阳]

生 ～ 湿 ～ 恶 ～ 面 ～ 舐 ～ 千 ～
头 ～ 洗 ～ 吮 ～ 治 ～ 疣 ～ 暗 ～
奇 ～ 疡 ～ 舌 ～ 冻 ～ 褥 ～ 口 ～
毒 ～ 刀 ～ 金 ～ 补 ～ 脓 ～ 旧 ～
恶生 ～ 眼前 ～ 鬓边 ～ 刀箭 ～
癞疥 ～

## 窗 chuāng 窗户。
[旧属三江]

寒 ～ 绮 ～ 南 ～ 风 ～ 秋 ～ 夜 ～
琐 ～ 东 ～ 篷 ～ 推 ～ 人 ～ 倚 ～
远 ～ 橱 ～ 半 ～ 曙 ～ 溪 ～ 掩 ～
穿 ～ 窥 ～ 雪 ～ 灯 ～ 万 ～ 萤 ～
月 ～ 满 ～ 午 ～ 小 ～ 打 ～ 纱 ～
纸 ～ 隔 ～ 晴 ～ 晓 ～ 芸 ～ 映 ～
船 ～ 开 ～ 楼 ～ 天 ～ 同 ～ 绿 ～
启 ～ 透 ～ 疏 ～ 北 ～ 书 ～ 当 ～
推 ～ 翻 ～ 越 ～ 月明 ～ 冷涵 ～
听雨 ～ 雨过 ～ 四面 ～ 蝶满 ～
短篷 ～ 琉璃 ～ 百叶 ～ 玉女 ～

## 牕 chuāng 同'窗'。

## 床 chuáng 床铺。
[旧属七阳]

寝 ～ 石 ～ 满 ～ 上 ～ 大 ～ 铁 ～
木 ～ 下 ～ 板 ～ 安 ～ 半 ～ 偎 ～
同 ～ 冰 ～ 机 ～ 车 ～ 苗 ～ 绳 ～
捶 ～ 卧 ～ 绣 ～ 刨 ～ 扶 ～ 起 ～
择 ～ 温 ～ 空 ～ 牙 ～ 藤 ～ 河 ～
临 ～ 琴 ～ 糟 ～ 笔 ～ 东 ～ 蹦 ～
书满 ～ 上下 ～ 水精 ～ 月照 ～
地为 ～ 一张 ～ 可容 ～ 双人 ～

## 幢 chuáng 旗。石柱。
[旧属三江]

经 ～ 石 ～ 佛 ～ 幡 ～ 建 ～ 玉 ～
麾 ～ 牙 ～ 如 ～ 华 ～ 宝 ～ 寺 ～
梵天 ～ 七宝 ～ 寺门 ～ 羽葆 ～

(另见仄声 zhuàng)

## 当 dāng 相称。担任。
[旧属七阳]

相 ～ 担 ～ 武 ～ 仰 ～ 两 ～ 可 ～
合 ～ 充 ～ 何 ～ 莫 ～ 承 ～ 理 ～
难 ～ 应 ～ 郎 ～ 独 ～ 身 ～ 家 ～
瓦 ～ 叮 ～ 当 ～ 不敢 ～ 未易 ～
以身 ～ 职所 ～ 论举 ～ 不足 ～

(另见仄声 dàng)

## 珰 dāng 耳垂。
[旧属七阳]

明 ～ 玉 ～ 琅 ～ 垂 ～ 金 ～ 耳 ～
悬 ～ 饰 ～ 宝 ～ 巨 ～ 佩 ～ 裙 ～
珠 ～ 缀 ～ 双 ～ 圆 ～ 翠 ～ 珥 ～
银 ～ 名 ～ 华 ～ 瑶 ～ 丁 ～ 献 ～
明月 ～ 合欢 ～ 江南 ～

## 铛 dāng 金属撞击声。
[旧属七阳]

银 ～ 铛 ～ 铃 ～

(另见二庚 chēng)

## 裆 dāng 两腿中间。
[旧属七阳]

裤 ～ 横 ～ 直 ～ 开 ～ 腿 ～ 胯 ～
绣 ～ 锦 ～ 两 ～

## 蛸 dāng 螳蛸，蜘蛛。
[旧属七阳]

## 筜 dāng 篔筜，水竹。
[旧属七阳]

## 方 fāng 方向。方法。
[旧属七阳]

东 ～ 大 ～ 有 ～ 官 ～ 西 ～ 正 ～
南 ～ 北 ～ 天 ～ 立 ～ 偏 ～ 良 ～
前 ～ 后 ～ 四 ～ 双 ～ 远 ～ 孔 ～
万 ～ 地 ～ 对 ～ 八 ～ 上 ～ 多 ～
朔 ～ 土 ～ 药 ～ 单 ～ 秘 ～ 无 ～
比 ～ 端 ～ 平 ～ 天一 ～ 在何 ～
千金 ～ 济时 ～

## 邡 fāng 什邡，四川地名。
[旧属七阳]

## 坊 fāng 里巷。坊间。
[旧属七阳]

街 ～ 祭 ～ 旧 ～ 幽 ～ 深 ～ 内 ～
两 ～ 牌 ～ 书 ～ 白纸 ～ 节义 ～

(另见 fáng)

## 芳 fāng 芳香。花卉。
[旧属七阳]

芬 ～ 遗 ～ 垂 ～ 凝 ～ 探 ～ 清 ～
众 ～ 孤 ～ 流 ～ 寻 ～ 春 ～ 群 ～
含 ～ 兰 ～ 漱 ～ 蕙 ～ 贻 ～ 晚 ～
桃李 ～ 清且 ～ 椒兰 ～ 百世 ～

**枋** <sup>fāng</sup> 木名。横木。
[旧属七阳]
榆~ 苏~ 杞~ 修桥~

**钫** <sup>fāng</sup> 器皿。
[旧属七阳]
铜~ 武安~

**蚄** <sup>fāng</sup> 蚄蚄,黏虫。
[旧属七阳]

**防** <sup>fáng</sup> 防备。防守。
[旧属七阳二十三漾]
堤~ 海~ 自~ 慎~ 严~ 备~
须~ 犹~ 早~ 身~ 应~ 岸~
周~ 布~ 撤~ 国~ 预~ 提~
关~ 消~ 谨~ 边~ 设~ 驻~
冷不~ 不易~

**坊** <sup>fáng</sup> 作坊。
[旧属七阳]
油~ 染~ 磨~ 粉~ 春~ 酒~
教~ 织~ 村~ 茶~ 客~ 邻~
(另见 fāng)

**妨** <sup>fáng</sup> 妨碍。
[旧属七阳二十三漾]
不~ 无~ 意~ 相~ 乍~ 何~
隘而~

**肪** <sup>fáng</sup> 脂肪。
[旧属七阳]
膏~ 割~ 松~ 凝~ 白如~

**房** <sup>fáng</sup> 房子。房间。
[旧属七阳]
危~ 简~ 旧~ 空~ 公~ 私~
无~ 分~ 租~ 建~ 幽~ 后~
造~ 闺~ 绕~ 莲~ 心~ 山~
药~ 禅~ 阿~ 僧~ 蜗~ 库~
工~ 厂~ 厨~ 换~ 瓦~ 草~
花~ 蜂~ 平~ 楼~ 文~ 营~
书~ 新~ 暖~ 乳~ 婚~ 洞~
商品~ 产权~ 简易~ 过渡~
平价~ 二手~ 积压~ 空关~

**鲂** <sup>fáng</sup> 鱼名。
[旧属七阳]
河~ 鲤~ 钓~ 青~ 饵~ 食~

**冈** <sup>gāng</sup> 低平的山脊。
[旧属七阳]
山~ 东~ 南~ 沙~ 茅~ 长~

孤~ 春~ 翠~ 林~ 寒~ 峦~
横~ 泷~ 虎~ 高~ 平~ 昆~
云~ 井~ 崇~ 千仞~ 景阳~
万松~

**扛** <sup>gāng</sup> 举。抬。
[旧属三江]
力~ 抬~ 分~ 十人~ 鼎可~
不可~ 一手~ 独力~ 千钧~
五丁~ 笔力~
(另见 káng)

**刚** <sup>gāng</sup> 硬;坚强。
[旧属七阳]
方~ 性~ 义~ 吴~ 外~ 摧~
贞~ 清~ 精~ 锐~ 内~ 淳~
雄~ 气~ 金~ 志~ 坚~ 刚~
柔制~ 断以~ 遇事~

**杠** <sup>gāng</sup> 桥。旗杆。
[旧属三江]
绸~ 徒~ 天~ 空~ 石~ 云~
修~ 枯~ 长~ 画~ 金~ 旗~
笔如~ 枕床~ 翠竹~
(另见仄声 gàng)

**岗** <sup>gāng</sup> 同'冈'。
(另见仄声 gǎng)

**肛** <sup>gāng</sup> 肛门。
脱~ 收~

**纲** <sup>gāng</sup> 提网的总绳。
[旧属七阳]
总~ 纪~ 党~ 政~ 大~ 提~
三~ 宏~ 乾~ 为~ 上~ 维~
国~ 治~ 举~ 宪~ 朝~ 本~
执~ 弛~ 立~ 第一~ 君之~
日月~ 花石~

**棡** <sup>gāng</sup> 木名。
青~

**矼** <sup>gāng</sup> 石桥。
[旧属三江]
石~ 藓~ 河~ 鱼~ 畦~ 危~
深~ 古~ 东~ 万石~ 渡水~
流春~

**釭** gāng 油灯。
[旧属三江]
银～　寒～　残～　夜～　兰～　金～
冬～　花～　明～　晓～　半～　星～
昏～　背～　红～　晨～　虚～　秋～
翻～　春～　吹～　蜡烧～　珠殿～
虹吐～　蛾扑～

**钢** gāng 钢铁。
[旧属七阳]
塑～　乌～　锋～　产～　宝～　精～
炼～　带～　纯～　首～　轧～　成～
百炼～　合金～　不锈～　志如～
（另见仄声 gàng）

**缸** gāng 盛器。
[旧属三江]
玉～　糟～　石～　满～　春～　秋～
鱼～　茶～　金～　翠～　瓶～　水～
染～　开～　瓦～　酒～　米～　汽～
红缠～　酒盈～　酱千～　琉璃～

**罡** gāng 强烈的风。
天～（北斗星）

**光** guāng 景物。光彩。
[旧属七阳]
风～　日～　月～　天～　辉～　灵～
三～　火～　珠～　云～　冷～　幽～
脱～　佛～　星～　曙～　湖～　亮～
阳～　山～　辉～　韶～　余～　水～
银～　萤～　磨～　寒～　国～　浮～
时～　春～　秋～　电～　波～　霞～
灯～　烛～　流～　晴～　辰～　年～
夜～　容～　目～　泪～　透～　荣～
折～　闪～　借～　韬～　观～　争～
沾～　丝～　精～　溜～　寸～　增～
花～　叨～　荧～　一扫～　智慧～
万丈～　日月～

**咣** guāng 撞击振动声。

**洸** guāng 洸洸，广东地名。
[旧属七阳]
洸～　有～

**珖** guāng 玉名。

**桄** guāng 桄榔。

（另见仄声 guàng）

**胱** guāng 膀胱。
[旧属七阳]

**夯** hāng 砸实地基。
打～　砸～　铁～　举～　木～　石～
蛤蟆～

**亢** háng 同'吭'。
[旧属七阳]
（另见仄声 kàng）

**行** háng 行列。行业。
[旧属七阳]
歌～　排～　雁～　千～　几～　启～
末～　商～　一～　接～　乱～　班～
银～　戎～　在～　内～　外～　本～
同～　周～　鸳～　数～　八～　成～
行～　错～　诗～　字～　转～　树～
兄弟～　丈人～　二三～　十三～
（另见二庚 héng；十九青 xíng）

**吭** háng 喉咙。
[旧属七阳二十三漾]
引～　弄～　龙～　一～　喉～　鱼～
伸～　清～　圆～　扼～
（另见二庚 kēng）

**迒** háng 兽迹。道路。

**杭** háng 杭州。
[旧属七阳]
苏～　余～　居～　过～　入～　返～
游～　离～　赴～　至～

**绗** háng 粗缝。
[旧属七阳]

**航** háng 船。航行。
[旧属七阳]
舟～　沉～　度～　呼～　无～　津～
断～　难～　单～　舣～　万～　夜～
领～　通～　归～　远～　民～　启～
一苇～　万里～　浮海～

**颃** háng 鸟飞貌。
[旧属七阳二十三漾]
鸟～　风～　云～　忽～　颉～

**肓** huāng 药力不达之处。
[旧属七阳]

膏~ 潜~ 药~

**荒** huāng 荒芜。
[旧属七阳]

大~ 天~ 路~ 书~ 志~ 野~
凶~ 穷~ 边~ 披~ 惧~ 园~
山~ 蛮~ 芜~ 学~ 秋~ 投~
洪~ 开~ 垦~ 饥~ 救~ 逃~
灾~ 八~ 落~ 田~ 年~ 岁~
破天~ 草木~ 田宅~ 野郊~

**㠵** huāng 开采出来的矿石。

**慌** huāng 慌张。
[旧属二十二养]

恐~ 惊~ 心~ 不要~ 闷得~

**皇** huáng 盛大。君主。
[旧属七阳]

三~ 天~ 玉~ 女~ 先~ 寿~
帝~ 东~ 张~ 仓~ 皇~ 娲~
堂~ 羲~ 娥~ 太上~ 皇中~

**黄** huáng 黄颜色。色情。
[旧属七阳]

玄~ 地~ 草~ 蜂~ 浑~ 穗~
秋~ 纯~ 叶~ 抽~ 蕉~ 浅~
齿~ 萎~ 柳~ 嫩~ 淡~ 珠~
蓝~ 红~ 鲜~ 麦~ 蟹~ 韭~
青~ 藤~ 雄~ 皮~ 昏~ 菊~
金~ 蜡~ 杏~ 苍~ 橙~ 鹅~
炎~ 扫~ 治~ 雌~ 蛋~ 土~
菜花~ 鸡子~ 麦垅~ 尘沙~
韭芽~ 芭蕉~ 细柳~ 绕山~

**凰** huáng 凤凰,雌为凰。
[旧属七阳]

求~ 鸾~ 孤~ 飞~ 呼~ 丹~
鸾~ 文~

**隍** huáng 无水的城壕。
[旧属七阳]

城~ 濠~ 池~ 颓~ 填~ 水~
东~ 深~ 通~ 金~

**喤** huáng 钟鼓声。儿啼声。
[旧属七阳]

喤~ 钟鼓~

**遑** huáng 闲暇。
[旧属七阳]

不~ 遑~ 何~ 莫敢~ 岂自~

**徨** huáng 彷徨。
[旧属七阳]

徨~ 徊~

**餭** huáng 饧餭,饴糖。
[旧属七阳]

**湟** huáng 水名。
[旧属七阳]

河~ 太~ 人~ 渡~ 汨~

**惶** huáng 恐惧。
[旧属七阳]

惊~ 惶~ 忧~ 凄~ 悲~ 震~
迷~ 仓~ 骇~ 悚~ 恐~ 战~

**煌** huáng 明亮。
[旧属七阳]

辉~ 煌~ 敦~ 炫~ 荧~ 炜~

**锽** huáng 兵器。
[旧属七阳]

球~ (乐器)锽~ (钟鼓音)

**潢** huáng 积水池。染纸。
[旧属七阳二十三漾]

装~ 天~ 入~ 染~ 银~ 星~
玉~ 神~ 仙~ 池~ 江~ 绝~
横~ 九~ 陂~ 流~

**璜** huáng 半璧形的玉。
[旧属七阳]

珩~ 佩~ 双~ 琼~ 大~ 琥~
玑~ 明~ 执~ 绮~ 鸣~ 玉~

**蝗** huáng 蝗虫。
[旧属七阳]

旱~ 除~ 食~ 似~ 捕~ 流~
多~ 飞~ 驱~ 辟~ 官~ 灭~
六州~ 风吹~ 甚于~ 遍地~

**篁** huáng 竹林。
[旧属七阳]

幽~ 疏~ 松~ 筠~ 绿~ 池~
洒~ 春~ 老~ 野~ 夏~ 竹~
风~ 翠~ 烟~ 修~ 丛~ 新~

**艎** huáng 木船。
[旧属七阳]

艅~ 飞~ 大~ 舟~ 歇~ 归~
泛~ 楚~

**磺** huáng 硫磺。

鐄 huáng 同'簧'。
[旧属八庚]

癀 huáng 癀病，家畜病。

蟥 huáng 蚂蟥。

簧 huáng 发声薄片。
[旧属七阳]

笙～　丝～　执～　调～　幽～　银～
竹～　金～　雅～　鸣～　吹～　转～
奏～　锁～　双～　弹～　鼓～　莺～
巧如～　新炙　五舌～　震灵～
万籁～　十二～

鳇 huáng 鱼名。
[旧属七阳]

海～　鲟～

江 jiāng 大河。长江。
[旧属三江]

大～　楚～　曲～　碧～　汉～　暮～
晓～　吴～　三～　西～　乌～　沉～
吞～　浙～　越～　过～　远～　倚～
入～　夜～　隔～　泛～　飘～　卷～
望～　暖～　渡～　秋～　澄～　沧～
寒～　湘～　翻～　春～　清～　横～
夹～　涉～　锦～　珠～　九～　临～
富春～　万里～　黑龙～　松花～
月涌～　雪洒～　汨罗～　云过～

茳 jiāng 茳芏，草名。
[旧属三江]

兰～　绿～

将 jiāng 搀扶。将要。
[旧属七阳]

姑～　未～　分～　偷～　时～　凡～
自～　逢～　取～　找～　携～　移～
输～　扶～　行～　恐～　又～　干～
（另见 qiāng；仄声 jiàng）

姜 jiāng 调味品。姓。
[旧属七阳]

齐～　吕～　姬～　孟～　庄～　甜～
山～　香～　椒～　芽～　红～　市～
啖～　生～　桂～　芥～　老～　子～

豇 jiāng 豇豆。
[旧属三江]

红～　白～　嫩～　细～　长～

浆 jiāng 浓液。
[旧属七阳]

豆～　玉～　咸～　甜～　淡～　冰～
调～　琼～　进～　蔗～　酒～　桂～
水～　壶～　泥～　纸～　椒～　灌～
求～　饮～　渴～　砂～　血～　浓～
汗如～　海为～　渴得～　拌灰～

僵 jiāng 僵硬。难处理。
[旧属七阳]

冻～　弄～　不～　枯～　河～　蚕～
长～　人～　闹～　事～　做～　饭～
触柱～　手足～　寒欲～　迎风～
体将～　入喉～

蜣 jiāng 蝉。
[旧属七阳]

寒～　鸣～　蛩～　啼～　秋～　闻～
阴～　含～　夜～　破壁～　高枝～

缰 jiāng 缰绳。
[旧属七阳]

马～　脱～　垂～　回～　扣～　丝～
飞～　控～　名～　游～　牵～　挽～

鳉 jiāng 淡水鱼

礓 jiāng 礓石。
[旧属七阳]

辞～　奇～　砂～　（灰浆）

疆 jiāng 边界；疆界。
[旧属七阳]

边～　圻～　侵～　越～　一～　北～
启～　安～　比～　开～　新～　封～
出～　旧～　辟～　寿无～　守吾～
万里～

阆 kāng 阆阆，建筑空廓部分。
[旧属二十三漾]
（另见仄声 kàng）

康 kāng 健。富足。
[旧属七阳]

小～　吉～　惠～　延～　宁～　民～
阜～　富～　杜～　稔～　永～　保～
健～　体～　福～　靖～　安～　寿～
黎庶～　丽且～

慷 kāng 慷慨。
[旧属二十二养]

大～　慨而～

**榛** kāng 榛榛,器物笨重。

**糠** kāng 稻壳。

[旧属七阳]

糟~ 食~ 秕~ 舐~ 播~ 吃~
薄~ 沙~ 积~ 烧~ 麦~ 飞~
米~ 豆~ 妻~ 扬~

**鱇** kāng 鮟鱇,老头鱼。

**扛** káng 肩担。

[旧属三江]

肩~ 独~ 力~ 齐~ 吾~ 硬~
两人~ 前后~ 并肩~ 共同~
(另见 gāng)

**匡** kuāng 匡正。匡救。

[旧属七阳]

一~ 胥~ 承~ 靖~ 弱~ 大~
不~ 扶~ 翼~ 维~

**劻** kuāng 劻勷,急迫不安貌。

[旧属七阳]

**俇** kuāng 俇儴,同'劻勷'。

**诓** kuāng 诓骗。哄骗。

**哐** kuāng 撞击震动声。

**洭** kuāng 洭河,广东水名。

[旧属七阳]

含~ 瀑~ 注~

**恇** kuāng 害怕;惊慌。

[旧属七阳]

恇~ 有~

**筐** kuāng 筐子。

[旧属七阳]

笋~ 提~ 满~ 扶~ 弊~ 笼~
承~ 空~ 饭~ 破~ 茶~ 抱~
投~ 蟹~ 挂~ 掷~ 斗~ 顷~
竹~ 盈~ 粢~ 鱼~ 藤~ 编~

**狂** kuáng 狂妄。狂放。

[旧属七阳]

疯~ 猖~ 作~ 若~ 如~ 逐~
不~ 似~ 发~ 痴~ 躁~ 心~
轻~ 佯~ 诗~ 楚~ 酒~ 疏~

颠~ 清~ 愚~ 舞~ 病~ 太~
喜欲~ 少年~ 国人~ 书生~
十年~ 教人~ 无不~ 笑我~

**诳** kuáng 欺骗。

[旧属二十三漾]

欺~ 毋~ 患~ 调~ 谪~ 自~
多~ 诈~ 张~ 人实~ 叶公~

**鵟** kuáng 鸟,外形似鹰。

**嫏** lāng 啷当,表示年龄上下。

**啷** lāng

啋~

**郎** láng 称丈夫或情人。

[旧属七阳]

檀~ 牛~ 中~ 刘~ 夜~ 周~
渔~ 为~ 潘~ 女~ 江~ 情~
玉~ 货~ 儿~ 七~ 新~ 萧~
少年~ 白面~ 绣衣~ 虎贲~
倚马~ 负心~ 著作~ 小儿~
(另见仄声 làng)

**狼** láng 野兽。

[旧属七阳]

豺~ 虎~ 饿~ 黄~ 白~ 为~
老~ 饥~ 狐~ 贪~ 野~ 天~
畜~ 群~ 驱~ 畏~ 遣~ 色~
中山~ 贪如~ 心似~ 大灰~

**阆** láng 阆阆,厅堂空廓。

[旧属二十三漾]
(另见仄声 làng)

**琅** láng 玉石。洁白。

[旧属七阳]

琳~ 琅~ 珐~ 金~ 宝~ 堂~
青~ 仓~

**根** láng 击木声。

[旧属七阳]

根~ 桑~ 惊~ 桃~ 鸣~

**廊** láng 有顶的过道。

[旧属七阳]

画~ 岩~ 阶~ 宫~ 高~ 东~
内~ 转~ 修~ 照~ 重~ 倚~
绕~ 穿~ 风~ 空~ 行~ 阴~
竹~ 厢~ 游~ 走~ 月~ 轩~
长~ 回~ 曲~ 采花~ 千步~
月下~

**娜** láng 娜嬛,天帝藏书处。

**榔** láng 榔头。
[旧属七阳二十二养]

槟~ 沤~ 枸~ 桃~ 鸣~

**硠** láng 水石撞击声。
[旧属七阳]

硠~ 雷~ 崩~ 车~

**锒** láng 锒铛,金属撞击声。
[旧属七阳]

**稂** láng 狼尾草。
[旧属七阳]

莠~ 苞~ 不~

**鎯** láng 同'榔'。鎯头。

**蛝** láng 虫。
[旧属七阳]

螳~ 蚙~ 蟑~ 虼~ 石~

**良** liáng 良好。良心。
[旧属七阳]

善~ 贤~ 明~ 平~ 温~ 贞~
清~ 贫~ 端~ 淳~ 精~ 优~
忠~ 改~ 驯~ 筹策~ 计亦~
足不~

**俍** liáng 完美。良好。

**莨** liáng 草名。
[旧属七阳]

薯~ 水~ 毛~
（另见仄声 làng）

**凉** liáng 凉快。凉爽。
[旧属七阳]

炎~ 夜~ 竹~ 温~ 身~ 被~
水~ 谷~ 山~ 月~ 露~ 泉~
心~ 迎~ 荷~ 瓜~ 凄~ 悲~
秋~ 风~ 乘~ 着~ 荒~ 清~
苍~ 纳~ 簟~ 微~ 阴~ 冰~
晚~ 新~ 初~ 雨送~ 分外~
秋意~ 侵肌~ 一榻~ 万里~
吹面~ 自在~

**梁** liáng 栋梁。
[旧属七阳]

脊~ 柱~ 绕~ 置~ 天~ 铜~
桥~ 山~ 鼻~ 石~ 国~ 鱼~
齐~ 浮~ 河~ 津~ 跳~ 强~
横~ 断~ 无~ 屋~ 柏~ 上~
空~ 旧~ 悬~ 画~ 雕~ 大~
香木~ 百尺~ 直为~ 燕于~

**椋** liáng 椋鸟。

**辌** liáng 辒辌,丧车。

**量** liáng 量度。
[旧属七阳]

思~ 商~ 酌~ 自~ 斟~ 论~
料~ 打~ 丈~ 评~ 考~ 斗~
裁~ 测~ 估~ 玉尺~ 放眼~
无计~ 难忖~ 万斛~ 谁能~
未易~ 不可~
（另见仄声 liàng）

**粮** liáng 粮食。
[旧属七阳]

食~ 干~ 口~ 馈~ 春~ 聚~
资~ 无~ 乏~ 转~ 衣~ 遗~
军~ 积~ 负~ 家~ 运~ 船~
助~ 给~ 内~ 贷~ 耗~ 贮~
捐~ 节~ 米~ 钱~ 送~ 粗~
细~ 杂~ 糇~ 糗~ 断~ 灵~
三日~ 广积~ 有余~ 交公~

**粱** liáng 精美的主食。
[旧属七阳]

黄~ 膏~ 稻~ 谷~ 黍~ 菰~
俭岁~ 不食~ 冀野~ 红高~

**樑** liáng 黄土山岗。

**踉** liáng 跳踉,跳梁。
[旧属七阳]
（另见仄声 liàng）

**牨** mǎng 牨牛;公牛。

**邙** máng 北邙,河南山名。
[旧属七阳]

瞻~ 嵩~ 据~ 修~

**芒** máng 芒草。
[旧属七阳]

锋~ 光~ 麦~ 草~ 针~ 攉~

耀～金～剑～负～锥～雄～
毫～尖～勾～插天～叶如～
九色～

**忙** máng 忙碌。
[旧属七阳]
奔～闲～身～春～似～不～
惊～穷～人～心～匆～蚕～
农～帮～急～事～慌～赶～
连～瞎～忙～春耕～市井～
加班～赶路～子孙～渐渐～
我独～未肯～为谁～处处～
夜声～农事～朝暮～特地～
采撷～世间～到老～读书～
笑人～事事～

**杧** máng 杧果,也叫芒果。

**尨** máng 长毛狗。杂色。
[旧属三江]
吠～灵～仙～夜～村～惊～
邑～老～小～守户～夜篱～
洞中～雪色～隔花～不闻～
(另见二庚 méng)

**盲** máng 瞎。分辨不清。
[旧属八庚]
文～扫～聋～夜～法～偏～
目～晦～暗～群～称～半～
愈～天～伴～心～色～科～
父子～后生～乐工～跛与～

**氓** máng 无业游民。
[旧属八庚]
流～残～儒～余～村～庶～
讼～群～野～愿为～四州～
里居～蚩蚩～富中～福土～
(另见二庚 méng)

**茫** máng 没边际。无所知。
[旧属七阳]
茫～森～杳～冥～浩～昏～
迷～荒～泱～渺～混～微～

**硭** máng 硭硝,泻药。

**铓** máng 锋铓。
[旧属七阳]
剑～雄～飞～针～纤～敛～
若～交～寒～

**牻** máng 黑白相间的牛。

**囊** nāng 囊揣。囊膪。
[旧属七阳]
(另见 náng)

**囔** nāng 囔囔,小声说话。

**囊** náng 口袋。囊括。
[旧属七阳]
药～革～香～饭～枕～巨～
入～盗～萤～衣～缣～印～
绶～沙～布～搜～倾～酒～
绣～琴～开～翻～盈～携～
空～贪～行～皮～智～锦～
书～窝～诗～笔～佩～探～
漉水～锥刺～玉香～腹如～
(另见 nāng)

**馕** náng 面饼。
(另见仄声 nǎng)

**娘** niáng 母亲。女子。
[旧属七阳]
姑～大～新～爹～爷～亲～
姊～渔～窈～秋～老～贞～
妊～养～侍～娇～小～师～
徐～厨～春～吴～萧～红～
越～谢～泰～眢～奶～后～
老大～纺织～浣纱～杜十～

**乓** pāng 乒乓。

**雱** pāng 雪下得很大。
[旧属七阳]
王～雨雪～

**滂** pāng 水势浩大。
[旧属七阳]
滂～其～范～泪似～涕泗～
涕自～

**膀** pāng 浮肿。
[旧属七阳]
奶～大～
(另见 páng;仄声 bǎng)

**彷** páng 彷徨。
[旧属二十三漾]

（另见仄声 fǎng）

**庞** páng 庞大。脸盘。
[旧属三江]
面~　眉~　骏~　丰~　敦~

**逄** páng 姓。
[旧属三江]
逄~羿　甘~　甘避~　析逄~

**旁** páng 旁边。
[旧属七阳]
门~　河~　寺~　宅~　坐~　耳~
篱~　树~　溪~　岸~　泉~　灯~
身~　炉~　偏~　道~　路~　岩~
一~　两~　边~　菊花~　宿碑~
织女~　大路~

**蒡** páng 蒡葧,苘蒿。
[旧属二十二养]
（另见仄声 bàng）

**膀** páng 膀胱。
[旧属七阳]
（另见仄声 pǎng;bàng）

**磅** páng 石声。
[旧属七阳]
砰~
（另见仄声 bàng）

**螃** páng 螃蟹。
[旧属七阳]

**鳑** páng 鳑鲏,淡水鱼。

**抢** qiāng 触;撞。
[旧属七阳]
（另见仄声 qiǎng）

**呛** qiāng 食物入气管。
[旧属七阳]
咳~
（另见仄声 qiàng）

**羌** qiāng 羌族。
[旧属七阳]
氐~　西~　嬃~　老~　诸~

**玱** qiāng 玉器相撞声。
[旧属七阳]
玱~有~　佩玉~

**枪** qiāng 兵器。
[旧属七阳]

步~　焊~　排~　折~　舞~　冷~
放~　老~　开~　弃~　手~　火~
猎~　刀~　机~　标~　长~　花~
乱~　旗~　金~　神~　缴~　抛~
红缨~　梨花~　冲锋~　机关~
回马~

**戗** qiāng 相对。冲突。
（另见仄声 qiàng）

**戕** qiāng 杀害;残害。
[旧属七阳]
自~　不~相~　卒~　见~摧~
羽翮~

**斨** qiāng 斧子。
[旧属七阳]
斧~　戈~

**将** qiāng 愿;请。（将进酒）
[旧属七阳]
（另见 jiāng;仄声 jiàng）

**酖** qiāng 青稞酒。

**跄** qiāng 行走合礼节。
[旧属七阳]
趋~　跄~　跄~凤~
（另见仄声 qiàng）

**腔** qiāng 乐腔。腔调。
[旧属三江]
京~　一~　羊~　鸡~　空~　牛~
半~　满~　上~　鼻~　开~　答~
高~　腹~　昆~　秦~　唱~　口~
胸~　花~　新~　搭~　帮~　装~
破如~　水调~　不成~

**蜣** qiāng 蜣螂。
[旧属七阳]
蛣~

**锖** qiāng 锖色,矿物表面色彩。

**锵** qiāng 金属或玉石声。
[旧属七阳]
铿~　锵~同~　金~　清~　寒~
晨~

**蹡** qiāng
[旧属七阳]

踏~ 跟~
（另见仄声 qiàng）

**锵** qiāng 浓酸液。
（另见仄声 qiǎng）

**强** qiáng 力量大。坚强。
[旧属七阳]
自~ 富~ 兵~ 敌~ 外~ 争~
民~ 抑~ 内~ 矜~ 避~ 顽~
豪~ 康~ 身~ 刚~ 力~ 图~
国~ 要~ 加~ 逞~ 恃~ 好~
弱胜~ 身力~ 筋骸~
（另见仄声 jiàng；qiǎng）

**墙** qiáng 砖石筑的屏障。
[旧属七阳]
院~ 花~ 萧~ 逾~ 缘~ 古~
筑~ 饰~ 断~ 颓~ 苑~ 土~
薄~ 篱~ 倚~ 缭~ 红~ 满~
矮~ 夹~ 隔~ 粉~ 堵~ 女~
城~ 山~ 雕~ 门~ 垣~ 骑~
阅~ 扶~ 画~ 大~ 高~ 南~
一堵~ 花出~ 粪土~ 绿遍~

**蔷** qiáng 蔷薇。
[旧属七阳]
红~ 东~

**嫱** qiáng 宫庭女官。
[旧属七阳]
王~ 毛~ 媵~ 妃~ 妖~

**樯** qiáng 桅杆。
[旧属七阳]
帆~ 连~ 危~ 绕~ 客~ 归~
云~ 千~ 远~ 风~ 海~ 高~
百尺~

**嚷** rǎng 喧哗。声张。
[旧属七阳]
嚷~
（另见仄声 ràng）

**儴** ráng 儴儴，急迫不安。
[旧属七阳]
狂~

**勷** ráng 勷勷，急迫不安。
[旧属七阳]
狂~

**蘘** ráng 蘘荷。
[旧属七阳]

**瀼** ráng 瀼瀼，露浓。
[旧属七阳]
呈~ 大~ 清~ 膏~ 甘露~
（另见仄声 ràng）

**禳** ráng 禳解。
[旧属七阳]
祈~ 祓~ 厌~ 不可~ 又何~

**穰** ráng 五谷丰饶。
[旧属七阳二十三养]
丰~ 岁~ 穰~ 农~ 凶~ 荒~
复~ 多~ 富~

**瓤** ráng 瓤子。
[旧属七阳]
瓜~ 桃~ 黑~ 填~ 绿~ 丹~
雪~ 红~ 甜~ 秫秸~ 西瓜~
甘在~ 茎中~ 白玉~ 绵作~

**禳** ráng 脏。
[旧属七阳]

**丧** sāng 丧事。
[旧属七阳]
吊~ 报~ 奔~ 挽~ 邻~ 婚~
终~ 闻~ 送~ 护~ 问~ 初~
号~ 心~ 治~ 无服~ 虎随~
不赴~ 举国~
（另见仄声 sàng）

**桑** sāng 桑树。
[旧属七阳]
采~ 蚕~ 农~ 柔~ 扶~ 植~
春~ 田~ 嫩~ 枯~ 苞~ 沧~
耕~ 黟~ 条~ 陌上~ 一株~
数亩~

**伤** shāng 伤感。伤害。
[旧属七阳]
忧~ 哀~ 内~ 鳞~ 探~ 暗~
痛~ 外~ 易~ 形~ 何~ 凄~
含~ 挫~ 谤~ 多~ 击~ 言~
折~ 夭~ 小~ 苗~ 枝~ 毁~
悲~ 损~ 无~ 中~ 悼~ 受~
负~ 心~ 创~ 重~ 自~ 惋~
杀~ 神~ 感~ 扶~ 轻~ 误~
别后~ 遭雨~ 无亏~ 遍体~

**汤** shāng 汤汤,水大流急。
[旧属七阳]
（另见 tāng）

**殇** shāng 未成年死去。
[旧属七阳]
夭～ 国～ 早～ 嫁～ 折～ 彭～
三～ 杏～ 河～ 无夭～ 可无～

**商** shāng 商量。商业。商星。
[旧属七阳]
智～ 豪～ 儒～ 外～ 私～ 奸～
富～ 夏～ 殷～ 少～ 海～ 清～
情～ 行～ 宫～ 磋～ 茶～ 相～
协～ 经～ 客～ 工～ 通～ 参～
好共～ 往来～ 出版～ 批发～

**觞** shāng 酒杯。
[旧属七阳]
流～ 霞～ 寿～ 玉～ 持～ 交～
酹～ 挥～ 千～ 壶～ 奉～ 行～
传～ 羽～ 金～ 举～ 盈～ 飞～
滥～ 浮～ 兽～ 万年～ 手中～
五湖～

**墒** shāng 土壤湿度。
验～ 保～ 抢～ 跑～

**熵** shāng 物理名词。

**双** shuāng 两个。
[旧属三江]
无～ 一～ 百～ 珮～ 影～ 双～
成～ 叠～ 求～ 祈～ 作～ 捉～
千万～ 世无～ 玉成～ 雁影～

**泷** shuāng 泷水,广东地名。
[旧属三江]
（另见一东 lóng）

**骦** shuāng 骕骦,良马。

**鹴** shuāng 鹔鹴,鸟名。
[旧属七阳]

**霜** shuāng 冰晶。白色。
[旧属七阳]
冰～ 风～ 繁～ 严～ 肃～ 如～
拒～ 晓～ 剑～ 瓦～ 沾～ 微～
早～ 浓～ 拂～ 披～ 暗～ 降～

飞～ 履～ 寒～ 凝～ 清～ 秋～
经～ 星～ 下～ 傲～ 蔗～ 凌～
糖～ 柿～ 砒～ 盐～ 鬓～ 桥～
冰上～ 露为～ 一篷～ 万顷～
月如～ 镜里～ 满天～ 八月～

**孀** shuāng 寡妇。
[旧属七阳]
孤～ 遗～ 不～ 贵～

**骦** shuāng 骕骦,良马。
[旧属七阳]

**礵** shuāng 地名用字。

**鹴** shuāng 鹔鹴,鸟名。

**汤** tāng 温泉。汤药。
[旧属七阳]
商～ 米～ 羹～ 热～ 如～ 盐～
姜～ 煮～ 温～ 苦～ 浴～ 暖～
泡～ 参～ 香～ 茶～ 药～ 兰～
探～ 换～ 扬～ 沸～ 金～ 清～
浓～ 菜～ 滚～ 续命～ 黄龙～
蛋花～
（另见 shāng）

**铴** tāng 铴锣,小铜锣。

**耥** tāng 用耥耙松土。

**嘡** tāng 象声词。

**趟** tāng 同'蹚'。
[旧属八庚]
（另见仄声 tàng）

**羰** tāng 羰基。

**镗** tāng 钟鼓声。
[旧属七阳]
其～ 臂～ 京～
（另见 táng）

**蹚** tāng 蹚水。翻土。

**饧** táng 同'糖'。
[旧属七阳]

（另见十九青 xíng）

**唐** táng 朝代。
[旧属七阳]

汉～ 大～ 两～ 隋～ 高～ 荒～
初～ 中～ 盛～ 晚～ 颓～ 虞～
陶～ 李～ 南～ 武～

**堂** táng 正房。牌号。
[旧属七阳]

学～ 满～ 堂～ 殿～ 大～ 绕～
轩～ 课～ 食～ 玉～ 哄～ 盈～
坐～ 照～ 过～ 厅～ 画～ 弄～
店～ 礼～ 高～ 灵～ 公～ 庙～
天～ 草～ 讲～ 垂～ 明～ 会～
萱～ 华～ 祠～ 客～ 北～ 佛～
一言～ 同仁～ 忠义～ 聚星～

**棠** táng 棠梨。
[旧属七阳]

海～ 甘～ 沙～ 野～ 小～ 如～
白～ 青～ 梅～ 锦～ 棘～ 爱～

**郎** táng 郎邸，山东地名。

**塘** táng 堤岸。水池。浴池。
[旧属七阳]

池～ 筑～ 翠～ 花～ 满～ 碧～
野～ 蒲～ 荻～ 钱～ 寒～ 横～
柳～ 菱～ 方～ 陂～ 莲～ 荷～
养鱼～ 芙蕖～ 半亩～ 筑海～

**搪** táng 搪塞。涂泥。
[旧属七阳]

撞～

**餹** táng 同'糖'。
[旧属七阳]

**溏** táng 不凝结。半流动。
[旧属七阳]

余～ 颓～ 滂～ 泣～

**瑭** táng 玉。
[旧属七阳]

**樘** táng 门框或窗框。
[旧属二十二养]

榆～ 佩～ 苏～

**膛** táng 胸腔。

胸～ 上～ 开～ 炮～ 炉～ 枪～

**蜋** táng 小蝉。

蜩～ 如～ 螃～ 斧～

**镗** táng 镗床。
[旧属七阳]
（另见 tāng）

**糖** táng 食糖。糖果。
[旧属七阳]

蔗～ 红～ 方～ 沙～ 滑～ 卖～
熬～ 药～ 湿～ 贩～ 乳～ 灌～
饴～ 冰～ 软～ 酥～ 蜜～ 白～
豆酥～ 葡萄～ 棒头～ 泡泡～

**糛** táng 红色。紫糛脸。

**螳** táng 螳螂。
[旧属七阳]

怒～ 秋～ 痴～ 雀捕～

**尪** wāng 弯背。瘦弱。
[旧属七阳]

暴～ 巫～ 纤～ 懦～ 瘠～ 摄～
老～ 焚～ 病～ 瘦欲～ 恐其～

**汪** wāng 水深而广。
[旧属七阳]

汪～ 澄～

**亡** wáng 逃跑。丢失。死。
[旧属七阳]

存～ 兴～ 逃～ 后～ 追～ 散～
伤～ 道～ 坠～ 残～ 畏～ 忠～
唇～ 救～ 人～ 衰～ 阵～ 悼～
死～ 偕～ 流～ 灭～ 消～ 沦～

**王** wáng 君主。首领。
[旧属七阳]

龙～ 帝～ 天～ 图～ 女～ 山～
文～ 先～ 佐～ 称～ 歌～ 吴～
药～ 为～ 大～ 霸～ 素～ 花～
蜂～ 蚁～ 魔～ 国～ 海～ 二～
一字～ 缓称～ 摄政～
（另见仄声 wàng）

**乡** xiāng 乡村。家乡。
[旧属七阳]

山～ 穷～ 还～ 远～ 本～ 望～
入～ 客～ 归～ 他～ 家～ 仙～
江～ 异～ 下～ 故～ 外～ 梦～
回～ 思～ 老～ 离～ 水～ 城～

清～ 居～ 僻～ 鱼米～ 温柔～
父母～ 白云～

# 芗 xiāng 调味的香草。
[旧属七阳]
熏～ 芳～ 膏～ 参～ 萧～ 燎～
烟～

# 相 xiāng 相互。
[旧属七阳]
争～ 交～ 形～ 金～ 慎～ 平～
谁～ 端～ 互～ 金玉～ 织女～
（另见仄声 xiàng）

# 香 xiāng 香味。
[旧属七阳]
国～ 檀～ 流～ 抱～ 兰～ 遗～
吃～ 拖～ 微～ 轻～ 燃～ 浮～
吐～ 指～ 茶～ 梦～ 冷～ 喷～
偷～ 天～ 炷～ 心～ 含～ 饭～
花～ 馨～ 暗～ 蚊～ 异～ 清～
焚～ 晚～ 凝～ 芸～ 飘～ 酒～
稻～ 芳～ 生～ 幽～ 闻～ 浓～
添～ 丁～ 盘～ 吃～ 麝～ 松～
余～ 妙～ 沉～ 草～ 睡～ 瓣～
菜根～ 桂花～ 百里～ 分外～
几度～ 处处～ 一缕～ 自在～
千载～ 玉液～ 郁金～

# 厢 xiāng 厢房。
[旧属七阳]
两～ 北～ 玉～ 本～ 瑶～ 包～
西～ 关～ 车～ 东西～ 左右～

# 葙 xiāng 青葙,草药。

# 湘 xiāng 湖南别称。
[旧属七阳]
潇～ 荆～ 清～ 湖～ 沅～ 南～
淮～ 衡～ 蒸～

# 缃 xiāng 浅黄色。
[旧属七阳]
缥～ 带～ 缇～ 金～ 缣～ 青～
白似～

# 箱 xiāng 箱子。
[旧属七阳]
衣～ 方～ 服～ 高～ 一～ 封～
皮～ 充～ 柳～ 金～ 万～ 空～
填～ 翻～ 满～ 开～ 执～ 书～

巾～ 盈～ 信～ 冰～ 风～ 戏～
车～ 青～ 银～ 百宝～ 保险～
女儿～ 意见～ 投票～ 检举～
警民～ 密码～

# 襄 xiāng 帮助。
[旧属七阳]
匡～ 赞～ 怀～ 惠～ 涛～ 纳～
蔡～ 荆～ 七～ 织女～

# 骧 xiāng 马奔跑。仰起。
[旧属七阳]
奋～ 腾～ 高～ 风～ 云～ 超～
龙～ 齐～ 繁～ 春～ 电～ 神～
仰天～ 马首～ 潜鳞～

# 瓖 xiāng 同'镶'。
[旧属七阳]
玉～

# 镶 xiāng 镶嵌。
[旧属七阳]
玉～ 金～ 钩～ 推～ 钟～

# 详 xiáng 详细。清楚。
[旧属七阳]
周～ 未～ 不～ 精～ 审～ 宽～
事～ 诠～ 思～ 端～ 意～ 备～
安～ 推～ 参～ 安能～ 事迹～
约而～ 责人～

# 降 xiáng 投降。降伏。
[旧属三江]
受～ 招～ 心～ 不～ 悔～ 说～
纳～ 沦～ 约～ 新～ 归～ 迎～
自～ 出～ 乞～ 诈～ 先～ 服～
来～ 欲～ 伏～ 望风～ 举城～
群心～ 心旌～ 次第～ 惧而～
谁能～ 未肯～ 意未～
（另见仄声 jiàng）

# 庠 xiáng 古代的学校。
[旧属七阳]
虞～ 州～ 上～ 国～ 郡～

# 祥 xiáng 祥和。祥瑞。
[旧属七阳]
吉～ 祺～ 肇～ 灾～ 兆～ 降～
农～ 天～ 福～ 迎～ 纳～ 永～
慈～ 呈～ 嘉～ 不～ 发～ 致～
龙马～ 光景～ 千岁～

**翔** xiáng 盘旋地飞。
[旧属七阳]

翔~ 回~ 云~ 龙~ 雁~ 鹤~
不~ 来~ 奋~ 嬉~ 鸣~ 远~
欲~ 鱼~ 喧~ 横~ 夜~ 冬~
高~ 上~ 飞~ 双~ 滑~ 鸥~
鸾凤~ 凌虚~ 惊鸟~ 天际~
比翼~ 云间~ 水禽~ 万里~

**央** yāng 中心。终止。
[旧属七阳]

央~ 中~ 未~ 何~ 无~ 目~
夜未~

**泱** yāng 宏阔。
[旧属七阳二十二养]

泱~ 郁~ 瀚~ 同云~ 百川~

**殃** yāng 祸害。
[旧属七阳]

祸~ 遭~ 灾~ 余~ 百~ 天~
富~ 养~ 罹~ 禳~ 苦~ 贻~
无~ 有~ 不~ 积~ 引~ 释~
致~ 惮~ 逢~ 受~ 加~ 苟~
池鱼~ 除疾~ 孰为~

**鸯** yāng 鸳鸯。
[旧属七阳]

红~ 青~ 文~ 黄~ 雌者~

**秧** yāng 幼苗。
[旧属七阳]

插~ 早~ 布~ 落~ 鱼~ 青~
缚~ 拔~ 浸~ 出~ 幼~ 春~
新~ 分~ 抽~ 移~ 稻~ 拖~
绿~ 树~ 抛~ 栽~ 瓜~ 菜~

**鞅** yāng 马套子。
[旧属二十二养]

马~ 断~ 掉~ 征~ 行~ 绊~
羁~ 尘~ 解~ 泥~ 脱~ 商~
（另见仄声 yàng）

**扬** yáng 高举。传播。
[旧属七阳]

发~ 轻~ 志~ 风~ 重~ 称~
宣~ 显~ 表~ 揄~ 悠~ 颂~
抑~ 名~ 飘~ 飞~ 赞~ 张~
眉~ 清~ 播~ 昂~ 高~ 鹰~
声~ 远~ 簸~ 激~ 扬~ 誉~
去帆~ 美目~ 尘不~

**羊** yáng 哺乳动物。
[旧属七阳]

亡~ 肥~ 胡~ 牡~ 五~ 驱~
如~ 烹~ 屠~ 换~ 群~ 骑~
公~ 白~ 炙~ 失~ 驴~ 山~
攘~ 商~ 羚~ 羝~ 刲~ 黄~
牛~ 犬~ 羔~ 牵~ 牧~ 放~
克隆~ 替罪~ 小绵~ 栏中~
犬逐~ 领头~

**阳** yáng 日光。
[旧属七阳]

太~ 斜~ 阴~ 岳~ 华~ 咸~
丹~ 东~ 南~ 沈~ 富~ 寿~
背~ 向~ 壮~ 骄~ 残~ 洛~
端~ 朝~ 艳~ 初~ 炎~ 夕~
重~ 遮~ 高~ 昭~ 三~ 冬~

**玚** yáng 玉。
[旧属七阳]
（另见仄声 chàng）

**杨** yáng 杨树。
[旧属七阳]

绿~ 黄~ 折~ 青~ 龙~ 白~
枯~ 穿~ 垂~ 疏~ 长~ 班~
大堤~

**旸** yáng 日出。晴天。
[旧属七阳]

日~ 时~ 恒~ 思~ 旦~ 晏~
雨~ 秋~ 初~ 升~ 无~ 朝~

**飏** yáng 飞扬。飘扬。
[旧属七阳二十三漾]

高~ 飘~ 簸~ 飙~ 飞~ 烟~
腾~ 声~ 激~ 波~ 挥~ 悠~

**炀** yáng 熔化金属。
[旧属七阳二十三漾]

方~ 炎~ 南~ 四~ 不~ 冬~
焚~ 宴~ 前人~

**钖** yáng 马额上饰物。
[旧属七阳]

镂~ 设~ 取~

**佯** yáng 假装。
[旧属七阳]

装~ 诈~ 望~

**疡** yáng 疮。溃烂。
[旧属七阳]

溃~身~疗~兽~肿~金~
病~疮~干~

**徉** yáng 闲游。自在。
[旧属七阳]
徜~彷~倚~翔~相~

**洋** yáng 盛大;丰富。
[旧属七阳]
汪~大~望~抛~黑~浮~
巨~通~飘~出~五~放~
东~华~土~海~外~西~
南~银~茫~洋~留~崇~
太平~万顷~

**烊** yáng 熔化;溶化。
销~热~
(另见仄声 yàng)

**赃** zāng 赃物。
[旧属七阳]
贪~受~坐~犯~分~追~
退~贼~栽~犯~奸~宿~

**脏** zāng 不干净。
[旧属二十二养]
肮~真~太~弄~不~手~
(另见仄声 zàng)

**牂** zāng 母羊。
[旧属七阳]
羘~敦~牧~跋~牝~犍~

**臧** zāng 善;好。
[旧属七阳]
谋~否~借~允~子~心~
不~俾~德~乐~自~贤~
用~克~利~寿而~德音~

**饻** zhāng 饻饐:饴糖;面食。

**张** zhāng 扩大。开业。
[旧属七阳二十三漾]
扩~开~更~舒~东~改~
虚~大~新~紧~纸~伸~
嚣~恢~慌~主~铺~声~
乘~弛~目~天纲~数千~
纸半~正义~艳帜~

**章** zhāng 段落。条理。
[旧属七阳]

篇~词~断~铜~图~公~
华~私~法~盖~典~勋~
乐~签~文~平~宪~领~
奖~印~三~九~千~徽~
报~图~诗~急~纪念~
理乱~

**鄣** zhāng 周朝国名。
[旧属七阳]
降~纪~故~天子~

**獐** zhāng 獐子。
[旧属七阳]
逐~弄~射~白~青~捕~
赤~绘~香~送~

**彰** zhāng 显著。显扬。
[旧属七阳]
表~益~彰~名~显~昭~
弥~德~事~肇~功~粲~
焕~绩~重~天应~玉质~
清誉~微而~智勇~法度~

**漳** zhāng 水名。
[旧属七阳]
临~衡~清~河~引~

**嫜** zhāng 丈夫的父亲。
[旧属七阳]
姑~兄~

**璋** zhāng 玉器。
[旧属七阳]
圭~弄~执~如~秉~

**樟** zhāng 樟树。
[旧属七阳]
香~豫~枕~枯~弊~

**蟑** zhāng 蟑螂。

**妆** zhuāng 妆饰。嫁妆。
[旧属七阳]
艳~春~浓~盛~梳~整~
细~治~晨~晚~试~粉~
古~弄~晕~夜~欲~红~
洗~晓~时~化~催~严~
宫~浅~淡~新~靓~卸~
桃花~不须~半面~花伴~
未肯~俭梳~

**庄** zhuāng 村庄。庄重。
[旧属七阳]

端~ 老~ 农~ 康~ 渔~ 山~
做~ 旧~ 孤~ 百花~ 七里~

**桩** zhuāng 桩子。
[旧属三江]

打~ 石~ 桥~ 一~ 封~ 月~
水~ 移~ 朽~ 木~ 船~ 桩~
梅花~ 拴马~ 系船~

**装** zhuāng 服装。装配。
[旧属七阳]

时~ 改~ 严~ 银~ 饰~ 假~
新~ 整~ 乔~ 晓~ 春~ 换~
儒~ 衣~ 服~ 轻~ 西~ 治~
行~ 束~ 武~ 戎~ 军~ 红~
中~ 童~ 包~ 伪~ 盛~ 古~
安~ 化~ 卸~ 泳~ 着~ 真~
日夜~ 退士~ 金蟒~ 休闲~

# 仄 声

**枊** àng 拴马桩。
[旧属七阳二十三漾]

柜~ 飞~

**盎** àng 器皿。盎然。
[旧属二十二养]

盆~ 荐~ 执~ 瓦~ 空~ 覆~
金~ 釜~ 银~ 汤~ 古~ 酒~
扣~ 半~ 满~ 埋~ 陶~ 盈~
碧玉~ 大如~ 玻璃~

**绑** bǎng 捆扎。

捆~ 大~ 反~ 紧~ 松~

**榜** bǎng 文告。匾额。
[旧属二十二养]

标~ 试~ 黄~ 秋~ 虚~ 门~
挂~ 张~ 揭~ 落~ 上~ 齐~
题~ 发~ 放~ 出~ 红~ 金~
英雄~ 龙虎~ 光荣~

**膀** bǎng 肩膀。
[旧属二十二养]

翅~ 臂~
(另见平声 pāng；páng)

**髈** bǎng 同'膀'。
(另见 pǎng)

**蚌** bàng 软体动物。
[旧属三讲]

蛤~ 剖~ 巨~ 灵~ 螺~ 似~
得~ 大~ 白~ 黑~ 海~ 采~
拾~ 啄~ 夜~ 枯~ 涸~ 取~
河~ 老~ 鹬~ 玉~ 鱼~ 煮~
珠藏~

**棒** bàng 棍子。好。
[旧属三讲]

棍~ 杖~ 执~ 悬~ 大~ 铁~
冰~ 木~ 真~ 指挥~ 五色~
当头~

**傍** bàng 靠近。临近。
[旧属七阳二十三漾]

依~ 偎~ 倚~ 水~ 云~ 月~
偏~ 低~ 闲~ 秋~ 斜~ 夜~

**谤** bàng 谤毁。
[旧属二十三漾]

毁~ 谗~ 相~ 被~ 兴~ 受~
负~ 罪~ 冤~ 灾~ 虚~ 诽~
疑~ 讥~ 诬~ 嘲~ 闻~ 群~
诋~ 遭~ 息~ 止~ 讪~ 弭~
流言~ 小人~ 飞书~ 奸佞~

**蒡** bàng 牛蒡,草药。
[旧属二十二养]
(另见平声 páng)

**搒** bàng 划船。
[旧属二十三漾]

夜~ 轻~ 飞~ 闲~ 共~ 春~
(另见二庚 péng)

**稖** bàng 稖头,玉米。

**磅** bàng 量衡。磅秤。
[旧属七阳]

过~
(另见平声 páng)

**镑** bàng 英镑。

**艕** bàng 船相靠。

**厂** chǎng 厂家。
[旧属二十二养]

工~ 小~ 进~ 调~ 出~ 护~
开~ 分~ 爱~ 船~ 下~ 钢~
电~ 新~ 东~ 服装~ 化工~

**场** chǎng 场地。场所。
[旧属七阳]

市~ 商~ 考~ 广~ 菜~ 球~
疆~ 战~ 屠~ 沙~ 道~ 会~
立~ 分~ 官~ 空~ 夜~ 农~
操~ 剧~ 出~ 入~ 逢~ 开~
牧~ 渔~ 盐~ 火~ 当~ 收~
散~ 在~ 登~ 上~ 冷~ 退~
捧~ 下~ 磁~ 赌~ 暗~ 墙~
运动~ 势利~ 名利~ 翰墨~
游乐~ 大卖~ 竞技~

(另见平声 cháng)

**铩** chǎng 锐利。

**昶** chǎng 昼长。畅通。
[旧属二十二养]

和~ 雅~ 清~ 条~ 孟~ 夏~
天网~ 彤庭~

**惝** chǎng 惝怳,失意。

**敞** chǎng 敞开。宽绰。
[旧属二十二养]

高~ 轩~ 疏~ 宏~ 清~ 虚~
宽~ 弘~ 博~ 洞~ 云~ 屋~
风闱~ 云楼~ 画眉~

**氅** chǎng 外套。
[旧属二十二养]

大~ 鹤~ 羽~ 绣~ 雪~ 青~
鸷~ 仙~ 素~ 玄~ 锦~ 红~
五色~ 云作~

**玚** chàng 祭祀用的圭。
[旧属七阳]
(另见平声 yáng)

**怅** chàng 不如意。
[旧属二十三漾]

惆~ 怊~ 感~ 凄~ 起~ 惊~
怅~ 悲~ 怨~ 游子~

**韔** chàng 弓袋。
[旧属二十三漾]

虎~ 交~ 纳~ 弓~ 出~ 橐~
腰间~

**畅** chàng 畅达。畅快。
[旧属二十三漾]

和~ 流~ 酣~ 道~ 不~ 风~
情~ 文~ 条~ 舒~ 晓~ 欢~
充~ 通~ 明~ 心情~ 肌骨~
箫韶~

**倡** chàng 倡导。
[旧属七阳]

首~ 独~ 提~

**鬯** chàng 祭祀用的酒。
[旧属二十三漾]

荐~ 盛~ 合~ 奠~ 献~ 赐~

**唱** chàng 唱歌。
[旧属二十三漾]
歌~　一~　低~　善~　自~　选~
始~　共~　休~　争~　夜~　谁~
莫~　空~　学~　渔~　绝~　清~
樵~　演~　对~　独~　齐~　说~
高~　欢~　弹~　同~　新~　伴~
雄鸡~　拍手~　绕梁~　千人~
为谁~　江南~　大合~　含泪~

**闯** chuǎng 闯荡。闯关。
[旧属二十七沁]
直~　瞎~　李~　敢~　勇~　硬~
蛮~　私~　猛~　带头~　朝前~

**创** chuàng 创举。创立。
[旧属二十三漾]
草~　手~　首~　肇~　别~　自~
初~　始~　经~　独~　开~　新~
（另见平声 chuāng）

**沧** chuàng 寒冷。
[旧属七阳]

**怆** chuàng 悲伤。
[旧属二十三漾]
悲~　凄~　惨~　恻~　愀~　感~
空~　怆~　惋~　情~　惆~　楚~
共~　哀~　孤~　霜气~　故国~

**挡** dǎng 挡住。遮蔽。
[旧属二十三漾]
遮~　抵~　拦~　阻~　水~　土~
谁~　雨~　车~　横~　将~　力~
（另见 dàng）

**党** dǎng 党派。偏袒。
[旧属二十二养]
整~　建~　同~　朋~　政~　乡~
立~　爱~　吾~　退~　叛~　反~
结~　族~　亲~　入~　贵~　私~
僚~　姻~　死~　多~　余~　清~
脱~　不~　向~　父~　母~　妻~
执政~　共产~　民主~　东林~
太子~　自由~　左翼~

**谠** dǎng 正直的言论。
[旧属二十二养]
忠~　诚~　辞~　黄~　高~

**当** dàng 合宜。抵押。
[旧属二十二养]

适~　允~　勾~　行~　便~　不~
正~　失~　未~　顺~　妥~　恰~
稳~　得~　质~　典~　上~　了~
（另见平声 dāng）

**凼** dàng 水坑。
水~　粪~

**砀** dàng 砀山，安徽地名。
[旧属二十三漾七阳]
萧~　芒~　石~　梁~　如~

**宕** dàng 拖延。放荡。
[旧属二十三漾]
骄~　流~　游~　浮~　佚~　跌~
雁~　延~　拖~　疏~

**垱** dàng 小土堤。
筑~

**荡** dàng 摇动。广阔。放纵。
[旧属二十二养七阳]
浩~　放~　游~　闲~　冲~　淫~
狂~　莽~　风~　胸~　激~　晃~
雁~　坦~　轻~　春~　飘~　浪~
流~　淡~　骀~　动~　闯~　荡~
晃~　涤~　摇~　动~　震~　扫~
芦花~　双桨~　平原~

**挡** dàng
[旧属二十三漾]
摒~
（另见 dǎng）

**档** dàng 档案。等级。
归~　存~　木~　卷~　横~　搭~

**莔** dàng 莨莔,草药。

**仿** fǎng 仿效。类似。
[旧属二十二养]
比~　摹~　模~　相~　依~　影~
临~　相~

**访** fǎng 访问。访寻。
[旧属二十三漾]
昼~　周~　纳~　询~　咨~　借~
相~　历~　外~　见~　延~　求~
暗~　可~　闲~　频~　往~　幽~

拜～ 私～ 过～ 察～ 造～ 采～
久～ 谁～ 肯～ 为～ 寻～ 探～
雪夜～ 名士～ 驱车～ 穿云～
高人～ 重来～

夏～ 寒～ 花～ 细～ 满～ 草～
归～ 旧～ 大～ 曲～ 河～ 渔～
商～ 领～ 获～ 柳～ 香～ 船～
不冻～ 深水～ 自由～ 珍珠～

## 彷 fǎng 彷佛,同'仿佛'。
[旧属七阳]
(另见平声 páng)

## 纺 fǎng 纺织。纺绸。
[旧属二十二养]
棉～ 夜～ 绩～ 混～ 丝～ 绢～
束～ 执～ 单～ 织～ 朝～ 耕～
细～ 粗～ 毛～ 渔妇～ 织女～

## 昉 fǎng 明亮。起始。
[旧属二十二养]
迷～ 任～ 周～

## 舫 fǎng 船。
[旧属二十三漾]
画～ 石～ 乘～ 雨～ 歌～ 连～
宴～ 轻～ 大～ 开～ 空～ 船～
花～ 云～ 酒～ 小～ 停～ 舟～
客～ 官～ 绿～ 秋～ 合～ 鹢～
菱～ 灯～ 游～ 湖～ 彩～ 春～
风催～ 红窗～ 萤随～ 金版～
虹月～ 烟中～ 春溪～ 歌妓～

## 放 fàng 放开。
[旧属二十二养]
开～ 解～ 安～ 奔～ 闲～ 大～
下～ 待～ 横～ 疏～ 停～ 豪～
齐～ 争～ 释～ 存～ 收～ 发～
流～ 怒～ 花～ 鸣～ 旷～

## 岗 gǎng 岗子。岗位。
站～ 门～ 布～ 夜～ 下～ 上～
顶～ 离～ 换～ 黄土～
(另见平声 gāng)

## 昡 gǎng 傣语头人。

## 魟 gǎng 盐泽。

## 港 gǎng 港湾。港口。
[旧属三讲]
海～ 军～ 离～ 断～ 泾～ 支～
巨～ 秋～ 小～ 进～ 金～ 水～
孤～ 别～ 石～ 争～ 人～ 荒～

## 杠 gàng 粗棍。
[旧属三江]
抬～ 双～ 绸～ 铁～ 单～ 竹～
(另见平声 gāng)

## 钢 gàng 磨。
[旧属七阳]
钢一～
(另见平声 gāng )

## 篢 gàng 篢口,湖南地名。

## 戆 gàng 傻;愣。
[旧属三绛]
愚～ 狂～ 刚～ 太～ 越人～
(另见 zhuàng)

## 广 guǎng 宽阔。广泛。
[旧属二十二养]
地～ 弘～ 路～ 学～ 洞～ 海～
弥～ 拓～ 德～ 舌～ 幅～ 泽～
面～ 浩～ 两～ 宽～ 识～ 闽～
湖～ 推～ 心～ 深～ 李～ 吴～
天地～ 九州～ 见事～ 田业～
寒沙～ 交游～ 海天～ 闻见～

## 犷 guǎng 粗野。犷悍。
[旧属二十二养]
粗～ 强～ 狙～

## 桄 guǎng 绕线横木。
一～ 木～ 线～
(另见平声 guāng)

## 逛 guàng 闲游。
闲～ 游～ 西～ 随～ 偷～

## 沆 hàng 形容大水。
[旧属二十二养]
莽～ 朝～ 尘～ 金茎～

## 巷 hàng 巷道。
[旧属三绛]
(另见 xiàng)

## 恍 huǎng 惝恍,失意。
[旧属二十二养]

惝~ 忽~ 寥~ 修~ 临风~

**恍** huǎng 恍然。
[旧属二十二养]
惝~ 忽~ 惟~

**晃** huǎng 闪耀。闪过。
[旧属二十二养]
一~ 炫~ 明晃~
(另见 huàng)

**谎** huǎng 不真实。
撒~ 说~ 扯~ 大~ 欺~ 测~
弥天~

**幌** huǎng 帷幔。
[旧属二十二养]
帷~ 帘~ 绣~ 书~ 虚~ 秋~
罗~ 翠~ 尘~ 拂~ 绮~ 轻~
风~ 蚊~ 寝~ 锦~ 纱~ 轩~

**晃** huàng 晃动。
[旧属二十二养]
摇~ 烛~ 闪~ 眩~ 纱灯~
(另见 huǎng)

**滉** huàng 水深而广。
[旧属二十二养]
月~

**榥** huàng 帷幕,屏风。
[旧属二十二养]
对~ 镂~ 轩~ 修~ 栏~ 雕~

**皝** huàng 用于人名。
[旧属二十二养]
慕容~

**讲** jiǎng 讲话。讲解。
[旧属三讲]
演~ 不~ 都~ 侍~ 听~ 代~
停~ 夜~ 新~ 坐~ 研~ 详~
亲~ 参~ 直~ 通~ 专~ 论~
口~ 谁~ 熟~ 预~ 精~ 共~
劝~ 开~ 主~ 串~ 请~ 未~

**奖** jiǎng 奖励。奖赏。
[旧属二十二养]
评~ 得~ 优~ 崇~ 开~ 大~
有~ 摸~ 摇~ 抽~ 猜~ 殊~
金~ 推~ 夸~ 褒~ 受~ 头~
过~ 嘉~ 中~ 获~ 小~ 领~

图书~ 诗歌~ 百花~ 年终~

**桨** jiǎng 划船用具。
[旧属二十二养]
荡~ 划~ 双~ 画~ 兰~ 宿~
飞~ 打~ 归~ 轻~ 共~ 篙~
摇~ 急~ 莲~ 船~ 停~ 单~
鸥冲~ 浪浮~

**蒋** jiǎng 草名。姓。
[旧属七阳二十二养]
菰~ 攒~ 茵~ 凡~ 茅~ 菱~
沙~ 白~ 编~ 卧~

**耩** jiǎng 耧播。
[旧属三讲]

**匠** jiàng 手艺工人。
[旧属二十三漾]
巧~ 工~ 良~ 天~ 女~ 巫~
穷~ 鲁~ 刀~ 笔~ 拙~ 意~
名~ 真~ 花~ 诗~ 功~ 杂~
船~ 皮~ 国~ 石~ 漆~ 铁~
宗~ 大~ 巨~ 机~ 木~ 画~

**降** jiàng 落下。
[旧属三绛]
天~ 以~ 乃~ 始~ 屈~ 累~
迫~ 不~ 神~ 下~ 递~ 升~
霜~ 光~ 空~ 天瑞~ 福乃~
(另见平声 xiáng)

**虹** jiàng 同'虹',限单用。
[旧属三绛]
(另见一东 hóng)

**将** jiàng 将官。将领。
[旧属二十三漾]
大~ 老~ 猛~ 贤~ 小~ 爱~
上~ 武~ 神~ 遣~ 勇~ 选~
女~ 论~ 斩~ 虎~ 闯~ 飞~
骁~ 败~ 拜~ 宿~ 部~ 名~
福~ 健~ 儒~ 末~ 点~ 换~
常胜~ 虎贲~
(另见平声 jiāng;qiāng)

**洚** jiàng 大水泛滥。
[旧属三江三绛]
遭~ 江~ 沟~ 银河~

**绛** jiàng 深红色。
[旧属三绛]
浅~ 紫~ 染~ 衣~ 吐~ 重~

至~ 缇~ 似~ 色如~ 一匹~
九天~

**弶** jiàng 捕鸟、鼠工具。

**强** jiàng 固执。
[旧属二十三漾]
倔~
（另见 qiǎng；平声 qiáng）

**酱** jiàng 调味品。
[旧属二十三漾]
果~ 醯~ 芥~ 脯~ 操~ 醢~
虾~ 辣~ 甜~ 面~ 肉~ 蘸~
芝麻~ 花生~ 草莓~ 沙拉~

**犟** jiàng 固执。

**糨** jiàng 液体很稠。

**亢** kàng 高傲。过度。
[旧属二十三漾]
高~ 强~ 矫~ 久~ 瘼~ 卑~
刚~ 骄~ 不~ 志气~
（另见平声 háng）

**伉** kàng 伉俪。
[旧属二十三漾]
比~ 辞~ 抑~ 阆~ 卫~ 相~
简~ 伉~

**抗** kàng 抗击。对等。
[旧属二十三漾]
反~ 抵~ 对~ 违~ 如~ 顽~
屡~ 相~ 力~ 不能~ 未敢~
众人~

**闶** kàng 高大。
[旧属二十三漾]
高~ 猥~ 有~
（另见平声 kāng）

**炕** kàng 烧火取暖的床。
[旧属二十三漾]
火~ 宵~ 长~ 卧~ 温~ 炙~
熏~ 木~ 砖~ 暖~ 坐~ 上~

**夼** kuǎng 洼地。地名。
大~ 刘家~ 马草~

**圹** kuàng 同'矿'。

**邝** kuàng 姓。

**圹** kuàng 墓穴。原野。
[旧属二十三漾]
入~ 坐~ 冢~ 成~ 掘~ 砖~
新~ 生~ 穿~ 墓~ 荒~ 古~
兽走~ 松柏~ 衣冠~

**纩** kuàng 丝绵。
[旧属二十三漾]
丝~ 绵~ 织~ 厚~ 漂~ 絮~
白~ 挟~ 属~ 茧为~ 衣有~

**旷** kuàng 旷野。旷废。
[旧属二十三漾]
空~ 地~ 久~ 辽~ 开~ 物~
浩~ 淹~ 平~ 废~ 宽~ 怨~
放~ 心~ 野~ 天~ 胸~ 荒~
天宇~ 秋景~ 人事~ 岁月~

**况** kuàng 情况。比方。
[旧属二十三漾]
何~ 概~ 近~ 自~ 孤~ 旅~
现~ 景~ 境~ 盛~ 意~ 状~
比~ 战~

**矿** kuàng 矿石。矿区。
[旧属二十三梗]
油~ 开~ 采~ 煤~ 铁~ 金~
探~

**贶** kuàng 赠；赐。
[旧属二十三漾]
馈~ 惠~ 厚~ 拜~ 天~ 辱~
无~ 求~ 大~ 得~ 受~ 君~
呈~ 自~ 感~ 嘉~ 珍~ 远~
赠~ 重~ 雅~ 以诗~ 锦服~
白璧~

**纩** kuàng 同'矿'。

**框** kuàng 框框。框架。
画~ 门~ 方~ 窗~ 字~ 线~
镜~ 条~ 划~

**眶** kuàng 眼的四周。
[旧属七阳]

盈~ 眼~ 满~ 夺~ 高~ 目~
泪满~

**朗** lǎng 明亮。响亮。
[旧属二十二养]

疏~ 月~ 明~ 秀~ 开~ 爽~
健~ 晴~ 高~ 夜~ 旷~ 静~
敞~ 澄~ 目~ 硬~ 心~ 霄~
云~ 清~ 天~ 心胸~ 天宇~
天地~ 长空~

**烺** lǎng 明朗。

**塱** lǎng 元塱,广东地名。

**槤** lǎng 槤梨,湖南地名。

**郎** làng 屎壳郎。
[旧属七阳]
(另见平声 láng)

**埌** làng 圹埌,空旷。

**莨** làng 莨菪,草名。
[旧属七阳]
(另见平声 liáng)

**崀** làng 崀山,湖南地名。
[旧属七阳]

**閬** làng 閬苑,宫苑。
[旧属二十三漾]

重~ 华~ 蓬~ 瀛~ 醉~ 閬~
土~
(另见平声 láng)

**浪** làng 浪涛。放纵。
[旧属二十三漾七阳]

海~ 波~ 麦~ 白~ 叠~ 蹈~
絮~ 雪~ 风~ 激~ 惊~ 翻~
层~ 沧~ 怒~ 踏~ 冲~ 劈~
云~ 轻~ 拂~ 回~ 急~ 寒~
吹~ 绿~ 江~ 鸥~ 声~ 黑~
逆~ 卷~ 放~ 流~ 骇~ 谑~
柳~ 巨~ 破~ 细~ 孟~ 逐~
万里~ 千重~ 风生~ 浪打~

**眼** làng 睙。

**蒗** làng 宁蒗,彝族自治县。

**两** liǎng 数目。双方。
[旧属二十二养]

斤~ 明~ 半~ 两~ 择~ 百~
几~ 数~ 万~ 铢~ 五~

**俩** liǎng 伎俩。
(另见九佳 liǎ)

**唡** liǎng 英两。

**緉** liǎng 量词。
[旧属二十二养]

一~ 几~ 数百~

**裲** liǎng 裲裆,背心。

**蜽** liǎng 蝄蜽,同'魍魉'。
[旧属二十二养]

**魉** liǎng 魍魉,怪物。

**亮** liàng 亮光。清楚。
[旧属二十三漾]

明~ 漂~ 眼~ 月~ 敞~ 贞~
心~ 光~ 天~ 豁~ 清~ 洪~
嘹~ 响~ 透~ 雪~ 照~ 发~
高节~ 朝日~ 诸葛~

**悢** liàng 索取;求。
(另见十九青 jìng)

**凉** liàng 使温度降低。
[旧属七阳]

凉一~

**悢** liàng 悲伤。
[旧属二十三漾]

怆~ 悢~

**谅** liàng 谅解。料想。
[旧属二十三漾]

原~ 直~ 友~ 宽~ 恕~ 见~
易~ 不~ 必~ 忠~ 为~ 可~
宥~ 曲~ 体~ 谁与~ 谁复~
始乎~

**辆** liàng 量词,用于车。

车～　百～　一～　数～

**靓** liàng 漂亮;好看。

(另见十九青 jìng)

**量** liàng 量度。
[旧属二十三漾]

度～　器～　流～　雨～　本～　衡～
能～　思～　宇～　酒～　数～　气～
容～　少～　胆～　重～　海～　尽～
较～　限～　大～　打～　估～　雅～
质～　分～　产～　食～　力～　无～
放～　定～　自～　裁～　声～　剂～
未可～　不知～　沧海～　宽宏～

(另见平声 liáng)

**晾** liàng 晒。

晒～　吹～

**喨** liàng 嘹喨。

**踉** liàng 踉跄。
[旧属七阳]

(另见平声 liáng)

**莽** mǎng 草丛。莽撞。
[旧属二十二养七麌]

草～　如～　鹘～　蓬～　林～　卤～
粗～　宿～　积～　莽～　伏～　榛～
丛～　鲁～　苍～

**漭** mǎng 广阔无边。
[旧属二十二养]

泱～　渺～　漭～　漫～　冲～　沆～
荡～　溢～　浪～　浩～

**蟒** mǎng 蟒蛇。蟒袍。
[旧属二十二养]

巨～　伏～　蟠～　怪～　大～　赤～
绣～　毒～　修～　白～

**曩** nǎng 以往;从前。
[旧属二十二养]

畴～　怀～　由～　玄～　悲～　自～

**攮** nǎng 用刀刺。

**馕** nǎng 往嘴里塞食。

(另见平声 náng)

**齉** nàng 鼻子不通气。

鼻子～

**酿** niàng 酿造。酒。
[旧属二十三漾]

酝～　善～　冬～　久～　官～　初～
造～　醇～　私～　新～　甘～　奇～
溪～　细～　土～　自～　家～　春～
佳～　村～　酒～　千日～　黍米～
村舍～　桂花～

**嗙** pǎng 自夸;吹牛。

开～　乱～

**耪** pǎng 用锄翻土。

**髈** pǎng 大腿。

(另见 bǎng)

**胖** pàng 脂肪多。
[旧属三绛]

肥～　真～　白～　虚～　长～　发～
体～　浮～　太～　小～　不～　怕～

(另见十一先 pán)

**抢** qiǎng 抢夺。争先。
[旧属二十二养]

强～　争～　大～　跳～　手～　明～

(另见平声 qiāng)

**羟** qiǎng 羟基。

**强** qiǎng 强逼;强迫。
[旧属二十二养]

勉～　牵～　相～

(另见 jiàng ;平声 qiáng)

**镪** qiǎng 成串的钱。
[旧属二十二养]

藏～　贪～　楮～　积～　贯～　持～
铜～　缗～　现～　铁～　凫～　纳～

(另见平声 qiāng)

**襁** qiǎng 背孩子的宽带。
[旧属二十二养]

负～　同～　缚～　孝者～　儿脱～

**呛** qiàng 气体刺激。

够~
（另见平声 qiāng）

**觠** qiàng 支撑。
（另见平声 qiāng）

**炝** qiàng 烹饪方法。

**跄** qiàng 跄踉，行不稳。
[旧属七阳]
（另见平声 qiāng）

**蹡** qiàng 蹡踉。
[旧属七阳]
（另见平声 qiāng）

**壤** rǎng 土壤。地区。
[旧属二十二养]

天~ 霄~ 沙~ 接~ 黄~ 粪~
丰~ 坟~ 黑~ 外~ 肥~ 边~
割~ 掘~ 掬~ 旧~ 雨~ 细~
蔬~ 厚~ 荒~ 田~ 邻~ 息~
瘠~ 沃~ 击~ 泉~ 僻~ 蚁~
无遗~ 江南~ 无穷~

**攘** rǎng 排斥。
[旧属二十二养七阳]

扰~ 攘~ 夺~ 寇~ 日~ 相~
方~ 外~ 不~ 见~ 狂~ 披~
雨~ 搅~ 东~ 随流~ 臂莫~
不足~ 皓腕~

**嚷** rǎng 喊叫。吵闹。

喧~ 大~ 穷~ 怕~ 不~ 嚷~
叫~ 乱~ 急~ 高声~
（另见平声 rǎng）

**让** ràng 让步。让利。
[旧属二十三漾]

谦~ 推~ 辞~ 恭~ 三~ 敬~
不~ 卑~ 数~ 口~ 言~ 咸~
两~ 争~ 勿~ 避~ 劝~ 舍~
相~ 揖~ 禅~ 廉~ 礼~ 退~
诮~ 转~ 逊~ 宁可~ 终身~
未肯~ 无与~ 多其~ 谁与~

**瀼** ràng 瀼水，四川水名。
[旧属七阳]

㶆~
（另见平声 ráng）

**搡** sǎng 猛推。

**嗓** sǎng 嗓子。嗓音。

吊~ 亮~ 倒~ 清~ 哑~ 粗~

**磉** sǎng 柱子下石墩。
[旧属二十二养]

石~ 础~ 基~ 卑~ 柱~ 古~

**颡** sǎng 额；脑门子。
[旧属二十二养]

稽~ 隆~ 高~ 束~ 过~ 方~
鹳~ 龙~ 白~ 雄~ 黑~ 博~
鹅~ 枯~ 大~ 巨~ 阔~ 黄~
广~ 绛~ 泚~ 黄金~

**丧** sàng 丧失。
[旧属二十三漾]

沮~ 沦~ 颓~ 懊~ 气~ 得~
胆~ 雕~ 魂~ 风雅~ 淳朴~
（另见平声 sāng）

**上** shǎng 指上声。
[旧属二十二养]
（另见 shàng）

**坰** shǎng 土地面积。

**晌** shǎng 片时。晌午。

一~ 半~ 歇~

**赏** shǎng 赏赐。赏识。
[旧属二十二养]

赞~ 领~ 求~ 劝~ 辞~ 心~
滥~ 先~ 后~ 行~ 孤~ 大~
功~ 未~ 封~ 恩~ 明~ 倍~
称~ 犒~ 激~ 垂~ 趣~ 独~
共~ 春~ 有~ 奖~ 厚~ 心~
爱~ 玩~ 叹~ 鉴~ 重~ 悬~
刑~ 称~ 清~ 真~ 珍~ 自~
受~ 欣~ 幽~ 无功~ 不足~
不受~

**上** shàng 上面。向上。
[旧属二十二养]

直~ 云~ 扶~ 飞~ 愈~ 迈~
难~ 更~ 独~ 日~ 闭~ 关~
马~ 天~ 无~ 墙~ 波~ 溪~
陌~ 向~ 路~ 井~ 陇~ 塞~

向～ 楼～ 枕～ 纸～ 川～ 江～
太～ 月～ 北～ 道～ 座～ 海～
上～ 早～ 掌～ 心～ 顶～ 奉～
天～ 赶～ 山～ 嚣尘～ 牛背～
扶摇～ 携手～ 青云～ 不敢～
（另见 shǎng）

**尚** shàng 尊崇。风尚。
[旧属二十三漾]

俗～ 相～ 爱～ 学～ 凤～ 尊～
时～ 习～ 崇～ 高～ 心～ 和～
嘉～ 所～ 贵～ 无以～ 私所～

**绱** shàng 绱鞋。

**爽** shuǎng 爽快。违背。
[旧属二十二养]

豪～ 凉～ 清～ 俊～ 口～ 言～
风～ 秋～ 纳～ 目～ 味～ 骨～
肃～ 直～ 气～ 英～ 神～ 灵～
明～ 不～ 飒～ 高～ 森～ 竞～
精神～ 十分～ 衮簠～

**塽** shuǎng 向阳高地。

**帑** tǎng 国库钱财;公款。
[旧属二十二养]

国～ 府～ 仓～ 禁～ 军～ 私～
内～ 重～ 官～ 安～ 贵～ 币～
公～ 银～ 发～

**倘** tǎng 倜傥,不羁。
[旧属二十二养]

俶～ 清～ 不～ 文～ 得亦～
（另见平声 cháng）

**淌** tǎng 往下流。

**惝** tǎng '惝'(chǎng)的又音。

**傥** tǎng 洒脱。
[旧属二十二养]

倜～ 不～ 文～ 俶～ 傥～ 清～

**镋** tǎng 似叉的兵器。

**躺** tǎng 平卧。

平～ 轻～ 斜～ 不～ 夜～

**烫** tàng 烘,烙。烫手。

滚～ 太～ 火～

**趟** tàng 量词。
[旧属八庚]

一～ 两～ 这～
（另见平声 tāng）

**网** wǎng 网络。
[旧属二十二养]

上～ 天～ 张～ 入～ 禁～ 世～
疏～ 幕～ 布～ 织～ 密～ 解～
虫～ 层～ 政～ 铁～ 投～ 落～
猎～ 睡～ 连～ 迷～ 补～ 穿～
坠～ 破～ 抛～ 愁～ 鱼～ 结～
罗～ 火～ 晒～ 撒～ 拉～ 尘～
世～ 蛛～ 法～ 漏～ 脱～ 触～
蜘蛛～ 通信～ 交通～ 灌溉～
宣传～ 恢恢～ 名利～ 英特～

**枉** wǎng 弯曲。冤屈。
[旧属二十二养]

冤～ 矫～ 直～ 忠～ 邪～ 诬～
猥～ 事～ 侵～ 颇～ 屡～ 徒～
谗～ 错～ 太～ 循～ 幽～ 乖～
见～ 奸～ 申～ 蒙～ 尘～ 绳～
抱～ 含～ 疑～ 众～ 怨～ 身～
偷金～ 缧绁～ 廉吏～

**罔** wǎng 蒙蔽。没有。
[旧属二十二养]

诬～ 欺～ 迷～ 侵～ 奸～ 勿～
百～ 营～ 疏～ 射～ 蔽～ 用～
见～ 敝～ 渠～

**往** wǎng 去。向。过去的。
[旧属二十二养]

继～ 往～ 数～ 送～ 暂～ 步～
心～ 永～ 引～ 梦～ 走～ 若～
频～ 来～ 神～ 既～ 已～ 勇～
交～ 何～ 向～ 忆～ 过～ 以～
独～ 长～ 晨～ 驱车～ 瓜时～

**惘** wǎng 失意;精神恍惚。
[旧属二十二养]

怅～ 凄～ 悖～ 慌～ 迷～ 惘～

**辋** wǎng 车轮框。
[旧属二十二养]

车～ 重～ 轮～ 铁～

蝄 wǎng 蝄蜽,同'魍魉'。

魍 wǎng 魍魉。
[旧属二十二养]
夔~

王 wàng 古称君主有天下。
[旧属二十三漾]
（另见平声 wáng）

妄 wàng 荒谬。非分。
[旧属二十三漾]
狂~ 诡~ 谲~ 怪~ 骄~ 语~
迷~ 幻~ 庸~ 无~ 谬~ 妖~
愚~ 虚~ 诞~ 不敢~ 妄所~
身垢~

忘 wàng 忘记。
[旧属七阳二十三漾]
不~ 淡~ 两~ 难~ 勿~ 自~
手~ 易~ 事~ 靡~ 弃~ 未~
复~ 顿~ 都~ 遽~ 莫~ 健~
遗~ 无~ 相~ 坐~ 善~ 已~
何日~ 无相~ 世虑~ 安敢~
何曾~ 过眼~ 万事~ 两相~

旺 wàng 旺盛。充足。
[旧属二十三漾]
兴~ 生~ 金~ 木~ 火~ 土~
分~ 寄~ 财~ 势~ 气~ 盛~
业~ 神~ 畅~ 六畜~ 生意~
财路~

望 wàng 向远处看。
[旧属七阳二十三漾]
遥~ 翘~ 鹤~ 无~ 群~ 人~
时~ 怅~ 思~ 有~ 祈~ 仰~
冀~ 弥~ 宿~ 可~ 门~ 厚~
坐~ 空~ 闲~ 愁~ 眺~ 凤~
凝~ 敢~ 伊~ 威~ 瞻~ 企~
名~ 盼~ 展~ 声~ 民~ 欲~
希~ 观~ 探~ 看~ 四~ 德~
远~ 失~ 众~ 朔~ 绝~ 渴~
回~ 悬~ 守~ 相~ 奢~ 愿~
凭栏~ 登高~ 苍生~ 举目~
丰年~ 出门~

曏 xiǎng 从前。旧时。
[旧属二十三漾]
证~

享 xiǎng 享受。
[旧属二十二养]
分~ 坐~ 长~ 专~ 世~ 兼~
时~ 具~ 月~ 共~ 久~ 独~
私~ 幽~ 通~ 安~ 宴~ 配~
无人~ 子孙~ 岁时~

响 xiǎng 响声。
[旧属二十二养]
声~ 影~ 震~ 触~ 乱~ 琴~
反~ 夜~ 韵~ 鼓~ 暗~ 涧~
梵~ 蛩~ 叠~ 空~ 怒~ 瀑~
余~ 交~ 音~ 虫~ 泉~ 嗣~
遗~ 风~ 清~ 逸~ 夕~ 绝~
洪钟~ 春雷~ 丝竹~ 振地~
环佩~ 铃声~

饷 xiǎng 薪金。
[旧属二十三漾]
粮~ 馈~ 军~ 月~ 发~ 解~
转~ 独~ 仇~ 饁~ 救~ 厚~
坐~ 得~ 铺~ 重~ 佳~ 乏~
白衣~ 饥可~ 不受~

蚼 xiǎng 蚼虫,水稻害虫。

飨 xiǎng 酒食款待。

想 xiǎng 思索。怀念。
[旧属二十二养]
理~ 长~ 端~ 真~ 可~ 遥~
继~ 徒~ 细~ 坐~ 奇~ 心~
感~ 暗~ 料~ 幻~ 妄~ 空~
联~ 预~ 设~ 意~ 敢~ 追~
猜~ 悬~ 念~ 推~ 休~ 思~
梦~ 驰~ 凝~ 摹~ 退~ 涉~
冥~ 莫~ 静~ 狂~

鲞 xiǎng 鱼干。
[旧属二十二养]
鱼~ 鳗~ 明~ 脯~ 勒~ 香~
石首~ 郎君~

向 xiàng 方向。向来。
[旧属二十二养二十三漾]
趋~ 志~ 动~ 去~ 风~ 偏~
方~ 相~ 意~ 奔~ 倾~ 一~
面~ 归~ 转~ 朝~ 外~ 内~
背~ 独~ 所~ 引~ 直~ 惯~

**项** xiàng 颈的后部。
[旧属三讲]

颈~ 款~ 强~ 事~ 八~ 刘~
用~ 短~ 骑~ 直~ 按~ 秀~
槁~ 曲~ 细~ 党~ 缩~ 引~
鹅~ 鸡~ 俯~ 楚~ 背~ 禽~
系~ 粉~ 缺~ 垂~

**巷** xiàng 街道。
[旧属三绛]

坊~ 转~ 陋~ 同~ 问~ 石~
夹~ 幽~ 深~ 隔~ 邻~ 古~
贫~ 竹~ 僻~ 街~ 穷~ 柳~
旧~ 里~ 空~ 小~ 曲~ 填~
乌衣~ 哭于~ 南北~
（另见 hàng）

**相** xiàng 相貌。辅助。
[旧属二十三漾]

貌~ 照~ 月~ 站~ 坐~ 傧~
手~ 贤~ 法~ 骨~ 内~ 奇~
异~ 显~ 命~ 贵~ 卜~ 愚~
将~ 儒~ 穷~ 变~ 论~ 面~
皮~ 权~ 长~ 天~ 真~ 宰~
辅~ 色~ 奸~ 聪慧~ 可怜~
狼狈~ 封信~ 富贵~ 寿者~
罗刹~ 霸王~
（另见平声 xiāng）

**象** xiàng 大象。形状。
[旧属三讲]

天~ 白~ 虎~ 乘~ 骑~ 印~
现~ 对~ 迹~ 蜡~ 想~ 气~
真~ 星~ 景~ 意~ 抽~ 形~
驯~ 万~ 吞~ 龙~ 表~ 狮

**缿** xiàng 信箱或钱罐。
[旧属三讲]

投~ 讼~ 接~

**衖** xiàng 同'巷'。

**像** xiàng 形象。好像。
[旧属三讲]

人~ 偶~ 肖~ 遗~ 佛~ 神~
玉~ 面~ 塑~ 雕~ 铜~ 造~
图~ 画~ 石~ 想~ 四不~

**橡** xiàng 橡树。
[旧属二十二养]

栗~ 拾~ 采~ 煮~ 落~

**仰** yǎng 仰面。仰慕。
[旧属二十二养]

俯~ 瞻~ 敬~ 钦~ 偃~ 高~
久~ 慕~ 首~ 凤~ 倾~ 虔~
共~ 可~ 企~ 信~ 景~ 素~
天下~ 千载~ 世人~ 万民~

**养** yǎng 养育。
[旧属二十二养]

颐~ 修~ 保~ 教~ 自~ 领~
善~ 兼~ 乳~ 收~ 抱~ 所~
哺~ 携~ 私~ 静~ 池~ 调~
寄~ 外~ 远~ 内~ 孝~ 侍~
欲~ 馈~ 饲~ 畜~ 培~ 生~
给~ 滋~ 驯~ 将~ 涵~ 素~
长~ 蒙~ 供~ 豢~ 抚~ 奉~
疗~ 赡~ 扶~ 鞠~ 休~ 营~
犬马~ 以善~ 庭帏~

**氧** yǎng 气体元素。

缺~ 补~ 输~ 有~ 接~ 吸~

**痒** yǎng 皮肤刺激。
[旧属二十二养]

痛~ 身~ 疥~ 搔~ 技~ 心~
痒~ 挠~ 止~ 脚底~ 头皮~
体肤~ 不怕~

**怏** yàng 不高兴。
[旧属二十二养]

怏~ 怅~ 郁~ 悒~

**样** yàng 样子。
[旧属二十三漾]

式~ 原~ 剪~ 借~ 小~ 新~
旧~ 今~ 镜~ 底~ 人~ 花~
它~ 百~ 造~ 呈~ 榜~ 依~
别~ 多~ 同~ 异~ 图~ 照~
走~ 变~ 官~ 巧~ 像~ 模~
这~ 怎~ 学~ 打~ 校~ 时~
好~ 一~ 两~ 翻花~ 贵人~

**恙** yàng 病。
[旧属二十三漾]

无~ 何~ 疹~ 风~ 疴~ 疲~
疾~ 微~ 清~ 抱~

**烊** yàng 打烊。
（另见平声 yáng）

**鞅** yàng 牛鞅子。
[旧属二十二养]
牛~ 掉~ 断~ 解~ 商~
（另见平声 yāng）

**漾** yàng 水面微微动荡。
[旧属二十三漾]
荡~ 漉~ 摇~ 波~ 清~ 溁~
漾~ 浩~ 演~ 泛~ 摇~ 水~
轻~ 滟~ 溶~ 月~ 影~ 暖~
浮光~ 孤舟~ 波中~

**驵** zǎng 壮马。骏马。
[旧属二十二养]
大~ 桀~ 侩~ 巨~ 吏~

**脏** zàng 内脏。
[旧属二十三漾]
心~ 五~ 肾~ 脾~ 鸡~ 腑~
吐~ 肝~ 内~
（另见平声 zāng）

**奘** zàng 壮大。
[旧属二十二养]
玄~ （唐僧）
（另见 zhuǎng）

**葬** zàng 掩埋死者遗体。
[旧属二十三漾]
火~ 埋~ 合~ 还~ 留~ 礼~
未~ 月~ 俭~ 奢~ 天~ 夜~
蒿~ 不~ 护~ 临~ 问~ 深~
古~ 海~ 新~ 送~ 裸~ 路~
厚~ 附~ 土~ 薄~ 殡~ 下~
国~ 安~ 殉~ 江鱼~ 无以~
卷席~ 枯骨~

**藏** zàng 储藏物。
[旧属二十三漾]
宝~ 经~ 冢~ 帑~ 地~ 佛~
墓~ 大~ 古~ 轮~ 库~ 秘~
矿~ 三~ 西~ 道~ 贮~ 法~
莲花~ 金玉~ 金刚~
（另见平声 cáng）

**长** zhǎng 年纪较大。
[旧属二十二养]
消~ 生~ 校~ 乡~ 道~ 相~
官~ 土~ 班~ 队~ 暴~ 草~
军~ 连~ 狂~ 渐~ 苔~ 尊~
兄~ 助~ 滋~ 增~ 成~ 学~
师~ 首~ 部~ 年~ 家~ 少~

县~ 组~ 团~ 不可~ 能为~
触类~ 马齿~
（另见平声 cháng）

**仉** zhǎng 姓。

**涨** zhǎng 升高。提高。
[旧属二十三漾]
暴~ 上~ 江~ 泛~ 滩~ 微~
峡~ 起~ 夕~ 泉~ 夜~ 新~
池~ 秋~ 雨~ 春~ 河~ 绿~
如~ 川~ 潮~ 增~ 怒~ 初~
沙~ 高~ 水~ 芳洲~ 惊涛~
玉纹~ 物价~
（另见 zhàng）

**掌** zhǎng 手掌。掌管。
[旧属二十二养]
擦~ 鸭~ 前~ 后~ 在~ 股~
开~ 虎~ 佛~ 神~ 红~ 舞~
侧~ 印~ 贯~ 巴~ 反~ 指~
拍~ 拊~ 执~ 鼓~ 覆~ 运~
鞅~ 熊~ 抵~ 巨~ 孤~ 职~
合~ 脚~ 灵~ 仙人~ 平如~
婴儿~ 八卦~

**礃** zhǎng 礃子。

**丈** zhàng 尊称老年男子。
[旧属二十二养]
老~ 岳~ 方~ 姑~ 寻~ 盈~
清~ 函~ 万~ 容~ 千~ 百~
墨~ 数~ 计~ 尺~

**仗** zhàng 兵器的总称。
[旧属二十二养]
仰~ 倚~ 执~ 狗~ 金~ 持~
停~ 叠~ 兵~ 仪~ 对~ 开~
打~ 败~ 胜~ 翻身~

**杖** zhàng 拐杖。棍棒。
[旧属二十二养]
手~ 扶~ 兵~ 银~ 停~ 金~
铜~ 负~ 荷~ 置~ 携~ 投~
藤~ 曳~ 夺~ 击~ 虎~ 挝~
拄~ 玉~ 铁~ 殴~ 鞭~ 受~
执~ 操~ 怒~ 倚~ 挥~ 行~
舍~ 击~ 化~ 禅~ 藜~ 竹~
擿面~ 龙头~ 随行~

**帐** zhàng 帘帐。帐子。
[旧属二十三漾]

蚊～ 营～ 帱～ 珠～ 玉～ 空～
共～ 出～ 倚～ 入～ 孤～ 莲～
红～ 床～ 屏～ 帏～ 罗～ 甲～
虎～ 绛～ 军～ 升～ 斗～ 兵～
青纱～ 同心～ 芙蓉～ 销金～
合欢～ 风生～ 蝇触～ 鸳鸯～

**账** zhàng 账簿。债。

清～ 旧～ 细～ 坏～ 假～ 无～
有～ 理～ 查～ 放～ 要～ 进～
记～ 上～ 算～ 结～ 转～ 抵～
烂～ 欠～ 倒～ 赖～ 认～ 还～
流水～ 糊涂～ 一本～ 阎王～

**胀** zhàng 膨胀。
[旧属二十三漾]

肿～ 囊～ 腹～ 痞～ 逆～ 肉～
鳞～ 胪～ 肤～ 脉～ 病～ 肺～

**涨** zhàng 多出。超出。
[旧属二十三漾]

高～ 热～ 泡～ 血～ 气～ 看～
泡沫～ 发酵～ 挤压～
（另见 zhǎng）

**障** zhàng 阻隔。遮挡。
[旧属二十三漾七阳]

保～ 越～ 欲～ 行～ 秀～ 岩～
翳～ 雾～ 排～ 屏～ 故～ 亭～
自～ 蔽～ 步～ 堤～ 锦～ 山～

**幛** zhàng 幛子。

贺～ 寿～ 挽～ 喜～ 绸～ 素～

**嶂** zhàng 直立的山峰。
[旧属二十三漾]

岩～ 连～ 重～ 绿～ 千～ 群～
远～ 雨～ 层～ 孤～ 危～ 奇～
列～ 岚～ 烟～ 青～ 屏～ 叠～
雾隐～ 湖外～ 青边～

**瘴** zhàng 瘴气。
[旧属二十三漾]

毒～ 炎～ 多～ 氛～ 避～ 疟～

南～ 地～ 蛮～ 烟～ 雾～ 无～
云～ 春～ 海～ 蒸～ 林～ 湿～
风杂～ 桂岭～ 南国～

**奘** zhuàng 粗而大。
[旧属二十二养]

腰～ 臂膊～
（另见 zàng）

**壮** zhuàng 壮实。壮观。
[旧属二十三漾]

悲～ 少～ 志～ 气～ 健～ 精～
丁～ 苗～ 马～ 老～ 刚～ 肥～
年～ 声～ 势～ 笔～ 力～ 威～
豪～ 犊～ 胆～ 体～ 雄～ 强～
山河～ 草木～ 老益～

**状** zhuàng 状况。状纸。
[旧属二十三漾]

情～ 异～ 陈～ 罪～ 貌～ 诡～
雨～ 随～ 上～ 奸～ 牒～ 写～
天～ 现～ 告～ 摹～ 供～ 奖～
万～ 行～ 无～ 图～ 形～ 诉～
委任～ 葛屦～ 新月～ 风云～

**僮** zhuàng 僮族。
[旧属一东]

**撞** zhuàng 撞击。
[旧属三江三绛]

击～ 怒～ 自～ 日～ 春～ 微～
突～ 碰～ 敲～ 激～ 头～ 浪～
风～ 顶～ 直～ 冲～ 相～ 莽～
金杵～ 拔剑～ 车毂～ 心如～
怒潮～ 万石～ 暮钟～

**幢** zhuàng 量词。
[旧属三绛]

一～ 楼～
（另见平声 chuáng）

**戆** zhuàng 戆直。
[旧属三绛]

朴～ 外～ 浅～ 益～ 悍～ 小～
少～ 人～ 愚～ 杜诗～ 郎中～
伯夷～
（另见 gàng）

# 四　支

## 平　声

**郗** <sup>chī</sup> 姓。
（另见八齐 xī）

**蚩** <sup>chī</sup> 无知；傻。
[旧属四支]
蚩～无～氓～

**胵** <sup>chī</sup> 膍胵，鸟类的胃。

**鸱** <sup>chī</sup> 鸱鹰。
[旧属四支]
鸢～怪～饥～村～群～飞～
风～茅～画～鹊～角～愁～
啸～吓～枭～散为～城上～
鹖生～

**絺** <sup>chī</sup> 细葛布。
[旧属四支]
织～细～绉～绣～葛～纤～
纮～暑～被～单～轻～文～
巾以～夏有～

**眵** <sup>chī</sup> 眼屎。
[旧属四支]
眼～目～眦～昏～

**笞** <sup>chī</sup> 鞭打。
[旧属四支]
怒～鞭～捶～苦～重～勿～
受～挞～当～不～自～掠～
减～待～痛～慈母～不免～
械而～未尝～不足～折箠～

**瓻** <sup>chī</sup> 陶制的酒壶。
[旧属四支]

**摛** <sup>chī</sup> 舒展；散布。
[旧属四支]
远～锦～徐～四始～不能～
山霞～葩花～笔下～

**嗤** <sup>chī</sup> 讥笑。
[旧属四支]
讥～笑～千～窃～点～见～
受～常～共～谤～益～人～
勿～取～自～共～可～嘲～
邻船～大户～世所～诮子～
燕雀～贤者～凡目～豪士～
路傍～市俗～

**痴** <sup>chī</sup> 痴呆。痴迷。
[旧属四支]
情～书～娇～肥～黠～妒～
大～愚～如～花～似～诗～
卖～不～白～顽～呆～儿～
狂～佯～太～用～真～佯～
老而～不免～如憨～谁是～
笑人～骨相～始是～自觉～
儿女～富贵～欲成～

**媸** <sup>chī</sup> 相貌丑。
[旧属四支]
妍～更～众～色～万～

**螭** <sup>chī</sup> 传说中没角的龙。
[旧属四支]
龙～蟠～虬～赤～白～虎～
神～奔～如～绘～金～铜～
轩～怪～鸢～双～苍～玉～
文～驾～璧～玉盘～泛翔～
殿角～

**魑** <sup>chī</sup> 魑魅。
[旧属四支]
妖～御～照～投～荒～

**池** <sup>chī</sup> 池塘。护城河。
[旧属四支]
城～砚～凿～酒～乐～深～
滇～金～晴～春～新～玉～
夜～夏～寒～碧～荷～鱼～
雷～天～汤～剑～曲～方～
清～瑶～莲～墨～临～差～
积翠～放生～龙凤～雨浇～
浣笔～莲花～喷水～跳水～

游泳 ~ 逍遥 ~ 昆明 ~ 华清 ~

**驰** chí 松开;松懈。
[旧属四纸]

张 ~ 一 ~ 放 ~ 禁 ~ 玩 ~ 偷 ~
势 ~ 神 ~ 纵 ~ 倾 ~ 懈 ~ 废 ~
颓 ~ 爱 ~ 弩 ~ 刑 ~ 简 ~ 少 ~
遗 ~ 携 ~ 松 ~ 久乃 ~ 不可 ~
弧弓 ~

**驰** chí 驰骋。传播。
[旧属四支]

奔 ~ 疾 ~ 坐 ~ 箭 ~ 车 ~ 心 ~
狂 ~ 神 ~ 星 ~ 风 ~ 争 ~ 驱 ~
竞 ~ 并 ~ 远 ~ 飞 ~ 声 ~ 光 ~
浮云 ~ 日月 ~ 风雨 ~ 行如 ~
名声 ~ 清风 ~ 星夜 ~ 背道 ~

**迟** chí 慢。
[旧属四支四寘]

延 ~ 稽 ~ 栖 ~ 淹 ~ 陵 ~ 来 ~
蚁 ~ 春 ~ 不 ~ 事 ~ 日 ~ 怯 ~
归 ~ 衰 ~ 行 ~ 早 ~ 未 ~ 迟 ~
马行 ~ 花信 ~ 消息 ~ 携手 ~
雁书 ~ 也未 ~ 富贵 ~ 梦觉 ~
去心 ~ 行勿 ~ 夕阳 ~ 雁来 ~

**坻** chí 水中小块陆地。
[旧属四支]

渚 ~ 如 ~ 临 ~ 丘 ~ 九 ~ 鼠 ~
川 ~ 空 ~ 涯 ~ 水中 ~ 钓鱼 ~
碛历 ~
（另见八齐 dǐ）

**持** chí 拿着。控制。对抗。
[旧属四支]

扶 ~ 相 ~ 支 ~ 维 ~ 保 ~ 挟 ~
护 ~ 把 ~ 劫 ~ 携 ~ 将 ~ 滥 ~
匡 ~ 自 ~ 手 ~ 主 ~ 争 ~ 操 ~
总 ~ 矜 ~ 坚 ~ 僵 ~ 住 ~ 独 ~
危不 ~ 力能 ~ 难矜 ~ 蟹螯 ~
鹬蚌 ~ 有谁 ~ 好共 ~ 不自 ~

**匙** chí 小勺。
[旧属四支]

汤 ~ 羹 ~ 半 ~ 玉 ~ 饭 ~ 停 ~
粘 ~ 银 ~ 茶 ~ 滑流 ~ 雪翻 ~
涕垂 ~ 震失 ~ 饭抄 ~ 配料 ~
雪分 ~ 请金 ~
（另见 shí）

**漦** chí 口水;涎沫。
[旧属四支]

龙 ~ 比 ~ 流 ~ 震鳞 ~

**墀** chí 台阶。
[旧属四支]

丹 ~ 阶 ~ 玉 ~ 兰 ~ 碧 ~ 苔 ~
空 ~ 庭 ~ 香 ~ 拂 ~ 枫 ~ 绿 ~
秋 ~ 沙 ~ 瑶 ~ 赤 ~ 轩 ~ 幽 ~
登 ~ 寒 ~ 龙 ~ 九级 ~ 白石 ~
柳阴 ~ 露盈 ~ 草生 ~ 雪满 ~

**踟** chí 踟蹰,迟疑。
[旧属四支]

**篪** chí 竹管。乐器。
[旧属四支]

埙 ~ 为 ~ 如 ~ 雅 ~ 吹 ~ 颂 ~
屏 ~ 鸣 ~ 调 ~ 笙 ~ 应 ~ 大 ~
未成 ~ 空中 ~ 教敛 ~

**刺** cī 象声词。刺啦。刺溜。
[旧属四寘]

刺
（另见仄声 cì）

**呲** cī 申斥;斥责。

挨 ~

**差** cī 等级;等次。
[旧属四支]

参 ~ 鳞 ~ 等 ~ 肩 ~ 隅 ~ 级 ~
群 ~ 位 ~ 降 ~ 贵贱 ~ 讵足 ~
燕参 ~
（另见九佳 chā,chà;十开 chāi,chài）

**疵** cī 缺点;毛病。
[旧属四支]

瑕 ~ 微 ~ 无 ~ 小 ~ 箴 ~ 卑 ~
见 ~ 细 ~ 隐 ~ 令 ~ 濯 ~ 多 ~
求 ~ 醇 ~ 掩 ~ 不为 ~ 面有 ~
目中 ~ 能无 ~ 俾我 ~ 去瑕 ~

**粢** cī 粢饭。
[旧属四支]
（另见 zī）

**跐** cī 脚下滑动。
（另见仄声 cì）

**骴** cí 肉未烂尽的骸骨。
[旧属四支]
枯~ 白~ 裂~ 掩~ 除~ 霜~

**词** cí 词句。词曲。
[旧属四支]
诗~ 宋~ 弹~ 芳~ 俚~ 宫~
腴~ 妍~ 供~ 歌~ 文~ 言~
虚~ 丽~ 台~ 清~ 祝~ 颂~
新~ 陈~ 唱~ 致~ 填~ 艳~
代~ 盲~ 小~ 竹枝~ 柳枝~
婉约~ 豪放~ 惜春~ 鼓吹~
绝妙~ 大江~ 潜台~ 白雪~
形容~ 开幕~

**茈** cí 草本植物。
[旧属四支]
多~ 凫~ (茈茅)

**茨** cí 蒺藜。
[旧属四支]
茅~ 棘~ 屋~ 采~ 山~ 茸~
如~ 藤~ 蓬~ 墙有~ 离厥~
心丛~

**兹** cí 龟兹,古西域国名。
[旧属四支]
(另见 zī)

**祠** cí 祠堂。
[旧属四支]
古~ 神~ 丛~ 社~ 奉~ 立~
旧~ 修~ 佛~ 荒~ 宗~ 山~
武侯~ 不祷~ 日月~ 毁淫~
杜康~ 鼓瑟~ 纪念~

**瓷** cí 瓷器。
[旧属四支]
陶~ 细~ 搪~ 青~ 素~ 定~
缥~ 绿~ 紫~ 湘~ 花~ 冰~
碎~ 白~ 薄~ 泛水~ 景德~

**赍** cí 堆积杂草。
[旧属四支]

**辞** cí 文辞。告别。
[旧属四支]
楚~ 文~ 玩~ 诡~ 淫~ 遣~
用~ 善~ 辩~ 伪~ 弄~ 艳~
献~ 长~ 休~ 言~ 愤~ 丽~
妙~ 退~ 微~ 推~ 浮~ 雄~
宏~ 卑~ 婉~ 措~ 陈~ 修~
谦~ 题~ 费~ 托~ 异~ 固~
不~ 片~ 告~ 虚~ 繁~ 饰~
遁~ 谀~ 说~ 颂~ 游~ 训~
情见~ 无愧~ 丽靡~ 大雅~
浮华~ 不尚~ 生死~ 从此~
莫推~ 善为~ 马上~ 再拜~

**慈** cí 和善。慈爱。母亲。
[旧属四支]
仁~ 心~ 父~ 母~ 宣~ 天~
姑~ 孝~ 承~ 先~ 睿~ 惠~
家~ 恩~ 温~ 家人~ 奉亲~
竹生~

**磁** cí 磁铁。
[旧属四支]
制~ 电~ 去~ 消~ 无~ 带~
吸铁~

**雌** cí 雌性。
[旧属四支]
雄~ 求~ 伏~ 守~ 地~ 山~
声~ 孤~ 寡~ 得~ 鸣~ 亡~
惊~ 半~ 挟~ 呼~ 柔~ 群~
望风~ 能无~ 形气~ 雄乘~
雌来~ 斗雄~

**鹚** cí 鸬鹚。
[旧属四支]

**餈** cí 同'糍'。
[旧属四支]
粉~ 糗~ 糕~ 青~ 花~ 饭~

**糍** cí 糍粑。
饭~ 糕~ 米~ 香~ 焦~ 分~

**尸** shī 尸体。
[旧属四支]
死~ 陈~ 行~ 载~ 焚~ 献~
送~ 立~ 裸~ 女~ 玉~ 舆~
浮~ 抛~ 坠~ 劝~ 告~ 事~
祭~ 积~ 转~ 归~ 荆~ 僵~
枯~ 碎~ 奸~ 分~ 背~ 唳~
坐如~ 寂寞~ 不为~ 责所~

**师** shī 师长。军队。
[旧属四支]
教~ 老~ 导~ 帅~ 班~ 太~
医~ 劳~ 为~ 拜~ 禅~ 讲~
巫~ 天~ 无~ 法~ 祖~ 牧~

农～大～严～雄～偏～画～
业～良～名～宗～犒～会～
兴～从～尊～技～出～求～
军～京～还～设计～百世～
无常～作君～美容～工程～
不忘～神武～来事～一字～

**诗** shī 诗歌。
[旧属四支]

新～古～吟～写～赋～唐～
诵～律～采～题～赠～学～
选～裁～旧～献～求～轶～
续～工～命～艳～咏～连～
编～情～琴～贺～哦～清～
歌～组～毛～史～杜～寻～
敲～和～删～赛～论～能～
七步～异体～深于～咏怀～
风起～本事～讽谕～打油～
乐府～风月～织锦～抒情～
女郎～豪杰～赏花～朦胧～
校园～旅游～山水～回文～
断肠～画中～锦囊～趣味～

**鸤** shī 鸤鸠，布谷鸟。
[旧属四支]

**绝** shī 粗绸子。
[旧属四支]

绢～绫～纱～黄～紫～粉～

**鸧**
shī 鸟名。

**狮** shī 狮子。
[旧属四支]

雄～睡～醒～伏～金～画～
卷～玉～舞～虎～玉～骑～
驯～吼～石～啸天～河东～

**施** shī 施行。施舍。
[旧属四支四寘]

设～措～实～敷～勤～不～
难～仁～星～半～布～先～
厚～普～并～兼～惠～东～
西～逆～好～博～重～周～
雨露～无所～无偏～天地～
以当～万物～欲何～洪德～

**溮** shī 溮河，河南水名。

**葹** shī 植物名。
[旧属四支]

绿～

**蓍** shī 古时占卜用的草。
[旧属四支]

卜～神～心～数～自～韬～
寿～丛～别～露～生～问～
操～龟～灵～莫问～草如～
梦与～千岁～云荫～素通～

**酾** shī 滤酒。疏导。
[旧属四支]

自～椎～临江～

**嘘** shī 叹词，表示制止。
[旧属六鱼六御]
（另见六鱼 xū）

**鰤** shī 近海鱼。

**时** shí 时间。时尚。
[旧属四支]

四～惟～知～夺～望～喜～
落～待～顺～多～适～醉～
无～花～逢～旧～超～限～
异～失～农～当～趋～盛～
定～暂～过～此～不～少～
有～顿～几～霎～小～历～
随～平～感～乘～时～夕～
俟～经～因～济～何～移～
片～天～古～临～现～同～
及～应～惜～年～非～他～
匡～儿～入～少壮～几多～
此为～青春～落花～月明～
夜雨～别离～相见～细语～
歌舞～承平～倒计～临行～

**旹** shí 同'时'。

**塒** shí 墙上凿的鸡窝。
[旧属四支]

鸡～栖～雊～凿垣～暗于～

**莳** shí 莳萝。
[旧属四寘]
（另见仄声 shì）

**鲥** shí 鲥鱼。
[旧属四支]

鲜～春～食～银～咸～江～
富春～四月～

**匙** shí 钥匙。
[旧属四支]

金钥~
（另见 chí）

**厶** sī 同'私'。

**司** sī 主持;操作;经营。
[旧属四支四寘]

公~ 攸~ 职~ 鼎~ 里~ 慎~
群~ 辖~ 旧~ 所~ 有~ 上~
总~ 诸~ 主~ 百~ 典~ 专~
分~ 官~ 寿~ 君所~ 礼宾~
庖人~ 纳言~ 忠贞~ 贱有~

**丝** sī 丝毫。丝织品。
[旧属四支]

柳~ 蚕~ 蛛~ 藕~ 血~ 兔~
理~ 化~ 触~ 纤~ 悬~ 弄~
香~ 萦~ 彩~ 铜~ 钓~ 檐~
长~ 鬓~ 真~ 染~ 缫~ 织~
吐~ 抽~ 牵~ 游~ 毫~ 千~
色~ 银~ 鞭~ 雨~ 情~ 调~
乱~ 青~ 红~ 哀~ 素~ 乌~
金~ 垂~ 丝~ 雨如~ 袅晴~
拂面~ 五色~ 风中~ 续命~
语如~ 软于~ 纺成~ 鬓如~

**私** sī 私有。私心。私事。
[旧属四支]

公~ 无~ 行~ 入~ 言~ 图~
捐~ 多~ 有~ 探~ 怀~ 废~
忍~ 烛~ 顾~ 偏~ 阴~ 燕~
营~ 家~ 自~ 徇~ 忘~ 谋~
不受~ 隐于~ 成其~ 非为~
人之~ 一己~ 造物~

**咝** sī 象声词。

咝~

**思** sī 思考。思念。
[旧属四支四寘]

相~ 勤~ 驰~ 永~ 忧~ 退~
追~ 长~ 静~ 愁~ 锐~ 睿~
若~ 熟~ 怀~ 坐~ 再~ 冥~
春~ 才~ 文~ 乡~ 哀~ 夜~
多~ 自~ 巧~ 遐~ 意~ 心~
苦~ 深~ 神~ 凝~ 梦~ 构~
妙~ 情~ 萦~ 费~ 寻~ 幽~

遥~ 沉~ 慎~ 三~ 抽~ 藻~
长相~ 日夜~ 后人~ 何所~
岁时~ 千里~ 风雨~ 几多~
望乡~ 别后~ 梦中~ 系我~
（另见十开 sāi）

**虒** sī 虒亭，山西地名。
[旧属四支四纸]

绵~

**鸶** sī 鹭鸶。

**偲** sī 相互切磋。
[旧属四支]

美~ 偲~（相勉）
（另见十开 cāi）

**斯** sī 这;这个;这里。
[旧属四支]

如~ 波~ 来~ 咏~ 怀~ 游~
留~ 饮~ 于~ 若~ 在~ 螽~
鉴于~ 长若~ 意在~ 智如~
示诸~ 奥菲~

**蛳** sī 螺蛳。

**缌** sī 细麻布。
[旧属四支]

邓~ 四世~

**飔** sī 凉风。
[旧属四支]

惊~ 清~ 轻~ 寒~ 凉~ 江~
金~ 长~ 细~ 微~ 南~ 乘~
秋~ 薄~ 微~ 风飔~ 濯凉~
晨风~

**厮** sī 男仆。蔑称。
[旧属四支]

舆~ 樵~ 这~ 那~ 小~

**罳** sī 罘罳，屏风。
[旧属四支]

复~ 垂~ 寻~

**锶** sī 金属元素，可制烟火。

**澌** sī 解冻时流动的冰。
[旧属四支]

流~ 冰~ 结~ 春~ 晚~ 凝~
涧~ 夜~ 寒~ 石和~ 大泽~

水成～ 吐微～ 江无～ 河生～

**撕** sī 扯开。
[旧属八齐]
轻～ 手～ 乱～ 提～（振作）

**嘶** sī 马叫。嘶哑。
[旧属八齐]
马～声～长～雁～寒～饥～
鸣～群～骄～夜～恋～惊～
酸～悲～蝉～陌上～仰首～
寒蛩～大声～步步～栉上～
路旁～紫骝～望驿～向谁～
踏花～仰秣～玉骢～

**篱** sī 篱筹竹。

**澌** sī 澌灭，消失干净。
[旧属四支四寘]
离～尽～消～二月～声澌～
雨澌～风澌～雪澌～

**之** zhī 往。代词。
[旧属四支]
何～安～从～由～劝～敬～
宜～进～退～兼～代～听～
引～贵～绳～陷～戒～得～
信有～长言～风泊～一问～
自知～羞见～目送～君食～
心许～梦见～任我～水漱～

**支** zhī 支撑。支出。
[旧属四支]
干～地～分～燕～足～移～
可～泛～正～半～大～添～
月～岁～弱～本～旁～度～
开～收～借～十二～安能～
力不～何可～不足～酒强～

**氏** zhī
[旧属四支]
乌～阏～月～
（另见仄声 shì）

**卮** zhī 酒器。
[旧属四支]
玉～酒～金～盈～举～翻～
浮～琼～芳～兰～传～酌～
侑～泛～夺～接～漏～沙～
不尽～香螺～螭首～酒满～
虹贯～万寿～

**芝** zhī 灵芝。白芷。
[旧属四支]
白～金～茹～玉～幽～芳～
仙～揽～云～玉～兰～餐～
紫～采～端～万年～薇与～
续命～养神～寿星～雨浥～

**吱** zhī 象声词。

吱～咯～
（另见 zī）

**枝** zhī 枝权。枝节。
[旧属四支]
一～花～槁～寻～千～玉～
分～细～杨～南～琼～寒～
压～攀～荆～摇～垂～芳～
卧～凝～低～霜～绿～晓～
萦～落～柔～竹～柳～桂～
荔～满～连～折～繁～新～
嫩～枯～旁～残～横～虹～
高～金～交～插～几～斜～
连理～最高～第一～傲霜～
出墙～岁寒～万年～鹊绕～
合欢～江南～两三～雪封～
倚流～桃李～百尺～巢南～

**知** zhī 知道。知识。知己。
[旧属四支]
相～无～闻～揣～广～易～
且～独～愿～已～周～访～
偏～承～了～故～新～何～
良～自～情～深～所～真～
先～心～稔～熟～不～可～
佳人～草木～日月～伪不～
世莫～那得～十年～两情～
酸甜～时人～迷不～几人～
众所～今始～寸心～有谁～
莫我～岁寒～后人～天下～

**肢** zhī 肢体。
[旧属四支]
腰～四～雪～同～折～前～
断～残～接～上～下～假～
截～缺～瘫～白玉～

**泜** zhī 泜河，河北水名。
[旧属四支]

**栀** zhī 栀子。
[旧属四支]

粉～ 红～ 水～ 山～ 同心～

**胝** zhī 胼胝,脚足茧。
[旧属四支]

累～ 足～ 俱～ 坐有～ 青鞋～
遍生～ 手生～ 夏后～ 刺瑟～

**祗** zhī 恭敬。
[旧属四支]

肃～ 能～ 虔～ 雅～ 不～

**脂** zhī 脂肪。脂粉。
[旧属四支]

胭～ 凝～ 油～ 口～ 面～ 弃～
冰～ 软～ 唇～ 芳～ 铅～ 浴～
琼～ 鱼～ 红～ 香～ 点～ 涂～
羊～ 民～ 松～ 膏～ 脱～ 去～
橄榄～ 芳泽～ 洗垢～ 芙蓉～
米流～ 水腻～

**榔** zhī 槟榔,越南地名。

**跐** zhī 踌跐,同'胼胝'。

**楮** zhī 柱下的木础或石础。
[旧属四支]

一～ 杖～ 础～ 翠柱～ 用龟～
发光～

**蜘** zhī 蜘蛛。

**仔** zǐ 肩仔,责任。
(另见仄声 zǐ;十开 zǎi)

**吱** zī 象声词。

咯～ 吱～
(另见 zhī)

**孜** zī 孜孜,勤勉。
[旧属四支]

**咨** zī 与人商量。
[旧属四支]

怨～ 嗟～ 茹～ 畴～ 来～ 民～
访～ 训～ 谕～ 悉～ 仰～ 所～
究～ 询～ 谋～ 博～ 不～ 见～
事事～ 周所～ 隔宿～

**姿** zī 姿容。姿态。
[旧属四支]

玉～ 奇～ 雄～ 英～ 弄～ 幽～
身～ 春～ 妙～ 艳～ 婉～ 神～
凝～ 浓～ 娇～ 芳～ 妍～ 高～
含～ 多～ 生～ 丽～ 妖～ 容～
仙～ 纤～ 柔～ 清～ 殊～ 淑～
逸～ 丰～ 风～ 天～ 异～ 虬～
绰约～ 松柏～ 岁寒～ 龙凤～
芙蓉～ 天然～ 窈窕～ 绝代～

**兹** zī 这个。现在。年。
[旧属四支]

今～ 念～ 来～ 在～ 于～ 媚～
昭～ 若～ 怙～ 任～ 迄～ 肇～
替～ 受～ 度～ 祝～ 留～ 鉴～
及～ 从～ 由～ 系于～ 路穷～
实由～ 不如～ 复以～ 方自～
(另见 cí)

**赀** zī 计算。同'资'。
[旧属四支]

富～ 散～ 生～ 取～ 献～ 旧～
计～ 不～ 家～ 无～ 高～ 长～
余～ 增～ 纳～ 巨～ 物～ 余～
稻粱～ 千日～ 转货～ 百万～

**资** zī 钱财。资助。资质。
[旧属四支]

天～ 投～ 余～ 超～ 相～ 半～
纳～ 费～ 脯～ 乏～ 倾～ 寸～
聘～ 乐～ 融～ 集～ 敌～ 募～
英～ 借～ 师～ 循～ 积～ 自～
工～ 川～ 劳～ 德才～ 虎狼～
因时～ 沽酒～ 天地～ 善人～
万金～ 计家～

**菑** zī 初耕的田地。除草。
[旧属四支]

断～ 畴～ 敷～ 发～ 不～ 其～
栖～ 既～ 东～ 停～ 畬～ 新～
一岁～ 纳接～ 犍石～

**谘** zī 同'咨'。

**淄** zī 淄河,山东水名。
[旧属四支]

渑～ 临～ 潍～

**缁** zī 黑色。[旧属四支]

染～衣～尘～披～庸～成～
纺～禅～名～石～点～洗～
安可～道不～素衣～玉颜～
林下～轻纨～涅不～近墨～

**辎** zī 古代的一种车。
[旧属四支]

云～列～辁～琼～囊～行～
盈～霞～两～无遗～

**嗞** zī 同'吱'。

**嶒** zī 崦嵫,山名。
[旧属四支]

西～唐～

**粢** zī 祭祀的谷物。
[旧属四支]

明～黍～洁～馨～稻～陈～
仓～蠲～供～粢为～供盛～
(另见 cǐ)

**孳** zī 繁殖。
[旧属四寘]

种～孳～(孜孜)

**滋** zī 滋生。增添。
[旧属四支]

水～日～吮～繁～清～初～
泪～雾～潮～草～甘～苔～
润～益～丰～浴～泉～兰～
雨露～万物～宿云～新雨～
花木～灵液～绿草～百谷～

**趑** zī 趑趄,行走困难。

**觜** zī 二十八宿之一。
[旧属四支]

云出～
(另见五微 zuǐ)

**訾** zī 同'赀'。姓。
[旧属四支]
(另见仄声 zǐ)

**锱** zī 古代重量单位。
[旧属四支]

铢～

**齜** zī 露牙。

**镃** zī 镃錤,大锄。

**鼒** zī 口小的鼎。
[旧属四支]

鼎～ 及～ 错～

**髭** zī 嘴边上的胡子。
[旧属四支]

吟～ 虎～ 拈～ 乌～ 冻～ 雪～
剃～ 赤～ 美～ 泣～ 白～ 捋～
鼠御～ 雄牙～ 冰生～ 生有～
初有～ 霜染～

**鲻** zī 鲻鱼。食用鱼。

## 旧读入声

**吃** chī 吃东西。
[旧属十二锡]

口～ 生～ 自～ 堪～ 贪～ 分～
大～ 淡～ 窥～ 偷～ 试～ 未～
屡～ 赛～ 快～ 同～ 少～ 饱～
饥来～ 觅酒～ 趁时～ 朝朝～
煮茶～ 终日～ 无饭～ 不能～

**哧** chī 象声字。

噗～

**失** shī 失掉。失策。
[旧属四质]

得～ 过～ 救～ 恐～ 小～ 若～
如～ 末～ 名～ 时～ 弃～ 勿～
缺～ 无～ 不～ 言～ 同～ 易～
计～ 错～ 官～ 行～ 前～ 事～
机～ 夜～ 重～ 顿～ 空～ 昨～
通～ 意～ 暗～ 醉～ 损～ 冒～
散～ 两～ 患～ 丢～ 迷～ 闪～
消～ 遗～ 相～ 坐～ 自～ 渐～
交臂～ 缓必～ 法当～ 行径～
转头～ 风浪～ 前梦～ 百忧～
壮图～ 弗可～ 数峰～ 眼中～

**虱** shī 虱子。
[旧属四质]

虮～ 蚤～ 悬～ 拾～ 养～ 群～
猫～ 狗～ 觅～ 择～ 无～ 奸～

阴~ 辨~ 捉~ 扪~ 头~ 吞~
除~ 杀~ 细~ 嚼~ 搔~ 遗~
口中~ 衣缝~ 穷如~ 处裈~

## 蝨 shī 形似臭虫。

## 湿 shī 湿润。[旧属十四缉]

潮~ 沾~ 燥~ 土~ 暑~ 山~
居~ 雨~ 被~ 衣~ 汗~ 道~
雾~ 瓦~ 薪~ 抽~ 去~ 雾~
云~ 温~ 干~ 卑~ 润~ 风~
苍苔~ 花露~ 渔蓑~ 泪痕~
阶前~ 余雪~

## 十 shí 数目。[旧属十四缉]

百~ 息~ 盈~ 逾~ 过~ 累~
合~ 数~ 知~ 一当~ 半九~
不识~ 不满~ 终于~ 百二~

## 什 shí 多种的;杂样的。[旧属十四缉]

佳~ 伍~ 篇~ 诗~ 家~ 章~
合~ 风~ 艳~ 裁~
(另见十八真 shén)

## 辻 shí 日本汉字,十字路口。

## 石 shí 石头。石刻。[旧属十一陌]

钻~ 宝~ 奇~ 玉~ 金~ 药~
基~ 击~ 怪~ 投~ 刻~ 枕~
采~ 裂~ 竹~ 砖~ 土~ 点~
断~ 碎~ 叱~ 井~ 乱~ 垒~
坠~ 山~ 木~ 砥~ 沙~ 铁~
泉~ 碣~ 水~ 松~ 漱~ 陨~
磐~ 积~ 顽~ 拜~ 化~ 岩~
穿~ 炼~ 磁~ 点头~ 太湖~
晒衣~ 三生~ 风动~ 试剑~
精卫~ 碑学~ 月移~ 庭前~
灵璧~ 雨花~ 青田~ 鸡血~
钟乳~ 捣衣~ 望夫~ 试金~
生公~ 心如~ 铺路~ 补天~
(另见十一先 dàn)

## 炻 shí 水缸,砂锅类。

## 识 shí 识别。识见。[旧属十三职]

学~ 卓~ 不~ 有~ 旧~ 多~
罔~ 辨~ 妙~ 共~ 心~ 饱~
器~ 远~ 无~ 浅~ 赏~ 博~
结~ 相~ 常~ 熟~ 意~ 才~
认~ 见~ 知~ 高人~ 善知~
未曾~ 才学~ 君子~ 无人~
(另见仄声 zhì)

## 实 shí 实在。实际。[旧属四质]

忠~ 丰~ 吐~ 鼎~ 老~ 避~
不~ 违~ 守~ 考~ 心~ 贵~
尚~ 平~ 价~ 坚~ 务~ 结~
朴~ 其~ 真~ 殷~ 充~ 秋~
核~ 踏~ 诚~ 切~ 委~ 信~
秀~ 事~ 虚~ 证~ 失~ 名~
笃~ 故~ 落~ 写~ 求~ 史~
确~ 口~ 军~ 现~ 果~ 情~
仓廪~ 体端~ 反是~ 与人~
赏罚~ 家底~ 实打~ 心眼~

## 拾 shí 拾取。拾掇。[旧属十四缉]

收~ 摭~ 手~ 樵~ 掇~ 道~
路~ 偷~ 贪~ 懒~ 不~ 检~
采~ 撮~ 俯~ 弯腰~ 双手~
蹲地~
(另见十四歌 shè)

## 食 shí 吃。食品。[旧属十三职]

饮~ 鲜~ 强~ 粮~ 旰~ 耕~
自~ 争~ 旅~ 生~ 贪~ 不~
月~ 日~ 蔬~ 馈~ 戒~ 乞~
美~ 饭~ 伙~ 节~ 哺~ 炊~
膳~ 投~ 寻~ 择~ 禁~ 农~
劝~ 酒~ 肉~ 素~ 饱~ 熟~
茶~ 绝~ 零~ 消~ 寒~ 寝~
忘~ 坐~ 足~ 谋~ 寄~ 吞~
蚕~ 索~ 狗~ 百姓~ 一顿~
贫士~ 水乡~ 健儿~ 不苟~
(另见仄声 sì;八齐 yì)

## 蚀 shí 损失。亏耗。[旧属十三职]

虫~ 蠹~ 销~ 盈~ 晕~ 吞~
苔~ 雨~ 剥~ 侵~ 日~ 月~
亏~ 腐~ 薜~ 蟾蜍~ 尘垢~
玉盘~ 金环~ 风雨~ 潮浪~

**祏** shí 宗庙藏神的石室。
[旧属十一陌]

宗~ 载~ 松~ 庙~ 神~ 桃~ 祂主~ 辅公~

**湜** shí 水清澈见底。
[旧属十三职]

湜~ 挹~ 清~ 于~ 籍~

**寔** shí 放置。此。
[旧属十三职]

**鼫** shí 鼫鼠类动物。
[旧属十一陌]

**只** zhī 单独的。量词。
[旧属十一陌]

千~ 几~ 一~ 船~ 影~ 单~ 数~ 半~

(另见仄声 zhǐ)

**汁** zhī 汁液。
[旧属十四缉]

菜~ 胆~ 雨~ 肉~ 米~ 啜~ 多~ 粪~ 苦~ 取~ 露~ 乳~ 墨~ 果~ 桔~ 蔗~ 酱~ 汤~ 牛肉~ 橘子~

**织** zhī 织造。织品。
[旧属十三职四寘]

纺~ 编~ 组~ 薄~ 衣~ 文~ 如~ 亲~ 桑~ 丝~ 针~ 机~ 躬~ 学~ 手~ 巧~ 新~ 伴~ 断~ 耕~ 停~ 促~ 交~ 罗~ 夜~ 蚕~ 学~ 烟如~ 女工~ 当轩~ 不须~ 天女~ 挑灯~

**稙** zhī 庄稼早种或早熟。

**执** zhī 执掌。执拗。凭单。
[旧属十四缉]

固~ 相~ 醉~ 共~ 亲~ 言~ 拘~ 允~ 父~ 坚~ 秉~ 回~ 争~ 宰~ 掌~ 牛耳~ 空手~ 志所~

**直** zhí 直线。公正。
[旧属十三职]

正~ 清~ 廉~ 秉~ 鲠~ 中~ 一~ 骨~ 性~ 心~ 树~ 路~ 朴~ 敦~ 发~ 语~ 平~ 爽~ 曲~ 径~ 笔~ 理~ 矢~ 峭~

率~ 耿~ 忠~ 刚~ 简~ 垂~ 帆影~ 孤烟~ 麦垅~ 灯焰~ 炉香~ 大道~ 雁行~

**侄** zhí 侄子。
[旧属四质]

小~ 爱~ 娣~ 亲~ 孤~ 稚~ 甥~ 弟~ 子~ 叔~ 姑~ 内~ 舍~ 儿~ 令~ 叔拜~ 万里~

**值** zhí 价格。遇上。
[旧属十三职四寘]

价~ 贬~ 相~ 时~ 重~ 难~ 再~ 潜~ 常~ 数~ 余~ 产~ 适~ 不~ 本~ 原~ 高~ 当~ 正~ 偿~ 增~ 千金~ 两相~ 何所~ 绝对~

**埴** zhí 粘土。
[旧属十三职四寘]

赤~ 陶~ 瓦~ 摘~ 抟~ 埏~ 斥~ 治~ 黑~

**职** zhí 职务。职位。
[旧属十三职]

责~ 天~ 就~ 尽~ 分~ 敬~ 越~ 循~ 乐~ 闲~ 旧~ 冗~ 兼~ 本~ 离~ 谢~ 领~ 要~ 辞~ 外~ 卑~ 复~ 免~ 乞~ 借~ 军~ 争~ 正~ 带~ 定~ 退~ 辄~ 当~ 授~ 虚~ 司~ 改~ 移~ 塞~ 袭~ 守~ 奉~ 在~ 殉~ 任~ 溁~ 受~ 文~ 称~ 旷~ 教~ 公~ 求~ 官~ 不失~ 各以~ 不忧~

**壾** zhí 同'埴',用于人名。

**植** zhí 栽种。树立。
[旧属十三职四寘]

种~ 培~ 并~ 户~ 移~ 耕~ 培~ 耘~ 密~ 栽~ 繁~ 手~ 扶~ 新~ 曹~ 夹门~ 荫道~ 庭前~

**殖** zhí 繁殖;孳生。
[旧属十三职]

蕃~ 滋~ 丰~ 营~ 农~ 骨~ 货~ 耕~ 生~ 垦~ 产~ 学~ 五谷~ 草木~ 六畜~

絷 zhí 拴;捆。拘禁。
[旧属十四缉]
维~ 拘~ 授~ 执~ 永~ 自~
笼~ 难~ 不~ 幽~ 身~ 受~
可~ 羁~ 系~ 南冠~ 良马~
翅翎~

跖 zhí 踏。脚掌。
盗~ 夷~ 鸡~ 食~ 交~

摭 zhí 拾取;摘取。
[旧属十一陌]
采~ 捃~ 顺~ 拾~ 穷~ 收~
钩~ 远~

踯 zhí 踯躅,徘徊。
[旧属十一陌]
好~ 号~ 跳~ 鱼~ 兽~ 豹~
惊鹿~

蹠 zhí 脚掌。踏。
[旧属十一陌]
鸡~ 远~ 鸭~ 抵~ 群~

蹢 zhí 蹄。
[旧属十二锡]
四~ 猪~ 牛~ 失~ 泥~ 腾~
豕白~ 千里~
(另见八齐 dí)

# 仄 声

齿 chǐ 并列。年令。
[旧属四纸]
唇~ 梳~ 忝~ 露~ 残~ 敲~
龋~ 暮~ 黑~ 金~ 铁~ 落~
腐~ 白~ 乳~ 虎~ 耆~ 笑~
吸~ 挂~ 马~ 皓~ 没~ 叩~
不~ 启~ 切~ 折~ 启~ 年~
不足~ 香沾~ 安能~

侈 chǐ 浪费。夸大。
[旧属四纸]
奢~ 示~ 庶~ 视~ 弘~ 俗~
同~ 傲~ 求~ 浮~ 贵~ 鸿~
淫~ 饶~ 极~ 邪~ 僭~ 夸~
徇~ 骄~ 华~ 豪~ 怙~ 泰~
富而~ 黄金~ 不及~

哆 chǐ 张口,开嘴。
[旧属四纸四寘]
侈~ 嘘~ 哆~ 苦弥~
(另见十五波 duō)

耻 chǐ 羞愧。耻辱。
[旧属四纸]
羞~ 奇~ 为~ 招~ 负~ 讳~
愧~ 大~ 蒙~ 深~ 厚~ 荣~
国~ 自~ 含~ 悔~ 怀~ 无~
廉~ 知~ 雪~ 忍~ 鲜~ 可~
不惭~ 一朝~ 国人~

豉 chǐ 将豆蒸熟发酵。
[旧属四寘]
豆~ 盐~ 淡~ 玉~ 油~ 姜~
蜀~ 鲁~ 丹~ 九蒸~ 栅城~

褫 chǐ 脱去。剥夺。
[旧属四纸]
三~ 平~ 魄~ 气~ 摧~ 误~
贪~ 未~ 强~ 冠袍~ 襟带~
破阵~

炽 chǐ 火旺。热烈旺盛。
[旧属四寘]

昌~ 炎~ 毒~ 愈~ 繁~ 益~
煽~ 盛~ 欲~ 赤~ 暑~ 极~
凶~ 丰~ 孔~ 方~ 火~ 情~

**翅** chì 翅膀。
[旧属四寘]
鸡~ 晒~ 摇~ 金~ 凤~ 举~
浴~ 振~ 拍~ 翻~ 腾~ 新~
舞~ 鸟~ 鱼~ 蝶~ 鹏~ 垂~
双~ 奋~ 鼓~ 展~ 折~ 张~
插~ 敛~ 粉~ 摩天~ 凌云~
擘风~

**眙** chì 注视。惊视。
[旧属四寘]
目~ 愕~ 盱~ 辣~ 停~ 瞪~
(另见八齐 yí)

**啻** chì 但;只;仅。
[旧属四寘]
不~ 奚~ 何~ 弗~

**傺** chì 佗傺,失意的样子。
[旧属八霁]

**瘛** chì 瘛疭,痉挛。
(另见 zhì)

**瘈** chì 瘈疭,同'瘛疭'。

**憏** chì 侘憏,失意。

**此** cǐ 这。这样。
[旧属四纸]
彼~ 以~ 取~ 及~ 恋~ 来~
类~ 向~ 到~ 在~ 效~ 像~
称~ 爱~ 著~ 坐~ 饮~ 如~
于~ 乐~ 出~ 至~ 遣~ 臻~
技止~ 赖有~ 谁怜~ 无过~
当据~ 不烦~ 寒至~ 不到~

**泚** cǐ 清澈。流汗。蘸墨。
[旧属四纸]
清~ 微~ 寒~ 秋~ 兰~ 墨~
风泚~ 香雾~ 汗流~

**跐** cǐ 踩;踏。跐起脚
(另见平声 cī)

**鮆** cǐ 近海鱼

**次** cì 等第。质差。中间。
[旧属四寘]
座~ 车~ 途~ 班~ 几~ 诠~
人~ 编~ 校~ 授~ 客~ 分~
学~ 排~ 单~ 序~ 等~ 岁~
旅~ 舟~ 鳞~ 雁~ 胸~ 造~
初~ 位~ 名~ 层~ 席~ 前~
屡~ 依~ 伦~ 其~ 稍~ 主~
无穷~ 鱼贯~ 如其~ 求其~

**伺** cì 伺候。
[旧属四寘]
(另见 sì)

**刺** cì 刺激。暗杀。
[旧属四寘]
针~ 芒~ 棘~ 行~ 击~ 怨~
细~ 逆~ 毒~ 含~ 囊~ 深~
露~ 嫩~ 拔~ 炙~ 多~ 讥~
讽~ 鱼~ 名~ 投~ 暗~ 冲~
眼中~ 乡人~ 诗代~
(另见平声 cī)

**佽** cì 帮助。
[旧属四寘]
不~ 推~ 既~ 飞~

**赐** cì 赏给。
[旧属四寘]
赏~ 受~ 拜~ 惠~ 恩~ 宠~
厚~ 获~ 特~ 天~ 分~ 亲~
末~ 神~ 宴~ 面~ 手~ 新~
尊者~ 相为~ 千金~

**史** shǐ 史册。史官。
[旧属四纸]
历~ 左~ 太~ 旧~ 经~ 文~
有~ 杂~ 心~ 女~ 图~ 往~
诗~ 谈~ 信~ 野~ 正~ 稗~
国~ 外~ 小~ 秘~ 通~ 简~
青~ 古~ 新~ 逸~ 良~ 读~
编~ 咏~ 家~ 修~ 党~ 厂~
文学~ 近代~ 世界~ 廿五~
风流~ 浪漫~ 百代~ 书法~
创业~ 发展~

**矢** shǐ 箭。发誓。
[旧属四纸]
飞~ 田~ 争~ 连~ 火~ 弦~
截~ 博~ 中~ 亡~ 伤~ 弩~
蝇~ 拾~ 激~ 拔~ 卢~ 遗~

弧～ 如～ 劲～ 毒～ 取～ 负～
束～ 弓～ 抽～ 流～ 放～ 蓬～
弦上～ 石碣～ 巾拂～ 救月～
丸为～ 忘归～

**叟** shǐ 同'史'。

**豕** shǐ 猪。[旧属四纸]
麑～ 白～ 亥～ 封～ 牧～ 击～
蛇～ 人～ 赢～ 牝～ 犬～ 野～
呼～ 夜～ 羊～ 肥～ 如～ 行～
圈中～ 懒妇～ 辽东～

**使** shǐ 派遣。使用。[旧属四纸四寘]
所～ 教～ 主～ 诡～ 阴～ 谁～
急～ 目～ 天～ 仆～ 遣～ 探～
役～ 任～ 驱～ 行～ 支～ 出～
大～ 指～ 差～ 纵～ 假～ 特～
奉～ 即～ 公～ 一介～ 青鸟～
恣君～ 惟上～ 物相～

**始** shǐ 最初;起头。[旧属四纸四寘]
开～ 元～ 本～ 事～ 慎～ 新～
初～ 岁～ 春～ 原～ 方～ 起～
终～ 昌～ 肇～ 更～ 创～ 祸～
从此～ 自君～ 天地～ 万物～

**驶** shǐ 开动。[旧属四纸]
急～ 停～ 流～ 飙～ 云～ 虚～
车～ 轻～ 牛～ 奔～ 眼～ 路～
马～ 迅～ 船～ 行～ 疾～ 驾～
风～ 帆～ 飞～ 岁月～ 轻舟～
春欲～

**屎** shǐ 粪。
拉～ 吃～ 闻～ 蚕～ 猫～ 臭～
臭狗～ 不拉～

**士** shì 男子。[旧属四纸]
军～ 医～ 豪～ 文～ 绅～ 节～
辨～ 穷～ 斗～ 戎～ 贤～ 率～
硕～ 博～ 塞～ 能～ 谋～ 吉～
隐～ 骑～ 力～ 道～ 兵～ 将～
壮～ 相～ 烈～ 侠～ 勇～ 女～
方～ 猛～ 居～ 寒～ 奇～ 志～

义～ 高～ 名～ 战～ 护～ 大～
天下～ 虎贲～ 斗牛～ 风流～
轻薄～ 慷慨～ 布衣～ 披头～
卫道～

**氏** shì 姓。[旧属四纸]
姓～ 族～ 外～ 舅～ 仲～ 伯～
人～ 母～ 保～ 媒～ 庶～ 字～
函～ 释～ 百～ 神农～ 轩辕～
无名～ 有巢～
(另见平声 zhī)

**示** shì 使人知道。[旧属四寘]
表～ 显～ 指～ 明～ 暗～ 张～
警～ 远～ 曲～ 屡～ 广～ 留～
演～ 枉～ 训～ 告～ 垂～ 昭～
宣～ 标～ 相～ 启～ 展～ 目～
提～ 揭～ 风～ 何所～ 无可～

**世** shì 一辈子。世间。[旧属八霁]
盛～ 百～ 避～ 逢～ 希～ 一～
时～ 浊～ 度～ 拯～ 度～ 跨～
当～ 人～ 随～ 末～ 衰～ 来～
惑～ 治～ 用～ 匡～ 救～ 乱～
傲～ 横～ 倦～ 谢～ 尘～ 骇～
惊～ 落～ 万～ 举～ 累～ 玩～
旷～ 盖～ 永～ 半～ 济～ 并～
应～ 后～ 身～ 阅～ 问～ 论～
今～ 治～ 愤～ 绝～ 传～ 涉～
处～ 出～ 转～ 前～ 行～ 警～
人间～ 升平～

**仕** shì 旧指做官。[旧属四纸]
出～ 致～ 登～ 养～ 禄～ 进～
不～ 未～ 谋～ 求～ 升～ 入～
避～ 暂～ 觅～ 贤～ 倦～ 显～
一门～ 不肯～

**市** shì 市场。市镇。[旧属四纸]
都～ 上～ 西～ 门～ 趋～ 城～
罢～ 夜～ 过～ 入～ 穿～ 弃～
渔～ 南～ 江～ 春～ 米～ 集～
早～ 菜～ 墟～ 茶～ 楼～ 居～
闹～ 灯～ 花～ 酒～ 利～ 股～
门如～ 议于～ 隐于～ 上海～

# 似 <sup>shì</sup> 似的。
[旧属四纸]
（另见 sì）

# 事 <sup>shì</sup> 事情。事业。
[旧属四寘]

实~ 公~ 大~ 好~ 故~ 国~
家~ 成~ 农~ 世~ 处~ 省~
启~ 怪~ 行~ 不~ 百~ 万~
多~ 政~ 理~ 外~ 图~ 常~
议~ 军~ 一~ 善~ 谋~ 盛~
当~ 小~ 私~ 既~ 何~ 临~
处~ 本~ 稍~ 共~ 后~ 恶~
轶~ 料~ 息~ 杂~ 闹~ 心~
费~ 懂~ 同~ 情~ 时~ 故~
往~ 寻~ 惹~ 人~ 晓~ 解~
济~ 了~ 成~ 喜~ 生~ 憾~
琐~ 碍~ 执~ 余~ 工~ 从~
平生~ 天下~ 无难~ 邻里~
人间~ 便宜~ 不晓~ 门户~
身后~ 心底~ 今日~ 吾所~
事生~ 非吾~ 赏心~ 生前~
幕中~ 昨日~ 壶中~ 系情~
年少~ 终年~ 春闱~ 梦中~
浮生~ 桑蚕~ 兴废~ 悲欢~
营营~ 不妨~ 千古~ 管闲~

# 势 <sup>shì</sup> 势力。趋向。姿态。
[旧属八霁]

声~ 形~ 地~ 藉~ 怙~ 逐~
附~ 因~ 据~ 情~ 夺~ 收~
依~ 倚~ 外~ 循~ 走~ 借~
姿~ 趁~ 乘~ 气~ 度~ 趋~
蓄~ 仗~ 权~ 得~ 时~ 优~
劣~ 失~ 均~ 攻~ 守~ 局~
阵~ 大~ 威~ 雷雨~ 破竹~
凌云~ 排山~ 翻海~ 风火~

# 侍 <sup>shì</sup> 陪伴侍候。
[旧属四寘]

服~ 奉~ 随~ 近~ 久~ 内~
人~ 间~ 常~ 卫~ 扶~ 幼~
女~ 专~ 杂~ 听~ 门~ 自~
善~ 亲~ 夜~ 莫敢~ 日再~

# 试 <sup>shì</sup> 试验。考试。
[旧属四寘]

尝~ 比~ 测~ 赴~ 且~ 自~
可~ 愿~ 初~ 策~ 新~ 聊~
勿~ 面~ 复~ 免~ 试~ 探~

身~ 应~ 一~ 小~ 口~ 屡~
不可~ 我其~ 未曾~

# 视 <sup>shì</sup> 看。看待。考察。
[旧属四纸]

轻~ 仰~ 俯~ 淫~ 睇~ 相~
监~ 循~ 诊~ 收~ 傲~ 斜~
近~ 重~ 珍~ 坐~ 注~ 鄙~
蔑~ 虎~ 透~ 漠~ 雄~ 瞻~
觑~ 疾~ 自~ 无~ 仇~ 凝~
熟~ 电~ 正~ 久~ 平~ 忽~
侧目~ 拭目~ 刮目~

# 贳 <sup>shì</sup> 出借。赊欠。
[旧属八霁]

赊~ 宽~ 不~ 赦~ 贷~ 忍~
愿~ 就~ 索~ 长道~ 斗酒~
一樽~ 邻家~

# 柿 <sup>shì</sup> 柿子树。
[旧属四纸]

霜~ 丹~ 小~ 软~ 蒂~ 塔~
榛~ 方~ 漆~ 红~ 烘~ 酸~
生~ 山~ 野~ 火盆~ 西红~

# 昰 <sup>shì</sup> 同'是'。多用于人名。

# 是 <sup>shì</sup> 对;正确。
[旧属四纸]

若~ 真~ 求~ 谁~ 于~ 由~
诚~ 因~ 无~ 非~ 此~ 独~
常~ 至~ 自~ 似~ 反~ 如~
今~ 不~ 可~ 只~ 或~ 那~
比比~ 何必~ 大不~ 明朝~
彼亦~ 是其~ 无乃~ 何者~

# 峙 <sup>shì</sup> 繁峙,山西地名。
[旧属四纸]
（另见 zhì）

# 恃 <sup>shì</sup> 依赖;依仗。
[旧属四纸]

怙~ 依~ 矜~ 仗~ 何~ 可~
谁~ 凭~ 不~ 所~ 空~ 负~
靡~ 自~ 失~ 不足~ 中有~
民弗~

# 莳 <sup>shì</sup> 栽种。移植。
[旧属四寘]

栽~ 移~ 佃~ 产~ 春~ 晨~
雨中~

(另见平声 shí)

**逝** shì 过去。死亡。
[旧属八霁]

叹～ 伤～ 日～ 飞～ 永～ 东～
川～ 长～ 远～ 溘～ 仙～ 潜～
从此～ 悠然～ 光阴～ 风流～
流水～ 梦境～

**铈** shì 稀土金属,可制合金。

**舐** shì 舔。

**弑** shì 臣杀君;子杀父母。

**谥** shì 死后称号。

**嗜** shì 特别爱好。
[旧属四寘]

酷～ 尤～ 贪～ 私～ 情～ 爱～
耽～ 同～ 不～ 择所～ 道足～

**筮** shì 古时用蓍草占卜。
[旧属八霁]

卜～ 占～ 龟～ 卦～ 共～ 援～
使～ 策～ 取～ 蓍～ 疑～ 命～
相～ 善～ 执～ 周易～ 连山～

**誓** shì 发誓。
[旧属八霁]

盟～ 宣～ 起～ 立～ 密～ 信～
海～ 血～ 旧～ 击楫～ 山河～

**噬** shì 咬。
[旧属八霁]

吞～ 反～ 搏～ 侵～ 抵～ 攫～
猛～ 毒～ 狼～ 虎～ 犬～ 夜～
不妄～ 蝼蚁～ 无不～

**澨** shì 水边。
[旧属八霁]

海～ 江～ 三～ 崖～ 漳～ 柳～
玉津～ 江湖～

**死** sǐ 死亡。
[旧属四纸]

生～ 救～ 判～ 不～ 缓～ 狐～
惨～ 兔～ 伴～ 轻～ 重～ 却～
冻～ 情～ 拚～ 忍～ 老～ 战～
该～ 万～ 效～ 惜～ 饿～ 忘～

心～ 效～ 不～ 寻～ 送～ 横～
致～ 惧～ 暴～ 狡兔～ 以寿～
触槐～ 不怕～ 安乐～

**巳** sì 地支第六位。止。
[旧属四纸]

辰～ 上～ 未～ 无～ 休～ 不～
病～ 靡～ 元～ 初～ 丁～ 癸～
何时～ 不如～ 岂云～ 安能～
疾可～ 斗指～ 子至～ 岁在～

**四** sì 数目。
[旧属四寘]

三～ 五～ 暮～ 去～ 舍～ 方～
初～ 第～ 周～ 二十～ 六十～
周于～

**饲** sì 同'饲'。

**寺** sì 庙宇。官署名。
[旧属四寘]

古～ 野～ 塔～ 入～ 僧～ 法～
孤～ 破～ 空～ 旧～ 云～ 废～
幽～ 静～ 名～ 林～ 晚～ 访～
佛～ 荒～ 山～ 败～ 阇～ 萧～
千古～ 灵隐～ 法门～ 少林～
月中～ 山深～ 龙华～ 报国～

**似** sì 像。似乎。超过。
[旧属四纸]

胜～ 相～ 无～ 不～ 都～ 惟～
实～ 微～ 画～ 转～ 说～ 甚～
像～ 语～ 宛～ 半～ 酷～ 类～
神～ 形～ 貌～ 疑～ 近～ 何～
浑不～ 疑复～ 依稀～ 象其～
何处～ 仿佛～
(另见 shì)

**汜** sì 汜水,河南水名。
[旧属四纸]

濛～ 西～ 褉～ 清～ 涧～ 兰～
曲～ 江～ 寒～ 江有～ 穷渎～
虞渊～

**兕** sì 雌的犀牛。
[旧属四纸]

犀～ 水～ 狂～ 兽～ 伏～ 求～
猛～ 奔～ 古～ 柙～ 蛟～ 金～
虎～ 苍～ 野～

**俟** sì 同'似'。姓。

**伺** sì 观察;守候。
[旧属四寘]
晡~ 候~ 掩~ 测~ 相~ 静~
夜~ 卧~ 防~ 密~ 潜~ 侦~
窥~ 狙~ 微~
(另见 cì)

**祀** sì 祭祀。
[旧属四纸]
庙~ 湮~ 禳~ 尊~ 邪~ 奠~
旧~ 典~ 灵~ 崇~ 祷~ 先~
郊~ 供~ 祠~ 馨香~ 停车~
枣糕~

**姒** sì 古称姐姐或夫嫂。
[旧属四纸]
娣~ 褒~ 羲~ 乘~ 畀~ 姚~
大~ 任~ 兴~ 姬~ 周~ 姜~
子~ 定~ 敬~ 妾为~ 长叔~

**饲** sì 饲养。饲料。
[旧属四寘]
秣~ 供~ 养~ 待~ 冬~ 饮~
如~ 饷~ 岁~ 肉~ 喂~ 餐~
充~ 添~

**泗** sì 鼻涕。水名。
[旧属四寘]
涕~ 垂~ 流~ 淮~ 洙~ 汉~

**驷** sì 一车四马拉。
[旧属四寘]
结~ 载~ 千~ 奔~ 联~ 驾~
乘~ 骋~ 良~ 上~

**俟** sì 等待。
[旧属四纸]
静~ 列~ 行~ 颙~ 瞻~ 言~
久~ 以~ 不~ 且~ 虚~ 何~
若有~ 倚马~ 百世~ 拼以~
(另见八齐 qí)

**食** sì 给人东西吃。
[旧属四寘]
给~ 养~ 受~ 蔬~ 饮~ 食~
黍~ 麦~ 强~ 缀以~ 恶食~
(另见平声 shí;八齐 qí)

**觇** sì 窥视。
[旧属四支]

**涘** sì 水边。
[旧属四纸]
涯~ 水~ 江~ 海~ 川~ 津~
无~ 两~ 渚~ 秋光~ 扶桑~
笠泽~ 河之~

**耜** sì 古代耕作农具。
[旧属四纸]
耒~ 负~ 一~ 黑~ 无~ 于~
耨~ 持~ 铸~ 并~ 长~ 翠~
农~ 良~ 双~ 寄~ 服~ 执~

**笥** sì 盛饭的方形竹器。
[旧属四寘]
一~ 玉~ 箪~ 家~ 奉~ 盈~
饼~ 竹~ 篚~ 药~ 腹~ 书~

**肆** sì 妄为。铺子。
[旧属四寘]
放~ 酒~ 市~ 大~ 轻~ 闲~
街~ 坐~ 陵~ 店~ 开~ 置~

**嗣** sì 接续。子孙。
[旧属四寘]
后~ 继~ 绝~ 家~ 子~ 传~
世~ 学~ 乏~ 贤~ 承~ 令~

**禩** sì 同'祀'。

**止** zhǐ 止息。拉阻。截止。
[旧属四纸]
观~ 方~ 息~ 防~ 制~ 阻~
静~ 不~ 何~ 进~ 终~ 栖~
遏~ 行~ 仰~ 中~ 举~ 呵~
禁~ 知~ 截~ 停~ 容~ 休~
善自~ 不肯~ 流言~ 无定~

**只** zhǐ 助词。
[旧属四纸四支]
乐~ 天~ 任~ 勤~ 罕~ 人~
(另见平声 zhī)

**旨** zhǐ 滋味美。意义。
[旧属四纸]
宗~ 要~ 顺~ 悟~ 空~ 宣~
清~ 酒~ 味~ 佛~ 称~ 甘~
天~ 心~ 得~ 芳~ 大~ 主~
承~ 微~ 意~ 精~ 本~ 奥~

**址** zhǐ 位置;地基。
[旧属四纸]
住~ 基~ 新~ 地~ 网~ 原~
墙~ 界~ 迁~ 废~ 旧~ 遗~
故~ 校~ 厂~ 家~ 社~ 店~

**芷** <sup>zhǐ</sup> 香草。
[旧属四纸]
蘅～　兰～　白～　芳～　佩～　沅～
夏～　清～　岸～　如～　蕙～　闻～
素～　败～　席～

**抵** <sup>zhǐ</sup> 侧手击。
[旧属四纸]
足～　触～　并手～

**沚** <sup>zhǐ</sup> 水中小块陆地。
[旧属四纸]
沼～　岛～　林～　洲～　兰～　小～
碧～　川～　江～　泛～　中～　幽～
涧～　清～　圆～　水中～　潇湘～

**纸** <sup>zhǐ</sup> 纸张。量词。
[旧属四纸]
一～　白～　报～　稿～　草～　茧～
宣～　故～　剪～　窗～　手～　寸～
麻～　片～　图～　凤～　费～　油～
厚～　渍～　黄～　小～　落～　糊～
伏～　画～　空～　试～　凤～　废～
薄～　信～　觅～　铺～　叠～　彩～
红～　飞～　满～　换～　硬～　切～
洛阳～　沤为～　蔡侯～　一函～
雪映～　命如～　轻似～　薄于～

**祉** <sup>zhǐ</sup> 幸福。
[旧属四纸]
福～　锡～　家～　呈～　降～　如～
嘉～　寿～　绥～　颂～　多～　祷～
垂～　延～　祥～

**枳** <sup>zhǐ</sup> 枸橘。
[旧属四纸]
甘～　淮～　橘～　化～　多～　有～
鸾～　榛～　野～　芳～　棘～　丛～
种～　荆～　栖～　实如～　花开～

**轵** <sup>zhǐ</sup> 车轴的末端。
[旧属四纸]
交～　涉～　祭～　庇～　为～　狗～
至～　温～　灵～　临～

**指** <sup>zhǐ</sup> 手指。指点。
[旧属四纸]
拇～　十～　约～　直～　鬓～　目～
玉～　血～　本～　妙～　笑～　虚～
戒～　食～　屈～　染～　断～　发～
堕～　弹～　纤～　遥～　绕～　颐～
千夫～　葱根～　不待～　断其～

**咫** <sup>zhǐ</sup> 古代八寸为咫。
[旧属四纸]
天～　离～　行～　令～　盈～　尺～
不逾～　尺有～　道如～

**趾** <sup>zhǐ</sup> 脚指头。脚。
[旧属四纸]
足～　玉～　举～　交～　左～　断～
露～　立～　伤～　茧～　多～　苔～
跌～　系～　跰～　没～　颠～　芳～
鳞～　翘～

**黹** <sup>zhǐ</sup> 缝纫。刺绣。
[旧属四纸]
针～

**酯** <sup>zhǐ</sup> 有机化合物。

**徵** <sup>zhǐ</sup> 古代五音之一。
[旧属四纸]
宫～　清～　变～　流～　嚼～　商～
协～　正～　听～　南吕～　夹钟～
音中～

**至** <sup>zhì</sup> 至于。极。最。
[旧属四寘]
始～　冬～　夏～　时～　必～　倍～
毕～　老～　四～　日～　远～　长～
深～　周～　仁～　情～　时～　备～
朝夕～　春风～　富贵～　鱼书～

**志** <sup>zhì</sup> 志向。记录。记号。
[旧属四寘]
意～　大～　壮～　远～　心～　得～
承～　情～　气～　守～　遐～　异～
害～　奇～　猛～　高～　雄～　忠～
抱～　才～　凤～　铭～　挫～　坠～
明～　严～　谕～　有～　神～　励～
初～　遗～　同～　众～　雅～　蓄～
立～　锐～　言～　夺～　养～　丧～
地～　墓～　碑～　杂～　标～　通～
石～　方～　图～　壮士～　英雄～
纵横～　雄豪～　济世～　风云～
平素～　踔海～　忠贞～　移山～
穷愁～　四方～　凌云～　鸿鹄～

**豸** <sup>zhì</sup> 无脚的虫。
[旧属四纸]
虫～　獬～　豸～　蛰～　执～　花～
庶有～　无足～

**忮** <sup>zhì</sup> 嫉妒。伤害。
[旧属四寘]

不~ 为~ 贞~ 坚~ 险~ 强~
苟~ 勇~ 忍~ 俗~ 阴~ 解~
忿~ 狡~ 惮~ 恭而~

**识** <sup>zhì</sup> 记。记号。
[旧属四寘]

强~ 款~ 标~ 精~ 谨~ 图~
铭~ 所~ 不~ 深~
（另见平声 shí）

**厔** <sup>zhì</sup> 盩厔,今作陕西周至。

**帜** <sup>zhì</sup> 旗子。标记。
[旧属四寘]

旗~ 汉~ 黑~ 立~ 摇~ 军~
更~ 幡~ 旌~ 寨~ 偃~ 白~
举~ 揭~ 插~ 悬~ 风~ 酒~
残~ 赤~ 张~ 拔~ 易~ 树~

**制** <sup>zhì</sup> 制造。规定。制度。
[旧属八霁]

体~ 法~ 旧~ 国~ 改~ 抑~
礼~ 节~ 控~ 牵~ 抵~ 限~
管~ 克~ 创~ 受~ 专~ 改~
仿~ 精~ 裁~ 手~ 炮~ 巧~
三班~ 双休~ 私有~

**治** <sup>zhì</sup> 治理。治疗。
[旧属四寘四支]

法~ 医~ 疗~ 新~ 求~ 不~
内~ 外~ 人~ 待~ 开~ 相~
欲~ 兼~ 资~ 疏~ 穷~ 荒~
整~ 缮~ 处~ 大~ 统~ 自~
研~ 政~ 德~ 县~ 民~ 根~
图~ 文~ 吏~ 天下~ 不难~
废不~ 病可~ 不须~ 共为~
正以~ 百事~

**峙** <sup>zhì</sup> 耸立;屹立。
[旧属四纸]

对~ 映~ 争~ 踞~ 夕~ 龙~
霄~ 峻~ 孤~ 列~ 云~ 峭~
屹~ 鼎~ 山~ 秀~ 高~ 岳~
耸~ 独~ 高~ 孤峰~ 千寻~
（另见 shì）

**庤** <sup>zhì</sup> 储备。
[旧属四纸]

丘岳~

**贽** <sup>zhì</sup> 初次见面礼。
[旧属四寘]

载~ 执~ 还~ 男~ 女~ 无~
受~ 送~ 奉~ 投~ 重~ 礼~
贺~ 婚~ 厚~ 嘉~ 媒~ 纳~
枣栗~ 不以~

**挚** <sup>zhì</sup> 诚恳。
[旧属四寘]

诚~ 笃~ 恳~ 极~ 文~ 师~
高~ 真~ 友~

**致** <sup>zhì</sup> 给与。情趣。精细。
[旧属四寘]

一~ 大~ 雅~ 景~ 情~ 传~
诱~ 引~ 思~ 远~ 深~ 移~
兼~ 格~ 韵~ 高~ 风~ 兴~
别~ 招~ 意~ 佳~ 尽~ 罗~
细~ 精~ 密~ 工~ 标~ 奇~
幸而~ 不宜~ 安可~

**轾** <sup>zhì</sup> 轩轾,高低。
[旧属四寘]

**猘** <sup>zhì</sup> 疯狗。
[旧属八霁]

狂~ 凶~ 国~ 老~ 伤非~

**桎** <sup>zhì</sup> 桎木山,湖南地名。

**鸷** <sup>zhì</sup> 凶猛。
[旧属四寘]

鹰~ 猛~ 忿~ 大~ 勇~ 捷~
阴~ 草~ 电~ 隼~ 悍~ 养~
凶~ 刚~ 驯~ 飞星~ 栖崖~
鹰雕~

**畤** <sup>zhì</sup> 帝王的处所。
[旧属四纸]

玄~ 平~ 泰~ 雍~ 灵~ 高~
上~ 桀~ 郊~ 上陵~ 后土~
祝融~

**痔** <sup>zhì</sup> 痔疮。
[旧属四纸]

舐~ 疥~ 苦~ 秦~

**智** <sup>zhì</sup> 智慧;见识。
[旧属四寘]

才~ 明~ 用~ 多~ 藏~ 怀~
韬~ 隐~ 勇~ 贤~ 足~ 害~
心~ 恳~ 圆~ 浅~ 妙~ 神~

巧～ 理～ 机～ 益～ 大～ 睿～
自奋～ 不在～ 过人～

**痣** zhì 斑痕或小疙瘩。
[旧属四寘]
面～ 黑～ 红～ 紫～ 去～ 小～
朱砂～ 足心～ 美人～

**滞** zhì 不流通。
[旧属八霁]
凝～ 留～ 迟～ 濡～ 呆～ 困～
沉～ 久～ 淹～ 积～ 停～ 粘～
缓则～ 江湖～ 六情～

**彘** zhì 猪。
[旧属八霁]
母～ 豚～ 人～ 野～ 田～ 杀～
负～ 以～ 见～ 犬～ 毫～ 赤～
臭～ 刺～ 狗～ 角～ 牛～ 豕～
如～ 牢～ 白～ 烹～ 异～ 乳～
千足～ 黍与～ 二母～

**置** zhì 搁;放。设立。购置。
[旧属四寘]
安～ 各～ 多～ 自～ 别～ 空～
新～ 初～ 虚～ 位～ 闲～ 久～
议～ 添～ 设～ 弃～ 装～ 广～
移～ 倒～ 处～ 布～ 散～ 增～

**雉** zhì 野鸡。雉堞。
[旧属四纸]
山～ 野～ 射～ 飞～ 玉～ 雄～
雌～ 春～ 锦～ 鸣～ 斗～ 绘～
白～ 百～ 献～ 林中～ 带箭～

**稚** zhì 幼小。
[旧属四寘]
幼～ 童～ 蒙～ 老～ 柔～ 蒙～
年～ 骄～ 孩～ 遗～ 孤～ 娇～
齿～ 儿～ 抚～ 村～ 呼～ 携～
戏～ 妇～

**滍** zhì 滍阳,河南地名。

**寘** zhì 放置。
[旧属四寘]
违～ 诞～ 无～ 请～ 诱～ 欲～
移～ 误～ 广～ 引～ 问～ 潜～
罔～ 若～

**疐** zhì 遇障碍。跌倒。
[旧属八霁]
士～ 除～ 跋～

**瘈** zhì 疯狂。
(另见 chì)

**踬** zhì 绊倒。不顺利。
[旧属四寘]
颠～ 困～ 自～ 倒～ 沦～ 佯～
遭～ 贫～ 屡～ 必～ 坎～ 骇～
奔～ 事～ 马～ 杜回～ 文章～

**觯** zhì 酒器。
[旧属四寘四支]
举～ 挥～ 扬～ 山～ 执～ 洗～
取～ 受～ 角～ 饕餮～ 半上～
执戈～

**子** zǐ 子女。尊称。
[旧属四纸]
女～ 男～ 班～ 相～ 汉～ 处～
牌～ 天～ 夫～ 生～ 多～ 学～
妻～ 长～ 孝～ 太～ 位～ 车～
房～ 篮～ 票～ 诸～ 养～ 娘～
训～ 引～ 孔～ 老～ 庄～ 父～
莲～ 孙～ 才～ 独～ 孺～ 弟～
童～ 眸～ 桂～ 稚～ 赤～ 爱～
半～ 西～ 甲～ 棋～ 瓜～ 君～
王～ 游～ 种～ 公～ 燕～ 孽～
良家～ 不肖～ 遗腹～ 小家～
农家～ 登徒～ 何满～ 穷棒～

**仔** zǐ 幼小的畜禽。
[旧属四纸]
胡～ 相思～
(另见平声 zī;十开 zǎi)

**姊** zǐ 姐姐。
[旧属四纸]
奉～ 饷～ 母～ 大～ 老～ 处～
姊～ 遗～ 弟～ 贵～ 小～ 依～
兄～ 阿～ 月～

**耔** zǐ 培土。
[旧属四支]
耘～ 春～

**秭** zǐ 古数,一万亿。
[旧属四纸]

**籽** zǐ 种子。
[旧属四纸]

**第** <sup>zǐ</sup> 竹篾编的席。
[旧属四纸]

床~

**梓** <sup>zǐ</sup> 梓树。
[旧属四纸]

桑~ 杞~ 乔~ 社~ 美~ 种~
梦~ 树~ 杉~ 生~ 荆~ 丹~
楚~ 文~ 松~ 付~ 得~ 焚~
碧瑶~ 黄心~

**齜** <sup>zǐ</sup> 齜龉，懒惰。
[旧属四纸]

**紫** <sup>zǐ</sup> 紫红色。
[旧属四纸]

姹~ 青~ 金~ 朱~ 凝~ 红~
魏~ 面~ 黑~ 大~ 映~ 艳~
梅~ 万~ 绯~ 暮山~ 汉宫~

**訾** <sup>zǐ</sup> 说人坏话。
[旧属四纸四支]

怨~ 毁~ 不~ 毋~ 谤~ 诽~
失~ 面~ 讥~ 曾~ 难~ 苟~
诋~ 沮~ 相~ 诟~ 怒~ 取~
百~ 无~ 余~ 非礼~ 顽鄙~
欢岂~ 不苟~ 无它~
(另见平声 zī)

**滓** <sup>zǐ</sup> 沉渣。污浊。
[旧属四纸]

渣~ 垢~ 浮~ 心~ 尘~ 泥~
无~ 渍~ 纤~ 阴~ 糟~

**自** <sup>zì</sup> 自己。由。
[旧属四寘]

本~ 不~ 一~ 各~ 何~ 奚~
私~ 独~ 所~ 亲~ 有~ 选~
思所~ 风之~ 言必~

**字** <sup>zì</sup> 文字。字体。
[旧属四寘]

汉~ 写~ 名~ 红~ 去~ 旧~
大~ 字~ 换~ 八~ 玉~ 一~
析~ 小~ 金~ 千~ 排~ 识~
衍~ 本~ 造~ 数~ 败~ 打~
脱~ 求~ 锦~ 只~ 草~ 别~
简~ 表~ 许~ 抚~ 难~ 讹~
雁~ 生~ 篆~ 古~ 奇~ 问~
咬~ 十~ 人~ 正~ 赤~ 刻~
换鹅~ 蝇头~ 不识~ 美术~
相思~ 简化~ 常用~ 繁体~

**刾** <sup>zì</sup> 用刀刺进去。

**牸** <sup>zì</sup> 雌性的牲畜。
[旧属四寘]

赢~ 黄~ 胞~ 乳~ 良~ 牯~
大~ 畜~ 牧~ 狂~

**恣** <sup>zì</sup> 放纵。
[旧属四寘]

放~ 纵~ 淫~ 自~ 轻~ 专~
娱~ 凶~ 奢~ 狂~ 豪~ 宠~
贪~ 妄~ 骄~ 不可~ 莫敢~

**眦** <sup>zì</sup> 眼角。
[旧属四寘]

睚~ 拭~ 决~ 盈~ 目~ 裂~
黑~ 隅~ 掩~ 泪~ 破~ 虎~
血出~ 泪无~ 大小~

**渍** <sup>zì</sup> 浸；沾。积水。
[旧属四寘]

浸~ 汤~ 漂~ 泥~ 留~ 水~
霑~ 雨~ 淹~ 渐~ 露~ 染~
沾~ 蜜~ 墨~ 血~ 汗~ 烟~
遗香~ 去心~

**胾** <sup>zì</sup> 切成的大块肉。
[旧属四寘]

炙~ 肴~ 牛~ 羊~ 豕~ 大~
食~ 割~ 羹~ 酒~

**胔** <sup>zì</sup> 腐烂的肉。
[旧属四支]

埋~ 曝~ 陨~ 瘗~ 断~ 碎~
无余~

## 旧读入声

**尺** <sup>chǐ</sup> 尺寸
[旧属十一陌]

咫~ 数~ 新~ 画~ 衡~ 铟~
丈~ 玉~ 标~ 界~ 市~ 公~
百~ 盈~ 铁~ 曲~ 累~ 卷~
绳~ 刀~ 三~ 七~ 深千~
(另见十四歌 chě)

**呎** <sup>chǐ</sup> 英尺。

**叱** chì 大声责骂。
[旧属四质]
驱～ 虎～ 相～ 讽言～ 廷～
啸～ 愤～ 诟～ 嘲～ 呵～ 呼～
怒～ 瞋目～ 瞋目～ 持仗～
乘酒～ 音如～ 严声～ 天神～

**斥** chì 责备。支付。
[旧属十一陌]
驳～ 痛～ 推～ 诃～ 贬～ 指～
诋～ 怒～ 申～ 挥～ 屏～ 充～
排～ 摈～ 面～ 怒鞭～ 夫人～
众论～

**赤** chì 红色。忠诚。
[旧属十一陌]
大～ 尚～ 眼～ 尾～ 染～ 火～
丹～ 面～ 血～ 紫～ 质～ 心～
耳～ 地～ 霞～ 乾坤～ 旗帜～
鱼尾～ 近朱～

**饬** chì 整顿。饬令。
[旧属十三职]
具～ 匡～ 临～ 谨～ 戒～ 修～
严～ 整～ 申～ 田事～ 衣带～

**挟** chì 鞭打；笞。
[旧属四质]
扑～ 一～ 神～ 鞭～

**敕** chì 皇帝的诏令。
[旧属十三职]
诏～ 口～ 手～ 制～ 宣～

**鶒** chì 鸂鶒，水鸟。

**日** rì 太阳。一天。
[旧属四质]
节～ 假～ 烈～ 赤～ 连～ 昼～
一～ 祭～ 同～ 继～ 穷～ 红～
数～ 百～ 即～ 闲～ 尽～ 经～
积～ 曩～ 天～ 何～ 早～ 有～
夏～ 当～ 旭～ 晓～ 昨～ 今～
明～ 异～ 末～ 无～ 素～ 平～
永～ 丽～ 整～ 指～ 生～ 落～
观～ 晴～ 吉～ 斜～ 时～ 去～
往～ 来～ 捧～ 累～ 呆～ 贯～
昔～ 前～ 竟～ 终～ 旷～ 逐～
浴～ 映～ 度～ 蔽～ 日～ 镇～
太平～ 开张～ 团圆～ 半檐～
光夺～ 云吞～ 挥金～ 西去～
红窗～ 挥汗～ 蓬莱～ 海底～
少年～ 嫁娶～ 闲居～ 虹贯～

**驲** rì 古驿站的马车。
[旧属四质]
使～ 乘～ 置～ 飞～ 驰～ 馆～
青云～ 萍实～

**式** shì 式样。格式。仪式。
[旧属十三职]
程～ 公～ 法～ 旧～ 成～ 转～
定～ 范～ 立～ 模～ 状～ 通～
正～ 花～ 方～ 品～ 招～ 表～
体～ 形～ 款～ 新～ 把～ 样～
天下～ 方程～ 阅兵～

**饰** shì 装饰。饰品。
[旧属十三职]
修～ 服～ 靓～ 伪～ 冠～ 盛～
容～ 丽～ 光～ 玉～ 妍～ 怪～
锦～ 鬓～ 金～ 绣～ 妇～ 矜～
素～ 图～ 美～ 钿～ 繁～ 珮～
整～ 妙～ 舞～ 异～ 镜～ 衣～
首～ 粉～ 矫～ 润～ 奖～ 夸～
涂～ 雕～ 文～ 虚～ 华～ 掩～
金银～ 冠带～ 丹青～

**拭** shì 擦。
[旧属十三职]
拂～ 洗～ 土～ 衣～ 可～ 扫～
磨～ 剑～ 揩～ 净如～ 千度～
红绡～

**适** shì 适合。舒服。
[旧属十一陌十二锡]
安～ 自～ 合～ 舒～ 谁～ 休～
愉～ 闲～ 意～ 神～ 清～ 远～
不～ 畅～ 顺～ 欲何～ 任之～
从所～

**室** shì 屋子。妻子。
[旧属四质]
居～ 教～ 卧～ 妻～ 继～ 皇～
脑～ 贵～ 寒～ 宗～ 地～ 宫～
深～ 侧～ 空～ 画～ 照～ 正～
囚～ 土～ 满～ 同～ 静～ 琴～
学～ 穿～ 浴～ 家～ 虚～ 筑～
斗～ 入～ 石～ 温～ 心～ 陋～
暗～ 密～ 蓬～ 寝～ 茶～ 棋～
休息～ 图书～ 舍其～ 寒侵～
试验～ 清晖～ 贮藏～ 地下～

**轼** <sup>shì</sup> 车前扶手。
[旧属十三职]

凭~ 登~ 伏~ 横~ 抚~ 辕~
衡~ 画~ 华~ 苏~

**栻** <sup>shì</sup> 古占卜器具。

**释** <sup>shì</sup> 解释。消除。释放。
[旧属十一陌]

开~ 冰~ 消~ 诠~ 训~ 儒~
注~ 分~ 辨~ 百虑~ 烦襟~

**奭** <sup>shì</sup> 盛大的样子。姓。
[旧属十一陌]

**螫** <sup>shì</sup> 螫针。
[旧属十一陌]

辛~ 噬~ 挟~ 蚕~ 蝎~ 蚊~
毒~ 群~ 肆~ 游蜂~ 屋舍~

**襫** <sup>shì</sup> 袯襫,蓑衣。
[旧属十一陌]

**郅** <sup>zhì</sup> 极;最。
[旧属四质]

郁~ 蹙~

**帙** <sup>zhì</sup> 包书画的布套。
[旧属四质]

一~ 卷~ 隐~ 缇~ 绿~ 数~
部~ 启~ 芳~ 奉~ 枕~ 遗~
旧~ 掩~ 琴~ 案~ 札~ 梵~
宝~ 残~ 素~ 图~ 展~ 典~
书~ 篇~ 缥~ 细~ 盈~ 开~
诗成~ 未终~ 堆床~

**绖** <sup>zhì</sup> 缝,补缀。
[旧属四质]

缝~ 绽~ 布褐~

**质** <sup>zhì</sup> 质地。朴素。抵押。
[旧属四质]

品~ 资~ 本~ 气~ 素~ 丽~
尚~ 天~ 玉~ 端~ 淳~ 金~
地~ 淑~ 变~ 蕴~ 廉~ 顽~
贱~ 纯~ 冶~ 才~ 陋~ 刚~
奇~ 木~ 水~ 凝~ 柔~ 人~
性~ 体~ 秀~ 弱~ 土~ 物~
金石~ 蒲柳~ 芳菲~ 坚贞~
栋梁~ 冰玉~ 蛋白~ 多血~

**炙** <sup>zhì</sup> 烤。
[旧属十一陌二十二祃]

火~ 燔~ 熏~ 脍~ 贯~ 炕~
肝~ 当~ 烹~ 衔~ 焚~ 薰~
燎~ 暑~ 炮~ 赤日~ 烧铁~

**栉** <sup>zhì</sup> 梳子。梳发。
[旧属四质]

梳~ 巾~ 风~ 爬~ 如~ 盥~
象~ 滑~ 冠~ 细~ 屡~ 金~
沐~ 晓~ 坠~ 未尝~ 执与~

**陟** <sup>zhì</sup> 登高。
[旧属十三职]

登~ 黜~ 三~ 新~ 难~ 载~
升~ 游~ 仰~ 攀~ 累~ 探~
景~ 共~ 孤~ 峻~ 岭~ 降~
不可~ 九霄~

**桎** <sup>zhì</sup> 脚镣。桎梏。
[旧属四质]

穷~ 梏~ 槎~ 柱~ 自~ 秦~
囚~ 钳~ 绕~ 解~

**膣** <sup>zhì</sup> 阴道。

**蛭** <sup>zhì</sup> 蝼蛭,蝼蛄。
(另见十三皆 dié)

**秩** <sup>zhì</sup> 次序。俸禄。十年。
[旧属四质]

平~ 厚~ 进~ 天~ 望~ 禄~
荣~ 称~ 有~ 夺~ 均~ 等~
礼~ 常~ 官~ 旧~ 年~ 俸~
阶~ 位~ 田~ 品~ 八~ 七~

**掷** <sup>zhì</sup> 扔;投。
[旧属十一陌]

投~ 弃~ 试~ 轻~ 一~ 吼~
奋~ 虚~ 抛~ 跳~ 怒~ 漫~
交~ 戟~ 遥~ 壮士~ 黄金~
瓦石~ 举烛~ 冲风~ 风霆~

**铚** <sup>zhì</sup> 短镰刀。割禾穗。
[旧属四质]

纳~ 观~ 攻~ 钩~

**袟** <sup>zhì</sup> 同'帙'。
[旧属四质]

**窒** <sup>zhì</sup> 阻塞不通。
[旧属四质]

鼻~ 穷~ 事~ 不~ 九~ 自~

蠡~ 意~ 凿~ 如~ 音~ 屯~
埴~ 专~ 惩~ 有孚~ 欲心~

**蛭** zhì 有吸盘的虫。
[旧属四质]
水~ 田~ 吞~ 山~ 草~ 泥~
石~ 红~ 蛙~ 辟诸~ 杯中~

**騭** zhì 安排;定。
[旧属四质]
阴~ 评~ 天~ 牡~

**礩** zhì 柱下石。
[旧属四质]
为~ 柱~ 础~

**鑕** zhì 砧板。刑具。
[旧属四质]
斧~ 伏~ 椹~ 铁~ 砧~

**擿** zhì 同'掷'。
[旧属十一陌]
(另见八齐 tī)

# 五　微

## 平　声

**陂** ᵇᵉⁱ bēi 池塘。水边。山坡。
[旧属四支]

绿～月～锦～水～山～深～
长～霜～野～南～春～寒～
平～西～秋～放鹤～积翠～
万顷～月满～水成～
(另见八齐 pí、十五波 pō)

**杯** bēi 杯子。
[旧属十灰]

酒～茶～羽～琼～香～荷～
流～霞～分～椒～御～玉～
传～浮～举～衔～碰～停～
螺～倾～金～干～交～把～
夜光～水晶～合欢～有限～
三雅～承露～万年～两三～
掌中～流霞～暖玉～玛瑙～

**卑** bēi 低下。低劣。
[旧属四支]

尊～谦～高～位～守～秩～
地～不～崇～辞～官～职～
居～差～自～势位～不厌～
道不～礼自～俭且～莫嫌～

**背** bēi 负担。
[旧属十一队]
(另见仄声 bèi)

**梧** bēi 同'杯'。

**椑** bēi 椑柿,一种小黑柿。
[旧属四支八齐]

小～鸟～
(另见八齐 pí)

**悲** bēi 悲伤。怜悯。
[旧属四支]

慈～堪～大～独～伤～含～
可～兴～秋～心～五～孺～

幽～春～长～舒～酸～徒～
宋玉～昔日～半夜～望月～
壮志～千古～不胜～使人～
老大～有余～湘女～

**碑** bēi 碑碣。
[旧属四支]

石～古～丰～勒～墓～摹～
立～口～卧～树～断～残～
寻～汉～秦～荐福～禹王～
里程～没字～

**鹎** bēi 鸟名。

**箄** bēi 捕鱼的小竹笼。
[旧属四支]

敝～方～新～九里～
(另见十开 pái)

**吹** chuī 吹气。吹风。
[旧属四支四寘]

风～鼓～滥～告～笙～横～
并～卧～鱼～蛙～鸾～玉～
凤～幽～松～流～云～歌～
清～凉～遥～次第～北风～
画角～信口～

**炊** chuī 烧火做饭。
[旧属四支]

晚～分～晨～新～野～断～
自～午～停～待薪～趁时～

**垂** chuí 垂挂。流传。
[旧属四支]

低～下～花～藤～丝～永～
名～四～泪～垂～露～手～
绿～寒～眉～两袖～云髻～
斗柄～千载～泪双～青史～
帘幕～柳丝～百世～

**陲** chuí 边地。
[旧属四支]

边～四～天～远～荒～疆～
北山～白云～

**捶** chuí 捶打。
[旧属四纸]

杖~ 自~ 轻~ 鞭~ 驱~ 手~

**棰** chuí 短木棍。
[旧属四支]

鞭~ 马~ 尺~ 修~ 荷~ 操~

**椎** chuí 球形击器。
[旧属四支十灰]

铁~ 扬~ 奋~ 神~ 雷~ 犀~
力士~ 无孔~ 博浪~
(另见 zhuī)

**圌** chuí 圌山,江苏山名。

**槌** chuí 敲打用的棒。
[旧属四寘四支]

棒~ 鼓~ 箔~ 蚕~ 重~

**锤** chuí 兵器。
[旧属十灰四支四寘]

金~ 钳~ 千~ 穿~ 运~ 锻~
神~ 扬~ 星~ 玉~ 枰~ 钉~
纺~ 钟~ 炉~ 重~

**箠** chuí 鞭子。鞭打。
[旧属四支四纸]

尺~ 修~ 鞭~ 荷~ 操~ 马~
加~ 命~ 衔~

**倕** chuí 巧匠。
[旧属四支]

巧~ 匠~ 工~ (古巧匠)

**衰** cuī 等衰,等次。
[旧属四支]

(另见十开 shuāi)

**崔** cuī 姓。
[旧属十灰]

**催** cuī 催促。
[旧属十灰]

紧~ 频~ 漫~ 暗~ 春~ 雨~
柳暗~ 四序~ 白发~ 曙色~
落花~ 客梦~ 击鼓~ 岁月~

**缞** cuī 丧服。
[旧属十灰]

墨~ 单~ 著~

**榱** cuī 椽子。
[旧属四支]

华~ 文~ 屋~ 廊庙~ 木兰~

**摧** cuī 摧折。
[旧属十灰]

风~ 花~ 悲~ 心~ 崩~ 兰~
击~ 雨~ 挤~ 玉~ 残~ 暗~
风雨~ 草木~ 古堞~ 车轮~
肝肠~ 栋梁~

**猥** cuī 猥猥,丑陋庸俗。

**嘚** dēi 赶牲口的吆喝声。

(另见十四歌 dē)

**堆** duī 堆积。
[旧属十灰]

沙~ 土~ 粮~ 翠~ 万~ 千~
霞~ 一~ 书~ 锦~ 香~ 红~
成~ 泥~ 柴~ 雪~ 山~ 草~
滟滪~ 马王~ 浪作~ 红叶~
锦绣~ 金碧~ 云涛~ 拂云~
狗屎~

**馈** duī 蒸饼。

**欸** ēi 表示招呼。
[旧属十灰十贿]

**欸** éi 表示诧异。
[旧属十灰十贿]
(另见十开 ǎi,ǎi)

**飞** fēi 飞翔。飞快。
[旧属五微]

燕~ 凤~ 独~ 泉~ 笔~ 觞~
鸿~ 突~ 雪~ 交~ 鸢~ 遣~
低~ 时~ 凫~ 鹏~ 南~ 高~
起~ 蝶~ 群~ 红~ 于~ 云~
翻~ 齐~ 横~ 倦~ 魂~ 神~
雁~ 孤~ 奋~ 雄~ 心~ 花~
泪~ 血~ 鸟~ 絮~ 腾~ 起~
插翅~ 雪花~ 比翼~ 片帆~
款款~ 绕树~ 败叶~ 兴欲~
蝶梦~ 夹岸~ 奋翅~ 惜分~
暮烟~ 燕双~ 柳絮~ 不翼~

**妃** fēi 妃子。
[旧属五微]

王~ 贵~ 后~ 太~ 宓~ 洛~
嫔~ 香~ 楚~ 众~ 明~ 二~

玉～湘～灵～梅～真～宠～
鼓瑟～ 醉仙～

# 非 fēi 错误。责难。
[旧属五微]

是～ 饰～ 人～ 除～ 知～ 为～
昨～ 无～ 非～ 格～ 心～ 并～
全～ 觉～ 今～ 悔前～ 事事
昔人～ 世情～ 竟成～ 是耶～
事已～

# 菲 fēi 花草美;香味浓。
[旧属五微]

芳～ 菲～ 葑～ 余～ 春～ 采～
拾涧～ 春物～
（另见仄声 fěi）

# 啡 fēi 咖啡。吗啡。

# 骈 fēi 车驾旁的马。
[旧属五微]

骖～ 双～ 四～ 驰～ 停～ 征～
骈～ （马行貌）

# 绯 fēi 红色。
[旧属五微]

浅～ 桃～ 霞～ 赐～ 锦～ 衣～
冻不～ 乍叶～ 如桃～ 满林～

# 扉 fēi 门扇。
[旧属五微]

柴～ 荆～ 叩～ 竹～ 启～ 获～
夜～ 绮～ 山～ 禅～ 瑶～ 船～
窗～ 石～ 门～ 蓬～ 局～ 林～
金～ 烟～ 郊～ 重～ 朱～ 双～
白板～ 月照～ 半掩～ 白云～
玉女～ 笋过～

# 蜚 fēi 蜚声,扬名。
[旧属五尾五未]
（另见仄声 fěi）

# 霏 fēi 雨雪纷飞。
[旧属五微]

霏～ 霰～ 雪～ 纷～ 烟～ 阴～
夕～ 晨～ 岚～ 玉屑～ 轻雾～

# 鲱 fēi 海鱼。

# 肥 féi 肥胖。肥料。
[旧属五微]

减～ 策～ 身～ 痴～ 腰～ 人～
上～ 堆～ 分～ 基～ 既～ 田～
丰～ 国～ 绿～ 膘～ 粪～ 乘～
积～ 追～ 施～ 家～ 鲜～ 瘠～
牛羊～ 豆苗～ 锦鳞～ 蟹初～
草色～ 笋正～ 芦花～ 稻粱～

# 淝 féi 淝水,安徽水名。
[旧属五微]

淮～

# 腓 féi 腿肚子。病;枯萎。
[旧属五微]

胫～ 俱～ 外～ 兵～ 草～ 花～
百卉～ 牛羊～

# 归 guī 返回。归还。
[旧属五微]

回～ 旋～ 借～ 荣～ 暂～ 忆～
夜～ 思～ 怀～ 欲～ 乐～ 暮～
安～ 梦～ 言～ 燕～ 于～ 总～
如～ 忘～ 来～ 当～ 指～ 不～
携手～ 解甲～ 老大～ 荷锄～
燕双～ 踏花～ 胡不～ 片帆～
旅雁～ 戴月～ 不如～

# 圭 guī 圭表。
[旧属八齐]

白～璧～圆～刀～大～锡～
碧～组～赤～躬～苍～半～
锁～洞～介～珍～瑞～剪～
月如～ 治水～ 石为～

# 龟 guī 爬行动物。
[旧属四支]

乌～宝～神～卜～元～灵～
拂～石～佩～藏～蓍～守～
梦～玉～小～放～筮～钻～
五色～ 气引～ 千岁～ 浴水～
曳尾～ 脱筒～
（另见十八真 jūn、十六尤 qiū）

# 妫 guī 妫水,河北水名。
[旧属四支]

帝～ 息～ 翠～

# 规 guī 规则。规范。
[旧属四支]

子～法～日～正～圆～例～
清～常～成～陈～箴～定～
循～ 陋～ 相～ 良～ 英～ 前～
宏～ 萧～ 家～ 不忘～ 月半～

万世～　药石～　真言～　太平～

**邽** ᵍᵘⁱ 下邽,陕西地名。
[旧属八齐]

**皈** ᵍᵘⁱ 皈依。

**闺** ᵍᵘⁱ 闺房。
[旧属八齐]

深～　璇～　红～　香～　碧～　凉～
金～　秋～　春～　朱～　重～　玉～
红～　青～　兰～　秀～　寒～　鸾～
翠～　幽～　夜～　九重～　月入～

**珪** ᵍᵘⁱ 玉器。

**硅** ᵍᵘⁱ 非金属元素。

**傀** ᵍᵘⁱ 怪异。
[旧属十灰]

奇～　雄～　大～　倭～　（丑妇）
（另见仄声 kuǐ）

**廆** ᵍᵘⁱ 廆山,古山名。
[旧属十贿]
（另见仄声 wěi）

**瑰** ᵍᵘⁱ 珍奇。
[旧属十灰]

玫～　琼～　奇～　碧～　怀～　琪～

**鲑** ᵍᵘⁱ 大麻哈鱼。
[旧属九佳]

异～　珍～　菜有～
（另见十三皆 xié）

**鬶** ᵍᵘⁱ 炊器。

**瓌** ᵍᵘⁱ 同'瑰'。

**嘿** ʰēⁱ 叹词。

嘿～
（另见十五波 mò）

**灰** ʰᵘⁱ 灰尘。灰色。灰心。
[旧属十灰]

劫～　香～　死～　拨～　飞～　石～
心～　葭～　骨～　纸～　炉～　残～
寒～　吹～　秦～　染～　白～　黑～

成～　爬～　炮～　世事～　心已～
百念～　蜡炬～　荻画～　意未～

**㧑** ʰᵘⁱ 指挥。
[旧属四支]

谦～　奋～　指～

**诙** ʰᵘⁱ 诙谐。
[旧属十灰]

俳～　嘲～　谈～

**尵** ʰᵘⁱ 尵尵,疲劳生病。
[旧属十灰]
（另见仄声 huǐ）

**挥** ʰᵘⁱ 挥舞。挥洒。
[旧属五微]

手～　扇～　发～　指～　弦～　笔～
坐～　戈～　毫～　初～　高～　一～
羽扇～　任意～　为谁～　不停～
捷书～　汗自～

**咴** ʰᵘⁱ 咴咴,马叫声。

**恢** ʰᵘⁱ 恢宏。
[旧属十灰]

宏～　拓～　雄～　恢～　外～　里～
智纲～　宇量～　汉道～

**祎** ʰᵘⁱ 祭服。
[旧属五微]

副～　裙～　冕～　佩～

**珲** ʰᵘⁱ 瑷珲,黑龙江地名。
（另见十八真 hún）

**豗** ʰᵘⁱ 喧豗,喧闹。
[旧属十灰]

掀～　轰～　排～　惊～　噪～　纷～

**晖** ʰᵘⁱ 阳光。
[旧属五微]

朝～　曙～　晴～　斜～　炎～　春～
重～　晨～　余～　星～　霜～　夕～
凝～　落～　霞～　清～　秋～　流～
玄～　华～　残～　寒～　争～　日～
一寸～　报春～　月沉～

**辉** ʰᵘⁱ 光彩。辉映。
[旧属五微]

光～　清～　云～　荣～　星～　月～
余～　素～　紫～　灵～　潜～　炎～

生～　德～　流～　扬～　争～　交～
明～　呈～　祥～　琼～　涵～　腾～
山～　增～　同～　九命～　庆云～
朝日～　竞春～　慧灯～　耀秋～

## 翚
huī 飞翔。锦鸡。
[旧属五微]

锦～　画～　凤～　飞～　翚～　春～
云～　高～　缀～　五彩～　岭南～

## 麾
huī 军旗。指挥。
[旧属四支]

旌～　军～　一～节　指～　云～
拥～　手～　建～　肱～　羽～　前～
雄～　戈～　尘～　大将～　笑谈～

## 徽
huī 标志。
[旧属五微]

仪～　国～　清～　前～　嗣～　芳～
琴～　安～　玉～　校～　音～　德～
余～　风～　宏～　金～　遗～　瑶～
崔～　珠～　军～　理琴～　琴瑟～

## 隳
huī 毁坏。

## 回
huí 回环。回还。
[旧属十灰十一队]

来～　几～　春～　低～　梦～　纡～
星～　缦～　岸～　召～　天～　云～
凤～　环～　鸾～　迟～　舟～　轮～
退～　挽～　折～　撤～　章～　百～
九～　迁～　萦～　肠～　雁～　燕～
峰～　初～　月～　空～　返～　轮～
看花～　带月～　往复～　人未～
梦中～　去不～

## 茴
huí 茴香。
[旧属十灰]

## 徊
huí 低徊。
[旧属十灰]
（另见十开 huái）

## 洄
huí 水流回旋。
[旧属十灰]

溯～　湾～　云～　澶～　漾～　沿～

## 蛔
huí 蛔虫。

## 鮰
huí 古书上指鲍鱼。

## 亏
kuī 亏损。欠缺。
[旧属四支]

盈～　吃～　多～　功～　理～　渐～
影～　莫～　成～　无～　心～　半～
幸～　蔽～　全～　月未～　账面～

## 刲
kuī 割。
[旧属八齐]

屠～　刺～　剑～　弯刀～　士乍～

## 岿
kuī 岿然，高大。
[旧属四寘四纸]

山～　云～　嵬～

## 悝
kuī 用于人名。
[旧属十灰]

李～　虞～
（另见八齐 lǐ）

## 盔
kuī 护头的金属帽。

钢～　头～　铠～　夏～　冬～　丢～

## 窥
kuī 窥视。窥探。
[旧属四支]

偷～　暗～　穴～　潜～　争～　管～
斜～　伺～　鸟～　微～　俯～　坐～
仰～　旁～　深～　静～　夜～　贼～
月下～　镜中～　玉女～　冷眼～
隔帘～　墙角～　卧地～　锁眼～

## 奎
kuí 二十八宿之一。
[旧属八齐]

聚～　映～　焕～　明～　壁～　登～
日躔～　武库～

## 逵
kuí 道路。
[旧属四支]

九～　通～　长～　古～　方～　庄～
兰～　康～

## 馗
kuí 同'逵'。
[旧属四支十一尤]

锺～　野～　老～　庄～　荒～　长～
挂灵～

## 隗
kuí 姓。
[旧属十灰十贿]
（另见仄声 wěi）

## 葵
kuí 葵花。
[旧属四支]

蒲～　蜀～　秋～　倾～　拔～　凫～

种～ 露～ 烹～ 锦～ 兔～ 夏～
园～ 刈～ 金～ 垂～ 向日～

**揆** <sup>kuí</sup> 揣度。准则。掌管。
[旧属四纸]
道～ 法～ 首～ 总～ 百～ 揽～
一～ 同～ 阁～ 天道～ 纳百～
宅百～ 千载～

**喹** <sup>kuí</sup> 喹啉,可制药制染料。

**骙** <sup>kuí</sup> 骙骙,马强壮。
[旧属四支]

**暌** <sup>kuí</sup> 隔开;分离。
[旧属八齐]
分～ 乖～ 久～ 孤～ 相～ 阻～
言笑～ 事已～ 天地～

**魁** <sup>kuí</sup> 为首的。魁星。
[旧属十灰]
夺～ 斗～ 高～ 春～ 元～ 渠～
酒～ 大～ 蟹～ 雄～ 罪～ 盗～
争～ 花～ 诗～ 独占～ 豪杰～

**戣** <sup>kuí</sup> 兵器。
[旧属四支]
执～ 孔～

**睽** <sup>kuí</sup> 同'暌'。违背。
[旧属八齐]
睽～ (注视)

**蝰** <sup>kuí</sup> 毒蛇。

**樱** <sup>kuí</sup> 北斗星。

**夔** <sup>kuí</sup> 怪兽。
[旧属四支]
夔～ 四～ 苏～ 一～ 龙～ 姜～
一足～ 蚿笑～

**累** <sup>léi</sup> 累累。累赘。
[旧属四支]
羁～ 系～ 仆～ 湘～ (指屈原)
(另见仄声 lěi;lèi)

**雷** <sup>léi</sup> 打雷。爆炸武器。
[旧属十灰]
春～ 巨～ 晚～ 薄～ 狂～ 闻～
阵～ 轰～ 霹～ 怒～ 疾～ 震～
奔～ 迅～ 鱼～ 惊～ 地～ 响～

如～ 闷～ 扫～ 蚊～ 轻～ 风～
一声～ 疾如～ 喷雪～ 绕殿～
破柱～ 釜鸣～ 旱天～ 震地～

**蔂** <sup>léi</sup> 土筐。
葛～ 蔓～

**嫘** <sup>léi</sup> 嫘祖,黄帝妻。

**缧** <sup>léi</sup> 缧绁,绳索。

**㹎** <sup>léi</sup> 牡牛。

**擂** <sup>léi</sup> 研磨。打。
(另见仄声 lèi)

**檑** <sup>léi</sup> 作战用木块。

**礌** <sup>léi</sup> 作战用石块。
[旧属十一队十贿]
下～ 举～ 块～ 偏～

**镭** <sup>léi</sup> 化学元素。

**羸** <sup>léi</sup> 羸弱。疲劳。
[旧属四支]
瘦～ 马～ 牛～ 危～ 贫～ 形～
清～ 老～ 疲～ 身～

**罍** <sup>léi</sup> 酒器。
[旧属十灰]
金～ 樽～ 玉～ 古～ 酌～ 碧～
空～ 倾～ 山～ 濯～ 云～ 青～
翠羽～ 玛瑙～

**樏** <sup>léi</sup> 走山路乘坐的器具。
[旧属四纸]
乌～ 方～

**玫** <sup>méi</sup> 玉石。

**枚** <sup>méi</sup> 量词。
[旧属十灰]
一～ 条～ 几～ 衔～ 新～ 双～
珠十～ 鱼万～

**眉** <sup>méi</sup> 眉毛。
[旧属四支]

浓～ 蛾～ 画～ 双～ 须～ 横～
美～ 书～ 低～ 齐～ 修～ 展～
白～ 锁～ 皱～ 黛～ 伸～ 扬～
愁～ 柳～ 颦～ 敛～ 扫～ 秀～
纤～ 翠～ 晕～ 峨～ 两～ 蚕～
攒～ 明～ 长～ 描～ 燃～ 细～
淡扫～ 列如～ 解笑～ 远山～
丹凤～ 新月～ 柳叶～

**莓** <sup>méi</sup> 苔。
[旧属十灰]
木～ 山～ 草～

**姄** <sup>méi</sup> 人名用字。

**梅** <sup>méi</sup> 梅花。
[旧属十灰]
腊～ 古～ 苑～ 玉～ 老～ 早～
雪～ 绮～ 新～ 村～ 观～ 赏～
绿～ 墨～ 摽～ 疏～ 黄～ 青～
望～ 杨～ 红～ 盐～ 酸～ 蜡～
残～ 春～ 寻～ 折～ 寒～ 江～
探～ 咏～ 岭～ 一枝～ 绿尊～
雪压～ 瘦于～ 屋角～ 相思～
一剪～

**脢** <sup>méi</sup> 背脊肉。
[旧属十灰十一队]
脊～ 敦～ 咸其～

**郿** <sup>méi</sup> 郿县,今陕西眉县。
[旧属四支]

**嵋** <sup>méi</sup> 峨嵋,山名。
[旧属四支]

**猸** <sup>méi</sup> 蟹獴的通称。

**湄** <sup>méi</sup> 水边。岸旁。
水～ 河～ 海～ 绿～ 江～ 云～
川～ 沧～ 秋～·

**媒** <sup>méi</sup> 媒人。媒介。
[旧属十灰]
作～ 良～ 自～ 鸟～ 说～ 风～
触～ 鸩～ 虫～ 睡～ 风～ 恨～
鹤～ 雉～ 花～ 龙～ 托～ 明～
水云～ 蝶作～ 红叶～ 风月～
叹无～

**楣** <sup>méi</sup> 门框上横木。
[旧属四支]
门～ 云～ 雕～ 当～ 檐～ 绣～
金缕～ 燕巢～

**煤** <sup>méi</sup> 煤炭。
[旧属十灰]
焦～ 烟～ 松～ 炱～ 泥～ 麝～
白～ 灯～ 香～ 青～ 采～ 红～
积旧～ 写霜～ 抉蛛～

**禖** <sup>méi</sup> 古代求子的祭祀。
[旧属十灰]
高～ 郊～ 燕～ 祈～

**酶** <sup>méi</sup> 酒。酵素。
[旧属十灰]

**锚** <sup>méi</sup> 金属元素。

**鹛** <sup>méi</sup> 鸟名。

**霉** <sup>méi</sup> 霉烂。
出～ 发～ 生～ 倒～

**糜** <sup>méi</sup> 糜黍。
(另见八齐 mí)

**呸** <sup>pēi</sup> 唾弃或斥责。

**胚** <sup>pēi</sup> 胚胎。胚芽。
[旧属十灰]
成～ 混沌～ 琴瑟～ 下流～

**衃** <sup>pēi</sup> 凝聚的血。
[旧属十灰]

**痦** <sup>pēi</sup> 中医指疮。

**醅** <sup>pēi</sup> 未滤过的酒。
[旧属十灰]
酸～ 瓮～ 新～ 香～ 旧～ 春～
覆～ 玉～ 绿～ 葡萄～ 瓦缸～
绿蚁～

**陪** <sup>péi</sup> 陪伴。协助。
[旧属十灰]
相～ 暂～ 屡～ 共～ 游～ 鼎～
失～ 三～ 亲～ 攀～ 追～ 奉～

叨～ 作～ 忝～ 愿一～ 笑语～
群彦～ 诗酒～ 喜相～

**培** péi 培植。培养。
[旧属十灰二十五有]
壅～ 安～ 栽～ 着～ 意～ 滋～
深～ 耘～ 全～ 手自～ 角弓～

**赔** péi 赔偿。赔礼。
偿～ 理～ 认～ 不～ 谁～ 责～

**毰** péi 毰毸,形容羽毛披散。

**锫** péi 金属元素,有放射性。

**裴** péi 姓。
[旧属十灰]
八～ 玉～ 洗马～ 西眷～

**绥** ruí 帽缨;旗缨。

**蕤** ruí 葳蕤,枝叶繁盛。
[旧属四支]
芳～ 妍～ 娇～ 素～ 露～ 玉～
翠～ 丹～ 霜～ 纤～ 云～ 兰～
敷～ 华～ 松～ 缨～ 英～ 青～

**谁** shéi 什么人。
[旧属四支]
属～ 对～ 待～ 伊～ 诉～ 与～
阿～ 依～ 其～ 为～ 是～ 有～
凭～ 问～ 选～ 知是～ 拟留～
欲寄～ 和者～ 更有～ 当告～
(又读 shuí,见下条)

**谁** shuí 哪一个。
[旧属四支]
('谁'shéi 的又音,见上条)

**尿** suī 小便。
尿～ 一泡～
(另见十二萧 niào)

**虽** suī 虽然。纵然。
[旧属四支]

**荽** suī 芫荽,香菜。
[旧属四支]
蒌～ 胡～ 香～ 园～ 鲜～ 嫩～

**睢** suī 目光深注。

**眭** suī 怒视。地名。
[旧属四支四寘]
恣～ 睢～ 渡～ 游～

**濉** suī 濉河,安徽流入江苏。

**绥** suí 安好。安抚。
[旧属四支]
时～ 安～ 交～ 执～ 车～ 绥～
玉～ 抚～ 永～ 宠～ 旁～ 来～
咸～ 授～ 巡～ 福履～ 左右～

**隋** suí 朝代名。
[旧属四支]

**随** suí 跟。随从。
[旧属四支]
相～ 尾～ 跟～ 追～ 诡～ 自～
空～ 陪～ 远～ 顺～ 笔～ 影～
蝶～ 伴～ 天～ 争～ 肩～ 何～
喜气～ 到处～ 众自～ 长相～
形影～ 梦魂～ 步步～ 春色～

**遂** suí 半身不遂。
[旧属四寘]
(另见仄声 suì)

**推** tuī 推动。推辞。
[旧属四支十灰]
首～ 解～ 互～ 群～ 公～ 手～
挽～ 类～ 独～ 见～ 善～ 众～
漫～ 究～ 相～ 举世～ 众多～
雨犁～ 不易～ 世所～ 意可～
屈指～ 次第～ 理可～ 间里～

**薙** tuī 古指芜蔚。
[旧属四支十灰]
谷～

**隤** tuí 同'颓'。

**尵** tuí 虺尵,疲劳生病。
[旧属十灰]

**颓** tuí 颓败。颓丧。
[旧属十灰]
衰～ 崩～ 倾～ 山～ 风～ 云～
灰～ 波～ 振～ 虺～ 废～ 荒～
玉人～ 官风～ 画壁～ 日月～

古岸～ 夕阳～ 夜滩～ 流光～
玉山～

**穨** tuí 同'颓'。

**危** wēi 危险。危亡。
[旧属四支]

思～ 扶～ 临～ 履～ 自～ 拯
阽～ 垂～ 心～ 安～ 病～ 艰～
济～ 定～ 难～ 身～ 倾～ 忧～
山～ 存～ 孤～ 一叶～ 朝露～

**委** wēi 委蛇。
[旧属四支]

委～ 槃～ 虚与～
（另见仄声 wěi）

**威** wēi 威信。威势。
[旧属五微]

恩～ 寡～ 立～ 震～ 取～ 犯～
风～ 军～ 余～ 助～ 崇～ 寒～
英～ 灵～ 德～ 示～ 国～ 扬～
畏～ 神～ 声～ 作～ 虎～ 权～
下马～ 望自～ 不怒～

**逶** wēi 逶迤。
[旧属四支]

　外～

**偎** wēi 偎依。偎傍。
[旧属十灰]

相～ 依～ 不～ 免～

**隈** wēi 山水弯曲处。
[旧属十灰]

山～ 水～ 林～ 路～ 岸～ 曲～
城～ 江～ 墙～ 岩～ 塘～ 湖～
白云～ 翠屏～ 曲江～

**葳** wēi 葳蕤,枝叶繁盛。
[旧属五微]

**掎** wēi 使细长的东西弯曲。

**嵬** wēi 嵬嵬,形容山高。
（另见十开 wěi）

**椳** wēi 门臼。
[旧属十灰]

**微** wēi 微小。衰落。
[旧属五微]

细～ 入～ 阐～ 雨～ 幽～ 稍～
深～ 卑～ 熹～ 防～ 纤～ 精～
紫～ 发～ 忽～ 霏～ 衰～ 人～
几～ 知～ 式～ 轻～ 孤～ 慎～
显～ 略～ 微～ 雨雪～ 烛影～
酒力～ 夕照～ 气力～ 暑气～
夜光～ 用意～

**煨** wēi 用微火慢慢地煮。
[旧属十灰]

炉～ 火～ 炎～ 燔～ 久～ 深～
药鼎～ 暖如～ 芋自～

**溦** wēi 小雨。
[旧属五微]

**薇** wēi 古指巢菜。
[旧属五微]

紫～ 蔷～ 香～ 采～ 茹～ 绿～
红～ 蕨～ 芳～ 藿与～ 北山～

**鳂** wēi 鱼名。

**巍** wēi 巍峨。
[旧属五微]

崔～ 嵬～ 巍～ 百尺～ 武功～

**韦** wéi 皮革。
[旧属五微]

佩～ 弦～ 乘～ 布～ 脂～ 陶～
三绝～ 佩弦～

**为** wéi 做;作为。
[旧属四支]

作～ 行～ 何～ 难～ 无～ 勇～
敢～ 能～ 妄～ 有～ 勉～ 施～
不～ 欲～ 力～ 翼～ 百～ 必～
修～ 无～ 云～ 谋～ 猷～ 人～
听客～ 未忍～ 不可～ 忘我～
未能～ 尚堪～ 在人～ 大可～
（另见仄声 wèi）

**圩** wéi 圩子。

筑～ 土～
（另见六鱼 xū）

**违** wéi 不遵照。离别。
[旧属五微]

远～ 暌～ 相～ 久～ 重～ 愿～
从～ 稽～ 乖～ 依～ 多～ 不～
世情～ 故人～ 与俗～ 壮志～

身世～ 群侣～ 寸心～ 千金～
世相～

**围** wéi 围绕。四周。
[旧属五微]

数～ 棘～ 烛～ 带～ 九～ 珠～
帽～ 峰～ 坚～ 周～ 床～ 范～
突～ 合～ 包～ 腰～ 重～ 外～
涎～ 四～ 打～ 解～ 环～ 胸～
竹树～ 绿阴～ 锦绣～ 水石～
破愁～ 红袖～ 紫翠～ 金带～

**帏** wéi 同'帷'。
[旧属五微]

锦～ 翠～ 殿～ 帘～ 孤～ 卷～
空～ 风～ 琼～ 春～ 湘～ 丹～
纱～ 秋～ 充～ 罗～ 房～ 绣～
映书～ 人房～ 映鸳～ 蕙香～
月生～ 翠成～ 展屏～ 叶如～

**闱** wéi 宫门。考场。
[旧属五微]

禁～ 棘～ 琐～ 紫～ 省～ 闺
宫～ 戟～ 虎～ 庭～ 场～ 春～
层～ 龙～ 慈～ 空～ 兰～ 秋～

**沩** wéi 沩源口,湖北地名。

**沩** wéi 沩水,湖南水名。
[旧属四支]

**溈** wéi 溈水,湖北水名。

**桅** wéi 桅杆。
[旧属十灰]

船～ 高～ 去～ 灯～ 月～ 风～

**涠** wéi 涠洲,广西岛名。

**硙** wéi 硙硙,形容高。
[旧属十一队]

**唯** wéi 同"惟"。
(另见仄声 wěi)

**帷** wéi 帐子。
[旧属四支]

屏～ 书～ 下～ 窗～ 敞～ 绮～
殿～ 翠～ 讲～ 素～ 珠～ 房～
寒～ 绣～ 绛～ 卷～ 隔～ 秋～

芳～ 朱～ 罗～ 重～ 帘～ 纱～
香～ 空～ 风～ 月侵～ 昼卷～

**惟** wéi 单单。只是。
[旧属四支]

永～ 载～ 图～

**维** wéi 维系。
[旧属四支]

思～ 四～ 八～ 天～ 藩～ 屠～
国～ 解～ 恭～ 纤～ 纲～ 地～
羁～ 坤～ 图～ 风数～ 烟雾～

**嵬** wéi 高大耸立。
[旧属十灰十贿]

马～ 崔～ 层～ 磊～ 崴～ 嵬～

**鲔** wéi 鱼名。
[旧属十灰]

**潍** wéi 潍河,山东水名。
[旧属四支]

**鰂** zéi 乌鰂,同乌贼。

**佳** zhuī 短尾巴的鸟。
[旧属四支]

**追** zhuī 追赶。追求。
[旧属四支十灰]

远～ 手～ 谁～ 风～ 莫～ 狂～
堪～ 可～ 穷～ 直～ 力～ 急～
悔莫～ 驷马～ 尚能～ 犹可～

**骓** zhuī 青白色相杂的马。
[旧属四支]

骏～ 小～ 班～ 神～ 飞～ 乌～

**椎** zhuī 椎骨。
[旧属四支]

颈～ 脊～ 腰～ 间～ 弯～ 胸～
(另见 chuí)

**锥** zhuī 锥子。
[旧属四支]

利～ 神～ 脱～ 悬～ 刀～ 立～
脱颖～ 利如～ 画沙～ 囊中～

## 旧读入声

**黑** hēi 黑色。
[旧属十三职]

月～ 漆～ 黳～ 昏～ 守～ 墨～
乌～ 眼～ 黯～ 惨～ 白～ 黝～
曛～ 天～ 心～ 脸～ 夜～ 道～
连云～ 云沙～ 鸦阵～ 黑吃～

## 剋
kēi 打架。申斥。
[旧属十三职]
挨～ 忌～ 严～ 衰～ 期～ 俭～
一顿～ 朱鸟～ 难自～

## 勒
lēi 系紧。
紧～ 勒一～
(另见十四歌 lè)

## 没
méi 没有。不曾。
[旧属六月]
(另见十五波 mò)

## 忒
tēi 太。
(另见十四歌 tè)

## 贼
zéi 小偷。干大坏事者。
[旧属十三职]
作～ 捉～ 抓～ 盗～ 纵～ 米～
恶～ 真～ 自～ 心～ 残～ 淫～
内～ 钝～ 乌～ 花～ 工～ 奸～
家～ 老～ 戕～ 卖国～ 偷鸡～

# 仄 声

## 贝
bèi 贝壳。货币。
[旧属九泰]
玉～ 紫～ 文～ 羽～ 梵～ 编～
蚌～ 海～ 织～ 珠～ 珍～ 大～
绮～ 龟～ 宝～ 货～ 川～ 吉～
南海～ 径尺～ 大秦～

## 邶
bèi 古国名。
[旧属十一队]

## 孛
bèi 彗星。
[旧属十一队六月]
妖～ 彗～ 酥～
(另见十五波 bó)

## 狈
bèi 野兽。
[旧属九泰]
狼～ 颠～

## �ນ
bèi �ນ多,贝叶树。

## 备
bèi 具备。备用。
[旧属四寘]
战～ 完～ 齐～ 责～ 配～ 预～
具～ 兼～ 设～ 装～ 筹～ 有～
周～ 戒～ 防～ 准～ 军～ 储～
万物～ 酒肴～ 典章～ 粮草～

## 背
bèi 背部。后部。
[旧属十一队]
脊～ 手～ 驼～ 浃～ 乖～ 搔～
刀～ 向～ 违～ 曝～ 犊～ 纸～
相～ 鹤～ 炙～ 灼～ 透～ 鲐～
袒示～ 汗沾～ 苍生～
(另见平声 bēi)

## 钡
bèi 金属元素。

## 倍
bèi 倍数。
[旧属十贿]
几～ 百～ 情～ 才～ 加～ 三～
功～ 成～ 数～ 十～ 翻～

**悖** ᵇèⁱ 违背。
[旧属十一队六月]
言~ 心~ 老~ 狂~ 无~ 不~
违~ 贪~ 荒~ 心矫~ 不相~
出入~

**被** ᵇèⁱ 被子。遮盖。
[旧属四纸]
衣~ 布~ 棉~ 拥~ 覆~ 大~
珠~ 香~ 同~ 朴~ 抱~ 添~
锦~ 广~ 泽~ 光~ 纸~ 绣~
无~ 共~ 画~ 绮~ 盖~ 叠~
百福~ 合欢~ 鸳鸯~ 过冬~

**棓** ᵇèⁱ 五棓子,药材。

**辈** ᵇèⁱ 辈分。等;类。
[旧属十一队]
前~ 平~ 先~ 长~ 后~ 同~
我~ 行~ 年~ 群~ 朋~ 此~
父~ 吾~ 儿~ 侪~ 彼~ 祖~
兄弟~ 老一~ 尔汝~ 书生~

**惫** ᵇèⁱ 疲倦。
[旧属十卦]
疲~ 困~ 体~ 劳~ 老~ 疾~
甚~ 力~ 昏~ 忧~ 庸~ 绵~
颜色~ 诸君~ 老夫~

**焙** ᵇèⁱ 用微火烘。
[旧属十一队]
烤~ 烘~ 熏~ 茶~ 正~ 衣~
红~ 夜~ 团~ 龙~ 春~ 火~
溪口~ 雀香~

**蓓** ᵇèⁱ 蓓蕾。
[旧属十贿]
细~ 玉~ 黄~ 金~

**碚** ᵇèⁱ 地名用字。
北~ 虾蟆~

**鞁** ᵇèⁱ 鞍辔。

**骳** ᵇèⁱ 骪骳,屈曲。

**褙** ᵇèⁱ
绫~ 褙~

**糒** ᵇèⁱ 干粮。
[旧属四寘]
糗~ 载~ 醪~ 脯~ 持~ 干~

**鞴** ᵇèⁱ 套鞍辔。
[旧属四寘]
鞲~ (活塞)鼓~ 劲~

**鐾** ᵇèⁱ 磨擦刀。

**呗** ·ᵇeⁱ 助词。
[旧属十卦]
(另见十开 bài)

**臂** ·ᵇeⁱ 胳臂。
[旧属四寘]
(另见八齐 bì)

**漼** ᶜuǐ 水深。涕泪流下。
[旧属十灰十贿]
漼~ 谷水~

**璀** ᶜuǐ 玉名。
[旧属十灰]
珠光~ 玉光~ 戈甲~

**皠** ᶜuǐ 洁白。
[旧属十灰]
羽~ 白~ 皠~

**倅** ᶜuì 副;副职。
[旧属十一队]
宾~ 贫~ 郡~ 游~ 国子~

**脆** ᶜuì 脆性。脆弱。
[旧属八霁]
松~ 甘~ 软~ 新~ 干~ 清~
轻~ 薄~ 爽~ 香~ 甜~

**萃** ᶜuì 聚集。
[旧属四寘]
荟~ 拔~ 文~ 英~ 云~ 蚁~
鳞~ 群~ 清~ 攒~ 奔~ 七~
百禄~ 休祥~ 英豪~

**啐** ᶜuì 用力吐出来。
唾~ 斥~

**淬** ᶜuì 淬火。
[旧属十一队]
锻~ 砺~ 再~ 水~ 冷~ 陈~
吴钩~ 犹堪~

悴 cuì 忧伤。
[旧属四寘]
忧～ 劳～ 憔～ 枯～ 困～ 殄～
耗～ 伤～ 疲～ 萎～ 寒～ 穷～

缂 cuì 五色相杂。

毳 cuì 鸟兽的细毛。
[旧属八霁]
幕～ 鸟～ 披～ 鸣～

瘁 cuì 过度劳累。
[旧属四寘]
劳～ 力～ 尽～

顇 cuì 颠顇，同‘憔悴’。
[旧属四寘]

粹 cuì 精华。
[旧属四寘]
精～ 毓～ 秀～ 雅～ 蕴～ 文～
贞～ 灵～ 纳～ 纯～ 朴～ 玉～
国～ 温～

翠 cuì 翠绿色。
[旧属四寘]
翡～ 织～ 晓～ 湿～ 积～ 倚～
点～ 锁～ 滴～ 横～ 红～ 飞～
空～ 拾～ 葱～ 珠～ 含～ 苍～
新～ 眉～ 浓～ 吐～ 点～ 拥～
山～ 丛～ 青～ 层峦～ 花里～
千林～ 垂江～ 澄澜～ 穿云～

膵 cuì 膵脏,胰脏。

队 duì 队列。队伍。
[旧属十一队]
列～ 乐～ 逐～ 大～ 排～ 军～
纵～ 成～ 作～ 花～ 球～ 一～
舰～ 支～ 结～ 站～ 归～ 部～
车～ 小～ 掉～ 舞～ 入～ 编～
马～ 卫～ 团～ 先锋～ 纠察～
突击～ 锣鼓～ 仪仗～ 小分～
探险～ 登山～ 国家～

对 duì 对答。对比。双。
[旧属十一队]
针～ 反～ 应～ 校～ 相～ 答～
核～ 成～ 绝～ 晤～ 配～ 作～
冷～ 坐～ 敌～ 愧～ 质～ 面～
召～ 专～ 奏～ 欢～ 门～ 条～
引～ 敬～ 遥～ 一～ 问～ 巧～
白眼～ 秋月～ 配件～ 喜成～

兑 duì 兑换。兑现。
[旧属九泰]
汇～ 商～ 冲～ 塞～ 和～ 坤～
来～ 离～ 挤～ 行道～ 松柏～

怼 duì 怨恨。
[旧属九寘]
怨～ 忿～ 众～ 困～

敦 duì 盛黍稷器具。
[旧属十一队]
鼎～ 玉～ 瓦～ 四～ 虞～ 上～
(另见十八真 dūn)

碓 duì 石臼。
[旧属十一队]
春～ 米～ 溪～ 水～ 机～ 风～
石～ 云～ 野～ 踏～ 沙～ 一～
云母～ 连机～ 吴妇～

錞 duì 矛戟柄末金属套。
[旧属十贿]
金～ 鋈～
(另见十八真 chún)

憝 duì 怨恨。坏;恶。
[旧属十一队]
巨～ 大～ 怨～

镦 duì 同‘錞’。
[旧属十一队]
鋈～ 戟～ 前其～ 距为～
(另见十八真 dūn)

欸 ěi 表示不以为然。
[旧属十灰十贿]

欸 ěi 表示答应或同意。
[旧属十灰十贿]
(另见十开 āi, ǎi)

朏 fěi 新月开始发光。
[旧属五尾十一队]
谢～ 丙午～

匪 fěi 强盗。同‘非’。
[旧属五尾]
土～ 兵～ 盗～ 顽～ 比～ 曾～
强～ 剿～ 女～

诽 fěi 诽谤。
[旧属五尾五微五未]

谤~ 毁~ 外~ 公~ 腹~ 怨~

**菲** <sup>fěi</sup> 菲薄。
[旧属五尾]
礼~ 材~ 物~ 蔚~ 萋~ 庸~
蔬~ 才~ 荒~
（另见平声 fēi）

**悱** <sup>fěi</sup> 悱恻，内心悲苦。
[旧属五尾]
不~ 愤~ 悱~ 愁~ 诛~

**棐** <sup>fěi</sup> 辅助。
[旧属五尾]
笃~ 天~ 杨~

**斐** <sup>fěi</sup> 有文采。
[旧属五尾]
有~ 萋~ 文~ 斐~ 君子~

**榧** <sup>fěi</sup> 木名。
[旧属五尾]
香~ 粗~ 尝~ 玉~

**蜚** <sup>fěi</sup> 蝗虫类。
[旧属五尾五未]
山~ 循~
（另见平声 fēi）

**翡** <sup>fěi</sup> 赤羽鸟。
[旧属五未]
群~ 雄~ 赤羽~

**篚** <sup>fěi</sup> 圆形的竹筐。
[旧属五尾]
筐~ 竹~ 厥~ 贡~ 瑶~

**茀** <sup>fèi</sup> 蔽茀，枝叶微小。
[旧属五未]
（另见七无 fú）

**吠** <sup>fèi</sup> 狗叫。
[旧属十一队]
犬~ 狂~ 蛙~ 群~ 迎~ 夜~
昼~ 蛤~ 隔花~ 狗儿~

**肺** <sup>fèi</sup> 肺脏。
[旧属十一队]
心~ 肝~ 润~ 愁~ 吟~ 病~
枯~ 渴~ 地~ 诗~ 六~ 黑~

**狒** <sup>fèi</sup> 狒狒。

**废** <sup>fèi</sup> 废弃。荒芜。
[旧属十一队]
作~ 寺~ 业~ 空~ 举~ 坐~
病~ 荒~ 残~ 偏~ 报~ 百~
兴~ 旷~ 颓~ 起~ 收~ 拾~
半途~ 中道~ 三经~ 学业~

**沸** <sup>fèi</sup> 沸腾。
[旧属五尾]
鼎~ 汤~ 茶~ 水~ 如~ 海~
喧~ 止~ 腾~ 风雷~ 箫鼓~
热血~ 百川~ 鱼龙~ 四海~

**费** <sup>fèi</sup> 费用。花费。
[旧属五尾四寘]
破~ 耗~ 糜~ 免~ 公~ 私~
资~ 消~ 盘~ 省~ 路~ 旅~
辞~ 花~ 枉~ 浪~ 浮~ 用~
经~ 学~ 小~ 口舌~ 车马~
材料~

**刖** <sup>fèi</sup> 砍脚的酷刑。

**痱** <sup>fèi</sup> 痱子。
[旧属五微五未]
风~ 暑~

**篚** <sup>fèi</sup> 竹席。
[旧属十一队]

**氿** <sup>guǐ</sup> 从侧面喷出的泉。
[旧属四纸]
（另见十六尤 jiǔ）

**宄** <sup>guǐ</sup> 坏人。
[旧属四纸]
奸~ 内~

**轨** <sup>guǐ</sup> 轨道。轨范。
[旧属四纸]
正~ 不~ 越~ 一~ 风~ 遄~
尘~ 九~ 濡~ 前~ 齐~ 先~
同~ 车~ 法~ 恒~ 轻~ 出~
常~ 方~ 钢~ 铁~ 脱~ 有~

**庋** <sup>guǐ</sup> 架子。放置。
[旧属四纸]
高~ 装~ 宝~

**匦** <sup>guǐ</sup> 匣子。
[旧属四纸]
票~ 开~ 丹~ 四方~ 受书~

通元~

**佹** guǐ 乖戾。奇异。偶然。
[旧属四纸]
佹~

**诡** guǐ 诡诈。诡奇。
[旧属四纸]
谲~ 奇~ 阴~ 瑰~ 波~ 自~
浇~ 坏~

**垝** guǐ 毁坏。坍塌。
[旧属四支四寘四纸]

**鬼** guǐ 鬼魂。蔑称。
[旧属五尾]
厉~ 冤~ 驱~ 说~ 先~ 载~
恶~ 渌~ 谄~ 食~ 酒~ 人~
辟~ 捉~ 巫~ 尚~ 射~ 小~
老~ 女~ 画~ 狂~ 灵~ 无~
黠~ 魔~ 弄~ 新~ 山~ 醉~
捣~ 打~ 唉~ 不怕~ 新故~
鸥呼~ 忠义~ 鸦片~ 僵尸~
吊死~ 捣蛋~ 调皮~

**媿** guǐ 婑媾,娴静美好。

**癸** guǐ 天干第十位。
[旧属四纸]
庚~ 壬~ 呼~ 六~ 天~ 三~
乙~ 父~ 至~ 呼庚~ 月在~

**晷** guǐ 日影。
[旧属四纸]
同~ 移~ 寸~ 继~ 短~ 惜~
余~ 尺~ 天~ 中~ 淹~ 例~
日~ 寒~ 迅~ 司~ 立~ 齐~
案~ 灵~ 步~ 停~ 声~ 月~
昃~ 星~ 光~ 正~ 调~ 晴~

**簋** guǐ 盛食器。
[旧属四纸]
二~ 饭~ 土~ 镂~ 边~ 簠~
玉~ 桂~ 八~

**柜** guǐ 柜子。
[旧属六语]
橱~ 掌~ 钱~ 银~ 专~ 箱~
低~ 木~ 酒~
(另见六鱼 jǔ)

**戾** guì 姓。

(另见一东 jiōng)

**刿** guì 伤、割。
[旧属八霁]

**刽** guì 割断。

**炔** guì 姓。

(另见十三皆 quē)

**贵** guì 价格高。评价高。
[旧属五未]
高~ 昂~ 可~ 珍~ 隆~ 文~
专~ 居~ 骨~ 矜~ 踊~ 宝~
娇~ 尊~ 华~ 显~ 名~ 新~
权~ 清~ 纸~ 和为~ 大富~
不挟~ 无常~ 金屋~

**桂** guì 桂花。
[旧属八霁]
丹~ 仙~ 秋~ 金~ 姜~ 蟾~
折~ 紫~ 薪~ 月~ 岩~ 攀~
云~ 芝~ 兰~ 椒~ 丛~ 香~
一枝~ 仙人~ 月中~ 八月~

**桧** guì 刺柏。
[旧属九泰]
古~ 松~ 杉~ 霜~ 雨~ 八~
岩~ 老~ 仙~ 贞~ 海~ 双~
秋~ 小~ 咏~ 雾~ 柳~ 苍~
手植~ 千金~ 闲斋~ 垂丝~
交枝~ 再生~ 璎珞~ 凌云~
(另见 huì)

**硊** guì 石硊镇,安徽地名。

**筀** guì 筀竹,同'桂竹'。
[旧属八霁]

**跪** guì 膝盖着地。
[旧属四纸]
下~ 长~ 不~

**鲑** guì 鱼名。

**鳜** guì 鱼名。
[旧属八霁六月]
河~ 鲈~ 肥~ 桃花~

**虺** huǐ 毒蛇。
[旧属五尾]

毒~　蝮~　虺~　雌~　召~　仲~
心如~　木如~　雷声~　我马~
（另见平声 huī）

## 悔 huǐ 悔恨。
[旧属十贿十一队]

追~　后~　懊~　痛~　翻~　反~
愧~　深~　忏~　改~　知~　无~
感~　惭~　悲~　罪~　怨~　自~
贞~　百~　尤~　千古~　死不~
嫦娥~　无穷~　终身~

## 毁 huǐ 毁坏。毁谤。
[旧属四纸]

诋~　誉~　非~　减~　炸~　积~
无~　延~　屋~　销~　原~　焚~
残~　捣~　谤~　哀~　摧~　谗~
求全~　金气~　电玉~　一人~

## 卉 huì 草的总称。
[旧属五尾五未]

百~　花~　奇~　众~　芳~　池~
野~　艳~　寒~　异~　秋~　群~
灵~　仙~　阳~　春~　灿~　旭~
嘉~　炎~　泉~　园~　生~　山~

## 汇 huì 汇合。汇出。
[旧属五未十贿]

水~　外~　总~　信~　池~　川~
沦~　字~　词~　文~　综~　物~
聚~　条~　品~　深谷~　桃溪~
众流~　鹊食~　青毛~　百老~

## 会 huì 会聚。会见。时机。
[旧属九泰]

相~　社~　国~　议~　歌~　工~
集~　约~　聚~　欢~　再~　庙~
学~　际~　高~　嘉~　期~　盟~
胜~　盛~　宴~　后~　大~　体~
兴~　误~　机~　意~　理~　领~
附~　都~　入~　舞~　全~　农~
笔~　协~　融~　开~　神~　旧~
董事~　交流~　赛诗~　九老~
风云~　委员~　万方~　耆英~
瑶池~
（另见十开 kuài）

## 讳 huì 讳忌。
[旧属五未]

忌~　避~　隐~　名~　不~　家~
内~　大~　问~　妇~　私~　祖~

出门~　夫人~　为尊~　无须~

## 荟 huì 草木茂盛。
[旧属九泰]

蓊~　丛~　蔚~　榛~　幽~　鸿~
芳~　翳~　芦~　兔丝~　云斯~

## 哕 huì 鸟鸣声。
[旧属九泰]

鸣~　雀~　哕~　（和鸣声）
（另见十三皆 yuě）

## 浍 huì 水名。
[旧属九泰]

沟~　壅~　绛~　涓~　列~　九~
千夫~　通水~
（另见十开 kuài）

## 诲 huì 教导；诱导。
[旧属十一队]

教~　规~　清~　劝~　忠~　训~
垂~　雅~　相~　纳~　慈~　妙~

## 绘 huì 绘画。绘制。
[旧属九泰]

彩~　描~　粉~　刻~　鲜~　图~
绣~　藻~　摹~　文~　测~　雕~
丹青~　墙壁~　高阁~

## 恚 huì 怨恨。
[旧属四寘]

怨~　愤~　怒~　解~　增~

## 桧 huì 秦桧，南宋奸臣。
[旧属九泰]

（另见 guì）

## 贿 huì 贿赂。
[旧属十贿]

行~　受~　拒~　货~　财~　赠~
宝~　积~　居~　荐~　贪~　暗~
四方~　不藏~

## 烩 huì 红烧。

杂~

## 彗 huì 扫帚。
[旧属四寘八霁]

拥~　策~　孛~　流~　短~扫~
花入~　天锋~　日中~

## 晦 huì 月末一天。晦暗。
[旧属十一队]

韬～ 冥～ 隐～ 幽～ 阴～ 显～
星～ 养～ 如～ 明～ 居～ 昼～
明灯～ 天地～ 云物～

**秽** huì 肮脏。丑陋。
[旧属十一队]

污～ 形～ 浊～ 芜～ 涤～ 尘～
除～ 行～ 荒～ 腥～ 声～ 粪～
草木～ 形貌～ 衣中～

**惠** huì 恩惠。
[旧属八霁]

实～ 仁～ 慈～ 宠～ 德～ 厚～
小～ 嘉～ 施～ 布～ 分～ 受～
孔～ 覃～ 怀～ 柔～ 流～ 伤～
加～ 优～ 口～ 漂母～ 甘棠～
玉帛～ 稻粱～

**喙** huì 嘴。
[旧属十一队]

鸟～ 利～ 百～ 角～ 长～ 赤～
口～ 马～ 黔～ 三尺～ 妇人～

**翙** huì 翙翙，鸟飞声。
[旧属九泰]

**阓** huì 阛阓，商市。
[旧属十一队]

尘～ 新～ 带～

**缋** huì 同'绘'。
[旧属十一队]

**殨** huì 溃烂。

**荟** huì 草名。
[旧属四寘]

王～ （扫帚菜）

**嘒** huì 形容微小。
[旧属八霁]

嘒～ （蝉声）

**僡** huì 同'惠'。

**慧** huì 聪明。
[旧属八霁]

聪～ 智～ 绝～ 不～ 宿～ 敏～
秀～ 奇～ 明～ 早～ 小～ 德～
辨～ 朗～ 巧～ 才～ 通～ 禅～
拾牙～ 鹦鹉～ 无上～

**蕙** huì 香草。
[旧属八霁]

兰～ 秋～ 香～ 绿～ 芳～ 茎～

**槥** huì 小棺材。
[旧属八霁]

**潓** huì 古水名。

**憓** huì 同'惠'。
[旧属八霁]

**靧** huì 洗脸。
[旧属十一队]

盥～ 请～ 三～ 桃花～

**蟪** huì 蟪蛄，蝉的一种。
[旧属八霁]

菌～ 金～ 危～

**傀** kuǐ 傀儡。
[旧属四纸]
（另见平声 guī）

**跬** kuǐ 半步。
[旧属四纸]

一～ 旋～

**磈** kuǐ 磈磊，块垒。
[旧属十贿]

**匮** kuì 匮乏。
[旧属四寘]

穷～ 困～ 不～ 金～ 财～ 乏～

**蒉** kuì 盛土的草包。
[旧属四寘十卦]

荷～ 织～ 杜～ 不为～

**喟** kuì 叹气。
[旧属十卦]

感～ 深～ 叹～ 发～ 长～
不容～ 良自～

**馈** kuì 馈赠。
[旧属四寘]

敬～ 厚～ 献～ 供～ 远～ 中～
石～ 陈～ 佳～ 召～

**溃** kuì 溃决。溃败。
[旧属十一队]

堤～ 兵～ 崩～ 大～ 沸～ 鱼～
粉～ 宵～ 川～ 冰雪～ 万雉～

**愦** kuì 糊涂;昏乱。[旧属十一队]
惨~ 愁~ 聋~ 忧~ 蒙~ 昏~
心~ 愦~

**愧** kuì 愧疚。[旧属四寘]
羞~ 负~ 欢~ 忧~ 悲~ 内~
自~ 深~ 感~ 惭~ 抱~ 无~
歉~ 有~

**聩** kuì 聋。[旧属十卦]
震~ 昏~ 聋~ 双~ 瞽~ 耳~
微~ 耄~ 启~ 聩~ 发~

**篑** kuì 畚箕。[旧属四寘十卦]
竹~ 覆~ 亏一~

**耒** lěi 农具。[旧属十一队]
把~ 扶~ 负~ 释~ 作~ 佩~
贫~ 秉~ 锄~ 抱~ 耕~ 持~
山阳~

**诔** lěi 哀悼死者的文章。[旧属四纸]
铭~ 哀~ 箴~ 千字~ 士有~

**垒** lěi 军营的工事。[旧属四纸]
营~ 对~ 深~ 玉~ 半~ 郁~
故~ 旧~ 高~ 孤~ 坠~ 军~
战~ 土~ 残~ 堡~ 筑~ 壁~
坚~ 跑~ 高~

**累** lěi 累积。[旧属四寘]
卵~ 累~ 积~ 石~
(另见 lèi;平声 léi)

**磊** lěi 磊落。[旧属十贿]
块~ 磊~

**蕾** lěi 花蕾。[旧属十贿]
蓓~ 苞~ 破~ 冻~ 艳~ 细~
玉~ 珠~ 金~ 梅~ 嫩~ 香~
芭~

**儡** lěi 傀儡。[旧属十贿]
木~ 思~(木名)

**藟** lěi 藤。同'蕾'。[旧属四纸]
葛~ 紫~ 萦~ 金~

**癗** lěi 皮肤小疙瘩。[旧属十贿]
疤~ 痱~

**瘰** lěi 痦瘰,荨麻疹。

**灅** lěi 古水名,今河北永定河。

**泪** lèi 泪水。[旧属四寘]
坠~ 别~ 粉~ 悲~ 红~ 湘~
热~ 烛~ 涕~ 零~ 忍~ 挥~
眼~ 拭~ 洒~ 垂~ 珠~ 血~
含~ 落~ 下~ 老~ 流~ 抹~
慈母~ 花溅~ 英雄~ 迁客~
穷途~ 辞乡~ 相思~ 伤春~

**类** lèi 类别。类似。[旧属十一队四寘]
畜~ 充~ 出~ 族~ 种~ 庶~
伦~ 同~ 分~ 人~ 品~ 相~
败~ 触~ 疵~ 破~ 花~ 忿~
疏~ 辞~ 一~ 黄丝~ 淡无~

**累** lèi 疲劳。[旧属四寘]
受~ 连~ 重~ 拖~ 负~ 罪~
牵~ 劳~ 带~ 疲~ 亏~ 家~
病~ 纤~ 尘~ 滞~ 情~ 遗~
无余~ 负时~ 何足~
(另见 lěi;平声 léi)

**酹** lèi 把酒浇在地上。[旧属九泰十一队]
一~ 远~ 孤~ 亲~ 敬~ 致~
椒~ 山~ 祭~ 举觞~ 清泉~
一杯~ 尝新~ 元斝~ 时饮~

**擂** lèi 擂台。
打~ 摆~
(另见平声 léi)

**颣** lèi 缺点,毛病。[旧属十一队]

疵~ 瑕~ 忿~ 疏~ 破~ 花~　　　　风掀~ 牵衣~ 香沾~ 泪盈~

**嘞** lèi 助词。

好~ 走~

（另见十四歌 lē）

**谜** mèi 猜谜。破谜。
[旧属八霁]

（另见八齐 mí）

**每** měi 每一个。每一次。
[旧属十贿]

每~

**痗** mèi 忧思成病。
[旧属十一队]

疾~ 烦~ 沉~ 忘~ 心~

**美** měi 美丽。美好。
[旧属四纸]

尊~ 致~ 夸~ 两~ 知~ 全~
比~ 虚~ 增~ 不~ 选~ 择~
赞~ 甘~ 华~ 和~ 鲜~ 物~
臭~ 擅~ 尽~ 专~ 优~ 归~
完~ 肥~ 精~ 称~ 俊~ 媲~
艳~ 掠~ 姣~ 内~ 溢~ 继~
竞~ 审~ 臻~ 秋实 两全~
习俗~ 真善~ 心灵~ 环境~
舞姿~ 画面~ 残缺~

**寐** mèi 睡。
[旧属四寘]

寤~ 梦~ 寝~ 假~ 独~ 熟~
昏~ 夕~ 宵~ 抱影~ 不遑~
人不~

**媚** mèi 有意讨人喜欢。
[旧属四寘]

柔~ 谄~ 献~ 侧~ 雅~ 韵~
妍~ 春~ 鲜~ 淑~ 谐~ 流~
狐~ 送~ 明~ 妩~ 妖~ 秀~
云鬟~ 花颜~ 舞态~

**浼** měi 污染。请托。
[旧属十贿]

污~ 相~ 屡~ 尘惊~ 焉能~
若将~

**渼** měi 波汶。

**镁** měi 金属元素。

**魅** mèi 传说中鬼怪。
[旧属四寘]

魑~ 鬼~ 精~ 狐~ 老~ 聚~
走~ 野~ 山~ 妖~

**哪** něi 哪(nǎ) 的口语音。

**沫** mèi 商朝都城。

**馁** něi 饥饿。失掉勇气。

冻~ 饥~ 气~ 自~ 鱼~

**妹** mèi 年轻女子。
[旧属十一队]

姊~ 兄~ 姐~ 表~ 小~ 阿~
弟~ 妹~ 九~ 归~ 辣~ 甜~
外来~ 打工~

**内** nèi 内部。
[旧属十一队]

海~ 任~ 惧~ 门~ 族~ 日~
外~ 局~ 河~ 月~ 五~ 分~
城~ 阃~ 国~ 宇~ 年~ 畿~
关~ 山~ 对~ 方寸~ 六合~
屏风~

**昧** mèi 糊涂。隐藏。
[旧属十一队]

暧~ 暗~ 愚~ 草~ 灵~ 幽~
冒~ 蒙~ 昏~ 昧~ 三~

**那** nèi 那(nà) 的口语音。

**沛** pèi 盛大;旺盛。
[旧属九泰]

颠~ 充~ 丰~ 雨~泽~ 滂~
轻~ 泗~ 思~ 过~ 小~ 黄~
楚得~ 田于~ 冻雨~

**袂** mèi 袖子。
[旧属八霁]

衣~ 牵~ 投~ 分~ 掩~ 判~
联~ 短~ 敛~ 奋~ 把~ 拂~
振~ 扬~ 执~ 连~ 攘~ 缟~

**帔** pèi 服饰。
[旧属四寘]

霞～月　道～群　翠～葛
锦～羽　云～仙　花～香～

## 佩 <sup>pèi</sup> 佩带。佩服。
[旧属十一队]

垂～钦～绂～感～敬～仰～
倾～玉～环～剑～兰～解～
衔～曳～组～簪～鸣～腰～
交～摇～落～献～香～珠～
鸳鸯～　春风～

## 配 <sup>pèi</sup> 配偶。分派。
[旧属十一队]

嘉～相～调～支～匹～发～
分～不～婚～装～交～巧～
发～转～郊～宗～贤～原～
愿～绝～合～拉郎～阴阳～
贤哲～

## 旆 <sup>pèi</sup> 旌旗。
[旧属九泰]

旌～云～酒～戎～建～旌～
文～羽～白～拥～星～绣～
双～野～红～征～青～结～
酒家～　三军～　捎云～

## 辔 <sup>pèi</sup> 缰绳。
[旧属四寘]

执～揽～纵～缓～鞍～六～
并～玉～按～连～云～孤～
仙～金～绝～振～霜～停～
花前～　扶桑～　青丝～

## 霈 <sup>pèi</sup> 大雨。
[旧属九泰]

甘～滂～收～恩～雨～覃～
溥～天～流～甘霖～大雨～
兴云～

## 樱 <sup>ruǐ</sup> 植物。
[旧属四支]

白～

## 蕊 <sup>ruǐ</sup> 花蕊。
[旧属四纸]

含～嫩～吐～雌～玉～香～
梅～雄～浪～瑶～落～霜～
金～嚼～红～金丝～珊瑚～

## 橤 <sup>ruǐ</sup> 下垂。
[旧属四纸]

累～橤～佩玉～

## 芮 <sup>ruì</sup> 草生状。姓。
[旧属八霁]

虞～

## 汭 <sup>ruì</sup> 河流会合或弯曲处。
[旧属八霁]

洛～渭～泾～江～桐～河～

## 枘 <sup>ruì</sup> 榫子。
[旧属八霁]

凿～方～柱～柄～

## 蚋 <sup>ruì</sup> 昆虫,生活在水中。
[旧属八霁]

蝇～蚊～

## 锐 <sup>ruì</sup> 锐利。锐气。
[旧属八霁]

精～进～尖～挫～志～新～
笔～执～口～刚～蓄～英～
轻～敏～锋～勇～利～剑～

## 瑞 <sup>ruì</sup> 吉祥。
[旧属四寘]

五～锡～天～灵～圣～玉～
人～征～国～献～符～祥～
江山～　希世～太平～天然～

## 睿 <sup>ruì</sup> 睿智。

明～聪～机～圣～

## 水 <sup>shuǐ</sup>
[旧属四纸]

雨～泮～挹～掬～汉～碧～
乐～决～酌～砚～湍～观～
载～负～悬～跨～春～秋～
潮～流～洪～茶～菽～活～
清～冷～凉～山～泉～露～
烟～墨～汗～药～汲～祸～
钢～引～放～口～抽～挑～
河～溪～涧～点～激～止～
溺～积～喷～血～净～饮～
排～上～下～海～江～云～
戏～击～临～香～顺～滴～
苦～污～汁～白～油～死～
井～薪～杯～浇～饮～覆～
鱼戏～煮海～太湖～三峡～
淡如～桃花～盈盈～衣带～
心如～东流～濯缨～石投～
难为～白开～

**说** shuì 劝说。
[旧属八霁]
游～ 辨～
(另见十三皆 yuè；十五波 shuō)

**悦** shuì 佩巾。手绢。
[旧属八霁]
巾～ 佩～ 结～ 设～ 绣～ 香～
无感～ 闲花～

**税** shuì 税收。
[旧属八霁]
纳～ 关～ 征～ 赋～ 国～ 完～
贡～ 租～ 交～ 免～ 漏～ 逃～
偷～ 避～ 收～ 抽～ 扣～ 抗～
个调～ 增值～ 免征～ 薄赋～
所得～ 人头～

**睡** shuì 睡觉。
[旧属四寘]
安～ 午～ 熟～ 瞌～ 浓～ 破～
酣～ 贪～ 小～ 鹤～ 昼～ 春～
疲～ 莺～ 惊～ 安稳～ 和愁～
双鸾～ 掩关～ 北窗～ 山如～

**髓** suí 骨髓。
[旧属四纸]
石～ 精～ 抽～ 脑～ 吸～ 脊～
洗～ 獭～ 芝～ 玉～ 文～ 香～
得～ 凤～ 浃～ 文章～ 千金～
墨龙～

**岁** suì 年。年成。
[旧属八霁]
年～ 太～ 累～ 弱～ 肇～ 占～
首～ 芳～ 开～ 迎～ 华～ 早～
晚～ 分～ 万～ 卒～ 积～ 丰～
望～ 百～ 改～ 周～ 歉～ 献～
守～ 壮～ 客～ 凶～ 乐～ 隔～
来～ 几～ 贺～ 初阳～ 太平～
万万～

**祟** suì 鬼怪。
[旧属四寘]
•鬼～ 物～ 作～ 为～ 怪～ 解～
除～ 灾～ 招～ 笔墨～ 云为～

**谇** suì 诘问。谏净。
[旧属十一队四寘]
诟～ 交～ 谤～

**遂** suì 遂心。遂愿。
[旧属四寘]

心～ 顺～ 畅～ 未～ 愿～ 自～
曲～ 俯～ 丰～ 攸～ 毛～ 志～
身意～ 计始～ 功名～
(另见平声 suí)

**碎** suì 打碎。零星。
[旧属十一队]
破～ 琐～ 粉～ 杂～ 零～ 细～
霞～ 星～ 声～ 骨～ 风～ 剪～
玉～ 嘴～ 衣～ 踏～ 烦～ 心～
莺声～ 花影～ 玉石～ 应手～
和愁～ 浪花～

**晬** suì 光润。
[旧属四寘]
炳～ 雄～ 疑～

**隧** suì 隧道。
[旧属四寘]
通～ 长～ 古～ 邱～ 亭～ 郊～

**燧** suì 取火器具。
[旧属四寘]
烽～ 举～ 传～ 金～ 燔～ 秋～
木～ 钻～ 阳～ 边～ 石～

**穗** suì 穗子。
[旧属四寘]
吐～ 麦～ 禾～ 烛～ 歧～ 双～
红～ 紫～ 嘉～ 花～ 拾～ 一～
绀～ 绿～ 金～ 芳～ 香～ 霜～

**穟** suì 同'穗'。
[旧属四寘]

**邃** suì 深远。精深。
[旧属四寘]
深～ 精～ 静～ 寥～ 岑～ 英～
秘～ 清～ 堂～ 洞～ 学～ 幽～

**腿** tuǐ 腿脚。支撑部分。

拔～ 裹～ 寒～ 护～ 裤～ 泥～
玉～ 瘸～ 伸～ 小～ 歇～ 狗～
大～ 跑～ 桌～ 撒～ 腰～ 踢～
盘～ 火～ 绑～ 拖后～ 抱大～

**侻** tuì 美好；相宜。
(另见十五波 tuō)

**退** tuì 后退。退出。
[旧属十一队]

辞～　撤～　黜～　勇～　告～　溃～
进～　引～　倒～　谦～　斥～　衰～
击～　促～　恬～　屏～　老～　静～
败～　易～　日～　身～　军～　吏～
不知～　寒暑～　功成～　兵马～

## 蜕

tuì 蜕变。蜕化。
蝉～　蛇～　习～　委～　肤～　坐～
仙～　遗～　人～　蚴～

## 煺

tuì 宰杀后去毛。

## 褪

tuì 脱。
色～　红～　粉～　衣～　香～　眉～
衣斜～　梅花～　蜂黄～　搔头～
春衫～　残红～　残寒～　残妆～

（另见十八真 tùn）

## 伟

wěi 伟大。壮美。
雄～　英～　奇～　宏～　魁～　功～
壮～　绩～　丰～　风仪～　器望～
容貌～

## 伪

wěi 虚假。
真～　虚～　饰～　诈～　作～　情～

## 苇

wěi 芦苇。
葭～　疏～　行～　白～　束～　索～
伐～　帘～　荷～　干～　湿～　一～
风动～　双竹～

## 尾

wěi 尾巴。末端。
凤～　濡～　鱼～　湖～　陪～　鼠～
鹊～　入～　雉～　狐～　月～　头～
收～　结～　末～　煞～　龙～　麈～
衔～　摇～　蛇～　蛰～　首～　摆～
年～　交～　燕～　畏～　狗～　掉～
附骥～　琴焦～　日在～　孔雀～
续貂～　龟曳～　履虎～　狐九～

（另见八齐 yǐ）

## 纬

wěi 纬线。纬度。
络～　五～　纺～　绩～　星～　地～
九～　秋～　角～　组～　经～　南～

北～　恤～

## 玮

wěi 玉名。珍奇。
瑰～　琦～　英～　奇～

## 晱

wěi 形容光很盛。
晱～　陆～

## 委

wěi 委任。本源。
原～　端～　相～　强～　佩～　事～
推～　云～　填～　诉～

（另见平声 wēi）

## 炜

wěi 光明。
烨～　煜～　炜～　肜管～　红莲～

## 洧

wěi 洧川，河南地名。
溱～　涉～　曲～　泛～

## 韡

wěi 光明；美盛。
斐～　晱～　尊～　韡～

## 诿

wěi 推卸。
推～　托～

## 娓

wěi 娓娓。

## 萎

wěi 干枯。
枯～　黄～　雕～　花～　叶～　荣～
红～　伤～　不～　百草～　众芳～
蕙兰～　不同～　晚香～　哲人～

## 唯

wěi 应诺。
唯～　应～　阿～

（另见平声 wéi）

## 痏

wěi 疮；伤口。
疮～

## 隗

wěi 姓。
（另见平声 kuí）

## 骪

wěi 曲；枉。

**颫** <sup>wěi</sup> 安静。
[旧属十贿]

**猥** <sup>wěi</sup> 下流。多。
[旧属十贿]

鄙～ 贪～ 庸～ 曲～ 冗～ 杂～

**廆** <sup>wěi</sup> 用于人名。
[旧属十贿]

羌～ 慕容～（鲜卑族首领）
（另见平声 guī）

**趡** <sup>wěi</sup> 不趡，过失，不对。
[旧属五尾]

大不～ 君子～ 称谓～ 先哲～

**艉** <sup>wěi</sup> 船体尾部。

**痿** <sup>wěi</sup> 失去功能。
[旧属四支]

下～ 阳～ 脉～ 蹶～ 起～ 痹～

**鲔** <sup>wěi</sup> 古指鲟鱼。
[旧属四纸]

玉～ 春～ 荐～

**亹** <sup>wěi</sup> 亹亹，勤勉不倦。
[旧属五尾]

斐～ 士～ 子～ 亹～
（另见十八真 mén）

**卫** <sup>wèi</sup> 卫护。
[旧属八霁]

捍～ 保～ 守～ 自～ 精～ 拱～
抱～ 宿～ 骁～ 典～ 后～ 仪～
护～ 珍～ 前～ 武～ 防～ 警～
戍～ 宫～ 营～ 禁～ 人～ 羽～

**为** <sup>wèi</sup>
[旧属四寘]

因～ 专～ 何～ 谁～
（另见平声 wéi）

**未** <sup>wèi</sup> 地支第八位。
[旧属五未]

午～ 来～ 晴～ 远～ 安～ 我～
指～ 取～ 犹～ 着花～ 云开～
开也～ 能赋～ 消息～ 斗指～

**位** <sup>wèi</sup> 位置。位子。
[旧属四寘]

岗～ 本～ 部～ 诸～ 座～ 就～
席～ 各～ 方～ 职～ 列～ 单～

水～ 名～ 地～ 学～ 让～ 窃～
素～ 爵～ 禄～ 高～ 充～ 才～

**味** <sup>wèi</sup> 味道。
[旧属五未]

风～ 趣～ 兴～ 异～ 品～ 知～
多～ 怪～ 五～ 口～ 有～ 况～
韵～ 滋～ 美～ 臭～ 玩～ 气～
一～ 回～ 寻～ 人～ 意～ 世～
兼～ 够～ 海～ 野～ 苦～ 真～
辛～ 腥～ 呛～ 味外～ 辣中～
淡无～ 江湖～ 不知～ 江南～

**畏** <sup>wèi</sup> 畏惧。佩服。
[旧属五未]

敬～ 吏～ 可～ 震～ 不～ 生～
不自～ 望风～ 大无～

**胃** <sup>wèi</sup> 胃口;食欲。
[旧属五未]

肠～ 反～ 脾～ 肝～ 心～ 口～
开～ 健～ 护～ 浣肠～ 日在～

**谓** <sup>wèi</sup> 说。称呼。
[旧属五未]

称～ 相～ 自～ 所～ 意～ 何～
遐不～ 追其～

**尉** <sup>wèi</sup> 官名。
[旧属五未]

太～ 都～ 守～ 县～ 大～ 校～
准～ 廷～
（另见六鱼 yù）

**遗** <sup>wèi</sup> 赠。
[旧属四寘]

馈～ 问～ 厚～
（另见八齐 yí）

**喂** <sup>wèi</sup> 招呼声。喂养。
[旧属四寘]

贪～ 待～ 未～ 已～ 细～ 不～

**猬** <sup>wèi</sup> 刺猬。

**渭** <sup>wèi</sup> 渭河,陕西流入黄河。
[旧属五未]

泾～ 钓～ 临～ 入～ 饮～ 浑～

**蔚** <sup>wèi</sup> 茂盛;盛大。
[旧属五未]

霞～ 荟～ 紫～ 仲～ 焕～ 蓊～

丰~ 炳~ 文~
（另见六鱼 yù）

**碨** wèi 石磨。
[旧属十一队]

茶~ 小~ 石~ 井石~ 红丝~

**慰** wèi 慰劳。慰藉。
[旧属五未]

安~ 劝~ 告~ 抚~ 温~ 快~
宽~ 欣~ 相~ 自~ 莫~ 心~
劳~ 亲~ 勉~ 以诗~ 我心~

**䋿** wèi 捕鱼的网。
[旧属五未]

**魏** wèi 三国之一。
[旧属五未]

汉~ 曹~ 三~ 韩~ 拓跋~

**愇** wèi 虚妄。

**霨** wèi 形容云起。

**鳂** wèi 近海鱼。

**这** zhèi 这(zhè)的口语音。

**坠** zhuì 坠落。下垂。
[旧属四支四寘二十卦]

下~ 陨~ 鳞~ 事~ 颠~ 残~
雨~ 凋~ 露~ 星~ 香~ 颓~
损~ 指~ 云~ 齿~ 帻~ 推~
滴~ 鸟~ 碎~ 发~ 颠~ 醉~
月~ 花~ 耳~ 日西~ 忧天~
天花~ 玉钗~ 淳风~ 家声~
泪交~ 火光~ 红半~ 流萤~

**缀** zhuì 缀合。装饰。
[旧属八霁九屑]

点~ 联~ 缝~ 补~ 珠~ 玉~
巧~ 旒~ 层~ 施~ 行~ 连~
露华~ 花如~

**惴** zhuì 忧惧。

惴~

**缒** zhuì 用绳吊下去。
[旧属四寘]

下~ 缧~ 悬~ 绳~ 柳~ 轻~

千寻~

**腄** zhuì 脚肿。
[旧属四寘]

重~ 沉~

**赘** zhuì 多余的。招女婿。
[旧属八霁]

累~ 词~ 附~ 齐~ 形~ 具~
入~ 疣~ 招~ 不多~

**醊** zhuì 祭奠。
[旧属八霁九屑]

**咀** zuǐ '嘴'俗作咀。
[旧属六鱼六御]
（另见六鱼 jǔ）

**觜** zuǐ 同'嘴'。
[旧属四支]
（另见四支 zī）

**嘴** zuǐ 嘴巴。说话。

利~ 尖~ 张~ 亲~ 壶~ 山~
沙~ 多~ 拌~ 吵~ 搬~ 堵~
碎~ 咧~ 贫~ 撇~ 斗~ 油~
顺~ 说~ 顶~ 夸~ 快~ 插~
鹦鹉~ 乌鸦~

**寁** zuì 同'最'。

**最** zuì 居首位的。
[旧属九泰]

课~ 治~ 三~ 政~ 佳~ 奏~
举~ 计~ 边~ 功~ 文~ 贤~
殿~ 报~ 考~ 称~ 为~ 最~
天下~ 策勋~ 百城~

**晬** zuì 小儿周岁。
[旧属十一队]

周~ 甫~ 孙未~

**罪** zuì 罪恶。苦难。

犯~ 谢~ 大~ 死~ 定~ 知~
获~ 负~ 加~ 告~ 伏~ 治~
领~ 归~ 问~ 开~ 受~ 无~

**檇** zuì 檇李，李子。

**嶵** zuì 嶵尔，地区小。

**醉** zuì 醉酒。沉迷。
[旧属四寘]

薄~ 微~ 沉~ 酒~ 半~ 竹~
露~ 留~ 欢~ 春~ 神~ 霜~
娇~ 迷~ 麻~ 心~ 纸~ 宿~
烂~ 陶~ 醋~ 小~ 大~ 佯~
酩酊~ 几回~ 千日~ 花下~
临流~

# 旧读入声

**北** běi 北面。打败仗。
[旧属十三职十一队]

坐~ 城~ 败~ 分~ 南~ 村~
逐~ 春~ 江~ 河~ 池~ 水~
朔~ 舍~ 沙~ 湖~ 东~ 市~
绮窗~ 龙沙~ 斗柄~

**得** děi 需要。
[旧属十三职]
（另见十四歌 dé；·de）

**给** gěi 给以。
[旧属十四缉]

发~ 还~ 交~ 留~ 拿~ 让~
送~ 献~ 转~ 不~ 只~ 多~
随手~ 天赐~
（另见八齐 jǐ）

**肋** lèi 肋骨
两~ 左~ 右~ 肩~
（另见十四歌 lē）

**锲** zhuì 赶马杖上的铁针。
[旧属八黠]
引~

# 六　鱼

## 平　声

**车** jū 象棋棋子之一。
[旧属六鱼四麻]
（另见十四歌 chē）

**且** jū 助词，相当于'啊'。
[旧属六鱼二十一马]
扬~　狂~　既~　姑~　思~
（另见十三皆 qiě）

**苴** jū 苴麻，开雌花的种麻。
[旧属六鱼六语六麻]
芸~　秋~　草~　苞~　浮~　穰~
补~　如~　蒲~　茅~

**拘** jū 拘留。拘束。限制。
[旧属七虞]
囚~　不~　牵~　执~　袂~　释~
免~　解~　坐~　绊~　拘~　自~
虚~　挛~　无~　井蛙~　不肖~
脱尘~　形迹~　樊笼~　世俗~

**狙** jū 一种猴子。窥伺。
[旧属六鱼六御]
猿~　巧~　群~　潜~　爱~　养~
猾~　腾~　笼~　众~　跃~　奔~
他人~　獭与~　栏中~　争茅~

**沮** jū 沮河，河北水名。

**居** jū 住。住所。当;任。
[旧属六鱼四支]
新~　安~　家~　侨~　同~　邻~
寓~　蓬~　离~　起~　林~　定~
名~　静~　旧~　择~　穴~　巢~
山~　乡~　里~　退~　村~　久~
逸~　岩~　深~　楼~　幽~　故~
闲~　群~　隐~　移~　蜗~　迁~
分~　寄~　自~　独~　郊~　梵~
水竹~　燕雀~　五柳~　君子~
不敢~　对门~　赋闲~　龙蛇~

广寒~　白云~　云水~　山外~

**驹** jū 少壮的马。驹子。
[旧属七虞]
白~　龙~　名~　马~　乘~　奔~
新~　骊~　秣~　腾~　隙~　琼~
元~　春~　神~　辕下~　千里~
伏枥~　汗血~　千金~　名家~
空谷~　步景~　紫骝~

**俱** jū 姓。
[旧属七虞]
（另见仄声 jù）

**罝** jū 捕野兽的网。
[旧属六麻]
张~兔　疏~　繁~　横~　设~
平~罔　结~　破~　收~　重~
投~　铁~　禽~　八纮~　茂陵~
肃肃~　无外~　怛怛~　季氏~

**疽** jū 毒疮。
[旧属六鱼]
痈~　发~　溃~　吮~　痤~　生~

**据** jū 拮据，缺钱。
[旧属六鱼]
（另见仄声 jù）

**琚** jū 佩玉。
[旧属六鱼]
琼~　琪~　瑛~　双~　灵~　瑶~
玉~　华~　环~　佩~　绿~　解~

**趄** jū 越趄，行走困难。
[旧属六鱼]
（另见十三皆 qiě）

**椐** jū 小树，可做拐杖。
[旧属六鱼六御]
桐~　椒~　柽~　椐~

**跔** jū 腿脚因寒冷而痉挛。
[旧属七虞]
足~

脲 jū 干腌的鸟肉。[旧属六鱼]

雉~　行~　若~　干~　腊~　风~
夏用~

睢 jū 睢鸠,鸟名。[旧属六鱼]

关~　范~

鮈 jū 淡水鱼。

裾 jū 衣服的前后部分。[旧属六鱼]

衣~　红~　云~　引~　曳~　牵~
襟~　长~　风~　锦~　短~　翠~
裂~　结~　香~　琼~　仙~　罗~
绿浸~　青霞~　飘轻~　老莱~

斣 jū 用斗、勺等舀取。[旧属七虞]

醴~　手~　日~　勺~　轻~　满~
玉~　斗~　平~　大瓢~　山泉~

驴 lú 毛驴。[旧属六鱼]

黔~　跨~　蹇~　神~　跛~　野~
磨~　秃~　骡~　小~　画~　坠~
蠢~　疲~　策~　倒骑~　面似~
踏雪~　灞桥~

闾 lú 门。里巷;邻里。[旧属六鱼]

乡~　邑~　胥~　穷~　衢~　里~
门~　式~　倚~　比~　市~　表~
林~　州~　田~　东~　坊~　旧~
同~　充~　石~　尾~　市~　旌~
谷口~　仙人~　三百~　许史~

榈 lú 棕树。[旧属六鱼]

棕~　花~　栟~　凤尾~

区 qū 地区;区域。[旧属七虞十一尤]

市~　特~　郊~　牧~　山~　地~
营~　军~　禁~　边~　寰~　震~
小~　乡~　区~　自治~　风景~
游览~　名胜~　红灯~　贫困~
(另见十六尤 ōu)

岖 qū 山路不平。[旧属七虞]

崎~　岩~　八~　岐~　希~

佉 qū 驱逐。

驱 qū 赶。快跑。赶走。[旧属七虞]

先~　前~　齐~　电~　鞭~　车~
戎~　执~　驰~　长~　并~　夜~
星~　竞~　争~　心~　胁~　载~
风~　疾~　星~　如鬼~　被谁~
为渊~　世故~　日月~　绝尘~
利欲~　风云~　征马~　承风~

胠 qū 腋下腰上部分。[旧属六鱼六御]

右~　支~　两~

祛 qū 祛除。攘却。[旧属六鱼]

祛~　合~　蔽~　惑~　暂~　病~
全~　微~　邪~　枉矢~　大暑~
尘俗~　鄙吝~　俗态~　疾未~

祛 qū 袖口。[旧属六鱼]

左~　齐~　断~　开~　连~　衣~
襟~　尘~　分~　金~　豹~　湿~
执子~　横长~　嫦娥~

蛆 qū 苍蝇的幼虫。[旧属六鱼]

白~　生~　虫~　浮~　雪~　嚼~
玉~　怀~　梦~　新~　放~　涌

躯 qū 身体。[旧属七虞]

身~　捐~　轻~　奇~　弃~　化~
微~　惜~　薄~　此~　形~　荣~
遗~　立~　安~　娇~　舍~　全~
七尺~　千金~　息我~　丈六~
不訾~　鹤背~　堂堂~　百年~

焌 qū 放入水中熄火。
(另见十七侵 jùn)

趋 qū 快走。趋向;归向。[旧属七虞]

疾~　徐~　日~　直~　前~　频~
径~　影~　风~　往~　凫~　群~
时~　所~　奔~　步~　竞~　争~
鲤~　急~　晨~　人所~　群流~

绿水～ 接履～ 石马～ 扶杖～

**覻** qù 偷偷地看。

(另见仄声 qù)

**黬** qū 黑。

黑黬～

**嘔** qū 哨子声。蟋蟀叫。

嘔～

**劬** qú 勤劳;劳苦。

[旧属七虞]

劳～ 勤～ 念～ 艰～ 志～ 情～
忘～ 思～ 慰～ 千里～ 食子～

**朐** qú 临朐,山东地名。

[旧属七虞]

左～ 宛～ 马～ 北～ 卢～

**鸲** qú 鸲鹆,八哥。

大～

**渠** qú 人工开凿的水道。

[旧属六鱼]

河～ 沟～ 开～ 凿～ 新～ 修～
通～ 井～ 穿～ 漕～ 小～ 竹～
荒～ 长～ 寒～ 枯～ 春～ 问～
石～ 轩～ 清～ 清水～ 红旗～
白玉～ 燕尾～ 天河～ 水绕～

**蕖** qú 芙蕖,荷花。

[旧属六鱼]

红～ 白～ 秋～ 鞭～ 晚～ 露～
金～ 玉～ 新～ 荷～ 夏～ 木～
石～ 丹～ 渚～ 菱～

**磲** qú 砗磲,软体动物。

[旧属六鱼]

**璩** qú 玉环。

[旧属六鱼]

尹～ 犀～ 应～ 诸葛～

**瞿** qú 姓。

[旧属七虞七遇]

(另见仄声 jù)

**蘧** qú 姓。

[旧属六鱼六御]

卫～ 几～ 蘧～(自得貌)

**欋** qú 四齿的耙子。

[旧属七虞]

**氍** qú 氍毹,地毯,借指舞台。

**籧** qú 籧篨,粗席。

[旧属六鱼]

**臞** qú 同'癯'。

[旧属七虞]

**鸜** qú 鸜鹆,同'鸲鹆'。

[旧属七虞]

**癯** qú 瘦。

[旧属七虞]

肥～ 马～ 哀～ 鹤～ 形～ 瘠～
忍～ 貌～ 竹～ 疗～ 老～ 清～
诗～ 儒～ 病～ 琢句～ 列仙～
老梅～ 骨相～ 抱石～ 此翁～

**蠼** qú 蠼螋,昆虫。

**衢** qú 大路。

[旧属七虞]

通～ 天～ 路～ 道～ 郊～ 临～
门～ 当～ 分～ 盈～ 交～ 仙～
充～ 平～ 九～ 云～ 六～ 春～
江～ 街～ 紫～ 烟～ 禅～ 康～
康庄～ 四达～ 醉花～

**蠷** qú 蠷螋,同'蠼螋'。

**訏** xū 夸口。大。

[旧属七虞]

实～ 询～

**圩** xū 集市。

赶～

(另见五微 wéi)

**吁** xū 叹气。

[旧属七虞]

长～ 嘻～ 嗟～ 惊～ 叹～ 自～
日～ 骇～ 感～ 吁～
无怨～ 掩卷～ 仰面～

(另见 yū;仄声 yù)

**盱** xū 睁眼向上看。

[旧属七虞]

盱～ 睢～ 瞪～

须 xū 须要。等到。胡子。
[旧属七虞]

何～ 无～ 必～ 莫～ 相～ 谁～
所～ 应～ 不～ 长～ 龙～ 虎～
虾～ 捋 花～ 拈～ 胡～ 拂～
鼠～ 捻～ 虬～ 卷～ 剃～ 怒～
留～ 拔～ 赤～ 根～ 髯～ 风～
冰～ 银～ 参～ 髭～ 短～ 黄～
世所～ 雪满～ 帛缠～ 五绺～

胥 xū 小官吏。齐;皆。
[旧属六鱼]

小～ 吏～ 闾～ 诈～ 里～ 豪～
县～ 村～ 宿～ 乐～ 赫～ 华～
储～ 沦～ 蟹～ 燕～ 蝶～ 灵～
伍子～ 申包～ 狼居～ 姑少～

虚 xū 空。徒然。虚弱。
[旧属六鱼]

盈～ 若～ 空～ 子～ 乘～ 谦～
血～ 胆～ 体～ 身～ 太～ 清～
冲～ 凌～ 务～ 抱～ 蹂～ 静～
人～ 玄～ 心～ 气～ 守～ 步～
名不～ 方寸～ 月影～ 水榭～
返照～ 竹节～ 石根～ 燕巢～

谞 xū 有才智。
[旧属六鱼]

诈～ 两～ 智～ 遗～ 权～

婿 xū 姐姐。
[旧属七虞]

女～ 吕～

滑 xū 陕西水名。露水。
[旧属六鱼]

酺～ 滑～ 乐～
(另见仄声 xǔ)

墟 xū 荒废的地方。
[旧属六鱼]

废～ 荒～ 殷～ 村～ 丘～ 榛～
拘～ 故～ 斗～ 归～ 灵～ 云～
成～ 星～ 秦～ 寒～ 郊～ 山～
乌雀～ 凤凰～ 桑枣～ 牛斗～

需 xū 需要。需用品。
[旧属七虞]

急～ 边～ 军～ 供～ 必～ 按～
日～ 百～ 田～ 所～ 适时～

嘘 xū 吹气。叹气。
[旧属六鱼六御]

吹～ 长～ 豕～ 嘘～ 唏～ 煦～
吸～ 龙～ 呵～ 一～ 如～ 口～
暖气～ 借刀～ 仰面～ 气嘘～
(另见四支 shī)

歔 xū 歔欷;哽咽;抽噎。
[旧属六鱼]

长～ 欷～ 歆～

繻 xū 彩缯。帛符。
[旧属七虞]

弃～ 裂～ 捐～ 申～ 验～ 合～
分～ 给～ 符～ 衣～

徐 xú 缓慢。姓。
[旧属六鱼]

徐～ 疾～ 纤～ 舒～ 微～ 执～
载～ 风～ 严～ 荆～ 清～ 青～
安～ 虚～ 南～ 好风～ 日影～
步自～

迂 yū 曲折;绕弯。迂腐。
[旧属七虞]

怪～ 道～ 老～ 院～ 疏～ 嫌～
语～ 回～ 路～ 性灵～ 古人～
与时～ 笑我～ 岁月～ 仄径～

吁 yū 吆喝牲口声。
[旧属七虞]

(另见 xū;仄声 yù)

纡 yū 弯曲;曲折。系。
[旧属七虞]

环～ 萦～ 盘～ 回～ 言～ 绿～
郁～ 长～ 游～ 周～ 绕～ 曲～
阔岸～ 门巷～ 沙路～ 画屏～
冈岑～ 归思～ 笔文～ 舞裙～

於 yū 姓。
[旧属六鱼七虞]

(另见七无 wū)

淤 yū 淤积。淤泥。
[旧属六鱼六御]

河～ 沟～ 渐～ 浊～ 填～ 泥～
涨～ 塞～ 潮～ 黄～ 花～ 洲～
沙～ 淀～ 壅～

于 yú 介词。后缀。姓。
[旧属六鱼七虞]

生～ 忠～ 益～ 出～ 大～ 少～
高～ 低～ 合～ 属～ 勇～ 善～
等～ 难～ 关～ 对～ 至～ 单～

与 yú 同'欤'。
[旧属六鱼]
（另见仄声 yǔ;yù）

予 yú 我。
[旧属六鱼六语]
后~ 傲~ 弃~ 比~ 愁~ 思~
望~ 欺~ 喻~ 在~ 寻~ 负~
不鄙~ 来约~ 莫笑~ 谢起~
（另见仄声 yǔ）

邘 yú 周朝国名。
[旧属七虞]
筑~ 伐~ 二~ 杖过~

伃 yú 健伃，女官名。
[旧属六鱼]

玙 yú 美玉。
[旧属六鱼]
璠~ 当~ 罗~

余 yú 我。姓。剩下。
[旧属六鱼]
告~ 名~ 忆~ 弃~ 侮~ 同~
接~ 后~ 知~ 避~ 剩~ 盈~
多~ 残~ 积~ 诗~ 食~ 庆~
无~ 有~ 宽~ 雨~ 其~ 业~
岁月~ 乐有~ 半亩~

欤 yú 语气词。
[旧属六御六鱼]
猗~ 归~ 容~ 休~ 微~

妤 yú 婕妤，女官名。
[旧属六鱼]

盂 yú 敞口器具。
[旧属七虞]
水~ 痰~ 唾~ 盘~ 覆~ 钵~
杯~ 茗~ 玉~ 石~ 银~ 花~
瓢~ 觥~ 僧~ 饭~ 瓶~ 倾~
水精~ 星如~ 送别~

臾 yú 须臾，片刻。善。
[旧属七虞]
颛~ 瓯~ 夹~ 属~

鱼 yú
[旧属六鱼]
钓~ 捕~ 打~ 鲈~ 龙~ 飞~
戏~ 跃~ 潜~ 河~ 虫~ 木~
游~ 枯~ 鲍~ 观~ 羹~ 贯~
鲁~ 烹~ 银~ 求~ 江~ 春~
多~ 白~ 绯~ 尝~ 鲸~ 神~
锦~ 金~ 甲~ 蠹~ 沉~ 养~
戏莲~ 獭祭~ 掉尾~ 比目~
得水~ 锦江~ 涸辙~ 雪潭~
鹭看~ 季鹰~ 化龙~ 映池~
游釜~ 上竿~ 放生~ 双鲤~
漏网~ 食无~ 美人~

禺 yú 古书上说的一种猴。
[旧属七虞七遇]
番~ 南~ 温~ 闽~ 附~
日转~

竽 yú 古乐器。
[旧属七虞]
吹~ 笙~ 滥~ 听~ 籁~ 鸣~
瑟~ 好~ 调~ 南郭~ 声似~
音以~

舁 yú 共同抬东西。
肩~ 共~ 齐~

俞 yú 叹词，应允。姓。
[旧属七虞]
都~ 唯~ 女~ 允~ 吁~ 帝~
伯~ 巴~ 留~ 剑~

旟 yú 古代军旗。
[旧属六鱼]
赤~ 风~ 井~ 彩~ 建~ 万~
隼~ 干~ 旐~ 设我~ 风中~
霞为~ 使君~

狳 yú 犰狳，兽名。
[旧属六鱼]

馀 yú 同'余'（剩余）。
[旧属六鱼]

谀 yú 谄谀;奉承。
[旧属七虞]
阿~ 媚~ 谄~ 奸~ 谗~ 佞~
巧~ 面~ 群~ 善~ 恐~ 誉~
人~ 褒~ 倾~ 嗜~ 贪~ 戒~
远邪~ 千万~ 尽其~

娱 yú 快乐。消遣。
[旧属七虞]
相~ 嬉~ 欢~ 文~ 自~ 可~
宴~ 家~ 长~ 酣~ 多~ 交~
调~ 借~ 戏~ 神~ 夜~ 至~

清～　游～　康～　琴书～　山水～
弋钓～　苦中～　静无～　钟鼓～
诗酒～　翰墨～　歌舞～　声色～
得心～　入耳～　堂上～　老人～
佳节

## 荑 <sup>yú</sup> 茱萸。
[旧属七虞]

插～　香～　秋～　攀～　吴～　菊～
囊～　紫～　丹～　门佩～　长房～
看红～

## 雩 <sup>yú</sup> 古代求雨的祭礼。
[旧属七虞]

呼～　祷～　舞～　修～　郊～　月～
复～　夏～　大～　春～　咏～　唤～
龙见～　山川～　泳风～

## 渔 <sup>yú</sup> 捕鱼。谋取。
[旧属六鱼]

耕～　观～　侵～　樵～　坐～　夜～
涸～　陶～　秋～　禁～　牧～　海～
大泽～　武陵～　晚可～　直钓～

## 隅 <sup>yú</sup> 角落。边沿处。
[旧属七虞]

墙～　城～　向～　一～　海～　四～
屋～　街～　地～　边～　德～　室～
座～　庭～　幽～　天～　九～　山～
阶～　负～　东～　路～　举～　反～
东南～　碧涧～　五湖～　大荒～
剑阁～　凤城～

## 揄 <sup>yú</sup> 牵引;提起。
[旧属七虞]

揶～　神～　挑～　邪～　佩扶～

## 喁 <sup>yú</sup> 应和的声音。
[旧属七虞二冬]

唱～　喁～
（另见一东 yóng）

## 嵎 <sup>yú</sup> 山弯处。同'隅'。
[旧属七虞]

海～　山～　东～　谷～　高～　负～
三秀～

## 嵛 <sup>yú</sup> 昆嵛,山东山名。

## 畲 <sup>yú</sup> 开垦过的土地。
[旧属六鱼六麻]

高～　新～　春～　耕～　经～

（另见十四歌 shē）。

## 逾 <sup>yú</sup> 越过。更加。
[旧属七虞]

可～　不～　岁～　超～　名～　巧～
位～　已～　礼～　迹～　锋～　年～
远～　昏～　窥～　日月～　邀难～
不敢～　互相～　三刻～　不得～

## 腴 <sup>yú</sup> 人胖。肥沃。
[旧属七虞]

丰～　膏～　雪～　脂～　香～　富～
珍～　肥～　清～　美～　腹～　海～
芳～　诗～　醲～　滋～　沃～　田～
华～　甘～　敷～　洁而～　水草～
稻苗～　粳稻～　河豚～　明月～

## 渝 <sup>yú</sup> 改变。地名。
[旧属七虞]

成～　巴～　不～　盟～　未～　数～
无～　难～　敢～　官～　色～　临～
有～　敢～　无～　不得～　黑白～
吴锦～　终始～　丹青～　口上～

## 愉 <sup>yú</sup> 愉快。
[旧属七虞]

欢～　舒～　怡～　婉～　心～　色～
忧～　欣～　和～　悦～

## 骟 <sup>yú</sup> 紫色的马。

## 瑜 <sup>yú</sup> 美玉。玉的光彩。
[旧属七虞]

瑕～　瑾～　碧～　璞～　瑶～　怀～
掌～　佩～　握～　周～　璠～　珪～
不掩～　象载～　燕石～

## 榆 <sup>yú</sup> 榆树。
[旧属七虞]

桑～　槐～　白～　风～　碧～　柳～
青～　啖～　棠～　老～　剥～　枯～
关～　品～　双～　高～　长～　星～
夹道～　连理～　落钱～

## 虞 <sup>yú</sup> 猜测。忧虑。欺骗。
[旧属七虞]

诈～　心～　不～　无～　忧～　远～
防～　胜～　尔～　外～　有～　衡～
料～　自～　先～　观～　艰～　疏～
寡～　泽～　多～　师～　唐～　驺～
不我～　不可～　君安～　无他～

衣食～ 风波～ 无尔～

**愚** yú 愚笨。愚弄。
[旧属七虞]
贤～ 智～ 若～ 朴～ 效～ 尽～
佯～ 大～ 戆～ 陋～ 藏～ 慢～
貌～ 添～ 才～ 忘～ 骇～ 诮～
鄙～ 守～ 蠢～ 矜～ 古～ 如～
半似～ 老且～ 祀人～ 哲人～
学愈～ 一得～ 辟则～ 愚益～
勇且～ 宋人～ 北山～ 不移～

**艅** yú 艅艎,古代一种木船。

**觎** yú 觊觎,希望、希图。
[旧属七虞]
窥～ 无～ 窦～

**歈** yú 歌。同'愉'。
[旧属七虞]
吴～ 西～ 巴～ 色～ 邪～ 婉～

**轝** yú 车。轿。
[旧属六鱼]
乘～ 接～ 车～ 停～ 轮～ 舍～
肩～ 彩～ 扶～ 舟～ 轻～ 凤～
权～ 德～ 玉～ 载～ 鸾～ 坤～
回～ 仙～ 金～ 灵～ 攀～ 竹～
追风～ 别驾～ 喜得～ 卿相～

**窬** yú 从墙上翻越过去。
[旧属七虞]
穿～ 圭～ 窥～ 偷～ 暗～

**襦** yú 襜襦,短衣。
[旧属七虞二萧]
裳～ 短～ 斯～ 羣～

**蝓** yú 蛞蝓,蜒蚰,鼻涕虫。
[旧属七虞]

**髃** yú 肩骨前部。
[旧属七虞]
穿～ 右～

## 旧读入声

**挶** jú 抬土的器具。握持。
[旧属二沃]

畚～

**梮** jú 走山路乘坐的东西。

**掬** jú 双手捧取。
[旧属一屋]
可～ 手～ 盈～ 自～ 俯～ 一～
挹～ 半～ 弄～ 难～ 斯～ 堪～
凉泉～ 不满～ 浓堪～

**锔** jú 用锔子连合裂瓷。

(另见 jú)

**鞠** jú 抚育。弯曲。球。
[旧属一屋]
自～ 郁～ 曲～ 聚～ 长～ 展～
抚～ 育～ 击～ 鸡～ 驴～ 蹴～

**鞫** jú 审问。
[旧属一屋]
案～ 穷～ 捕～ 诘～ 亲～ 考～
上～ 讯～ 严～ 推～

**局** jú 棋盘。形势。聚会。
[旧属二沃]
书～ 饭～ 棋～ 时～ 全～ 大～
结～ 覆～ 平～ 失～ 临～ 布～
残～ 对～ 博～ 冷～ 设～ 僵～
骗～ 通～ 定～ 格～ 识～ 胜～
负～ 当～ 世～ 政～ 终～ 一～
公安～ 招商～ 民政～ 版权～

**侷** jú 侷促,同'局促'。

**桔** jú 同'橘'。

(另见十三皆 jié)

**菊** jú 菊花。
[旧属一屋]
秋～ 黄～ 露～ 把～ 幽～ 芳～
金～ 撷～ 插～ 庭～ 采～ 兰～
残～ 白～ 墨～ 野～ 亭～ 丹～
园～ 甘～ 种～ 簪～ 持～ 岩～
爱～ 赏～ 蟹～ 盆～ 晚～ 嫩～
艳～ 山～ 新～ 栽～ 老～ 松～
丛～ 寒～ 重～ 东篱～ 陶潜～
金英～ 阶前～ 矢车～ 凌霜～
吟秋～ 十月～ 樊川～

**锔** <sup>jú</sup> 卫星和飞船的热电源。

（另见 jū）

**溻** <sup>jú</sup> 溻水,河南水名。

**鵙** <sup>jú</sup> 古书上指伯劳。
[旧属十二锡]
啼～ 鸣～ 蜩～

**跼** <sup>jú</sup> 腰背弯曲。
[旧属二沃]
蜷～ 拳～ 高～ 踢～ 鸣～ 踏～
跳～ 蹐～ 笃～ 微～

**橘** <sup>jú</sup> 橘树。
[旧属四质]
蜜～ 柑～ 橙～ 金～ 山～ 香～
晚～ 广～ 丛～ 红～ 怀～ 丹～
贡～ 酸～ 栽～ 摘～ 新～ 尝～
霜～ 枳～ 卢～ 绿～ 楚～ 化～
洞庭～ 江南～ 淮南～ 甘露～

**曲** <sup>qū</sup> 弯曲。酒母。
[旧属一屋]
屈～ 拳～ 款～ 歪～ 蜷～ 纤～
麦～ 神～ 香～ 糟～ 红～ 大～
山～ 海～ 河～ 部～ 水～ 弯～
九～ 乡～ 委～ 奥～ 心～ 衷～
牡～ 酒～ 米～ 药～ 枕～ 雪～
方～ 新～
（另见仄声 qǔ）

**蛐** <sup>qū</sup> 蛐蛐,蟋蟀。

**麹** <sup>qū</sup> 同'曲'。姓。

**诎** <sup>qū</sup> 缩短。言语迟钝。
[旧属五物]
身～ 道～ 靡～ 难～ 不～ 议～
拙～ 诘～ 前～ 受～ 见～ 相～
无所～ 莫能～ 不可～

**屈** <sup>qū</sup> 屈服。理亏。冤枉。
[旧属五物]
委～ 冤～ 太～ 枉～ 身～ 理～
抱～ 蠖～ 暂～ 能～ 受～ 不～
诘～ 盘～ 伸～ 负～ 蟠～ 叫～
不可～ 为亲～ 谁肯～

**戌** <sup>xū</sup> 地支第十一位。
[旧属四质]
建～ 甲～ 屈～ 伏～ 戊～ 星居～
黄昏～ 厄于～

**砉** <sup>xū</sup> 皮骨相离声。
[旧属十一陌十二锡]
霍～ 洞～ 地～ 虢～ 骁～ 磔～
（另见九佳 huā）

**顼** <sup>xū</sup> 姓。
[旧属二沃]
颛～ 轩～ 顼～ 昊～ 位～

**欻** <sup>xū</sup> 忽然。
[旧属五物]
歇～ 翕～ 飘～ 驾～
（另见九佳 chuā）

**魆** <sup>xū</sup> 黑魆魆。

# 仄 声

**弆** <sup>jǔ</sup> 收藏。保藏。

藏~

**柜** <sup>jǔ</sup> 柜柳,元宝枫。

[旧属六语]

（另见五微 guì）

**咀** <sup>jǔ</sup> 嚼。

[旧属六语]

含~ 齿~ 耽~ 轻~ 细~ 吐~
吟~ 涵~ 微~ 衔须~ 书卷~
流膏~

（另见五微 zuǐ）

**沮** <sup>jǔ</sup> 阻止。气色败坏。

[旧属六语六鱼]

愧~ 志~ 气~ 谤~ 愤~ 言~
势~ 惭~ 害~ 怨~ 色~ 惮~
思~ 湍~ 惨~ 形神~ 神色~
怠者~

（另见 jù）

**莒** <sup>jǔ</sup> 古国名。芋。

[旧属六语]

杞~ 奔~ 走~ 园~ 平~ 邹~

**枸** <sup>jǔ</sup> 枸橼。香橼。

[旧属七麌十一尤]

枳~ 有~ 香~

（另见十六尤 gōu;gǒu）

**矩** <sup>jǔ</sup> 曲尺。法度。规则。

[旧属七麌]

规~ 蹈~ 绳~ 步~ 旧~ 易~
司~ 中~ 执~ 合~ 根~ 叠~
风~ 逾~ 方~

**举** <sup>jǔ</sup> 举动。兴起。推选。

[旧属六语]

创~ 选~ 推~ 高~ 待~ 略~
一~ 时~ 手~ 科~ 保~ 并~
大~ 当~ 直~ 力~ 特~ 抬~

公~ 风~ 鹏~ 备~ 渐~ 轻~
豪~ 纲~ 枚~ 内~ 外~ 荐~
百事~ 高帆~ 大功~ 舞袖~

**钜** <sup>jǔ</sup> 钜铻,同'龃龉'。

（另见七无 chú）

**椇** <sup>jǔ</sup> 古祭祀用的架子。

枳~

**筥** <sup>jǔ</sup> 圆形竹筐。

[旧属六语]

筐~ 圆~ 禾~ 饭~ 桑~ 持~
敝~ 沙~ 轻~ 豆~ 箱~ 提~
九十~ 文竹~ 寒食~

**蒟** <sup>jǔ</sup> 蒟蒻,魔芋。

[旧属七麌]

橙~ 姜~ 香~ 邛乡~

**榉** <sup>jǔ</sup> 榉木。

[旧属六语]

白~ 红~ 山毛~

**龃** <sup>jǔ</sup> 龃龉,上下牙齿不齐。

**踽** <sup>jǔ</sup> 踽踽,孤零零行走。

[旧属七麌]

行~ 奎~ 蹴~

**巨** <sup>jù</sup> 大;很大。

[旧属六语]

艰~ 壮~ 功~ 细~ 纤~ 济~
双~ 非~ 材~ 江海~ 国广~
小生~

**句** <sup>jù</sup> 句子。量词。

[旧属七遇七虞]

诗~ 歌~ 新~ 佳~ 名~ 警~
韵~ 绝~ 数~ 旧~ 清~ 闲~
只~ 摘~ 妙~ 造~ 字~ 留~
析~ 句~ 琢~ 索~ 语~ 文~
词~ 觅~ 起~ 对~ 章~ 逸~
集~ 联~ 得~ 丽~ 索~ 题~
吞海~ 相思~ 两三~ 锦囊~
长短~ 惊人~ 题叶~ 凝香~

（另见十六尤 gōu）

**讵** <sup>jù</sup> 岂,表示反问。

[旧属六语六御]

苣 jù 莴苣,莴笋。生菜。
[旧属六语]

青~ 蒿~ 白~ 绯~ 苦~ 翠~
芦~ 绿~ 脆~ 同心~ 回风~
连体~ 无锡~
（另见 qǔ）

拒 jù 抵抗;抵挡。拒绝。
[旧属六语]

抗~ 敢~ 反~ 右~ 外~ 后~
不~ 南~ 内~ 违~ 迎~ 撑~
抵~ 力~

具 jù 用具。具有。陈述。
[旧属七遇]

家~ 文~ 玩~ 用~ 器~ 道~
农~ 工~ 条~ 行~ 坐~ 初~
敬~ 才~ 略~ 粗~ 草~ 始~
内~ 不~ 薄~ 供~ 渔~ 玉~
教~ 卧~ 餐~ 雨~ 饮~ 茶~
假面~ 生之~ 功名~ 御寒~

炬 jù 火把。
[旧属六语]

蜡~ 火~ 如~ 宝~ 传~ 慧~
智~ 燎~ 明~ 风~ 持~ 列~
束~ 松~ 龙~ 夜~ 飞~ 丛~
烈~ 一~ 莲~ 评~ 庭~ 燃~
菩提~ 雉尾~ 残油~ 干草~
星如~ 一把~

沮 jù 沮洳,泥沼。
[旧属六御]

湍~ 三~ 泥~ 草~ 沼~
（另见 jǔ）

钜 jù 硬铁。钩子。
[旧属六语]

钢~ 纤~ 细~ 创~ 邛~

秬 jù 黑黍子。
[旧属六语]

杂~ 有~ 黑~ 酿~ 维~

俱 jù 全;都。
[旧属七虞]

与~ 不~ 莫~ 难~ 道~ 起~
四岳~ 心赏~ 赤松~ 与花~
与云~ 雪月~ 泥沙~ 日月~
朋友~ 好风~
（另见平声 jù）

倨 jù 傲慢。
[旧属六御]

骄~ 贵~ 不~ 前~ 辞~ 形~
性~ 倨~ 简~ 奴仆~ 游母~

粔 jù 粔籹,油炸面食。

据 jù 占据。凭借。凭证。
[旧属六御]

字~ 票~ 证~ 单~ 论~ 割~
凭~ 依~ 征~ 窃~ 援~ 根~
收~ 借~ 引~ 事~ 本~ 无~
偏~ 论~ 考~ 失~ 雄~ 实~
盘~ 典~ 不可~

距 jù 距离。鸡趾。
[旧属六语]

相~ 差~ 车~ 行~ 株~ 羽~
等~ 超~ 鸡~ 锋~ 金~ 朱~
玉~ 鸳~ 虎~ 莲花~

惧 jù 害怕。恐惧。
[旧属七语]

惊~ 何~ 畏~ 无~ 不~ 危~
多~ 惶~ 慄~ 言~ 自~ 休~
愧~ 戒~ 悚~ 忧~ 心~ 人~
惩~ 余~ 耻~ 可~ 疑~ 大~
鬼胆~ 内外~ 不足~ 殇魂~
临事~ 行旅~

犋 jù 耕田的畜力单位。

飓 jù 飓风。

虡 jù 乐器架两旁的柱子。
[旧属六语]

设~ 金~ 九~ 钟~ 玉~ 磬~
乐~ 铜~ 瑶~ 列~ 太~ 鼓~
万石~ 黄钟~ 大吕~

锯 jù 锯子。
[旧属六御]

拉~ 木~ 铁~ 刀~ 削~ 斧~
绳~ 负~ 引~ 电~ 手~ 执~
如~ 霜~ 台~ 钢丝~ 双人~

聚 jù 聚集。
[旧属七虞]

欢~ 团~ 类~ 会~ 凝~ 相~
长~ 夜~ 春~ 积~ 蓄~ 集~

散~ 毕~ 招~ 鸠~ 宴~ 完~
萃~ 啸~ 屯~ 云~ 蜂~ 沙~
百人~ 英豪~ 楼台~ 货财~
落英~ 群龙~ 细柳~ 锦上~

## 窭 jù 贫穷。
[旧属七麌]

贫~ 终~ 羁~ 辞~ 孤~ 困~
凋~ 衔~ 寒~ 偻~

## 踞 jù 蹲或坐。占据。
[旧属六御]

盘~ 虎~ 狼~ 醉~ 夷~ 箕~
蹲~ 不~ 对~ 蟠~

## 屦 jù 麻、葛制成的鞋。
[旧属七遇]

草~ 织~ 葛~ 纳~ 珠~ 弁~
夏~ 践~ 衣~ 冠~ 敝~ 穿~
捆~ 杖~ 芒~ 白云~ 水边~
花粘~ 霜入~

## 遽 jù 匆忙;急。惊慌。
[旧属六御]

匆~ 急~ 促~ 骇~ 卒~ 乘~
辞~ 时~ 怖~ 惶~ 色~ 鲁~
迫~ 心~ 凌~ 光阴~ 夜未~
至必~

## 潏 jù 潏水,陕西水名。

## 瞿 jù 惊视,惊恐四顾。
[旧属七遇]

瞿~ 目~ 心~
(另见平声 qú)

## 醵 jù 古乐器。
[旧属六语六御六鱼]

金~ 钟~ 见~ 穿耳~

## 醵 jù 大家凑钱。
[旧属六御六鱼十药]

合~ 敛~ 犹~ 集~ 共~

## 吕 lǚ 律吕。姓。
[旧属六语]

中~ 大~ 南~ 律~ 伊~ 协~
钟~ 音~ 乐~ 仙~ 夏~ 命~
太簇~ 新调~ 公孙~

## 侣 lǚ 同伴。
[旧属六语]

情~ 伴~ 诗~ 朋~ 旧~ 俊~
俦~ 昔~ 失~ 群~ 为~ 行~
结~ 无~ 故~ 凤~ 侠~ 爱~
游~ 钓~ 呼~ 神仙~ 明月~
青云~ 乘槎~ 吹箫~ 诗酒~
登天~

## 旅 lǚ 军队。旅行。旅伴。
[旧属六语]

商~ 戎~ 劲~ 军~ 行~ 战~
征~ 师~ 弱~ 倦~ 兵~ 新~
苦~ 羁~ 孤~ 虎~ 义~ 神~
逆~ 整~ 宾~ 麾下~ 熊罴~
八百~ 饥寒~

## 铝 lǚ 金属元素。

## 稆 lǚ 不种自生的谷物。
[旧属六语]

蒿~ 拾~ 采~ 秋~ 野~

## 偻 lǚ 身体弯曲。立刻。
[旧属七麌十一尤]

伛~ 聚~ 背~ 忧~ 曲~ 俛~
(另见十六尤 lóu)

## 屡 lǚ 屡次。
[旧属七遇]

屡~ 迭~ 厌~ 幽赏~ 来往~
乞诗~ 韶弦~ 不可~ 梦绕~

## 缕 lǚ 线。一条一条。
[旧属七麌]

纤~ 一~ 几~ 千~ 如~ 丝~
麻~ 蓝~ 翠~ 香~ 线~ 银~
命~ 霞~ 微~ 云~ 红~ 缕~
细~ 结~ 寸~ 彩~ 布~ 针~
同心~ 千万~ 黄金~ 长命~

## 膂 lǚ 脊骨。
[旧属六语]

肱~ 筋~ 共~ 曲~ 贯~ 脊~
背~ 腰~ 心~ 鳞~

## 褛 lǚ 褴褛,衣服破烂。

## 履 lǚ 鞋。脚步。履行。
[旧属四纸]

珠~ 丝~ 革~ 衣~ 素~ 曳~
剑~ 葛~ 视~ 福~ 摄~ 操~
适~ 如~ 步~ 杖~ 草~ 冠~

纳~ 堕~ 赐~ 动~ 率~ 幽~
进~ 卖~ 践~ 薄冰~ 东郭~
飞云~ 君子~ 尚书~ 踏青~
天竺~ 凤头~ 瓜田~ 抱香~

# 虑 <sup>lǜ</sup> 思考。担忧;发愁。
[旧属六御]

考~ 思~ 疑~ 长~ 顾~ 焦~
多~ 忧~ 远~ 无~ 清~ 独~
何~ 自~ 沉~ 过~ 熟~ 百~
后~ 殚~ 心~ 澹~ 寡~ 澄~
挂~ 精~ 长~ 深~ 竭~ 积~
智者~ 君子~ 万世~ 无所~

# 滤 <sup>lǜ</sup> 过滤。

沙~ 细~ 纱~ 网~

# 锧 <sup>lǜ</sup> 打磨。
[旧属六御]

磨~

# 女 <sup>nǚ</sup> 女性。女儿。
[旧属六语六御]

少~ 妇~ 男~ 母~ 子~ 弱~
怨~ 处~ 玉~ 闺~ 舞~ 游~
爱~ 艳~ 织~ 歌~ 仙~ 士~
神~ 送~ 恶~ 小~ 嫁~ 丑~
贞~ 妓~ 魔~ 美~ 巧~ 儿~
淑~ 妖~ 娇~ 侍~ 生~ 养~
越~ 龙~ 天~ 倩~ 父~ 孤~
如花~ 纤纤~ 当垆~ 投梭~
缲丝~ 白毛~ 怀春~ 散花~
浣纱~ 吹箫~ 轻薄~ 携篮~
弹琴~ 妒花~ 夭桃~ 采桑~
秦淮~ 三陪~

# 钕 <sup>nǚ</sup> 金属元素,激光材料。

# 籹 <sup>nǚ</sup> 粗籹,油炸面食。
[旧属六语]

# 苣 <sup>qǔ</sup> 苣荬菜。
[旧属六语]

绯~ 青~ 芦~ 金~ 翠~ 白~
同心~ 回风~
(另见 jù)

# 取 <sup>qǔ</sup> 得到。采取。
[旧属七虞]

争~ 夺~ 窃~ 吸~ 汲~ 收~

进~ 榨~ 袭~ 听~ 记~ 择~
选~ 莫~ 小~ 智~ 获~ 录~
唤~ 去~ 酌~ 求~ 可~ 自~
摄~ 尽~ 捕~ 轻~ 弃~ 支~
兼~ 妄~ 义~ 苟~ 拾~ 携~
何足~ 马上~ 三箭~ 随公~
不复~ 非易~

# 娶 <sup>qǔ</sup> 接女子成亲。
[旧属七遇]

迎~ 婚~ 嫁~ 不~ 冠~ 姻~
早~ 外~ 始~ 改~ 错~ 未~
莫敢~ 不再~ 同时~ 择日~

# 龋 <sup>qǔ</sup> 蛀牙。
[旧属七遇]

治~ 齿~

# 去 <sup>qù</sup> 失掉。距离。
[旧属六御六语]

归~ 过~ 春~ 来~ 同~ 一~
离~ 独~ 儿~ 自~ 脱~ 北~
回~ 远~ 弃~ 帆~ 望~ 相~
人~ 临~ 舍~ 辞~ 藏~ 隐~
日~ 飞~ 散~ 消~ 除~ 前~
老~ 去~ 引~ 遁~ 减~ 失~
拂衣~ 归田~ 青春~ 青云~
移家~ 堂堂~ 过得~ 何处~
不忍~ 随月~ 从此~ 乘风~

# 趣 <sup>qù</sup> 趣味;兴味。志趣。
[旧属七遇]

妙~ 风~ 巧~ 别~ 同~ 奇~
雅~ 真~ 闲~ 诗~ 游~ 失~
兴~ 旨~ 识~ 媚~ 深~ 余~
天~ 成~ 意~ 逗~ 有~ 殊~
凑~ 乐~ 异~ 佳~ 清~ 知~
逸~ 笔~ 野~ 理~ 情~ 打~
林壑~ 酒中~ 山水~ 四时~
平生~ 个中~ 渔樵~ 耕桑~

# 觑 <sup>qù</sup> 看;瞧。
[旧属六御]

相~ 小~ 下~ 窥~ 偷~ 羞~
穴~ 鸢~ 慵~ 猿~ 斜~ 暗~
鬓边~ 凡眼~ 向人~ 偷眼~
(另见平声 qū)

# 许 <sup>xǔ</sup> 称赞。答应。许可。
[旧属六语]

赞~ 推~ 准~ 特~ 不~ 少~

允~ 或~ 也~ 几~ 身~ 相~
幸~ 未~ 如~ 些~ 何~ 亲~
称~ 自~ 尔~ 容~ 心~ 默~
轻~ 嘉~ 斯~ 寸心~ 芳心~
肝胆~ 一笑~ 半缄~ 子云~

## 诩
xǔ 夸耀。
[旧属七麌]

自~ 矜~ 夸~ 扬~ 眉~ 奢~
高~ 华~ 恩~ 诩~ 虚~ 主~

## 姁
xǔ 姁姁,安乐温和貌。
[旧属七遇]

娥~ 儿~ 长~

## 浒
xǔ 浒墅关,江苏地名。
[旧属七麌]
(另见七无 hǔ)

## 栩
xǔ 栩栩,生动活泼貌。
[旧属七麌]

苞~ 止~ 向~ 宛丘~

## 湑
xǔ 清。茂盛。
[旧属六语六鱼]

甘~ 露~ 饮~ 醨~ 酤~ 酒~
湑~ 叶~ 乐~ 赵乐~ 铃声~
(另见平声 xū)

## 盨
xǔ 古盛器。

## 糈
xǔ 粮食。
[旧属六语六鱼]

粮~ 重~ 粢~ 不~ 饷~ 夺~
怀~ 蒸~ 美~ 怀椒~ 香稻~
五种~

## 醑
xǔ 美酒。
[旧属六语]

肴~ 宴~ 醑~ 欢~ 玉~ 琼~
绿~ 倾~ 酌~ 香~ 美~ 清~
醇~ 露~ 酿~ 桂~ 椒~ 芳~
盈尊~ 杯中~ 箬溪~ 瓮中~

## 芧
xǔ 古指橡实。
(另见七无 zhù)

## 序
xù 次序。厢房。学校。
[旧属六语]

程~ 顺~ 秩~ 时~ 循~ 有~
无~ 位~ 分~ 东~ 代~ 失~
自~ 新~ 正~ 集~ 节~ 令~
小~ 合~ 庠~ 改~ 岁~ 雁~
众宾~ 尊卑~ 莺啼~ 天地~
长幼~ 四时~ 伯仲~ 兰亭~

## 昫
xù 同'煦'。
[旧属七麌]

众~ 呕~ 吹~ 鸣~

## 叙
xù 说;谈。记述。
[旧属六语]

纪~ 畅~ 欢~ 陈~ 分~ 列~
自~ 顺~ 节~ 铺~ 晤~ 位~
时~ 详~ 申~ 小~ 品~ 倒~
尊前~ 自然~ 负荆~

## 垿
xù 房屋的东西墙。

## 聟
xù 同'婿'。

## 酗
xù 没有节制地喝酒。
[旧属七遇]

淫~ 醉~ 陋~ 沉~ 凶~ 夜~

## 鱮
xù 鲢鱼。
[旧属六语]

白~ 得~ 鲋~ 钓~ 素~ 出~
鲤~ 鲂~ 花~ 养~ 池~ 塘~

## 绪
xù 开端。心情。事业。
[旧属六语]

情~ 思~ 心~ 意~ 愁~ 头~
萦~ 悲~ 谈~ 神~ 琴~ 清~
春~ 欢~ 起~ 纤~ 余~ 端~
坠~ 秋~ 吟~ 风~ 万~ 抽~
归~ 离~ 妙~ 别~ 触~ 遗~
百家~ 纤缕~ 沉郁~ 青院~

## 溆
xù 水边。水滨。
[旧属六语]

浦~ 芳~ 石~ 曲~ 别~ 林~
沙~ 绿~ 玉~ 湍~ 平~ 溪~
海~ 洲~ 春~ 妍~ 花~ 草~

## 絮
xù 棉絮。絮叨。
[旧属六御]

花~ 芦~ 柳~ 落~ 意~ 薄~
逐~ 飘~ 吐~ 飞~ 败~ 春~
风~ 乱~ 毡~ 衣~ 雪~ 香~
丝~ 咏~ 烦~ 烟~ 晴~ 轻~
沾泥~ 风旋~ 漫天~ 空中~

**婿** xù 女婿。丈夫。
[旧属八霁]
夫~ 妹~ 亲~ 甥~ 赘~ 友~
佳~ 觅~ 迎~ 选~ 爱~ 贵~
子~ 快~ 择~ 乘龙~ 贵门~
接脚~

**煦** xù 温暖。
[旧属七麌七遇]
春~ 阳~ 江~ 和~ 气~ 流~
余~ 微~ 恩~ 风~ 晴~ 温~
日~ 含~ 妪~ 涵~ 朝~ 暄~
温润~ 朗照~ 清光~ 韶阳~

**与** yǔ 给。交往。等待。
[旧属六语]
赠~ 相~ 送~ 私~ 谁~ 自~
意~ 交~ 付~ 给~ 取~ 授~
易~ 当~ 许~ 赋~ 容~ 漫~
天~ 难~ 施~ 心~ 赐~ 愿~
不我~ 不足~ 知所~ 谁能~
(另见 yù;平声 yú)

**予** yǔ 给。
[旧属六语六鱼]
颁~ 赋~ 轻~ 赐~ 奖~ 弗~
贫能~ 神所~ 阳气~
(另见平声 yú)

**屿** yǔ 小岛。
[旧属六语]
岛~ 环~ 芳~ 云~ 海~ 江~
烟~ 洲~ 孤~ 白~ 月~ 双~
钓~ 竹~ 秋~ 长~ 桂~ 绿~
蓼~ 远~ 沧~ 秀~ 瀛~ 沙~
浦中~ 芦花~ 丹枫~ 沧海~

**伛** yǔ 曲背;弯腰。
[旧属七麌]
偻~ 俯~ 肩~ 病~ 变~

**宇** yǔ 房檐。世界。风度。
[旧属七虞]
屋~ 气~ 寰~ 眉~ 神~ 器~
庙~ 天~ 梵~ 区~ 清~ 净~
庭~ 海~ 玉~ 杜~ 殿~ 堂~

**羽** yǔ 羽毛。量词。五音之一。
[旧属七麌七遇]
振~ 凤~ 拂~ 鸿~ 箭~ 奋~
拾~ 毛~ 翠~ 一~ 短~ 素~
鹤~ 饮~ 鸟~ 积~ 党~ 白~
列~ 燕~ 没~ 轻~ 绣~ 雉~
张~ 沉~ 鳞~ 项~ 鸾~ 雁~
南飞~ 摧折~ 肃肃~ 翡翠~
垂天~ 归乡~

**雨** yǔ
[旧属七麌七遇]
春~ 风~ 雷~ 遇~ 云~ 细~
微~ 花~ 夜~ 久~ 暮~ 夏~
泽~ 红~ 霖~ 甘~ 纤~ 梅~
疏~ 好~ 急~ 喜~ 淫~ 沐~
阴~ 暴~ 秋~ 听~ 飞~ 小~
避~ 快~ 泥~ 疾~ 过~ 急~
天~ 望~ 残~ 骤~ 山~ 祈~
白~ 凉~ 对~ 膏~ 宿~ 寒~
晴~ 阵~ 大~ 烟~ 旧~ 苦~
红杏~ 连宵~ 千里~ 西山~
一帘~ 潇潇~ 疏疏~ 泪如~
毛毛~ 芭蕉~ 巫山~ 随车~
一蓑~ 清明~ 倾盆~ 及时~
(另见 yù)

**俣** yǔ 俣俣,身材高大。
[旧属七麌]

**禹** yǔ 古部落联盟首领。
[旧属七麌]
大~ 夏~ 神~ 禅~ 荐~ 举~
尧~ 舜~ 助~ 授~

**语** yǔ 话。说。谚语;成语。
[旧属六语六御]
笑~ 口~ 言~ 妄~ 莺~ 俚~
世~ 学~ 艳~ 夜~ 细~ 梵~
奇~ 鹊~ 巧~ 出~ 华~ 粤~
恶~ 旗~ 谑~ 低~ 狂~ 词~
耳~ 梦~ 无~ 隐~ 国~ 鸟~
谜~ 外~ 咒~ 谚~ 吉~ 术~
成~ 呓~ 妙~ 俗~ 壮~ 私~
标~ 絮~ 土~ 哑~ 软~ 绮~
寄~ 吐~ 论~ 花解~ 鹦鹉~
娇欲~ 如簧~ 促膝~ 箴规~
千般~ 隔窗~ 肺肝~ 无多~
尊前~ 凭肩~ 惊人~
(另见 yù)

**圄** yǔ 囹圄,监狱。
[旧属六语]
幽~ 刑~ 狱~ 敦~ 狴~

敔 yǔ 古乐器。
[旧属六语]
柷~ 戛~ 举~ 右~ 鼓~

圉 yǔ 养马的地方。
[旧属六语]
牧~ 守~ 马~ 禁~ 边~ 四~
仆~ 絷~ 圉~ 固吾~ 王孙~
大灾~ 仲叔~

偊 yǔ 独行。

郚 yú 周朝国名。
[旧属七虞]
入~ 袭~

庾 yǔ 露天的谷仓。
[旧属七虞]
天~ 廪~ 仓~ 囷~ 千~ 锺~
大~ 我~ 漕~ 积~ 满~ 贫~
盈~ 箱~ 在~ 米藏~ 与之~
粟塞~

铻 yú 锄铻,上下牙齿不齐。
[旧属六鱼六语]
（另见七无 wú）

貐 yǔ 猰貐,传说的吃人猛兽。
[旧属七虞]

瑀 yǔ 像玉的石头。
[旧属七虞]
琼~ 琳~ 琚~ 萧~ 阮~

瘐 yǔ 瘐死,狱中病死。

龉 yǔ 龃龉,牙齿不齐。
[旧属六语]
龉~ 口齿~

窳 yǔ 恶劣。
[旧属七虞]
败~ 病~ 惰~ 尢~ 砦~ 苦~
合~ 行~ 浮~ 良~

麌 yǔ 牡鹿。群聚。
[旧属七虞]
牡~ 鹿~ 奔~ 群心~

与 yù 参与。
[旧属六御]
将~ 不~ 强~ 犹~ 无~ 容~
席~ 方~ 欲~ 可~ 不得~

（另见 yǔ;平声 yú）

驭 yù 驾驭。统率;控制。
[旧属六御]
统~ 善~ 执~ 弛~ 远~ 驱~
日~ 龙~ 风~ 奔~ 失~ 控~
鞭~ 使~ 鬼~ 仙子~ 羲和
不能~

芋 yù 芋芳。芋头。
[旧属七遇]
山~ 栗~ 野~ 水~ 洋~ 煨~
蕖~ 白~ 煮~ 新~ 蔓~ 旱~
老~ 瓜~ 土~ 甜~

吁 yù 为某种要求而呼喊。
[旧属七虞]
长~ 嗟~ 惊~ 叹~ 感~ 自~
嘻~ 吁~ 呼~ 仰面~ 掩卷~
云何~
（另见 xū）

饫 yù 饱。
[旧属六御]
饱~ 酬~ 岁~ 饶~ 外~ 膏~
赓~ 欢~ 朝~ 甘芳~ 鲜肥~
饮酒~

妪 yù 年老的女人。
[旧属七遇]
老~ 翁~ 邻~ 健~ 道~ 病~
群~ 乳~ 贫~ 巫~ 少~ 孤~
媒~ 俚~ 市~ 卖菜~ 蓝桥~
持扇~ 解诗~ 守闾~ 邻家~

雨 yù 下(雨,雪等)。
[旧属七遇]
遍~ 天~ 似~ 夏雨~
（另见 yǔ）

语 yù 告诉。
[旧属六语六御]
谁~ 可~ 晓~ 告~ 相与~
（另见 yǔ）

预 yù 预先;事先。
[旧属六御]
干~ 参~ 何~ 忝~ 杜~ 多~
未~ 已~ 无~ 不~

菀 yù 茂盛。
[旧属五物十三阮]
柳~ 天~ 紫~ 沉~ 根~ 菀~

织女~
（另见十一先 wǎn）

**谕** yù 告诉;吩咐。
[旧属七遇]

晓~ 风~ 善~ 告~ 明~ 慰~
口~ 手~ 古~ 书~ 示~ 言~
教~ 审~ 讽~ 勉~ 奖~ 赞~
诲~ 引~ 妙~ 劝~ 训~ 面~
唇齿~ 残灯~ 无人~

**遇** yù 相逢。对待。机会。
[旧属七遇]

机~ 奇~ 遭~ 感~ 喜~ 幸~
相~ 优~ 冷~ 重~ 偶~ 境~
恩~ 神~ 几~ 时~ 夜~ 宠~
梦~ 难~ 殊~ 不~ 际~ 待~
得~ 欣~ 随~ 厚~ 礼~ 知~
邂逅~ 千载~ 且暮~ 前席~
赏心~ 白云~ 冯唐~

**喻** yù 告知。明白。比方。
[旧属七遇]

比~ 善~ 理~ 家~ 譬~ 引~
明~ 妙~ 讽~ 晓~

**御** yù 驾御。支配。抵挡。
[旧属六御六语]

抵~ 抗~ 防~ 守~ 统~ 远~
控~ 谁~ 驰~ 策~ 服~ 仆~
良~ 侍~ 日~ 月~ 六~ 善~
射~ 外~ 义~ 分兵~ 千里~
百夫~ 谁能~ 同心~ 并力~

**寓** yù 居住。住所。寄托。
[旧属七遇]

公~ 旅~ 暂~ 久~ 寄~ 羁~
客~ 侨~ 萍~ 退~ 托~ 栖~
流~ 暗~ 内~ 天地~ 万物~
高霞~

**裕** yù 丰富;宽绰。
[旧属七遇]

富~ 优~ 宽~ 饶~ 余~ 德~
客~ 垂~ 恬~ 盈~ 弘~ 长~
闲~ 充~ 光~ 问则~ 宫锦~
承恩~

**蓣** yù 薯蓣,山药。
[旧属六御]

**愈** yù 病好了。胜过。
[旧属七麌七虞]

痊~ 病~ 全~ 康~ 韩~ 小~
义~ 当~ 悉~ 即~ 必~ 遂~
新~ 良~ 获~ 疾自~ 俾我~
脱然~

**灉** yù 滟灉堆,瞿塘峡巨石。
[旧属六御]

**誉** yù 名誉。称赞。
[旧属六御六鱼]

毁~ 称~ 荣~ 声~ 口~ 自~
美~ 市~ 显~ 谤~ 获~ 人~
流~ 芳~ 求~ 谁~ 政~ 廉~
过~ 飞~ 世~ 驰~ 夸~ 时~
广~ 令~ 嘉~ 延~ 盛~ 虚~
无双~ 不虞~ 当时~ 身后~
仁里~ 五湖~ 乡曲~ 落落~

**蔚** yù 蔚县,在河北。
[旧属五未]
（另见五微 wèi）

**豫** yù 欢喜。安适。河南别称。
[旧属六御]

犹~ 逸~ 不~ 自~ 怡~ 闲~
安~ 神~ 悦~ 长生~ 震襟~
无时~

# 旧读入声

**剧** jù 戏剧。猛烈;厉害。
[旧属十一陌]

戏~ 话~ 歌~ 昆~ 杂~ 加~
繁~ 京~ 川~ 淮~ 急~ 越~
沪~ 豫~ 舞~ 哑~ 编~ 排~
丑~ 笑~ 演~ 短~ 越~ 喜~
悲~ 惨~ 粤~ 风流~ 独幕~
恶作~ 现代~ 肥皂~ 悲喜~

**捋** lǚ 用手顺着抹。
（另见十五波 luō）

**律** lǜ 法律;规则。约束。
[旧属四质]

诗~ 格~ 乐~ 失~ 正~ 长~
古~ 谐~ 曲~ 定~ 规~ 纪~
五~ 七~ 排~ 合~ 审~ 旋~
韵~ 入~ 守~ 音~ 协~ 玉~

唐~ 声~ 准~ 自~ 一~ 戒~

**䢀** lù 獝䢀，鳄鱼。
[旧属四质]

**菉** lù 菉豆，同'绿豆'。
(另见七无 lù)

**率** lù 比值。
[旧属四质]

效~ 概~ 比~ 速~ 税~ 机~
出勤~ 圆周~ 百分~ 上座~
(另见十开 shuài)

**绿** lù 绿色。
[旧属二沃]

嫩~ 浓~ 柳~ 含~ 水~ 草~
葱~ 染~ 翠~ 采~ 鸭~ 黛~
尊~ 碧~ 秧~ 漪~ 凝~ 卧~
蛾~ 新~ 寒~ 缥~ 粉~ 江~
浅~ 潋~ 繁~ 垂~ 愁~ 柔~
层层~ 春酒~ 舞衫~ 新浦~
(另见七无 lù)

**葎** lù 葎草。

**氯** lù 气体元素。

**恧** nù 惭愧。
[旧属一屋十三职]

惭~ 愧~ 缩~ 悚~ 自~ 外~
神理~ 虎贲~ 徒食~

**衄** nù 鼻孔出血。战败。
[旧属一屋]

挫~ 鼻~ 齿~ 败~ 小~ 畏~
战~ 不~ 兵~ 退~ 心~ 折~
穷~ 奔~ 势~

**朒** nù 月初的月光。欠缺。
[旧属一屋]

缩~ 朓~ 朏~ 盈~ 淡~

**曲** qǔ 歌曲。歌谱。
[旧属二沃]

戏~ 舞~ 琴~ 词~ 元~ 小~
俚~ 大~ 乐~ 异~ 心~ 鼓~
新~ 金~ 一~ 清~ 奏~ 妙~
序~ 昆~ 南~ 法~ 乡~ 古~
北~ 作~ 组~ 度~ 旧~ 谱~

丽~ 插~ 制~ 金缕~ 圆舞~
欸乃~ 相思~ 采莲~ 云韶~
阳春~ 进行~ 三部~
(另见平声 qū)

**阒** qù 寂静无声。
[旧属十二锡]

寥~ 幽~ 空~ 静~ 户~

**旭** xù 初升的太阳。
[旧属二沃]

朝~ 天~ 始~ 望~ 皓~ 初~
东~ 晨~ 晴~ 春~ 朱~ 朗~
红~ 清~ 张~

**洫** xù 田间的水道。
[旧属十三职]

沟~ 震~ 城~ 田~ 治~

**恤** xù 忧虑。怜悯。救济。
[旧属四质]

抚~ 怜~ 救~ 相~ 问~ 体~
存~ 慰~ 悯~ 优~ 恩~ 厚~
振~ 慈~ 勤~ 何以~ 不能~

**畜** xù 畜养。
[旧属一屋二十六宥]

六~ 兽~ 小~ 拊~ 难~ 耕~
放~ 杂~ 生~ 家~ 养~ 池~
豢~ 聚~ 牧~
(另见七无 chù)

**勖** xù 勉励。
[旧属二沃]

勉~ 训~ 珍~ 懋~ 愧~ 敬~
开~ 深~ 善~ 自~ 诫~ 馨~
欣~ 相~ 亲~

**续** xù 接连不断。
[旧属二沃]

继~ 连~ 陆~ 延~ 赓~ 补~
相~ 后~ 恒~ 接~ 断~ 胶~
手~ 络~ 绝~ 嗣~ 续~ 持~
琴弦~ 狗尾~ 断还~ 凫胫~
莺花~ 夜火~

**蓄** xù 储存；积蓄。
[旧属一屋]

储~ 藏~ 廪~ 私~ 心~ 涵~
赀~ 积~ 蕴~ 资~ 累~ 家~
余~ 久~ 含~ 九年~ 秋气~
千金~

蓿 xù 苜蓿,牧草。
[旧属一屋]
荍~

玉 yù 玉石。洁白美丽。
[旧属二沃]
白~ 碧~ 宝~ 金~ 汉~ 如~
黄~ 含~ 抱~ 怀~ 珠~ 佩~
暖~ 赤~ 求~ 授~ 宋~ 寒~
吐~ 琢~ 片~ 美~ 翠~ 切~
还~ 香~ 刻~ 璞~ 埋~ 漱~
冠~ 嫩~ 弄~ 采~ 双~ 苍~
蓝田~ 搔头~ 寒水~ 冷暖~
交枝~ 卞和~ 丰年~ 晚香~

谷 yù 吐谷浑的谷。
[旧属一屋]
(另见七无 gǔ)

郁 yù 香气浓厚。茂盛。郁积。
[旧属一屋五物]
馥~ 纷~ 兰~ 芬~ 桂~ 浓~
葱~ 芳~ 翁~ 抑~ 阴~ 哀~
深~ 隐~ 委~ 怨~ 勃~ 蒸~
烦~ 沉~ 忧~ 郁~ 纡~ 久~

育 yù 生育。养活。教育。
[旧属一屋]
培~ 养~ 孕~ 天~ 不~ 遗~
仁~ 诲~ 优~ 胎~ 普~ 春~
恩~ 德~ 乐~ 体~ 智~ 化~
卵~ 孳~ 鞠~ 发~ 节~ 抚~
天地~ 英才~ 万物~
(另见十五波 yō)

昱 yù 日光。照耀。
[旧属一屋]
晦~ 晃~ 昱~ 吐~ 明~ 赵~

狱 yù 监狱。官司;罪案。
[旧属二沃]
地~ 牢~ 入~ 探~ 大~ 出~
赴~ 秦~ 弊~ 黑~ 冤~ 折~
疑~ 断~ 书~ 缓~ 鬻~ 坐~
议~ 留~ 系~ 决~ 归~ 掘~
文字~ 京兆~ 龙埋~

彧 yù 有文采。
[旧属一屋]
彧~ 荀~ 柳~ 孙~ 崔~

峪 yù 山谷。

嘉~ 马兰~

钰 yù 珍宝。

鴥 yù 鸟飞得快。
[旧属四质]

浴 yù 洗澡。
[旧属二沃]
沐~ 淋~ 凫~ 新~ 澡~ 裸~
盥~ 净~ 入~ 夜~ 同~ 侣~
鹤~ 出~ 自~ 鹭~ 薰~ 佛~
洗~ 冲~ 日~ 日光~ 鸳鸯~
蚕正~ 春水~ 海水~ 桑拿~

域 yù 疆域。范围。
[旧属十三职]
地~ 区~ 领~ 水~ 海~ 境~
广~ 村~ 荒~ 仙~ 方~ 西~
绝~ 异~ 流~ 畛~ 静~ 边~
东南~ 桑梓~ 清凉~

堉 yù 沃土。

欲 yù 欲望。想要。需要。
[旧属二沃]
情~ 贪~ 大~ 逞~ 禁~ 无~
性~ 纵~ 色~ 六~ 人~ 私~
求~ 多~ 嗜~ 寡~ 极~ 少~
任~ 追~ 恣~ 奢~ 财~ 肉~
利~ 肆~ 见~ 节~ 悬~ 诞~
敛~ 食~ 羡~ 体~ 淫~ 止~
恶~ 遂~ 兽~ 求知~ 夺所~
得所~ 不足~ 情胜~ 性之~

阈 yù 门坎。泛指界限。
[旧属十三职]
门~ 视~ 听~ 践~ 履~ 桂~
造~ 层~ 清~ 堂~ 藩~ 闺~
城~ 户~ 闱~

淯 yù 清河,河南流入湖北。
[旧属一屋]
沮~ 骞~ 庞~ 潍~

尉 yù 尉迟,复姓。
[旧属五物]
(另见五微 wèi)

棫 yù 木名。
[旧属十三职]

柞~ 梓~ 芪~ 吴~ 樜~

**聿** yù 古汉语助词。
[旧属四质]

**鸲** yù 鸲鹆,八哥。
[旧属二沃]
鹆~

**粥** yù 生养。同'鬻'。
[旧属一屋]
(另见十六尤 zhōu)

**矞** yù 象征祥瑞的彩云。

**罭** yù 捕鱼小网。
[旧属十三职]
九~ 布~ 鱼~ 网~ 罜~

**煜** yù 照耀。
[旧属一屋]
日~ 月~ 炳~ 烨~ 煜~ 曜~
晃~ 熠~ 晖~ 李~

**蜮** yù 传说中的水中怪物。
[旧属十三职]
鬼~ 多~ 大~ 魊~ 魅~ 化~
淫~ 蝼~ 蛇~ 狐~ 含~ 溪~
鸣~ 为~ 沙~ 蜮~ 含沙~

**毓** yù 生育;养育。
[旧属一屋]
拥~ 照~ 锺~ 孕~ 产~ 蓄~
利~ 浸~ 养~ 抚~

**隩** yù 河岸弯曲处。
[旧属一屋]
四~ 井~ 荒~ 封~ 潭~ 关~

(另见十二萧 ào)

**蒮** yù 蘡蒮,藤本植物。
[旧属一屋]
郁~ 李~ 篱~

**潏** yù 水涌。
[旧属四质]
荡~ 潏~ 潦~ 涌~ 窦~ 淳~

**熨** yù 熨贴。
[旧属五物]
(另见十七侵 yùn)

**遹** yù 遵循。
[旧属四质]
不~ 回~ 律~

**奥** yù 同'燠'。
[旧属一屋十九皓]

**燠** yù 暖;热。
[旧属一屋十九皓]
时~ 暖~ 冬~ 气~ 寒~ 炎~
残~ 温~ 凉~ 安且~ 和风~
貂狐~

**燏** yù 火光。

**鹬** yù 水鸟名。
[旧属四质]
蚌~ 翠~ 聚~ 死~ 鹬~

**鬻** yù 卖。
[旧属一屋]
自~ 贩~ 货~ 炫~ 转~ 淫~
酷~ 私~ 市~ 剪发~ 苞苴~

# 七 无

## 平 声

**逋** bū 逃亡。拖欠;拖延。
[旧属七虞]
逃～ 败～ 亡～ 稽～ 归～ 久～
负～ 旧～ 戎～ 将～ 先～ 偿～
私～ 流～ 宿～ 诗～ 酒～ 林～
六年～ 怪禽～ 无所～ 尾毕～

**峬** bū 峬峭,文笔优美。

**晡** bū 申时,下午三至五时。
[旧属七虞]
日～ 西～ 下～ 将～ 晓～ 朝～
中～ 三～ 晨～ 未～ 过～ 春～
昼欲～ 语至～ 旦复～

**初** chū 开始。原来的。
[旧属六鱼]
始～ 如～ 当～ 年～ 太～ 厥～
月～ 黄～ 古～ 遂～ 虞～ 起～
复～ 寒～ 春～ 腊～ 汉～ 宋～
天地～ 识面～ 麦熟～ 晚凉～
睡起～ 拜谒～ 相见～ 旭日～
雁飞～ 绿阴～ 杏花～ 二月～

**摴** chū 摴蒱,掷色子。

**樗** chū 恶木。臭椿。
[旧属六鱼]
薪～ 庄～ 寒～ 散～ 长～ 田～
椿～ 寻～ 桑～ 山～ 臭～ 恶～
官道～ 不材～ 涧底～ 蔽芾～

**刍** chú 草料。割草。
[旧属七虞]
反～ 束～ 薪～ 负～ 生～ 艾～
斩～ 蒿～ 恶～ 芳～ 芦～ 茅～
食青～ 投～ 续～ 厩～ 飞～
香～ 丛～ 束～ 玉山～ 甘露～

**荂** chú 同'刍'。

**除** chú 去掉。台阶。
[旧属六鱼六御]
扫～ 袚～ 清～ 解～ 破～ 根～
剪～ 灭～ 铲～ 庭～ 阶～ 革～
乘～ 岁～ 去～ 剔～ 轻～ 辟～
逐～ 攘～ 内～ 剪～ 开～ 戒～
删～ 免～ 消～ 驱～ 割～ 废～
二惑～ 网罗～ 不可～ 青蔓～

**钽** chú 同'锄'。
(另见六鱼 jǔ)

**鹓** chú 鹓鹐,凤凰一类的鸟。

**厨** chú 厨房。厨师。
[旧属七虞]
名～ 庖～ 监～ 御～ 内～ 正～
神～ 堂～ 掌～ 军～ 下～ 人～
天～ 斋～ 山～ 行～ 酒～ 宝～
香～ 仙～ 琼～ 碧纱～ 笋迸～
香积～ 郇公～ 鸟窥～ 妇当～

**锄** chú 农具。松土锄草。
[旧属六鱼]
荷～ 铲～ 银～ 挥～ 花～ 犁～
芟～ 亲～ 春～ 耘～ 耕～ 把～
持～ 忘～ 负～ 自～ 香～ 朝～
晚～ 铁～ 诛～ 烟～ 携～ 持～
带经～ 垄上～ 雨后～ 草不～
带月～ 踏雪～ 当午～ 花中～

**滁** chú 水名。地名。
[旧属六鱼]
环～ 临～ 平～

**蜍** chú 蟾蜍,癞蛤蟆。
[旧属六鱼]
玉～ 吸～ 铜～ 砚～ 砚滴～

**雏** chú 幼小的。
[旧属七虞]
乳～ 凤～ 燕～ 雉～ 孤～ 鸡～
若～ 孕～ 探～ 小～ 坠～ 新～
凫～ 呼～ 春～ 育～ 巢～ 哺～

将~ 引~ 匹~ 鸦~ 九~ 鹏~
燕呼~ 凤凰~ 试飞~ 雏方~

**幮** <sup>chú</sup> 古代像橱的帐子。
[旧属七虞]
葛~ 蚊~ 纱~ 军~ 宫~ 方~
碧云~ 隔纱~ 天下~ 尘网~

**篨** <sup>chú</sup> 籧篨，粗席。
[旧属六鱼]

**橱** <sup>chú</sup> 橱柜。
书~ 碗~ 大~ 壁~ 柜~ 衣~
碧纱~ 玻璃~ 五斗~ 雕花~

**蹰** <sup>chú</sup> 踌蹰，犹豫，得意。
[旧属六鱼]

**蹰** <sup>chú</sup> 踟蹰，欲走不走。
[旧属七虞]

**粗** <sup>cū</sup> 粗糙。疏忽。鲁莽。
[旧属七虞]
胆~ 声~ 性~ 气~ 心~ 枝~
细~ 精~ 手~ 腿~ 动~ 人~
大老~ 用意~ 雨雹~ 点画~
心计~ 颜色~ 雪片~

**徂** <sup>cú</sup> 往；到。过去。
[旧属七虞]
夜~ 年~ 岁~ 同~ 北~ 迈~
偕~ 时~ 炎~ 逃~ 风~ 神~
自~ 秋~ 渺~ 奔~ 斯~ 云~
雁影~ 节物~ 日月~

**殂** <sup>cú</sup> 死亡。
崩~

**盄** <sup>dū</sup> 用指头轻击轻点。
点~

**都** <sup>dū</sup> 首都。大城市。
[旧属七虞]
京~ 国~ 故~ 名~ 江~ 迁~
奠~ 陪~ 中~ 丽~ 汉~ 宋~
帝~ 紫~ 鄞~ 旧~ 成~ 皇~
大~ 仙~ 琼~ 琳琅~ 膏腴~
帝王~ 山水~ 赋三~ 落雁~
(另见十六尤 dōu)

**阇** <sup>dū</sup> 城门上的台。
[旧属七虞六麻]

阇~ 城~ 筑~ 陁难~
(另见十一歌 shé)

**嘟** <sup>dū</sup> 象声词。
咕~ 嘟~

**夫** <sup>fū</sup> 丈夫。成年男子。
[旧属七虞]
渔~ 樵~ 工~ 仆~ 征~ 鳏~
姐~ 姑~ 轿~ 农~ 贩~ 狂~
担~ 田~ 野~ 逐~ 功~ 择~
事~ 望~ 君~ 髯~ 懒~ 庸~
前~ 匹~ 大~ 老~ 壮~ 病~
凡~ 千~ 懦~ 愚~ 武~ 勇~
大丈~ 士大~ 妇凌~ 轻薄~
人尽~ 豪俊~ 抱关~ 逐臭~
(另见 fú)

**伏** <sup>fú</sup> 同'夫'，苦工。

**呋** <sup>fú</sup> 呋喃，有机化合物。

**玞** <sup>fú</sup> 珷玞，像玉的石块。
[旧属七虞]
多~ 珉~

**肤** <sup>fū</sup> 皮肤。
[旧属七虞]
肌~ 雪~ 芳~ 玉~ 素~ 丰~
冰~ 脂~ 烁~ 体~ 噬~ 凝~
花~ 铭~ 发~ 裂~ 割~ 剥~
侵~ 切~ 换~ 沁香~ 冰雪~
无完~ 凉生~ 玉为~ 霜冽~

**柎** <sup>fū</sup> 花萼。钟鼓架的腿。
[旧属七虞]
萼~ 花~ 栗~ 松~ 青~ 天~
白~ 榆~ 竖~ 赤~

**砆** <sup>fū</sup> 碔砆，同'珷玞'。
[旧属七虞]

**铁** <sup>fū</sup> 铡刀。
[旧属七虞]
锐~ 砧~ 窃~ 斧~ 刀~ 金~

**麸** <sup>fū</sup> 麸子。
[旧属七虞]
糠~ 麦~ 红~ 甘~ 酱~ 杂~
盐~ 无~ 香~ 飘散~ 金粟~

趺 fú 碑下的石座。[旧属七虞]
石~ 龟~ 跏~ 方~ 花~ 璇~
金~ 僧~ 右~ 宝~ 鬼~ 巨~
白玉~ 红翠~ 莲含~ 嵌石~

蹹 fū 脚背。[旧属七遇]
脚~ 足~ 属~ 濡~ 跌~ 卢~
蛇~ 绿~ 旗~

稃 fú 麦壳。[旧属七虞]
内~ 外~ 红~ 熬一~ 脱~

痡 fú 病。疲劳过度。[旧属七虞]
毒~ 力~ 少~ 仆~ 沦~ 劳~

鄜 fū 鄜县,今陕西富县。

孵 fū 孵化。
鸡~ 鸟~ 春~ 秋~ 电~ 新~

敷 fū 涂上。铺开。[旧属七虞]
春~ 平~ 笔~ 云~ 华~ 宏~
播~ 秀~ 匀~ 横~ 星~ 永~
光~ 晨~ 气~ 罗~ 外~ 不~
枝叶~ 云霞~ 瑞色~ 琼琳~

夫 fú 助词。[旧属七虞]
善~ 哀~ 乐~ 嗟~ 悲~ 壮~
命也~ 有是~ 无已~ 如斯~
久矣~
(另见 fū)

凫 fú 野鸭。[旧属七虞]
双~ 野~ 晨~ 白~ 水~ 翔~
渚~ 银~ 海~ 锦~ 弋~ 归~
翠~ 宿~ 仙~ 鱼~ 沙~ 飞~
轻~ 化~ 戏~ 惊~ 舒~ 春~
水中~ 任鸥~ 映浴~ 浮金~

芙 fú 芙蓉,荷花。[旧属七虞]
晚~ 红~ 芝~ 华~ 霜~

莩 fú 莩苜,草名,即车前。[旧属十一尤]

扶 fú 扶持。扶助。[旧属七虞]
相~ 搀~ 携~ 内~ 推~ 亲~
义~ 强~ 力~ 长~ 恭~ 手~
难~ 翼~ 协~ 倾~ 匡~ 提~
资~ 儿~ 共~ 挟~ 起~ 掖~
倩人~ 竹枝~ 影相~ 侍儿~
红袖~ 谁肯~ 岁岁~ 春风~
未用~

孚 fú 使人信服。[旧属七虞]
信~ 中~ 忠~ 有~ 作~ 感~
交~ 教~ 志~ 广~ 诞~ 化~
相~ 永~ 远~ 朋至~ 诚恕~
众望~ 不戒~ 政令~ 无不~

苻 fú 草名。姓。[旧属七虞]
白~ 芦~ 秦~ 萑~ 莞~ 枯~

罘 fú 捕兽的网。[旧属十一尤]
解~ 帐~ 张~ 纲~ 置~ 芝~

俘 fú 俘虏。[旧属七虞]
战~ 被~ 遣~ 释~ 受~ 还~
活~ 押~ 戎~ 囚~ 生~ 赎~
归~ 献~ 纵~

郛 fú 城郭。[旧属七虞]
城~ 西~ 郭~ 筑~ 破~ 外~
故~ 邦~ 邑~ 郊~ 说~ 环~
近~ 空~ 人~ 海中~ 云阳~
水当~

莩 fú 芦苇杆里的薄膜。[旧属七虞]
葭~ 芦~ 琼~ 柔~ 寒~
(另见十二萧 piǎo)

蚨 fú 青蚨,借指铜钱。[旧属七虞]
飞~

浮 fú 浮水。浮躁。空虚。[旧属十一尤]
沉~ 轻~ 名~ 尘~ 气~ 嚣~
舟~ 竹~ 木~ 春~ 山~ 冰~
虚~ 声~ 香~ 漂~ 罗~ 人~

水～光～ 烟～ 云～ 鸥～ 影～
杯～ 泡～ 外～ 碧～ 萍～ 色～
月暗～ 花影～ 桂香～ 浪花～
落叶～ 乘桴～ 彩鸳～ 片帆～
波上～ 身世～ 日光～ 羽觞～

## 桴 <sup>fú</sup> 小筏子。鼓槌。
[旧属七虞十一尤]

木～ 乘～ 一～ 夜～ 为～ 前～
玉～ 鸡～ 编～ 浮海～ 到岸～
济川～ 寄于～

## 符 <sup>fú</sup> 符节。标记。姓。
[旧属七虞]

兵～ 虎～ 灵～ 桃～ 阴～ 印～
旧～ 表～ 剖～ 吉～ 祥～ 玉～
神～ 信～ 星～ 同～ 合～ 音～
星～ 相～ 睿～ 德～ 汉～ 藏～
鬼画～ 太平～ 护身～ 布新～
名实～ 吉凶～ 赤鸟～ 竹使～

## 涪 <sup>fú</sup> 涪江,四川水名

## 罦 <sup>fú</sup> 捕鸟的网。
[旧属七虞]

青～ 决～ 离～ 兔～ 鸟～ 置～

## 蜉 <sup>fú</sup> 蜉蝣。昆虫。
[旧属十一尤]

蚍～（大蚂蚁）

## 榑 <sup>fú</sup> 榑桑,即扶桑。

## 估 <sup>gū</sup> 估计;揣测。
[旧属七虞]

高～ 抬～ 加～ 旧～ 增～ 时～
平～ 酌～ 低～ 公～ 官～ 商～
市～ 编～ 海～
(另见仄声 gù)

## 咕 <sup>gū</sup> 象声词。
[旧属七虞]

唧～ 嘀～ 叽～ 咕～ 吱～

## 呱 <sup>gū</sup> 呱呱,小儿啼声。
[旧属七虞]

嗅～ 聆～ 彼～ 后稷～
(另见九佳 guā; guǎ)

## 沽 <sup>gū</sup> 买。卖。天津别称。

待～ 求～ 市～ 自～ 劝～ 屠～

坊～ 直～ 屡～ 不须～ 问人～
典衣～ 踏雪～ 善价～ 俸钱～

## 姑 <sup>gū</sup> 父亲或丈夫的姐妹。
[旧属七虞]

村～ 小～ 仙～ 尼～ 道～ 花～
舅～ 翁～ 山～ 麻～ 阿～ 桑～
蚕～ 紫～ 姑～ 雪～ 柳～ 鲍～
金仆～ 青溪～ 大小～ 插秧～

## 孤 <sup>gū</sup> 父母双亡。孤单。
[旧属七虞]

遗～ 抚～ 恤～ 托～ 少～ 幼～
心～ 影～ 性～ 孀～ 欺～ 身～
怜～ 哀～ 抱～ 势～ 存～ 称～
片云～ 客梦～ 素娥～ 一棹～
晚景～ 旅情～ 形影～ 夜眠～
楚山～

## 轱 <sup>gū</sup> 轱辘。

## 觚 <sup>gū</sup> 大觚,大骨。
[旧属七虞]

## 鸪 <sup>gū</sup> 鸟名。
[旧属七虞]

鹧～ 晴～ 啼～ 鹁～ 愁～ 春～

## 罛 <sup>gū</sup> 大鱼网。
[旧属七虞]

圆～ 鱼～ 施～ 长～ 美～ 拉～

## 菇 <sup>gū</sup> 蘑菇。

香～ 竹～ 云～ 芳～ 秋～ 青～
慈～ 鲜～ 冬～ 菌～ 花～ 草～
猴头～ 鸡腿～ 金针～

## 菰 <sup>gū</sup> 茭白。同'菇'。
[旧属七虞]

思～ 秋～ 莼～ 香～ 新～ 芳～
青～ 蒲～ 水～ 秋风～ 东湖～
叶似～

## 蛄 <sup>gū</sup> 虫名。
[旧属七虞]

蝼～ 蟪～ 湿～ 啼～
(另见仄声 gǔ)

## 辜 <sup>gū</sup> 罪。背弃;违背。
[旧属七虞]

无～ 何～ 非～ 知～ 恤～ 酒～
蒙～ 泣～ 伏～ 幽情～ 有余～

受其～

**酤** <sup>gū</sup> 薄酒。买酒。卖酒。
[旧属七虞七虞七遇]

清～ 懒～ 不～ 酌～ 香～ 断～
村～ 市～ 芳～ 鸟催～ 夜夜～
不用～

**觚** <sup>gū</sup> 酒器。写字板。棱角。
[旧属七虞]

百～ 奇～ 操～ 木～ 寿～ 腾～
奉～ 执～ 龙～ 丰～ 举～ 持～
酬以～ 夒龙～ 甲子～ 觚不～

**箍** <sup>gū</sup> 套在东西外的圈。

金～ 桶～ 铜～ 束～ 篾～ 脱～

**乎** <sup>hū</sup> 助词。
[旧属七虞]

几～ 庶～ 归～ 乌～ 清～ 恐～
然～ 焕～ 时～ 确～ 茫～ 渊～
浩浩～ 何为～ 洋洋～ 在兹～
巍巍～ 有之～

**戏** <sup>hū</sup> 於戏，同'呜呼'。
[旧属四支]
(另见八齐 xì)

**幠** <sup>hū</sup> 覆盖。宽大。
[旧属七虞]

遂～ 母～ 于～ 草～ 席～

**呼** <sup>hū</sup> 象声词。
[旧属七虞]

欢～ 招～ 称～ 高～ 传～ 惊～
寻～ 相～ 妄～ 遥～ 前～ 猿～
齐～ 三～ 鸣～ 夜～ 追～ 酣～
号～ 歌～ 大～ 一～ 疾～ 山～
喧～ 狂～ 远～ 海鹤～ 拍手～
万人～ 顺风～ 梦里～ 入云～
绕床～

**轷** <sup>hū</sup> 姓。

**烀** <sup>hū</sup> 半蒸半煮。

**嘑** <sup>hū</sup> 同'呼'。

**滹** <sup>hū</sup> 滹沱，河北水名。

**糊** <sup>hū</sup> 涂抹。封闭。
[旧属七虞]
(另见 hú；仄声 hù)

**狐** <sup>hú</sup> 狐狸。
[旧属七虞]

草～ 赤～ 银～ 野～ 白～ 老～
惊～ 狡～ 魅～ 雌～ 蝇～ 跋～
霜～ 文～ 箕～ 玄～ 城～ 妖～
封～ 董～ 兰～ 九尾～ 千年～

**弧** <sup>hú</sup> 弓。
[旧属七虞]

弯～ 天～ 威～ 张～ 弓～ 雕～
金～ 操～ 桑～ 悬～ 桃～ 圆～
蝥～ 彤～ 琅～

**胡** <sup>hú</sup> 胡子。随意。
[旧属七虞]

二～ 京～ 垂～ 秋～ 秦～ 风～
卢～ 麻～ 雕～ 贾～ 五～ 含～
酒家～ 络腮～ 赤须～

**壶** <sup>hú</sup> 盛水容器。
[旧属七虞]

玉～ 冰～ 茶～ 水～ 酒～ 银～
仙～ 琴～ 挈～ 春～ 花～ 尊～
铜～ 满～ 古～ 唾～ 投～ 方～
蓬～ 悬～ 提～ 暖～ 喷～ 漏～
倾～ 夜～ 金～ 凤鱼～ 玉女～
紫砂～

**葫** <sup>hú</sup> 葫芦。
[旧属七虞]

土～ 风～

**猢** <sup>hú</sup> 猢狲，猕猴的一种。

**餬** <sup>hú</sup> 粥。
[旧属七虞]

馄～ 末～ 口易～

**湖** <sup>hú</sup> 湖泊。
[旧属七虞]

江～ 五～ 西～ 太～ 南～ 月～
云～ 泛～ 半～ 望～ 澄～ 平～
春～ 鸥～ 绿～ 压～ 鹅～ 镜～
菱～ 晴～ 鼎～ 落星～ 芙蓉～
鸳鸯～ 万顷～ 洞庭～ 风卷～

**瑚** <sup>hú</sup> 珊瑚。
[旧属七虞]

玉~ 四~ 六~ 殷~ 夏~

**煳** hú 火烧后变焦发黑。

烧~ 烤~

**鹕** hú 鹈鹕，水鸟。
[旧属七虞]

**蝴** hú 蝴蝶。
[旧属七虞]

**糊** hú 粘。同'煳'、'餬'。
[旧属七虞]

模~ 含~ 半~ 不~ 雪~ 粘~
浆~ 迷~ 面~ 裱~
(另见 hū；仄声 hù)

**醐** hú 醍醐，精制奶酪。
[旧属七虞]

清~ 瓀~ 一厄~

**刳** kū 开。挖空。
[旧属七虞]

剖~ 刲~ 新~ 再~ 刀~ 剑~
谁与~ 龟灵~ 刚肠~ 腹若~

**枯** kū 失水。干瘪。枯燥。
[旧属七虞]

草~ 荣~ 海~ 干~ 萎~ 空~
焦~ 叶~ 水~ 形~ 涸~ 泉~
发~ 肠~ 眼~ 干~ 槁~ 砚~
枝~ 摧~ 偏~ 万物~ 形容~
草木~ 海田~ 日晒~ 爱河~

**骷** kū 骷髅。

**撸** lū 捋。撤消职务。

**噜** lū 噜苏，啰唆。

嘟~ 咕~ 哩~

**卢** lú 饭器。姓。
[旧属七虞]

微~ 蒲~ 扁~ 呼~ 掷~ 鹿~
彤~ 雉~ 枭~ 湛~ 的~ 韩~
介葛~ 博士~ 玉川~ 采成~
北村~ 提壶~

**芦** lú 芦苇。

黄~ 葫~ 荻~ 菰~ 秋~ 蒲~

茹~ 葭~ 青~ 蓬~ 茅~ 结~
卷~ 碧~ 短~ 种~ 蒿~ 寒~
雪点~ 两岸~ 雁衔~
(另见仄声 lǔ)

**庐** lú 简陋的房屋。山名。
[旧属六鱼]

草~ 敝~ 野~ 茅~ 匡~ 蜗~
蓬~ 雪~ 精~ 田~ 穹~ 僧~
云~ 结~ 青~ 佛~ 士~ 造~
隐退~ 东山~ 瓜牛~ 爱吾

**垆** lú 黑土。酒店。
[旧属七虞]

酒~ 当~ 春~ 卖~ 开~ 空~
坟~ 黄~ 官~ 赤~ 三~ 市~
村~ 茶~ 红~ 柳下~ 煮酒~
石作~ 黄公~

**炉** lú 炉子。
[旧属七虞]

熔~ 洪~ 香~ 大~ 丹~ 茶~
暖~ 风~ 煤~ 炭~ 鼎~ 宝~
锅~ 投~ 火~ 兽~ 司~ 高~
熏~ 冶~ 围~ 药~ 烘~ 地~
翡翠~ 雀尾~ 七宝~ 造化~
新出~ 狻猊~ 博山~ 菰苴~

**泸** lú 泸水，今金沙江。
[旧属七虞]

渝~ 渡~ 岷~ 西~ 守~

**纑** lú 线坯子。苎麻。
[旧属七虞]

绩~ 纺~ 辟~ 悬~ 细~ 五~

**栌** lú 斗拱。木名。
[旧属七虞]

龙~ 层~ 薄~ 黄~ 洪~ 枰~
重~ 千~ 枫~ 栋~ 山~ 杨~
绣~ 梁~ 甘~

**轳** lú 辘轳。
[旧属七虞]

轴~

**胪** lú 陈列。
[旧属六鱼]

传~ 汉~ 唱~ 腹~ 冰~ 鸿~
乙第~ 卉泊~ 大鸿~

**眹** lú 瞳人。
[旧属七虞]

碧~ 清~ 明~ 交~ 凝~

**鸬** lú 鸬鹚。
[旧属七虞]

鸂~ 鹛~ 青~

**颅** lú 头。
[旧属七虞]

头~ 秃~ 圆~ 隆~ 蒙~ 霜~
龙~ 解~ 青~ 兔~ 悬~ 提~
僧~ 投~ 犀~ 雪盈~ 饰当~
鬓垂~

**舻** lú 船头。船。
[旧属七虞]

舳~ 船~ 舟~ 飞~ 云~ 千~
接~ 浮~ 乘~ 战~ 巨~ 征~
摧~ 停~ 连~ 衔~ 扬~ 画~
钓~ 登~ 行~ 系雕~ 送行~
随舻~ 下淮~ 双彩~ 雪溅~

**鲈** lú 鲈鱼。
[旧属七虞]

莼~ 脍~ 思~ 新~ 活~ 献~
烹~ 行~ 碧~ 银~ 秋~ 江~
一尺~ 步兵~ 玉花~ 秋风~
季鹰~ 笠泽~ 松江~ 四鳃~

**氄** mú 氄子，氆氇的一种。

**模** mú 模子。
[旧属七虞]

字~ 铜~ 印~ 蜡~ 开~ 铅~
（另见十五波 mó）

**伮** nú 人名用字。

**奴** nú 奴隶。踯躅。
[旧属七虞]

洋~ 农~ 家~ 女~ 老~ 为~
人~ 骑~ 念~ 作~ 童~ 主~
小~ 侍~ 群~ 黑~ 呼~ 玉~
官~ 狂~ 豪~ 两髻~ 苍头~
守财~ 玉川~ 荔枝~ 笔头~

**孥** nú 儿女。妻与儿女。
[旧属七虞]

妻~ 不~ 寄~ 归~ 执~ 从~
送~ 收~ 养~ 纳~ 示~ 人~
徒~ 止~ 鸟~ 不携~ 夺之~

**驽** nú 劣马。人无能力。
[旧属七虞]

愚~ 弃~ 筋~ 羸~ 疲~ 随~
良~ 劣~ 策~ 相如~ 间以~

**仆** pū 向前跌倒。
[旧属七遇二十六宥一屋二沃]

颠~ 僵~ 偃~ 推~ 前~ 主~
久而~ 应手~ 樯楫~
（另见 pú）

**铺** pū 展开。摊平。
[旧属七虞]

平~ 霞~ 锦~ 草~ 金~ 花~
青~ 叶~ 荷~ 毡~ 霜~ 横~
云~ 茵~ 叶~ 苔~ 密~ 广~
粉暗~ 月色~ 盛业~ 落红~
碧簟~ 十里~ 瑞色~ 蜀锦~
（另见仄声 pù）

**潽** pū 液体沸腾溢出。

**匍** pú 匍匐。

**莆** pú 指福建莆田县。姓。
[旧属七虞]

**菩** pú 菩提；菩萨。

**脯** pú 胸脯。
[旧属七虞]
（另见仄声 fǔ）

**葡** pú 葡萄。

**蒱** pú 摴蒱，赌博掷色子。
[旧属七虞]

**蒲** pú 香蒲。菖蒲。
[旧属七虞]

绿~ 新~ 青~ 团~ 菰~ 水~
风~ 霜~ 莲~ 芳~ 翠~ 编~
寒~ 江~ 野~ 金~ 织~ 渚~
水~ 葭~ 瞻~ 映竹~ 柳与~

**酺** pú 聚会饮酒。
[旧属七虞七遇]

大~ 欢~ 酣~ 观~ 设~ 合~
祭~ 酒~ 颁~ 张~ 为~ 赐~

**如** rú 适合。如同。
[旧属六鱼六御]

假~ 犹~ 突~ 相~ 自~ 淡~
真~ 宛~ 不~ 弗~ 檠~ 凉~
肥~ 美~ 焉~ 所~ 曷~ 蔼~
杳~ 焚~ 阙~ 何~ 晏~ 威~
怡怡~ 羞不~ 竟何~ 有谁~

**茹** rú 茅根。吃。姓。
[旧属六鱼六语六御]

茅~ 食~ 菜~ 连~ 木~ 芳~
吐~ 柔~ 蔬~ 藿~ 仙~ 素~
春~ 果~ 野~ 白露~ 美可~
采山~

**铷** rú 金属元素。制光电池。

**儒** rú 指儒家。读书人。

侏~ 腐~ 鄙~ 愚~ 酸~ 贫~
俗~ 迂~ 寒~ 鸿~ 宿~ 硕~
通~ 大~ 耆~ 尊~ 老~ 雅~
世~ 名~ 醇~ 崇~ 吾~ 汉~
战群~ 冠众~ 草衣~ 章句~

**蕦** rú 香蕦,草本植物。

**嚅** rú 嚅动。
[旧属七虞]

嗫~ 喔~ 咕~

**濡** rú 沾湿。停留。
[旧属七虞]

相~ 沾~ 洽~ 和~ 酒~ 衣~
滋~ 如~ 蝶~ 若~ 涎~ 口~
译~ 涵~ 耳~ 鱼沫~ 雨露~
墨初~ 雨苔~

**孺** rú 小孩子。
[旧属七遇]

童~ 翁~ 妇~ 孩~ 孤~ 孙~
幼~ 婴~ 耋~ 稚~

**襦** rú 短衣;短袄。
[旧属七虞]

红~ 罗~ 珠~ 脱~ 帛~ 麻~
衣~ 汗~ 小~ 裌~ 短~ 绣~
布~ 锦~ 绿~ 袍~ 腰~ 解~
合欢~ 鸳鸯~ 补旧~

**颥** rú 颞颥,两耳上方。

**蠕** rú (旧读 ruǎn)蠕动。

蠕~

**殳** shū 古兵器。
[旧属七虞]

执~ 荷~ 戈~ 举~ 抽~ 锐~
抽~ 竿~ 桃~ 丈二~ 棘竹~

**书** shū 字体。著作。书信。
[旧属六鱼]

诗~ 史~ 古~ 经~ 读~ 大~
特~ 学~ 出~ 买~ 手~ 行~
楷~ 草~ 隶~ 载~ 检~ 宝~
证~ 文~ 说~ 雁~ 遗~ 抄~
车~ 投~ 篆~ 校~ 谤~ 曝~
降~ 战~ 情~ 农~ 家~ 羽~
翻~ 琴~ 念~ 致~ 藏~ 丛~
全~ 图~ 买~ 借~ 寄~ 修~
兵~ 新~ 著~ 异~ 六~ 辞~
换鹅~ 线装~ 太史~ 枕中~
壁中~ 挑战~ 雁足~ 绝交~
金匮~ 白皮~ 信手~ 阆苑~
数行~ 一封~ 万卷~ 故人~
满架~ 百家~ 工具~ 两地~

**抒** shū 表达;发表。
[旧属六语]

直~ 略~ 力~ 情~ 薄~ 一~
畅~ 喜~ 发~ 难~

**纾** shū 解除。延缓。宽裕。
[旧属六鱼六语]

俯~ 学~ 解~ 民力~

**枢** shū 门轴。中心部分。
[旧属七虞]

中~ 机~ 户~ 紫~ 运~ 上~
灵~ 天~ 握~ 山~ 星~ 门~
万~ 桑~ 金~ 古~ 绳~ 秉~
不蠹~ 天下~ 合斗~ 赞鸿~

**姝** shū 美好。美女。
[旧属七虞]

丽~ 仙~ 名~ 国~ 色~ 世~
艳~ 舞~ 清~ 妖~ 夜~ 闺~
妍~ 妒~ 洛~ 双~ 侍~ 玉~
吴~ 歌~ 彼~ 娉婷~ 灼灼~
陌上~ 倾城~ 天下~ 谁家~

**殊** shū 不同。特别。[旧属七虞]
特~ 悬~ 势~ 独~ 迥~ 荣~
事~ 形~ 音~ 绝~ 舛~ 性~
曼~ 文~ 音~ 风土~ 物候~
今古~ 斐然~ 贵贱~ 语音~
世界~ 风俗~ 相貌~ 与众~

**梳** shū 梳子。梳理。[旧属六鱼]
木~ 爬~ 妆~ 宝~ 香~ 晨~
琼~ 枥~ 慵~ 水~ 千~ 晓~
鬓~ 小~ 牙~ 风~ 月~ 宝~
新~ 发~ 慵~ 柳堪~ 发有~
象牙~ 百齿~ 任风~ 临镜~
碧玉~ 玳瑁~ 霜满~ 水晶~

**郰** shū 古县名，今山东夏津。

**舒** shū 舒展。从容。[旧属六鱼]
云~ 闲~ 卷~ 宽~ 安~ 展~
意~ 气~ 风~ 柳~ 影~ 和~
声~ 清~ 叶~ 伸~ 望~ 霞~
眉~ 花~ 志~ 龙~ 晨~ 散~
筋骨~ 地气~ 心神~ 蕊渐~

**疏** shū 疏通。关系远。[旧属六鱼六御]
情~ 萧~ 稀~ 亲~ 粗~ 荒~
扶~ 生~ 才~ 清~ 交~ 计~
简~ 鬓~ 翠~ 空~ 林~ 篱~
雨~ 影~ 慵~ 行人~ 霁雨~
薛荔~ 碧萝~ 短帘~ 野花~
音信~ 形迹~ 意气~ 酒杯~

**摅** shū 表示;发表。腾跃。[旧属六鱼]
龙~ 愤~ 不~ 气~ 志~ 绣~
两情~ 幽怀~ 欢易~ 愤已~

**输** shū 运送。捐献。失败。[旧属七虞七遇]
运~ 灌~ 均~ 流~ 委~ 贡~
远~ 神~ 倾~ 岁~ 征~ 转~
赢~ 认~ 公~ 不服~ 博局~
志力~ 百川~ 不曾~ 无所~

**毹** shū 氍毹,毛织地毯。
锦~ 红~

**蔬** shū 蔬菜。[旧属六鱼]
果~ 菜~ 肴~ 家~ 玉~ 百~
食~ 荐~ 饭~ 野~ 寒~ 园~
春~ 秋~ 鱼~ 润~ 晚~ 剪~
弃~ 晓~ 清~ 新~ 摘~ 霜~
嘉~ 餐~ 畦~ 冷~ 尝~ 盘~
玉露~ 雨沾~ 三百~ 佛影~

**苏** sū 须状垂物。苏醒。[旧属七虞]
姑~ 江~ 屠~ 复~ 乌~ 心~
樵~ 民~ 流~ 病~ 紫~ 三~
噜~ 大~ 薪~ 兰~ 琼~ 扶~
清~ 梦~ 香~ 犀~ 来~ 昭~
万象~ 草木~ 四海~ 筋骸~

**酥** sū 酥油。酥软。[旧属七虞]
香~ 酪~ 酴~ 油~ 匀~ 凝~
玉~ 琼~ 冰~ 胸~ 脂~ 粉~
晕~ 春~ 花~ 麻~ 桃~ 搓~
滑于~ 润如~ 小天~ 雨如~

**稣** sū 耶稣。同'苏'。[旧属七虞]

**图** tú 图画。谋划。贪图。[旧属七虞]
鸿~ 宏~ 蓝~ 草~ 构~ 画~
意~ 地~ 看~ 配~ 绘~ 河~
版~ 良~ 雄~ 安~ 希~ 志~
永~ 远~ 制~ 霸~ 企~ 龙~
壮~ 字~ 舆~ 九老~ 扑蝶~
避暑~ 戏鸭~ 五岳~ 醉僧~
太极~ 百梅~ 烟雨~ 导游~
璇玑~ 地形~

**荼** tú 苦菜。茅草的白花。[旧属七虞]
如~ 苦~ 堇~ 秋~ 茹~ 甘~
神~ 荒~ 荠~ 女如~ 雨灌~
芸蓼~

**徒** tú 步行。徒弟。某种人。[旧属七虞]
学~ 师~ 门~ 叛~ 匪~ 信~
教~ 囚~ 酒~ 暴~ 狂~ 高~
收~ 党~ 赌~ 司~ 恶~ 佛~
非吾~ 烟霞~ 学钓~

**途** tú 道路。
[旧属七虞]
征~ 路~ 旅~ 长~ 前~ 通~
仕~ 识~ 世~ 坦~ 正~ 险~
宦~ 问~ 远~ 邪~ 歧~ 用~
中~ 半~ 迷~ 穷~ 畏~ 殊~
客~ 归~ 云~ 别~ 情~ 改~
倦世~ 忠义~ 泣穷~ 千里~

**涂** tú 涂抹。乱写乱画。
[旧属六鱼七虞]
抹~ 泥~ 糊~ 笔~ 封~ 乱~
椒~ 尘~ 当~ 麝香~ 不用~
蝶粉~

**菟** tú 於菟,楚人称虎。
[旧属七虞]
玄~ 春~ 银~ 飞~(神马)
(另见仄声 tù)

**屠** tú 宰杀。屠杀。姓。
[旧属六鱼七虞]
向~ 禁~ 贩~ 休~ 就~ 自~
手~ 先~ 相~ 凶~ 浮~ 市~
狗~ 钓~ 断~ 鼓刀~ 虐为~
大梁~

**瘏** tú 病。
[旧属七虞]
卒~ 马~ 痡~ 我马~

**酴** tú 酿酒用的酒母。

**乌** wū 乌鸦。黑色。姓。
[旧属七虞]
黑~ 啼~ 夜~ 栖~ 金~ 群~
慈~ 铜~ 丹~ 晨~ 赤~ 乳~
渴~ 樯~ 檐~ 霜~ 阳~ 飞~
鬓边~ 反哺~ 何首~ 夜月~
(另见仄声 wù)

**圬** wū 瓦工的抹子。抹灰。
[旧属七虞]

**邬** wū 姓。
[旧属七虞]

**污** wū 浊水。不廉洁。弄脏。
[旧属七虞七遇]
沾~ 贪~ 纳~ 合~ 自~ 粪~
血~ 奸~ 淫~ 陷~ 尘~ 卑~
点~ 墨~ 臭~ 去~ 道~ 泥~

世俗~ 谗口~ 诗酒~ 青蝇~

**巫** wū 巫师。
[旧属七虞]
大~ 小~ 河~ 淫~ 召~ 杖~
鞭~ 庸~ 老~ 村~ 乡~ 信~
问~ 神~ 觋~ 九天~ 笑灵~
汉宫~ 好为~ 桑田~ 舞群~

**呜** wū 象声词。
呜~ 喑~ 哽~ 咿~ 哑~

**於** wū 叹词。
[旧属七虞]
(另见六鱼 yú)

**钨** wū 金属元素。

**洿** wū 低洼地。水池。

**诬** wū 捏造事实冤枉人。
[旧属七虞]
诋~ 欺~ 遭~ 辨~ 抱~ 见~
自~ 矫~ 谄~ 相~ 谗~ 赃~
冤~ 厚~ 虚~ 巧言~ 焉可~
曲直~

**恶** wū 叹词,表示惊讶。
[旧属七虞]
(另见仄声 wù;十四歌 ě)

**无** wú 没有。不。不论。
[旧属七虞]
本~ 因~ 空~ 谁~ 若~ 非~
暂~ 却~ 虚~ 有~ 绝~ 得~
贵~ 三~ 一~ 淡欲~ 有若~
有诗~ 本来~ 绝世~ 入时~
今在~ 一尘~ 识之~ 眼中~
我独~ 旷代~ 何处~ 天下~
(另见十五波 mó)

**毋** wú 表示禁止或劝阻。
[旧属七虞]
宁~ 兹~ 胡~ 将~ 能~

**芜** wú 乱草丛生。杂乱。
[旧属七虞]
荒~ 庭~ 删~ 青~ 芳~ 田~
碧~ 野~ 草~ 荃~ 才~ 疏~
苍~ 衰~ 秋~ 闺~ 绿~ 繁~

蘼～平～沧～蘅～榛～寒～
笔砚～ 故园～ 边城～

## 吾 wú 我。我们。[旧属七虞]

昆～从～归～由～畏～融～
非～笑～故～新～今～犹～
伊～支～金～足慰～不负～
子知～

## 吴 wú 三国之一。姓。[旧属七虞]

东～孙～三～思～连～游～
富～荆～人～旧～劲～平～
瓯～秦～沼～天～勾～联～
越吞～不忘～魏蜀～

## 郚 wú 郎郚,山东地名。[旧属七虞]

迁～城～

## 摀 wú 枝摀,说话含混。[旧属七遇]
(另见仄声 wǔ)

## 唔 wú 咿唔,读书声。

## 浯 wú 浯河,山东水名。

## 梧 wú 梧桐。[旧属七虞]

魁～苍～碧～翠～井～巢～
寒～城～枯～高～竹～庭～
枝～青～秋～宫～修～飘～
凤栖～ 披垣～ 朝阳～

## 鹀 wú 鸟名。

## 铻 wú 锟铻,借指宝剑。[旧属六鱼六语]
(另见六鱼 yǔ)

## 蜈 wú 蜈蚣。

## 鼯 wú 鼯鼠。[旧属七虞]

狁～狌～飞～饥～鼬～山～
晨～栖～寒～五技～多趾～

## 朱 zhū 红色。朱砂。姓。[旧属七虞]

唇～口～点～丹～印～墨～
樱～涂～屇～施～金～陶～
紫～银～研～夺～杨～离～
双脸～ 半林～ 绶拖～ 碧成～

## 邾 zhū 周朝邹国原名邾。[旧属七虞]

卑～适～小～谋～诈～

## 侏 zhū 侏儒。[旧属七虞]

侏～伶～勇～伛～

## 诛 zhū 杀。谴责。声讨。[旧属七虞]

口～天～当～义～不～显～
受～诘～首～惧～鬼～滥～
抗～行～征～春秋～蒿街～
奸伪～

## 茱 zhū 茱萸。

## 洙 zhū 山东水名。[旧属七虞]

浚～沂～洛～尹～会～泗～

## 珠 zhū 珠子。球形小物。[旧属七虞]

明～水～珍～露～汗～蚌～
真～弄～穿～泻～探～血～
歌～凤～泪～连～掌～吐～
宝～缀～瑶～红～绿～编～
双～采～遗～弹～眼～跳～
贯～念～还～联～荷～滚～
夜明～ 弹雀～ 沧海～ 水晶～
唾成～ 汗成～ 骊龙～ 万点～
一颗～ 算盘～ 明月～ 天雨～

## 株 zhū 树木的根或茎。[旧属七虞]

根～一～同～守～连～千～
蟠～鸦～灵～幼～残～数～
朽～枯～霜～万～鸡～犀～
花满～ 傲霜～ 珊瑚～ 八百～

## 诸 zhū 众;许多。姓。之于。[旧属六鱼]

付～公～有～居～孟～藏～
望～梅～方～当～

## 铢 zhū 古代重量单位。[旧属七虞]

五～ 分～ 厘～ 六～ 金～ 锱～
碎～ 数～ 毫～ 重几～ 学半～
始于～

**猪** zhū
[旧属六鱼]
蠢～ 野～ 豪～ 溷～ 肥～ 白～
卖～ 生～ 豢～ 丧～ 江～ 烧～
墨～ 媚～ 山～ 岁～ 牧～ 花～
乳～ 养～ 小～ 老母～ 虎牧～
空槽～ 东家～

**蛛** zhū 蜘蛛。
[旧属七虞]
网～ 垂～ 檐～ 壁～ 饥～ 毒～
红～ 老～ 神～ 螯～ 喜～ 巨～
乞巧～ 网户～

**槠** zhū 木名。
[旧属六鱼]
杉～ 甜～ 栎～ 桐～ 铁～

**潴** zhū 水积聚处。
[旧属六鱼]
污～ 堰～ 停～ 复～ 漏～ 水～
楚泽～ 恐为～

**橥** zhū 拴牲口的小木桩。
[旧属六鱼]
揭～

**租** zū 租用。租金。
[旧属七虞]
招～ 出～ 免～ 转～ 索～ 催～
赁～ 房～ 市～ 负～ 田～ 旧～
税～ 折～ 本～ 征～ 不～ 分～
收～ 减～ 赋～ 食～ 承～ 月～
不欠～ 橘柚～ 偿官～

**菹** zū 沼泽地。酸菜。
[旧属六鱼]
羊～ 冬～ 菜～ 七～ 设～ 桃～
寒～ 韭～ 芹～ 鲜～ 蒲～ 瓜～
梅～ 生～ 荐～ 菊苗～ 凤足～
金笋～ 楚王～

## 旧读入声

**醭** bú 酱油、醋上的霉。
[旧属一屋]
霉～ 白～ 生～ 梅～ 药～ 酱～
清不～ 花如～ 儿衣～ 瓮生～

**不** bú
[旧属五物十一尤]
(另见仄声 bù)

**出** chū 出来。超出。出处。
[旧属四质四寘]
外～ 杰～ 突～ 进～ 演～ 夜～
私～ 淡～ 初～ 飞～ 复～ 引～
生～ 跃～ 表～ 浮～ 支～ 公～
潜～ 闲～ 乍～ 六～ 扶～ 呼～
秀～ 日～ 步～ 提～ 辈～ 展～
石～ 月～ 旁～ 远～ 四～ 重～
层～ 超～ 越～ 脱颖～ 鱼贯～
挺身～ 戏一～ 由中～ 日月～
州渚～ 新诗～

**督** dū 监督指挥。
[旧属二沃]
监～ 家～ 教～ 董～ 纠～ 总～
专～ 身～ 威～ 检～ 亲～ 分～
岁～ 责～ 都～ 殿中～ 父兄～
门下～ 万人～

**豚** dū 豚子,蝎子尾部。

**毒** dú 毒品。毒辣;猛烈。
[旧属二沃]
病～ 有～ 吸～ 戒～ 贩～ 真～
无～ 去～ 憎～ 螫～ 喷～ 药～
施～ 阴～ 止～ 虐～ 奸～ 凶～
含～ 百～ 腐～ 食～ 恶～ 荼～
五～ 箭～ 鸩～ 刻～ 狠～ 流～
消～ 侵～ 怨～ 遗～ 惨～ 抗～
中～ 解～ 放～ 火～ 肆～ 微～
马肝～ 河豚～ 口舌～ 毒攻～

**独** dú 一个。独自。孤独。
[旧属一屋]
茕～ 单～ 慎～ 行～ 好～ 寡～
抱～ 嫠～ 孀～ 谨～ 影～ 危～
幽～ 鳏～ 无～ 非我～ 不忍～
人仍～ 天使～

**顿** dú 冒顿,匈奴王。
(另见十八真 dùn)

**读** dú 阅读。朗读。
[旧属一屋二十六宥]

夜～ 卧～ 略～ 识～ 闲～ 捧～
把～ 抽～ 坐～ 熟～ 懒～ 遍～
重～ 罢～ 习～ 诵～ 耕～ 苦～
快～ 温～ 宣～ 暗～ 侍～ 披～
共～ 未～ 就～ 展～ 赏～ 勤～
研～ 默～ 伴～ 饱～ 细～ 精～
百～ 攻～ 必～ 灯下～ 月下～
夜深～ 百回～ 字字～ 拥炉～
（另见十六尤 dòu）

**渎** dú 轻漫。沟渠。[旧属一屋]

沪～ 海～ 木～ 淮～ 江～ 川～
沟～ 污～ 下～ 不～ 开～ 贯～
通～ 水～ 冒～ 干～ 亵～ 烦～
引～ 浚～ 四～ 尚～ 岳～ 轻～
百尺～ 金溪～ 龙门～ 铜姑～

**椟** dú 匣子。[旧属一屋]

买～ 韫～ 金～ 韬～ 簏～ 笔～
藏～ 盈～ 发～ 缄～ 启～ 匮～
珠～ 棺～ 玉～ 龟玉～ 启剑～
夜光～

**犊** dú 小牛。[旧属一屋]

牛～ 牧～ 孤～ 牵～ 桑～ 养～
鸣～ 失～ 乳～ 摸～ 小～ 虎～
爱～ 引～ 黄～ 羔～ 舐～ 买～
卧～ 饮～ 唤～ 叱～ 抱～ 产～
初生～ 晨驱～ 牛带～ 春山～
不杀～ 三岁～

**牍** dú 木简。文件；书信。[旧属一屋]

尺～ 简～ 书～ 文～ 函～ 荐～
翰～ 札～ 短～ 玉～ 笔～ 案～
公～ 篇～ 诗～ 公府～ 萧氏～

**讟** dú 谤言。[旧属一屋]

怨～ 毁～ 谗～ 谤～ 嚣～ 人～
忿～ 谣～ 诽～ 众～

**黩** dú 玷污。轻率。[旧属一屋]

媟～ 鄙～ 贪～ 喧～ 干～ 侵～
慢～ 神～ 畏～ 秽～ 亵～ 润～
私～ 烦～ 疑～ 尘埃～ 百吏～
不可～ 交不～

**髑** dú 髑髅，骷髅。[旧属一屋]

**市** fú 同'韨'。

**弗** fú 不。[旧属五物]

亲～ 乙～ 弗～ 黜～ 羽～
舍利～ 大莫～

**伏** fú 趴下。隐藏。屈服。[旧属一屋二十六宥]

起～ 潜～ 入～ 初～ 偃～ 蒲～
醉～ 乞～ 跪～ 夜～ 三～ 埋～
拜～ 波～ 屈～ 夏～ 畏～ 栖～
兔～ 俯～ 雌～ 蛰～ 蜷～ 隐～
虎～ 鱼～ 制～ 降～ 蟠～ 昼～
盗贼～ 望风～ 草中～ 虎豹～

**芾** fú 草木茂盛。[旧属五物]

米～（宋书画家）
（另见五微 fèi）

**佛** fú 仿佛。[旧属五物]

（另见十五波 fó）

**刜** fú 用刀砍。[旧属五物]

披～ 剑～ 芰～ 剪～ 青萍～

**茀** fú 杂草多。[旧属五物]

田～ 荒～ 道～ 簟～ 积～ 芬～
襏～ 婴～ 夷～ 翟～ 茀～

**拂** fú 轻轻吹动。[旧属五物]

吹～ 风～ 手～ 轻～ 飘～ 牵～
扇～ 低～ 剪～ 违～ 扫～ 红～
袖～ 蝇～ 徐～ 丝～ 香～ 云～
空～ 花～ 霞～ 拭～ 帘～ 雨～
长条～ 红袖～ 帆影～ 舞衣～
龙须～ 垂物～ 麈尾～ 柳条～

**绋** fú 彷佛，同'仿佛'。[旧属五物]

**服** fú 衣裳。吃药。服从。[旧属一屋]

西~ 军~ 华~ 戏~ 素~ 便~
征~ 微~ 制~ 丧~ 盛~ 异~
缟~ 戎~ 和~ 警~ 校~ 礼~
衣~ 畏~ 内~ 不~ 说~ 舒~
春~ 愧~ 慢~ 冠~ 囚~ 诚~
归~ 心~ 口~ 驯~ 信~ 佩~
叹~ 屈~ 克~ 悦~ 改~ 惊~
（另见仄声 fù）

**怫** fú 形容忧愁或愤怒。
[旧属五物]
郁~ 不~ 勿~ 屡~ 怫~ 理~

**绂** fú 系印章的丝绳。
[旧属五物]
赤~ 绣~ 朱~ 玺~ 印~ 华~
缨~ 簪~ 佩~ 章~ 解~ 系~

**绋** fú 牵引棺木的绳索。
执~

**韨** fú 祭服。系印绳。
[旧属五物]
制~ 印~ 赤~ 章~ 服~ 绿~

**茯** fú 茯苓。
[旧属一屋]
老~

**氟** fú 气体元素。

**洑** fú 旋涡。
[旧属一屋]
洄~ 旋~ 怒~ 湍~ 湖~ 洞~
断~ 倒~ 沿~ 水~ 乘~ 江~
（另见仄声 fù）

**祓** fú 扫除。
[旧属五物]
秋~ 自~ 洗~ 清~ 祈~ 渝~
斋~ 禊~ 澡~ 薰~

**栿** fú 房梁。
[旧属一屋]
梁~

**砩** fú 砩石,今作氟石。

**菔** fú 莱菔,萝卜。
[旧属一屋十三职]
芦~

**匐** fú 匍匐,爬行。
[旧属一屋十三职]
颠~

**袱** fú 包东西用的布单。
夹~ 破~ 包~ 绣~ 锦~ 旧~
龙凤~ 鸳鸯~

**艴** fú 生气。
[旧属五物六月]
愧~ 怒~

**幅** fú 宽度。
[旧属一屋十三职]
单~ 双~ 宽~ 振~ 一~ 半~
前~ 直~ 百~ 阔~ 数~ 布~
条~ 边~ 横~ 锦~ 正~ 盈~
短~ 巨~ 门~ 巾~ 成~ 尺~
全~ 篇~ 画~ 满~ 六~ 素~
书裙~ 三丈~ 十二~ 修边~

**辐** fú 辐条。
[旧属一屋]
车~ 轮~ 脱~ 伐~ 员~ 置~
弱~ 折~ 千~ 触~ 断~ 挂~
三十~ 死生~ 泥没~ 水淹~

**鵩** fú 猫头鹰一类的鸟。
[旧属一屋]
赋~ 怪~ 忌~ 飞~ 悲~ 鸮~
枭~ 问~ 感~ 群~ 巢~ 栖~
忧~ 叹~ 占~

**鲋** fú 鲂鲋,海鱼。

**福** fú 幸福;福气。
[旧属一屋]
造~ 享~ 祝~ 清~ 多~ 洪~
纳~ 全~ 受~ 作~ 祈~ 家~
嘉~ 赐~ 承~ 余~ 祺~ 百~
万~ 口~ 致~ 有~ 祉~ 降~
大~ 寿~ 薄~ 安~ 厚~ 增~
发~ 景~ 后~ 求~ 种~ 五~
积~ 贻~ 延~ 眼~ 借~ 阿~
社稷~ 万世~ 养恬~ 半分~
愚者~ 宁非~ 作威~ 全家~

**箙** fú 盛箭器具。
[旧属一屋]
矢~ 弩~ 雕~ 箭~ 鱼~ 鞬~

蝠 fú 蝙蝠。
[旧属一屋]

白~ 飞~ 燕~ 黑~ 夜~ 洞~

幞 fú 幞头。
[旧属二沃]

枕~ 如~ 入~ 送故~

黻 fú 礼服上的花纹。
[旧属五物]

黼~ 华~ 龙~ 圭~ 朱~ 丹~
朝~ 垂~ 衮~ 士~ 凤~ 鹤~

襆 fú 被单。包扎。
[旧属一屋]

布~ 衣~

縠 gū 縠辘,同'轱辘'。
[旧属一屋]

(另见仄声 gǔ)

骨 gū 骨碌碌。
[旧属六月]

(另见仄声 gǔ)

臌 gū 臌葵,果实的一种。

忽 hū 不重视。忽而。
[旧属六月]

疏~ 恍~ 儵~ 飘~ 忘~ 轧~
秒~ 悠~ 轻~ 闪~ 奄~ 超~
丝~ 怠~ 荒~ 倏~ 玩~ 忽~
岁月~ 不敢~ 岂可~

唿 hū 唿扇。唿哨。

㺑 hū 㺑律,指鳄鱼。

滷 hū 滷浴,洗澡。
[旧属六月]

惚 hū 失意而迷乱。
[旧属六月]

恍~ 慌~ 茫~ 飘~ 惚~

囫 hú 囫囵,完整。

和 hú 麻将俗语。

(另见十四歌 hé, hè;十五波
huó, huò)

斛 hú 古代量器。
[旧属一屋]

一~ 小~ 古~ 铜~ 石~ 木~
愁~ 金~ 斗~ 万~ 珠~ 盅~
三百~ 尘满~ 八方~

搰 hú 掘。搅浑。
[旧属六月]

狐~ 搰~

鹄 hú 天鹅。
[旧属二沃]

鸿~ 双~ 晨~ 海~ 隐~ 潜~
别~ 凫~ 田~ 孤~ 野~ 雁~
翠~ 水~ 翔~ 鸾~ 白~ 哀~
鸣~ 夜~ 云~ 化~ 放~ 黄~
摩天~ 清如~ 南飞~
(另见仄声 gǔ)

䲧 hú 蒲式耳的旧称。

鹘 hú 猛禽。
[旧属六月八黠]

回~ 沙~ 饿~ 快~ 野~ 飞~
惊~ 苍~ 健~ 霜~ 鹰~ 青~
秋~ 雕~ 银~ 摩天~ 桃花~
穿云~ 渡海~ 目如~
(另见仄声 gǔ)

核 hú 核果。
[旧属六月十一陌)

梨~ 煤~ 枣~ 果~ 吐~
(另见十四歌 hé)

槲 hú 木名。
[旧属一屋]

黄~ 水~ 大~ 高生~

縠 hú 有绉纹的纱。
[旧属一屋]

绮~ 纱~ 绫~ 罗~ 红~ 绡~
轻~ 舞~ 碧~ 细~ 文~ 雾~
纤~ 烟~ 翠~ 净~ 锦~ 雪~
五彩~ 光动~ 波似~ 薄如~

觳 hú 觳觫,恐惧发抖。
[旧属一屋三觉]

一~ 成~ 五~

哭 kū 流泪。
[旧属一屋]

痛~ 夜~ 啼~ 野~ 歌~ 号~

恸～ 不～ 皆～ 莫～ 巷～ 哀～
悲～ 鬼～ 宵～ 坐～ 对～ 长～
狂～ 陪～ 大～ 鲛人～ 哀哀～
吞声～ 掩面～ 穷途～ 杞妻～
昼夜～ 三日～ 举声～ 老妪～
仰天～ 据地～ 拦道～

**砐** kū 砐砐,勤劳不懈貌。[旧属六月]
款～ 石～

**堀** kū 同'窟'。穿穴。[旧属六月]
崇～

**窟** kū 洞穴。[旧属六月]
巢～ 三～ 地～ 石～ 守～ 鬼～
土～ 深～ 迷～ 洞～ 换～ 佛～
月～ 海～ 兽～ 魔～ 酒～ 雪～
冰～ 营～ 林～ 仙～ 岩～ 云～
幽～ 穴～ 兔～ 奸邪～ 豺狼～
不离～ 龙蛇～ 贫民～ 销金～

**扑** pū 用力向前冲。[旧属一屋]
乱～ 跳～ 扇～ 相～ 香～ 闲～
飞～ 一～ 翻～ 剪～ 交～ 反～
猛～ 粉～ 鞭～ 敲～ 捶～ 花～
红尘～ 飞蛾～ 儿童～ 小扇～

**噗** pū 象声词。

**仆** pú 仆人。[旧属一屋二沃七遇二十六有]
男～ 女～ 童～ 家～ 老～ 下～
公～ 婢～ 宾～ 门～ 唤～ 奴～
车～ 令～ 健～ 太～
(另见 pū)

**璞** pú 未琢磨的玉。[旧属三觉]
和～ 玉～ 瑰～ 毁～ 巨～ 美～
皓～ 卞～ 献～ 逸～ 金～ 奇～
石～ 抱～ 蕴～ 砚～ 剖～ 大～
夜光～ 珪璋～ 纯若～ 南山～

**濮** pú 濮阳,河南地名。[旧属一屋]
百～ 宛～ 彭～ 桑～ 濠～ 城～
巴～ 梦～ 南～ 临～ 渡～ 沉～

**叔** shū 叔父。小叔子。[旧属一屋]
叔～ 大～ 小～ 伯～ 阿～ 爷～
世～ 翁～ 仲～ 贤～ 二～ 太～
骞～ 群～ 和～ 表～ 范～ 蔡～
中原～ 得时～ 少年～ 小爷～

**倏** shū 极快地。[旧属一屋]
闪～ 晃～ 倏～ 年运～

**菽** shū 豆类的总称。[旧属一屋]
采～ 茬～ 食～ 粱～ 撒～ 瓜～
芋～ 刍～ 麦～ 藜～ 稻～ 葵～
半～ 赤～ 鱼～

**淑** shū 温和善良;美好。[旧属一屋]
柔～ 娇～ 惠～ 珍～ 才～ 淳～
慈～ 私～ 不～ 婉～ 贞～ 清～
温～ 嘉～ 娴～ 贤～ 雅～ 端～
窈窕～ 德弥～ 何能～

**儵** shū 同'倏'。[旧属一屋]

**秫** shú 高粱。[旧属四质]
粱～ 稻～ 种～ 酿～ 丹～ 众～
春～ 黍～ 公～ 半顷～ 三顷～
彭泽～

**孰** shú 谁。哪个。什么。[旧属一屋]
谁～ 众欲～

**赎** shú 将抵押品换回。[旧属二沃]
金～ 重～ 身～ 自～ 还～ 何～
厚～ 拯～ 后～ 取～ 回～ 可～
助～ 减～ 莫～ 百身～ 如可～
倾财～ 何处～ 恨难～ 万钱～

**塾** shú 私立教学的地方。[旧属一屋]
私～ 学～ 乡～ 东～ 里～ 义～
左～ 党～ 家～ 库～

**熟** shú 成熟。熟练。[旧属一屋]
稻～ 谷～ 路～ 未～ 不～ 生～
岁～ 精～ 烂～ 瓜～ 手～ 目～

圆~ 田~ 睡~ 晚~ 再~ 樱~
梦~ 梅~ 麦~ 饭~ 大~ 早~
娴~ 小~ 年~ 果~ 夏~ 秋~
黄粱~ 桑椹~ 梨枣~ 人情~
道途~ 鸟语~ 新粳~ 山田~
(另见十六尤 shóu)

**窣** sū 窸窣，象声词。
[旧属六月]

屑~ 勃~ 摩~ 墙~ 独~ 窣~

**俗** sú 风俗。流行的。
[旧属二沃]

通~ 习~ 免~ 凡~ 流~ 绝~
问~ 异~ 礼~ 随~ 世~ 陋~
尘~ 乐~ 离~ 僧~ 土~ 不~
还~ 趋~ 浅~ 时~ 恶~ 从~
旧~ 败~ 粗~ 俚~ 弃~ 乡~
出~ 民~ 骇~ 脱~ 易~ 拔~
污~ 惊~ 雅~ 鄙~ 同~ 庸~

**凸** tū 高于周围。
[旧属六月九屑]

凹~ 前~ 字~ 微~ 外~ 墙~

**秃** tū 没有头发。
[旧属一屋]

顶~ 头~ 斑~ 半~ 毛~ 老~
发~ 树~ 笔~ 病~ 顽~ 碗~
光秃~ 千毫~ 鹙头~ 龙角~

**突** tū 猛冲。突然。烟囱。
[旧属六月]

唐~ 冲~ 冒~ 荡~ 直~ 排~
马~ 撞~ 驹~ 飞~ 鹘~ 豕~
奔~ 烟~ 曲~ 驰~ 米~ 快~
墨~ 灶~

**葖** tú 菁葖，果实。

**腯** tú 猪肥。
[旧属六月]

肥~ 备~ 伊~ 丰~ 豕~ 牯~
告~ 黑~ 秋~ 白~

**兀** wū 兀秃，不干脆。
[旧属六月]
(另见仄声 wù)

**屋** wū 房子。屋子。
[旧属一屋]

草~ 茅~ 老~ 书~ 房~ 木~

牛~ 大~ 云~ 僧~ 雪~ 矮~
漏~ 空~ 构~ 船~ 土~ 白~
林~ 满~ 竹~ 民~ 爱~ 金~
同~ 松~ 野~ 幽~ 小~ 客~
高~ 楼~ 瓦~ 板~ 筑~ 华~
破~ 石~ 蜗~ 上~ 夏~ 堂~
蓬~ 海~ 架~ 梅花~ 容膝~
山下~ 风雨~ 云如~ 村村~
水边~ 雪埋~ 咖啡~ 林间~
鱼鳞~ 浣花~

**术** zhú 白术；苍术。
[旧属四质]

仙~ 龙~ 松~ 山~ 秋~ 参~
芝~ 饵~ 煮~ 云头~ 冰埋~
气似~
(另见仄声 shù)

**竹** zhú 竹子。
[旧属一屋]

绿~ 春~ 芦~ 喷~ 裂~ 瘦~
秀~ 篁~ 细~ 玉~ 野~ 丝~
小~ 种~ 风~ 云~ 斑~ 桑~
杖~ 幽~ 花~ 黄~ 松~ 秋~
画~ 窗~ 残~ 枯~ 疏~ 寒~
夹~ 修~ 慈~ 苦~ 成~ 丛~
破~ 爆~ 翠~ 毛~ 紫~ 恶~
新~ 方~ 文~ 孤~ 梅~ 劈~
萧萧~ 千竿~ 风动~ 过墙~
江南~ 清如~ 门对~ 云冈~

**竺** zhú 姓。
[旧属一屋]

天~ 西~ 三~ 乾~ 云~

**逐** zhú 追赶。驱逐。
[旧属一屋]

追~ 相~ 放~ 弃~ 日~ 奔~
争~ 心~ 嬉~ 驰~ 斥~ 征~
梦~ 共~ 尸~ 马~ 竞~ 角~
千里~ 香风~ 雌雄~

**烛** zhú 蜡烛。照亮。
[旧属二沃]

火~ 香~ 洞~ 智~ 华~ 宵~
寸~ 银~ 龙~ 如~ 萤~ 高~
凤~ 花~ 玉~ 明~ 列~ 灯~
刻~ 邻~ 宫~ 燃~ 添~ 秉~
风~ 举~ 残~ 红~ 停~ 剪~
金莲~ 月如~ 同心~ 生日~

照天 ~ 风帘 ~ 龙凤 ~ 仙人 ~

**舳** <sup>zhú</sup> 舳舻,船首尾衔接。
[旧属一屋]
连 ~ 舻 ~ 总 ~ 铁 ~ 玉 ~ 接 ~
南浦 ~ 苍鹰 ~

**瘃** <sup>zhú</sup> 冻疮。
[旧属二沃]
冻 ~ 皲 ~

**蠋** <sup>zhú</sup> 蝴蝶、蛾的幼虫。
[旧属二沃]
蚕 ~ 蛇 ~ 蛾 ~ 藿 ~ 乌 ~ 虫 ~
蜎蜎 ~

**躅** <sup>zhú</sup> 踯躅,徘徊。
[旧属二沃]
芳 ~ 尘 ~ 遗 ~ 轻 ~ 巡 ~ 回 ~
鸾 ~ 足 ~ 迷 ~ 游 ~ 凌云 ~

**足** <sup>zú</sup> 脚;腿。足够。
[旧属二沃七遇]
手 ~ 举 ~ 充 ~ 富 ~ 满 ~ 濯 ~
两 ~ 敛 ~ 系 ~ 鳌 ~ 高 ~ 雁 ~
蛇 ~ 鼎 ~ 远 ~ 折 ~ 投 ~ 酒 ~
顿 ~ 心 ~ 自 ~ 丰 ~ 削 ~ 十 ~
插 ~ 不 ~ 涉 ~ 知 ~ 托 ~ 赤 ~
翘 ~ 失 ~ 驻 ~ 裹 ~ 意 ~ 饶 ~
茧生 ~ 追风 ~ 何时 ~ 千里 ~
财用 ~ 一杯 ~ 万事 ~ 百姓 ~

**卒** <sup>zú</sup> 兵。结束。死。
[旧属四质六月]
小 ~ 士 ~ 兵 ~ 戍 ~ 走 ~ 劲 ~
巡 ~ 锐 ~ 步 ~ 暴 ~ 生 ~ 临 ~
早 ~ 狱 ~ 丢 ~ 过河 ~ 畜我 ~
马前 ~ 抱关 ~
*(另见仄声 cù)*

**崒** <sup>zú</sup> 险峻。
[旧属四质]
屹 ~ 崔 ~ 嵬 ~ 隆 ~ 崇 ~ 峻 ~
丘有 ~

**族** <sup>zú</sup> 家庭。种族。属性。
[旧属一屋]
民 ~ 亲 ~ 氏 ~ 世 ~ 水 ~ 华 ~
家 ~ 九 ~ 汉 ~ 藏 ~ 回 ~ 本 ~
傣 ~ 彝 ~ 外 ~ 贵 ~ 羽 ~ 帝 ~
百 ~ 邦 ~ 豪 ~ 异 ~ 同 ~ 王 ~
皇 ~ 望 ~ 部 ~ 宗 ~ 寒 ~ 聚 ~

高山 ~ 钟鼎 ~ 立三 ~ 白领 ~

**镞** <sup>zú</sup> 箭头。
[旧属一屋]
箭 ~ 没 ~ 骨 ~ 铁 ~ 石 ~ 吞 ~
拔 ~ 系 ~ 中 ~ 锋 ~ 弓 ~ 芒 ~
利 ~ 玉 ~ 劲 ~ 羽 ~ 矢 ~ 飞 ~
穿杨 ~ 风如 ~ 目中 ~

# 仄声

补 bǔ 修补。补充。利益。
[旧属七麌]
添~ 裨~ 进~ 弥~ 增~ 候~
小~ 不~ 衣~ 割~ 巧~ 加~
相~ 娲~ 织~ 填~ 递~ 调~
赙~ 选~ 外~ 寸~ 大~ 缝~
完~ 滋~ 无~ 何~ 缮~ 参~
一字~ 丝毫~ 山甫~ 干将~
惭无~ 炊烟~

捕 bǔ 捉;逮。
[旧属七遇]
搜~ 追~ 生~ 赏~ 缉~ 逮~
拘~ 收~ 采~ 擒~ 网~ 掩~
购~ 拒~ 禁~

哺 bǔ 哺乳。喂。
[旧属七遇]
待~ 相~ 喂~ 乌~ 反~ 吐~
辍~ 含~ 抱~ 养~ 收~ 乳~
索~ 朝~ 衔~ 胎禽~ 虫供~
谁与~

鹐 bǔ 地鹐,大鸨。

堡 bǔ 堡子,城镇或村庄。
[旧属十九晧]
吴~ 石~ 筑~ 柴沟~
(另见 pù;十二萧 bǎo)

布 bù 织品。宣告。散布。
[旧属七遇]
瀑~ 棉~ 纱~ 织~ 画~ 白~
蓝~ 幕~ 破~ 抱~ 夏~ 粗~
麻~ 土~ 棉~ 绒~ 抹~ 发~
遍~ 公~ 流~ 宣~ 分~ 传~
广~ 远~ 密~ 棋~ 颁~ 摆~
一匹~ 龙头~ 缠脚~ 遮羞~
印花~ 疏密~ 粘胶~ 香荃~

步 bù 脚步。阶段。境地。
[旧属七遇]
舞~ 大~ 寸~ 徒~ 一~ 尺~
徐~ 轻~ 香~ 正~ 跬~ 地~
迈~ 信~ 阔~ 坦~ 疾~ 让~
踏~ 止~ 散~ 逐~ 快~ 半~
碎~ 安~ 独~ 故~ 学~ 起~
跑~ 百~ 稳~ 举~ 七~ 进~
退~ 健~ 飞~ 留~ 猫~ 却~
初~ 缓~ 虎~ 矩~ 漫~ 小~

垳 bù 茶垳,福建地名。

怖 bù 害怕。
[旧属七遇]
恐~ 惊~ 可~ 畏~ 危~ 忧~
惶~ 战~ 疑~ 慑~ 狂~ 大~
儿女~ 毛骨~ 秦民~

埔 bù 大埔,广东地名。
(另见 pǔ)

埗 bù 同'埠'。
深水~ (在香港)

部 bù 部分;部位。单位。
[旧属七麌]
全~ 局~ 西~ 一~ 干~ 礼~
农~ 经~ 史~ 四~ 八~ 分~
营~ 内~ 外~ 工~ 刑~ 六~
金~ 水~ 小~ 竹~ 半~ 余~
中~ 旧~ 菊~ 本~ 支~ 军~
俱乐~ 南北~ 文化~ 公关~

铺 bù 铺子,糊状食物。
[旧属七麌七遇]
待~ 朝~ 三~ 昼~ 日~ 米~
含~ 益~ 下~ 无不~ 百日~
糜粥~

埠 bù 有码头的城镇。
商~ 船~ 本~ 外~ 开~

瓿 bù 小瓮。
[旧属二十五有]
铜~ 瓯~ 覆~ 酱~ 圆~ 倾~
小~ 饕~ 餮~ 蟠虬~ 贮水~

蔀 bù 遮蔽。
[旧属二十五有]
发~ 天~ 丰~ 邻~ 幽~ 林~

一~（七十六年为一蔀）
二十~ 甲子~ 日中~

**籍** bù 竹编的篓子。

**簿** bù 簿子。
[旧属七麌]
账~ 对~ 执~ 战~ 典~ 抄~
军~ 计~ 文~ 号~ 卤~ 主~
录鬼~ 笔记~ 禽兽~ 金兰~
功勋~ 号码~ 留言~ 意见~

**处** chǔ 居住。交往。处置。
[旧属六语]
共~ 相~ 惩~ 出~ 独~ 处~
来~ 归~ 寝~ 隐~ 无~ 论~
居~ 留~ 闲~ 地~ 幽~ 私~
同~ 野~ 难~ 自~ 善~ 静~
退~ 高~ 失~ 深~ 久~ 杂~
知所~ 与友~ 同衾~ 神女~
（另见 chù）

**杵** chǔ 一头粗一头细的木棍。
[旧属六语]
砧~ 玉~ 白~ 铁~ 捣~ 霜~
漂~ 倚~ 邻~ 巷~ 流~ 槌~
夜~ 听~ 鸣~ 药~ 月~ 金~
兔~ 香~ 蒜~ 金莲~ 捣衣~
降魔~ 蓝桥~ 鸣秋~ 细腰~
云花~ 数声~ 吉祥~ 月照~

**础** chǔ 础石。
[旧属六语]
基~ 龟~ 镇~ 坏~ 亭~ 筑~
沉~ 柱~ 阶~ 石~ 玉~ 绣~
润~ 方~ 红~ 润柱~ 气蒸~
花侵~ 山作~ 云生~ 泉涌~

**楮** chǔ 木名。指纸。
[旧属六语]
毫~ 笔~ 尺~ 玉~ 铜~ 碧~
新~ 寸~ 片~ 缣~ 白~ 墨~
三年~ 入毫~ 丝穿~ 币用~

**储** chǔ 储藏。皇位继承人。
[旧属六鱼]
仓~ 军~ 岁~ 库~ 广~ 兵~
粮~ 余~ 贮~ 积~ 预~ 瓷~
国~ 斗~ 边~ 皇~ 立~ 王~
冬~ 新~ 帝~ 民足~ 内外~
冰雪~ 九年~ 室无~ 天府~

**楚** chǔ 痛苦。整齐。楚地。
[旧属六语六御]
凄~ 翘~ 酸~ 痛~ 楚~ 恻~
西~ 项~ 辛~ 苦~ 秦~ 木~
荆~ 齐~ 平~ 吴~ 冤~ 清~
夏~ 江~ 捶~ 阴结~ 吴踵~
云横~ 东连~ 令狐~ 声绕~

**褚** chǔ 姓。
[旧属六语]
（另见 zhǔ）

**齼** chǔ 牙酸痛。
[旧属六语]
微~

**处** chù 地方。单位。
[旧属六御]
居~ 闲~ 高~ 坐~ 到~ 僻~
无~ 歇~ 访~ 深~ 大~ 他~
望~ 用~ 远~ 佳~ 何~ 静~
断~ 听~ 落~ 触~ 四~ 别~
长~ 行~ 短~ 益~ 妙~ 出~
归何~ 在何~ 无定~ 幽闲~
鸟啼~ 断肠~ 携手~ 无求~
不知~ 花开~ 要害~ 最胜~
（另见 chǔ）

**憷** chù 害怕；畏缩。
发~

**酢** cù 同'醋'。
[旧属七遇]
（另见十五波 zuò）

**醋** cù 调料。比喻嫉妒。
[旧属七遇]
米~ 陈~ 吃~ 酸~ 沾~ 糖~
酒~ 盐~ 薄~ 呷~ 苦~ 蘸~
喝~ 酱~ 白~ 桃花~ 陈年~

**肚** dǔ 肚子。
[旧属七麌]
牛~ 猪~ 羊~ 凸~ 收~ 束~
（另见 dù）

**堵** dǔ 堵塞。闷。墙。
[旧属七麌]
暗~ 分~ 横~ 千~ 旧~ 墙~
道~ 车~ 安~ 环~ 如~ 阿~
粉~ 半~ 百~ 车辆~ 线路~

交通～ 观如～

## 赌 <sup>dǔ</sup> 赌博。
[旧属七麌]

禁～ 豪～ 聚～ 打～ 戏～ 决～
朋～ 摊～ 竞～ 争～ 查～ 捉～
两人～ 彻夜～ 黄毒～ 无为～

## 睹 <sup>dǔ</sup> 见。
[旧属七麌]

先～ 目～ 无～ 熟～ 再～ 逆～
难～ 亲～ 察～ 谁～ 窥～ 瞥～
探～ 重～ 快～ 百世～ 万物～
不可～ 披云～ 梦中～ 无所～

## 芏 <sup>dù</sup> 芏芏,草本植物。

## 杜 <sup>dù</sup> 棠梨。阻塞。
[旧属七麌]

李～ 韦～ 老～ 房～ 兰～ 芳～
蘅～ 秋～ 阻～ 汀洲～ 比雀～
城南～

## 肚 <sup>dù</sup> 肚子。
[旧属七麌]

饿～ 饱～ 斗～ 肠～ 裹～ 挂～
画～ 空～ 梭～ 腹～ 凸～ 大～
杨大～ 泥拍～ 蛙缩～
（另见 dǔ）

## 妒 <sup>dù</sup> 妒忌。
[旧属七遇]

嫉～ 忌～ 猜～ 逸～ 娇～ 心～
莫～ 人～ 憎～ 避～ 争～ 花～
天～ 妇～ 性～ 贪～ 暗～ 悍～
风雨～ 蛾眉～ 群芳～

## 度 <sup>dù</sup> 计量。程度。限度。
[旧属七遇十药]

风～ 气～ 器～ 大～ 态～ 虚～
空～ 欢～ 一～ 几～ 速～ 法～
尺～ 角～ 弧～ 温～ 势～ 调～
幅～ 斜～ 衡～ 湿～ 密～ 深～
长～ 强～ 难～ 高～ 程～ 限～
无～ 过～ 极～ 超～ 轻～ 低～
百～ 年～ 季～ 制～ 初～ 再～
前～ 适～ 进～ 经纬～ 可信～
咫尺～ 等闲～ 不知～ 岁月～
（另见十五波入声 duó）

## 妒 <sup>dù</sup> 败坏。
[旧属七遇]

厌～ 衰～ 耗～ 无～ 坠～ 衰～
岂～ 不～ 道～ 彝伦～ 罔攸～
世风～
（另见八齐 yì）

## 渡 <sup>dù</sup> 通过。渡口。过河。
[旧属七遇]

津～ 轮～ 飞～ 摆～ 竞～ 过～
引～ 南～ 远～ 强～ 北～ 夜～
催～ 野～ 古～ 急～ 横～ 云～
暗～ 潜～ 唤～ 偷～ 待～ 争～
牛女～ 横江～ 垂野～ 杨柳～
桃叶～ 乘槎～ 雨中～ 行人～

## 镀 <sup>dù</sup> 电镀。
[旧属七遇]

金～ 银～ 抛～ 喷～ 彩～ 重～

## 蠹 <sup>dù</sup> 蛀虫。蛀蚀。
[旧属七遇]

吏～ 政～ 书～ 桑～ 木～ 枯～
残～ 腐～ 虫～ 纸～ 尘～ 竹～
秋～ 耗～ 五～ 朽～ 巨～ 残～
隙～ 国～

## 父 <sup>fù</sup> 老年人。
[旧属七麌]

渔～ 田～ 梁～ 神～ 尚～ 召～
大～ 将～ 君～ 主～ 圣～ 亚～
尼～ 夸～ 伧～ 天下～ 位过～
瞻望～ 不知～
（另见 fù）

## 甫 <sup>fǔ</sup> 男子名下的美称。
[旧属七麌]

台～ 尊～ 尼～ 年～ 皇～ 杜～
章～ 吉～ 申～ 王介～ 仲山～
王夷～

## 抚 <sup>fǔ</sup> 安慰;慰问。保护。
[旧属七麌]

优～ 慰～ 恩～ 爱～ 怀～ 厚～
亲～ 慈～ 勤～ 夏～ 安～ 巡～
手～ 宣～ 摩～ 镇～ 绥～ 招～
清弦～ 君其～ 鸣琴～

## 拊 <sup>fǔ</sup> 拍。
[旧属七麌]

搏～ 击～ 小～ 执～ 摩～ 手～
髀空～ 两手～ 舒翼～

## 斧 <sup>fǔ</sup> 斧子。古兵器。
[旧属七麌]

板～樵～运～弄～斤～挥～
大～举～持～烂～腰～神～
操～玉～长～快～金～柯～
鬼～砧～巨～眉～投～荷～
伐木～菴如～修月～斫桂～
千斤～舌如～

**府** fǔ 机关。住宅。
[旧属七麌]

政～官～王～公～京～枢～
兵～衙～天～内～幕～故～
书～诗～首～乐～开～学～
洞～外～城～秘～册～水～
鬼神～总统～开封～清虚～

**俛** fǔ 同'俯'。
[旧属十六铣]
（另见十一先 miǎn）

**俯** fǔ 头低下。
[旧属七麌]

仰～进～畏～卑～拜～退～
容～兴～常～

**釜** fǔ 锅。
[旧属七麌]

破～铜～瓦～甑～为～鼎～
钟～燃～炊～鱼游～虹饮～

**辅** fǔ 辅助。国都附近处。
[旧属七麌]

匡～谏～三～畿～夹～师～
承～贤～内～四～召～京～
留～相～翼～车～颊～宰～
德是～愿为～明哲～伊吕～
车依～弃尔～

**脯** fǔ 肉干。蜜饯果干。
[旧属七麌]

肉～干～鱼～果～鹿～束～
枣～擘～燕～设～蚌～桃～
杏～市～笋～夏以～俎上～
迎凉～
（另见平声 pú）

**頫** fǔ 同'俯'。

赵孟～

**腑** fǔ 内脏。
[旧属七麌]

肺～六～脏～肝～心～内～

**滏** fǔ 滏阳,河北水名。
[旧属七麌]

漳～

**腐** fǔ 腐烂。豆腐。
[旧属七麌]

陈～迁～木～唇～粟～不～
朽～溃～腥～臭～肉～烂～
速～啄～枯～肠～尸～红～
酸～乳～朽～仓谷～骨已～

**鬴** fǔ 同'釜'。
[旧属七麌]

翠～负～破～覆～漏～瓦～
玉～洗～铜～虹饮～怡沃～

**簠** fǔ 古代祭器。
[旧属七麌]

竹～四～在～我～簋～

**黼** fǔ 礼服上的花纹。
[旧属七麌]

衣～绡～刺～绣～衮～负～
画～禅～藻～璜～

**父** fù 父亲。长辈男子。
[旧属七麌]

严～祖～伯～老～大～季～
乃～名～诸～舅～祖～阿～
（另见 fǔ）

**讣** fù 报丧。
[旧属七遇]

奔～远～承～传～闻～电～

**付** fù 交给。给钱。姓。
[旧属七遇]

交～托～支～拒～即～拨～
不～委～轻～全～专～寄～
选～独～赖～长～终～尽～
并～手～应～分～对～遥～
分期～转帐～无以～阔手～

**负** fù 担负。享有。亏欠。
[旧属二十五有]

重～身～久～有～胜～告～
欠～甘～自～抱～辜～荷～
欺～任～抵～携～愧～免～
日～永～空～背～亏～虚～
襁褓～一旦～多年～不相～

**妇** fù 妇女。已婚女子。妻。
[旧属二十五有]

夫~ 少~ 巧~ 艳~ 寡~ 媳~
媚~ 贞~ 思~ 愚~ 悍~ 妒~
鄙~ 荡~ 孕~ 主~ 老~ 弃~
邻~ 渔~ 贤~ 厨~ 船~ 乡~
产~ 蚕~ 新~ 健~ 贫~ 怨~
俚~ 拙~ 荆~ 妻~ 村~ 织~
采桑~ 空房~ 商人~ 机中~

**汊** fù 湖汊,江苏地名。

**附** fù 附带。靠近。依从。
[旧属七遇]
依~ 攀~ 内~ 外~ 不~ 引~
新~ 未~ 再~ 顺~ 阴~ 云~
枝~ 牵~ 阿~ 诣~ 比~ 亲~
归~ 趋~ 蚁~ 旁无~ 不虚~
朋党~ 得所~ 望风~ 名实~

**咐** fù 吩咐;嘱咐。

**阜** fù 土山。物资丰富。
[旧属二十五有]
殷~ 山~ 土~ 丘~ 风~ 高~
昌~ 林~ 财~ 曲~ 物~ 苍~
殷~ 岁~ 国~ 繁~ 康~ 丰~
天民~ 嘉祥~ 薪于~

**驸** fù 驸马,皇帝的女婿。
[旧属七遇]
左~

**赴** fù 到某处去。
[旧属七遇]
奔~ 驰~ 争~ 惊~ 趋~ 来~
径~ 毕~ 不~ 速~ 齐~ 承~
归~ 往~ 迅~ 应~ 分~ 载~
南~ 独~ 心~ 抵~ 夜~ 远~
百川~ 应响~ 云雨~

**祔** fù 合葬。
[旧属七遇]
配~ 合~ 归~ 升~ 告~ 崇~
始~ 移~ 复~ 迁~

**副** fù 符合。辅助。量词。
[旧属二十六有]
正~ 大~ 贰~ 克~ 置~ 设~
佐~ 仰~ 全~ 成~

**蝜** fù 蝜蝂,负重小虫。

**赋** fù 交给。赋税。文体。
[旧属七遇]
汉~ 诗~ 春~ 文~ 新~ 古~
读~ 禀~ 天~ 歌~ 词~ 屈~
田~ 苛~ 官~ 兴比~ 千金~
相如~ 凌云~ 登楼~ 横槊~

**傅** fù 辅助;教导。师傅。
[旧属七遇]
太~ 保~ 白~ 贤~ 少~ 退~
选~ 老~ 良~ 三才~ 为子~
独从~ 长沙~

**富** fù 财产多。资源。多。
[旧属二十六有]
致~ 财~ 贫~ 丰~ 先~ 暴~
望~ 共~ 豪~ 巨~ 学~ 侈~
斗~ 显~ 仁~ 殷~ 饶~ 年~
露~ 国~ 冒~ 五车~ 善人~
四海~ 天下~ 家境~ 文词~

**鲋** fù 鲫鱼。
[旧属七遇]
鲫~ 鲜~ 枯~ 辙~ 井~ 三~
射~ 寸~ 涸~ 蛙~ 池~ 春~
洞庭~ 浊水~ 状如~

**赙** fù 丧礼。
[旧属七遇]
赠~ 求~ 合~ 赏~ 给~ 却~
往~ 吊~ 助~ 脱骖~ 弗能~

**古** gǔ 古代。古风。
[旧属七麌]
博~ 考~ 千~ 今~ 太~ 远~
上~ 师~ 尚~ 尊~ 通~ 万~
往~ 终~ 貌~ 慕~ 循~ 好~
旷~ 作~ 稽~ 不~ 怀~ 复~
疑~ 泥~ 仿~ 薄~ 变~ 学~
汲~ 非~ 吊~ 盘~ 摹~ 邃~
前无~ 不合~ 岁月~ 山川~
风俗~ 墙垣~ 琴台~ 花样~

**诂** gǔ 解释古文和字义。
[旧属七麌]
训~ 释~ 解~ 通~ 传~ 字~
诗~ 义~ 引~ 详~

**股** gǔ 大腿。股份。
[旧属七麌]
控~ 炒~ 参~ 人~ 干~ 新~
玩~ 送~ 配~ 选~ 勾~ 合~

两~ 左~ 玉~ 八~ 折~ 刺~
钗~ 赤~ 剔~ 割~ 掌~ 屁~
锥刺~ 原始~ 科技~ 低价~
绩优~ 概念~ 潜力~ 热门~

**牯** gǔ 牯牛。[旧属七虞]
水~ 白~ 老~ 怒~ 三~ 小~

**贾** gǔ 商人。做买卖。卖。[旧属七虞]
富~ 巨~ 商~ 市~ 豪~ 舶~
通~ 奸~ 众~ 贸~ 海~ 廉~
贪~ 茶~ 大~ 良~ 铺~ 行~
勇可~ 洛阳~ 西域~
(另见九佳 jiǎ)

**盰** gǔ 瞪眼以示不满。

**罟** gǔ 鱼网。[旧属七虞]
冈~ 守~ 罗~ 设~ 团~ 鸟~
兽~ 藏~ 芳~ 施~ 收~ 渔~
网~ 数~ 罪~ 兔~ 入~ 小~
断~ 鱼~ 良~

**钴** gǔ 金属元素。

**羖** gǔ 公羊。[旧属七虞]
五~ 童~ 牝~ 三~ 老~ 牧~

**蛄** gǔ 蝼蛄。虫名。[旧属七虞]
蝼~ 啼~ 湿~ 蝲蝲~
(另见平声 gū)

**蛊** gǔ 器皿中不死的毒虫。[旧属七虞]
毒~ 蛇~ 暗~ 藏~ 狂~ 雨~
埋~ 作~ 成~ 搜~ 巫~ 害~
食~ 飞~ 狐~ 握~ 泥~ 昆~
吹~ 物~ 受~ 妖~ 菇~ 腹~
裕~ 掘~ 水~ 畜~ 中~ 干~
受以~ 金蚕~ 山风~ 裕父~

**鼓** gǔ 打击乐器。[旧属七虞]
战~ 旗~ 钟~ 花~ 铜~ 警~
河~ 击~ 楼~ 军~ 箛~ 腰~
锣~ 更~ 腊~ 社~ 衙~ 铙~
村~ 催~ 暮~ 庙~ 噪~ 擂~
箫~ 金~ 一~ 鸣~ 息~ 鱼~
耳~ 鼙~ 羯~ 天~ 琴~ 石~
笙~ 戍~ 雷~ 鸣~ 田~ 大~
震地~ 细腰~ 欢庆~ 新岁~
腹如~ 丰收~ 催花~ 胜利~

**嘏** gǔ 福。[旧属二十一马]
祝~ 纯~ 受~ 大~ 降~ 谢~
承天~

**盬** gǔ 深锅。
沙~ 瓷~

**臌** gǔ 鼓胀。
水~ 气~

**瞽** gǔ 眼睛瞎。没识别能力。[旧属七虞]
目~ 聋~ 狂~ 愚~ 盲~ 有~
矇~ 不~ 神~ 暗~ 感~ 道~
暗~ 顽~ 披~ 师旷~

**盬** gǔ 盐池。不坚固。停止。[旧属七虞]
靡~ 伏~ 兵~ 林~ 近~ 大~
侈所~

**估** gù 估衣，出售的旧衣。[旧属七虞]
商~ 市~ 平~ 抬~ 高~ 茶~
旧~ 时~ 官~ 租~
(另见平声 gū)

**固** gù 结实。坚硬。原来。[旧属七遇]
稳~ 牢~ 坚~ 顽~ 增~ 弥~
城~ 根~ 基~ 盘~ 心~ 守~
久~ 险~ 凝~ 永~ 班~ 贞~
本~ 负~ 迁~ 藩篱~ 山河~
城池~ 磐石~ 江山~ 金汤~

**故** gù 缘故。朋友。死亡。[旧属七遇]
原~ 变~ 病~ 身~ 早~ 典~
温~ 世~ 非~ 思~ 如~ 何~
无~ 托~ 他~ 遇~ 因~ 多~
掌~ 亲~ 事~ 不忌~ 事多~
问君~ 不厌~

**顾** gù 回看。照管。拜访。
[旧属七遇]

环~ 相~ 三~ 眷~ 照~ 却~
内~ 枉~ 肯~ 西~ 盼~ 返~
回~ 屡~ 疑~ 自~ 主~ 兼~
惠~ 光~ 一~ 不~ 北~ 指~
周郎~ 伯乐~ 无所~

**堌** gù 堤。多用于地名。

龙~ 青~

**崮** gù 四周陡峭的平顶山。

孟良~ 抱犊~

**雇** gù 雇佣。租赁。
[旧属七遇七虞]

主~ 受~ 典~ 可~ 转~ 佣~
偿~ 辞~ 差~

**锢** gù 禁锢。
[旧属七遇]

党~ 废~ 久~ 复~ 规~ 增~
徙~ 遮~ 久~ 铁~ 沙~ 臧~

**痼** gù 经久难治的病。
[旧属七遇]

抱~ 沉~ 根~ 绵~ 疾~ 重~
体~ 解~ 忧~ 匿~ 理~ 隐~
癖~ 废~ 深~ 蒙疾~ 烟霞~
群暗~

**鲴** gù 鲴鱼,淡水鱼。

**虎** hǔ 老虎。勇猛威武。
[旧属七虞]

龙~ 伏~ 猛~ 饥~ 咆~ 乳~
豹~ 训~ 缚~ 绣~ 驱~ 画~
打~ 射~ 刺~ 逐~ 芦~ 卧~
白~ 匪~ 斗~ 搏~ 狎~ 痴~
跨~ 谈~ 市~ 养~ 暴~ 兕~
熊~ 畏~ 擒~ 啖~ 放~ 畜~
雌~ 哮~ 骑~ 飞~ 诗~ 文~
纸老~ 射石~ 巡夜~ 笑面~
出柙~ 殿中~ 猛如~ 诗中~

**浒** hǔ 水边。
[旧属七虞]

水~ 河~ 江~ 汉~ 芳~ 潜~
乌~ 颖~ 荆~ 岸上~ 漓之~

(另见六鱼 xǔ)

**唬** hǔ 虚张声势蒙混人。

吓~

(另见九佳 xià)

**琥** hǔ 琥珀。发兵符。
[旧属七虞]

玉~ 白~ 双~ 西方~

**互** hù 互相。
[旧属七遇]

相~ 参~ 错~ 交~ 情~ 差~
连~ 纷~ 间~ 诡~ 疑~ 舛~
盘~ 云~ 回~ 牛牲~ 晦明~

**户** hù 门。人家。户头。
[旧属七虞]

客~ 落~ 住~ 门~ 大~ 船~
开~ 庭~ 三~ 新~ 主~ 分~
税~ 照~ 夜~ 牖~ 当~ 茶~
桂~ 存~ 账~ 窗~ 万~ 闭~
蓬~ 绮~ 洞~ 入~ 朱~ 绣~
不出~ 鸟啼~ 花照~ 十万~
织锦~ 专业~ 暴发~ 西南~

**沍** hù 冻。闭塞。
[旧属七遇]

凝~ 寒~ 阴~ 冬~ 正~ 涣~
异~ 水~ 雪~ 冰~ 腊~ 风~
清泉~ 河汉~ 川池~

**护** hù 保护。袒护。
[旧属七遇]

爱~ 拥~ 守~ 救~ 掩~ 养~
荫~ 慎~ 慈~ 天~ 宠~ 袒~
监~ 辩~ 防~ 调~ 呵~ 谁~
善~ 蔽~ 医~ 维~ 看~ 庇~
绿屏~ 蕉叶~ 白云~ 纱笼~

**沪** hù 上海的别称。
[旧属七虞]

京~ 驻~ 离~ 返~ 淞~ 来~

**枑** hù 梐枑,官署前木栏。
[旧属七遇]

贞~ 设~

**岵** hù 多草木的山。
[旧属七虞]

屺~ 陟~ 升~ 登~ 是~

怙 hù 依靠。
[旧属七虞]
依~ 恃~ 失~ 何~ 思~ 可~

戽 hù 戽斗，汲水农具。
[旧属七遇]
风~ 水~ 农~ 田~ 春~ 木~

祜 hù 福。
[旧属七虞]
天~ 多~ 求~ 大~ 垂~ 福~
享~ 承~ 蒙~ 薄~ 宗~ 受~
永~ 羊~ 张~

瓠 hù 瓠子;蒲瓜。
[旧属七遇七虞]
瓜~ 肥~ 甘~ 大~ 悬~ 金~
矮~ 垂~ 腰~ 苦~ 枝~ 青~
嫩~ 巨~ 破~ 袖中~ 腹如~
五石~

扈 hù 随从。
[旧属七虞]
跋~ 盟~ 会~ 观~ 迈~ 拱~
脱~ 行~ 桑~ 老~ 春~ 元~
宵~ 九~ 秋~ 尔母~ 黄越~

楛 hù 荆类，可制箭杆。
[旧属七虞]
问~ 榛~ 环~ 功~ 直~ 良~
山~ 中~
(另见 kǔ)

鄠 hù 鄠县，今陕西户县。

糊 hù 像粥的食物。
[旧属七虞]
麦~ 芝麻~ 玉米~
(另见平声 hū;hú)

鱯 hù 鸟名。

鳠 hù 淡水鱼。

苦 kǔ 苦味。痛苦。
[旧属七虞]
艰~ 甘~ 辛~ 寒~ 劳~ 忧~
俭~ 凄~ 悲~ 疲~ 贫~ 茹~
刻~ 心~ 味~ 诉~ 挖~ 疾~
吃~ 自~ 清~ 困~ 何~ 勤~
愁~ 穷~ 茶~ 良~ 孤~ 苦~
不叫~ 行役~ 用心~ 田家~
别离~ 边地~ 风尘~ 农夫~
终身~ 砧声~ 征战~ 莲心~

楛 kǔ 粗劣。
[旧属七虞]
(另见 hù)

库 kù 仓库。
[旧属七遇]
国~ 官~ 入~ 进~ 天~ 盈~
府~ 武~ 书~ 开~ 四~ 宝~
水~ 内~ 封~ 金~ 银~ 粮~
冷藏~ 弹药~

绔 kù 纨绔，公子哥儿。
[旧属七遇]

袴 kù 同'裤'。

裤 kù 裤子。
穿~ 衣~ 衬~ 溺~ 皮~ 脱~
解~ 褡~ 破~ 短~ 小~ 球~
长~ 内~ 雨~ 马~ 军~ 西~
贫无~ 合欢~ 泥满~ 喇叭~
牛仔~ 连体~ 开裆~ 运动~

芦 lǔ 油葫芦，比蟋蟀大。
[旧属七虞]
(另见平声 lú)

卤 lǔ 盐卤。卤素。卤汁。
[旧属七虞]
盐~ 咸~ 斥~ 泽~ 碛~ 水~
莽~ 淳~ 茶~ 雪~ 粗~ 喝~

虏 lǔ 俘虏。奴隶。蔑视。
[旧属七虞]
强~ 降~ 平~ 破~ 悍~ 敌~
亡~ 囚~ 却~ 狡~ 袭~ 臣~
迁~ 胡~ 奴~ 首~ 仆~ 群~
祭征~ 出降~ 盗马~

掳 lǔ 把人抢走。
掠~ 被~ 劫~

鲁 lǔ 粗野。山东别称。
[旧属七虞]
粗~ 齐~ 愚~ 颂~ 西~ 东~

生～朴～邹～性～居～过～
小～淳～顽～

## 橹 lǔ 使船前进的工具。
[旧属七麌]

樯～摇～柔～望～谯～轻～
转～篙～急～高～双～鸣～
飞～归～夜～闻～劲～楼～
千村～横江～离岸～

## 氇 lǔ 氆氇，藏族羊毛织品。

## 辂 lù 大车。车上横木。
[旧属七遇]

大～先～饰～鹿～推～轩～
扶～翠～玉～銮～云～金～
龙～宝～戎～

## 赂 lù 贿赂。
[旧属七遇]

受～求～重～私～诱～利～
密～取～厚～岁～货～馈～
纳～遗～行～

## 路 lù 道路。途径。条理。
[旧属七遇]

大～正～世～歧～绝～天～
异～旧～言～心～血～末～
生～去～上～熟～客～半～
赶～线～通～贫～拦～领～
开～退～仕～后～活～一～
小～门～狭～带～近～让～
前～迷～水～同～来～过～
当～筚～险～夜～思～归～
山～失～探～公～铁～弯～
自新～黄泉～下坡～寻春～
芳洲～桃源～

## 蕗 lù 古指甘草。

## 潞 lù 潞江，即怒江。
[旧属七遇]

泽～汾～赤～云～东～西～

## 璐 lù 美玉。
[旧属七遇]

宝～大～佩～绝～黄～

## 鹭 lù 鹭鸶。
[旧属七遇]

白～江～涛～鸥～雪～汀～

鹈～霜～鸾～凫～朱～浴～
宿～沙～水～衔鱼～池上～
栖洲～

## 露 lù 露水。饮料。表现。
[旧属七遇]

雨～甘～草～薄～春～膏～
清～风～玉～晨～晓～白～
花～寒～秋～霜～菊～餐～
宿～挹～暴～泄～显～透～
揭～败～吐～不～表～披～
毕～流～朝～月～裸～显～
金盘～沾衣～青苔～花上～
掌中～荷叶～五色～华亭～
(另见十六尤 lòu)

## 母 mǔ 母亲。长辈女子。
[旧属二十五有]

父～慈～老～养～奉～为～
失～侍～姑～姨～舅～祖～
伯～后～贤～妻～乳～王～
孟～漂～云～水～酒～醇～
九子～西王～范滂～菩萨～

## 牡 mǔ 雄性的。
[旧属二十五有]

牝～四～骊～雄～肥～求～
大～荐～生～丘陵～水之～

## 亩 mǔ 地积单位。
[旧属二十五有]

田～千～数～连～南～地～
垄～五～农～畦～畎～膏～
蕙百～负郭～衡从～

## 姆 mǔ 垆姆。

## 拇 mǔ 拇指。
[旧属二十五有]

手～品～盖～折～踵～骈～
咸～就～履～察其～

## 峔 mǔ 峔矶角，在山东。

## 姆 mǔ 保姆。
[旧属二十六有]

## 姥 mǔ 年老的妇人。
[旧属七麌]

老～天～越～慈～婢～鹦～
师～裴～仙～持扇～余杭～

孤居~
(另见十二篠 lǎo)

**铒** mǔ 钴铒,熨斗。
[旧属七虞]

**嗅** mǔ 英亩。

**仫** mù 仫佬族。

**牟** mù 地名用字。
[旧属十一尤]
(另见十六尤 móu)

**募** mù 募集。
[旧属七遇]

广~ 召~ 应~ 多~ 新~ 投~
众~ 勇~ 泛~ 强~ 招~ 宣~
重~ 博~ 设~

**墓** mù 坟墓。
[旧属七遇]

公~ 古~ 扫~ 修~ 祭~ 合~
旧~ 入~ 土~ 大~ 先~ 世~
新~ 祠~ 破~ 题~ 庐~ 墟~
冢~ 石~ 陵~ 守~ 哭~ 封~
烈士~ 花下~ 鸳鸯~ 先人~
谁家~ 将军~ 英雄~ 五人~

**慕** mù 羡慕。依恋。
[旧属七遇]

爱~ 思~ 远~ 窃~ 缅~ 怀~
贪~ 尊~ 钦~ 恋~ 望~ 敬~
追~ 倾~ 欣~ 孺~ 向~ 畏~
哀~ 眷~ 仰~ 天下~ 一国~
方可~ 往如~

**暮** mù 傍晚。将尽。
[旧属七遇]

岁~ 朝~ 旦~ 薄~ 昏~ 投~
穷~ 云~ 晨~ 残~ 归~ 日~
迟~ 衰~ 天~ 斜阳~ 桑榆~
西陵~ 荒村~ 江天~ 岁月~

**努** nǔ 使出力气。
[旧属七麌]

**弩** nǔ 弩弓。
[旧属七麌]

弓~ 强~ 引~ 载~ 兵~ 射~
剑~ 刀~ 玉~ 万~ 连~ 伏~

习~ 竹~ 神~ 张~ 积~ 铜~
水~ 荷~ 犀~ 排~ 机~ 劲~
千钧~ 壁悬~ 百石~ 连珠~

**砮** nǔ 可做箭头的石头。
[旧属七虞]

石~ 碧~ 鸟~ 黑水~

**胬** nǔ 胬肉。

**怒** nù 愤怒。气势盛。
[旧属七遇七麌]

盛~ 嗔~ 恼~ 震~ 怨~ 息~
喜~ 激~ 迁~ 发~ 不~ 吼~
天~ 藏~ 共~ 大~ 抑~ 动~
一~ 愠~ 恚~ 勃~ 泄~ 跳~
痴~ 暴~ 众~ 触~ 薄~ 余~
波涛~ 群情~ 众人~ 壮士~
饥虎~ 拨而~ 江声~ 昏者~

**埔** pǔ 黄埔,广东地名。

(另见 bù)

**圃** pǔ 菜园或花园。
[旧属七麌七遇]

花~ 秋~ 菊~ 菜~ 国~ 苗~
竹~ 农~ 芝~ 兰~ 射~ 春~
小~ 荒~ 蔬~ 芳~ 苑~ 老~
浇~ 场~ 瓜~ 瑶~ 书~ 艺~
桂~ 后~ 茶~ 山~ 药~ 学~
兰蕙~ 篇章~ 坟索~ 苏公~

**浦** pǔ 水边和河流入海处。
[旧属七麌]

南~ 江~ 新~ 港~ 晴~ 曲~
青~ 舟~ 绿~ 荷~ 洛~ 烟~
淮~ 晨~ 横~ 远~ 蠡~ 钓~
春~ 海~ 蟹~ 渔~ 月~ 黄~
沙~ 涧~ 合~ 西~ 兰~ 云~
帆出~ 沉香~ 垂杨~ 黄芦~
桃花~ 鸳鸯~ 云梦~ 汀洲~

**普** pǔ 普遍;全面。
[旧属七麌]

德~ 化~ 洽~ 庆~ 恩~ 泽~
赞~ 弘~ 流~ 利~ 赵~ 施~
九州~ 德施~ 恩泽~

**溥** pǔ 广大;普遍。
[旧属七麌]

周～ 率～ 德～ 沾～ 阳～ 利～
宏～ 隆～ 恩～ 德泽～ 恩膏～

## 谱 pǔ 格式或图形。曲谱。
[旧属七麌]

棋～ 琴～ 画～ 词～ 曲～ 花～
歌～ 食～ 律～ 韵～ 印～ 抄～
依～ 图～ 脸～ 年～ 乐～ 菊～
茶～ 酒～ 香～ 按～ 简～ 族～
氏～ 宗～ 梅～ 书～ 兰～ 诗～
没～ 家～ 宗～ 五线～ 金兰～
教坊～ 牡丹～ 世系～ 四声～
书画～ 芍药～

## 氆 pǔ 氆氇，藏族羊毛织品。

## 铺 pù 铺子;商店。床。
[旧属七遇]

店～ 床～ 卧～ 小～ 行～ 摆～
书～ 药～ 边～ 泥～ 当～ 置～
递～ 饭～ 搭～ 十里～ 金银～
杂货～
（另见平声 pū）

## 堡 pù 用于地名。
[旧属十九皓]

五里～ 十里～
（另见 bǔ;十二萧 bǎo）

## 汝 rǔ 你。
[旧属六语]

尔～ 承～ 告～ 与～ 谢～ 念～
报～ 似～ 济～ 语～ 乞～ 求～
弃～ 惜～ 助～ 和～ 惟～ 送～
怨～ 托～ 嫌～ 抚～ 颍～ 淮～
谁缚～ 何关～ 不负～ 富贵～

## 乳 rǔ 奶汁。
[旧属七麌]

哺～ 牛～ 马～ 钟～ 人～ 同～
割～ 撮～ 求～ 香～ 雪～ 坠～
泄～ 腐～ 口～ 丰～ 隆～ 食～
膏～ 滴～ 玉～ 琼～ 炼～ 细～
酒如～ 石鼎～ 羊跪～ 邻家～
猫相～ 不饮～

## 洳 rù 沮洳，泥沼。
[旧属六语六鱼]

泳～ 涟～ 湿～ 渐～ 泥～ 泪～

## 暑 shǔ 热。
[旧属六语]

炎～ 寒～ 大～ 酷～ 盛～ 开～
苦～ 午～ 旱～ 避～ 逆～ 凉～
破～ 清～ 扇～ 残～ 解～ 悌～
耐～ 中～ 冒～ 消～ 溽～ 处～
三伏～ 蝉吟～ 九月～ 不受～

## 黍 shǔ 黍子。
[旧属六语]

食～ 新～ 麦～ 禾～ 豆～ 啄～
雨～ 红～ 谷～ 角～ 鸡～ 炊～
尝～ 多～ 秋～ 玉蜀～ 羊宜～
速作～ 碧筒～

## 署 shǔ 办公的处所。布置。
[旧属六御]

部～ 签～ 职～ 私～ 题～ 分～
府～ 治～ 亲～ 公～ 行～ 地～
专～ 总～ 官～ 补～ 禁～ 内～
连～ 同～ 紫～ 玉堂～ 三司～
出版～

## 鼠 shǔ 老鼠。
[旧属六语]

灰～ 袋～ 田～ 黠～ 硕～ 饱～
饥～ 雀～ 斗～ 白～ 畏～ 逐～
黠～ 窜～ 投～ 鼯～ 稻～ 厕～
灭～ 捕～ 猫～ 社～ 狐～ 腐～
野～ 邻～ 油～ 堕～ 仓～ 松～
过街～ 野火～ 穿埔～ 缘树～
床头～ 循墙～ 土拨～ 失窜～

## 数 shǔ 查点。列举。责备。
[旧属七麌]

细～ 可～ 指～ 面～ 逆～ 不～
独～ 责～ 历～ 暗～ 再～ 重～
不可～ 向谁～ 何须～ 不足～
（另见 shù;十五波 shuò）

## 薯 shǔ 甘薯。马铃薯。

红～ 番～ 白～ 甘～

## 曙 shǔ 天刚亮。
[旧属六御]

清～ 海～ 远～ 达～ 拂～ 彻～
未～ 开～ 迎～ 待～ 昏～ 窗～
天～ 秋～ 残～ 将～ 初～ 林～
破～ 村～ 向～ 千门～ 云彩～
天欲～ 晨鸡～ 东方～ 春色～

## 癙 shǔ 忧闷成病。
[旧属六语]

已~ 疗~ 忧~

**戍** <sup>shù</sup> 军队防守。
[旧属七遇]

卫~ 屯~ 征~ 荒~ 重~ 留~
置~ 归~ 勤~ 边~ 城~ 远~
春~ 外~ 久~ 戎~ 郊~ 海~
兵~ 防~ 野~ 交河~ 三年~
孤烟~ 黄云~ 金屈~ 威武~

**树** <sup>shù</sup> 树木。种植。树立。
[旧属七麌七遇]

建~ 植~ 种~ 大~ 特~ 柳~
果~ 幽~ 桑~ 红~ 一~ 千~
嘉~ 满~ 匝~ 风~ 碧~ 花~
烟~ 琪~ 琼~ 杨~ 茂~ 拔~
伐~ 斫~ 古~ 远~ 绕~ 自~
独~ 标~ 枯~ 江~ 云~ 万~
铁~ 火~ 玉~ 芳~ 小~ 栽~
摇钱~ 三株~ 山山~ 连理~
云外~ 菩提~ 合欢~ 百尺~

**竖** <sup>shù</sup> 垂直。立。
[旧属七麌]

横~ 点~ 发~ 正~ 耳~ 斜~
一~ 木~ 目~ 内~ 牛~ 直~
高~ 挺~ 翘~ 久~ 倒~ 童~
群~ 顽~ 二~ 偃木~ 毛骨~

**恕** <sup>shù</sup> 原谅。
[旧属六御]

宽~ 饶~ 忠~ 仁~ 不~ 自~
慈~ 谦~ 明~ 容~ 贵~ 诚~
平~ 情~ 强~ 推己~ 及物~

**庶** <sup>shù</sup> 众多。平民百姓。
[旧属六御]

众~ 富~ 烝~ 兆~ 黎~ 士~
民~ 贫~ 卑~ 凡~ 鄙~ 地~
嫡~ 徒~ 支~

**裋** <sup>shù</sup> 裋褐,粗布衣服。

**腧** <sup>shù</sup> 腧穴。

肺~ 胃~

**数** <sup>shù</sup> 数目。天数;劫数。
[旧属七遇]

指~ 气~ 悉~ 如~ 路~ 多~
单~ 双~ 少~ 度~ 倍~ 余~

历~ 异~ 盈~ 成~ 整~ 分~
无~ 零~ 充~ 奇~ 偶~ 礼~
虚~ 正~ 负~ 差~ 计~ 名~
花无~ 大衍~ 不足~ 心有~
(另见 shǔ;十五波 shuò)

**墅** <sup>shù</sup> 别墅。
[旧属六语]

新~ 乡~ 郊~ 山~ 芳~ 花~
野~ 烟~ 春~ 田~ 故~ 仙~
赌~ 家~ 营~ 村~ 秋~ 荒~
渔~ 溪~ 买~ 静~ 旧~ 映~
城南~ 金谷~ 三家~ 辋川~
西山~ 凤泉~ 西郊~ 围棋~

**漱** <sup>shù</sup> 含水漱口。
[旧属二十六宥]

盥~ 水~ 吐~ 清~ 喷~ 晨~
玉~ 净~ 时~ 嘉~ 流~ 甘~
飞~ 寒~ 湔~ 飞泉~ 芳津~
云前~

**澍** <sup>shù</sup> 及时雨。
[旧属七遇]

霖~ 清~ 嘉~ 降~ 时~ 甘~
大~ 听~ 水~ 流~ 飞~ 半~
冬~ 祈~ 滂~ 百川~ 时雨~

**诉** <sup>sù</sup> 倾吐。控告。
[旧属七遇]

投~ 申~ 陈~ 哀~ 倾~ 难~
求~ 告~ 哭~ 控~ 起~ 反~
自~ 低~ 公~ 上~ 逃~ 苦~
细~ 号~ 宣~ 仰天~ 得所~
向谁~ 将苦~

**素** <sup>sù</sup> 本色。蔬菜。向来。
[旧属七遇]

朴~ 因~ 要~ 平~ 元~ 缟~
寒~ 纤~ 抱~ 色~ 纨~ 茹~
简~ 贫~ 冠~ 纯~ 绢~ 俭~
毒~ 缣~ 尺~ 毫~ 清~ 淡~
纯~ 束~ 织~ 守~ 雅~ 怀~
维生~ 潇湘~ 寒光~ 鱼中~
汀沙~ 一匹~

**嗉** <sup>sù</sup> 禽类食囊。
[旧属七遇]

鸟~ 鹤~ 咽~ 鸡~ 无~ 蓄~
填~ 满~ 裂~ 胸~ 抱~ 空~

# 塑 sù 塑造。塑料。
[旧属七遇]
泥~ 雕~ 绘~ 唐~ 涂~ 贴~
喷~ 改~ 可~ 貌若~ 坐如~

# 溯 sù 逆水而上。回想。
[旧属七遇]
追~ 逆~ 回~ 沿~ 难~ 南~
流~ 推~ 上~ 不可~ 扬舲~

# 愫 sù 真情;情意。
情~ 积~ 悃~

# 愬 sù 同'诉'。
[旧属七遇十一陌]

# 土 tǔ 土壤。土地。土气。
[旧属七麌]
国~ 黄~ 风~ 乡~ 水~ 领~
疆~ 本~ 故~ 净~ 泥~ 沙~
沃~ 瘠~ 广~ 后~ 烟~ 守~
聚~ 践~ 负~ 香~ 茹~ 灰~
寸~ 乐~ 粪~ 焦~ 取~ 尘~
生~ 洁~ 黑~ 春~ 厚~ 出~
入~ 中~ 动~ 东~ 稀~ 积~
五色~ 雷出~ 一掊~ 丽乎~
口中~ 九州~ 平水~ 弃如~

# 吐 tǔ 吐出来。说出来。
[旧属七麌]
吞~ 谈~ 倾~ 喷~ 含~ 未~
胸~ 吸~ 若~ 初~ 吭~ 花~
月~ 神~ 音~ 竟~ 梅~ 香~
花心~ 清言~ 玉钩~ 群山~
珠玑~ 井运~ 骊珠~ 兰英~
月初~ 新菊~ 晴光~ 红榴~
(另见 tù)

# 钍 tǔ 金属元素。

# 吐 tù 呕吐。
[旧属七遇]
醉~ 大~ 拭~ 龙~ 食~ 掬~
不~ 三~ 闷~ 再~ 吭~ 猛~
喷~ 急~ 酒~ 街~ 珠~ 翻~
灵蛇~ 当面~ 宴后~
(另见 tǔ)

# 兔 tù 兔子。
[旧属七遇]

玉~ 白~ 蟾~ 月~ 小~ 灵~
龟~ 野~ 乌~ 脱~ 雉~ 顾~
狡~ 投~ 秋~ 肥~ 狐~ 待~
养~ 赤~ 逐~ 银~ 飞~ 金~
捣药~ 月中~ 桂旁~ 白玉~

# 堍 tù 桥堍,桥畔。

# 菟 tù 菟丝。草名。
[旧属七遇]
元~ 白~ 羔~ 鹿徒~
(另见平声 tú)

# 五 wǔ 数目。
[旧属七麌]
三~ 什~ 二~ 数~ 减~ 合~
当~ 加~ 进~ 十~ 失~ 得~
五~ 尺~ 百~ 阳~ 第~ 比~
承~ 参~ 成~ 不过~ 二十~
中央~ 名标~

# 午 wǔ 日中时。地支。
[旧属七麌]
端~ 甲~ 日~ 正~ 子~ 移~
庭~ 月~ 夜~ 旁~ 重~ 下~
亭~ 转~ 过~ 当~ 近~ 交~
晌~ 卓~ 禾~ 上~ 中~ 昼~
春江~ 日正~ 盛于~ 秋日~

# 伍 wǔ 军队。同伙。
[旧属七麌]
队~ 行~ 落~ 什~ 入~ 士~
卒~ 戎~ 失~ 部~ 参~ 曹~
麋鹿~ 嵇刘~ 谁为~ 猿乌~

# 仵 wǔ 仵作,验尸。
[旧属七麌]
泾~ 翻~ 违~ 敢~ 犯~ 法~

# 迕 wǔ 遇见。违背。
相~ 违~

# 庑 wǔ 正房两侧的小屋。
[旧属七麌]
东~ 西~ 堂~ 寄~ 檐~ 桂~
千~ 廊~ 凉~ 轩~ 前~ 庭~
照~ 茅~ 空~ 门~ 赁~ 两~
伯通~ 步元~ 读书~

# 沅 wǔ 沅水,贵州流入湖南。

**怃** <sup>wǔ</sup> 爱怜。失意。
[旧属七麌]

泰～ 哀～ 欢～ 形～ 无～ 节～

**忤** <sup>wǔ</sup> 不顺从;不和睦。
[旧属七遇]

乖～ 不～ 憎～ 错～ 触～ 多～
无～ 犯～ 忌～ 舛～ 相～ 矜～
无～ 轻～ 违～ 与物～ 不可～

**妩** <sup>wǔ</sup> 妩媚,姿态美好。
[旧属七麌]

眉～ 媚～ 妍～ 红～

**武** <sup>wǔ</sup> 军事。勇猛。脚步。
[旧属七麌]

威～ 勇～ 英～ 尚～ 文～ 耀～
孙～ 动～ 练～ 玄～ 用～ 喜～
烈～ 崇～ 示～ 偃～ 黩～ 阅～
苏～ 汉～ 汤～ 讲～ 习～ 神～
不废～ 不穷～ 止戈～ 克壮～

**侮** <sup>wǔ</sup> 轻慢。
[旧属七麌]

欺～ 轻～ 陵～ 自～ 狎～ 笑～
色～ 纳～ 无～ 威～ 侵～ 内～
卑～ 御～ 慢～ 戏～ 外～ 受～
抵～ 诳～ 爱～ 谁敢～ 少年～
文法～

**捂** <sup>wǔ</sup> 遮盖。
[旧属七遇]

抵～ 嫌～ 枝～ 逆～ 横～
(另见平声 wú)

**悟** <sup>wǔ</sup> 违背;不顺从。

抵～

**珷** <sup>wǔ</sup> 珷玞,像玉的石块。

**鹉** <sup>wǔ</sup> 鹦鹉。
[旧属七麌]

**碔** <sup>wǔ</sup> 碔砆,同'珷玞'。

**舞** <sup>wǔ</sup> 舞蹈。挥舞。玩弄。
[旧属七麌]

鼓～ 跳～ 歌～ 善～ 乐～ 起～
飞～ 燕～ 凤～ 笑～ 鸾～ 载～
喜～ 自～ 旋～ 轻～ 艳～ 独～
色～ 手～ 韶～ 鹤～ 龙～ 雪～
酣～ 妙～ 剑～ 醉～ 兽～ 蝶～
长袖～ 交谊～ 芭蕾～ 婆娑～
素娥～ 细腰～ 霓裳～ 雪花～

**乌** <sup>wù</sup> 乌拉,冬天穿的鞋。
[旧属七虞]
(另见平声 wū)

**戊** <sup>wù</sup> 天干第五位。
[旧属二十六宥]

吉～ 五～ 丁～ 上～ 夏～
岁在～ 已犹～

**务** <sup>wù</sup> 事情。从事;致力。
[旧属七遇]

家～ 公～ 服～ 任～ 业～ 事～
义～ 国～ 政～ 洋～ 外～ 军～
世～ 总～ 常～ 财～ 机～ 急～
职～ 时～ 内～ 烦～ 先～ 要～
首～ 当～ 本～ 农～ 勤～ 碎～
细～ 俗～ 杂～ 庶～ 剧～ 警～

**坞** <sup>wù</sup> 外高中凹的地方。
[旧属七麌]

山～ 村～ 林～ 云～ 船～ 竹～
筑～ 金～ 松～ 水～ 城～ 野～
石～ 幽～ 溪～ 半～ 樵～ 东～
小～ 梅～ 鄮～ 桃花～ 仙茅～
藏春～ 金作～ 好莱～

**误** <sup>wù</sup> 错误。耽误。
[旧属七遇]

谬～ 失～ 言～ 勿～ 不～ 乖～
迟～ 相～ 遗～ 迷～ 勘～ 缺～
稽～ 疑～ 讹～ 正～ 笔～ 曲～
聪明～ 儒冠～ 轻言～ 归期～
春风～ 白首～ 虚名～ 庸医～
年少～ 翻知～

**恶** <sup>wù</sup> 讨厌;憎恨。
[旧属七遇]

好～ 深～ 痛～ 众～ 怨～ 爱～
疾～ 憎～ 厌～ 可～ 天～ 交～
时俗～ 私心～ 处所～
(另见平声 wū;十四歌 ě,è)

**悟** <sup>wù</sup> 领会;掌握。
[旧属七遇]

领～ 感～ 醒～ 觉～ 晚～ 警～
大～ 不～ 顿～ 敏～ 颖～ 朗～
未～ 领～ 才～ 禅～ 独～ 心～

妙～ 省～ 了～ 悔～ 惊～ 神～

## 晤
<sup>wù</sup> 见面。 [旧属七遇]

面～ 会～ 幽～ 良～ 言～ 神～
谐～ 把～ 清～ 赏心～ 无与～
悬可～

## 焐
<sup>wù</sup> 使变暖。

热～ 酒～ 怀～ 焐一～

## 痦
<sup>wù</sup> 痦子,痣。

## 婺
<sup>wù</sup> 婺江。婺州。婺源。 [旧属七遇]

宝～ 娥～ 衢～ 比～ 鳏～

## 骛
<sup>wù</sup> 纵横奔驰。追求。 [旧属七遇]

迅～ 腾～ 激～ 长～ 广～ 竞～
奔～ 高～ 精～ 驰～ 争～ 骋～
交～ 惊～ 游～ 遄～ 遇～ 齐～
电～ 旁～ 鸿～ 轻车～ 云龙～
惊涛～

## 雾
<sup>wù</sup> 雾气;雾霭。 [旧属七遇]

烟～ 大～ 白～ 云～ 山～ 起～
江～ 海～ 松～ 岚～ 轻～ 香～
喷～ 水～ 披～ 晨～ 隔～ 撩～
屋～ 吐～ 薄～ 嶂～ 霏～ 毒～
花～ 寒～ 尘～ 黑～ 夜～ 妖～
五里～ 春台～ 水中～ 纱窗～
花庭～ 茫茫～

## 寤
<sup>wù</sup> 睡醒。 [旧属七遇]

寐～ 未～ 寝～ 不～ 宵～ 夜～
悸～ 呼～ 觉～ 惊～ 晨～ 午～
南柯～ 昼夕～ 不能～

## 鹜
<sup>wù</sup> 鸭子。 [旧属七遇一屋]

孤～ 飞～ 江～ 野～ 群～ 鸡～
雁～ 寒～ 逸～ 轻～ 池～ 滩～
湖中～ 池上～ 露华～

## 主
<sup>zhǔ</sup> 主人。主张。见解。 [旧属七麌]

民～ 宾～ 自～ 霸～ 作～ 旧～
座～ 内～ 新～ 明～ 顾～ 买～

为～ 无～ 宗～ 天～ 真～ 地～
施～ 物～ 车～ 原～ 失～ 事～
卖～ 力～ 没～ 神～ 君～ 先～
郡～ 报～ 公～ 盟～ 债～ 业～
东道～ 花有～ 吠非～ 万物～

## 诪
<sup>zhǔ</sup> 智慧。 [旧属八庚]

## 拄
<sup>zhǔ</sup> 支撑。 [旧属七麌]

撑～ 支～ 连～ 袤相～

## 渚
<sup>zhǔ</sup> 水中的小块陆地。 [旧属六语]

江～ 沙～ 蓼～ 汀～ 凫～ 洲～
寒～ 霜～ 春～ 钓～ 水～ 莲～
芦～ 荒～ 小～ 浅～ 湘～ 兰～
烟～ 雁～ 柳～ 鸿～ 幽～ 溪～
芙蓉～ 鸳鸯～ 桃花～ 洞庭～
秋风～ 江有～ 柴桑～ 富春～

## 煮
<sup>zhǔ</sup> 放在水中烧。 [旧属六语]

水～ 烹～ 蒸～ 煎～ 庖～ 炊～
热～ 烂～ 火～ 茶～ 同～ 羹～
新～ 石～ 如～ 缓火～ 敲冰～
琪花～ 雪水～ 夜深～ 和根～
清泉～ 沸汤～ 谁为～ 庖人～

## 褚
<sup>zhǔ</sup> 丝棉。衣服口袋。 [旧属六语]

上～ 囊～ 原～ 衣～ 衣冠～
(另见 chǔ)

## 麈
<sup>zhǔ</sup> 鹿类动物。拂尘。 [旧属七麌]

玉～ 旄～ 挥～ 间～ 捉～ 多～
大～ 白～ 凤～ 长～ 停～ 谈～
松～ 僧～ 犀～ 挥玉～ 壁间～
王谢～

## 伫
<sup>zhǔ</sup> 长时间的站着。 [旧属六语]

凝～ 久～ 延～ 翘～ 企～ 空～
愁～ 端～ 瞻～ 伊～ 宵～ 临～
眷～ 小～ 停～ 暮云～ 虚襟～
吟复～

## 苎
<sup>zhǔ</sup> 苎麻。 [旧属六语]

白～ 桑～ 葛～ 青～ 结～ 柔～

剥~ 种~ 麻~ 荆~ 缁~ 蒲~
细~ 雪~ 缟~ 千亩~ 一束~
江南~

# 苧 zhù 同'苎'。
(另见六鱼 xù)

# 助 zhù 帮助;协助。
[旧属六御]
天~ 人~ 借~ 多~ 寡~ 神~
乐~ 求~ 相~ 力~ 救~ 众~
自~ 臂~ 资~ 赞~ 辅~ 谈~
互~ 襄~ 内~ 补~ 援~ 扶~
佑~ 无~ 捐~ 江山~ 百金~
知己~ 灯火~ 解衣~ 左右~

# 住 zhù 住宿。止住。
[旧属七遇]
长~ 常~ 不~ 拿~ 捉~ 把~
愣~ 问~ 咬~ 暂~ 记~ 堵~
拦~ 稳~ 留~ 风~ 雨~ 家~
身~ 同~ 扶~ 偶~ 小~ 居~
移~ 久~ 寄~ 站~ 收~ 唤~
靠得~ 留花~ 临水~ 岸上~
联墙~ 春且~ 禁得~ 佳处~

# 纻 zhù 苎麻织品。
[旧属六语]
白~ 云~ 缕~ 缟~ 编~ 夹~
素~ 麻~ 细~ 丝~ 投~ 雪~
绮~ 青~ 绫~ 简中~ 不如~

# 杼 zhù 筘。梭子。
[旧属六语]
机~ 投~ 妇~ 寒~ 鸳~ 弄~
春~ 仙~ 梭~ 操~ 鸣~ 织~
蛩~ 促~ 轻~ 月~ 如~ 催~
断机~ 鲛人~ 邻家~

# 贮 zhù 储存;积存。
[旧属六语]
私~ 积~ 满~ 存~ 广~ 窖~
封~ 盛~ 粮~ 银瓶~ 香奁~
锦囊~ 金屋~ 玉缸~ 彩楼~

# 注 zhù 灌入。集中。注解。
[旧属七遇]
关~ 贯~ 倾~ 情~ 飞~ 灌~
垂~ 挹~ 遥~ 翘~ 心~ 目~
奔~ 东~ 泉~ 如~ 下~ 孤~
一~ 雨~ 选~ 小~ 笺~ 疏~
批~ 附~ 脚~ 目~ 新~ 分~
夹~ 旁~ 补~ 图~ 集~ 评~
百川~ 起居~ 华不~ 三家~

# 驻 zhù 停留。驻地。
[旧属七遇]
久~ 暂~ 屯~ 小~ 夕~ 常~
夜~ 客~ 不~ 云~ 鹤~ 留~
竞~ 日~ 回~ 星~ 停~ 偷~
龙节~ 红颜~ 行云~ 兵马~

# 柱 zhù 柱子。
[旧属七麌]
支~ 砥~ 梁~ 琴~ 弦~ 虹~
胶~ 击~ 楹~ 冰~ 玉~ 天~
倚~ 环~ 铜~ 铁~ 铸~ 绕~
石~ 脊~ 台~ 抱~ 攀~ 宝~
桥~ 础~ 中~ 饰~ 殿~ 龙~
擎天~ 栋梁~ 天无~ 珊瑚~

# 炷 zhù 灯心。烧香。
[旧属七麌七遇]
香~ 一~ 艾~ 香~ 夜~ 炉~
蕙~ 玄~ 宝~ 细~ 兰~ 檀~
残~ 灯~ 小~

# 砫 zhù 石砫,今四川石柱。

# 疰 zhù 疰夏,一种夏季病症。

# 著 zhù 显著。显出。著作。
[旧属六御]
名~ 巨~ 论~ 撰~ 原~ 卓~
土~ 文~ 尊~ 贵~ 旧~ 前~
新~ 编~ 合~ 彰~ 渊~ 昭~
不~ 兼~ 心~ 独~ 分~ 炳~
声名~ 志节~ 廉洁~
(另见十四歌 ·zhe;十五波 zhuó)

# 蛀 zhù 蛀虫。虫咬。
虫~ 蠹~ 霉~ 腐~ 朽~

# 铸 zhù 铸造。
[旧属七遇]
铜~ 铁~ 浇~ 可~ 雕~ 新~
天~ 岁~ 营~ 熔~ 冶~ 鼓~
模~ 冷~ 陶~ 同~ 合~ 刻~
尝日~ 九鼎~ 万人~ 舟中~

鷟 zhù 奋飞。
[旧属六御]

凤~ 腾~ 鸣~ 龙~ 翔~ 飞~
远~ 鹏~ 南~ 轻~ 风~ 先~
鸿~ 轩~ 高~ 金雀~ 霜毛~
秋不~ 仓庚~

箸 zhù 筷子。
[旧属六御]

玉~ 下~ 借~ 六~ 取~ 食~
投~ 竹~ 折~ 插~ 匙~ 放~
匕~ 击~ 两~ 引~ 铁~ 点~
把~ 停~ 银~ 垂玉~ 辟毒~
万钱~ 象牙~

诅 zǔ 诅咒。发誓。
[旧属六御]

众~ 腹~ 怨~ 咒~ 祝~ 谤~
厌~ 万~ 巫~ 一国~ 三物~

阻 zǔ 阻挡;阻碍。
[旧属六语]

险~ 拦~ 劝~ 艰~ 困~ 重~
路~ 天~ 壅~ 危~ 深~ 兵~
遥~ 雾~ 无~ 道~ 世~ 云~
梗~ 禁~ 水~ 山川~ 烟舟~
风雨~ 江山~ 远道~ 关塞~

组 zǔ 组织。单位。
[旧属七麌]

分~ 重~ 改~ 设~ 合~ 一~
编~ 甲~ 红~ 大~ 小~ 解~
簪~ 针~ 彩~ 素丝~ 工作~

俎 zǔ 砧板。
[旧属六语]

刀~ 越~ 樽~ 玉~ 雕~ 笾~
登~ 开~ 列~ 鼎~ 杂~ 设~
青人~ 不越~ 从献~ 主人~
三牲~ 琼杯~

祖 zǔ 祖宗。首创者。
[旧属七麌]

先~ 始~ 曾~ 上~ 烈~ 继~
世~ 佛~ 尊~ 禅~ 彭~ 念~
我~ 远~ 高~ 鼻~ 忘~ 外~
马~ 显~ 同~ 祭~ 告~ 本~
开山~ 继吾~ 九代~ 群物~

# 旧读入声

卜 bǔ 占卜。预料。选择。
[旧属一屋]

问~ 未~ 解~ 定~ 预~ 梦~
筮~ 改~ 难~ 镜~ 吉~ 易~
医~ 卖~ 瓦~ 观~ 违~ 先~
仙人~ 灯花~ 不用~ 妄意~
金钱~ 焉可~ 丰年~
(另见十五波 ·bo)

不 bù 副词。
[旧属五物]

何~ 莫~ 岂~ 无~ 独~ 谁~
且~ 孰~ 能~ 十~ 七~ 决~
(另见平声 bú)

钚 bù 核燃料。

吥 bù 唝吥,柬埔寨地名。

亍 chù 彳亍,慢步行。

怵 chù 害怕;恐惧。
[旧属四质]

心~ 惊~ 怵~ 悼~ 善人~

绌 chù 不够;不足。同'黜'。

支~ 见~

柷 chù 古乐器。
[旧属一屋]

鼓~ 用~ 击~

俶 chù 开始。整理。
[旧属一屋]

始~ 有~
(另见八齐 tì)

畜 chù 禽兽,多指家畜。
[旧属一屋二十六宥]

六~ 牲~ 耕~ 家~ 种~ 杂~
小~ 物~ 谁~ 放~ 养~ 生~
池~ 兽~ 活~
(另见六鱼 xù)

诇 chù 诇诡;奇异;滑稽。

搐 chù 肌肉抽缩。
抽~

触 chù 接触。触动。
[旧属二沃]
抵~ 蛮~ 感~ 击~ 凌~ 忤~
瓪~ 手~ 相~ 鞭~ 指~ 莫~
一~ 怒~ 笔~ 闲云~ 麟角~
风乍~

滀 chù 聚积。

歜 chù 盛怒;气盛。
[旧属二沃]
颜~

黜 chù 罢免;革除。
[旧属四质]
罢~ 贬~ 废~ 屏~ 放~ 弃~
三~ 削~ 免~ 裁~ 摈~ 责~
降~ 遣~ 纠~ 相继~ 一言
无勇~

㣟 chù 人名。
[旧属二沃]
叔~ 甘~ 邲~ 颜~

矗 chù 直立;高耸。
[旧属一屋]
高~ 上~ 耸~ 直~ 骈~ 遥~
云~ 斜~ 月~

卒 cù 同'猝'。
[旧属六月]
急~ 轻~ 仓~ 忽~
(另见平声 zú)

促 cù 时间短。推动。
[旧属二沃]
急~ 催~ 短~ 窘~ 仓~ 烦~
迫~ 岁~ 紧~ 督~ 局~ 匆~
敦~ 弦~ 夜~ 膝屡~ 槁声~
琴弦~ 日月~ 年光~ 人世~

猝 cù 突然。
[旧属六月]
仓~ 猝~ 轻~ 忽~ 急~

瘄 cù 瘄子,麻疹。

蔟 cù 蚕蔟。
[旧属一屋二十六宥]
上~ 折~ 花~ 柴~

蹙 cù 蹴踖,恭敬不安貌。
[旧属一屋十二锡]
踏~ 穷~ 驱~ 蹴~ 蹋~

憱 cù 心里不安貌。

顣 cù 皱眉。
[旧属一屋]
频~

簇 cù 聚集。
[旧属一屋]
聚~ 锦~ 簇~ 蚕~ 蜂~ 攒~
玉~ 碎~ 树~ 春~ 云~ 红~
浪~ 山~ 峰~ 一~ 花~ 凤~
眉~ 市~

蹙 cù 紧迫。皱眉。收缩。
[旧属一屋]
日~ 气~ 屏~ 浪~ 筋~ 叠~
迫~ 困~ 穷~ 窘~ 风~ 眉~
煎~ 驱~ 郁~ 势~ 鼙~ 危~
梦境~ 两崖~ 光阴~ 波纹~
乱石~ 愁来~

蹴 cù 踢。踏。
[旧属一屋]
怒~ 一~ 燕~ 排~ 潮~ 迫~
困~ 细~ 遮~ 人~
(另见十六尤·jiu)

笃 dǔ 忠实。沉重。
[旧属二沃]
论~ 情~ 纯~ 世~ 礼~ 敦~
仁~ 忠~ 延~ 恩~ 危~ 病~
信道~ 所守~ 恩宠~ 情好~
交友~ 孝益~

服 fù 中药剂量。
[旧属一屋]
一~
(另见平声 fú)

复 fù 重复。回复。恢复。
[旧属一屋二十六宥]
反~ 往~ 不~ 可~ 必~ 克~
来~ 平~ 敬~ 电~ 匡~ 光~
报~ 修~ 收~ 雪~ 图~ 思~

答~ 繁~ 叠~ 岫~ 水~ 重~

**洑** fú 在水里游。
[旧属一屋]

洄~ 湖~ 乘~ 倒~ 水~ 湍~
(另见平声 fú)

**腹** fù 肚子。心。
[旧属一屋]

心~ 剖~ 遗~ 圆~ 充~ 腰~
抚~ 破~ 蛇~ 溃~ 背~ 仰~
露~ 鼓~ 置~ 剖~ 海~ 满~
便~ 江~ 鱼~ 诗~ 壶~ 瓶~
裂~ 捧~ 大~ 坦~ 扪~ 帆~
方~ 披~ 岩~ 痴~ 白~ 饥~
口~ 空~ 果~ 撑~ 小~ 收~
五经~ 小人~ 君子~ 将军~
十围~ 脂填~ 果我~ 便便~

**缚** fù 捆绑。
[旧属十药]

束~ 解~ 系~ 释~ 绳~ 律~
生~ 囚~ 袒~ 诱~ 擒~ 虏~
绕~ 坐~ 缠~ 牵~ 尘~ 羁~
自~ 就~ 五~ 微名~ 情爱~
虎遭~ 四禅~

**蝮** fù 蝮蛇,毒蛇。
[旧属一屋]

虺~ 毒~ 巨~ 千岁~

**鰒** fù 鲍鱼。
[旧属三觉]

**覆** fù 覆盖。歪倒。
[旧属一屋二十六宥]

倾~ 翻~ 天~ 僵~ 颠~ 自~
恐~ 沦~ 坠~ 循~ 海~ 案~
车~ 舟~ 反~ 釜~ 败~ 重~
屋~ 暗~ 荡~ 根柢~ 鹊巢~
基业~

**馥** fù 香气浓厚。
[旧属一屋]

桂~ 气~ 兰~ 德~ 草~ 誉~
含~ 郁~ 香~ 馨~ 花~ 风~
芬~ 吐~ 蕙~ 流~ 清~ 幽~
微~ 春~ 膏~ 剩~ 散~ 芳~
金炉~ 芳台~ 孤云~

**谷** gǔ 山谷。谷类作物。
[旧属一屋]

幽~ 黍~ 云~ 崖~ 退~ 林~
莺~ 函~ 鬼~ 峡~ 涧~ 深~
出~ 盘~ 斜~ 村~ 溪~ 高~
陵~ 穷~ 寒~ 空~ 满~ 维~
旷~ 虚~ 壑~ 坠~ 野~ 渊~
稻~ 鳞~ 五~ 雨~ 金~ 播~
春~ 分~ 田~ 食~ 焚~ 百~
嘉~ 新~ 积~ 布~ 岁~ 秋~
新陈~ 荒年~ 子午~ 新登~
桃花~ 丹霞~ 怀若~
(另见六鱼 yù)

**汩** gǔ 水流貌。
[旧属四质六月]

汩~ 决~ 陵~ 拂~ 泉~ 纷~
沦~ 荡~ 洄~ 分流~ 泾渭~
河源~ 泉性~

**骨** gǔ 骨头。支架。品质。气概。
[旧属六月]

甲~ 筋~ 折~ 白~ 刮~ 朽~
头~ 风~ 腐~ 颅~ 秀~ 断~
埋~ 肋~ 剔~ 气~ 碎~ 遗~
化~ 尸~ 忠~ 诗~ 凡~ 铁~
枯~ 骸~ 身~ 瘦~ 硬~ 刺~
傲~ 刻~ 收~ 龟~ 媚~ 入~
暴~ 玉~ 侠~ 彻~ 销~ 换~
透~ 软~ 肌~ 毛~ 龙~ 露~
千金~ 冻死~ 青冢~ 琵琶~
(另见平声 gǔ)

**鹄** gǔ 箭靶子。
[旧属二沃]

悬~ 正~ 中~ 刻~ 射~ 设~
升~ 木~ 控~ 立~
(另见 hú)

**馉** gǔ 馉饳,一种面制食品。

**毂** gǔ 车轮中心插轴处。
[旧属一屋]

车~ 左~ 轮~ 飞~ 畅~ 长~
炙~ 推~ 丹~ 轳~ 雷~ 辇~
转~ 连~ 绾~ 击~ 接~ 华~
车脱~ 石响~ 往来~ 经纬~
(另见平声 gǔ)

**榾** gǔ 榾柮,木头块。
[旧属六月]

枸~ 株~ 榾~

穀 gǔ 楮树。

鹆 gǔ 鹘鸼,鸟名。

[旧属六月八黠]

鹰~ 海~ 苍~ 白~ 翩~ 飞~
惊~ 秋~ 栖~ 架上~ 渡海~
桃花~

(另见平声 hú)

縠 gǔ 善,好。同'谷'。

[旧属一屋]

梏 gǔ 古代木制手铐。

[旧属二沃]

桎~ 羁~ 脱~ 施~ 杖~ 明~
弓~ 输~ 重~ 敬~ 下罪~

潕 gǔ 潕水,湖南地名。

牿 gǔ 牛马圈。

[旧属二沃]

伤~ 童牛~

笏 hù 上朝时拿的手板。

[旧属六月]

牙~ 朝~ 象~ 挂~ 袍~ 文~
书~ 簪~ 玉~ 遗~ 绅~ 床~
鱼须~ 长官~ 看山~

喾 kù 上古帝王名。

[旧属二沃]

帝~ 郊~ 佐~ 周氏~

酷 kù 残酷。极。炽热。

[旧属二沃]

惨~ 严~ 贪~ 荼~ 深~ 烈~
刑~ 苛~ 峻~ 冷~ 极~ 扮~
炎蒸~ 风霜~ 酸辛~

六 lù 六安。六合。

[旧属一屋]

(另见十六尤 liù)

角 lù 角直,江苏地名。

陆 lù 陆地。姓。

[旧属一屋]

大~ 水~ 鸿~ 平~ 着~ 皋~
栖~ 居~ 川~ 商~ 征~ 京~
北~ 东~ 登~ 海~

(另见十六尤 liù)

录 lù 记载。录制。任用。

[旧属二沃]

目~ 笔~ 图~ 节~ 实~ 总~
杂~ 政~ 谨~ 收~ 著~ 谱~
要~ 抄~ 眷~ 存~ 草~ 手~
追~ 自~ 语~ 摘~ 辑~ 药~
纪~ 簿~ 典~ 史~ 详~ 记~
别~ 鬼~ 翻~ 姓氏~ 闻见~
言行~ 金石~ 备忘~ 创纪~

菉 lù 梅菉,广东地名。

(另见六鱼 lǜ)

坴 lù 土山间的小块平地。

鹿 lù 哺乳动物。

[旧属一屋]

惊~ 养~ 驱~ 双~ 小~ 文~
苑~ 驯~ 饮~ 飞~ 羊~ 涧~
呼~ 麋~ 逐~ 失~ 指~ 射~
白~ 渴~ 野~ 瑞~ 鸣~ 捕~
骇~ 驾~ 涿~ 奔~ 山~ 哨~
沙~ 秦~ 群~ 似~ 禽~ 骑~
梅花~ 长颈~ 林间~

渌 lù 水清。

[旧属二沃]

涨~ 晓~ 鸭~ 湖~ 深~ 如~
江水~ 洞庭~ 杯中~ 夺湖~

逯 lù 姓。

绿 lù 用于'绿林'、'绿营'。

[旧属二沃]

(另见六鱼 lǜ)

骥 lù 骥骦,古代骏马名。

[旧属二沃]

骏~ 八~ 骥~ 骓~

璓 lù 璓璓,稀少。

[旧属一屋]

珊~ 瑛~ 珞~

禄 lù 俸禄。

[旧属一屋]

福~ 受~ 吉~ 得~ 公~ 丰~
百~ 薄~ 干~ 世~ 官~ 田~
持~ 显~ 宠~ 辞~ 食~ 爵~
利~ 荣~ 糜~ 不言~ 五斗~

大夫~ 折腰~ 千锺~ 官家~

**碌** lù 平凡。事务繁杂。
[旧属一屋]

碌~ 劳~ 忙~ 庸~ 曲~
（另见十六尤 liù）

**睩** lù 眼珠转动。
[旧属一屋]

曼~ 睩~

**僇** lù 侮辱。
[旧属一屋]

挨~ 笑~

**蓼** lù 植物高大。
[旧属一屋]

蓼~ 灭~ 舒~ 六~ 蔚以~
（另见十二萧 liǎo）

**篆** lù 符箓。
[旧属二沃]

图~ 受~ 名~ 龟~ 鬼~ 黄~
谣~ 看~ 隐~ 灵~ 玄~ 戒~
趣~ 帝~ 天~ 秘~ 宝~ 法~
长生~ 上清~ 文字~ 仙宫~

**漉** lù 过滤。
[旧属一屋]

渗~ 巾~ 淋~ 淘~ 流~ 囊~
浸~ 洒~ 练~ 自~ 纱~ 捞~
酒新~ 湿漉~ 社瓮~

**醁** lù 醽醁，美酒名。
[旧属二沃]

春~ 芳~ 美~ 中山~ 满尊~
新丰~ 杯中~

**辘** lù 辘轳。
[旧属一屋]

辘~ 字~ 毂~ 摇~

**戮** lù 杀。
[旧属一屋]

杀~ 屠~ 诛~ 刑~ 殃~ 横~
讨~ 示~ 家~ 除~ 残~ 枉~
大~ 珍~ 孥~ 诸侯~ 万物~

**罶** lù 小鱼网。
[旧属一屋]

罳~ 置~

**簏** lù 竹箱。
[旧属一屋]

竹~ 书~ 字~ 素~ 妆~ 筐~
囊~ 废~ 小~ 厨~ 篚~ 绿~
疏~ 一~ 筠~ 画盈~ 真珠~
藏花~

**麓** lù 山脚。
[旧属一屋]

峰~ 峻~ 北~ 深~ 矶~ 绕~
寒~ 山~ 林~ 岳~ 大~ 翠~
岩~ 苍~ 南~ 层~ 江~ 秋~
九疑~ 云迷~ 太行~

**木** mù 树木。木头。
[旧属一屋]

林~ 红~ 杂~ 榆~ 檀~ 楠~
花~ 草~ 新~ 原~ 古~ 斫~
燃~ 伐~ 钻~ 削~ 弯~ 乔~
灌~ 梁~ 土~ 竹~ 恶~ 秀~
秋~ 滚~ 芳~ 名~ 云~ 水~
霜~ 寒~ 巨~ 枕~ 春~ 方~
嘉~ 朽~ 择~ 缘~ 独~ 落~
麻~ 刻~ 就~ 枯~ 大~ 拔~
雕花~ 横梁~ 水生~ 黄杨~
千寻~ 惊堂~

**目** mù 眼睛。网眼。小项。
[旧属一屋]

耳~ 数~ 眉~ 心~ 面~ 头~
书~ 要~ 美~ 瞑~ 清~ 流~
伤~ 巧~ 左~ 开~ 闭~ 入~
眩~ 双~ 瞩~ 垂~ 斗~ 科~
纲~ 回~ 题~ 节~ 名~ 条~
极~ 举~ 满~ 盲~ 反~ 悦~
注~ 怵~ 侧~ 瞠~ 夺~ 触~
过~ 拭~ 瞑~ 怒~ 刮~ 众~
醒~ 障~ 骋~ 鼠~ 豂~ 细~
横波~ 送春~ 千里~ 天涯~
眉过~ 惹花~

**鉬** mù 金属元素。

**沐** mù 洗头。洗涤。蒙受。
[旧属一屋]

洗~ 梳~ 初~ 濯~ 晨~ 如~
盥~ 栉~ 膏~ 澡~ 汤~ 浣~
勤~ 露~ 归~ 三~ 雨~ 宠~
新~ 薰~ 夜~ 水边~ 与女~

**苜** mù 苜蓿。
[旧属一屋]

水~ 菊~

**牧** mù 放牧。
[旧属一屋]
农~ 自~ 郊~ 田~ 草~ 僮~
宰~ 歌~ 晨~ 归~ 畜~ 游~
杜~ 刍~ 樵~ 耕~ 州~ 司~
童儿~ 雨中~ 桃林~

**幕** mù 帐篷。幕布。
[旧属十药]
序~ 内~ 黑~ 大~ 铁~ 毡~
报~ 殿~ 落~ 下~ 帷~ 帐~
帘~ 军~ 揭~ 绣~ 罗~ 锦~
闭~ 开~ 银~ 人~ 翠~ 天~
戎~ 烟~ 纱~ 营~ 谢~ 一~
燕巢~ 猩红~ 风翻~ 敞云~

**睦** mù 和睦。
[旧属一屋]
邻~ 修~ 慈~ 友~ 信~ 相~
协~ 亲~ 敦~ 辑~ 不~ 始~
恭~ 内~ 外~ 兄弟~ 教民~
家室~

**穆** mù 恭敬;严肃。姓。
[旧属一屋]
静~ 肃~ 友~ 淳~ 谐~ 怡~
文~ 悦~ 淑~ 化~ 安~ 绥~
澄~ 雍~ 婉~ 昭~ 和~ 敦~
清~ 穆~ 渊~ 和气~ 家国~
东风~ 岳武~

**霂** mù 霡霂,小雨。
[旧属一屋]

**偄** nù 用于人名。

**朴** pǔ 朴实;朴质。
[旧属一屋三觉]
俭~ 诚~ 质~ 素~ 怀~ 抱~
鄙~ 反~ 敦~ 幽~ 守~ 去~
淳~ 纯~ 简~
(另见十二萧 piáo;十五波 pō,pò)

**蹼** pǔ 动物脚趾间薄膜。
鱼~ 鸭~ 脚~ 蛙~

**瀑** pù 瀑布。
[旧属一屋]
飞~ 奔~ 幽~ 悬~ 发~ 湍~

山~ 溅~ 双~ 短~ 挂~ 泉~
秋~ 寒~ 垂~ 岩~ 金~ 三~
落~ 庐~ 雪~ 观~ 丝~ 冻~
千寻~ 声同~ 雪色~ 飞龙~
(另见十二萧 bào)

**曝** pù 晒。
献~ 冬~ 一~ 秋阳~
(另见十二萧 bào)

**辱** rǔ 耻辱。侮辱。
[旧属二沃]
羞~ 污~ 玷~ 耐~ 守~ 不~
召~ 猥~ 垢~ 屈~ 荣~ 宠~
挫~ 侵~ 忍~ 轻~ 含~ 自~
毁~ 众~ 被~ 消~ 甘~ 凌~
自取~ 胯下~ 不可~ 义不~

**鄏** rǔ 郏鄏,河南古地名。

**入** rù 进来;进去。收入。
[旧属十四缉]
深~ 长~ 复~ 移~ 夜~ 误~
引~ 潜~ 量~ 投~ 输~ 陷~
出~ 日~ 跳~ 直~ 悖~ 岁~
先~ 纳~ 插~ 进~ 伸~ 刺~
浮岚~ 归棹~ 斜照~ 飘风~
疏星~ 秋光~

**蓐** rù 产妇的床铺。
[旧属二沃]
茵~ 临~ 草~ 席~ 寝~ 厚~
荐~ 竹~ 华~ 晓~ 坐~ 产~
卧~ 床~ 华~

**溽** rù 湿润。
[旧属二沃]
润~ 暑~ 烦~ 蒸~ 午~ 卑~
温~ 晦~ 炎~ 梅~ 六月~

**缛** rù 繁琐;繁重。
[旧属二沃]
繁~ 蔚~ 丽~ 绵~ 纤~ 珍~
辞~ 华~ 藻~ 绮~ 典~ 婉~
纷~ 文~ 雕~

**褥** rù 褥子。
[旧属二沃]
皮~ 貂~ 毡~ 床~ 席~ 合~
软~ 卷~ 抱~ 厚~ 被~ 重~

草～　毛～　凤～　锦～　芳～　紫～
绣～　素～　茵～　绣腰～　不须～
鸳鸯～　鸭茵～　芙蓉～　黄金～

**属** shǔ 类别。隶属。家属。
[旧属二沃]

率～　外～　若～　内～　不～　下～
姻～　系～　归～　分～　统～　吾～
愿～　羽～　心～　私～　支～　部～
直～　从～　连～　附～　僚～　眷～
金～　军～　烈～
(另见 zhǔ)

**蜀** shǔ 蜀汉。四川别称。
[旧属二沃]

巴～　陇～　岷～　入～　三～　川～
相～　归～　西～　吴～　吞～　得～
荆～　出～　游～　治～　去～　通～
古～　望～　思～　山连～　盟于～

**术** shù 技艺。方法;策略。
[旧属四质四寘]

艺～　学～　武～　美～　战～　魔～
星～　儒～　技～　方～　心～　剑～
道～　法～　邪～　算～　权～　医～
手～　幻～　秘～　催眠～　登龙～
隐身～　养生～
(另见平声 zhú)

**束** shù 捆;系。控制。
[旧属二沃]

约～　结～　拘～　羁～　一～　绳～
卷～　装～　收～　检～　管～　缚～
敛～　严～　花～　白茅～　密网～
腰如～　森似～

**述** shù 陈说;叙述。
[旧属四质]

陈～　口～　笔～　概～　善～　略～
重～　上～　记～　阐～　著～　再～
难～　论～　传～　缕～　所～　申～
撰～　引～　巧～　赞～　追～　简～
银笔～　抵掌～　不忘～

**沭** shù 沭河,山东流入江苏。

**铢** shù 长针。

**夙** sù 早。夙愿。
[旧属一屋]

昏～　载～　惟～　祈年～

**肃** sù 恭敬。严肃。肃清。
[旧属一屋]

整～　秋～　忠～　清～　政～　气～
庄～　虔～　鲁～　恭～　惨～　心～
容～　谨～　肃～　天地～　草木～
纪纲～　军纪～

**速** sù 迅速。速度。邀请。
[旧属一屋]

飞～　不～　去～　疾～　行～　急～
归～　快～　加～　光～　电～　超～
听～　音～　欲～　流～　从～　时～
巧～　轻～　转～　神～　火～　车～
马蹄～　光阴～　岁暮～　归意～
神兵～　移风～　超音～

**𫗧** sù 鼎中的食物。
[旧属一屋]

覆～　鼎～　公～　羹～　贾～

**涑** sù 涑水,山西水名。
[旧属一屋十一尤]

浍～

**宿** sù 过夜。旧有的。
[旧属一屋二十六宥]

居～　同～　共～　路～　客～　暮～
夕～　野～　侣～　宴～　旅～　住～
投～　留～　人～　独～　问～　访～
招～　山～　晚～　来～　隔～　归～
露～　寄～　鸟～　雁～　名～　止～
夜～　栖～　食～　耆～　借～　餐～
芦中～　花里～　孤舟～　抱书～
桃源～　何处～　檐下～　云台～
(另见十六尤 xiǔ;xiù)

**骕** sù 骕骦,一种良马。

**粟** sù 谷子。姓。
[旧属二沃]

金～　发～　握～　啄～　瑞～　菽～
脱～　米～　食～　积～　稻～　蔬～
新～　红～　刍～　一～　罂～　腐～
天雨～　金如～　万钟～　太仓～

**谡** sù 起;起来。
[旧属一屋]

谡～　(挺拔)尸～　斩马～

鷫 sù 鷫鸘,鸟名。

蔌 sù 蔬菜。
[旧属一屋]
野~ 蔬~ 园~ 肴~ 薪~ 鱼~
溪~ 山~ 时~ 蔌~ 采~ 洗~
太子~ 刘郎~ 乱红~

僳 sù 僳僳族。

觫 sù 觳觫,恐惧发抖。
[旧属一屋]

瘯 sù 麗瘯,下垂。

簌 sù 簌簌。

蹜 sù 蹜蹜,小步快走。
[旧属一屋]
蓄~ 拳~ 蹙~ 金距~

兀 wù 高高地突起。
[旧属六月]
突~ 傲~ 石~ 浪~ 飘~ 摇~
小~ 骨~ 兀~ 臬~ 穿~ 高~
蜀山~ 醒睡~
(另见平声 wū)

靰 wù 靰鞡,同'乌拉'。

勿 wù 不要。
[旧属五物]
请~ 幸~ 切~ 万~ 居~ 密~

阢 wù 阢陧,同'杌陧'。

扤 wù 撼动。
[旧属六月]
天~ 突~ 大~ 动~ 摧~

屼 wù 形容山秃。
[旧属六月]
峣~ 突~ 五~ 屹~ 崒~

芴 wù 土瓜。
[旧属五物]
菲~ 芒~ 垦~ 轧~

杌 wù 杌陧,不安定。
[旧属六月]

梼~ 捽~

物 wù 东西;事物。内容。
[旧属五物]
事~ 人~ 财~ 食~ 礼~ 文~
器~ 药~ 衣~ 钱~ 造~ 法~
残~ 用~ 杂~ 润~ 谷~ 容~
何~ 什~ 实~ 货~ 百~ 见~
外~ 产~ 睹~ 宝~ 尤~ 品~
名~ 读~ 公~ 玩~ 生~ 唯~
怪~ 矿~ 景~ 万~ 信~ 静~
废~ 博~ 惜~ 动~ 植~ 异~
阿堵~ 微生~ 无此~ 农作~

飐 wù 飐飓,不安定。
[旧属六月]

鋈 wù 白铜。镀。
[旧属二沃]

属 zhǔ 连缀;连续。
[旧属二沃]
连~ 系~ 依~ 心相~
(另见 shǔ)

劚 zhǔ 砍斫。
[旧属二沃]
月~ 锄~ 斤~ 耕~ 新~ 刀~
园可~ 携鹤~

嘱 zhǔ 嘱咐;嘱托。
[旧属二沃]
叮~ 细~ 详~ 遗~ 切~ 托~
再三~ 谆谆~

瞩 zhǔ 注视。
[旧属二沃]
远~ 遥~ 眺~ 遐~ 停~ 环~
游~ 凝~ 瞻~ 延~ 骇~ 俯~
下~ 眷~ 览~ 回眸~ 周遭~
东窗~

祝 zhù 良好愿望。
[旧属一屋]
庆~ 大~ 酒~ 笑~ 三~ 致~
起~ 举~ 进~ 遥~ 莫~ 拜~
卜~ 小~ 坐~ 默~ 预~ 祈~
嵩~ 巫~ 恭~ 千秋~ 尧人~
豚酒~ 汤饼~ 仰天~ 殷勤~

筑 zhù 建筑;修建。
[旧属一屋]
新~ 自~ 改~ 兴~ 创~ 基~

坚~ 别~ 营~ 修~ 厚~ 加~ 　远~ 击~ 琴~ 筝~ 鼓~ 鸣~
高~ 重~ 缮~ 构~ 卜~ 围~ 　燕台~ 新垣~ 谁所~ 临河~
旧~ 小~ 岩~ 增~ 畲~ 幽~ 　筛土~ 吴王~

# 八 齐

## 平 声

**鎞** bī 钗。篦子。
[旧属八齐]
玉~翠~金~花~钿~细~
（另见 pī）

**鼻** bí 鼻子。开创。
[旧属四寘]
掩~犊~酸~穿~牛~薰~
隆~塞~高~长~大~猪~
象~拭~巨~贯~口~割~
尖~赤~刺~无~蚁~触~
耳~冲~扑~绕~牵~锁~
诗人~鹰勾~酒糟~舌过~

**氐** dī 二十八宿之一。
[旧属八齐]
九~白~巴~青~周~羌~
宿宫~清水~
（另见仄声 dǐ）

**低** dī 低矮。低级。
[旧属八齐]
枝~云~头~高~墙~影~
月~帆~天~减~降~眉~
山~花~楼~桥~舞~伏~
夕阳~燕飞~河汉~门户~

**羝** dī 公羊。
[旧属八齐]
牧~缟~雪~两头~触藩~

**堤** dī 堤坝。堤堰。
[旧属八齐]
柳~河~湖~海~金~碧~
横~沙~曲~古~大~长~
苏~白~决~筑~花~平~
隋~危~石~江~拍~压~
水拍~绿杨~柳覆~

**提** dī 提防。
[旧属四支]

（另见 tí）

**碿** dī 用于人名。
[旧属八齐]
金日~段匹~染绘~琅琊~

**髢** dí 假发。
[旧属八霁]
镜~女~髢~

**几** jī 小桌子。几乎。
[旧属五微]
茶~竹~石~搁~炕~琴~
隐~净~文~雕~非~降~
沉~前~知~见~唯~先~
研~识~事~万~庶~神~
不可~庙堂~乌皮~
（另见仄声 jǐ）

**讥** jī 讥讽。
[旧属五微]
刺~相~见~谤~交~无~
嘲~群~贻~反唇~众所~
大雅~硕鼠~

**叽** jī 象声词。
[旧属五微]
咀~哔~卡~

**饥** jī 饿。
[旧属四支五微]
腹~充~人~啼~疗~大~
告~抱~渴~鸟~马~鹤~
苦~忍~同~忘~岁~民~

**玑** jī 不圆的珠子。
[旧属五微]
珠~明~璇~宝~丹~瑶~
吐~玉~环~琼~刻~含~
照夜~水孕~鱼眼~舞容~
明月~露凝~

**圾** jī 垃圾。

**机** jī 机器。机会。心思。
[旧属五微]

事~ 心~ 祸~ 圆~ 决~ 断~
善~ 动~ 兵~ 尘~ 露~ 枢~
时~ 契~ 军~ 戎~ 司~ 随~
乘~ 转~ 巧~ 诈~ 杼~ 电~
有~ 无~ 杀~ 伏~ 化~ 危~
生~ 灵~ 神~ 藏~ 投~ 飞~
触~ 忘~ 息~ 手~ 微~ 失~
织女~ 滑翔~ 拖拉~ 抽水~
久忘~ 有真~ 悟禅~ 计算~

**乩** jī 占卜器具。

扶~ 卜~ 莫求~

**肌** jī 肌肉。
[旧属四支]

冰~ 雪~ 丰~ 玉~ 粉~ 香~
琼~ 红~ 霜~ 沦~ 侵~ 腹~
冷透~ 粟生~ 玉为~

**祇** jī 福;祥。
[旧属五微五未]

翔~ 受~ 进~

**矶** jī 水边岩石。
[旧属五微]

渔~ 石~ 秋~ 花~ 隐~ 蓼~
苔~ 钓~ 水~ 芦中~ 钓鱼~
燕子~ 采石~ 钓月~ 坐石~
柳映~ 牛渚~ 黄鹄~ 斗鸭~

**鸡** jī 家禽。
[旧属八齐]

天~ 金~ 雄~ 闻~ 锦~ 山~
烧~ 瘟~ 养~ 偷~ 抓~ 小~
群~ 捉~ 藏~ 喂~ 赶~ 杀~
野~ 只~ 邻~ 公~ 宝~ 荒~
莎~ 斗~ 竹~ 雏~ 田~ 晨~
秧~ 村~ 木~ 三黄~ 茅舍~
报晓~ 落汤~ 芦花~ 生蛋~

**其** jī 用于人名。
[旧属四支四真]

郦食~ 夜何~
(另见 qí)

**奇** jī 单数。
[旧属四支]

数~ 偶~ 有~ 遇~ 艰~
(另见 qí)

**屄** jī 屄奸,同'鸡奸'。

**剞** jī 剞劂;刻刀;雕版。
[旧属四支]

刳~

**笄** jī 束发用簪子。
[旧属八齐]

未~ 及~ 双~ 玉~ 副~ 摩~
冠~ 吉~ 金~ 翠羽~ 绿云~

**姬** jī 古代妇女美称。
[旧属四支]

小~ 美~ 艳~ 诸~ 瑶~ 养~
楚~ 琴~ 王~ 淑~ 幸~ 妙~
丽~ 家~ 琼~ 文~ 歌~ 侍~
吴~ 虞~

**基** jī 基础。基本。
[旧属四支]

奠~ 国~ 城~ 地~ 创~ 新~
墙~ 根~ 始~ 登~ 宏~ 开~
肇~ 故~ 福~ 定~ 祸~ 荒~
鎡~ 树~ 帝~ 丕~ 山~ 灵~
太平~ 万世~ 旧台~ 礼为~
帝王~

**羁** jī 马缰绳。
[旧属五微]

玉~ 锦~ 绊~ 强受~ 紫金~
为人~ 不受~

**期** jī 一周年;一整月。
[旧属四支]

岁已~
(另见 qī)

**赍** jī 怀抱。赠送。
[旧属八齐四支]

呈~ 敬~ 装~ 轻~ 私~ 野~
百钱~ 远客~ 笔床~ 各有~

**犄** jī 犄角。

**嵇** jī 姓。
[旧属八齐]

阮~ 寻~ 攀~

**畸** jī 畸形。
[旧属四支]

无~ 宋~ 罗~

**跻** 『登；上升。
[旧属八齐]

朝～ 阻～ 颠～ 难～ 晨～ 跄～
攀～ 日～ 登～ 阳气～ 无人～
不可～ 千仞～ 分寸～ 玉阶～
带月～ 君子～

**锓** 『镃锓，大锄。
[旧属四支]

**箕** 『簸箕。
[旧属四支]

斗～ 畚～ 南～ 筲～ 北～ 有～
弓～ 巢～ 土～ 日在～ 云出～
学为～ 星聚～

**稽** 『查考。计较。拖延。
[旧属八齐]

滑～ 会～ 勾～ 考～ 无～ 面～
参～ 验～ 核～ 久～ 心～ 可～
简书～ 不可～ 一时～

（另见仄声 qǐ）

**觭** 『单数，同'奇'。
[旧属四支]

**齑** 『细；碎。
[旧属八齐]

芥～ 粉～ 寒～ 金～ 冷～ 蟹～
黄～ 淡～ 玉～ 霜～ 吹～ 断～
盐～ 香～ 药～ 捣香～ 照面～
菊苗～

**畿** 『国都附近的地区。
[旧属五微]

帝～ 汉～ 侯～ 王～ 甸～ 九～
都～ 卿～ 邦～ 京～ 郊～ 封～
万里～

**羁** 『马笼头。拘束。停留。
[旧属四支]

尘～ 不～ 孤～ 绊～ 就～ 受～
玉～ 绝～ 珠～ 金～ 远～ 无～
名～ 久～ 俗～ 马脱～ 不可～
此身～ 利名～

**哩** 『哩哩啦啦，零散。

（另见仄声 lǐ；·li）

**丽** 『丽水，浙江地名。
[旧属四支]

高～ 纤～ 鱼～ 披～ 焚～

（另见仄声 lí）

**厘** 『计量。整理。治理。
[旧属四支]

分～ 毫～ 允～ 保～ 总～ 鸿～
受重～ 祝皇～

**狸** 『狸猫。
[旧属四支]

狐～ 斑～ 黑～ 香～ 野～ 梦～
佛～ 寒～ 灵～ 文～ 玉面～

**离** 『离别。离开。
[旧属四支四霁]

迷～ 流～ 分～ 隔～ 附～ 相～
乍～ 暂～ 迁～ 飘～ 将～ 睽～
剥～ 支～ 距～ 生～ 脱～ 乱～
游～ 别～ 轻～ 陆～ 仳～ 远～
黍～ 离～ 未～ 莫轻～ 似花～
差不～ 不忍～ 未可～ 双燕～

**骊** 『纯黑色的马。
[旧属八齐四支]

铁～ 探～ 歌～ 盗～ 四～ 纤～
汉～ 驾～ 寄～ 扬～ 风～ 文～
绿耳～

**缡** 『束发的帛。
[旧属四支]

江～ 楚～ 纤～ 绿～ 绋～ 缁～
风～ 缡～ 森～ 梦～ 丹～

（另见仄声 xǐ）

**梩** 『锹一类的器具。
[旧属四支]

一～ 载～

**梨** 『梨树。梨子。
[旧属八齐]

让～ 生～ 脆～ 芳～ 山～ 玉～
紫～ 红～ 美～ 园～ 种～ 烝～
御～ 棠～ 雅～ 鹅～ 嫩～ 蜜～
哀家～ 不分～ 转枝～

**犁** 『农具。
[旧属八齐]

扶～ 耕～ 春～ 拉～ 铧～ 新～
手自～ 雨一～ 白云～

**鹂** 『鸟名。
[旧属八齐四支]

黄～ 听～ 春～

喱 lí 咖喱。

剺 lí 用刀划。
[旧属四支]

蔾 lí 江蓠,香草。
[旧属四支]

蜊 lí 蛤蜊。
[旧属四支]

漓 lí 淋漓。
[旧属四支]
浇～　风～　弃～　太朴～　泽渗～
土瘠～　五霸～　俗未～

缡 lí 佩巾。
[旧属四支]
结～　凤～　衿～　云～　麝香～

璃 lí 玻璃。琉璃。
[旧属四支]

嫠 lí 寡妇。
[旧属四支]
媚～　寡～　茕～　鳏～　皓首～

犛 lí 牦牛。
[旧属四支三肴]
犀～　系～　貘～　青海～

藜 lí 蒺藜,草药。
[旧属八齐]

黎 lí 众。黑。
[旧属八齐]
昌～　重～　生～　熟～　九～　黔～
群～　元～

鲡 lí 鳗鲡,鳗鱼。

罹 lí 遭遇。遭受。忧愁。
[旧属四支]
百～　不～　遭～　重～　备～

篱 lí 篱笆。
[旧属四支]
东～　菊～　竹～　疏～　绕～　棘～
樊～　笊～　槿～　藩～　荆～　柴～
豆花～

醨 lí 薄酒。
[旧属四支]
糟～　醇～　啜～　薄～

藜 lí 草药。
[旧属八齐]
蓬～　蒺～　扶～　杖～　青～　燃～
夜分～　太乙～

黧 lí 黑;色黑而黄。
[旧属八齐四支]
缁～　形～　垢～　面目～

蠡 lí 瓢。贝壳。
[旧属八齐四支]
测～　管～　瓠～　铜～　引～　倾～
测海～
(另见仄声 lǐ)

劙 lí 刺破;割破。
[旧属四支]
划～

咪 mī
咪～　笑咪～

眯 mī 眼皮微合。小睡。
[旧属八荠]
(另见 mí)

弥 mí 遍。满。更加。
[旧属四支]
沙～　须～　僧～　云～　漫～　渺～
素尘～　岁月～　四海～

迷 mí 迷惑。迷恋。
[旧属八齐]
蓁～　路～　痴～　低～　津～　昏～
沉～　书～　醉～　目～　戏～　金～
球～　入～　雾～　宵～　离～　酒～
自～　棋～　执～　云～　破～　九～
积～　雪～　岚～　竹～　红～　蕉～
指～　财～　渐～　花下～　蜂蝶～
月色～　归路～　醉眼～　心不～
尽日～　梦魂～　野径～

祢 mí 姓。
[旧属八荠]
祖～　宗～　名于～　至于～

眯 mí 尘埃入眼。
[旧属八荠]
不～　尘～　无～　数～　易～
(另见 mī)

猕 mí 猕猴。

猿~

**谜** mí 谜语。谜团。
[旧属八霁]
灯~ 猜~ 诗~ 巧~ 哑~ 藏~
商~ 解~ 字~ 一个~ 千古~

**箅** mí 竹蔑，苇蔑等。

**醚** mí 有机化合物。
甲~ 乙~

**糜** mí 粥。烂。浪费。
[旧属四支]
肉~ 粥~ 薄~ 琼~ 蒸~ 乳~
豆~ 碎~ 食~ 芋~ 残~ 调~
山~ 糠~ 奢~ 沙作~ 饭成~
（另见五微 méi）

**縻** mí 系住。
[旧属四支]
羁~ 系~ 拘~ 转自~ 世所~
组缓~ 好爵~

**麋** mí 麋鹿。
[旧属四支]
鹿~ 驯~ 斑~ 野~ 射~ 逐~
秋~ 多~ 山~ 带箭~ 入泽~

**靡** mí 浪费。
[旧属四纸]
奢~ 华~ 侈~ 淫~ 浮~
（另见仄声 mǐ）

**蘼** mí 荼蘼，花木名。
[旧属四支]
墙~ 荃~

**灖** mí 灖漫。灖濛。
[旧属四支]
渺~ 灖~ 漫~ 雾雨~ 沙尘~

**蘪** mí 蘪芜，芎䓖的苗。
[旧属四支]
荃~

**醾** mí 酴醾，酒。
[旧属四支]

**妮** ní 妮子，女孩。

**尼** ní 尼姑。
[旧属四支四质]

僧~ 仲~ 宣~ 牟~ 济~ 伊~
潘~ 摩~

**坭** ní 地名用词。
白~ 红毛~

**呢** ní 呢子。
花~ 毛~ 厚~ 线~
（另见十四歌 ·ne）

**儿** ní 周朝国名。
[旧属八齐]
（另见二十儿 ér）

**泥** ní 泥土。泥浆。
[旧属八齐]
烂~ 印~ 枣~ 蒜~ 沙~ 燕~
香~ 粉~ 青~ 春~ 衔~ 丸~
醉如~ 玉在~ 壁间~ 旧巢~
净无~落花~
（另见仄声 nì）

**怩** ní
[旧属四支]
忸~ 怩~

**倪** ní 姓。幼弱。端。
[旧属八齐]
端~ 天~ 无~ 王~ 耄~ 坤~
迁~

**猊** ní 狻猊，传说中的猛兽。
[旧属八齐]
怒~ 青~ 双~ 吐穗~

**婗** ní 婴婗，婴儿。

**輗** ní 车辕端部件。
[旧属八齐]
倚~ 无~ 车无~

**蜺** ní 寒蝉。
[旧属八齐]
寒~ 秋~

**霓** ní 霓虹。
[旧属八齐九屑十二锡]
虹~ 云~ 紫~ 彩~ 夕~ 雌~
长~ 晚~ 文~ 晴~ 白~ 素~
朝~ 川~ 涧~ 扫~ 红~ 江~
气如~ 驾青~ 五色~ 万丈

横空 ~

**齯** ní 老人重生的寿齿。
[旧属八齐]

老 ~ 齿 ~

**鲵** ní 大鲵、小鲵的统称。
[旧属八齐]

鲸 ~ 海 ~ 修 ~ 鲔 ~ 钓 ~ 鲲 ~
扫鲸 ~ 尺泽 ~

**麑** ní 小鹿。

钮 ~

**丕** pī 大。
[旧属四支]

丕 ~ 显 ~ 曹 ~

**邳** pī 邳县，江苏地名。
[旧属四支]

下 ~ 徐 ~

**批** pī 批评；批判。大量。
[旧属八齐九屑]

首 ~ 竹 ~ 击 ~ 朱 ~ 御 ~ 评 ~
一 ~ 眉 ~ 大 ~ 抹 ~ 反手 ~

**伾** pī 伾伾，有力貌。
[旧属四支]

**纰** pī 布帛，披散。
[旧属四支]

缝 ~ 玉 ~ 霜 ~ 素丝 ~ 罗文 ~
杼轴 ~

**坯** pī 坯胎。
[旧属十灰]

土 ~ 陶 ~ 瓦 ~ 砖 ~ 脱 ~ 打 ~
面 ~ 原 ~ 瓷 ~ 钢 ~ 毛 ~ 贱 ~
一成 ~

**披** pī 覆盖。打开。裂开。
[旧属四支]

纷 ~ 离 ~ 横 ~ 云 ~ 霓 ~ 退 ~
勤 ~ 雾 ~ 手 ~ 肝胆 ~ 荆棘 ~
莲倒 ~ 一蓑 ~ 当风 ~ 带雨 ~

**狉** pī 狉獉，野兽出没。
[旧属四支]

狉 ~ 榛 ~

**砒** pī 砷。砒霜。

白 ~ 红 ~

**铍** pī 铍箭。
[旧属八齐]

贯 ~ 箭 ~ 弧 ~

**鈹** pī 长矛。
[旧属四支]
(另见 pí)

**惉** pī 谬误。

**錍** pī 箭镞。
[旧属八齐]

翠 ~ 玉 ~ 金 ~ 花 ~ 钿 ~
(另见 bī)

**皮** pí 表面。皮毛。
[旧属四支]

顽 ~ 虎 ~ 霜 ~ 牛 ~ 西 ~ 竹 ~
寝 ~ 面 ~ 脸 ~ 陈 ~ 纤 ~ 表 ~
肚 ~ 眼 ~ 豹 ~ 冰 ~ 调 ~ 刮 ~
泼 ~ 羊 ~ 厚 ~ 赖 ~ 人 ~ 毛 ~
留 ~ 俏 ~ 橡 ~ 铁 ~ 粉 ~ 地 ~
车 ~ 蒜 ~ 剥 ~ 豹留 ~ 苔藓 ~

**芘** pí 芘芣，锦葵。

**陂** pí 黄陂，湖北地名。
[旧属四支]

山 ~ 月 ~ 锦 ~ 水 ~ 野 ~ 南 ~
春 ~ 绿 ~ 霜 ~ 泽 ~ 草 ~ 平 ~
横 ~ 荒 ~ 长 ~ 高 ~ 黄 ~ 土 ~
积翠 ~ 万顷 ~ 月满 ~ 雁鹜 ~
放牧 ~
(另见五微 bēi；十五波 pō)

**枇** pí 枇杷。

**狓** pí 玀狓狓，似小长颈鹿。

**毗** pí 毗连。辅助。
[旧属四支]

夸 ~ 犀 ~ 茶 ~ 倚 ~ 并 ~ 诸 ~

**蚍** pí 蚍蜉，大蚂蚁。

**鈹** pí 金属元素。
[旧属四支]
(另见 pī)

郫 pí 郫县,四川地名。
[旧属四支]
处~

疲 pí 疲乏。疲软。
[旧属四支]
忘~ 筋~ 神~ 足~ 力~ 人~
心~ 目~ 困~ 形~ 民~ 马~
不知~ 老更~ 不告~

陴 pí 女墙。
[旧属四支]
守~ 登~ 增~ 文~ 城~
专隍~

埤 pí 增加。
[旧属四支]
(另见仄声 pì)

啤 pí 啤酒。
生~ 熟~ 黑~ 黄~

舭 pí 丏舭,越南地名。

琵 pí 琵琶。

椑 pí 酒器。
[旧属八齐]
酒~ 金~
(另见五微 bēi)

脾 pí 脾脏。
[旧属四支]
心~ 肝~ 醒~ 沁~ 蜜~ 宛~
牛~ 归~ 割~ 祭先~ 诗人~
冰作~

鲏 pí 鳑鲏。

裨 pí 辅佐的;副。
[旧属四支]
偏~ 陪~ 思~ 无~ 毫发~
(另见仄声 bì)

蜱 pí 壁虱。

羆 pí 棕熊。
[旧属四支]
熊~ 虎~ 黄~ 象~ 孤~ 如~
中~ 老~ 赤~ 雄~ 舞~ 群~

虎畏~ 犬逐~ 梦大~ 碎于~
当道~ 拔树~

膍 pí 牛百叶。
[旧属八齐]
福禄~ 解狄~

貔 pí 野兽。
[旧属四支]
如~ 生~ 虎~ 吞~

鼙 pí 小鼓。
[旧属八齐]
鼓~ 金~ 惊~ 闻~ 戍~ 秋~
征~ 边~ 塞~ 寒~ 霜~ 听~
鸣~ 更~ 战~ 渔阳~ 柳烟~

沏 qī 冲;泡。

妻 qī 妻子。
[旧属八齐]
夫~ 贤~ 小~ 山~ 弟~ 艳~
爱~ 老~ 娇~ 羿~ 贫~ 前~
荆~ 寡~ 梅~ 未婚~ 黔娄~
杞梁~ 窦滔~ 画眉~ 糟糠~
举案~ 恩爱~
(另见仄声 qì)

栖 qī 居住;停留。
[旧属八齐]
鸡~ 孤~ 鹤~ 同~ 羁~ 鸟~
故~ 梧~ 依~ 夕~ 云~ 鸦~
卑~ 独~ 幽~ 塘~ 枝~ 巢~
山~ 羁~ 两~ 林~ 岩~ 暂~
燕双~ 择木~ 凤凰~ 旧巢~
一枝~ 月光~
(另见 xī)

桤 qī 桤木。
[旧属四支]
松~ 绿~ 庭~ 园~ 栎~ 树~

郪 qī 郪江,四川水名。

凄 qī 凄凉。凄切。萧条。
[旧属八齐]
风~ 雨~ 露~ 晚~ 声~ 幽~
霜~ 悲~ 惨~ 清~ 怨~ 愁~
孤~ 凄~ 月~ 晓寒~ 有余~
秋色~

**萋** qī 草茂盛。
[旧属八齐]

萋~ 喧~ 草木~

**期** qī 期限。期间。
[旧属四支]

周~ 假~ 时~ 农~ 到~ 学~
居~ 后~ 先~ 过~ 可~ 晤~
有~ 及~ 心~ 为~ 夙~ 日~
难~ 前~ 花~ 行~ 远~ 如~
瓜~ 襟~ 归~ 限~ 约~ 相~
愆~ 定~ 暑~ 短~ 自~ 不~
佳~ 吉~ 期~ 预备~ 安可~
无穷~ 潜伏~ 不知~ 百年~
(另见 jī)

**欺** qī 欺骗。欺负。
[旧属四支]

勿~ 见~ 诬~ 群~ 被~ 诈~
不~ 相~ 可~ 人~ 自~ 面~
聊自~ 暗中~ 不可~ 毋自~
不忍~ 百相~ 鬼神~ 岁寒~

**敧** qī 倾斜;歪。
[旧属四支]

**欹** qī 倾斜。
[旧属四支]

倾~ 斜~ 侧~ 虚~ 枕~ 石~
棹~ 难~ 城~ 花~ 风~ 松~
红~ 半~ 月~ 低~ 案~ 荷~
茅屋~ 晚花~ 江树~ 古岸~
数峰~ 画栏~ 白日~ 簪影~
(另见 yī)

**颏** qī 扮神面具。丑陋。
[旧属四支]

大~ 象~

**蹊** qī 蹊跷,奇怪。
[旧属八齐]
(另见 xī)

**蜞** qī 软体动物。

**亓** qī 姓。

**齐** qī 齐整。齐全。齐集。
[旧属八齐]

整~ 崭~ 看~ 绿~ 三~ 青~
等~ 一~ 簇~ 聚~ 会~ 北~

心~ 鲁~ 物~ 肩~ 德~ 思~
麦初~ 远树~ 水火~ 法令~
柳正~ 江草~ 物我~ 万马~
绿苗~ 碧峰~ 芳草~ 人心~
(另见仄声 jì)

**祁** qī 姓。
[旧属四支]

祁~ 宋~ 杜~ 昭余~ 无支~

**圻** qī 边界。
[旧属五微]

边~ 九~ 疆~ 海~ 郊~ 一~
数~ 遐~ 临~ 石~ 墉~ 连~
封~ 南~ 涯~ 云~ 长~ 赤~
(另见十七侵 yín)

**芪** qī 黄芪。

**岐** qī 岐山,陕西地名。
[旧属四支]

居~ 治~ 荆~ 徂~ 至~ 宿~

**其** qī 代指。
[旧属四支四寘]

何~ 尤~ 凄~ 彼~ 任~ 极~
如~ 忘~
(另见 jī)

**奇** qī 奇怪。奇异。
[旧属四支]

争~ 怪~ 离~ 矜~ 貌~ 吐~
问~ 斗~ 伟~ 超~ 灵~ 显~
负~ 探~ 呈~ 好~ 惊~ 居~
瑰~ 清~ 新~ 雄~ 权~ 猎~
炫~ 出~ 珍~ 稀~ 神~ 传~
天下~ 分外~ 造化~ 景阳~
绝世~ 亦自~ 山水~ 句更~
一段~ 未为~
(另见 jī)

**歧** qī 岔道。歧异。
[旧属四支]

分~ 路~ 旁~ 多~ 两~ 水~
江~ 他~ 泣~ 郊~ 六~ 女~
不~ 枝~ 横~ 通~ 临~ 道~

**祈** qī 祈祷。请求。希望。
[旧属五微]

虔~ 六~ 宗~ 春~ 秋~ 报~
不~ 可~ 斋~ 先~ 享~ 同~

披~ 情~ 陈~ 无所~ 为物~
顺风~ 不择~ 从其~ 以璧~

## 祇 qí 地神。
[旧属四支]

灵~ 人~ 黄~ 地~ 僧~ 招~
颂~ 阴~ 民~ 水~ 顺~ 万~
雨~ 神~ 安~

## 荠 qí 荸荠。
[旧属四支]

采~ 楚~ 绿于~ 短如~
（另见仄声 jì）

## 俟 qí 万俟,姓。
[旧属四纸]

（另见四支 sí）

## 疧 qí 病。
[旧属四支]

宿~ 愁~ 俾我~ 只自~

## 耆 qí 六十岁以上的人。
[旧属四支]

年~ 英~ 宿~ 不~ 屠~ 瘢~
伊~ 钧~ 焉~ 养~ 年~ 村~
赐~ 叟~ 幼~ 柏~ 六十~

## 颀 qí 修长高大。
[旧属五微]

魁~ 硕~ 颀~ 美~ 长~

## 脐 qí 肚脐。
[旧属八齐]

噬~ 燃~ 霜~ 露~ 麝~ 团~
劈蟹~ 酒到~

## 旂 qí 古代一种旗子。
[旧属五微]

龙~ 青~ 赤~ 玄~ 建~ 载~
虎~ 云~ 羽~ 画~ 黄~ 大~
神~ 华~ 舞~ 历天~ 玉帐~
芙蓉~ 度陇~ 士以~

## 埼 qí 弯曲的岸。
[旧属五微]

石~ 芦~ 排~ 弯~ 悬~ 曲~

## 萁 qí 豆秸。
[旧属四支]

豆~ 棉~ 采~ 席~ 枯~ 燃~
落为~ 马嚼~ 采蕨~

## 畦 qí 整齐的田地。
[旧属八齐]

菜~ 春~ 满~ 豆~ 花~ 麦~
野~ 菊~ 圃~ 福~ 旧~ 雪~
药~ 柔~ 夏~ 绿~ 兰~ 垄~
雨后~ 二三~ 落花~

## 跂 qí 多出的脚趾。
[旧属四支四寘]

鹤~ 离~ 蹲~ 矜~ 鸢~
（另见仄声 qǐ）

## 崎 qí 倾斜;不平坦。
[旧属四支]

崛~ 倾~ 岖~

## 淇 qí 淇河,河南水名。
[旧属四支]

河~ 清~

## 骐 qí 青黑色的马。
[旧属四支]

四~ 玉~ 素~ 秀~ 苍~ 珠~

## 骑 qí 骑马。骑兵
[旧属四支四寘]

善~ 独~ 堪~ 万~ 突~ 散~
轻~ 一~ 骁~ 跨~ 倒~ 战~
花下~ 海鲸~ 款款~ 游春~
红尘~ 平原~

## 琪 qí 美玉。
[旧属四支]

绿~ 清~ 美~

## 琦 qí 美玉。不平凡的。
[旧属四支]

瑰~ 琅~ 韩~ 灵~ 韫~

## 棋 qí 游戏器具。
[旧属四支]

弈~ 布~ 赌~ 善~ 看~ 嗜~
斗~ 临~ 能~ 窥~ 胜~ 赋~
敲~ 下~ 围~ 观~ 残~ 象~
跳~ 弹~ 举~ 一盘~ 一局~
客窗~ 烂柯~ 竹院~

## 蛴 qí 蛴螬。
[旧属八齐]

乳~ 蛴~（天牛幼虫）

## 祺 qí 吉祥。
[旧属四支]

吉~ 春~ 福~ 时~ 受~ 兰~
维~

锜 qí 烹煮器皿。凿子。
[旧属四支四纸]
釜~ 兰~ 维~

綦 qí 极;张。鞋带。
[旧属四支]
五~ 履~ 河~ 文~ 轻~ 珠~
锦~ 故~ 步~ 子~ 缟~ 承~
忘结~ 黄金~ 捧巾~

蜞 qí 甲壳动物名。
[旧属四支]
蟛~ 马~ 雷~ 虾~

旗 qí 旗帜。
[旧属四支]
旌~ 彩~ 牙~ 拥~ 搴~ 降~
白~ 队~ 军~ 灵~ 建~ 锦~
义~ 国~ 红~ 扬~ 酒~ 云~
献~ 升~ 党~ 战~ 大~ 帅~
五色~ 占风~ 大王~

蕲 qí 求。地名。
[旧属四支十二文]
牛~ 方~

鳍 qí 鱼类的运动器官。
[旧属四支]
鱼~ 振~ 尾~ 鼓~ 右~ 植~
轩~ 鳞~ 一~ 扬~ 折~ 修~

麒 qí 麒麟。
[旧属四支]

鬐 qí 马鬣。
[旧属四支]
长~ 奋~ 丰~ 鼓~ 剑~ 轩~
青~ 龙~ 神~ 铁~ 扬~ 双~

体 tǐ 体己,同'梯己'。
[旧属八荠]
(另见仄声 tǐ)

梯 tī 梯子。梯形。
[旧属八齐]
危~ 丹~ 石~ 玉~ 仙~ 月~
山~ 飞~ 宝~ 松~ 高~ 金~
悬~ 阶~ 滑~ 软~ 云~ 绳~
天~ 登~ 扶~ 楼~ 电~ 层~
百尺~ 上天~ 乳桐~ 广寒~
浪作~ 万仞~ 蹑景~

锑 tī 金属元素。
[旧属八齐]

鶗 tí 鹈鶗,水鸟。
[旧属八齐]

荑 tí 嫩芽。稗草。
[旧属八齐]
柔~ 芟~ 瑶~ 嫩~ 茂~ 归~
轻~ 枯~ 岸~ 柳~ 碧~ 含~
春~ 兰~ 绿~
(另见 yí)

绨 tí 厚绸子。
[旧属八齐]
锦~ 缯~ 文~ 青~ 绿~ 绛~
皂~ 紫~ 弋~ 绀~
(另见仄声 tì)

提 tí 提取。提高。提示。
[旧属八齐]
孩~ 挈~ 菩~ 手~ 偏~ 阐~
摄~ 相~ 左~ 全~ 前~ 招~
耳~ 重~ 漫~ 鸟劝~
(另见 dī)

啼 tí 啼哭。叫。
[旧属八齐]
鸟~ 鸡~ 猿~ 号~ 长~ 乌~
夜~ 花~ 儿~ 莺~ 悲~ 晨~
子规~ 寒蛩~ 布谷~ 耳边~
鹈鸪~ 杜宇~ 向人~ 午鸡~
唤雨~ 恰恰~ 尽情~ 尽日~
掩袖~ 隔林~

鹈 tí 鹈鹕。
[旧属八齐]
鹕~ 维~ 饥~ 集池~

騠 tí 駃騠,驴骡。
[旧属八齐]

缇 tí 橘红色。
[旧属八齐八荠]
赤~ 青~ 遗~ 香~ 室覆~

鷤 tí 鷤鴂,杜鹃。

题 tí 题目。写上。
[旧属八齐八霁]
品~ 命~ 话~ 课~ 问~ 额~
文~ 标~ 留~ 懒~ 绣~ 醉~
无~ 新~ 白~ 主~ 诗~ 解~
试~ 画~ 切~ 离~ 难~ 出~
对客~ 不对~ 红叶~ 赐笔~

小字~　掩泪~　不堪~

**醍** tí 醍醐。
[旧属八荠]
齐~　粢~

**蹄** tí 蹄子。
[旧属八齐]
马~　玉~　花~　香~　碧~　归~
银~　金~　红~　鬼~　轮~　兽~
轻~　牛~　霜~　豚~　健~　笙~
千里~　趁马~　花衬~　獭印~
任游~　没马~

**鳀** tí 鱼，鱼干叫海蜒。
[旧属八霁]

**兮** xī 助词，与'啊'相似。
[旧属八齐]
凤~　伯~　父~　母~　苟~　兮~
候人~　渺渺~　海内~

**西** xī 西方。西洋。
[旧属八齐]
泰~　中~　城~　陇~　村~　淮~
巴~　浙~　竹~　归~　海~　陕~
东~　关~　河~　辽~　朝~　市~
月沉~　夕阳~　镜湖~　石栏~
日渐~　水堂~　画桥~　阆苑~

**希** xī 希望。同'稀'。
[旧属五微]
冀~　可~　敬~　几~　知~　交~
鼓瑟~　知伐~　怨用~　天音~

**茜** xī 染绛草。
[旧属十七霰]
彩~　轻~　象~　红~　柔~　露~
云如~　舞裙~　兰心~
（另见十一先 qiàn）

**郗** xī 姓。
（另见四支 chī）

**饻** xī 老解放区货币单位。

**恓** xī 恓恓，寂寞。恓惶。

**栖** xī 栖栖，不安定。
[旧属八齐]
（另见 qī）

**唏** xī 叹息。
[旧属五尾]
嘘~　唏~　箕子~

**牺** xī 祭品。

**奚** xī 疑问词，何。姓。
[旧属八齐]
酒~　羊~　小~　祁~

**浠** xī 浠水，湖北水名。

**悕** xī 悲伤。

**娭** xī 同'嬉'。
[旧属四支]
娭~　群~
（另见十开 āi）

**硒** xī 半导体材料。

**晞** xī 干燥。破晓。
[旧属五微]
未~　不~　难~　旭~　夕~　露~
发~　朝~　白~　日未~　湛露~
露光~　氛雾~

**歙** xī 歙歙，抽泣。
[旧属五微]
涕~　嗟~　长~　心~　凄~　歙~
寂以~　屋中~

**睎** xī 瞭望。仰慕。
[旧属五微]
仰~　瞻~

**稀** xī 稀少。稀薄。
[旧属五微]
依~　古~　渐~　星~　雨~　晨~
蝶~　影~　叶~　车~　梦~　人~
音信~　过客~　和者~　草木~
识者~　霜叶~　岁月~　访旧~
故人~　人烟~　行人~　往来~
古来~　相见~　车马~　知音~

**傒** xī 傒倖，烦恼。
[旧属八齐]

**舾** xī 舾装，船上设备。

**粞** ˣⁱ 碎米。
[旧属八齐]
断~ 煮~ 糠~

**犀** ˣⁱ 犀牛。
[旧属八齐]
灵~ 燃~ 兕~ 函~ 木~ 簪~
水~ 鱼~ 悬~ 瓠~ 文~ 碧~
檀~ 诛~ 寒~ 通~ 腰~ 伏~
辟尘~ 蠲忿~ 双龙~ 照水~

**徯** ˣⁱ 等待。同'蹊'。
[旧属八齐八荠]
凫~ 苏~ 民~ 众~

**溪** ˣⁱ 小河沟。
[旧属八齐]
清~ 兰~ 小~ 竹~ 碧~ 云~
山~ 莲~ 箬~ 涧~ 曲~ 寒~
玉~ 花~ 桃~ 晴~ 金~ 翠~
苔~ 梅~ 柳~ 虎~ 烟~ 钓~
浣花~ 武陵~ 若耶~ 月映~
云出~ 屋枕~ 忆旧~ 桃花~

**熙** ˣⁱ 光明。和平。兴盛。
[旧属四支]
康~ 攘~ 民~ 咸~ 嘉~ 纯~
日~ 光~ 春~ 晞~ 俗~ 和~
缉~ 义~ 熙~ 百工~ 春阳~
政事~

**豨** ˣⁱ 猪。
[旧属五微五尾]
呼~ 豪~ 封~ 江~ 苍~ 海~
擒~ 陈~ 妃~

**僖** ˣⁱ 喜乐。
[旧属四支]
孔~ 鲁~ 颂~

**譆** ˣⁱ 悲叹声;呼痛音。
[旧属四支]
譆~ 苋~

**磎** ˣⁱ 同'溪'。

**嘻** ˣⁱ 笑声。
[旧属四支]
嘻~ 噫~ 长~ 笑嘻~ 笑而
相视~

**噏** ˣⁱ 同'吸'。收敛。

**嶲** ˣⁱ 越嶲,四川地名。
[旧属八齐]

**嬉** ˣⁱ 游戏;玩耍。
[旧属四支]
戏~ 游~ 相~ 乐~ 童~ 水~
聚~ 笑~ 鸟~ 宴~ 儿~ 春~
遨~ 群~ 娥~ 池~ 狎~ 武~
竹马~ 勿荒~ 逐队~

**熹** ˣⁱ 天亮。明亮。
[旧属四真]
朱~ 晨~ 日~ 时人~ 嫣然~

**憙** ˣⁱ 叹声。
[旧属四真]
说~ 自~ 不~ 安~ 欣~ 有~
心独~ 时人~ 君以~ 嫣然~

**樨** ˣⁱ 木樨,桂花。
木~ 庭~ 丹~ 香~

**羲** ˣⁱ 姓。
[旧属四支]
伏~ 庖~ 虞~ 白~ 轩~

**蹊** ˣⁱ 小路。
[旧属八齐]
山~ 幽~ 旧~ 野~ 僧~ 霜~
鹿~ 庭~ 菊~ 成~ 荒~ 新~
桃李~ 花满~ 落花~
(另见 qī)

**磎** ˣⁱ 勃磎,家庭中争吵。
[旧属八齐]

**谿** ˣⁱ 同'溪'。
[旧属八齐]

**鸂** ˣⁱ 鸂鶒,形似鸳鸯。

**醯** ˣⁱ 醋。
[旧属八齐]
乞~ 盐~ 调~ 邻~ 瓮~ 败~
蚋聚~

**曦** ˣⁱ 清晨的阳光。
[旧属四支]
晴~ 晨~ 寒~ 朝~ 升~ 炎~
秋~ 暖~ 春~ 新~ 和~ 尧~
赫~ 流~ 晚~ 丹~ 曙~ 阳~

巇 xī 险巇,山路危险。
[旧属四支]

抵~ 司~ 倚~ 登~ 趋~ 岭~
俟其~ 历万~

爔 xī 同'曦'。
[旧属四支]

鼷 xī 小家鼠。
[旧属八齐]

田~ 载~ 社~ 岭~

蠵 xī 蠵龟。
[旧属四支八齐]

灵~ 海~ 鲜~ 青~ 寒~ 臒~

觿 xī 骨制解绳结的锥子。
[旧属八齐]

佩~ 大~ 小~ 燧~ 操~ 童~

伊 yī 他或她。
[旧属四支]

怜~ 皋~ 桓~ 郁~ 左~ 雒~
祖~ 长~ 临~

衣 yī 衣服。
[旧属五微]

春~ 羽~ 单~ 荷~ 彩~ 葛~
戎~ 垂~ 黑~ 绿~ 舞~ 脱~
雨~ 牛~ 征~ 寒~ 铁~ 罗~
授~ 宽~ 拂~ 抠~ 绣~ 缁~
苔~ 内~ 鹑~ 锦~ 朱~ 青~
素~ 赭~ 布~ 捣~ 牵~ 解~
更~ 沾~ 毛~ 皮~ 新~ 破~
香满~ 女萝~ 一襲~ 玉为~
防弹~ 潜水~ 金缕~ 作嫁~
(另见仄声 yì)

医 yī 医生。医学。医治。
[旧属四支]

中~ 西~ 巫~ 名~ 求~ 侍~
太~ 善~ 古~ 拙~ 女~ 学~
巧~ 忌~ 良~ 庸~ 牛~ 就~
国~ 兽~ 神~ 折肱~ 三世~
倚谁~ 老军~

依 yī 依靠。依从。按照。
[旧属五微]

何~ 皈~ 相~ 无~ 情~ 可~
因~ 靡~ 凭~ 畴~ 孰~ 不~
偎~ 布~ 依~ 客尽~ 识所~
鸟共~ 辅车~

祎 yī 美好。
[旧属四支]

咿 yī 象声词。
[旧属四支]

喔~ 哑~ 唧~ 呻~ 呜~ 郁~

洢 yī 洢水,湖南水名。
[旧属四支]

栘 yī 木名。

栘~ (乔木)

铱 yī 金属元素。

猗 yī 助词。叹词。
[旧属四支]

猗~ 陶~ 邈~ 扬~ 郁~

椅 yī 山桐子。
[旧属四支]

桐~ 高~ 青~ 云~
(另见仄声 yǐ)

欹 yī 同'猗'。
[旧属四支]

枕~ 伤~ 花~ 虚~ 斜~ 冠~
石鼎~ 古岸~ 翠鬟~
(另见 qī)

婴 yī 婴婳,婴儿。

漪 yī 水波纹。
[旧属四支]

碧~ 涟~ 清~ 春~ 绿~ 沦~
细~ 风~ 寒~ 曲~ 沦~ 岚~
转~ 秋~ 层~ 新~ 兰~ 浅~
芦之~ 冻未~ 湖上~

鹥 yī 鸥。
[旧属八齐]

凫~ 浮~ 夕~ 野~ 风~ 秋~

噫 yī 叹词。
[旧属四支]

呜~ 吁~ 五~ 余~ 雒~ 叹~
长~ 忧~

繄 yī 惟。是。
[旧属八齐]

黟 yī 黟县,安徽县名。
[旧属四支]

**匜** yí 盥洗舀水器具。
[旧属四支]

奉～ 盥～ 盘～ 卮～ 执～ 凤～
豆～ 瓦～ 旅～ 洗～ 香～ 铜～
注水～ 义母～ 三夔～

**仪** yí 仪表。仪器。
[旧属四支]

威～ 典～ 容～ 礼～ 贺～ 母～
风～ 两～ 光～ 土～ 朝～ 坤～
张～ 令～ 如～ 盛典～ 玉为～
地震～ 地球～ 凤来～ 浑天～

**圯** yí 桥。
[旧属四支四纸]

高～ 穷～ 通～ 城～ 下邳～

**夷** yí 平坦。灭掉。
[旧属四支]

武～ 外～ 平～ 险～ 坦～ 希～
陵～ 辛～ 鸥～ 明～ 四～ 蛮～
世道～ 我心～

**貤** yí 移动;移。
[旧属四支]

流～ 丕～
(另见仄声 yì)

**沂** yí 水名。
[旧属五微]

浴～ 清～ 海～ 淮～

**訑** yí 訑訑,自满自足。
[旧属四支]

**诒** yí 同'贻'。
[旧属四支四寘十贿]

德～ 训～ 致～

**迤** yí 逶迤,延续不绝。
[旧属四支四纸]

下～ 旁～ 无～ 坦～ 靡～ 迤～
(另见仄声 yì)

**饴** yí 饴糖。
[旧属四支]

含～ 饧～ 甘～ 蜜～ 如～ 酥～
琼～ 调～ 目～ 得～ 勿～ 成～
胶牙～ 硕且～ 不能～ 芳以～
高粱～ 甘如～

**怡** yí 快乐;愉快。
[旧属四支]

悦～ 色～ 情～ 神～ 自～ 嬉～
不～ 熙～ 养～ 安～ 微～ 共～
颜～ 含～ 融～ 新～ 心～ 怡～
心虑～ 无不～ 士欢～

**宜** yí 合适。应当。当然。
[旧属四支]

权～ 制～ 合～ 得～ 偏～ 陋～
攸～ 相～ 最～ 事～ 允～ 适～
咸～ 时～ 便～ 机～ 万～ 随～

**荑** yí 除野草。
[旧属八齐]

荑～
(另见 tí)

**桅** yí 像白杨的树。
(另见十五波 duò)

**咦** yí 叹词,惊异。

**贻** yí 赠送。遗留。
[旧属四支]

赠～ 燕～ 馈～ 惠～ 自～ 受～
致～ 相～ 见～ 美人～ 子孙～
舟车～

**迻** yí 迻录。迻译。

**姨** yí 姨母。妻的姐妹。
[旧属四支]

阿～ 小～ 大～ 痴～ 吾～ 堂～
老～ 九～ 邢～ 诸～ 少～ 长～
封家～ 大小～ 少室～ 北山～
十八～

**栘** yí 栘栘,常绿乔木。
[旧属四支]

夫～ 播～ 郁～

**眙** yí 视。
[旧属四寘]

愕～ 辣～ 盱～ (江苏地名)
(另见四支 chì)

**胰** yí 胰脏。肥皂。

皂～ 脏～ 香～ 滑～

**宧** yí 屋子东北角。
[旧属四支]

**廖** yí 廖廖，门闩。
[旧属四支]

**蛇** yí 委蛇，同'逶迤'。
[旧属四支]
（另见十四歌 shé）

**移** yí 移动。改变。
[旧属四支]
迁~ 星~ 影~ 转~ 岸~ 景~
月~ 云~ 难~ 船~ 时~ 日~
风~ 推~ 游~ 志未~ 山可~
月影~ 斗柄~ 习俗~ 月晕~
不可~ 手自~ 柳色~ 光阴~
造化~ 心不~ 不能~

**痍** yí 创伤。
[旧属四支]
疮~ 民~ 金~ 补~ 无瘢~

**遗** yí 遗失。留下。
[旧属四支]
祖~ 子~ 厚~ 补~ 不~ 采~
脱~ 虑~ 远~ 滞~ 靡~ 如~
无~ 拾~ 珠~ 小~ 后~ 梦~
沧海~ 野无~ 不我~ 莫拾~
陌上~ 古人~
（另见五微 wèi）

**颐** yí 保养。
[旧属四支]
朵~ 面~ 解~ 粉~ 由~ 挂~
贯~ 丰~ 广~ 持~ 养~ 拂~
寿~ 期~ 朵~ 笑脱~ 擢项~

**椸** yí 衣架。
[旧属四支]
灯~ 在~ 就~ 竹为~

**疑** yí 不信；猜度。
[旧属四支]
怀~ 猜~ 决~ 狐~ 质~ 致~
自~ 九~ 群~ 解~ 迟~ 析~
生~ 相~ 释~ 可~ 起~ 惊~
嫌~ 将~ 存~ 无~ 莫~ 献~
两不~ 尚可~ 千古~ 莫相~
无复~ 到今~ 不须~

**嶷** yí 九嶷，山名。
[旧属四支十三职]
九~ 岐~ 嶷~ 岌~ 明~ 英~

**穄** yí 楼阁边小屋。
[旧属四支]
晴~ 矮~

**彝** yí 酒器。法度。彝族。
[旧属四支]
秉~ 伦~ 尊~ 民~ 宗~ 虎~
民~ 古~ 清~ 从~ 玉~ 鼎~
典~ 商~ 铭~ 彝~ 殷~ 周~

**觺** yí 觺觺，兽角锐利。
[旧属四支]

## 旧读入声

**逼** bī 逼迫。接近。
[旧属十三职]
强~ 胁~ 侵~ 僭~ 冷~ 忧~
躯~ 功~ 危~ 近~ 威~ 勒~
岁华~ 形势~ 富贵~ 归思~

**鰏** bī 近海鱼。

**荸** bí 荸荠。

**滴** dī 滴水。
[旧属十二锡]
碎~ 晓~ 血~ 泪~ 檐~ 漏~
珠~ 沥~ 残~ 渗~ 遗~ 涓~
水~ 点~ 汗~ 雨~ 砚~ 露~
汗血~ 翠欲~ 松露~ 香醪~
胭脂~ 铜龙~

**摘** dī 屋檐。
[旧属十二锡]

**镝** dī 箭簇。金属元素。
[旧属十二锡]
（另见 dí）

**狄** dí 古北方民族。
[旧属十二锡]
夷~ 金~ 长~ 简~ 铜~

**嘀** dí 嘀咕。

**迪** dí 开导；引导。
[旧属十二锡]

启～ 允～ 光～ 惠～ 训～ 辈～

**的** dí 真实;实在。
[旧属十二锡]
(另见仄声 dì;十四歌 ·de)

**籴** dí 买进粮食。
[旧属十二锡]
告～ 闭～ 发～ 收～ 遏～ 请～

**荻** dí 芦苇。
[旧属十二锡]
岸～ 野～ 蓬～ 乱～ 青～ 秋～
萧～ 荻～ 芦～ 枫～ 画～ 江～

**敌** dí 敌人。对抗。
[旧属十二锡]
仇～ 避～ 诱～ 残～ 强～ 无～
力～ 对～ 抵～ 死～ 歼～ 前～
杀～ 抗～ 匹～ 劲～ 公～ 赴～
轻～ 大～ 情～ 万人～ 诗酒～

**涤** dí 洗。
[旧属十二锡]
洗～ 浣～ 荡～ 清～ 漱～ 疏～

**頔** dí 美好,多用于人名。
[旧属十二锡]
于～ 高～

**笛** dí 笛子。
[旧属十二锡]
凤～ 晓～ 夜～ 衣～ 短～ 寒～
渔～ 邻～ 清～ 朗～ 仙～ 铁～
竹～ 横～ 长～ 银～ 玉～ 警～
羌～ 村～ 秋～ 风～ 孤～ 吹～
汽～ 箫～ 牧～ 牛背～ 苍玉～
关山～ 高楼～ 三弄～ 风月～
鹤骨～ 吹玉～ 桓伊～ 柯亭～

**觌** dí 见,相见。
[旧属十二锡]
晤～ 良～ 俯～ 远～ 私～ 披～
幽～ 光～ 惊～ 不可～ 无由～

**嫡** dí 正宗;正统。
[旧属十二锡]
世～ 冢～

**翟** dí 雉羽。
[旧属十二锡]
秉～ 墨～ 宋～ 翠～ 羿～ 驯～
(另见十开 zhái)

**镝** dí 箭头。
[旧属十二锡]
锋～ 鸣～ 矢～ 流～ 银～ 响～
箭～ 中～ 金～ 铜～ 破～ 收～
铁～ 销～ 铸～ 飞～ 霜～ 乱～
马首～ 焦桐～ 金爪～
(另见 dī)

**髢** dí 鬄髢,假发盘成髻。

**蹢** dí 蹄子。
[旧属十二锡]
豕～ 白～ 豹～
(另见四支 zhí)

**击** jí 攻打。接触。
[旧属十一陌]
敲～ 触～ 舌～ 齿～ 赏～ 鹏～
反～ 霆～ 弹～ 波～ 游～ 射～
毂～ 重～ 伏～ 打～ 攻～ 撞～
追～ 鹰～ 目～ 冲～ 突～ 抨～
排～ 袭～ 截～ 狙～ 迎～ 出～
轰～ 阻～ 电～ 点～ 抗～ 一～
泉声～ 如意～ 刀斗～ 秦缶～
戍鼓～ 风雨～

**芨** jí 白芨,草名。

**唶** jí 同'叽'。
唶～ (象声词)

**唧** jí 象声词。
[旧属十三职四质]
唧～ (语声) 啾～ 啁～

**积** jí 积累。积存。
[旧属十一陌四寘]
堆～ 累～ 蓄～ 委～ 露～ 储～
殷～ 云～ 余～ 珍～ 充～ 霞～
花～ 淤～ 壅～ 日～ 面～ 容～
体～ 香～ 薪～ 聚～ 冲～ 郁～
千箱～ 芳草～ 苍苔～ 春梦～

**屐** jí 木头鞋。
[旧属十一陌]
木～ 笠～ 蜡～ 裙～ 桐～ 月～
著～ 高～ 苔～ 秋～ 云～ 僧～
游春～ 几两～ 谢公～ 秋雨～
寻山～ 花间～

**缉** jí 缉拿。
[旧属十四缉]
通~ 侦~ 搜~ 速~ 夜~ 暗~
（另见 qī）

**襀** jí 衣服的褶。
襞~

**激** jí 激动。急剧。
[旧属十一陌四寘]
水~ 电~ 迅~ 偏~ 赏~ 风~
石~ 矜~ 清~ 推~ 触~ 诡~
矢~ 奔~ 扬~ 沾~ 感~ 冲~
浪~ 奋~ 刺~ 愤~ 荡~ 喷~
风雷~ 春涨~ 惊湍~

**墼** jí 砖头。
土~ 炭~

**及** jí 达到。赶上。推及。
[旧属十四缉]
莫~ 不~ 普~ 企~ 波~ 靡~
世~ 未~ 全~ 岌~ 远~ 访~
剑~ 屦~ 言~ 嗟何~ 来得~

**伋** jí 人名用字。
[旧属十四辑]
孔~ 吕~ 郭~

**吉** jí 吉利；吉祥。
[旧属四质]
安~ 大~ 化~ 迪~ 遒~ 元~
卜~ 献~ 结~ 习~ 逢~ 晖~
君子~ 大人~ 家人~

**岌** jí 山高的样子。
[旧属十四缉]
岌~ 嶷~ 嵬~

**汲** jí 引水。吸取。
[旧属十四缉]
绠~ 井~ 汲~ 谷~ 引~ 晓~
用~ 行~ 泉~ 短绠~ 临江~

**忣** jí 同'急'。

**级** jí 级别。年级。
[旧属十四缉]
超~ 拾~ 层~ 石~ 名~ 苔~
上~ 下~ 阶~ 首~ 等~ 高~

品~ 勋~ 梯~ 班~ 优~ 升~
降~ 越~ 初~ 进~ 低~ 留~

**极** jí 极点。
[旧属十三职]
北~ 至~ 太~ 妙~ 南~ 积~
消~ 造~ 归~ 八~ 无~ 紫~
目~ 两~ 终~ 幽兴~ 风流~
萧条~ 惆怅~

**扅** jí 门闩。

**即** jí 靠近。到。当下。
[旧属十三职]
当~ 随~ 纵~ 在~ 立~ 若~
往~ 来~ 相~ 我心~ 不能~
溪水~ 行复~ 不可~

**佶** jí 健壮。
[旧属四质]
既~

**诘** jí 诘屈聱牙。
[旧属四质]
（另见十三皆 jié）

**唧** jí 急迫地。
[旧属十三职]
孔~ 勿~ 唧~ 心太~ 朝光~
（另见仄声 qī）

**革** jí 病革，病危。
[旧属十一陌]
（另见十四歌 gé）

**笈** jí 书箱。典籍。
[旧属十四缉十六叶]
负~ 锦~ 玉~ 书~ 茶~ 携~
药~ 尘~ 琼~ 灵~ 担~ 云~
藤~ 湘~ 典~ 石渠~ 千里~

**急** jí 急迫。急躁。
[旧属十四缉]
紧~ 心~ 着~ 缓~ 窘~ 躁~
迫~ 火~ 济~ 性~ 危~ 焦~
告~ 孔~ 周~ 救~ 情~ 刻~
逼~ 切~ 风~ 严~ 促~ 凄~
流~ 满~ 帆~ 归情~ 雁书~
鸣蛩~ 谋生~ 风波~ 燃眉~

**姞** jí 姓。
[旧属四质]

尹～ 燕～

**疾** jí 疾病。痛恨。急速。
[旧属四质]

残～ 问～ 劲～ 讳～ 进～ 寨～
酒～ 衰～ 愁～ 羸～ 厥～ 鸟～
帆～ 飞～ 宿～ 痼～ 疟～ 首～
迅～ 弃～ 奋～ 风霜～ 鸿飞～
无妄～ 来归～ 幽忧～ 羸老～

**棘** jí 有刺的草木。
[旧属十三职]

枣～ 榛～ 荆～ 斩～ 丛～ 茨～
枳～ 垂～ 秋～ 拔～ 芒～ 茅～
蒿～ 艾～ 钩～ 剪～ 柘～ 草～

**殛** jí 杀死。
[旧属十三职]

雷～ 纠～ 窜～ 放～ 流～

**戢** jí 收敛。收藏。
[旧属十四缉]

兵～ 载～ 羽～ 干戈～

**集** jí 汇集。集市。
[旧属十四缉]

聚～ 雅～ 总～ 云～ 宴～ 雨～
市～ 结～ 别～ 搜～ 鸠～ 采～
博～ 文～ 诗～ 会～ 全～ 汇～
选～ 鸟～ 群～ 咸～ 沙～ 凑～
麀～ 赶～ 征～ 猬～ 翔～ 遥～
集外～ 花萼～ 联珠～ 巾箱～
百忧～ 英豪～

**蒺** jí 蒺藜，草药。
[旧属四质]

**楫** jí 桨。
[旧属十六叶]

舟～ 兰～ 桂～ 横～ 击～ 雨～
倦～ 理～ 钓～ 画～ 弭～ 露～
短～ 停～ 迅～ 舣～ 素～ 瑶～
飞～ 风～ 持～ 扬～ 孤～ 归～
吴娃～ 秦淮～ 芙蓉～ 荆江～
祖生～

**辑** jí 辑录。
[旧属十四缉]

编～ 搜～ 逻～ 缀～ 统～ 抚～
辞～ 完～ 民～ 睦～ 招～ 和～
辑～ 安～ 剪～ 诗文～ 邻封～

**嵴** jí 山脊。

**嫉** jí 忌妒。憎恨。
[旧属四质]

忿～ 憎～ 妒～ 谗～

**蕺** jí 蕺菜。
[旧属十四缉]

采～ 食～

**踖** jí 踧踖，恭敬而不安。
[旧属十一陌]

踧～ 踖～

**瘠** jí 瘦弱。瘠薄。
[旧属十一陌]

瘦～ 毁～ 霜～ 鹤～ 多～ 贫～
肥～ 土～ 硗～ 身～

**鹡** jí 鹡鸰，鸟名。

**藉** jí 践踏；侮辱。
[旧属十一陌]

狼～ 凌～ 崩～ 枕～ 蹈～ 藉～
（另见十三皆 jiè）

**踏** jí 小步。
[旧属十一陌]

跼～ 蹙～

**籍** jí 书籍。籍贯。
[旧属十一陌]

古～ 秘～ 书～ 户～ 典～ 国～
册～ 通～ 党～ 图～ 黄～ 朝～
门～ 载～ 学～ 蓬壶～ 金闺～
长生～

**劈** pī 用刀破开。

刀～ 手～ 竹～ 浪～ 斫～ 正～
力～ 剑～ 斧～ 直～ 猛～
（另见仄声 pǐ）

**噼** pī 噼里啪啦。

**霹** pī 霹雳。
[旧属十一陌十二锡]

震～ 雷霆～

**七** qī 数目。
[旧属四质]

三～ 鱼～ 七～ 天～ 羽～ 数～

七月～ 十六～ 建安～ 竹林～

**柒** qī '七'的大写。

**桼** 同'漆'。
[旧属四质]

**戚** qī 亲戚。忧愁。兵器。
[旧属十二锡]
姻～ 近～ 密～ 贵～ 旧～ 恩～
外～ 忧～ 宝～ 玉～ 秉～ 金～
干～ 欣～ 凄～ 哀～ 悲～ 休～
喜～ 戚～ 胥～ 惨～ 神～

**蛪** qī 蛪蚑，蛣蜣。
[旧属四质]
璘～

**蛡** qī 软体动物。

**曛** qī 将干未干。

**缉** qī 密密地缝。
[旧属十四缉]
采～ 补～ 缀～ 抚～ 结～ 绥～
维～ 编～ 营～ 修～ 装～ 缝～
刊～ 旁～ 纫～ 手～ 文～
*(另见jī)*

**嘁** qī 嘁嘁，象声词。

**漆** qī 涂料。
[旧属四质]
黑～ 点～ 梓～ 丹～ 髹～ 油～
火～ 似～ 胶～ 天似～ 前度～

**剔** tī 剔除。
[旧属十二锡]
挑～ 拨～ 搜～ 抉～ 刳～ 疏～

**踢** tī 脚踢。
[旧属十二锡]
猛～ 蹴～ 乱～ 狠～ 对～

**擿** tī 揭发。
[旧属十一陌]
取～ 指～ 摘～ 发～ 检～ 密～
璘瑠～
*(另见四支zhì)*

**夕** xī 夕阳。泛指晚上。
[旧属十一陌]

朝～ 旦～ 遥～ 山～ 入～ 望～
秋～ 霜～ 清～ 终～ 兰～ 芳～
烟～ 未～ 幽～ 昕～ 永～ 晨～
除～ 日～ 月～ 七～ 前～ 竟～
灯～ 向～ 中～ 风雨～ 银河～
相思～ 孤舟～ 秋堂～

**吸** xī 吸收。吸引。
[旧属十四缉]
吮～ 鲸～ 呼～ 狂～ 吹～ 嘘～

**汐** xī 夜间的潮。
[旧属十一陌]
潮～ 暮～ 秋～ 归～

**昔** xī 从前。
[旧属十一陌]
古～ 素～ 曩～ 往～ 今～ 一～
昔～ 通～宿～ 感～ 平～ 畴～
今胜～ 人非～

**析** xī 分开。分析。
[旧属十二锡]
剖～ 割～ 妙～ 开～ 荡～ 辨～
离～ 解～ 缕～ 疑义～

**矽** xī 硅的旧称。

**肸** xī 多用于人名。
[旧属四质五物]
呋～ 侨～ 孙～ 笑～ 羊舌～

**窸** xī 墓穴。
[旧属十一陌]
窀～ 泉～ 幽～

**息** xī 喘息。停止。滋生。
[旧属十三职]
晏～ 瞬～ 独～ 宿～ 止～ 寝～
屏～ 息～ 游～ 栖～ 室～ 太～
姑～ 气～ 利～ 生～ 少～ 将～
消～ 鼻～ 作～ 叹～ 信～ 休～
子～ 养～ 一～ 不～ 安～ 声～
弱～ 稍～ 停～ 有出～ 群动～
尘虑～

**菥** xī 菥蓂，草药。
[旧属十二锡]
灵～

**悉** xī 全;尽;知道。
[旧属四质]

知～ 详～ 闻～ 获～ 熟～ 尽～
洞～ 纤～ 备～ 综～ 练～ 注～
明～ 精～ 昭～

**淅** <sup>xī</sup> 淘米。
[旧属十二锡]
淅～（细雨声）

**惜** <sup>xī</sup> 爱惜。可惜。吝惜。
[旧属十一陌]
怜～ 惋～ 贪～ 怨～ 心～ 暗～
苦～ 悯～ 自～ 嗟～ 痛～ 珍～
不足～ 古来～ 天公～

**晰** <sup>xī</sup> 清楚。明白。
[旧属十二锡]
明～ 清～ 照～ 明辨～

**翕** <sup>xī</sup> 协调。收敛。
[旧属十四缉]
静～ 吐～ 呼～ 嘘～ 张～ 载～

**腊** <sup>xī</sup> 干肉。
[旧属十五合]
（另见九佳 là）

**皙** <sup>xī</sup> 人的皮肤白。
[旧属十二锡]
白～ 洁～ 肌～ 蛾～ 颀～ 子～

**锡** <sup>xī</sup> 赐给。金属。
[旧属十二锡]
宠～ 肇～ 铜～ 永～ 九～ 振～
赉～ 卓～ 赏～ 三～ 掷～ 飞～
鸣～ 师～ 班～ 恩～ 天～ 金～
申～ 优～ 挂～ 天厨～ 蕃庶～
支云～ 茅土～

**裼** <sup>xī</sup> 敞胸。
[旧属十二锡]
袒～ 徒～ 偏～ 袭～ 露～ 素～
服～ 当～ 覆～ 锦衣～ 皮弁～
无事～
（另见仄声 tì）

**蜥** <sup>xī</sup> 蜥蜴。
[旧属十二锡]
巨～ 虺～

**熄** <sup>xī</sup> 熄灭。
[旧属十三职]
灭～ 火～ 灯～ 迹～ 销～ 珍～

**膝** <sup>xī</sup> 膝盖。
[旧属四质]

绕～ 屈～ 促～ 抱～ 加～ 容～
造～ 接～ 牛～ 加～ 弯～ 双～
绕翁～ 花入～ 泥溅～

**瘜** <sup>xī</sup> 瘜肉，同'息肉'。

**螅** <sup>xī</sup> 水螅。

**歙** <sup>xī</sup> 吸气。收敛。
[旧属十四缉十六叶]
宣～ 黟～ 欻～
（另见十四歌 shè）

**窸** <sup>xī</sup> 窸窣，轻微摩擦声。

**螅** <sup>xī</sup> 蟋蟀。

**习** <sup>xī</sup> 学习。习惯。
[旧属十四缉]
复～ 勤～ 讲～ 玩～ 博～ 诵～
演～ 熟～ 娴～ 时～ 练～ 惯～
近～ 未～ 积～ 传～ 谙～ 恶～
研～ 自～ 素～ 调～ 闲～ 温～
实～ 修～ 习～ 安～ 专～ 见～

**席** <sup>xī</sup> 席子。席位。
[旧属十一陌]
床～ 坐～ 割～ 讲～ 瑶～ 友～
专～ 布～ 兰～ 茵～ 琴～ 展～
经～ 祖～ 加～ 争～ 芳～ 歌～
花～ 列～ 亭～ 凉～ 芦～ 夺～
竹～ 筵～ 酒～ 枕～ 蒲～ 前～
出～ 主～ 卷～ 缺～ 草～ 宴～
云生～ 秋水～ 被告～ 旁听～

**觋** <sup>xī</sup> 男巫师。
[旧属十二锡]
庙～ 巫～

**袭** <sup>xī</sup> 侵袭。照样做。
[旧属十四缉]
因～ 夜～ 抄～ 承～ 蹈～ 什～
绍～ 沿～ 世～ 奇～ 空～ 突～
红锦～ 华衮～

**媳** <sup>xī</sup> 媳妇。
婆～ 儿～ 孙～ 子～ 丑～

**隰** <sup>xī</sup> 低湿地。新垦田。
[旧属十四缉]

原~ 山~ 下~ 丘~ 蔽~ 平~
抱~ 雾~ 春~ 寒~

**檄** ˣí 檄文。
[旧属十二锡]
草~ 捧~ 封~ 移~ 星~ 羽~
传~ 飞~

**霫** ˣí 霫霫,下雨。
[旧属十四缉]

**一** ʸī 数目。专一。
[旧属四质]
万~ 划~ 什~ 太~ 尺~ 择~
借~ 道~ 抱~ 揆~ 精~ 贞~
守~ 单~ 惟~ 逐~ 同~ 一~
纯~ 如~ 第~ 统~ 均~ 独~
南北~ 言行~ 知其~ 白雄~
曲盖~ 四海~ 始终~ 车书~

**壹** ʸī '一'的大写。
[旧属四质]
气~ 赵~ 志~ 均~ 齐~ 专~
民德~ 与人~

**揖** ʸī 拱手行礼。
[旧属十四缉]
拱~ 长~ 作~ 高~ 平~ 行~
下车~ 投杖~

# 仄 声

**匕** bǐ 取食器具。匕首。
匙~ 鬯~

**比** bǐ 比较。比画。比方。
[旧属四支四纸四寘]
伦~ 类~ 对~ 自~ 评~ 催~
窃~ 排~ 羞~ 相~ 差~ 无~
好~ 朋~ 阿~ 鳞~ 栉~ 附~
德~ 比~ 骈~ 邻~ 轻~ 正~
百分~ 罔与~ 古人~

**佊** bǐ 邪。

**沘** bǐ 沘江,云南水名。

**妣** bǐ 已故的母亲。
[旧属四支]
考~ 显~ 先~ 祖~ 妇~ 贤~

**彼** bǐ 那;那个。对方;他。
[旧属四纸]
知~ 挹~ 在~ 如~ 从~ 盈~
弃~ 怀~ 及~ 是亦~ 损于~

**秕** bǐ 稻谷不饱满。
[旧属四纸]
糠~ 谷~ 扬~ 少~ 垢~

**俾** bǐ 使。

**舭** bǐ 船底和船侧间。

**鄙** bǐ 粗俗。边远。
[旧属四纸]
卑~ 郊~ 都~ 粗~ 贪~ 边~
轻~ 吝~ 俗~ 任~ 天~ 愚~
寒~ 心~ 性~ 耕于~ 肉食~

**币** bǐ 币值。币制。
[旧属八霁]

货~ 钱~ 硬~ 厚~ 纳~ 刀~
纸~ 玉~ 假~ 伪~ 金~ 铜~
人民~

**闭** bì 关;合。堵塞不通。
[旧属八霁九屑]
关~ 壅~ 深~ 掩~ 禁~ 封~
启~ 竹~ 谨~ 拖~ 重~ 幽~
天地~ 朱户~ 重门~ 柴扃~

**庇** bì 遮蔽;掩护。
[旧属四寘]
包~ 遮~ 荫~ 德~ 护~ 曲
保~ 藉~ 福~ 投~ 依~ 荣~
葛藟~ 藤阴~

**邲** bì 古地名。
[旧属四寘]

**诐** bì 辩论。不正。
[旧属四寘四支]
邪~ 倾~ 险~ 沉~

**畀** bì 给以。
[旧属四寘]
倚~ 厚~ 简~ 付~ 秉~ 天~
帝~ 投~

**閟** bì 闭。谨慎。
[旧属四寘]
隐~ 深~ 幽~ 清~ 云~ 山~
有~ 天~ 潜~ 不自~ 九重~

**泌** bì 泌阳,河南地名。
[旧属四寘]
李~ 幽~ 衡~ 清~
(另见 mì)

**琿** bì 刀鞘饰物。

**贲** bì 装饰美丽。
[旧属四寘]
光~ 敷~ 旆~ 白~ 远~ 明~
丘园~
(另见十八真 bēn)

**柲** bì 戟柄。
[旧属四寘]
戣~

**毖** bì 谨慎小心。
[旧属四寘]
惩~ 慎~ 小~ 深~ 后可~

**陛** bì 宫殿台阶。
[旧属八荠]
石~ 玉~ 飞~ 阶~ 殿~ 堂~

**毙** bì 死。枪毙。仆倒。
[旧属八霁]
击~ 犬~ 力~ 自~ 僵~ 待~

**秘** bì 秘鲁,国名。
[旧属四寘]
便~
(另见 mì)

**狴** bì 狴犴,传说的走兽。

**萆** bì 萆薢,草药名。

**梐** bì 梐枑,官署前木栏。

**庳** bì 低洼。矮。
[旧属四支四纸四寘]
崇~ 有~ 卑~ 屋~ 音~ 污~
事~ 青霄~

**敝** bì 破旧。衰败。谦辞。
[旧属八霁]
衣~ 颓~ 靡~ 俗~ 器~ 破~
雕~ 衰~ 舌~ 裘~ 土~ 改~

**婢** bì 婢女。
[旧属四纸]
奴~ 官~ 鱼~ 老~ 菊~ 侍~
群~ 小~ 贱~ 主人~ 大家~
左右~

**赑** bì 赑屃,赑负大石碑。

**蓖** bì 蓖麻。

**跸** bì 驻跸,帝王沿途暂住。
[旧属四寘]

**痹** bì 痹症。
[旧属四寘]
麻~ 痿~ 风~ 顽~ 寒~ 湿~

**滗** bì 挡渣挤液。

**裨** bì 益处。
[旧属四支]

无~ 何~ 陪~ 思~
(另见平声 pí)

## 蔽 bì 遮盖。挡住。
[旧属八霁]

掩~ 隐~ 遮~ 蒙~ 翼~ 物~
覆~ 光~ 障~ 一言~ 丹露~

## 箅 bì 间隔器具。
[旧属八霁]

竹~ 铁~ 甑~ 轮~

## 弊 bì 欺诈。害处。
[旧属八霁]

利~ 时~ 流~ 作~ 革~ 雕~
私~ 积~ 舞~ 除~ 法~ 矫~
文~ 救~ 困~ 苛~ 双~ 补~
惩~ 滕~ 疲~ 衣~ 遗~ 旧~
文章~ 宫市~ 儒服~ 东野~

## 髲 bì 假发。
[旧属四寘]

双~ 发~ 套~

## 薜 bì 木本植物。
[旧属八霁]

贯~ 萝~ 古~ 解~

## 篦 bì 用篦子梳。
[旧属八齐]

象~ 银~ 眉~ 鸾~ 梳~ 竹~
金~

## 避 bì 躲开。防止。
[旧属四寘]

畏~ 引~ 逊~ 趋~ 隐~ 敛~
潜~ 逃~ 回~ 规~ 躲~ 远~
退~ 闪~

## 嬖 bì 宠爱。
[旧属八霁]

外~ 内~ 便~ 私~ 幸~

## 髀 bì 大腿。
[旧属八荠]

股~ 拊~ 周~ 枯~ 坐~ 抚~
肉生~ 带厌~

## 濞 bì 漾濞,云南地名。
[旧属八霁]

## 臂 bì 胳膊。
[旧属四寘]

枕~ 铁~ 断~ 挽~ 抱~ 缠~

玉~ 猿~ 把~ 奋~ 螳~ 交~
刺~ 攘~ 长~ 啮~ 半~ 胳~
掉~ 撑一~
(另见五微·bei)

## 奰 bì 怒。壮大。
[旧属四寘]

内~ 屃~

## 氐 dǐ 根本。
[旧属八齐]

系~ 人~ 故~ 生~ 起~
天根~ 固道~
(另见平声 dī)

## 邸 dǐ 高官的住所。
[旧属八荠]

旅~ 朱~ 西~ 官~ 府~ 华~
客~ 贵~ 私~

## 诋 dǐ 说坏话;骂。
[旧属八荠八齐]

诬~ 诟~ 毁~ 丑~ 深~ 痛~
诃~ 相~ 巧~ 历~

## 坻 dǐ 斜坡。
[旧属八荠四纸]

如~ 鼠~ 宝~ (天津地名)
(另见四支 chí)

## 抵 dǐ 抵达;到。
[旧属八荠]

直~ 安~ 大~ 偿~ 行~ 相~
撑~ 过~ 触~

## 底 dǐ 底部。底细。末尾。
[旧属八荠]

山~ 水~ 船~ 胡~ 河~ 井~
海~ 有~ 方~ 壅~ 眼~ 无~
年~ 到~ 见~ 留~ 谜~ 彻~
摸~ 囊~ 兜~ 笔~ 卧~ 家~
清彻~ 黄泉~ 水见~ 履无~
囊无~ 井窥~
(另见十四歌 ·de)

## 柢 dǐ 树根。
[旧属八荠八霁]

根~ 株~ 结~ 固~ 守~

## 牴 dǐ 牴触。牴牾。
[旧属八荠]

角~ 相~

砥 dǐ 细的磨刀石。
[旧属四纸]
砺~ 如~ 平~ 砻~ 柔~ 宜~
天下~ 路成~ 苍玉~

骶 dǐ 腰与尾骨间部分。

地 dì 地面。地方。地步。
[旧属四寘]
天~ 大~ 平~ 胜~ 宝~ 福~
吉~ 高~ 行~ 人~ 两~ 因~
动~ 席~ 余~ 田~ 宅~ 遍~
住~ 草~ 外~ 涂~ 易~ 异~
战~ 土~ 争~ 接~ 远~ 隙~
边~ 盖~ 薄~ 拔~ 葬~ 墓~
死~ 丧~ 禁~ 困~ 瘠~ 集~
租~ 割~ 划~ 削~ 分~ 重~
掠~ 据~ 失~ 夺~ 投~ 守~
拓~ 占~ 绝~ 坠~ 穿~ 得~
侵~ 择~ 空~ 无~ 捶~ 荒~
贴~ 掷~ 委~ 腹~ 立~ 基~
工~ 内~ 园~ 实~ 境~ 匝~
旧~ 坐~ 随~ 扫~ 落~ 险~
垦~ 耕~ 阵~ 场~ 当~ 见~
质~ 特~ 忽~ 恁~ 就~ 盆~
弹丸~ 关中~ 危难~ 无人~
用武~ 寄足~ 风流~ 荣华~
蓬蒿~ 歌舞~ 立锥~ 策源~
(另见十四歌 · de)

玓 dì 玓珠,珠光。

杕 dì 树木孤立。
[旧属八霁]

弟 dì 弟弟。
[旧属八荠八霁]
兄~ 胞~ 子~ 昆~ 舍~ 难~
徒~ 幼~ 弟~ 爱~ 女~ 友~
悌~ 痴~ 师~ 表~ 妻~ 堂~
佳子~ 真兄~

俤 dì 同'弟',用于人名。

帝 dì 帝君。帝王。
[旧属八霁]
黄~ 皇~ 赤~ 后~ 大~ 古~
望~ 白~ 青~ 天~ 玉~ 上~

递 dì 传递。顺次。
[旧属八荠八霁]
邮~ 相~ 长~ 驿~ 急~ 远~
投~ 更~ 嬗~ 迢~ 快~

娣 dì 妹。夫弟之妻。
[旧属八荠八霁]
诸~ 良~ 侄~ 从~ 同生~

第 dì 科第。住宅。
[旧属八霁]
落~ 登~ 开~ 甲~ 次~ 高~
府~ 宅~ 及~ 等~ 门~ 品~

谛 dì 道理。
[旧属八霁]
真~ 奥~ 妙~ 四~ 精~ 泣~

蒂 dì 瓜果的把。
[旧属八霁]
并~ 固~ 秋~ 坠~ 芳~ 霜~
香~ 瓜~ 花~ 根~ 芥~ 烟~

棣 dì 弟。木名。
[旧属八霁]
棠~ 唐~ 青~ 赤~ 棣~ 贤~

睇 dì 斜着眼看。
[旧属八霁]
含~ 遥~ 凝~ 流~ 微~ 斜~

缔 dì 结合;订立。
[旧属八荠八霁]
取~ 交~ 白~ 深~

禘 dì 大祭。
[旧属八霁]

碲 dì 非金属元素。

墬 dì 同'地'。

螮 dì 螮蝀,虹。
[旧属八霁]
修~

踶 dì 踢;踏。
[旧属八霁]

几 jǐ 询问数目。
[旧属五尾]
有~ 无~ 未~ 第~ 几~ 年~
乃~ 讵~ 亡~ 余~ 曾~ 知~

废者～　在者～　复能～　今能～
会当～　当须～　春风～　其有～
麦有～　橐驼～
（另见平声 jī）

**己** jǐ 自己。
[旧属四纸]
知～自　拯～贵　误～律～
履～修　异～励　责～利～
正～克　舍～不为～　独在～

**纪** jǐ 姓。
[旧属四纸]
（另见 jì）

**虮** jǐ 虮子，虱子的卵。
[旧属五尾]
水～　虱～　素～　生～　出～

**挤** jǐ 拥挤。排斥。
[旧属八齐八霁]
拥～　排～　倾～　推～　撞～　人～
房～　车～　路～

**济** jǐ 济水。
[旧属八荠]
济～导～百～人～临～二～
清～北～渡～酷如～英才～
（另见 jì）

**掎** jǐ 牵引。
[旧属四寘四纸]
牵～扶～角～不虚～

**麂** jǐ 小型的鹿。
山～小～野～猎～

**计** jì 计算。计谋。计较。
[旧属八霁]
心～秘～运～设～无～画～
拙～日～数～久～阴～小～
详～家～客～书～估～伙～
会～巧～生～国～决～再～
大～得～预～统～中～奇～
合～诡～核～活～暗～失～
决～妙～熟～累～献～问～
上～岁～总～美人～苦肉～
田园～消愁～长远～千里～
蚕桑～万全～金石～不再～
三十六～

**记** jì 记性。记录。记号。
[旧属四寘]
默～壁～杂～乐～礼～坊～
广～不～疏～秘～为～应～
自～手～典～谱～周～梦～
片～答～博～心～永～传～
日～题～史～忘～碑～游～
摘～惦～追～登～牢～切～
速～札～笔～书～暗～强～
大事～枕中～箧中～岁时～

**伎** jì 以歌舞为业的女子。
[旧属四纸]
舞～歌～声～工～怪～绳～
好～效～艺～贱～百～乐～
龟兹～西凉～

**齐** jì 调味品。
[旧属八霁]
火～分～上～下～五～
（另见平声 qí）

**纪** jì 纪律。
[旧属四纸]
年～世～岁～经～本～承～
绝～开～律～总～法～纲～
星～乱～军～风～党～守～
（另见 jǐ）

**芰** jì 古书上指菱。
[旧属四寘]
香～菱～青～荷～绿～植～
蓬～兰～红～荐～草～种～
水中～四角～

**技** jì 技能；本领。
[旧属四纸]
杂～小～末～奇～百～展～
艺～妙～骋～列～呈～善～
方～惯～口～献～薄～巧～
神～才～绝～科～声～长～
屠龙～黔驴～无他～

**系** jì 打结；扣。
[旧属八霁]
紧～不～腰间～
（另见 xì）

**忌** jì 忌妒。避免。戒除。
[旧属四寘]
妒～无～戒～嫉～触～憎～
嫌～大～讳～禁～疑～生～

畏~ 猜~ 顾~ 道家~

**际** jì 边界。彼此之间。
[旧属八霁]

国~ 端~ 遭~ 交~ 晚~ 草~
花~ 水~ 林~ 云~ 岩~ 庭~
檐~ 楼~ 涯~ 星~ 天~ 无~
脑~ 胸~ 边~ 实~ 洲~ 网~
风云~ 天人~ 花雨~

**妓** jì 妓女。
[旧属四纸]

娼~ 狎~ 官~ 歌~ 小~ 名~

**季** jì 季节。末了。
[旧属四寘]

花~ 四~ 春~ 旺~ 月~ 冬~
叔~ 昆~ 雨~ 群~ 岁~ 淡~
齐~ 展~ 三~

**剂** jì 药剂。制剂。
[旧属八霁]

砭~ 约~ 分~ 良~ 汤~ 方~
溶~ 调~ 一~ 参苓~ 千金~
驱虫~ 防腐~ 龙香~

**坞** jì 坚硬的土。

**荠** jì 荠菜。
[旧属八荠]

香~ 春~ 野~ 挑~ 绿~ 碧~
摘~ 荒~ 雪~ 甘如~ 树如~
(另见平声 qí)

**哜** jì 尝(滋味)。
[旧属八霁]

祭~ 濡~ 深~ 哜~ (象声词)

**洎** jì 及。
[旧属四寘]

泽~ 延~ 来~ 允~ 远~ 咸~
多~

**济** jì 过河。救济。有益。
[旧属八霁]

经~ 仁~ 救~ 道~ 下~ 广~
力~ 克~ 永~ 博~ 曲~ 兼~
慈~ 赈~ 既~ 周~ 接~ 未~
共~ 有~ 无~ 利~ 匡~ 普~
同舟~ 横江~ 宽猛~ 乃有~
巨川~
(另见 jǐ)

**既** jì 已经。既然。完了。
[旧属五未]

无~ 曷~ 拜~ 肆~ 情~ 酒~
蚀~ 罔~ 终~ 不可~ 日食~
万物~ 言莫~ 离樽~

**觊** jì 希望。希图。
[旧属四寘]

妄~ 阴~ 贪~ 希~

**继** jì 接续。继而。
[旧属八霁]

相~ 承~ 嗣~ 传~ 善~ 绍~
日夜~ 后难~ 复谁~

**偈** jì 佛经唱词。
[旧属八霁]

仙~ 呼~ 千~ 宝~ 灵~ 宣~
笔~ 半~ 金~ 真~ 闻~ 当~
遗~ 妙~ 诗~ 书~ 僧~ 说~
安心~ 天竺~ 高斋~
(另见十三皆 jié)

**祭** jì 祭祀。祭奠。
[旧属八霁]

家~ 年~ 时~ 尝~ 社~ 路~
共~ 群~ 瓜~ 人~ 大~ 助~
如不~ 燕人~ 新谷~ 遇蜡~
鱼菽~ 扫地~
(另见十卦 zhài)

**悸** jì 害怕而心跳。
[旧属四寘]

惊~ 心~ 惨~ 悲~ 怖~ 忧~
战~ 余~

**寄** jì 递送。寄托。依附。
[旧属四寘]

远~ 托~ 邮~ 情~ 柬~ 旅~
浮~ 递~ 缄~ 萍~ 封~ 重~
腹心~ 诗简~ 一方~ 边陲~

**惎** jì 怨恨;忌刻。
[旧属四寘]

忌~ 刻~ 谗~ 启~ 虑~

**墍** jì 涂屋顶。休息。取。
[旧属四寘五未]

少~ 来~ 筐~ 墉~ 攸~ 涂~

**蓟** jì 古地名。
[旧属八霁]

燕~ 幽~ 大~ 山~ 马~

**霁** ‖雨后转晴。
[旧属八霁]
晴~ 雨~ 野~ 雪~ 清~ 秋~
喜~ 晚~ 天~ 光~ 爽~ 色~
午~ 夕~ 晓~ 春~ 初~ 澄~
林~ 开~ 新~ 秋山~ 烟花~

**跽** ‖双膝着地,上身挺直。

**穊** ‖稠密。
[旧属四寘]
深笋~ 明星~

**鲚** ‖凤尾鱼。

**漈** ‖水边。

**暨** ‖和;及;与。到;至。
[旧属四寘五未]
南~ 远~ 下~ 来~ 傍~ 云~
攸~ 深~

**髻** ‖盘发。
[旧属八霁]
蟠~ 螺~ 簪~ 花~ 两~ 宫~
鸦~ 双~ 宝~ 云~ 堆~ 盘~
凤~ 发~ 梳~ 高~ 椎~ 挽~
倭堕~ 仙人~ 迎春~ 坠马~
芙蓉~

**冀** ‖希望;希图。
[旧属四寘]
希~ 窃~ 幸~ 幽~ 妄~ 私~
庸可~ 群空~

**穄** ‖糜子。
[旧属八霁]
黍~ 山阳~

**罽** ‖毡子。
[旧属四寘]
锦~ 红~ 绒~ 薄~ 绘~

**骥** ‖好马。
[旧属四寘]
老~ 良~ 骐~ 附~ 仙~ 展~
知~ 渴~ 索~ 枥~ 赤~ 飞~
千里~ 追风~ 人中~ 呈材~

**礼** ‖礼仪。礼节。礼物。
[旧属八荠]

婚~ 祭~ 相~ 背~ 知~ 丧~
问~ 悖~ 古~ 非~ 繁~ 循~
厚~ 常~ 仪~ 军~ 行~ 献~
宾~ 答~ 还~ 洗~ 拘~ 备~
致~ 典~ 敬~ 见~ 送~ 观~
失~ 寿~ 大~ 俭示~ 进以~
恭近~ 注目~

**李** ‖李子树。
[旧属四纸]
桃~ 行~ 报~ 夏~ 老~ 赵~
枣~ 三~ 苦~ 丘有~ 千叶~

**里** ‖里面。街坊。家乡。
[旧属四纸四寘]
邻~ 田~ 梓~ 蒿~ 墟~ 邑~
乡~ 万~ 故~ 公~ 英~ 井~
云~ 月~ 水~ 浪~ 那~ 表~
内~ 心~ 梦~ 镜~ 笛~ 画~
客~ 雾~ 道~ 村~ 袖~ 怀~
骨子~ 两下~ 深山~ 清夜~
清溪~ 白云~ 芦花~ 文章~
空山~ 桃源~ 红尘~ 烟波~
樊笼~ 山门~ 深闺~ 窗户~
香霞~ 烟尘~ 三江~ 钱眼~

**俚** ‖俚俗。
[旧属四纸]
俗~ 鄙~ 无~ 下~ 不~ 蛮~
庸~ 郡~ 浅~ 芜~ 巴~ 楚~

**逦** ‖迤逦,曲折连绵。
[旧属四纸]

**哩** ‖英里旧作哩。
(另见平声 ·li;li)

**浬** ‖海里。

**悝** ‖忧;悲。
[旧属四纸]
鹭~ 负~ 虞~ 高~ 漆室~
(另见五微 kuī)

**娌** ‖妯娌。
[旧属四纸]

**理** ‖条纹。事理。处理。
[旧属四纸]
道~ 通~ 讼~ 分~ 无~ 穷~
失~ 循~ 统~ 助~ 义~ 佐~

闲~ 诠~ 言~ 析~ 顺~ 明~
玄~ 不~ 天~ 据~ 精~ 致~
条~ 真~ 合~ 推~ 正~ 总~
求~ 至~ 常~ 共~ 内~ 众~
论~ 评~ 肌~ 治~ 料~ 整~
管~ 公~ 修~ 连~ 定~ 生~
物~ 心~ 事~ 地~ 文~ 情~
护~ 讲~ 经~ 变~ 达~ 疏~
伦~ 哲~ 重~ 办~ 清~ 调~
天下~ 百度~ 与君~

## 鲤

〖鲤鱼。
[旧属四纸]

赤~ 锦~ 尺~ 鲙~ 遗~ 得~
江~ 丹~ 潜~ 冰~ 红~ 河~
双~ 跃~ 馈~ 金色~ 楚江~
过庭~

## 澧

〖澧水,湖南水名。
[旧属八荠]

湘~ 沅~

## 醴

〖甜酒。泉水。
[旧属八荠]

醇~ 旨~ 甘~ 酒~ 芳~ 设~
酌~ 嘉~ 春~ 飨~

## 鳢

〖鱼名。
[旧属八荠]

鲂~

## 蠡

〖虫蛀木。瓠瓢。
[旧属八荠]

范~ 彭~ 追~ 东~ 越~ 谷~
(另见平声 lí)

## 厉

〖严格。猛烈。
[旧属八荠]

严~ 雷~ 奋~ 激~ 猛~ 粗~
色~ 壮~ 天~ 危~ 灾~ 切~
幽~ 温~ 愤~ 蹈~ 言~ 扬~
峻~ 横~ 凌~ 风~ 凄~ 为~
冰霜~ 深则~ 声色~ 春冰~

## 吏

〖小公务人员。官吏。
[旧属四寘]

贤~ 污~ 小~ 狱~ 豪~ 奸~
文~ 俗~ 除~ 儒~ 军~ 县~
良~ 洁~ 择~ 旧~ 廉~ 酷~
循~ 胥~ 驭~ 刀笔~ 清白~

## 丽

〖丽人。丽日。丽质。
[旧属八霁]

艳~ 华~ 附~ 绮~ 富~ 壮~
佳~ 流~ 靡~ 美~ 秀~ 瑰~
典~ 天~ 遒~ 清~ 奢~ 月~
金波~ 芙蓉~ 江山~
(另见平声 lí)

## 励

〖劝勉。
[旧属八霁]

勉~ 激~ 鼓~ 策~ 奖~ 奋~
自~ 振~ 勖~

## 利

〖利益。利润。
[旧属四寘]

福~ 名~ 功~ 势~ 言~ 兼~
逐~ 嗜~ 为~ 舍~ 钓~ 殉~
不~ 见~ 民~ 有~ 财~ 少~
择~ 贪~ 均~ 弃~ 得~ 轻~
锋~ 求~ 重~ 擅~ 获~ 谋~
夺~ 收~ 近~ 食~ 净~ 忘~
退~ 营~ 权~ 胜~ 地~ 锐~
犀~ 坚~ 流~ 水~ 争~ 牟~
专~ 兴~ 本~ 便~ 吉~ 顺~
爽~ 暴~ 红~ 毫末~ 蝇头~
渔人~ 万世~ 一时~ 千金~
百事~

## 例

〖例证。规则。
[旧属八霁]

比~ 定~ 起~ 正~ 一~ 援~
破~ 条~ 照~ 循~ 通~ 前~
举~ 成~ 体~ 先~ 据~ 凡~
事~ 向~ 惯~ 年~ 开~ 反~

## 疠

〖瘟疫。恶疮。
[旧属八霁]

疫~ 瘴~

## 沴

〖指灾气。伤害。
[旧属八霁]

灾~ 疫~ 恶~ 妖~ 日~ 六~
金~ 水~ 云~

## 戾

〖罪过。乖张。
[旧属八霁]

乖~ 暴~ 诡~ 贪~ 霜~ 猛~
咎~ 狼~ 罪~ 违~ 刚~ 恶~

## 隶

〖附属。奴隶。衙役。
[旧属八霁]

徒~ 圆~ 皂~ 方~ 仆~ 草~
内~ 女~ 外~ 饿~ 古~ 今~
舆~ 蛮~ 氓~ 司~ 篆~ 汉~

珕 ‖玓珕,珠光。

荔 ‖荔枝。
[旧属八霁四寘]
薛~ 荔~ 蕉~ 丹~ 苞~ 鲜~

俪 ‖成对成双。
[旧属八霁]
伉~ 骈~ 偕~ 束帛~

俐 ‖
伶~ 麻~

莉 ‖茉莉。

莅 ‖到。
[旧属八霁四寘]
临~ 莅~ 以~ 远~ 抚~

砺 ‖磨刀石。
[旧属八霁]
磨~ 淬~ 峭~ 带~ 砥~ 砻~
铁石~

猁 ‖猞猁。

荔 ‖狼尾草。
[旧属八霁]

欐 ‖正梁;栋。小船。
[旧属八霁八荠]
梁~

蛎 ‖牡蛎。
[旧属八霁]

唳 ‖鸣叫。
[旧属八霁]
鹤~ 嘹~ 哀~ 雁~ 清~ 孤~
九皋~ 哀鸣~

粝 ‖糙米。
[旧属八霁]
粗~ 蔬~ 粱~ 食~

梾 ‖木名。

詈 ‖骂。
[旧属四寘]
诅~ 怒~ 肆~ 忿~ 瞋~ 受~
嘲~ 丑~ 责~ 诃~ 见~ 凶~

诟~ 痛~ 怨~ 不至~ 长者~
瞋目~

痢 ‖痢疾。
[旧属四寘]
疟~ 泄~ 渴~ 赤~ 秋~ 白~

鬁 ‖鬎鬁,同'瘌痢'。

戾 ‖凶狠,乖戾。
[旧属八霁]
贼~ 缪~ 曲~

哩 ·‖助词。同'呢','啦'。

(另见‖;平声‖)

米 mǐ‖稻米。
[旧属八荠]
大~ 黑~ 籼~ 玉~ 糙~ 谷~
小~ 苞~ 粟~ 菰~ 白~ 糯~
红~ 海~ 鱼~ 柴~ 厘~ 纳~
花生~ 香粳~ 珍珠~ 五斗~

芈 mǐ‖羊叫。

沵 mǐ‖水满。

洣 mǐ‖洣水,湖南水名。

弭 mǐ‖平息;消灭。
[旧属四纸]
消~ 兵~ 谤~ 象~ 鞭~ 渠~
笑~ 自~ 忘~ 厌~ 窒~ 清~
英雄~ 兵少~ 风尘~

敉 mǐ‖安抚;安定。
[旧属四纸]
宁~ 安~ 平~

靡 mǐ‖顺风倒下。美好。
[旧属四纸]
风~ 猗~ 俊~ 丽~ 妍~ 摧~
妖~ 纤~ 迤~ 云~ 莎~ 妙~
轻~ 微~ 修~ 曼~ 色~ 文~
流~ 颓~ 委~ 披~ 旗~ 靡~
兆逐~ 壮士~ 兼葭~

(另见平声 mí)

拟 nǐ‖起草。模仿。相比。
[旧属四纸]

自~ 模~ 草~ 相~ 比~ 不~
偷~ 满~ 虚~ 差可~ 无准~

**你** nǐ [旧属四纸]
我~ 爱~ 恨~ 想~ 为~ 吻~

**旎** nǐ [旧属四纸]
旖~ 旎~

**儗** nǐ 同'拟'。[旧属四寘四纸十一队]
儗~ 自~

**薿** nǐ 薿薿,形容茂盛。

**伲** nǐ 我;我们。

**泥** nì 固执。[旧属八霁]
拘~ 滞~ 迹~ 锦幛~
(另见平声 ní)

**坭** nì 埤坭,城上矮墙。[旧属八霁]

**腻** nì 厌烦。细致。污垢。[旧属四寘]
滑~ 粉~ 细~ 垢~ 香~ 油~
光~ 涨~ 软~ 枕~ 脂~ 肥~
云~ 尘~ 莹~ 红药~ 风荷~
春光~ 湖烟~

**睨** nì 斜着眼睛看。[旧属八霁]
傲~ 晲~ 临~ 睥~ 旁~

**栧** nì 八角枫。

**庀** pǐ 具备。治理。[旧属四纸]
官~ 夜~ 鸠~

**圮** pǐ 毁坏;倒塌。
颓~ 倾~ 屋~ 墙~

**伾** pǐ 仳离,妻子被遗弃。

**否** pǐ 恶。贬斥。[旧属四纸]

臧~ 替~ 泰~ 国若~ 利出~
(另见十六尤 fǒu)

**吡** pǐ 诋毁;斥责。

**痞** pǐ 腹块。恶棍;流氓。[旧属四纸]
地~ 文~ 兵~ 胸~ 积~ 病~

**嚭** pǐ 大。[旧属四纸]
伯~ 信~ 听~ 诛~ 阴~
太宰~

**屁** pì 放屁。
狗~ 臭~ 响~ 闷~ 拍马~

**铍** pì 裁截;割裂。

**埤** pì 埤堄,城上矮墙。[旧属四支]
竹~ 社~
(另见平声 pí)

**淠** pì 淠河,安徽水名。[旧属八霁]

**睥** pì 睥睨,斜视高傲貌。[旧属八霁]

**媲** pì 匹敌;比得上。
相~ 堪~ 美~

**譬** pì 比喻;比方。[旧属四寘]
取~ 引~ 曲~ 巧~ 谲~ 善~
晓~ 远~ 罕~ 慰~

**芑** qǐ 植物名。[旧属四纸]
采~ 摘~ 丰~ 秠~ 东始~

**屺** qǐ 没有草木的山。[旧属四纸]
陟~

**岂** qǐ 副词,表示反问。[旧属五尾]

**企** qǐ 盼望。[旧属四纸四寘]
延~ 翘~ 仰~ 伫~ 远~ 盼~

鹊~ 鹤~ 渺~ 遥~ 勤~ 瞻~

**玘** qǐ 一种玉。

**杞** qǐ 周朝国名。植物名。
[旧属四纸]
枸~ 采~ 种~ 树~ 苞~ 苦~
城~ 肥~ 卢~ 南山~ 圃生~
仙人~

**启** qǐ 打开。开导。陈述。
[旧属八荠]
敬~ 书~ 文~ 开~ 发~ 天~
经~ 花~ 洞~ 先~ 愤~ 笺~
齿难~ 琅函~ 禅房~

**起** qǐ 起立。起初。
[旧属四纸]
奋~ 晏~ 声~ 夜~ 更~ 强~
鹊~ 大~ 月~ 潮~ 再~ 懒~
卷~ 涌~ 晓~ 惝~ 吹~ 尘~
群~ 发~ 缘~ 突~ 隆~ 崛~
掀~ 风~ 引~ 举~ 跃~ 兴~
晨~ 初~ 鹊~ 唤~ 四~ 搬~
蜂~ 云~ 勃~ 继~ 纷~ 雄~
闻鸡~ 万端~ 涌泉~ 风云~
奋衣~ 鱼跃~ 片帆~ 投笔~

**绮** qǐ 丝织品。美丽。
[旧属四纸]
结~ 清~ 华~ 轻~ 碧~ 裁~
红~ 兰~ 绫~ 罗~ 霞~ 文~
美~ 绿~ 纨~ 云~ 锦~ 薄~
散成~ 花上~ 合欢~ 灯照~
桃花~

**棨** qǐ 兵符。身份证明。
[旧属八荠]
符~ 旌~ 戟~ 麾~ 信~ 幢~
赐~ 新~ 受~ 树~ 银字~

**腎** qǐ 腓肠肌。
[旧属八荠八霁]
无~ 胫有~

**綮** qǐ 同'棨'。
[旧属八荠]
牙~ 戟~
(另见十九青 qīng)

**稽** qǐ 稽首,古跪地礼节。
[旧属八齐]

(另见平声 jī)

**气** qì 气体。气味。气象。
[旧属五未]
云~ 秀~ 望~ 习~ 短~ 天~
含~ 晦~ 吐~ 香~ 通~ 怄~
生~ 大~ 风~ 一~ 口~ 丧~
水~ 空~ 冤~ 节~ 锐~ 泄~
神~ 养~ 正~ 邪~ 民~ 士~
剑~ 豪~ 客~ 争~ 元~ 勇~
义~ 淘~ 赌~ 负~ 杀~ 傻~
浩~ 王~ 喜~ 声~ 盛~ 稚~
暮~ 寒~ 朝~ 骄~ 娇~ 血~
骨~ 意~ 漏~ 和~ 脾~ 胆~
才~ 官~ 阔~ 志~ 力~ 打~
顺~ 喷~ 闲~ 清~ 佳~ 瘴~
阳~ 精~ 怨~ 同~ 瑞~ 鼓~
中和~ 豪爽~ 涤暑~ 沆瀣~
有生~ 丈夫~ 风云~ 不景~
英雄~

**弃** qì 放弃;扔掉。
[旧属四寘]
舍~ 抛~ 扬~ 捐~ 嫌~ 弓~
吐~ 剪~ 散~ 轻~ 相~ 毁~
废~ 屏~ 见~ 唾~ 不~ 自~
遗~ 委~ 丢~ 无情~ 天所~
不可~ 中道~ 前事~ 等闲~

**汽** qì 水蒸气。
水~ 蒸~ 冒~ 喷~

**妻** qì 以女嫁人。
[旧属八霁]
卜~ 可~
(另见平声 qī)

**炁** qì 同'气'。
坎~ (脐带)

**呬** qì 屡次。
[旧属四寘]
(另见平声 jì)

**契** qì 雕刻。凭证。投合。
[旧属八霁]
默~ 相~ 符~ 投~ 书~ 凤~
官~ 心~ 神~ 文~ 道~ 结~
幽~ 深~ 谐~ 微~ 合~ 石~
金石~ 忘年~ 鱼水~ 风云~

参同 ~ 芝兰 ~ 林中 ~ 襄笠 ~
平生 ~
（另见十三皆 xié）

**砌** <sup>qì</sup> 垒。台阶。
[旧属八霁]

苔 ~ 阶 ~ 堆 ~ 玉 ~ 霜 ~ 绮 ~
锦 ~ 雪 ~ 文 ~ 瑶 ~ 花 ~ 鸣 ~
云霞 ~ 风生 ~
（另见十三皆 qiè）

**跂** <sup>qì</sup> 抬起脚后跟站着。
[旧属四纸四寘]
（另见平声 qí）

**愒** <sup>qì</sup> 同'憩'。
[旧属八霁]

小 ~ 玩 ~
（另见十开 kài；十四歌 hè）

**碶** <sup>qì</sup> 石砌的水闸。

筑 ~

**磜** <sup>qì</sup> 磜头，福建地名。

小 ~（江西地名）

**器** <sup>qì</sup> 器具。度量。才能。
[旧属四寘]

大 ~ 玉 ~ 陶 ~ 藏 ~ 凶 ~ 抱 ~
国 ~ 珍 ~ 涤 ~ 神 ~ 妙 ~ 古 ~
溺 ~ 剑 ~ 不 ~ 食 ~ 贼 ~ 瓦 ~
什 ~ 竹 ~ 洁 ~ 利 ~ 小 ~ 成 ~
兵 ~ 名 ~ 金 ~ 机 ~ 容 ~ 宝 ~
乐 ~ 量 ~ 重 ~ 武 ~ 忌 ~ 酒 ~
将相 ~ 君子 ~ 经济 ~

**憩** <sup>qì</sup> 休息。
[旧属八霁]

休 ~ 游 ~ 小 ~ 暂 ~ 共 ~ 流 ~

**体** <sup>tǐ</sup> 身体。物体。体制。
[旧属八荠]

全 ~ 整 ~ 集 ~ 四 ~ 裸 ~ 变 ~
人 ~ 遗 ~ 选 ~ 篆 ~ 下 ~ 得 ~
五 ~ 古 ~ 近 ~ 个 ~ 国 ~ 事 ~
旧 ~ 具 ~ 字 ~ 媒 ~ 气 ~ 固 ~
肉 ~ 形 ~ 大 ~ 肢 ~ 玉 ~ 解 ~
通 ~ 本 ~ 政 ~ 立 ~ 躯 ~ 文 ~
一 ~ 草 ~ 主 ~ 晶 ~ 箱 ~ 今 ~
骚 ~ 团 ~ 总 ~ 母 ~ 液 ~ 诗 ~

风雅 ~ 知大 ~ 柏梁 ~ 建安 ~
西昆 ~ 有常 ~ 德智 ~ 多媒 ~
（另见平声 tí）

**屉** <sup>tì</sup> 笼屉。

抽 ~ 木 ~ 棕 ~ 藤 ~

**剃** <sup>tì</sup> 用刀刮去。

披 ~ 芟 ~ 削 ~ 刀 ~ 轻 ~ 快 ~

**涕** <sup>tì</sup> 同'涕'。
[旧属四支]

涕 ~ 鼻 ~ 泅 ~ 唾 ~ 温 ~

**涕** <sup>tì</sup> 眼泪。鼻涕。
[旧属八霁八荠]

泣 ~ 出 ~ 破 ~ 揽 ~ 鼻 ~ 掩 ~
垂 ~ 流 ~ 挥 ~ 垂泣 ~ 陨泗 ~

**悌** <sup>tì</sup> 敬爱哥哥。
[旧属八荠]

孝 ~ 恺 ~ 敦 ~

**绨** <sup>tì</sup> 纺织品。
[旧属八齐]

弋 ~ 皂 ~ 绿 ~ 衣 ~ 绛 ~ 绀 ~
葛 ~ 锦 ~ 绯 ~ 白 ~
（另见平声 tí）

**替** <sup>tì</sup> 代替。
[旧属八霁]

兴 ~ 勿 ~ 献 ~ 降 ~ 陵 ~ 下 ~
夕 ~ 沦 ~ 轮 ~ 代 ~ 顶 ~ 交 ~
衰 ~ 更 ~ 接 ~ 凌 ~ 抢 ~ 暂 ~

**殢** <sup>tì</sup> 滞留。困扰。纠缠。

淹 ~ 梦 ~

**薙** <sup>tì</sup> 除去野草。
[旧属八霁]

草 ~ 烧 ~

**嚏** <sup>tì</sup> 打喷嚏。
[旧属八霁]

喷 ~ 频 ~ 阿 ~

**洗** <sup>xǐ</sup> 洗涤。洗礼。清除。
[旧属八荠]

净 ~ 水 ~ 雨 ~ 心 ~ 盥 ~ 辍 ~
干 ~ 刷 ~ 浣 ~ 磨 ~ 清 ~ 梳 ~
涤 ~ 濯 ~ 笔 ~ 雪 ~ 血 ~ 冲 ~

泪如~　尘缨~　甲兵~　秋光~
（另见十一先 xiǎn）

## 枲
ˣⁱ 麻。
[旧属四纸]

麻~　漆~　典~　缊~　厚~　胡~
尚~　担~　丝~　素~

## 玺
ˣⁱ 帝王的印。
[旧属四纸]

玉~　御~　奉~　宝~　封~　镇~
刻~　镂~　印~　符~　汉~　螭~
传国~　龟纽~

## 纚
ˣⁱ 束发帛。
[旧属四纸]

奠~　连~　飘~　幡~　纚~
（另见平声 lí）

## 铣
ˣⁱ 铣削。
[旧属十六铣]

金~　钟~　藏~　瑶~　铭~　陶~
（另见十一先 xiǎn）

## 徙
ˣⁱ 迁移。调动官职。
[旧属四纸]

迁~　转~　家~　东~　蓬~　新~
内~　里~　潜~　拔~　远~　移~
百里~　蝼蚁~　越境~　陵谷~

## 喜
ˣⁱ 喜乐。喜庆。喜好。
[旧属四纸]

欢~　咸~　至~　自~　且~　大~
送~　同~　人~　分~　乐~　心~
惊~　可~　色~　暗~　欣~　有~
双~　贺~　狂~　报~　恭~　道~
丰年~　宜春~　沾沾~　天下~
儿童~　鸳鸯~

## 葸
ˣⁱ 畏惧。

畏~

## 蓰
ˣⁱ 五倍。
[旧属四纸四支]

倍~　芟~　离~　蓰~　雪如~

## 屣
ˣⁱ 鞋。
[旧属四寘四纸]

敝~　脱~　倒~　纳~　曳~　冠~
花~　容~　如~　履~　遗~　珠~

## 禧
ˣⁱ 幸福；吉祥。
[旧属四支]

受~　集~　嘉~　开~　福~　繁~
神~　蓄~　新~

## 蟢
ˣⁱ 蟢子。

檐~　网~　挂~　壁~

## 鱚
ˣⁱ 沙钻鱼。

## 戏
ˣⁱ 玩耍。嘲弄。戏剧。
[旧属四纸四支]

娱~　博~　社~　弄~　好~　武~
如~　观~　杂~　笑~　玩~　虾~
鱼~　小~　诱~　蝶~　双~　凫~
马~　游~　儿~　相~　作~　狂~
大~　百~　嬉~　嘲~　调~　把~
京~　扮~　排~　影~　演~　唱~
竹马~　鱼龙~　临水~　牵衣~
随风~　床上~　老来~
（另见七虞 hū）

## 饩
ˣⁱ 赠食。饲料。生肉。
[旧属五未]

脯~　馆~　饔~　拜~

## 系
ˣⁱ 系统。联结。牵挂。
[旧属八霁]

心~　拘~　逮~　自~　谱~　统~
派~　世~　本~　直~　体~　嫡~
山~　联~　关~　干~　确~　恐~
绳~　悬~　牵~　维~　舟~　情~
采丝~　鱼舟~　青骢~　离情~
（另见 jì）

## 屃
ˣⁱ 赑屃，石座。
[旧属四寘]

## 细
ˣⁱ 细微。细致。
[旧属八霁]

详~　仔~　底~　微~　柳~　入~
风~　繁~　猥~　巨~　奸~　粗~
精~　苛~　纤~　琐~　心~　雨~
朝雨~　眉黛~　鱼鳞~　游丝~

## 盻
ˣⁱ 怒视。

盻~

## 禊
ˣⁱ 春秋两季的祭礼。
[旧属八霁]

修~　祓~　春~　秋~

**已** <sup>yǐ</sup> 停止。后来。

不～ 而～ 久～ 无～ 良～ 得～
业～ 早～

**以** <sup>yǐ</sup> 用。依。因。
[旧属四纸]

何～ 所～ 可～ 有～ 曷～ 因～
屑～ 言～ 不～ 不我～ 问其～
非无～

**苢** <sup>yǐ</sup> 薏苢,草名。

薏～ 芣～

**尾** <sup>yǐ</sup> 马尾毛。蟋蟀尾。
[旧属五尾]
(另见五微 wěi)

**矣** <sup>yǐ</sup> 古汉语助词。
[旧属四纸]

备～ 信～ 广～ 多～ 至～ 久～
老～ 美～ 休～ 厚～ 壮～ 去～
悲～ 怅～ 行～ 甚～ 可～ 足～
俱往～ 观止～ 年长～

**苣** <sup>yǐ</sup> 芣苣,草名。

**迤** <sup>yǐ</sup> 往;向。

东～ 西～ 逦～
(另见平声 yí)

**蚁** <sup>yǐ</sup> 蚂蚁。

雄～ 雌～ 工～ 兵～ 黑～ 群～
食～ 斗～ 虫～ 白～ 蝼～ 聚～

**舣** <sup>yǐ</sup> 使船靠岸。
[旧属四纸]

暂～ 舟～ 舫～ 兰棹～ 水上～
傍岸～ 柳下～

**酏** <sup>yǐ</sup> 酒。饮。清粥。
[旧属四支四纸]

黍～ 醴～ 饮～ 酿～ 酒～ 凉～
滫为～ 醨琼～

**倚** <sup>yǐ</sup> 靠着。仗恃。偏;歪。
[旧属四纸]

斜～ 不～ 攀～ 傍～ 内～ 偎～
眷～ 对～ 独～ 枕～ 倾～ 曙～

闲～ 相～ 门～ 人～ 遍～ 楼～
舟～ 依～ 笑～ 徙～ 醉～ 倦～
福所～ 天外～ 藜杖～ 隔帘～

**扆** <sup>yǐ</sup> 屏风。
[旧属五尾]

帐～ 丹～ 玉～ 奉～ 当～ 帷～
端～ 绣～ 凤～ 天～ 珠～ 素～
平～ 户～ 屏～ 负～

**椅** <sup>yǐ</sup> 椅子。
[旧属四支]

桌～ 凉～ 竹～ 软～ 石～ 电～
躺～ 木～ 高～ 交～ 靠～ 藤～
太师～ 红木～ 旋转～
(另见平声 yī)

**颐** <sup>yǐ</sup> 安静。
[旧属五尾]

**旖** <sup>yǐ</sup> 旖旎,柔和美好。

**踦** <sup>yǐ</sup> 用力抵住。
[旧属四支]

禹～ 长～ 切～ 鹿～ 鸾～ 跐～
雁门～ 左向～

**齮** <sup>yǐ</sup> 咬。

**乂** <sup>yì</sup> 治理;安定。
[旧属十一队]

俊～ 安～ 作～ 从～ 保～ 康～

**义** <sup>yì</sup> 正义。情谊。意义。
[旧属四寘]

道～ 主～ 文～ 礼～ 定～ 抱～
行～ 贵～ 高～ 怀～ 存～ 不～
申～ 典～ 公～ 本～ 忘～ 忠～
慕～ 大～ 风～ 仁～ 侠～ 古～
歧～ 重～ 名～ 精～ 秘～ 狭～
要～ 教～ 涵～ 情～ 恩～ 广～
讲～ 起～ 赴～ 负～ 仗～ 就～
取～ 好～ 疑～ 六～ 演～ 奥～
引申～

**艺** <sup>yì</sup> 技能。艺术。
[旧属八霁]

才～ 园～ 绝～ 文～ 学～ 技～
武～ 工～ 薄～ 词～ 道～ 末～
习～ 曲～ 多～ 六～ 游～ 手～
雕虫～ 一方～

**刈** yì 割。
[旧属十一队]
芟~ 剪~ 诛~ 自~ 是~ 言~
斩~ 薪~ 枪~ 观~ 斫~ 秋~

**艾** yì 惩治。
[旧属九泰]
怨~ 惩~ 自~
(另见十开 ài)

**议** yì 言论。商议。议论。
[旧属四寘]
典~ 谋~ 英~ 风~ 疑~ 人~
思~ 物~ 异~ 抗~ 评~ 末~
高~ 论~ 建~ 动~ 务~ 计~
筹~ 公~ 刍~ 协~ 会~ 提~
争~ 巷~ 决~ 横~ 非~

**衣** yì 穿。
[旧属五未]
(另见平声 yī)

**异** yì 有分别。特别。惊奇。
[旧属四寘]
殊~ 奇~ 珍~ 怪~ 秀~ 宠~
骇~ 艳~ 瑰~ 神~ 骇~ 无~
优~ 灵~ 惊~ 诧~ 差~ 诡~
变~ 同~ 歧~ 出处~ 头角~
巧拙~ 烟景~ 人情~ 风神~

**呓** yì 呓语。梦呓。
[旧属八霁]

**肔** yì 重叠。重复。
[旧属四寘]
(另见平声 yí)

**诣** yì 到某地。程度。
[旧属八霁]
趋~ 精~ 深~ 造~ 驰~ 先~
数~ 独~ 辞~ 亲~ 寻~ 来~
孤~ 心~ 参~ 欣来~ 小船~
数往~

**枻** yì 桨。
[旧属八霁]
兰~ 鼓~

**食** yì 用于人名。郦食其(jī)。
[旧属四寘十三职]
(另见四支 shí;sì)

**猗** yì 林猗，猞猁。

**羿** yì 上古人名。
[旧属八霁]
后~ 帝~ 夷~ 虞~ 慕~

**谊** yì 交情。
[旧属四寘]
情~ 厚~ 世~ 信~ 古~ 节~
道~ 行~ 径~ 风~ 隆~ 正~
友~ 高~ 云~ 敦风~

**勚** yì 劳苦。棱角磨损。
[旧属四寘]

**鹝** yì 鹝鹝，鹝叫声。

**肄** yì 学习。
[旧属四寘]
习~ 讲~ 素~ 条~ （嫩枝）

**裔** yì 后代。边地。
[旧属八霁]
华~ 后~ 海~ 族~ 夏~ 八~
苗~ 贵~ 回~ 流~ 余~ 贤~
遐~ 黄~ 边~ 迁四~ 德垂~
波容~ 鱼裔~

**意** yì 意思。意愿。意料。
[旧属四寘]
天~ 蓄~ 新~ 有~ 尽~ 承~
本~ 来~ 深~ 诚~ 恩~ 及~
致~ 指~ 邪~ 谕~ 专~ 同~
绝~ 故~ 夺~ 含~ 示~ 微~
民~ 笔~ 心~ 特~ 情~ 好~
春~ 用~ 寒~ 任~ 厚~ 盛~
快~ 敬~ 肆~ 适~ 愿~ 秋~
雅~ 善~ 诗~ 生~ 惬~ 写~
得~ 失~ 立~ 满~ 遂~ 随~
如~ 恣~ 中~ 称~ 乐~ 合~
留~ 在~ 垂~ 属~ 真~ 锐~
达~ 刻~ 无~ 注~ 会~ 大~
介~ 寓~ 着~ 执~ 美~ 一~
从人~ 知其~ 慰人~ 清净~
千金~ 平生~ 寥落~ 深深~

**缢** yì 用绳勒死;吊死。
[旧属四寘]
绞~ 自~ 乃~

**蓺** yì 种植。

廙 yì 恭敬。
[旧属四寘]

恭～廙

瘞 yì 掩埋；埋藏。
[旧属八霁]

潩 yì 清潩河，颍河支流。
[旧属四寘]

入～清

嫕 yì 和善可亲。
[旧属八霁]

婉～美～憜～

饐 yì 食物腐败变味。

毅 yì 坚决。
[旧属五未]

刚～坚～宏～英～强～勇～
果～沉～乐～

殪 yì 死。杀死。
[旧属八霁]

曀 yì 天阴沉。
[旧属八霁]

阴～昏～风～

劓 yì 割鼻。
[旧属四寘]

黥～天～

翳 yì 遮蔽。
[旧属八霁]

荫～云～隐～林～屏～障～
蒙～目～翳～日月～松柏～
心未～

癔 yì 癔病，精神病。

懿 yì 美好。
[旧属四寘]

温～渊～明～休～雅～三～
遐～和～前～遗～柔～淑～

## 旧读入声

笔 bǐ 笔法。笔迹。笔画。
[旧属四质]

文～绝～曲～代～直～遗～
点～醉～簪～神～铁～金～
秉～命～秃～梦～采～搁～
朱～润～毛～史～动～走～
妙～刀～败～落～画～执～
投～伏～工～健～濡～亲～
载～洒～白～任～仙～一～
大手～如椽～董狐～扛鼎～
生花～一枝～一管～

必 bì 必定。必须。
[旧属四质]

务～势～定～何～不～未～
难～岂～固～莫～毋～专～
不可～讵能～

毕 bì 完结。完全。
[旧属四质]

完～工～课～雨～功～写～
能事～情未～嫁娶～欢娱～
公事～农事～

苾 bì 芳香。
[旧属四质]

芬～

驈 bì 马肥壮。
[旧属四质]

有～

荜 bì 荜拨。同'筚'。
[旧属四质]

圭～衡～

哔 bì 哔叽，毛织品。

饆 bì 饆饠，一种食品。
[旧属四质]

韠 bì 古代的一种朝服。
[旧属四质]

素～佩～朱～端～

铋 bì 金属元素。矛柄。
[旧属四质]

皕 bì 二百。

筚 bì 荆条篱笆等。
[旧属四质]

蓬～衡～

**湢** <sup>bì</sup> 浴室。
[旧属十三职]
庖~ 共~

**愊** <sup>bì</sup> 烦闷。
[旧属十三职]
愊~ 恳~ 愊~

**愎** <sup>bì</sup> 乖戾;执拗。
[旧属十三职]
刚~ 矜~ 贪~ 狠~ 顽~

**弼** <sup>bì</sup> 辅助。
[旧属四质]
辅~ 良~ 汝~ 匡~ 元~ 古~
承~ 石~ 上~ 光~ 台~ 作~

**腷** <sup>bì</sup> 腷臆,烦闷。
[旧属十三职]

**辟** <sup>bì</sup> 君主。排除。荐举。
[旧属十一陌]
复~ 列~ 征~ 匡~ 招~ 明~
英~ 启~ 群~ 连府~
（另见 pī）

**碧** <sup>bì</sup> 青绿色。
[旧属十一陌]
缥~ 重~ 缀~ 叠~ 皱~ 瑶~
浮~ 涵~ 嫩~ 环~ 池~ 残~
横~ 浓~ 寒~ 遥~ 金~ 冷~
青~ 澄~ 水~ 空~ 山~ 凝~
朱成~ 伤心~ 秋影~ 寒溜~

**馝** <sup>bì</sup> 馝馞,香气很浓。

**壁** <sup>bì</sup> 墙。绝壁。壁垒。
[旧属十二锡]
坚~ 峭~ 古~ 挂~ 薜~ 翠~
绮~ 峤~ 曲~ 鹤~ 云~ 琼~
泥~ 尘~ 粉~ 竹~ 椒~ 东~
空~ 孔~ 天~ 留~ 秋~ 剑~
四~ 隔~ 影~ 画~ 负~ 赤~
碰~ 墙~ 削~ 凿~ 崖~ 面~
题~ 军~ 复~ 绝~ 破~ 映~
霞耀~ 神仙~ 云间~ 相如~
千仞~ 笋穿~ 蛩吟~ 大戈~

**璧** <sup>bì</sup> 玉器。
[旧属十一陌]
白~ 合~ 圭~ 敬~ 归~ 红~
破~ 寒~ 琼~ 双~ 完~ 珠~
拱~ 怀~ 捧~ 连城~ 和氏~
夜光~

**襞** <sup>bì</sup> 衣褶。
[旧属十一陌]
秋~ 衣~ 背~ 鱼网~ 文字~
彩笺~ 青缣~ 素笺~

**躄** <sup>bì</sup> 仆倒。腿瘸。
[旧属十一陌]
跛~ 挛~ 屈~ 掉~ 笑~ 脚~

**的** <sup>dì</sup> 箭靶的中心。
[旧属十二锡]
目~ 准~ 有~ 发~ 中~ 高~
准~ 画~ 表~ 仙~ 鹄~ 无~
射~ 破~ 的~ 众矢~ 不失~
（另见平声 dí;十四歌·de）

**菂** <sup>dì</sup> 莲子。
[旧属十二锡]
香~ 紫~ 莲~ 细~ 金~ 嫩~
新莲~ 千万~ 荷中~

**给** <sup>jǐ</sup> 供应。富裕充足。
[旧属十四缉]
供~ 自~ 补~ 辨~ 赋~ 不~
捷~ 赡~ 敛~ 资~ 口~ 充~
周~ 敏~ 取~ 家~ 丰~ 配~
不暇~
（另见五微 gěi）

**脊** <sup>jǐ</sup> 脊柱。
[旧属十一陌]
屋~ 山~ 书~ 背~ 石~ 鹤~
虎~ 檐~ 云~ 波起~ 天下~

**戟** <sup>jǐ</sup> 古代兵器。
[旧属十一陌]
戈~ 画~ 矛~ 剑~ 棨~ 奋~
折~ 持~ 执~ 沙沉~ 将军~
须如~

**迹** <sup>jì</sup> 痕迹。遗迹。
[旧属十一陌]
奇~ 足~ 手~ 绝~ 心~ 鸟~
蹄~ 伟~ 古~ 蜗~ 香~ 泪~
轨~ 胜~ 人~ 真~ 形~ 马~
萍~ 鸿~ 佛~ 仙~ 浪~ 霸~
墨~ 踪~ 辙~ 字~ 笔~ 行~
兴废~ 莺花~ 林栖~ 行云~

**勣** 功绩。
[旧属十二锡]

劳~ 纪~ 李~

**寂** 寂静。寂寞。
[旧属十二锡]

午~ 幽~ 淡~ 萧~ 闃~ 凄~
悄~ 虚~ 闲~ 湛~ 简~ 叩~
昼~ 冲~ 圆~ 岑~ 荒~ 空~
韫~ 冥~ 沉~ 禅~ 清~ 孤~
怕~ 愁~ 音~ 静~ 枯~ 寂~
寥天~ 风榛~ 江声~ 春渡~
秋园~ 鱼龙~ 竹林~ 四楹~
万缘~ 蓬门~

**绩** 搓成线。功业。成果。
[旧属十二锡]

考~ 纺~ 政~ 丕~ 母~ 主~
实~ 宣~ 治~ 伟~ 庶~ 禹~
显~ 底~ 功~ 嘉~ 败~ 懋~
清~ 殊~ 蚕~ 成~ 异~ 战~
劳~ 勋~ 业~ 盖代~ 循良~

**稷** 粮食作物。
[旧属十三职]

后~ 禹~ 益~ 契~ 黍~ 社~
秋报~ 春残~

**鲫** 鲫鱼。
[旧属十一陌十三职]

金~ 绿~ 纤~ 青~ 银~ 野~
家~ 黑~ 鲜~ 冬~ 江~ 河~
多于~

**力** 力量。
[旧属十三职]

悉~ 竭~ 引~ 胆~ 威~ 群~
压~ 功~ 神~ 戮~ 主~ 活~
能~ 效~ 接~ 权~ 财~ 无~
全~ 物~ 精~ '气~ 用~ 动~
余~ 努~ 心~ 勉~ 吃~ 大~
磁~ 吸~ 民~ 魅~ 毅~ 劳~
武~ 倾~ 尽~ 人~ 着~ 眼~
体~ 致~ 学~ 笔~ .马~ 量~
魔~ 魄~ 借~ 并~ 助~ 才~
出~ 推~ 定~ 生命~ 拔山~
蝼蚁~ 股肱~ 吸引~ 感染~
巧克~

**历** 经历。历法。
[旧属十二锡]

阅~ 年~ 久~ 游~ 巧~ 登~
延~ 骤~ 惯~ 扪~ 挂~ 身~
亲~ 简~ 寂~ 来~ 涉~ 履~
历~ 公~ 阴~ 日~ 星~ 庆~
玉~ 大~ 尧~ 宝~ 阳~ 夏~
想所~ 辛苦~ 老皇~ 太阳~

**立** 站。建树。
[旧属十四缉]

自~ 屹~ 倒~ 强~ 侍~ 中~
鹤~ 言~ 石~ 骨~ 僵~ 海~
鱼~ 角~ 小~ 子~ 成~ 玉~
鹄~ 壁~ 而~ 独~ 起~ 鼎~
孤~ 建~ 设~ 对~ 树~ 兀~
仁~ 耸~ 林~ 肃~ 挺~ 矗~
顶天~ 花边~ 当户~ 向风~
一峰~ 双耳~ 倚松~ 荷锄~
家声~ 双燕~

**坜** 中坜,台湾地名。

**苈** 植物名。
[旧属十二锡]

葶~ 丁~ 室~

**呖** 呖呖,象声词。

**沥** 一滴一滴落下。
[旧属十二锡]

酒~ 滴~ 淋~ 淅~ 竹~ 渗~
霖~ 披~ 残~ 绝~ 余~ 沥~

**枥** 马槽。
[旧属十二锡]

伏~ 寒~ 青~ 恋~ 同~ 榔~
槽~ 马~ 皂~

**栎** 柞树。
[旧属十二锡]

樗~ 柞~ 杜~ 寿~ 散~ 苞~
(另见十三皆 yuè)

**郦** 姓。
[旧属十二锡]

**轹** 碾轧。欺压。
[旧属十二锡]

辗~ 凌~ 刻~ 车~ 卓~ 轥~

**疬** 病。
[旧属十二锡]

瘰~ 累~ 项~ 痰~

**鬲** ‖ 古代炊具。
[旧属十二锡]

宝~ 瓦~ 铛~ 周~ 铜~ 重~
焦~ 鼎~ 釜~ 戊己~ 庚父~
（另见十四歌 gé）

**栗** ‖ 栗子树。
[旧属四质]

枣~ 霜~ 春~ 风~ 茧~ 板~
山~ 榛~ 嘉~ 茅~ 梨~ 密~
橡~ 慄~ 寒~ 慄~ 战~ 栗~
寒而~ 霜剥~ 东门~ 煮秋~
猿偷~ 天师~

**砾** ‖ 小石块。碎石。
[旧属十二锡]

碛~ 瓦~ 沙~ 珠~

**笠** ‖ 用竹或草编的帽子。
[旧属十四缉]

襄~ 钓~ 弱~ 草~ 荷~ 藤~
台~ 松~ 青~ 蓬~ 箬~ 圆~
车~ 竹~ 斗~ 雨~

**粒** ‖ 颗粒。
[旧属十四缉]

谷~ 米~ 珠~ 玉~ 琼~ 余~
绝~ 粒~ 一~

**雳** ‖ 霹雳。
[旧属十二锡]

**跞** ‖ 走动。
[旧属十药]

逴~
（另见十五波 luò）

**傈** ‖ 傈僳族。

**溧** ‖ 寒冷。
[旧属四质]

凛~

**溧** ‖ 溧水，江苏水名。
[旧属四质]

**篥** ‖
[旧属四质]

筚~ 觱~

**汨** ‖ 汨罗江。
[旧属六月十二锡]

投~ 滑~ 赠~ 宓~ 荡~ 泉~
河流~ 泾渭~

**觅** mì 寻找。
[旧属十二锡]

寻~ 难~ 搜~ 采~ 细~ 暗~
求~ 苦~ 重~ 何处~ 谁相~
殷勤~

**泌** mì 分泌。
[旧属四质]
（另见 bì）

**宓** mì 安静。姓。

**秘** mì 秘密。罕见。稀有。

神~ 珍~ 诡~ 计~ 缄~ 中~
书~ 阐~ 奥~ 机~ 奇~ 清~
事~ 幽~ 隐~ 甘泉~ 烟霞~
壶中~
（另见 bì）

**密** mì 感情好。细致。秘密。
[旧属四质]

疏~ 稠~ 宥~ 丽~ 翠~ 纲~
坚~ 竹~ 蒙~ 绵~ 藏~ 繁~
云~ 绮~ 花~ 详~ 谐~ 情~
新~ 藻~ 雨~ 保~ 林~ 亲~
紧~ 慎~ 周~ 精~ 机~ 隐~
深~ 缜~ 严~ 告~ 网~ 近~
绝~ 致~ 细~ 谈笑~ 津亭~
风荷~ 炉锤~ 宫院~ 春心~

**幂** mì 覆盖。罩。
[旧属十二锡]

覆~ 罗~ 烟~ 尘~ 疏~ 纱~
云如~

**谧** mì 安宁。平静。
[旧属四质]

静~ 安~ 恬~ 冲~ 清~ 政~
禅心~ 海外~

**蓂** mì 蓂菜，草药。
（另见十九青 míng）

**帲** mì 同'幂'。

**蜜** mì 蜂蜜。甜美。
[旧属四质]

花～甜～如～酥～糖～采～
酿～口～石～红～崖～啖～
山～割～小～甘于～刀头～
千树～甜如～梨花～甘露～

**昵** ní 亲热。
[旧属四质]
亲～宠～私～狎～相～

**逆** nì 抵触。背叛。不顺。
[旧属十一陌]
忤～弗～心～舛～气～凌～
新～勿～众～悖～内～攘～
意～风～诛～行～忧～反～
大～顺～目～横～莫～悖～
呃～叛～

**匿** nì 隐藏。
[旧属十三职]
隐～掩～逃～饰～藏～伏～
蔽～潜～避～日西～休光～

**惄** nì 忧思。
[旧属十二锡]

**溺** nì 淹死。沉迷。
[旧属十二锡]
沉～饥～已～及～逐～沮～
济～没～漂～陷～
(另见十二筱 niǎo)

**蜃** nì 指虫咬的病。
[旧属十三职]
阴～（妇科病）

**匹** pǐ 相配。单独。
[旧属四质六鱼]
良～无～马～布～一～相～
文～妃～灵～群～少～为～
伊周～松乔～秦晋～桃李～

**劈** pǐ 分开。分裂。
(另见平声 pī)

**撇** pǐ 捭心。
[旧属十四陌]
宿～踊～

**癖** pǐ 癖好。嗜好。
[旧属十一陌]
怪～异～洁～钱～奇～痼～
石～酒～左～琴～诗～烟～

香～名～画～研～睡～山～
棋～书～花～麻将～誉儿～
烟霞～久成～书画～嗜痂～

**辟** pì 开辟。透彻。排除。
[旧属十一陌]
鞭～开～垦～精～透～大～
(另见 bì)

**鸊** pì 鸊鹈,水鸟名。

**僻** pì 偏僻。古怪。
[旧属十一陌]
冷～怪～荒～孤～邪～放～
幽～生～地～险～隐～林～
远～退～文～山路～孤村～
茅斋～ 出题～性情～

**澼** pì 洴澼,漂洗。
[旧属十二锡]

**甓** pì 砖。
[旧属十二锡]
瓦～翠～古～金～瓴～运～
碎～赤～青～中唐～一口～

**乞** qǐ 乞求。
[旧属五物]
求～哀～固～行～道～寒～
虔～强～伏～屡～邀～跪～
巧～堪～骗～不容～抱璧～
人来～不须～歌讴～

**讫** qì 完结。截止。
[旧属五物]
收～付～永～未～起～清～
验～缴～

**迄** qì 到。始终。一直。
[旧属五物]
远～靡～今～

**汔** qì 庶几。
[旧属五物]
涤～水～

**泣** qì 小声哭。眼泪。
[旧属十四缉]
涕～哭～掩～号～饮～两～
石～歌～巷～啼～悲～垂～
燕市～美人～抱璞～相见～
老蛟～吞声～

葺 <sup>qì</sup> 修理房屋。
[旧属十四缉]
修~ 缮~ 整~ 补~ 完~ 加~

碛 <sup>qì</sup> 沙石浅滩。沙漠。
[旧属十一陌]
石~ 断~ 沙~ 空~ 广~ 雪~
烟~ 雁~ 远~ 春~ 霜~ 荒~
舟碛~ 帆度~ 鸡翁~

蟿 <sup>qì</sup> 蟿螽,古指蚱蜢。

槭 <sup>qì</sup> 木名。
[旧属一屋]
凋~ 萧~

俶 <sup>tì</sup> 俶傥,同'倜傥'。
[旧属一屋]
(另见七无 chù)

倜 <sup>tì</sup> 倜傥。
[旧属十二锡]

逖 <sup>tì</sup> 远。
[旧属十二锡]
遐~ 离~ 祖~ 疏~ 刘~

惕 <sup>tì</sup> 谨慎小心。
[旧属十二锡]
忧~ 警~ 心~ 怵~ 日~ 震~
夕~ 愧~ 惨~ 交~ 惭~ 惊~
兢~ 惕~

裼 <sup>tì</sup> 婴儿的衣服。
[旧属十二锡]
偏~ 露~ 素~ 加~ 袒~ 见~
裘之~ 衣之~ 锦衣~ 无事~
(另见平声 xī)

趯 <sup>tì</sup> 跳跃。
[旧属十二锡]

卌 <sup>xì</sup> 四十。

郤 <sup>xì</sup> 同'隙'。
(另见十三皆 qiè)

郄 <sup>xì</sup> 同'隙'。姓。
[旧属十药十一陌]

绤 <sup>xì</sup> 粗葛布。
[旧属十一陌]

衫~ 巾~ 纤~ 下~ 轻~ 绤~

阋 <sup>xì</sup> 争吵;争斗。
[旧属十二锡]
谇~ 忿~

舄 <sup>xì</sup> 鞋。
[旧属十一陌]
赤~ 凫~ 玉~ 豹~ 金~ 委~
青~ 飞~ 花~ 丹凤~ 凌云~
安期~

隙 <sup>xì</sup> 缝隙。空闲。漏洞。
[旧属十一陌]
空~ 间~ 怨~ 篱~ 驹~ 墙~
窗~ 庭~ 林~ 帘~ 投~ 宕~
嫌~ 伺~ 瑕~ 乘~ 寻~ 窥~
缝~ 闲~ 过~

虩 <sup>xì</sup> 虩虩,形容畏惧。

赩 <sup>xì</sup> 赤色。
[旧属十三职]
赫~ 霞~ 翕~ 火光~

潟 <sup>xì</sup> 咸水浸渍的土地。
[旧属十一陌]
咸~

衋 <sup>xì</sup> 悲伤;痛。
[旧属十三职]
民~ 若~

乙 <sup>yǐ</sup> 天干第二位。
[旧属四质]
甲~ 天~ 帝~ 师~ 太~ 鱼~
甲变~ 虎挟~

弋 <sup>yì</sup> 系绳的箭。
[旧属十三职]
钩~ 缯~ 机~ 弹~ 避~

亿 <sup>yì</sup> 数目。
[旧属十三职]
万~ 兆~ 十~ 洪~ 千~ 亿~

忆 <sup>yì</sup> 回想;记得。
[旧属十三职]
相~ 偏~ 空~ 回~ 久~ 遥~
记~ 长~ 追~ 苦~ 静~ 梦~
寻常~ 长相~

仡 <sup>yì</sup> 仡仡:强壮。高大。
[旧属五物]

有~ 失~

（另见十四歌 gē）

**屹** ᵞⁱ 山峰高耸。
[旧属五物]
昂~ 屹~ 双岩~

**暘** ᵞⁱ 太阳在云中忽隐忽现。

**亦** ᵞⁱ 也;也是。
[旧属十一陌]
不~ 吾~ 人~ 器器~ 千秋~

**杙** ᵞⁱ 小木桩。
[旧属十三职]
长~ 猿~

**抑** ᵞⁱ 向下按;压制。
[旧属十三职]
压~ 阻~ 裁~ 挤~ 幅~ 沉~
掩~ 挫~ 冤~ 自~ 排~ 低~
谦~ 扬~ 按~ 屈~ 摧~ 抑~

**邑** ᵞⁱ 城市。
[旧属十四缉]
城~ 大~ 都~ 京~ 县~ 食~
鄙~ 井~ 巅~ 改~ 四~ 成~
乡~ 边~ 封~

**佚** ᵞⁱ 散失。
[旧属四质]
散~ 遗~ 久~ 淫~ 旧~ 亡~

**役** ᵞⁱ 劳役。兵役。役使。
[旧属十一陌]
差~ 奴~ 仆~ 行~ 田~ 从~
免~ 远~ 兴~ 久~ 苦~ 募~
苟~ 于~ 戍~ 徭~ 退~ 服~
战~ 现~

**译** ᵞⁱ 翻译。
[旧属十一陌]
编~ 意~ 音~ 考~ 细~ 累~
宣~ 重~ 口~ 字~ 注~ 诠~

**易** ᵞⁱ 平和。改变。交换。
[旧属十一陌四寘]
周~ 变~ 更~ 互~ 交~ 贸~
简~ 轻~ 不~ 难~ 平~ 险~
容~ 说~ 点~ 慢~ 和~ 率~
非~ 甚~ 居~ 相见~ 分金~
节序~ 权钱~

**峄** ᵞⁱ 山名。
[旧属十一陌]
凫~ 邹~ 登~ 属者~ 迁于~

**佾** ᵞⁱ 古代乐舞的行列。
[旧属四质]
轻~ 舞~ 八~

**泆** ᵞⁱ 放纵。
[旧属四质]
决~ 奔~ 淫~ 放~ 泆~

**怿** ᵞⁱ 欢喜;高兴。
[旧属十一陌]
愉~ 不~ 悦~ 喜~ 和~ 有~
夷~ 辞~

**驿** ᵞⁱ 驿站。
[旧属十一陌]
邮~ 郊~ 津~ 远~ 柳~ 寄~
荒~ 古~ 暮~ 水~ 山~ 置~
递~ 传~ 短~

**绎** ᵞⁱ 理出头绪。
[旧属十一陌]
寻~ 演~ 络~ 绸~ 绎~ 凫~
说~ 细~ 讲~ 温~ 玩~ 推~

**轶** ᵞⁱ 散失。超过一般。
[旧属四质九屑]
超~ 凌~ 屈~ 突~ 侵~ 奔~
夸~ 蜂~ 驰~

**昳** ᵞⁱ 昳丽,容貌美丽。
[旧属九屑]
日~

（另见十三皆 dié）

**疫** ᵞⁱ 瘟疫。
[旧属十一陌]
疠~ 灾~ 疾~ 流~ 青~ 禳~
防~ 免~ 大~ 鼠~

**弈** ᵞⁱ 围棋。下棋。
[旧属十一陌]
对~ 博~ 仙~ 巧~ 赌~ 观~
松下~ 秋海~ 柯山~ 别墅~

**奕** ᵞⁱ 盛大。
[旧属十一陌]
赫~ 显~ 奕~ 乌~ 游~ 宏~

**致** ᵞⁱ 厌弃;厌倦。
[旧属十一陌七遇]

思~ 无~ 厌~ 衰~ 耗~ 久~
九法~ 彝伦~
（另见七无 dù）

**挹** yì 舀。牵引。
[旧属十四缉]
损~ 推~ 降~ 奖~ 冲~ 钦~
仰~ 抴~ 谦~

**悒** yì 同'悒'。
[旧属十四缉十五合]
呜~ 于~ 悒~ 心~

**益** yì 好处。增加。
[旧属十一陌]
效~ 增~ 损~ 教~ 进~ 日~
求~ 无~ 补~ 收~ 有~ 公~
得~ 福~ 请~ 利~ 权~ 受~
广~ 裨~ 润~ 谦受~ 闲中~

**浥** yì 沾湿。
[旧属十四缉]
润~ 浥~ 注~ 厌~ 酒~ 趋~
浥~ 雨~ 滋~ 露~ 沾~ 泉~

**悒** yì 忧愁不安。
[旧属十四缉]
郁~ 怆~ 悒~ 忿~ 怏~ 忧~
愁~ 悲~ 凄~ 闷~

**埸** yì 田界。边境。
[旧属十一陌]
疆~ 瓜~ 广~ 边~ 荒郊~

**逸** yì 安乐。逃跑。散失。
[旧属四质]
隐~ 艳~ 超~ 豪~ 风~ 秀~
迅~ 遗~ 旧~ 骏~ 暇~ 劳~
宴~ 心~ 恬~ 骄~ 荡~ 潜~
奔~ 翔~ 亡~ 奇~ 放~ 飘~
纵~ 散~ 逃~ 清~ 安~ 永~
凌风~

**翊** yì 辅助；帮助。
[旧属十三职]
辅~ 环~ 左~ 右~ 冯~ 藩~
匡~ 翊~

**翌** yì 次于今日、今年的。
[旧属十三职]

**嗌** yì 咽喉。
[旧属十一陌]
呜~ 号~ 哽~ 嗌~（笑声）
（另见十开 ài）

**螠** yì 无脊椎动物。

**溢** yì 充满。过分。
[旧属四质]
洋~ 盈~ 庆~ 富~ 奢~ 艳~
广~ 充~ 外~ 纵~ 张~ 满~
溃~ 涌~ 泛~ 荥~ 芳~ 融~
酒湛~ 月华~ 芳塘~

**蜴** yì 蜥蜴。
[旧属十一陌]
石~ 虺~ 易~

**鷁** yì 同'鹢'。
[旧属十二锡]
旨~

**镒** yì 古二十两。
[旧属四质]
百~ 千~ 万~

**鹢** yì 水鸟。
[旧属十二锡]
退~ 六~ 文~ 花~ 彩~ 绣~
浮~ 兰~ 云~ 画~（船头）

**熠** yì 光耀；鲜明。
[旧属十四缉]
熠~ 煜~ 煌~

**薏** yì 薏米。薏苡。莲心。
[旧属十三职]
香~ 吐~ 药中~

**臆** yì 胸。主观地。
[旧属十三职]
胸~ 私~ 膈~ 活~

**翼** yì 翅膀。侧。辅佐。
[旧属十三职]
辅~ 蝉~ 右~ 羽~ 金~ 垂~
矫~ 凭~ 鸿~ 鹏~ 展~ 卵~
奋~ 燕~ 比~ 左~ 折~ 翼~
机~ 虎~ 凤~ 双飞~ 云霄~
凌风~

**薏** yì 藚草。
[旧属十二锡]

# 九 佳

## 平 声

**阿** ā 前缀。阿斗、阿哥等。
[旧属五歌]
（另见十四歌 ē）

**啊** ā 表示惊异或赞叹。

**腌** ā 腌臢，心里别扭。
（另见十一先 yān）

**呵** ā 叹词，表示追问。

**嘎** á 同'啊'。
[旧属二十二祃]
（另见仄声 shà）

**巴** bā 巴望。巴结。巴士。
[旧属六麻]
汉～ 田～ 泥～ 三～ 大～ 中～
尾～ 结～ 锅～ 干巴～ 眼巴巴

**扒** bā 攀。挖;刨。剥。
（另见 pá）

**叭** bā 喇叭。
哈～

**朳** bā 无齿的耙子。

**芭** bā 香草。
[旧属六麻]
庭～ 荆～ 侯～

**吧** bā 吧屋。
酒～ 网～ 氧～ 星～ 陶～ 泡～

**疤** bā 疤痕。
伤～ 疮～ 血～ 痘～ 结～ 揭～
刀～ 黑～ 大～ 小～ 长～ 脸～

**笆** bā 笆斗。
[旧属六麻]
竹～ 篱～ 偃～ 新～ 车～ 墙～

**粑** bā 饼类食物。
糌～ 糍～ 糖～ 粑～

**豝** bā 母猪。
[旧属六麻]
五～ 小～ 两～ 牝～ 二岁～

**鲃** bā 淡水鱼。

**叉** chā 叉子。
[旧属六麻]
药～ 灵～ 玉～ 野～ 戟～ 铁～
鱼～ 粪～ 钢～ 刀～ 交～ 三～
落～ 手～ 丫～ 夜～ 画～ 八～
手自～ 鱼可～ 斗尖～ 温八～
（另见仄声 chǎ;chà）

**扠** chā 刺取。

**杈** chā 桠杈，丫叉。
[旧属六麻]
（另见仄声 chà）

**差** chā 差别。差距。稍微。
[旧属六麻]
相～ 不～ 岁～ 时～ 数～ 落～
景～ 黍～ 分～ 误～ 时～ 级～
千里～ 一毫～ 一念～
（另见仄声 chà;四支 cī;十开
chāi,chài）

**喳** chā 象声词。
喳～ 喊～
（另见 zhā）

**馇** chā 边拌边煮饲料。

（另见仄声 zhà）

**碴** chā 胡子拉碴。
（另见 chá）

**艖** chā 小船。
[旧属六麻]

**垞** chá 小土山。

竹～ 春～ 梅～ 南北～

**茬** chá 茬口。茬子。

豆～ 麦～ 胡～ 换～ 前～ 二～

**茶** chá 茶叶。茶水。

花～ 清～ 浓～ 采～ 山～ 野～
粗～ 香～ 苦～ 种～ 煎～ 烹～
品～ 试～ 早～ 新～ 红～ 绿～
上～ 送～ 热～ 点～ 沏～ 饮～
岩～ 沱～ 酽～ 泡～ 卖～ 分～
武夷～ 雨前～ 龙井～ 菊花～
云雾～ 乌龙～ 功夫～

**查** chá 检查。调查。

普～ 督～ 协～ 细～ 稽～ 巡～
审～ 搜～ 清～ 核～ 勤～ 考～
（另见 zhā）

**搽** chá 涂抹。

敷～ 涂～ 匀～ 抹～

**嵖** chá 嵖岈，河南山名。

**猹** chá 野兽，像獾。

**楂** chá 短而硬的胡子。
[旧属六麻]
（另见 zhā）

**槎** chá 木筏。

乘～ 泛～ 浮～ 汉～ 云～ 星～
月～ 飞～ 仙～ 灵～ 钓～ 轻～
大江～ 夏夜～ 银汉～ 八月～

**碴** chá 小碎块。

碎～ 冰～ 瓦～ 残～ 煤～
玻璃～
（另见 chā）

**楂** chá 楂子，玉米碎粒。

**欻** chuā 欻拉，象声词。
（另见六鱼 xū）

**叻** dā 吆喝牲口前进。

**打** dá 量词。十二个。
[旧属二十三梗]

一～ 两～ 整～
（另见仄声 dǎ）

**旮** gā 旮旯，角落。

**伽** gā 伽马射线。
[旧属五歌]
（另见 jiā；十三皆 qié）

**咖** gā 咖喱。
（另见 kā）

**瓜** guā 瓜果。
[旧属六麻]

种～ 守～ 看～ 秋～ 分～ 尝～
破～ 削～ 捡～ 偷～ 西～ 木～
浮～ 剖～ 苦～ 甜～ 香～ 地～
黄～ 傻～ 匏～ 卖～ 切～ 丝～
枣如～ 乞巧～ 哈密～ 黄金～
二月～ 烂冬～

**呱** guā 象声词。
[旧属七虞]

聆～ 彼～ 嗅～ 呱～ （蛙鸣）
（另见仄声 guǎ；七虞 gū）

**胍** guā 有机化合物。

**绲** guā 紫青色丝带。
[旧属九佳六麻]

**䯄** guā 黑嘴的黄马。
[旧属九佳六麻]

䯄～ 六～ 疲～ 骏～ 小～ 飞～
雪毛～ 流金～ 钩星～ 玉蹄～

# 哈

<sup>hā</sup> 哈腰。哈气。

哈~ 呵~ 哼~ 口~
（另见仄声 hǎ;hà）

# 铪

<sup>hā</sup> 金属元素。

# 化

<sup>huā</sup> 同'花'，花费。
（另见仄声 huà）

# 花

<sup>huā</sup> 花木。花纹。花费。
[旧属六麻]

心~ 摘~ 浇~ 蕉~ 衔~ 松~
墨~ 粲~ 桃~ 林~ 探~ 剑~
弄~ 唾~ 拈~ 菱~ 梅~ 樱~
香~ 鲜~ 春~ 菊~ 插~ 养~
稻~ 莲~ 杨~ 梨~ 秋~ 钢~
火~ 红~ 黄~ 血~ 护~ 礼~
窗~ 莺~ 棉~ 琼~ 雪~ 葬~
卖~ 水~ 浪~ 灯~ 烛~ 银~
采~ 烟~ 名~ 昙~ 风~ 天~
奇~ 栽~ 开~ 落~ 描~ 绣~
百~ 泪~ 散~ 刨~ 如~ 献~
喷~ 惜~ 飞~ 堆~ 催~ 簪~
看~ 着~ 万~ 眼~ 昏~ 山~
油~ 藕~ 生~ 迎春~ 一枝~
解语~ 艳艳~ 落檐~ 过墙~
遍地~ 笔生~

# 哗

<sup>huā</sup> 水流声。

哗~
（另见 huá）

# 划

<sup>huá</sup> 拨水前进。
[旧属六麻]

轻~ 飞~ 荡~ 双桨~ 两人~
（另见仄声 huà;十开·huai）

# 华

<sup>huá</sup> 华美。繁盛。精华。
[旧属六麻]

繁~ 中~ 春~ 才~ 物~ 咀~
铅~ 光~ 清~ 文~ 年~ 韶~
芳~ 岁~ 日~ 法~ 朝~ 容~
秋~ 大~ 九~ 翠~ 纷~ 月~
风~ 荣~ 英~ 豪~ 奢~ 浮~
虚~ 菁~ 梦~ 南~ 京~ 升~
尊绿~ 桃李~ 两鬓~ 大中~
（另见仄声 huà）

# 哗

<sup>huá</sup> 喧哗;喧闹。

无~ 避~ 众~ 争~ 欢~ 不~
笑语~ 儿女~ 世所~ 市声~
（另见 huā）

# 骅

<sup>huá</sup> 骅骝,赤色骏马。
[旧属六麻]

骥中~

# 铧

<sup>huá</sup> 农具。

双~ 犁~

# 加

<sup>jiā</sup> 增添。
[旧属六麻]

交~ 增~ 相~ 强~ 参~ 倍~
横~ 更~ 追~ 外~ 递~ 量~

# 伽

<sup>jiā</sup> 伽倻琴,朝鲜族乐器。
[旧属五歌]

（另见 gā;十三皆 qié）

# 茄

<sup>jiā</sup> 古指荷花的茎。
[旧属六麻]

雪~ 荷~ 五~ 倒~
（另见十三皆 qié）

# 佳

<sup>jiā</sup> 美;好。
[旧属九佳]

丽~ 最~ 景~ 幽~ 晴~ 精~
雨~ 味~ 倍~ 大~ 亦~ 绝~
更~ 清~ 转~ 渐~ 偏~ 殊~
此中~ 四时~ 日夕~ 分外~
万象~ 山色~ 眼底~ 自然~

# 迦

<sup>jiā</sup> 译音。
[旧属五歌六麻]

释~

# 㹢

<sup>jiā</sup> 㹢㹢狓,形似长颈鹿。

# 珈

<sup>jiā</sup> 首饰。
[旧属六麻]

六~ 宝~ 珞~ 琼~ 瑜~

# 枷

<sup>jiā</sup> 枷锁。
[旧属五歌六麻]

连~ 金~ 脱~ 敲~ 破~ 披~
长~ 戴~ 负~

# 痂

<sup>jiā</sup> 疮口结痂。
[旧属六麻]

嗜~ 疮~ 结~ 脱~

**家** jiā 家庭。身份。
[旧属六麻]

国~ 田~ 农~ 渔~ 道~ 儒~
画~ 邻~ 大~ 山~ 公~ 自~
夫~ 克~ 良~ 仇~ 富~ 人~
身~ 亲~ 娘~ 老~ 东~ 酒~
杂~ 专~ 名~ 诗~ 世~ 冤~
船~ 书~ 行~ 方~ 管~ 当~
归~ 看~ 住~ 成~ 作~ 谁~
出~ 忘~ 轻~ 倾~ 毁~ 安~
居~ 全~ 离~ 持~ 三~ 百~
万~ 还~ 发~ 起~ 仙~ 无~
孩子~ 姑娘~ 百姓~ 愿有~
(另见十三皆·jie)

**笳** jiā 胡笳。
[旧属六麻]

塞~ 吹~ 晨~ 哀~ 清~ 暮~
悲~ 边~ 芦~ 寒~ 鸣~ 听~
柳城~ 陇上~ 塞外~

**袈** jiā 袈裟,和尚的法衣。

**葭** jiā 初生的芦苇。
[旧属六麻]

蒹~ 吹~ 寒~ 苍~ 飞~ 茁~
两岸~ 白露~ 虎在~

**跏** jiā 跏趺,盘腿而坐。
[旧属六麻]

结~

**傢** jiā 傢伙。傢具。傢什。

**嘉** jiā 美好。赞许。
[旧属六麻]

可~ 宠~ 静~ 亨~ 谋~ 柔~
永~ 拜~ 岁~ 意可~ 处处~
春事~ 山水~ 分外~ 万物~

**镓** jiā 金属元素。

**麚** jiā 牡鹿。

**咔** kā 象声词。
(另见仄声 kǎ)

**咖** kā 咖啡。

奶~ 清~ 热~ 冰~ 浓~
(另见 gā)

**夸** kuā 夸大。夸奖。
[旧属六麻]

矜~ 自~ 争~ 堪~ 浮~ 骄~
人~ 谁~ 浪~ 雄~ 夸~ 同~
海内~ 后生~ 竞相~ 有意~
未足~ 莫漫~ 向人~ 人人~

**姱** kuā 美好。
[旧属六麻]

修~ 妍~ 形~ 信~

**畚** lā 甴畚,土块。

**垃** lā 垃圾。

**啦** lā 语气词。

好~ 哗~
(另见仄声·la)

**喇** lā 呼喇。哇喇。
(另见 lá;仄声 lǎ)

**旯** lá 旮旯,角落。

**砬** lá 砬子,多用于地名。

**剌** lá 哈剌子。
(另见 lā;仄声 lǎ)

**妈** mā 母亲。

妈~ 爸~ 亲~ 吴~ 姑~ 三~
姆~ 老~ 爹~ 大~ 姨~ 喊~

**蚂** mā 蚂螂,蜻蜓。
(另见仄声 mǎ;mà)

**麻** má 麻麻黑。麻麻亮。
[旧属六麻]
(另见 má)

**摩** mā 摩挲。
[旧属五歌]

（另见十五波 mó）

**吗** má 语气词。

干～ 说～·要～ 有～ 是～ 行～
（另见仄声 mǎ；·ma）

**麻** má 麻类。麻子。麻木。
[旧属六麻]

芝～ 白～ 宣～ 饭～ 黄～ 败～
蓬～ 丛～ 青～ 棉～ 胡～ 禾～
苎～ 大～ 桑～ 丝～ 乱～ 如～
披～ 亚～ 沤～ 绩～ 蓲～ 涤～
半顷～ 蓬生～ 择丝～ 水香～
阁生～ 雨如～
（另见 mǎ）

**麻** má 麻痹。麻风。麻疹。

**蟆** má 蛤蟆。
[旧属六麻]

石～ 虾～ 龟～ 痴～ 金～ 闻～
蚀月～ 月中～

**那** nā 姓。
[旧属五歌]
（另见仄声 nà）

**南** nā 南无，佛教用语。
[旧属十三覃]
（另见十一先 nán）

**拿** ná 拿取。掌握。
[旧属六麻六鱼]

捉～ 推～ 擒～ 偷～ 兜～ 纷～
腾～ 龙～ 盘～ 谁～ 乱～ 不～

**挐** ná 牵引；纷乱。
[旧属六鱼六麻]

纷～ 烦～

**趴** pā 卧倒。伏。

**派** pā 派司，指通过。
[旧属十卦]
（另见十开 pài）

**葩** pā 花。
[旧属六麻]

藻～ 兰～ 玉～ 晴～ 残～ 寒～
金～ 丹～ 仙～ 奇～ 含～ 霜～
雨后～ 词吐～ 斗春～

**扒** pá

牛～ 翻～ 拖～ 猪～ 大～ 小～
肉～ 肋～
（另见 bā）

**杷** pá 枇杷。
[旧属六麻二十二祃]

木～ 桃～ 乌～ 摘～ 狼～

**爬** pá 爬行。
[旧属六麻]

攀～ 伏～ 搔～ 醉～ 翻～ 斜～
背痒～ 仙爪～ 向上～

**耙** pá 耙子。
[旧属二十二祃]

钉～ 犁～ 竹～ 铁～ 木～ 农～
九齿～ 八戒～
（另见仄声 bà）

**琶** pá 琵琶。
[旧属六麻]

铜～ 筝～ 凤～ 金～

**掱** pá 掱，同'扒手'。

**笆** pá 笆子，楼柴草土具。

**滗** pá 滗江口，广东地名。

**舥** qiā 咬。
[旧属六麻]

**抔** qiá 用两手揞住。

**仨** sā 三个。

哥～

**挲** sā 摩挲。
[旧属五歌]
（另见 shā；十五波 suō）

**杉** shā 杉木、杉篙。
[旧属十五咸]
（另见十一先 shān）

**沙** shā 沙石。沙哑。
[旧属六麻]

飞～ 泥～ 披～ 锦～ 塞～ 丹～

银～ 尘～ 龙～ 雁～ 汀～ 吹～
寒～ 扬～ 金～ 囊～ 澄～ 横～
黄～ 落～ 平～ 铁～ 风～ 长～
含～ 流～ 散～ 沉～ 豆～ 夹～
浪淘～ 月笼～ 映浅～ 万里～
博浪～ 伏火～ 乌篆～ 恒河～
（另见仄声 shà）

**纱** shā 纱布。
[旧属六麻]

浣～ 纺～ 摇～ 蝉～ 剪～ 宫～
鲛～ 扇～ 团～ 红～ 薄～ 轻～
麻～ 棉～ 绉～ 碧～ 青～ 绛～
臂～ 面～ 窗～ 越溪～ 系鬓～
月印～ 白雪～ 透肌～

**砂** shā 同'沙'。

丹～ 朱～ 炼～ 翻～ 铁～ 矿～
金～

**莎** shā 用于人名、地名。
[旧属五歌]
（另见十五波 suō）

**挲** shā 挓挲，张开。
（另见 sā；十五波 suō）

**痧** shā 霍乱、中暑等急病。

发～ 刮～ 风～

**裟** shā 袈裟。
[旧属六麻]

**鲨** shā 鲨鱼。
[旧属六麻]

青～ 鳍～ 白～ 海～ 捕～ 猎～
食人～ 虎头～

**啥** shá 什么。

有～ 说～ 为～ 做～ 干～ 吃～

**他** tā 称男性；另外的。

任～ 由～ 无～ 于～ 排～ 其～
吉～ 怨～ 念～ 利～ 随～ 靡～
你我～

**它** tā 称人以外的事物。

**她** tā 称女性；珍爱的。

追～ 爱～ 吻～ 邀～ 恨～ 想～
等～ 忆～ 念～ 护～ 求～ 问～

**铊** tā 短矛。
[旧属六麻]

铜～

**凹** wā 同'洼'。

核桃～（山西地名）
（另见十二萧 āo）

**哇** wā 呕吐声，大哭声。
[旧属九佳六麻]

呕～ 哇～ 清～ 淫～ 咿～
（另见仄声·wa）

**洼** wā 凹陷。
[旧属六麻]

水～ 泥～ 低～ 深～ 碧～

**瓯** wā 瓯底，山西地名。
[旧属六麻]

**窊** wā 同'洼'。
[旧属六麻]

窗～ 苑～

**娲** wā 女娲。
[旧属九佳六麻]

海～ 神～ 灵～

**蛙** wā 蛙类。
[旧属九佳六麻]

井～ 春～ 乱～ 坎～ 池～ 产～
青～ 跳～ 栖～ 鸣～ 怒～ 群～
牛～ 闻～ 稻～ 处处～ 两部～
叫月～

**娃** wá 娃娃。
[旧属九佳六麻]

馆～ 越～ 莲～ 春～ 宫～ 村～
丽～ 女～ 小～ 娇～ 胖～ 泥～
吴～ 邻～

**虾** xiā
[旧属六麻]

鱼～ 对～ 龙～ 米～ 青～ 白～
河～ 海～ 草～ 红～ 珠～ 丹～
蝗化～ 五色～ 侣鱼～
（另见 há）

**鰕** xiā 同'虾'。

**遐** xiá 远。长久。
[旧属六麻]

福~ 迩~ 荒~ 幽~ 人~ 情~
岁月~ 九云~

**瑕** xiá 玉上斑点，喻缺点。
[旧属六麻]

无~ 匿~ 纤~ 赤~ 绝~ 攻~
瑜~ 深~ 点~ 疵~ 攻~ 微~
玉有~ 不掩~ 心无~

**暇** xiá 空闲。
[旧属二十二祃]

无~ 不~ 闲~ 余~ 有~ 多~
抽~ 农~ 偷~ 未~ 休~ 空~
好似~ 三农~ 迨我~

**霞** xiá 霞光。
[旧属六麻]

云~ 晨~ 暮~ 岚~ 如~ 凝~
晓~ 赤~ 仙~ 漱~ 彤~ 夕~
明~ 拂~ 秋~ 曙~ 娇~ 海~
披~ 裁~ 映~ 剪~ 染~ 脸~
宿~ 佩~ 笼~ 烟~ 翠~ 彩~
红~ 紫~ 朝~ 晚~ 余~ 残~
流~ 落~ 绮~ 堆~ 飞~ 餐~
丹~ 栖~ 烧~ 金~ 层~ 绛~
半缕~ 数抹~ 淡淡~ 五色~
帐底~ 午榴~ 曳裙~ 雨后~

**丫** yā 分叉的东西。
[旧属六麻]

髻~ 叉~ 小~ 老~ 三四~

**呀** yā 叹词，表示惊异。
[旧属六麻]

啊~ 哎~ 咿~ 嗟~ 呀~
（另见仄声·yà）

**垭** yā 山口。

马头~ 荀家~（湖北地名）

**鸦** yā 乌鸦。
[旧属六麻]

飞~ 老~ 昏~ 浴~ 金~ 暝~
啼~ 寒~ 栖~ 藏~ 舌~ 慈~
白~ 噪~ 归~ 林~ 暮~ 乱~
群~ 涂~ 鬓~ 数点~ 反哺~

凤随~ 墨如~ 两三~ 白门~

**哑** yā 象声词。
[旧属六麻十一陌]

呕~ 咿~ 鸣~ 吱~ 叽~ 笑~
哑~（小儿学语声）
（另见仄声 yǎ）

**桠** yā 树枝分叉处。
[旧属六麻]

杈~ 树~ 枝~ 槎~ 林~ 青~
一~ 三~

**雅** yā 雅片，同'鸦片'。
[旧属二十一马]
（另见仄声 yǎ）

**牙** yá 牙齿。
[旧属六麻]

伯~ 爪~ 齿~ 月~ 虎~ 鼠~
檐~ 聱~ 红~ 铜~ 高~ 崇~
狼~ 犬~ 象~ 磨~ 咬~ 獠~
鲸~ 龙~ 云~ 拔~ 镶~ 补~
假~ 金~ 落~ 无~ 奶~ 换~
刷~ 黄~ 断~ 吞~ 白~ 掉~

**伢** yá 小孩。

**芽** yá 发芽。
[旧属六麻]

嫩~ 新~ 吐~ 豆~ 萌~ 抽~
露~ 寒~ 幼~ 芦~ 韭~ 姜~
黄~ 蓼~ 放~ 简~ 兰~ 玉~
绿~ 白~ 麦~ 桑~ 护~ 苗~
谷雨~ 香椿~ 智慧~

**岈** yá
[旧属六麻]

南~ 岩~ 嵫~（河南山名）

**玡** yá 琅玡，山东山名。
[旧属六麻]

**蚜** yá 蚜虫。

棉~ 红~ 菜~ 灭~ 烟~

**崖** yá 山崖。边际。
[旧属九佳]

悬~ 冰~ 雪~ 紫~ 翠~ 烟~
云~ 幽~ 琼~ 峻~ 松~ 颠~
石~ 高~ 珠~ 青~ 秋~ 阴~

险~ 丹~ 红~ 层~ 危~ 落~
断~ 峭~ 摩~ 百丈~

**涯** ʸá 水边。泛指边际。
[旧属四支九佳六麻]
天~ 水~ 海~ 圣~ 云~ 循~
际~ 两~ 涂~ 有~ 无~ 生~
水之~ 天一~ 沧江~ 浩无~

**睚** ʸá 眼角。

**衙** ʸá 衙门。
[旧属六麻]
官~ 愧~ 退~ 蜂~ 闹~ 早~
冷~ 押~ 柳~ 晚~ 报~ 排~
吏放~ 鼓催~ 南北~

**臜** zā 腌臜。

**咱** zá '咱家',早期白话。
(另见十一先 zán)

**吒** zhā 用于神话中人名。
金~ 木~

**查** zhā 姓。
山~ 酸~ 梨~ 秋~
(另见 chá)

**奓** zhā 张开。
[旧属六麻二十一马]
济~ 繁~ 二仪~
(另见仄声 zhà)

**喳** zhā
喳~ 唧~
(另见 chā)

**渣** zhā 渣滓。碎屑。
煤~ 铁~油~ 泥~ 豆~ 人~

**楂** zhā 山楂。
八月~
(另见 chá)

**齇** zhā 酒糟鼻。

**抓** zhuā 抓挠。捉拿。
[旧属三肴]
狠~ 紧~ 力~ 虎~ 频~ 攫~
谁~ 不~ 快~ 全面~ 亲自~
痒处~ 仙人~ 重点~ 及时~

**挝** zhuā 敲鼓;打鼓。
[旧属六麻]
初~ 三~ 频~ 急~ 鼓~ 暮~
以节~ 日鞭~ 鼓晨~ 渔阳~
(另见十五波 wō)

**村** zhuā 马鞭子。
[旧属六麻]
铁~ 金~ 马~ 炭~

**髽** zhuā 髽髻,梳于头两旁。
[旧属六麻]
三~ 布~

# 旧读入声

**八** bā 数目。
[旧属八黠]
二~ 三~ 腊~ 百~ 十~ 尺~
丈~ 王~

**岜** bā 石山。
[旧属九屑]
英~ 危~ 云~

**捌** bā '八'的大写。

**茇** bá 草根。在草间住宿。
[旧属七曷]
棠~ 丛~ 蕙~ 荜~ 蒿~

**拔** bá 抽出。挑选。
[旧属七曷八黠]
攻~ 力~ 提~ 选~ 怒~ 露~
赏~ 简~ 秀~ 引~ 清~ 藻~
奖~ 峭~ 荐~ 超~ 海~ 剑~
擢~ 挺~ 自~ 连根~ 不可~

**胈** bá 腿上毛。

**跋** bá 在山上行走。
[旧属七曷]
序~ 题~ 拓~ 驰~ 烛~ 狼~

**鲅** bá 鲅鲅,旱獭。

**魃** bá 旱魃,旧指旱魔。
[旧属七曷]
妖~ 老~ 炎~ 骄~

**拆** cā 拆烂污。
(另见十开 chāi)

**擦** cā 擦拭。擦洗。
摩~ 搓~ 洗~ 抹~ 轻~

**嚓** cā 象声字。
(另见 chā)

**礤** cā 礤礤,台阶。

**插** chā 插入。插空。
[旧属十七洽]
笑~ 强~ 羞~ 摘~ 横~ 偷~
遍~ 斜~ 安~ 高~ 栽~ 穿~
瓶~ 信~ 簪~ 烂熳~ 芳心~
游人~

**臿** chā 铁锹,同'锸'。

**锸** chā 铁锹。
[旧属十七洽]
花~ 畚~ 耒~ 荷~ 携~ 负~
云~ 锹~ 铁~ 栽花~ 随身~

**嚓** chā 象声字。
喀~ 啪~
(另见 cā)

**察** chá 察看。察验。
[旧属八黠]
检~ 监~ 苛~ 伺~ 昭~ 矜~
俯~ 兼~ 耳~ 纠~ 观~ 视~
督~ 考~ 详~ 鉴~ 失~ 警~
廉~ 省~ 觉~ 审~ 明~ 侦~

**詧** chá 同'察'。

**檫** chá 木名。

**耷** dā 耳朵大。
朱~

**搭** dā 搭架子。搭档。
[旧属十五合]
斜~ 踔~ 闲~ 百~ 拼~ 兜~
勾~ 白~ 配~ 凑~ 架~

**嗒** dā 滴嗒。
[旧属十五合]
(另见仄声 dà)

**哒** dā 象声字。

**答** dā 羞答答。
[旧属十五合]
(另见 dá)

**腌** dā 肥腌腌,肥胖貌。

**䥇** dā 铁䥇,农具。

**褡** dā 褡裢。
肩~ 腰~ 挂~ 布~

**达** dá 通。达到。
[旧属七曷]
通~ 畅~ 辞~ 晚~ 敏~ 上~
闳~ 九~ 荐~ 穷~ 八~ 宣~
豁~ 旷~ 练~ 传~ 发~ 到~
马~ 腾~ 下~ 溜~ 显~ 直~
贤~ 雷~ 闻~ 表~ 哈~ 四~

**跶** dá 蹦跶,蹓跶。

**莟** dá 莙莟菜。

**舥** dá 舥舥,古船。

**瘩** dá 疙瘩。

**靼** dá 鞑靼,北方民族名。

**沓** dá 量词。
[旧属十五合]
一~ 二~

(另见仄声 tà)

**怛** dá 忧伤。畏惧。
[旧属七曷]
测～ 忉～ 惋～ 震～ 惊～ 惨～
中心～

**妲** dá 用于人名。
[旧属七曷]
妹～ 褒～

**炟** dá 用于人名。
刘～

**笪** dá 竹篾席。拉船绳索。
[旧属七曷]
竹～

**答** dá 答复。答谢。
[旧属十五合]
酬～ 报～ 回～ 问～ 应～ 对～
抑～ 条～ 优～ 持～ 自～ 戏～
裁～ 批～ 滴～ 千金～ 不能～
(另见 dā)

**阘** dá 楼上的窗户。
[旧属十五合]
(另见仄声 tà)

**靼** dá 鞑靼,北方民族统称。

**发** fā 发出。发射。放散。
[旧属六月]
风～ 沙～ 迅～ 一～ 七～ 窃～
明～ 晨～ 绮～ 征～ 奸～ 大～
自～ 英～ 复～ 奋～ 挥～ 虚～
连～ 挥～ 兴～ 分～ 激～ 蒸～
进～ 开～ 出～ 启～ 焕～ 揭～
偶～ 墨～ 竞～ 先～ 越～ 花～
一路～
(另见仄声 fà)

**酦** fā 发酵。
(另见十五波 pō)

**乏** fá 缺乏。疲倦。
[旧属十七洽]
困～ 匮～ 济～ 振～ 阙～ 承～
穷～ 小～ 补～ 劳～ 疲～ 饥～
力～ 贫～ 人～ 足力～ 樵薪～

**伐** fá 伐木。攻打。
[旧属六月]
口～ 斫～ 斩～ 火～ 樵～ 侵～
薄～ 砍～ 征～ 讨～ 北～ 挞～
步～ 作～ 杀～ 笔～ 诛～ 剪～
攻～ 不～ 战～ 斧斤～ 单豹～

**罚** fá 处罚。
[旧属六月]
慎～ 降～ 决～ 三～ 谴～ 重～
觥～ 赏～ 责～ 刑～ 惩～ 体～
过市～ 金谷～

**垡** fá 耕地翻土。土块。
[旧属六月]
起～ 耕～ 草～ 打～ 晒～ 一～

**阀** fá 军阀。财阀。
[旧属六月]
门～ 贵～ 鼎～ 官～ 勋～ 名～
荣～ 世～

**筏** fá 筏子。
[旧属六月]
竹～ 木～ 皮～ 缚～ 草～ 巨～
津～ 桴～ 放～ 乘～ 宝～ 浮～

**呷** gā 呷呷,嘎嘎。
(另见 xiā)

**嘎** gā 嘎嘎,鸭叫声。
[旧属八黠]
(另见 gá;仄声 gǎ)

**胳** gā 胳肢窝。
(另见十四歌 gē; gé)

**夹** gā 胳肢窝。
(另见 jiā; jiá)

**钆** gá 金属元素。

**噶** gá 噶厦,原西藏地方政府。

**轧** gá 挤。结交。核算。
[旧属八黠]
倾～ 牛～ 乱～ 对～
(另见 zhá;仄声 yà)

**嘎** gá 嘎调。同'尜尜'。
[旧属八黠]
（另见 gā；仄声 gǎ）

**尜** gá 尜尜，玩具。

**刮** guā 刮削。刮风。
[旧属八黠]
刀~ 搜~ 削~ 清~ 寒~ 竹~
磨~ 洗~ 吹~ 风~ 干~ 细~

**苦** guā 苦蒌，同'栝楼'。

**剐** guā 刮去。

**括** guā 挺括。
[旧属七曷]
（另见十五波 kuò）

**栝** guā 桧树。箭末扣弦处。
[旧属七曷]
机~ 白~ 枫~ 松~ 翠~ 杉~
（另见十五波 kuò）

**鸹** guā 老鸹，乌鸦。
[旧属七曷八黠]
鸽~ 炙~ 麋~

**虾** há 虾蟆，同'蛤蟆'。
（另见 xiā）

**蛤** há 蛤蟆。
[旧属十五合]
灵~ 吠~
（另见十四歌 gé）

**砉** huā 象声词。
[旧属十一陌十二锡]
洞~ 霆~ 地~ 歘~ 磔~

**划** huá 擦过。
（另见仄声 huà；十开 ·huai）

**搳** huá 搳拳。

**猾** huá 狡猾。
[旧属八黠]
奸~ 刁~ 狡~ 巨~ 险~ 轻~
鲸~ 豪~ 贪~ 老~

**滑** huá 滑溜。滑动。
[旧属六月八黠]
圆~ 光~ 油~ 软~ 平~ 淫~
狡~ 路~ 苔~ 浮~ 润~ 香~
泥滑~ 莺语~ 石头~ 银床~
幽砌~

**鳊** huá 淡水鱼。
[旧属八黠]
稷泽~ 余如~

**豁** huá 豁拳。
[旧属七曷]
（另见十五波 huō；huò）

**夹** jiā 夹住。夹杂。
[旧属十七洽]
紧~ 发~ 书~ 票~ 梵~ 山~
钳~ 篱~ 斜~ 双峰~ 怪石~
芦花~
（另见 gā，jiá）

**浃** jiā 透；遍及。
[旧属十六叶]
汗~ 濡~ 款~ 洽~ 沦~ 理~
惠~ 俯~ 远~ 汁~ 恩~ 周~
普~ 化~ 泽~ 旬~ 均~ 露~
人事~ 天宠~ 春望~ 冷风~

**筴** jiā 箸；筷子。
[旧属十六叶十七洽]
筋~ 用~ 金~ 七~

**夹** jiá 双层的。
[旧属十七洽]
穿~ 白~ 绣~ 绵~ 缎~ 单~
（另见 jiā；gā）

**郏** jiá 郏县，河南地名。
[旧属十七洽]
城~ 迁~ 定~ 治~ 阳翟~

**荚** jiá 豆类植物果实。
[旧属十六叶]
豆~ 秋~ 瑞~ 茗~ 翠~ 山~
苕~ 皂~ 榆~

**恝** jiá 无动于衷；不经心。

**戛** jiá 轻轻地敲打。
[旧属八黠]
玉~ 敲~ 交~ 摩~ 大~ 相~

衔~夏~

**铗** jiá 钳。剑。剑柄。
[旧属十六叶]
弹~歌~长~短~击~握~
士为~歌长~

**颊** jiá 脸两侧。
[旧属十六叶]
双~辅~挂~口~桃~绛~
马~月~梅~醉~丰~玉~
芳~缓~两~红~粉~香~
毫添~胭脂~红胜~鱼无~
鹤赤~

**蛱** jiá 蛱蝶。
[旧属十六叶]

**跲** jiá 绊倒。
[旧属十七洽]
踬~不~

**喀** kā 呕吐、咳嗽声。

**揢** kā 用刀子刮。
[旧属八黠]

**拉** lā 拉扯。拉拢。
[旧属十五合]
摧~折~手~牵~拖~摆~
飒~奓~罗~敲~跶~克~
(另见 lá;仄声 lǎ, là)

**邋** lā 邋遢,不整洁。

**拉** lá 割开。
[旧属十五合]
(另见 lǎ;仄声 lǎ,là)

**抹** mā 擦。
抹一~
(另见十五波 mǒ;mò)

**啪** pā 象声字。
啪~

**掐** qiā 用指甲按。
指~嫩~爪~

**袷** qiā 对襟长袍。
[旧属十七洽]

绣~白~绵~单~新~添~

**薢** qiā 菝薢,草药。

**撒** sā 放开;张开。
(另见仄声 sǎ)

**杀** shā 屠杀。
[旧属八點十卦]
看~嗜~止~捕~刀~枪~
暗~丰~礼~胜~降~不~
隆~无~风~噍~轻~格~
宰~抹~逼~斯~肃~生~
羡~笑~

**挲** shā 杂糅。
[旧属七曷]
(另见仄声 sà)

**鎩** shā 长矛。摧残;伤害。
[旧属八點十卦]
刀~劲~修~雕~长~羽毛
~野鸟~

**刹** shā 止住。
[旧属八點]
(另见仄声 chà)

**煞** shā 结束;收束。煞车。
(另见仄声 shà)

**刷** shuā 刷子。涂抹。
[旧属八點]
洗~粉~印~涂~振~衣~
浪~扫~细~澡~风~轻~
(另见仄声 shuà)

**塌** tā 塌方。塌陷。
倒~下~坍~地~疲~天~
屋~山~遭~

**跶** tā 跶拉。
[旧属十五合]
珠~蹀~

**溻** tā 汗湿透。

**缒** tā 用绳索套住。

遢 tā 邋遢,不整洁。

褟 tā 在衣物上面缝边。

踏 tā 踏实。
[旧属十五合]
（另见仄声 tà）

嚃 tā 饮。
[旧属十五合]
喢~

穵 wā 同'挖'。

挖 wā 挖掘。
刀~ 雕~ 深~ 手~ 铲~ 剑~

呷 xiā 喝。
[旧属十七洽]
口~ 吸~ 喋~ 唼~ 一~ 禽
呀~ 哮~
（另见 gā）

瞎 xiā 瞎子。瞎眼。
[旧属八黠]
摸~ 穷~ 刺~ 戳~ 睁眼~

匣 xiá 匣子。
[旧属十七洽]
木~ 玉~ 宝~ 粉~ 翠~ 龙~
金~ 珠~ 妆~ 云~ 砚~ 剑~
镜~ 琴~ 话~ 尘~ 生~ 票~
芙蓉~ 鸳鸯~ 珊瑚~ 琉璃~
蛟龙~ 梳头~

侠 xiá 侠客。
[旧属十六叶]
大~ 行~ 义~ 豪~ 燕~ 节~
伉~ 奸~ 七~ 女~ 轻~ 游~
剑~ 任~ 三~ 五陵~ 布衣~

狎 xiá 亲近而不庄重。
[旧属十七洽]
亲~ 相~ 素~ 玩~ 情~ 近~
鸥~ 傲~ 戏~ 接~ 昵~ 不~
慢~ 观~ 游~ 赏~ 思~ 笼~
欣~ 宠~ 欢~ 市朝~ 莫能~
不可~ 言笑~ 邻里~ 幽鸟~

柙 xiá 关药兽的笼子。
[旧属十七洽]
检~ 密~ 猿~ 笼~ 虎~ 兽~
槛~ 出~

峡 xiá 峡谷。
[旧属十七洽]
三~ 巫~ 巴~ 江~ 海~ 石~
楚~ 翠~ 川~ 高~ 守~ 云~
急~ 月~ 晓~ 绿~ 晴~ 烟~
苍~ 山~ 穿~ 神女~ 三门~
猿啼~

狭 xiá 狭窄。
[旧属十七洽]
窄~ 褊~ 路~ 狷~ 浅~ 峭~
量~ 广~ 促~ 险~ 卑~ 俭~
下~ 隘~ 拘~ 浮世~ 流泽~

祫 xiá 在太庙中合祭祖先。
[旧属十七洽]
大~ 岁~ 尝~ 烝~ 秋~ 作~
初~ 祥~ 殷~ 三岁~ 天子~

陕 xiá 同'狭';同'峡'。
[旧属十七洽]

硖 xiá 硖石,浙江地名。
[旧属十七洽]

辖 xiá 管辖;管理。
管~ 直~ 统~ 车~ 投~ 脂~

黠 xiá 聪明而狡猾。
[旧属八黠]
狡~ 巧~ 慧~ 奸~ 桀~ 痴~
捷~ 颖~ 敏~ 诈~ 诡~ 狷~
寒鸦~ 诗人~ 言语~

压 yā 压力。
[旧属十七洽]
镇~ 积~ 高~ 弹~ 气~ 欺~
覆~ 雪~ 楼~ 血~ 力~ 水~
（另见仄声 yà）

押 yā 抵押。
[旧属十七洽]
花~ 画~ 签~ 作~ 典~ 管~
检~ 判~ 凤~ 拘~ 帘~ 看~

鸭 yā 鸭子。
[旧属十七洽]
金~ 花~ 浮~ 乳~ 宝~ 春~
放~ 鹅~ 鸡~ 养~ 斗~ 野~

睡~ 绿~ 填~ 春江~ 绿头~

## 扎 zā

缠~ 包~ 捆~
(另见 zhā;zhá)

## 匝 zā 周。环绕。
[旧属十五合]

周~ 绕~ 柳~ 花~ 回~ 环~
萍~ 三~ 匝~ 青山~ 苍翠~
银蟾~ 年华~

## 咂 zā 用嘴唇吸。

吮~ 咂~

## 拶 zā 逼迫。
[旧属七曷]

逼~ 排~ 威~ 帆~
(另见十一先 zǎn)

## 杂 zá 杂糅。
[旧属十五合]

纷~ 烦~ 宾~ 佩~ 糅~ 夹~
器~ 尘~ 打~ 掺~ 复~ 芜~
拉~ 错~ 喧~ 驳~ 冗~ 庞~
丛~ 嘈~ 混~ 车马~ 草色~
鱼龙~ 文彩~ 丛兰~ 芳菲~

## 砸 zá 打破;失败。

## 扎 zhā 刺。钻。驻扎。

针~ 枪~ 猛~
(另见 zā;zhá)

## 哳 zhā 声音烦杂细碎。
[旧属八黠]

嘲~ 嘲~ 咽~

## 劄 zhā 同'札'。
[旧属十七洽]

笺~ 奏~ 省~ 敕~
(另见 zhá)

## 咋 zhā 咋呼。
(另见仄声 zǎ,十四歌 zé)

## 扎 zhá 勉强支撑。

挣~ 驻~ 屯~

(另见 zā;zhā)。

## 札 zhá 札记。信件。
[旧属八黠]

芳~ 翰~ 绮~ 犀~ 玉~ 云~
金~ 贯~ 三~ 手~ 信~ 瑶~
缄~ 书~ 笔~ 简~ 素~ 投~
片~ 寸~ 函~ 相思~

## 轧 zhá 压。
[旧属八黠]

轧~ (象声词)
(另见 gá;仄声 yà)

## 闸 zhá 闸门。

开~ 放~ 拉~ 电~ 车~ 水~
船~ 铁~ 下~ 三河~

## 炸 zhá 烹调方法。

油~ 煎~
(另见仄声 zhà)

## 铡 zhá 铡刀。

刀~ 虎头~

## 喋 zhá 水中吸食音。
[旧属十七洽]

嗫~ 哔~ 腹~ 群雁~
(另见十三皆 dié)

## 劄 zhá 劄子。劄记。
[旧属十七洽]
(另见 zhā)

（另见平声 pá）

**罢** bà 停止。免去。[旧属二十二祃九蟹]
欲～ 歇～ 朝～ 曲～ 梦～ 妆～
歌～ 雪～ 赋～ 酒～ 作～ 读～
舞～ 浴～ 报～ 雨初～ 不能～
灯火～ 争席～ 行春～ 春赛～

**龇** bà 牙齿外露。

**鲅** bà 马鲛鱼。

**霸** bà 霸主。霸气。霸道。[旧属二十二祃十一陌]
争～ 图～ 称～ 独～ 兴～ 创～
思～ 定～ 小～ 超～ 土～ 恶～
五～ 王～

**灞** bà 灞水，陕西水名。[旧属二十二祃]
东～

**吧** ba 助词。

**礤** cǎ 粗石。

**叉** chǎ 分开成叉形。[旧属六麻]（另见 chà；平声 chā）

**衩** chǎ 裤衩。（另见 chà）

**躇** chǎ 踏；踩。
乱～

**叉** chà [旧属六麻]
排～ 劈～
（另见 chǎ；平声 chā）

**汊** chà 分支的小河。
河～ 湖～ 水～ 港～ 三～

**杈** chà 杈子。[旧属六麻]

## 仄 声

**啊** ǎ 叹词，表示惊疑。

**啊** à 表示惊异或赞叹。

**啊** ·a 助词。

**把** bǎ 把柄。把持。把握。[旧属二十一马]
一～ 盈～ 拱～ 堪～ 惝～ 闲～
强～ 手～ 火～ 个～ 车～ 拖～
（另见 bà）

**屄** bǎ 粪便。拉屎。
屄～

**钯** bǎ 金属元素。镪箭。[旧属六麻]

**靶** bǎ 靶子。[旧属二十二祃]
打～ 飞～ 落～ 红～ 箭～ 枪～
中～ 脱～ 举～ 活～ 活动～

**坝** bà 坝子。[旧属二十二祃]
水～ 河～ 堤～ 土～ 开～ 筑～
塘～ 拦～ 炸～ 拦河～ 葛洲～

**把** bà 柄。[旧属二十二祃]
枪～ 刀～ 壶～ 剑～ 话～
（另见 bǎ）

**弝** bà 握弓之处。[旧属二十二祃]
弓～ 玉～

**爸** bà 父亲。
爸～ 老～

**耙** bà 碎土、平地的农具。

树~ 花~ 打~ 渔~
(另见平声 chā)

**岔** chà 分歧的道路。

三~ 分~ 路~ 出~ 打~

**侘** chà 侘傺，失意的样子。

**衩** chà 衣边开口处。

衣~ 开~
(另见 chǎ)

**诧** chà 惊讶。
[旧属二十二祃]

惊~ 疑~ 大~ 失~

**差** chà 不好。不相合。

偏~ 太~ 不~ 一念~ 毫厘~
(另见平声 chā；四支 cī；十开 chāi, chài)

**姹** chà 美丽。
[旧属二十一马二十二祃]

姹~ 娇~ 花争~

**打** dǎ 打斗。
[旧属二十三梗]

白~ 喊~ 相~ 斯~ 短~ 扑~
乱~ 鞭~ 雨~ 潮~ 铁~ 痛~
浪~ 开~ 棒~ 吹~ 敲~ 挨~
(另见平声 dá)

**大** dà
[旧属九泰]

壮~ 伟~ 重~ 巨~ 正~ 高~
远~ 盛~ 宽~ 夸~ 强~ 扩~
硕~ 自~ 才~ 胆~ 宏~ 广~
偌~ 光~ 老~ 斗~ 庞~ 浩~
尾~ 尊~ 家~ 胆欲~ 乾坤~
河山~ 花头~ 夜郎~ 穷措~
(另见十开 dài)

**全** gǎ 乖僻。调皮。

**尕** gǎ 小。

**尬** gà 尴尬。

**呱** guǎ 拉呱，闲谈。
[旧属七虞]
(另见平声 guā；七虞 gū)

**剐** guǎ 割肉离骨。

万~ 刀~ 剐~

**寡** guǎ 缺少。寡妇。
[旧属二十一马]

多~ 孤~ 鳏~ 恤~ 事~ 新~
才~ 矜~ 交~ 收~ 欢~ 情~
识~ 和~ 道~ 闻见~ 幽栖~
嫦娥~

**卦** guà 占卜符号。
[旧属十卦]

八~ 占~ 卜~ 变~ 起~ 布~
陈~ 蓍~ 筮~ 画~ 火~ 吉~
损益~ 否泰~ 消息~

**诖** guà 欺骗。牵累；贻误。
[旧属十卦]

碍~

**挂** guà 钩住。挂念。
[旧属十卦]

牵~ 悬~ 高~ 斜~ 记~ 帆~
披~ 月~ 角~ 萦~ 遗~ 檐~
蛇~ 倒~ 帘~ 蛛网~ 帟幕~
残霞~ 玉钗~ 练影~ 当空~
犊鼻~ 玉钩~

**絓** guà 绊住；阻碍。
[旧属十卦]

指~ 骖~ 才~ 不~ 冠~ 迹~

**罣** guà 牵挂。

罥~ 滞~

**褂** guà 褂子，短上衣。

马~ 外~ 长~ 短~ 大~ 小~
袍~ 布~ 麻~

**哈** hǎ 姓。斥责。
(另见平声 hā；hà)

**奤** hǎ 奤夿屯，在北京市。

**哈** hà 哈巴，两膝向外弯曲。

（另见 hǎ；平声 hā）

**化** huà 变化。感化。烧化。
[旧属二十二祃]

绿～ 德～ 幻～ 四～ 气～ 神～
教～ 物～ 转～ 羽～ 开～ 文～
濡～ 生～ 激～ 理～ 进～ 风～
溶～ 造～ 蜕～ 僵～ 美～ 简～
腐～ 欧～ 同～ 分～ 火～ 消～
多样～ 合理～ 电气～ 现代～
信息～ 白热～ 科学～ 庸俗～

（另见平声 huā）

**华** huà 山名。姓。
[旧属二十二祃]

太～ 少～ 嵩～

（另见平声 huá）

**画** huà 画图。
[旧属十卦十一陌]

书～ 诗～ 索～ 好～ 枕～ 国～
刻～ 版～ 妙～ 论～ 似～ 观～
购～ 焚～ 懒～ 展～ 能～ 曝～
彩～ 绘～ 描～ 字～ 油～ 古～
耽～ 秘～ 爱～ 尚～ 图～ 策～
读～ 年～ 漫～ 如～ 入～ 壁～
组～ 品～ 学～ 难～ 名～ 配～
依样～ 俱是～ 仙人～ 拈笔～
灯薰～ 水墨～ 不识～ 有声～
一笔～ 天开～ 屏风～ 水彩～

**话** huà 讲话。讲述。
[旧属十卦]

诗～ 梦～ 童～ 神～ 笑～ 情～
评～ 怪～ 鬼～ 佳～ 白～ 对～
无～ 出～ 嘉～ 夜～ 伴～ 小～
聚～ 旧～ 茶～ 插～ 土～ 老～
听～ 共～ 谈～ 好～ 象～ 行～
废～ 空～ 闲～ 说～ 脏～ 会～
直～ 真～ 假～ 传～ 喊～ 答～
反～ 谎～ 大～ 回～ 电～ 宵～
隔岁～ 悄悄～ 渔樵～ 无俗～
宾客～ 知心～ 一席～ 延客～

**桦** huà 桦树。
[旧属二十二祃六麻]

白～ 松～ 陶里～

**贾** jiǎ 姓。
[旧属二十一马]

屈～ 须～ 董～ 陆～ 陈～

（另见七无 gǔ）

**假** jiǎ 虚伪不真实。
[旧属二十一马]

打～ 虚～ 真～ 不～ 造～ 制～
言～ 作～ 宽～ 狐～ 捉～ 识～

（另见 jià）

**斝** jiǎ 盛酒器具。
[旧属二十一马]

酒～ 宝～ 虎～ 翠～ 奠～ 玉～
金～ 琼～ 奉～

**椵** jiǎ 又 gǔ。福。
[旧属二十一马]

祝～ 纯～ 大～ 施～ 承天～

**檟** jiǎ 楸树或茶树。
[旧属二十一马]

墓～ 梧～ 楸～ 松～ 植～ 杉～
择美～ 舍梧～

**榎** jiǎ 古同'檟'。
[旧属二十一马]

六～ 树～ 美～ 山～ 榆～ 孤～

**瘕** jiǎ 肚里块的病。
[旧属六麻二十一马]

症～ 结～ 攻～ 治～ 摘～

**价** jià 价格。价值。
[旧属十卦二十二祃]

减～ 削～ 降～ 开～ 杀～ 起～
拍～ 同～ 纸～ 一～ 粮～ 房～
天～ 折～ 要～ 酒～ 待～ 索～
高～ 时～ 加～ 市～ 物～ 估～
代～ 讨～ 还～ 定～ 工～ 涨～
提～ 评～ 论～ 无～ 差～ 廉～
身～ 声～ 议～ 米～ 平～ 出～
低～ 标～ 报～ 本无～ 连城～
不二～ 开盘～ 成本～ 原始～
收购～ 定锤～ 让利～ 调剂～
跳楼～ 清仓～ 不还～ 千金～

（另见十三皆 jiè）

**驾** jià 驾车。车辆。
[旧属六麻]

大～ 劳～ 尊～ 车～ 命～ 方～
保～ 凌～ 枉～ 泛～ 护～ 起～

**架** jià 架子。殴斗。
[旧属二十二祃]

书～ 笔～ 花～ 玉～ 云～ 风～

支~ 钢~ 功~ 衣~ 招~ 落~
吵~ 满~ 绞~ 打~ 担~ 劝~
秋千 葡萄~ 紫藤~ 脚手~
支撑~ 刀枪~ 三角~ 神农~

**假** jiǎ 假日。假期。
[旧属二十二祃]
休~ 请~ 续~ 告~ 乞~ 求~
宽~ 久~ 寒~ 婚~ 产~ 病~
公~ 事~ 准~ 丧~ 例~ 放~
春~ 暑~ 长~ 给~ 销~ 节~
进修~ 探亲~
(另见 jià)

**嫁** jià 女子结婚。
[旧属二十二祃]
下~ 已~ 许~ 婚~ 不~ 女~
早~ 转~ 出~ 未~ 陪~ 远~
新~ 作~ 再~ 别~ 谁~ 咋~

**稼** jià 种植。谷物。
[旧属二十二祃]
庄~ 禾~ 耕~ 纳~ 墨~ 未~
躬~ 桑~ 力~ 学~ 农~ 田~

**卡** kǎ 卡片。
贺~ 名~ 书~ 软~ 编~ 插~
贵宾~ 信用~ 生日~ 圣诞~
(另见 qiǎ)

**佧** kǎ 佧佤族，佤族旧称。

**咔** kǎ 咔叽，斜纹布。
(另见平声 kā)

**咯** kǎ 咯血。
(另见十四歌 gē；十五波·lo,luò)

**侉** kuǎ 侉子，外地口音的人。

**垮** kuǎ 崩溃。倒塌。
打~ 累~ 搞~ 拖~

**挎** kuà 挽着。挂着。

**胯** kuà 腰两侧和大腿间。
[旧属二十二祃七遇]

开~ 腰~ 玉~ 肘~ 钿~ 扭~
银压~ 方团~ 尾东~

**跨** kuà 跨越。
[旧属二十二祃]
雄~ 横~ 虹~ 飞~ 桥~ 盗~
鱼~ 稳~ 旷~ 兼~ 脚~ 凌~

**拉** lǎ 半拉。虎不拉。
(另见 là；平声 lā,lá)

**喇** lǎ 喇叭、喇嘛。
(另见平声 lā；lá)

**拉** là 同'落'(là)。
(另见 lǎ；平声 lā,lá)

**落** là 遗漏。
[旧属十药]
(另见十二萧 lào；十五波 luō,luò)

**蝲** là 蝲蛄,形似龙虾。

**鯻** là 近海鱼。

**啦** ·la 助词。
来~ 走~
(另见平声 lā)

**靸** la 靸鞡,乌拉。

**俩** liǎ 两个。
咱~ 俺~ 我~ 你~ 他~ 儿~
父子~ 弟兄~ 姊妹~
(另见三江 liǎng)

**马** mǎ
[旧属二十一马]
秣~ 骏~ 戎~ 鞍~ 龙~ 铁~
牝~ 骞~ 神~ 归~ 玉~ 爱~
驱~ 驭~ 息~ 瘦~ 赢~ 野~
战~ 怒~ 健~ 名~ 良~ 肥~
驽~ 劣~ 老~ 信~ 快~ 汗~
军~ 人~ 兵~ 竹~ 拍~ 相~
走~ 立~ 跃~ 驻~ 勒~ 打~

木～ 车～ 天～ 牧～ 策～ 出～
驰～ 纵～ 赛～ 倚～ 画～ 石～
叩～ 匹～ 驶～ 饮～ 跨～ 斑～
奔～ 犬～ 牛～ 千里～ 千金～
五花～ 妾换～ 过隙～ 腾空～
紫骝～ 金骆～ 追风～ 塞翁～
识途～

**吗** <sup>mǎ</sup> 吗啡，药名。

(另见·ma；平声 má)

**犸** <sup>mǎ</sup> 猛犸，古象。

**玛** <sup>mǎ</sup> 玛瑙。

**码** <sup>mǎ</sup> 数码。筹码。

号～ 尺～ 砝～ 起～ 电～ 密～
重～ 编～ 明～ 价～ 页～ 序～
条形～ 信息～

**姆** <sup>mǎ</sup> 雌的；母的。

鸡～（母鸡）

**蚂** <sup>mǎ</sup> 蚂蚁。蚂蟥。

(另见 mà；平声 mā)

**杩** <sup>mà</sup> 门扇上下横木。

**祃** <sup>mà</sup> 军队驻扎地的祭礼。

[旧属二十二祃]

**蚂** <sup>mà</sup> 蚂蚱。蝗虫。

(另见 mǎ；平声 mā)

**骂** <sup>mà</sup> 骂人。斥责。

[旧属二十二祃]

笑～ 怒～ 辱～ 讪～ 善～ 好～
醉～ 推～ 遭～ 恶～ 跳～ 对～
人～ 敢～ 相～ 大～ 毒～ 漫～
唾～ 咒～ 打～ 对门～ 爹娘～

**吗** ·ma 助词。

(另见 mǎ；平声 má)

**嘛** ·ma 助词。

**哪** <sup>nǎ</sup> 询问词。

(另见 nà；十四歌 né)

**那** <sup>nà</sup> 指示代词。连词。

[旧属二十一个]

(另见平声 nā)

**郍** <sup>nà</sup> 周朝国名。

**娜** <sup>nà</sup> 人名用字。

[旧属二十一哿]

婀～ 袅～ 娜～ 黛安～

(另见十五波 nuó)

**哪** ·na 助词。

(另见 nǎ；十四歌 né)

**帕** <sup>pà</sup> 同'帕'。

[旧属二十二祃]

**帕** <sup>pà</sup> 手帕。

[旧属二十二祃八黠]

绣～ 罗～ 丝～ 泪～ 白～ 绛～
布～ 绢～ 鲛～ 香～ 锦～ 巾～
红绡～ 香罗～ 抹额～

**怕** <sup>pà</sup> 害怕；畏惧。

[旧属二十二祃]

惧～ 哪～ 惊～ 谁～ 不～ 恐～
生～ 骇～ 只～ 深～ 可～ 休～

**卡** <sup>qiǎ</sup> 卡壳。卡子。

税～ 关～

(另见 kǎ)

**洒** <sup>sǎ</sup> 洒落。

[旧属九蟹二十一马]

潇～ 挥～ 泼～ 飘～ 雨～ 泪～
飞～ 喷～ 浇～ 清～ 脱～ 血～
笔～ 吹～ 湔～ 淋～ 水～ 弗～
春雪～ 甘露～ 泣如～

**澈** <sup>sǎ</sup> 澈河，河北水名。

**傻** <sup>shǎ</sup> 傻瓜。

装～ 痴～ 真～ 太～ 不～ 犯～

**厦** <sup>shà</sup> 高大的房子。

[旧属二十一马]

大~ 广~ 支~ 高~ 商~
(另见 xià)

**嗄** shà 嗓音嘶哑。
[旧属二十二祃]
不~声~
(另见平声 á)

**耍** shuǎ 玩。表演。耍弄。
玩~ 杂~ 戏~ 作~

**瓦** wǎ 瓦片。瓦器。
[旧属二十一马]
屋~ 毁~ 掷~ 缥~ 银~ 古~
翠~ 振~ 飞~ 飘~ 弄~ 砖~
片~ 破~ 碧~ 汉~ 霜~ 竹~
鸳鸯~ 琉璃~ 鱼鳞~ 铜雀~
青瑶~ 霜封~
(另见 wà)

**佤** wǎ 佤族。

**瓦** wà 盖瓦。
[旧属二十一马]
(另见 wǎ)

**腽** wà 腽肭,肥胖。

**哇** ·wa 助词。惊叹声。
[旧属六麻]
好~
(另见平声 wā)

**下** xià 下方。向下。
[旧属二十一马二十二祃]
天~ 手~ 柱~ 竹~ 壁~ 堂~
陛~ 目~ 座~ 山~ 檐~ 城~
门~ 殿~ 阶~ 礼~ 四~ 脚~
意~ 足~ 阁~ 月~ 当~ 撇~
低~ 乡~ 窗~ 剩~ 高~ 麾~
部~ 谦~ 日~ 脚~ 汗~ 南~
上~ 膝~ 牖~ 润~ 灯~ 笔~
林~ 花~ 落~ 眼~ 名~ 驭~
循流~ 风尘~ 出跨~ 气愈~
九天~ 飞絮~ 盛名~ 寄篱~

**夏** xià 夏季。
[旧属二十一马二十二祃]
初~ 立~ 游~ 时~ 消~ 暑~
凉~ 诸~ 大~ 华~ 长~ 炎~

盛~ 孟~ 仲~ 蝉报~ 西湖~

**唬** xià 同'吓'。
(另见七虞 hǔ)

**厦** xià 福建厦门。
[旧属二十一马]
(另见 shà)

**罅** xià 缝隙。
[旧属二十二祃]
孔~ 补~ 石~ 林~ 裂~ 壶~

**疋** yǎ 同'雅'。
[旧属二十一马]
(另见八齐 pǐ'匹')

**哑** yǎ 哑巴。
[旧属二十一马]
沙~ 嘶~ 喑~ 呕~ 声~ 喉~
聋~
(另见平声 yā)

**痖** yǎ 同'哑'。

**雅** yǎ 雅致。雅趣。
[旧属二十一马]
文~ 尔~ 博~ 大~ 小~ 渊~
室~ 淹~ 淡~ 风~ 高~ 端~
幽~ 娴~ 清~ 温~ 典~ 素~
儒~ 闲~
(另见平声 yā)

**亚** yà 亚洲。次一等。
[旧属二十二祃]
东~ 微~ 匹~ 南~ 西~ 欧~
相~ 流~ 偓~ 阑干~ 花枝~
东南~ 檐楹~ 丛菊~ 短墙~

**讶** yà 诧异。
[旧属二十二祃]
惊~ 嗟~ 疑~ 不~ 足~ 应~

**迓** yà 迎接。
[旧属二十二祃]
迎~ 远~ 士~ 掌~ 晨~ 亲~
百辆~ 倒屐~

**砑** yà 碾压式摩擦。
[旧属二十二祃]
碾~ 磨~ 光~

挜 yà 硬卖硬送。
硬~

娅 yà 女眷。
[旧属二十二祃]
亲~ 姻~

氩 yà 气体元素。

呀 ·ya 助词。
[旧属六麻]
(另见平声 yā)

苲 zhǎ 苲草,金鱼藻。

拃 zhǎ 张开两指量。
一~ 三~ 用手~

砟 zhǎ 块状物。
煤~ 碎~ 道~ 焦~ 炉灰~

鲝 zhǎ 腌制的鱼。
[旧属二十一马]
鱼~ 美~ 龙~ 秋~ 寄~ 对~
东华~ 莲花~

鮺 zhǎ 鮺草滩,四川地名。

乍 zhà 起初。忽然。
[旧属二十二祃]
来~ 循犹~

诈 zhà 诈骗。假装。
[旧属二十二祃]
奸~ 敲~ 讹~ 欺~ 诡~ 行~
虚~ 机~ 变~ 逆~ 巧~ 愚~
夸~ 言~ 伪~

奓 zhà 张开。
[旧属六麻]
济~ 繁~ 仪~
(另见平声 zhā)

咤 zhà 叱咤。
[旧属二十二祃六麻]
三~ 叹~ 仰~ 悲~ 恨~ 怒~

炸 zhà

爆~ 轰~ 油~ 煎~ 飞~ 击~
(另见平声 zhá)

痄 zhà 腮腺炎。
[旧属二十一马]

蚱 zhà 蚂蚱。

蜇 zhà 海蜇

溠 zha 溠水,湖北水名。
[旧属六麻]

榨 zhà 榨取。
压~ 油~

磜 zhà 大水磜,甘肃地名。

蜡 zhà 年终祭礼。
[旧属二十二祃]
大~ 八~ 周~
(另见 là)

醡 zhà 酒榨。

馇 zhà 馇饲,豆饼。
(另见平声 chā)

爪 zhuǎ 爪子。
[旧属十八巧]
(另见十二萧 zhǎo)

## 旧读入声

镲 chǎ 钹。
铜~ 镲~

刹 chà 佛教的寺庙。
[旧属八黠]
古~ 梵~ 宝~ 罗~ 凤~ 霞~
大~ 十~ 列~ 金~ 琼~ 僧~
金银~ 幡挂~
(另见平声 shā)

汏 dà 洗;涮。
[旧属七曷]

湿～ 干～ 汏—～

**嗲** diǎ 撒娇。优异。

真～ 发～ 味道～

**法** fǎ 法制。方式。仿效。[旧属十七洽]

书～ 方～ 办～ 兵～ 宪～ 笔～ 佛～ 约～ 语～ 文～ 成～ 立～ 司～ 作～ 大～ 循～ 废～ 家～ 活～ 守～ 变～ 设～ 效～ 取～ 枉～ 加～ 违～ 伏～ 合～ 犯～ 执～ 非～ 乘～ 看～ 戏～ 说～ 新～ 手～ 不～ 国～ 王～ 章～ 婚姻～ 天下～ 上乘～ 辩证～ 十八～ 换骨～

**砝** fǎ 砝码。

**发** fà 头发。[旧属六月]

白～ 结～ 华～ 卷～ 石～ 朱～ 鬓～ 绿～ 翠～ 祝～ 短～ 黄～ 云～ 晞～ 蓬～ 螺～ 斑～ 稀～ 毫～ 理～ 束～ 怒～ 长～ 削～ 披～ 擢～ 乱～ 散～ 秀～ 染～ 镜中～ 细如～ 青溪～ 将军～
(另见平声 fā)

**珐** fà 珐琅。

**哦** ·fa 语助词。

要～ 吃过～

**嘎** gǎ 嘎子,调皮的人。[旧属八黠]
(另见平声 gā,gá)

**划** huà 划分。划拨。计划。

规～ 策～ 区～ 谋～ 刻～ 筹～
(另见平声 huá;十开 ·huai)

**婳** huà 婳婳,娴静。[旧属十一陌]

明～ 徽～

**甲** jiǎ 天下第一位。[旧属十七洽]

兵～ 紫～ 缮～ 车～ 六～ 同～ 遁～ 首～ 金～ 银～ 卸～ 解～ 鳞～ 坼～ 花～ 周～ 爪～ 铁～ 龟～ 坚～ 铠～ 盔～ 鼎～ 弃～

**岬** jiǎ 两山之间。

海～ 山～

**胛** jiǎ 肩胛。[旧属十七洽]

袒～ 臂～ 羊～ 花～ 左～ 背～ 牛～

**钾** jiǎ 金属元素。[旧属十七洽]

**剌** là 乖戾;乖张。[旧属十一陌]

乖～ 拨～ 跋～ 泼～ 刺～

**腊** là 腊月。腊味。[旧属十五合]

入～ 破～ 腌～ 送～ 残～ 旧～ 迎～ 伏～ 昔～ 社～ 脯～ 花～ 梅迎～
(另见八齐 xī)

**蜡** là 蜡烛。[旧属十五合]

红～ 石～ 嚼～ 白～ 蜜～ 蜂～ 绛～ 打～ 凤～ 刻～ 泪～ 香～ 花～ 银～ 绿～ 风～ 茶～ 麟～ 黄封～ 盘上～
(另见 zhà)

**瘌** là 瘌痢,头癣。

疤～

**癞** là 同'瘌'。
(另见十开 lài)

**鬎** là 鬎鬁,同'瘌痢'。

**辣** là 辣椒。辣手。[旧属七曷]

辛～ 泼～ 桂～ 香～ 芳～ 味～ 手～ 酸～ 毒～ 老～ 川～ 心～

**镴** là 锡和铅的合金。

焊~ 锡~ 白~

## 呐 <sup>nà</sup>
[旧属九屑]

喷~ 呐~（难言貌）

（另见十四歌 nè）

## 纳 <sup>nà</sup> 纳入。接受。
[旧属十五合]

采~ 收~ 缴~ 容~ 引~ 艾~
博~ 敷~ 奖~ 诱~ 善~ 招~
归~ 延~ 结~ 献~ 笑~ 吐~
出~ 细~ 海~ 虚怀~

## 朒 <sup>nà</sup> 腽朒,肥胖。
[旧属八黠]

## 衲 <sup>nà</sup> 补缀。
[旧属十五合]

百~ 破~ 老~ 挂~ 戒~ 敝~
野~ 云~ 毳~ 紫~ 败~ 浣~
寒~ 残~ 僧~ 诗~

## 钠 <sup>nà</sup> 金属元素。

## 捺 <sup>nà</sup> 按。忍耐。

按~ 重~ 撇~ 斜~

## 洽 <sup>qià</sup> 和睦。洽商。广博。
[旧属十七洽]

融~ 不~ 接~ 面~ 协~ 道~
德~ 大~ 允~ 远~ 博~ 曲~
化~ 溥~ 普~ 喜~ 润~ 庆~
宠~ 阳~ 雨~ 布~ 宣~ 光~
敦~ 沾~ 优~ 该~ 和~ 流~
周~ 翔~ 下~ 纯~ 亲~ 欣~
欢爱~ 恩信~ 流风~ 明水~
中外~ 和气~

## 髂 <sup>qià</sup> 髂骨,腹部两侧骨。

## 恰 <sup>qià</sup> 恰当。恰巧。
[旧属十七洽]

恰~ 洽~

## 菭 <sup>qià</sup> 菭草,牧草。

## 靸 <sup>sǎ</sup> 靸鞋,拖鞋。
[旧属十五合]

草~ 弃~ 蒲~ 履~ 紫丝~

## 撒 <sup>sǎ</sup> 散落。

飞~ 抛~ 吹~ 广~ 遍~ 分~
（另见平声 sā）

## 卅 <sup>sà</sup> 三十。

五~

## 挲 <sup>sà</sup> 侧手击。
[旧属七曷]

抹~
（另见平声 shā）

## 飒 <sup>sà</sup> 飒然。飒爽。
[旧属十五合]

萧~ 飒~ 衰~ 爽~ 肃~ 飔~
春雨~ 蓬鬓~

## 萨 <sup>sà</sup> 姓。
[旧属七曷]

菩~ 拉~ 比~

## 沙 <sup>shà</sup> 摇动。

沙一~
（另见平声 shā）

## 喢 <sup>shà</sup> 喢喋,群鱼吃食声。

## 唼 <sup>shà</sup> 同'喢'。同'歃'。
[旧属十七洽]

一~ 行~ 不知~
（另见十三皆 dié）

## 歃 <sup>shà</sup> 用嘴吸取。
[旧属十七洽]

盟~ 同~

## 煞 <sup>shà</sup> 凶神。

恶~ 抹~ 收~ 凶~ 哭~ 吓~
吊~ 饿~ 笑~ 急~ 闷~ 象~
（另见平声入声 shā）

## 箑 <sup>shà</sup> 扇子。
[旧属十六叶十七洽]

扇~ 巾~ 珍~ 挥~ 大~ 夏~
卖~ 画~ 宝~ 素~ 翠~ 轻~
白羽~

## 霎 <sup>shà</sup> 短时间。
[旧属十六叶十七洽]

一～霎～

**刷** shuà 刷白。
[旧属八點]
（另见平声 shuā）

**塔** tǎ 宝塔。塔楼。
[旧属十五合]
寺～　登～　瑞～　玉～　香～　飞～
层～　鬼～　砖～　仙～　梵～　花～
铃～　半～　灯～　高～　石～　古～
雁～　白～　铁～　祭～　双～　孤～
金字～　凌云～　千寻～　多宝～
琉璃～　珍珠～

**溚** tǎ 焦油的旧称。

**獭** tǎ 水獭。
[旧属七曷]
海～　旱～　小～　多～　野～　趋～
残～　木～　苍～　梁～

**鳎** tǎ 浅海鱼。

**拓** tǎ 拓本。拓片。
[旧属十五合]
临～　摹～　手～　宋～　新～　旧～
细～　唐～　传～
（另见十五波 tuò）

**沓** tǎ 多而重复。
[旧属十五合]
杂～　纷～　山～　云～　腾～　颓～
飒～　合～　翠～　丛～　稠～　重～
复～　拖～　沓～
（另见平声 dá）

**挞** tǎ 鞭打;棍打。
[旧属七曷]
鞭～　笞～　朴～　决～　怒～　市～
朝～

**闼** tǎ 门;小门。
[旧属七曷]
排～　闺～　紫～　仙～　邃～　禁～
幽～　绣～　华～　飞～　琼～　内～

**达** tǎ 滑溜;光滑。
[旧属七曷]
滑～　水～　磁藓～

**嗒** tǎ 懊丧;失意。
[旧属十五合]

神～　意～　舐～
（另见平声 dā）

**逿** tǎ 杂乱。
[旧属十五合]
杂～　纷～　飒～　合～　纠～　繁～

**阘** tǎ 低下;卑贱。
[旧属十五合]
（另见平声 dá）

**榻** tǎ 窄而矮的床。
[旧属十五合]
卧～　藤～　对～　同～　禅～　登～
眠～　石～　扫～　悬～　凉～　下～
绣～　月～　晓～　草～　晚～　短～
玉～　北～　半～　宾～　分～　华～
风～　孤～　云～　吟～　连～　尘～
高士～　翻往～　合欢～　南窗～
幽人～　贵宾～

**佻** tǎ 佻佗,轻薄。

**艔** tǎ 大船。

**漯** tǎ 漯河,山东水名。
[旧属十五合]
济～　钓～　非～　重～　潘～

**踏** tǎ 踩。
[旧属十五合]
足～　践～　健～　攀～　超～　腾～
乱～　蹴～　糟～
（另见平声 tā）

**蹋** tǎ 踏;踩。踢。
[旧属十五合]
脚～　重～　践～　乱～　锦～　糟～

**袜** wà 袜子。
[旧属七曷]
鞋～　线～　罗～　丝～　宝～　锦～
白～　布～　短～　花～　贡～　步～
青～　渡～　小～　长统～　连裤～
无跟～　神女～　杨妃～　生尘～

**吓** xià 使害怕。
[旧属十一陌]
恐～　鸥～　呀～　互～　驱～　叱～
腐鼠～　狐狸～
（另见十四歌 hè）

眼～ 鱼～

**轧** yà 滚压。排挤。
[旧属八黠]
辗～ 倾～ 抽～ 哄～ 鸣～ 鸦～
咿～ 相～ 排～ 磨～ 挤～ 轧～
（另见平声 gá、zhá）

**柞** zhà 用于地名。
[旧属十药十一陌]
芰～ 五～
（另见十五波 zuò）

**压** yà 压根。
[旧属十七洽]
（另见平声 yā）

**栅** zhà 栅栏。
[旧属十一陌]
木～ 营～ 鸡～ 篱～ 莎～ 柴～
高～ 树～ 重～ 拔～ 水～ 烧～
桥～ 连～ 破～ 排～ 鹅～ 铁～
荆～ 戍～ 护～ 鹿头～ 青溪～
盘豆～ 罩鱼～ 道口～ 鸡鸣～
（另见十一先 shān）

**獢** yà 獢貐，传说的吃人兽。

**揠** yà 拔。
[旧属八黠]
议～ 前～ 一旦～

**雪** zhà 雪溪，浙江水名。
[旧属十六叶十七洽]
茗～ 雪～ 靫～ 清～

**咋** zǎ 怎；怎么。
[旧属十一陌]
（另见平声 zhā；十四歌 zé）

**眨** zhǎ 眨眼。
[旧属十七洽]

# 十 开

## 平 声

**哎** āi 叹词。哎呀。哎哟。

**哀** āi 哀伤。哀悼。
[旧属十灰]

悲~ 乞~ 告~ 增~ 劢~ 含~
七~ 乐~ 举~ 余~ 默~ 矜~
可~ 堪~ 尽~ 衔~ 莫~ 哀~
猿啸~ 野鹤~ 笛声~ 玉琴~
杜鹃~ 风雨~ 后人~ 万壑~

**埃** āi 灰尘。尘土。
[旧属十灰]

浮~ 尘~ 纤~ 飞~ 点~ 俗~
碧~ 远~ 薄~ 轻~ 氛~ 芳~
嚣~ 清~ 红~ 黄~ 落~ 涓~
袖拂~ 一砚~ 不染~ 袜生~

**挨** āi 顺着;逐一。靠近。
[旧属九佳]

肩~ 相~ 擦~
(另见 ǎi)

**唉** āi 应声。叹声。
[旧属十灰]

讯~
(另见仄声 ài)

**娭** āi 娭馳,祖母或老妇。
[旧属四支]

群~ 日~ 南~ 留~ 灵~
(另见八齐 xī)

**欸** āi 同'唉'。
[旧属十灰]

牙~ 猥~
(另见仄声 ǎi;五微 ēi,éi)

**挨** āi 遭受;忍受。拖延。
[旧属九佳]

强~ 难~ 苦~ 延~ 紧~ 拖~
(另见 ǎi)

**骀** ái 傻。
[旧属九蟹]

痴~ 愚~ 朴~ 拙~ 讷~ 鄙~
贪~ 娇~ 童~ 顽~ 内实~

**皑** ái 洁白。
[旧属十灰]

皑~

**癌** ái 癌症。

生~ 治~ 肝~ 肺~ 胃~ 骨~
食道~ 晚期~

**掰** bāi 用手分开或折断。

**偲** cāi 多才。
[旧属四支]

偲~ 切~ 怡~ 美~
(另见四支 sī)

**猜** cāi 猜测。
[旧属十灰]

忌~ 疑~ 嫌~ 相~ 见~ 惊~
鹰~ 花~ 鱼~ 忍~ 胡~ 乱~
无~ 怨~ 难~ 漫相~ 猜一~
燕雀~ 野鹤~ 不自~ 不须~

**才** cái 才能。
[旧属十灰]

人~ 天~ 英~ 辩~ 干~ 通~
奇~ 量~ 薄~ 雅~ 铸~ 俊~
无~ 翘~ 达~ 妒~ 奴~ 逸~
秀~ 怜~ 雄~ 楚~ 菲~ 惊~
善~ 高~ 不~ 口~ 全~ 庸~
大~ 清~ 异~ 宏~ 爱~ 捷~
怀~ 育~ 贤~ 方~ 适~ 刚~
旷世~ 七步~ 柱石~ 勒铭~
卓越~ 百里~ 夺锦~ 天下~
不凡~ 经纶~ 济时~ 八斗~

**材** cái 材料。资料。
[旧属十灰]

正~ 育~ 薄~ 铁~ 朽~ 论~

楚~ 通~ 中~ 木~ 器~ 因~
药~ 不~ 良~ 身~ 教~ 题~
凡~ 散~ 成~ 取~ 棺~ 素~
蠹~ 钢~ 选~ 栋梁~ 无弃~
巨川~

**财** cái 财产。[旧属十灰]

发~ 货~ 节~ 让~ 分~ 贪~
徇~ 私~ 落~ 阜~ 临~ 多~
散~ 理~ 生~ 聚~ 通~ 横~
积~ 输~ 轻~ 钱~ 疏~ 敛~
山海~ 不义~ 济世~

**裁** cái 裁剪。裁减。[旧属十灰十一队]

妙~ 化~ 主~ 清~ 手~ 删~
量~ 风~ 殊~ 仲~ 制~ 体~
剪~ 别~ 自~ 新~ 心~ 鸿~
酌~ 巧~ 独~ 长短~

**拆** chāi 拆毁。

自~ 强~ 白~ 不~ 手~
(另见九佳 cā)

**钗** chāi 发髻上首饰。[旧属九佳]

荆~ 宝~ 玉~ 金~ 凤~ 堕~
钿~ 花~ 盗~ 银~ 折~ 横~
鬓~ 垂~ 斜~ 理~ 兰~ 旧~
断~ 素~ 悬~ 龙鸾~ 十二~
却月~ 玉臂~ 美人~ 水精~

**差** chāi 差遣。差事。[旧属九佳]

公~ 当~ 听~ 出~ 官~ 选~
好~ 添~ 借~ 情~ 例~ 当~
开小~ 星火~ 请自~
(另见仄声 chài；四支 cī；九佳
chā，chà)

**侪** chái 同辈；同类的人。[旧属九佳]

同~ 吾~ 等~ 朋~ 汝~ 友~
华~ 匹~ 尔~ 得其~ 鸟兽~
非其~ 悄无~ 毋能~

**柴** chái 柴火。[旧属九佳]

茅~ 燔~ 高~ 积~ 负~ 薪~
春~ 焚~ 干~ 束~ 添~ 桑~

荆~ 拾~ 木~ 芦~ 担~ 劈~
火~ 砍~ 枯~ 当门~ 一谷~
瘦如~ 伐为~ 形比~ 半扉~

**豺** chái 豺狗。[旧属九佳]

昇~ 味~ 祭~ 捕~ 育~ 虺~
饥~ 阿~ 嘷~ 当路~ 羊见~
山无~ 千金~ 不杀~ 化为~

**揣** chuāi 藏在衣服里。[旧属四纸二十哿]
(另见仄声 chuǎi；chuài)

**搋** chuāi 用手压和揉。

暗~ 怀里~ 用力~

**膗** chuái 肥胖而肌肉松。

**呆** dāi 迟钝。死板。[旧属十灰]

痴~ 书~ 卖~ 口~ 木~ 发~

**呔** dāi 突然大喝一声。

**待** dāi 停留。[旧属十贿]

久~
(另见仄声 dài)

**该** gāi 应当。包全。[旧属十灰]

活~ 应~ 兼~ 淹~ 搏~ 不~
备~ 双~ 谁~ 众妙~ 思力~
造化~ 宇宙~ 万卷~ 六法~

**陔** gāi 台阶下。层。土岗。[旧属十灰]

南~ 循~ 田~ 九~ (九天~)

**垓** gāi 战地。[旧属十灰]

荒~ 九~ 八~ 累~ 崇~ 城~
山城~ 秭生~

**荄** gāi 草根。[旧属十灰九佳]

根~ 枯~ 麻~ 姑~ 野~ 春~
冻~ 草~ 豆~ 芳~ 寒~ 苑~

**赅** gāi 完备。包括。

意～ 备～ 众妙～

**乖** guāi 违反;背离。
[旧属十灰]

时～ 政～ 理～ 体～ 行～ 礼～
志～ 心～ 道～ 小～ 两～ 日～
运～ 谋～ 乖～ 号令～ 恩泽～
大义～ 趣尚～ 好恶～ 引事～

**咍** hāi 讥笑。欢笑。
[旧属十灰]

欢～ 咍～ 自～ 目～ 可～ 嘲～
俗子～ 醉成～ 老堪～ 众人～
吴儿～

**咳** hāi 叹词,表示伤感。
[旧属十灰]
(另见十四歌 ké)

**嗨** hāi 嗨哟,劳动号声。

**还** hái 副词。
[旧属十五删]
(另见十一先 huán)

**孩** hái 孩子。
[旧属十灰]

小～ 婴～ 孤～ 泥～ 灵～ 桃～
育～ 携～ 女～ 男～ 痴～ 童～
倒绷～ 心尚～ 色如～ 拾弃～

**骸** hái 骸骨。
[旧属九佳]

形～ 筋～ 骨～ 沉～ 弃～ 支～
焚～ 瘗～ 穷～ 战～ 百～ 羸～
积～ 仙～ 藏～ 病～ 尸～ 枯～
遗～ 收～ 残～ 七尺～ 聚遗～
未腐～

**怀** huái 怀抱。怀念。
[旧属九佳]

壮～ 咏～ 荣～ 善～ 入～ 顾～
春～ 长～ 天～ 民～ 允～ 我～
德～ 望～ 依～ 寄～ 包～ 兼～
仁～ 风～ 私～ 独～ 深～ 忧～
久～ 殷～ 悲～ 同～ 空～ 缅～
遥～ 素～ 雅～ 疑～ 歌～ 离～
吟～ 坐～ 幽～ 胸～ 伤～ 襟～
忘～ 兴～ 虚～ 写～ 感～ 开～
满～ 关～ 挂～ 永～ 畅～ 述～
父母～ 游子～ 千里～ 平生～

悠悠～ 天下～ 难为～ 有余～
话旧～ 志士～ 万人～ 儿女～

**徊** huái 徘徊。
[旧属十灰]

低～ 盘～ 迟～ 徐～
(另见五微 huí)

**淮** huái 淮河。
[旧属九佳]

秦～ 平～ 导～ 南～ 入～ 穿～
两～ 长～ 越～ 望～ 隔～ 清～
江～ 渡～ 临～ 酒如～ 雨如～
带月～

**槐** huái 槐树。
[旧属九佳十灰]

绿～ 庭～ 大～ 植～ 老～ 水～
梦～ 龙～ 黄～ 社～ 楸～ 空～
枯～ 青～ 古～ 桑～ 骂～ 高～
冬取～ 桂生～ 九月～

**踝** huái 脚左右突起部位。
[旧属二十一马]

内～ 外～ 膝～ 两～ 重～ 及～
拂～ 踝～ 没～ 趺～ 掩～ 脚～

**耰** huái 耰耙,翻土农具。

**开** kāi 打开。开辟。
[旧属十灰]

盛～ 扇～ 初～ 帘～ 心～ 将～
解～ 晨～ 帆～ 颜～ 召～ 展～
绽～ 花～ 推～ 公～ 半～ 离～
劈～ 竞～ 拆～ 张～ 撒～ 分～
散～ 揭～ 放～ 眼～ 洞～ 敞～
云～ 眉～ 雾～ 松～ 抛～ 拉～
细细～ 向谁～ 红蕊～ 郁不～
水纹～ 夕阳～ 金樽～ 山花～
绮窗～ 寿域～ 画图～ 笑口～
晓色～

**揩** kāi 擦;抹。
[旧属九佳]

蜡～ 磨～ 指～ 劘～ 雪～ 盐～
摩～ 净～ 鉴已～

**来** lái 来到。来历。
[旧属十灰]

归～ 春～ 秋～ 晚～ 夜～ 复～
前～ 往～ 从～ 东～ 将～ 年～

出～ 招～ 迎～ 悦～ 原～ 过～
嗟～ 近～ 起～ 再～ 向～ 回～
由～ 客～ 燕～ 未～ 远～ 雁～
肯～ 神～ 飞～ 泰～ 历～ 后～
下～ 素～ 风～ 雨～ 帆～ 潮～
归去～ 故人～ 乘兴～ 带雨～
拂面～ 远客～ 旧雨～ 含笑～
玉人～ 入帘～ 千里～ 天外～
暗香～ 安肯～ 几回～ 破寒～
好音～ 送春～鸿雁～

**莱** lái 藜。荒地。
[旧属十灰]
蓬～ 蒿～ 草～ 登～ 污～ 老～
东～ 荒～ 田～ 北山～ 故园～

**崃** lái 邛崃,四川山名。
[旧属十灰]

**徕** lái
[旧属十灰]
招～ 徂～ （山名）
（另见仄声 lài）

**涞** lái 涞水,河北地名。

**梾** lái 灯台树。

**鹌** lái 鹌鹕,美洲鸵。

**埋** mái 埋藏。
[旧属九佳]
藏～ 掩～ 云～ 沉～ 尘～ 葬～
瘗～ 霜～ 厚～ 深～ 自～ 苔～
沙～ 火～ 暗～ 烟～ 雨～ 冰～
香～ 封～ 长～ 落花～ 寒灰～
雪山～ 荆榛～ 云松～
（另见十一先 mán）

**霾** mái 空气中烟、尘。
[旧属九佳]
阴～ 氛～ 尘～ 积～ 风～ 云～
晓～ 烟～ 幽～ 昏～ 散～ 妖～
黄～ 晴～ 宿～ 层～ 青～ 重～
云峰～ 四山～ 苦雾～ 水乡～
雾雨～ 烟岚～

**俳** pái 诙谐;滑稽。
[旧属九佳]
倡～ 诙～ 优～ 好～ 秦～ 能～

类～ 献～ 进～ 文～ 失之～

**排** pái 排列。排除。
[旧属九佳]
安～ 编～ 众～ 讥～ 强～ 谤～
管～ 速～ 难～ 防～ 冲～ 挤～
诋～ 力～ 连～ 采～ 铺～ 牛～
竹～ 木～ 前～ 高议～ 榜头～
一字～ 俗所～ 远空～ 焉能～
（另见仄声 pǎi）

**徘** pái 徘徊。

**棑** pái 同'排'。

**牌** pái 牌子。
[旧属九佳]
名～ 门～ 铜～ 金～ 银～ 招～
水～ 令～ 王～ 盾～ 摊～ 冒～
词～ 腰～ 挂～ 骨～ 纸～ 大～
小～ 打～ 黄～ 叫～ 推～ 路～
虎头～ 麻将～ 扑克～ 金字～

**箄** pái 同'簰'。
[旧属四支]
（另见五微 bēi）

**簰** pái 同'排'。

**思** sāi 于思,胡须很多。
[旧属四支四寘]
（另见四支 sī）

**揌** sāi 同'塞'。

**毸** sāi 毰毸,羽毛披散。
[旧属十灰]

**腮** sāi 腮颊。
[旧属十灰]
桃～ 粉～ 红～ 香～ 鼓～ 晕～
越女～ 红杏～ 泪满～ 帕掩～

**塞** sāi 塞子。
[旧属十一队十三职]
瓶～ 耳～ 通～ 填～ 堵～ 活～
软木～
（另见仄声 sài;十四歌 sè）

**噻** sāi 噻吩,噻唑。

**鳃** sāi 鱼鳃。
[旧属十灰]
四~ 贯~ 鼓~ 荇穿~ 鲈四~

**筛** shāi 筛选。筛子。
[旧属四支]
箩~ 竹~ 篱~ 药~ 红~ 细~
未经~ 雪如~ 花满~ 净如~
炎风~ 月影~

**酾** shāi 滤酒。
[旧属四支四纸]
筐~ 病~ 既~ 樵~ 自~ 狂~
(另见四支 shī)

**衰** shuāi 衰弱。
[旧属四支]
兴~ 盛~ 扶~ 养~ 不~ 承~
门~ 中~ 蹈~ 颜~ 风~ 情~
起~ 萧~ 草~ 助~ 先~ 振~
再而~ 一夜~ 气未~ 酒量~
眼先~ 老不~
(另见五微 cuī)

**摔** shuāi 扔。
自~ 砸~ 抛~ 狠~ 手~ 乱~

**台** tāi 台州,浙江地名。
[旧属十灰四支]
(另见 tái)

**苔** tāi 舌苔。
[旧属十灰]
(另见 tái)

**胎** tāi 胎儿。内物。
[旧属十灰]
胚~ 祸~ 鹤~ 麦~ 玉~ 蚌~
燕~ 食~ 天~ 保~ 坠~ 打~
车~ 娘~ 棉~ 怀~ 胞~ 鹿~
泥~ 脱~ 鬼~ 不杀~ 凤凰~

**台** tái 平而高的地方。
[旧属十灰]
天~ 兄~ 石~ 霜~ 花~ 上~
戏~ 讲~ 镜~ 平~ 电~ 拆~
层~ 瑶~ 债~ 高~ 垮~ 登~
荒~ 下~ 舞~ 亭~ 楼~ 池~
柜~ 窗~ 炮~ 月~ 阳~ 露~
砚~ 倒~ 夜~ 锅~ 灯~ 燕~
琴~ 春~ 歌~ 泉~ 井~ 方~

球~ 餐~ 站~ 雨花~ 望乡~
黄金~ 戏马~ 天文~ 气象~
了望~ 钓鱼~ 测景~ 检阅~
打擂~ 电视~ 凤凰~ 梳妆~
(另见 tāi)

**邰** tái 姓。
[旧属十灰]
古~ 有~

**苔** tái
[旧属十灰]
青~ 紫~ 砌~ 海~ 嫩~ 碧~
新~ 翠~ 点~ 锦~ 石~ 春~
冰~ 绿~ 苍~ 薛~ 莓~ 露~
雨后~ 屐印~ 竹扫~ 露染~
称意~ 夜明~ 玉阶~
(另见 tāi)

**抬** tái 托;举。
[旧属十灰]
高~ 手~ 啰~ 众人~

**骀** tái 劣马。
[旧属十灰]
驽~ 狐~ 驾~ 王~ 台~ 荡~
赢~ 才~ 朽~ 弱~ 策~ 老~
(另见仄声 dài)

**炱** tái 黑灰。
[旧属十灰]
煤~ 烟~ 灰~ 松~

**鲐** tái 海鱼。
[旧属十灰]
耆~

**臺** tái 同'台'。姓。
[旧属十灰]

**儓** tái 仆役。
[旧属十灰]
舆~ 田~ 陪~ 鞍~

**薹** tái 蒜、韭菜的嫩茎。
[旧属十灰]
芸~ 蒜~ 菜~ 韭~ 苦蕒~

**歪** wāi 不正;斜。
口~ 鼻~ 树~ 不~ 斜~ 门~

**喎** wāi 嘴歪。

# 哇
<sup>wāi</sup> 招呼声。

# 灾
<sup>zāi</sup> 灾害。灾难。
[旧属十灰]

救～　后～　避～　遇～　远～　恤～
降～　禳～　凶～　除～　援～　分～
抗～　飞～　幸～　天～　水～　旱～
消～　火～　弭～　赈～　蝗～　涝～
风～　震～　受～　无妄～　金作～
不为～

# 甾
<sup>zāi</sup> 有机化合物。

# 哉
<sup>zāi</sup> 语气词。
[旧属十灰]

壮～　至～　美～　咄～　归～　艰～
悠～　伤～　快～　大～　哀～　怪～
安在～　何有～　思深～

# 栽
<sup>zāi</sup> 栽种。栽跟头。
[旧属十灰十一队]

遍～　乞～　旧～　自～　偶～　新～
盆～　分～　移～　倒～　诬～　春～
绕屋～　早晚～　任意～　傍水～
满庭～　烂漫～　入梦～　一时～
十年～　古人～　去后～　到处～
和雨～　取花～　倚云～　趁春～

# 烖
<sup>zāi</sup> 同'灾'。
[旧属十灰]

# 斋
<sup>zhāi</sup> 斋戒。书屋。
[旧属九佳]

书～　素～　茅～　古～　禅～　雪～
邻～　竹～　松～　新～　小～　幽～
夜～　山～　吃～　冷～　寒～　村～
空～　药～　琴～　道～　茸～　闲～
静～　芳～　聊～　画～　棋～　逸～
至乐～　风满～　养心～　美味～

# 拽
<sup>zhuāi</sup> 扔;抛。

（另见仄声 zhuài）

# 旧读入声

# 白
<sup>bái</sup> 白色。清楚。陈述。
[旧属十一陌]

发～　大～　明～　不～　空～　斑～
洁～　红～　表～　辨～　告～　道～
纯～　翻～　独～　对～　文～　半～
太～　粹～　虚～　长～　飞～　莹～
清～　浮～　鱼～　举～　菱～　梅～
浪～　玉～　月～　露～　头～　银～
霜气～　秋浦～　梨云～　东方～
鹅群～

# 掴
<sup>guāi</sup> 用巴掌打。
[旧属十一陌]

手～　耳～　百～　狠～

（另见十五波 guó）

# 拍
<sup>pāi</sup> 拍手。拍子。
[旧属十一陌]

节～　人～　歇～　应～　合～　豚～
抚～　放～　催～　点～　曲～　花～
促～　拍～　歌～　挥～　善～　会～
十八～　红牙～　手高～　惊涛～

# 侧
<sup>zhāi</sup> 倾斜。
[旧属十三职]

道～　海～　孟～　金渊～　踞其～

（另见十四歌 cè; zè）

# 摘
<sup>zhāi</sup> 摘取。
[旧属十一陌十二锡]

攀～　新～　卧～　远～　屡～　小～
生～　搜～　寻～　口～　甄～　晓～
纤手～　美人～　篱边～　不堪～
连叶～　青梅～

# 宅
<sup>zhái</sup> 住所;住家。
[旧属十一陌]

安～　贫～　筑～　广～　尺～　山～
豪～　故～　园～　荒～　云～　火～
花～　住～　田～　官～　卜～　古～
五亩～　云外～　蓬蒿～　清溪～
幽人～　秋水～　烟波～

# 择
<sup>zhái</sup> 择不开。择菜。
[旧属十一陌]

（另见十四歌 zé）

# 翟
<sup>zhái</sup> 地名。姓。
[旧属十一陌]

阳～　简～　北～　戎～　夷～

（另见八齐 dí）

# 仄 声

**毐** ǎi 用于人名。
嫼~

**欸** ǎi 欸乃，櫓声或船歌。
[旧属十贿]
（另见平声 āi；五微 ēi,éi）

**嗳** ǎi 叹词。嗳气。嗳酸。
（另见 ài）

**矮** ǎi 矮小。
[旧属九蟹]
高~ 低~ 人~ 云~ 树~ 窗~
松形~ 穹庐~ 房屋~

**蔼** ǎi 和气。繁茂。
[旧属九泰]
和~ 亲~ 蓊~ 蔼~ 芳~ 兰~
树~ 浓~ 远~

**霭** ǎi 云气。
[旧属九泰]
碧~ 秋~ 云~ 宿~ 岚~ 春~
烟~ 朝~ 苍~ 浮~ 暮~ 昏~
芳~ 凉~ 城~ 林~ 青~ 余~
霭~ 山~ 晨~ 霏霏~ 松阴~

**艾** ài 草。年老。停止。
[旧属九泰]
未~ 采~ 炙~ 银~ 金~ 美~
青~ 蓬~ 腰~ 悬~ 服~ 锄~
垂~ 少~ 耆~ 熏~ 萧~ 保~
灼~ 恕~ 艾~ 三年~ 一丸~
凉宵~
（另见八齐 yì）

**唉** ài 叹词，表示惋惜。
[旧属十灰]
（另见平声 āi）

**爱** ài 爱情。喜欢。爱惜。
[旧属十一队]

恩~ 仁~ 心~ 自~ 私~ 倚~
忠~ 静~ 情~ 母~ 父~ 珍~
疼~ 可~ 友~ 热~ 亲~ 溺~
恋~ 怜~ 遗~ 绝~ 兼~ 最~
宠~ 敬~ 慈~ 博~ 锺~ 偏~
作~ 割~ 相~ 泛~ 性~ 求~
舐犊~ 天伦~ 少小~ 平生~
幽人~

**僾** ài 仿佛。气不顺畅。

**隘** ài 狭窄。险要。
[旧属十卦]
险~ 关~ 狭~ 湫~ 要~ 路~
井~ 危~ 守~ 越~ 峻~ 狷~
道~ 命~ 脱~ 巷~ 重~ 塞~
褊~ 困~ 设~ 性~ 俗~ 路~
天地~ 耳目~ 车马~ 川谷~
世议~ 豁我~

**薆** ài 隐蔽。草木茂盛。
[旧属十一队]
薆~ 南园~

**碍** ài 妨碍;阻碍。
[旧属十一队]
不~ 关~ 有~ 柳~ 山~ 花~
蝶~ 障~ 无~ 罣~ 违~ 窒~
无一~ 行云~ 鱼罾~ 江流~
松林~ 叠岭~ 鸟飞~ 横藤~

**嗳** ài 叹词。表示懊恼。
（另见 ǎi）

**嫒** ài 令嫒。

**瑷** ài 瑷珲,黑龙江地名。

**叆** ài 叆叇,浓云蔽日。
[旧属十一队]
微~ 叆~ 晻~ 众峰~ 佳气~

**暧** ài 日光昏暗。
[旧属十一队]
晻~ 昏~ 草~ 云~ 香~ 余~
暗~ 隐~ 景~ 暖~ 雾~ 晨~
夕阳~ 孤灯~ 山光~ 寒云~
夕阴~

**捭** bǎi 分开。

**摆** bǎi 摆放。摆动。[旧属九蟹]

摇~ 柳~ 振~ 钟~ 风~ 轻~
衣~ 下~ 裙~ 鱼尾~ 阖而~
金铃~

**呗** bài 佛教诵经声。[旧属八卦]

梵~ 赞~ 歌~ 钟~ 吟~ 膜~
螺~ 经~ 讽~

（另见五微 ·bei）

**败** bài 失败。毁坏。败落。[旧属十卦]

腐~ 衰~ 事~ 三~ 山~ 敌~
新~ 意~ 裘~ 莲~ 摧~ 挫~
惨~ 成~ 胜~ 两~ 朽~ 花~
未尝~ 屋垣~ 穷巷~

**拜** bài 礼节。[旧属十卦]

礼~ 不~ 百~ 起~ 扶~ 迎~
勿~ 虎~ 环~ 剪~ 蟹~ 答~
端~ 趋~ 夕~ 谒~ 懒~ 心~
仙~ 双~ 石~ 鼠~ 善~ 贺~
拜~ 下~ 罗~ 参~ 再~ 崇~
膜~ 跪~ 再~ 深深~ 藉手~
下马~ 隔水~ 千官~ 何足~

**稗** bài 稗子。[旧属十卦]

秕~ 黄~ 蒲~ 野~

**鞴** bài 风鞴，风箱。

**唄** ·bai 助词，同'呗'（·bei）。

**采** cǎi 采摘。精神。[旧属十贿]

纳~ 见~ 访~ 捃~ 亮~ 春~
九~ 薄~ 征~ 搜~ 丰~ 早~
风~ 兼~ 文~ 华~ 神~ 精~
华~ 樵~ 摘~ 掇~ 博~ 开~

（另见 cài）

**彩** cǎi 颜色。花样。[旧属十贿]

色~ 云~ 霞~ 光~ 墨~ 词~

五~ 水~ 精~ 喝~ 异~ 耀~
列~ 凤~ 八~ 华~ 鲜~ 染~
六~ 笔~ 花~ 流~ 结~ 剪~
挂~ 中~ 得~ 火~ 带~ 摸~
满堂~ 凌云~ 喝倒~ 不光~

**寀** cǎi 古代指官。[旧属十贿]

吏~ 展~ 储~ 僚~ 宾~ 朝~

（另见 cài）

**睬** cǎi 答理；理会。

理~ 爱~ 不~

**踩** cǎi 践踏。

脚~ 足~

**采** cài 采地，采邑。[旧属十贿]

（另见 cǎi）

**菜** cài 蔬菜。[旧属十一队]

野~ 种~ 生~ 小~ 饭~ 酱~
菠~ 熟~ 咸~ 酒~ 配~ 净~
青~ 挑~ 白~ 素~ 荤~ 油~
卖~ 瓜~ 花~

**寀** cài 同'采'（cài）。[旧属十贿]

（另见 cǎi）

**蔡** cài 周朝国名。大龟。[旧属九泰]

上~ 管~ 大~ 高~ 居~ 人~
灵~ 蓍~ （占卜）

**縩** cài 綷縩，衣服摩擦声。

**茝** chǎi 香草。[旧属十贿]

兰~ 蕙~ 揽~ 落~ 英~ 芳~
芬~ 蕲~ 论~ 杜~ 齐~ 山~
结~ 荣~ 蘅~ 阶~ 泽~ 香~
襦曳~

**踹** chǎi 碾碎的豆子。

豆~

**蠆** chài 蝎子类。[旧属十卦]

蜂~ 蝮~ 水~ 见~ 触~ 捉~
发如~ 今如~

**差** <sup>chài</sup> 同'瘥'。
[旧属五歌]
（另见平声 chāi；四支 cī；九佳
chā,chà）

**瘥** <sup>chài</sup> 病愈。
[旧属十卦]
小~ 渐~ 初~
（另见十五波 cuó）

**揣** <sup>chuǎi</sup> 估计;忖度。
[旧属四纸二十蟹]
钩~ 往~ 磨~ 究~ 讥~ 能~
必~ 难~ 研~ 意~ 自~ 悬~
不~ 阴~
（另见 chuài；平声 chuāi）

**圌** <sup>chuài</sup> 阛圌,挣扎。

**揣** <sup>chuài</sup>
[旧属四纸二十蟹]
囊~（懦弱）挣~（挣扎）
（另见 chuǎi；平声 chuāi）

**嘬** <sup>chuài</sup> 咬;吃。
[旧属十卦]
毋~ 余~ 求~ 不忍~ 蝇蚋~
（另见十五波 zuō）

**踹** <sup>chuài</sup> 踢;踩。
乱~ 足~ 踩~

**膪** <sup>chuài</sup> 囊膪,猪腹肥肉。

**歹** <sup>dǎi</sup> 坏人;坏事。
好~ 作~

**逮** <sup>dǎi</sup> 捉。
[旧属十一队八霁]
系~ 就~
（另见 dài）

**傣** <sup>dǎi</sup> 指傣族。

**大** <sup>dài</sup> 大夫。
[旧属九佳二十一个]
（另见九佳 dà）

**代** <sup>dài</sup> 代替。时代。
[旧属十一队]
世~ 现~ 近~ 古~ 朝~ 三~
百~ 昭~ 绵~ 担~ 接~ 唐~
瓜~ 宋~ 一~ 代~ 万~ 旷~
断~ 取~ 年~ 历~ 换~ 当~
后~ 易~ 前~ 传~ 上~ 替~
交~ 异~ 绝~ 累~ 更~ 末~
下一~ 新时~ 越俎~ 新生~

**轪** <sup>dài</sup> 车轮。
[旧属九泰八霁]
车~ 宝~ 紫~ 仙~ 云~

**甙** <sup>dài</sup> 有机化合物。
糖~

**岱** <sup>dài</sup> 泰山的别称。
[旧属十一队]
泰~ 望~ 海~ 东~ 华~ 封~
燕~ 嵩~ 云~ 北至~ 淮海~

**迨** <sup>dài</sup> 等到。趁着。

**绐** <sup>dài</sup> 欺哄。
[旧属十贿]
受~ 巧~ 欺~ 恶~ 蚩~ 空~
勿余~

**骀** <sup>dài</sup> 骀荡,放荡。
[旧属十贿]
（另见 tái）

**玳** <sup>dài</sup> 玳瑁。

**带** <sup>dài</sup> 带子。区域。
[旧属九泰]
佩~ 腰~ 裙~ 绶~ 荐~ 缟~
罗~ 绵~ 金~ 缯~ 书~ 宝~
热~ 寒~ 萦~ 麻~ 素~ 脱~
绕~ 帛~ 宽~ 海~ 襟~ 巾~
解~ 飘~ 冠~ 携~ 夹~ 束~
如~ 垂~ 纽~ 声~ 温~ 衣~
附~ 连~ 玉~ 捎~ 襟~ 领~
同心~ 合欢~ 五色~ 录像~

**殆** <sup>dài</sup> 危险。几乎。
[旧属十贿]
危~ 疲~ 几~ 困~ 阙~ 车~
不~ 行~ 往~ 亏~ 怵~ 辱~

欺~ 逄~

**贷** dài 借款。推卸。饶恕。
[旧属十一队]

借~ 宽~ 称~ 乞~ 信~ 农~
旁~ 不~ 蒙~ 容~ 原~ 宥~
请~ 赊~ 恩~ 私~ 赈~ 还~
善~ 愿~ 资~ 轻~ 保~ 分~
千金~ 轮以~ 计所~ 从我
不相~

**待** dài 对待。等待。
[旧属十贿]

期~ 欢~ 留~ 不~ 宜~ 有~
姑~ 礼~ 器~ 空~ 恩~ 终~
立~ 静~ 久~ 宽~ 看~ 善~
款~ 薄~ 相~ 厚~ 虐~ 接~
坐~ 招~ 优~ 计日~ 守株~
红芳~ 山月~ 倾意~ 不相~
席珍~ 焚香~ 翘足~ 开怀~
刮目~
（另见平声 dāi）

**怠** dài 懒惰。轻慢。
[旧属十贿]

懈~ 倦~ 力~ 简~ 意~ 懒~
不~ 慢~ 淫~ 衰~ 无~ 戏~
荒~ 勿~ 易~ 疲~ 骄~ 志~
情~ 政~ 勤~ 疏则~ 心力~
须臾~ 息则~ 千人~

**埭** dài 坝。
[旧属十一队]

堰~ 石~ 湖~ 堤~ 上~ 花~
鸡鸣~ 九里~ 湖桑~

**袋** dài 口袋。

脑~ 布~ 钱~ 表~ 信~ 皮~
衣~ 网~ 饭~ 掉书~ 马夹~
塑料~ 垃圾~ 蛇皮~

**紏** dài 纤度单位的旧称。

**逮** dài 到；及。
[旧属十一队八霁]

不~ 未~ 津~ 莫~ 难~ 相~
不可~ 行必~ 芜菁~
（另见 dǎi）

**靆** dài 叆靆，浓云蔽日。
[旧属十一队]

**戴** dài 拥护尊敬。
[旧属十一队]

爱~ 推~ 拥~ 负~ 插~ 感~
重~ 士~ 奉~ 悚~ 扶~ 翼~
顶~ 访~ 鳌~ 星犹~ 山巾~
剡溪~

**黛** dài 青黑色。
[旧属十一队]

粉~ 青~ 螺~ 眉~ 横~ 染~
敛~ 巧~ 翠~ 秋~ 春~ 铅~
远山~ 青蛾~

**螚** dài 同'黛'。

**襶** dài 襶襶,不懂事。
[旧属十一队]

**改** gǎi 改变。改动。改正。
[旧属十贿]

鬓~ 迁~ 细~ 篡~ 土~ 整~
可~ 修~ 增~ 删~ 涂~ 更~
窜~ 悔~ 颜~ 幡然~ 勿惮~
心不~ 恩情~ 庶几~ 柯叶~
花枝~ 山容~ 城邑~ 风俗~

**胲** gǎi 颏上的肌肉。
（另见 hǎi）

**丐** gài 乞求。
[旧属九泰]

乞~ 求~ 沾~ 干~ 士~ 强~
请~ 游~ 假~ 屈~ 流~ 佣~

**芥** gài 芥菜。
[旧属十卦]

草~ 针~ 青~ 拾~ 负~ 掇~
掌中~ 舟如~ 秋用~ 青紫~
（另见十三皆 jiè）

**钙** gài 钙质。钙片。

缺~ 补~

**盖** gài 伞。遮掩。姓。
[旧属九泰十五合]

华~ 掩~ 敝~ 鹤~ 荷~ 玉~
伞~ 幢~ 松~ 高~ 红~ 翠~
宝~ 羽~ 轩~ 飞~ 露~ 绮~
雨~ 遮~ 覆~ 张~ 铺~ 倾~
擎~ 膝~ 紫~ 旗~ 车~ 冠~

天灵~ 云似~ 天为~

**溉** gài 浇灌。
[旧属十一队五未]

灌~ 濯~ 水~ 浇~ 沾~ 涤~
江~ 河~ 引~ 引泉~ 甘雨~

**概** gài 气度。状况。

梗~ 大~ 气~ 节~ 风~ 志~
胜~ 英~ 旧~

**拐** guǎi 拐弯。拐骗。

诱~ 孤~ 瘸~ 木~ 铁~ 拄~
龙头~ 向右~

**夬** guài 卦名。
[旧属十卦]

夬~ 入~ 生~ 刚~ 处~ 居~
象~

**怪** guài 怪异。责备。
[旧属十卦]

奇~ 谲~ 珍~ 行~ 水~ 语~
石~ 狂~ 妖~ 骇~ 惊~ 灵~
神~ 可~ 见~ 志~ 诧~ 光~
作~ 难~ 错~ 鬼~ 百~ 魔~
精~ 古~ 嗔~ 诡~ 莫~ 不~
不足~ 不知~ 鱼鸟~

**胲** hǎi 有机化合物。
(另见 gǎi)

**海** hǎi 海洋。
[旧属十贿]

大~ 沧~ 瀚~ 湖~ 江~ 学~
松~ 秋~ 泥~ 春~ 佛~ 慧~
宦~ 欲~ 饮~ 下~ 滇~ 银~
心~ 东~ 四~ 云~ 公~ 航~
浮~ 观~ 如~ 福~ 横~ 人~
刘~ 跨~ 踔~ 曲~ 碧~ 苦~
滨~ 瀛~ 寰~ 山~ 林~ 吞~
煮~ 倒~ 填~ 领~ 出~ 南~
欢喜~ 珠藏~ 波翻~ 变桑~
相思~ 水趋~ 智慧~ 功德~
心平~ 香雪~ 霞出~ 星宿~
蠡测~ 莺花~ 地中~ 中南~

**醢** hǎi 剁成肉酱。
[旧属十贿]

脯~ 菹~ 蟹~ 麋~ 蜗~ 煎~
盐~ 鱼~ 梅~ 燔~ 肠~ 炙~
兔~ 荐~ 共~ 甘心~ 龙可~
千瓶~ 俎中~ 山中~ 室口~

**亥** hài 地支第十二位。
[旧属十贿]

建~ 辛~ 朱~ 辨豕~ 斗指~

**痎** hài 痛苦;愁苦。

**骇** hài 吓惊,震惊。
[旧属九蟹]

惊~ 马~ 兽~ 目~ 虎~ 无~
夜~ 日~ 徒~ 色~ 众~ 波~
危~ 大~ 恶~ 怖~ 奔~ 四~
风~ 妄~ 雷~ 水~ 情~ 雨~
魄~ 狂~ 震~ 怖~ 心~ 惶~
觉而~ 感且~ 黎民~

**氦** hài 气体元素。

**害** hài 害处。
[旧属九泰]

伤~ 祸~ 妒~ 隐~ 蠹~ 备~
公~ 除~ 烟~ 残~ 杀~ 灾~
虫~ 利~ 大~ 毒~ 要~ 损~
遗~ 危~ 四~ 无~ 迫~ 妨~
贪酒~ 秋风~ 风波~ 遭人~

**嘻** hài 叹词,怅惜,悔恨。

**坏** huài
[旧属十卦]

败~ 破~ 毁~ 朽~ 礼~ 城~
隙~ 支~ 坠~ 不~ 震~ 屋~
撞~ 蠹~ 壁~ 桥~ 堤~ 裂~
变~ 残~ 损~ 梁木~ 器服~
斧斫~ 沙塔~ 秋霖~ 长城~

**划** ·huai 刮划,处置。
[旧属十五清]
(另见九佳 huá;huà)

**剀** kǎi 剀切,切实。

**凯** kǎi 胜利的乐歌。

奏~ 献~ 闻~ 振~

**垲** kǎi 地势高而干燥。
[旧属十贿]
爽～ 胜～ 幽～ 高～

**闿** kǎi 开启。

**恺** kǎi 快乐;和乐。
[旧属十贿]
和～ 乐～ 寿～ 八～ 元～ 奏～
振～ 先～ 旋～ 将军～ 长歌～

**铠** kǎi 铠甲。
[旧属十贿十一队]
盔～ 重～ 着～ 披～ 玉～ 兽～
铁～ 犀～ 解～ 忍辱～ 明光～
银莲～

**慨** kǎi 愤激。慨叹。
[旧属十一队]
慷～ 感～ 深～ 增～ 自～ 愤～
丈夫～ 后人～

**楷** kǎi 楷模。楷书。
[旧属九蟹九佳]
行～ 模～ 真～ 端～ 隶～ 细～
大～ 草～ 柳～ 妙～ 正～ 小～
工～ 作～ 女～ 后世～ 必为～
古字～
(另见十三皆 jiē)

**锴** kǎi 好铁。
[旧属九蟹]
铜～ 周～ 高～ 徐～ 杨～

**忾** kài 愤恨。
[旧属十一队五未]
敌～ 作～ 愤～ 慷～

**欬** kài 咳嗽。
[旧属十卦十一队四寘]
风～ 广～ 謦～

**愒** kài 贪。
[旧属九泰八霁]
玩～ 岁月～
(另见八齐 qì;十四歌 hè)

**扢** kuǎi 用指甲抓;搔。

**蒯** kuǎi 茅草。
[旧属十卦]
苍～ 菅～

**凷** kuài 土块。

**会** kuài 总计。
[旧属九泰]
司～ 岁～ 要～ 计～ 岁终～
(另见五微 huì)

**块** kuài 量词。
[旧属十一队]
大～ 土～ 蓬～ 枕～ 破～ 积～
衔～ 肉～ 历～ 无～ 石～ 磊～
相思～ 酒浇～

**快** kuài 快速。快乐。
[旧属十卦]
畅～ 愉～ 一～ 殊～ 特～ 不～
轻～ 凉～ 病～ 迅～ 痛～ 飞～
赶～ 称～ 手～ 清～ 明～ 俊～
嘴～ 心～ 语～ 爽～ 捕～ 马～
平生～ 耳目～ 笔端～ 风雨～

**侩** kuài 捐客。
[旧属九泰]
市～ 牙～ 驵～ 商～ 牛～ 权～
女～ 书～

**郐** kuài 周朝国名。
[旧属九泰]
自～ 歌～ 小～ 曹～ 虢～ 去～
无讥～

**哙** kuài 咽下去。
[旧属十卦]
哙～ 止～ 肿～ 樊～

**狯** kuài 狡猾。
[旧属九泰十卦]
狡～ 黠～ 诈～ 谲～ 贪～ 奸～
猾～

**浍** kuài 田间的水沟。
[旧属九泰]
沟～ 九～ 决～ 畎～ 壅～ 绛～
涓～ 列～ 田～ 千夫～ 通水～
(另见五微 huì)

**脍** kuài 切细的鱼或肉。
[旧属九泰]
羹～ 细～ 炙～ 切～ 鲸～ 牛～
红～ 野～ 索～ 缕～ 作～ 思～
银～ 江～ 卤～ 银丝～ 秋风～
江东～ 蓬池～ 同心～ 鲈鱼～

**筷** kuài 筷子。

碗～ 杯～ 银～ 竹～ 圆～ 方～
短～ 木～ 用～ 放～ 对～ 插～
方便～ 天竺～ 龙凤～ 竹木～
象牙～

**鲙** kuài 鱼名。
[旧属九泰]

**徕** lài 慰劳。
[旧属十一队]
劳～(慰勉)
(另见平声 lái)

**赉** lài 赏赐。
[旧属十一队]
赏～ 恩～ 神～ 商～ 梦～ 厚～
惠～ 普～ 分～ 蒙～ 劳～ 宴～
垂～ 天～ 荣～ 酬～ 大～ 宠～
白璧～ 祺福～

**睐** lài 看;向旁边看。
[旧属十一队]
善～ 盻～ 转～ 旁～ 盼～ 青～
群～

**赖** lài 依靠。赖皮。
[旧属九泰]
依～ 抵～ 托～ 狡～ 诬～ 永～
多～ 仰～ 贪～ 庇～ 生～ 寅～
民～ 无～ 倚～ 利～ 耍～ 泼～
万世～ 兆民～ 四境～ 行旅～
多情～

**濑** lài 湍急的水。
[旧属九泰]
浅～ 下～ 怒～ 蛟～ 湍～ 飞～
沙～ 碧～ 岩～ 花～ 幽～ 急～
春～ 回～ 溪～ 石～ 激～ 清～
秋～ 风～ 山～ 空中～ 笠泽～
江喧～ 啾寒～ 投金～

**癞** lài 麻风。黄癣。
[旧属九泰]
癣～ 疮～ 疥～ 治～ 哑～ 疣～
生～ 成～ 白～ 秃～ 染～ 恶～
鼋首～ 漆身～
(另见九佳 lá)

**籁** lài 古箫。声音。
[旧属九泰]

天～ 地～ 人～ 爽～ 百～ 鸣～
山～ 虚～ 吹～ 夕～ 晓～ 窗～
灵～ 风～ 竹～ 万～ 林～ 风～
清～ 夜～ 秋～ 空中～ 众壑～

**唻** ·lai 助词。

**买** mǎi 拿钱换东西。
[旧属九蟹]
酤～ 贾～ 请～ 贱～ 可～ 得～
多～ 日～ 私～ 贵～ 不～ 预～
新～ 专～ 肯～ 卖～ 收～ 难～
购～ 争～ 欲～ 千金～ 何处～
不用～ 典衣～ 金钱～ 谁来～

**荬** mǎi 菜名。
[旧属九蟹]
苦～ 苣～

**劢** mài 勉力;努力。
[旧属十卦]
用～ 萧～ 索～ 王～

**迈** mài 迈步。迈进。
[旧属十卦]
年～ 老～ 行～ 衰～ 日～ 英～
征～ 道～ 清～ 雄～ 爽～ 豪～
四时～ 伯鸾～ 日月～ 大步～

**卖** mài 拿东西换钱。
[旧属十卦]
买～ 自～ 不～ 贵～ 相～ 沽～
贩～ 义～ 搭～ 生～ 估～ 难～
私～ 欺～ 拐～ 强～ 半～ 出～
叫～ 变～ 标～ 拍～ 贱～ 零～
千金～ 称斤～ 入城～ 廉价～

**乃** nǎi 乃尔。乃至。
[旧属十贿]
尔～ 若～ 无～ 欤～ 嘉～ 砺～

**艿** nǎi 芋艿。
[旧属十蒸]
林～ 陂～ 藕～ 烧火～ 菲芬～

**奶** nǎi 乳房。乳汁。
奶～ 牛～ 羊～ 马～ 吃～ 吮～
挤～ 酸～ 鲜～ 豆～ 送～ 订～
热～ 洗～ 喝～ 摸～ 露～ 耸～
阿～ 喂～ 椰～ 二～ 断～

氖 ⁿǎi 气体元素。

迺 ⁿǎi 同'乃'。姓。

哪 ⁿǎi 哪(nǎ)的口语音。

奈 ⁿài 奈何。
[旧属九泰二十一个]
无～ 怎～ 且～ 不～

佴 ⁿài 姓。
（另见二十儿 èr）

柰 ⁿài 柰子,苹果的一种。
[旧属九泰]
李～ 丹～ 杏～ 守～ 素～ 赤～
园～ 蜜～ 紫～ 甘～ 珠～ 甜～

耐 ⁿài 耐心。
[旧属十一队]
忍～ 能～ 大～ 性～ 依～ 且～
巧～ 罪～ 要～ 难～ 按～ 久～
不可～ 捏褐～ 临事～

萘 ⁿài 有机化合物。

鼐 ⁿài 大鼎。
[旧属十贿十一队]
鼎～ 奚～

褦 ⁿài 褦襶:不晓事;不懂事。

排 ᵖǎi 排子车,大板车。
[旧属九佳]
（另见平声 pái）

哌 ᵖài 哌嗪,药名。

派 ᵖài 派别。风度。
[旧属九泰]
气～ 流～ 疏～ 锦～ 千～ 双～
江～ 天～ 引～ 汇～ 百～ 巨～
分～ 支～ 委～ 宗～ 别～ 九～
诗～ 嫡～ 海～ 正～ 党～ 学～
右～ 反～ 新～ 左～ 特～ 一～
促进～ 濂溪～ 西洋～ 顽固～
骑墙～ 浅生～ 南村～ 湖州～
反动～ 激进～ 保守～

（另见九佳 pā）

蒎 ᵖài 有机化合物。

湃 ᵖài 水浪。
[旧属十卦]
澎～ 滂～ 惊～ 湃～ 砰～

塞 ˢài 军事险要处。
[旧属十一队]
边～ 要～ 绝～ 关～ 四～ 紫～
雁～ 秦～ 出～ 固～ 古～ 雪～
防～ 险～ 沙～ 度～ 厄～ 严～
还～ 鹿～ 筑～ 扎～ 入～ 守～
陇西～ 玉关～ 黄云～
（另见平声 sāi;十四歌 sè）

赛 ˢài 赛事。
[旧属十一队]
比～ 竞～ 迎～ 祷～ 苔～ 祈～
先～ 正～ 春～ 歌～ 预～ 决～
报～ 祭～ 赌～ 球～ 棋～ 拳～
锦标～ 乒乓～ 游泳～ 友谊～

色 ˢhǎi 颜色。骰子。
掉～ 套～ 墨～ 物～ 令～ 失～
不变～ 憔悴～ 鹅儿～
（另见十四歌 sè）

晒 ˢhài 晒太阳。
[旧属十卦四寘]
曝～ 晾～ 洗～ 日～ 晴～ 久～
渔网～ 日中～ 经年～ 夏日～

甩 ˢhuǎi 挥动。抛开。

帅 ˢhuài 最高指挥官。
[旧属四寘四质]
将～ 统～ 夺～ 无～ 军～ 挂～
授～ 身～ 大～ 卒～ 问～ 乡～
立～ 廉～ 置～ 诸～ 总～ 偏～
戎～ 良～ 出～ 独～ 元～ 主～
三军～ 能为～ 气之～

率 ˢhuài 率领。率直。
[旧属四质]
坦～ 真～ 表～ 初～ 作～ 相～
敦～ 亲～ 身～ 将～ 坐～ 躬～
雄～ 性～ 奉～ 督～ 任～ 分～
招～ 德～ 新～ 密～ 总～ 侍～

情~ 日~ 单~ 同~ 义~ 领~

(另见六鱼 lǜ)

**蟀** shuài 秋虫。

[旧属四质]

蟋~ 秋~

**太** tài 高;大。极;最。

[旧属九泰]

老~ 太~ 以~ 四~ 险~ 嵩~

**汰** tài 淘汰。

[旧属九泰]

裁~ 沙~ 涤~ 百~ 涮~ 洗~

荡~ 澄~

**态** tài 态势。

[旧属十一队]

世~ 病~ 老~ 体~ 媚~ 艳~

妖~ 意~ 表~ 逸~ 美~ 花~

羞~ 舞~ 绮~ 绰~ 鹤~ 风~

状~ 姿~ 事~ 丑~ 形~ 憨~

狂~ 俗~ 醉~ 尽~ 作~ 故~

变~ 异~ 动~ 常~ 情~ 失~

市井~ 妇人~ 君子~ 可怜~

儿女~ 脂粉~ 小人~ 炎凉~

**肽** tài 有机化合物。

**钛** tài 金属元素。

[旧属九泰八霁]

钳~

**泰** tài 安宁。极;最。

[旧属九泰]

国~ 交~ 道~ 处~ 舒~ 清~

物~ 闲~ 欢~ 丰~ 文~ 永~

长~ 业~ 新~ 祥~ 安~ 通~

开~ 否~ 骄~ 侈~ 时~ 康~

四体~ 天下~ 乾坤~ 身名~

一气~ 三极~

**酞** tài 有机化合物。

酚~

**崴** wǎi 山路不平。扭伤。

(另见五微 wēi)

**外** wài 外边。外部。

[旧属九泰]

海~ 域~ 度~ 墙~ 老~ 户~

排~ 门~ 岭~ 窗~ 帘~ 对~

内~ 四~ 塞~ 方~ 格~ 物~

分~ 在~ 中~ 里~ 天~ 国~

山~ 局~ 身~ 例~ 见~ 言~

事~ 关~ 秀~ 野~ 郊~ 形~

千里~ 形骸~ 天地~ 风尘~

人境~ 浮云~ 扶桑~ 春山~

**载** zǎi 年。记载;刊登。

[旧属十贿]

千~ 初~ 前~ 三~ 九~ 历~

万~ 半~ 百~ 累~ 往~ 几~

多少~ 七八~

(另见 zài)

**宰** zǎi 主管;主持。杀。

[旧属十贿]

主~ 屠~ 太~ 真~ 冢~ 烹~

作~ 邑~ 里~ 荃~ 元~ 上~

内~ 匠~ 守~ 出~ 茂~ 仙~

诸~ 英~ 名~ 良~ 贤~ 刀~

造化~ 弦歌~ 百里~ 神明~

小县~

**崽** zǎi 男青年。幼小。

细~ 猪~ 华~ 打工~

**再** zài 再次。

[旧属十一队]

一~ 不~ 仍~ 至~ 而~ 勿~

其可~ 时难~

**在** zài 存在;生存。

[旧属十贿十一队]

安~ 何~ 宛~ 人~ 平~ 君~

不~ 常~ 咸~ 日~ 月~ 碑~

名~ 兴~ 春~ 道~ 香~ 恩~

池~ 齿~ 命~ 灯~ 声~ 半~

笑~ 功~ 疑~ 独~ 长~ 健~

好~ 舌~ 潜~ 所~ 实~ 外~

内~ 自~ 正~ 亲~ 在~ 云~

简~ 如~ 犹~ 山河~ 肝胆~

祛犹~ 两人~ 尊者~ 星辰~

壮心~ 几人~ 心事~ 遗韵~

依然~ 一经~ 双双~ 是非~

风味~ 家风~ 春常~ 文章~

**载** zài 载运。载重。

[旧属十一队]

运~ 车~ 轮~ 装~ 乘~ 记~
持~ 诗~ 广~ 转~ 周~ 同~
私~ 承~ 满~ 重~ 厚~ 覆~
刊~ 登~ 连~ 万斛~ 无私~
彤史~ 和舟~ 后车~
（另见 zǎi）

**儎** zài 货物。

卸~ 过~ 一~

**债** zhài 欠别人的钱。
[旧属十卦]

血~ 宿~ 孕~ 收~ 起~ 理~
行~ 酒~ 私~ 公~ 国~ 诗~
钱~ 前~ 义~ 欠~ 负~ 借~
逃~ 避~ 了~ 讨~ 偿~ 举~
寻常~ 风流~ 清浮~ 鸳鸯~
看花~ 三生~ 行脚~ 云水~

**砦** zhài 同'寨'。
[旧属十卦]

鹿~ 结~ 烽~ 立~ 拔~ 营~
木兰~ 古木~

**祭** zhài 姓。
[旧属十卦]
（另见八齐 jì）

**寨** zhài 寨子。
[旧属十卦]

山~ 营~ 结~ 立~ 拔~ 土~
白沙~ 真珠~ 羊罗~

**瘵** zhài 病。
[旧属十卦]

衰~ 疴~ 形~ 毁~ 寝~ 笃~
羸~ 群~ 婴~

**转** zhuǎi 转文,掉书袋。
[旧属十六铣十七霰]
（另见十一先 zhuǎn；zhuàn）

**跩** zhuǎi 走路摇晃。

一~ 步步~

**拽** zhuài 拉。

硬~ 死~ 手~ 一把~
（另见平声 zhuāi）

# 旧读入声

**嗌** ài 咽喉痛。
[旧属十一陌]

鸣~ 号~ 哽~ 涩~
（另见八齐 yì）

**百** bǎi 数目。
[旧属十一陌]

三~ 千~ 数~ 钱~ 八~ 满~
什~ 利~ 贯~ 正~ 杖~ 凡~
年半~ 一当~ 千取~ 寿至~

**佰** bǎi '百'的大写。

**伯** bǎi 大伯子。
（另见十五波 bó）

**柏** bǎi 柏树。
[旧属十一陌]

翠~ 劲~ 列~ 秦~ 文~ 新~
古~ 松~ 杏~ 桐~ 水~ 乌~
长~ 绮~ 烟~ 凌霜~ 倒生~
青铜~
（另见十五波 bó,bò）

**啜** chuài 姓。
[旧属九屑]
（另见十五波 chuò）

**麦** mài 麦子。
[旧属十一陌]

秀~ 乔~ 雀~ 美~ 采~ 大~
小~ 燕~ 稻~ 秋~ 青~ 收~

**脉** mài 脉搏。脉脉。
[旧属十一陌]

山~ 地~ 一~ 水~ 沙~ 脉~
诊~ 细~ 察~ 张~ 诀~ 阳~
阴~ 经~ 余~ 心~ 喜~ 支~
金~ 按~ 微~ 贯~ 静~ 气~
泉~ 血~ 命~ 筋~ 切~ 动~
川为~ 松底~ 香引~ 千里~
沧海~ 十二~
（另见十五波 mò）

**霢** mài 霢霂,小雨。
[旧属十一陌]

霭~ 膏~ 濛~ 虔~

**俕** nǎi 你。
[旧属十一陌]

**迫** pǎi 迫击炮。

（另见十五波 pò）

**窄** zhǎi 狭窄。不开朗。
[旧属十一陌]
韵~ 路~ 险~ 屋~ 短~ 宽~
命~ 衣~ 蠹~ 席~ 一~ 步~
船~ 裤~ 袖~ 春梦~ 眼界~
天地~ 气量~ 前途~ 两岸~

# 十一先

## 平声

**安** ān 平安。安定。加上。
[旧属十四寒]
相~ 居~ 心~ 问~ 偏~ 燕~
招~ 建~ 早~ 晚~ 少~ 人~
谢~ 静~ 卜~ 延~ 长~ 治~
公~ 苟~ 久~ 求~ 慰~ 未~
万~ 大~ 不~ 请~ 民~ 偷~
万邦~ 未曾~ 梦魂~ 天下~

**桉** ān 木名。
柳~

**氨** ān 氨气。氨基酸。

**唵** ān 叹词。答应或提醒。

**庵** ān 小草屋。专指佛寺。
[旧属十三覃]
尼~ 花~ 香~ 樵~ 松~ 梅~
竹~ 云~ 野~ 山~ 蒲~ 禅~
晦~ 蓬~ 寒~ 佛~ 小~ 草~
茅~ 荒~ 结~ 远~ 退~ 陶~
定僧~ 雪封~ 水月~ 听松~

**谙** ān 熟悉。
[旧属十三覃]
熟~ 深~ 未~ 素~ 初~ 饱~
已~ 旧~ 不~ 世~ 自~ 详~
旧曾~ 世味~ 仔细~ 事事~

**鹌** ān 鹌鹑。
[旧属十三覃]
黄~ 篱~ 鹑~ 雀~ 鸠~

**腤** ān 烹煮鱼肉。

**鞍** ān 牲口背上的骑具。
[旧属十四寒]

锦~ 马~ 玉~ 歇~ 解~ 跨~
晓~ 春~ 霞~ 随~ 银~ 金~
雕~ 征~ 归~ 据~ 卸~ 投~
入绣~ 月在~ 不离~ 送客~

**盦** ān 盛食物的器具。
[旧属十三覃]
馈~ 素~ 小~ 交虬~ 伯戋~

**扳** bān 扭转方向。
[旧属十五删]
手~ 回~ 指~ 苦~ 狠~ 力~
相牵~ 两莫~ 用力~
(另见 pān)

**攽** bān 发给;分给。
[旧属十五删]

**班** bān 量词。编制。
[旧属十五删]
戏~ 值~ 上~ 下~ 夜~ 加~
科~ 接~ 旧~ 一~ 随~ 日~
末~ 全~ 轮~ 跟~ 同~ 脱~
鲁~ 大~ 班~

**般** bān 种;样。
[旧属十五删]
千~ 此~ 那~ 一~ 几~ 多~
百~ 这~ 万~ 十八~ 不一~
(另见 pán;十五波 bō)

**颁** bān 发布;颁发。
[旧属十五删]
新~ 春~ 恩~ 时~ 荣~ 下~

**斑** bān 斑点或斑纹。
[旧属十五删]
斑~ 泪~ 血~ 书~ 云~ 衣~
红~ 细~ 光~ 耀~ 菊~ 诗~
黄~ 虎~ 玉~ 斓~ 竹~ 汗~
豹~ 苔~ 草~ 石文~ 纸痕~
两鬓~ 窥一~ 泪滴~ 薜露~

**搬** bān 移动物体。迁移。
[旧属十五删]

照～生～喜～不～车～回～

鲢～鲋～河～黑～

**瘢** bān 伤口留下的痕迹。
[旧属十四寒]

消～疮～刀～枪～雨～划～
刀箭～野烧～旧日～

**癍** bān 皮肤斑点。

**边** biān 边缘。界限。
[旧属一先]

岸～天～水～桥～江～缘～
开～地～窗～席～两～溪～
海～治～檐～枕～山～捍～
拓～月～岩～竹～沙～柳～
巢～河～左～右～塞～林～
泉～脸～旁～双～池～手～
屋～田～路～云～花～眼～
篱～湖～鬓～耳～守～戍～
无～半～镶～里～外～后～
白云～大河～青山～绿水～

**砭** biān 用石针刺扎治病。
[旧属十四盐二十九艳]

针～深～攻～痛～明～外～

**笾** biān 竹器。
[旧属一先]

豆～羞～百～共～篚～金～
饭～取～翠～果～时～设～

**萹** biān 萹蓄,草药。

(另见仄声 biǎn)

**编** biān 编织。编制。
[旧属一先]

韦～简～改～残～合～新～
整～汇～续～末～外～类～
如～文～细～旧～史～主～
手～竹～遗～选～正～断～

**煸** biān 油煸,烹饪方法。

**蝙** biān 蝙蝠。

**篼** biān 篼舆,一种竹轿。
[旧属一先]

竹～饭～编～

**鳊** biān 鱼名。
[旧属一先]

**鞭** biān 鞭子。鞭状物。
[旧属一先]

竹～皮～掌～长～着～先～
举～悬～神～飞～横～捉～
挥～挂～荷～狂～牛～雄～
加～霜～醉～驱～玩～归～
马～玉～铁～扬～执～鸣～

**参** cān 加入。参考。领会。
[旧属十三覃]

内～数～密～细～详～稽～
窥～月～常～新～洞～夜～
相～同～合～翠色～太虚～
万本～谁与～四时～静中～

(另见十八真 cēn;shēn)

**骖** cān 驾在车两边的马。
[旧属十三覃]

两～右～戎～惊～风～饰～
云～嘶～双～骄～联～佐～
陪～征～玉～归～骅～灵～

**鲹** cān 鲹鱼,也叫鲦鱼。

**餐** cān 吃。饭食。
[旧属十四寒]

三～午～西～菊～就～洁～
花～咸～用～独～晨～露～
未～早～加～会～聚～素～
忘～共～佐～野～风～饱～
快～可～夕～不能～共进～

**残** cán 残缺。剩余。伤害。
[旧属十四寒]

春～凶～摧～星～夜～秋～
菊～衰～雪～漏～守～叶～
影～雕～香～月～碑～灯～
冬～岁～花～酒～补～零～
夕阳～百花～风雨～晓星～

**蚕** cán 虫名。
[旧属十三覃]

春～养～劝～肥～寒～田～
农～耕～雪～绩～新～银～
喂～课～红～金～野～眠～
桑～冰～浴～茧～仙～玉～

**惭** cán 惭愧。
[旧属十三覃]

大~　面~　容~　多~　愧~　颜~
衔~　身~　久~　蕴~　忧~　意~
羞~　不~　心~　怀~　内~　自~
悲~　空~

**辿** chān 龙王辿,山西地名。

**觇** chān 观测;窥视。
[旧属十四盐]
往~　窥~　密~　应~　尽~

**梴** chān 形容木长。
[旧属一先]

**搀** chān 搀和,亦作搀和。
[旧属十五咸]
搀~　纤~
（另见仄声 càn；shǎn）

**搀** chān 搀扶。
[旧属十五咸]
相~　天~　手~

**幨** chān 车帷子。
[旧属十四盐二十九艳]
车~　去~　锦~　花~　骑~　高~
垂~　绛~　床~

**襜** chān 短衣。
[旧属十四盐]
绿~　貂~　布~　锦~

**单** chān 单于,匈奴君主称号。
[旧属十四寒]
（另见 dān；仄声 shàn）

**铤** chán 一种铁把的短矛。
[旧属二十四迥]
金~　珍~　八千~　割玉~

**谗** chán 说他人坏话。
[旧属十五咸]
听~　去~　谤~　惧~　纳~　免~
快~　遇~　近~　遭~　见~　止~
除~　被~　斥~　蒙~　群~　畏~
避~　防~　讥~　信~　奸~　进~
巧言~　白黑~

**婵** chán 婵娟,美好。婵媛。
[旧属十五咸]
婉~

**馋** chán 贪吃。羡慕。
[旧属十五咸]

舌~　解~　犬~　放~　忍~　口~
清~　手~　眼~　贪~　嘴~　不~

**禅** chán 佛教用语。
[旧属一先]
坐~　参~　问~　幽~　趣~　高~
真~　净~　通~　解~　乐~　说~
无~　谈~　悟~　口头~　野狐~
（另见 shàn）

**孱** chán 瘦弱;软弱。
[旧属一先十五删]
病~　身~　体~　饥~　力~　遇~
弩~　老~　羸~　虚~　肤~　幽~
（另见 càn）

**缠** chán 缠绕。应付。
[旧属一先]
纠~　藤~　锦~　情~　香~　牵~
云~　萦~　难~　盘~　腰~　丝~
名利~　瓜蔓~　公务~

**蝉** chán 昆虫类别。
[旧属一先]
鸣~　惊~　乱~　风~　枯~　夜~
孤~　遥~　早~　晚~　林~　凉~
山~　闻~　疏~　繁~　露~　蜂~
捕~　蜕~　暗~　清~　云~　银~
噪~　寒~　秋~　金~　新~　听~
雨后~　一声~　秋日~　午夜~

**僝** chán 显现。具备。
[旧属十五潸]
僝~　杳未~

**廛** chán 房屋。
[旧属一先]
南~　倾~　郊~　列~　徙~　广~
国~　都~　通~　旧~　街~　里~
陋~　故~　分~　耕~　居~　市~
肆~　百~

**潺** chán 流水声。
[旧属一先十五删]
淙~　幽~　惊~　涟~　幽~　潺~

**澶** chán 澶渊,地名。
[旧属一先]

**镡** chán 姓。
[旧属十二侵十三覃]
（另见 tán；十七侵 xín）

**瀍** chán 水名。
[旧属一先]
伊~　东~　泾~　涧~　嵩~

**蟾** chán 蟾蜍。
[旧属十四盐]
戏~　玉~　素~　金~　老~　圆~
瑶~　霜~　梦~　化~　凉~　新~
庭~　清~　双~　铜~　砚~　高~
海~　孤~　夜~　骑~　阴~　望~
聚~　桂~　龟~　小~　养~　仙~
银~　寒~　钓~　秋~　灵~　宝~
刘海~　八月~　兔随~　三足~

**巉** chán 山势高险。
[旧属十五咸]
嵌~　碧~　峭~　断崖~　裂壁~
山石~

**躔** chán 行迹。
[旧属一先]
星~　斗~　升~　迹~　南~　经~
岁~　明~　夕~　移~　贵~　应~

**镵** chán 刨土工具。
[旧属十五咸]
铁~　雪~　药~　长~　花~　腰~
采药~　花木~　春露~

**川** chuān 河流。平野。
[旧属一先]
山~　平~　百~　遥~　回~　映~
绿~　远~　洪~　涌~　云~　寒~
九~　名~　涉~　玉~　清~　望~
绕~　江~　惊~　奔~　盈~　澄~
萦~　长~　巨~　河~　大~　四~
冰~　晴~　秦~　盘~　银~　前~
米粮~　桑麻~

**穿** chuān 透。通过。
[旧属一先]
贯~　云~　影~　波~　细~　难~
纸~　鸟~　丝~　踏~　风~　漏~
叶~　勤~　蜂~　说~　揭~　眼~
望~　针~　磨~　砚~　弹~　射~
线~　衣~　想~　看~　拆~　戳~
百步~　一箭~　滴石~　蛱蝶~

**传** chuán 传给。传播。表达。
[旧属一先]
香~　薪~　闻~　旧~　鹊~　必~
专~　并~　永~　遐~　经~　雁~

罕~　功~　久~　歌~　诗~　意~
难~　散~　独~　空~　真~　神~
单~　嫡~　手~　宣~　相~　流~
师~　遗~　心~　谣~　口~　讹~
名~　言~　风~　哄~　家~　祖~
秘~　盛~　虚~　浪~　妄~　珍~
到处~　世代~　天下~　薪火~
(另见仄声 zhuàn)

**舡** chuán 同‘船’。

**船** chuán 水上交通工具。
[旧属一先]
夜~　乘~　彩~　呼~　满~　战~
沉~　江~　车~　发~　湖~　秋~
引~　入~　绕~　蓬~　叩~　停~
春~　随~　缆~　海~　邻~　花~
飞~　摇~　撑~　划~　行~　客~
上~　泊~　漏~　游~　画~　龙~
乌篷~　采菱~　春水~　夜航~
上水~　罱泥~　藕如~　走私~

**遄** chuán 迅速。往来频繁。
[旧属一先]
月~　赋~

**椽** chuán 椽子。
[旧属一先]
屋~　数~　檐~　古~　饰~　柏~
彩~　攀~　直~　蠹~　疏~　萦~
修~　架~　竹~　出檐~　笔如~

**汆** cuān 烹调方法。汆汤。

**撺** cuān 抛掷。跳入。
[旧属十五翰]

**镩** cuān 冰镩,凿冰工具。

**蹿** cuān 跳。
[旧属一先]

**攒** cuán 聚集;拼凑。
[旧属十四寒]
玉~　星~　蚕~　翠~　如~　凤~
蜂~　聚~　林~　盘~　竹~　花~
云~　眉~　峰~　麦芒~　幽思~
剑戟~　瑞气~
(另见仄声 zǎn)

**丹** dān 红色。丹砂。药丸。
[旧属十四寒]

染～ 山～ 契～ 烧～ 含～ 华～
若～ 凝～ 渥～ 朱～ 唇～ 流～
霞～ 燕～ 炼～ 铁～ 仙～ 牡～
枫叶～ 碧霞～ 山丹～ 换骨～

**担** dān 用肩挑。担负。
[旧属十三覃]

肩～ 承～ 分～ 负～ 义～ 共～
步～ 力～ 荷～ 义～ 代～ 扁～
（另见仄声 dàn）

**单** dān 一个。奇数。单据。
[旧属十四寒]

简～ 孤～ 身～ 影～ 形～ 名～
传～ 税～ 账～ 凭～ 定～ 清～
衣～ 衾～ 单～ 保～ 埋～ 买～
（另见 chán；仄声 shàn）

**眈** dān 眈眈,注视。
[旧属十三覃]

**耽** dān 延误。沉溺。
[旧属十三覃]

久～ 荒～ 自～ 士～ 女～ 若～
淫～ 永～ 深～ 心～ 乐～ 荒～

**郸** dān 邯郸,地名。
[旧属十四寒]

**聃** dān 人名。
[旧属十三覃]

老～ 庄～ 彭～

**殚** dān 尽;竭尽。
[旧属十四寒]

心～ 乐～ 义～ 岁～ 物～ 穷～
力～ 财～ 智～ 疲～ 粮～ 路～

**瘅** dān 热症。
[旧属十四寒]

火～ 阳～ 刚～ 不～ 燥～
（另见仄声 dàn）

**襌** dān 单衣。
[旧属十四寒]

**箪** dān 饭箩。
[旧属十四寒]

空～ 豆～ 荷～ 一～ 大～ 瓦～

**儋** dān 儋县,海南地名。
[旧属十三覃]

左～ 黎～

**甔** dān 瓶。
[旧属十三覃二十八勘]

一～ 无～ 倾～ 石～ 酒～ 水～
绿盈～

**掂** diān 估量轻重。

自～ 轻～ 心～ 手～ 偷～ 暗～
掂一～

**傎** diān 颠倒错乱。

**滇** diān 云南别称。
[旧属一先]

嵩～ 巴～ 黔～ 桂～ 赴～ 驻～

**颠** diān 顶。颠簸。
[旧属一先]

狂～ 诗～ 云～ 不～ 抄～ 树～
顶～ 扶～ 醉～ 塔～ 高～ 迷～
车上～ 旅途～ 济公～ 春风～

**蹎** diān 跌倒。
[旧属一先]

穷～ 蹎～

**巅** diān 山顶。
[旧属一先]

山～ 岭～ 岩～ 崖～ 丘～ 苍～
石～ 危～ 崇～ 云～ 层～ 荒～
翠微～ 云峰～ 海浪～ 百丈～

**癫** diān 精神错乱。

疯～ 痴～ 佯～ 酒～ 书～ 喜～
行似～ 人成～

**端** duān 头。原因。端正。
[旧属十四寒]

开～ 发～ 无～ 尖～ 林～ 檐～
上～ 眉～ 墙～ 不～ 树～ 锋～
鼻～ 异～ 两～ 极～ 顶～ 行～
事～ 肇～ 弊～ 祸～ 衅～ 争～
百～ 云～ 舌～ 笔～ 毫～ 品～

**帆** fān 船帆。
[旧属十五咸]

扬～ 风～ 千～ 举～ 去～ 春～
晓～ 泊～ 高～ 惊～ 数～ 商～
落～ 吹～ 过～ 鼓～ 乡～ 送～

危~ 旅~ 疾~ 晚~ 离~ 停~
战~ 催~ 席~ 夜~ 暮~ 渔~
卷~ 宿~ 雨~ 片~ 锦~ 樯~
海~ 征~ 轻~ 远~ 归~ 飞~
烟~ 秋~ 云~ 半~ 客~ 江~
孤~ 满~ 张~ 挂~ 收~ 一~
破浪~ 万里~ 天外~ 风雨~

**驲** fān 同'帆'。
[旧属十五咸]
驲~

**番** fān 种。次。
[旧属十三元]
数~ 交~ 初~ 一~ 三~ 连~
前~ 几~ 轮~ 更~ 廿四~
(另见 pān)

**蕃** fān 同'番'。
[旧属十三元]
(另见 fán)

**幡** fān 窄长直挂的旗子。
[旧属十三元]
红~ 锦~ 春~ 舒~ 立~ 揭~
吹~ 扬~ 举~ 花~ 经~ 云~
白~ 持~ 高~ 黄~ 节~ 彩~
画~ 风~ 悬~ 灵~ 珠~ 佛~

**繙** fān
[旧属十三元]
缤~(旗飘)连~(连续)
(另见 fán)

**藩** fān 篱笆。屏障。
[旧属十三元]
竹~ 芦~ 雄~ 墙~ 东~ 围~
远~ 屏~ 篱~ 边~ 外~ 建~

**翻** fān 反转。翻动。
[旧属十三元]
滚~ 推~ 新~ 夜~ 涛~ 花~
车~ 燕~ 鸥~ 云~ 波~ 搅~
手~ 急~ 絮~ 掀~ 风~ 乱~
飞~ 踏~ 天~ 曲~ 调~ 闹~
浪~ 腾~ 荷~ 翩~ 翔~ 空~
瑞雪~ 夕浪~ 红叶~ 趁风~

**飜** fān 同'翻'。

**凡** fán 平凡。大概。总共。
[旧属十五咸]

非~ 脱~ 称~ 超~ 举~ 隔~
离~ 愚~ 卑~ 总~ 不~ 圣~
尘~ 仙~ 大~ 发~

**氾** fán 姓。同'泛'。
[旧属四纸]

**矾** fán 明矾。
[旧属十三元]
白~ 炼~ 雪~ 石~ 青~ 铁~

**烦** fán 烦闷。多而乱。
[旧属十三元]
解~ 理~ 劳~ 涤~ 避~ 空~
徒~ 伤~ 增~ 惮~ 蝉~ 累~
耳~ 消~ 声~ 言~ 洗~ 释~
极~ 心~ 忧~ 纷~ 尘~ 腻~
耐~ 麻~ 频~ 絮~ 事~ 厌~
不怕~ 政务~ 噪音~ 琐事~

**墦** fán 坟墓。
[旧属十三元]
春~ 荒~ 花~ 丘~ 乞~ 野~
东郭~ 乌鸦~

**蕃** fán 茂盛。繁殖。
[旧属十三元]
实~ 硕~ 青~ 吐~ 枝~ 露~
叶~ 花~ 畜~ 禽~ 草~ 鸟~
草木~ 牛马~ 五谷~ 畜牧~
(另见 fān)

**樊** fán 篱笆。
[旧属十三元]
丘~ 尘~ 荒~ 笼~ 篱~ 柳~
入~ 山~ 重~ 玉~ 荆~ 竹~

**繙** fán 繙帋, 风吹摆动貌。
[旧属十三元]
(另见 fān)

**璠** fán 美玉。
[旧属十三元]
如~ 琼~

**膰** fán 祭祀用的熟肉。
[旧属十三元]
执~ 羞~ 致~

**燔** fán 焚烧。烤。
[旧属十三元]
火~ 炮~ 肉~ 救~ 自~ 重~
扇~ 枝~ 灾~ 林~ 烧~ 烤~

繁 fán 多。复杂。
[旧属十三元]
花~ 叶~ 星~ 影~ 绿~ 频~
竹~ 红~ 事~ 物~ 枝~ 浩~
春色~ 草木~ 华灯~ 百花~

鷭 fán 鸟名。

蹯 fán 兽足。
[旧属十三元]
熊~ 绝~ 掌~ 禽~ 深~ 虎~

薠 fán 白蒿。
[旧属十三元]
蘋~ 采~ 执~ 洁~ 绿~ 水~

干 gān 冒犯。干燥。水边。
[旧属十四寒]
若~ 天~ 何~ 江~ 阑~ 长~
河~ 笋~ 饼~ 水~ 海~ 泥~
舌~ 喉~ 口~ 风~ 晾~ 枯~
阴~ 香~ 白~ 葡萄~ 露未~
河道~ 牛肉~ 不可~ 不相~
豆腐~
(另见仄声 gàn)

甘 gān 甜;甜美。自愿。
[旧属十三覃]
心~ 不~ 同~ 口~ 丰~ 流~
香~ 食~ 滑~ 蜜~ 益~ 寝~
酒~ 凝~ 弃~ 身~ 酌~ 情~
水~ 汁~ 菊~ 叶~ 饴~ 舌~
微~ 浓~ 瓜~ 味~ 芳~ 泉~
露~ 言~ 苦~ 肥~ 回~ 醴~
苦亦~ 雨留~ 菜蔬~

忓 gān 干扰。
[旧属十四寒]
不能~

玕 gān 美玉。
[旧属十四寒]
明~ 琅~ 珠~ 兰~ 秀~

杆 gān 细长杆子。
栏~ 标~ 吊~ 竹~ 旗~ 桅~
高~ 长~ 拉~ 细~ 渔~ 钓~
电线~ 钓鱼~
(另见仄声 gǎn)

肝 gān 肝脏。
[旧属十四寒]
铁~ 鼠~ 龙~ 洗~ 忠~ 镌~
青~ 甲~ 补~ 心~ 肺~ 鸡~
猪~ 披~ 茹~ 老~ 掏~

坩 gān 陶器。
[旧属十三覃]
一~ 银~

苷 gān 糖苷,有机化合物。
[旧属十三覃]

矸 gān 矸石,煤里含石块。
[旧属十五翰]
徐~ 南山~

泔 gān 淘米水。刷锅水。
[旧属十三覃]
米~ 鱼~ 雨~ 流~ 积~ 泼~
浊如~

柑 gān 柑橘。
[旧属十三覃]
芦~ 广~ 红~ 赠~ 授~ 千~
吴~ 食~ 种~ 破~ 变~ 养~
新~ 真~ 甜~ 庭~ 橘~ 香~
蜜~ 黄~ 霜~ 双~ 金~ 油~

竿 gān 竹竿。
[旧属十四寒]
渔~ 钓~ 撑~ 长~ 投~ 半~
掷~ 霜~ 持~ 垂~ 揭~ 竹~
爬~ 立~ 滑~ 轻~ 危~ 半~
日三~ 百尺~ 晾衣~

酐 gān 酸酐。

疳 gān 病名。
走马~

尴 gān 尴尬。

漧 gān 干燥。

关 guān 合拢。关卡。
[旧属十五删]
海~ 边~ 攻~ 年~ 过~ 入~
三~ 雄~ 晓~ 云~ 京~ 把~
封~ 叩~ 闭~ 抱~ 报~ 复~

通~　攸　有~　开~　双~　间~
玄~　城　阳~　机~　出~　津~
重~　难~　当~　无~　相~　牙~
山海~　名利~　鬼门~

## 观

guān 看。景象。认识。

[旧属十四寒]

乐~　大~　奇~　美~　壮~　雅~
夜~　闲~　往~　遍~　主~　客~
宏~　微~　卧~　笑~　外~　景~
饱~　遐~　同~　目~　喜~　独~
荣~　达~　参~　可~　直~　仰~
旁~　静~　概~　游~　反~　纵~
悲~　改~　细~　远~　坐~　博~
如是~　人生~　宇宙~　坐井~
（另见仄声 guàn）

## 纶

guān 纶巾，头巾。

[旧属十五删]

青~　纤~
（另见八真 lún）

## 官

guān 官员。器官。

[旧属十四寒]

贪~　赃~　冗~　长~　买~　论~
升~　居~　入~　副~　百~　教~
判~　考~　警~　新~　微~　移~
史~　求~　稗~　授~　辞~　军~
法~　将~　罢~　当~　为~　好~
清~　达~　拜~　高~　收~　文~
武~　感~　五~　七品~　芝麻~
父母~　外交~

## 冠

guān 帽子。

[旧属十四寒]

皇~　儒~　桂~　衣~　高~　华~
花~　沐~　扶~　濯~　欹~　朝~
缟~　尊~　貂~　王~　加~　弹~
冲~　女~　峨~　整~　脱~　鸡~
凤~　挂~　免~　虎而~　沐猴~
（另见仄声 guàn）

## 矜

guān 同'鳏'。同'瘝'。

[旧属十蒸]
（另见十七侵 jīn；qín）

## 莞

guān 水葱类植物。

[旧属十四寒]

青~　苇~　蒲~　编~　下~　鼠~
掘~　草~　秸~　丛~　春~　雨~
（另见仄声 guǎn；wǎn）

## 倌

guān 饲养家畜的人。

猪~　牛~　羊~　堂~　新郎~

## 棺

guān 棺材。

[旧属十四寒]

悬~　石~　衣~　开~　破~　同~
停~　空~　柏~　剖~　盖~　抚~
玉~　梦~　金~　薄~

## 瘝

guān 病；痛苦。

[旧属十五删]

恫~　旷~

## 鳏

guān 无妻或丧妻的人。

[旧属十五删]

贫~　有~　早~　鲂~　穷~

## 顸

hān 颟顸，糊涂。

## 蚶

hān 软体动物。

[旧属十三覃]

银~　毛~　白~　螺~　醉~　贡~

## 酣

hān 饮酒尽兴。

[旧属十三覃]

酒~　笔~　歌~　语~　风~　琴~
觞~　兴~　香~　意~　睡~　乐~
共~　长~　宴~　醵~　醉~　余~
气~　晨~　半~　微~　沉~　春~
战犹~　晚绿~　秋雨~　雪意~

## 憨

hān 傻。朴实。

[旧属十三覃]

痴~　愚~　隐~　酒~　憨~　太~
放~　困~　狂~　娇~　人~　情~
儿女~　笑人~　平生~

## 鼾

hān 打鼾，打呼噜。

## 邗

hán 邗江，江苏地名。

## 汗

hán

[旧属十四寒]

可~（西域君主称号）
（另见仄声 hàn）

## 邯

hán 邯郸，河北地名。

[旧属十三覃]

章~　荆~　梁~　步~　东西~

**含** hán 含在嘴里。容纳。
[旧属十三覃]
口~ 包~ 窗~ 莺~ 韬~ 容~
虚~ 体~ 春~ 义~ 孕~ 内~
文~ 花~ 烟~ 梅~ 风~ 雾~
露~ 长~ 气~ 声~ 眉~ 意~
中~ 深~ 情~ 山~ 泪~ 半~
香气 万岭~ 竹叶~ 五色~

**函** hán 信件。封套。
[旧属十三覃十五咸]
信~ 书~ 致~ 来~ 云~ 册~
经~ 棋~ 诗~ 公~ 情~ 商~
回~ 空~ 百~ 琼~ 尘~ 大~
署~ 密~ 宝~ 金~ 玉~ 作~
解~ 药~ 珍~ 发~ 瑶~ 石~
燕无~ 鲤鱼~

**浛** hán 浛洸,广东地名。

**琀** hán 死者口含的珠玉。
[旧属二十八勘]
受~ 殡~ 吊~ 亲~ 归~ 营~
珠玉~ 送终~

**晗** hán 天将明。

**涵** hán 包容。水多貌。
[旧属十三覃]
气~ 泓~ 潜~ 烟~ 明~ 韬~
露~ 波~ 砚~ 镜~ 清~ 包~
江~ 虚~ 海~ 万象~ 秋影~
金碧~ 皎镜~

**韩** hán 古国名。姓。
[旧属十四寒]
追~ 识~ 慕~ 燕~ 萧~ 呼~

**寒** hán 冷。畏惧。穷困。
[旧属十四寒]
雪~ 晓~ 夜~ 雨~ 微~ 晨~
枕~ 冰~ 初~ 江~ 迎~ 早~
天~ 语~ 阴~ 门~ 山~ 凝~
余~ 大~ 避~ 菊~ 岁~ 春~
风~ 霜~ 小~ 露~ 饥~ 贫~
清~ 齿~ 广~ 困~ 心~ 严~
嫩~ 孤~ 凌~ 冲~ 消~ 惊~
嘘~ 破~ 冒~ 郊~ 凄~ 伤~
易水~ 朔风~ 五更~ 霜月~
水云~ 雁声~ 秋江~ 白露~

**欢** huān 快乐。喜爱。
[旧属十四寒]
悲~ 狂~ 合~ 联~ 喜~ 情~
交~ 寻~ 追~ 求~ 两~ 欣~
寡~ 心~ 含~ 齐~ 沉~ 别~
新~ 神~ 割~ 旧~ 失~ 真~
撒~ 称~ 强~ 少~ 忘~ 怜~
望~ 承~ 言~ 尽~ 余~ 所~
两相~ 笑语~ 举国~ 平生~

**讙** huān 喧哗。
[旧属十四寒]
众~ 噪~ 蛙~ 笑~ 呼~ 合~

**獾** huān 动物名。
[旧属十四寒]
牡~ 寝~ 貉~ 狐~ 穴~ 狗~
猪~ 狸~ 狼~ 沙~

**讙** huān 同'欢'。
[旧属十四寒]
王~ 冯~

**还** huán 返回。恢复。归还。
[旧属一先]
春~ 星~ 雁~ 鹤~ 人~ 时~
生~ 无~ 俱~ 潜~ 夕~ 飞~
潮~ 自~ 追~ 送~ 往~ 回~
归~ 偿~ 珠~ 交~ 奉~ 璧~
去复~ 衣锦~ 载月~ 万里~
(另见十开 hái)

**环** huán 环节。围绕。
[旧属十五删]
花~ 光~ 珮~ 瑶~ 双~ 如~
海~ 月~ 鸣~ 门~ 碧~ 满~
玉~ 翠~ 珠~ 耳~ 循~ 山~
水~ 金~ 指~ 轮~ 绕~ 单~
大刀~ 解连~ 中十~ 月晕~

**郇** huán 姓。
[旧属十一真]
(另见十七侵 xún)

**洹** huán 洹水,河南水名。
[旧属十三元]
流~ 泥~ 注~ 涉~ 游~ 济~

**桓** huán 威武貌。姓。
[旧属十四寒]
盘~ 齐~ 荣~ 桓~

**萑** huán 荻类。
[旧属十四寒]
编～ 泽～ 执～

**貆** huán 兽名。
[旧属十三元]
悬～

**锾** huán 古代重量单位。
[旧属十五删]
百～ 千～ 峻～ 罚～

**圜** huán 转圜，从中调停。
[旧属十五删]
司～ 句～ 水～ 流～ 五星～
（另见 yuán）

**阛** huán 阛阓，街市。
[旧属十五删]
通～ 市～

**澴** huán 澴水，湖北水名。
[旧属十五删]
湾～ 漩～

**寰** huán 广大的地域。
[旧属十五删]
人～ 尘～ 市～ 区～ 仙～ 通～
赤～ 畿～ 宇～ 九～ 烟～

**嬛** huán
[旧属一先]
便～ 琅～ 娟～

**缳** huán 绳圈。绞杀。
绞～ 投～

**瓛** huán 玉圭，用于人名。
[旧属十四寒]

**轘** huán 轘辕，关名。
[旧属十五删十六谏]
车～ 刑～ 函～ 东～ 渠弥～
（另见仄声 huàn）

**鹮** huán 鸟名。
朱～

**鬟** huán 环形发髻。
[旧属十五删]
蛾～ 黛～ 仙～ 歌～ 青～ 双～
圆～ 斜～ 倾～ 花～ 低～ 柔～
桃～ 娇～ 高～ 雾～ 拂～ 云～

螺～ 翠～ 丫～ 髻～ 垂～ 风～

**镮** huán 金属圈。
垂～ 古～ 剑～ 探～ 重～ 铜～
铁～ 钗～ 指～ 门～ 车～

**戋** jiān 戋戋，细微。
[旧属一先]

**尖** jiān 尖锐。出类拔萃。
[旧属十四盐]
顶～ 拔～ 笔～ 风～ 柳～ 芽～
山～ 叶～ 喙～ 尖～ 银～ 犀～
针～ 指～ 脚～ 嘴～ 鼻～ 浪～
齿～ 眉～ 舌～ 塔～ 眼～ 峰～
刀～ 枪～ 笋～ 冒～ 头～ 耳～
高精～ 汽笛～

**奸** jiān 奸诈。奸淫。
[旧属十四寒十五删]
防～ 锄～ 内～ 藏～ 忠～ 容～
排～ 阴～ 饰～ 辨～ 作～ 养～
伐～ 肃～ 群～ 巨～ 为～ 诘～
洞～ 破～ 强～ 诱～ 轮～ 汉～
除～ 老～ 耍～ 愚～ 大～ 止～

**歼** jiān 歼灭。
[旧属十四盐]
全～ 攻～ 聚～ 围～ 齿～ 半～
尽～ 殄～ 师～ 力～ 夜～ 身～
万类～ 神所～ 把敌～

**坚** jiān 硬。坚固。坚定。
[旧属一先]
愈～ 心～ 摧～ 无～ 穿～ 冰～
益～ 石～ 物～ 柔～ 质～ 精～
图～ 顽～ 日～ 中～ 弥～ 城～
披～ 攻～ 员～ 甲～ 力～ 玉～
松柏～ 金石～ 意志～

**间** jiān 时间或空间。
[旧属十五删]
世～ 民～ 人～ 凡～ 区～ 中～
年～ 期～ 乡～ 窗～ 瞬～ 阴～
两～ 田～ 日～ 夜～ 林～ 山～
行～ 其～ 此～ 花～ 腰～ 云～
天地～ 俯仰～ 清浊～ 云水～
来往～ 取舍～ 指顾～ 宇宙～
（另见仄声 jiàn）

**浅** jiān 浅浅，流水声。
[旧属一先]

（另见仄声 qiàn）

**肩** jiān 肩膀。担负。
[旧属一先]
垫~ 披~ 耸~ 垂~ 靠~ 拂~
过~ 倚~ 偎~ 露~ 拍~ 鹤~
一~ 两~ 并~ 息~ 卸~ 齐~
摩~ 双~ 比~ 坎~ 随~ 仔~

**艰** jiān 困难。
[旧属十五删]
维~ 事~ 势~ 曲~ 拙~ 处~
家~ 释~ 克~ 阻~ 心~ 险~
时~ 履~ 危~ 稼穑~ 举步~

**监** jiān 监视。牢狱。
[旧属十五咸]
总~ 收~ 探~ 牧~ 代~ 巡~
启~ 临~ 相~ 统~ 立~ 官~
（另见仄声 jiàn）

**兼** jiān 两倍。同时具有。
[旧属十四盐]
相~ 文~ 事~ 通~ 术~ 爱~
得~ 义~ 吞~ 难~ 更~ 并~
一身~ 智勇~ 万物~ 千金~

**菅** jiān 草名。
[旧属十五删]
草~ 白~ 黄~ 野~ 霜~ 枯~
翠~ 深~ 荆~ 编~ 榛~ 芳~

**笺** jiān 注解。信纸。
[旧属一先]
信~ 彩~ 锦~ 手~ 飞~ 香~
蛮~ 华~ 便~ 诗~ 鱼~ 题~
短~ 吟~ 花~ 云~ 红~ 素~
寄~ 鸾~ 贻~ 五色~ 薛涛~

**渐** jiān 浸。流入。
[旧属十四盐]
沾~ 同~ 东~ 滋~ 渐~
（另见仄声 jiàn）

**犍** jiān 阉割过的公牛。
[旧属一先]
老~ 呼~ 乌~ 九~ 吴~ 壮~

**湔** jiān 洗。
[旧属一先]
洗~ 故~ 至~ 雪~ 濯~ 泉~

**缄** jiān 封闭。
[旧属十五咸]

秘~ 书~ 封~ 如~ 幽~ 心~
香~ 遥~ 犹~ 尚~ 素~ 泥~
雾~ 云~ 发~ 启~ 瑶~ 披~
华~ 开~ 机~ 题~ 外~ 悬~
思莫~ 门无~ 柳眼~ 瀑布~

**瑊** jiān 瑊玏，像玉的美石。
[旧属十五咸]
浑~ 未要~ 肯顾~

**蒹** jiān 芦苇一类植物。
[旧属十四盐]
艾~ 苍~ 葭~

**搛** jiān 用筷子夹。

**煎** jiān 烹饪方法。
[旧属一先十七霰]
烹~ 熬~ 菊~ 油~ 自~ 忧~
手~ 焚~ 合~ 贫~ 炼~ 重~
枯~ 日~ 肠~ 浓~ 愁~ 微~
新~ 炮~ 茶~ 烦~ 常~ 水~
膏火~ 油里~ 日如~ 寒暑~

**缣** jiān 丝织品。
[旧属十四盐]
素~ 彩~ 束~ 断~ 生~ 匹~
长~ 兰~ 遗~ 绫~ 尺~ 青~
轻~ 熟~ 破~ 织~ 新~ 残~

**鹣** jiān 比翼鸟。
[旧属十四盐]
鸣~ 孤~ 西~ 鲽~ 鹣~ 征~

**熸** jiān 火熄灭。军队溃败。
[旧属十四盐]
火~ 军~ 气~ 霄~ 焰~

**鞬** jiān 盛大弓箭器具。
[旧属十三元]
佩~ 马~ 弓~ 锦~ 腰~

**鞯** jiān 马鞍子。
[旧属一先]
香~ 马~ 锦~ 绣~ 鞍~ 坐~

**椾** jiān 木片楔子。

**捐** juān 舍弃。捐助。
[旧属一先]
募~ 税~ 遗~ 相~ 笑~ 虚~
共~ 苟~ 纳~ 免~ 弃~ 微~

岁月～　一身～　百虑～　秋扇～

**涓** juān 细流。
[旧属一先]

涓～　微～　清～　导～　细～　末～

**娟** juān 美丽。
[旧属一先]

婵～　丽～　月～　玉～　翠～　娟～

**圈** juān 围起来。
[旧属十三阮]
（另见 quān；仄声 juàn）

**朘** juān 剥削。减少。
[旧属一先]

削～　月～　频～　马～

**鹃** juān 一种鸟。
[旧属一先]

杜～　啼～　春～　鸣～　化～　泣～
子～　田～　愁～　晨～　闻～　云～

**镌** juān 雕刻。
[旧属一先]

石～　名～　雕～　剖～　细～　横～
金～　丰～　神～　磨～　小～　深～

**蠲** juān 免除。
[旧属一先]

吉～　优～　特～　长～　濯～　丰～

**刊** kān 刊印。刊物。削除。
[旧属十四寒]

书～　创～　发～　合～　复～　改～
特～　月～　报～　周～　期～　画～
集～　季～　丛～　停～　年～　专～
校～　副～　重～　自～　未～　不～

**看** kān 看管；看护；看押。
[旧属十四寒]
（另见仄声 kàn）

**勘** kān 校订，核对。探测。
[旧属二十八勘]

参～　对～　送～　审～　互～　校～
点～　查～　前～　探～　测～　察～
复～　磨～　验～　踏～　取～　细～

**龛** kān 供奉神佛的小阁。
[旧属十三覃]

壁～　神～　珍～　灵～　山～　尘～
岩～　小～　古～　幽～　孤～　雪～
灯～　佛～　禅～　星～　仙～　崖～

**堪** kān 可。能忍受。
[旧属十三覃]

哪～　岂～　自～　无～　能～　不～
难～　可～　谁～　何～　才～　真～

**戡** kān 平定叛乱。
[旧属十三覃]

大～　弗～　南～　昨～　已～

**宽** kuān 宽度。松缓。
[旧属十四寒]

加～　政～　自～　性～　水～　通～
道～　桥～　放～　拓～　心～　天～
江～　从～　衣～　恩～　量～　平～
眼界～　天地～　世途～　道路～

**髋** kuān 髋骨；通称胯骨。
[旧属十四寒]

尻～　浅～

**兰** lán 兰花。兰草。
[旧属十四寒]

幽～　玉～　春～　蕙～　梅～　浴～
丛～　如～　白～　赏～　握～　江～
薇～　琼～　秋～　若～　泽～　香～
佩～　芳～　芝～　金～　梦～　杜～
皋～　竹～　砌～　君子～　花木～
紫罗～　空谷～　白玉～

**岚** lán 山中雾气。
[旧属十三覃]

云～　晴～　林～　山～　晓～　烟～
春～　秋～　浅～　风～　飞～　霜～
浮～　红～　轻～　青～　凝～　松～
湖～　溪～　寒～　雨～　夕～　潏～
翠～　层～　蒸～　阴～　岭～　千～
满袖～　雨洗～　滴翠～　霁后～

**拦** lán 阻挡。
[旧属十四寒]

阻～　遮～　手～　拘～　见～　约～
编～　排～　隔～　强～　绳～

**栏** lán 栏杆。
[旧属十四寒]

凭～　倚～　画～　雕～　池～　车～
勾～　花～　遮～　绕～　扶～　门～
报～　赤～　琼～　重～　晴～　轩～
虚～　专～　低～　回～　朱～　小～
药～　石～　竹～　碧～　曲～　牛～
危～　井～　木～　白玉～　春风～

**婪** lán 贪。
[旧属十三覃]
贪~　饥~　叨~　庵~　凶~

**阑** lán 栏杆。将尽。
[旧属十四寒]
春~　半~　岁~　月~　歌~　秋~
欢~　星~　将~　时~　梦~　酒~
更~　兴~　烛~　玉~　井~　夜~
兴未~　蝶梦~　晓星~　灯火~

**蓝** lán 蓝色。植物名。
[旧属十三覃]
红~　天~　采~　蓼~　银~　如~
石~　甘~　揉~　嫩~　秋~　洗~
浅~　轻~　萦~　美~　染~　蔚~
伽~　翠~　俱~　慈~　芥~　织~
青出~水　拖~　茜与~水　透~

**谰** lán 诬赖。抵赖。
[旧属十四寒十五翰]
诬~　满~　相~　抵~　谩~

**澜** lán 波浪。
[旧属十四寒]
余~　微~　乌~　扬~　春~　洪~
银~　风~　翠~　观~　助~　惊~
急~　飞~　合~　狂~　回~　波~
海~　碧~　翻~　文~　晴~　层~

**褴** lán 褴褛。
[旧属十三覃]
襜~

**篮** lán 篮子。指篮球。
[旧属十三覃]
花~　摇~　半~　倾~　荆~　藤~
茶~　蔬~　小~　竹~　菜~　药~
提~　满~　携~　鱼~　彩~　女~

**斓** lán 斑斓。
[旧属十五删]

**襕** lán 上下相连的衣服。
[旧属十四寒]
加~　碧~　横~　白~　旋~　夹~
短~　故~　袍~　金~

**籣** lán 盛弩矢的器具。
[旧属十四寒]
负~

**奁** lián 梳妆用的镜匣。
[旧属十四盐]
妆~　镜~　内~　开~　药~　金~
雕~　珠~　玉~　枕~　石~　翠~
印~　香~　宝~　粉~　冰~　晓~
古~　发~　盈~　诗~　彩~　月~
云螭~　五斗~

**连** lián 连接。接续。
[旧属一先]
牵~　缀~　关~　接~　若~　声~
连~　遥~　峰~　钩~　姻~　璧~
环~　山~　天~　云~　珠~　株~
毗~　黄~　福~　留~　流~　丝~
英雄~　四海~　心相~　阡陌~

**怜** lián 怜悯。爱。
[旧属一先]
情~　悯~　知~　矜~　蒙~　遥~
天~　俯~　母~　笑~　深~　慈~
小~　垂~　娇~　最~　酷~　甚~
堪~　相~　可~　偏~　自~　哀~
乞~　爱~　独~　让人~　有谁~
天亦~

**帘** lián 帘子。
[旧属十四盐]
揭~　轻~　侵~　扑~　夜~　映~
布~　满~　悬~　幽~　拂~　透~
青~　卷~　细~　开~　瀑~　举~
飞~　水~　彩~　飘~　雨~　晓~
秋~　画~　风~　竹~　珠~　翠~
酒~　绣~　疏~　门~　窗~　锦~
垂~　隔~　掀~　香~　琼~　新~
鸟窥~　水精~　密如~　夜明~

**莲** lián 荷花。
[旧属一先]
观~　野~　碧~　双~　芰~　夏~
水~　秋~　如~　芳~　初~　舒~
新~　香~　折~　枯~　吐~　晓~
疏~　泛~　庭~　红~　白~　金~
玉~　湖~　采~　爱~　池~　睡~
并蒂~　合欢~　绿水~　水晶~
同心~　出水~　解语~

**涟** lián 水面波纹。
[旧属一先]
清~　金~　微~　澄~　细~　长~
池~　碧~　漪~　涟~　风~　轻~

**联** lián 联结。对联。
[旧属一先]

接~　绵~　绾~　红~　牵~　名~
楹~　珠~　锦~　蝉~　关~　春~
长~　喜~　门~　挽~　寿~　数~

## 裢
lián 搭裢。

## 廉
lián 廉洁。便宜。
[旧属十四盐]

义~　慈~　谨~　素~　贪~　助~
奖~　名~　立~　察~　不~　知~
内~　仁~　至~　寡~　忠~　节~
贞~　宽~　直~　刚~　性~　谦~
信~　清~　公~　养~　守~　孝~
伤~　低~　价~　顽夫~　高士~
为官~

## 碄
lián 磨刀石。
[旧属十四盐]

仁~　行~
(另见 qiān)

## 鲢
lián 鱼名。
[旧属一先]

## 濂
lián 水名。薄冰。
[旧属二十八琰]

水濂~

## 臁
lián 小腿的两侧。

## 镰
lián 镰刀。
[旧属十四盐]

挥~　开~　拥~　刀~　短~　持~
腰~　一~　执~　磨~　钩~　投~
月如~　快似~　丰收~　刘麦~

## 蠊
lián 蜚蠊,蟑螂。
[旧属十四盐]

飞~

## 鬑
lián 形容须发长。
[旧属十四盐]

鬑~ (鬓发稀薄)

## 峦
luán 连绵的山。
[旧属十四寒]

林~　荒~　露~　长~　春~　南~
孤~　松~　雪~　岩~　山~　云~
秋~　双~　蓬~　苍~　晚~　平~
石~　峰~　冈~　回~　危~　翠~
烟~　青~　重~　晴~　层~　远~

## 娈
luán 相貌美好。
[旧属十六铣]

姝~　婉~

## 孪
luán 同一胎出生。

## 栾
luán 木名。
[旧属十四寒]

雕~　椽~　檀~　香~　重~　栾~

## 挛
luán 蜷曲不能伸直。
[旧属一先]

痉~　拳~　胼~　膝~　拘~　身~

## 鸾
luán 凤凰一类鸟。
[旧属十四寒]

玉~　献~　双~　神~　虬~　跨~
惊~　歌~　轻~　翔~　仪~　飞~
凤~　彩~　青~　红~　舞~　鸣~
栖~　追~　镜~　文~　孤~　玄~

## 脔
luán 切成块的肉。
[旧属十六铣]

牛~　天~　贯~　数~　尽~　卷~
活~　大~　一~　禁~　虎~　鲊~

## 圝
luán 圆。整个的。

团~　溜~

## 滦
luán 滦河,河北水名。
[旧属十四寒]

平~　浑~

## 銮
luán 铃铛。皇帝车驾。
[旧属十四寒]

驻~　琼~　清~　风~　坠~　移~
金~　玉~　鸣~　和~　八~

## 嫚
mān 女孩子。
[旧属十六谏]

怠~　媟~　荒~
(另见仄声 màn)

## 颟
mān 颟顸,糊涂又马虎。

## 埋
mán 埋怨。
[旧属九佳]

落~
(另见十开 mái)

## 蛮
mán 粗野。鲁莽。
[旧属十五删]

百~ 小~ 众~ 荆~ 乡~ 绵~
山~ 横~ 性~ 野~ 菩萨~

## 谩 mán 欺骗;蒙蔽。
[旧属十四寒]
诈~ 夸~ 坐~ 欺~ 面~ 诞~
（另见仄声 màn）

## 蔓 mán 蔓青。
（另见仄声 màn;wàn）

## 馒 mán 馒头。
[旧属十四寒]

## 瞒 mán 隐藏真实情况。
[旧属十四寒]
欺~ 偷~ 私~ 哄~ 隐~ 老~

## 鞔 mán 鞔鼓。鞔鞋。

## 鳗 mán 鱼名。
[旧属十四寒]
灵~ 产~ 银~ 风~ 香~ 芦~
蛇~ 白~ 海~ 河~ 石~ 蒸~

## 鬘 mán 美发。
[旧属十五删]
月~ 花~ 发~ 垂~ 华~

## 眠 mián 睡眠。
[旧属一先]
春~ 夜~ 睡~ 醉~ 安~ 坐~
暖~ 惊~ 懒~ 虚~ 闲~ 强~
幽~ 沉~ 偷~ 忘~ 柳~ 贪~
醋~ 霜~ 困~ 江~ 方~ 少~
伴~ 冬~ 失~ 熟~ 欲~ 独~
昼~ 蚕~ 午~ 催~ 长~ 龙~
枕戈~ 曲肱~ 听雨~ 不遑~

## 绵 mián 绵延。柔软。
[旧属一先]
连~ 春~ 柳~ 缕~ 絮~ 海~
香~ 芦~ 飘~ 晴~ 缠~ 联~
丝~ 芊~ 吹~ 渺~ 沉~ 新~
柳飞~ 岁月~ 雨绵~ 瓜瓞~

## 棉 mián 棉花。絮状物。
[旧属一先]
草~ 涤~ 木~ 皮~ 石~ 子~
高产~ 腈纶~ 膨松~

## 囡 nān 小孩。

囡~ 小~ 乖~ 一个~

## 男 nán 男性。爵位第五等。
[旧属十三覃]
生~ 多~ 长~ 有~ 众~ 美~
称~ 壮~ 求~ 大~ 孙~ 真~
童~ 成~ 丁~ 奇~ 宜~ 鲁~
七岁~ 女胜~ 喜添~ 开国~

## 南 nán 南边。南方。
[旧属十三覃]
东~ 西~ 中~ 海~ 江~ 天~
岭~ 终~ 道~ 山~ 宅~ 城~
向~ 正~ 河~ 池~ 桥~ 村~
庭~ 华~ 图~ 面~ 指~ 淮~
（另见九佳 nā）

## 难 nán 不容易。
[旧属十四寒]
困~ 艰~ 不~ 烦~ 两~ 知~
畏~ 何~ 先~ 万~ 为~ 疑~
更~ 辞~ 寻~ 知人~ 上天~
创业~ 蜀道~
（另见仄声 nàn）

## 喃 nán 象声词。
[旧属十三覃十五咸]
呢~ 喃~

## 楠 nán 木名。
[旧属十三覃]
梓~ 枯~ 松~ 高~ 枫~ 孤~
香~ 石~ 古~

## 拈 niān 用手指夹取。
[旧属十四盐]
戏~ 白~ 解~ 醉~ 慵~ 休~
忌~ 手~ 轻~ 叶可~ 玉指~

## 蔫 niān 花果失水而萎缩。
[旧属一先]
萎~ 旱~ 花~ 夕~ 黄~ 锦~

## 年 nián 岁数。时代。收成。
[旧属一先]
丰~ 少~ 青~ 成~ 壮~ 中~
老~ 暮~ 残~ 数~ 前~ 千~
幼~ 童~ 荒~ 芳~ 计~ 衰~
积~ 嘉~ 他~ 今~ 明~ 盛~
同~ 当~ 经~ 生~ 天~ 纪~
过~ 华~ 长~ 频~ 连~ 历~
全~ 万~ 往~ 早~ 年~ 隔~

来~ 流~ 余~ 逢~ 延~ 忘~
凶~ 编~ 近~ 何~ 开~ 百~
太平~ 贺新~ 龟鹤~ 万斯~

**粘** nián 同'黏'。
[旧属十四盐]
(另见平声 zhān)

**鲇** nián 鱼名。
[旧属十四盐]
鳠~ 大~

**黏** nián 胶合。
[旧属十四盐]
胶~ 膏~ 漆~ 黍~ 不~ 微~
泥~ 香~ 汗~ 网~ 霜~ 花~
萍~ 冻~ 冰~ 烛泪~ 冻云~

**扳** pān 同'攀'。
(另见 bān)

**番** pān 番禺，广东地名。
[旧属十三元五歌]
(另见 fān)

**潘** pān 姓。
[旧属十四寒]
遗~ 两~ 墨~ 学~ 过~

**攀** pān 攀登。抓住。攀附。
[旧属十五删]
登~ 相~ 手~ 共~ 牵~ 绝~
猿~ 折~ 飞~ 幽~ 仰~ 跻~
高~ 追~ 难~ 孤~ 懒~ 耐~
一枝~ 不可~ 几度~ 何由~

**爿** pán 劈成片的竹木。
竹~ 木~

**胖** pán 安泰舒适。
[旧属十四寒]
体~
(另见三江 pàng)

**般** pán 欢乐。
[旧属十四寒十五删]
(另见 bān；十五波 bō)

**盘** pán 盘子。垒。盘绕
[旧属十四寒]
擎~ 端~ 珠~ 宝~ 银~ 花~
琼~ 铜~ 龙~ 绿~ 仙~ 云~

菜~ 托~ 杯~ 冰~ 春~ 金~
玉~ 茶~ 和~ 满~ 全~ 通~
磨~ 堆~ 轮~ 地~ 营~ 棋~
瓜果~ 承露~ 山路~ 水晶~

**槃** pán 涅槃，佛教语。

**磐** pán 大石。
[旧属十四寒]
渐~ 鹿~ 玉~ 青石~ 安如~

**磻** pán 磻溪，浙江地名。
[旧属十四寒]
流~ 溪~

**蹒** pán 蹒跚，走路不稳。

**蟠** pán 蟠曲。
[旧属十四寒]
飞~ 蛟~ 双~ 潜~ 虬~ 渊~
深~ 雷~ 径~ 幽~ 龙~ 萦~
山~ 根~ 屈~

**鞶** pán 大带子。小囊。
[旧属十四寒]
施~ 衿~

**片** piān 片子。
[旧属十七霰]
相~ 画~ 唱~ 影~ 换~ 碟~
底~ 胶~ 拍~ 翻转~ 枪战~
恐怖~ 伦理~
(另见仄声 piàn)

**扁** piān 扁舟，小船。
[旧属十六铣]
(另见仄声 biǎn)

**偏** piān 不正。副词。
[旧属一先]
不~ 无~ 心~ 纠~ 补~ 西~
大~ 颇~ 枝~ 情~ 性~ 时~
才~ 半~ 偏~ 日影~ 夜月~

**犏** piān 犏牛。

**篇** piān 篇章。篇目。篇幅。
[旧属一先]
残~ 通~ 玉~ 百~ 成~ 奇~
杂~ 谋~ 裁~ 名~ 雅~ 秘~
数~ 佳~ 酬~ 妙~ 旧~ 序~

雄~ 诗~ 连~ 千~ 长~ 短~
中~ 遗~ 开~ 满~ 一~ 几~
三百~ 上下~ 谱新~ 锦绣~

**翩** piān 很快地飞。
[旧属一先]

翩~ 腾~ 轻~ 鹤~ 联~ 飘~

**便** pián 适宜。
[旧属一先]

便~ (肥貌)
(另见仄声 biàn)

**骈** pián 并列的;对偶的。
[旧属一先]

花~ 争~ 骈~ 云~ 车~

**胼** pián 胼胝子。
[旧属一先]

足~ 手~ 胝~

**缏** pián 用针缝。
[旧属一先]

緶~ 密于~
(另见仄声 biàn)

**楩** pián 树名。
[旧属一先]

楠~

**跰** pián 跰跰,同'胼胝'。

**蹁** pián 走路脚步不正。

**千** qiān 数目。
[旧属一先]

大~ 万~ 八~ 几~ 秋~ 满~
半~ 数~ 值~ 岁~ 盈~ 化~

**仟** qiān '千'的大写。
[旧属一先]

**阡** qiān 田间南北向小路。
[旧属一先]

九~ 南~ 北~ 陌~ 林~ 云~
荒~ 古~ 旧~ 郊~ 横~ 连~
开~ 新~ 通~ 度~ 霞~ 成~

**芊** qiān 草盛。
[旧属一先]

芊~ 绵~ 青~ 萋~ 叶~ 葱~

**扦** qiān 扦子。削。

**迁** qiān 迁移。转变。
[旧属一先]

物~ 情~ 屡~ 时~ 远~ 累~
转~ 数~ 日~ 左~ 升~ 内~
新~ 骤~ 始~ 忘~ 难~ 初~
隐~ 声~ 暗~ 心~ 影~ 性~
动~ 搬~ 强~ 拆~ 三~ 变~
乔~ 境~ 南~ 思~ 史~ 莺~
岁月~ 几回~ 古今~ 怒不~

**佥** qiān 全;都。
[旧属十四盐]

询谋~ 物议~

**汧** qiān 水名。
[旧属一先]

临~ 柳~ 交~ 陇~

**钎** qiān 岩石上凿孔工具。

钢~ 炮~ 扶~ 钻~ 拔~

**牵** qiān 牵动。牵涉。
[旧属一先]

挂~ 网~ 萦~ 攀~ 欲~ 春~
未~ 横~ 人~ 误~ 枝~ 花~
心~ 手~ 挽~ 丝~ 事~ 风~
情~ 意~ 转~ 拘~ 羁~ 魂~
一线~ 生死~ 梦魂~ 名利~

**铅** qiān 金属元素。
[旧属一先]

化~ 真~ 销~ 雨~ 朱~ 铜~
熔~ 丹~ 怀~ 汞~ 烧~ 舍~
(另见 yán)

**悭** qiān 吝啬。缺欠。
[旧属十五删]

老~ 缘~ 偏~ 寒~ 意~ 财~
辞~ 成~ 雪~ 晴~ 天~ 囊~
破~ 雨~ 露~ 吝~

**谦** qiān 谦虚。
[旧属十四盐]

益~ 柔~ 良~ 过~ 温~ 自~
貌~ 和~ 守~ 谦~ 礼~ 廉~
恭~ 至~ 卑~

**签** qiān 签名。
[旧属十四盐]

题~ 投~ 疑~ 僧~ 华~ 铜~
书~ 神~ 牙~ 中~ 竹~ 标~

符~　抽~　浮~　漏~　晓~　经~
泥金~　白玉~　上上~　甲乙~

**愆** qiān 过失。错过。
[旧属一先]
不~　无~　罔~　免~　塞~　谢~
涤~　悔~　念~　莫~　思~　轻~
惧~　虑~　望~　旧~　归~　何~
惩~　脱~　罪~　前~　赎~　获~

**鹐** qiān 啄食。
[旧属十五咸]
鸟~　鸡~

**攐** qiān 高举。
[旧属一先]
高~　腾~　遷~　横~　鹏~　孤~
风云~

**搴** qiān 拔取。
[旧属一先十六铣]
手~　欲~　朝~　拔~　亟~

**碄** qiān 大碄,贵州地名。
[旧属十四盐]
(另见 lián)

**褰** qiān 撩起;揭起。
[旧属一先]
霞~　采~　帘~　幕~　帷~　烟~

**韆** qiān 鞦韆。
[旧属一先]

**葶** qián 葶麻,纺织原料。
(另见十七侵 xún)

**钤** qián 图章。盖印。锁。
[旧属十四盐]
钩~　兵~　戎~　玉~　韬~　星~
茶~　枢~　阴~　印~　鱼~　珠~

**前** qián 前面的。未来的。
[旧属一先]
提~　生~　当~　超~　先~　居~
君~　向~　阶~　席~　望~　推~
人~　帘~　往~　节~　言~　客~
趋~　午~　座~　春~　胸~　佛~
庭~　床~　镜~　灯~　年~　枕~
目~　眼~　面~　门~　从~　雨~
车~　瞻~　膝~　军~　堂~　日~
窗~　空~　楼~　台~　村~　山~

史~　在~　身~　马不~　更无~

**虔** qián 恭敬。
[旧属一先]
心~　貌~　不~　仰~　恭~　思~
敬~　礼~　求~　肃~　服~　亲~

**钱** qián 货币。
[旧属一先]
赚~　守~　留~　得~　雨~　持~
旧~　输~　用~　算~　出~　藏~
取~　余~　收~　半~　积~　敛~
有~　数~　洗~　见~　散~　断~
贴~　献~　古~　赔~　赢~　小~
给~　新~　求~　米~　本~　利~
荷~　金~　银~　铜~　纸~　榆~
挣~　零~　现~　价~　攒~　工~
不要~　乱花~　一文~　五铢~

**钳** qián 钳子。约束。
[旧属十四盐]
火~　铁~　钢~　钩~　飞~　口~
蚌~　缄~　囚~　遭~　鬼~　罗~
老虎~

**乾** qián 八卦之一。
[旧属一先]
握~　应~　配~　顺~　法~　灵~

**掮** qián 肩扛。

**墘** qián 车路墘,台湾地名。

**潜** qián 隐在水下。隐藏。
[旧属十四盐]
鱼~　水~　气~　沉~　寿~　山~
凤~　陶~　下~　形~　川~　寒~
泊~　惊~　狐~　逃~　思~　隐~
昼~　沉~　心~　退~　深~　龙~

**黔** qián 黑色。贵州别称。
[旧属十四盐]
突~　乌~　苍~

**棬** quān 弩弓。
[旧属一先]
张~　空~　禾~　捺~　拉~

**悛** quān 悔改。
[旧属一先]
不~　可~　必~

**圈** quān 圈子。
[旧属十三阮]

花～　圆～　加～　绳～　红～　画～
一～　铁～　沿～　绕～　兜～　圈～
交际～　呼啦～
（另见 juàn；仄声 juàn）

**桊** quān 曲木制成的饮器。
[旧属一先]

柳～　箕～　杯～　桊～

**鄟** quān 地名用字。

蒙～　柳树～　毕家～

**权** quán 权衡。权力。权利。
[旧属一先]

人～　民～　政～　军～　财～　实～
贪～　有～　无～　全～　当～　夺～
用～　失～　争～　掌～　特～　揽～
专～　擅～　弄～　强～　主～　弃～
选举～　优先～　审批～　初夜～

**全** quán 完备。保全。
[旧属一先]

成～　大～　安～　周～　顾～　守～
得～　图～　身～　福～　智～　虑～
才～　务～　名～　不～　完～　万～
十～　健～　双～　两～　齐～　瓦～
独～　求～　难～　智勇～　骨肉～

**佺** quán
[旧属一先]

期～　偓～（仙人名）

**诠** quán 诠释。事理。
[旧属一先]

莫～　中～　惠～　难～　良～　真～
妙～　言～　秘～　评～　灵～　万～

**荃** quán 香草。
[旧属一先]

青～　蕙～　红～　赠～　拔～　香～
金～　兰～　蘅～　芳～　荪～　露～

**泉** quán 泉水。
[旧属一先]

心～　爱～　映～　落～　梦～　矿～
井～　百～　流～　酒～　林～　石～
慧～　碧～　奔～　汲～　玉～　廉～
春～　冷～　响～　酿～　饮～　枯～
暖～　吐～　云～　细～　幽～　秋～

源～　山～　喷～　清～　听～　甘～
飞～　涌～　醴～　温～　黄～　九～
醒心～　虎跑～　第二～

**辁** quán 无辐的车轮。浅薄。

**拳** quán 拳头。拳术。
[旧属一先]

抱～　双～　奋～　空～　如～　用～
花～　磨～　醉～　南～　猴～　挥～
抡～　钩～　重～　打～　握～　拳～
太极～　木兰～　义和～

**铨** quán 选拔。
[旧属一先]

曹～　遴～　授～　执～

**痊** quán 病愈。
[旧属一先]

病～　幸～　微～　欢～　医～　易～
未～　理～　克～　初～　头风～

**惓** quán 惓惓，同'拳拳'。

**筌** quán 捕鱼的竹器。
[旧属一先]

忘～　道～　罗～　遗～　舍～　空～
难～　渔～　理～　幽～　寄～　真～
言～　意～　蹄～

**蜷** quán 蜷曲。
[旧属一先]

连～　缩～　猫～

**醛** quán 有机化合物的一类。

甲～　乙～

**鯃** quán 华东地区特产的小鱼。

**鬈** quán 头发弯曲。
[旧属一先]

长～　秀～　乌～　盘～　发～　散～
美且～　云鬈～

**颧** quán 颧骨。
[旧属一先]

高～　双～　面～　颊～　承～

**蚺** rán 蚺蛇。
[旧属十四盐]

蟒～　花～　黑～　巨～　盘～

**然** <sup>rán</sup> 对。如此。副词。

[旧属一先]

自～天～超～卓～昭～粲～
肃～默～依～柔～漠～凛～
突～忽～茫～当～萧～凄～
恨～怅～毅～果～荡～巍～
贸～悠～寂～徒～悚～偶～
了～井～油～浩～必～枉～
清～怡～俨～公～泫～欣～
泰～索～盎～豁～坦～黯～
不～恍～霍～飘飘～　以为～

**髯** <sup>rán</sup> 胡子。

[旧属十四盐]

美～虬～髭～松～虎～残～
绿～细～愁～垂～莎～皓～
雪～振～霜～衰～青～紫～
黑～疏～赤～白～老～怒～
须～长～苍～掀～龙～素～
玉～丰～风～双～胡～

**燃** <sup>rán</sup> 燃烧。点着。

易～火～点～灯～助～自～
花欲～　火炬～　野草～

**堧** <sup>ruán</sup> 水边空地。

[旧属一先]

河～垣～江～海～寒～水～
岭～湖～津～长～淮～西～

**三** <sup>sān</sup> 数目。

[旧属十三覃二十八勘]

再～两～初～十～成～第～
反～瘫～二～鼎足～　三尺～
不过～　三月～

**叁** <sup>sān</sup> '三'的大写。

**毵** <sup>sān</sup>

[旧属十三覃]

毵～（细长貌）轻～雨同～

**山** <sup>shān</sup> 山岭。山峰。

[旧属十五删]

泰～大～河～高～名～青～
天～登～关～晓～连～文～
暮～西～梁～傍～奇～假～
春～拔～群～神～出～野～
云～冰～火～后～雪～家～
隔～好～孤～深～小～江～

东～玉～碧～苍～辇～半～
宝～空～寒～远～他～下～
前～移～坟～秋～故～众～
井冈～　昆仑～　山外～　力拔～

**芟** <sup>shān</sup> 割草。除去。

[旧属十五咸]

亲～扫～可～懒～初～耘～
不～勤～刈～锄～夷～梢～

**杉** <sup>shān</sup> 树名。

[旧属十五咸]

水～绿～寒～枯～冷～疏～
秋～古～万～白～野～风～
长～松～云～翠～孤～香～
带雨～　月笼～　百尺～　鹤栖～

**删** <sup>shān</sup> 去掉。

[旧属十五删]

草～尽～自～善～择～不～
重～手～可～笔～能～增～
几曾～　请君～　大笔～　更须～

**苫** <sup>shān</sup> 草垫子。

[旧属十四盐]

草～寝～润～茅～
（另见仄声 shàn）

**衫** <sup>shān</sup> 单上衣。

[旧属十五咸]

衣～春～衬～破～薄～香～
裙～绛～莎～帽～黄～长～
白～绿～小～脱～垂～短～
布～汗～单～轻～花～葛～
荷叶～　T恤～　运动～

**姗** <sup>shān</sup> 缓慢从容。

[旧属十四寒]

姗～便～

**珊** <sup>shān</sup> 珊瑚。

[旧属十四寒]

珮～嫩～盘～阑～珊～

**埏** <sup>shān</sup> 用水和(huó)土。

[旧属一先]

八～垓～陶～柔～旧～北～

**栅** <sup>shān</sup> 栅极。

[旧属十六谏]

（另见九佳 zhà）

**舢** <sup>shān</sup> 舢板。

**疝** shān 疝疾。
[旧属十四盐二十九艳]
旧~ 伏~ 痎~ 病~

**扇** shān 扇动。
[旧属一先十七霰]
鹏~ 高~ 远~ 虚~ 卷~ 吹~
相~ 竞~ 鼓~ 连~ 久~ 波~
(另见仄声 shàn)

**跚** shān
[旧属十四寒]
盘~ 蹒~

**煽** shān 鼓动。
[旧属十七霰]
鼓~ 相~ 波~ 滋~ 蜂~ 狂~
仁风~ 毒炽~ 谗口~ 南云~

**潸** shān 形容流泪。
[旧属十五删]
潸~ 涕~ 余~ 泪~ 长~ 恸~
雨潸~ 喜复~

**膻** shān 羊肉样气味。
[旧属一先]
遗~ 膏~ 馨~ 羊~ 风~ 弃~
荤~ 除~ 腥~ 气~ 蚁逐~

**闩** shuān 插门棍。
门~ 铁~ 铜~ 紧~

**拴** shuān 缚系。
紧~ 套~ 被~ 用绳~

**栓** shuān 可开关的机件。
枪~ 消火~

**狻** suān 狻猊，猛兽。
[旧属十四寒]
彩~ 批~

**酸** suān 醋味。伤心。迂腐。
[旧属十四寒]
寒~ 穷~ 辛~ 儒~ 桔~ 凄~
微~ 余~ 脚~ 味~ 醋~ 硫~
梅~ 悲~ 鼻~ 心~ 齿~ 腰~
臂~ 腿~ 含~ 嗜~ 果~ 甜~

**坍** tān 倒塌。

屋~ 天~ 墙~ 倒~ 山~ 圮~

**贪** tān 爱财。贪污。求多。
[旧属十三覃]
心~ 人~ 巨~ 不~ 止~ 强~
反~ 鱼~ 猛~ 狼~ 去~ 私~

**啴** tān 啴啴，牲畜喘息。
[旧属十四寒]
(另见仄声 chǎn)

**猭** tān 传说中的一种兽。

**摊** tān 摆开。量词。分担。
[旧属十四寒]
平~ 分~ 均~ 地~ 货~ 书~
摆~ 小~ 收~ 设~ 薄~ 报~
杂货~ 满地~ 小吃~

**滩** tān 比岸低的地方。
[旧属十四寒]
海~ 沙~ 外~ 河~ 湖~ 远~
连~ 危~ 急~ 钓~ 晴~ 芦~
渔~ 鲸~ 夜~ 退~ 晓~ 石~
严~ 回~ 金~ 夕阳~ 子陵~

**瘫** tān 瘫痪。
风~

**坛** tán 祭台。土台。
[旧属十四寒]
筑~ 设~ 月~ 金~ 圆~ 灵~
坫~ 露~ 泥~ 瑶~ 登~ 吟~
荒~ 论~ 玉~ 方~ 升~ 秋~
柏~ 香~ 讲~ 诗~ 天~ 将~
文~ 骚~ 戒~ 石~ 花~ 高~
瓦~ 油~ 酒~

**昙** tán 云彩密布。
黄~ 赤~ 高~ 彩~ 云~ 优~

**倓** tán 安静。多用于人名。
[旧属十三覃]
戎马~

**郯** tán 郯城，山东地名。
[旧属十三覃]

**谈** tán 说话。讨论。姓。
[旧属十三覃]
巧~ 喜~ 广~ 诙~ 曲~ 多~

虚~坐　相~争　详~具~
善~宴　口~旧　倦~昔~
余~言　笑~共　清~妄~
聚~玄　畅~高　深~常~
闲~空　漫~细　夜~手~
街~攀　美~密　奇~狂~
健~交　纵~委曲　毕日~
虚无~　促膝~　悠悠~　里巷~

## 埮 ᵗᵃⁿ 人名用字。

## 弹 ᵗᵃⁿ 弹射。抨击。
[旧属十四寒]

轻~　虚~　自~　善~　妙~　欲~
闲~　对~　讥~　评~　指~　骤~
泪暗~　五弦~　为君~　月下~
（另见仄声 dàn）

## 覃 ᵗᵃⁿ 延长。深。姓。
[旧属十三覃]

遥~　遐~　深~　远~　实~　研~
曲~　普~　阳~　恩~　幽~　西~
广~　功~　荣~　文德~　百虑~
仁风~　声教~
（另见十七侵 qín）

## 锬 ᵗᵃⁿ 长矛。
[旧属十三覃]

相~

## 痰 ᵗᵃⁿ 气管分泌物。
[旧属十三覃]

化~　去~　祛~　吐~　浓~　除~

## 谭 ᵗᵃⁿ 姓。同'谈'。
[旧属十三覃]

过~　参~　围~　庸~　衡~　夜~

## 潭 ᵗᵃⁿ 深水池。
[旧属十三覃]

龙~　池~　深~　清~　月~　石~
云~　凉~　晴~　桂~　湘~　临~
漱~　潜~　空~　夏~　霜~　冰~
饮~　黑~　夜~　古~　松~　天~
烟~　澄~　寒~　碧~　玉~　江~
桃花~　无愁~　深水~　卧龙~

## 澹 ᵗᵃⁿ 澹台，姓。
[旧属十三覃]
（另见仄声 dàn）

## 檀 ᵗᵃⁿ 木名。
[旧属十四寒]

紫~　斫~　白~　刻~　青~　水~
真~　饰~　香~　沉~　气如~

## 磹 ᵗᵃⁿ 磹口，福建地名。

## 镡 ᵗᵃⁿ 姓。
[旧属十二侵十三覃]
（另见 chán；十七侵 xín）

## 醰 ᵗᵃⁿ 酒醇。
[旧属十三覃]

醇~　味~　醰~

## 天 ᵗⁱᵃⁿ 天空。季节。天生的。
[旧属一先]

开~　水~　长~　仰~　南~　祈~
谈~　薰~　楚~　感~　壶~　擎~
暮~　晴~　升~　迷~　晓~　观~
震~　蔽~　雨~　惊~　翻~　江~
春~　青~　明~　弥~　连~　经~
问~　登~　回~　苍~　霜~　参~
滔~　飞~　普~　呼~　遮~　补~
中~　摩~　冲~　忧~　乐~　九~
掀~　倚~　洞~　云~　喧~　光~
冰~　盖~　航~　别有~　艳阳~
不夜~　风雪~

## 添 ᵗⁱᵃⁿ 增加。
[旧属十四盐]

雨~　愁~　增~　难~　坐~　瓶~
频~　别~　更~　醉~　满~　渐~
霜~　平~　香~　新~　暗~　加~
岁月~　春寒~　细浪~　水痕~
酒晕~　鬓丝~

## 田 ᵗⁱᵃⁿ 田地。
[旧属一先]

耕~　农~　水~　桑~　心~　宅~
麦~　爱~　野~　山~　芝~　春~
草~　砚~　荒~　石~　无~　寸~
灌~　瘦~　闲~　新~　无~　苗~
寒~　霜~　种~　秧~　耘~　归~
梯~　湖~　井~　方~　墓~　瓜~
盐~　良~　肥~　雨~　煤~　分~
稻~　垦~　锄~　薄~　青~　园~
屯~　蓝~　田~　丰产~　彭泽~
试验~

**佃** tián 耕种田地。
[旧属一先]
营~并~不~班~陆~以~
(另见厌声 diàn)

**畋** tián 打猎。
[旧属一先]
郊~游~出~渔~翔~休~

**恬** tián 恬静。满不在乎。
[旧属十四盐]
引~养~智~神~文~清~
乐~风~安~心~虚~坤~

**钿** tián 硬币。钱。
[旧属一先]
宝~青~遗~几~车~铜~
(另见厌声 diàn)

**甜** tián 糖。美好。舒适。
[旧属十四盐]
苦~肥~浆~味~梦~嘴~
笑~音~蔗~甘~香~瓜~
酸~口~睡~荔子~日子~
比蜜~藕芽~

**湉** tián 湉湉,形容水流平静。
[旧属十四盐]
湉~潬~

**填** tián 垫平。补充。
[旧属一先]
补~粉~满~堆~勤~充~
手~土~谷~委~金~珠~
精卫~帝女~色未~

**阗** tián 充满。
[旧属一先]
喧~于~内~嚣~阗~骈~

**湍** tuān 急流。
[旧属十四寒]
奔~急~水~怒~飞~惊~
激~龙~涌~素~崩~江~
清~悬~夜~流~碧~洪~
争~如~临~驰~春~冰~
曲~伏~风~雪~鸣~回~

**团** tuán 圆形。团子。
[旧属十四寒]
汤~糕~粉~集~剧~兵~
军~锦~玉~蜂~花~蒲~
雪~民~疑~成~团~青~

花作~龙凤~还乡~

**抟** tuán 盘旋。
[旧属十四寒]
云~抟~景~风~鹏~控~
九霄~扶摇~

**漙** tuán 露水多。
[旧属十四寒]
漙~

**弯** wān 弯曲。拉。
[旧属十五删]
弯~转~腰~弓~水~枝~
强~拐~树~月儿~山路~
小桥~

**剜** wān 刀挖。
[旧属十四寒]
神~雕~刀~剔~挑~

**塆** wān 山沟里的平地。

**湾** wān 水流弯曲处。
[旧属十五删]
港~江~海~古~春~野~
绿~一~溪~花~河~竹~
碧~沙~台~荷~秋~汀~
绿水~白云~九折~月波~

**蜿** wān 弯曲延伸。
[旧属十三元十三阮]
龙~蟠~盘~蜒~

**豌** wān 豌豆。

**丸** wán 球形小物。
[旧属十四寒]
弹~珠~一~金~药~熊~
飞~流~走~掷~探~赤~
累~吐~摇~数~香~银~
星~蜡~肉~跳~弄~走~
走泥~小于~水晶~函谷~

**刓** wán 挖;刻;削。
[旧属十四寒]
印~神~钻~反~齿~

**汍** wán 汍澜,流泪的样子。
[旧属十四寒]

**纨** wán 细绢。
[旧属十四寒]

白～ 冰～ 绡～ 轻～ 绮～ 薄～
衣～ 裂～ 霜～ 绫～ 珠～ 罗～
素～ 齐～ 湘～ 裁～

**抏** wán 消耗。

**完** wán 完整。完结。[旧属十四寒]

缮～ 补～ 做～ 干～ 吃～ 看～
玩～ 听～ 写～ 走～ 事～

**玩** wán 玩耍。轻视。戏弄。[旧属十五翰]

古～ 赏～ 贪～ 耽～ 游～ 捧～
戏～ 世～ 雅～ 攀～ 好～ 抚～
珍～ 宝～ 把～ 展～ 披～ 清～

**顽** wán 固执。顽皮。[旧属十五删]

凶～ 愚～ 傲～ 坚～ 心～ 狡～
懦～ 骄～ 奸～ 强～ 语～ 冥～
驽～ 疾～ 石～

**烷** wán 烷烃。

**仙** xiān 神仙。[旧属一先]

天～ 飞～ 八～ 诗～ 水～ 云～
众～ 花～ 望～ 睡～ 真～ 玉～
女～ 卧～ 舞～ 思～ 乐～ 梦～
谪～ 成～ 求～ 群～ 列～ 半～
幻～ 海～ 酒～ 游～ 升～ 登～

**先** xiān 时间或次序在前。[旧属一先]

首～ 领～ 率～ 当～ 争～ 奉～
常～ 推～ 贵～ 让～ 倡～ 事～
笔～ 最～ 开～ 夺～ 祖～ 身～
占～ 抢～ 优～ 原～ 早～ 起～
天下～ 一着～ 赶在～

**纤** xiān 细小。[旧属十四盐]

玉～ 毫～ 顶～ 兔～ 微～ 月～
草～ 绿～ 腰～ 眉～ 手～ 指～
洪～ 光～ 纤～ 水纹～ 云霞～
(另见仄声 qiàn)

**忺** xiān 高兴。适意。[旧属十四盐]

遇君～ 思未～

**祆** xiān 拜火教神名。[旧属一先]

风～ 大～

**籼** xiān 水稻的一种。[旧属一先]

早～ 霜～ 白～ 洋～ 碎～

**莶** xiān 草名。[旧属十四盐]

豨～

**掀** xiān 揭开。翻动。[旧属十三元]

风～ 手～ 力～ 浪～ 涛～ 怒～
车～ 屋～ 轻～ 波～

**铦** xiān 锋利。[旧属十四盐]

内～ 剑～ 毫～ 锋～ 宝刀～

**跹** xiān 舞貌。[旧属一先]

蹁～ 跹～

**锨** xiān 掘土工具。

**鲜** xiān 新鲜。鲜明。鲜美。[旧属一先]

海～ 时～ 尝～ 鱼～ 色～ 群～
思～ 笋～ 碧～ 增～ 微～ 采～
晨～ 肥～ 烹～ 食～ 澄～ 汤～
光～ 甘～ 染～ 露华～ 百花～
园蔬～ 绮罗～
(另见仄声 xiǎn)

**暹** xiān 暹罗,泰国旧称。[旧属十四盐]

东～ 晓日～ 朝阳～

**褰** xiān 鸟飞貌。[旧属十三元]

云～ 飞～ 孤～ 腾～ 高～ 凌～

**闲** xián 有空。[旧属十五删]

悠～ 清～ 安～ 空～ 等～ 昼～
性～ 神～ 事～ 云～ 鸥～ 得～
静～ 心～ 舒～ 弄～ 秋～ 琴～
人～ 官～ 买～ 归～ 宽～ 投～
幽～ 余～ 帮～ 游～ 稍～ 身～
有～ 偷～ 退～ 抽～ 日～ 半～

白云~ 不肯~ 居家~ 秋日~

**贤** xián 有德行。有才能。
[旧属一先]

荐~ 招~ 推~ 名~ 任~ 礼~
隐~ 世~ 知~ 引~ 辨~ 择~
思~ 敬~ 尚~ 妒~ 进~ 尊~
称~ 友~ 明~ 忠~ 仁~ 众~
高~ 前~ 群~ 求~ 让~ 选~
用~ 英~ 访~ 爱~ 圣~ 先~
慕~ 时~ 举~ 古~ 避~ 纳~

**弦** xián 弓弦。器乐弦。
[旧属一先]

琴~ 管~ 丝~ 惊~ 玉~ 催~
解~ 绝~ 调~ 雅~ 幽~ 凝~
鼓~ 弄~ 辨~ 竹~ 古~ 试~
筝~ 夜~ 繁~ 哀~ 绕~ 倚~
心~ 离~ 扣~ 急~ 听~ 轻~
上~ 抚~ 清~ 拂~ 单~ 三~
佩~ 鸣~ 改~ 续~ 断~ 无~

**咸** xián 全;都。咸味。
[旧属十五咸]

味~ 海~ 酸~ 甘~ 食~ 作~
卤~ 知~ 水~ 生~ 腥~ 苦~
淡胜~ 带潮~ 海雨~

**挦** xián 撕;取;拔;拉。
[旧属十四盐]

白发~

**涎** xián 口水。
[旧属一先]

垂~ 流~ 口~ 犬~ 清~ 蛇~
浮~ 香~ 堕~ 饥~ 狐~ 馋~
蜗~ 龙~

**娴** xián 文雅。熟练。
[旧属十五删]

静~ 雅~ 骨~ 雍~ 自~ 姿~
心~ 丽~ 淑~ 妖~ 秀~ 端~
礼乐~ 词令~

**蚿** xián 节肢动物,即马陆。
[旧属一先]

鸣~ 马~ 赋~ 怜~ 夔~

**衔** xián 用嘴含。连接。称号。
[旧属十五咸]

领~ 军~ 官~ 头~ 辔~ 相~
龙~ 雁~ 银~ 云~ 山~ 月~

天~ 日~ 莺~ 鱼~ 鹊~ 犬~
鼠~ 口~ 鸟~ 窗~ 马~ 鹧~
远山~ 日西~ 半峰~ 利口~

**舷** xián 船、飞机两侧。
[旧属一先]

船~ 叩~ 鸣~ 两~ 击~ 轻~
刻~ 法~ 扣~ 易~

**痫** xián 羊痫疯。

癫~

**鹇** xián 鸟名。
[旧属十五删]

飞~ 白~ 笼~ 逐~ 孤~ 遥~

**嫌** xián 嫌疑。厌恶。
[旧属十四盐]

人~ 心~ 畏~ 天~ 世~ 涉~
招~ 别~ 小~ 去~ 相~ 讳~
不~ 何~ 怨~ 旧~ 私~ 宿~
怀~ 弃~ 仇~ 亲~ 释~ 引~
自~ 见~ 众~ 微~ 无~ 讨~
前~ 避~ 捐~ 猜~ 挟~ 憎~
瓜李~ 酒杯~

**轩** xuān 窗廊或小屋。车。
[旧属十三元]

云~ 水~ 雪~ 星~ 鹤~ 曲~
茅~ 雕~ 方~ 飞~ 文~ 玉~
华~ 竹~ 风~ 轻~ 凭~ 松~
闺~ 愁~ 晴~ 掩~ 月~ 窥~
重~ 林~ 绕~ 临~ 开~ 轩~

**宣** xuān 传播。说出。宣纸。
[旧属一先]

日~ 口~ 广~ 尽~ 名~ 时~
心~ 远~ 急~ 政~ 自~ 密~
普~ 不~ 明~ 谨~

**谖** xuān 忘。欺诈。
[旧属十三元]

诈~ 弗~ (不忘)

**萱** xuān 萱草。代称母亲。
[旧属十三元]

椿~ 庭~ 紫~ 佩~ 秋~ 芳~
兰~ 茂~ 丛~ 忘忧~ 北堂~

**揎** xuān 捋袖出臂。
[旧属一先]

懦~

喧 xuān 声音大。
[旧属十三元]
涛~ 避~ 蝉~ 蜂~ 鸟~ 尘~
止~ 莺~ 纷~ 浮~ 昼~ 处~
林~ 无~ 争~ 溪~ 江~ 客~
歌~ 鼠~ 俗~ 庭~ 腾~ 嘲~
鸦~ 宵~ 声~ 车马~ 笑语~
夜雨~ 市井~ 语燕~ 水声~

瑄 xuān 古时祭天用的璧。
[旧属一先]
温~

暄 xuān 温暖。松软。
[旧属十三元]
寒~ 春~ 日~ 花~ 沙~ 风~
晴~ 微~ 庭~ 春风~ 天地~

煖 xuān 温暖。
[旧属十三元]

煊 xuān 煊赫。

儇 xuān 轻浮。慧黠。
[旧属一先]
推~ 巧~ 不~ 便~ 薄~

襺 xuān 姓。

譞 xuān 智慧。
[旧属一先]

懁 xuān 性情急躁。
[旧属一先]

翾 xuān 飞翔。
[旧属一先]
翾~ 翩~ 轻~ 连~ 飘~ 渺~

玄 xuán 黑色。玄虚。
[旧属一先]
深~ 悟~ 太~ 极~ 天~ 心~
清~ 语~ 青~ 妙~ 推~ 理~
尚~ 机~ 求~ 幽~ 探~ 谈~
钩~ 参~ 知~ 素~ 草~ 诗~

痃 xuán 横痃,病症。

悬 xuán 悬挂。危险。
[旧属一先]
心~ 情~ 静~ 事~ 天~ 常~
夜~ 力~ 挂~ 法~ 飞~ 星~

忧~ 理~ 冰~ 梁~ 瀑~ 楼~
影~ 壁~ 危~ 水~ 泉~ 长~
如~ 好~ 真~ 高~ 倒~ 虚~
日月~ 星斗~ 城头~ 方寸~

旋 xuán 旋转。返回。
[旧属一先]
凯~ 周~ 盘~ 斡~ 回~ 左~
风~ 天~ 归~ 涡~ 军~ 云~
河~ 地~ 飘~ 星~ 莫~ 萦~
转~ 螺~ 议~ 言~ 月~
(另见仄声 xuàn)

漩 xuán 水涡。
[旧属十七霰]
回~ 突~ 沫~ 溃~ 急~

璇 xuán 美玉。
[旧属一先]
琢~ 仙~ 拥~ 瑶~ 紫~ 玉~

咽 yān 咽喉。
[旧属一先]
喉~ 搤~ 白~ 莺~ 控~
(另见仄声 yàn;十三皆 yè)

恹 yān 精神疲乏。
[旧属十四盐]
恹~

殷 yān 赤黑色。
[旧属十五删]
花~ 红~ 叶~ 血~ 朱~ 半~
(另见十七侵 yīn;yín)

胭 yān 胭脂。

烟 yān 烟草。烟雾。
[旧属一先]
云~ 风~ 炊~ 硝~ 春~ 村~
晨~ 翠~ 浮~ 江~ 如~ 晚~
长~ 岚~ 残~ 薄~ 化~ 青~
岸~ 微~ 凝~ 吐~ 山~ 愁~
染~ 尘~ 淡~ 寒~ 烽~ 炉~
松~ 孤~ 人~ 轻~ 篆~ 禁~
飞~ 夕~ 暮~ 瑞~ 紫~ 林~
香~ 飘~ 晴~ 卷~ 纸~ 吸~
柳含~ 一溜~ 万家~
(另见十七侵 yīn)

焉 yān 于此。语助词。
[旧属一先]

忽～　问～　终～　湝～　聚～　安～
郁～　悠～　旷～　邈～

**崦** yān 崦嵫，古指日落处。
[旧属十四盐二十八琰]

入～　深～　蔽～　雪～　松～　山～
西～　隔～　溪～　石～　青～　竹～

**阉** yān 阉割。
[旧属十四盐]

小～　天～　寺～　宦～　权～　刁～

**阏** yān 阏氏，匈奴君主正妻。
[旧属一先]
（另见十四歌 è）

**淹** yān 淹没。广。久。
[旧属十四盐]

水～　废～　漫～　屡～　沉～　久～
迟～　滞～　稽～　岁月～　洪涝～
江海～　水半～

**腌** yān 腌渍。
[旧属十四盐]

盐～　酱～　久～　新～　糟～
（另见九佳 ā）

**湮** yān 埋没。淤塞。
[旧属十一真]

埋～　沉～　郁～　废～　久～　池～

**鄢** yān 姓。
[旧属一先十三阮]

于～　古～　弊于～

**嫣** yān 貌美好。
[旧属一先]

**燕** yān 指河北北部。
[旧属一先]

北～　赴～　归～　思～　游～　幽～
（另见 yàn）

**延** yán 延长。推迟。
[旧属一先]

绵～　顺～　拖～　德～　广～　普～
休～　宾～　荒～　连～　秀～　永～
夏～　远～　智～　横～　福～　委～
仁～　环～　旁～　久～　迁～　迟～
推～　苟～　寿～　稽～　蔓～　宛～

**芫** yán 芫荽，通称香菜。
[旧属十三元]

赤～　饮～　荽～

---

（另见 yuán）

**严** yán 严格。紧密。厉害。
[旧属十四盐]

尊～　威～　庄～　端～　森～　师～
矜～　凛～　政～　苛～　秋～　令～
法～　刑～　禁～　贞～　警～　刚～
静～　宵～　风～　冬～　霜～　色～
兵～　戒～　解～　从～　谨～　华～
军令～　闺门～　自律～　霰雪

**言** yán 话。说。字。
[旧属十三元]

格～　名～　箴～　誓～　宣～　飞～
欢～　怨～　妖～　狂～　遗～　纳～
传～　善～　留～　强～　人～　立～
矢～　危～　扬～　无～　寓～　万～
慎～　妄～　流～　空～　逸～　讳～
片～　雅～　俚～　大～　陈～　巧～
诺～　食～　笑～　敢～　难～　断～
忠～　直～　戏～　赠～　花～　闲～
谶～　谰～　失～　预～　良～　虚～
择～　寡～　美～　语～　开～　发～
谣～　代～　文～　药石～　荒唐～
无不～

**阽** yán 临近危险。
[旧属十四盐]
（又读 diàn）

**妍** yán 美丽。
[旧属一先]

轻～　吐～　斗～　藏～　幽～　弄～
光～　增～　欢～　妖～　粉～　孤～
端～　华～　丰～　秋～　流～　花～
凄～　笑～　呈～　含～　新～　柔～
鲜～　争～　春～　芳～　清～　娇～
景物～　桃李～　百花～　春色～

**岩** yán 岩石。山峰。
[旧属十五咸]

林～　秋～　月～　奇～　寒～　鹭～
荆～　丹～　攀～　春～　梅～　凿～
龙～　千～　登～　山～　重～　绝～
松～　西～　黄～　水～　触～　盘～
枕～　青～　凭～　危～　悬～　层～
仙～　巉～　翠～　苍～　灵～　云～
秋枫～　积雪～　千丈～　花岗～

**炎** yán 热。炎症。
[旧属十四盐]

火~ 赫~ 羲~ 如~ 焦~ 寒~
瘴~ 光~ 气~ 天~ 霜~ 攀~
残~ 夺~ 消~ 发~ 趋~ 避~
肝~ 炎~

## 沿
yán 边。依照。
[旧属一先]

边~ 河~ 井~ 沟~ 东~ 旁~
炕~ 溯~ 洄~ 循~ 习相~

## 研
yán 细磨。研究。
[旧属一先]

钻~ 沉~ 探~ 详~ 披~ 熟~
精~ 细~ 磨~ 攻~
(另见仄声 yàn)

## 盐
yán 食盐。
[旧属十四盐]

海~ 石~ 出~ 苦~ 散~ 土~
仓~ 米~ 无~ 白~ 私~ 煮~
浮~ 茶~ 爆~ 生~ 煮~ 堆~
调~ 撒~ 贩~ 精~ 煎~ 无~
穴涌~ 雨洒~ 雪堆~ 水晶~

## 铅
yán 铅山，江西地名。
[旧属一先]
(另见 qiān)

## 阎
yán 里巷门。
[旧属十四盐]

闾~ 鬼~ 穷~ 衡~

## 蜒
yán 节肢动物名。
[旧属一先]

蜿~ 蚰~ 蜒~ 蜒~（蠕行）

## 筵
yán 筵席。
[旧属一先]

盛~ 大~ 华~ 设~ 酒~ 宾~
舞~ 锦~ 玉~ 芳~ 上~ 即~
登~ 满~ 对~ 接~ 拂~ 虚~
列~ 文~ 曲~ 夕~ 春~ 欢~
净~ 当~ 琼~ 绮~ 开~ 初~

## 颜
yán 脸。表情。颜色。
[旧属十五删]

笑~ 玉~ 欢~ 容~ 红~ 龙~
芳~ 衰~ 怡~ 秀~ 尘~ 鹤~
开~ 姿~ 愁~ 娇~ 慈~ 无~
奴~ 童~ 和~ 羞~ 朱~ 驻~
惭~ 苦~ 汗~ 赧~ 厚~ 强~
开心~ 冰雪~

## 檐
yán 屋檐。
[旧属十四盐]

画~ 飞~ 窗~ 外~ 堂~ 垂~
雕~ 窥~ 暮~ 秋~ 拂~ 侵~
长~ 竹~ 雪~ 低~ 破~ 半~
挂~ 攀~ 滴~ 冰~ 满~ 霜~
掠~ 雨~ 茅~ 帽~ 风~ 危~
月栖~ 云宿~ 燕还~ 花簇~

## 鸢
yuān 老鹰。
[旧属一先]

飞~ 乌~ 射~ 鹰~ 木~ 鸥~
惊~ 苍~ 饥~ 孤~ 双~ 鸣~
纸~ 风~ 鱼~ 载~ 收~ 晴~

## 帠
yuān 缙帠，风吹摆动貌。

## 眢
yuān 眼睛枯陷。枯井。
[旧属十三元]

井~

## 鸳
yuān 鸳鸯。
[旧属十三元]

孤~ 鸣~ 彩~ 凤~ 翔~ 并~
群~ 青~ 戏~ 文~ 沙~ 化~

## 冤
yuān 冤枉。
[旧属十三元]

申~ 含~ 衔~ 称~ 结~ 洗~
何~ 罕~ 无~ 至~ 呼~ 诉~
深~ 雪~ 辨~ 理~ 弥~ 平~
重~ 沉~ 埋~ 幽~ 身~ 怀~
窦娥~ 千古~ 不白~

## 渊
yuān 深水。
[旧属一先]

潜~ 山~ 神~ 云~ 春~ 入~
如~ 投~ 藏~ 水~ 空~ 出~
江~ 情~ 探~ 深~ 重~ 澄~
天~ 临~ 广~ 沉~ 冰~ 坠~
万丈~ 不测~ 学问~ 鱼跃~

## 渼
yuān 渼市，湖北地名。
[旧属二十一个]
(另见十五波 wò)

## 痟
yuān 酸痛。忧郁。
[旧属一先]

心~ 除~

## 蜎
yuān 孑孓。
[旧属一先]

虫~蛎~(蠕动)

**鹓** yuān 鸟名。[旧属十三元]

栖~集~巢~紫~鸠~群~
雏~飞~鸣~彩~春~

**元** yuán 开始。为首。[旧属十三元]

新~天~岁~改~宋~建~
一~多~公~纪~单~乾~
解~坤~泰~开~上~黎~

**芫** yuán 草名。[旧属十三元]

赤~饮~荔~
(另见 yán)

**园** yuán 园地。园林。[旧属十三元]

乐~家~花~文~药~内~
南~瓜~郊~茶~池~邻~
公~小~庄~名~田~竹~
芳~林~梨~桃~果~菜~
梁~窥~陵~梓~故~废~
幼儿~　春满~　游乐~　失乐~

**员** yuán 人员。量词。[旧属一先]

球~职~兵~海~船~随~
官~演~冗~一~损~散~
百~限~增~委~团~党~
成~备~动~专~教~定~
社~满~裁~复~学~减~
指战~　公务~　管理~　推销~
运动~　勤务~

**沅** yuán 江名。[旧属十三元]

临~漓~湘~江~清~浮~

**垣** yuán 墙。城。[旧属十三元]

颓~墙~庭~禁~荒~毁~
修~东~苔~筑~馆~长~
登~空~篱~仓~女~隔~
石~败~破~短~方~古~
市~夜~凿~齿~月度~

**爰** yuán 哪里。于是。[旧属十三元]

**袁** yuán 姓。古州名。[旧属十三元]

祖~覆~居~二~曹~依~

**原** yuán 最初的。原野。[旧属十三元]

芳~广~清~太~雪~郊~
荒~秋~本~高~还~中~
屈~草~燎~川~复~溯~
平~推~冈~春~华~旷~
乐游~　百花~

**圆** yuán 圆形。圆满。[旧属一先]

团~月~汤~德~天~规~
转~画~轮~取~口~周~
通~求~自~声~真~净~
未~滚~重~梦~璧~长~
方~浑~珠~镜~初~正~
如意~　落日~　蟾兔~　影难~

**鼋** yuán 鼋鱼,鳖。[旧属十三元]

化~海~鱼~游~蛟~巨~
浮~潜~伏~江~千岁~

**援** yuán 以手牵引。援助。[旧属十三元十七霰]

支~声~外~后~良~芳~
邻~引~善~系~攀~求~
来~待~救~美~

**湲** yuán 潺湲,水流缓慢。[旧属一先]

**媛** yuán [旧属十三元]

婵~(牵萦)
(另见仄声 yuàn)

**缘** yuán 缘故。缘份。边。[旧属一先十七霰]

文~根~信~百~识~闲~
仙~合~法~芳~因~边~
绝~有~无~血~夤~机~
良~善~投~化~凤~尘~
攀~结~人~俗~前~随~
文字~　松菊~　前世~　结姻

**塬** yuán 黄土高原的平顶山。

猿 yuán 哺乳动物。
[旧属十三元]
啼~挂　野~愁　孤~哀~
呼~古　林~心　夜~闻
长臂~　啸月~　类人~　断肠~

源 yuán 水流开始处。
[旧属十三元]
百~　一~　广~　诗~　治~　病~
无~　正~　竭~　觅~　根~　水~
河~　渊~　起~　穷~　资~　财~
探~　同~　清~　导~　溯~　发~
开~　求~　逢~　仙~　涧~　情~
桃花~　清净~　天地~　左右~

嫄 yuán 用于人名。
[旧属十三元]
姜~（后稷母）

辕 yuán 车前两根直木。
[旧属十三元]
南~　改~　轩~　双~　来~　去~
两~　画~　回~　轮~　横~　引~
客~　转~　飞~　停~　归~　征~
车~　攀~　折~　破~　右~　走~
天马~　四马~　虹为~　驹服~

橼 yuán 植物名。
[旧属一先]
枸~香~

螈 yuán 蝾螈，形似蜥蜴。

圜 yuán 同'圆'。
（另见 huán）

羱 yuán 羱羊。
[旧属十三元十四寒]
伏~　豭~　橢角~　戴草~

篸 zān 同'簪'。
[旧属十三覃]
（另见仄声 cǎn）

糌 zān 糌粑，藏族人的主食。

簪 zān 发饰。
[旧属十三覃]
玉~　金~　发~　瑶~　佩~　碧~
髻~　短~　横~　堕~　朝~　银~

凤凰~　雪满~　倩人~　翡翠~

咱 zán 我。我们。
（另见九佳 zá）

占 zhān 占卜。
[旧属十四盐]
问~　史~　天~　玩~　梦~　未~
预~　吉~　星~　雨~　前~　龟~
风后~　青鸟~　虹气~
（另见仄声 zhàn）

沾 zhān 浸湿。碰上。
[旧属十四盐]
露~　雨~　唇~　泪~　汗~　窗~
霜~　花~　轻~　泥~　频~　乱~
晨~　同~　润~　衣~　痕~　均~
普~　沾~　巾~　水花~　夏薄~

毡 zhān 毡子。
[旧属一先]
草~　针~　荷~　花~　白~　卧~
披~　雨~　湿~　蒙~　铺~　眠~
柔~　旧~　客~　毛~　寒~　炕~
油~　青~　细~　茵~　席~　绣~

栴 zhān 栴檀，檀香。

旃 zhān 曲柄旗。
[旧属一先]
赠~　望~　古~　长~　飞~　翠~
绛~　华~　旌~　拥~　星~　勉~

粘 zhān 胶合。
[旧属十四盐]
雪~　梅~　粉~　汗~　霜~　情~
（另见 nián）

詹 zhān 多言。至。
[旧属十四盐]
不~　史~　詹~

谵 zhān 说胡话。
语~　昏~　病~　酒~　妄~　梦~

馕 zhān 稠粥。
[旧属一先]
新~　粗~　羹~　麦~　蔬~　粱~
晨~　香~　甜~　糖~　朝~　暮~

邅 zhān 难行。改变方向。
[旧属一先]

回～ 尾～ 月～ 乘～ 力～ 迤～

**瞻** zhān 往前或往上看。
[旧属十四盐]

前～ 永～ 延～ 南～ 躬～ 普～
翘～ 民～ 晨～ 高～ 仰～ 欣～
喜～ 观～ 遥～ 天下～ 举国～

**鹯** zhān 一种猛禽。
[旧属一先]

鸶～ 逃～ 捕～ 饥～ 逢～ 老～
青～ 鹰～ 霜～ 苍～ 畏～ 化～

**鳣** zhān 鱼名。
[旧属一先]

有～ 夏～ 营～ 鲸～ 遗～

**专** zhuān 专心。独占。
[旧属一先]

意～ 静～ 不～ 白～ 思～ 位～
独～ 中～ 大～ 自～ 心～ 情～
业贵～ 志虑～ 情爱～

**砖** zhuān 砖头；砖块。
[旧属一先]

秦～ 抛～ 瓦～ 作～ 负～ 铭～
古～ 垒～ 层～ 玉～ 合～ 压～
汉～ 磨～ 砚～ 运～ 砌～ 花～
茶～ 烧～ 金～ 敲门～ 耐火～

**颛** zhuān 愚昧。
[旧属一先]

性～ 颛～（区区）

**钻** zuān 钻入。钻研。
[旧属十四寒]

蝇～ 椎～ 刁～ 攻～ 雕～ 仰～
（另见仄声 zuàn）

**蹳** zuān 朝上或朝前冲。

# 仄 声

**俺** ǎn 代词，我。
[旧属二十九艳]

**埯** ǎn 挖小坑点种瓜豆。

**唵** ǎn 佛教咒语用字。
（另见平声 ān）

**揞** ǎn 敷药。

**犴** àn 狴犴，走兽。指监狱。
[旧属十五翰]

青～

**岸** àn 水边陆地。
[旧属十五翰]

河～ 对～ 离～ 柳～ 口～ 伟～
云～ 横～ 临～ 泊～ 荒～ 渚～
近～ 依～ 绕～ 满～ 失～ 秋～
溪～ 晴～ 掩～ 雪～ 险～ 连～
沙～ 野～ 隔～ 曲～ 夹～ 彼～
靠～ 断～ 获～ 江～ 上～ 海～
拍～ 掠～ 傲～ 登～ 峭～ 崖～
春风～ 斜阳～ 回头～ 杨柳～

**按** àn 压住。抑制。依照。
[旧属十五翰]

强～ 歌～ 低～ 静～ 抑～ 新～
巡～ 推～ 闲～ 初～ 红牙～

**案** àn 狭长桌。案卷。
[旧属十五翰]

血～ 冤～ 悬～ 疑～ 投～ 压～
判～ 作～ 重～ 大～ 要～ 几～
拍～ 方～ 档～ 书～ 抚～ 玉～
草～ 断～ 文～ 公～ 旧～ 诗～
铁～ 翻～ 图～ 答～ 积～ 举～
结～ 破～ 青玉～ 命～ 理～ 假～
无头～ 梁鸿～

**暗** àn 光线不足。秘密。糊涂。
[旧属二十七感二十八勘]

黑～阴～明～冥～迷～雨～
谷～地～天～星～心～月～
昏～幽～愚～尘～灯～柳～
云～弃～暗～室～花～城～
愚者～苍苔～林烟～千山～

**黯** àn 阴暗。
[旧属二十九豏]

灰～沉～夜～惨～云～消～
黯～阴～幽～别愁～情方～

**坂** bǎn 山坡;斜坡。
[旧属十三阮]

长～松～秋～西～山～蒲～
上～墟～冈～横～泥～野～
大～斜～平～陇～盘～青～
紫柏～寒泉～倚云～长松～

**板** bǎn 片状硬物。
[旧属十五潸]

钢～甲～石～老～击～牙～
铁～黑～砧～跳～木～桥～
船～薄～楼～快～腰～地～
呆～身～竹～死～起～拍～
歌～古～门～舢～床～台～
七巧～　三夹～　棺材～　天花～

**版** bǎn 印刷底板。
[旧属十五潸]

出～原～重～翻～盗～排～
改～修～拼～新～再～落～
彩～数～铜～胶～木～玉～
书～绝～宋～雕～镂～制～

**钣** bǎn 金属板材。
[旧属十五潸]

钢～铝～铜～锌～

**舨** bǎn 舢舨,小船。

**蝂** bǎn 蝜蝂,小虫名。
[旧属十五潸]

**办** bàn 办理。创设。置备。
[旧属十六谏]

创～主～协～难～承～官～
严～先～未～速～包～开～
置～试～惩～重～照～兴～
买～代～帮～自～已～谁～

**半** bàn 二分之一。
[旧属十五翰]

夜～对～多～小～减～秋～
一～事～月～功～折～大～
过～云～参～春～居～曲～

**扮** bàn 化妆成(某种人物)。
[旧属十六谏]

装～假～打～改～巧～虚～

**伴** bàn 同伴。陪同。
[旧属十四旱]

良～接～无～索～歌～女～
夕～山～呼～醉～歌～闲～
鹤～戏～寻～道～相～觅～
陪～结～老～酒～作～失～
游～伙～舞～同心～天上～
云中～白头～吹箫～望乡～
神仙～巫娥～读书～幽人～
黄昏～江海～知音～卧云～

**拌** bàn 搅和。
[旧属十四寒]

难～先～凉～搅～杂～糖～

**绊** bàn 挡住;缠住。
[旧属十五翰]

马～系～两～连～脚～拘～
难～柳～新～丝～囚～牵～
羁～根～萦～绝～脱～笼～

**鞲** bàn 驾车时套住牲口的皮带。

**瓣** bàn 植物可分部分。量词。
[旧属十六谏]

花～莲～瓜～香～一～双～
复～瓠～单～数～

**贬** biǎn 降低。
[旧属二十八琰]

抑～流～损～弹～自～惩～
位～褒～迁～被～遭～

**窆** biǎn 埋葬。
[旧属二十九艳]

埋～铭～客～归～薄～野～
远～孤～安～临～故～迁～

**扁** biǎn 扁形。姓。
[旧属十六铣]

扁～头～楣～字～轮～看～
踩～平～压～轧～

(另见 piān)

匾 biǎn 题字的木牌。
[旧属十六铣]
金~ 题~ 巨~ 上~ 门~

萹 biǎn 萹豆，同'扁豆'。
（另见平声 biān）

惼 biǎn 心胸狭窄。
[旧属十六铣]
心~ 吾~ 刺~ 刚~ 性~ 贪~

碥 biǎn 水旁山石。
[旧属十六铣]

稨 biǎn 稨豆，同'扁豆'。

褊 biǎn 狭小。
[旧属十六铣]
宽~ 带~ 地~ 卑~ 刚~ 心~
性~ 愚~ 庸~ 贪~

卞 biàn 急躁。姓。
[旧属十七霰]
疏~ 焦~ 躁~ 刚~ 薛~

弁 biàn 男帽。旧称武职。
[旧属十七霰]
武~ 古~ 青~ 冕~ 侧~ 缨~
整~ 醉~ 皮~ 冠~ 簪~ 翠~

抃 biàn 鼓掌;欢跃。
[旧属十七霰]
笑~ 歌~ 庆~ 欢~ 击~ 仰~
手~ 舞~ 雷~ 野~ 惊~

汴 biàn 水名。
[旧属十七霰]
河~ 思~ 游~ 古~ 清~ 泛~

忭 biàn 欢喜;快乐。
[旧属十七霰]
欢~ 野~ 惊~ 呼~ 快~ 雷~

变 biàn 变化。
[旧属十七霰]
转~ 改~ 巧~ 事~ 政~ 通~
飞~ 日~ 星~ 意~ 思~ 奇~
嬗~ 防~ 神~ 微~ 屡~ 山~
云~ 异~ 物~ 容~ 境~ 临~
色~ 渐~ 巨~ 千~ 演~ 蜕~
情~ 万~ 不~ 应~ 天~ 谲~
惊~ 量~ 质~ 突~ 叛~ 处~

风云~ 山河~ 日月~ 沧桑~

昪 biàn 光明;欢乐。
[旧属十七霰]

便 biàn 方便;便利。
[旧属十七霰]
顺~ 随~ 轻~ 乘~ 简~ 因~
逐~ 体~ 处~ 近~ 借~ 多~
两~ 请~ 就~ 不~ 自~ 听~
灵~ 粪~ 求~ 鸿雁~ 东风~
（另见 pián）

遍 biàn 普遍;全面。
[旧属十七霰]
用~ 一~ 几~ 磨~ 耕~ 吟~
言~ 洗~ 写~ 插~ 尝~ 看~
题~ 绕~ 采~ 千~ 读~ 红~
绿~ 开~ 问~ 行~ 走~ 寻~

缏 biàn 编成辫状的东西。
[旧属一先]
丝~ 绳~ 藤~ 麻~ 草帽~

艑 biàn 船。
[旧属十六铣]
巨~ 大~ 战~ 败~ 沉~

辨 biàn 辨别。
[旧属十六铣]
慎~ 分~ 目~ 精~ 手~ 色~
认~ 音~ 条~ 审~ 立~ 明~
细~ 剖~ 判~ 不~ 思~ 难~
是非~ 黑白~ 宫商~ 五色~

辩 biàn 辩解;辩论。
[旧属十六铣]
争~ 雄~ 申~ 论~ 答~ 胜~
群~ 疑~ 诘~ 妙~ 智~ 浮~
口~ 廷~ 心~ 闳~ 逸~ 飞~
明~ 博~ 辞~ 文~ 析~ 机~
善~ 字~ 通~ 听~ 察~ 妄~
巧~ 笔~ 曲~ 好~ 强~ 狡~
诡~ 思~ 九~ 纵横~ 悬殊~
连环~ 坚白~

辫 biàn 辫子。
[旧属十铣]
小~ 短~ 长~ 发~ 盘~ 弛~
解~ 竹~ 条~ 结~ 交~

惨 cǎn 悲惨。厉害。狠毒。
[旧属二十七感]

悲～ 凄～ 伤～ 愁～ 惨～ 色～
月～ 花～ 暮～ 昏～ 穷～ 自～
忧～ 情～ 酷～ 酸～ 阴～ 瞿～
风云～ 天地～ 血肉～ 天影～

**穇** cǎn 穇子，可食。

**篸** cǎn 一种篾箕。
[旧属十三覃]
（另见平声 zān）

**憯** cǎn 同'惨'。
[旧属二十七感]

**黪** cǎn 浅青黑色。昏暗。
[旧属二十七感]
暗～ 愁～ 昏～ 忧～ 阴～

**灿** càn 光彩耀眼。
[旧属十五翰]
明～ 霞～ 星～ 焕～ 光～ 灿～

**掺** càn 渔阳掺，鼓曲。
[旧属十五咸]
（另见 shàn；平声 chān）

**孱** càn 孱头，怯弱者。
[旧属一先]
（另见 chán）

**粲** càn 鲜明；美好。
[旧属十五翰]
光～ 灼～ 玉～ 白～ 锦～ 错～
彩～ 斐～ 辉～ 华～ 粲～ 笑～
春～ 星～ 霞～ 梅初～ 梨花～
灯火～ 白石～

**璨** càn 美玉。
[旧属十五翰]
璀～ 璨～ 北斗～

**产** chǎn 生产。产品。产业。
[旧属十五潸]
家～ 财～ 资～ 遗～ 私～ 破～
良～ 分～ 天～ 陆～ 地～ 田～
出～ 国～ 增～ 农～ 物～ 特～
土～ 高～ 稳～ 丰～ 超～ 盛～
多～ 矿～ 水～ 难～ 流～ 助～

**划** chǎn 同'铲'。
[旧属十五潸]
（另见 chàn）

**浐** chǎn 浐河，陕西水名。
[旧属十五潸]
渡～ 涉～ 乘～ 塞～ 灞～ 大～

**谄** chǎn 谄媚。
[旧属二十八琰]
佞～ 言～ 邪～ 卑～ 奸～ 听～
怀～ 巧～ 谀～ 阿～ 欺～ 客～

**啴** chǎn 宽缓。
（另见平声 tān）

**铲** chǎn 工具名。
[旧属十六谏]
刀～ 锄～ 铁～ 饭～ 药～ 剡～
连根～

**阐** chǎn 讲明白。
[旧属十六铣]
光～ 善～ 言～ 推～ 昭～ 开～

**蒇** chǎn 完成。
[旧属十六铣]
礼～ 肇～

**燀** chǎn 燃烧。炽热。
[旧属一先十六铣]
灾～ 威～ 大～ 火～ 炎～

**骣** chǎn 骑马不加鞍辔。

**幝** chǎn 笑的样子。
[旧属十一轸]

**忏** chàn 忏悔。
[旧属三十陷]
经～ 愧～ 私～ 自～ 礼～ 双～

**刬** chàn 铲削。
[旧属十五潸]
一～ 大～ 革～ 编～ 裁～
（另见 chǎn）

**颤** chàn 颤动；发抖。
[旧属十七霰]
发～ 直～ 身～ 脚～ 荷～ 手～
寒波～ 花光～
（另见 zhàn）

**羼** chàn 搀杂。
[旧属十五潸]
后人～

**韂** chàn 马鞍垫。
[旧属二十九艳]
锦~ 绣~ 长~ 征~ 鞍~ 巾~

**舛** chuǎn 差错。违背。不顺遂。
[旧属十六铣]
违~ 烦~ 讹~ 错~ 差~ 时~
交~ 多~ 谬~ 乖~ 运~ 纷~

**荈** chuǎn 晚采的茶。
[旧属十六铣]
美~ 野~ 香~ 茶~ 茗~ 种~
绿~ 石~ 异~ 椒~

**喘** chuǎn 呼吸急促。
[旧属十六铣]
咳~ 潜~ 大~ 微~ 牛~ 卧~
惫~ 肺~ 热~ 疲~ 人~ 息~
气~ 娇~ 残~ 汗~ 吴牛~

**僢** chuǎn 同'舛'。

**踳** chuǎn 同'舛'。
[旧属十一轸]

**串** chuàn 连贯。走动。
[旧属十六谏]
炙~ 一~ 客~ 反~ 连~ 珠~
贯~ 香~ 亲~ 串~ 乱~ 数~

**钏** chuàn 镯子。
[旧属十七霰]
宝~ 银~ 持~ 觅~ 脱~ 卖~
手~ 玉~ 金~ 钗~ 环~ 臂~

**窜** cuàn 乱跑。改动文字。
[旧属十五翰]
飞~ 分~ 潜~ 惊~ 北~ 蛇~
逃~ 远~ 流~ 鼠~ 奔~ 改~
涂~ 走~ 伏~ 惊麋~ 山妖~

**篡** cuàn 夺取。篡位。
[旧属十六谏]
窃~ 谋~ 防~ 淫~

**爨** cuàn 烧火做饭。灶。
[旧属十五翰]
樵~ 火~ 供~ 晚~ 炊~ 同~
分~ 厨~ 釜~ 晨~ 举~ 烟~

**胆** dǎn 胆囊。胆量。
[旧属二十七感]
赤~ 肝~ 大~ 张~ 批~ 鼠~

熊~ 照~ 铁~ 魂~ 石~ 饮~
有~ 龙~ 魔~ 酒~ 虎~ 狂~
无~ 洗~ 夺~ 情~ 贼~ 丧~
骇~ 裂~ 剖~ 怯~ 试~ 惊~
苦~ 义~ 斗~ 壮~ 沥~ 尝~
放~ 悬~ 瓶~ 落~ 内~ 狗~
吓破~ 包天~

**疸** dǎn 黄疸。

**掸** dǎn 拂除。
[旧属十四寒]
鸡毛~
(另见 shàn)

**赕** dǎn 奉献。赕佛。
[旧属二十八勘]
责~ 租~

**亶** dǎn 实在；诚然。
[旧属十四旱]
在~ 用~
(另见 dàn)

**黕** dǎn 污垢。乌黑。
[旧属二十七感]
云~ 暗~ 黕~

**旦** dàn 天亮。某天。角色。
[旧属十五翰]
元~ 达~ 花~ 一~ 旦~ 名~
乘~ 早~ 明~ 日~ 朔~ 正~
至~ 将~ 朝~ 盛~ 迟~ 候~
长~ 未~ 始~ 春~ 夜~ 晓~
复~ 待~ 昏~ 彻~ 昧~ 平~
旭~ 清~ 震~ 谷~ 戒~ 月~

**但** dàn 只。
[旧属十四旱]
不~ 岂~ 非~

**担** dàn 担子。量词。
[旧属二十八勘]
重~ 负~ 荷~ 弃~ 竹~ 薪~
数~ 樵~ 空~ 倚~ 肩~ 百~
花~ 柴~ 挑~ 货郎~ 千斤~
(另见平声 dān)

**诞** dàn 生日。荒唐的。
[旧属十四旱]
欺~ 诡~ 百~ 狂~ 幻~ 诳~
浮~ 妖~ 妄~ 虚~ 放~ 怪~

荒～ 寿～ 华～ 圣～ 庆～ 夸～
齐物～ 儿新～

**疍** dàn 疍民，水上居民。

**菡** dàn 菡萏，荷花。 [旧属二十七感]

**啖** dàn 吃。引诱。 [旧属二十七感二十八勘]

虎～ 甘～ 搏～ 噬～ 饥～ 饵～
嚼～ 食～ 坐～ 餐～ 相～ 欲～
喜～ 口～ 割～ 猛～ 日～ 厌～
吞～ 连～ 能～ 如渴～ 割股～

**淡** dàn 稀薄。色浅。 [旧属二十七感]

清～ 平～ 淡～ 食～ 香～ 迹～
枯～ 咸～ 星～ 日～ 虚～ 红～
浅～ 暗～ 雅～ 浓～ 冲～ 惨～
甜～ 寒～ 曲～ 色～ 烟～ 云～
萤光～ 远山～ 色彩～ 情怀～

**惮** dàn 怕。 [旧属二十七感二十八勘]

威～ 心～ 何～ 憚～ 疑～ 惊～
忌～ 畏～ 敬～ 深～ 素～ 见～

**弹** dàn 弹丸。枪弹。炮弹。 [旧属十五翰]

炸～ 投～ 流～ 霰～ 引～ 击～
金～ 丸～ 避～ 执～ 弓～ 如～
中～ 落～ 珠～ 氢～ 子～ 飞～
导～ 肉～ 糖～ 开花～ 原子～
穿甲～ 照明～
（另见 tán）

**蛋** dàn 卵。球形物。

脸～ 喜～ 生～ 下～ 鸡～ 鸭～
鸟～ 鸽～ 画～ 雕～ 滚～ 坏～
捣～ 彩～ 红～ 恐龙～ 鹌鹑～
茶叶～ 王八～

**氮** dàn 气体元素。

**亶** dàn 同'但'。 [旧属十四旱]
（另见 dǎn）

**瘅** dàn 因劳致病。憎恨。 [旧属十四旱]

卒～ 风～
（另见平声 dān）

**髧** dàn 头发下垂貌。 [旧属二十七感]

两髧～

**啖** dàn 同'啖'。

**赕** dàn 预支钱款。 [旧属二十七感]

锦～

**澹** dàn 安静。 [旧属二十七感]

闲～ 水～ 恬～ 声～ 沉～ 澄～
虑～ 思～ 意～ 幽～ 淡～ 心～
泉～ 风～ 性～ 海～ 月～ 波～
孤～ 远～ 阴～ 夜～ 林影～
（另见平声 tán）

**禫** dàn 丧家除服的祭祀。 [旧属二十七感]

不～ 伸～ 红～ 练～ 终～ 缟～
中月～

**典** diǎn 法则。典故。典礼。 [旧属十六铣]

古～ 经～ 庆～ 大～ 盛～ 辞～
守～ 岁～ 祭～ 国～ 用～ 汉～
恒～ 秘～ 妙～ 立～ 华～ 恩～
隆～ 乐～ 词～ 字～ 荣～ 文～
出～ 法～ 政～ 内～ 尧～ 旧～
数～ 雅～ 非～ 百重～ 旷世～

**点** diǎn 点滴。 [旧属二十八琰]

句～ 雨～ 起～ 观～ 焦～ 弱～
景～ 冰～ 终～ 星～ 标～ 误～
墨～ 数～ 泪～ 乱～ 圆～ 愁～
萤～ 半～ 正～ 缺～ 暗～ 圈～
评～ 顶～ 支～ 蹲～ 检～ 论～
指～ 茶～ 糕～ 优～ 打～ 极～
重～ 钟～ 特～ 沸～ 据～ 要～
地～ 斑～ 污～ 装～ 千～ 一～
点～ 卖～ 热～ 立足～ 出发～
落脚～ 切入～ 闪光～

**碘** diǎn 药名。

**踮** diǎn 抬起脚后跟站着。

**电** diàn 电源。电讯。
[旧属十七霰]

闪～ 邮～ 水～ 断～ 雷～ 逐～
耀～ 激～ 击～ 惊～ 吐～ 回～
导～ 充～ 静～ 云～ 夜～ 急～
掣～ 通～ 走～ 触～ 光～ 通～
无线～ 高压～

**佃** diàn 租种田地。
[旧属十七霰]

耕～ 租～ 渔～ 召～ 承～ 共～
领～ 应～ 营～ 募～
（另见平声 tián）

**甸** diàn 郊外。
[旧属十七霰]

兰～ 风～ 牧～ 遥～ 广～ 山～
外～ 秋～ 晴～ 野～ 清～ 沙～
柳～ 林～ 远～ 西～ 长～ 河～
郊～ 海～ 荒～ 芳～ 畿～ 伊～

**阽** diàn 临近危险。
[旧属十四盐]
（又读 yán）

**坫** diàn 土台。
[旧属二十九艳]

高～ 右～ 尊～ 坛～ 设～ 崇～

**店** diàn 客店。商店。
[旧属二十九艳]

新～ 药～ 野～ 布～ 花～ 孤～
问～ 松～ 远～ 过～ 荒～ 归～
书～ 小～ 酒～ 饭～ 夜～ 旅～
村～ 茅～ 古～ 开～ 砸～ 黑～
临溪～ 残月～ 烟杂～ 专卖～

**玷** diàn 玉上斑点。
[旧属二十八琰]

再～ 久～ 毁～ 小～ 虚～ 尘～
微～ 无～ 瑕～

**垫** diàn 垫子。填空缺。
[旧属二十九艳]

座～ 下～ 愁～ 增～ 草～ 铺～
代～ 暂～ 昏～ 棉～ 车～ 土～

**钿** diàn 花形装饰品。
[旧属十七霰]

蝉～ 粉～ 玉～ 钗～ 碧～ 分～
绿～ 宝～ 装～ 杂～ 螺～ 花～
翠～ 金～ 珠～
（另见平声 tián）

**淀** diàn 浅湖泊。沉淀。
[旧属十七霰]

水～ 海～ 碧～ 红～ 塘～ 长～
方～ 沙～ 淤～ 埋～ 白洋～

**惦** diàn 惦念。惦记。

**奠** diàn 建立。祭奠。
[旧属十七霰]

朝～ 蔬～ 舍～ 夕～ 菲～ 霄～
丰～ 牲～ 跪～ 致～ 野～ 设～
薄～ 安～ 清～ 送～ 进～ 梦～

**殿** diàn 高大的房屋。
[旧属十七霰]

正～ 凉～ 画～ 玉～ 旧～ 寝～
内～ 广～ 明～ 华～ 清～ 高～
层～ 山～ 梵～ 林～ 云～ 魔～
锦～ 鸾～ 古～ 虚～ 鲁～ 宫～
宝～ 佛～ 月～ 水～ 金～ 前～
太和～ 长生～ 金鸾～ 三清～

**靛** diàn 深蓝色。
[旧属十七霰]

青～ 蓝～ 深～ 雾～ 尺～ 浅～
刘～ 雷～ 碧～ 波如～ 江色～

**簟** diàn 竹席。
[旧属二十八琰]

金～ 象～ 漆～ 藤～ 平～ 玉～
牙～ 华～ 珍～ 瑶～ 卧～ 床～
夏～ 拂～ 夜～ 寒～ 秋～ 风～
楚～ 展～ 荫～ 客～ 衾～ 暑～
织～ 铺～ 滑～ 午～ 竹～ 湘～
凉～ 清～ 碧～ 冰～ 枕～ 舒～
水纹～ 云为～ 鳞作～

**癜** diàn 皮肤病。

白～ 紫～ 斑～ 红～ 面～

**短** duǎn 短小。缺少。
[旧属十四旱]

貌～ 穷～ 计～ 续～ 偏～ 蓄～
粮～ 弃～ 击～ 蔽～ 肥～ 目～
舌～ 鞭～ 身～ 谗～ 袖～ 昼～
智～ 夜～ 手～ 裙～ 长～ 补～

尺～ 衣～ 日～ 简～ 才～ 护～
气～ 修～ 宵～ 截～ 毁～ 短～
春光～ 竹篱～ 雁声～

## 段 duàn 量词。段位。
[旧属十五翰]

万～ 数～ 逐～ 大～ 几～ 条～
尾～ 身～ 手～ 分～ 阶～ 片～
成～ 半～ 地～ 自然～

## 断 duàn 断绝。判断。
[旧属十四旱十五翰]

不～ 自～ 情～ 轻～ 根～ 桥～
云～ 横～ 梦～ 妙～ 弦～ 利～
忍～ 打～ 曲～ 隔～ 香～ 恩～
擅～ 割～ 声～ 寸～ 截～ 斩～
垄～ 论～ 诊～ 武～ 臆～ 立～
果～ 中～ 明～ 间～ 决～ 续～
鸿～ 望～ 藕～ 目～ 肠～ 寡～
音信～ 芳尘～ 梦魂～ 行踪～

## 缎 duàn 缎子。
锦～ 绸～ 花～ 白～ 红～ 素～

## 椴 duàn 椴树。

## 煅 duàn 煅烧。
[旧属六麻]
生～

## 碫 duàn 碫石。
[旧属十五翰]
取～

## 锻 duàn 锻造。
[旧属十五翰]
善～ 共～ 铸～ 药～ 铁～ 夜～
百～ 冶～ 火～ 锤～ 洪炉～

## 簖 duàn 水中竹栏栅。
竹～ 溪～ 渔～ 蟹～ 虾～ 河～

## 反 fǎn 颠倒的。背叛。
[旧属十三阮]
违～ 造～ 肃～ 相～ 平～ 不～
策～ 思～ 偏～ 谋～ 自～ 隔～
盈而～ 极必～

## 返 fǎn 回。
[旧属十三阮]

往～ 旋～ 速～ 夕～ 东～ 惮～
思～ 得～ 疾～ 急～ 空～ 望～
独～ 知～ 莫～ 未～ 魂～ 生～
晨～ 同～ 车～ 回～ 忘～ 遗～
白云～ 秋雁～ 黄鹤～ 樵唱～

## 犯 fàn 抵触。侵犯。罪犯。
[旧属二十九豏]

冒～ 囚～ 战～ 月～ 身～ 从～
轻～ 妄～ 贪～ 首～ 屡～ 惯～
数～ 无～ 难～ 主～ 要～ 干～
触～ 违～ 误～ 语～ 直～ 来～
在押～ 嫌疑～ 少年～

## 饭 fàn 米饭。
[旧属十三阮十四愿]

茶～ 冷～ 吃～ 午～ 讨～ 三～
共～ 菰～ 香～ 炊～ 寻～ 临～
忘～ 僧～ 浆～ 蔬～ 餐～ 饱～
粗～ 加～ 村～ 寝～ 日～ 白～
含～ 便～ 下～ 烧～ 开～ 喷～
留～ 菜～ 淡～ 健～ 裹～ 麦～
大锅～ 耕而～ 松下～ 加餐～

## 泛 fàn 漂浮。浮浅。
[旧属三十陷]

风～ 水～ 波～ 月～ 舟～ 东～
霞～ 酒～ 云～ 香～ 光～ 晨～
远～ 萍～ 愁～ 花～ 拟～ 闲～
广～ 宽～ 浮～ 空～ 泛～ 雨～

## 范 fàn 模子。榜样。范畴。
[旧属二十九豏]

典～ 风～ 规～ 垂～ 英～ 德～
闺～ 弘～ 母～ 淑～ 礼～ 家～
世～ 令～ 雅～ 书～ 模～ 示～
仪～ 遗～ 师～ 就～ 文～ 防～

## 贩 fàn 商人买货。贩卖。
[旧属十四愿]

小～ 摊～ 商～ 人～ 毒～ 书～
票～ 客～ 通～ 运～ 私～ 转～
行～ 贾～ 盗～ 负～ 百～ 盐～

## 畈 fàn 田地。

## 梵 fàn 有关佛教的事物。
[旧属三十陷]

修～ 归～ 演～ 净～ 古～ 清～
高～ 释～ 扬～ 幽～ 崇～ 仙～
西～ 香～ 僧～ 晓～ 雅～ 唐～

**杆** gǎn 细长器物。

杠~ 笔~ 枪~ 木~ 铁~ 光~
旗~
（另见平声 gān）

**秆** gǎn 植物茎。
[旧属十四旱]

麦~ 粟~ 其~ 稻~ 茎~ 禾~

**赶** gǎn 追。加快行动。

追~ 快~ 飞~ 急~ 欲~ 争~

**笴** gǎn 箭杆。
[旧属十四旱]

矢~ 弓~ 金~ 羽~ 碧~ 没~

**敢** gǎn 有胆量。
[旧属二十七感]

勇~ 胆~ 岂~ 谁~ 未~ 安~
怎~ 不~ 何~ 果~ 曷~ 弗~

**感** gǎn 感觉。感想。
[旧属二十七感]

通~ 诚~ 情~ 美~ 物~ 神~
微~ 数~ 痛~ 哀~ 伤~ 至~
深~ 兴~ 外~ 内~ 思~ 灵~
天~ 仰~ 乘~ 旧~ 触~ 敏~
实~ 恩~ 春~ 真~ 愁~ 独~
观~ 杂~ 快~ 心~ 有~ 多~
铭~ 反~ 同~ 百~ 何~ 欣~
正义~ 耳初~ 原知~ 平生~

**澉** gǎn 地名。无味。
[旧属二十七感]

淡~

**橄** gǎn 橄榄。
[旧属二十七感]

**擀** gǎn 用棍来回碾。

**鳡** gǎn 鳡鱼。

**干** gàn 事物主体。做。
[旧属十五翰]

能~ 才~ 骨~ 本~ 条~ 伟~
枯~ 松~ 躯~ 树~ 枝~ 实~
巧~ 单~ 苦~ 大~ 精~ 蛮~
（另见平声 gān）

**旰** gàn 天色晚。
[旧属十五翰]

将~ 未~ 日~ 旰~ 宵~

**绀** gàn 黑里透红的颜色。
[旧属二十八勘]

玄~ 中~ 紫~ 代~ 丹~ 专~

**淦** gàn 淦水,江西水名。
[旧属十三覃]

新~ 上~

**骭** gàn 小腿。肋骨。
[旧属十五翰]

肩~ 遮~ 及~ 玄~ 露~

**赣** gàn 江西的简称。
[旧属二十七感二十八勘]

湘~ 浙~ 合~ 江~ 游~

**莞** guǎn 东莞;广东地名。
[旧属十四寒]
（另见 wǎn;平声 guān）

**馆** guǎn 房舍建置。
[旧属十四旱]

宾~ 茶~ 旅~ 饭~ 舞~ 酒~
菜~ 池~ 楚~ 溪~ 斋~ 学~
孤~ 旧~ 秘~ 离~ 私~ 仙~
楼~ 亭~ 闭~ 使~ 公~ 客~
图书~ 博物~ 文史~ 展览~
竹里~

**琯** guǎn 古代乐器。
[旧属十四旱]

玉~ 梵~ 雕~ 乐~ 华~ 钟~

**辁** guǎn 包在车毂头上的铁。

**筦** guǎn 同'管'。姓。

**痯** guǎn 疲劳;病。
[旧属十四旱]

**管** guǎn 乐器。管子。管理。
[旧属十四旱]

主~ 掌~ 保~ 看~ 总~ 急~
窥~ 鸣~ 脆~ 铙~ 凤~ 歌~
韵~ 羌~ 律~ 磬~ 双~ 笳~
丝~ 笙~ 竹~ 芦~ 钢~ 弦~
水~ 箫~ 银~ 清~ 笛~ 编~
生花~ 春不~ 舞鹤~ 窥豹~

丱 guàn 儿童束发。
[旧属十六谏]
童~ 笄~ 方~ 羁~ 两~ 翘~
总角~

观 guàn 道教的庙宇。
[旧属十五翰]
道~ 玉~ 石~ 台~ 旧~ 宫~
列~ 庐~ 野~ 岩~ 寺~ 楼~
仙~ 京~ 亭~ 齐云~ 临池~
（另见平声 guān）

贯 guàn 穿。连贯。
[旧属十五翰]
万~ 钱~ 恶~ 矢~ 如~ 珠~
绳~ 声~ 气~ 斜~ 脉~ 名~
横~ 总~ 业~ 学~ 鱼~ 虹~
十五~ 三连~ 大满~

冠 guàn 戴帽。冠军。
[旧属十五翰]
荣~ 名~ 才~ 勇~ 功~ 鳌~
夺~ 声~ 德~ 华~ 英~ 初~
未~ 贵~ 首~ 弱~
（另见平声 guān）

掼 guàn 扔。

涫 guàn 沸。
[旧属十四寒]
沸~ 乐~ 涫~

惯 guàn 习以为常。纵容。
[旧属十六谏]
自~ 饥~ 旧~ 未~ 久~ 习~
娇~ 不~ 听~ 见~ 宠~ 已~
作客~ 幽独~ 天涯~

裸 guàn 酌酒灌地的祭礼。

盥 guàn 洗。盥洗器具。
[旧属十四旱]
晨~ 洁~ 洗~ 涤~ 朝~ 宾~
薰~ 濯~ 清~ 梳~ 栉~ 沃~

灌 guàn 灌溉。装进去。
[旧属十五翰]
强~ 夜~ 沃~ 浸~ 江~ 排~
雨~ 水~ 围~ 斟~ 可~ 汲~
学~ 浇~ 倒~ 频~ 干~ 装~
醍醐~ 引流~ 百川~

瓘 guàn 一种玉。
[旧属十五翰]

鹳 guàn 鸟名。
[旧属十五翰]
晴~ 田~ 鸣~ 江~ 群~ 聚~
鹅~ 鹳~ 野~ 老~ 旅~ 步~

罐 guàn 罐子。
[旧属十五翰]
铁~ 汤~ 药~ 瓶~ 瓦~ 金~

罕 hǎn 稀少。
[旧属十四旱]
稀~ 云~ 天~ 尘~ 识~ 星~
知音~ 人迹~ 世所~

喊 hǎn 大声叫。
[旧属二十七感二十九赚]
呼~ 哭~ 叫~ 众~ 齐~ 笑~
轻~ 追~ 挥~ 不~ 空~ 呐~
大~ 高~ 狂~ 能~ 不~ 对~

嘃 hǎn 虎叫声。
[旧属二十八勘二十九赚]
虎~ 口~ 哮~ 咆~ 嘃~

汉 hàn 银河。男子。汉代。
[旧属十五翰]
秦~ 两~ 狂~ 饥~ 遥~ 天~
星~ 银~ 铁~ 醉~ 霄~ 江~
河~ 痴~ 懒~ 好~ 罗~ 云~
老~ 硬~ 大~ 门外~ 男子~

扞 hàn 扞格，互相抵触。
[旧属十五翰]
玦~ 拒~ 无~ 守~ 自~ 殊~
相~ 防~ 抵~ 戍~ 边~ 作~

闬 hàn 里巷门。墙垣。
[旧属十五翰]
穷~ 城~ 关~ 乡~ 接~ 郊~
同~ 高~ 里~ 间~ 大~ 邑~

汗 hàn 汗水。
[旧属十五翰]
大~ 香~ 粉~ 如~ 惊~ 拭~
沐~ 膏~ 雨~ 珠~ 凝~ 薄~
轻~ 微~ 洒~ 拂~ 石~ 舞~
芳~ 衣~ 冷~ 颜~ 愧~ 浩~
挥~ 流~ 扇~ 冬月~ 流血~
（另见平声 hán）

**旱** hàn 久不雨。
[旧属十四旱]

风~　大~　小~　枯~　霜~　国~
逢~　旷~　天~　久~　抗~　干~
水~　炎~　防~　乾坤~　三年~

**捍** hàn 捍卫;防御。
[旧属十五翰]

身~　空~　横~　御~　救~　固~
抵~　防~　戍~　边~　守~　障~

**悍** hàn 勇猛。凶狠。
[旧属十四旱十五翰]

将~　锐~　妒~　粗~　劲~　狂~
暴~　人~　贼~　专~　愎~　鸷~
傲~　猛~　勇~　凶~　强~　精~
骄~　骁~　剽~　丑~　沉~

**菡** hàn 荷花。
[旧属二十七感]

折~　玉~　菡~

**焊** hàn 焊接。
[旧属十五翰]

电~　脱~　药~　点~　弧~

**睅** hàn 眼睛瞪大突出。
[旧属十五清]

裂~

**颔** hàn 下巴。点头。
[旧属二十七感]

龙~　丰~　龟~　红~　花~　首~
笑~　探~　燕~　虎~　鱼~　满~

**暵** hàn 晒干。干枯。
[旧属十五翰]

时~　炎~　神~　干~　旱~

**翰** hàn 羽毛。借指笔墨。
[旧属十五翰]

诗~　书~　妙~　史~　清~　遗~
弄~　墨~　香~　雁~　凤~　飞~
霜~　华~　投~　文~　羽~　挥~
屏~　词~　柔~　轻~　仙~　远~

**撼** hàn 摇动。
[旧属二十七感]

夜~　数~　可~　轻~　言~　摇~
震~　波~　声~　风~　顿~　龙~
山易~　蚍蜉~

**憾** hàn 失望;不满足。
[旧属二十八勘]

遗~　私~　悲~　无~　小~　何~
此~　蓄~　释~　怀~　宿~　素~

**瀚** hàn 广大。
[旧属十五翰]

浩~　葱~　混~　瀚~

**缓** huǎn 慢。推迟。缓和。
[旧属十四旱]

舒~　痴~　风~　徐~　性~　情~
轻~　急~　步~　迟~　和~　迂~
缓~　疏~　宽~　琴瑟~　人行~
松风~　马蹄~　衣带~

**幻** huàn 不真实的。
[旧属十六谏]

梦~　奇~　变~　虚~　佛~　善~
鬼~　如~　泡~　百~　浮~　诞~
荒~　多~　境~　科~

**奂** huàn 盛。文采鲜明。
[旧属十五翰]

美~　轮~　伴~

**宦** huàn 官吏。宦官。
[旧属十六谏]

世~　仕~　官~　显~　高~　久~
内~　羁~　达~　群~　倦~　薄~
名~　巧~　阉~　孤~　善~　清~

**换** huàn 换取。变换。
[旧属十五翰]

暗~　对~　初~　兑~　私~　巧~
窃~　相~　世~　屡~　时~　月~
新~　当~　交~　调~　互~　改~
替~　轮~　偷~　更~　撤~　转~
时节~　荣枯~　山河~　暗中~

**唤** huàn 大声叫。
[旧属十五翰]

呼~　急~　醉~　伴~　莺~　笑~
亲~　春~　追~　夜~　宣~　被~
自~　相~　独~　千~　遥~　数~
长~　召~　闲~　鸡~　叫~　使~
声声~　知音~　鹦鹉~　晨鸡~

**涣** huàn 消散。
[旧属十五翰]

清~　恩~　散~　涣~　冰~　紫~
烟云~　阳气~

**浣** huàn 洗。
[旧属十四旱]

自～ 盥～ 溅～ 缀～ 漱～ 手～
休～ 上～ 下～ 涤～ 湔～ 沃～
西子～ 和灰～ 群物～

**患** huàn 祸害。忧虑。生病。
[旧属十六谏]

遗～ 人～ 除～ 常～ 世～ 解～
避～ 凶～ 多～ 临～ 免～ 时～
水～ 生～ 疾～ 口～ 毒～ 成～
外～ 无～ 病～ 隐～ 同～ 防～
罹～ 边～ 忧～ 祸～ 后～ 内～

**焕** huàn 光明;光亮。
[旧属十五翰]

义～ 长～ 彪～ 烛～ 华～ 辉～
明～ 日～ 蔚～ 炳～ 绚～ 耀～
霞～ 文～ 昭～ 重～ 天～ 照～

**逭** huàn 逃;避。
[旧属十五翰]

**睆** huàn 明亮。美好。
[旧属十五潸]

睍～ 华～ 睆～

**痪** huàn 瘫痪。

**豢** huàn 豢养。
[旧属十六谏]

掌～ 嘉～ 烹～ 醘～ 刍～

**漶** huàn 漫漶,模糊。
[旧属十五翰]

**鲩** huàn 草鱼。

**擐** huàn 穿。
[旧属十六谏]

躬～ 亲～ 不～ 甲胄～

**轘** huàn 古代酷刑,即车裂。
[旧属十六谏]

车～ 烹～
（另见平声 huán）

**缄** jiǎn 同'茧'。

**梘** jiǎn 同'笕'。肥皂。

番～ 香～ 竹～ 通～ 山～ 曲～

**拣** jiǎn 挑选。
[旧属十五潸]

手～ 料～ 挑～ 细～ 选～ 汰～

**茧** jiǎn 蚕茧。昆虫茧。
[旧属十六铣]

抽～ 煮～ 白～ 桑～ 丝～ 成～
银～ 夏～ 霜～ 素～ 寒～ 脱～
秋～ 春～ 结～ 作～ 冰～ 玉～
剥～ 雪～ 野～ 合～ 蜀～ 老～

**柬** jiǎn 信件。名帖。
[旧属十五潸]

请～ 书～ 信～ 诗～ 小～ 折～
修～ 酬～ 红～

**俭** jiǎn 俭省。
[旧属二十七琰]

勤～ 丰～ 节～ 岁～ 克～ 示～
奢～ 国～ 共～ 行～ 学～ 躬～
至～ 自～ 居～ 廉～ 约～ 谦～
荒～ 守～ 素～ 贞～ 慈～ 劝～
淑～ 尚～ 淳～ 朴～ 侈～ 葬～
世～ 风～ 崇～ 省～ 清～ 德～

**捡** jiǎn 拾取。
[旧属十七霰]

汰～ 选～ 慎～ 手～ 跪～ 阅～

**笕** jiǎn 引水的长竹管。
[旧属十六铣]

竹～ 山～ 接～ 曲～ 滴～ 云～
通～ 引～ 通～ 分溜～ 连云～

**检** jiǎn 检查。约束;检点。
[旧属二十七琰]

查～ 搜～ 参～ 玉～ 收～ 临～
禁～ 素～ 规～ 细～ 共～ 详～
形～ 密～ 书～ 勘～ 点～ 不～
先～ 通～ 考～ 自～ 报～ 体～

**趼** jiǎn 手足上硬皮。
[旧属十六铣]

老～ 叠～ 手～ 脚～ 双～ 足～
踵～ 累～ 黄～ 重～ 削～ 去～

**减** jiǎn 减少。
[旧属二十九豏]

增～ 删～ 裁～ 削～ 缩～ 加～
瘦～ 损～ 轻～ 衰～ 春～ 香～
折～ 退～ 半～ 似～ 淡～ 力～
叶～ 量～ 顿～ 寸～ 语～ 擅～
岁～ 翠～ 日～ 味～ 递～ 兴～
消～ 膳～ 色～ 未～ 耗～ 盈～

风流～ 体重～ 腰围～ 花片～

## 剪 jiǎn 剪刀。剪开。除去。
[旧属十六铣]

快～ 开～ 亲～ 春～ 雨～ 偷～
刀～ 叶～ 轻～ 戏～ 笑～ 碎～
彩～ 细～ 女～ 凤～ 手～ 金～
玉～ 霜～ 诛～ 删～ 裁～ 如～
俗虑～ 韭初～ 秋风～ 燕尾～

## 碱 jiǎn 同'碱'。

## 揃 jiǎn 剪断;分割。
[旧属十六铣]

摧～ 自～ 勿～ 剔～ 内～

## 睑 jiǎn 眼皮。

垂～ 困～ 黑～ 吊～ 双～

## 锏 jiǎn 古代兵器。

持～ 双～ 铁～ 铜～ 舞～ 鞭～
杀手～
(另见 jiàn)

## 裥 jiǎn 衣服上打的褶子。
[旧属十六谏]

## 简 jiǎn 简单。信件。
[旧属十五潸]

精～ 烦～ 平～ 玉～ 尺～ 约～
意～ 严～ 易～ 行～ 辞～ 宽～
笔～ 居～ 疏～ 语～ 妙～ 事～
详～ 翰～ 素～ 折～ 错～ 残～
竹～ 邮～ 书～ 断～ 清～ 蠹～

## 谫 jiǎn 浅薄。谫陋;浅陋。

## 戩 jiǎn 剪除。吉祥。
[旧属十六铣]

丹～ 袚～ 降～

## 碱 jiǎn 纯碱的通称。
[旧属二十七感二十九豏]

石～ 盐～ 刮～ 烧～ 封～ 酸～

## 翦 jiǎn 同'剪'。姓。
[旧属十六铣]

## 蹇 jiǎn 跛。不顺利。
[旧属十三阮十六铣]

贫～ 穷～ 疲～ 策～ 多～ 苦～

驱～ 步～ 驽～ 命～ 足～ 尺～
拘～ 病～ 独～ 寒～ 行～ 偃～
跛～ 屯～ 艰～ 同～ 马～ 塞～

## 謇 jiǎn 口吃。正直。
[旧属十六铣]

勤～ 修～ 刚～ 忠～ 謇～

## 鬋 jiǎn 下垂的鬓发。
[旧属十六铣]

曼～ 盛～ 失～ 秀～ 卷～ 浓～

## 见 jiàn 看到。会见。看法。
[旧属十七霰]

创～ 梦～ 喜～ 预～ 目～ 所～
亲～ 如～ 愿～ 望～ 深～ 闻～
妙～ 眼～ 慧～ 惯～ 仰～ 先～
窥～ 己～ 短～ 少～ 拙～ 遇～
想～ 主～ 意～ 鄙～ 高～ 远～
听～ 罕～ 偏～ 灼～ 引～ 求～
俗～ 卓～ 管～ 习～ 乍～ 会～
成～ 浅～ 再～ 镜～ 明～ 数～
寻常～ 再相～ 一孔～ 不曾～

## 件 jiàn 量词。文件。
[旧属十六铣]

事～ 证～ 条～ 物～ 案～ 来～
急～ 密～ 函～ 信～ 零～ 配～
机～ 计～ 工～ 铸～ 备～ 件～

## 间 jiàn 空隙。隔阂。挑拨。
[旧属十六谏]

离～ 伺～ 巧～ 稍～ 谗～ 排～
疑～ 嫌～ 乘～ 有～ 反～ 无～
相～ 用～ 诡～
(另见平声 jiān)

## 讪 jiàn 能言善辩。
[旧属一先]

## 饯 jiàn 饯行。浸渍。
[旧属十六铣]

留～ 荣～ 陪～ 礼～ 迎～ 临～
送～ 宴～ 诗～ 往～ 劳～ 旧～
郊～ 野～ 举～ 泣～ 饮～ 祖～
设～ 蜜～ 追～ 恩～ 宠～

## 建 jiàn 建筑。设立。首创。
[旧属十四愿]

创～ 新～ 重～ 改～ 兴～ 翻～
自～ 精～ 特～ 停～ 扩～ 拓～
增～ 独～ 择～ 并～ 再～ 初～

营～ 封～ 月～ 众～ 功业～

**荐** jiàn 推举。献。草。
[旧属十七霰]

推～ 引～ 乐～ 新～ 食～ 夏～
秋～ 口～ 称～ 亲～ 供～ 举～
褒～ 委～ 声～ 手～ 时～ 屡～
野～ 业～ 同～ 私～ 曲～ 首～
保～ 草～ 蒲～ 蔬果～ 珍羞～

**贱** jiàn 低。卑鄙。
[旧属十七霰]

贫～ 下～ 卑～ 贵～ 人～ 忘～
苟～ 微～ 陋～ 寒～ 丰～ 猥～
庸～ 秽～ 孤～ 穷～ 身～ 土～
耻～ 荣～ 命～ 衰～ 野～ 米～
炭～ 凡～ 鄙～ 轻～ 低～ 困～

**牮** jiàn 倾斜。

**剑** jiàn 兵器。
[旧属二十九艳]

抚～ 飞～ 古～ 霜～ 怒～ 横～
折～ 挺～ 磨～ 宝～ 学～ 舞～
试～ 佩～ 挂～ 铸～ 求～ 匣～
击～ 按～ 拔～ 砺～ 双～ 长～
三尺～ 倚天～ 流星～ 上方～

**涧** jiàn 山中水沟。
[旧属十六谏]

山～ 幽～ 林～ 荒～ 月～ 深～
春～ 夕～ 香～ 秋～ 枯～ 沙～
碧～ 空～ 雪～ 满～ 菊～ 花～
野～ 溪～ 石～ 曲～ 寒～ 松～

**监** jiàn 古代官府名。
[旧属三十陷]

秘～ 总～ 宫～ 太～ 狗～ 内～
钦天～ 国子～
（另见平声 jiān）

**健** jiàn 强健。
[旧属十四愿]

稳～ 矫～ 体～ 内～ 气～ 豪～
精～ 壮～ 骁～ 爽～ 安～ 衰～
雄～ 劲～ 勇～ 保～ 刚～ 清～
老～ 神～ 身～ 康～ 笔～ 轻～
天行～ 诗骨～ 筋骨～

**舰** jiàn 军舰。
[旧属二十九豏]

战～ 轻～ 舟～ 百～ 大～ 船～
舸～ 舻～ 列～ 步～ 彩～ 火～
戎～ 远～ 游～ 兵～ 海～ 旗～
巡洋～ 潮迎～ 凌波～ 主力～

**渐** jiàn 逐步。
[旧属二十八琰]

逐～ 渐～ 浸～ 害～ 萌～ 微～
日～ 积～ 杜～ 防～
（另见平声 jiān）

**谏** jiàn 规劝。
[旧属十六谏]

笔～ 诗～ 强～ 诚～ 进～ 数～
犯～ 敢～ 书～ 逆～ 泣～ 求～
忠～ 直～ 讽～ 纳～ 力～ 尸～
深～ 恳～ 密～ 累～ 善～ 劝～
兵～ 正～ 箴～ 犯颜～ 直言～

**楗** jiàn 插门的木棍。
[旧属十三阮]

木～ 竹～ 铁～ 刍～ 门～ 善～
无～ 幽～ 蓬～ 玄～ 万仞～

**晌** jiàn 窥视。
[旧属十五删]

枭～

**践** jiàn 践踏。实行。
[旧属十六铣]

实～ 身～ 侵～ 兵～ 踏～ 躬～
试～ 行～ 足～ 蹈～ 久～ 越～
累～ 履～ 蹂～ 作～ 遭～

**锏** jiàn 车轴铁。
（另见 jiǎn）

**毽** jiàn 毽子。

**腱** jiàn 肌腱，附骨筋肉。

**溅** jiàn 液体四射。
[旧属十七霰]

飞～ 四～ 血～ 水～ 泥～ 喷～
雪～ 雨～ 碎～ 金～ 花～ 泪～
浪花～ 车轮～

**鉴** jiàn 镜子。照。审察。
[旧属三十陷]

借～ 宝～ 明～ 洞～ 精～ 天～

日~ 识~ 深~ 悬~ 智~ 通~
时~ 裁~ 自~ 善~ 求~ 审~
俯~ 妙~ 静~ 水~ 冰~ 龟~
可~ 赏~ 品~ 殷~ 印~ 古~
千秋~ 古今~ 后人~ 以此~

**键** jiàn 门闩。钥匙。按键。
[旧属一先十六铣]
琴~ 关~ 金~ 妙~ 素~ 拊~
枢~ 复~ 秘~ 管~ 局~ 机~
五寸~ 电脑~

**槛** jiàn 栏杆。兽笼。囚笼。
[旧属二十九豏]
横~ 囚~ 出~ 伏~ 曲~ 绕~
抚~ 照~ 晨~ 松~ 竹~ 玉~
圈~ 雨~ 井~ 石~ 虚~ 倚~
危~ 江~ 凭~ 月~ 雕~ 秋~
楼~ 池~ 朱~ 虚~ 水~ 兽~
(另见 kǎn)

**僭** jiàn 超越本分。
[旧属二十九艳]
奢~ 狂~ 冗~ 骄~ 妄~ 优~

**踺** jiàn 踺子,体操翻身动作。

**箭** jiàn 兵器。
[旧属十七霰]
射~ 令~ 飞~ 弓~ 暗~ 系~
竹~ 漏~ 受~ 传~ 带~ 鸣~
棘~ 流~ 避~ 拔~ 丛~ 遗~
折~ 百~ 书~ 数~ 劲~ 惊~
星~ 轻~ 神~ 金~ 木~ 羽~
毒~ 冷~ 火~ 响~ 如~ 银~

**卷** juǎn 弯成圆筒形。
[旧属十六铣]
席~ 横~ 帘~ 舒~ 倒~ 龙~
吞~ 云~ 潮~ 怒~ 善~ 偷~
高~ 半~ 浪~ 风~ 春~ 花~
万~ 被~ 香~ 雪~ 帆~ 手~
蕉叶~ 象鼻~ 秋涛~
(另见 juàn)

**帣** juǎn 卷袖子。
(另见 juàn)

**锩** juǎn 刀剑卷刃。

**卷** juàn 书本。试卷。文件。
[旧属十七霰]
览~ 开~ 秘~ 旧~ 抚~ 末~
考~ 试~ 新~ 把~ 束~ 书~
手~ 画~ 案~ 残~ 交~ 白~
长~ 掩~ 展~ 诗~ 披~
(另见 juǎn)

**帣** juàn 囊。
(另见 juǎn)

**隽** juàn 鸟肥。隽永。
[旧属十六铣]
下~ 余~

**倦** juàn 疲乏。厌倦。
[旧属十七霰]
疲~ 劳~ 笔~ 休~ 懈~ 耳~
怠~ 马~ 体~ 微~ 梦~ 午~
烦~ 困~ 神~ 忘~ 不~ 脚~
昼~ 鸟~ 飞~ 力~ 衰~

**狷** juàn 狷介。狷急。
[旧属十六铣十七霰]
愚~ 迂~ 惊~ 狂~ 轻~ 心~

**桊** juàn 穿牛鼻的小铁环。

**绢** juàn 丝织品。
[旧属十七霰]
白~ 赠~ 帛~ 新~ 长~ 银~
匹~ 生~ 细~ 古~ 素~ 黄~
绫~ 束~ 手~ 织~ 红~ 寸~

**圈** juàn 养牲畜的棚栏
[旧属十三阮]
出~ 牛~ 兽~ 羊~ 猪~ 虎~
(另见平声 juān;quān)

**眷** juàn 亲属。关心。
[旧属十七霰]
穷~ 旧~ 家~ 亲~ 姻~ 深~
垂~ 恩~ 宠~ 宝~ 荷~ 昵~

**睊** juàn 睊睊,侧目而视。
[旧属十七霰]

**罥** juàn 挂。
[旧属十六铣十七霰]
横~ 挂~ 施~ 绝~ 网~ 丝~
萝~ 高~ 蒙~ 张~

坎 kǎn 卦名。土坎。坑。[旧属二十七感]
心~　井~　埋~　穷~　北~　卦~
过~　石~　掘~　穴~　坑~　穿~
离~　坎~　深~　地~　残~　作~

侃 kǎn 刚直。和乐。闲谈。[旧属十四旱]
调~　闲~　夜~　陶~　侃~

砍 kǎn 劈。削减。
刀~　斧~　剑~　乱~　相~　狠~

欿 kǎn 不自满。不得意。[旧属二十七感]

槛 kǎn 门限。[旧属二十九豏]
门~　山~　机~　设~　石~
(另见 jiàn)

顑 kǎn 顑颔,形容饥饿。

轗 kǎn 轗轲,同'坎坷'。[旧属二十七感]

看 kàn 观察。对待。照料。[旧属十五翰]
传~　回~　往~　俯~　眼~　偷~
借~　卧~　愁~　争~　闲~　窥~
醉~　仰~　频~　懒~　竞~　遍~
误~　尽~　笑~　饱~　静~　贪~
可~　难~　惯~　观~　小~　坐~
遥~　验~　踏~　细~　爱~　怕~
相~　羞~　休~　远~　好~　多~
冷眼~　不厌~　几回~　带笑~
仔细~　雾中~　白眼~　燃犀~
(另见平声 kān)

衎 kàn 快乐。刚直。[旧属十四旱]
衎~

崁 kàn 赤崁,台湾地名。

嵌 kàn 赤嵌,台湾地名。[旧属十五咸]
(另见 qiàn)

阚 kàn 姓。[旧属二十九豏]

瞰 kàn 俯视。窥。[旧属二十八勘]
鸟~　俯~　前~　南~　延~　东~
遐~　下~　窥~　鬼~　屡~

款 kuǎn 条款。题名。诚恳。[旧属十四旱]
公~　巨~　存~　现~　退~　原~
结~　寄~　延~　细~　附~　来~
昔~　倾~　门~　纳~　留~　纯~
旧~　往~　诚~　大~　清~　行~
忠~　衷~　愚~　悃~　题~　款~

窾 kuǎn 空。[旧属十四旱]
大~　崖~　九~　端~　空~　虚~
凿~　钟~　下~

览 lǎn 看。[旧属二十七感]
阅~　博~　浏~　展~　纵~　亲~
兼~　总~　粗~　近~　登~　备~
遍~　历~　披~　凭~　周~　放~
尽~　夕~　临~　神~　伏~　旁~
悉~　偶~　胜~　细~　观~　眺~
快~　游~　综~　详~　便~　清~

揽 lǎn 把持。围抱。采摘。[旧属二十七感]
亲~　可~　笑~　坐~　总~　招~
包~　承~　兜~　广~　辔~　一~

缆 lǎn 缆绳。[旧属二十八勘]
铁~　系~　尾~　紧~　春~　舸~
舟~　收~　风~　随~　晨~　夜~
放~　船~　棕~　竹~　锦~　牵~
解~　结~

榄 lǎn 橄榄。[旧属二十七感]
青~　绿~　方~　巴~　柯~　珠~
木~　桴~　乌~

罱 lǎn 捕鱼工具。[旧属二十七感]
冬~

漤 lǎn 用热水去柿子涩味。

壈 lǎn 坎壈,困顿。

# 懒
lǎn 懒惰。疲倦。
[旧属十四旱]

偷~　性~　贫~　困~　蝶~　梦~
贪~　妆~　积~　卧~　客~　习~
春~　闲~　学~　心~　真~　身~
怠~　意~　慵~　疏~　娇~　不~
东风~　静似~　春笋~

# 烂
làn 松软。腐烂。
[旧属十五翰]

灿~　破~　溃~　熟~　灼~　枯~
糜~　稀~　霉~　朽~　焕~　石~
星辰~　花枝~　词华~　卿云~

# 滥
làn 泛滥。过度。
[旧属二十八勘]

词~　浮~　淫~　冒~　冗~　刑~
竹声~

# 琏
liǎn 宗庙用盛器。
[旧属十六铣]

四~　瑚~　德~　休~　瑜~　以~

# 敛
liǎn 收起。约束。收集。
[旧属二十八琰二十九艳]

收~　自~　夜~　笑~　私~　襟~
低~　掩~　暮~　兵~　苛~　横~
聚~　眉~　云~　省~　薄~　虹~
气~　征~　厚~　急~　山容~

# 脸
liǎn 脸部。情面。表情。
[旧属二十八琰]

笑~　嘴~　翻~　鬼~　赏~　满~
洗~　贼~　老~　杏~　玉~　泪~
双~　愁~　睡~　嫩~　秀~　冰~
春~　冻~　烟~　半~　粉~　红~
厚~　露~　丢~　酒晕~　云侵~
小白~　不要~　大花~

# 裣
liǎn 裣衽,同'敛衽'。

# 蔹
liǎn 蔓草名。
[旧属十四盐]

白~　乌~　赤~

# 练
liàn 白绢。练习。纯熟。
[旧属十七霰]

训~　熟~　教~　苦~　缟~　绸~
选~　闲~　重~　精~　习~　飞~
染~　勤~　静~　细~　秋~　冰~
玉~　皎~　垂~　雨~　洗~　澄~
寒~　晓~　白~　素~　匹~　彩~
谙~　干~　老~　操~　江如~

# 炼
liàn 烧。用心琢磨。
[旧属十七霰]

锻~　磨~　精~　熔~　锤~　修~
陶~　销~　千~　钻~　心~　研~
火~　烧~　铸~　提~　洗~　冶~
百~　久~

# 恋
liàn 恋爱。不忍分离。
[旧属十七霰]

眷~　留~　相~　依~　爱~　热~
迷~　苦~　痴~　顾~　追~　攀~
婚~　瞻~　思~　深~　悲~　婉~
情~　系~　凄~　常~　别~　积~
怅~　梦~　凝~　慕~　绝~　恋~
生死~　异国~　同性~　婚外~

# 殓
liàn 把死人装进棺材。
[旧属二十九艳]

大~　殡~　入~　埋~　棺~　装~

# 链
liàn 链条。

项~　颈~　手~　脚~　铁~　悬~
金~　银~　拉~　锁~　狗~　长~

# 楝
liàn 木名。
[旧属十七霰]

紫~　树~　如~　苦~　柳~　槐~
溪~　衰~

# 潋
liàn 水波。
[旧属二十八琰二十九艳]

酒~　红~　碧~　微~　玉~　泛~
翠~　泻~　紫~　潋~　雾~　石~

# 卵
luǎn 雌性生殖细胞。
[旧属十四旱]

产~　鸡~　完~　投~　翼~　压~
春~　石~　胎~　巢~　碎~　雏~
鹅~　凤~　蛇~　鱼~　雌~　茧~
握~　乳~　护~　拾~　遗~　坠~
取~　吞~　啄~　聚~　危~　叠~
巨~　衔~　鸟~　蚕~　孵~　累~

# 乱
luàn 没有秩序。战争。
[旧属十五翰]

混~　忙~　错~　捣~　内~　战~
迷~　制~　叛~　拯~　惑~　昏~
平~　零~　暴~　除~　临~　世~

影~　思~　避~　花~　风~　揽~
治~　散~　扰~　丧~　离~　撩~
作~　纷~　絮~　凌~　心~　胡~
大~　拨~　动~　理~　烦~　变~
风絮~　蛙声~　方寸~　归心~
书叶~　细草~　春灯~　关雎~

## 满 mǎn 充实。满足。
[旧属十四旱]
美~　充~　丰~　圆~　饱~　盛~
贯~　填~　功~　亏~　添~　才~
胸~　香~　桂~　绿~　岁~　情~
意~　春~　池~　盈~　忌~　弓~
月~　花~　水~　河~　酒~　人~
小~　腹~　脑~　戒~　骄~　雪~
不自~　落红~　客常~　月轮~

## 螨 mǎn 螨虫。

## 曼 màn 柔美。长。
[旧属十四愿]
柔~　婉~　凄~　滑~　长~　衍~
哀~　流~　云~　德~　烟~　美~
寿~　靡~　延~　秀~　歌声~

## 谩 màn 轻慢。
[旧属十五翰十六谏]
遭~　欺~　私~　大~
(另见平声 mán)

## 墁 màn 用砖石铺地。
[旧属十五翰]
圬~　粉~　垩~　画~

## 蔓 màn 蔓草。
[旧属十四愿]
藤~　瓜~　根~　连~　野~　花~
吐~　条~　青~　垂~　云~　芜~
香~　秋~　叶~　枯~　柔~　如~
葛~　荒~　露~　枝~　秀~　古~
雨~　草~　翠~　引~　滋~　蔓~
(另见 wàn;平声 mán)

## 幔 màn 为遮挡而挂的布。
[旧属十五翰]
帐~　张~　珠~　轻~　开~　锦~
华~　隔~　云~　车~　帷~　绛~
垂~　风~　布~　彩~　卷~　佛~

## 漫 màn 水满而溢。
[旧属十五翰]
浪~　弥~　散~　渺~　波~　浸~
汗~　浩~　烂~　云~　水~　溪~
雾~　烟~　漫~　春水~　花气~
碧波~

## 慢 màn 速度低。冷淡。
[旧属十六谏]
缓~　傲~　快~　怠~　奢~　讥~
褒~　矜~　惰~　侮~　懈~　闲~
言~　欺~　迟~　且~　轻~　骄~
疏~　懒~　嫌~　倨~　宽~　久~
行车~　步履~　声声~

## 嫚 màn 轻视;侮辱。
[旧属十六谏]
懒~　诋~　解~　荒~　靡~　素~
简~　凶~　骄~　僭~
(另见平声 mā)

## 缦 màn 没花的丝织品。
[旧属十五翰十六谏]
衣~　操~　缅~　缇~　缦~　绌~

## 熳 màn 烂熳。

## 镘 màn 抹墙用的抹子。
[旧属十四寒]
画~　雕~　手~　舍~　操~　象~

## 丏 miǎn 遮蔽。

## 免 miǎn 去掉。避免。
[旧属十六铣]
幸~　减~　罢~　豁~　难~　自~
能~　当~　逃~　偷~　救~　乞~
宽~　谢~　脱~　苟~　解~　不~
未~　赦~

## 沔 miǎn 水名。
[旧属十六铣]
汉~　江~　通~　济~　淮~　曲~

## 黾 miǎn 同'渑'。
[旧属十一轸]
(另见十七侵 mǐn)

## 眄 miǎn 斜视。
[旧属十六铣]
眷~　蓊~　睇~　邪~　仰~　英~
鸾~　微~　流~　顾~　惊~
(又读 màn)

**俛** miǎn 勤。
[旧属十六铣]
俋～必～鸣～
（另见七无 fú）

**勉** miǎn 努力。鼓励。勉强。
[旧属十六铣]
敦～诚～自～激～亲～策～
相～讽～劝～慰～奋～加～
勤～强～共～黾～劳～抚～

**娩** miǎn 分娩。
[旧属十三阮]
（另见 wǎn）

**勔** miǎn 勤勉。
[旧属十六铣]

**冕** miǎn 礼帽。
[旧属十六铣]
加～绣～珠～云～华～轩～
垂～衣～簪～冠～素～青～

**偭** miǎn 违背。
[旧属十七霰]

**渑** miǎn 渑池，河南地名。
[旧属十蒸]
淄～度～清～绿似～酒如～
（另见二庚 shéng）

**湎** miǎn 沉湎；沉溺。
[旧属十六铣]
淫～荒～酣～耽～渺～

**愐** miǎn 思；想。勤勉。
[旧属十六铣]
澳～

**缅** miǎn 遥远。
[旧属十六铣]
迁～超～邈～悠～征～

**靦** miǎn 靦觍，同'腼腆'。
[旧属十六铣]
（另见 tiǎn）

**腼** miǎn 腼腆，害羞。
[旧属十六铣]

**面** miàn 脸。部位。面条。
[旧属十七霰]
八～情～迎～对～画～人～
表～东～粉～假～吹～遮～
扇～谜～佛～头～点～笑～
字～水～两～门～全～出～
局～世～扑～慈～海～四～
当～一～革～唾～掩～场～
颜～书～体～脸～露～仰～
铁～侧～劈～片～面～磨～
揉～素～方～开生～庐山～
春风～心如～阳春～长寿～

**眄** miàn 眄视。
[旧属十六铣十七霰]
睇～邪～慈～转～意～恩～
顾～惊～休～鸾～仰～眷～
西北～天人～贤君～凝情～
（又读 miǎn）

**赧** nǎn 羞愧而脸红。
[旧属十五潸]
羞～情～怀～愧～颜～赧～

**腩** nǎn 牛腩。
鱼～

**蝻** nǎn 蝗蝻。蟓蝻。

**难** nàn 灾难。责问。
[旧属十五翰]
苦～落～刁～患～责～解～
同～发～脱～国～离～急～
遭～空～海～劫～危～逃～
救～殉～临～避～多～大～
（另见平声 nán）

**淰** niǎn 形容出汗。
[旧属十六铣]

**捻** niǎn 用手指搓。
[旧属十六铣]
慢～折～高～蜡～手～戏～
金～笑～闲～纸～药～轻～
细～灯～

**辇** niǎn 皇室的车。
[旧属十六铣]
车～攀～附～锦～华～随～
凤～翠～香～玉～轻～推～
仙游～逍遥～

**碾** niǎn 碾碎。碾平。磨制。
[旧属十六铣]
石～磨～初～云～车～月～
慢～玉～轧～细～

**撵** niǎn 驱逐。追赶。

**蹍** niǎn 踩。

**廿** niàn 二十。
[旧属十四辑]

**念** niàn 想念。念头。读。
[旧属二十九艳]

怀～　观～　纪～　信～　想～　留～
谁～　常～　深～　卧～　忧～　心～
敬～　永～　静～　众～　客～　幽～
浮～　尘～　离～　厚～　俗～　世～
远～　思～　悬～　遥～　挂～　一～
万～　蓄～　悼～　长～　概～　系～
念～　口～　诵～　默～　慈～　双～
苍生～　倚门～　泉石～　慰母～

**埝** niàn 土埂。
[旧属二十九艳]

堤～　坝～　防水～

**暖** nuǎn 暖和。
[旧属十四旱]

温～　春～　送～　日～　冷～　寒～
归～　草～　絮～　嘘～　天～　衾～
玉～　气～　室～　灯～　红～　池～
浪～　席～　泉～　江～　炉～　沙～
云～　霞～　雨～　酒～　莺～　座～
偷～　枕～　煦～　土～　手～　巢～
地～　烟～　冬～　风～　水～　花～
衣～　晴～　香～　饱～　轻～　回～
知～　乍～　柔～　人～　骤～　取～
心意～　绿莎～　春泥～　花枝～

**判** pàn 分辨。评定。判决。
[旧属十五翰]

宣～　谈～　裁～　批～　审～　改～
签～　严～　重～　请～　求～　书～
分～　始～　察～　依～　试～　报～
口～　总～　通～　联～　私～　引～
臆～　公～　评～　未～　吉凶～

**拚** pàn 舍命不顾。
[旧属十七霰]

惊～　手～　累～　野～

**泮** pàn 融解。
[旧属十五翰]

待～　未～　将～　看～　冰～　阴～

一笑～

**盼** pàn 盼望。看。
[旧属十六谏]

企～　久～　顾～　微～　倩～　含～
清～　美～　殊～　睐～　远～　流～
转～　回～　悬～　美目～　左右～

**叛** pàn 叛逆。
[旧属十五翰]

反～　逆～　奸～　多～　外～　委～
诛～　将～　民～　伐～　暴～　妻～
诈～　讨～　降～　溃～　违～　众～
离～　背～　平～　惊～

**畔** pàn 旁边。
[旧属十五翰]

湖～　海～　江～　河～　水～　岸～
崖～　楼～　城～　花～　篱～　石～
泉～　窗～　堤～　耳～　床～　庭～
枕～　屋～　宅～　田～　林～　村～
山～　桥～　天～　井～　炉～　城～
灯影～　沙汀～　波涛～　浦江～

**袢** pàn 袷袢，维吾尔对襟长袍。
[旧属十三元]

绁～

**鋬** pàn 器物上可提的部分。

壶～　桶～　门～　铜～　箱～

**襻** pàn 布做的钮套。
[旧属十六谏]

鞋～　衣～　钮～　腰～　裤～

**片** piàn 平而薄的东西。
[旧属十七霰]

蕊～　晶～　镜～　玉～　数～　残～
铜～　石～　飞～　梅～　篾～　霜～
刀～　木～　纸～　铁～　卡～　瓦～
一～　千～　断～　药～　竹～　鸦～
香～　麦～　锦～　粉～　云～　雪～
冰～　影～　底～　片～　花～　芯～
（另见平声 piān）

**骗** piàn 欺骗。

诈～　蒙～　哄～　撞～　拐～　诱～

**歁** qiǎn 狐歁，狐狸腹部毛皮。

**浅** qiǎn 浅显。浅薄。淡。
[旧属十六铣]

搁~　深~　学~　量~　浪~　轻~
情~　浓~　敷~　识~　短~　浮~
井~　鄙~　资~　陋~　涉~　俚~
河~　滩~　色~　思~　山~　雪~
池~　志~　根~　命~　功~　春~
妆~　水~　才~　肤~　粗~　智~
学识~　水清~　工夫~　兴不~
（另见平声 jiān）

**遣** qiǎn 派遣。消除。
[旧属十六铣]

消~　调~　差~　命~　重~　劳~
鬼~　善~　夜~　择~　敦~　情~
自~　天~　排~　慰~　宽~　裁~
是非~　众虑~　一笑~　浮念~

**嗛** qiǎn 猴子颊囊。
[旧属二十八琰]

猿~　两~

**谴** qiǎn 责备。降职。
[旧属十七霰]

灵~　横~　惧~　思~　斥~　灾~
他~　被~　神~　遗~　微~　怒~
深~　梦~　谪~　罪~　天~　厚~
获~　诛~　咎~　冒~　忧~

**缱** qiǎn 缱绻。难舍难分。
[旧属十六铣]

**欠** qiàn 缺乏。欠缺。
[旧属二十九艳]

何~　多~　久~　征~　催~　旧~
违~　负~　悬~　积~　尾~　呵~
拖~　赊~　亏~　索~　无一~

**纤** qiàn 拉船绳子。
拉~　船~　挽~　背~　光~
（另见平声 xiān）

**茜** qiàn 植物名。
[旧属二十八琰]

绿~　肥~　采~　白~　剥~　野~
莲~　溪~　秋~　菱~　紫~　刺~

**茜** qiàn 草名。红色。
[旧属十七霰]

妍~　小~　叠~　茜~　空~　葱~
叶~　轻~　染~　蓝~　冬~　银~

（另见八齐 xī）

**倩** qiàn 美丽。
[旧属十七霰]

友~　景~　盼~　曼~　巧笑~

**堑** qiàn 隔断交通沟。
天~　江~　云~　长~　坑~　池~

**绮** qiàn 青赤色丝织品。
[旧属十七霰]

**椠** qiàn 版本。刻本。
[旧属二十七感二十九艳]

竹~　刀~　松~　寄~　削~　抱~
阅~　简~　铅~　笔~　怀~　握~

**嵌** qiàn 填镶。
[旧属十五咸]

山~　穿~　湖~　爆~　巧~　西~
黄~　岩~　镶~　空~　崤~
（另见 kàn）

**慊** qiàn 憾；恨。
[旧属二十八琰]

诚~　内~　慊~　丹~　怀~
（另见十三皆 qiè）

**歉** qiàn 歉收。歉意。
[旧属二十八琰]

抱~　道~　致~　饥~　腹~　欲~
岁~　丰~　谷~　荒~

**犬** quǎn 狗。
[旧属十六铣]

走~　吠~　猛~　弩~　良~　爱~
义~　逐~　群~　狂~　闻~　避~
篱~　鸡~　鹰~　豚~　黄~　警~
小~　邻~　猎~　吠~　呼~　家~
烹~　恶~　花~　丧家~　寄书~

**畎** quǎn 田间小沟。
[旧属十六铣]

开~　清~　弃~　塞~　长~　丘~
层~　东~　畦~　沟~　塍~　疆~

**绻** quǎn 缱绻；缠绵。屈。
[旧属十三阮十四愿]

情~　短~　绻~

**劝** quàn 说服人。勉励。
[旧属十四愿]

奉~　规~　笑~　苦~　善~　何~

身~ 强~ 敦~ 深~ 晓~ 明~
勤~ 督~ 独~ 诱~ 相~ 私~
酌~ 奖~ 力~ 解~ 激~ 讽~

**劵** quàn 凭证。
[旧属十四愿]
证~ 债~ 持~ 胜~ 伪~ 书~
遗~ 执~ 旧~ 左~ 契~ 折~
凭~ 铁~ 操~ 入场~ 优惠~
代用~ 融资~
(另见 xuàn)

**冉** rǎn 姓。
[旧属二十八琰]
冉~ 奄~ 渐~

**苒** rǎn 荏苒,渐渐过去。
[旧属二十八琰]
苒~ 葱~ 敛~

**染** rǎn 染色。感染。
[旧属二十八琰]
污~ 丝~ 色~ 雨~ 露~ 霜~
泪~ 衣~ 夜~ 半~ 浸~ 红~
秋~ 春~ 苔~ 香~ 月~ 味~
血~ 碧~ 翠~ 烟~ 山~ 凝~
羞~ 愁~ 渐~ 习~ 印~ 濡~
熏~ 沾~ 浅~ 浓~ 深~ 匀~
传~ 点~ 不~ 渲~ 尘~ 醉~
云可~ 东风~ 花非~ 绿堪~

**阮** ruǎn 姓。
[旧属十三阮]
嵇~ 刘~ 琴~ 呼~ 抑~ 师~
二~ 贤~ 擘~ 笙~ 大小~

**软** ruǎn 柔和。软弱。
[旧属十六铣]
风~ 舌~ 清~ 润~ 石~ 骨~
熟~ 腕~ 柳~ 地~ 腰~ 足~
褥~ 齿~ 土~ 花~ 娇~ 泥~
细~ 酥~ 草~ 嘴~ 轻~ 松~
叶~ 红~ 力~ 心~ 柔~ 香~
娇音~ 芳心~ 手脚~ 红尘~

**朊** ruǎn 蛋白质。

**瑌** ruǎn 同'软'。
[旧属十六铣]

**伞** sǎn 挡雨遮阳的用具。
[旧属十四旱]

雨~ 晴~ 锦~ 小~ 方~ 张~
折~ 持~ 破~ 羽~ 布~ 纸~
花~ 绣~ 凉~ 跳~ 油~ 打~
云如~ 清凉~ 荷叶~ 降落~
太阳~ 保护~

**散** sǎn 松开。零碎。药末。
[旧属十四旱十五翰]
零~ 懒~ 松~ 闲~ 行~ 心~
神~ 丸~ 游~ 冗~ 萧~ 骈~
广陵~ 清凉~
(另见 sàn)

**糁** sǎn 碎粒。
[旧属二十七感]
白~ 红~ 细~ 如~ 轻~ 藜~
曲~ 薑~ 米~ 玉~ 和~ 加~
(另见十八真 shēn)

**馓** sǎn 油炸面食。
[旧属十四旱]
油~ 果~

**散** sàn 分离。散布。排除。
[旧属十四旱十五翰]
飘~ 兵~ 尽~ 逃~ 惊~ 飞~
虚~ 筵~ 枯~ 耗~ 零~ 涣~
形~ 志~ 烟~ 吹~ 挥~ 魄~
香~ 萍~ 愁~ 流~ 扩~ 人~
拆~ 溃~ 疏~ 消~ 解~ 聚~
四~ 离~ 雾~ 客~ 星~ 云~
遣~ 分~ 失~ 云~ 影~ 疲~
鸟兽~ 棋局~ 鹊桥~ 精神~
(另见 sǎn)

**闪** shǎn 闪避。晃动。闪耀。
[旧属二十八琰]
电~ 乱~ 波~ 腾~ 艳~ 鸦~
飞~ 日~ 风~ 躲~ 打~ 失~
一~ 灯~ 闪~ 金光~ 池影~

**陕** shǎn 地名。
[旧属二十八琰]
全~ 河~ 鲁~ 两~ 潼~ 分~

**掺** shǎn 持;握。
[旧属十五咸二十九豏]
(另见 càn;平声 chān)

**睒** shǎn 眨巴眼。

讪 <sup>shàn</sup> 讥讽。
[旧属十六谏]
讥~ 谤~ 轻~ 非~ 相~ 乡~
受~ 余~ 蒙~ 无~ 诽~ 怨~
嘲~ 讪~ 讦~

汕 <sup>shàn</sup> 汕头,广东地名。
[旧属十六谏]

苫 <sup>shàn</sup> 用席布等遮盖。
[旧属二十九艳]
布~ 草~ 席~ 蒉~ 寝~
(另见平声 shān)

钐 <sup>shàn</sup> 钐镰,长柄大镰刀。

疝 <sup>shàn</sup> 疝气,一种病。
[旧属十六谏]

单 <sup>shàn</sup> 姓。
[旧属十六铣]
(另见平声 chán;dān)

趃 <sup>shàn</sup> 躲开;走开。

剡 <sup>shàn</sup> 地名。
[旧属二十八琰]
走~ 往~ 至~ 入~ 过~
(另见 yǎn)

扇 <sup>shàn</sup> 扇子。片状物。
[旧属十七霰]
羽~ 团~ 题~ 秋~ 折~ 绢~
画~ 竹~ 素~ 合~ 凉~ 持~
荷~ 玉~ 掩~ 取~ 新~ 双~
夏~ 葵~ 蒲~ 罗~ 电~ 风~
如~ 舞~ 彩~ 薄~ 摇~ 香~
宫~ 纨~ 纸~ 秋~ 歌~ 轻~
桃花~ 鹅毛~ 芭蕉~
(另见平声 shān)

墠 <sup>shàn</sup> 古祭祀用的平地。

掸 <sup>shàn</sup> 傣族的古称。
[旧属十四寒]
(另见 dǎn)

掞 <sup>shàn</sup> 舒展;铺张。
[旧属二十九艳]
摘~ 藻~

善 <sup>shàn</sup> 善良。善行。熟悉。
[旧属十六铣]
扬~ 积~ 友~ 言~ 为~ 慕~
修~ 和~ 称~ 举~ 忠~ 求~
性~ 仁~ 助~ 归~ 吉~ 丰~
德~ 居~ 柔~ 伪~ 诱~ 妙~
择~ 行~ 向~ 面~ 乐~ 从~
语~ 慈~ 亲~ 完~ 至~ 劝~
尽~ 妥~ 改~ 不~ 纳~ 荐~

禅 <sup>shàn</sup> 禅让。
[旧属十七霰]
受~ 世~ 升~ 传~ 登~ 避~
承~ 敬~ 修~ 封~ 班~
(另见平声 chán)

骟 <sup>shàn</sup> 割去牲畜睾丸。

鄯 <sup>shàn</sup> 鄯善,新疆地名。
[旧属十七霰]
兰~ 河~

墡 <sup>shàn</sup> 白色黏土。
[旧属十六铣]
黝~

缮 <sup>shàn</sup> 修补。抄写。
[旧属十七霰]
修~ 葺~ 眷~ 宽~ 增~ 大~
督~ 饰~ 兴~

擅 <sup>shàn</sup> 擅自。善于。
[旧属十七霰]
独~ 自~ 奸~ 偏~ 恣~ 雄~
豪~ 名~ 专~ 久~

膳 <sup>shàn</sup> 饭食。
[旧属十七霰]
药~ 珍~ 问~ 受~ 积~ 给~
蔬~ 忘~ 饮~ 庖~ 充~ 御~
日~ 异~ 厨~ 丰~ 进~ 食~
福~ 常~ 玉~ 肴~ 劝~ 果~
酒~ 思~ 调~ 加~ 减~ 供~

嬗 <sup>shàn</sup> 更替。
递~

赡 <sup>shàn</sup> 富裕。赡养。
[旧属二十九艳]
美~ 雅~ 举~ 富~ 盈~ 精~
宏~ 人~ 兼~ 自~ 文~ 豪~

优～词　充～思～奇　博～
清～华　通～广　智　雄～
酬～恩　才～学～丰　详～
笔力～

**蟮** shàn 蛐蟮,蚯蚓。

**鳝** shàn 鳝鱼。
［旧属一先十六铣］
黄～鳅～剥～持～吞～遗～

**涮** shuàn 放在水里摆动。
清～冲～洗～

**蒜** suàn 菜名。作料。
［旧属十五翰］
大～葱～青～燥～姜～夏～
瑞～剥～生～银～装～

**筭** suàn 同'算'。
［旧属十四旱十五翰］

**算** suàn 计算。谋划。推测。
［旧属十四旱十五翰］
妙～计～预～推～神～前～
失～盛～善～诈～智～星～
静～秘～机～日～狡～确～
灵～年～布～历～细～打～
清～演～暗～不～筹～珠～
上～盘～鹤～运～心～演～
操胜～九章～不合～鸡兔～

**忐** tǎn 忐忑,心神不宁。

**坦** tǎn 平。坦白。
［旧属十四旱］
席～地～平～舒～履～意～
夷～险～坦～八荒～蜀道～

**袒** tǎn 露出身体。
［旧属十四旱］
偏～裸～肉～睡～解～亲～
鄙～羞～冬～双～大～左～

**菼** tǎn 荻。
［旧属二十七感］
沙～秋～菼～江～野～屋～
芦～葭～如～连～湖～

**毯** tǎn 毯子。
［旧属二十七感］

绒～毛～线～挂～地～碧～
莎～裘～军～布～翠～绣～
锦～毡～桌～薄～飞～垫～
绿茵～花如～红地～羊毛～

**叹** tàn 叹气。吟哦。
［旧属十五翰］
咏～忧～屡～情～独～伤～
深～哀～愁～愤～遥～羞～
嘘～抚～自～愧～怨～凄～
相～啸～哭～骇～微～坐～
惭～九～长～浩～慨～嗟～
悲～赞～惊～感～可～堪～
三～喟～赏～兴～歌～闷～
仰天～望洋～临风～

**炭** tàn 木炭。煤。
［旧属十五翰］
涂～送～黑～冰～炽～掌～
炉～吹～碎～烧～负～握～
赠～瑞～炼～炊～烟～抱～
汤～茶～伏～秋～寒～焚～
寸～冬～怀～香～煨～湿～
薪～石～煤～焦～吞～蹈～

**探** tàn 寻求。看望。伸出。
［旧属十三覃］
侦～窥～访～俯～潜～巧～
争～怯～试～刺～暗～勘～
测～钻～坐～登～幽～奇～

**碳** tàn 非金属元素。

**忝** tiǎn 谦词。
［旧属二十八琰］
职～愧～迹～误～荣～怀～
谩～早～身～位～获～坐～
日～运～虚～累～尘～叨～
谬～无～义～滥～知～猥～

**殄** tiǎn 灭绝。
［旧属十六铣］
未～消～沦～戮～摧～平～
凌～剿～暴～诛～克～扑～

**舔** tiǎn 勾取。探取。
利～言～巧～

**腆** tiǎn 肮脏。

恮 tiǎn 惭愧。
[旧属十六铣]
　兢～

覥 tiǎn 觍覥,害羞。

腆 tiǎn 丰厚。凸出。
[旧属十六铣]
　益～ 枣～ 加～ 仪～ 精～ 荒～
　洗～ 小～ 腼～ 丰～ 不～

靦 tiǎn 形容人脸。同'覥'。
[旧属十六铣]
　载～ 负～ 愧～ 自～ 增～ 惭～
　（另见 miǎn）

舔 tiǎn 舌头接触。
[旧属十六铣]
　舌～ 轻～ 吻～

捵 tiàn 理顺笔毛。
　饱～ 浓～ 剔～ 横～ 轻～ 笔～

疃 tuǎn 村庄。
[旧属十四旱]
　畦～ 荒～ 山～ 西～ 町～ 村～
　鹿行～ 竹成～

彖 tuàn 论断。
[旧属十五翰]
　习～ 爻～ 临～ 观～ 易～

宛 wǎn 曲折。
[旧属十三阮]
　曲～ 衫～ 萦～ 宛～ 委～

莞 wǎn 莞尔,形容微笑。
[旧属十五潸]
　笑而～ 不觉～
　（另见 guǎn;平声 guān）

挽 wǎn 拉。扭转。
　力～ 哀～ 敬～ 泣～ 泪～ 拜～
　手～ 推～ 共～ 齐～

婉 wǎn 妩媚。
[旧属十三阮]
　嬥～ 婉～（和顺）
　（另见 miǎn）

菀 wǎn 植物名。
[旧属十三阮]
　紫～ 女～ 睢～ 名～ 小～ 菀～
　（另见六鱼 yù）

晚 wǎn 晚上。后来的。
[旧属十三阮]
　夏～ 乡～ 山～ 既～ 乘～ 晴～
　梅～ 林～ 松～ 惜～ 归～ 晼～
　春～ 秋～ 傍～ 向～ 天～ 恨～
　江～ 城～ 村～ 早～ 夜～ 岁～
　闻道～ 留客～ 枫林～ 相知～
　三春～ 归云～ 林塘～ 歌吹～
　炊烟～ 寒菊～ 渔村～

脘 wǎn 胃腔
[旧属十四旱]
　胃～ 肺～

惋 wǎn 惋惜。
[旧属十五翰]
　哀～ 愁～ 嗟～ 羞～ 恨～ 伤～
　惆～ 骇～ 惊～ 烦～ 叹～ 凄～
　愤～ 怅～ 悲～

婉 wǎn 美好。柔顺。婉转。
[旧属十三阮]
　委～ 柔～ 微～ 华～ 谐～ 性～
　沉～ 文～ 淑～ 婉～ 深～ 纤～
　气～ 妖～ 静～ 玉～ 和～ 燕～
　贞～ 清～ 意～ 直而～ 为谁～

绾 wǎn 盘绕。
[旧属十五潸十六谏]
　斜～ 中～ 梳～ 高～ 重～ 带～
　正～ 手～ 行～ 晓～ 乱～ 背～

琬 wǎn 美玉。
[旧属十三阮]
　玉～ 琰～

皖 wǎn 安徽别称。

碗 wǎn 盛食物器具。
[旧属十四旱]
　玉～ 酒～ 木～ 茗～ 瓦～ 银～
　铜～ 杯～ 筹～ 碧～ 覆～ 双～
　白～ 米～ 药～ 越～ 倾～ 镂～
　冰～ 斗～ 热～ 香～ 土～ 漆～
　石～ 捧～ 满～ 茶～ 金～ 瓷～
　铁饭～ 水晶～ 莲心～ 讨饭～

畹 wǎn 三十亩为一畹。
[旧属十三阮十四愿]

满~ 下~ 蕙~ 秀~ 琼~ 露~
绿~ 同~ 松~ 东~ 芝~ 芳~
香~ 盈~ 九~ 疏~ 滋兰~

**万** wàn 数目。形容多。
[旧属十四愿]
百~ 亿~ 寿~ 人~ 上~ 千~
吹~ 持~ 过~ 达~ 户~ 逾~
累~ 万~ 巨~ 盈~
(另见十五波 mò)

**忨** wàn 贪。

**腕** wàn 手腕、脚腕。
[旧属十五翰]
悬~ 玉~ 运~ 解~ 臂~ 截~
露~ 弱~ 素~ 舒~ 移~ 雪~
缠~ 双~ 老~ 举~ 皓~ 扼~
断~ 转~ 把~ 虚~ 肘~ 攘~

**蔓** wàn 细长的茎。
顺~
(另见 màn ; 平声 mán)

**狝** xiǎn 秋猎。
[旧属十六铣]
禽~ 秋~

**冼** xiǎn 姓。
[旧属十六铣]

**显** xiǎn 露出;明显。
[旧属十六铣]
浅~ 半~ 潜~ 微~ 天~ 德~
世~ 自~ 益~ 功~ 富~ 大~
优~ 幽~ 方~ 忠~ 光~ 通~
荣~ 清~ 声~ 名~ 奇石~

**洗** xiǎn 姓。
[旧属八荠]
(另见八齐 xǐ)

**险** xiǎn 险要。险恶。狠毒。
[旧属二十八琰]
艰~ 探~ 脱~ 冒~ 历~ 保~
赴~ 虑~ 蒙~ 处~ 知~ 山~
隘~ 道~ 入~ 据~ 韵~ 高~
奇~ 扼~ 惧~ 忧~ 幽~ 路~
忘~ 除~ 峡~ 排~ 阴~ 出~
遇~ 危~ 凶~ 守~ 履~ 走~
设~ 地~ 峻~ 惊~ 夷~ 天~

风波~ 千峰~ 金汤~ 羊肠~

**蚬** xiǎn 软体介壳动物。
[旧属十六铣]
虾~ 白~ 蛤~ 鲜~

**崄** xiǎn 崄巇,山路危险。

**狝** xiǎn 狝狁,古北方民族。

**猃** xiǎn 长嘴的狗。
[旧属二十八琰]
载~ 獫~

**铣** xiǎn 发光的金属。
[旧属十六铣]
钟~ 金~ 北~ 藏~ 瑶~ 缪~
(另见八齐 xǐ)

**筅** xiǎn 筅帚;炊帚。
[旧属十六铣]
松~ 净~ 茶~ 停~ 竹~

**跣** xiǎn 光脚。
[旧属十六铣]
行~ 露~ 踝~ 惊~ 揭~ 泥~
徒~ 赤~ 袒~

**㬎** xiǎn 同'显'。

**鲜** xiǎn 少。
[旧属十六铣]
不~ 终~ 朝~ 浅~ 世~ 能~
知者~ 欢情~ 克终~ 千古~
(另见平声 xiān)

**藓** xiǎn 苔藓植物。
[旧属十六铣]
水~ 桑~ 瓦~ 金~ 青~ 夏~
砌~ 雨~ 寒~ 翠~ 红~ 墙~
秋~ 幽~ 野~ 尘~ 壁~ 积~
石~ 枯~ 湿~ 碑~ 苍~ 碧~
竹间~ 香径~ 砚生~

**燹** xiǎn 野火。
[旧属十六铣]
残~ 兵~ 灾~ 野~ 烽~ 战~

**幰** xiǎn 车帷幔。
[旧属十三阮]
车~ 高~ 绣~ 紫~ 锦~ 朱~
归~ 行~ 轻~ 停~ 翠~ 珠~

吴娃～ 云母～ 不容～

**苋** <sup>xiàn</sup> 苋菜。
[旧属十六谏]

藜～决～赤～花～野～畦～
类～葵～浊～青～猪～糠～
人～白～紫～马齿～五色～

**县** <sup>xiàn</sup> 行政区划单位。
[旧属十七霰]

省～赤～诸～治～州～穷～
乡～古～僻～区～分～连～
村～邻～郡～边～故～远～

**岘** <sup>xiàn</sup> 湖北山名。
[旧属十六铣]

凿～京～黄～铁～庐～望～
江～荆～登～古～修～嵩～

**现** <sup>xiàn</sup> 现在。表露在外。
[旧属十七霰]

重～始～情～半～表～出～
展～露～浮～发～隐～实～
体～显～涌～凸～毕～呈～
兑～再～贴～流萤～影中～

**晛** <sup>xiàn</sup> 日出。
[旧属十六铣]

晴～露～见～

**限** <sup>xiàn</sup> 限定。
[旧属十五潸]

日～量～节～守～原～岁～
天～时～越～常～界～有～
无～下～期～年～局～门～
极～大～疆～地～准～权～
一水～浊河～分日～

**线** <sup>xiàn</sup> 线路。边际。
[旧属十七霰]

热～锦～缝～牵～天～穿～
断～牵～银～抽～钓～撚～
泪～衣～短～腰～绣～彩～
红～长～引～导～丝～一～
视～光～火～阵～直～曲～
针～垂～防～内～前～战～
点～眼～航～虚～界～路～
柳～干～金～导火～地平～
生命～高压～延长～三八～

**宪** <sup>xiàn</sup> 法令。宪法。
[旧属十四愿]

国～违～明～执～拟～行～
书～华～纲～古～前～宽～
盛～立～颁～风～礼～赞～

**粯** <sup>xiàn</sup> 米屑。
[旧属十六谏]

**陷** <sup>xiàn</sup> 陷阱。凹进。掉进。
[旧属三十陷]

沦～缺～设～地～天～滞～
身～数～泥～自～谋～机～
挤～皆～相～谗～城～水～
颠～沉～溃～危～倾～枉～
贼～虎～名～误～隐～足～
攻～失～下～车～诬～崩～

**馅** <sup>xiàn</sup> 面食馅子。

荤～露～糖～菜～肉～饼～
豆沙～百果～椰蓉～

**羡** <sup>xiàn</sup> 羡慕。
[旧属十七霰]

艳～奇～富～余～溢～才～
叹～嘉～兼～荣～千～仰～
清～惊～若～心～健～欣～
丰～盈～多～庆～临渊～

**缐** <sup>xiàn</sup> 同'线'。姓。
[旧属十七霰]

**献** <sup>xiàn</sup> 恭敬送给人。
[旧属十四愿]

奉～捐～贡～自～贺～承～
荐～春～毕～往～诚～广～
花～厚～远～互～寄～地～
寿～时～争～亲～累～归～
屡～待～愿～初～文～进～
野芹～一言～倾心～

**腺** <sup>xiàn</sup> 生物体内组织。

汗～泪～唾～乳～

**锬** <sup>xiàn</sup> 金属线。

**霰** <sup>xiàn</sup> 雪珠。
[旧属十七霰]

风～雹～如～寒～轻～桂～
云～晓～皓～秋～雪～雨～
夜～暮～乱～珠～水～晴～
沙～冰～白～霜～飞～庭～

选 xuǎn 挑选。被选中。
[旧属十六铣十七霰]
世~ 公~ 亲~ 严~ 募~ 特~
内~ 百~ 妙~ 丽~ 独~ 谨~
应~ 获~ 更~ 擢~ 参~ 盛~
别~ 大~ 重~ 慎~ 在~ 改~
推~ 精~ 遴~ 普~ 改~ 初~
候~ 首~ 入~ 中~ 落~ 当~
膺~ 博~ 文~ 天下~ 万民~

晅 xuǎn 光明。干燥。
[旧属十三阮]
日~

烜 xuǎn 盛大。
[旧属十三阮]
赫~ 日~

癣 xuǎn 皮肤病。
[旧属十六铣]
疮~ 疥~ 治~ 生~ 手~

券 xuàn 拱券。
[旧属十四愿]
发~ 打~
(另见 quàn)

泫 xuàn 水下滴。
[旧属十六铣]
流~ 潜~ 泫~ 悲~ 目~ 泪~
涕~ 花~ 泣~ 凄~ 露~ 双~

眩 xuàn 日光。

炫 xuàn 晃眼。夸耀。
[旧属十七霰]
光~ 浮~ 夸~ 虚~ 争~ 嗤~
火~ 电~ 矜~ 自~ 榴花~

绚 xuàn 色彩华丽。
[旧属十七霰]
彩~ 光~ 明~ 锦~ 春~ 芬~
霞~ 华~ 流~ 交~

眩 xuàn 昏花。迷惑。
[旧属十七霰]
晕~ 目~ 癫~ 虚~ 若~ 山~
照~ 旋~ 耀~ 瞑~ 震~

铉 xuàn 古代扛鼎的器具。
[旧属十六铣]
金~ 玉~ 台~ 鼎~

旋 xuàn 旋转。
[旧属十七霰]
酒~ 起~ 圆~ 乱~
(另见平声 xuán)

渲 xuàn 渲染。
笔~ 泼~ 水~ 淋~ 墨~ 擦~

楦 xuàn 楦子。
[旧属十四愿]
鞋~ 木~ 前~ 后~ 麒麟~

碹 xuàn 弧形建筑。

奄 yǎn 覆盖。气息微弱。
[旧属二十八琰]
奄~ 化~ 入~ 运~ 残~

兖 yǎn 兖州,山东地名。
[旧属十六铣]
西~ 南~ 河~ 青~ 齐~

俨 yǎn 庄重。很像。
[旧属二十八琰]
色~ 神容~ 玉山~

衍 yǎn 发挥。多余。沼泽。
[旧属十六铣]
繁~ 推~ 蔓~ 曼~ 敷~ 华~
丰~ 游~ 宽~ 沃~ 余~ 望~
广~ 博~ 盈~ 食~ 肥~ 富~
孳~ 增~ 岁~ 地~ 平~ 沙~
气~ 民~ 家~ 旷~ 曲~ 道~
财~ 芳~ 欲~ 天~ 融~ 奥~
文~ 流~ 绵~ 大~ 簁~ 庆~

弇 yǎn 覆盖;遮蔽。
[旧属十三覃]
龛~

剡 yǎn 削尖。锋利。
[旧属二十八琰]
弦~ 剡~ 平~ 磨~ 刻~ 翠~
(另见 shàn)

厣 yǎn 螺壳盖。蟹腹壳。
蟹~ 螺~

掩 yǎn 遮盖。关。
[旧属二十七感二十八琰]
户~ 虚~ 半~ 门~ 春~ 昼~
径~ 扇~ 扉~ 镜~ 空~ 光~

日~ 斜~ 深~ 自~ 香~ 翠~
山~ 丽~ 绿~ 蔽~ 雾~ 烟~
风~ 暮~ 篷~ 尘~ 卷~ 抚~
长~ 遮~ 手~ 云~ 竹~ 屏~
垂杨~ 落叶~ 轻纱~ 莲花~
云梦~ 羞难~ 山相~ 秋涛~

**鄢** yǎn 鄢城，河南地名。[旧属二十八琰]
取~ 入~ 赴~ 离~ 归~

**眼** yǎn 眼睛。小洞。[旧属十五潸]
眉~ 慧~ 耀~ 满~ 望~ 红~
天~ 笑~ 遮~ 刺~ 眯~ 裂~
媚~ 俗~ 柳~ 弄~ 佛~ 低~
千~ 泪~ 鬼~ 对~ 晃~ 星~
只~ 照~ 睁~ 顺~ 开~ 眨~
放~ 句~ 转~ 亲~ 瞎~ 显~
倦~ 冷~ 泉~ 心~ 钱~ 杏~
诗~ 过~ 偷~ 醉~ 狗~ 青~
白~ 睡~ 肉~ 老~ 闭~ 洞~
矇眬~ 芳草~ 横波~

**偃** yǎn 倒下。停止。[旧属十三阮]
禾~ 永~ 起~ 休~ 僵~ 墙~
昼~ 云~ 月~ 松~ 政~ 形~
柯~ 坐~ 仆~ 盈~ 宵~ 息~
旗~ 风~ 戈~ 草~ 低~ 栖~
千年~ 退心~

**琰** yǎn 玉。[旧属二十八琰]
刻~ 翠~ 琰~ 雕~ 琬~

**椻** yǎn 古书上说的一种树。

**晻** yǎn 阴暗。[旧属二十七感]
雾~ 霭~ 燎~ 晻~

**㡣** yǎn 㡣廇，门闩。

**罨** yǎn 网。敷。
温~ 冷~

**演** yǎn 演变。发挥。表演。[旧属十六铣]
讲~ 表~ 会~ 导~ 主~ 扮~

出~ 妙~ 增~ 推~ 敷~ 躬~
公~ 操~ 预~ 排~ 上~ 开~

**縯** yǎn 延长。

**魇** yǎn 做恶梦而惊叫。
梦~ 唤~ 辟~ 睡~ 惊~ 解~

**蝘** yǎn 蝉类昆虫。[旧属十三阮]
蜓~ 蝘~

**巘** yǎn 山峰。[旧属十三阮]
陟~ 琼~ 升~ 重~ 崖~ 叠~
云~ 丹~ 林~ 黛~ 梯~ 碧~
过~ 南~ 翠~ 秀~ 绝~ 苍~
层~ 晴~ 浮~ 青~ 云离~

**黡** yǎn 黑痣。[旧属二十八琰]
索~ 瘢~

**甗** yǎn 古代炊具。[旧属十三阮十六铣]
宝~ 鬲~ 方~ 周~ 纪~ 甑~

**鼴** yǎn 田鼠。[旧属十三阮]
隐~ 饮河~

**厌** yàn 满足。憎恶。[旧属二十九艳]
讨~ 不~ 益~ 厌~ 未~ 目~
鄙~ 忘~ 心~ 疲~ 耳~ 嫌~
可~ 吃~ 无~ 百鸟~ 簿书~

**研** yàn 同'砚'。[旧属一先十七霰]
(另见平声 yán)

**砚** yàn 砚台。[旧属十七霰]
端~ 古~ 笔~ 洗~ 歙~ 水~
托~ 台~ 宫~ 拂~ 白~ 圆~
玉~ 沾~ 寒~ 巨~ 冰~ 冷~
新~ 琴~ 枯~ 宝~ 云~ 晨~
天~ 残~ 紫~ 置~ 石~ 铁~
磨~ 掌~ 捧~ 月~ 呵~ 歙~

**咽** yàn 嘴里东西咽下去。[旧属十七霰]

吞～　缓～　小～　嚼～　滞～　幽～
乌～　徐～　饮～　饿～　坐～　尝～
清～　含～　吐～
（另见平声 yān；十三皆 yè）

## 彦 yàn 有才德的人。
[旧属十七霰]

邦～　名～　时～　遗～　伟～　贤～
豪～　清～　英～　秀～　诸～　后～
美～　才～　儒～　士～　德～　哲～
昔～　思～　引～　文～　诗～　奇～
魁～　良～　宾～　俊～　群～　硕～

## 艳 yàn 鲜明美丽。
[旧属二十九艳]

鲜～　娇～　丰～　色～　国～　雪～
凝～　浓～　奇～　吐～　文～　冷～
幽～　春～　残～　富～　浮～　婉～
明～　羞～　梅～　柔～　寒～　冶～
清～　绝～　紫～　孤～　留～　寻～
俗～　妒～　美～　争～　斗～　红～
香～　妖～　光～　花～　惊～　猎～
桃李～　含雨～

## 晏 yàn 迟。同'宴'。
[旧属十六谏]

岁～　时～　早～　天～　宽～　宁～
地～　秋～　暑～　夕～　息～　和～
静～　人～　春～　安～　清～　海～
日～　晏～

## 唁 yàn 对丧家表示慰问。
[旧属十七霰]

众～　客～　来～　吊～　慰～　堪～

## 宴 yàn 请人吃饭。酒席。
[旧属十七霰]

设～　盛～　酒～　公～　国～　举～
宵～　嘉～　祖～　时～　游～　私～
朝～　戏～　饮～　欢～　留～　会～
侑～　肴～　秋～　大～　来～　伴～
茶～　酬～　雅～　荒～　广～　夕～
芳～　文～　仙～　开～　夜～　赴～
罢～　清～

## 验 yàn 察看。
[旧属二十九艳]

先～　参～　梦～　奇～　勘～　前～
识～　神～　瑞～　目～　经～　试～
考～　效～　明～　占～　实～　化～
灵～　体～　测～　检～　应～　准～

戏言～　丰年～

## 谚 yàn 谚语。
[旧属十七霰]

俚～　谐～　前～　辞～　遗～　旧～
鄙～　逸～　俗～　古～　时～　农～
野～　谣～　里～

## 堰 yàn 挡水建筑物。
[旧属十三阮十七霰]

决～　淮～　渠～　天～　防～　金～
月～　木～　沟～　井～　废～　高～
古～　梅～　圩～　堤～　土～　石～
畦～　筑～　故～　立～　造～　巨～
都江～　捍海～　百丈～

## 雁 yàn 大雁。
[旧属十六谏]

金～　候～　霜～　来～　云～　射～
鸣～　呼～　双～　惊～　春～　过～
群～　飞～　鹜～　徙～　池～　早～
晨～　失～　夕～　回～　秋～　晓～
百～　野～　离～　沙～　送～　断～
随～　斜～　悲～　翔～　晴～　泊～
塞～　征～　孤～　北～　旅～　朔～
宿～　归～　鱼～　鸿～　寒～　落～
数行～　衡阳～　失群～　云中～

## 嗟 yàn 粗鲁。同'喭'。
[旧属十五翰]

嗲～　相～

## 焰 yàn 火苗。
[旧属二十八琰]

光～　气～　火～　烈～　喷～　声～
赴～　凶～　郁～　谗～　权～　寒～
灯～　油～　夕～　丹～　花～　绿～
烛～　巨～　妖～　猛～　炉～　冷～
金～　银～　暖～　微～　古～　宵～
烟～　飞～　吐～　红～　腾～　情～

## 滟 yàn 潋滟。
[旧属二十九艳]

滟～　杯～　霞～　清～　晓～　玉～
泛～　澹～　浮～　翠～　春～　暖～
吹～　酒～　湖～

## 酽 yàn 浓。
[旧属二十九艳]

茶～　美～　色～　酸～　酒～　醇～
红～　醋～　味～　酽～　番～

**餍** yàn 吃饱。满足。
[旧属二十九艳]
必～ 难～ 饱～ 不～ 无～

**鷃** yàn 小鸟名。
[旧属十六谏]
爵～ 射～ 鷃～ 蒿～ 蜩～ 低～
翠～ 篱～ 鹏～ 斥～ 畜～ 乐～

**讞** yàn 审判定罪。
[旧属十六铣]
定～ 论～ 决～ 妄～ 断～ 疑～
议～ 刑～ 平～ 详～ 司～ 静～

**燕** yàn 候鸟。
[旧属十七霰]
玉～ 乳～ 双～ 送～ 迎～ 辞～
娇～ 金～ 客～ 听～ 文～ 宿～
群～ 化～ 藏～ 雨～ 瑞～ 江～
息～ 檐～ 惊～ 飘～ 栖～ 低～
风～ 轻～ 巢～ 雏～ 社～ 舞～
劳～ 春～ 海～ 白～ 飞～ 新～
孤～ 语～ 秋～ 归～ 燕～ 别～
呢喃～ 衔泥～ 梁上～
（另见平声 yān）

**赝** yàn 伪造的。
[旧属十六谏]
真～ 识～ 伪～ 汰～ 择～

**嬿** yàn 美好。
[旧属十七霰]
欢～ 荣～ 曲房～

**远** yuǎn 距离长。差距大。
[旧属十三阮十四愿]
长～ 永～ 深～ 边～ 久～ 致～
追～ 遐～ 韵～ 涉～ 凝～ 人～
邃～ 广～ 幽～ 行～ 怀～ 鄙～
目～ 岁～ 地～ 博～ 求～ 声～
念～ 途～ 路～ 期～ 思～ 迎～
志～ 心～ 梦～ 帆～ 寄～ 疏～
旷～ 源～ 遥～ 道～ 悠～ 荒～
旨～ 天～ 望～ 高～ 恤～ 邀～
秋云～ 笛声～ 魂梦～ 荷香～

**苑** yuàn 花园。
[旧属十三阮]
鹿～ 禁～ 芳～ 西～ 琴～ 凤～
后～ 清～ 圃～ 畦～ 阆～ 华～
东～ 春～ 秋～ 兰～ 城～ 南～
亭～ 故～ 林～ 菊～ 花～ 游～

旧～ 竹～ 古～ 仙～ 空～ 学～
琼～ 废～ 词～ 文～ 艺～ 小～
翰～ 宫～ 池～ 吴～ 珍～ 梁～
上林～ 宜春～ 逍遥～ 蓬莱～
芙蓉～

**怨** yuàn 怨恨。责怪。
[旧属十四愿]
仇～ 愁～ 受～ 人～ 招～ 如～
衔～ 无～ 多～ 含～ 夜～ 莫～
长～ 释～ 叹～ 笛～ 心～ 愤～
哀～ 怒～ 深～ 琴～ 凄～ 郁～
悲～ 情～ 娇～ 声～ 秋～ 恨～
孤～ 春～ 穷～ 结～ 积～ 恩～
劳～ 宿～ 宫～ 抱～ 埋～ 任～
嫌～ 报～ 修～ 树～ 解～ 诉～
百年～ 魂魄～ 相思～ 风雨～

**院** yuàn 院子。
[旧属十七霰]
半～ 归～ 霜～ 菊～ 琴～ 北～
旧～ 同～ 移～ 禅～ 塔～ 松～
山～ 妓～ 空～ 野～ 荒～ 寒～
净～ 幽～ 医～ 深～ 竹～ 画～
道～ 宫～ 村～ 闲～ 静～ 学～
剧～ 寺～ 小～ 宜春～ 科学～
参政～ 梧桐～ 疯人～

**衒**
**掾** yuàn 衒掾，妓女的住所。
[旧属十七霰]
丞～ 狱～ 两～ 书～ 部～ 遣～
廷～ 故～ 县～ 良～ 曹～ 冷～

**媛** yuàn 美女。
[旧属十七霰]
歌～ 邻～ 丽～ 仙～ 双～ 良～
才～ 贤～ 名～ 淑～ 灵～ 英～
（另见平声 yuán）

**瑗** yuàn 大孔的璧。
[旧属十七霰]
璧～

**愿** yuàn 愿望。
[旧属十四愿]
志～ 意～ 心～ 自～ 甘～ 良～
常～ 毕～ 我～ 多～ 称～ 始～
归～ 初～ 诚～ 民～ 共～ 吾～
先～ 时～ 违～ 怀～ 芳～ 祈～

喜~ 恩~ 合~ 得~ 事~ 梦~
守~ 适~ 谨~ 乡~ 情~ 遂~
本~ 祝~ 素~ 宿~ 如~ 誓~
请~ 宏~ 私~ 了~ 大~ 同~
虚~ 许~ 偿~ 生灵~ 江海~
苍生~ 平生~ 中心~ 天下~

**昝** zǎn 姓。

**噆** zǎn 咬;叮。衔;叼。

**攒** zǎn 积累。
[旧属十四寒]
（另见平声 cuán）

**趱** zǎn 快走。催逼。
[旧属十四旱]
紧~ 急~

**暂** zàn 时间短。
[旧属二十八勘]
俄倾~ 迹犹~

**鏨** zàn 凿;刻。
[旧属二十八勘]

**赞** zàn 帮助。赞扬。
[旧属十五翰]
称~ 人~ 交~ 凤~ 文~ 德~
褒~ 欣~ 书~ 盛~ 久~ 讽~
仰~ 歌~ 颂~ 屡~ 共~ 特~
自~ 休~ 敬~ 激~ 天~ 立~
亲~ 参~ 宣~ 夸~ 传~ 翊~
百姓~ 含笑~ 同声~ 万人~

**酂** zàn 古地名。
[旧属十四旱]
（另见十五波 guó）

**灒** zàn 溅。

**瓒** zàn 祭祀用的玉勺子。
[旧属十四旱]
玉~ 圭~ 用~ 温~ 洗~ 受~
翠~ 玄~ 香~ 瑰~

**斩** zhǎn 砍。
[旧属二十九豏]
问~ 立~ 先~ 血~ 烹~ 服~
屠~ 捕~ 追~ 俘~ 擒~ 万~
断~ 勿~ 易~ 当~ 掌~ 剑~

**琖** zhǎn 同'盏'。
[旧属十五潸]

**飐** zhǎn 风吹颤动。
[旧属二十八琰]
高~ 露~ 幔~ 霞~ 风~ 磨~
旗~ 浪~ 惊~ 乱~

**盏** zhǎn 小杯子。量词。
[旧属十五潸]
金~ 启~ 持~ 岁~ 三~ 巡~
受~ 菊~ 放~ 置~ 百~ 举~
送~ 瓦~ 宝~ 饮~ 杯~ 花~
盘~ 满~ 把~ 碗~ 酒~ 飞~
传~ 小~ 蠡~ 量~ 荷~ 玉~
灯万~ 鸳鸯~ 星如~ 玛瑙~
葡萄~ 屠苏~ 红螺~ 鹦鹉~

**展** zhǎn 张开。展览。
[旧属十六铣]
开~ 发~ 进~ 扩~ 画~ 书~
平~ 鹏~ 手~ 施~ 未~ 日~
拓~ 才~ 善~ 亲~ 义~ 敬~
夜~ 地~ 山~ 屏~ 翠~ 重~
舒~ 招~ 翼~ 眉~ 延~ 大~
红旗~ 鹏图~ 愁眉~ 衰红~
幽恨~ 锦茵~ 征帆~ 莲叶~

**崭** zhǎn 高峻。优异。

**搌** zhǎn 用抹布吸湿。

**辗** zhǎn 辗转。
[旧属十六铣十七霰]
玉~ 三~ 车~ 上~ 璚轮~

**占** zhàn 占据。
[旧属二十九艳]
强~ 独~ 侵~ 多~ 私~ 先~
鸟~ 雄~ 争~ 隐~ 广~ 别~
全~ 竞~ 急~ 巧~ 霸~ 抢~
幽人~ 松荫~ 白云~
（另见平声 zhān）

**绽** zhàn 缝补。

**栈** zhàn 栈房。栈道。
[旧属十五潸十六铣]

进～　货～　古～　客～　云～　茸～
秦～　汉～　竹～　朽～　高～　雪～
险～　旧～　通～　长～　霜～　破～
远～　江～　蜀～　行～　转～　断～
飞～　虹～　接～　木～　羊～　堆～
马～　曲～　危～　石～　雨～　恋～

## 战
zhàn 战争。战斗。
[旧属十七霰]

决～　血～　征～　抗～　备～　笔～
枪～　大～　请～　能～　舟～　海～
攻～　心～　夜～　会～　连～　勇～
敢～　出～　待～　内～　棋～　观～
力～　苦～　激～　速～　挑～　胆～
商～　争～　交～　作～　论～　百～
寒～　巷～　混～　迎～　鏖～　酣～
休～　恋～　陆～　习～　好～　圣～
善～　合～　野～　转～　冷～　空～
游击～　持久～　肉搏～　心理～
闪电～　地道～

## 站
zhàn 停车点。机构。
[旧属三十陷]

车～　大～　小～　停～　到～　过～
靠～　三～　兵～　驿～　进～　网～
运输～　终点～　加油～　太空～

## 绽
zhàn 裂开。
[旧属十六谏]

苞～　红～　破～　梅～　肉～　白～
菊～　吹～　断～　冰～　桃～　栗～
衣～　香～　补～

## 湛
zhàn 深。清澈。
[旧属二十九豏]

酒～　照～　留～　凝～　泽～　智～
澄～　渊～　湛～　清～　精～　深～
月～　露～　暗～

## 颤
zhàn 发抖。
[旧属十七霰]

寒～　胆～　手～　肉～　发～　腿～
身～　惊～　冷～　打～
(另见 chàn)

## 蘸
zhàn 沾一下。
[旧属三十陷]

轻～　红～　水～　点～　曙～　影～
低～　手～　笔～　清波～　燕尾～

## 转
zhuǎn 改换方向。
[旧属十六铣]

轮～　辗～　周～　旋～　倒～　风～
星～　迁～　循～　百～　暗～　巧～
九～　回～　帆～　浪～　云～　激～
万～　同～　飞～　轻～　好～　笛～
缓～　光～　日～　山～　斜～　声～
歌～　妙～　珠～　灯～　肠～　旁～
月～　地～　扭～　流～　婉～　路～
曲～　水～　境～　运～　圆～　斗～
乾坤～　五更～　游丝～　辘轳～
(另见 zhuàn;十开 zhuǎi)

## 传
zhuàn 传记。
[旧属十七霰]

小～　史～　立～　自～　外～　别～
正～　仙～　世～　图～　诗～　家～
杂～　后～　左～　列～　记～　经～
(另见平声 chuán)

## 沌
zhuàn 沌河,湖北水名。
[旧属十三阮]

(另见十八真 dùn)

## 转
zhuàn 旋转。
[旧属十六铣]

团团～　沿圈～　风车～　天地～
轮盘～　原地～
(另见 zhuǎn;十开 zhuǎi)

## 啭
zhuàn 鸟声悦耳。
[旧属十七霰]

鸟～　莺～　娇～　百～　清～　幽～
蝉～　妙～　哀～　竞～　新～　巧～
急～　孤～　怵～　晓～　凄～　促～
喜～　嘶～　娇～　学～　歌喉～

## 瑑
zhuàn 玉雕花纹。
[旧属十六铣]

刻～　雕～　细～　精～　巧～

## 赚
zhuàn 获得利润。
[旧属三十陷]

多～　稳～　巧～　不～　会～　能～
明～　暗～　微～　稍～　虚～　合～
少～　狠～　利～　偷～　未～　大～

## 譔
zhuàn 同'撰'。
[旧属十六铣]

## 撰
zhuàn 写作。
[旧属十五潸十六铣]

编～　修～　新～　杜～　密～　共～
参～　监～　论～　改～　私～　前～

约~ 伪~ 详~ 口~ 争~ 考~

## 篆 zhuàn 篆书。篆刻。
[旧属十六铣]

印~ 古~ 小~ 大~ 箍~ 雕~
丹~ 图~ 秘~ 隶~ 钟~ 工~
石~ 鼎~ 奇~ 楷~ 丽~ 云~
铭~ 玉~ 符~ 六~ 草~ 墨~
妙~ 宝~ 旧~ 岩~ 金~ 勒~
秦~ 鸟~ 虫~ 香~ 蜗~ 凤~

## 馔 zhuàn 饭食。
[旧属十七霰]

酒~ 丰~ 盛~ 肴~ 设~ 玉~
异~ 仙~ 华~ 供~ 珍~ 馈~
厨~ 名~ 净~ 果~ 古~ 具~
醪~ 佳~ 素~ 奇~ 客~ 妙~
香~ 天~ 品~ 甘~ 乡~ 新~
清~ 点~ 野~ 饮~ 美~ 尝~

## 缵 zuǎn 继承。
[旧属十四旱]

灯~ 诗~ 承~ 继~ 文~

## 纂 zuǎn 编辑。
[旧属十四旱]

编~ 训~ 记~ 论~ 伪~ 辞~
说~ 姓~ 众~ 史~ 乐~ 学~

典~ 药~ 织~ 修~ 组~ 类~
手~

## 钻 zuàn 打洞工具。钻石。
[旧属十五翰]

镶~ 嵌~ 真~ 假~ 木~ 石~
灼~ 火~ 用~ 金刚~
(另见平声 zuān)

## 攥 zuàn 握。

# 旧读入声

## 石 dàn 十斗。
[旧属十一陌]
(另见四支 shí)

## 焱 yàn 火花,火焰。
[旧属十二锡]

腾~ 有~ 余~

## 挼 zǎn 压紧。
[旧属七曷]

排~ 帆~ 挨~ 竹~ 逼~ 鹏~
(另见九佳 zǎ)

# 十二萧

## 平声

**凹** āo 低于周围。
硯~ 枕~ 凸~ 盘~ 险~ 山~
（另见九佳 wā）

**熬** āo 烹调方法。
［旧属四豪］
文火~
（另见 áo）

**熰** āo 微火煨熟。

**敖** áo 同'遨'。姓。
［旧属四豪二十号］
卢~ 子~ 孙叔~

**隞** áo 商朝都城。

**磝** áo 山多小石。
［旧属三肴］
岩~ 确~ 硗~ 山磝~

**遨** áo 游玩。
［旧属四豪二十号］
神~ 游~ 仙~ 云中~ 江湖~
乐且~

**嗷** áo 象声词。
［旧属四豪］
嘈~ 饥~ 群~ 嗷~ 哀~ 哺
阳雁~ 众口~

**廒** áo 仓库。
仓~

**璈** áo 古乐器。
云~ 龙~ 玉~ 弹~ 抚~

**獒** áo 一种凶猛的猎狗。
［旧属四豪］
狂~ 吠~ 夜~ 神~ 旅~ 鹰~

**熬** áo 久煮。承受。
［旧属四豪］
烹~ 炮~ 暗~ 煎~ 久~ 苦~
（另见 āo）

**聱** áo 聱牙。
［旧属三肴四豪］
聱~

**螯** áo 蟹钳。
［旧属四豪］
持~ 蟹~ 空~ 奋~ 海~ 烹~
举~ 湖~ 霜~ 江~ 双~ 车~

**翱** áo 展翅飞。
［旧属四豪］
将~ 爱~ 翱~ 接~ 鹏~ 翔~
万里~ 祥风~ 青鸟~

**謷** áo 诋毁。
［旧属三肴］
訾~ 暴~ 謷~

**鳌** áo 海龟或大鳖。
［旧属四豪］
巨~ 龟~ 灵~ 神~ 大~ 钓~
石~ 鱼~ 乘~ 海~ 仙~ 金~
跨~ 鲸~ 负~ 玉山~ 拥六~

**鏖** áo 鏖战,苦战。

**包** bāo 裹。口袋。容纳。
［旧属三肴］
承~ 钱~ 调~ 发~ 转~ 草~
荷~ 腰~ 面~ 邮~ 书~ 皮~
布~ 背~ 打~ 肉~ 提~ 三~
小~ 汤~ 蒲~ 拆~ 装~ 拎~
一手~ 天地~ 无不~ 针线~

**苞** bāo 花苞。丛生。
［旧属三肴］
含~ 吐~ 笋~ 红~ 梅~ 兰~
玉~ 紫~ 粉~ 素~ 新~ 寒~
竹~ 芳~ 脱~ 分~ 嫩~ 小~

豆蔻~ 玉兰~ 雨缄~

**孢** bāo 孢子。

头~

**枹** bāo 枹树,小橡树。
[旧属三肴]

**胞** bāo 嫡亲。
[旧属三肴]

同~侨~胎~鹤~双~细~
菡萏~ 姹女~

**炮** bāo 用旺火炒。
[旧属三肴]

（另见 páo；pào）

**龅** bāo 龅牙。

**煲** bāo 一种锅。

汤~ 药~ 浅~ 茄子~

**褒** bāo 赞扬；夸奖。
[旧属四豪]

饰~ 善~ 称~ 宠~ 过~ 相~
嘉~ 贬~ 独~ 天所~ 赐金~

**瓟** báo 小瓜。

**标** biāo 树梢。标志。
[旧属二萧]

指~ 目~ 路~ 风~ 音~ 商~
丰~ 坐~ 招~ 达~ 世~ 云~
锦~ 浮~ 龙~ 鼠~ 梭~ 夺~
高~ 孤~ 芳~ 清~ 立~ 治~
万世~ 树新~ 拨俗~

**飑** biāo 风向突变。
[旧属三肴]

风~ 飑~

**骉** biāo 众马奔跑。

**彪** biāo 小虎。虎纹。
[旧属十一尤]

饥~ 文~ 炳~ 彰~ 伏~

**猋** biāo 迅速。同'飙'。

**摽** biāo 挥之使去。抛弃。
[旧属二萧]

浪~ 傅~ 长木~
（另见仄声 biào）

**幖** biāo 旗帜。
[旧属二萧]

幖~ 八~ 示~

**滮** biāo 水流的样子。

**骠** biāo 黄骠马。
[旧属十八啸]

紫~ 逸~ 黄~ 赤~ 飞~
（另见仄声 piào）

**膘** biāo 肥肉。

肉~ 长~ 上~ 落~ 肥~ 掉~

**熛** biāo 火焰。
[旧属二萧]

赤~ 电~ 风~ 霞~ 高~ 惊~
灰~ 芒~ 失~

**飙** biāo 暴风。
[旧属二萧]

狂~ 赤~ 流~ 迅~ 清~ 长~
秋~ 高~ 疾~ 天~ 松~ 雄~
轻~ 惊~ 商~ 飞~ 寒~ 旋~

**镖** biāo 飞镖。

袖~ 鸣~ 铁~ 银~ 保~

**瘭** biāo 瘭疽,手指发炎化脓。

**藨** biāo 藨草,用以织席。

**瀌** biāo 瀌瀌,形容雨雪大。
[旧属二萧]

**镳** biāo 马嚼子两端。
[旧属二萧]

镳~ 分~ 鸾~ 扬~ 金~ 连~

**穮** biāo 除草。
[旧属二萧]

是~ 绵绵~

**操** cāo 掌握。从事。品行。
[旧属四豪]

稳~重~出~亲~早~情~
风~节~贞~德~体~会~
健美~琴自~不可~并曰~
（另见仄声 cào）

**糙** cāo 粗糙,不细致。
[旧属二十号]
米~毛~

**曹** cáo 辈。官署。姓。
[旧属四豪]
吾~尔~儿~分~功~兵~
仓~吏~文~官~军~三~
汝~萧~朋~同~部~

**嘈** cáo 声音杂乱。
[旧属四豪]
啾~嘹~嘈~嗷~嘈~

**漕** cáo 水道运输。
[旧属四豪二十号]
航~船~运~河~通~舟~
南北~喜渠~三路~

**槽** cáo 盛饲料的器具。
[旧属四豪]
猪~马~水~同~夜~石~
分~药~

**磲** cáo 斫磲,湖南地名。

**蟠** cáo 金龟子。
[旧属四豪]
蛴~威~李~

**艚** cáo 一种木船。
[旧属四豪]
鸣~大~轻~锦~获~

**抄** chāo 誊写。搜查。
[旧属三肴]
手~传~笔~誊~包~照~
杂~日~文~诗~类~摘~
洗砚~读且~昼夜~

**吵** chāo 吵吵,众人嘈杂。
（另见仄声 chǎo）

**怊** chāo 悲愤。
[旧属二萧]
怊~

**弨** chāo 弓。弓松弛。
大~彤弓~发久~

**钞** chāo 钞票。同'抄'。
[旧属三肴十九效]
现~美~硬~数~断~伪~
会~假~汇~钱~纸~惠~
古~诗~文~

**超** chāo 超过。跳跃。
[旧属二萧]
高~质~心~境~名~飞~
远~腾~清~技~艺~功~
智~班~慧~赶~反~B~
逐步~

**剿** chāo 抄取;抄袭。
[旧属三肴]
心~不~偷~翰墨~昧者~
（另见仄声 jiǎo）

**晁** cháo 姓。

**巢** cháo 鸟窝。
[旧属三肴]
鸟~高~野~破~寒~垒~
择~凤~营~空~危~恋~
鹊~雀~燕~归~鹰~老~
倾~筑~匪~旧~窝~蜂~
贼~覆~居~避风~衔泥~
凤迁~幕上~

**朝** cháo 朝廷。朝代。
[旧属二萧]
王~当~天~故~圣~改~
盛~末~新~皇~历~六~
前~汉~唐~市~南~仙~
入~上~登~赴~退~宸~
南北~
（另见 zhāo）

**嘲** cháo 嘲笑。
[旧属三肴]
解~善~数~好~相~诡~
指~喜~讥~笑~任~谤~
畏~谐~自~冷~戏~讪~
诋~诙~客~时人~避人~
苦被~
（另见 zhāo）

潮 <sup>cháo</sup> 潮汐。潮湿。
[旧属二萧]

海~风　江~思　大~心~
热~新　望~红　看~迎~
高~秋　落~早　晚~退~
涨~涌　春~低　射~浪~
暮~夜　午~惊　来~弄~
学~工　观~暗　怒~寒~
返~如　黑~钱塘　八月~
海门~　子午~　广陵~千里~
浙江~

刀 <sup>dāo</sup> 古代兵器。
[旧属四豪]

大~宝　抽~牛　飞~拭~
藏~拍　钱~铅　镰~并~
单~屠　横~开　剪~枪~
腰~砍　操~利　军~快~
钝~菜　马~钢　金~刺~
舞~握　刮~提　磨~封~
拔~试　收~小　插~挥~
捉~佩　冰~剪　闸~借~
笑里~　风似~　笔如~　不容~
手术~

叨 <sup>dāo</sup>
[旧属四豪]

絮~　唠~　叨~　咕~
(另见 dáo;tāo)

忉 <sup>dāo</sup> 忧愁。
[旧属四豪]

忉~　惨~　远~

鱽 <sup>dāo</sup> 鱽鱼。
[旧属四豪]

叨 <sup>dáo</sup> 叨咕。
[旧属四豪]

(另见 dāo;tāo)

捯 <sup>dáo</sup> 捯饬，追究。

刁 <sup>diāo</sup> 狡猾。
[旧属二萧]

放~　撒~　奸~　金~铜~

叼 <sup>diāo</sup> 用嘴衔住。

嘴~　衔~　轻~　一口~

凋 <sup>diāo</sup> 凋谢。
[旧属二萧]

后~霜~　先~半~　初~叶~
花~殒~　早~草木~　鬓发~
岁寒~　朱颜~　暗绿~　飒然~

蛁 <sup>diāo</sup> 蝉。

貂 <sup>diāo</sup> 哺乳动物。
[旧属二萧]

水~狐　捕~锦　轻~紫~
续~金　黑~七叶　侍中~

碉 <sup>diāo</sup> 碉堡。

土~　暗~　明~

雕 <sup>diāo</sup> 雕刻。猛禽。
[旧属二萧]

玉~浮　镂~镌　开~琢~
花~彩　漆~冰　石~射~
盘~寒　坠~矼　刻~怒~
贯双~　不可~　扑天~　座山~

鲷 <sup>diāo</sup> 真鲷，海鱼。

皋 <sup>gāo</sup> 水边的高地。
[旧属四豪]

春~平　晴~如　蘅~临~
青~泽　荒~汀　霜~晨~
湖~云　烟~秋　九~东~
兰~亭　江~伊　汉~雾~
林~庭　鹤~九方~　鹤鸣~
映江~

高 <sup>gāo</sup> 高度。高超。
[旧属四豪]

天~登　秋~年　品~棋~
技~月　星~仰　格~调~
临~日　升~兴　城~攀~
恐~峰　门~资　功~才~
曲~凭　居~争　处~好~
价~孤　渐~比　自~崇~
心~清　志~名　楼~最~
嵩~山　跳~月轮　星辰~
云日~　门第~　步步~　节节~
逐浪~　风格~

羔 <sup>gāo</sup> 羔羊。
[旧属四豪]

羊～　失～　烹～　戏～　白～　黑～

压～　接～　豚～　雁～　紫～　炮～

跪乳～　德如～　荐黍～

## 槔

gāo 桔槔,汲水工具。
[旧属四豪]

## 睾

gāo 睾丸,精巢。

## 膏

gāo 脂肪;油。肥沃。
[旧属四豪]

脂～　雉～　丰～　民～　如～　腹～

石～　软～　鱼～　兰～　牙～　药～

腴～　油～　灯～　琼～　梨～　香～

焚～　土～　蟹～　雪花～　春雨～

橡皮～　眼药～

（另见仄声 gào）

## 篙

gāo 撑船的竹竿。
[旧属四豪]

撑～　半～　春～　轻～　兰～　点～

长～　投～　寒～　渔～　一～　千～

水没～　翠竹～　断冰～

## 糕

gāo 糕饼。糕点。
[旧属四豪]

糟～　题～　蒸～　香～　甜～　米～

奶～　雪～　蛋～　蜜～　寿～　菊～

黍～　粉～　糖～　松～　枣～　花～

喜～　年～　粘～　重阳～　五色～

龙凤～　桂花～

## 橐

gāo 储藏。
[旧属四豪]

置～　载～　祖～　建～　解～

## 蒿

hāo 蒿子。
[旧属四豪]

野～　蓬～　艾～　藜～　白～　江～

莪～　如～　草～　芰～　获～　青～

香～　黄～　春～　茼～　风～

## 薅

hāo 用手拔草。
[旧属四豪]

苗～　耘～　晨～　复～　田～　春～

药圃～　曲畦～

## 嚆

hāo 嚆矢,带响声的箭。

## 号

háo 号叫。号啕。
[旧属四豪]

猿～　夜～　吼～　奔～　嘶～　惊～

兽～　风～　呼～　怒～　哀～　惨～

哭～　恸～　狂～　长～　叫～　干～

神～　鬼～　狼～　万木～　鸿雁

倚天～

（另见仄声 hào）

## 蚝

háo 牡蛎。
[旧属四豪]

海～　粘～　锥～

## 毫

háo 细长而尖的毛。
[旧属四豪]

挥～　舐～　抽～　笔～　敛～　引～

援～　劲～　凝～　濡～　逸～　诗～

健～　吟～　秀～　驰～　丝～　纤～

柔～　秋～　含～　羊～　狼～　紫～

分～　兔～　彩～　粉～　仙～　飞～

## 嗥

háo 豺狼叫。
[旧属四豪]

群～　吠～　惊～　清～　狼～　惨～

兽～　风～　猿～　犬～　长～　尖～

豺狼～　狐野～　兕虎～

## 豪

háo 气魄大。有钱有势。
[旧属四豪]

富～　乡～　名～　世～　巨～　贵～

饮～　性～　暴～　英～　贤～　雄～

权～　自～　粗～　土～　奢～　诗～

文～　俊～　酒～　人～　酋～　兴～

意气～　人中～　平生～　百代～

## 壕

háo 护城河。壕沟。
[旧属四豪]

战～　沟～　深～　古～　空～　挖～

## 嚎

háo 大声叫。
[旧属四豪]

长～　狼～　夜～　仰～　哀～　嘶

## 濠

háo 护城河。
[旧属四豪]

堑～　沟～　坑～　古～　津～　越～

跳～　石～　空～　城～　穿～　临～

## 芁

jiāo 秦芁,草药。
[旧属十一尤]

## 交

jiāo 交办。交接。
[旧属三肴]

至～　成～　厚～　善～　固～　广～

疏～　慎～　暗～　外～　私～　知～

杂～ 公～ 立～ 互～ 结～ 绝～
断～ 建～ 上～ 接～ 追～ 旧～
深～ 神～ 世～ 淡～ 故～ 初～
浅～ 新～ 复～ 忘年～ 君子～
金石～ 生死～ 因人～ 天地～
倾心～ 风雨～

**郊** jiāo 城市周围的地区。
[旧属三肴]
城～ 近～ 远～ 晴～ 东～ 南～
西～ 北～ 村～ 农～ 寒～ 春～
荒～ 市～ 芳～ 四～ 出～ 清～
凤游～ 稼盈～ 绕甸～

**茭** jiāo 喂牲口的干草。
[旧属三肴]
刍～ 蓄～ 寒～ 青～ 菱～ 玉～

**峧** jiāo 地名用字。

**浇** jiāo 灌溉。浇灌。
[旧属二萧]
水～ 汤～ 酒～ 喷～ 灌～ 泉～
引～ 俗～ 情～ 块垒～ 暴雨～

**娇** jiāo 柔嫩。娇气。
[旧属二萧]
藏～ 花～ 柳～ 逞～ 添～ 双～
语～ 如～ 半～ 含～ 多～ 千～
弄～ 春～ 撒～ 莺～ 阿～ 态～
念奴～ 百般～ 海棠～ 步步～
美人～ 分外～

**姣** jiāo 相貌美。
[旧属三肴十八巧]
妍～ 娥～ 长～ 至～ 颜～ 艳～
少且～ 自为～ 群巫～

**骄** jiāo 骄傲。
[旧属二萧]
天～ 矜～ 戒～ 雉～ 贵～ 气～
悍～ 心～ 奢～ 不～ 横～ 兵～
玉骢～ 谁与～ 行色～ 火云～

**胶** jiāo 黏胶。
[旧属三肴十九效]
鸾～ 橡～ 白～ 神～ 如～ 丝～
投～ 口～ 不～ 松～ 鱼～ 树～
阿～ 春～ 冰～ 香～ 漆～ 粘～
续弦～ 苔似～ 凤喙～

**教** jiāo 教书。教学。
[旧属三肴]
莫～ 肯～ 苦～ 错～ 天～ 谁～
偷～ 懒～ 新～ 悔～ 师～ 乐～
未全～ 谁人～ 阿母～
(另见仄声 jiào)

**鹪** jiāo 鹪鹩，水鸟。
[旧属三肴]
雨～ 头～ 鱼～ 青～ 翔～ 飞～
状如～ 钟山～

**椒** jiāo 木名。
[旧属二萧]
胡～ 花～ 辣～ 干～ 桂～ 姜～
川～ 春～ 兰～ 山～ 焚～ 白～
开口～ 连蒂～ 壁涂～

**蛟** jiāo 蛟龙。
[旧属三肴]
腾～ 潜～ 怒～ 毒～ 长～ 巨～
如～ 鱼～ 蟠～ 梦～ 斩～ 射～

**焦** jiāo 焦炭。着急。
[旧属二萧]
聚～ 喉～ 叶～ 根～ 石～ 肠～
烧～ 枯～ 心～ 唇～ 炼～ 三～
草木～ 鬓发～ 日炙～

**跤** jiāo 跟头。
跌～ 摔～

**僬** jiāo 僬侥，矮人。
[旧属十八啸]

**鲛** jiāo 鲨鱼。
[旧属三肴]
舟～ 鱼～ 大～ 化～ 群～ 白～
合浦～ 南海～ 白珠～

**蕉** jiāo 芭蕉。
[旧属二萧]
绿～ 甘～ 梦～ 山～ 兰～ 荔～
金～ 黄～ 剥～ 香～ 大～ 青～
美人～ 雨后～ 风振～
(另见 qiáo)

**镠** jiāo 镠辏，交错。
[旧属三肴]
楼殿～ 柯叶～

**嶕** jiāo 嶕峣，高耸。

礁 jiāo 礁石。
[旧属三肴]

暗～　触～　险～　尖～　海～　乱～
珊瑚～

鹪 jiāo 鹪鹩。
[旧属二萧]

班～　翔～

矫 jiǎo 矫情。
[旧属十七筱]
（另见仄声 jiǎo）

尻 kāo 屁股。
[旧属四豪]

尾～　兔～　高～　肩～　牛～

捞 lāo 从水里取东西。
[旧属四豪]

打～　捕～　深～　亲～　穷～　手～

劳 láo 劳动。劳苦。慰劳。
[旧属四豪二十号]

勤～　忘～　久～　枉～　任～　待～
耕～　伯～　酬～　辛～　功～　犒～
勋～　代～　操～　积～　耐～　心～
疲～　徒～　苦～　勤～　劬～　效～
汗马～　不辞～　朝夕～

牢 láo 养牲畜的圈。
[旧属四豪]

大～　虎～　天～　开～　出～　下～
补～　太～　水～　土～　囚～　监～
坐～　记～　牢～　豕～　坚～　同～
结构～　把持～

垯 láo 圪垯，角落。

唠 láo 唠叨。
[旧属三肴]
（另见仄声 lào）

崂 láo 崂山，山东山名。

痨 láo 痨病。

肺～　馋～　肠～　防～　虚～　久～
干血～

筹 láo 箛筹竹。
[旧属四豪]

青～　策～　箛～

醪 láo 醪酒。浊酒。
[旧属四豪]

甘～　桂～　芳～　美～　醇～　春～
新～　村～　野～　投～　酒～　家～
沁香～　酌松～　水为～

撩 liāo 掀起来。
[旧属二萧]

轻～　暗～　手～　拂～　下～　一～
（另见 liáo）

辽 liáo 远。
[旧属二萧]

度～　冰～　依～　徙～　通～　吉～
关河～　江海～　鹤归～

疗 liáo 医治。
[旧属十八啸]

医～　治～　诊～　电～　光～　药～
食～　理～　自～　灸～

膋 liáo 肠上脂肪。
[旧属二萧]

血～　焚～　肝～　炙～　鸾～

聊 liáo 闲谈。
[旧属二萧]

闲～　椒～　无～　何～　不～　对～
乐亦～　不自～

僚 liáo 官吏。
[旧属二萧]

官～　朋～　旧～　属～　陪～　末～
新～　干～　佐～　同～　百～　幕～
下～　群～　仙～

漻 liáo 水清而深。
[旧属二萧]

潎～　漻～　风～　浩～　汶～

寥 liáo 稀少。静寂。
[旧属二萧]

寂～　清～　凄～　寥～

撩 liáo 撩拨。
[旧属二萧]

相～　见～　歌～　轻～　风～　乱～
百遍～　物华～　愁思～
（另见 liāo）

嘹 liáo 嘹亮。
[旧属二萧]

风～　嘹～

獠 liáo 獠牙。
[旧属二萧十八巧十九皓]
此～ 群～ 山～ 狐～

潦 liáo 潦倒。潦草。
[旧属十九皓]
（另见仄声 lǎo）

寮 liáo 小屋。
[旧属二萧]
茅～ 竹～ 僧～ 草～ 茶～ 绮～
松～ 山～ 云～ 客～ 风～ 疏～
退居～ 七客～ 枯木～

嫽 liáo 美好。

缭 liáo 缠绕。
[旧属十七筱]
萦～ 缭～ 环～ 相～ 回～

燎 liáo 延烧;烧。
[旧属二萧十八啸]
庭～ 守～ 灼～ 火～ 燔～ 举～
原～ 野～ 香～ 柴～
（另见仄声 liǎo）

鹩 liáo 鸟名。
[旧属二萧]
鹪～ 百～

簝 liáo 祭祀时盛肉的竹器。
[旧属二萧]
盆～ 荣萸～

髎 liáo 骨节间的空隙。
[旧属二萧]

猫 māo
[旧属二萧]
熊～ 花～ 黑～ 老～ 小～ 懒～
笨～ 家～ 野～ 狸～ 白～ 夜～
养～ 山～ 睡～ 波斯～ 音如～
三脚～
（另见 máo）

毛 máo 眉发。兽毛。
[旧属四豪]
羽～ 霜～ 白～ 绿～ 茹～ 燎～
茸～ 织～ 绀～ 乳～ 须～ 暗～
剃～ 皮～ 翎～ 羊～ 牛～ 凤～
柔～ 鞭～ 汗～ 鹅～ 毫～ 眉～
鸿～ 不～ 鬖～ 鸡～ 发～ 二～

雨似～ 送鸿～ 细于～ 拔一～

矛 máo 古代兵器。
[旧属十一尤]
戈～ 酋～ 持～ 蛇～ 杖～ 利～
弓～ 长～ 横～ 丈八～ 双刃～
刺彪～

茆 máo 同'茅'。
[旧属十八巧]
采～ 芹～ 冒～ 白～

茅 máo 白茅。
[旧属三肴]
前～ 苇～ 似～ 编～ 荒～ 秋～
蓬～ 蒲～ 草～ 拔～ 结～ 菁～
黄～ 诛～ 香～ 被屋～ 江淮
三脊～

牦 máo 牦牛。
[旧属四豪]
马～ 结～ 藏～

旄 máo 旗的一种。
[旧属四豪二十号]
举～ 将～ 旗～ 干～ 建～ 拥～
白～ 旌～ 犀～ 羽～

酕 máo 酕醄,大醉的样子。

猫 máo 猫腰,曲身。
（另见 māo）

锚 máo 停船所用器具。
起～ 铁～ 抛～ 落～

髦 máo 幼儿前额垂发。
[旧属四豪]
垂～ 弁～ 誉～ 蛮～ 英～ 贤～
群～ 俊～ 才～ 拂～ 时～ 童～

蝥 máo 斑蝥,昆虫。

蟊 máo 食苗根的害虫。

喵 miāo 猫叫。

苗 miáo 初生的植物。
[旧属二萧]

十二萧 333

幼～ 春～ 火～ 麦～ 豆～ 黍～
田～ 旱～ 秋～ 寸～ 护～ 绿～
根～ 禾～ 抽～ 新～ 嫩～ 拔～
鱼～ 树～ 青～ 露～ 揠～ 好～
莠乱～ 雨润～

**描** miáo 照底样画。
[旧属二萧]
素～ 白～ 摹～ 难～ 空～ 新～
笔～ 绘～ 线～ 手～

**鹋** miáo 鹕鹋,鸟名。

**瞄** miáo 瞄准。

**孬** nāo 坏。怯懦。

**呶** náo 叫嚷。
[旧属三肴]
号～ 喧～ 纷～ 呶～ 酗～ 讙～

**譊** náo 喧闹;争辩。
[旧属三肴]
譊～ 喧～ 口～ 讙～ 醉语～

**挠** náo 轻轻地抓。弯曲。
[旧属四豪十八巧]
肤～ 逗～ 烦～ 曲～ 风～ 阻～
搔～ 不～ 侵～ 屈～ 邪～

**恼** náo 懊恼,悔痛。

**峱** náo 古山名,在山东。
[旧属四豪]

**硇** náo 硇砂,可入药。
[旧属三肴]
气～ 砒～ 硝～ 黄～ 伏～ 番～

**铙** náo 打击乐器。
[旧属三肴]
金～ 鼓～ 箫～ 鸣～ 执～

**蛲** náo 蛲虫。
[旧属二萧]

**猱** náo 猴的一种。
[旧属四豪]
猿～ 哀～ 山～ 捷～ 戏～ 飞～
悬～ 升～ 教～ 唤饥～ 静有～
挂壁～

**夒** náo 同'猱'。

**巎** náo 同'猱'。

**抛** pāo 扔。丢下。抛售。
[旧属三肴]
散～ 错～ 喜～ 偶～ 梦～ 轻～
风～ 乱～ 频～ 醉～ 未～ 休～
徒～ 笑～ 应～ 浪～ 难～ 闲～
等闲～ 任风～ 把人～ 诗书～
生缘～ 几回～ 不忍～ 青春～
好景～

**泡** pāo 鼓起而松软。
[旧属三肴]
豆～ 眼～ 松～ 发～
(另见仄声 pào)

**脬** pāo 尿脬。
[旧属三肴]
客～ 白～ 补～ 肠～ 鱼～

**刨** páo 挖掘。
深～ 连根～
(另见仄声 bào)

**咆** páo 怒吼;嗥。
[旧属三肴]
怒～ 盛～ 龙～ 虎～ 雷～ 仰～
熊罴～ 不敢～

**狍** páo 狍子。

**庖** páo 厨房。厨师。
[旧属三肴]
名～ 膳～ 主～ 厨～ 亲～ 宰～
夜～ 市～ 代～ 远～ 良～ 山～
野～ 佐～ 掌～ 充～ 珍～

**炮** páo 炮制。
[旧属三肴]
蒸～ 煎～ 煨～ 炙～ 烹～ 燔～
(另见 bāo;仄声 pào)

**袍** páo 中式长衣。
[旧属四豪]
战～ 锦～ 道～ 同～ 紫～ 青～
宫～ 征～ 红～ 长～ 旗～ 黄～
蟒～ 绣～ 龙～ 朱～ 敞～ 赠～

皂罗～ 春满～ 寒侵～

**匏** páo 匏瓜。
[旧属三肴]
破～ 酌～ 霜～ 笙～ 苦～ 悬～

**跑** páo 兽足刨地。
[旧属三肴]
虎～ 渴～ 鸡～ 马～ 鹿～
(另见仄声 pǎo)

**剽** piāo 掠夺。动作敏捷。
[旧属二萧十八啸]
勇～ 攻～ 攘～ 眼～ 耳～ 轻～
中～ 本～ 残～ 惊～

**漂** piāo 漂浮。
[旧属二萧]
水～ 凫～ 风～ 萍～ 浪～ 花～
云海～ 风雨～
(另见仄声 piǎo;piào)

**慓** piāo 性急。
[旧属十七筱十八啸]
悍～ 楚～ 箭～

**缥** piāo 缥缈。
[旧属十七筱]
(另见仄声 piǎo)

**飘** piāo 飞扬。轻浮。
[旧属二萧]
云～ 雪～ 风～ 香～ 衣～ 影～
絮～ 霞～ 旗～ 蝶～ 帆～ 斜～
乱～ 纷～ 蓬～ 轻～ 飞～ 飘～
衣带～ 杏花～ 落叶～ 风雨～
浪花～ 舞袖～

**螵** piāo 螵蛸,螳螂的卵块。

**朴** piáo 姓。
(另见十五波 pō;pò;七无 pǔ)

**嫖** piáo 男子玩弄妓女。

**瓢** piáo 舀水器具。
[旧属二萧]
一～ 箪～ 满～ 半～ 盈～ 挂～
饮～ 酒～ 药～ 诗～ 泼～ 水～
许由～ 葫芦～ 樽中～

**藻** piáo 浮萍。
[旧属二萧]
浮～ 紫～ 碎～ 绿～ 水～

**悄** qiāo 无声。低声。
[旧属十七筱]
悄～ 未～ 夜～ 雾～ 魂～ 影～
静悄～ 林霏～
(另见仄声 qiǎo)

**跷** qiāo 抬起腿。
[旧属十七筱十药]
高～ 蹊～ 乘～ 飞～ 踩～

**跻** qiāo 同'跷'。
[旧属十七筱]

**硗** qiāo 土地坚硬。
[旧属三肴十九效]
地～ 瘠～ 肥～ 薄～ 硗～

**锹** qiāo 铁锹。
[旧属二萧]
铲～ 泥～ 小～ 破～ 木～ 挥～

**劁** qiāo 阉割。

**敲** qiāo 敲打。
[旧属三肴]
推～ 歌～ 静～ 风～ 闲～ 两～
轻～ 杖～ 棋～ 手～ 鞭～ 乱～
金镫～ 风竹～ 寺钟～

**橇** qiāo 冰雪上滑行工具。
[旧属二萧]
滑～ 泥～ 雪～ 乘～ 畚～

**幧** qiāo 男子束发的头巾。
[旧属二萧]

**缲** qiāo 缝纫方法。
[旧属十九皓]
绀～ 山～

**乔** qiáo 高。假扮。
[旧属二萧]
木～ 凌～ 松～ 小～ 二～ 洪～

**侨** qiáo 侨居。侨民。
[旧属二萧]
华～ 外～ 归～ 旅～

**荞** qiáo 荞麦。
[旧属二萧]

花～苦～收～种～青～

**蕎** qiáo 锦葵。
[旧属二萧]
如～

**峤** qiáo 山尖而高。
[旧属二萧]
比～峻～为～
（另见仄声 jiào）

**桥** qiáo 桥梁。
[旧属二萧]
小～断～大～午～驿～霜～
草～危～虹～江～湖～市～
津～溪～石～长～画～渭～
短～高～木～蓝～架～吊～
天～斜～拱～金～剑～旱～
野～铁～鹊～竹～板～灞～
独木～廿四～立交～月满～
影浮～涨平～赤阑～八仙～

**硚** qiáo 地名用字。

**盍** qiáo 碗类器皿。

**翘** qiáo 抬起。
[旧属二萧]
翠～凤～秀～足～雉～争～
晨～英～玉～云～连～翘～
珊瑚～翡翠～
（另见仄声 qiào）

**谯** qiáo 谯楼。
[旧属二萧]
丽～重～木～门～北～

**鞒** qiáo 马鞍上拱起部分。
[旧属二萧]
乘～

**蕉** qiáo 蕉萃,同'憔悴'。
[旧属二萧]
（另见 jiāo）

**憔** qiáo 憔悴。
[旧属二萧]

**樵** qiáo 柴。打柴。
[旧属二萧]
采～野～山～耕～渔～薪～
荷～晚～春～归～砍～伐～

荷锸～玉山～牧与～

**瞧** qiáo 看。
偷～够～轻～小～别～你～
仔细～冷眼～望里～

**颠** qiáo 颠领,同'憔悴'。

**荛** ráo 柴火。
[旧属二萧]
刍～薪～询～郴之～

**饶** ráo 丰富。饶恕。
[旧属二萧]
宽～肥～民～岁～地～丰～
土～沃～广～国～讨～告～
富～求～乞～情～不～暂～
天下～春雨～物产～稻蟹～
雨露～仓廪～民物～

**娆** ráo 美好。
[旧属二萧]
娇～妖～窈～娆～
（另见仄声 rào）

**桡** ráo 船桨。
[旧属二萧十九效]
露～挥～移～短～归～仙～
轻～客～停～征～兰～桂～
越女～木兰～出浦～举画～
桂作～识归～

**搔** sāo 用指甲挠。
[旧属四豪]
爬～抑～窈～痒处～隔靴～
首徒～

**骚** sāo 扰乱。轻佻。
[旧属四豪]
楚～牢～离～辨～仿～拟～
风～诗～庄～萧～

**缫** sāo 抽茧丝。
[旧属四豪十九皓]
蚕～茧～丝～抽～初～亲～
柳如～四邻～夫人～

**臊** sāo 尿味。狐狸味。
[旧属四豪]
腥～膏～山～羶～
（另见仄声 sào）

**捎** <sup>shāo</sup> 顺便带。
[旧属三肴]
莺～拂～夜～风～燕～雁～
急雨～ 拔剑～ 向日～
(另见仄声 shào)

**烧** <sup>shāo</sup> 烧火。烹调。
[旧属二萧十八啸]
焚～ 燃～ 火～ 延～ 退～ 屠～
坐～ 燔～ 如～ 劫～ 足～ 纵～
熏～ 霞～ 发～ 高～ 闷～ 红～
野火～ 饥火～ 花艳～ 劫火～
一炬～ 日如～ 烛高～ 带烟～

**梢** <sup>shāo</sup> 梢头。
[旧属三肴]
树～ 眉～ 竹～ 春～ 风～ 梅～
寒～ 月～ 危～ 鞭～ 林～ 藤～
柳～ 花～ 云～ 满～ 嫩～ 松～
船～ 末～ 枝～ 春半～ 豆蔻～
艳蕊～ 海棠～
(另见仄声 sào)

**稍** <sup>shāo</sup> 稍微。稍稍。
[旧属十九效]
(另见仄声 shào)

**蛸** <sup>shāo</sup> 虫名。
[旧属三肴]
蟏～ 寒～
(另见 xiāo)

**筲** <sup>shāo</sup> 水桶。
[旧属三肴]
斗～ 水～ 竹～ 绿～ 瓶～

**艄** <sup>shāo</sup> 船尾。舵。
[旧属三肴]
船～ 掌～ 撑～

**鞘** <sup>shāo</sup> 鞭子头。
[旧属三肴]
鞭～ 长～ 丝～ 鸣～ 挥～
(另见仄声 qiào)

**苕** <sup>sháo</sup> 甘薯。
[旧属二萧]
(另见 tiáo)

**韶** <sup>sháo</sup> 美。
[旧属二萧]
箫～ 仙～ 舞～ 角～ 云～ 春～
凤～ 九～ 雅～ 闻～

**叨** <sup>tāo</sup> 受到好处。
[旧属四豪]
贪～ 重～ 频～ 忝～ 谬～
(另见 dāo;dáo)

**涛** <sup>tāo</sup> 大的波浪。
[旧属四豪]
海～ 涌～ 冲～ 翻～ 夜～ 银～
卷～ 晴～ 江～ 风～ 波～ 翠～
素～ 飞～ 白～ 浪～ 云～ 松～
秋～ 听～ 林～ 惊～ 怒～ 狂～
雪～ 弄～ 观～ 晚～ 洪～ 石～
万里～ 响秋～ 月下～ 八月～

**绦** <sup>tāo</sup> 绦子。丝绳。
[旧属四豪]
绿～ 锦～ 丝～ 解～ 红～ 彩～
五色～ 数缕～ 盘花～

**焘** <sup>tāo</sup> 用于人名。
[旧属二十号]
(另见仄声 dào)

**滔** <sup>tāo</sup> 大水弥漫。
[旧属四豪]
滔～ 白～ 岁月～

**韬** <sup>tāo</sup> 弓套。隐藏。兵法。
[旧属四豪]
龙～ 文～ 兵～ 玉～ 金～ 戎～
弓～ 云～ 用～ 六～ 甲～ 深～
文武～ 太公～ 虎豹～

**饕** (tāo) 贪财;贪食。
[旧属四豪]
吏～ 饕～ 风～ 可～ 老～ 兽～
鬼神～ 长鲸～ 满腹～

**匋** <sup>tāo</sup> 养。
[旧属四豪]

**咷** <sup>táo</sup> 哭。
[旧属四豪]
号～ 平～

**逃** <sup>táo</sup> 逃跑。逃避。
[旧属四豪]
遁～ 潜～ 败～ 外～ 奔～ 出～
躲～ 难～ 久～ 脱～ 逋～ 追～
掉尾～ 中道～ 无处～ 望风～
弃甲～

**洮** <sup>táo</sup> 洮河,甘肃水名。
[旧属四豪]

临～ 汾～ 会～ 西～ 控～

## 桃 táo 桃树。桃花。桃子。
[旧属四豪]

仙～ 露～ 棉～ 山～ 野～ 小～
香～ 核～ 绯～ 蜜～ 玉～ 天～
樱～ 蟠～ 偷～ 寿～ 红～ 种～
献～ 杏～ 木～ 碧～ 投～ 胡～
王母～ 猕猴～ 灼灼～ 夹岸～
露井～ 万朵～ 李代～ 千叶～

## 陶 táo 陶器。培养。快乐。
[旧属四豪]

陶～ 郁～ 定～ 钧～ 冶～ 越～
舜～ 雄～ 甄～ 古～ 耕～ 钧～
（另见 yáo）

## 萄 táo
[旧属四豪]

葡～ 蒲～ 干～

## 梼 táo 梼昧。梼杌。
[旧属四豪]

青～

## 啕 táo 哭。
[旧属四豪]

嚎～ 号～ 平～ 嗷～

## 秹 táo 秹黍,高粱。

## 淘 táo 淘汰。淘换。
[旧属四豪]

千～ 春～ 冷～ 净～ 浪～

## 绹 táo 绳索。
[旧属四豪]

索～ 布～ 曲～ 茅～ 寻～ 皮～
三尺～ 令狐～

## 醄 táo 醄醄,醉貌。
[旧属四豪]

酕～ 醄～

## 鼗 táo 泼浪鼓。
[旧属四豪]

播～ 执～ 摇～ 挥～ 鸣～

## 佻 tiāo 轻薄。
[旧属二萧十七筱]

轻～ 佻～ 愚～ 躁～ 不～

## 挑 tiāo 挑选。挑剔。挑子。
[旧属二萧]

针～ 肩～ 手～ 选～ 重～ 闲～
不～ 担～ 心～ 横～ 细～ 精～
重担～ 夜灯～ 杖藜～ 锦字～
（另见仄声 tiǎo）

## 祧 tiāo 继承上代。
兼～ 不～ 庙～ 守～ 承～

## 条 tiáo 树枝。条子。条目。
[旧属二萧]

长～ 天～ 信～ 戒～ 教～ 律～
肋～ 线～ 萧～ 苗～ 条～ 霜～
木～ 布～ 纸～ 柔～ 冰～ 金～
枝～ 嫩～ 桑～ 垂～ 攀～ 柳～
荆～ 留～ 油～ 路～ 白～ 收～
赤条～ 短长～ 路一～

## 苕 tiáo 凌霄花。
[旧属二萧]

美～ 香～ 垂～ 连～ 烟～ 剪～
鸟戏～ 拂兰～ 湿翠～
（另见 sháo）

## 岧 tiáo 形容山高。

## 迢 tiáo 迢迢,遥远。
[旧属二萧]

## 调 tiáo 调配。
[旧属二萧]

烹～ 协～ 空～ 性～ 善～ 难～
失～ 轻～ 重～ 阴阳～ 风雨～
琴瑟～ 寒暑～
（另见仄声 diào）

## 笤 tiáo 笤帚。

## 蓨 tiáo 古地名,今河北景县南。

## 龆 tiáo 儿童换牙。

## 蜩 tiáo 蝉。
[旧属二萧]

寒～ 秋～ 残～ 夏～ 鸣～ 承～
枝上～ 聒耳～ 风引～

## 髫 tiáo 孩子的垂发。
[旧属二萧]

童～ 初～ 蜗～ 髦～ 垂～

**鲦** tiáo 鱼名。
[旧属二萧]
游~ 白~ 轻~ 纤~

**肖** xiāo 姓。
[旧属二萧]
(另见仄声 xiào)

**枭** xiāo 勇猛。魁首。
[旧属二萧]
毒~ 为~ 鸱~ 土~ 逆~ 鸥~
天下~ 庭树~ 鸟如~

**枵** xiāo 空虚。
[旧属二萧]
玄~ 众~ 腹~ 中~ 枯~ 虚~
诗肠~ 宽壶~

**哓** xiāo 哓哓，争辩声。
[旧属二萧]

**骁** xiāo 勇猛。
[旧属二萧]
骁~ 十~ 百~ 凭~ 一~ 勇~
士卒~ 万人~ 群阴~

**逍** xiāo 逍遥。
[旧属二萧]

**鸮** xiāo 猫头鹰。
[旧属二萧]
飞~ 鸱~ 鸠~ 水~ 炙~ 似~
问~ 鹰~ 饥~ 山~ 春~ 云~
夜闻~ 鹏如~ 泮林~

**虓** xiāo 虎怒吼。
[旧属三肴]
雄~ 怒~ 奋~ 阚~ 虎~
风呼~ 声似~ 不避~

**消** xiāo 消失。消除。度过。
[旧属二萧]
冰~ 取~ 解~ 难~ 化~ 撒~
抵~ 打~ 雪~ 雾~ 红~ 暑~
夏~ 暗~ 酒~ 花~ 怒~ 晕~
烟~ 气~ 香~ 云~ 恨~ 兴~
髀肉~ 淳朴~ 渴未~ 虑自~
未全~ 久乃~

**宵** xiāo 夜。
[旧属二萧]
春~ 元~ 良~ 秋~ 今~ 前~
凉~ 短~ 离~ 经~ 明~ 中~
通~ 寒~ 芳~ 长~ 月~ 残~
夜~ 清~ 彻~ 终~ 昨~ 隔~
月临~ 风雨~ 同舟~

**绡** xiāo 生丝。
[旧属二萧]
纨~ 绛~ 绿~ 泪~ 翠~ 罗~
藕~ 紫~ 轻~ 香~ 鲛~ 红~
生~ 轻~ 冰~ 湿春~ 绕画~

**萧** xiāo 萧索；萧条。
[旧属二萧]
萧~ 蓼~ 竹~ 寥~ 试~ 苇~
森~ 荻~ 纬~ 飘~ 艾~ 林~
幽篁~ 史姓~ 风过~

**撨** xiāo 敲打；敲击。

**硝** xiāo 硝石。药名。
[旧属二萧]
芒~ 火~ 白~ 甜~ 川~ 皮~
风化~ 马牙~ 桂洞~

**销** xiāo 熔化。销售。消费。
[旧属二萧]
产~ 推~ 开~ 报~ 倾~ 魂~
烟~ 代~ 脱~ 熔~ 行~ 骨~
金~ 促~ 畅~ 滞~ 传~ 直~
花~ 勾~ 形~ 供~ 兜~ 统~
志未~ 百忧~ 茌苒~ 士气~

**蛸** xiāo 蜱蟏蛸，螳螂的窝。
[旧属二萧]
(另见 shāo)

**翛** xiāo 无拘无束。
[旧属二萧]
翛~ 戏~

**箫** xiāo 管乐器。
[旧属二萧]
吹~ 洞~ 雅~ 缓~ 横~ 笛~
鸣~ 弓~ 听~ 韶~ 玉~ 排~
笙~ 凤~ 清~ 闻~ 夜~ 山~
秦女~ 夜闻~ 紫玉~

**潇** xiāo 水深而清。
[旧属二萧]
潇~

**霄** xiāo 云；天空。
[旧属二萧]

云～绛～青～洞～秋～插～
玉～澄～腾～晴～九～重～
凌～丹～干～鹤冲～挂层～
倚碧～

**魈** xiāo 旧指山怪。
[旧属二萧]
山～夔～客投～

**蟏** xiāo 蟏蛸,俗称喜蛛。

**嚣** xiāo 吵闹;喧哗。
[旧属二萧四豪]
喧～叫～群～烦～浮～避～
甚～尘～嚣～市井～

**洨** xiáo 洨河,河北水名。
[旧属三肴]
斯～封～都～南会～

**崤** xiáo 崤山,河南山名。
[旧属三肴]
二～土～石～古～登～

**淆** xiáo 混杂。
[旧属三肴]
混～淆～丛～参～纷～杂～
真伪～声韵～玉石～泾渭～
名实～众言～

**殽** xiáo 同'淆'。

**幺** yāo 一。细;小。
[旧属二萧]
六～弦～微～绿～么～

**夭** yāo 夭折。草木茂盛。
[旧属二萧十七筱十九皓]
早～颠～桃～寿～夭～

**吆** yāo 大声喊。

**约** yāo 用秤称。
[旧属十八啸]
(另见十三皆 yuē)

**妖** yāo 妖怪。邪恶。艳丽。
[旧属二萧]
降～群～辟～狐～驱～平～
女～海～山～海～水～淫～
斩～攘～夜～为～人～

**要** yāo 求。强迫。
[旧属二萧]
固～相～截～招～久～
(另见仄声 yào)

**塿** yāo 寨子塿,山西地名。

**喓** yāo 喓喓,虫叫声。
[旧属二萧]

**腰** yāo 裤腰。腰包。中间。
[旧属二萧]
纤～折～楚～撑～山～半～
围～圆～抱～玉～拦～细～
柳～蜂～舞～裙～懒～哈～
扭～弯～齐～廊～后～断～
半截～水蛇～杨柳～

**邀** yāo 邀请。求得。拦住。
[旧属二萧]
相～特～广～谁～私～闲～
固～强～苦～应～同～见～
玉杯～群贤～千金～尺书～

**爻** yáo 八卦长短横道。
[旧属三肴]
玩～分～释～卦～变～六～
乾坤～不由～换易～

**尧** yáo 传说中上古帝王名。
[旧属二萧]
舜～帝～承～遵～遇～逢～
浴～慕～篡～歌～唐～祝～
犬吠～

**佻** yáo 僬佻,侏儒。
[旧属二萧]
(另见仄声 jiǎo)

**肴** yáo 鱼肉等荤菜。
[旧属三肴]
菜～丰～肉～精～鲜～佳～
果～酒～盘～珍～嘉～残～
山海～尝群～献新～

**垚** yáo 山高。用于人名。
[旧属二萧]

**轺** yáo 轻车。
[旧属二萧]
乘～云～迎～轻～锦～

**峣** yáo 高峻。
[旧属二萧]

樵～守～翠～苕～峣～

## 姚 yáo 姓。
[旧属二萧]

余～飘～嫖～二～

## 珧 yáo 蚌、蛤的甲壳。
[旧属二萧]

江～蜃～玉～蛤～弓～

## 陶 yáo 皋陶,上古人名。
[旧属二萧]

（另见 táo）

## 铫 yáo 大锄。
[旧属二萧]

把～一～举～
（另见厶声 diào）

## 窑 yáo 烧制砖瓦的建筑。
[旧属二萧]

越～青～汝～瓦～砖～瓷～
煤～烧～官～炭～旧～内～
新～小～空～建～成～蒸～
出～土～寒～

## 谣 yáo 歌谣。谣言。
[旧属二萧]

民～诗～讴～俚～童～风～
农～造～辟～黄河～陇上～
清风～

## 摇 yáo 摇摆。
[旧属二萧十八啸]

扶～招～飘～橹～步～手～
消～动～风～心～撼～影～
头～齿～摇～月影～受风～
麦浪～逐步～铁臂～羽扇～

## 徭 yáo 劳役。
[旧属二萧]

征～租～丁～差～官～兵～

## 遥 yáo 遥远。
[旧属二萧]

逍～遥～途～云～夜～去～
峰～迢～山～路～水～日～
梦魂～故国～山水～千里～
暮帆～雁书～岁月～

## 猺 yáo 狗的一种。
[旧属二萧]

黄～青～群～山～属～村～

## 瑶 yáo 美玉。美好。
[旧属二萧]

琼～如～玉～白～清～月～
碧～丹～江～鸣～青～苗～

## 飖 yáo 飘飖。
[旧属二萧]

惊～飖～

## 繇 yáo 同'徭'。同'谣'。
[旧属二萧]

（另见十六尤 yóu;zhòu）

## 鳐 yáo 海鱼。
[旧属二萧]

文～海～星～温湖～灌水～

## 遭 zāo 遇到。次。周。
[旧属四豪]

周～一～几～数～所～相～
未～不～逢～第一～千万～
岂易～

## 糟 zāo 酒渣。糟糕。糟粕。
[旧属四豪]

酒～曲～春～清～香～铺～
一团～食糠～甘醴～

## 凿 záo 凿子。打孔。明确。
[旧属二十号]

扁～圆～确～量～枘～圜～

## 钊 zhāo 勉励。
[旧属二萧]

勔～李大～

## 招 zhāo 挥手。引来。认罪。
[旧属二萧]

相～手～自～新～闲～征～
花～见～店～市～心～毒～
一～妙～绝～险～简～折～
酒～高～出～红袖～酒旗～
不须～

## 昭 zhāo 显著。显示。
[旧属二萧十七筱]

光～愍～宣～文～明～显～
德～恩～方～昭～功～令～
勋烈～日月～功业～

## 啁 zhāo 啁哳,烦杂细碎音。
[旧属三肴]

（另见十六尤 zhōu）

**朝** zhāo 早晨。日;天。
[旧属二萧]

今～有　前～　每～　一～岁～
终～春　明～　朝～　花～连～
(另见 cháo)

**嘲** zhāo 嘲哳,同'啁哳'。
[旧属三肴]
(另见 cháo)

## 旧读入声

**剥** bāo 去皮或壳。
[旧属三觉]

活～　盘～
(另见十五波 bō)

**雹** báo 冰雹。
[旧属三觉]

霜～雨～风～春～夏～霰～
雷～雪～飞～怒～

**薄** báo 扁平。冷淡。
[旧属十药]

厚～德～刻～菲～日～轻～
浮～情～恩～浅～淡～微～
鄙～衣～技～命～义～喷～
功名～才力～如纸～
(另见十五波 bó;bò)

**杓** biāo 北斗柄部三颗星。
[旧属十药二萧]

斗～移～玉～指～回～转～

**绰** chāo 抓取。同'焯'。
[旧属十药]
(另见十五波 chuò)

**焯** chāo 将蔬菜串一下开水。
[旧属十药]
(另见十五波 zhuō)

**貉** háo 貉子。貉绒。
[旧属十药]
(另见十四歌 hé)

**嚼** jiáo 上下牙齿磨碎食物。
[旧属十药]

咀～细～大～吞～含～
(另见仄声 jiào;十三皆 jué)

**雀** qiāo 雀子,雀斑。
[旧属十药]
(另见仄声 qiǎo;十三皆 què)

**勺** sháo 舀东西的用具。
[旧属十药二萧]

龙～一～玉～木～半～小～
斗～执～长～汤～大～酒～
铁～银～药～鹊尾～金银～
七星～

**芍** sháo 芍药。
[旧属十药]

红～莲～

**掏** tāo 探取。挖。
[旧属十七洽]

手～爪～拣～细～深～

**削** xiāo 削皮。
[旧属十药]

刀～刻～日～如～侵～洗～
剑～北～所～磨～
(另见十三皆 xuē)

**着** zhāo 计策或手段。
[旧属十药]

妙～高～失～先～险～
(另见 zháo;十四歌·zhe;十五波 zhuó)

**着** zháo 接触;挨上。
[旧属十药]

闲～执～
(另见 zhāo;十四歌·zhe;十五波 zhuó)

# 仄 声

**拗** ǎo 弯曲。折断。
[旧属十八巧十九效]
摧～力～风～十～两～手～
世路～ 歌字～
（另见 ào；十六尤 niù）

**袄** ǎo 有里子的上衣。
[旧属十九皓]
红～布～绣～破～衫～袍～
锦～夹～棉～皮～小～薄～
雪花～ 珍珠～

**媪** ǎo 年老妇女。
[旧属十九皓]
富～乳～魔～巫～女～孤～
老～慈～翁～邻～村～田～
白头～ 黄发～ 李家～

**鹠** ǎo 鹠鹠，美洲鸵。

**岙** ào 山间平地。
悬～珠～薛～

**坳** ào 山间平地。
[旧属三肴]
山～堂～深～石～塘～

**拗** ào 不顺；不顺从。
[旧属十八巧十九效]
执～莫～休～违～生～
（另见 ǎo；十六尤 niù）

**奡** ào 矫健。同'傲'。
[旧属二十号]
排～叫～得～幪～师～

**傲** ào 骄傲。
[旧属二十号]
笑～放～骨～疏～啸～寄～
骄～气～怠～高～倨～侈～
失于～ 奴仆～ 恭胜～

**奥** ào 含义深。房深处。
[旧属二十号]
玄～深～内～险～文～古～
幽～媚～秘～精～堂～枢～

**骜** ào 骏马。同'傲'。
[旧属二十号四豪]
桀～悍～屈～肆～雄～骄～

**澳** ào 海湾停船处。
[旧属二十号]
海～港～阔～赴～中～飞～

**懊** ào 烦恼；悔恨。
[旧属二十号]
悔～惊～恼～

**鏊** ào 鏊子，烙饼器具。

**饱** bǎo 饱食。充分。
[旧属十八巧]
温～字～填～可～为～暂～
丰～甘～耳～腹～充～半～
饥～中～求～笔～食～醉～
终身～ 未尝～ 不足～ 风帆～

**宝** bǎo 珍贵的东西。
[旧属十九皓]
珍～财～国～藏～蕴～识～
荐～家～珠～玉～瑰～法～
元～鸿～寻～贡～献～斗～
墨～异～至～三～万～觅～
传家～ 稀世～ 无价～ 小宝～

**保** bǎo 保护。保持。保证。
[旧属十九皓]
担～永～投～共～愿～安～
退～天～自～难～作～取～
力～死～

**鸨** bǎo 鸟名。鸨母。
[旧属十九皓]
射～鹑～轻～沙～老～

**葆** bǎo 保持。草茂盛。
[旧属十九皓]
嫩～芳～丛～荫～羽～幡～
翠～蓬～永～长～

**堡** bǎo 堡垒。
[旧属十九皓]
城～屯～荒～古～烽～战～

石～筑～营～碉～霜～土～
桥头～瓦子～峡石～
（另见七无 bǔ；pù）

## 褓 bǎo 包婴儿的被子。
[旧属十九皓]

褓～孺～香～锦～裂～绣～
解衣～洙络～

## 报 bào 告诉。报应。报纸。
[旧属二十号]

情～快～恶～善～虚～禀～
恩～警～谍～书～墙～晚～
日～壁～周～夜～导～时～
上～年～申～汇～飞～驰～
德～图～战～通～公～酬～
重～捷～喜～读～卖～登～
海～急～鹊～回～电～小～
平安～恩未～现世～

## 刨 bào 刨子。刨平。
[旧属三肴]

平～槽～长～短～细～粗～
牛头～郢匠～平木～
（另见平声 páo）

## 抱 bào 用手臂围住。
[旧属十九皓]

怀～孩～送～萦～横～日～
山～满～拥～合～襟～盈～
清～宿～环～尘～楼～围～
志空～怀中～小童～

## 豹 bào 豹子。
[旧属十九效]

虎～狮～黑～如～兕～炳～
海～谢～隐～窥～变～雾～
金钱～西门～南山～

## 鲍 bào 鲍鱼。
[旧属十八巧]

管～江～腐～嗜～鳅～干～

## 暴 bào 猛烈。凶狠。显现。
[旧属二十号]

风～性～残～强～横～狂～
雨～凶～除～施～诛～平～
雷～惩～锄～防～浮～贪～
酷～粗～自～

## 瀑 bào 瀑河，河北水名。
[旧属二十号]

（另见七无 pù）

## 曝 bào 曝光。
（另见七无 pù）

## 爆 bào 爆发。爆裂。
[旧属十九效]

火～惊～油～引～起～煎～
灯花～火山～豆子～湿薪～

## 表 biǎo 表面。表示。
[旧属十七筱]

仪～师～外～呈～里～意～
奇～章～战～谏～江～林～
尘～体～虚～发～图～金～
碑～物～云～略～代～华～
治～一～报～岭～钟～手～
夜光～出师～一览～寸心～
进度～晴雨～履历～价目～
时间～

## 婊 biǎo 妓女。

## 裱 biǎo 装裱。
[旧属十八啸]

## 標 biǎo 袖子前端。绲边。
[旧属十七筱]

领～青～锦～袖～裁～

## 俵 biào 分发给。
[旧属十八啸]

## 摽 biào 依附。落。击。
[旧属十七筱]

有～擗～不～水精～仰而～
拊心～
（另见平声 biāo）

## 鳔 biào 鳔胶。

鱼～粘～

## 草 cǎo 草本。草率。
[旧属十九皓]

春～野～花～甘～瑶～秋～
绿～白～稻～枯～兰～芟～
莎～刘～蒲～如～荒～岸～
仙～乱～惹～诗～药～茅～
水～锄～烟～香～芳～溪～
纤～杂～食～碧～毒～粮～

汀～ 瑞～ 劲～ 蔓～ 小～ 腐～
百～ 寸～ 本～ 狂～ 除～ 行～
章～ 焚～ 起～ 潦～ 衰～ 细～
青～ 嫩～ 草～ 茂～ 割～ 牧～
忘忧～ 相思～ 含羞～ 还魂～
灵芝～ 红心～ 怀梦～ 墙头～
河畔～ 萋萋～ 多情～ 吟蛩～
千里～

## 懆 cǎo 懆懆,忧愁不安。
[旧属十九皓]
托摹～

## 肏 cào 脏话,男子性交动作。

## 操 cào 操蛋。捣乱。
[旧属二十号]
（另见平声 cāo）

## 吵 chǎo 声音杂乱。
争～ 哄～ 不～ 大～
（另见平声 chāo）

## 炒 chǎo 烹调。倒卖。
[旧属十八巧]
热～ 煎～ 生～ 微～ 清～ 油～
现～

## 麨 chǎo 炒熟的米粉或面粉。
[旧属十七筱]
饼～ 枣～ 麦～ 食～ 作～

## 耖 chào 农具。

## 导 dǎo 引导。传导。开导。
[旧属二十号]
倡～ 指～ 教～ 领～ 匡～ 浚～
化～ 误～ 劝～ 疏～ 主～ 报～
辅～ 训～ 前～ 向～ 先～ 利～
善～ 诱～ 编～

## 岛 dǎo 被水环绕的陆地。
[旧属十九皓]
宝～ 渔～ 海～ 仙～ 蛇～ 青～
江～ 洲～ 半～ 瀛～ 小～ 孤～
群～ 千～ 蓬～ 绿～ 荒～ 守～
仙人～ 台湾～ 海南～ 太阳～
安全～

## 捣 dǎo 撞击。捶打。
[旧属十九皓]

直～ 兔～ 夜～ 静～ 如～ 细～
可～ 春～ 鼓～ 忧心～ 鸣杵～
和露～ 心如～

## 倒 dǎo 倒下。垮台。腾挪。
[旧属十九皓]
不～ 翻～ 惊～ 压～ 颠～ 击～
卧～ 打～ 倾～ 潦～ 推～ 屋～
吹～ 醉～ 昏～ 应声～ 须弥～
永不～ 一边～ 玉山～
（另见 dào）

## 祷 dǎo 求福。盼望。
[旧属十九皓二十号]
祈～ 盼～ 至～ 泣～ 祭～ 诚～
淮～ 岁～ 口～ 心～ 默～ 祝～
襄～ 颂～ 拜～ 无所～ 焚香～
星下～

## 蹈 dǎo 践踏。跳动。
[旧属二十号]
舞～ 足～ 重～ 履～ 袭～ 腾～
践～ 躬～ 高～ 白刃～ 汤火～
终身～

## 到 dào 到达。往。周到。
[旧属二十号]
春～ 梦～ 重～ 应～ 寻～ 后～
来～ 早～ 找～ 径～ 西～ 远～
客～ 幸～ 未～ 精～ 独～ 心～
口～ 药～ 签～ 做～ 报～ 达～
手～ 老～ 迟～ 无人～ 不曾～
迎时～ 时时～ 从容～ 工夫～
料不～ 贵人～

## 帱 dào 覆盖。
[旧属二十号]
覆～ 远～ 恩～ 翠～
（另见十六尤 chóu）

## 倒 dào 相反的。
[旧属二十号]
反～ 樽～ 颠～ 倾～ 影～ 潭～
千峰～ 酒壶～ 锥末～
（另见 dǎo）

## 焘 dào 同'帱'。
[旧属二十号]
（另见平声 tāo）

## 盗 dào 偷。强盗。
[旧属二十号]

偷~　大~　海~　遇~　贼~　为~
欺~　巨~　防~　吠~　狗~　奸~
国~　窃~　揖~　群~　海~　匪~
蒙面~　纵火~　不如~

# 悼 <sup>dào</sup> 悼念。

[旧属二十号]

痛~　深~　悲~　凄~　轸~　悯~
怜~　惜~　慕~　忧~　郁~　叹~
感~　嗟~　怛~　哀~　伤~　震~
惊~　追~　俯~　抚衿~　生死~
中心~

# 道 <sup>dào</sup> 道路。道德。技艺。

[旧属二十号]

正~　市~　世~　地~　天~　神~
管~　频~　法~　蜀~　王~　人~
河~　栈~　黄~　水~　鸟~　轨~
航~　通~　中~　半~　国~　干~
同~　东~　得~　背~　分~　无~
车~　师~　儒~　大~　公~　释~
霸~　有~　古~　失~　夹~　塞~
黑~　缘~　布~　探~　当~　谋~
行~　传~　修~　清~　达~　叛~
闻~　常~　小~　铁~　肠~　车~
殉~　卫~　交~　称~　开~　恕~
远~　取~　隧~　守~　假~　要~
莫~　谁~　难~　敢~　未~　门~
阳关~　山阴~　不足~　人行~
洛阳~　羊肠~　华容~　林荫~
长生~　常言~　一道~　邯郸~
单行~　主渠~

# 稻 <sup>dào</sup> 水稻。

[旧属十九皓]

秧~　雨~　田~　黄~　鱼~　溉~
刘~　膏~　禾~　割~　食~　荐~
获~　香~　打~　早~　啄~　新~
千顷~　摆柳~　九熟~　双季~

# 纛 <sup>dào</sup> 军队里的大旗。

[旧属二十号]

大~　风~　鼓~　执~　祭~

# 鸟 <sup>diǎo</sup> 同'屌'。脏话。

[旧属十七筱]

（另见 niǎo）

# 屌 <sup>diǎo</sup> 男性生殖器的俗称。

# 吊 <sup>diào</sup> 悬挂。

[旧属十八啸]

凭~　郊~　诗~　敬~　临~　往~
泣~　月~　哀~　哭~　上~　自~
形影~

# 钓 <sup>diào</sup> 钓鱼。钓钩。

[旧属十八啸]

沉~　持~　笠~　矶~　直~　舟~
投~　坐~　引~　独~　春~　静~
闲~　伴~　夜~　善~　蓑~　渔~
耕~　晨~　垂~　雨中~　不受~
太公~　江波~　乘凉~　和雪~

# 荽 <sup>diào</sup> 除草农具。

荷~

# 窎 <sup>diào</sup> 窎远,遥远。

深~

# 调 <sup>diào</sup> 调动。论调。声调。

[旧属十八啸]

曲~　琴~　歌~　古~　音~　谐~
风~　易~　应~　常~　正~　新~
律~　长~　短~　俚~　凄~　变~
腔~　风~　情~　水~　老~　色~
旧~　协~　哀~　小~　滥~　格~
高~　低~　外~　殊~　俗~　单~
步~　雅~　别~　笔~　入~　征~
抽~　时~　绝~　清平~　诸宫~
咏叹~　千年~　穿云~　江南~
G 大~

（另见平声 tiáo）

# 掉 <sup>diào</sup> 落。摇动。

[旧属十七筱十八啸]

心~　不~　胆~　挥~　舌~　掷~
震~　虚~　倾~　摆~　振~　频~
手足~　首屡~　尾难~　头不~

# 铞 <sup>diào</sup> 钉铞,窗门搭扣。

# 铫 <sup>diào</sup> 烧器。

[旧属十八啸二萧]

覆~　金~　石~　药~　茶~　铜~

（另见平声 yáo）

# 杲 <sup>gǎo</sup> 明亮。

[旧属十九皓]

杲　日～　东～　崖～　穿～

## 搞
gǎo 从事。弄。

乱～　瞎～　胡～　专～　难～　不～

## 缟
gǎo 白绢。
[旧属十九皓二十号]

素～　纤～　吴～　霜～　鲁～　曳～

## 槁
gǎo 干枯。
[旧属十九皓]

枯～　形～　夏～　枝～　茎～　骨～
衰～　摧～　木～　苍～　苗～　焦～
千林～　荣华～　霜菊～

## 暠
gǎo 白。
[旧属十九皓]

雪～　发～　种～
（另见 hào）

## 镐
gǎo 刨土用的工具。
[旧属十九皓]

锄～　铁～　挥～　十字～　鹤嘴～
（另见 hào）

## 稿
gǎo 稿子。稿本。
[旧属十九皓]

诗～　文～　手～　原～　定～　初～
拟～　核～　弃～　类～　草～　底～
审～　腹～　脱～　撰～　投～　焚～
遗～　退～　残～　书～　刍～　发～
三易～　糊旧～　床头～

## 藁
gǎo 藁城,河北地名。
[旧属十九皓]

## 告
gào 告诉。告状。
[旧属二十号]

宣～　广～　劝～　通～　警～　报～
泣～　布～　公～　求～　哭～　哀～
正～　上～　忠～　原～　被～　禀～
讣～　控～　普～　奉～　必～　休～
人～　奔～　言～　相～　先～　诬～
羞～　谁～　预～

## 郜
gào 姓。周朝国名。
[旧属二十号]

城～　取～　人～　北～　箕～

## 诰
gào 告诉。告诫性文章。
[旧属二十号]

文～　书～　典～　训～　酒～　封～

## 锆
gào 金属元素。

## 膏
gào 蘸墨。涂油。
[旧属二十号]

如～　阴雨～
（另见平声 gāo）

## 好
hǎo
[旧属十九皓]

美～　月～　花～　交～　最～　春～
梦～　歌～　妆～　通～　讨～　安～
良～　恰～　正～　永～　结～　姣～
完～　友～　和～　旧～　修～　相～
好～　问～　近～　田园～　花常～
颜色～　秦晋～　金兰～　西湖～
人间～　风光～　山水～　风味～
无限～
（另见 hào）

## 号
hào 名称。商店。号令。
[旧属二十号]

信～　口～　称～　吹～　暗～　雅～
大～　字～　代～　选～　小～　军～
年～　名～　标～　浑～　铜～　绰～
旗～　呼～　外～　编～　序～　牌～
商～　座～　分～　头～　番～　病～
记～　符～　别～　连～　发～　句～
问～　引～　叫～　冲锋～　进军～
创刊～　老字～　惊叹～　省略～
（另见平声 háo）

## 好
hào 喜爱。
[旧属二十号]

嗜～　癖～　爱～　志～　雅～　喜～
性～　笃～　同～　酷～　时～　俗～
人所～　趣何～　稽古～　众所～
（另见 hǎo）

## 昊
hào 广大无边。天。
[旧属十九皓]

苍～　晴～　清～　秋～　穹～　层～

## 耗
hào 减损。坏消息。
[旧属二十号]

消～　损～　费～　日～　丰～　内～
亏～　暗～　噩～　虚～　衰～　蠹～
精神～　贪官～　经年～

## 浩
hào 浩大。多。
[旧属十九皓]

浩～　瀚～　深～　归思～　风埃～

**淏** hào 水清。

**皓** hào 洁白,明亮。
[旧属十九皓]
皓~　月~　缟~　首~　霜~　目~
清~　商~　四~　遗~

**鄗** hào 古县名。
[旧属十九皓]
会~　故~　取~

**滈** hào 古水名。
[旧属十九皓]
潦~　滴~

**暠** hào 同'皓'。
[旧属十九皓]
(另见 gǎo)

**镐** hào 周朝国都。
[旧属十九皓]
丰~　侵~　自~　宴~　在~
(另见 gǎo)

**皞** hào 明亮。
[旧属十九皓]
太~　少~　炎~　轩~　皞~

**颢** hào 白而发光。
[旧属十九皓]
雄~　苍~　西~　霄~　颢~

**灏** hào 同'浩'、'皓'。
[旧属十九皓]
灏~

**侥** jiǎo 侥幸。
[旧属二萧]
(另见平声 yáo)

**佼** jiǎo 美好。
[旧属十八巧]
佼~　壮~　肥~

**挢** jiǎo 抬起;翘起。
[旧属十七筱]
天~　抢~　担~　人曰~

**狡** jiǎo 狡猾。
[旧属十八巧]
兔~　凶~　谲~　顽~　阴~　僄~

**饺** jiǎo 饺子。

水~　蒸~　煎~　汤~　肉~　油~

**绞** jiǎo 扭在一起。
[旧属十八巧]
绳~　手~　纠~　根~　水~　对~
心如~　急机~　两轴~

**铰** jiǎo 剪。铰链。
[旧属十八巧]
钉~　金~　宝~　不~　剪子~

**矫** jiǎo 矫正。勇武。
[旧属十七筱]
匡~　失~　自~　难~　不~　初~
矜~　腾~　轻~　矫~　夭~　诬~
强者~　凌风~　笑为~
(另见平声 jiāo)

**皎** jiǎo 白而亮。
[旧属十七筱]
素~　霜~　华~　晶~　鹤~　皎~
圆魄~　沙岸~　丹心~

**搅** jiǎo 搅拌。打扰。
[旧属十八巧]
胡~　情~　屡~　夜~　风~　浪~
翻~　乱~　打~　春风~　闲客
繁思~　诗肠~

**筊** jiǎo 用竹子编的绳索。
[旧属十八巧]
绹~　竹~

**湫** jiǎo 低洼。
[旧属十七筱]
隘~
(另见十六尤 qiū)

**敫** jiǎo 姓。
[旧属十八啸]

**剿** jiǎo 剿灭。讨伐。
[旧属三肴]
围~　进~　清~　分~　言~　严~
(另见平声 chāo)

**儌** jiǎo 儌倖;同'侥幸'。

**徼** jiǎo 求。
[旧属十八啸二萧]
日~　款~　乞~　恳~　诚~　强~
(另见 jiào)

**皦** jiǎo 纯白；明亮。
[旧属十七筱]

皦～　相～　渐～　心～　月出～

**叫** jiào 叫喊。呼唤。
[旧属十八啸]

鸡～　雁～　狗～　呼～　唤～　痛～
求～　狂～　号～　哀～　欢～　喧～
夜～　惊～　啼～　喊～　大～　急～
刮刮～　呼名～　学猫～

**峤** jiào 山道。尖峰。
[旧属十八啸]

云～　湖～　峻～　雪～　华～　东～
春～　千～　岭～　员～　孤～　海～
（另见平声 qiáo）

**觉** jiào 睡眠。
[旧属十九效]

睡～　一～　甜～　大～　昼～　午～
花前～　一宿～　鸳鸯～
（另见十三皆 jué）

**珓** jiào 占卜用具。
[旧属十九效]

卜～　掷～　圣～　杯～　竹～

**校** jiào 订正。校对。
[旧属十九效]

考～　检～　通～　综～　铨～　勘～
初～　精～　评～　点～　复～　参～
（另见 xiào）

**轿** jiào 轿子。小车。
[旧属十八啸二萧]

花～　小～　来～　乘～　过～　山～
喜～　官～　舆～　抬～　车～　凉～
上～　起～　落～　八人～

**较** jiào 比较。计较。
[旧属十九效]

比～　相～　大～　必～　计～　参～
不敢～　非所～　人事～

**窌** jiào 地窖。
[旧属十九效二十六宥]

石～　故～　塞～　投～　牛鸣～

**教** jiào 教育。宗教。
[旧属十九效]

文～　承～　可～　口～　立～　勤～
善～　家～　倡～　任～　管～　信～
名～　师～　身～　垂～　受～　母～

主～　礼～　请～　指～　讨～　新～
布～　赐～　求～　劳～　调～　执～
邪～　领～　施～　胎～　佛～　授～
万世～　不妄～　一言～　白莲～
（另见平声 jiāo）

**窖** jiào 储藏东西的地洞。
[旧属十九效]

地～　酒～　出～　盈～　泉～　雪～
仓～　石～　冰～　藏～　发～　银～

**斠** jiào 平斗斛的器具。校订。

**酵** jiào 发酵。
[旧属十九效]

糟～　酒～　余～　饼～

**噍** jiào 嚼；吃东西。
[旧属十八啸]

余～　声～　嘴～　牛～　噍～

**嘂** jiào 同'叫'。
[旧属十八啸]

啼～　千～　鹤～　号～　嘂～

**徼** jiào 边界。巡查。
[旧属十八啸二萧]

行～　守～　警～　边～　戍～　亭～
关～　岭～　游～　塞～　炎～
（另见 jiǎo）

**藠** jiào 藠头，薤。

**醮** jiào 古代结婚时礼节。
[旧属十八啸]

冠～　亲～　尊～　祝～　曙～　设～
打～　斋～　再～

**考** kǎo 考试。检查。推求。
[旧属十九皓]

思～　参～　准～　博～　铨～　细～
年～　寿～　祖～　主～　长～　大～
监～　招～　应～　报～　赶～　迎～
稽～　查～　待～　投～　春～　再～
入学～　毕业～　幸可～　自学～

**拷** kǎo 拷打。

刑～　掠～　挞～　鞭～　严～　夜～

**栲** kǎo 栲树。
[旧属十九皓]

樗 ~ 山有 ~

**烤** kǎo 烤火。

火 ~ 烘 ~ 熏 ~ 烧 ~ 大 ~

**筹** kǎo 筹筹,笆斗。

**铐** kào 手铐。

镣 ~ 反 ~ 脚 ~ 带 ~ 毁 ~ 铁 ~

**犒** kào 犒劳。
[旧属二十号]

宴 ~ 逢 ~ 丰 ~ 酬 ~ 大 ~

**靠** kào 接近。依靠。信赖。
[旧属二十号]

可 ~ 紧 ~ 无 ~ 倚 ~ 归 ~ 投 ~
扎 ~ 牢 ~ 不 ~ 背 ~ 有 ~ 长 ~

**熇** kào 微火使汤变浓。

**老** lǎo 年岁大。
[旧属十九皓]

父 ~ 敬 ~ 古 ~ 苍 ~ 长 ~ 扶 ~
年 ~ 讳 ~ 身 ~ 不 ~ 尊 ~ 到 ~
嬬 ~ 怕 ~ 共 ~ 野 ~ 耆 ~ 乡 ~
春 ~ 鹤 ~ 遗 ~ 元 ~ 孤 ~ 偕 ~
娱 ~ 告 ~ 终 ~ 养 ~ 衰 ~ 忘 ~
二 ~ 半 ~ 垂 ~ 渐 ~ 将 ~ 佛 ~
老吾 ~ 不服 ~ 和事 ~ 心不 ~
红颜 ~ 垂垂 ~ 秋色 ~ 江湖 ~
白头 ~ 廉颇 ~ 花枝 ~ 莺声 ~
天亦 ~

**佬** lǎo 贬称。

阔 ~ 小赤 ~ 乡巴 ~

**姥** lǎo 姥姥,外祖母。
[旧属七麌]
（另见七无 mǔ）

**栳** lǎo 栲栳,大笆斗。
[旧属十九皓]

**筹** lǎo 筹筹,笆斗。

**潦** lǎo 雨水大。
[旧属十九皓]

雨 ~ 行 ~ 水 ~ 夏 ~ 旱 ~ 洪 ~

秋 ~ 淫 ~ 泥 ~ 霖 ~
（另见平声 liáo）

**唠** lào 说;谈话。
[旧属三肴]

唠 ~ 慢慢 ~
（另见平声 láo）

**涝** lào 雨水过多。
[旧属二十号十九皓]

洪 ~ 水 ~ 灾 ~ 夏 ~ 秋 ~ 旱 ~
内 ~ 防 ~ 排 ~ 积 ~ 抗 ~

**耢** lào 平整土地的农具。

**嫪** lào 爱惜物品。姓。
[旧属二十号]

恋 ~ 心已 ~ 溪禽 ~

**了** liǎo 完毕。明白。
[旧属十七筱]

未 ~ 末 ~ 终 ~ 心 ~ 事 ~ 不 ~
完 ~ 难 ~ 了 ~ 过 ~ 空 ~ 知 ~
不得 ~ 婚嫁 ~ 谁尽 ~ 未能 ~
何日 ~ 一生 ~ 及时 ~ 世情 ~
（另见十四歌·le）

**蓼** liǎo 草本植物。
[旧属十七筱]

水 ~ 甘 ~ 白 ~ 汀 ~ 香 ~ 野 ~
红 ~ 枯 ~ 蓬 ~ 紫 ~ 秋 ~ 芹 ~
垂岸 ~ 虫依 ~ 秋荼 ~
（另见七无 lù）

**憭** liǎo 明白;明了。

**燎** liǎo 烧到毛发。
[旧属十七筱]

火 ~ 焚 ~ 口 ~ 毒 ~ 飞 ~
（另见平声 liáo）

**炻** liǎo 炻蹏子。

**钌** liǎo 钌铞,门窗搭钩。

**料** liào 料想。照看。材料。
[旧属十八啸]

诗 ~ 史 ~ 岂 ~ 衣 ~ 布 ~ 石 ~
面 ~ 木 ~ 自 ~ 杂 ~ 不 ~ 错 ~
可 ~ 资 ~ 饮 ~ 香 ~ 颜 ~ 油 ~

燃～双～原～照～预～难～
意～养～废～草～肥～加～
饲～佐～笑～如所～青云～

**撂** liào 放;搁。弄倒。
[旧属二萧]
胡～一～乱～随便～到处～
信手～

**廖** liào 姓。
[旧属二十六宥]

**瞭** liào 瞭望。
[旧属十七筱]
照～眊～

**镣** liào 脚镣。
[旧属二萧]
铁～锴～上～

**冇** mǎo 没有。

**卯** mǎo 地支第四位。
[旧属十八巧]
丁～寅～在～建～望～出～
当～岁～忌～点～误～画～

**峁** mǎo 较陡的黄土丘陵。

**泖** mǎo 水面平静的小湖。
[旧属十八巧]
三～青～湖～长～巨～碧～

**昴** mǎo 二十八宿之一。
[旧属十八巧]
星～犯～贯～在～参～

**铆** mǎo 铆接。

**芼** mào 拔取菜或草。
[旧属二十号四豪]
有～点～醋～荠菜～左右～
老堪～

**茂** mào 茂盛。丰富。
[旧属二十六宥]
枝～兰～柳～林～凋～荣～
丰～华～繁～荒～畅～熙～
花叶～草木～春山～松柏～

**眊** mào 眼花。
[旧属二十号]
愦～目～聋～政～昏～老～
眸子～

**冒** mào 向外透。冒充。
[旧属二十号]
假～甘～伪～欺～敢～蒙～
干～虚～直～感～触～顶～
向上～热气～
(另见十五波 mò)

**贸** mào 交易;贸易。
[旧属二十六宥]
外～商～内～迁～转～贸～

**耄** mào 八九十岁。
[旧属二十号]
年～孩～耆～老～昏～健～
老夫～几何～至于～

**袤** mào 长度。
[旧属二十六宥]
广～延～周～地～高～

**鄚** mào 鄚州,河北地名。

**菽** mào 菽蓰,草本植物。
[旧属二十六宥]

**帽** mào 帽子。
[旧属二十号]
衣～吹～侧～破～巾～绿～
摘～礼～风～皮～毡～草～
军～脱～落～笔～笠～官～
掼纱～乌纱～博士～贝雷～
鸭舌～大盖～戴高～工作～

**娼** mào 嫉妒。
[旧属十九皓二十号]
妒～忌～

**瑁** mào 玳瑁。
[旧属二十号]
珪～执～

**毷** mào 毷氉,烦恼。

**貌** mào 相貌。形象。
[旧属十九效]
品～才～风～面～新～全～
假～玉～花～概～变～仪～
姿～年～尊～身～言～衣～
真～神～礼～笑～美～容～

道～外～旧～体～状～地～
潘安～倾城～桃花～如花～

**瞀** mào 目眩。心乱。愚昧。
[旧属二十六宥]

眩～瞀～眼～交～昧～狂～
尘～矇～昏～沟～

**懋** mào 劝勉；勉励。盛大。
[旧属二十六宥]

德～功～时～弘～业～勤～
气～昭～丰～慰～藉～

**杪** miǎo 树梢。末尾。
[旧属十七筱]

月～风～蔗～竿～梢～树～
拂～发～岁～秋～木～林～
杨柳～刀锋～竹木～

**眇** miǎo 中医指腹部两侧。

**眇** miǎo 瞎眼。渺小。
[旧属十七筱]

盲～微～眇～幽～蒙～杳～
清～菲～深～目～瞟～

**秒** miǎo 计时单位。
[旧属十七筱]

分～夺～读～加～余～争～

**淼** miǎo 形容水大。
[旧属十七筱]

淼～浩～

**渺** miǎo 渺茫。渺小。
[旧属十七筱]

浩～飘～天～云～波～渺～
杳～惊～烟～风波～秋江～
关河～

**缈** miǎo 缥缈,浩缈。
[旧属十七筱]

**藐** miǎo 轻视。
[旧属十七筱]

藐～昭～悠～高～遐～孤～

**妙** miào 好；美妙。神奇。
[旧属十八啸]

绝～奇～巧～神～语～智～
微～玄～深～佳～曼～肖～
人～精～工～奥～高～极～
笔～不～众～大～墨～曲～

诗情～天机～文章～

**庙** miào 供奉神佛的处所。
[旧属十八啸]

寺～古～孔～岳～陵～塔～
郊～江～村～仙～禹～荒～
文～旧～佛～祠～僧～小～
破～野～太～宗～廊～祖～
城隍～夫子～龙王～山神～

**玅** miào 同'妙'。

**缪** miào 姓。
[旧属二十六宥]
（另见十六尤 móu;miù）

**垴** nǎo 用于地名。

**恼** nǎo 生气。烦闷。
[旧属十九皓]

懊～烦～苦～羞～气～春～
客～忧～闲～空自～多情～
被花～

**脑** nǎo 头脑。精华。零碎。
[旧属十九皓]

肝～龙～补～开～瑞～凤～
鱼～雀～樟～石～首～大～
猪～电～动～豆腐～

**瑙** nǎo 玛瑙。
[旧属十九皓]

**闹** nào 喧哗。扰乱。玩笑。
[旧属十九效]

喧～胡～蝶～戏～大～人～
蜂～蛙～热～吵～打～争～
车马～春意～锣鼓～黄莺～
无理～昏鸦～鸡犬～儿女～

**淖** nào 烂泥。泥坑。
[旧属十九效]

泥～雨～出～沟～深～

**臑** nào 牲畜的前肢。
[旧属四豪]

豚～肴～肉～羊臂～

**鸟** niǎo
[旧属十七筱]

花～瑞～喧～惊～戏～鸣～
候～虫～晴～闻～啼～青～

海～白～雀～鸥～山～禽～
小～孤～鱼～翠～凤～飞～
栖～归～倦～百～笼～水～
比翼～双栖～啄木～同命～
伤弓～报春～鸳鸯～林中～
（另见 diāo）

**茑** niǎo 小乔木。寄生草。
[旧属十八啸]
萝～藤～松～披～

**嫋** niǎo 细长柔弱。
[旧属十七筱]
嫋～素～微～青～风～香～
声～歌～斜～低～孤～柔～
金丝～寒枝～香雾～

**嬲** niǎo 戏弄。纠缠。
[旧属十七筱]
相～

**尿** niào 小便。
[旧属十八啸]
撒～遗～夜～禽无～一瓯
冠遭～
（另见五微 suī）

**脲** niào 尿素。

**溺** niào 同'尿'。小便。
[旧属十八啸]
撒～更～龟～遗～洒～屡～
（另见八齐 nì）

**跑** pǎo 迅速前进。逃走。
[旧属三肴]
奔～长～快～飞～赛～起～
逃～偷～慢～不～越野～
（另见平声 páo）

**奅** pào 大。

**泡** pào 泡沫。消磨。
[旧属三肴]
水～幻～泡～如～无～冒～
血～浸～起～灯～久～长～
肥皂～砌下～脚底～
（另见平声 pāo）

**炮** pào 武器。爆竹。
[旧属十九效]

礼～枪～大～鞭～哑～横～
一～空～开～重～远～火～
车马～火箭～马后～高射～
（另见平声 bāo；páo）

**疱** pào 像水泡的小疙瘩。
水～面～浓～血～

**莩** piǎo 同'殍'。
[旧属七虞]
（另见七无 fú）

**殍** piǎo 饿死的人。
[旧属十七筱]
饿～流～馑～殣～

**漂** piǎo 漂白。冲洗杂质。
[旧属十八啸]
水～轻～流～发～清～
（另见 piào；平声 piāo）

**缥** piǎo 青白色。丝织品。
[旧属十七筱]
青～纯～水～碧～浅～
（另见平声 piāo）

**瞟** piǎo 斜眼看。
斜～眼～轻～

**票** piào 凭证。钞票。人质。
选～投～股～邮～彩～舞～
拉～缺～戏～车～发～期～
汇～一～唱～开～船～球～
机～门～凭～绑～撕～饭～
电影～纪念～多数～赞成～
反对～弃权～

**僄** piào 轻便敏捷。轻薄。
[旧属十八啸]
轻～

**嘌** piào 疾速。

**漂** piào 漂亮。
[旧属十八啸]
（另见 piǎo；平声 piāo）

**骠** piào 马快跑。勇猛。
[旧属十八啸]
赤～从～逸～绿～迅～飞～

追风～ 飞霞～
（另见平声 biāo）

## 巧 <sup>qiǎo</sup> 灵巧。恰好。
[旧属十八巧]

轻～ 精～ 灵～ 善～ 虚～ 工～
呈～ 添～ 言～ 七～ 乞～ 斗～
乖～ 取～ 弄～ 奇～ 小～ 新～
手～ 争～ 纤～ 讨～ 碰～ 恰～
花～ 细～ 技～ 智～ 百～ 心～
情思～ 千般～ 鹦舌～ 雕虫～

## 悄 <sup>qiǎo</sup> 无声或音低。
[旧属十七筱]

未～ 夜～ 魂～ 虑～ 凄～ 雾～
芳心～ 心神～ 花为～
（另见平声 qiāo）

## 愀 <sup>qiǎo</sup> 神色不愉快。
[旧属十七筱]

喧～ 色～

## 俏 <sup>qiào</sup> 俊俏。

花～ 争～ 价～ 卖～ 货～ 紧～
花枝～ 老来～

## 诮 <sup>qiào</sup> 责备。讥讽。
[旧属十八啸]

嘲～ 怒～ 责～ 诘～ 讥～ 轻～
鄙～ 诽～ 诋～ 雅～ 嗤～ 冷～
家人～ 时流～ 俗子～

## 峭 <sup>qiào</sup> 山势高陡。严厉。
[旧属十八啸]

峻～ 陡～ 孤～ 奇～ 石～ 峰～
玉～ 刻～ 冷～ 料～ 危～ 崖～
千丈～ 诗句～ 风骨～

## 帩 <sup>qiào</sup> 帩头，男子束发头巾。

## 窍 <sup>qiào</sup> 窟窿。窍门。
[旧属十八啸]

开～ 洞～ 一～ 入～ 心～ 凿～
诀～ 七～ 万～ 石～

## 翘 <sup>qiào</sup> 向上仰起。
[旧属二萧]

翘～ 翠～ 春～ 英～ 凤～ 秀～
擢～ 连～ 金～ 足～
（另见平声 qiáo）

## 撬 <sup>qiào</sup> 撬杠。

## 鞘 <sup>qiào</sup> 刀剑套。
[旧属十八啸三肴]

出～ 剑～ 玉～ 拔～ 韬～ 鸣～
珠～ 宝～ 鱼～ 脱～ 箭～ 刀～
刀在～ 三尺～ 金错～
（另见平声 shāo）

## 撽 <sup>qiào</sup> 从旁边敲打。

## 躈 <sup>qiào</sup> 牲畜的肛门。

## 扰 <sup>rǎo</sup> 搅扰。混乱。
[旧属十七筱]

纷～ 困～ 厌～ 人～ 杂～ 不～
侵～ 愁～ 相～ 自～ 干～ 惊～
骚～ 打～ 烦～ 叨～ 驯～ 扰～
不堪～ 庸人～ 从中～

## 娆 <sup>rǎo</sup> 烦扰；扰乱。
[旧属十七筱十八啸]

解～ 苛～ 魔～ 妖～ 侵～
（另见平声 ráo）

## 绕 <sup>rào</sup> 缠绕。围转。纠缠。
[旧属十七筱十八啸]

缭～ 萦～ 回～ 声～ 横～ 梦～
雾～ 香～ 肠～ 飞～ 韵～ 围～
盘～ 环～ 水～ 泉～ 烟～ 旋～
余音～ 百忧～ 飞烟～

## 扫 <sup>sào</sup> 扫除。除去。
[旧属十九皓]

洒～ 长～ 自～ 挥～ 躬～ 匀～
笔～ 却～ 风～ 打～ 清～ 祭～
淡～ 如～ 叶～ 尽～ 不～ 横～
风伯～ 在未～ 谁当～ 翠帚～
净于～ 威如～
（另见 sǎo）

## 嫂 <sup>sǎo</sup> 哥哥的妻子。
[旧属十九皓]

嫂～ 家～ 兄～ 大～ 妻～ 姑～
叔～ 敬～ 军～ 空～ 村～ 田～
泣向～ 养于～ 不见～

## 薂 <sup>sǎo</sup> 菝薂，草名。
[旧属十九皓]

**扫** sào 扫帚。
[旧属十九皓]
(另见 sǎo)

**埽** sào 护堤材料。
[旧属十九皓]
土~

**梢** sào 像圆锥体的形状。
[旧属三肴]
(另见平声 shāo)

**瘙** sào 疥疮。

**氉** sào 毷氉,烦恼。
[旧属二十号]

**臊** sào 羞。
[旧属四豪]
害~ 羞~
(另见平声 sāo)

**少** shǎo 数量小。亏欠。
[旧属十七筱]
多~ 尚~ 情~ 德~ 钱~ 用~
日~ 何~ 欢~ 渐~ 缺~ 短~
不~ 稀~ 债~ 减~ 事~ 至~
千杯~ 多胜~ 不为~ 行人~
知音~ 富者~
(另见 shào)

**少** shào 年纪轻。少爷。
[旧属十八啸]
年~ 阔~ 贵~ 侠~ 郎~ 尚~
自~ 老~ 美~ 恶~ 遗~
(另见 shǎo)

**召** shào 周朝国名。
[旧属十八啸]
周~
(另见 zhào)

**邵** shào 姓。
[旧属十八啸]

**劭** shào 劝勉。美好。
[旧属十八啸]
劝~ 美~ 光~ 德~ 清~

**绍** shào 继续;继承。
[旧属十七筱]
介~ 克~ 继~ 天~ 卓~ 远~
家声~ 吾贤~

**捎** shào 稍微向后倒退。
[旧属三肴]
(另见平声 shāo)

**哨** shào 巡逻。警戒。叫。
[旧属十八啸二萧]
口~ 长~ 阵~ 悬~ 笛~ 巡~
查~ 吹~ 黑~ 主~ 步~ 岗~
前~ 放~ 嗯~ 呼~

**睄** shào 略看一眼。

**稍** shào 稍息。
(另见平声 shāo)

**潲** shào 雨斜着落下来。
雨~

**讨** tǎo 讨伐。索取。讨论。
[旧属十九皓]
研~ 探~ 精~ 南~ 自~ 攻~
诛~ 奋~ 寻~ 乞~ 索~ 检~
搜~ 商~ 声~

**稻** tǎo 稻黍,高粱。

**套** tào 套子。弯曲处。
[旧属十九皓]
圈~ 长~ 铜~ 全~ 封~ 河~
乱~ 龙~ 手~ 客~ 死~ 外~
笔~ 常~ 俗~ 脱~ 配~ 成~
被~ 整~ 解~ 不落~ 老一~
葫芦~ 连环~

**挑** tiǎo 拨弄。挑拨;挑动。
[旧属十七筱]
相~ 数~ 时~ 轻~ 目~ 情~
琴心~ 谁使~ 青丝~
(另见平声 tiāo)

**朓** tiǎo 古指月在西方。
[旧属十七筱十八啸]
月~ 晦~ 西~ 昃~ 谢~

**窕** tiǎo 窈窕。
[旧属十七筱]
杳~ 轻~ 目~ 窕~ 窅~

**眺** tiào 眺望。
[旧属十八啸]

远～瞻～登～临～凭～东～
凝～野～独～闲～游～亡～

**粜** <sup>tiào</sup> 卖出粮食。
[旧属十八啸]

腾～尽～贵～贩～济～市～
贱～平～出～发～闭～劝～
减价～百钱～无米～

**跳** <sup>tiào</sup> 跳跃。跳动。
[旧属二萧十八啸]

心～肉～弹～鱼～蹦～龙～
惊～飞～珠～虎～腾～狂～
龙门～三级～吓一～泥蛙～
赤鲤～白雨～撑竿～

**小** <sup>xiǎo</sup> 形状小。
[旧属十七筱]

弱～渺～取～矮～心～见～
狭～老～瘦～受～利～甚～
微～细～大～卑～娇～幼～
月～些～少～量～家～慎～
胆～妻～缩～窄～从～短～
众山～苏小～不在～不为～

**晓** <sup>xiǎo</sup> 天刚亮。知道。
[旧属十七筱]

拂～未～深～将～迎～披～
云～初～半～临～洞～分～
侵～春～报～破～揭～通～
户～昏～催～欲～知～清～
天～精～向～彻～村～待～
千山～不觉～春山～秋江～
莺啭～清风～霜天～鸡鸣～

**谞** <sup>xiǎo</sup> 小。
[旧属二十六宥]

**筱** <sup>xiǎo</sup> 小竹子。
[旧属十七筱]

风～竹～嫩～绿～霜～清～
庭～幽～松～篁～丛～翠～

**孝** <sup>xiào</sup> 孝顺。丧服。
[旧属十九效]

忠～大～带～忘～思～顺～
愚～尽～全～奉～纯～不～
子孙～烝烝～事母～

**肖** <sup>xiào</sup> 相似。
[旧属十八啸]

不～惟～象～相～谁～克～

形～生～摹～毕～十二～
（另见平声 xiāo）

**哓** <sup>xiào</sup> 同'笑'。

**校** <sup>xiào</sup> 学校。军官。
[旧属十九效]

军～将～大～少～上～院～
职～三～美～艺～技～警～
大学～
（另见 jiào）

**哮** <sup>xiào</sup> 哮喘。吼叫。
[旧属三肴]

咆～怒～跳～嘲～自～吼～

**笑** <sup>xiào</sup>
[旧属十八啸]

欢～花～妍～诙～嘻～迎～
喧～浅～狎～哄～谈～含～
嬉～卖～嘲～调～可～狂～
陪～巧～贻～见～大～嗤～
一～啼～强～腾～自～哭～
媚～诮～微～偷～娇～玩～
开口～莞尔～顾我～粲然～
仰天～嫣然～捧腹～桃花～
鸳鸯～哄堂～掩口～破涕～

**效** <sup>xiào</sup> 效果。仿效。
[旧属十九效]

报～愿～神～良～尽～灵～
成～特～时～生～药～功～
后～收～见～奏～实～奇～
有～无～高～显～

**啸** <sup>xiào</sup> 啸鸣。口哨。
[旧属十八啸]

呼～吟～虎～长～坐～龙～
讽～山～饥～仰～夜～悲～
清～歌～海～承风～登台～

**敩** <sup>xiào</sup> 教导。
[旧属十九效]

模～庠～班～
（另见十三皆 xué）

**杳** <sup>yǎo</sup> 远得不见踪影。
[旧属十七筱]

空～思～林～声～信～歌～
春～云～深～杳～人～冥～
故乡～灯火～音书～关河～

**咬** yǎo 咬牙。狗叫。紧逼。
[旧属十八巧]
蛇~ 相~ 反~ 嘶~ 狗~ 蚊~
虫~ 牙~ 嘴~ 啮~

**舀** yǎo 用瓢、勺取水。
久~ 轻~ 慢~ 多~ 瓢~ 满~

**宎** yǎo 形容深远。
[旧属十七筱]
宎~ 阴~ 杳~ 幽~

**窈** yǎo 深远。昏暗。
[旧属十七筱]
窈~ 出~ 清~ 云~ 深~

**要** yào 重要。请求。需要。
[旧属十八啸]
纲~ 枢~ 执~ 政~ 精~ 关~
主~ 紧~ 典~ 简~ 摘~ 节~
次~ 扼~ 机~ 首~ 举~ 险~
撮~ 纪~ 提~
*（另见平声 yāo）*

**袎** yào 同'靿'。
[旧属十九效]
袜~ 锦~ 窄~

**靿** yào 靴或袜子的筒。
[旧属十九效]
高~ 靴~ 锦~ 短~ 凤~

**鹞** yào 雀鹰。
[旧属十八啸]
鹰~ 南~ 畏~ 野~ 拂~ 雀~
捕~ 海~ 鸷~ 击霜~ 从风~

**曜** yào 日光。照耀。
[旧属十八啸]
明~ 荣~ 光~ 金~ 晨~ 垂~
威~ 日~ 月~ 景~ 两~

**燿** yào 同'耀'。
[旧属十八啸]

**耀** yào 光芒；光辉。炫耀。
[旧属十八啸]
照~ 霞~ 仪~ 明~ 光~ 辉~
荣~ 夸~ 熠~ 焜~ 显~ 星~
流~ 炳~

**早** zǎo 早晨。时间靠前。
[旧属十九皓]

清~ 春~ 发~ 岁~ 开~ 啼~
恨~ 霜~ 尚~ 趁~ 赶~ 贪~
迟~ 起~ 早~ 及~ 从~ 提~
人行~ 芳意~ 鸡鸣~ 春雷~
春来~ 花开~

**枣** zǎo 枣树或其果实。
[旧属十九皓]
红~ 桑~ 山~ 金~ 丹~ 甘~
羊~ 酸~ 刺~ 仙~ 栗~ 梨~
吞~ 剥~ 扑~ 黑~ 南~ 蜜~
如瓜~ 秋思~ 仙人~

**蚤** zǎo 跳蚤。
[旧属十九皓]
亡~ 捕~ 撮~ 得~ 虼~ 灭~
鼓上~

**澡** zǎo 洗身体。
[旧属十九皓]
洗~ 身~ 沐~ 濯~ 冲~ 淋~
热水~ 清水~ 江山~

**璪** zǎo 皇冠垂饰。
[旧属十九皓]
冕~ 智~

**藻** zǎo 藻类植物。藻饰。
[旧属十九皓]
辞~ 词~ 文~ 华~ 绮~ 鱼~
蒲~ 碧~ 映~ 清~ 才~ 品~
玉~ 海~ 凫~ 摛~ 芹~ 采~

**皂** zào 黑色。差役。肥皂。
[旧属十九皓]
方~ 苍~ 驽~ 牛~ 恋~ 栈~
奴~ 铁~ 香~ 药~ 胰~ 同~

**灶** zào 炉灶。厨房。灶神。
[旧属二十号]
井~ 釜~ 破~ 毁~ 立~ 厨~
共~ 烛~ 炊~ 尘~ 茶~ 药~
泥~ 冷~ 媚~ 减~ 行~ 大~
送~ 野~ 兵~ 新开~ 出火~
萤生~

**唣** zào 啰唣，吵闹寻事。

**造** zào 制作。假编。成就。
[旧属十九皓二十号]
缔~ 人~ 制~ 建~ 铸~ 天~
锻~ 再~ 始~ 可~ 酿~ 伪~

滥~ 织~ 兴~ 创~ 塑~ 构~
仿~ 修~ 营~ 捏~ 深~ 假~
生~ 改~ 两~ 应时~ 随意~
精心~ 历年~ 中国~

# 愺 zào 愺愺,忠厚诚恳貌。
[旧属二十号]

# 噪 zào 叫嚷。名扬。
[旧属二十号]
名~ 大~ 乱~ 哗~ 叫~ 夜~
群~ 鼓~ 喧~ 鹊~ 蝉~ 鸦~
狂~ 呼~ 聒~

# 簉 zào 副的;附属的。
[旧属二十六宥]
早~ 机~ 闲~ 密~ 交~

# 燥 zào 缺少水分;干燥。
[旧属十九皓]
枯~ 地~ 火~ 叶~ 唇~ 墨~
亢~ 焦~ 口~ 风~ 火就~

# 躁 zào 性急;不冷静。
[旧属二十号]
焦~ 烦~ 浮~ 暴~ 骄~ 淫~
狂~ 气~ 静~ 急~ 心~ 神~
心性~ 行止~ 揠苗~

# 爪 zhǎo 鸟兽的脚。
[旧属十八巧]
前~ 蟹~ 鳖~ 黑~ 奋~ 脚~
龙~ 虎~ 凤~ 魔~ 鹰~ 鳞~
鸿~ 利~ 舞~ 手~ 前~ 断~
(另见九佳 zhuǎ)

# 找 zhǎo 寻。找零钱。
寻~ 难~ 遍~ 清~ 零~ 补~
何处~ 天下~ 摸黑~ 无所~

# 沼 zhǎo 天然水池。
[旧属十七筱]
曲~ 兰~ 芳~ 水~ 绿~ 雁~
萍~ 荷~ 浅~ 清~ 碧~ 莲~
泥~ 池~ 深~ 雨池~ 涤心~
碧玉~

# 召 zhào 召唤。
[旧属十八啸]
感~ 号~ 谁~ 累~ 密~ 募~
奉~ 应~ 赴~ 征~ 山~ 群~

# 兆 zhào 预兆。预示。数目。
[旧属十七筱]
萌~ 启~ 喜~ 梦~ 佳~ 吉~
凶~ 恶~ 征~ 祥~ 先~ 前~
京~ 亿~ 良~ 丰年~

# 诏 zhào 告诉;告诫。诏书。
[旧属十八啸]
明~ 宣~ 凤~ 待~ 降~ 奉~
罪己~ 五色~ 求贤~

# 赵 zhào 周朝国名。姓。
[旧属十七筱]
救~ 伯~ 韩~ 楚~ 过~ 归~

# 炤 zhào 同'照'。

# 笊 zhào 笊篱。
[旧属十九效]

# 棹 zhào 桨。划船。
[旧属十九效]
举~ 云~ 兰~ 归~ 鹜~ 息~
舟~ 短~ 泛~ 飞~ 放~ 桂~
轻~ 一~ 菱~ 击~ 返~ 鼓~
月边~ 沧海~ 五湖~ 波上~
雪中~ 渔客~ 迎风~ 花渚~

# 旐 zhào 一种旗子。
[旧属十七筱]
旗~ 旌~ 旒~ 飞~ 建~

# 照 zhào 照射。相片。比照。
[旧属十八啸]
晨~ 晚~ 落~ 西~ 萤~ 鉴~
夜~ 火~ 晴~ 晖~ 红~ 雪~
春~ 半~ 霞~ 凝~ 夕~ 普~
残~ 日~ 月~ 心~ 剧~ 采~
光~ 四~ 存~ 小~ 参~ 凭~
洞~ 察~ 斜~ 朗~ 烛~ 高~
护~ 返~ 写~ 对~ 关~ 拍~
黑白~ 容光~ 燃犀~ 万里~
标准~

# 罩 zhào 遮盖。罩子。外罩。
[旧属十九效]
笼~ 网~ 光~ 布~ 竹~ 灯~
鱼~ 轻~ 口~ 纱~ 床~ 眼~

# 鮡 zhào 鱼名。
[旧属十七筱]

**肇** zhào 发生;引起。开始。
[旧属十七筱]

初～　生～　爱～　万～　阮～

**曌** zhào 武则天自造字。

武～（武则天）

# 旧读入声

**隩** ào 房屋西南角。
[旧属一屋]
（另见六鱼 yù）

**趵** bào 跳跃。
[旧属三觉]
蹄～
（另见十五波 bō）

**郝** hǎo 姓。
[旧属十药]

**角** jiǎo 角度。角落。
[旧属三觉]

鼓～　麟～　海～　犀～　龙～　晓～
口～　霜～　主～　配～　旦～　蜗～
牛～　兽～　号～　画～　挂～　豆～
菱～　八～　直～　锐～　钝～　边～
屋～　死～　犄～　额～　一～　三～
墙～　头～　鹿～　羊～　对～　吹～
旗～　顶～　鬓～　门～　雀～　屼～
好望～　城上～　西南～　英语～
（另见十三皆 jué）

**脚** jiǎo 脚爪。脚迹。

光～　鬓～　雨～　立～　手～　日～
韵～　赤～　注～　线～　缩～　下～
云～　拳～　针～　跺～　歇～　蹩～
拔～　山～　伸～　国～　阵～　落～
抱佛～　露马～　挖墙～
（另见十三皆 jué）

**缴** jiǎo 交纳;交出。
[旧属十药]
（另见十五波 zhuó）

**嚼** jiǎo 倒嚼,反刍。
[旧属十药]
（另见平声 jiáo;十三皆 jué）

**皭** jiào 洁白;干净。
[旧属十药]

**络** lào 络子。马络。
[旧属十药]
（另见十五波 luò）

**烙** lào 烙饼。烙印。
[旧属十药]
炮～　刻～　针～
（另见十五波 luò）

**落** lào 落下。义同'落'（luò）。
[旧属十药]
莲花～
（另见九佳 là;十五波 luō,luò）

**酪** lào 糊状食品。
[旧属十药]
乳～　奶～　羊～　甘～　饴～　糖～
干～　蜜～　饮～　醴～　酸～　甜～
杏仁～　核桃～

**邈** miǎo 遥远。
[旧属三觉]
邈～　高～　云～　飘～　清～　缅～
尘～　绵～　冥～　悠～

**雀** qiào 鸟类的一种。
[旧属十药]
燕～　孔～　黄～　鸟～　青～　逐～
小～　罗～　铜～　巢～　鹳～　飞～
云～　喧～　惊～　林～　捕～　弹～
野～　乳～　麻～
（另见平声 qiāo;十三皆 què）

**壳** qiào 坚硬的外皮。
甲～　地～　脱～　躯～　果～　蚌～
螺～　硬～　铁～　外～
（另见十四歌 ké）

**疟** yào 仅用于'疟子'。
[旧属十药]
发～
（另见十三皆 nüè）

**药** yào 药物。用药治疗。
[旧属十药]
草～　中～　医～　灵～　丹～　下～
入～　煎～　配～　妙～　捣～　成～
火～　西～　迷～　服～　采～　芍～
问～　开～　卖～　藏～　尝～　良～

毒～　汤～　求～　偷～　仙～　麻～
红～　吃～　用～　不死～　返魂～
苦口～　箧中～　麻醉～

钥 <sup>yào</sup> 钥匙。
[旧属十药]
门～　扃～　金～　锁～　启～　开～

印～　天～　库～　携～　严～　秘～
夜～　铜～　掌～　金柜～　金汤～
（另见十三皆 yuè）

药 <sup>yào</sup> 同'药'。姓。
[旧属十药]

# 十 三 皆

## 平 声

**爹** diē 父亲。
[旧属六麻]

亲~ 爹~ 老~ 阿~ 吾~ 他~
咱~ 干~ 认~ 靠~ 喊~ 养~

**阶** jiē 台阶。等级。
[旧属九佳]

台~ 庭~ 初~ 升~ 侵~ 土~
官~ 舞~ 天~ 盈~ 瑶~ 云~
夜~ 倚~ 砌~ 空~ 登~ 循~
石~ 临~ 幽~ 尘~ 月~ 晓~
霜~ 雨~ 玉~ 绕~ 音~ 没~
影侵~ 笋穿~ 水连~ 月照~
雪满~ 苔封~

**皆** jiē 都;都是。
[旧属九佳]

孔~ 处处~ 两伐~ 禹绩~

**痎** jiē 疟疾。
[旧属九佳]

厉~ 流~

**喈** jiē 喈喈,声和谐。
[旧属九佳]

**嗟** jiē 叹息。
[旧属六麻]

悲~ 戚~ 于~ 嗟~ 呼~ 惊~
忧~ 哀~ 怜~ 深~ 久~ 徒~
堪~ 莫~ 何~ 共~ 吁~ 咨~
怨~ 长~ 自~ 空~ 兴~ 伤~
贤人~ 仰面~ 风雨~ 令人~
一坐~ 田父~

**街** jiē 街道;街市。
[旧属九佳]

天~ 扫~ 看~ 充~ 填~ 通~
拦~ 雪~ 巡~ 千~ 赶~ 九~
斜~ 隔~ 当~ 横~ 骂~ 过~
上~ 花~ 新~ 香~ 游~ 大~
宅对~ 长安~ 花满~ 步行~

美食~ 东西~ 一条~

**湝** jiē 湝湝,水流貌。
[旧属九佳]

**楷** jiē 黄莲木。
[旧属九佳]

强~ 多~ 两~ 蜀~ 杖栽~
(另见十开 kǎi)

**家** ·jiē 后缀,如整天家。
[旧属六麻]
(另见九佳 jiā)

**乜** miē 乜斜。
(另见仄声 niè)

**咩** miē 羊叫的声音。

**伽** qié 佛语。
[旧属五歌]

瑜~ 僧~ 楞~ 仙~ 弥~ 婆~
那~ 提~ 阿~ 卢~ 毗~ 恒~
(另见九佳 gā;jiā)

**茄** qié 茄子。
[旧属五歌六麻]

番~ 紫~ 青~ 菜~ 地~ 苦~
银~ 种~ 水~ 秋~ 瓜~ 五~
黄~ 缅~ 瓜~
(另见九佳 jiā)

**些** xiē 些许。些微。
[旧属六麻二十一个]

多~ 少~ 减~ 迟~ 大~ 早~
前~ 买~ 这~ 那~ 好~ 有~
快~ 吃~ 会~ 学~ 楚~ 些~
方便~ 那么~ 稍大~ 更好~
简单~ 太狂~ 小憩~ 小住~

**邪** xié 不正当。不正常。
[旧属六麻]

改~ 寒~ 去~ 正~ 心~ 忠~
庇~ 淫~ 祛~ 藏~ 妖~ 奸~
除~ 驱~ 辟~ 思~ 无~ 阴~

思无～　不信～　干以～
（另见 yé）

**偕** xié 一同。
[旧属九佳]

相～偶　～与　金石～　凤夜～
星雨～　习能～　天地～　私愿～
岁月～　志不～　晚风～　妇子～
苦乐～　往必～　与君～

**斜** xié 斜面。斜阳。
[旧属六麻]

风～雨～柳　西～倾～云～
低～竹～日～篱～乜～横～
欹～烟～鬓～数竿～雁行～
酒旗～柔梢～燕子～玉簪～
北斗～片帆～月影～夕阳～

**谐** xié 谐和。诙谐。
[旧属九佳]

音～口～不～俳～乐～情～
声～心～气～合～韵～难～
调～欢～齐～和～相～琴～
一曲～与俗～金石～万民～
宫商～两情～琴瑟～鸾凤～

**携** xié 携带。拉着手。

手～提～分～将～以～笑～
客～相～扶～左右～玉壶～

**塈** xié 麦塈，江西地名。

**鲑** xié 指鱼类的菜肴。
[旧属九佳]

食～赤～市～珍～菜有～
（另见五微 guī）

**鞋** xié 鞋子。
[旧属九佳]

拖～凉～套～雨～棉～皮～
麻～草～小～破～系～僧～
穿～脱～拾～新～花～铁～
冰～钉～跑～旅游～运动～
绣花～木底～床下～金缕～

**鞵** xié 同'鞋'。

**靴** xuē 靴子。

马～女～黑～旧～雨～套～

脱～短～皮～快～乌～锦～
长统～雪地～羊皮～

**敩** xué 同'学'，仿效。
[旧属十九效]

模～庠～班～
（另见十二萧 xiāo）

**耶** yē 耶稣。
[旧属六麻]
（另见 yé）

**倻** yē 伽倻。

**椰** yē 椰子。
[旧属六麻]

剖～如～

**邪** yé 同'耶'。
[旧属六麻]

莫～
（另见 xié）

**爷** yé 爷爷。男子尊称。

大～四～老～太～款～少～
王～阿～姑～爷～倒～舅～
大少～阎王～土地～

**耶** yé 助词。表示疑问。
[旧属六麻]

是～非～天～人～浑～昔～
行～谁～何～若～去～来～
何晚～子虚～读书～
（另见 yē）

**揶** yé 揶揄，嘲笑。
[旧属六麻]

**铘** yé 镆铘，剑名。

## 旧读入声

**瘪** biē 瘪三。
（另见仄声 biě）

**憋** biē 闷。抑制。

闷~ 气~

**鳖** biē 甲鱼;王八。
[旧属九屑]
龟~ 鱼~ 跛~ 寒~ 石~ 食~
大~ 梦~ 为~ 烹~ 献~ 羞~
伏~ 成~ 白~ 绿~ 老~ 巨~
鼋~ 化~ 捉~ 瓮中~ 三足~
东海~

**别** bié 分离。区分。类别。
[旧属九屑]
离~ 惜~ 远~ 诀~ 告~ 阔~
饯~ 永~ 送~ 久~ 分~ 临~
死~ 执~ 怅~ 轻~ 识~ 重~
难~ 留~ 话~ 判~ 辨~ 区~
差~ 派~ 鉴~ 甄~ 各~ 个~
辞~ 作~ 赠~ 小~ 特~ 级~
不忍~ 新婚~ 垂老~ 新春~
挥袂~ 风雨~ 善恶~ 天地~
贵贱~ 是非~ 泾渭~ 身世~
千里~ 从军~ 匆匆~ 经年~

(另见仄声 biè)

**蹩** bié 脚或手扭伤。
[旧属九屑]
气~ 病~ 蹩~ 跛~

**踮** diē 跌倒;降落。
[旧属十六叶]
踮~ 鸢~ 联~ 鸟~ 废~

**跌** diē 摔倒。落下。
[旧属九屑]
倾~ 一~ 掔~ 闪~ 后~ 左~
马~ 退~ 追~ 颠~ 椅~ 侧~
下~ 蹉~ 涨~ 暴~ 急~ 止~
惴人~ 股市~

**迭** diē 轮流;替换。屡次。
[旧属九屑]
更~ 相~ 互~ 交~ 不~ 迷~
忙不~

**垤** diē 小土堆。
[旧属九屑]
蚁~ 丘~ 阜~ 小~ 高~ 遗~
众~ 隆~ 坳~ 荒~ 散~ 草~
一封~ 颠于~

**昳** diē 日昳,日偏西。
[旧属九屑]

(另见八齐 yì)

**绖** dié 丧服的麻布带。
[旧属九屑]
衰~ 弁~ 茅~ 带~ 出~ 麻~
葛~ 缪~ 不~ 免~ 缨~ 加~
放~ 腰~ 墨~

**瓞** dié 小瓜。
[旧属九屑]
秀~ 瓜~（子孙昌盛）

**啑** dié 同'喋'。
[旧属十七洽]
一~ 行~ 为知~

(另见九佳 shà)

**谍** dié 谍报活动。
[旧属十六叶]
间~ 防~ 贼~ 宵~ 使~ 遣~
反~ 阴~ 往~ 受~ 如~ 芳~
行~ 讼~ 侦~

**堞** dié 堞墙。
[旧属十六叶]
雉~ 城~ 危~ 遗~ 楼~ 攀~
毁~ 戍~ 修~ 高~ 新~ 却~
峻~ 霜~ 荒~ 长~ 绛~ 古~
山为~ 云归~ 鸦栖~

**耋** dié 年八十。
[旧属九屑]
耄~ 齿~ 乡~ 稚~ 老~ 髦~
大~ 耆~ 健~ 壮者~ 秋霜~
面成~

**揲** dié 折叠。
[旧属九屑]
四~ 膺~ 后~ 虔~ 偏~ 闲~

(另见十四歌 shé)

**喋** dié 言不止。
[旧属十六叶十七洽]
喋~ 嗫~ 咽~ 血常~ 空腹~
群雁~

(另见九佳 zhá)

**嵽** dié 嵽嵲,山高。

**惵** dié 恐惧;害怕。
[旧属十六叶]
惵~ 勿~ 愁~ 悲~ 烦~

# 牒 dié 文书或证件。簿册。
[旧属十六叶]

玉～　彩～　白～　览～　金～　银～
简～　案～　簿～　笺～　公～　文～
史～　通～　名～　军～　度～　宣～
书～　芳～　家～　韵～　图～　谱～

# 叠 dié 重复。折叠。
[旧属十六叶]

重～　堆～　交～　叠～　山～　云～
浪～　声～　香～　相～　千～　层～
复～　三～　万～　打～　折～　稠～
阳关～　寒嶂～　千万～　重峰～

# 碟 dié 碟子。

光～　影～　飞～　杯～　匕～　碗～

# 蝶 dié 蝴蝶。
[旧属十六叶]

梦～　扑～　戏～　蛱～　粉～　痴～
花～　媚～　春～　逐～　彩～　莺～
对～　露～　舞～　蜂～　风～　化～
迷～　新～　凤～　双飞～　穿花～
翩翩～　交飞～　菜畦～　采花～

# 艓 dié 小船。
[旧属十六叶]

轻～　驰～　小～　行～　溪～　舡～
湖海～　长江～

# 蹀 dié 蹈;顿足。
[旧属十六叶]

蹀～　躞～　足～　马～　细～　远～
嘶～　腾～　连～　依风～　踟蹰～
城上～

# 蟼 dié 蟼蛜,蜘蛛。
（另见四支 zhī）

# 鰈 dié 鱼名。

鹣～

# 氎 dié 棉布。
[旧属十六叶]

白～　帛～　锦～　花～　素～　软～
雪～　细～　染～　毡～　香～　柔～

# 节 jiē 节骨眼。节子。
[旧属九屑]
（另见 jié）

# 疖 jiē 疖子。
[旧属九屑]

患～　疮～　热～　小～　脓～　毒～

# 结 jiē 长出果实。
[旧属九屑]

不～　多～　早～　已～　才～　会～
（另见 jié）

# 接 jiē 靠近。连接。接受。
[旧属十六叶]

交～　邻～　谁～　道～　礼～　东～
链～　相～　云～　水～　手～　声～
壤～　承～　影～　谦～　对～　承～
迎～　应～　引～　上～　间～　嫁～
亲～　衔～　紧～　反～　再～　延～
光景～　舳舻～　尧风～　风土～
缭垣～　短兵～　烟波～　耳目～

# 秸 jiē 秸杆。
[旧属八黠]

麦～　秫～　豆～　稻～　麻～　蒲～
茅～　剥～　有～　粮～　赋～　纳～

# 揭 jiē 揭开。揭露。高举。
[旧属六月九屑]

昭～　轻～　翘～　风～　掀～　奔～
高～　若～　表～　标～　披～　呼～
札～　怕～　车～　开～　扬～　帘～
日月～　竿木～　奎文～

# 孑 jié 单独;孤单。
[旧属九屑]

孑～　单～　孤～　句～　授～　自～

# 节 jié 段落。节日。节操。
[旧属九屑]

春～　礼～　使～　小～　气～　名～
苦～　玉～　风～　繁～　守～　晚～
折～　骨～　全～　夺～　毁～　易～
辱～　亮～　慕～　示～　励～　立～
品～　高～　劲～　佳～　奇～　细～
枝～　竹～　关～　情～　环～　音～
章～　脱～　峻～　礼～　调～　变～
末～　中～　季～　时～　死～　失～
删～　节～　清～　过～　仪～　击～
清明～　国庆～　劳动～　重阳～
芳菲～　天地～　清白～　刚柔～
长幼～　苏武～　忠孝～　情人～

(另见 jiē)

**讦** jié 斥人过失。发人阴私。
[旧属九屑]
攻～ 告～ 骄～ 非～ 掉～ 似～
肆～ 诋～ 逆～ 激～ 辩～ 诬～

**劫** jié 灾难。抢劫。
[旧属十七洽]
掠～ 威～ 剽～ 尘～ 兵～ 诱～
遇～ 盗～ 小～ 焚～ 胁～ 经～
洗～ 浩～ 历～ 灾～ 万～ 遭～
打～ 被～ 一～ 避～ 夜～ 消～
不可～ 刀斧～ 无数～ 生死～

**劼** jié 谨慎。努力。
[旧属八黠]
助～ 勖～ 敕～

**杰** jié 杰出。
[旧属九屑]
豪～ 雄～ 俊～ 人～ 英～ 邦～
挺～ 魁～ 后～ 骁～ 群～ 时～
文～ 高～ 名～ 才～ 殊～ 词～
卓～ 清～ 称～ 刚～ 秀～ 贤～
天下～ 当朝～ 非为～ 雄且～

**趄** jié 迅速，同'捷'。

**诘** jié 诘问。
[旧属四质]
反～ 庭～ 穷～ 难～ 塞～ 谴～
诃～ 十～ 条～ 沮～ 究～ 密～
屡～ 面～ 苦～ 傲～ 盘～ 辨～
维摩～ 以理～ 莫容～ 未易～
曾参～ 不敢～ 官长～
(另见八齐 jí)

**絜** jié 同'洁'。多用于人名。
[旧属九屑]

**拮** jié 拮据。
[旧属九屑]

**洁** jié 清洁。
[旧属九屑]
整～ 廉～ 光～ 简～ 丰～ 皎～
修～ 淳～ 冰～ 贞～ 月～ 抱～
朗～ 莹～ 雅～ 纯～ 高～ 玉～
秋霜～ 白雪～ 情素～ 贞姿～
秋山～ 冰壶～ 风蝉～ 泉珠～

**结** jié 结头。结合。
[旧属九屑]
团～ 蕴～ 情～ 聚～ 缔～ 完～
纠～ 打～ 活～ 死～ 具～ 心～
解～ 枉～ 恩～ 愁～ 初～ 永～
连～ 凝～ 了～ 纽～ 郁～ 勾～
归～ 胶～ 冻～ 症～ 巴～ 终～
小～ 总～ 萦～ 丁香～ 同心～
鸳鸯～ 连环～ 蝴蝶～ 相思～
双双～ 合欢～ 中国～
(另见入声 jiē)

**桔** jié 桔槔。桔梗。
(另见六鱼 jú)

**偼** jié 同'捷'。同'婕'。
[旧属十六叶]

**桀** jié 夏朝末代君主。
[旧属九屑]
夏～ 暴～ 助～ 阴～ 凶～ 奸～
荒～ 步～ 尧～ 桀攻～ 跖诈～

**捷** jié 快。战胜。
[旧属十六叶]
敏～ 奏～ 报～ 告～ 戎～ 未～
战～ 猛～ 路～ 飞～ 狡～ 便～
迅～ 大～ 连～ 闻～ 简～ 文～
神～ 劲～ 勇～ 骁～ 腾～ 快～
一举～ 飞猱～ 兵书～

**蚚** jié 麦杆虫。

**偈** jié 勇武。
[旧属九屑]
车～ 偈～ 英～
(另见八齐 jí)

**袺** jié 用衣襟兜着。

**婕** jié 婕妤。女官名。
[旧属十六叶]

**絜** jié 同'洁'。
[旧属九屑]
(另见 xié)

**颉** jié 用于人名。
[旧属八黠]
仓～ 盗～ 羹～ 丐～ 轩～

（另见 xié）

翘～嘴～生～拗～不敢～

**楬** jié 小标杆。
[旧属六月八點九屑]

控～物～秃～书～置～作～

**嘬** juē 嘬嘴。

**睫** jié 睫毛。
[旧属十六叶]

交～眉～目～反～上～胶～
映～盈～双～倦～萦～坠～
垂～眶～蚊～心有～不见～

**孑** jué 孑孓,蚊子幼虫。

**决** jué 决定。决口。死刑。
[旧属九屑]

**蝎** jié 甲壳类动物。
[旧属十七洽]

石～紫～

判～不～枪～处～立～辞～
速～轻～溃～裁～表～解～
自～河～堤～断～否～取～
坚～果～议～

**截** jié 切断。段。阻拦。
[旧属九屑]

一～截～断～拦～阻～裁～
邀～剪～横～直～寸～半～

**诀** jué 口诀。诀窍。分别。
[旧属九屑]

**榤** jié 鸡栖息的横木。

**碣** jié 石碑。
[旧属六月九屑]

碑～石～铭～断～隆～荒～
蓬～立～观～巨～恒～古～
标～玉～苔～题～残～卧～
诸葛～栅塘～扶风～秦皇～

妙～临～要～正～棋～心～
仙～步～色～占～茶～一～
共～隐～道～传～药～辞～
永～秘～真～歌～图～诗～
千金～长生～枕中～锦囊～
行气～良工～壶公～推敲～

**鲒** jié 蚌。

**抉** jué 剔出;剜出。
[旧属九屑]

摘～剔～搜～披～构～爪～
挑～撑～钩～怒～排～

**竭** jié 尽。干涸。
[旧属六月]

枯～源～川～唇～衰～气～
力～不～困～穷～匮～馨～
资～粮～神～水～泽～财～
空～殚～才～贫～尽～泽～
三而～心思～人道～

**角** jué 角色。竞赛。器具。
[旧属三觉]

犀～蜗～丑～名～旦～主～
配～男～海～眉～兽～晓～
楼～壁～牛～麟～挂～豆～
拐～海～鼓～号～口～屋～
菱～芒～八～锐～钝～额～
死～犄～画～卅～头～女～
头生～好望～东南～
（另见十二萧 jiǎo）

**羯** jié 羯羊。
[旧属六月]

胡～好～奉～擒～羌～群～
戎～凶～拓～剪～弩室～

**駃** jué 駃騠,骏马。

**屩** juē 草鞋。
[旧属十药]

**玦** jué 半环形玉器。
[旧属九屑]

芒～蹻～履～释～木～绳～
草～败～赐～布～敝～云～
绿丝～入秦～象牙～

玉～佩～举～美～瑶～破～
捐～宝～得～月似～偃珏～

**撅** juē 翘起。顶撞。折断。
[旧属六月]

**珏** jué 合玉。
[旧属三觉]

双～方～名～成～五～

**砄** jué 石头。

**鴂** jué 古指伯劳。

**觉** jué 感受。睡醒。觉悟。
[旧属三觉]

感~ 知~ 听~ 视~ 触~ 味~
警~ 发~ 先~ 不~ 初~ 夜~
默~ 常~ 心~ 辨~ 体~ 智~
善~ 妙~ 慧~ 易~ 早~ 错~
半~ 辄~ 转~ 直~ 自~ 嗅~
梦~ 幻~ 惊~ 贫始~ 悠然~
不自~ 一念~ 蓦然~ 无人~
(另见十二萧 jiǎo)

**鹃** jué 鹧鹃;子规。
[旧属九屑]

鹈~ 啼~ 鹃~ 秭~ 鸣~ 春~
花上~

**绝** jué 断绝。净尽。死亡。
[旧属九屑]

奇~ 杜~ 谢~ 不~ 杀~ 气~
欲~ 双~ 五~ 七~ 才~ 清~
声~ 决~ 愁~ 幽~ 穷~ 秀~
泯~ 险~ 隔~ 拒~ 根~ 自~
超~ 峭~ 横~ 阻~ 戒~ 妙~
卓~ 悬~ 崦~ 弦~ 歇~ 遏~
与世~ 音书~ 肠欲~ 百缘~
人踪~ 飞鸟~ 年芳~ 行人~

**倔** jué 倔强。
[旧属五物]
(另见仄声 juè)

**桷** jué 方形的椽子。
[旧属三觉]

雕~ 刻~ 绣~ 朱~ 华~ 梁~
巨~ 细~ 松~ 栱~ 彩~ 榱~
金~ 翠~ 抽~ 得其~ 桷不~

**掘** jué 刨;挖。
[旧属五物六月]

挖~ 穿~ 发~ 移~ 负~ 深~
善~ 埋~ 掊~ 可~ 力~ 垦~
熏~ 倒~ 采~ 开~ 凿~ 尽~
狐狸~ 百人~ 一人~ 心刃~
笋堪~ 一夜~ 躬自~ 力须~

**崛** jué 崛起。
[旧属五物]

奇~ 巋~ 诡~ 隆~ 崇~ 郁~
丘陵~

**脚** jué 同'角'。角色;行当。
[旧属十药]
(另见十二萧 jiǎo)

**觖** jué 不满足。不满意。
[旧属九屑]

**厥** jué 晕倒;气闭。
[旧属六月五物]

昏~ 晕~ 气~ 痰~ 愤~ 寒~
冷~ 热~ 突~ 井里~ 阴地~

**催** jué 用于人名。

**劂** jué 镌刻。
[旧属六月]

刳~ 剞~ 劇~ 剟~

**谲** jué 欺诈。奇特;怪异。
[旧属九屑]

诡~ 诈~ 狄~ 奇~ 权~ 机~
巧~ 狂~ 怪~ 辨~ 诙~ 邪~

**蕨** jué 草本植物。
[旧属六月]

野~ 藜~ 薇~ 山~ 采~ 食~
黑~ 洗~ 蒜~ 木~ 紫~ 笋~
新~ 烹~ 煮~ 春~ 雨~ 瘦~
蛇成~ 几枝~ 春岭~ 拳如~

**獗** jué 猖獗。

**潏** jué 潏水,湖北水名。

**橛** jué 小木橛子。
[旧属六月]

门~ 马~ 桩~ 株~ 小~ 长~
高~ 没~ 解~ 置~ 衔~ 矢~
干屎~ 驹拔~

**噱** jué 大笑。
[旧属十药]

大~ 谑~ 嘲~ 饮~ 欢~ 遥~
(另见 xué)

**镢** jué 安锁的纽。
[旧属九屑]

扃~ 环~ 铜~ 花~ 镌~ 雕~
箱~ 盒~ 钥~ 固~ 金~ 铁~

**爵** jué 爵位。
[旧属十药]

封～赐～加～授～禄～袭～
伯～显～玉～觞～献～举～
官～公～天～男～侯～子～

**蹶** jué 摔倒,失败或挫折。
[旧属六月]
竭～颠～僵～一～足～推～
身～风～惊～击～多～终～
屡～先～搏～俄顷～一峰～

**矍** jué 惊视。
[旧属十药]
矍～惊～

**嚼** jué 咀嚼。
[旧属十药]
细～大～吞～苦～恶～独～
含～小～始～软～慢～久～
饮不～夜深～供诗～
(另见十二萧 jiáo;jiào)

**爝** jué 爝火;火把;小火。
[旧属十药]
萤～累～提～烽～微～

**攫** jué 抓;夺。
[旧属十药]
贪～虎～鸷～兽～鹘～搏～
雕～下～鸦～蝇虎～左右～

**镢** jué 镢头。刨土农具。
[旧属十药]
锹～三～跖～铁～一～持～
犁～荷～

**咧** liē 大大咧咧。骂骂咧咧。

笑咧～
(另见仄声 liě)

**捏** niē 手指夹。捏合。
[旧属九屑]
紧～抟～拿～扭～手～指～
千人～为兽～

**苶** nié 疲倦;精神不振。
[旧属九屑]
发～气～衰～萎～疲～神～

**氕** piē 氢的同位素之一。

**撇** piē 弃置不顾。
[旧属九屑]

抛～勺～漂～四～水面～
(另见入声 piě)

**瞥** piē 迅速地看一眼。
[旧属九屑]
一～飘～偷～风花～去如～
如电～天一～

**切** qiē 切割。
[旧属九屑]
刀～缕～削～割～细～
(另见仄声 qiè)

**炔** quē 炔烃。
(另见五微 guì)

**缺** quē 缺乏。残破。空额。
[旧属九屑]
残～空～破～肥～无～尚～
讹～圆～月～欠～守～不～
盈～补～遗～公道～半轮～
金瓯～诗书～齿牙～好官～

**阙** quē 过失。缺。
[旧属六月]
(另见仄声 què)

**瘸** qué 跛腿。
腿～

**帖** tiē 服从。妥当。
[旧属十六叶]
妥～服～稳～药～熨～
(另见仄声 tiě;tiè)

**怗** tiē 平定;平息(叛乱)。
[旧属十六叶]
心～妥～怗～

**贴** tiē 粘。津贴。
[旧属十六叶]
剪～米～房～一～揭～稳～
粘～衬～服～熨～安～赔～
乱～张～妥～津～补～体～

**萜** tiē 有机化合物。

**楔** xiē 木钉;竹钉。
[旧属九屑]
楣～柤～雷～弃～缚～榫～
扦～霹雳～

**揳** xiē 捶钉。

往里~

**歇** xiē 休息。停止。

安~ 停~ 休~ 消~ 衰~ 寒~
坐~ 将~ 夜~ 风~ 暂~ 小~
间~ 不~ 雨~ 芳未~ 烽火
秋声~ 奄然~ 何时~ 暑威
梵吹~ 风雷~ 车轮~ 钟声~

**蝎** xiē 蝎子。 [旧属六月]

毒~ 蝮~ 蛇~ 猛~ 啄~ 屋
弄~ 万~ 壁~ 如~ 蚁~ 抱~
足~ 蠹~ 干~ 长尾~ 双尾~

**叶** xié 和洽;相合。 [旧属十六叶]
（另见仄声 yè）

**协** xié 调和。共同。协助。 [旧属十六叶]

和~ 不~ 相~ 谋~ 声~ 心~
内~ 人~ 民~ 政~ 乐~ 妥~
音~ 调~ 友~ 笙镛~ 步调~
人事~ 民言~ 律吕~ 音韵~

**胁** xié 胁迫。 [旧属十七洽]

威~ 裹~ 挟~ 劫~ 逼~ 诱~
迫~ 胸~ 两~ 刀入~ 露刃~

**挟** xié 挟制。 [旧属十七洽]

怀~ 扶~ 持~ 奸~ 相~ 要~
莫肯~ 双橹~

**絜** xié 量度。 [旧属九屑]
（另见 jié）

**颉** xié 鸟往上飞。 [旧属九屑]

颉~ 鱼~ 颠~
（另见 jié）

**撷** xié 摘下;取下。 [旧属九屑]

采~ 掇~ 玩~ 探~ 搴~ 催~
揽~ 细~ 手~ 露中~ 雨中~
芳丛~ 溪童~ 丽人~ 指点~

**勰** xié 协和。多用于人名。 [旧属十六叶]

神~ 和~ 刘~ 贾思~

**缬** xié 有花纹的丝织品。 [旧属九屑]

罗~ 紫~ 连~ 绣~ 锦~ 红~
夹~ 采~ 桃~ 春~ 残~ 点~
花~ 纹~ 波~ 绶绮~ 红绿~

**襭** xié 用衣襟兜东西。 [旧属九屑]

**削** xuē 削减。削弱。 [旧属十药]

剥~ 日~ 月~ 如~ 掠~ 小~
侵~ 地~ 白~ 洗~ 屡~ 金~
利~ 剑~ 志~ 斫~ 句~ 财~
岁~ 镌~ 刮~ 删~ 减~ 刻~
笔~ 瘦~ 斧~
（另见十二萧 xiāo）

**薛** xuē 草名。姓。 [旧属九屑]

滕~ 怯~ 下~ 封于~ 士归~
三湘~

**茓** xuē 茓子，围以屯粮。

**峃** xuē 峃口，浙江地名。

**踅** xué 来回走。

**穴** xué 岩洞。墓穴。穴位。 [旧属九屑]

洞~ 孔~ 空~ 巢~ 虎~ 蚁~
土~ 砖~ 同~ 丹~ 窟~ 探~
黑~ 穿~ 深~ 点~ 蜂~ 走~
太阳~

**学** xué 学习。学问。学科。 [旧属三觉]

科~ 自~ 治~ 数~ 大~ 多~
乡~ 村~ 耳~ 倦~ 羞~ 心~
旧~ 升~ 入~ 兴~ 不~ 废~
庠~ 劝~ 私~ 耕~ 史~ 从~
法~ 授~ 晚~ 就~ 爱~ 医~
苦~ 道~ 新~ 勤~ 词~ 禅~
慎~ 荒~ 困~ 老~ 初~ 闲~
善~ 强~ 后~ 好~ 游~ 饱~

教～讲～留～修～上～开～
笃～博～幼～冬～文～才～
求～同～小～放～逃～活～
实～末～失～哲～经～玄～
经济～管理～捧心～终身～
舍所～容易～三冬～殚其～
未知～宣夜～露门～伏地～
垂帷～经纶～春秋～辛苦～

## 噱 xué 笑。
[旧属十药]

发～
（另见 jué）

## 掖 yē 塞进。
[旧属十一陌]
（另见仄声 yè）

## 噎 yē 食物堵住食道。
[旧属九屑]

鲠～郁～溺～塞～凝～茹～
噎～防～不～酸～心如～

## 暍 yē 中暑。
[旧属六月]

道～救～荫～

## 曰 yuē 说。叫做。
[旧属六月]

谁～名～不～予～其～赞～

## 约 yuē 邀请。约定。俭省。
[旧属十药]

俭～预～特～有～节～相～
返～年～期～损～清～幽～
丰～依～欲～违～私～戒～
情～闲～梦～大～立～规～
邀～缔～践～负～条～订～
简～公～和～绰～契～守～
失～背～赴～博～爽～盟～
誓～密～隐～成～制～婉～
初时～生死～林泉～平生～
（另见十二萧 yāo）

## 籆 yuē 同'蒦'。

## 蒦 yuē 尺度，用秤称。
[旧属十药]

榘～程～规～

# 仄　声

## 姐 jiě 姐姐。年轻女子。
[旧属二十一马]

小～阿～大～兄～二～表～
空～靓～姊～大小～远房～
刘三～

## 毑 jiě 娭毑，老妇。

## 解 jiě 分开。解释。明白。
[旧属九蟹]

理～难～不～易～识～旧～
善～辨～别～剖～了～劝～
谅～讲～见～溶～分～调～
和～排～图～注～集～误～
曲～索～瓦～题～小～化～
连环～自为～事已～众惑～
不战～风来～何时～迎刃～
（另见 jiè、xiè）

## 橛 jiě 橛树。

## 介 jiè 介绍。耿直。
[旧属十卦]

媒～清～节～简～耿～廉～
中～鳞～媒～纤～刚～绍～
孤～猖～一一～

## 价 jiè 旧指仆人。
[旧属十卦]

返～遭～小～走～良～
（另见·jie；九佳 jià）

## 戒 jiè 防备。戒律。戒除。
[旧属十卦]

警～惩～劝～法～受～鉴～
开～杀～钻～明～不～斋～
自～规～军～铭～垂～破～
珠～金～三～钟鼓～书屏～
往事～金钲～色难～覆车～

## 芥 jiè 小草。芥菜。
[旧属十卦]

草～拾～针～蒂～姜～山～
韭～纤～土～浮～青～香～
秋用～掌中～舟如～
（另见十开 gāi）

**玠** jiè 大的圭。
　[旧属十卦]

**届** jiè 到时候。次。
　[旧属十卦]
首～本～如～永～上～下～
所～天～攸～远～致～飞～
又～应～节～时～远～历～
第一～老三～

**界** jiè 界限。范围。群体。
　[旧属十卦]
世～边～境～国～疆～地～
省～为～管～汉～封～女～
隔～外～分～交～尘～眼～
上～下～越～文艺～科学～
宗教～清凉～鸿沟～自然～
生物～

**疥** jiè 疥疮。
　[旧属十卦]
癣～疮～体～风～老柏～

**诫** jiè 警告。劝告。
　[旧属十卦]
告～箴～家～规～立～女～
曲～新～作～垂～为～严～
与书～几杖～执秤～

**蚧** jiè 蛤蚧。

**借** jiè 假托。凭借；利用。
　[旧属二十二祃]
暂～贷～假～出～互～不～
祈～强～岁～天～许～换～
巧～风～吹～乞～屡～难～
更～幸～相～偷～租～通～
天公～随处～虚辞～不及～
不待～谁能～

**骱** jiè 脱骱,脱臼。

**解** jiè 解送。
　[旧属九蟹]
起～押～发～
（另见 xiè；jiě）

**褯** jiè 褯子,尿布。

**藉** jiè 垫;衬。同'借'。
　[旧属二十二祃]
慰～蕴～凭～狐～因～承～
蹈～为～资～仰～永～威～
有～狼～凌～践～藉～枕～
软可～名声～柔草～物之～
榻上～

**价** ·jie 后缀,如成天价忙。
　[旧属二十二祃]
（另见 jià；九佳 jià）

**苤** piě 苤蓝,甘蓝的一种。

**且** qiě 且慢。连词。
　[旧属二十马]
暂～姑～尚～并～而～况～
聊～方～苟～
（另见六鱼 jū）

**砌** qiè 姓。

**趄** qiè 倾斜。
　[旧属六鱼]
（另见六鱼 jū）

**慊** qiè 满足;满意。
　[旧属二十八俭]
不～未～慊～诚～内～尚～
可～心～意～吾何～万钟～
（另见十一先 qiàn）

**写** xiě 写字。写作。绘画。
　[旧属二十一马]
书～抒～惯～缮～复～摹～
特～描～传～速～抄～自～
默～欲～水～誊～改～大～
无处～刺血～人应～

**炧** xiè 蜡烛的余烬。
　[旧属二十一马]
香～烛～灯～残～

**泻** xiè 很快地流。
　[旧属二十一马]
流～倾～一～注～喷～泉～
直～高～腹～齐～散～涛～
下～吐～泄～春流～泪如～

千里～杯中～满涧～山云～
对花～瓶口～潭影～

怒～石～郑～

## 卸
xiè 卸下。卸去。
[旧属二十二祃]
脱～推～解～交～拆～装～
征鞍～帆初～衣未～尘冠～
银甲～

## 廨
xiè 官吏办公的地方。
[旧属十卦]
公～官～修～府～换～

## 械
xiè 器械。武器。刑具。
[旧属十卦]
器～军～持～甲～辎～粮～
缴～枪～机～兵～刀～利～

## 瀣
xiè 沆瀣，渤海的古称。
[旧属九蟹]
柳～滨～冯～

## 齘
xiè 牙齿相磨。不密合。
[旧属十卦]
无～噤～

## 懈
xiè 懈怠。
[旧属十卦]
无～沮～不～怠～松～自～
筋力～守者～

## 谢
xiè 感谢。辞去。脱落。
[旧属二十二祃]
敬～凋～多～重～志～深～
厚～王～报～萎～花～代～
逊～道～致～辞～申～酬～
持～称～鸣～答～遥～璧～
登门～负荆～下车～殷勤～
为我～

## 蟹
xiè 螃蟹。
[旧属九蟹]
活～缚～早～新～送～食～
鲜～膏～老～巨～鱼～似～
觅～擘～江～石～嬴～捕～
海～寒～毛～青～雄～雌～
死～嗜～红～糟～虾～霜～
横行～大闸～清水～水中～
蛇穴～忧无～团脐～秋照～

## 解
xiè 姓。
[旧属九蟹]
（另见 jiě;jiè）

## 澥
xiè 夜间的水气。
[旧属十一队]
沆～玉～碧～夜～

## 榭
xiè 台上的房屋。
[旧属二十二祃]
台～楼～庭～轩～水～曲～
歌～云～凉～芳～歆～兰～
烟～花～舞～月～风～池～
亭～竹～香～湖边～临风～

## 也
yě 助词。副词。
[旧属二十一马]
可～何～行～去～人；命～
难～往～是～古～白～贫～
今～母～者～不能～不为～

## 冶
yě 熔炼。女饰艳丽。
[旧属二十一马]
妖～陶～游～艳～妍～姣～
熔～矿～炉～大～良～重～
新妆～金耀～

## 薤
xiè 草本植物。
[旧属十卦]
种～拔～露～玉～椒～春～
野～霜～葱～韭～蒜～芥～
龙爪～天赤～一窠～

## 野
yě 野外。野蛮。
[旧属二十一马]
原～郊～山～绿～草～村～
宿～垂～满～牧～下～在～
撒～粗～沃～四～分～芳～
绿～荒～旷～朝～盈～平～
视～田～蔽～遍～川～

## 薢
xiè 革薢，草药。

## 嶰
xiè 山涧。
幽～

## 壄
yě 同'野'。

## 獬
xiè 獬豸，异兽。
[旧属九蟹]

## 曳
yè 拖;拉;牵引。
[旧属八霁]

拖～牵～舆～驰～倒～行～
钩～半～斜～徐～缓～电～
疲～暗～推～车轮～青霞～
春艳～长绳～长裙～素带～

## 夜 <sup>yè</sup> 夜晚。夜间。
[旧属二十二祃]

昼～日～黑～星～烛～春～
一～累～乘～照～过～不～
夜～人～初～怯～惊～晴～
伴～皓～初～雨～终～半～
永～子～午～深～清～良～
遥～凉～秋～寒～晓～长～
凤～元～昨～残～雪～除～
独～隔～连～通～彻～贪～
花月～风雨～清江～相思～
团圆～潇湘～愁眠～大年～

## 哕 <sup>yuě</sup> 干哕,呕吐。
[旧属九泰]
(另见五微 huì)

# 旧读入声

## 瘪 <sup>biě</sup> 不饱满。
作～凹～缩～饿～干～
(另见平声 biě)

## 别 <sup>biè</sup> 别扭。
[旧属九屑]
(另见平声 bié)

## 蹶 <sup>juě</sup> 蹶子,骡马踢后腿。
[旧属六月八霁]
横～瘘～辄～狂～颠～跋～
身～伤～善～后～搏～蹄～
俄顷～正平～一峰～弯距～
(另见平声 jué)

## 倔 <sup>juè</sup> 性子直。
[旧属五物]
太～健～强～
(另见平声 jué)

## 咧 <sup>liě</sup> 咧嘴。语气词。
(另见平声 liē)

## 列 <sup>liè</sup> 排列。行列。类。
[旧属九屑]
罗～出～前～一～此～成～
布～事～齿～舞～丧～伍～
巡～整～数～偕～星～柱～
森～分～艳～僚～堆～具～
首～显～陈～序～阵～论～
环～排～两～等～行～编～
一系～旌旗～桅影～众星～
不改～将率～

## 劣 <sup>liè</sup> 坏;不好。
[旧属九屑]
恶～薄～陋～驽～浅～卑～
顽～优～低～懦～贱～愚～
才～鄙～怯～拙～伪～

## 冽 <sup>liè</sup> 冷。
[旧属九屑]
凛～寒～惨～风～严～腊～
凝～激～栗～泉～

## 洌 <sup>liè</sup> 水清。酒清。
[旧属九屑]
清～甘～泉～酒～井～泠～
风～凝～涌～红～风味～

## 埒 <sup>liè</sup> 同等。矮墙。
[旧属九屑]
富～相～河～水～马～四～
形～瓦～界～金～场～坛～
列～塍～长～旧～新～云～
第一～何足～铺钱～

## 烈 <sup>liè</sup> 强烈。刚直。烈士。
[旧属九屑]
先～功～丕～刚～惨～忠～
光～日～威～义～毒～丰～
英～奋～激～贞～酷～猛～
火～热～壮～剧～武～烈～
洪炉～性子～身名～骄阳～

## 鴷 <sup>liè</sup> 啄木鸟。

## 捩 <sup>liè</sup> 扭转。
[旧属九屑]
拗～扭～转～插～拔～撇～
批～凌风～

## 猎 <sup>liè</sup> 捕捉禽兽。
[旧属十六叶]

狩～田　耕～冬　驰～猎
晓～骑　搜～捕　追～渔
涉～打　射～出　游～偷
苑中～饥鹰～泉畔～

## 裂 liè 破而分开。
### [旧属九屑]

破～分　五～冻　地～车
瓜～脑　断～坼　割～轶
决～崩　名～绽　眦～龟
肝胆～擘霞～芭蕉～珠蕾～

## 趔 lliè 趔趄，脚步不稳。

## 躐 liè 超越。践踏。
### [旧属十六叶]

超～凌～僭～离～狎～

## 鱲 liè 桃花鱼。

## 鬣 liè 颈上长毛。
### [旧属十六叶]

马～刚～长～黑～扬～红
奋～劲～振～鱼～狗～飞
风生～奋鬐～鱼翻～

## 掠 lüè 掠夺。拷打。
### [旧属十药]

抢～侵～斜～劫～剽～扫
笞～杀～肆～纵～烧～奸
梳～抄～攻～拷～虏～暴

## 略 lüè 简单。计谋。夺取。
### [旧属十药]

史～事　要～才　兵～神
妙～浅　勇～文　疏～要
深～武　宏～英　胆～伟
大～雄　远～韬　战～策
经～方　详～侵　简～概
忽～粗　约～省　从～谋
商～七　智～计　权～攻
帝王～文武～纵横～济时
万全～辩谤～匡世～

## 锊 lüè 古重量单位，约六两。
### [旧属九屑]

三～

## 喻 lüè 啰喻，蒙语草场、村镇。

## 灭 miè 熄灭。淹没。灭亡。
### [旧属九屑]

明～自～不～烛～焚～吞
破～灰～名～星～歇～香
尘～影～幻～毁～泯～歼
磨～湮～堙～剪～扑～寂
消～灯～珍～漫～浇～绝
鲸鲵～人迹～痕不～阳精
熏炉～恶因～红颜～芳音
妖氛～萤光～万象～吹不
残晖～暮光～心未～

## 蔑 miè 小;轻。诬蔑。
### [旧属九屑]

轻～欺～垢～面～侮～陵
微～傲～污～

## 篾 miè 薄竹片。
### [旧属九屑]

竹～藤～细～荻～束～似
黄～翠～剖～白～青～连
象牙～红藤～三条～

## 蠛 miè 蠛蠓。
### [旧属九屑]

扑～

## 乜 niè 姓。

(另见平声 miē)

## 隉 niè 杌隉，不安定。
### [旧属九屑]

## 聂 niè 姓。
### [旧属十六叶]

昼～荆～荒～韩～

## 臬 niè 靶子。时标。法度。
### [旧属九屑]

时～圭～置～水～望～标
磨～司～闰～发无～

## 涅 niè 染黑。
### [旧属九屑]

刻～人～拂～石～渍～泥
处～在～缁～墨～墙～海
黑于～粉钿～

## 薜 niè 地薜,草药。

## 啮 niè 牙啃;咬。
### [旧属九屑]

蹄~ 蛇~ 有~ 啮~ 噬~ 嚼~
咀~ 互~ 暗~ 吏~ 吞~ 鼠~
剥~ 草~ 涛~ 浪~ 搏~ 侵~
苔痕~ 不细~ 金蟾~ 龙齿~
齿利~ 不善~ 怒冲~ 崩湍~

# 笶
niè 同'镊'。

# 嗫
niè 嗫嚅。

[旧属十六叶]

狐~ 伧~ 嚅~ 谤~ 群~ 喋~
儿女~ 口徒~ 白翁~

# 嶭
niè 嶻嶭，山高。

[旧属九屑]

峣~ 埅~

# 槷
niè 箭靶中心点。

# 镊
niè 镊子。夹。

[旧属十六叶]

镜~ 金~ 钗~ 华~ 数~ 休~
满~ 懒~ 羞~ 翠~ 新~ 揶~
钳~ 刀~ 发~ 愁里~ 无心~
白可~ 朝朝~

# 镍
niè 金属元素。

# 颞
niè 耳朵上方骨头。

# 臲
niè 臲卼，不安定。

[旧属九屑]

卼~

# 蹑
niè 放轻脚步。

[旧属十六叶]

跨~ 足~ 高~ 登~ 坐~ 腾~
蹈~ 寻~ 追~ 轻~ 行~ 侧~
飞步~ 按辔~ 人争~

# 孽
niè 邪恶。罪恶。

[旧属九屑]

作~ 罪~ 邪~ 灾~ 凶~ 残~
余~ 虚~ 度~ 思~ 冤~ 造~
妖~ 孤~

# 蘖
niè 分枝。

[旧属九屑]

萌~ 芽~ 枝~ 栽~ 尺~ 育~
纤~ 葩~ 夏~ 条~ 土~ 根~

三~ 花~ 秀~ 始生~ 枯城~
山头~

# 糵
niè 酿酒的曲。

[旧属九屑]

曲~ 酒~ 秫~ 米~ 诸~ 良~
槽~ 媒~

# 疟
nüè 疟疾。

[旧属十药]

秋~ 驱~ 多~ 患~ 山~ 辟~
逃~ 温~ 发~ 热~ 疗~ 祛~
驱~ 大~ 治~ 疠且~ 鬼行~

(另见十二萧 yào)

# 虐
nüè 残暴狠毒。灾害。

[旧属十药]

暴~ 乱~ 威~ 傲~ 邪~ 行~
淫~ 助~ 凶~ 桀~ 贪~ 狂~
骄~ 戕~ 惨~ 毒~ 诈~ 妖~
纵~ 政~ 恣~ 残~ 苛~ 酷~
旱~ 肆~ 凌~

# 鏾
piè 烧盐的锅。

# 撇
piè 平着扔。撇嘴。

[旧属九屑]

点~ 捺~ 一~ 两~ 波~ 剽~
目~ 飘~

(另见平声 piē)

# 嫳
piè 嫳屑，衣服飘动。

# 朅
qiè 去。勇武。

# 切
qiè 符合。贴近。急切。

[旧属九屑]

亲~ 殷~ 迫~ 恳~ 心~ 一~
反~ 警~ 韵~ 声~ 哀~ 极~
诚~ 倍~ 近~ 密~ 贴~ 激~
热~ 关~ 确~ 深~ 切~ 真~
悲~ 情~ 痛~ 凄~ 剀~ 思~
金闺~ 肝胆~ 悲风~ 闺心~
相和~ 思归~ 求理~ 留客~
争意~ 归心~ 钟情~ 求贤~
依人~ 莺语~ 称说~

(另见平声 qiè)

# 妾
qiè 小老婆。

[旧属十六叶]

妻～小～贱～为～侍～爱～
有～娶～携～艳～

**怯** qiè 胆小;害怕。[旧属十七洽]
畏～心～懦～胆～勇～鼠～
露～弱～威～性～退～惊～
自～孤～梦～情更～书生
勇若～老何～小敌～空房～

**砌** qiè 砌末,简单布景道具。[旧属八霁]
（另见八齐 qì）

**窃** qiè 偷。[旧属九屑]
行～草～剽～贫～邻～盗～
偷～小～鼠～憎～

**挈** qiè 举;提。挈带;带领。[旧属九屑]
提～携～割～掎～挈～均～
分～扶～一～一人～名卿～
瓶争～致则～

**惬** qiè 满足。[旧属十六叶]
颇～更～内～应～欢～目～
意～心～未～心志～百事～
五色～谁能～终身～野情～

**锲** qiè 雕刻。[旧属九屑]
湍～钩～（镰刀）

**箧** qiè 小箱子。[旧属十六叶]
书～藤～行～筐～开～石～
衣～笼～画～宝～诗～香～
尘～轻～箱～竹～玉～盈～
珠玑～相思～书留～

**却** què 后退。推辞。去;掉。[旧属十药]
退～推～难～冷～失～辞～
了～除～抛～减～小～改～
屡～忘～前～半途～缩颈～
万夫～

**埆** què 土地不肥沃。[旧属三觉]
寒～土～疏～俭～财～丰～
荦～埆～坑～瘠～情田～

**悫** què 诚实。[旧属三觉]
致～端～抱～粹～尽～民～
情～谦～坚～贞～愚～忠～
严～静～愿～真～敦～容～
洁～恳～谨～诚～质～纯～

**雀** què 鸟类的一科。[旧属十药]
麻～黄～燕～孔～捕～冻～
云～铜～田～雏～百～斗～
罗～朱～鹳～空仓～枝上～
群飞～
（另见十二萧 qiāo;qiǎo）

**确** què 符合事实。坚固。[旧属三觉]
正～商～意～坚～明～的～
志～准～精～详～

**阕** què 终了。[旧属九屑]
乐～歌～心～后～一～曲～
宴～新～雨～繁肴～催妆～
雅奏～金管～留春～礼乐～

**鹊** què 喜鹊。[旧属十药]
枝～乌～灵～林～夜～双～
扁～鹊～鸟～飞～衔～惊～
金～神～巢～宣～玉～山～
月下～填河～云间～枝头～

**碏** què 用于人名。[旧属十药]
石～滔～许～

**阙** què 帝王住所。陵墓石雕。[旧属六月]
宫～城～天～伏～金～银～
云～华～玉～魏～石～楼～
双凤～芙蓉～月晕～
（另见平声 què）

**榷** què 专卖。商讨。[旧属三觉]
商～征～税～茶～酒～扬～
研～禁～辜～掌～

**帖** tiē 请帖。小纸条。[旧属十六叶]
柬～庚～换～一～春～单～

门～名～喜～揭～寿～送～
往来～慰问～春端～生日～
（另见 tiě；平声 tiē）

**铁** tiě 刀枪。坚硬。
[旧属九屑]

钢～如～冰～浴～盐～寒～
打～冻～磁～熟～寸～生～
烙～炼～截～心～削～顽～
铸～吸～点～坚如～三尺～
眼中～锁江～万寻～

**帖** tiè 碑帖。
[旧属十六叶]

法～字～画～墨～古～书～
晋～摹～临～赏～换～拜～
习字～隶书～兰亭～平章～
（另见 tiě；平声 tiē）

**餮** tiè 贪食。
[旧属九屑]

饕～贪～蟾～不为～

**血** xiě 义同'血'(xuè)。
[旧属九屑]

（另见 xuè）

**泄** xiè 泄露。发泄。
[旧属九屑]

宣～导～排～外～水～漏～
上～倾～言～语～分～寒～
云～导～怒～防～雨～杜～
不可～怒于～生意～

**绁** xiè 绳索。捆；拴。
[旧属九屑]

羁～系～衔～执～终～放～
穷～受～巧～来～拘～解～
彩～缧～掣～断两～纵余～
犬伏～

**契** xiè 人名。舜的臣。
[旧属九屑]

禹～稷～郊～祖～殷～生～
使～夔～一～
（另见八齐 qì）

**卨** xiè 用于人名。

万俟～（宋人名）

**屑** xiè 碎末。琐碎。
[旧属九屑]

玉～铁～冰～锯～香～豆～
取～金～炭～桂～芥～珠～
蠹～落～琐～沉～碎～细～
轻～木～不～

**亵** xiè 轻慢。淫秽。
[旧属九屑]

猥～轻～慢～狎～燕～私～

**渫** xiè 除去。泄；疏通。
[旧属九屑]

井～大～浚～越～奥～决～
潜～开～汲～清～欢未～

**屧** xiè 木板拖鞋。
[旧属十六叶]

木～研～宝～倒～著～梵～
移～绣～遗～散～鸣～脱～
响～步～画～穿～轻～脆～
抱木～生帛～随花～

**媟** xiè 狎；轻慢。
[旧属九屑]

狎～宴～戏～交～酣～淫～
慢～鄙～莫能～鱼罬～

**楔** xiè 楔石，矿物。

**猲** xiè 短嘴狗。
[旧属六月]

獢～
（另见十四歌 hè）

**燮** xiè 调和。
[旧属十六叶]

调～和～参～不～弘～方～
难～天～士～远～玉钩～

**躞** xiè 蹀躞，徘徊。
[旧属十六叶]

**鳕** xuě 大头鱼。

**雪** xuě 雪花。雪耻。
[旧属九屑]

雨～风～白～飞～皓～耻～
封～冬～松～降～晴～披～
吠～如～凝～齿～春～踏～
带～卷～夜～鬓～腊～飘～
煮～履～初～曙～窗～梅～
萤～傲～剪～扫～舞～酿～

霜～　冰～　喜～　瑞～　残～　香～
下～　快～　堆～　立～　踏～　积～
冒～　咏～　映～　沃～　洗～　昭～
鹅毛～　千里～　程门～　万家～
江南～　六月～　香腮～　暴风～
寒江～

## 血 xuè 血液。血性。
[旧属九屑]

热～　碧～　饮～　流～　含～　颈～
吮～　喷～　啼～　滴～　茹～　喋～
溅～　铁～　泣～　荐～　沥～　污～
浴～　洒～　呕～　出～　放～　见～
千秋～　一腔～　城门～　鞭头～
烈士～　沾襟～　杜鹃～　战地～
（另见 xiě）

## 谑 xuè 开玩笑。
[旧属十药]

戏～　浪～　谐～　雅～　笑～　相～
酣～　言～　欢～　善～　诃～　嘲～
调～　嬉～

## 业 yè 行业。职业。事业。
[旧属十七洽]

学～　大～　基～　林～　各～　就～
转～　创～　功～　家～　居～　乐～
祖～　兴～　父～　遗～　立～　先～
拓～　开～　劝～　产～　同～　失～
渔～　本～　工～　农～　肆～　毕～
正～　作～　专～　勋～　结～　守～
受～　企～　别～　副～　建～　敬～
畜牧～　饮食～　百年～　平生～
桑麻～　子孙～　宏图～　盖世～

## 叶 yè 叶子。时期分段。
[旧属十六叶]

柳～　莲～　翠～　木～　竹～　玉～
桃～　败～　兰～　桑～　枯～　末～
百～　中～　秋～　花～　荷～　嫩～
芦～　榆～　林～　穿～　露～　题～
吹～　诗～　似～　寒～　枝～　蕉～
枫～　落～　扫～　贝～　残～　黄～
霜～　红～　千～　一～　楮～　奕～
舟如～　蝉翳～　田田～　鱼戏～
梧桐～　桑柘～　穿窗～　身如～
（另见平声 xié）

## 页 yè 页码。

扉～　活～　册～　篇～　卷～　白～
缺～　翻～　夹～　折～

## 邺 yè 古地名，今河南安阳。
[旧属十六叶]

完～　治～　围～　拔～　建～

## 咽 yè 声音受阻而低沉。
[旧属九屑]

鸣～　凄～　哽～　气～　蝉～声～
填～　含～　哀～　怨～　幽～　掩～
委～　萦～　管～　哑～　断～　冻～
啼～　娇～　咽～　呦～　清～　悲～
流泉～　风啸～　黄河～　蝉声～
（另见十一先 yān；yàn）

## 晔 yè 光。
[旧属十六叶]

晔～　炳～　夏～　荧～　炜～　光～
赫～　火～　华～　红颜～　曜云～
天地～

## 烨 yè 火光；日光。光盛。
[旧属十六叶]

烨～　炜～　焜～

## 掖 yè 扶助。提拔。
[旧属十一陌]

扶～　奖～　臂～　拄～　提～　振～
左～　右～　弯～　逢～　鸣凤～
（另见 yē）

## 液 yè 液体。
[旧属十一陌]

血～　溶～　汁～　金～　玉～　丹～
滋～　灵～　便～　淫～　精～　凤～
津～　仙～　飞～　泉～　芳～　露～
香～　清～　吐～　咽～　碧～　浆～

## 谒 yè 谒见。
[旧属六月]

请～　受～　迎～　私～　书～　内～
礼～　先～　往～　荐～　求～　辞～
省～　再～　参～　躬～　前～　奉～
进～　拜～　面～　告～　干～　造～

## 腋 yè 腋窝。
[旧属十一陌]

狐～　肘～　左～　两～　肩～　一～
薄～　解～　风～　山～　鼓～　胸～

## 馌 yè 往田野送饭。
[旧属十六叶]

妻～ 农～ 晨～ 春～ 行～ 南～
亩～ 忘～ 相～ 妇子～ 东田～

## 靥
yè 酒窝。
[旧属十六叶]

笑～ 桃～ 杏～ 秀～ 双～ 酒
娇～ 金～ 团～ 两～ 欢～ 浅
小～ 开～ 靥 媚～ 圆～ 微
凤～ 榴～ 颐～ 钿～ 妇～ 清
花近～ 宫人～ 佳人～

## 月
yuè 月亮。月份。
[旧属六月]

日～ 赏～ 如～ 偃～ 星～ 水～
步～ 弄～ 咏～ 喘～ 胧～ 海～
澹～ 玩～ 捉～ 晓～ 山～ 霜～
云～ 汉～ 边～ 斜～ 弦～ 宵～
凉～ 华～ 花～ 桂～ 泛～ 醉～
浸～ 抹～ 春～ 夜～ 映～ 印～
吟～ 伴～ 林～ 窗～ 帘～ 倚～
低～ 曙～ 松～ 裁～ 江～ 邀～
对～ 朗～ 圆～ 奔～ 吐～ 古～
蔽～ 望～ 素～ 腊～ 揽～ 秋～
满～ 累～ 烟～ 风～ 眉～ 年～
岁～ 正～ 新～ 皓～ 璧～ 残～
一轮～ 瑶台～ 青楼～ 孤城～
千里～ 天上～ 池上～ 芦洲～
花柳～ 半床～ 千家～ 团团～
纤纤～ 娟娟～ 夜涛～ 溪亭～
尊前～ 坟上～ 舟中～ 潇湘～

## 乐
yuè 乐曲。
[旧属三觉]

音～ 典～ 古～ 笙～ 配～ 宾～
梵～ 国～ 队～ 清～ 新～ 吹～
妓～ 乡～ 习～ 盛～ 凯～ 诗～
偃～ 声～ 器～ 鼓～ 弦～ 管～
奏～ 雅～ 军～ 作～ 礼～ 仙～
清平～ 民族～ 交响～ 靡靡～
风似～ 丝竹～ 钟磬～ 龙池～
钧天～ 云韶～ 承天～ 鼓吹～
四时～ 夜半～ 异方～ 清商～
天籁～ 摇滚～ 交响～
(另见十四歌 lè)

## 刖
yuè 古代断足的酷刑。
[旧属六月八黠]

补～ 剕～ 髡～ 黥～ 断～ 悲～
残～ 冤～ 足～ 双～ 遭～ 阍～
楚王～ 孙膑～ 未尝～

## 軏
yuè 车辕上的关键。
[旧属六月]

輗～ 无～ 日～ 断～

## 抈
yuè 动摇。折断。
[旧属六月]

不可～ 其衡～

## 玥
yuè 传说中的神珠。

## 岳
yuè 高大的山。
[旧属三觉]

泰～ 秋～ 五～ 山～ 海～ 渊～
方～ 东～ 河～ 叔～ 丘～ 云～
朝阳～ 千尺～ 云开～

## 栎
yuè 栎阳，陕西地名。
[旧属十二锡]
(另见八齐 lì)

## 钥
yuè 钥匙。
[旧属十药]

锁～ 门～ 金～ 启～ 投～ 开～
下～ 双～ 掌～ 缄～ 印～ 天～
库～ 携～ 放～ 执～ 枢～ 谨～
幽～ 严～ 银～ 宵～ 囊～ 铜～
牡～ 灵～ 杜～ 扃～ 秘～ 关～
金汤～ 金柜～ 葳蕤～
(另见十二萧 yào)

## 说
yuè 同'悦'。
[旧属九屑八霁]
(另见五微 shuì；十五波 shuō)

## 钺
yuè 像板斧的兵器。
[旧属六月]

斧～ 杖～ 铁～ 执～ 大～ 金～
操～ 节～ 秉～ 麾～ 天～ 提～
兵～ 钲～ 奋～ 将军～ 桥公～

## 阅
yuè 阅读。检阅。经历。
[旧属九屑]

披～ 批～ 察～ 简～ 校～ 审～
订～ 翻～ 静～ 细～ 泛～ 熟～
坐～ 涉～ 多～ 探～ 精～ 临～
亲～ 按～ 查～ 市～ 数～ 参～
躬不～ 楠直～ 北窗～

## 悦
yuè 高兴；愉快。
[旧属九屑]

愉～ 喜～ 不～ 民～ 相～ 欢～
目～ 耳～ 取～ 慕～ 欣～ 心～

和～　怡～　近～　酗～　敦～　爱～
天下～　闻风～　鱼鸟～　听音～
儿女～　群生～

**跃** yuè 跳。

[旧属十药]

踊～　跳～　雀～　鱼～　激～　清～
金～　龙～　凫～　凤～　鸣～　高～
泉～　坐～　惊～　鹤～　潜～　欣～
思～　耸～　舞～　虎～　喷～　驰～
回～　活～　腾～　一～　欢～　飞～
奋～　升～　跃～　龙驹～　水中～
灵鳗～

**越** yuè 跨过。超出。昂扬。

[旧属六月七曷]

吴～　陵～　僭～　跨～　凌～　奔～
攀～　逾～　激～　横～　秦～　超～
清～　百～　优～　卓～　飞～　腾～
从头～

**粤** yuè 指广东、广西。

[旧属六月]

两～　闽～　南～　楚～　东～　瓯～
桂～　滇～　百～

**鸑鸶** yuè 水鸟。

[旧属三觉]

鸾～　紫～　麟～　雌～　鸣～　瑞～

**樾** yuè 林阴。

[旧属六月]

清～　街～　蒙～　庭～　道～　林～
修～　榛～　深～　岩～　依～　桧～
翠～　青～　双～　丛～　茂～　荫～

**龠** yuè 乐器。

[旧属十药十六叶]

管～　吹～　舞～　笙～　执～　羽～
苇～　鼓～　鸣～　籁～　清～　哀～
春～　喧～　踏～　投其～　十二～

**黦** yuè 黄黑色。

[旧属五物]

败～　红袖～

**瀹** yuè 煮。疏通河道。

煎～　细～

**爚** yuè 火光。

[旧属十药]

融～　煜～　爚～　暮～　灼～

# 十四歌

## 平　声

**车** chē 车辆。
[旧属六鱼六麻]
轿~ 公~ 私~ 出~ 乘~ 破~
飞~ 缆~ 吊~ 骑~ 囚~ 警~
行~ 买~ 租~ 跳~ 舟~ 灵~
单~ 撞~ 小~ 前~ 快~ 拖~
战~ 汽~ 马~ 水~ 火~ 停~
驻~ 回~ 风~ 纺~ 列~ 客~
专~ 兵~ 赶~ 倒~ 驱~ 卡~
大~ 翻~ 试~ 通~ 煞~ 开~
同~ 登~ 赛~ 自备~ 自行~
三轮~ 独轮~ 出无~ 雨随~
救火~ 大篷~ 末班~
（另见六鱼 jū）

**伡** chē 大伡，火车司机。

**砗** chē 砗磲，软体动物。
[旧属六麻]

**阿** ē 迎合。偏袒。丘陵。
[旧属五歌]
崇~ 曲~ 丘~ 偏~ 太~ 东~
中~ 阳~ 岩~ 依~ 纤~ 庭~
涧~ 山~ 不~ 无所~ 燕然~
（另见九佳 ā；·ɑ）

**婀** ē 婀娜，同'娿娜'。

**屙** ē 排泄。屙屎。屙痢。

**娿** ē 婀娿，不决貌。

**婀** ē 婀娜，柔美。

**疴** ē 病。
[旧属五歌]

**讹** é 错误。讹诈。
[旧属五歌]
传~ 正~ 辨~ 乖~ 凶~ 舛~
奸~ 妖~ 欺~ 疑~ 校~ 语~
浮~ 文~ 缺~ 究~ 音~ 无~
深察~ 隐乃~ 风什~

**吪** é 行动。教化。

**囮** é 囮子，捕鸟器具。
[旧属五歌]

**俄** é 突然间。
[旧属五歌]
昂~ 傀~ 侧弁~

**莪** é 草本植物。
[旧属五歌]
蓼~ 蒿~ 青~ 匪~ 章~

**哦** é 吟咏。
[旧属五歌]
吟~ 长~ 醉~ 自~ 幽~ 休~
口~ 独~ 微~ 松间~ 饮且~
七字~ 稚子~ 客里~ 短褐~
临风~ 取诗~ 陈编~
（另见十五波 ó；ò）

**峨** é 高。
[旧属五歌]
巍~ 嵯~ 岌~ 崎~ 峨~

**涐** é 水名，今大渡河。

**娥** é 美女。
[旧属五歌]
嫦~ 娇~ 素~ 仙~ 奔~ 月~
嫔~ 孝~ 笑~ 舞~ 玉~ 丽~
宫~ 青~ 翠~ 忆秦~

目~ 耳~ 百~ 婴~ 妖~ 深~
养~ 枕~ 微~ 旧~ 卧~ 积~
衰~ 疲~ 烦~ 春卿~ 不宁~

睋 é 看。突然；不久。
[旧属五歌]

鹅 é 家禽。
[旧属五歌]
白~　换~　笼~　斗~　野~　家~
生~　惊~　玉~　黑~　春~　戏~
睡~　雁~　闻~　红~　牧~　企~
爱~　天~　素~　右军~　舞日~
长生~　鹰化~　泛渚~　养群~

蛾 é 蛾子。
[旧属五歌]
飞~　长~　白~　蚕~　夜~　霜~
化~　火~　闹~　秋~　黛~　青~
敛~　烛~　绿~　玉~　弯~　翠~
双~　修~　粉~　扑灯~　茧生~
五色~　花间~　月似~　出茧~

戈 gē 古代兵器。
[旧属五歌]
干~　执~　兵~　吴~　洗~　偃~
奋~　枕~　止~　金~　雕~　操~
横~　荷~　息~　倒~　投~　挥~
后殿~　船下~　枕寒~

哥 gē 哥哥。男子尊称。
[旧属五歌]
大~　小~　阿~　老~　鹦~　送~
帅~　金~　款~　情~　八~　兵~
同志~

歌 gē 歌曲。歌唱。
[旧属五歌]
诗~　民~　凯~　国~　啸~　善~
巷~　同~　春~　琴~　艳~　情~
仙~　茶~　晨~　赛~　唱~　弦~
离~　浩~　九~　挽~　夯~　悲~
讴~　酣~　欢~　颂~　吴~　载~
长~　笙~　秧~　樵~　棹~　牧~
高~　踏~　山~　楚~　渔~　放~
新~　当~　儿~　高~　劲~　狂~
大风~　谱新~　击壤~　遏云~
百年~　同声~　长恨~　艳阳~
一串~　校园~　遍地~　国际~
采莲~　子夜~　绕梁~　胜利~

讴 gē 同'歌'。

呵 hē 呼气；哈气。呵斥。
[旧属五歌]
嘘~　怒~　诋~　谴~　讥~　叱~
轻~　嗔~　鞭~　受~　愤~　嘲~
冻笔~　笑呵~　厉声~　鬼神~
师所~　莫敢~　泥人~　一笑~
(另见 kē)

诃 hē 诃子，藏青果。
[旧属五歌]

嗬 hē 叹词。

禾 hé 禾苗。
[旧属五歌]
麦~　秋~　田~　偃~　嘉~　伤~
黍~　农~　锄~　珍~　青~　堆~
践~　莠~　打~　刈~　旱~　瑞~
九穗~　处处~　承露~

何 hé 什么。
[旧属五歌]
缘~　复~　如~　若~　任~　奈~
一~　为~　因~　云~　谁~　无~
几~　伊~　萧~　可奈~

诃 hé 和谐，多用于人名。

和 hé 和谐。和缓。
[旧属五歌]
温~　谦~　谐~　调~　协~　咸~
至~　仁~　内~　求~　安~　雍~
淳~　悦~　性~　绥~　共~　讲~
民~　缓~　议~　晴~　柔~　阳~
人~　春~　平~　随~　气~　祥~
中~　风~　清~　饱~　融~　谈~
天地~　阴阳~　上下~　长幼~
左右~　律吕~　将相~　遇下~
情性~　气象~　景物~　笑语~
(另见仄声 hè；七无 hú；十五波
huó,huò)

河 hé 河流。
[旧属五歌]
山~　江~　长~　黄~　关~　银~
涉~　泪~　先~　大~　引~　界~
沙~　跨~　过~　隔~　盈~　九~
爱~　淮~　开~　治~　内~　渡~
临~　星~　拔~　悬~　冰~　天~
大运~　清水~　护城~　写成~
鼠饮~　大渡~　鹊填~　挽天~

**荷** hé 荷花。
[旧属五歌]

风～新～圆～残～冰～裂～
春～擎～莲～红～霜～翠～
凉～水～秋～露～碧～雨～
枯～香～嫩～小～泪～赏～
败～芰～池～绿～采～翻～
半卷～十里～一池～雨打～
贴水～飔飔～

（另见仄声 hè）

**盉** hé 温酒器具。

**菏** hé 菏泽,地名。
[旧属五歌]

**吼** kē 吼齁,同‘坷垃’。

**坷** kē 坷垃,土块。
[旧属二十哿]

困～山径～

（另见仄声 kě）

**苛** kē 苛刻。烦琐。
[旧属五歌]

烦～除～不～忍～法～性～
深～贪～太～细～暴～吏～
残～语～严～刑政～礼教～

**匼** kē 头巾。

**呵** kē 呵叻,泰国地名。
[旧属五歌]

（另见 hē）

**珂** kē 像玉的石头。
[旧属五歌]

鸣～佩～玉～瑶～连～停～

**柯** kē 枝茎。斧柄。
[旧属五歌]

斧～枝～霜～寒～空～芳～
琼～并～柔～垂～绿～枯～
玉～残～叶～伐～润～庭～
虬～南～繁～交～烂～执～
雨露～桂树～古木～簇锦～
玉仙～连理～百尺～

**轲** kē 用于人名。
[旧属五歌]

辕～孟～丘～尼～荆～

（另见仄声 kě）

**科** kē 学科。法律条文。
[旧属五歌]

文～百～高～理～开～坐～
出～外～内～应～新～严～
定～杂～礼～末～首～前～
插～盈～金～犯～分～设～
殊～同～专～甲～登～妇～
不同～劳资～刑侦～小儿～

**牁** kē 牂牁,古郡名。
[旧属五歌]

**砢** kē 砢磋,寒磋。
[旧属二十哿]

叠～磊～砢～

**疴** kē 病。
[旧属五歌]

沉～养～目～耳～百～婴～
妖～旧～微～卧～衰～疲～
怀～烦～疢～抱～痊～疗～
积～负～重～口舌～心腹～

**棵** kē 植物量词。

一～几～松万～

**颏** kē 脸的最下部分。
[旧属十灰十贿]

下～承～双～下巴～

（另见 ké）

**稞** kē 稞麦。

青～麦～

**窠** kē 鸟兽昆虫的窝。
[旧属五歌]

蜂～旧～鸟～擘～狗～做～
鹊～泥～凤～燕～花～巢～
择～争～同～鸟护～鹊营～
黄金～春满～两三～海棠～

**颗** kē 颗粒。
[旧属二十哿]

一～万～蒜～砂～红～脑～
玉～金～半～残～豆～露～
圆～碎～星～莲～粟～汗～
垂～枯～蓬～珠～樱～颗～
夜光～丁香～掌中～

**蝌** kē 蝌蚪。
[旧属五歌]
隶与~

**髁** kē 突骨。
[旧属二十一马]
没~断~溪~两~

**咳** ké 咳嗽。
[旧属十灰]
止~痰~喘~奇~
（另见十开 hāi）

**揩** ké 卡住。刁难。

**颏** ké 用于鸟名。
[旧属十灰十贿]
红点~蓝点~
（另见 kē）

**么** ·me 后缀。
[旧属五歌二十哿]
这~那~怎~

**哪** né 哪吒，神话人物。
（另见九佳 nǎ；·na）

**奢** shē 奢侈。过分的。
[旧属六麻]
骄~豪~穷~示~矜~国~
夸~饶~性~纵~卑~俭~
娇~革~尚~丰~防~禁~
愧~戒~好~繁~春色~

**赊** shē 赊欠。
[旧属六麻]
再~路~宽~交~漏~望~
年~贷~犹~岁月~定无~
何处~百倍~不可~万里~
世情~雨露~

**猞** shē 猞猁。

**畲** shē 畲族。

**畬** shē 烧耕。
[旧属六麻]
斫~烧~山~石~秋~畬~
雨余~白芒~
（另见六鱼 yú）

**佘** shé 姓。
[旧属六麻]

**蛇** shé
[旧属六麻]
龙~梦~龟~斗~群~斩~
水~大~白~青~惊~捕~
睡~虺~鱼~食~断~悬~
吐~盘~心~路~走~弓~
僵~化~蝮~杯~蟒~长~
银~毒~金~画足~杯中~
两头~眼镜~蜕骨~美女~
形若~虎与~常山~
（另见八齐 yí）

**阇** shé 阇梨，高僧。
[旧属六麻]
罗~浮~阿~高~阿梨~
（另见七无 dū）

**嗻** zhē 咋嗻，厉害。
（另见仄声 zhè）

**遮** zhē 拦住。掩盖。
[旧属六麻]
拦~周~蔽~相~竹~山~
强~难~柳~苔~裙~手~
帘~西~屏~横~低~无~
羞~蒙~扇~云~密~半~
望眼~苏幕~粉壁~谁能~
翠幕~绿篁~殷袖~四面~
荷叶~乌帽~瘴雾~浪花~
黑风~兵卫~红帐~绿树~

## 旧读入声

**嘚** dē 嘚嘚，马蹄声。
（另见五微 dēi）

**得** dé 得到。得意。
[旧属十三职]
取~焉~自~做~不~了~
喜~相~巧~赢~独~争~
拾~忆~借~攀~欲~闻~
觅~获~求~难~多~乐~
值~戒~贪~落~消~安~
心~料~必~记~晓~一~

理～免～留～两～换～得～
难再～闲中～一笑～何所～
如可～谁做～毋苟～
（另见 ·de；五微 děi）

**锝** dé 人工合成的元素。

**德** dé 德行。心意。恩惠。
[旧属十三职]

道～品～育～俭～积～慎～
敬～怀～失～阴～尚～妇～
立～嘉～凤～悖～载～武～
歌～守～淑～养～败～媛～
修～贤～孝～功～师～重～
威～盛～大～恩～公～私～
缺～颂～美～树～令～硕～
馨香～ 君子～ 无私～

**额** é 额头。牌匾。额数。
[旧属十一陌]

眉～ 蹙～ 匾～ 横～ 总～ 点～
扣～ 方～ 丰～ 妆～ 虚～ 巨～
诗～ 碑～ 榜～ 定～ 破～ 余～
空～ 差～ 题～ 名～ 数～ 超～
红抹～ 当山～ 汗收～

**仡** gē 仡佬族。
[旧属五物]
（另见八齐 yì）

**纥** gē 纥绖,同'疙瘩'。
[旧属六月]
（另见 hé）

**格** gē 格格,笑声。
[旧属十药十一陌]
（另见 gé）

**鸽** gē 鸽子。
[旧属十五合]

白～ 信～ 凤～ 鸠～ 雀～ 菜～
笼～ 家～ 野～ 养～ 救～ 飞～
遗～ 放～ 脱～ 乳～ 群～ 花～
晴～ 驯～ 鹦～ 轻～ 化～ 函～
和平～ 书系～ 窗中～ 檐睡～

**搁** gē 搁置。

耽～ 停～ 延～ 浅～ 架～ 笔～
（另见 gé）

**割** gē 割断。舍弃。
[旧属七曷]

收～ 分～ 交～ 宰～ 降～ 祖～
裁～ 剖～ 剐～ 封～ 自～ 手～
切～ 颈～ 弃～ 争～ 生～ 缕～
烹～ 阉～ 侵～ 碎～ 绳～ 刀～
牛刀～ 柔肠～ 麦初～ 忍痛～

**圪** gē 圪垯,同'疙瘩'。

**屹** gē 小土丘。
[旧属五物]
昂～ 屹～ 双岩～

**疙** gē 疙瘩。

**咯** gē 咯噔。咯咯。咯吱。
（另见九佳 kǎ；十五波 ·lo,luò）

**饹** gē 饹馇,一种食品。
（另见厌声 ·le）

**胳** gē 胳臂；胳膊。
（另见 gé；九佳 gā）

**袼** gē 袼褙,用来制布鞋。

**苳** gé 苳葱,茎叶可食。

**胳** gé 胳肢,呼痒。
（另见 gē；九佳 gā）

**革** gé 兽皮。改变。开除。
[旧属十一陌]

羊～ 犀～ 制～ 坚～ 缝～ 柔～
穿～ 改～ 变～ 沿～ 因～ 兵～
兴～ 鼎～ 皮～ 金～ 马～
（另见八齐 jí）

**阁** gé 小门。
[旧属十五合]

闺～ 东～ 闭～ 入～ 迎～ 出～
叩～ 门～ 内～ 妆～ 深～ 兰～
宣～ 芸～ 书～ 花～ 凤～ 燕～
清香～ 池上～ 飞花～

**阁** gé 楼阁。闺阁。内阁。
[旧属十药]
台~　馆~　幔~　绮~　高~　小~
香~　殿~　水~　华~　掩~　轩~
亭~　幽~　秋~　翠~　城~　晴~
绣~　层~　暖~　飞~　画~　东~
组~　深~　芸~　空~　凤~　雕~
云~　松~　穿~　凌烟~　临春~
三层~　文昌~　月沉~　滕王~
束高~　天一~

**格** gé 格式。品质。推究。
[旧属十一陌十药]
风~　规~　性~　骨~　严~　升~
及~　空~　棋~　谜~　离~　诗~
人~　体~　品~　合~　高~　国~
表~　方~　一~　资~　降~　定~
别~　变~　旧~　窗~　标~　格~
正~　破~　出~　风流~　卷帘~
（另见 gē）

**鬲** gé 鬲津，水名。
[旧属十一陌]
胶~（人名）
（另见八齐 lì）

**葛** gé 葛麻。纺织品。
[旧属七曷]
瓜~　诸~　衣~　蔓~　藤~　胶~
种~　白~　攀~　介~　采~　裘~
纠~　细~　采~　冬披~　新罗~
杜陵~
（另见仄声 gě）

**搁** gé 禁受，搁不住。
（另见 gē）

**蛤** gé 蛤蜊。
[旧属十五合]
蚌~　文~　螺~　魁~　青~　蜃~
蚶~　海~　食~　盘中~　燕为~
紫唇~

**颌** gé 口。

**隔** gé 遮断。间隔。距离。
[旧属十一陌]
分~　离~　篱~　壤~　水~　杜~
心~　情~　山~　日~　雾~　窗~
旷~　远~　中~　阻~　地~　乖~
疏~　永~　离~　悬~　事~　岁~
音书~　尘嚣~　千里~　沧海~
贵贱~　九重~　两相~　浮云~
生死~　天地~　尘梦~　烟雨~

**嗝** gé 饱食出气声，打嗝。

**漍** gé 漍湖，江苏湖名。

**槅** gé 带窗格子的隔扇。
窗~

**膈** gé 胸腔内的膈膜。
[旧属十一陌]
胸~　拊~　针~　滞~　襟~　内~
焦~　喉~　肝~　横~　栖于~
（另见仄声 gě）

**骼** gé 骨架。
[旧属十一陌]
骨~　骸~　枯~　龙~　掩~　筋~

**镉** gé 金属元素。镀镉。

**輵** gé 輵辖，交错。

**喝** hē 饮。
[旧属七曷]
吃~　快~　不~　难~　未~　狂~
（另见仄声 hè）

**合** hé 合拢。合伙。
[旧属十五合]
相~　配~　结~　不~　意~　吻~
情~　开~　野~　暗~　谋~　揽~
夜~　混~　百~　投~　凑~　迎~
六~　交~　和~　适~　联~　乌~
纠~　会~　闭~　聚~　离~　道~
撮~　璧~　回~　切~　契~　寡~
组~　综~　符~　分~　苟~　融~
貌~　场~　巧~　糅~　说~　集~
总~　汇~　作~　瓦~　磨~　整~
天地~　意气~　丝管~　心事~
雌雄~　莫与~　风云~　形神~
（另见仄声 gě）

**纥** hé
[旧属六月]

回~纥~臧~

(另见 gē)

**郃** hé 郃阳,今陕西合阳。

**劾** hé 揭发罪状。

[旧属十三职]

弹~ 重~ 自~ 被~ 阴~ 抨~
免~ 举~ 告~ 投~

**曷** hé 怎么。何时。

[旧属七曷]

**饸** hé 饸饹。

**阂** hé 阻隔不通。

隔~ 塞~

**盍** hé 何不。覆。合。

[旧属十五合]

朋~ 簪~ 坐~ 坤为~

**核** hé 果核。核对。真实。

[旧属十一陌]

桃~ 枣~ 杏~ 遗~ 考~ 审~
残~ 吐~ 细~ 精~ 详~ 明~
校~ 察~ 稽~ 综~ 复~ 钻~
原子~ 细胞~ 枇杷~

(另见七无 hú)

**龁** hé 咬。

[旧属六月九屑]

龃~ 狗~ 俯~ 胡~ 随~ 寝~
纵~ 虫~ 啄~ 马~

**盒** hé 盒子。

礼~ 铁~ 纸~ 空~ 食~ 果~
粉~ 提~ 墨~ 奁~ 魔~ 外~

**涸** hé 干涸。

[旧属十药]

枯~ 泉~ 润~ 不~ 流~ 海~
竭~ 川~ 燥~ 池~ 凝~ 渊~
津~ 穷~ 水~ 沙囊~ 江流~
文思~ 沟浍~

**颌** hé 口腔上下部。

上~ 下~

(另见 gé)

**貉** hé 狸。

[旧属十药]

狐~ 于~ 睡~ 搏~ 九~ 厥~
虫~ 白~ 豻~ 绘~ 丘~

(另见十二萧 háo)

**阖** hé 门扇。关闭。

[旧属十五合]

开~ 阗~ 闭~ 捭~ 门~ 户~
左~ 城~ 洞~ 扉~ 扣~ 掩~
遇风~ 不须~ 目不~

**鹖** hé 鸟名。

[旧属七曷]

雕~ 戴~ 鸨~ 翘~ 鸡~ 双~
多~ 珥~ 带~ 似~ 春~ 两~

**翮** hé 鸟翅。

[旧属十一陌]

羽~ 飞~ 落~ 大~ 鸿~ 凤~
云~ 如~ 拂~ 舞~ 矫~ 鹰~
锦~ 折~ 健~ 劲~ 倦~ 举~
振~ 六~ 鹏~ 奋~ 舒~ 敛~
冲天~ 扶摇~ 雨濡~ 出林~
垂天~ 避风~

**鞨** hé 靺鞨,东北方民族。

[旧属七曷]

**嗑** kē 唠嗑,闲谈。

[旧属十五合]

(另见厌声 kè)

**榼** kē 盛酒器具。

[旧属十五合]

执~ 壶~ 取~ 酒~ 倾~ 金~
银~ 小~ 玉~ 芳~ 春~ 百~
溢~ 捧~ 饮~ 玛瑙~ 鸳鸯~

**匼** kē 头巾。

**磕** kē 磕打。

[旧属十五合]

撞~ 碰~

**瞌** kē 瞌睡,瞌眈。

**壳** ké 义同'壳'(qiào)。

脱~ 果~ 躯~ 带~ 去~ 空~
外~ 借~ 蚌~ 甲~ 螺~ 硬~

金属 ~ 乌龟 ~
（另见十二萧 qiào）

**搕** ké 卡住。刁难。

**肋** lē 肋赋,衣服不整洁。
[旧属十三职]
（另见五微 lèi）

**嘞** lē 嘞嘞,唠叨。
（另见五微 ·lei）

**舌** shé 舌头。
[旧属九屑]
喉~ 口~ 百~ 反~ 心~ 吞~
笔~ 利~ 磨~ 巧~ 毒~ 鹦~
嚅~ 辩~ 火~ 咬~ 学~ 吐~
摇~ 唇~ 长~ 鼓~ 雀~ 卷~
三寸~ 如簧~ 不烂~ 广长~

**折** shé 断。亏损。
[旧属九屑]
枝~ 撞~ 柱~ 栏~ 旗~ 玉~
簪~ 毁~ 剑~ 兵~ 半~ 轴~
齿~ 脚~ 藕~ 臂~ 杖~ 脆~
亏~ 耗~ 对~ 芒刃~ 屐齿~
秋草~ 鼎足~ 骨欲~ 仙掌~
（另见 zhē;zhé）

**揲** shé 分蓍草占卦。
[旧属九屑]
四~ 过~ 后~ 虞~ 偏~ 膺~
初一~ 第三~
（另见十三皆 dié）

**则** zé 规范。规则。效法。
[旧属十一陌]
细~ 两~ 内~ 古~ 依~ 前~
立~ 旧~ 遗~ 司~ 守~ 详~
总~ 法~ 典~ 定~ 作~ 原~
准~ 正~ 楷~ 垂~ 取~ 顺~
一家~ 古人~ 百代~ 万世~

**责** zé 责任。责备。
[旧属十一陌]
职~ 全~ 尽~ 坐~ 受~ 重~
痛~ 悔~ 明~ 逃~ 辨~ 具~
深~ 殃~ 训~ 切~ 诘~ 天~
贬~ 谴~ 见~ 督~ 言~ 薄~
斥~ 负~ 塞~ 有~ 自~ 专~

朋友~ 天下~ 智者~ 逃其~
厉声~ 是非~

**择** zé 挑选。
[旧属十一陌]
选~ 自~ 拣~ 别~ 后~ 慎~
详~ 妙~ 采~ 须~ 不~ 主~
改~ 精~ 抉~
（另见十开 zhái）

**咋** zé 咬住。
[旧属十一陌]
唊~ 逐~ 龁~ 狗~ 死~
（另见九佳 zhā;zǎ）

**迮** zé 狭窄。
[旧属十药]
若是~

**泽** zé 聚水处。湿。恩惠。
[旧属十一陌]
川~ 湖~ 山~ 润~ 大~ 雨~
水~ 林~ 春~ 洪~ 月~ 甘~
恩~ 光~ 遗~ 色~ 草~ 福~
彭~ 芳~ 竭~ 沼~ 膏~ 德~
云梦~ 湛露~ 千顷~ 君子~

**啧** zé 咂嘴声。
[旧属十一陌]
啧~ 怨~ 抽~ 唧~ 为~ 讥~
烦言~ 候虫~

**帻** zé 头巾。
[旧属十一陌]
巾~ 岸~ 绿~ 卷~ 衣~ 冠~
落~ 冕~ 布~ 脱~ 绛~ 飘~
花坠~ 承露~ 半头~ 空顶~
风欹~ 雪侵~ 乌纱~ 童子~

**笮** zé 姓。
[旧属十药]
（另见十五波 zuó）

**簀** zé 床席。
[旧属十一陌]
床~ 华~ 易~ 煮~ 如~ 玉~
家~ 敝~ 卧~ 破~ 折~ 布~
卷以~ 栖禅~ 秋拔~

**赜** zé 精微;深奥。
[旧属十一陌]
探~ 精~ 烦~ 秘~ 至~ 玄~
奥~ 演~ 隐~ 幽~ 微~ 妙~

理～ 易～ 渊～ 金韬～ 神明～

**齰** <sup>zé</sup> 咬。
[旧属十一陌]

口～ 喽～ 九～ 断～

**折** <sup>zhē</sup> 翻转。折腾。
[旧属九屑]

折一～
（另见 shé；zhé）

**蜇** <sup>zhē</sup> 蜂、蝎子刺人。

（另见 zhé）

**折** <sup>zhé</sup> 断。弯。折服。折叠。
[旧属九屑]

周～ 曲～ 挫～ 屈～ 夭～ 波～
内～ 气～ 九～ 逆～ 力～ 手～
偷～ 闲～ 拗～ 磨～ 心～ 摧～
百～ 腰～ 磬～ 枯荷～ 花堪～
强可～ 美人～ 次第～ 冬冰～
（另见 shé；zhē）

**哲** <sup>zhé</sup> 有智慧。
[旧属九屑]

先～ 圣～ 贤～ 英～ 明～ 前～
睿～ 弘～ 俊～ 隽～

**辄** <sup>zhé</sup> 总是；就。
[旧属十六叶]

专～ 动～ 擅～

**晢** <sup>zhé</sup> 明亮。
[旧属九屑八霁]

昭～ 目～ 近～ 晢～ 腾～ 夜～
令仪～ 映初～

**詟** <sup>zhé</sup> 惧怕。
[旧属十六叶]

震～ 摄～ 威～ 心～ 神～ 自～
竦～ 虚～ 忧～ 色可～ 神奸～

**蛰** <sup>zhé</sup> 蛰伏。
[旧属十四辑]

惊～ 起～ 入～ 冬～ 久～ 启～
诸～ 土～ 腾～ 夏～ 发～ 闭～
藏～ 长～ 分～ 幽～ 雷～ 震～
百～ 蟠～ 蝼～ 龙蛇～ 破封～

**蜇** <sup>zhé</sup> 海蜇。

（另见 zhē）

**谪** <sup>zhé</sup> 降职。处罚。责备。
[旧属十一陌]

贬～ 谴～ 远～ 迁～ 交～ 百～
祸～ 刑～ 遭～ 灾～ 始～ 并～
徒～ 逃～ 沦～ 同伍～ 不可～
涛沙～ 天涯～ 三年～ 壶中～

**摺** <sup>zhé</sup> 同'折'。
[旧属十六叶]

卷～ 转～ 数～ 端～ 三～ 接～
叠～ 存～ 手～ 经～ 百～ 内～
花下～ 皱还～ 面百～

**磔** <sup>zhé</sup> 酷刑。笔画。
[旧属十一陌]

枭～ 风～ 披～ 僵～ 分～ 格～
须～ 波～ 点～ 磔～ 猬毛～

**辙** <sup>zhé</sup> 车辙。路线。戏曲韵。
[旧属九屑]

覆～ 一～ 顺～ 合～ 改～ 当～
卧～ 四～ 涸～ 视～ 循～ 险～
易～ 危～ 故～ 轨～ 周～ 异～
遗～ 乱～ 尘～ 通～ 叠～ 反～
古～ 遥～ 旧～ 曲～ 迷～ 失～
同～ 归～ 分～ 上下～ 不转～
落辁～ 周孔～

# 仄　声

**扯** chě 拉。撕。闲谈。

闲~　西~　乱~　拉~　撕~　偷~
暗~　持~　胡~　瞎~　牵~　纠~

**地** ·de 助词。
[旧属四寘]
（另见八齐 dì）

**底** ·de 助词。
[旧属四纸八荠]
（另见八齐 dǐ）

**饿** è 肚子空。
[旧属二十一个]

饥~　寒~　困~　久~　守~　赢~
枯~　妻~　蝉~　殍~　鼠~　啼~
偃~　御~　穷~　冻~　挨~　不~
沟中~　寄食~

**个** gě 自个。
[旧属二十一个]
（另见 gè）

**哿** gě 可;嘉。
[旧属二十哿]

富~

**舸** gě 大船。
[旧属二十哿]

乘~　凫~　游~　客~　烟~　单~
连~　商~　方~　江~　画~　泛~
轻~　百~　一~　千里~　凌风~

**个** gè 量词。
[旧属二十一个]

一~　两~　添~　上~　换~　有~
作~　前~　后~　唱~　说~　送~
几~　整~　各~　真~　哪~　这~
个~　给~　留~　出~　来~　好~
不论~　两三~　些儿~　无数~
（另见 gě）

**和** hè 和谐地跟着唱。
[旧属二十一个]

唱~　应~　宴~　齐~　韵~　奉~
相~　众~　新~　谐~　并~　属~
酬~　附~　答~　巴人~　高难~
万人~　遣谁~　齐声~　久乃~
（另见平声 hé;七虞 hú;十五波
huó,huò）

**贺** hè 庆祝;庆贺。
[旧属二十一个]

祝~　道~　承~　受~　来~　往~
拜~　谒~　集~　列~　喜~　电~
李~　皆~　倾~　同~　恭~　称~
相~　致~　共~　燕雀~　奉觞~
亲朋~　华筵~　为寿~　大庭~

**荷** hè 承当。负担。
[旧属二十哿]

负~　感~　重~　仰~　担~　肩~
为~　百禄~
（另见平声 hé）

**喝** hè 吓唬。
[旧属八霁九泰]

虚~　恐~　惊~　受~　小~　玩~
岁月~
（另见八齐 qì;十卦 kài）

**可** kě 表示同意,或可能。
[旧属二十哿]

许~　试~　无~　意~　多~　谁~
定~　殆~　未~　皆~　认~　尚~
尽~　大~　两~　不~　恰~　只~
聊~　乍~　报~　小~　差~　适~
（另见 kè）

**坷** kě 坎坷,不顺利。
[旧属二十一个]

困~　山径~
（另见平声 kē）

**岢** kě 岢岚,山西地名。

**轲** kě 辗轲,坎坷。
[旧属二十哿二十一个]

接~　坎~
（另见平声 ke）

**可** kè 可汗,鲜卑等统领称号。
[旧属二十哿]
（另见 kě）

**课** <sup>kè</sup> 学科。部门。赋税。
[旧属二十一个]

功~　晨~　失~　下~　日~　上~
定~　严~　避~　坐~　补~　督~
温~　缺~　任~　考~　常~　诗~
夜~　劝~　逃~　灯前~　勤自~
书法~　必修~

**骒** <sup>kè</sup> 雌性的骡或马。

**锞** <sup>kè</sup> 小锭。

金~　银~

**嚜** ·me 助词，用法同'嘛'。

**呢** ·ne 助词。

（另见八齐 ní）

**若** <sup>rě</sup> [旧属二十一马十药]

兰~　（寺院）般~　（智慧）
（另见十五波 ruò）

**喏** <sup>rě</sup> 唱喏，作揖。

（另见十五波 nuò）

**惹** <sup>rě</sup> 招引；引起。[旧属二十一马]

招~　牵~　不~　怕~　暗~　空~
挑~　蝶~　絮~　沾~　云~　风~
衣袖~　残花~　游丝~

**舍** <sup>shě</sup> 舍弃。施舍。[旧属二十二祃]

取~　割~　操~　难~　用~　弃~
（另见 shè）

**厍** <sup>shè</sup> 村庄。姓。

**社** <sup>shè</sup> 集体组织。祭土神。[旧属二十一马]

诗~　公~　民~　会~　郊~　宗~
报~　书~　乡~　入~　旅~　大~
富~　村~　田~　春~　茶~　酒~
吟~　顷~　南~　出版~　新华~

**舍** <sup>shè</sup> 房屋。养家畜的圈。[旧属二十二祃]

茅~　庐~　旅~　田~　草~　馆~
人~　外~　筑~　退~　避~　客~
寺~　校~　书~　寝~　山~　村~
宿~　精~　守~　僧~　蜗~　传~
学~　野~　内~　农~　寒~　居~
避三~
（另见 shè）

**射** <sup>shè</sup> [旧属二十二祃十一陌]

驰~　善~　诱~　执~　学~　骑~
神~　注~　逐~　弩~　亲~　猎~
步~　艳~　光~　发~　喷~　冷~
照~　远~　放~　影~　辐~　暗~
反~　四~　扫~　电~　弹~　映~
溅~　直~　穿~　含沙~　走马~
目光~　光彩~　倒影~　剑光~

**赦** <sup>shè</sup> 赦免。[旧属二十二祃]

大~　特~　不~　宽~　再~　放~
天~　望~　曲~　恩~　蒙~　逢~
赎~　数~　原~　不敢~　惹遇~
胜如~　经宿~　鸟知~　杀无~

**麝** <sup>shè</sup> 香獐子。[旧属二十二祃]

水~　肉~　暗~　龙~　走~　熏~
松~　春~　山~　含~　佩~　忌~
香~　兰~　小~　冰~　捣~　捕~
香若~　一囊~　投崖~

**者** <sup>zhě</sup> 人或事物。[旧属二十一马]

尊~　贫~　明~　智~　仁~　观~
前~　强~　弱~　勇~　贤~　胜~
忧~　编~　后~　静~　老~　来~
作~　学~　笔~　败~　生~　逝~
死~　使~　行~　从~　歌~　王~
译~　能~　耕~　长~　达~　记~
读~　言~　闻~　知我~　为政~
成功~　创业~　精进~　后来~
好事~　作俑~

**锗** <sup>zhě</sup> 半导体材料。

**赭** <sup>zhě</sup> 红褐色。[旧属二十一马]

赤~　丹~　流~　缁~　腥~　钳~
面~　衣~　山~　渥~　映~　颜~

断霞~ 天所~ 赤如~

**柘** <sup>zhè</sup> 落叶灌木或乔木。
[旧属二十二祃]

桑~ 甘~ 白~ 檀~ 古~ 诸~
爨~ 苦~ 楚~ 食蚕~ 南山~
金丝~

**蔗** <sup>zhè</sup> 甘蔗。
[旧属二十二祃]

啖~ 蔗~ 食~ 紫~ 畦~ 断~
红~ 种~ 甜~ 干似~ 江南~

**嗻** <sup>zhè</sup> 应诺声。

（另见平声 zhē）

**鹧** <sup>zhè</sup> 鹧鸪。

斑~

**这** <sup>zhè</sup> 指示代词。

**蟅** <sup>zhè</sup> 蟅虫，地鳖。

**著** ·zhe 同'着'。
[旧属六语六御十药]
（另见七无 zhù；十五波 zhuó）

**着** ·zhe 助词。

（另见十二萧 zhāo, zháo；十五
波 zhuó）

## 旧读入声

**册** <sup>cè</sup> 册子。册页。册封。
[旧属十一陌]

史~ 简~ 书~ 名~ 画~ 方~
三~ 玉~ 梵~ 蠹~ 立~ 启~
宝~ 编~ 宣~ 古~ 竹~ 符~
手~ 典~ 图~ 几~ 巨~ 万~
花名~ 纪念~ 签名~ 练习~

**厕** <sup>cè</sup> 厕所。夹杂。

登~ 如~ 男~ 女~ 公~ 茅~
杂~ 溷~ 厼~ 滥~ 圊~ 专~

**侧** <sup>cè</sup> 旁边。歪斜。
[旧属十三职]

斜~ 旁~ 反~ 转~ 左~ 道~
天~ 山~ 河~ 舟~ 影~ 枕~
岸~ 炉~ 松~ 岩~ 林~ 水~
攲~ 倾~ 墙~ 桥~ 楼~ 窗~
水栏~ 沉舟~ 君王~ 卧榻~
（另见 zè；十开 zhāi）

**测** <sup>cè</sup> 测量。推想。
[旧属十三职]

揣~ 目~ 可~ 检~ 远~ 智~
窥~ 遥~ 探~ 叵~ 猜~ 勘~
观~ 推~ 莫~ 难~ 不~ 蠡~
臆~ 精~ 揆~ 监~ 预~ 暗~

**恻** <sup>cè</sup> 悲伤。诚恳。
[旧属十三职]

怆~ 悱~ 心~ 隐~ 悲~ 楚~
悬~ 仁~ 伤~ 动~ 恳~ 凄~
怛~ 悯~ 恻~ 鬼神~

**策** <sup>cè</sup> 简策。计谋。策马。
[旧属十一陌]

计~ 决~ 妙~ 政~ 对~ 扶~
上~ 无~ 群~ 杖~ 献~ 良~
失~ 长~ 筹~ 奇~ 秘~ 画~
鞭~ 神~ 竹~ 驱~ 射~ 国~
纵横~ 战国~ 经济~ 治安~
渴于~ 济时~ 攻心~ 神威~

**筴** <sup>cè</sup> 同'策'。
[旧属十七洽]
（另见九佳 jiā）

**箣** <sup>cè</sup> 箣竹，一种坚韧的竹。

**尺** <sup>chě</sup> 工尺，记音符号。
[旧属十一陌]
（另见四支 chǐ）

**彻** <sup>chè</sup> 通；透。
[旧属九屑]

通~ 明~ 透~ 贯~ 洞~ 照~
响~ 唱~ 声~ 映~ 远~ 周~
秀~ 闻~ 寒~ 东方~ 禅心~
清音~ 更漏~

**坼** <sup>chè</sup> 裂开。

龟~ 开~ 地~ 冰~ 芽~ 裂~

岸~ 绝~ 图~ 甲~ 土~ 石~
天地~ 芭蕉~ 峭崖~ 西北~

**掣** chè 拽;拉。一闪而过。
[旧属九屑]

电~ 飞~ 牵~ 鹰~ 钳~ 风~
右~ 卷~ 掎~ 携~ 闪~ 光~
天地~ 从后~ 鲸未~

**撤** chè 除去。撤退。
[旧属九屑]

客~ 云~ 勇~ 不~ 自~ 分~
进~ 虚~ 毁~ 废~ 除~ 减~
雾~ 裁~ 告~ 后~

**澈** chè 水清。
[旧属九屑]

清~ 秀~ 镜~ 爽~ 恬~ 洁~
水~ 鉴~ 幽~ 皎~ 浊~ 融~
澄~ 莹~ 镜~ 泉~ 透~ 明~
寒流~ 秋月~ 心源~

**的** ·de 助词。
[旧属十二锡]
(另见八齐 dí;dì)

**得** ·de 助词。
[旧属十三职]
(另见平声 dé;五微 děi)

**恶** è 恶心。
[旧属十药]
(另见 ě;七无 wū,wù)

**厄** è 险要。灾难。受困。

困~ 灾~ 穷~ 济~ 险~

**扼** è 掐住。把守;控制。

手~ 紧~ 死~ 力~ 西~ 左~

**呃** è 呃逆,打嗝。

阻~ 气~ 逆~ 打~ 塞~ 久~
(另见 ·e)

**轭** è 牛马架脖器具。

牛~ 辕~ 车~ 套~ 卫~ 下~
卷~ 服~ 负~ 衡~ 马~ 架~

**呝** 鸟鸣声。同'呃'。

**垩** è 白垩。涂饰。

素~ 涂~ 粉~ 鼻~ 铅~

**恶** è 恶行。凶狠。恶劣。
[旧属十药]

善~ 邪~ 丑~ 粗~ 掩~ 首~
万~ 惩~ 元~ 为~ 藏~ 旧~
积~ 行~ 险~ 除~ 疾~ 逐~
十~ 隐~ 怙~ 作~ 罪~ 凶~
心术~ 不生~ 风涛~ 官人~
不惮~ 征腐~
(另见 ě;七无 wū,wù)

**鄂** è 湖北别称。
[旧属十药]

湘~ 荆~ 郢~ 东~ 西~

**阏** è 堵塞。闸板。
[旧属七曷]

壅~ 郁~ 抑~ 淤~ 填~ 沉~
单~ 夭~ 提~ 阳~
(另见十一先 yān)

**谔** è 直话直说。
[旧属十药]

谔~ 謇~ 鲠~ 忠~

**萼** è 花萼。
[旧属十药]

红~ 雨~ 珠~ 秋~ 金~ 素~
绮~ 枝~ 苞~ 含~ 映~ 妖~
莲~ 香~ 新~ 露~ 丽~ 并~
秀~ 嫩~ 破~ 胭脂~ 细桃~

**遏** è 阻止;禁止。
[旧属七曷]

阻~ 禁~ 断~ 掩~ 响~ 夭~
止~ 抑~ 怒~ 水~ 吞~ 堰~
静~ 控~ 天~ 不可~ 莫敢~
谤谁~ 白云~ 清风~ 财赋~

**遻** è 遇到。
[旧属十药]

劫~ 腾~ 无~ 欢~ 有~

**崿** è 山崖。
[旧属十药]

峭~ 挺~ 云~ 秀~ 岭~ 绝~
峰~ 巘~ 崖~ 峻~

**愕** è 惊讶;发愣。
[旧属十药]

惊～　骇～　错～　惋～　梦～　昼～
马～　愧～　嗟～　百骸～　旁人～

**颏** è 鼻梁。[旧属七曷]
折～　炙～　幽～　缩～　槌～　当～
修～　曲～　高～　蹙～

**搿** è 同'扼'。[旧属十一陌]
据～　直～　谷～　手～　石～

**腭** è 口腔的上壁。
硬～　软～　龈～　上～　颌～

**碍** è 碍嘉,云南地名。

**鹗** è 鱼鹰。[旧属十药]
雕～　鸷～　野～　秋～　大～　鸶～
求～　荐～　苍～　黄金～　鸠生～

**锷** è 刀剑的刃。[旧属十药]
锋～　剑～　廉～　霜～　淬～　染～
挺～　砺～　露～　智～　冰～　皓～
敛～　拟～　铓～　峰如～　清廉～

**颚** è 上颚;下颚。同'腭'。

**噩** è 凶恶惊人的。[旧属十药]
惊～　浑～　噩～　作～　无～

**鳄** è 鳄鱼。[旧属十药]
悍～　巨～　潜～　戮～　暴～　海～
鲸～　驱～　蛟～　扬子～　潮州～

**呃** ·e 助词,表赞叹。
(另见 è)

**合** gě 量名。[旧属十五合]
升～　圭～　数～　按～　一～　五～
仑～　百～　千～
(另见平声 hé)

**盖** gě 姓。今读 gài。[旧属十五合]
(另见十开 gài)

**葛** gě 姓。[旧属七曷]
(另见平声 gé)

**各** gè 各别。各自。[旧属十药]
盍～　人～　各～　相思～　同与～
岐路～

**蛇** gè 蛇蜦。蛇蚤。

**铬** gè 金属元素。
镀～

**硌** gè 硌牙。硌脚。[旧属十药]
(另见十五波 luò)

**膈** gè 膈应,讨厌。[旧属十一陌]
(另见平声 gé)

**吓** hè 恐吓;恫吓。[旧属十一陌]
恐～　惊～　威～　恫～　叱～　互～
喘～　笼～　鸥～　呵～
(另见九佳 xià)

**喝** hè 大声喊叫。[旧属七曷]
大～　虚～　挥～　赞～　嘶～　叱～
倒～　连～　呼～　棒～　吆～　断～
恐～　嗔～　呵～　厉声～　阵上～
雷霆～　长街～　松下～
(另见平声 hē)

**猲** hè 威胁;吓唬。[旧属七曷]
恐～
(另见十三皆 xiè)

**赫** hè 显著;盛大。[旧属十一陌]
显～　煊～　荣～　隆～　贵～　洪～
光～　火～　焕～　日～　赤～　炎～
辉～　震～　赫～　声名～　彤庭～
骄阳～　朝曦～　飞燎～　神光～

**褐** hè 粗布。颜色。[旧属七曷]
无～　衣～　披～　素～　巾～　敝～

草～荆　麻～缁　蒲～粗～
补～野　破～樵　暖～布～
短～释　茶～秋风　霜侵～

**鹤** hè 鸟类的一属。
[旧属十药]

放～玄　琴～乘　海～飞～
养～仙　龟～纸　舞～孤～
云～控　黄～白　化～鸣～
骑～松　养～冲天　千里～
图中～　年如～　闻琴～　鸡群～

**翯** hè 翯翯，羽毛润泽。
[旧属三觉]

**壑** hè 山沟或大水坑。
[旧属十药]

丘～洞　溪～涧　沟～林～
万～欲　云～幽　填～大～
天～坠　涧～深　远～山～
雪满～　千丈～

**佫** hè 姓。

**渴** kě 口干。迫切。
[旧属七曷]

饥～人　止～忍　如～若～
解～口　消～枯　酒～焦～
长～马　夜～劳　夏～愈～
墨～久　不～三军　夸父～
抱瓶～　知我～　不言～　酒肠～

**克** kè 能。克服。战胜。
[旧属十三职]

相～时　必～难　刚～柔～
攻～威　师～屡　不～坦～
扑～忌　生～镂　严～俭～
期～苛　兼～温　巧～未～
三年～　战则～　未可～　难自～

**刻** kè 刀刻。时间。刻薄。
[旧属十三职]

雕～篆　镂～镌　石～木～
碑～琢　半～点　玉～题～
细～剪　新～旧　秘～峻～
刊～尖　苛～严　铭～深～
时～顷　限～片　一～立～
金石～　兰亭～

**恪** kè 谨慎而恭敬。
[旧属十药]

纯～谨　廉～忠　严～不～
俭～虔　清～勤～

**客** kè 客人。客户。
[旧属十一陌]

迎～嘉　为～旧　新～有～
尊～出　揖～醉　行～狎～
散～剑　谢～过　常～携～
招～拒　贤～女　墨～俗～
豪～雅　宴～倦　棋～茶～
主～宾　来～乘　刺～食～
说～侠　旅～归　好～留～
上～佳　远～送　待～逐～
娇～海　贾～词　接～贵～
黑～游　请～清　访～呼～
名利～　座上～　不速～　千里～
夜半～　江南～　故乡～　送归～
天外～　四海～　今宵～　观光～

**缂** kè 丝织手工艺。

**嗑** kè 嗑瓜子的嗑。
[旧属十五合]

噬～嗑～　臬～
（另见平声 kē）

**溘** kè 忽然；突然。
[旧属十五合]

穷～朝　溘～朝露～

**窠** kè 同'恪'。

**仂** lè 余数。不懈。
[旧属十三职]

取～数之～　三年～

**芳** lè 萝芳，罗勒。

**叻** lè 石叻，叻埠，指新加坡。

**乐** lè 快乐。
[旧属十药]

欢～娱　喜～自　同～康～
耽～偕　宴～淫　享～游～
居～相　富～昌　人～嬉～
可～长　极～苦　作～取～
安～逸　酣～笑　伯～忧～
天伦～　丰年～　农家～　从军～
何其～　读书～　相与～　富贵～

鸟声~　无穷~　人间~　今朝~
歌舞~　陶然~　山水~
(另见十三皆 yuè)

**玏** lè 珹玏，像玉的美石。
[旧属十三职]

**泐** lè 书写。凝合。
[旧属十三职]
石~　摹~　手~　刊~　管~　变~
有时~　形未~　天将~

**勒** lè 马笼头。统率。雕刻。
[旧属十三职]
马~　缰~　辔~　疏~　解~　牛~
弥~　宝~　龙~　衔~　羁~　玉~
抑~　铭~　刊~　燕然~　黄金~
(另见五微 lēi)

**籂** lè 竹的一种。

**鳓** lè 鳓鱼，鲞鱼。

**了** ·le 助词。
(另见十二萧 liǎo)

**饹** ·le 饸饹，西食。
(另见平声 gē)

**讷** nè 说话迟钝。
[旧属六月]
木~　口~　质~　辩~　言~　寡~
外~　钝~　拙~　讷~　若~　凡~
勇而~　不能~　不若~

**那** nè 那(nà)的口语音。
[旧属二十哿二十一个]

**呐** nè 同'讷'。
[旧属六月]
(另见九佳 nà)

**热** rè 高温。情深。
[旧属九屑]
暑~　高~　趁~　炽~　炎~　发~
烦~　火~　面~　渐~　溽~　冷~
伏~　血~　濡~　风~　寒~　狂~
凉~　酷~　眼~　耳~　内~　心~
亲~　清~　退~　闷~　加~　天~
炙手~　人间~　肠犹~　读书~

**色** sè 色彩。景象。美貌。
[旧属十三职]
金~　颜~　花~　五~　声~　姿~
愠~　美~　悦~　夜~　柳~　景~
晓~　古~　添~　增~　娇~　灯~
天~　月~　生~　润~　气~　容~
好~　喜~　神~　眼~　佳~　暮~
变~　作~　出~　减~　着~　正~
特~　本~　脸~　褪~　物~　春~
秋~　角~　彩~　十~　红~　起~
菜~　逊~　桃~　殊~　黄~　国~
丽~　秀~　墨~　山~　曙~　灰~
不失~　无愧~　伤心~　凄凉~
鳞鳞~　胭脂~　自然~　三原~
(另见十开 shǎi)

**涩** sè 舌麻。不滑。难读。
羞~　酸~　钝~　口~　苦~　弦~
艰~　枯~　声~　险~　生~　味~
莺语~　麻而~

**啬** sè 吝啬。
[旧属十三职]
俭~　节~　纤~　鄙~　丰~　心~
用财~　田无~

**铯** sè 金属元素。

**瑟** sè 乐器。
[旧属四质四贡]
琴~　锦~　萧~　雅~　调~　瑶~
弄~　鼓~　宝~　瑟~　挟~　湘~
檀为~　一弦~　铿而~

**塞** sè 堵塞。
[旧属十三职]
闭~　阻~　通~　蔽~　道~　滞~
窒~　填~　哽~　厄~　鼻~　梗~
蒙~　内~　壅~　郁~　茅~　语~
耳目~　车骑~　时命~
(另见十开 sǎi;sài)

**濇** sè 同'涩'。
[旧属十三职]
铁~

**穑** sè 农业劳动。
[旧属十三职]
稼~　勤~　为~　不~　先~　农~
田~　收~　劝~　茂~　播~　力~

务~　蚕~

**设** <sup>shè</sup> 设立。筹划。假设。
[旧属九屑]
建~　陈~　敷~　佳~　鬼~　特~
空~　并~　天~　地~　春~　夏~
内~　重~　广~　外~　铺~　例~
假~　具~　供~　未~　席~　奠~
添~　安~　施~　虚~　张~　摆~
随宜~　天险~　为谁~　兵弩~

**拾** <sup>shè</sup> 轻步而上。
[旧属十四辑]
（另见四支 shí）

**涉** <sup>shè</sup> 徒步过水。经历。
[旧属十六叶]
跋~　利~　深~　徒~　步~　博~
学~　夜~　初~　水~　沿~　不~
苦~　探~　干~　交~　远~　目~
猎~　无~　牵~　褰裳~　扁舟~
车徒~　不可~

**摄** <sup>shè</sup> 吸取。保养。代理。
[旧属十六叶]
调~　聊~　目~　总~　不~　悉~
善~　主~　事~　文~　综~　收~
统~　兼~　镇~　兼重~　法力~

**灄** <sup>shè</sup> 灄口，湖北地名。
[旧属十六叶]
浮~

**慑** <sup>shè</sup> 害怕；使害怕。
[旧属十六叶]
心~　胆~　不~　惊~　怯~　惮~
忧~　心~　鼠~　沮~　震~　威~
人人~　魍魉~　群小~

**歙** <sup>shè</sup> 安徽地名。缩鼻。
[旧属十四缉十六叶]
来~　宣~　下~　卉~　黔~　张~
（另见八齐 xī）

**忑** <sup>tè</sup> 忐忑，心神不定。

**忒** <sup>tè</sup> 差错。
[旧属十三职]
差~　衍~　明~　凶~　偕~　懈~
靡~　毫~　不~　爽~

（另见五微 tēi）

**膩** <sup>tè</sup> 肋膩，不整洁。

**特** <sup>tè</sup> 特殊。特务。
[旧属十三职]
独~　奇~　匪~　防~　新~　绝~
秀~　雄~　超~　英~

**铽** <sup>tè</sup> 金属元素。

**慝** <sup>tè</sup> 邪念；罪恶；恶念。
[旧属十三职]
隐~　作~　除~　苟~　淫~　秒~
群~　怀~　放~　情~　纵~　潜~
狡~　险~　示~　露~　奸~　谗~
邪~　怨~

**蟘** <sup>tè</sup> 食苗叶害虫。
螟~

**仄** <sup>zè</sup> 仄声。狭窄。不安。
[旧属十三职]
平~　倾~　狭~　逼~　径~　居~
旁~　日~　幽~　危~　倚~　下~
斜~　路~　歉~

**昃** <sup>zè</sup> 太阳偏西。
[旧属十三职]
日~　西~　亏~　昏~　移~　月~
徒~　向~　盈~　过则~　春光~
看花~

**侧** <sup>zè</sup> 同'仄'。
[旧属十三职]
（另见 cè；十开 zhāi）

**褶** <sup>zhě</sup> 褶子。
[旧属十四缉十六叶]
裙~　细~　衣~　裤~　紫~　反~
裈~　接~　布~　帛为~　紫罗~
香袖~

**浙** <sup>zhě</sup> 浙江。
[旧属九屑]
两~　江~　闽~　丹~　淮~

# 十　五　波

## 平　声

**波** <sup>bō</sup> 波浪。波动。
[旧属五歌]

风~随~平~水~江~洪~
金~临~飞~推~戏~逐~
春~寒~碧~鸥~光~烟~
眼~锦~秋~长~微~横~
回~绿~清~澄~沧~凌~
奔~惊~余~扬~伏~逝~
激滟~洞庭~千顷~粼粼~
拍岸~雪如~浴日~荡月~

**玻** <sup>bō</sup> 玻璃。

**砵** <sup>bō</sup> 铜砵,福建地名。

**般** <sup>bō</sup> 般若,佛语智慧。
[旧属十四寒十五删]
(另见十一先 bān;pán)

**菠** <sup>bō</sup> 菠菜。

霜~春~寒~赤~

**播** <sup>bō</sup> 传扬。播种。迁移。
[旧属二十一个]

传~条~末~柳~广~雨~
名~声~流~风~功~转~
迁~春~扬~远~撒~点~
直~散~插~柳易~惠泽~
神风~

**嶓** <sup>bō</sup> 嶓冢,甘肃山名。
[旧属五歌二十一个]

峨~荣~岷~岐~

**搓** <sup>cuō</sup> 两掌磨擦。揉。
[旧属五歌]

手~揉~轻~柳似~雁声~

**磋** <sup>cuō</sup> 商量讨论。
[旧属五歌二十一个]

切~相~如~坦如~

**蹉** <sup>cuō</sup> 差误。通过。
[旧属五歌二十一个]

旁~日~足~壮志~岁月~
恐成~

**嵯** <sup>cuó</sup> 嵯峨,山势高峻。
[旧属五歌]

磨~峨~

**矬** <sup>cuó</sup> 短小。削减。
[旧属五歌]

侏儒~往下~桧樾~

**瘥** <sup>cuó</sup> 病。
[旧属五歌]

荐~札~夭~痊~受~久~
(另见十开 chài)

**鹾** <sup>cuó</sup> 盐。咸味。
[旧属五歌]

咸~盐~贩~转~行~运~

**酇** <sup>cuó</sup> 酇城,河南地名。
(另见十一先 zàn)

**多** <sup>duō</sup>
[旧属五歌]

人~最~利~劝~弃~偏~
闲~舌~盛~事~繁~苦~
山~钱~尚~贝~甚~尤~
颇~太~粮~言~大~增~
不~多~众~几~无~许~
客来~寄书~降福~绿意~
蜂蝶~柳絮~今宵~何必~
识人~为善~感人~处处~
读书~笑语~喜庆~不在~

**哆** <sup>duō</sup> 哆嗦。
[旧属二十哿二十一马]
(另见四支 chǐ)

**过** <sup>guō</sup> 姓。
[旧属五歌二十一个]

（另见仄声 guò）

**呙** guō 姓。

**埚** guō 器皿。
[旧属五歌]

杏~沙~瓜~甘~烧~坩~
金窟~清泥~望海~

**涡** guō 水名。
[旧属五歌]

淮~盘~水~洞~曲~横~
崩~春~回~白~
（另见 wō）

**锅** guō 炊事用具。
[旧属五歌]

火~铁~茶~涤~银~砂~
汤~瓦~砸~烧~油~菜~
云上~镬与~

**和** huó 加液体搅拌。
[旧属五歌]

（另见仄声 huò；七无 hú；十四
歌 hé，hè）

**捋** luō 脱取。
[旧属五歌]

轻~采~手~满~把~
（另见六鱼 lǚ）

**啰** luō 啰唆。
[旧属五歌]

（另见 luó；仄声 ·luo）

**罗** luó 捕鸟的网。陈列。
[旧属五歌]

张~网~包~天~紫~青~
云~殷~秋~解~尼~星~
绫~绮~红~喽~搜~森~
阗~波~泗~轻~巨~佐~
曼陀~水沾~万疋~试香~

**枫** luó 枫缕，详细叙述。
[旧属五歌]

**㑩** luó 㑩㑩，同'喽啰'。

**萝** luó 爬蔓的植物。
[旧属五歌]

藤~女~丝~悬~长~轻~
莎~垂~蔓~春~牵~荜~
薜~烟~松~青~碧~牵~
扪~披~荔~神农~鸟迷~

**啰** luó 啰唣，吵闹寻事。
[旧属五歌]

（另见 luō；仄声 ·luo）

**逻** luó 巡察。
[旧属二十一个]

巡~戍~搜~夜~游~外~
街~警~守~侦~缘山~

**脶** luó 指纹。

旋~圆~开~单~箕~

**猡** luó 猪猡。

**饠** luó 饆饠，食品。

**珞** luó 珂珞，印刷品。

**椤** luó 桫椤，木名。

**锣** luó 打击乐器。
[旧属五歌]

鸣~金~铜~打~抱~破~
敲~筛~云~小~

**箩** luó 竹编器具。
[旧属五歌]

竹~饭~筛~食~药~隔~
投~淘~筐~十万~马尾~

**骡** luó 骡子。
[旧属五歌]

产~若~马~健~疲~小~
赤~跨~骞~青~

**螺** luó 软体动物。
[旧属五歌]

海~田~钉~碧~青~吹~
鸣~采~金~卷~食~髻~
烟~青~陀~几点~指上~

**无** mó 南无，佛教用语。
[旧属七虞]

（另见七无 wú）

**谟** mó 计划；策略。
[旧属七虞]

宏～ 良～ 谋～ 渊～ 奇～ 深～
玄～ 密～ 睿～ 远～ 典～ 猷～
言可～ 运全～ 纵横～

## 馍 mó 馒头。
[旧属七虞]
馍～ 蒸～ 白面～

## 嫫 mó 嫫母，传说的丑妇。
[旧属七虞]
妆～ 提～ 嫱～ 盐～

## 摹 mó 照着样子写或画。
[旧属七虞]
临～ 手～ 心～ 追～ 描～ 规～
非因～ 丹青～ 疑是～

## 模 mó 法式。仿效。模范。
[旧属七虞]
楷～ 形～ 轨～ 世～ 行～ 洪～
英～ 规～ 难～ 劳～ 宏～ 铜～
印～ 铸～ 字～ 师～ 砂～ 常～
造化～ 本无～ 贤哲～ 达士～
（另见七无 mú）

## 麼 mó 微小。
[旧属五歌二十哿]
么～ 形～ 极～ 细～ 眇～
（另见十四歌 ·me '么'）

## 摩 mó 摩擦。抚摩。切磋。
[旧属五歌]
按～ 观～ 手～ 揣～ 肩～ 研～
维～ 达～ 风～ 云烟～ 风鹰～
竹影～
（另见九佳 mā）

## 磨 mó 摩擦。纠缠。磨灭。
[旧属五歌]
琢～ 研～ 消～ 如～ 渐～ 日～
手～ 静～ 雕～ 砥～ 缠～ 水～
砻～ 洗～ 折～ 风雨～ 剑横～
不敢～ 倚天～ 朽铁～ 不易～
（另见仄声 mò）

## 嬷 mó 嬷嬷，老妇。

## 藦 mó 萝藦，草药。

## 蘑 mó 蘑菇。

香～ 口～ 野～ 白～ 花～ 毒～

## 魔 mó 魔鬼。神秘；奇异。
[旧属五歌]
恶～ 妖～ 狂～ 入～ 酒～ 睡～
天～ 棋～ 病～ 旱～ 摄～ 群～
梦～ 诗～ 邪～ 着～ 伏～ 降～
百～ 如～ 愁～ 风～ 夜～ 淫～

## 劘 mó 削；切。
[旧属五歌]
沙～ 纷～ 切～ 蹄～ 不～

## 挪 nuó 挪动；转移。
腾～ 移～

## 娜 nuó
[旧属二十哿]
婀～ 袅～ 娜～
（另见九佳 nà）

## 傩 nuó 迎神驱鬼。
[旧属五歌二十哿]
时～ 大～ 岁～ 迎～ 驱～ 春～
行～ 兴～ 进～ 乡人～ 民庶～

## 噢 ō 叹词，表示了解。

## 哦 ó 叹词，表示将信将疑。
[旧属五歌]
（另见仄声 ò；十四歌 é）

## 陂 pō 陂陀，不平坦。
[旧属四支四寘]
（另见五微 bēi；八齐 pí）

## 坡 pō 倾斜之地。
[旧属五歌]
高～ 山～ 土～ 田～ 松～ 月～
北～ 满～ 断～ 半～ 下～ 东～
陡～ 平～ 斜～ 马嵬～ 梅花～

## 钹 pō 一种镰刀。

## 颇 pō 偏；不正。
[旧属五歌二十哿]
偏～ 不～ 平～ 无～ 廉～

## 酦 pō 酿酒。
（另见九佳 fā）

婆 pó 老妇。丈夫的母亲。
[旧属五歌]
外~ 阿~ 老~ 黄~ 贫~ 肥~
虔~ 蓬~ 六~ 公~ 太~ 汤~
媒~ 婆~ 巫~ 恶~ 妖~ 娑~
春梦~ 收生~

鄱 pó 鄱阳,江西湖名。

繁 pó 姓。
[旧属十三元十四寒]
(另见十一先 fán)

皤 pó 白色。大腹。
[旧属五歌]
鬓~ 腹~ 发~ 石~ 苍~

挼 ruó 揉搓。
揉~ 搓~ 碎~ 手~ 闲~

莎 suō 莎草。
[旧属五歌]
绿~ 青~ 踏~ 香~ 露~ 春~
芳~ 软~ 秋~ 柔~ 嫩~ 汀~
寒~ 晴~ 浅~ 一径~ 露沾~
(另见九佳 shā)

唆 suō 唆使。
调~ 教~ 暗~

娑 suō
[旧属五歌二十哿]
婆~ 娑~ 金~ 摩~ 逻~

桫 suō 桫椤,蕨类植物。

梭 suō 梭子。
[旧属五歌]
龙~ 金~ 凤~ 投~ 交~ 飞~
轻~ 机~ 春~ 杼~ 锦~ 巧~
穿~ 玉~ 如~ 鸣~ 抛~ 莺~
疾似~ 织女~ 锦字~

挲 suō 摩挲。
挼~ 挲~
(另见九佳 sā;shā)

睃 suō 斜眼看。

蓑 suō 蓑衣,雨衣。
[旧属五歌]
渔~ 披~ 雨~ 垂~ 牛~ 轻~
田~ 苦~ 青~ 笠~ 烟~ 短~
钓~ 绿~ 寒~ 白鹭~ 钓雪~
雨湿~

羧 suō 羧基。

拖 tuō 移动。牵把。拖延。
[旧属五歌]
斜~ 横~ 倒~ 烟~ 裙~ 硬~
尽~ 虹~ 闲~ 身~

扡 tuō 同'拖'。
[旧属五歌]

驮 tuó 驮运。
[旧属五歌]
驴~ 递~ 韦~ 虎~ 背~ 马~
布袋~ 紫骝~ 赢牸~
(另见仄声 duò)

佗 tuó 负荷。
[旧属五歌]
华~ 佗~ 释~ 委~ 莎~

陁 tuó 盘陁,曲折回旋。

陀 tuó 山冈。
[旧属五歌]
盘~ 头~ 陂~ 沙~ 伽~ 弥~
佛~ 曼~ 提~ 诃罗~ 摩伽~
迦兰

坨 tuó 成块;成堆。
盐~ 蜡~

沱 tuó 可以停船的水湾。
[旧属五歌二十哿]
江~ 河~ 吞~ 滂~ 滂~ 浅~
涕泗~ 大雨~

驼 tuó 同'驼'。

驼 tuó 骆驼。弯曲。
[旧属五歌]
橐~ 铜~ 明~ 群~ 老~ 金~
驾~ 石~ 瘦~ 风~ 背~ 紫~
独峰~ 重负~ 听水~ 飞龙~

身非～　腰半～

**柁** tuó 屋柱上横木。同'舵'。
[旧属二十哿]

为～风～ 操～失～ 楼～鼓～
木兰～ 云生～ 潇湘～ 舟连～

**砣** tuó 秤砣。
[旧属六麻]

碾～铜～

**鴕** tuó 鸵鸟。

沙～ 驯～ 健走～

**墄** tuó 砖。
[旧属五歌]

抛～飞～

**酡** tuó 喝了酒脸色发红。
[旧属五歌]

颜～ 醉～ 酥～ 半～ 微～

**跎** tuó 蹉跎。
[旧属五歌]

**鼍** tuó 鼍鼍,旱獭。

**鼍** tuó 扬子鳄。
[旧属五歌]

惊～ 驱～ 嗜～ 鼍～ 白～ 潜～
蛟～ 鸣～ 江～ 灵～ 凶～ 伏～
城门～ 鼓腹～ 更应～

**挝** wō 老挝。
[旧属五歌]
（另见九佳 zhuā）

**莴** wō 莴苣。莴笋。

春～ 脆～ 嫩～ 香～ 霜～ 绿～

**倭** wō 古称日本。
[旧属五歌]

东～ 大～ 使～

**涡** wō 旋涡。
[旧属五歌]

水～ 洞～ 曲～ 龙～ 春～ 回～
梨～ 笑～ 盘～ 酒～ 浅～ 靥～
（另见 guō）

**窝** wō 鸟兽住的地方。
[旧属五歌]

鸟～ 燕～ 心～ 一～ 懒～ 出～
旧～ 冬～ 蜕～ 息～ 土～ 行～
吟～ 蜂～ 被～ 安～ 乐～ 狗～
雪成～ 煮石～

**蜗** wō 蜗牛。
[旧属六麻]

浮～ 处～ 缀～ 山～ 土～ 龟～
篆～ 枯～ 战～ 居～ 蜇～ 蜷～
恰如～ 雨墙～ 缩似～

**踒** wō 手脚猛折而受伤。
[旧属五歌]

**作** zuō 作坊。
[旧属七遇二十一个]

石～ 衣～ 木～ 夜～ 茶～ 洗～
（另见仄声 zuò）

# 旧读入声

**拨** bō 移动。调配。
[旧属七曷]

挑～ 乍～ 细～ 笑～ 捻～ 划～
撩～ 指～ 轻～ 调～ 自～ 支～
调弦～ 不须～ 黄金～ 殷勤～

**趵** bō 趵踢。
[旧属三觉]

蹄趵～
（另见十二萧 bào）

**钵** bō 钵盂。
[旧属七曷]

衣～ 玉～ 持～ 捧～ 宝～ 僧～
乳～ 饭～ 金～ 食～ 斋～ 合～
药～ 瓦～ 击～ 渡江～ 石上～
千家～

**饽** bō 糕点。面食。
[旧属六月]

饽～ 蒸～ 麦～

**剥** bō 剥夺。
[旧属三觉]

盘～ 残～ 屠～ 如～ 剁～ 穷～
困～ 裸～ 吞～ 生～ 日～ 侵～
岁～ 活～ 剽～ 肤～ 风～ 霜～
千度～ 群阴～ 葱乍～
（另见十二萧 bāo）

**鲅** bō 鲅鲅，鱼跳跃貌。
[旧属七曷]

**哱** bō 哱罗，军中号角。

**铂** bó 金属元素。

**脖** bó 脖子。
颈～ 粗～ 扭～

**鹁** bō 鹁鸪。
飞～ 春～ 鸠～ 斑～ 雨～

**孛** bó 彗星。
[旧属六月十一队]
彗～ 星～ 飞～ 妖～ 月～
(另见五微 bèi)

**伯** bó 伯父。老大。爵位。
[旧属十一陌]
叔～ 宗～ 河～ 仙～ 贤～ 王～
文～ 诗～ 将～ 老～ 大～ 伯～
笨～ 风～ 欢～ 聱牙～ 九州～
文章～ 风流～
(另见十开 bǎi)

**驳** bó 批驳。斑驳。驳运。
[旧属三觉]
辩～ 反～ 申～ 论～ 善～ 评～
贬～ 一～ 舛～ 铁～ 藓～ 货～
船～ 拖～ 卸～ 贤者～ 人道～

**帛** bó 丝织物总称。
[旧属十一陌]
玉～ 财～ 锦～ 飘～ 金～ 绣～
细～ 绫～ 染～ 丝～ 尺～ 束～
竹～ 裂～ 布～ 束～ 题～ 寸～
润笔～ 五色～ 澄水～

**瓟** bó 小瓜。草。
[旧属三觉]
瓞～ 萝～ 状似～

**泊** bó 船靠岸。停留。
[旧属十药]
船～ 落～ 晚～ 舟～ 帆～ 南～
湖～ 水～ 血～ 夜～ 萍～ 停～
暂～ 飘～ 淡～ 梁山～ 月下～
芳洲～
(另见 pō)

**柏** bó 柏林。德国城市。
[旧属十一陌]
(另见 bò；十开 bǎi)

**勃** bó 旺盛。
[旧属六月]
勃～ 蓬～ 郁～ 蓊～ 狂～ 兴～
色～ 方～

**桲** bó 榅桲，植物名。

**钹** bó 打击乐器。
[旧属七曷]
铜～ 铙～ 金～ 铃～ 击～

**亳** bó 亳州，安徽地名。
[旧属十药]
居～ 京～ 迁～ 归～ 治～

**浡** bó 振作；兴起。
[旧属六月]
泉～ 志～ 雾～ 潦～ 滂～

**袯** bó 袯襫，蓑衣。
[旧属七曷]

**舶** bó 航海大船。
[旧属十一陌]
船～ 商～ 海～ 新～ 浪～ 贾～
浮～ 市～ 归～ 巨～

**博** bó 丰富。通晓。赌博。
[旧属十药]
渊～ 广～ 赡～ 赌～ 淹～ 宏～
六～ 丰～ 物～ 宽～ 学～ 深～
闻识～ 诗书～

**渤** bó 渤海。
[旧属六月]
清～ 滃～ 茗～ 溟～ 瀛～

**搏** bó 搏斗。跳动。
[旧属十药]
拼～ 肉～ 善～ 虎～ 手～ 相～
醉～ 兽～ 安～ 脉～ 拊～ 鹰～

**馎** bó 馎饦，一种面食。

**僰** bó 古西南民族。
[旧属十三职]
邛～ 滇～ 西～ 古～ 巴～

箔 bó 帘子。薄片。
[旧属十药]
锡～度～镍～铜～百～卷～
帘～珠～翠～苇～蚕～金～
金银～青条～水晶～

魄 bó 落魄。
[旧属十药]
（另见仄声 pò;tuò）

膊 bó 胳膊。
[旧属十药]
赤～厚～袒～臂～肩～膈～

踣 bó 跌倒。
[旧属十三职]
掎～仆～僵～毙～困～忧～
倾～颠～顿～踬～

镈 bó 古乐器。大钟。古农具。
[旧属十药]
钱～镈～鼓～钟～击～为～
宝～金～铸～磬～用～有～

薄 bó 轻微。轻视。
[旧属十药]
轻～厚～浅～淡～菲～单～
浮～稀～林～鄙～刻～瘠～
履～喷～厌～日～德～禄～
靡～俸～情～气～恩～微～
世～礼～丰～贫～俭～衣～
雾～霜～技～情意～功名～
田地～俗眼～秋鬓～如纸～
（另见仄声 bò;十二萧 báo）

馛 bó 馝馛,香气浓。
[旧属六月]

髆 bó 肩。
[旧属十药]
臂～抱～袒～耸～牛～

欂 bó 欂栌,斗拱。
[旧属十药]
绮～柱上～

襮 bó 表露。外表。
[旧属十药]
表～朱～绛纱～

礴 bó
[旧属十药]
磅～盘～礴～

逴 chuō 远。超越。
[旧属三觉十药]
略～超～逴～腾～凌～

踔 chuō 跳跃。超越。
[旧属三觉]
趵～掩～腾～超～

戳 chuō 穿刺。图章。
印～邮～枪～刀～木～

撮 cuō 聚合。摘取。
[旧属七曷]
小～飞～分～多～
（另见仄声 zuǒ）

咄 duō 表示呵斥或惊异。
[旧属六月七曷]
咄～叱～惊～呵～相～

剟 duō 刺。删除。割取。
[旧属七曷九屑]
制～力～刺～削～刊～删～

埵 duō 塘埵,广东地名。

掇 duō 拾取。采取。
[旧属七曷九屑]
采～拾～揽～手～拈～摘～
取～俯～收～寸心～雨前～

裰 duō 缝补。
补～直～（僧衣）

夺 duó 强取。做决定。
[旧属七曷]
巧～剥～相～强～勇～难～
理～志～逼～目～莫～偷～
先～豪～争～攫～定～抢～
掠～攻～气～篡～劫～裁～
鬼神～天机～不可～

泽 duó 冰锥。
[旧属十药]
凌～冰～檐～淋～

度 duó 推测;估计。
[旧属十药]
测～审～忖～料～预～寻～
详～运～裁～揣～细～猜～
不可～如所～寸寸～

(另见七无 dù)

**铎** duó 大铃。
[旧属十药]

木～铃～执～闻～钟～听～
摇～櫓～金～风～鸣～振～

**敠** duó 同'夺'。

**踱** duó 慢步行走。
[旧属十药]

**佛** fó 佛教。佛像。佛经。
[旧属五物]

大～成～铜～念～诵～佞～
卧～供～玉～信～石～求～
坐～古～道～活～神～仙～
牟尼～弥勒～呼为～

(另见七无 fú)

**弢** guó 拉开弓弦。
[旧属十药]

弓～弩～

**郭** guō 外城墙。边或框。
[旧属十药]

城～近～耳～水～东～南～
带～绕～山～潮动～千家～
宜春～

**崞** guō 崞县，山西旧县名。

**聒** guō 嘈杂。
[旧属七曷]

聒～喧～鸟～清～惊～昼～
吟～泉～嘈～噪～蝉～市～
世事～鸠妇～滩声～

**蝈** guō 昆虫。
[旧属十一陌]

蝈～蝼～

**国** guó 国家。
[旧属十三职]

万～家～祖～中～治～富～
爱～强～报～故～建～立～
开～救～全～外～邻～列～
邦～大～异～忧～归～北～
举～敌～兴～治～天～富～
南～去～贵～卖～王～佛～
倾～战～帝～殉～亡～卫～

共和～鱼乐～清凉～天府～
诗书～芙蓉～女儿～众香～

**掴** guó 用巴掌打。
[旧属十一陌]

百～

(另见十开 guāi)

**帼** guó 巾帼。
[旧属十一陌]

遗～绀～襦～

**洭** guó 北洭，江苏地名。

**腘** guó 膝部的后面。

**虢** guó 周朝国名。
[旧属十一陌]

伐～亡～会于～

**馘** guó 割下的左耳。
[旧属十一陌]

献～俘～攸～剪～斩～

**漍** guó 漍漍，水流声。

**豁** huō 裂开。
[旧属七曷]

口～齿～开～胸～目～墙～
(另见仄声 huò；九佳 huá)

**㧟** huō 把堆积物倒出来。
[旧属十药]

扬～商～

**耠** huō 翻土农具。

**㦭** huō 破裂声。
[旧属十一陌]

划～

**嚄** huō 叹词，表示惊讶。
(另见仄声 huò；ò)

**锪** huō 一种金属加工方法。

**劐** huō 用刀尖划开。

**活** huó 生存。工作。产品。
[旧属七曷]

生~ 存~ 求~ 农~ 作~ 扛~
粗~ 细~ 快~ 死~ 干~ 心~
重~ 忍~ 灵~ 养~ 苟~ 偷~
救~ 复~ 全~ 过~ 鲜~ 激~
田间~ 生意~ 庄稼~

**落** luō 大大落落。
[旧属十药]
（另见仄声 luò；九佳 là；十二萧 lào）

**摸** mō 探取。
[旧属十药]
手~ 寻~ 捉~ 捞~ 扪~ 抚~
瞎~ 约~ 估~ 暗~ 乱~ 偷~

**膜** mó 薄皮。
[旧属十药]
眼~ 脆~ 膏~ 昏~ 竹~ 笛~
隔~ 薄~ 耳~ 苇~ 肋~ 脑~

**朴** pō 朴刀。
[旧属一屋]
（另见仄声 pò；七虞 pǔ；十二萧 piáo）

**泊** pō 湖。
[旧属十药]
湖~ 血~ 水~ 萍~ 通~ 草~
罗布~ 梁山~
（另见 bó）

**泼** pō 向外洒。不讲理。
[旧属七曷]
活~ 酒~ 浪~ 水~ 倾~ 汤~
瓢~ 墨~ 撒~ 浇~ 悍~ 洒~
汗如~ 冰雪~ 绿醅~

**酦** pō 酿酒。
（另见九佳 fā）

**钋** pō 金属元素。

**钹** pō 一种镰刀。

**说** shuō 言论。
[旧属九屑]
学~ 立~ 一~ 陈~ 邪~ 途~
说~ 异~ 任~ 众~ 辨~ 解~
细~ 传~ 妄~ 难~ 妙~ 若~

巷~ 小~ 谁~ 不~ 演~ 学~
逢人~ 百家~ 从头~
（另见五微 shuì；十三皆 yuè）

**缩** suō 收缩。后退。
[旧属一屋]
紧~ 冷~ 不~ 退~ 畏~ 瑟~
压~ 舌~ 羞~ 伸~ 卷~ 凝~
寒~ 倒~ 日~ 筋骸~ 蛇身~
龟头~ 秋涛~

**嗦** suō 罗嗦。哆嗦。

**嗍** suō 吮吸。

**乇** tuō '托'旧作乇。

**托** tuō 陪衬。委托。推托。
[旧属十药]
依~ 承~ 手~ 衬~ 烘~ 枪~
茶~ 寄~ 请~ 信~ 假~ 诚~
难~ 欣~ 嘱~ 拜~ 受~ 付~
欣有~ 不堪~ 重交~

**饦** tuō 馎饦，汤饼。
[旧属十药]

**脱** tuō 脱离。轻慢。
[旧属七曷]
超~ 轻~ 浑~ 跳~ 自~ 剥~
透~ 清~ 金~ 幸~ 半~ 齿~
开~ 逃~ 摆~ 挣~ 活~ 全~
解~ 洒~ 叶~ 兔~ 颖~ 卸~
枷锁~ 红衣~ 妆若~

**侻** tuō 简易。适当。
通~
（另见五微 tuì）

**挩** tuō 解脱。遗漏。

**侂** tuō 委托。寄托。

**橐** tuó 口袋。
[旧属十药]
囊~ 皮~ 弃~ 巨~ 空~ 锦~
珍~ 解~ 富~ 行~ 入~ 垂~

喔 wō 鸡叫声。
[旧属三觉]

喔～咿～呃～嘤～嗌～

育 yō 杭育。劳动号子。
[旧属一屋]
（另见六鱼 yù）

哟 yō 叹词，表示惊异。

（另见仄声 ·yo）

唷 yō 哼唷。

哎～喔～夯～嗳～

拙 zhuō 笨。谦辞。
[旧属九屑]

笨～手～眼～政～计～古～
言～抱～鄙～藏～守～补～
朴～巧～弩～迂～谋～技～
愚且～贫者～逢迎～

捉 zhuō 捉拿。
[旧属三觉]

擒～追～寻～手～坐～守～
怕～捕～活～夜～拿～难～
何不～猿难～水中～

桌 zhuō 桌子。

课～餐～圆～方～书～饭～
八仙～谈判～

倬 zhuō 显著；大。
[旧属三觉]

有～雄～昭～

棁 zhuō 梁上的短柱。
[旧属六月九屑]

袖～藻～挥～紫～错～

涿 zhuō 涿州，涿鹿，地名。
[旧属三觉]

焯 zhuō 明显；明白。
[旧属十药]

秋景～
（另见十二萧 chāo）

灼 zhuó 火烧；火烫。明亮。
[旧属十药]

灼～烧～火～燔～心～炙～
焚～照～焦～熏～情～炽～

情若～　园桃～　万里～

茁 zhuó 发芽。旺盛成长。
[旧属四质八黠九屑]

茁～草～新～青～绿～蒲～
芽～萌～笋～怒～苗～麦～
兰心～万物～枯根～

卓 zhuó 高而直。高明。
[旧属三觉]

奇～恢～殊～位～世～高～
超～清～英～守～品～卓～
高节～生材～古难～

斫 zhuó 用刀斧砍。
[旧属十药]

斧～夜～刀～伐～采～劈～
砍～斩～樵～雕～芟～乱～

浊 zhuó 浑浊。混乱。
[旧属三觉]

清～渭～世～泥～气～声～
贪～秽～沉～倾～身～水～
污～尘～器～激～重～恶～
浥不～歌声～横潦～

酌 zhuó 斟；饮。考虑。
[旧属十药]

斟～详～品～春～茗～笑～
小～对～独～清～浅～共～
商～参～细～裁～

浞 zhuó 淋；使湿。
[旧属三觉]

寒～羿～

诼 zhuó 毁谤。
[旧属三觉]

谣～巧～蛾眉～

著 zhuó 同'着'。
[旧属六语六御十药]
（另见七无 zhù；十四歌 ·zhe）

啄 zhuó 鸟用嘴取食。
[旧属一屋]

夜～鸟～俯～剥～饮～啄～

着 zhuó 穿。接触。着落。
[旧属十药]

衣～更～先～不～倚～贪～
未～吃～执～附～无～胶～
沉～穿～身～随意～功名～

心所 ~
（另见十二萧 zhāo, zháo；十四
歌 · zhe）

**琢** zhuó 雕刻玉石。
[旧属三觉]
雕 ~ 诗 ~ 未 ~ 金 ~ 新 ~ 磨 ~
镂 ~ 细 ~ 巧 ~ 句 ~ 精 ~ 剔 ~
良工 ~ 玉人 ~
（另见 zuó）

**斫** zhuó 斩；削。
[旧属三觉十药]
法 ~ 当 ~ 断 ~ 细 ~ 琢 ~ 剟 ~
胫如 ~ 东市 ~ 后至 ~

**椓** zhuó 割生殖器酷刑。
[旧属三觉]
约 ~ 昏 ~ 抱 ~

**禚** zhuó 姓。
[旧属十药]
会 ~

**斲** zhuó 砍；削。
[旧属三觉]
斤 ~ 执 ~ 匠 ~ 斧 ~ 巧 ~ 穿 ~
玉 ~ 采 ~ 朴 ~ 方 ~ 刀 ~ 砍 ~
成风 ~ 荆人 ~ 循绳 ~

**鷟** zhuó 鸑鷟。
[旧属三觉]
鷟 ~ 紫 ~ 麟 ~ 铁 ~ 丹 ~ 孤 ~
凤 ~ 瑞 ~ 鸾 ~

**缴** zhuó 系箭丝绳。
[旧属十药]
弓 ~ 绳 ~ 飞 ~ 引 ~ 羽 ~ 暗 ~
避 ~ 网 ~ 弋 ~
（另见十二萧 jiǎo）

**擢** zhuó 拔。提拔。
[旧属三觉]
升 ~ 赏 ~ 引 ~ 识 ~ 荐 ~ 优 ~
荣 ~ 宠 ~ 秀 ~ 进 ~ 甄 ~ 选 ~
简 ~ 奖 ~ 拔 ~ 桂枝 ~ 高云 ~

**濯** zhuó 洗。
[旧属三觉]
洗 ~ 雨 ~ 漱 ~ 静 ~ 盥 ~ 浇 ~
雾 ~ 浣 ~ 濯 ~ 沧浪 ~ 苦酒 ~
高瀑 ~ 寒泉 ~ 汗如 ~ 尘缨 ~

**镯** zhuó 镯子。
[旧属三觉]
玉 ~ 手 ~ 金 ~ 执 ~ 鸣 ~

**嘬** zuō 吮吸。
（另见十开 chuài）

**昨** zuó 昨天。泛指过去。
[旧属十药]
如 ~ 忆 ~ 非 ~ 一 ~ 异 ~ 愈 ~
胜 ~ 畴 ~ 成 ~ 不论 ~ 老于 ~

**捽** zuó 揪。
[旧属六月]
交 ~ 手 ~ 相 ~ 左右 ~ 前驱 ~

**笮** zuó 竹篾拧成的绳索。
[旧属十药]
邛 ~ 钻 ~ 镇 ~ 苇 ~ 竹 ~ 负 ~
连 ~ 青 ~ 断 ~ 青丝 ~ 风中 ~
（另见十四歌 zé）

**琢** zuó 琢磨；思索；考虑。
[旧属三觉]
（另见 zhuó）

举 ~ 内 ~ 知 ~ 刑 ~ 弗 ~ 筹 ~
失 ~ 枉直 ~ 一杯 ~

**锉** <sup>cuò</sup> 锉刀。
[旧属二十一个]

锅 ~ 石 ~ 泥 ~ 青 ~ 冷 ~ 烟 ~
土 ~ 钢 ~ 摧 ~ 磨 ~

# 仄　声

**跛** <sup>bǒ</sup> 跛脚;瘸子。
[旧属二十哿]

足 ~ 鳖 ~ 聋 ~ 赢 ~ 马 ~ 脚 ~
偏 ~ 蹇 ~

**簸** <sup>bǒ</sup> 颠动。
[旧属二十哿二十一个]

风 ~ 浪 ~ 掀 ~ 扬 ~ 跳 ~ 夜 ~
摇 ~ 飘 ~ 春 ~ 轩 ~ 荡 ~ 大 ~
掀 ~ 翻 ~ 颠 ~ 七山 ~ 云旗 ~
净如 ~
（另见 bò）

**簸** <sup>bò</sup> 簸箕。
[旧属二十哿二十一个]
（另见 bǒ）

**脞** <sup>cuǒ</sup> 琐细。
[旧属二十哿]

丛 ~ 隦 ~

**剉** <sup>cuò</sup> 折伤。
[旧属二十一个]

摧 ~ 猛 ~ 细 ~ 晨 ~ 粉 ~ 挼 ~
去骨 ~ 不反 ~ 赏心 ~

**莝** <sup>cuò</sup> 铡碎的草。
[旧属二十一个]

泻 ~ 斫 ~ 糠 ~ 豆 ~ 刍 ~

**厝** <sup>cuò</sup> 放置。停棺待葬。
[旧属七遇十药]

杂 ~ 无 ~ 安 ~ 投 ~ 容 ~ 迁 ~
别 ~ 安 ~ 暂 ~ 停 ~ 浮 ~

**挫** <sup>cuò</sup> 挫折。降低。
[旧属二十一个]

受 ~ 自 ~ 小 ~ 遭 ~ 兵 ~ 势 ~
先 ~ 身 ~ 频 ~ 气 ~ 百 ~ 顿 ~
折 ~ 摧 ~ 屡 ~ 兵不 ~ 笔端 ~
寒威 ~ 惊飚 ~

**措** <sup>cuò</sup> 安排;处置。筹划。
[旧属七遇]

**朵** <sup>duǒ</sup>
[旧属二十哿]

五 ~ 花 ~ 千 ~ 云 ~ 一 ~ 数 ~
梅 ~ 骨 ~ 钗 ~ 鬟 ~ 霜 ~ 耳 ~
几 ~ 莲 ~ 朵 ~ 粉 ~ 晴 ~ 半 ~
初绽 ~ 千余 ~ 芙蓉 ~

**垛** <sup>duǒ</sup> 城墙上垛口。
[旧属二十哿]

门 ~ 城 ~ 墙 ~ 射 ~ 筑 ~
（另见 duò）

**哚** <sup>duǒ</sup> 吲哚,有机化合物。

**埵** <sup>duǒ</sup> 坚硬的土。
[旧属二十哿]

吹 ~ 舌 ~ 隆 ~

**躲** <sup>duǒ</sup> 躲避。躲藏。

暗 ~ 身 ~ 藏 ~ 逃 ~ 隐 ~ 闪 ~

**嚲** <sup>duǒ</sup> 下垂。
[旧属二十哿]

柳 ~ 困 ~ 半 ~ 低 ~ 花 ~ 红 ~
微 ~ 斜 ~ 鬟 ~ 云 ~ 枝 ~ 垂 ~
腰肢 ~ 醉袖 ~ 金凤 ~

**亸** <sup>duǒ</sup> 同'嚲'。

**驮** <sup>duò</sup> 牲口驮着的货物。

鞍 ~ 重 ~ 铃 ~ 粮 ~ 布 ~ 盐 ~
（另见平声 tuó）

**朵** <sup>duò</sup> 林木茂盛。
[旧属八霁]

有 ~

**剁** <sup>duò</sup> 用刀向下砍。

刀 ~ 狠 ~ 乱 ~ 飞 ~ 快 ~ 一 ~

**垛** <sup>duò</sup>
[旧属二十哿]

麦~ 砖~ 柴~ 堆~ 箭~ 草~
（另见 duǒ）

**柂** duò 沟通;引。
（另见八齐 yí）

**舵** duò 控制方向的装置。
[旧属二十哿]
掌~ 风~ 操~ 桂~ 司~ 倚~
舫~ 转~ 失~ 使~ 把~ 主~
木兰~ 船尾~ 云生~

**堕** duò 落;掉。
[旧属二十哿]
指~ 齿~ 瓦~ 梅~ 惊~ 半~
鸟~ 月~ 花~ 泪~ 倭~ 甑~
云中~ 鬟边~ 马前~

**惰** duò 懒。
[旧属二十哿二十一个]
懒~ 疲~ 自~ 贫~ 吏~ 游~
积~ 怠~ 懈~ 勤~

**跥** duò 用力踏地。

**果** guǒ 果实。结局。
[旧属二十哿]
硕~ 珍~ 仙~ 百~ 摘~ 野~
佳~ 干~ 效~ 因~ 成~ 后~
花~ 瓜~ 苹~ 糖~ 水~ 鲜~
结~ 如~ 不~ 未~ 恶~ 茶~
行必~ 宴上~ 万年~ 无花~

**菓** guǒ 同'果',水果。
[旧属二十哿]

**馃** guǒ 馃子,油炸的面食。
油炸~

**蜾** guǒ 蜾蠃,寄生蜂。
[旧属二十哿]

**裹** guǒ 包扎。
[旧属二十哿]
包~ 缠~ 席~ 围~ 银~ 纸~
布~ 云~ 轻~ 草~ 内~ 新~
腰~ 足~ 素~ 封~ 紧~ 捆~
荷叶~ 他日~ 马革~ 青箬~

**过** guò 过程。过失。
[旧属五歌二十一个]

经~ 重~ 风~ 帆~ 直~ 横~
声~ 雁~ 春~ 数~ 已~ 度~
超~ 罪~ 难~ 路~ 改~ 悔~
谢~ 引~ 规~ 放~ 越~ 错~
赛~ 渡~ 胜~ 文~ 知~ 补~
闻~ 通~ 走~ 无~ 跨~ 思~
岁月~ 夕阳~ 宾客~ 塞鸿~
车骑~ 拂墙~ 午影~
（另见平声 guō）

**火** huǒ
[旧属二十哿]
灯~ 渔~ 星~ 烟~ 篝~ 薪~
炉~ 萤~ 内~ 救~ 炊~ 吐~
灭~ 神~ 磷~ 掷~ 蹈~ 夜~
交~ 执~ 拨~ 失~ 水~ 如~
纵~ 天~ 冰~ 风~ 索~ 心~
地~ 战~ 喷~ 野~ 香~ 炮~
观~ 榴~ 焰~ 烈~ 烽~ 流~
怒~ 玩~ 烤~ 引~ 文~ 禁~
营~ 虚~ 肝~ 山~ 鬼~ 明~
炎若~ 怒为~ 无烟~ 隔窗~
权门~ 自生~ 无名~ 霹雳~

**伙** huǒ 伙食。同伴。共同。
[旧属二十哿]
同~ 合~ 搭~ 散~ 起~ 包~
入~ 一~ 大~ 家~

**钬** huǒ 一种稀土金属。

**夥** huǒ 多。
[旧属二十哿]
众~ 日~ 繁~ 丰~ 物~ 人~
稠~ 分~ 丛~ 惊~ 货~ 牛~
禄不~ 名流~ 所见~

**和** huò 搀和。
[旧属二十一个]
搅~ 头~ 均~ 拌~
（另见平声 huó;七无 hú;十四歌 hé,hè）

**货** huò 货币。货物。指人。
[旧属二十一个]
百~ 奇~ 订~ 笨~ 蠢~ 骚~
贱~ 交~ 正~ 储~ 商~ 销~
国~ 通~ 好~ 造~ 进~ 财~
宝~ 运~ 行~ 食~ 南~ 识~
期~ 水~ 假~ 杂~ 缺~ 无~

山海～ 万金～ 市井～ 赔钱～

**祸** huò 灾难。损害。
[旧属二十哿]

闯～ 大～ 因～ 免～ 挑～ 无～
脱～ 移～ 福～ 人～ 灾～ 奇～
嫁～ 避～ 车～ 召～ 横～ 悔～
惹～ 乐～ 贾～ 是～ 国～ 遭～
口舌～ 天报～ 谨胜～ 肘腋～

**倮** luǒ 同'裸'。

**蓏** luǒ 古指瓜类果实。
[旧属二十哿]

果～ 蔬～ 采～ 水～ 蜗～

**裸** luǒ 没有东西遮盖。
[旧属二十哿]

赤～ 袒～ 相～ 俱～ 表～ 观～
穴～ 半～ 全～ 背～ 绽～ 脱～
童子～ 每惭～ 静于～

**瘰** luǒ 瘰疬，一种病。

**蠃** luǒ 蜾蠃，寄生蜂。
[旧属二十哿]

**摞** luò 重叠往上放。

**啰** ·luo 助词，表示肯定语气。
[旧属五歌]
（另见平声 luō；luó）

**眜** mǒ 目不明；目不正。
[旧属九泰十一队]

**磨** mò 弄碎粮食的工具。
[旧属二十一个]

碾～ 小～ 舂～ 碓～ 石～ 水～
转～ 牵～ 推～ 驴～
（另见平声 mó）

**礳** mò 礳磦，山西地名。

**鑛** mò 耢。

**懦** nuò 懦弱。
[旧属七虞七遇]

怯～ 畏～ 疲～ 庸～ 品～ 性～

**糯** nuò 糯米。

血～ 香～ 粉～ 软～ 黑～ 甜～

**哦** ò 叹词，表示领会。
[旧属五歌]
（另见 ó；十四歌 é）

**叵** pǒ 不可。
[旧属二十哿]

测诚～

**钷** pǒ 稀土元素，可制荧光粉。

**笸** pǒ 柳条或篾条器物。

**破** pò 破损。破旧。破除。
[旧属二十一个]

残～ 看～ 击～ 心～ 月～ 惊～
蕾～ 点～ 道～ 突～ 打～ 识～
说～ 胆～ 攻～ 云～ 踏～ 城～
计～ 梦～ 红～ 入～ 国～ 冲～
不可～ 船底～ 青衫～ 牢不～

**偌** ruò 这么，那么。

**婼** ruò 婼羌，新疆地名。
[旧属六麻]

鬲～
（另见 chuò）

**贠** suǒ 贠乃亥，青海泽库县。

**所** suǒ 处所。
[旧属六语]

寓～ 住～ 场～ 得～ 失～ 厕～
馆～ 处～ 居～ 诊～ 居～ 会～
招待～ 科研～ 管理～ 派出～

**唢** suǒ 唢呐。

**琐** suǒ 细碎。卑微。
[旧属二十哿]

烦～ 细～ 庸～ 猥～ 碎～ 卑～
冗～ 委～ 青～ 琐～ 鄙～

**锁** suǒ
[旧属二十哿]

铁～ 金～ 石～ 古～ 门～ 解～
反～ 秘～ 横～ 雾～ 空～ 永～

闭~ 连~ 枷~ 密~ 深~ 封~
眉~ 烟~ 开~ 上~ 尘~ 苔~
锈~ 挂~ 云~ 千寻~ 春常~
横江~ 同心~

**璅** suǒ 似玉的石。[旧属十九皓]

**鎖** suǒ 同'锁'。

**妥** tuǒ 妥当。齐备。[旧属二十哿]
稳~ 不~ 半~ 势~ 难~ 办~
商~ 谈~ 平~ 安~ 停~ 未~
欠~ 飞~ 神~

**庹** tuǒ 量词。

**椭** tuǒ 长圆形。[旧属二十哿]
角~ 锐~ 顺~ 矮~ 璧~ 玉~
石研~ 片石~ 瘦且~

**髻** tuǒ 小儿剪发。[旧属二十哿]
鬟~ 剪~ 斜~ 髻~

**唾** tuò 唾液。鄙视。[旧属二十一个]
猛~ 堪~ 被~ 必~ 笑~ 连~
咽~ 反~ 人~ 涕~

**我** wǒ 称自己。[旧属二十哿]
忘~ 害~ 动~ 笑~ 呼~ 送~
求~ 思~ 待~ 诈~ 邀~ 留~
怜~ 伴~ 误~ 舍~ 敌~ 罪~
知~ 唯~ 告~ 劝~ 照~ 自~
顾念~ 人即~ 不弃~

**鋄** wǒ 鋄鬌,形容发髻美好。

**肟** wò 有机化合物。

**卧** wò 躺下。卧铺。[旧属二十一个]
寝~ 虎~ 舟~ 愁~ 孤~ 横~
露~ 仰~ 袒~ 闲~ 静~ 春~
归~ 高~ 醉~ 坐~ 偃~ 醋~
独~ 病~ 同~ 高枕~ 同床~

听雨~ 江边~ 隆中~ 琼楼~

**涴** wò 弄脏。[旧属二十一个]
小~ 雨~ 垢~ 耻~ 血~ 卑~
避~ 酒~ 尘~ 汗~ 粉~ 泯~
尘土~ 苔藓~ 脂粉~ 不受~
(另见十一先 yuān)

**硪** wò 山高貌。砸实地基。[旧属二十哿]
打~ 磊~

**哟** ·yo 助词。
嗨~ 用力~
(另见平声 yō)

**左** zuǒ 东。相反。[旧属二十哿二十一个]
偏~ 相~ 席~ 阳~ 勿~ 岸~
转~ 从~ 门~ 宾~ 让~ 海~
如~ 抑~ 谁~ 过~ 山~ 江~
尚~ 极~ 向~ 闾~ 道~ 车~
右掩~ 置之~ 女由~

**佐** zuǒ 辅佐;辅助。[旧属二十一个]
辅~ 贤~ 规~ 匡~ 难~ 僚~
良~ 宾~ 善~ 忠~ 擢~ 弼~
参~ 军~ 将~ 股肱~ 一言~
明哲~ 萧曹~ 文武~ 无人~

**坐** zuò 乘;搭。定罪。[旧属二十哿二十一个]
端~ 歇~ 岸~ 宵~ 夜~ 趺~
羞~ 禅~ 连~ 反~ 偶~ 休~
陪~ 幽~ 稳~ 乘~ 闲~ 请~
环~ 上~ 高~ 默~ 静~ 独~
久~ 兀~ 危~ 就~ 升~ 箕~
席地~ 临风~ 披襟~ 团团~
含情~ 对棋~ 并肩~ 怀里~

**阼** zuò 东面台阶,迎客处。[旧属七遇]
践~ 莅~ 宾~ 登~ 当~
立于~ 敛于~ 席于~

**峄** zuò 峄山,山东地名。

**胙** zuò 祭祀时供的肉。[旧属七遇]

祭~ 庙~ 福~ 神~ 丰~

**祚** zuò 福。君位。
[旧属七遇]

天~ 庆~ 兆~ 万~ 绵~ 吉~
延~ 国~ 年~ 福~ 帝~ 践~
南山~ 传世~ 九天~ 无穷~

**唑** zuò 译音用字。

咔~ 噻~

**座** zuò 坐位。星座。敬辞。
[旧属二十一个]

满~ 倾~ 官~ 高~ 莲~ 香~
蒲~ 首~ 锦~ 上~ 讲~ 法~
惊~ 举~ 隔~ 末~ 骂~ 入~
宝~ 四~ 虚~ 星~ 在~ 拂~
客盈~ 香满~ 春风~ 风生~
仙人~ 吉祥~ 莲花~

**做** zuò 制造。从事。

用~ 敢~ 装~ 假~ 叫~ 当~
惯~ 不~ 谁~ 先~ 未~ 再~

## 旧读入声

**柏** bò 黄柏。
[旧属十一陌]
（另见 bó；十开 bǎi）

**薄** bò 薄荷。
[旧属十药]
（另见平声 bó；十二萧 báo）

**檗** bò 黄檗，即黄柏。
[旧属十一陌]

食~ 野~ 艺~ 苦~ 嚼~ 涅~
染~ 冰~ 茹~ 山头~ 石上~

**擘** bò 大姆指。
[旧属十一陌]

巨~ 左~ 连~ 蟹~ 分~

**卜** ·bo 萝卜。
[旧属一屋]
（另见七无 bǔ）

**辵** chuò 忽走忽停。

**娖** chuò 谨慎。整顿。
[旧属三觉]

**啜** chuò 喝。抽噎。
[旧属九屑]

热~ 小~ 长~ 呷~ 轻~ 细~
强~ 饮~ 哺~ 品~ 慢~ 微~
和露~ 清可~ 羹不~
（另见十开 chuài）

**惙** chuò 忧愁。疲乏。
[旧属九屑]

忧~ 患~ 羸~ 虚~ 危~ 惙~
气息~ 力恒~

**婼** chuò 不顺。
[旧属十药]

叔孙~
（另见 ruò）

**婥** chuò 婥约，同'绰约'。

**绰** chuò 宽绰。体态柔美。
[旧属十药]

阔~ 弘~ 弥~ 坦~ 宏~ 绰~
（另见十二萧 chāo）

**辍** chuò 中止；停止。
[旧属九屑]

不~ 中~ 暂~ 未~ 作~ 间~
禄为~ 征夫~ 梵种~

**齪** chuò 龌龊。

**歠** chuò 吸；喝。
[旧属九屑]

**斮** chuò 斩；割。
[旧属三觉十药]

法~ 当~ 断~ 琢~ 细~ 刀~
颈如~ 两足~ 东市~ 后至~

**错** cuò 错杂。错处。
[旧属十药七遇]

履~ 谬~ 铸~ 交~ 疑~ 差~
乖~ 大~ 纠~ 杂~ 出~ 寻~
前计~ 万事~ 用心~ 平生~

**柮** duò 榾柮，木块。
[旧属六月]

**饳** duò 馎饳，古面制食品。

**㮏** guǒ 套棺。

**漷** huò 漷县，在北京通县。
[旧属十药]

**或** huò 或许。或者。某人。
[旧属十三职]
尚~　倘~　偶~　容~　间~　设~

**获** huò 捉住。得到。收割。
[旧属十药七遇]
收~　秋~　耕~　不~　未~　播~
刈~　渔~　猎~　捕~　屡~　新~
斩~　坐~　大~　弋~　俘~　截~

**惑** huò 疑惑；迷惑。
[旧属十三职]
不~辨　欺~　鼓~　久~　妖~
悟~　诱~　破~　煽~　解~　蔽~
媚~　荧~　不~　大~　狂~　惶~
惊~　幻~　生~　天下~　多则~
了无~　世所~　弓蛇~　古来~

**脙** huò 同'臛'。
[旧属十药]

**霍** huò 霍然。
[旧属十药]
挥~　萧~　桑~　景~　卫~　霍~

**嚄** huò 大呼；大笑。
（另见 ǒ；平声 huō）

**鱯** huò 海鱼。

**臐** huò 泛指好的彩色。
[旧属十药]
丹~　朱~　青~　泛~　金~　粉~

**豁** huò 开阔；通达。免除。
[旧属七曷]
开~　寥~　空~　山~　林~　敞~
疏~　轩~　醒~　超~　明~　畅~
天宇~　千里~　平生~
（另见平声 huō；九佳 huá）

**镬** huò 大锅。
[旧属十药]
鼎~　铁~　汤~　沸~　斋~　巨~
大~　金~　斧~　晨~　铜~　铸~
烹牢~　取于~　奋担~

**藿** huò 豆叶。
[旧属十药]
牛~　藜~　葵~　芳~　春~　芸~
茹~　菽~　飞~　肉如~　秋原~

**嚯** huò 叹词，表示赞叹。

**蠖** huò 虫名。
[旧属十药]
尺~　温~　龙~　微~　蚨~　动~
桑~　豆~　屈~　龙蛇~　求伸~

**玃** huò 玃狐狓，形似长颈鹿。

**臛** huò 肉羹。
[旧属十药]
牛~　羹~　羊~　肉~　黍~　鼋~
煮~　饼~　煎~　黄颔~　香点~

**扩** kuò 扩大。
开~　声~　展~　推~　胸~　襟~
天宇~

**括** kuò 扎；束。包括。
[旧属七曷]
囊~　包~　隐~　总~　铨~　统~
搜~　综~　笼~　简~　概~　揽~
（另见九佳 guā）

**栝** kuò 檿栝。
[旧属七曷]
白~　松~　翠~　茂~
（另见九佳 guā）

**蛞** kuò 蛞蝼，蛞蝓。

**筈** kuò 箭尾扣弦的部分。
[旧属七曷]
箭~　矢~　脱~　弦~　羽~

**阔** kuò 宽；宽广。阔绰。
[旧属七曷]
辽~　壮~　水~　宇~　江~　岸~
人~　天~　地~　契~　广~　开~
疏~　宽~　空~　迁~　摆~　海~
秋水~　天地~　眼界~　万里~
胸怀~　波澜~

**廓** kuò 广阔。扩展。外缘。
[旧属十药]

寥~ 宏~ 恢~ 开~ 空~ 高~
旷~ 月~ 轮~ 原野~ 天宇~

**鞹** kuò 去毛的兽皮。
[旧属十药]
牛~ 豹~ 皮~ 犀~ 遗~ 豕~
犬羊~ 虎豹~

**咯** ·lo 助词,用法如'了'。

当然~

（另见 luò;九佳 kǎ;十四歌 gē）

**泺** luò 泺水,山东水名。
[旧属十药]
会~ 余~ 雨~ 霜~ 西~ 涉~
引塘~ 鸳鸯~

**荦** luò 明显。
[旧属三觉]
荦~ 卓~ 确~ 慕~ 怒~ 轧~
力何~ 圉人~ 盟于~

**咯** luò 吡咯,用以制药。

（另见·lo;九佳 kǎ;十四歌 gē）

**洛** luò 洛河,陕西水名。
[旧属十药]
京~ 河~ 伊~ 渭~ 泾~ 汴~

**骆** luò 古指黑鬃白马。
[旧属十药]
四~ 白~ 骊~ 山~ 赤~

**络** luò 网状的东西。
[旧属十药]
罗~ 地~ 金~ 井~ 纬~ 包~
羁~ 网~ 经~ 缨~ 笼~ 脉~
筋~ 联~ 丝~ 缠~ 珠~ 橘~
（另见十二萧 lào）

**珞** luò
[旧属十药]
璎~ 宝~ 珠~ 赛璐~

**烙** luò
[旧属十药]
炮~ 刻~ 针~
（另见十二萧 lào）

**硌** luò 山上的大石。
[旧属十药]
砾~ 硌~ 砟~

（另见十四歌 gè）

**落** luò 衰败;飘零。
[旧属十药]
花~ 叶~ 齿~ 飘~ 水~ 泪~
散~ 月~ 雨~ 日~ 雁~ 帆~
坐~ 剥~ 涨~ 没~ 磊~ 错~
出~ 木~ 流~ 下~ 失~ 牢~
潮~ 村~ 院~ 篱~ 寥~ 利~
奚~ 疏~ 破~ 冷~ 衰~ 零~
摇~ 沦~ 角~ 落~ 部~ 荒~
败~ 碧~ 洒~ 起~ 坠~ 堕~
从天~ 梅花~ 马蹄~
（另见平声 luō;九佳 là;十二萧 lào）

**跞** luò
[旧属十药]
卓~ 辅~
（另见八齐 lì）

**雒** luò 同'洛'。姓。

**漯** luò 漯河;河南地名。
[旧属十五合]
济~ 钓~ 非~ 重~ 潲~

**抹** mǒ 涂抹。擦。除去。
[旧属七曷]
淡~ 雨~ 金~ 秀~ 半~ 浓~
浅~ 一~ 揩~ 擦~ 黛~ 重~
浓笔~ 随手~ 霜如~
（另见 mò;九佳 mā）

**万** mò 万俟,姓。

（另见十一先 wàn）

**末** mò 尽头。末尾。
[旧属七曷]
毫~ 本~ 始~ 锯~ 发~ 农~
事~ 篇~ 尾~ 卷~ 秋~ 天~
岁~ 春~ 药~ 碎~ 微~ 屑~
逐~ 粉~ 萍~ 木~ 句~ 芥~
结~ 椎~ 逐~ 强弩~ 十指~
车马~

**没** mò 沉没。漫过。没收。
[旧属六月]
出~ 覆~ 倾~ 沦~ 影~ 水~
荒~ 沉~ 日~ 隐~ 泯~ 湮~

吞～　灭～　埋～　辱～　籍～　没～
才华～　黄尘～　烟雨～
(另见五微 méi)

**茉** mò 茉莉。

**抹** mò 涂。[旧属七曷]
捻～　指～　轻～　挑复～
(另见 mǒ；九佳 mā)

**殁** mò 死。[旧属六月]
身～　父～　临～　悼～　殉～　陨～
存～　战～　亡～　病～　友～　师～
知己～　形神～　故人～　贤圣～

**沫** mò 唾液。泡沫。[旧属七曷]
濡～　唾～　流～　江～　惊～　跳～
血～　吐～　溅～　进～　酒～　痕～
漂～　口～　皂～　浪～　白～　津～
飞～　星～　喷～　鱼吹～　牛嚼～
身如～

**陌** mò 田间小路。[旧属十一陌]
阡～　九～　春～　香～　街～　古～
郊～　荒～　巷～　田～　芳～　翠～
紫～　南～　桑～　江南～　春风～
杨柳～

**妹** mò 妹喜，夏王桀的妃子。

**冒** mò 冒顿，汉匈奴头领。[旧属十三职]
(另见十二萧 mào)

**脉** mò 脉脉，眼中含情。[旧属十一陌]
(另见十开 mài)

**莫** mò 不。不要。[旧属十药十一陌]
切～　慎～　莫～　求～　乐～　子～
约～　落～　遮～　索～

**秣** mò 饲料。喂牲口。[旧属七曷]
摧～　思～　饱～　晓～　朝～　砺～
丰～　刍～　仰～　粮～　夜～　春～

马忘～　骐骥～　休更～

**眽** mò 眽眽，同'脉脉'。[旧属十一陌]

**蓦** mò 突然。超越。[旧属十一陌]
细～

**貊** mò 古称东北方民族。[旧属十一陌]
北～　貘～　羌～　戎～　华～

**漠** mò 沙漠。冷淡。[旧属十药]
大～　朔～　荒～　淡～　漠～　广～

**寞** mò 安静；冷落。[旧属十药]
寂～　落～　恬～　冲～　索～

**靺** mò 靺鞨，古东北民族。

**嘿** mò 同'默'。
(另见五微 hēi)

**墨** mò 墨汁。墨宝。规矩。[旧属十三职]
笔～　翰～　弄～　挥～　研～　喷～
香～　惜～　奋～　泪～　囚～　淡～
如～　水～　尺～　浓～　印～　诗～
碑～　帖～　求～　儒～　绳～　泼～
粉～　文～　遗～　黑～　落～　遗～
胸中～　云似～　淋漓～　松烟～

**镆** mò 镆铘，莫邪剑。[旧属十药]
干～

**瘼** mò 病；疾苦。[旧属十药]
民～　人～　政～　疾～　深～　求～

**默** mò 不说话；不出声。[旧属十三职]
沉～　幽～　默～　静～　羞～　嚜～
持～　言～　缄～　恬～　守～　久～
知者～　寒虫～　莺舌～

**貘** mò 热带动物。[旧属十一陌]
走～　豿～　画～

**缰** mò 绳索。
[旧属十三职]
徽～ 纠～ 牵～ 长～ 真～

**诺** nuò 答应;允许。
[旧属十药]
允～ 许～ 应～ 践～ 请～ 心～
一～ 重～ 然～ 玉～ 唯～ 宿～
轻～ 画～ 诺～ 然～ 承～ 守～
千金～ 不虚～ 无二～

**喏** nuò 叹词。同'诺'。
（另见十四歌 rě）

**搦** nuò 持;握。挑;惹。
[旧属三觉]
手～ 俯～ 一～ 互～ 捉～
无由～

**锘** nuò 金属元素,有放射性。

**嚄** ǒ 叹词,表示领会、醒悟。
（另见 huò;平声 huō）

**朴** pò 朴树。朴硝。
[旧属一屋]
（另见平声 pō;七无 pǔ;十二萧
piáo）

**迫** pò 逼近。急促。接近。
[旧属十一陌]
窘～ 穷～ 事～ 催～ 险～ 压～
胁～ 情～ 惶～ 紧～ 急～ 忧～
强～ 境～ 猝～ 煎～ 逼～ 交～
饥寒～ 岁月～
（另见十开 pǎi）

**珀** pò 琥珀。
[旧属十一陌]
红～ 水～ 石～ 金～ 丹～ 南～
花～ 灵～ 珠～ 千年～ 物象～

**粕** pò 渣滓。
[旧属十药]
糟～ 沉～ 壅～ 汉～

**魄** pò 魂魄。魄力;精力。
[旧属十药十一陌]
月～ 兔～ 皓～ 形～ 气～ 体～
精～ 动～ 炼～ 落～ 冰～

（另见平声 tuò;bó）

**若** ruò 如;好像。你。
[旧属十药]
诚～ 真～ 倜～ 何～ 岂～ 莫～
宛～ 不～ 杜～ 蘅～ 俨～ 海～
（另见十四歌 rě）

**鄀** ruò 春秋时楚国都城。
[旧属十药]
人～ 徙～ 都～

**弱** ruò 弱小。
[旧属十药]
强～ 体～ 纤～ 卑～ 处～ 攘～
民～ 势～ 性～ 扶～ 瘦～ 薄～
懦～ 软～ 柔～ 衰～ 怯～ 脆～
示～ 文～ 赢～ 虚～ 老～ 削～
枝条～ 心力～ 形势～

**蒻** ruò 古指嫩的香蒲。
[旧属十药]
蒲～ 白～ 芳～ 菰～ 香～ 青～

**箬** ruò 箬竹。
[旧属十药]
竹～ 细～ 露～ 绿～ 风～ 青～

**爇** ruò 点燃;焚烧。
[旧属九屑]
焚～ 不～ 夜～ 烟～ 火～ 炉～
宝香～ 麝煤～

**妁** shuò 媒妁。
[旧属十药]
拙～

**烁** shuò 光亮的样子。
[旧属十药]
闪～ 烁～ 灼～ 目～ 金～ 辉～
光～ 熠～ 炳～ 流～

**铄** shuò 溶化。耗损。
[旧属十药]
熔～ 销～ 铄～ 矍～ 金～ 谤～
炼～ 如～ 炎～ 谗口～ 溽暑～

**朔** shuò 初一。北(方)。
[旧属三觉]
河～ 元～ 北～ 秋～ 节～ 吉～
月～ 边～ 正～ 扑～ 度～ 弦～
甲子～ 孟冬～ 东方～

**硕** shuò 大。
[旧属十一陌]

丰～肥～宏～博～儒～孔～
华～宽～斗～耆～

**猾** shuò 八丈矛。
[旧属三觉]

刀～黑～横～长～拔～持～
笔如～丈八～将军~

**蒴** shuò 蒴果,干果。

**搠** shuò 刺;扎。

针～手～枪～棒头～剪刀~

**数** shuò 屡次。
[旧属三觉]

频～数～梦～横戈～音题~
不可～
（另见七无 shǔ;shù）

**槊** shuò 长矛。
[旧属三觉]

诗～立～戟～持～棋～弓~
矛～投～横～夺～剑～挺~

**索** suǒ 绳。搜寻。取。
[旧属十一陌]

求～思～探～船～绳～铁~
大～绞～线～搜～勒～讨~
密～追～摸～弦～离～萧~
缆～百～强～不外～无所~
入何~

**拓** tuò 开辟。
[旧属十药]

开～恢～外～推～落～修~
（另见九佳 tà）

**柝** tuò 打更用的梆子。
[旧属十药]

击～金～鸣～边～弛～鼓~
宵～关～寒～警～铃～偎~
夜不～秋城～送筹～城头~

**萚** tuò 老树皮或落叶。
[旧属十药]

秋～陨～风～飘～飞～扫~
蓬～轻～寒～枯～野～雨~

**跅** tuò 跅弛,放荡。

**箨** tuò 竹笋皮。
[旧属十药]

笋～竹～含～夏～枯～初~
青～筠～进～嫩～粉～新~

**魄** tuò 落魄。
[旧属十药]
（另见 pò;平声 bó）

**沃** wò 灌溉。土肥。
[旧属二沃]

肥～良～土～地～壤～野~
水～灌～饶～膏～泉～曲~
桑柘～山如～清泉~

**偓** wò 用于人名。

韩~

**握** wò 掌握。
[旧属三觉]

手～兼～运～拳～含～左~
紧～把～在～入～盈～一~
内外～终日～不盈～钧枢~

**幄** wò 帐幕。
[旧属三觉]

帷～华～毡～帐～香～绮~
将～虎～绣～莲～雪～寒~
思君～霞作～珊瑚~

**渥** wò 沾湿。厚;重。
[旧属三觉]

德～惠～慈～恩～春～福~
沾～颜～优～恩意～仁雨~

**斡** wò 旋转。
[旧属七曷]

旋～移～风～运～回～舛~

**龌** wò 龌龊:不洁;人品差。

**撮** zuǒ 量词。
[旧属七曷]

一～缩～把～分～轻~
（另见平声 cuō）

**作** zuò 起。从事。作品。
[旧属十药]

天～动～将～著～力～大~
用～合～发～变～操～佳~
劳～巨～新～工～农～护~
强～兼～化～初～充～振~
杰～名～耕～习～做～写~

协～　敢～　创～　率然～　风浪～
感而～　处女～
（另见平声 zuō）

**怍** zuò 惭愧。
[旧属十药]
心～　负～　茹～　耻～　愠～　惭～
愧～　悚～　羞～　不～　醒后～

**柞** zuò 木名。
[旧属十药十一陌]

五～　芟～　维～　高～　产～
（另见九佳 zhà）

**酢** zuò 客人向主人敬酒。
[旧属十药]
酬～　饮～　宾～　交～　攸～　献～
（另见七无 cù）

# 十 六 尤

## 平 声

**抽** chōu 抽取。长出。打。
[旧属十一尤]

新～　若～　纤～　春～　竞～　莲～
兰～　苗～　篁～　茗～　旁～　手～
齐～　渐～　叶～　穗～　麦～　笋～
茧丝～　绪末～　稻芽～　碧玉～

**㧬** chōu 弹奏乐器。搀扶。
[旧属十一尤]

立～　带频～

**䌷** chōu 引出。缀辑。
[旧属十一尤二十六宥]

白～　碧～　黄～　山～　绝～　海～
朝霞～

**篘** chōu 滤酒器。过滤酒。
[旧属十一尤]

新～　酒～　撤～　初～　堪～　自～
竹篘～　向花～　宿醅～　社瓮～

**瘳** chōu 病愈。损害。
[旧属十一尤]

疾～　病～　先～　足～　有～　未～
暗～　曷～　微～　已～　渐～　易～
沉疴～　喜病～　无术～　不难～

**犨** chōu 牛喘息声。突出。
[旧属十一尤]

**仇** chóu 仇敌。仇恨。
[旧属十一尤]

冤～　报～　恩～　结～　世～　如～
前～　雪～　解～　私～　深～　避～
复～　事～　挟～　同～　记～　亲～
血泪～　君子～　亲与～　杀父～
（另见 qiú）

**俦** chóu 伴侣。等;辈。
[旧属十一尤]

鸿～　结～　朋～　同～　吾～　侣～
失～　携～　故～　比～　高～　酒～
匹～　寡～　无～　良～　私～　罕～

将相～　伊吕～　草木～　水石～
难为～　鸾凤～　云鹤～

**帱** chóu 帐子。车帷。
[旧属十一尤]

蚊～　罗～　素～　单～　轻～　丹～
月临～　雪侵～　翠纱～　下芸～
（另见 十二萧 dào）

**惆** chóu 惆惆,忧愁的样子。
[旧属二十六宥]

**㤙** chóu 失意;悲痛。
[旧属十一尤]

**绸** chóu 绸子。绸缪。
[旧属十一尤]

丝～　蕙～　彩～　挂～　纺～　绵～

**畴** chóu 田地。类别。谁。
[旧属十一尤]

范～　田～　良～　荒～　新～　春～
沃～　桑～　稻～　翠～　九～　平～
绿～　西～　瓜～　侣～　等～　结～
农圃～　芳菲～　燕雀～　贤者～

**酬** chóu 报答。报酬。交际。
[旧属十一尤]

应～　取～　唱～　相～　献～　片～
受～　侑～　厚～　重～　愿～　难～
赏～　交～　和～　更～　稿～　同～
志未～　无资～　高歌～　尽心～

**稠** chóu 稠密。
[旧属十一尤]

星～　云～　稀～　粥～　花～　穗～
人烟～　岁月～　枝叶～　万家～
春雨～　鱼虾～　桑柘～　客舍～

**愁** chóu 忧虑。忧伤。

乡～　忧～　莫～　悲～　春～　新～
多～　蝶～　坐～　夜～　孤～　洗～
无～　破～　扫～　深～　离～　解～
哀～　闲～　发～　穷～　消～　浇～
使人～　暮雨～　古今～　路人～

分外~ 满座~ 一缕~ 替人~

**筹** chóu 小棍片。筹划。
[旧属十一尤]

运~ 统~ 行~ 下~ 争~ 计~
头~ 竹~ 自~ 前~ 唱~ 持~
算~ 觥~ 酒~ 添~ 预~ 熟~
第一~ 决胜~ 借箸~ 海屋~

**裯** chóu 单被。帐子。
[旧属十一尤]

衾~ 第~ 荷~ 敝~ 增~ 同~
无缝~ 鸳鸯~

**踌** chóu 踌躇:犹豫;得意。

**雠** chóu 校对文字。同'仇'。
[旧属十一尤]

校~ 速~ 相~ 检~ 对~ 自~
敌~ 避~ 深~ 解~ 仇~ 寇~
不弃~ 昭余~ 细碎~ 千钧~

**丢** diū 遗失;失去。抛弃。

**铥** diū 稀土金属。

**都** dōu 副词。
[旧属七虞]
（另见七虞 dū）

**嘟** dōu 怒斥声。

**兜** dōu 口袋。拢住。绕。
[旧属十一尤]

裤~ 云~ 半~ 竹~ 红~ 难~
共~ 锦~ 网~ 软布~ 青丝~

**蔸** dōu 植物根茎。

**篼** dōu 山轿。
[旧属十一尤]

竹~ 背~

**勾** gōu 描画。招引。结合。
[旧属十一尤]
奉~ 一笔~
（另见仄声 gòu）

**句** gōu 句践,春秋越国国王。
[旧属七虞十一尤七遇]

（另见六鱼 jù）

**佝** gōu 佝偻,脊背弯曲。

**沟** gōu 水道。浅槽。
[旧属十一尤]

山~ 阴~ 鸿~ 填~ 卢~ 暗~
泥~ 深~ 界~ 曲~ 麦~ 城~
龙须~ 朝阳~ 交通~ 小河~

**枸** gōu 枸橘。
[旧属七虞七麌二十五有]
（另见仄声 gǒu;六鱼 jǔ）

**钩** gōu 钩子。钩形。探求。
[旧属十一尤]

金~ 玉~ 悬~ 银~ 挂~ 带~
射~ 吴~ 吞~ 秤~ 幔~ 帘~
藏~ 窃~ 直~ 双~ 上~ 抛~
月如~ 眼相~ 钓鱼~ 手中~

**缑** gōu 刀剑柄上的绳。
[旧属十一尤]

四~ 十~ 蒯~

**篝** gōu 笼。
[旧属十一尤]

灯~ 诗~ 宿~ 一~ 寒~ 春~
秦~ 满~ 拥~ 衣~ 香~ 红~
麝兰~

**鞲** gōu 鞲鞴,活塞。

**齁** hōu 打呼噜的声音。
[旧属十一尤]

齁~

**侯** hóu 爵位。达官贵人。
[旧属十一尤]

封~ 诸~ 王~ 建~ 公~ 五~
齐~ 称~ 留~ 君~ 殷~ 武~
万户~ 几世~ 东陵~ 关内~
（另见仄声 hòu）

**喉** hóu 喉头。
[旧属十一尤]

歌~ 咽~ 莺~ 结~ 扼~ 哽~
寸~ 娇~ 割~ 断~ 枯~ 玉~
贯珠~ 巧转~ 春风~ 箭穿~

**猴** hóu 猴子。
[旧属十一尤]

金～　猿～　猕～　群～　训～　小～
白～　狙～　耍～　真～　沐～　弄～
金丝～　妆如～　两足～　山多～

**睺** hóu 半盲。
[旧属十一尤]
罗～（主吉凶祸福的星名）

**瘊** hóu 瘊子,疣的通称。

**骺** hóu 骨骺。

**篌** hóu 古代弦乐器。
[旧属十一尤]
箜～　筝～　笙～

**餱** hóu 干粮。
[旧属十一尤]
干～　负～　粮～　囊～

**勼** jiū 聚集。

**纠** jiū 缠绕。督察。纠正。
[旧属二十五有]
必～绳　纠～纷　笠～席～
裁～竞　结～缠　雍～弁～

**鸠** jiū 斑鸠等。聚集。
[旧属十一尤]
雎～化　献～鹁　春～飞～
放～玉　嫁～刻　群～锦～
寒～鸥　啼～林　田～晴～
鸣～啼　桑～拙　春～雉～
唤雨～　陇上～　何处～　状如～
枭逢～　寄巢～　唤妇～　花外～

**究** jiū 追查。到底;究竟。
[旧属二十六宥]
追～学　穷～研　考～详～
终～寻　察～诘　难～深～
焉～安　辨～讲　推～根～
岂其～　无劳～　事不～　失得～

**赳** jiū 赳赳,健壮威武。
[旧属二十五有]

**阄** jiū 抓阄时卷起的纸片。
[旧属十一尤]
抓～拈　藏～探　迷～送～
手作～

**揪** jiū 紧抓住并拉。

**啾** jiū 象声词。
啾～啁　喧～鸣～　嘲～号～
虫声～　白鸟～

**樛** jiū 树木向下弯曲。
[旧属十一尤]
相～内～　攀～松～　南～桑～

**鬏** jiū 头发盘成的结。
[旧属十一尤]
羌～

**苉** kōu 葱。

**抠** kōu 用手指挖。
[旧属十一尤]
死～瓦～　金～

**彄** kōu 弓两端系弦的地方。
[旧属十一尤]
笔～援～　石～引弦～　玛瑙～
十六～　公孟～

**眍** kōu 眼珠深陷。
深～双眼～

**溜** liū 滑行。溜走。光滑。
[旧属二十六宥]
滴～光～　滑～醋～　涓～细～
金钗～顺口～　秋波～龙泓～
（另见仄声 liù）

**熘** liū 烹饪方法。
醋～滑～

**睭** liū 看;斜视。

**蹓** liū 偷偷地走开。
想～
（另见仄声 liù）

**刘** liú 姓。
[旧属十一尤]
曹～孙～　梦～忆～　虔～公～

**浏** liú 形容水流清澈。
[旧属十一尤]

洪～ 浏～ 光风～

## 留 liú 不离去。留存。
[旧属十一尤二十六宥]

保～ 遗～ 停～ 愿～ 相～ 延～
勉～ 自～ 不～ 形～ 影～ 云～
缓～ 存～ 难～ 夜～ 苦～ 船～
春～ 空～ 款～ 淹～ 去～ 扣～
拘～ 稽～ 久～ 暂～ 羁～ 挽～
名～ 滞～ 逗～ 收～ 弥～ 长～
处处～ 千载～ 主人～ 举国～
莫与～ 作意～ 遮道～

## 流 liú 流动。流水。品类。
[旧属十一尤]

风～ 名～ 洪～ 奔～ 横～ 如～
涓～ 湍～ 飞～ 激～ 气～ 暖～
电～ 女～ 清～ 浊～ 沿～ 枕～
春～ 盲～ 黄～ 泪～ 血～ 顺～
濯～ 月～ 穿～ 东～ 抱～ 上～
下～ 中～ 九～ 合～ 潮～ 源～
川～ 逆～ 逐～ 急～ 漂～ 长～
断～ 截～ 江～ 溯～ 分～ 细～
同～ 凡～ 河～ 第一～ 不入～
金石～ 天际～ 涕泗～ 潺湲～
石上～ 花底～ 咏若～ 万古～
为谁～ 夹岸～ 宇宙～

## 琉 liú 琉璃。

## 硫 liú 硫磺。硫酸。

## 遛 liú 逗留。
[旧属十一尤]
（另见仄声 liù）

## 馏 liú 蒸馏。
[旧属二十六宥]
（另见仄声 liù）

## 旒 liú 帝王帽前后的玉串。
[旧属十一尤]

冕～ 缀～ 前～ 珠～ 垂～ 饰～
端～ 龙～ 丝～ 玉～ 衮～ 宸～
十二～

## 骝 liú 黑鬣黑尾的红马。
[旧属十一尤]

赤～ 金～ 纯～ 骐～ 紫～ 骅～
如意～ 紫燕～ 玉腕～ 大宛～

## 榴 liú 石榴。
[旧属十一尤]

紫～ 甜～ 甘～ 酸～ 苦～ 荐～
擘～ 探～ 珠～ 红～ 山～ 丹～
五月～ 水晶～ 多子～ 四季～

## 飗 liú 高风。
[旧属十一尤]

飗～（微风吹动的样子）

## 镏 liú 镏金。
（另见仄声 liù）

## 鹠 liú 鸟名。
[旧属十一尤]

鸺～ 枭～ 撮蚤～

## 瘤 liú 瘤子。
[旧属十一尤二十六宥]

毒～ 肉～ 瘿～ 大～ 宿～ 衔～
割～ 去～ 目～ 赘～ 肿～

## 镠 liú 成色好的金子。
[旧属十一尤]

精～ 琳～ 钱～

## 鎏 liú 成色好的金子。

## 搂 lōu 聚集。手提。挽。
[旧属十一尤]
（另见仄声 lǒu）

## 睺 lōu 看(口气不庄重)。

## 娄 lóu 二十八宿之一。姓。
[旧属十一尤二十五有]

降～ 奎～ 牟～ 扶～ 离～ 黔～
未耐～ 睡面～ 旷与～ 莫那～

## 偻 lóu 曲背。
[旧属十一尤二十六宥]

佝～ 伛～
（另见六鱼 lǚ）

## 蒌 lóu 蒌蒿。
[旧属十一尤七虞]

瓜～ 女～ 括～

## 喽 lóu 喽罗，追随者。
（另见·lou）

**溇** lóu 溇水,湖南水名。
[旧属七虞二十五有]
沟~ 小~

**楼** lóu 楼房。楼层。楼台。
[旧属十一尤]
高~ 小~ 画~ 登~ 大~ 玉~
箭~ 市~ 上~ 灯~ 名~ 琼~
银~ 古~ 云~ 青~ 寺~ 蜃~
洋~ 砲~ 谯~ 牌~ 倚~ 竹~
当~ 危~ 门~ 鼓~ 城~ 书~
酒~ 茶~ 戍~ 红~ 层~ 阁~
钟~ 更~ 西~ 百尺~ 楼外~
明月~ 岳阳~ 摩天~ 烟雨~
望湖~ 春风~ 夕阳~

**耧** lóu 播种用的农具。
[旧属十一尤]

**蝼** lóu 蝼蛄;蝼蚁。
[旧属十一尤]
天~ 土~ 腥~ 大~ 蛄~ 容~
田于~

**髅** lóu 死人的头骨。
[旧属十一尤]
髑~ 骷~

**哞** mōu 牛叫声。

**牟** móu 牟取。
[旧属十一尤]
中~ 如~ 东~ 贻~ 虚~ 来~
(另见七虞 mù)

**侔** móu 相等;齐。
[旧属十一尤]
相~ 比~ 难~ 力~ 势~ 功~
轻重~ 羞与~ 不足~ 强弱~

**眸** móu 眸子。
[旧属十一尤]
凝~ 明~ 清~ 两~ 睡~ 盈~
黑~ 秋~ 转~ 敛~ 醉~ 回~
星~ 双~ 珠~ 射我~ 玉女~
青莲~

**谋** móu 计策。谋求。商议。
[旧属十一尤]
智~ 阴~ 用~ 合~ 诈~ 有~
计~ 设~ 自~ 预~ 良~ 密~
小~ 足~ 巧~ 宏~ 机~ 权~

主~ 多~ 远~ 无~ 蓄~ 同~
奇~ 深~ 图~ 老~ 参~ 善~
不相~ 稻粱~ 与妇~ 十年~
为国~ 不须~ 与愚~ 顺时~
决胜~ 为食~ 借箸~ 自为~

**蛑** móu 蝤蛑,梭子蟹。
[旧属十一尤]
蛤与~ 螳螂~

**麰** móu 大麦。
[旧属十一尤]
来~ 野~ 瑞~ 麦~ 困无~

**缪** móu 绸缪;缠绵。
[旧属十一尤二十六有]
相~ 缪~ 绳枢~
(另见仄声 miù;十二萧 miào)

**鍪** móu 兜鍪;头盔。
[旧属十一尤]
象~ 狻猊~

**妞** niū 女孩子。
小~ 黑~ 妞~ 大~ 白~ 泡~

**牛** niú 哺乳动物。固执。
[旧属十一尤]
童~ 肥~ 疯~ 公~ 喘~ 石~
老~ 春~ 鞭~ 奠~ 泥~ 乳~
耕~ 牵~ 斗~ 放~ 骑~ 汗~
牧~ 卧~ 铁~ 饭~ 犀~ 火~
青~ 野~ 吴~ 眠~ 蜗~ 天~
风马~ 轭下~ 雪埋~ 折角~
婿家~ 我为~ 孺子~

**区** ōu 姓。
[旧属十一尤二十六有]
(另见六鱼 qū)

**讴** ōu 歌唱。民歌。
[旧属十一尤]
吴~ 越~ 吟~ 民~ 善~ 名~
艳~ 酬~ 谣~ 江~ 棹~ 樵~
俚~ 欢~ 咿~ 齐~ 清~ 粤~
采莲~ 江南~ 击壤~ 竹枝~

**沤** ōu 水泡。
[旧属十一尤]
浮~ 海~ 池~ 一~ 轻~ 波~
白~ 聚~ 风~ 净~ 乱~ 如~
雨中~ 水上~ 空中~ 我即~

(另见仄声 ǒu)

**瓯** ōu 瓦器。温州的别称。
[旧属十一尤]

金~ 茶~ 酒~ 击~ 越~ 东~
铜~ 银~ 吴~ 瓦~ 瓶~ 闽~
白瓷~ 碧玉~ 酒盈~ 冰泉~

**欧** ōu 欧洲。姓。
[旧属十一尤]

西~ 亚~ 全~ 北~ 韩~

**殴** ōu 打人。
[旧属二十五有]

争~ 斗~ 群~

**鸥** ōu 水鸟。
[旧属十一尤]

海~ 沙~ 江~ 盟~ 群~ 春~
翔~ 浴~ 汀~ 翻~ 栖~ 浮~
远~ 白~ 眠~ 轻~ 凫~ 狎~
万里~ 波上~ 逐浪~ 不惊~

**噢** ōu 叹词,表示醒悟、惊异。

**剖** pōu 破开。分辩;分析。
[旧属二十五有]

解~ 横~ 分~ 擘~ 瓜~ 未~
刀~ 裁~ 玉~ 自~ 细~ 蚌~
万物~ 良工~ 清浊~ 微言~

**抔** póu 用手捧东西。
[旧属十一尤]

一~ 满~

**掊** póu 聚敛;搜括。挖掘。
[旧属二十五有]

天~ 抢~ 右~ 击~ 攻~ 强~
(另见仄声 pǒu)

**裒** póu 聚。取出。辑录。
[旧属十一尤]

为~ 罗~ 楼~ 王~ 著于~

**丘** qiū 小土山;土堆。
[旧属十一尤]

荒~ 沙~ 坟~ 虎~ 山~ 章~
土~ 雁~ 帝~ 龙~ 九~ 孔~
丹~ 青~ 林~ 高~ 长~ 松~
古墩~ 垒枯~ 东家~ 貉一~

**邱** qiū 姓。

**龟** qiū 龟兹,古西域国名。
[旧属四支十一尤]
(另见五微 guī;十七侵 jūn)

**秋** qiū 秋季。一年。
[旧属十一尤]

春~ 中~ 千~ 清~ 霜~ 澄~
菊~ 蝉~ 金~ 深~ 麦~ 大~
今~ 素~ 值~ 隔~ 暮~ 立~
高~ 凉~ 报~ 初~ 阳~ 新~
商~ 劲~ 悲~ 惊~ 吟~ 横~
枕簟~ 海月~ 万木~ 古城~
澹澹~ 故宫~ 玉露~ 梧桐~
海棠~ 大漠~ 月照~ 半轮~

**蚯** qiū 蚯蚓。

**萩** qiū 蒿类植物。

**穐** qiū 同'秋'。

**湫** qiū 水池。
[旧属十一尤十七筱]

龙~ 山~ 潭~ 江~ 大~ 灵~
清~ 潜~ 寒~ 涧~ 云~ 长~
百丈~ 云腾~ 忧以~ 宜君~
(另见十二萧 jiǎo)

**楸** qiū 楸树。
[旧属十一尤]

梧~ 青~ 松~ 苦~ 长~ 庭~
槐~ 望~ 行~ 山~ 纹~ 寒~
千树~ 下田~ 风入~ 漠北~

**鹙** qiū 水鸟,头和颈上没毛。
[旧属十一尤]

有~ 秃~ 梁~ 双~ 飞~ 翔~

**鳅** qiū 鱼名。
[旧属十一尤]

泥~ 海~ 沉~ 虾~ 蝤~ 大~
捕~ 鳝~ 飞~ 驱~ 鳗~ 鲯~

**鞦** qiū 鞦韆,同'秋千'。

**鞧** qiū 后鞧,套车的皮带。
[旧属十一尤]

牛~ 玉~ 青~ 马~ 辔~ 银~
红丝~ 树系~ 紫金~ 赤茸~

**仇** <sup>qiú</sup> 姓。
[旧属十一尤]
（另见 chóu）

**囚** <sup>qiú</sup> 关押；囚禁。囚犯。
[旧属十一尤]
楚~ 释~ 孤~ 笼~ 被~ 罪~
狱~ 身~ 幽~ 系~ 诗~ 死~
阶下~ 白首~ 囹圄~ 抱官~

**犰**

**求** <sup>qiú</sup> 请求。要求。追求。
[旧属十一尤]
相~ 广~ 索~ 询~ 博~ 责~
乞~ 探~ 寻~ 数~ 空~ 力~
莫~ 营~ 不~ 央~ 往~ 默~
旁~ 反~ 哀~ 恳~ 强~ 征~
搜~ 苛~ 需~ 深~ 何~ 谋~
苦~ 堪~ 可~ 祈~ 供~ 访~
瘝瘝~ 无厌~ 不可~ 千金~
刻意~ 无所~ 何处~ 梦中~

**虬** <sup>qiú</sup> 虬龙。拳曲。
[旧属十一尤]
黄~ 玉~ 潜~ 蟠~ 龙~ 蛟~
螭~ 青~ 飞~ 赤~ 惊~ 苍~
盘~ 云~ 金~ 怒~ 火~ 毒~
东方~ 水中~ 百尺~ 骨愈~

**泅** <sup>qiú</sup> 浮水。
[旧属十一尤]
暗~ 东~ 善~ 勇~ 学~ 卧~
江豚~ 深可~

**俅** <sup>qiú</sup> 俅俅，恭顺的样子。
[旧属十一尤]

**逑** <sup>qiú</sup> 逼迫。

**酋** <sup>qiú</sup> 酋长。首领。
[旧属十一尤]
匪~ 贼~ 敌~ 大~ 氏~ 群~
悍~ 豪~ 雄~ 奸~ 蛮~ 遣~
黑齿~ 豺狼~ 考公~ 山寨~

**逑** <sup>qiú</sup> 配偶。
[旧属十一尤]
好~ 民~ 搜~ 世阀~

**尿** <sup>qiú</sup> 男性生殖器。

**球** <sup>qiú</sup> 球类。球体。地球。
[旧属十一尤]
足~ 篮~ 桌~ 水~ 网~ 煤~
皮~ 棉~ 抛~ 打~ 冰~ 击~
地~ 假~ 月~ 星~ 彩~ 气~
雪~ 寰~ 全~ 血~ 绣~ 赛~
踢~ 圆~ 点~ 乒乓~ 康乐~
保龄~ 北半~ 水晶~

**赇** <sup>qiú</sup> 贿赂。
[旧属十一尤]
受~ 争~ 请~ 行~

**铫** <sup>qiú</sup> 凿子。
[旧属十一尤]
受~ 缺~ 一~

**遒** <sup>qiú</sup> 强健；有力。
[旧属十一尤]
语~ 未~ 内~ 势~ 字~ 句~
力~ 清~ 气~ 呼~ 声~ 警~
风骨~ 岁月~ 笔力~ 诗兴~
万物~ 精神~ 笙管~ 飞光~

**琉**

**裘** <sup>qiú</sup> 毛皮的衣服。
[旧属十一尤]
狐~ 貂~ 皮~ 虎~ 冬~ 名~
珍~ 袭~ 解~ 脱~ 短~ 黑~
鼠~ 褐~ 羔~ 重~ 车~ 布~
披~ 羊~ 轻~ 敝~ 苑~ 箕~
千金~ 雪点~ 庇寒~

**璆** <sup>qiú</sup> 美玉。
[旧属十一尤]
贡~ 白~ 琳~ 大~ 孕~ 金~
荆山~ 成如~

**蝤** <sup>qiú</sup> 蝤蛴，天牛的幼虫。
（另见 yóu）

**鼽** <sup>qiú</sup> 鼻子堵塞不通。

**柔** <sup>róu</sup> 软。柔和。
[旧属十一尤]
刚~ 知~ 怀~ 温~ 妻~ 娇~
轻~ 体~ 优~ 细~ 情~ 气~
腰~ 手~ 和~ 草~ 水~ 色~
外~ 甘~ 宽~ 桑~ 风~ 思~

橹声~ 着雨~ 笛声~ 绕指~

**揉** róu 用手搓。团弄。
[旧属十一尤]
手~ 痛~ 矫~ 错~ 和~ 风~
纷~ 义~ 搓~ 细~ 轻~ 相~
暖手~ 香可~

**輮** róu 车轮的外框。
[旧属二十六宥]
矫~ 反~ 仄~

**煣**

**糅** róu 混杂。
[旧属二十六宥]
同~ 杂~ 错~ 纷~ 相~ 混~

**蹂** róu 踩;践踏。
[旧属十一尤二十六宥]
簸~ 残~ 马~ 腾~ 深~ 践~
山鬼~

**鰇** róu 枪乌贼。

**鞣** róu 熟皮。
[旧属十一尤]

**收** shōu 收回。获得。接受。
[旧属十一尤]
丰~ 秋~ 夏~ 云~ 雨~ 回~
麦~ 税~ 俱~ 坐~ 催~ 薄~
招~ 接~ 没~ 吸~ 歉~ 兼~
不胜~ 一览~ 四望~ 烟雨~
岁晚~ 锦帆~ 尘思~ 笔底~

**熟** shóu 同'熟'。
[旧属一屋]
(另见七无 shú)

**搜** sōu 寻找。搜查。
[旧属十一尤]
旁~ 博~ 勤~ 监~ 千~ 潜~
征~ 遍~ 细~ 穷~ 遐~ 研~
枯肠~ 象外~ 蹑景~ 束矢~

**嗖** sōu 象声词。
嗖~

**馊** sōu 饭菜变质。
饭~ 菜~ 汤~ 酸~

**廋** sōu 隐藏;隐慝。
[旧属十一尤]
从者~ 人焉~ 慝是~ 安可~

**溲** sōu 小便。
[旧属十一尤]
牛~ 泡~ 偃~ 聚~ 起~ 浮~
不得~

**飕** sōu 风吹。
[旧属十一尤]
啾~ 萧~ 商~ 凉~ 风飕~

**锼** sōu 镂刻。
[旧属十一尤]
雕~ 镂~ 水~ 冷如~ 蛟龙~
玉斧~ 金寮~

**蒐**

**艘** sōu 量词,用于船只。
[旧属四豪]
一~ 几~ 千~ 数十~ 济河~
龙凤~ 金翅~

**偷** tōu 偷盗。
[旧属十一尤]
小~ 惯~ 偷~ 群~ 日~ 暗~
不~ 巧~ 琴~ 民~ 若~ 善~
奸~ 夜~ 拟~ 乘机~ 外人~
预先~ 凿壁~

**头** tóu 头部。方面。后缀。
[旧属十一尤]
龙~ 心~ 低~ 举~ 转~ 回~
摇~ 昂~ 搔~ 垂~ 秃~ 蓬~
光~ 山~ 床~ 船~ 膝~ 肩~
来~ 眉~ 口~ 手~ 楼~ 年~
领~ 接~ 杖~ 枝~ 竿~ 墙~
舌~ 苗~ 从~ 田~ 桥~ 巨~
潮~ 案~ 前~ 对~ 分~ 蝇~
迎~ 埋~ 丫~ 断~ 苦~ 甜~
狗~ 到~ 劈~ 枕~ 老~ 昏~
窝窝~ 天尽~ 五更~ 古渡~
花满~ 挂羊~ 硬骨~ 火车~

**投** tóu 向目标扔。迎合。
[旧属十一尤]
情~ 相~ 夜~ 暂~ 远~ 暗~
抛~ 来~ 暮~ 自~ 空~ 走~
气味~ 两心~ 焚石~ 脱帻~

**骰** tóu 骰子。

掷~

**休** xiū 停止。休息。欢乐。
[旧属十一尤]

甘~ 罢~ 退~ 离~ 公~ 轮~
双~ 自~ 归~ 兵~ 小~ 不~
志未~ 几时~ 劳欲~ 万事~

**咻** xiū 吵闹；喧扰。
[旧属十一尤]

楚~ 嘘~ 燠~ 齐~ 喋~ 咻~
众口~ 耳欲~ 风气~ 莫能~

**修** xiū 修饰。编写。修行。
[旧属十一尤]

静~ 新~ 整~ 增~ 纂~ 返~
维~ 躬~ 添~ 自~ 身~ 德~
精~ 反~ 清~ 重~ 装~ 勤~
缮~ 进~ 失~ 慎~ 检~ 编~
蹇~ 兴~ 束~ 宫室~ 朝夕~
德行~ 次第~

**庥** xiū 庇荫；保护。
[旧属十一尤]

神~ 帝~ 径寸~

**脩** xiū 干肉。见面礼。
[旧属十一尤]

束~ 执~ 肉~ 酒~ 脯~ 肴~

**羞** xiū 难为情；羞耻。
[旧属十一尤]

怕~ 遮~ 害~ 含~ 娇~ 伴~
带~ 怀~ 遗~ 忍~ 包~ 可~
掩~ 承~ 惭~ 尝~ 深~ 洗~
囊~ 荐~ 珍~ 盘~ 时~ 宴~
花见~ 见人~ 房中~ 终身~
倒成~ 丑妇~ 跨下~ 志士~

**鸺** xiū 鸟名。
[旧属十一尤]

鸱~

**貅** xiū 貔貅，猛兽。
[旧属十一尤]

**馐** xiū 滋味好的食物。

珍~

**髹** xiū 涂漆。
[旧属十一尤]

涂~ 鬓~ 文~ 朱~

**螑** xiū 竹节虫。

**优** yōu 优良。充足。优待。
[旧属十一尤]

名~ 学~ 德~ 位~ 禄~ 特~
最~ 俸~ 承~ 俳~ 德~ 才~
艺~ 兼~ 孰~ 倡~ 礼~ 意~
士风~ 礼任~ 处为~ 味更~

**攸** yōu 所。
[旧属十一尤]

相~ 攸~ 令~ 湫~ 郁~ 炎~

**忧** yōu 忧愁。担心；忧虑。
[旧属十一尤]

忘~ 无~ 堪~ 担~ 深~ 乐~
销~ 积~ 千~ 同~ 不~ 心~
丁~ 勿~ 思~ 内~ 困~ 患~
隐~ 幽~ 百~ 近~ 解~ 分~
离~ 先~ 殷~ 烦~ 遣~ 后~
杞人~ 苍生~ 后顾~ 不堪~
夙夜~ 万端~ 壮士~ 身世~
风浪~ 楚人~ 当自~ 贤者~

**呦** yōu 呦呦，鹿鸣声。

**幽** yōu 深远；僻静。隐蔽。
[旧属十一尤]

探~ 清~ 寻~ 通~ 穷~ 处~
幽~ 谷~ 宅~ 泉~ 深~ 境~
景物~ 林塘~ 竹径~ 洞壑~
山水~ 春梦~ 山寺~ 四时~

**悠** yōu 久。远。闲适。
[旧属十一尤]

悠~ 郁~ 幽~ 路~ 天~ 谬~
云~ 清~ 道~ 往事~ 白日~
礼服~

**麀** yōu 母鹿。
[旧属十一尤]

聚~ 追~ 骑~ 护~ 群~ 悦~

**郦** yōu 周朝国名。
[旧属十一尤]

围~ 救~

**耰** yōu 农具。
[旧属十一尤]

耘~ 锄~ 各~ 熟~ 归~ 未~
不辍~ 寸田~ 草尽~ 不能~

**尤** yóu 特异。过失。怨恨。
[旧属十一尤]
效~ 择~ 何~ 殊~ 过~ 招~
自~ 推~ 罪~ 怨~ 寡~ 何~
拔~ 怨~ 悔~ 罪~ 蚩~ 石~
物之~ 义所~ 识者~ 古所~
无我~ 权势~ 乐之~ 善之~

**由** yóu 原由。由于。经过。
[旧属十一尤]
自~ 事~ 不~ 何~ 莫~ 无~
端~ 凭~ 本~ 理~ 根~ 经~
情~ 来~ 所~ 率~ 缘~ 因~
一物~ 谁之~ 祸福~ 小大~

**邮** yóu 邮寄。邮务。邮票。
[旧属十一尤]
集~ 亭~ 秦~ 付~ 置~ 用~
转~ 传~ 公~ 速~ 快~ 星~
客~ 高~ 边~ 代~ 街~ 音~
致书~ 不入~ 避贤~ 鞭督~

**犹** yóu 如同。还;尚且。
[旧属十一尤]
盖~ 为~ 告~ 子~ 夷~ 不~
无相~ 固而~

**油** yóu 油脂。涂抹。油滑。
[旧属十一尤]
奶~ 香~ 打~ 卖~ 冒~ 泼~
熬~ 沃~ 石~ 酱~ 豆~ 走~
榨~ 麻~ 松~ 茶~ 甘~ 膏~
酥~ 灯~ 原~ 揩~ 加~ 涂~
光油~ 寒缸~ 贵如~ 一滴~
润滑~

**柚** yóu 柚木。
[旧属二十六宥]
(另见仄声 yòu)

**疣** yóu 肉赘,通称瘊子。
[旧属十一尤]
疮~ 瑕~ 多~ 决~ 悬~ 赘~
临事~ 形有~

**斿** yóu 旌旗上的飘带。
[旧属十一尤]
九~ 画~ 旌~ 飚~ 华~ 风~
凌空~ 十二~ 七星~

**莜** yóu 莜麦,形似燕麦。

**莸** yóu 臭草。
[旧属十一尤]
熏~ 蒿~ 丘~ 党~ 姑~ 兰~

**铀** yóu 金属元素。

**蚰** yóu 蚰蜒,鼻涕虫。
[旧属十一尤]

**鱿** yóu 鱼名。

**游** yóu 游水。闲逛。来往。
[旧属十一尤]
鱼~ 上~ 潜~ 旅~ 同~ 中~
从~ 导~ 环~ 春~ 喜~ 心~
情~ 冶~ 重~ 嬉~ 宴~ 西~
昔~ 旧~ 壮~ 周~ 远~ 云~
神~ 遨~ 卧~ 交~ 偕~ 郊~
仙~ 出~ 夜~ 倦~ 浪~ 梦~
秉烛~ 物外~ 千里~ 天际~
故国~ 山水~ 少年~ 几度~
自在~ 谁共~ 逍遥~

**楢** yóu 质地柔软的树木。
[旧属十一尤二十六宥]
薪~ 柞~ 杻~

**輶** yóu 轻便的车。
[旧属十一尤二十六宥]
德~ 毛~ 才~ 谢~

**鲉** yóu 海鱼。
[旧属十一尤]
鳍~ 鸥~

**猷** yóu 计划;谋划。
[旧属十一尤]
大~ 绥~ 嘉~ 谋~ 令~ 宣~
鸿~ 芳~ 新~ 神~ 高~ 宏~

**蝣** yóu 蜉蝣虫名。
[旧属十一尤]

**蝤** yóu 蝤蛑,梭子蟹。
(另见 qiú)

**繇** yóu 同'由'。
[旧属二萧十一尤]
(另见 zhòu;十二萧 yáo)

**鸺** yóu 鸺鹠,引鸟的鸟。

**舟** zhōu 船。
[旧属十一尤]
行~ 乘~ 泛~ 卧~ 雪~ 江~
小~ 泊~ 同~ 轻~ 扁~ 沉~
龙~ 放~ 孤~ 归~ 钓~ 渔~
牵~ 渡~ 弃~ 舍~ 漾~ 移~
撑~ 荡~ 虚~ 芥~ 刻~ 吞~
焚~ 弄~ 覆~ 横~ 客~ 方~
一叶~ 木成~ 不系~ 采莲~
兰叶~ 月满~ 浪拍~ 水云~

**州** zhōu 行政区划。
[旧属十一尤]
神~ 九~ 杭~ 苏~ 扬~ 中~
广~ 兰~ 徐~ 本~ 边~ 雄~
唱凉~ 自治~ 帝王~ 太平~

**诌** zhōu 编造言辞。
[旧属十一尤]
胡~ 瞎~ 信口~

**侜** zhōu 诳。
[旧属十一尤]
孟~

**周** zhōu 圈子。周围。普遍。
[旧属十一尤]
知~ 岐~ 东~ 西~ 庄~ 殷~
四~ 环~ 圆~ 星~ 道~ 下~
岁初~

**洲** zhōu 水中陆地。
[旧属十一尤]
亚~ 欧~ 瀛~ 芦~ 长~ 霜~
菰~ 橘~ 江~ 沙~ 蓼~ 绿~
汀~ 荒~ 春~ 荻~ 芳~ 星~
百花~ 五大~ 三角~ 南极~

**诪** zhōu 诅咒。

**辀** zhōu 车辕。
[旧属十一尤]
龙~ 梁~ 挟~ 双~ 华~ 摧~
行~ 安~ 倾~ 停~ 扶~ 钩~
雨随~ 风雅~ 绝辕~ 弩马~

**啁** zhōu 啁啾,鸟叫声。
[旧属十一尤]
嘲~

（另见十二萧 zhāo）

**鸼** zhōu 鹘鸼。
[旧属十一尤三肴]

**喌** zhōu 象声词,唤鸡声。

**赒** zhōu 接济。
[旧属十一尤]
相~ 岁时~ 靡不~

**鼗** zhōu 鼗厔,今陕西周至。

**妯** zhóu 妯娌。
[旧属十一尤]
褰~

**邹** zōu 周朝国名。姓。
[旧属十一尤]
居~ 枚~ 徐~ 徙~ 在~ 鲁~

**驺** zōu 掌管车马的人。
[旧属十一尤]
导~ 行~ 吏~ 引~ 鸣~ 列~
羽林~ 铃下~ 君家~ 上方~

**诹** zōu 商量;咨询。
[旧属十一尤]
咨~ 先~ 鬼~ 真~ 嗟~

**陬** zōu 角落;山脚。
[旧属十一尤]
边~ 林~ 乡~ 东~ 江~ 卑~
荒~ 海~ 山~ 穷~ 遐~ 孟~
天一~ 昆仑~ 城南~ 虎为~

**緅** zōu 黑里带红的颜色。
[旧属十一尤]
绀~

**鄹** zōu 春秋鲁国地名。

**鲰** zōu 小鱼。形容小。
[旧属十一尤]

**旧读入声**

**粥** zhōu 半流质食物。
[旧属一屋]
饮~ 香~ 煮~ 糜~ 菜~ 进~

喝~ 羹~ 淡~ 茗~ 食~ 薄~
饧~ 茶~ 糖~ 稀~ 白~ 僧~
腊八~ 桃花~ 香麦~ 八宝~
小米~ 黄花~ 防风~ 江米~
(另见六鱼 yù)

**轴** <sup>zhóu</sup> 轴心。中轴。
[旧属一屋]
车~ 玉~ 秉~ 卷~ 地~ 运~
线~ 轮~ 图~ 诗~ 机~ 坤~
画~ 折~ 多~ 断~ 横~ 两~
莲花~ 硕人~ 千万~ 才堪~
(另见仄声 zhòu)

**碡** <sup>zhóu</sup> 碌碡,农具。
[旧属一屋]

# 仄 声

**丑** <sup>chǒu</sup> 地支第二。丑陋。
[旧属二十五有]
子~ 岁~ 小~ 三~ 在~ 乙~
群~ 太~ 献~ 言~ 去~ 凶~
貌~ 不~ 奇~ 忍~ 避~ 百~
老~ 好~ 出~ 丢~ 露~ 妍~
心无~ 邻女~ 悟已~ 俗眼~

**杻** <sup>chǒu</sup> 刑具,手铐之类。
[旧属二十五有]
械~ 鞭~ 加~ 钳~
(另见 niǔ)

**瞅** <sup>chǒu</sup> 看。

**臭** <sup>chòu</sup> 气味难闻。厌恶。
[旧属二十六宥]
真~ 香~ 气~ 恶~ 铜~ 遗~
逐~ 泄~ 奇~ 腐~ 余~ 腥~
酒肉~ 如兰~ 十年~ 不闻~
(另见 xiù)

**殠** <sup>chòu</sup> 同'臭'。

**凑** <sup>còu</sup> 聚集。接近。碰;趁;赶。
[旧属二十六宥]
紧~ 杂~ 拼~ 辐~ 纷~ 互~
东~ 并~ 月~ 奔~ 交~ 骈~
三江~ 四方~ 群物~ 山河~

**辏** <sup>còu</sup> 辐集中到毂上。
[旧属二十六宥]
辐~ 载~ 画云~

**腠** <sup>còu</sup> 皮肤纹理。
[旧属二十六宥]
毒~ 疾在~

**斗** <sup>dǒu</sup> 容量单位。器具。
[旧属二十五有]
北~ 星~ 筋~ 墨~ 泰~ 漏~
烟~ 南~ 刁~ 箕~ 牛~ 笆~

科～ 熨～ 升～ 屌～ 五～ 大～
才八～ 胆如～ 寒侵～ 天垂～
饮至～
（另见 dòu）

**阧** dǒu 同'陡'。
[旧属二十五有]

**抖** dǒu 颤动。振动。振作。

颤～ 发～ 直～ 一～

**陡** dǒu 坡度较大。
[旧属二十五有]

笔～ 山坡～

**蚪** dǒu
[旧属十一尤]

蝌～ 玉～

**斗** dòu 对打。斗争。争胜。
[旧属二十六宥]

奋～ 戒～ 争～ 战～ 决～ 兵～
酣～ 善～ 好～ 巧～ 怒～ 相～
攻～ 格～ 械～ 苦～ 搏～ 敢～
龙虎～ 同室～ 乡邻～ 与天～
彩雄～ 披甲～ 鸟群～ 困兽～
（另见 dǒu）

**豆** dòu 古代器具。豆子。
[旧属二十六宥]

红～ 种～ 煮～ 铜～ 撒～ 青～
锄～ 大～ 如～ 黄～ 掷～ 雕～
绿～ 扁～ 蚕～ 舻～ 俎～ 得～
相思～ 花生～ 不掩～ 青春～

**逗** dòu 逗留。招引。
[旧属二十六宥]

真～ 爱～ 引～ 韵～ 句～ 津～
夕～ 勇～ 撩～ 挑～ 云～ 回～
泡露～

**饾** dòu 饾饤。
[旧属二十六宥]

饤～

**读** dòu 语句中的停顿。
[旧属二十六宥]

句～
（另见七虞 dú）

**酘** dòu 再酿的酒。
[旧属二十六宥]

五～ 三～ 九～

**脰** dòu 脖子;颈。
[旧属二十六宥]

颈～ 绝～ 关～ 断～ 延～ 绕～
缩～ 昂～ 短～ 引～ 长～ 枷～
载在～ 矢夹～ 发垂～ 斩邪～

**痘** dòu 天花。痘苗。

牛～ 种～

**窬** dòu 西窬,广西地名。

**窦** dòu 孔;洞。
[旧属二十六宥]

大～ 狗～ 鼻～ 圭～ 乳～ 玉～
石～ 塞～ 凿～ 疑～ 泉～ 弊～
砂～ 阴～ 幽～ 窟～ 开～ 决～
无底～ 吠犬～ 人情～

**缶** fǒu 大肚小口的瓦器。
[旧属二十五有]

用～ 鼓～ 盈～ 土～ 击～ 瓦～
玉～ 吟～ 香～ 盆～ 盎～ 瓶～
秦人～ 相如～ 借书～ 太公～

**否** fǒu 否定。表示询问。
[旧属十一尤二十六宥]

可～ 在～ 听～ 巧～ 健～ 爱～
存～ 安～ 识～ 有～ 用～ 归～
闻～ 能～ 然～ 当～ 来～ 是～
有意～ 记得～ 人信～ 再来～
入眼～ 汝能～ 平安～ 君知～
（另见八齐 pǐ）

**苟** gǒu 随便。假使;如果。
[旧属二十五有]

不～ 无～ 小～ 权～ 妄～ 行～
未曾～ 富以～ 其言～ 岂云～

**岣** gǒu 岣嵝,即衡山。

**狗** gǒu 犬。
[旧属二十五有]

走～ 养～ 呼～ 畜～ 吠～ 野～
天～ 类～ 画～ 牵～ 逐～ 老～
恶～ 打～ 遍～ 母～ 刍～ 屠～
猪～ 小～ 疯～ 猎～ 狼～ 黄～
落水～ 面如～ 哈巴～ 丧家～

**耇** <sup>gǒu</sup> 年老;长寿。
[旧属二十五有]

商~ 旧~ 寿~ 羞~ 逮~ 既~
鄙~ 遐~ 任~ 黄~ 耇~ 胡~

**枸** <sup>gǒu</sup> 枸杞。
[旧属七虞七虞二十五有]
(另见平声 gōu;六鱼 jǔ)

**笱** <sup>gǒu</sup> 竹制捕鱼器具。
[旧属二十五有]

鱼~ 发~ 操~ 敝~ 渔~ 新~
置~ 无~ 人~ 我~ 败~ 罶~
寡妇~

**勾** <sup>gòu</sup> 勾当,坏事情。
[旧属十一尤]
(另见平声 gōu)

**构** <sup>gòu</sup> 构造。结成。
[旧属二十六宥]

佳~ 结~ 机~ 巧~ 虚~ 宏~
叠~ 架~ 精~ 宿~ 营~ 谗~
此谁~ 陈业~ 明堂~ 清暑~

**购** <sup>gòu</sup> 买。
[旧属二十六宥]

认~ 急~ 必~ 重~ 采~ 征~
订~ 抢~ 套~ 收~ 争~ 统~
悬赏~ 以金~ 军中~ 甚于~

**诟** <sup>gòu</sup> 耻辱。怒骂;辱骂。
[旧属二十六宥]

忍~ 诃~ 詈~ 威~ 攘~ 怒~
含~ 相~ 嗔~ 尤~ 嘲~ 责~
来者~ 厉声~ 陈兵~ 遭人~

**垢** <sup>gòu</sup> 污秽;肮脏。耻辱。
[旧属二十五有]

污~ 面~ 含~ 洗~ 尘~ 蒙~
牙~ 泥~ 忍~ 藏~ 心~ 身~
纳~ 荡~ 积~ 衣~ 去~ 油~
冠带~ 明镜~ 口生~ 无瑕~

**姤** <sup>gòu</sup> 善;美好。同'遘'。
[旧属二十六宥]

情~ 夷~ 若~ 生于~ 上下~
天风~ ~五月

**冓** <sup>gòu</sup> 宫室的深处。
[旧属二十六宥]

中~ 内~

**够** <sup>gòu</sup> 数量上满足需要。

足~ 能~ 尽~ 不~

**遘** <sup>gòu</sup> 相遇。
[旧属二十六宥]

启~ 得~ 想~ 昔~ 频~ 远~
良时~ 千秋~ 受言~ 未尝~

**彀** <sup>gòu</sup> 张满弓弩。射及范围。
[旧属二十六宥]

羿~ 悬~ 潜~ 避~ 机~ 入~
雕弓~ 不虚~ 半月~

**搆** <sup>gòu</sup> 同'构'。
[旧属二十六宥]

**雊** <sup>gòu</sup> 野鸡叫。
[旧属二十六宥]

朝~ 雉~ 晨~ 群~ 夜~ 惊~
升堂~ 雄鸣~ 登陇~ 向日~

**媾** <sup>gòu</sup> 结亲。交好。交配。
[旧属二十六宥]

婚~ 交~ 姻~ 遂~ 欢~ 亲~

**觏** <sup>gòu</sup> 遇见。
[旧属二十六宥]

易~ 披~ 一~ 奇~ 清~ 朝~
安可~ 莫予~

**吼** <sup>hǒu</sup> 大声叫。
[旧属二十五有二十六宥]

虎~ 兽~ 潮~ 夜~ 牛~ 狂~
大~ 长~ 雷~ 风~ 哮~ 怒~
狮子~ 涧壑~ 突地~ 熊罴~

**犼** <sup>hǒu</sup> 一种吃人的野兽。

**后** <sup>hòu</sup> 背面。后代。王后。
[旧属二十五有二十六宥]

皇~ 太~ 母~ 前~ 先~ 由~
居~ 尔~ 从~ 酒~ 村~ 别~
落~ 虑~ 舍~ 无~ 雨~ 身~
日~ 今~ 启~ 往~ 前~ 善~
推~ 随~ 殿~ 断~ 恐~ 绝~
清明~ 千载~ 恤我~ 不顾~
为人~ 人散~ 未为~ 雪消~

**郈** <sup>hòu</sup> 姓。
[旧属二十五有]

围~ 季~ 奔~ 守~ 致~ 堕~

**厚** hòu 厚度。情深。厚道。
[旧属二十五有]
丰~　忠~　淳~　宽~　恩~　温~
积~　谦~　醇~　至~　薄~　浑~
苔~　雪~　葬~　世~　雄~　敦~
浓~　优~　仁~　深~　地~　情~
月光~　三尺~　俸禄~　面皮~

**侯** hòu 闽侯,福建地名。
[旧属十一尤]
(另见平声 hóu)

**垕** hòu 神垕,河南地名。

**逅** hòu 邂逅,偶遇。
[旧属二十六宥]

**候** hòu 等待。问候。时节。
[旧属二十五有]
时~　稍~　致~　敬~　警~　迎~
征~　岁~　物~　节~　气~　恭~
火~　症~　等~　守~　问~　伺~
风雨~　吉凶~　出城~　春耕~

**堠** hòu 瞭望敌情的土堡。
[旧属二十五有]
烽~　斥~　亭~　土~　关~　兵~
野~　孤~　岭~　里~　只~　双~
军中~　路傍~　云千~　延鹭~

**鲎** hòu 鲎鱼。虹。
[旧属二十六宥]
观~　乘~　媚~　分~　车轮~

**鲘** hòu 鲘门,广东地名。

**九** jiǔ 数目。多次或多数。
[旧属二十五有]
阳~　三~　初~　数~　第~　重~
十八~　重霄~　九十~　极于~

**久** jiǔ 时间长。
[旧属二十五有]
持~　隔~　恒~　永~　长~　悠~
良~　延~　弥~　积~　日~　年~
夜~　坐~　望~　迟~　许~　经~
旷日~　周旋~　别离~　凭栏~

**氿** jiǔ 比湖小比塘大的水面。
[旧属四纸]
东~　西~

(另见五微 guǐ)

**玖** jiǔ 像玉的黑石。
[旧属二十五有]
琼~　佩~　瑶~　鸣~

**灸** jiǔ 中医的治疗方法。
[旧属二十六宥]
针~　砭~　温~　停~　刺~　行~
点~　注~　天~　艾~

**韭** jiǔ 韭菜。
[旧属二十五有]
春~　青~　葱~　姜~　早~　荐~
山~　黄~　夜~　笋~　园~　剪~
一畦~　冬中~　万年~　箭头~

**酒** jiǔ 含乙醇的饮料。
[旧属十一尤]
樽~　美~　沽~　饮~　甘~　清~
斗~　杯~　诗~　菊~　残~　醉~
止~　酿~　酗~　老~　苦~　米~
呼~　喜~　浊~　醇~　薄~　荐~
佐~　名~　敬~　斟~　药~　饮~
鲁~　劝~　就~　禁~　行~　压~
春~　陈~　寿~　嗜~　芳~　逃~
侑~　举~　酾~　将进~　桂花~
重阳~　茶当~　鸡尾~　浓于~
葡萄~　茅台~　庆功~

**旧** jiù 以前。老交情。
[旧属二十六宥]
怀~　依~　照~　陈~　除~　念~
循~　恋~　守~　折~　仍~　嫌~
感~　访~　弃~　如~　话~　叙~
朋~　故~　耆~　新~　亲~　古~
不忘~　同门~　风尘~　悄然~

**臼** jiù 舂米的器具。
[旧属二十五有]
杵~　井~　石~　窠~　纸~　为~
春~　抒~　玉~　穿~　霜~　断~
木~　炊~　敲~　苔~　茶~　药~
眼如~　砚空~　玉兔~　丹满~

**咎** jiù 过失。责备。灾祸。
[旧属二十五有]
无~　休~　归~　引~　谁~　罪~
自~　怨~　免~　悔~　凶~　塞~
物所~　非予~　不罹~　盈满~

**疚** jiù 内心痛苦。
[旧属二十六宥]

负~　内~　心~　惭~　多~　成~
怨~　难~　今~　哀~　同~　罪~
肤革　贫非　洗昏~　忍劳~

**柩** jiù 装着尸体的棺材。
[旧属二十六宥]

灵~　停~　扶~　哭~　拜~　棺~
不掩　衣著　先拂~　升正~

**柏** jiù 柏树。

乌~　红~　枫~

**厩** jiù 马棚。
[旧属二十六宥]

马~　外~　在~　库~　院~　伏~
归吾~　骅骝~　空车~　伯乐~

**救** jiù 救援。
[旧属二十六宥十一尤]

匡~　相~　求~　驰~　自~　往~
呼~　莫~　奔~　营~　拯~　募~
泣~　援~　乞~　补~　抢~　急~
搭~　挽~　得~　引手~　药石~
闻声~　分兵~

**就** jiù 靠近。完成。
[旧属二十五宥]

成~　业~　造~　迁~　屈~　铸~
依~　先~　归~　功~　未~　初~
亲~　来~　急~　难~　俯~　早~
草~　立~　名~　高~　去~　将~
一夜~　掩面~　安可~　无所~

**舅** jiù 舅父。妻的弟兄。
[旧属二十五宥]

母~　外~　娘~　舅~　大~　小~
国~　妻~　叔~　甥~　姑~　阿~

**僦** jiù 租赁。
[旧属二十六宥]

酬~　逼~　虚~　出~　取~　和~
宾客~　可遣~　供赁~

**鹫** jiù 雕。
[旧属二十六宥]

灵~　雕~　搏~　望~　云~　秃~

**蹴** ·jiu 圪蹴,蹲。
[旧属一屋]

（另见七无 cù）

**口** kǒu 嘴。人口。容器口。
[旧属二十五有]

入~　窗~　虎~　可~　掩~　溪~
碗~　海~　笑~　西~　伤~　空~
村~　缺~　归~　信~　决~　噤~
爽~　关~　港~　渡~　裂~　刀~
路~　门~　利~　糊~　对~　守~
牲~　胸~　枪~　开~　夸~　亲~
灭~　借~　苦~　金~　洞~　脱~
启~　绝~　破~　矢~　众~　闭~
长江~　胡同~　三缄~　不离~

**叩** kòu 敲;打。磕头。
[旧属二十五有]

面~　略~　叩~　击~　拜~　强~
屡~　随~　持~　谁~　深~　钟~
以杖~　滞思~　哀垦~　棒槌~

**扣** kòu 搭住。扣子。击打。
[旧属二十五有]

衣~　入~　折~　搭~　活~　克~
绳~　钮~　一~　空~　直~　紧~
弗敢~　改弦~　响相~　朔风~

**寇** kòu 强盗。侵略者。
[旧属二十六宥]

海~　外~　日~　攘~　凶~　奸~
穷~　倭~　逐~　御~　荡~　平~

**筘** kòu 织具,也叫杼。
[旧属二十六宥]

**蔻** kòu
[旧属二十六宥]

豆~　蔻~

**鷇** kòu 初生的小鸟。
[旧属二十六宥]

哺~　遗~　雏~　卵~　巢~　燕~
探雀~　凫脱~　如胎~　风雨~

**柳** liǔ 柳树。姓。
[旧属二十五有]

杨~　绿~　翠~　垂~　春~　新~
旱~　秋~　弱~　桑~　河~　曲~
拂~　穿~　雨~　桥~　疏~　亭~
烟~　折~　蒲~　堤~　五~　高~
细~　古~　插~　岸~　衰~　花~
风中~　章台~　池上~　堂前~
家家~　千尺~　青青~　长条~

**绺** liǔ 量词。
[旧属二十五有]

一~　剪~　五~　垂~　长命~

**镏** liú 硫化物的互熔体。

**罶** liú 捕鱼的竹篓子。
［旧属二十五有］
鱼～　罛～　星在～

**遛** liù 散步；慢慢走。
［旧属十一尤］
闲～　逗～　独～　清景～
（另见平声 liú）

**馏** liù 把凉的熟食蒸热。
［旧属二十六宥］
绝～　搭～　蒸～　炊不～
（另见平声 liú）

**溜** liù 迅速的水流。
［旧属二十六宥］
石～　悬～　春～　飞～　雨～　泉～
泻～　涓～　瀑～　崖～　大～　水～
分～　急～　檐～　一～　滴～　奔～
龙泓～　秋波～　鸣渠～　金钗～
（另见平声 liú）

**镏** liù 金镏，戒指。
（另见平声 liú）

**碌** liù 碌碡，同‘碌碡’。

**鹨** liù 鸟类。
［旧属二十六宥］
田～　丹穴～

**蹓** liù 慢慢走；散步。
［旧属十一尤］
（另见平声 liú）

**搂** lǒu 两臂合抱。
［旧属十一尤］
挽～　相～　双手～
（另见平声 lōu）

**嵝** lǒu 岣嵝，即湖南衡山。
［旧属二十五有］

**篓** lǒu 篓子。
［旧属二十五有］
背～　油～　枸～　轻～　竹～　篾～
字纸～

**陋** lòu 丑。粗劣。狭小。
［旧属二十六宥］

简～　丑～　鄙～　孤～　粗～　寒～
形～　屋～　朴～　僻～　因～　浅～
卑～　贫～　敝～　愚～　固～　俭～
风俗～　不为～　容貌～　当时～

**镂** lòu 雕刻。
［旧属二十六宥］
刻～　雕～　金～　玉～　细～　琢～
铭～　错～　题～　不～　文～　疏～
满背～　灵山～　龙文～　手自～

**瘘** lòu 瘘管。瘰疬。
［旧属二十六宥］
痔～　肛～　已～

**漏** lòu 滴下。漏壶。泄露。
［旧属二十六宥］
疏～　玉～　刻～　夜～　更～　屋～
走～　脱～　网～　舟～　晚～　锅～
壶～　防～　挂～　透～　钟～　遗～
玉泉～　茅苇～　秋城～　迢迢～

**露** lòu 显现。
［旧属七遇］
（另见七遇 lù）

**喽** ·lou 助词。用法如‘了’。
（另见平声 lóu）

**谬** miù 错误；差错。
［旧属二十六宥］
荒～　昏～　舛～　乖～　斥～　差～
误～　诡～　脱～　违～　遗～　大～
悖～　疏～　讹～　愆～　迂～　匡～
文字～　片言～　悔前～　此说～

**缪** miù 纰缪；错误。
［旧属二十六宥十一尤］
纠～　错～　抽～　不～　乖～　相～
建策～　群议～　解心～　知命～
（另见平声 móu；十二萧 miào）

**某** mǒu 指示代词。
［旧属二十五有］
谁～　张～　某～　命～　归～　如～
男～　女～　子～　归自～　贤于～
赖遭～

**扭** niǔ 掉转。扭动。揪住。
别～　乱～　轻～

**狃** niǔ 因袭;拘泥。习惯。
[旧属二十五有]

狎~无~多~彼~不~魏~
不足~归心~狂以~林不~

**忸** niǔ 忸怩。
[旧属二十五有]

沮~取~无~惭~

**纽** niǔ 器物上的提手。
[旧属二十五有]

秤~印~衣~压~解~丑~
门~龟~铁~锁~环~蟠~
南瓜~含枢~左右~禹舜~

**杻** niǔ 古书上说的一种树。
[旧属二十五有]

隰~楢~北山~
(另见 chǒu)

**钮** niǔ 姓。钮扣。
[旧属二十五有]

电~龟~虎~正~锁~瑞~
双蝶~橐驰~

**拗** niù 固执;不随和。
[旧属十八巧]

执~很~脾气~
(另见十二萧 ǎo;ào)

**耨** nòu 农具。锄草。
[旧属二十六有]

耒~火~耕~勤~芸~易~
细~载~水~学~春~垦~
田中~妻同~隆中~戈为~

**呕** ǒu 吐。
[旧属二十五有十一尤]

作~喔~干~虚~如~醉~
三日~饱食~攫喉~昌谷~

**煋** ǒu 冒烟、不起火苗地烧。

**偶** ǒu 木偶。双数。配偶。
[旧属二十五有]

佳~奇~土~合~相~俗~
人~成~媲~丧~寡~未~
谁~良~失~凤~求~有~
非吾~鸳鸯~孰为~随所~

**耦** ǒu 两人并耕。同'偶'。
[旧属二十五有]

嘉~怨~对~不~匹~备~
协~四~无~行~为~结~
扶犁~沮溺~十千~二五~

**藕** ǒu 荷花的根。
[旧属二十五有]

莲~雪~糖~粉~切~红~
碧~玉~素~折~采~蜜~
翻~藁~怀~灵~菱~秋~
同心~并根~泥中~千挺~

**沤** òu 长时间浸泡。
[旧属二十六有]

清~可~江湖~汗如~
(另见平声 ōu)

**怄** òu 怄气,闹别扭,生闷气。

**掊** pǒu 击。破开。
[旧属十一尤三肴]

天~抢~右~击~攻~
(另见平声 póu)

**糗** qiǔ 干粮。
[旧属二十五有]

枣~粱~饭~含~载~菊~
脯~残~芳~成~疏~浆~

**手** shǒu 手脚。手段。手技。
[旧属十一尤]

下~招~随~妙~选~交~
身~杀~挥~拍~凶~猎~
对~两~旗~空~把~水~
俗~骑~国~老~能~高~
鼓~执~棋~空~辣~洗~
毒~袖~束~分~白~出~
得~失~放~棘~着~敌~
拱~徒~罢~经~插~撒~
携~举~好~动~拿~伸~
左右~不离~缚虎~屠龙~
多面~第一~神枪~刽子~

**守** shǒu 防守。守候。遵循。
[旧属二十五有二十六有]

攻~信~居~独~固~操~
把~职~坚~失~继~慎~
善~自~共~内~永~闺~
谨~遵~退~留~坐~看~
镇~保~墨~株~死~扼~
画地~水火~分堵~虎豹~

**首** shǒu 头。第一。首领。
[旧属二十六宥十一尤]

昂～　一～　回～　翘～　祸～　元～
顿～　出～　年～　千～　伏～　为～
自～　斩～　魁～　黔～　匕～　岁～
白～　皓～　授～　匪～　疾～　聚～
领～　搔～　东～　俯～　诗～　掩～
三百～　雁行～　群儒～　万国～

**艏** shǒu 船的前端或前部。

**寿** shòu 长命。年岁。寿辰。
[旧属二十六宥二十五有]

长～　高～　鹤～　福～　祝～　贺～
万～　人～　做～　慈～　富～　母～
贵～　眉～　年～　多～　增～　吉～
享～　仁～　上～　延～　添～　拜～
庆～　介～　献～　夭～　益～　椿～
南山～　自然～　千年～　高堂～
花宜～　天地～　无量～　恭则～

**受** shòu 接受。遭受。忍受。
[旧属二十五有]

授～　虚～　亲～　长～　心～　轻～
挺～　强～　难～　再～　兼～　继～
听～　享～　收～　身～　承～　坐～
消～　领～　够～　安敢～　有所～
却勿～　稽首～

**狩** shòu 冬天打猎。
[旧属二十六宥]

冬～　田～　西～　巡～　行～　春～
焚林～　原野～　盛唐～　五年～

**授** shòu 交付;给予。传授。
[旧属二十五有]

面～　口～　手～　教～　函～　讲～
柄～　客～　专～　相～　偏～　私～
恩～　初～　膝～　天～　传～　受～
不亲～　天人～　造化～　不肯～

**售** shòu 卖。
[旧属二十六宥十一尤]

出～　不～　自～　日～　难～　沽～
得～　未～　喜～　经～　销～　零～
贵难～　不许～　不求～　行贾～

**兽** shòu 野兽。野蛮。
[旧属二十六宥]

禽～　猛～　奇～　捕～　逐～　异～
怪～　瑞～　斗～　石～　林～　山～

惊～　穷～　奔～　走～　鸟～　百～
困～　驯～　舞～　若～　突～　小～
肉食～　形似～　三角～　辟恶～

**绶** shòu 绶带。
[旧属二十五有二十六宥]

墨～　印～　结～　青～　黄～　锦～
组～　佩～　系～　解～　卷～　映～
官～　悬～　绾～　红～　新～　分～
桃花～　丹霞～　腰间～　郎官～

**瘦** shòu 脂肪少。不肥沃。
[旧属二十六宥]

清～　消～　面～　马～　损～　老～
赢～　鹤～　影～　松～　身～　人～
肥～　日～　竹～　孤～　骨～　腰～
病～　梅～　红～　诗～　秋～　月～
黄花～　秋影～　相思～　愁成～

**叟** sǒu 年老的男人。
[旧属二十五有十一尤]

高～　聋～　耆～　山～　农～　褰～
村～　醉～　媪～　病～　篙～　鲦～
老～　童～　田～　钓～　樵～　智～
扶犁～　渭滨～　白颠～　持竿～

**瞍** sǒu 瞎子。
[旧属二十五有]

矇～　瞽～

**嗾** sǒu 唤狗声。教唆。
[旧属二十五有二十六宥]

指～　犬～　唧～　为人～

**薮** sǒu 杂草丛生的湖。
[旧属二十五有]

郊～　山～　九～　林～　大～　幽～
远～　花～　荒～　春～　焚～　谤～
泉～　麓～　河～　泽～　渊～　谈～
人材～　逢忌～　豺狼～　云梦～

**擞** sǒu 抖擞。
[旧属二十五有]

**嗽** sòu 咳嗽。
[旧属二十六宥]

干～　冬～　寒～　吐～

**钭** tǒu 姓。

**敨** tǒu 打开。抖搂尘土。

轻～　先～　手～　用力～　敲一～

## 透 tòu 穿透。透彻。显露。
[旧属二十六宥]

参～　湿～　看～　光～　云～　暖～
说～　摸～　翻～　声～　月～　熟～
春～　雨～　通～　香～　渗～　剔～
殷血～　胭脂～　江色～　妆阁～

## 朽 xiǔ 腐烂。衰老。
[旧属二十五有]

不～　老～　腐～　晚～　枯～　俱～
木～　年～　摧～　败～　骨～　材～
颓～　愚～　糜～　速～　拉～　衰～
万贯～　同一～　门枢～　金石～

## 宿 xiǔ 量词,用于计算夜。
[旧属二十六宥一屋]

一～　半～　信～　整～
(另见 xiù；七无 sù)

## 滫 xiǔ 臭泔水。
[旧属二十五有]

渐～

## 秀 xiù 抽穗。灵巧。优异。
[旧属二十六宥]

清～　优～　作～　新～　闺～　谷～
独～　端～　目～　揽～　内～　心～
水～　俊～　英～　灵～　明～　挺～
早～　吐～　颖～　娟～　麦～　苗～
后起～　东南～　山水～　千古～

## 岫 xiù 山洞。山。
[旧属二十六宥]

远～　云～　层～　幽～　望～　抱～
林～　山～　烟～　绕～　孤～　晚～
霞～　岩～　深～　叠～　岚～　列～
穷谷～　云出～　步廊～　枕箕～

## 臭 xiù 气味。
[旧属二十六宥]

声～　乳～　容～　酒～　为～　自～
尚～　气～　闻～　口～　鱼～　日～
鲍肆～　恶闻～　海上～　有斯～
(另见 chòu)

## 袖 xiù 袖子。
[旧属二十六宥]

红～　盈～　舞～　翠～　长～　领～
奋～　罗～　芳～　举～　轻～　冶～
抚～　把～　半～　出～　小～　宽～

挥～　携～　琴～　满～　花～　香～
飘～　醉～　断～　风～　拂～　广～
凭栏～　红绡～　揉蓝～　枝翻～

## 绣 xiù 绣花。
[旧属二十六宥]

锦～　织～　绘～　巧～　金～　彩～
描～　手～　躬～　粉～　绫～　压～
刺～　文～　苏～　湘～　绮～　藻～
鸳鸯～　金缕～　五色～　金针～

## 琇 xiù 像玉的石头。
[旧属二十五有二十六宥]

玉～　莹～　砾～　琼～　羊～

## 宿 xiù 星宿。
[旧属二十六宥一屋]

星～　入～　台～　连～　移～　同～
日～　土～　夜～　分～　辰～　列～
西方～　苍龙～　辰尾～　牛斗～
(另见 xiǔ；七无 sù)

## 锈 xiù 生锈。

铜～　铁～　锁～　查～　灭～

## 嗅 xiù 用鼻子辨别气味。
[旧属二十六宥]

醉～　卧～　再～　未忍～　花枝～
掬水～　启齿～

## 溴 xiù 非金属元素。

## 褎 xiù 同'袖'。

## 友 yǒu 朋友。相好。
[旧属二十五有]

挚～　诗～　战～　好～　亲～　密～
益～　损～　得～　结～　至～　道～
欺～　鸥～　佳～　诤～　旧～　女～
乡～　交～　择～　酒～　畏～　求～
师～　卖～　孝～　故～　老～　良～
忘年～　琴瑟～　同业～　呼作～
莺唤～　金兰～　平生～　莫逆～

## 有 yǒu
[旧属二十五有]

私～　富～　具～　占～　固～　何～
始～　乌～　空～　岁～　非～　未～
自～　共～　虚～　安～　稀～　含～
公～　所～　独～　兼～　素～　常～

莫须～　天上～　自昔～　千般～
未尝～　何处～　今亦～　无不～
（另见 yòu）

**酉** yǒu 地支的第十位。
[旧属二十五有]
申～　五～　北～　尽～　卯～　窥～
岁在～　日没～　位于～　腊以～

**卣** yǒu 盛酒器具。
[旧属二十五有十一尤]
一～　尊～　举～　兕～　凤～　盛～

**羑** yǒu 羑里，在今河南汤阴。

**莠** yǒu 狗尾草。品质坏。
[旧属 二十五有]
良～　苗～　不～　藜～　恶～　幽～
蒿～　蓬～　榛～　去～　茅～　禾～
大田～　七月～

**铕** yǒu 激光材料。

**槱** yǒu 聚柴以备燃烧。
[旧属二十五有二十六宥]
薪～　柞～　樵～　柴～

**牖** yǒu 窗户。
[旧属二十五有]
闺～　春～　妆～　芳～　朱～　窥～
邻～　净～　入～　雪～　天～　房～
星～　临～　瓮～　拂～　玉～　月～
竹～　曙～　穿～　帘～　户～　窗～
日侵～　读书～　泉映～　光照～

**黝** yǒu 淡黑色。
[旧属二十五有四支]
黝～　深～　绀～　用～　朱～　赤～
北宫～　白与～　媆母～　浮梁～

**又** yòu
[旧属二十六宥]
多～　难～　不～　还～　今～　春～
春风～　明朝～　今乃～　不敢～

**右** yòu 西。上。崇尚。
[旧属二十五有二十六宥]
尚～　祖～　左～　在～　居～　座～
尊～　长～　端～　豪～　山～　江～
出其～　男由～　宾先～　胜者～

**幼** yòu 小；未长成。小孩。
[旧属二十六宥]

老～妇～　年～　恤～　携～　孤～
尚～　蒙～　扶～　孩～　长～　儿～

**有** yòu 同'又'。
[旧属二十五有]
（另见 yǒu）

**佑** yòu 保佑。
[旧属二十六宥]
天～　神～　降～　蒙～　灵～　庇～
孚～　眷～　常～　吉～　神～　相～
无量～　万邦～　道不～　自上～

**侑** yòu 劝人吃喝。
[旧属二十六宥]
三～　乐～　劝～　祝～　酬～　戒～
展诗～　声歌～　清晔～　红袖～

**狖** yòu 古书上说的一种猴。
[旧属二十六宥]
腾～　野～　猿～　哀～　愁～　饥～
惊～　啸～　月～　飞～　猱～　林～

**柚** yòu 柚子。
[旧属二十六宥]
橘～　橙～　楚～　绿～　霜～　湘～
沙田～　闽中～　成都～　云梦～
（另见平声 yóu）

**囿** yòu 养动物的园子。
[旧属二十六宥]
鹿～　苑～　诗～　林～　入～　古～
笼～　药～　蔬～　珍～　郊～　园～
鸟兽～　群山～　春王～

**宥** yòu 宽恕；原谅。
[旧属二十六宥]
原～　宽～　见～　恕～　相～　逢～
惠～　恩～　自～　慈～　爱～　仁～
为我～　解纲～　十世～　不容～

**诱** yòu 诱导。
[旧属二十五有]
引～　善～　敦～　妖～　被～　慑～
慈～　谆～　物～　化～　劝～　导～
恩～　招～　春～　巧～　扇～　利～
不可～　物所～　世味～

**蚴** yòu 血吸虫、绦虫幼体。
尾～　毛～

**釉** yòu 釉子。

彩~ 上~ 光~ 瓷~

**鼬** yòu 鼬鼠。
[旧属二十六宥]

鼯~ 皋~ 似~ 白~ 飞~ 狸~

**肘** zhǒu 胳膊肘。
[旧属二十五有]

悬~ 贯~ 系~ 引~ 运~ 左~
向~ 枕~ 碍~ 踵~ 拯~ 后~
酱~ 臂~ 两~ 见~ 掣~ 曲~
书生~ 弯弯~ 屈伸~ 柳生~

**帚** zhǒu 扫帚。
[旧属二十五有]

箕~ 敝~ 放~ 持~ 苕~ 竹~
炊~ 挥~ 风~ 提~ 缚~ 泥~
千金~ 驱雪~ 扫花~ 云随~

**纣** zhòu 商朝末代暴君。
[旧属二十五有]

商~ 桀~ 即~ 止~ 伐~ 车~
殷~ 助~ 避~

**伷** zhòu 同'冑',用于人名。
[旧属二十六宥]

**侏** zhòu 俊俏;乖巧。

**咒** zhòu 咒语。
[旧属二十六宥一屋]

符~ 赌~ 禁~ 祷~ 密~ 祝~
巫~ 暗~ 诵~ 念~ 经~ 诅~
金箍~ 桃花~ 辟鬼~

**怞** zhòu 固执。

**宙** zhòu 古往今来的时间。
[旧属二十六宥]

宇~ 穷~ 总~ 知~ 上~ 碧~
古今~

**绉** zhòu 绉纱。
[旧属二十六宥]

裙~ 罗~ 襞~ 蹇~ 熨~ 湖~
文绉~ 随步~ 靴纹~

**冑** zhòu 贵族子孙。头盔。
[旧属二十六宥]

贵~ 世~ 华~ 裔~ 名~ 英~
承~ 王~ 贝~ 执~ 悬~ 着~
脱~ 旗~ 甲~ 铠~ 介~ 遗~

矢集~ 冠为~ 信为~ 诗书~
名贤~ 冠冕~ 帝室~ 诸生~

**咮** zhòu 鸟嘴。
[旧属二十六宥]

凤~ 鸟~ 濡~ 心~ 群~ 短~
珠在~ 仰寒~

**昼** zhòu 白天。
[旧属二十六宥]

白~ 晴~ 如~ 雪~ 夜~ 昏~
宿~ 静~ 永~ 当~ 春~ 清~
视为~ 万景~ 迟迟~ 愿在~

**酎** zhòu 醇酒。
[旧属二十六宥]

饮~ 醇~ 尝~ 献~ 奉~ 芳~
酿~ 重~ 春~ 花~ 菊~ 清~
梅香~ 黍米~ 八月~ 湘吴~

**皱** zhòu 皱纹。
[旧属二十六宥]

红~ 额~ 面~ 皮~ 裙~ 眉~
残~ 颊~ 萍~ 不~ 水~ 皴~
风吹~ 鱼纹~ 鳞甲~

**甃** zhòu 井壁。
[旧属二十六宥]

井~ 缺~ 古~ 涓~ 玉~ 苔~
石~ 寒~ 荒~ 深~ 碧~ 阴~
银泉~ 玛瑙~ 泻琼~ 抱新~

**㤘** zhòu 㑩㤘,埋怨。
[旧属二十六宥]

**繇** zhòu 占卜的文辞。
[旧属二十六宥]

问~ 占~ 吉~ 爻~ 启~ 应~
龟文~ 成季~ 卦分~
（另见平声 yóu;十二萧 yáo）

**骤** zhòu 奔跑。急速。突然。
[旧属二十六宥]

步~ 雨~ 风~ 载~ 驰~ 急~
日月~ 随云~ 出群~ 若马~

**籀** zhòu 读书;讽诵。籀文。
[旧属二十六宥]

古~ 书~ 篆~ 鸟~ 史~ 积~
黄金~ 背文~ 枝如~ 鲁宫~

**走** zǒu 行走。跑。离开。
[旧属二十五有二十六宥]

奔~ 反~ 远~ 飞~ 逐~ 惊~
伏~ 群~ 遁~ 疾~ 难~ 出~
人~ 当~ 夜~ 脱~ 将~ 亡~
兔~ 竞~ 逃~ 宵~ 败~ 退~
弃甲~ 循墙~ 牛马~ 下车~
孩稚~ 人避~ 龙蛇~ 解围~

**奏** <sup>zòu</sup> 演奏。取得功效。
[旧属二十六宥]

伴~ 独~ 节~ 乐~ 协~ 管~
启~ 频~ 面~ 清~ 鸾~ 初~
妙~ 雅~ 前~ 合~ 钟~ 鼓~
凯歌~ 金石~ 翻曲~ 四方~

**揍** <sup>zòu</sup> 打。

挨~ 狠~ 轻~ 讨~ 人~

## 旧读入声

**六** <sup>liù</sup> 数目。
[旧属一屋]

第~ 六~ 初~ 礼~ 生~ 阳~

二~ 上~ 三~ 三十~ 六十~
十五~ 不足~
(另见七无 lù)

**陆** <sup>liù</sup> '六'的大写。
[旧属一屋]
(另见七无 lù)

**碌** <sup>liù</sup> 碌碡,石滚。
[旧属一屋]

银~ 纸~ 曲~
(另见七无 lù)

**肉** <sup>ròu</sup> 肉食。肉体。肉感。
[旧属一屋]

骨~ 血~ 鱼~ 庖~ 牛~ 羊~
割~ 米~ 白~ 鼎~ 酒~ 残~
走~ 弱~ 髀~ 分~ 食~ 肌~
肥~ 猪~ 横~ 咸~ 卖~ 腐~
长~ 剁~ 狗~ 心头~ 鸡头~
花映~ 食无~ 俎上~ 茗消~

**轴** <sup>zhòu</sup> 大轴子。压轴子。
[旧属一屋]
(另见平声 zhóu)

# 十七侵

## 平声

**邠** bīn 邠县，今作彬县。

**玢** bīn 玉名。
(另见十八真 fēn)

**宾** bīn 客人。[旧属十一真]
贵～ 来～ 礼～ 外～ 酬～ 女～ 众～ 上～ 嘉～ 待～ 国～ 九～ 盛～ 揖～ 迎～ 娱～ 留～ 邀～ 座上～ 万国～ 吕洞～ 四海～ 惊座～ 花下～

**彬** bīn 文雅。[旧属十一真]
璘～ 彬～

**傧** bīn 傧相。[旧属十一真十二震]
男～ 女～ 三～ 佐～ 无～ 童～

**斌** bīn 同'彬'。[旧属十一真]
章～ 斌～ 颁～ 璘～ 武～

**滨** bīn 水边。[旧属十一真]
海～ 湖～ 水～ 河～ 瀛～ 岛～ 瑶～ 湘～ 东～ 天～ 江～ 渭～ 碣石～ 曲池～ 越溪～ 渭水～ 浮磬～ 古岸～ 水石～ 幽洞～

**缤** bīn 缤纷。

**槟** bīn 槟子，苹果的一种。
香～
(另见十九青 bīng)

**镔** bīn 镔铁，精练的铁。

**濒** bīn 紧靠；临近。[旧属十一真]
东～ 海～ 河～ 湖～ 阳～ 水～ 流沙～ 临江～

**豳** bīn 古地名。[旧属十一真]
居～ 至～ 歌～ 迁～ 徙～ 适～ 处～ 在～ 系～ 去～

**巾** jīn 小块纺织品。[旧属十一真]
葛～ 纶～ 围～ 纨～ 饰～ 缟～ 帛～ 方～ 绡～ 荷～ 风～ 拂～ 黄～ 罗～ 头～ 手～ 毛～ 沾～ 舞～ 扬～ 枕～ 角～ 结～ 浴～ 纸～ 歺～ 纶～ 红领～ 拭泪～ 莲花～

**斤** jīn 砍伐工具。重量单位。[旧属十二文十三问]
斧～ 秤～ 奋～ 执～ 郢～ 盈～ 樵～ 操～ 论～ 掂～ 千～ 半～ 斤～ 挥～ 运～ 大匠～ 絜三～ 成风～

**今** jīn 现在。当前。今朝。[旧属十二侵]
当～ 自～ 古～ 厚～ 来～ 方～ 到～ 论～ 鉴～ 通～ 而～ 如～ 现～ 迄～ 知～ 酌～ 于～ 至～ 从～ 在～ 直到～

**衿** jīn 联结衣襟的带子。[旧属十二侵]
佩～ 系～ 挂～ 丝～ 垂～

**金** jīn 金属。钱。锣。[旧属十二侵]
黄～ 资～ 现～ 美～ 鸣～ 乌～ 流～ 熔～ 销～ 含～ 堆～ 合～ 夺～ 白～ 赤～ 烫～ 冶～ 藏～ 断～ 镀～ 淘～ 奖～ 挥～ 基～ 镂～ 拾～ 押～ 千～ 铄～ 点～ 五～ 贴～ 万～ 定～ 本～ 真～

柳绽～ 字字～ 一寸～ 万朵～
满袖～ 奖学～ 九九～

## 津 jīn 唾液。渡口。
[旧属十一真]

问～ 津～ 迷～ 河～ 天～ 要～
京～ 平～ 玉～ 云～ 西～ 关～
孟～ 生～ 通～ 含～ 前～ 知～
月漾～ 涵花～ 柳映～ 杨柳～

## 衿 jīn 系衣带。

青～ 佩～ 秋～ 系～ 飘～ 子～

## 矜 jīn 怜悯。自夸。
[旧属十蒸]

骄～ 气～ 不～ 夸～ 相～ 哀～
自～ 堪～ 矜～ 莫～
（另见 qín；十一先 guán）

## 筋 jīn 肌肉。韧带。脉管。
[旧属十二文]

钢～ 青～ 叶～ 断～ 山～ 强～
脚～ 割～ 弩～ 牛～ 鹿～ 脑～
面～ 蹄～ 露～ 抽～ 柔～ 藏～
橡皮～ 肠作～ 发如～

## 禁 jīn 禁受；耐。忍住。
[旧属十二侵]

不～ 难～ 任～ 自～ 寒～ 怎～
泪不～ 弱未～ 鲜克～
（另见仄声 jìn）

## 襟 jīn 衣服前片。胸襟。
[旧属十二侵]

风～ 捉～ 大～ 对～ 解～ 罗～
芳～ 暑～ 散～ 春～ 绣～ 畅～
开～ 衣～ 连～ 正～ 披～ 整～
泪沾～ 雪满～ 风为～

## 军 jūn 军队。
[旧属十二文]

红～ 三～ 将～ 陆～ 海～ 空～
白～ 治～ 拥～ 行～ 守～ 大～
统～ 匪～ 进～ 冠～ 亚～ 殿～
麾～ 参～ 水～ 随～ 行～ 从～
劳～ 敌～ 两～ 领～ 全～ 援～
新～ 异～ 扩～ 裁～ 友～ 前～
扫千～ 解放～ 后备～ 侵略～
近卫～ 娘子～ 生力～ 不成～
野战～

## 均 jūn 均匀。都；全。
[旧属十一真]

平～ 不～ 国～ 惠～ 化～ 灵～
政～ 气～ 匀～ 用～ 成～ 人～
雨露～ 风雨～ 贵贱～ 贫富～
区宇～ 赏刑～ 受水～ 干群～

## 龟 jūn 龟裂，同'皲裂'。
[旧属四支]
（另见五微 guī；十六尤 qiū）

## 君 jūn 君主。对人尊称。
[旧属十二文]

送～ 望～ 贤～ 得～ 拜～ 尊～
忠～ 思～ 告～ 赞～ 事～ 献～
见～ 报～ 敬～ 爱～ 迎～ 仁～
才～ 仙～ 府～ 东～ 湘～ 夫～
郎～ 文～ 心～ 此～ 国～ 诸～
少～ 怀～ 暴～ 独有～ 新郎～
王昭～ 不忘～ 聊赠～ 犹为～

## 钧 jūn 古代重量单位。
[旧属十一真]

千～ 万～ 和～ 细～ 调～ 德～
善～ 操～ 垂～ 库～ 鸿～ 天～
洪～ 执～ 运～ 陶～ 国～ 衡～
秉国～ 力添～ 左右～

## 莙 jūn 莙荙菜。

## 菌 jūn 细菌。真菌。
[旧属十一轸]

土～ 地～ 芝～ 腐～ 仙～ 雪～
灭～ 无～ 野～ 松～ 朝～ 拾～
（另见仄声 jùn）

## 皲 jūn 皮肤开裂。
[旧属十二文]

手～ 脚～ 皮～ 肤～ 肘～ 指～

## 筠 jūn 筠连，四川地名。
[旧属十一真]
（另见 yún）

## 鲪 jūn 海鱼。

## 麇 jūn 獐子。
[旧属十一真十二文]

野～ 伐～ 介～ 城～ 白～ 羞～
惊～ 痴～ 死～
（另见 qún）

**拎** lín 用手提。

手~ 左~ 右~ 难~ 不~

**邻** lín 邻居。邻近。
[旧属十一真]

择~ 照~ 富~ 五~ 同~ 聚~
周~ 惊~ 东~ 比~ 善~ 近~
乡~ 四~ 孟~ 结~ 友~ 睦~
旧~ 芳~ 无~ 作~ 新~ 村~
道为~ 宋家~ 不识~ 远近~
数家~ 会诸~ 左右~ 上下~

**林** lín 树林。
[旧属十二侵]

森~ 碑~ 桂~ 绿~ 笑~ 丛~
林~ 枫~ 月~ 如~ 武~ 学~
少~ 瑶~ 云~ 穿~ 田~ 春~
山~ 护~ 桑~ 寒~ 竹~ 士~
词~ 书~ 长~ 野~ 深~ 石~
儒~ 霜~ 园~ 梅~ 茂~ 桃~
艺~ 疏~ 平~ 造~ 成~ 烟~
凤绕~ 花满~ 锦绣~ 得失~
快活~ 翰墨~

**临** lín 靠近。来到。将要。
[旧属十二侵二十七沁]

光~ 莅~ 下~ 恭~ 春~ 夜~
正~ 慈~ 霞~ 照~ 日~ 月~
君~ 登~ 亲~ 暂~ 午~ 兵~
惠~ 来~ 降~ 岁星~ 荷照~
月华~ 喜气~

**啉** lín 喹啉，药品。

**淋** lín 水往下滴。
[旧属十二侵]

雨~ 水~ 滋~ 飘~ 露~ 冲~
湿淋~ 础汗~ 竹泪~ 冰淇~
（另见仄声 lìn）

**綝** lín 綝丽，盛装的样子。
[旧属十二侵]
（另见十八真 chēn）

**琳** lín 美玉。
[旧属十二侵]

球~ 碧~ 华~ 瑶~ 琼~

**粼** lín 粼粼，水石明净。
[旧属十一真]

**嶙** lín 嶙峋。
[旧属十一真十一轸]

嶙~ 隐~ 岭~

**遴** lín 谨慎选择。
[旧属十二震]

贪~ 性~ 亡~ 晚节~ 不可~

**潾** lín 形容水清。
[旧属十一真]

寒~ 烟~ 野~ 化~ 青~ 纷~

**璘** lín 玉的光彩。
[旧属十一真]

石~ 璘~ 结~ 班~ 郁~

**霖** lín 久雨。
[旧属十二侵]

作~ 秋~ 愁~ 春~ 商~ 夜~
阴~ 苦~ 梅~ 甘~ 久~ 寒~
雨霖~ 雨成~ 十日~

**辚** lín 象声词。
[旧属十一真]

轮~ 殷~ 户~ 绝~ 车辚~

**磷** lín 水在石间。磷肥。
[旧属十一真十二震]

磨~ 缁~ 砑~ 隐~

**瞵** lín 瞪着眼睛看。
[旧属十一真十二震]

鹰~

**鳞** lín 鱼鳞。
[旧属十一真]

赤~ 濯~ 游~ 沉~ 曙~ 锦~
金~ 玉~ 细~ 奋~ 泳~ 巨~
翼~ 挂~ 养~ 沙~ 红~ 波~
化~ 脱~ 雪~ 生~ 戏~ 翔~
鲜~ 龙~ 霜~ 逆~ 跃~ 潜~
跃海~ 攀龙~ 五色~

**麟** lín 麒麟。
[旧属十一真]

玉~ 白~ 祥~ 凤~ 龟~ 舞~
金~ 获~ 骑~ 石~

**民** mín 人民。民族。民间。
[旧属十一真]

公~ 居~ 万~ 黎~ 庶~ 藏~
侨~ 军~ 富~ 赈~ 爱~ 国~
农~ 劳~ 安~ 便~ 劝~ 拯~

忧～ 游～ 先～ 平～ 渔～ 牧～
选～ 市～ 全～ 乡～ 殖～ 移～
保～ 恤～ 新～ 裕～ 村～ 庶～
良～ 贱～ 移～ 听于～ 不害～

**苠** mín 生长期长，成熟晚。

**忞** mín 勉力。
[旧属十一真十一轸]

穆～ 传～ 忞～

**旻** mín 秋天。天空。
[旧属十一真]

苍～ 高～ 澄～ 天～ 九～ 上～
穹～ 秋～ 霜～ 清～ 云～ 广～
向昊～ 气接～ 凌烟～

**岷** mín 岷山。岷江。
[旧属十一真]

蜀～ 西～ 江～ 梁～ 涪～ 巴～
峨～ 洮～ 庸～ 高～ 水带～

**珉** mín 像玉的石头。
[旧属十一真]

白～ 青～ 琢～ 辨～ 潜～ 雕～
琼～ 坚～ 琳～ 东方～ 玉与～

**缗** mín 穿铜钱用的绳子。
[旧属十一真]

钱～ 匿～ 抽～ 牵～ 钓～ 收～
敛～ 俸～ 房～ 长～ 楮～ 千～
算～ 丝～ 垂～ 五百～ 捐万～

**恁** nín 同'您'。
[旧属二十六寝]
（另见十八真 nèn）

**您** nín 你的敬称。

祝～ 爱～ 想～ 求～ 吻～ 请～

**拼** pīn 连合。豁出去。
[旧属十三问]

双～ 瞎～ 不～ 死～ 刀～ 乱～
把命～

**姘** pīn 非夫妻关系而同居。

阿～ 小～ 私～ 暗～

**玭** pín 蚌珠。
[旧属十一真]

蜃～ 珠～ 病～

**贫** pín 穷。缺少；不足。
[旧属十一真]

清～ 岁～ 安～ 忘～ 终～ 愦～
羞～ 饥～ 旅～ 孤～ 寒～ 哀～
苦～ 处～ 守～ 赤～ 恤～ 济～
乐～ 家～ 扶～ 不忧～ 贵能～
知我～ 布衣～ 小村～ 为诗～
旧日～ 骨相～

**频** pín 屡次。连续。
[旧属十一真]

频～ 三～ 大～ 仁～ 褒～ 梦～
细雨～ 燕来～ 风起～ 看花～

**嫔** pín 皇帝妾。宫中女。
[旧属十一真]

贵～ 笑～ 玉～ 良～ 妃～ 九～
宫中～ 千花～

**蘋** pín 蕨类植物。
[旧属十一真]

绿～ 采～ 白～ 水～ 溪～ 风～
藻～ 青～ 苔～ 渚～ 秋～ 翠～
暮江～ 半池～ 落轻～

**颦** pín 同'颦'。
[旧属十一真]

**颦** pín 皱眉。
[旧属十一真]

效～ 笑～ 娇～ 柳～ 含～ 开～
孤～ 长～ 微～ 轻～ 解～ 凝～
浅～ 一～ 宜～ 翠眉～ 西子～
捧心～ 春山～ 带愁～ 可怜～

**钦** qīn 敬重。
[旧属十二侵]

仰～ 久～ 凤～ 孝～ 可～ 俭～
攸～ 丕～ 钦～ 所～ 众～ 民～
四海～ 天下～ 瘰瘰～

**侵** qīn 侵入。接近。
[旧属十二侵]

入～ 内～ 地～ 贪～ 斜～ 烟～
陵～ 草～ 南～ 消～ 露～ 欺～
尘～ 寒～ 愁～ 相～ 语～ 香～
月～ 雪～ 贫～ 鬓发～ 绿苔～
野色～ 风雨～ 海气～ 未易～

**亲** qīn 亲人。亲属。亲朋。
[旧属十一真十二震]

父～ 母～ 双～ 嫡～ 沾～ 定～

失~ 思~ 成~ 远~ 睦~ 奉~
相~ 和~ 养~ 结~ 近~ 姻~
躬~ 慈~ 乡~ 严~ 六~ 求~
省~ 探~ 懿~ 尊~ 娱~ 亲~
平生~ 笑语~ 鱼水~ 老更~
肺腑~ 四邻~ 枕簟~ 夜相~
（另见 十九青 qìng）

## 衾
qīn 被子。
[旧属十二侵]
抱~ 锦~ 衣~ 拥~ 单~ 同~
鸳~ 寒~ 孤~ 宵~ 芳~ 红~
薄~ 鸳~ 香~ 携~ 客~ 宿~
枕~ 破~ 絮~ 晓~ 绣~ 旅~
金线~ 夜雨~ 合欢~

## 骎
qīn 骎骎，马行疾。
[旧属十二侵]

## 嵚
qīn 形容山高。
[旧属十二侵]
岖~ 盘~ 隆~ 嵚~

## 芹
qín 芹菜。
[旧属十二文]
香~ 甘~ 采~ 紫~ 冬~ 水~
野~ 蒿~ 药~ 美~ 翠~ 献~
雪底~ 南涧~ 曹雪~

## 芩
qín 芦苇一类的植物。
[旧属十二侵]
野~ 黄~ 白~ 苓~ 宿~ 条~
西~ 食~ 片~ 经~ 鼠尾

## 矜
qín 矛柄。
（另见 jīn；十一先 guān）

## 秦
qín 朝代。姓。
[旧属十一真]
先~ 帝~ 亡~ 晋~ 三~ 大~
避~ 暴~ 逃~ 嬴~ 过~ 剧~
汉承~ 不知~ 西游~

## 捦
qín 同'擒'。

## 琹
qín 同'琴'。

## 琴
qín 某些乐器的统称。
[旧属十二侵]
学~ 抚~ 瑶~ 钢~ 提~ 口~

抱~ 横~ 鼓~ 月~ 胡~ 风~
幽~ 弹~ 鸣~ 素~ 竖~ 操~
无弦~ 清夜~ 诗酒~ 马头~
小提~ 电子~

## 覃
qín 姓。
[旧属十三覃]
（另见 十一先 tán）

## 禽
qín 鸟兽的总称。
[旧属十二侵]
飞~ 水~ 孤~ 野~ 鸟~ 怪~
珍~ 家~ 园~ 良~ 时~ 彩~
笼~ 池~ 浴~ 猛~

## 勤
qín 勤劳。经常。勤务。
[旧属十二文]
辛~ 手~ 人~ 内~ 外~ 出~
缺~ 考~ 农~ 心~ 身~ 学~
俭~ 执~ 长~ 抱~ 克~ 殷~
笃~ 恪~ 劬~ 手脚~ 四体~
夙夜~ 朝夕~ 勿辞~ 莫如~

## 嗪
qín 译音用字。

吖~ 哒~ 哌~

## 溱
qín 溱潼，江苏地名。
[旧属十一真]
涉~ 溱~ 西~
（另见 十八真 zhēn）

## 廑
qín 同'勤'。
[旧属十二文]
（另见仄声 jǐn）

## 擒
qín 抓；捉拿。
[旧属十二侵]
生~ 亲~ 计~ 七~ 纵~ 手~
就~ 再~ 并~ 威~ 身~ 待~
俘~ 缚~ 躬~ 耻为~ 为我~
一战~ 壮士~ 贪饵~ 天网~

## 噙
qín 含。

## 檎
qín 林檎，花红植物。
[旧属十二侵]

## 螓
qín 像蝉的昆虫。
[旧属十一真]
胡~

## 懃
qín 慇懃，同殷勤。
[旧属十二文]

**囷** qūn 圆形的谷仓。
[旧属十一真]

米~　盈~　仓~　廪~　倾~　满~
空~　残~　破~　东~　盘~　轮~
草~　谷~　指~　富人~　雀噪~
三百~

**逡** qūn 退让;退。
[旧属十一真]

逡~　纪~
年往~

**宭** qún 群居。
[旧属十二文]

发~

**裙** qún 裙子。
[旧属十二文]

缟~　布~　舞~　旋~　轻~　草~
花~　罗~　长~　围~　练~　曳~
石榴~　迷你~　超短~　解红~
曳水~　碧纱~　一步~　百折~

**群** qún 群众。群体。
[旧属十二文]

乐~　合~　离~　人~　成~　雁~
鹅~　慕~　出~　随~　不~　同~
恋~　失~　超~　冠~　轶~　拔~
辞~　兽~　羊~　建筑~　不乱~
年少~　雁咽~　鸿鹄~　不及~

**麇** qún 成群。
[旧属十一真十二文]

野~　羊如~
(另见 jūn)

**心** xīn 心脏。感情。中心。
[旧属十二侵]

热~　爱~　善~　我~　丧~　悉~
离~　应~　牵~　澄~　会~　壮~
春~　忧~　忍~　动~　养~　潜~
推~　攻~　移~　连~　舒~　忠~
狠~　恒~　黑~　核~　恶~　唯~
疑~　轴~　居~　经~　匠~　信~
决~　雄~　虚~　用~　良~　公~
婆~　知~　多~　亏~　铁~　平~
无~　同~　放~　小~　轻~　留~
洗~　熏~　回~　扪~　呕~　倾~
祸~　诚~　灰~　安~　赏~　惊~
负~　眉~　掌~　苦~　丹~　野~
寒~　寸~　细~　死~　散~　关~

戒~　尽~　内~　身~　专~　甘~
操~　冰~　欢~　称~　粗~　齐~
铬~　费~　耐~　痛~　劳~　童~
一条~　赤子~　菩提~　报国~
物外~　恻隐~　荡子~　平常~

**芯** xīn 灯芯。

笔~　内~　机~　空~　烛~　树~
气门~
(另见仄声 xin)

**辛** xīn 辣。辛苦。痛苦。
[旧属十一真]

艰~　苦~　悲~　味~　甘~　去~
酸~　茹~　含~　微~　苏~　秘~
岁在~　桂姜~　酸咸~　秽途~
鼻亦~　莫知~

**忻** xīn 同'欣'。姓。

**昕** xīn 太阳将要升起。
[旧属十二文]

大~　初~　霞~　昏~　未~

**欣** xīn 喜悦。
[旧属十二文]

欢~　欣~　悲~　交~　同~　含~
深~　民~　悦~　乐~　载~　长~
怀~　戚~　遥~　庶人~　谁不~
向所~　众鸟~

**炘** xīn 热气盛。
[旧属十二文]

浴~　馐~

**莘** xīn 莘庄,上海地名。
[旧属十一真]

细~　七~　淞~　奉~
(另见 十八真 shēn)

**锌** xīn 金属元素。

纯~　白~　缺~　补~　铅~

**新** xīn 新鲜。新生。新潮。
[旧属十一真]

迎~　更~　日~　纳~　追~　试~
标~　精~　全~　呈~　重~　革~
自~　翻~　一~　布~　图~　抽~
崭~　刷~　尝~　维~　清~　时~
从~　标~　创~　鼎~　求~　荐~

曙色～ 物华～ 轮奂～ 立意～
巧思～ 茗芽～ 柳色～ 稻苗～

# 歆 xīn 羡慕。
[旧属十二侵]
时～ 居～ 神～ 不～ 民～

# 薪 xīn 柴火。薪水。
[旧属十一真]
加～ 发～ 月～ 年～ 束～ 负～
舆～ 采～ 燃～ 伐～ 桑～ 斫～
车～ 拾～ 芦～ 荷～ 卧～ 抱～
积～ 樵～ 传～ 炊～ 抽～ 劳～
徙～ 工～ 聚～ 柳作～ 鼎下～
庖有～ 雪后～ 蜡代～ 鹊采～
拾涧～ 落巢～

# 馨 xīn 散布远的香气。
[旧属九青]
温～ 如～ 余～ 吟～ 凝～ 清～
流～ 风～ 洁～ 幽～ 遗～ 德～
芳～ 兰～ 桂～ 微～ 含～ 怀～
素～ 宁～ 浓～ 醉魂～ 去留～
透体～ 草木～ 茶瓯～ 裂鼻～

# 鑫 xīn 财富兴盛。
金～ 震～ 荣～ 大～ 日～

# 镡 xín 剑柄顶端部分。
[旧属十二侵]
剑～ 戈～ 宝～ 蛟～ 飚拂～
（另见 十一先 chán；tán）

# 荤 xūn 荤粥,同'獯鬻'。
[旧属十二文]
（另见十八真 hūn）

# 勋 xūn 功勋。勋章。
[旧属十二文]
功～ 元～ 奇～ 授～ 铭～ 前～
立～ 忠～ 英～ 策～ 受～ 高～
垂～ 司～ 放～ 不朽～ 辅弼～
文武～

# 埙 xūn 古吹奏乐器。
[旧属十三元]
吹～ 如～ 雅～ 颂～ 善～ 彻～
鸣～ 箎～ 大～ 土～

# 熏 xūn 烟熏。熏制。和暖。
[旧属十二文]
如～ 香～ 烧～ 火～ 蜡～ 沐～

---

岚～ 炉～ 光～ 晴～ 兰～ 草～
好风～ 松桂～ 莽草～ 百和～

# 窨 xūn 放茉莉使茶香。
[旧属二十七沁]
澄～
（另见仄声 yìn）

# 薰 xūn 香草,泛指花香。
[旧属十二文]
南～ 风～ 含～ 草～ 浓～ 芬～
吐～ 如～ 蕙～ 麝～ 岚～ 兰～
菊蕊～ 绣被～ 百和～

# 獯 xūn 獯鬻,古北方民族。
[旧属十二文]
叠～

# 纁 xūn 浅红色。
[旧属十二文]
玄～ 深～ 夏～ 裳～ 缣～ 罗～
屦色～ 三染～ 紫油～

# 曛 xūn 日落余光。黄昏时。
[旧属十二文]
日～ 暮～ 景～ 夕～ 西～ 微～
凉～ 林～ 斜～ 薄～ 山～ 霞～
夕阳～ 落红～ 海月～

# 醺 xūn 酒醉。
[旧属十二文]
酒～ 余～ 半～ 微～ 初～ 沉～
醉醺～ 世所～ 一盏～

# 旬 xún 十日一旬。
[旧属十一真]
上～ 中～ 下～ 满～ 累～ 经～
历～ 逾～ 来～ 初～ 兼～ 盈～
侵～ 七～ 由～ 不及～ 雨侵～

# 寻 xún 长度单位。找。
[旧属十二侵]
探～ 千～ 万～ 追～ 远～ 访～
行～ 研～ 相～ 遍～ 难～ 细～
披～ 重～ 搜～ 找～ 查～ 空～
何处～ 结伴～ 冒雨～ 竹千～
次第～

# 紃 xún 绦子。
[旧属十一真]
组～ 屦～ 道～ 双～ 纯～

# 巡 xún 巡查；巡视。
[旧属十一真]

出～　南～　警～　夜～　远～　邀～
分～　亲～　从～　三～　察～　日～
雨中～　花下～　以节～

# 郇

<sup>xún</sup> 周朝国名。姓。
[旧属十一真]
（另见十一先 huán）

# 询

<sup>xún</sup> 询问。
[旧属十一真]

咨～　查～　致～　细～　内～　授～
博～　垂～　征～　探～　访～　问～
乌菟～　五物～　欧阳～

# 鄩

<sup>xún</sup> 斟鄩,古国名。

# 荀

<sup>xún</sup> 姓。
[旧属十一真]

二～　继～　孟～　何～　摧～
颍水～　八龙～

# 荨

<sup>xún</sup> 荨麻疹,风疹块。

（另见十一先 qián）

# 咰

<sup>xún</sup> 英寻旧也作咰。

# 峋

<sup>xún</sup> 嶙峋,山石重叠。
[旧属十一真]

# 洵

<sup>xún</sup> 诚然;实在。
[旧属十一真]

苏～

# 浔

<sup>xún</sup> 水边。九江别称。
[旧属十二侵]

江～　清～　水～　碧～　天～　海～
浪～　曲～　寒～　竹～　河～　草～
白云～　桃花～　清洵～

# 恂

<sup>xún</sup> 诚实;恭顺。恐惧。
[旧属十一真]

忱～　禹～　恂～

# 珣

<sup>xún</sup> 玉名。
[旧属十一真]

琼～　璘～

# 璕

<sup>xún</sup> 一种美石。

# 栒

<sup>xún</sup> 栒子木。

# 循

<sup>xún</sup> 遵守;依照。沿袭。
[旧属十一真]

因～　拊～　奉～　休～　良～　推～
遵～　周～　缘～　循～　持～　蹈～
后进～　弟子～　德为～　万叶～

# 鲟

<sup>xún</sup> 鱼名。

鲸～　横江～　中华～

# 因

<sup>yīn</sup> 原因。沿袭。
[旧属十一真]

原～　何～　相～　正～　可～　想～
常～　非～　莫～　推～　依～　宿～
本～　缘～　无～　结～　内～　外～
远～　近～　起～　前～　夙～　有～
病～　基～　祸～　未了～　祸福～
前世～　盛衰～　知其～　物外～
清净～

# 阴

<sup>yīn</sup> 阴暗。阴影。阴天。
[旧属十二侵]

光～　天～　轻～　惜～　寸～　太～
庭～　夕～　晴～　昼～　午～　山～
淮～　树～　林～　层～　浓～　绿～
花～　槐～　松～　十亩～　夹道～
醉花～　云移～　西轩～　古庙～

# 茵

<sup>yīn</sup> 垫子;褥子。
[旧属十一真]

绿～　香～　苔～　坐～　拂～　软～
踏～　吐～　蒲～　飘～　暖～　莎～
锦～　文～　芳～　花～　绣～　素～
草～　如～　碧～　翡翠～　醉人～
鸳鸯～

# 荫

<sup>yīn</sup> 树荫。
[旧属二十七沁]

成～　午～　凉～　柳～　庇～　世～
慈～　垂～　桑～　茂～
（另见廿六寝 yìn）

# 音

<sup>yīn</sup> 声音。消息。音节。
[旧属十二侵]

清～　乡～　口～　杂～　佳～　播～
遗～　静～　邪～　听～　鼓～　乐～
家～　轻～　回～　八～　好～　土～
知～　高～　嗓～　南～　五～　玉～
注～　录～　哀～　梵～　观～　妙～
琴～　吴～　足～　蚕～　余～　低～
最强～　丝竹～　凤箫～　女高～

空谷～　绕梁～　金玉～　大雅～

**洇** yīn 渗透;浸。
[旧属十一真]

沉～　郁～　埋～　舒～　圮～　久～
沦～　年～　代～　迹～　墨～　泪～
随陇～　井未～　辙迹～

**姻** yīn 婚姻。
[旧属十一真]

联～　结～　求～　嘉～　初～　良～
旧～　外～　缔～　媾～　亲～　连～
秦晋～　琐琐～　南柯～　幼成～

**駰** yīn 浅黑带白色的马。
[旧属十一真]

有～　载～　花～

**絪** yīn 绢缊,同'氤氲'。

**氤** yīn 氤氲。
[旧属十一真]

氲～

**殷** yīn 丰盛。深厚。殷勤。
[旧属十二文]

慈～　丰～　岁～　庶～　情～　有～
民～　孔～　弥～　殷～　国～　家～
歌吹～　哲士～　文物～
(另见仄声 yǐn;十一先 yān)

**烟** yīn 烟煴,同'氤氲'。
[旧属一先]
(另见十一先 yān)

**铟** yīn 金属元素。

**堙** yīn 土山。堵塞;填塞。
[旧属十一真]

乘～　距～　长～　井～　通～　大～
下～　广～　沉～　九方～

**喑** yīn 失音。缄默。
[旧属十二侵十三覃]

齐～　聋～　狂～　坐～　鸡～　犬～
万马～　鱼口～　托病～

**闉** yīn 城上重门。堵塞。
[旧属十一真]

城～　重～　层～　绮～　拒～　严～
荒～　填～　未开～

**愔** yīn 安和,深静。
[旧属十二侵]

愔～　德～　爱～　庸～

**歅** yīn 用于人名。
[旧属十一真]

皋～　九方～　(春秋时人)

**潩** yīn 潩溜,天津地名。

**禋** yīn 祭祀。
[旧属十一真]

郊～　恭～　崇～　同～

**慇** yīn 慇懃,同'殷勤'。
[旧属十二文]

～(忧貌)

**圻** yín 同'垠'。
[旧属五微]

蒲～　京～　郊～　临～　埒～　石～
海～　涯～　长～　连～
(另见 八齐 qí)

**吟** yín 吟咏。呻吟;叹息。
[旧属十二侵]

龙～　凤～　醉～　行～　长～　哀～
悲～　寒～　讴～　夜～　啸～　猿～
春～　雨～　沉～　苦～　呻～　蛩～
微～　朗～　短～　清～　狂～　自～
白头～　梁父～　秦妇～　水龙～
游子～　月下～

**垠** yín 界垠;边际。
[旧属十一真十二文]

天～　海～　边～　西～　土～　绝～
江～　山～　坤～　何～　九～　无～
八～　地～　四～　瑶台～　西北～
天壁～

**狺** yín 狺狺,犬吠声。
[旧属十一真十二文]

**訔** yín 訔訔,和悦而辩。
[旧属十一真]

**崟** yín 山高。
[旧属十二侵]

岩～　腾～　崖～　岑～　崎～　隆～

**银** yín 颜色。货币。
[旧属十一真]

金～ 水～ 纹～ 白～ 销～ 浮～
乞～ 堆～ 烂～ 铺～ 碎～ 付～
雪花～ 白如～ 月进～ 万朵～
光闪～ 撒花～

**淫** yín 过多或过甚。放纵。
[旧属十二侵]

荒～ 海～ 雨～ 淫～ 奸～ 不～
乐～ 招～ 贞～ 毒～ 妖～ 祸～
手～ 狂～ 外～ 逸则～ 耳目～
威其～ 丽以～

**寅** yín 地支的第三位。
[旧属十一真]

同～ 惟～ 建～ 位～ 庚～ 出～
甲～ 转～ 上～ 斗指～ 岁在～

**訚** yín 訚訚，争辩。
[旧属十一真]

**鄞** yín 鄞县，浙江地名。
[旧属十一真十二文]

浮～ 徙～ 邑之～

**龈** yín 牙根肉。
[旧属十二文]

齿～ 香～

**崟** yín 敬畏。深。
[旧属十一真]

八～ 岑～ 陈～ 密有～

**蟫** yín 鱼虫。
[旧属十二侵十三覃]

蠹～ 白～ 书～ 生～ 壁～ 炱～

**嚚** yín 蠢而顽固。奸诈。
[旧属十一真]

顽～ 舍～ 用～ 史～

**霪** yín 久雨。
[旧属十二侵]

滞～ 雨～ 霖～ 阴～

**晕** yūn 昏迷。
[旧属十三问]

昏～
（另见仄声 yùn）

**缊** yūn 绲缊，同'氤氲'。
[旧属十二文十二吻]

纷～ 焚～ 蚡～
（另见仄声 yùn）

**氲** yūn 氤氲，云气浓郁。
[旧属十二文]

氤～ 夕～ 氲～

**煴** yūn 微火。无焰的火。
[旧属十二文]

烟～ 耀～ 煴～ 梦～
（另见仄声 yùn）

**赟** yūn 美好。

**云** yún 云朵。云集。说。
[旧属十二文]

人～ 亦～ 何～ 云～ 景～ 卿～
祥～ 庆～ 密～ 浮～ 战～ 白～
青～ 朵～ 乌～ 彩～ 慈～ 愁～
彤～ 层～ 黑～ 孤～ 片～ 闲～
风～ 火～ 夏～ 水～ 稻～ 凌～
行～ 披～ 停～ 阴～ 穿～ 步～
入～ 松～ 残～ 秋～ 红～ 烟～
暮～ 断～ 湿～ 冻～ 扫～ 子～
何足～ 故以～ 出岫～ 垂天～

**匀** yún 均匀。
[旧属十一真]

香～ 轻～ 圆～ 细～ 雨～ 风～
笔～ 丝～ 不～ 玉苗～ 点缀～
小浪～ 柳线～ 草色～ 雨水～
晓妆～ 骨肉～

**芸** yún 芸香。
[旧属十二文]

芳～ 水～ 回～ 新～ 芸～ 古～
秋～ 书～ 香～ 涧畔～ 阁有～

**员** yún 用于人名。
[旧属十二文]

伍～ （即伍子胥）
（另见仄声 yùn；十一先 yuán）

**沄** yún 大波浪。
[旧属十二文]

沄～ 浤～ 汾～ 潈～ 洄～

**妘** yún 姓。
[旧属十二文]

**纭** yún 形容多而乱。
[旧属十二文]

纷～ 纭～

**昀** yún 日光。

畇 yún 土地整齐。
[旧属十一真]
畇～　原～

郧 yún 郧县,在湖北。姓。
[旧属十二文]
居～　加～　会～

耘 yún 除草。
[旧属十二文]
耕～　锄～　勤～　归～　火～　暑～
力～　旷～　趣～　昼～　释～　夏～
千耦～　植杖～　曝背～

涢 yún 涢水,湖北水名。
[旧属十二文]

筠 yún 竹子。竹子青皮。
[旧属十一真]
松～　风～　疏～　文～　丛～　霜～
庭～　紫～　水～　石～　青～　新～
碧～　江～　雪～　绿～　浮～　湖～
楚山～　笋成～

篔 yún 篔筜,水边大竹子。
[旧属十二文]
紫～

鋆 yún 金子。

# 仄　声

摈 bìn 抛弃;排除。
[旧属十二震]
排～　迹～　嘲～　可～　解～　藏～

殡 bìn 停放灵柩。
[旧属十二震]
出～　停～　哭～　告～　临～　柩～
灵～　丧～　厚～　行～　送～　护～
三日～　衬土～　故人～

膑 bìn 同'髌'。
[旧属十一轸]
绝～　膝～　脱～　中～　孙～

髌 bìn 削去髌骨的酷刑。
[旧属十一轸]

鬓 bìn 鬓角。
[旧属十二震]
须～　白～　年～　苍～　斑～　双～
两～　蝉～　云～　鹤～　鸦～　青～
华～　抿～　繁霜～

仅 jǐn 仅仅。
[旧属十二震]
不～　仅～
(另见 jìn)

尽 jǐn 尽早。尽前头。
[旧属十一轸]
(另见 jìn)

卺 jǐn 古代婚礼用的酒瓢。
[旧属十二吻]
合～　(结婚)连～

紧 jǐn 紧要。紧迫。紧缩。
[旧属十一轸]
抓～　要～　严～　吃～　加～　赶～
捏～　声～　风～　抱～　捆～　紧～
时间～　风雪～　不打～　风声～

堇 jǐn 堇菜。浅紫色。
[旧属十二吻]

苦～ 葵～ 茶～ 置～ 思～

## 锦 jǐn 丝织品。色彩华丽。

[旧属二十六寝]

衣～ 壮～ 如～ 春～ 裁～ 飞～
美～ 织～ 宫～ 濯～ 什～ 蜀～
古～ 云～ 文～ 尺～ 昼～ 吴～
鸳鸯～ 花如～ 朝霞～

## 谨 jǐn 谨慎。郑重;恭敬。

[旧属十二吻]

细～ 克～ 敬～ 谦～ 勤～ 恪～
恭～ 拘～ 廉～ 严～ 弥～ 愿～

## 馑 jǐn 饥荒。

[旧属十二震]

饥～ 凶～ 疲～ 荒～ 困～ 饿～
守～ 歉～ 兵～ 菜～

## 廑 jǐn 同'仅'。

[旧属十二文]
（另见平声 qín）

## 瑾 jǐn 美玉。

[旧属十二震]

瑶～ 怀～ 美～ 赤～ 公～ 洁～
瑜匿～ 诸葛～ 周公～

## 槿 jǐn 植物。

[旧属十二吻]

木～ 红～ 夏～ 插～ 露～ 篱～
野～ 朝～ 紫～ 桑～ 花落～

## 仅 jǐn 将近。

[旧属十二震]
（另见 jìn）

## 尽 jǐn 完。尽头。尽情。

[旧属十一轸]

竭～ 不～ 力～ 财～ 散～ 目～
气～ 说～ 脱～ 日～ 雨～ 缘～
雪～ 食～ 兴～ 详～ 义～ 意～
才～ 香～ 花～ 语～ 岁～ 穷～
梦～ 灯～ 春～ 路～ 曲～ 消～
风流～ 平野～ 鸿声～ 心力～
夕阳～ 飞鸟～

（另见 jìn）

## 进 jìn 向前。收入。呈上。

[旧属十二震]

前～ 勇～ 引～ 促～ 推～ 上～
日～ 行～ 挺～ 寸～ 猛～ 冒～
改～ 先～ 跃～ 后～ 急～ 渐～

东～ 递～ 奋～ 长～ 增～ 冲～
奚由～ 安得～ 船缓～

## 近 jìn 接近。亲密。浅显。

[旧属十二吻]

浅～ 年～ 相～ 言～ 远～ 声～
山～ 路～ 春～ 家～ 忽～ 村～
昵～ 邻～ 靠～ 要～ 逼～ 习～
迫～ 就～ 浅～ 晚～ 新～ 附～
好事～ 花期～ 黄昏～

## 妗 jìn 舅母。妻兄弟之妻。

## 劲 jìn 力气。精神。趣味。

[旧属二十四敬]

干～ 坚～ 风～ 奋～ 清～ 剽～
精～ 雄～ 刚～ 骨～ 草～ 后～
起～ 费～ 松～ 差～ 长～ 遒～
弓刀～ 风霜～ 笔锋～ 加把～

（另见十九青 jìng）

## 荩 jìn 荩草。忠诚。

[旧属十二震]

忠～ 诚～ 输～ 到～ 少～

## 浕 jìn 浕水,湖北水名。

## 晋 jìn 进。升级。山西别称。

[旧属十二震]

三～ 秦～ 魏～ 东～ 吏～ 孟～

## 赆 jìn 临别赠物。

[旧属十二震]

馈～ 纳～ 宝～ 奉～ 良～ 呈～
纳裳～ 百余～

## 烬 jìn 灰烬。

[旧属十二震]

余～ 焚～ 火～ 红～ 飞～ 劫～
烟～ 烧～ 同～ 空～ 香～ 烛～
断～ 坠～ 短～

## 浸 jìn 浸泡。逐渐。

[旧属十二震]

水～ 漫～ 濯～ 渍～ 涵～ 淹～
漂～ 泛～ 雪～ 月～ 空～ 沉～
秋～ 潦～ 积～ 酒～ 雨～ 汤～
江海～ 甘泉～ 玉液～

## 琎 jìn 像玉的石头。

[旧属十二震]

**噤** jìn 闭口不言。[旧属二十六寝]
噤~

**祲** jìn 不祥之气。妖气。[旧属十二震二十七沁]
海~ 云~ 气~ 岁~ 祥~ 观~
精~ 氛~ 驱~ 赤黑~ 塞北~

**靳** jìn 吝惜。姓。[旧属十三问]
小~ 凌~ 笞~ 嗤~ 嘲~

**禁** jìn 禁止。监禁。[旧属二十七沁]
严~ 违~ 触~ 弛~ 设~ 苛~
幽~ 世~ 开~ 明~ 解~ 拘~
宵~ 法~ 犯~ 软~ 不~ 夜~
政令~ 宾客~ 金吾~
(另见平声 jīn)

**搢** jìn 插。摇。[旧属十二震]
屹~ 即~

**溍** jìn 古水名。

**缙** jìn 赤色的帛。[旧属十二震]

**瑨** jìn 像玉的石头。[旧属十二震]

**墐** jìn 用泥涂塞。[旧属十二震十一真]
塞~ 封~ 厚~ 糊~ 北墉~

**覲** jìn 朝见。朝拜。[旧属十二震]
日~ 谒~ 聘~ 欢~ 陪~ 入~
三~ 趋~ 来~ 朝~

**殣** jìn 掩埋。饿死。[旧属十二震]
道~ 行~ 殍~

**噤** jìn 不作声。冷而哆嗦。[旧属二十六寝]
寒~ 口~ 声~ 立~ 冻~ 钳~
林鸦~ 河声~ 舌本~ 仗马~

**俊** jùn 貌清秀。才出众。[旧属十二震]
英~ 才~ 雄~ 贤~ 豪~ 清~

**郡** jùn 古行政区划。[旧属十三问]
州~ 古~ 蜀~ 雄~ 江~ 南~

**捃** jùn 拾取。[旧属十三问]
收~ 同~ 捃~ 采~ 车~

**峻** jùn 高大。严厉。[旧属十二震]
峭~ 严~ 雄~ 清~ 孤~ 山~
高~ 险~ 风~ 骨~ 陡~ 拔~
孤峰~ 龙门~ 寒力~

**馂** jùn 吃剩的食物。[旧属十二震]
余~ 妇~ 受~ 佐~ 后~ 分~
孺子~ 祭有~ 侍者~

**浚** jùn 挖深;疏通。[旧属十二震]
疏~ 开~ 易~ 复~ 宏~
(另见 xùn)

**骏** jùn 好马。[旧属十二震]
奔~ 桀~ 八~ 良~ 龙~ 神~
奇~ 驾~ 万~ 天下~ 千里~
老犹~

**珺** jùn 一种美玉。

**菌** jùn 蕈。[旧属十一轸]
芝~ 石~ 湿~ 摘~ 野~ 采~
雪~ 霉~ 松~ 秋~ 木~ 若~
毒~ 病~ 细~
(另见平声 jūn)

**焌** jùn 用火烧。
(另见 六鱼 qū)

**畯** jùn 古代管农事的官。[旧属十二震]
田~ 九~ 南~ 农~ 寒~

**竣** jùn 完毕。[旧属一先十一真]
事~ 完~ 功~ 告~ 颜~ 克~

**寯** jùn 同'俊'。[旧属十二震]

**菻** ‹lín› 拂菻,东罗马帝国。

**凛** ‹lín› 寒冷。严肃。畏惧。
[旧属二十六寝]
凛～风～冰～凄～严～清～
秋霜～

**廪** ‹lín› 粮仓。粮食。
[旧属十六寝]
仓～治～粮～田～国～开～
军～困～岁～丰～倾～高～
农～公～焚～米～发～满～
勿绝～百日～富家～

**懔** ‹lín› 敬畏。
[旧属二十六寝]
惨～危～懔～拂～发～毛～
渊水～毛发～

**檩** ‹lín› 屋架上的横木。

**吝** ‹lín› 吝啬。
[旧属十二震]
悔～不～鄙～悭～贪～小～
惜～俭～自～何～心～手～
富而～不足～君子～

**赁** ‹lín› 租用。
[旧属二十七沁]
租～出～沽～行～舍～贴～
房～负～佣～拨裘～论铺～

**淋** ‹lín› 过淋,过滤。
[旧属十二侵]
(另见 平声 lín)

**蔺** ‹lín› 编席之草。姓。
[旧属十二震]
蒯～营～廉～马～慕～

**躏** ‹lín› 蹂躏。
[旧属十二震]
腾～前～籍～

**皿** ‹mǐn› 器皿。
[旧属二十三梗]
金～次～溺～于～虫在～

**闵** ‹mǐn› 同'悯'。姓。
[旧属十一轸]
隐～惜～凄～怀～哀～矜～
颜～闵～觐～忧～怜～沪～

**抿** ‹mǐn› 微微合唇。抹鬓发。

**黾** ‹mǐn› 黾勉。
[旧属十一轸]
(另见 十一先 miǎn)

**泯** ‹mǐn› 消灭;丧失。
[旧属十一轸十一真]
未～音～迹～泯～凤～亡～
灰～音～内～化不～随物～
鼎字～不可～心行～古意～

**闽** ‹mǐn› 福建的别称。
[旧属十一真十二文]
七～瓯～人～徂～蜀～辞～
东～南～金～江～

**僶** ‹mǐn› 僶俛,同'黾勉'。

**悯** ‹mǐn› 怜悯。忧愁。
[旧属十一轸]
矜～隐～悯～伤～凄～自～
恻～忧～哀～慈～怀～

**笢** ‹mǐn› 竹篾。
[旧属十一轸十一真]

**敏** ‹mǐn› 敏捷。聪明;机警。
[旧属十一轸]
灵～聪～机～贞～少～才～
辨～口～巧～察～性～识～
精～警～颖～捷～不～锐～
应对～兼人～文章～

**湣** ‹mǐn› 古代谥号用字。

**暋** ‹mǐn› 强横。

**愍** ‹mǐn› 同'悯'。
[旧属十一轸]
追～慈～吊～怜～深～慰～
矜～致～惜～愍～

**慜** ‹mǐn› 聪明敏捷。

**鳘** ‹mǐn› 鳘鱼。

**品** pǐn 物品。等级。品质。
[旧属二十六寝]
人～ 棋～ 门～ 画～ 评～ 奇～
出～ 膺～ 果～ 上～ 妙～ 奖～
神～ 精～ 佳～ 极～ 仙～ 珍～
作～ 小～ 诗～ 食～ 祭～ 异～
绝～ 逸～ 名～ 细～ 新～ 流～
礼～ 次～ 废～ 用～ 产～ 七～
不入～ 纪念～ 战利～ 舶来～
艺术～

**榀** pǐn 一个屋架叫一榀。

**牝** pìn 雌性。
[旧属十一轸]
牡～ 游～ 虚～ 左～ 玄～ 生～
畜～ 牧～ 晨～ 孤～ 空谷～

**聘** pìn 聘请。定亲。出嫁。
[旧属二十四敬]
招～ 出～ 三～ 受～ 相～ 正～
来～ 盛～ 纳～ 重～ 礼～ 辞～
解～ 如～ 告～ 当～ 延～ 待～
征～ 应～ 历～ 再～ 特～ 不～

**椹** qīn 肉桂。马醉木。

**锓** qīn 雕刻。
[旧属二十六寝]
镂～ 雕～ 镌～

**寝** qǐn 睡。卧室。帝陵。
[旧属二十六寝]
夜～ 伏～ 声～ 长～ 霞～ 倦～
春～ 午～ 嗜～ 就～ 安～ 昼～
忘～ 废～ 晏～ 露～ 入～ 正～
陵～ 路～ 小～ 裸～ 媚～ 祖～
归～ 侍～ 抱～ 共～ 鸳～ 客～
和衣～ 曲肱～ 重衾～ 高楼～
恣情～ 伴花～

**吣** qìn 猫狗呕吐。谩骂。
胡～

**沁** qìn 渗入或透出。
[旧属二十七沁]
露～ 碧～ 泽～ 入～ 香～ 红～
暖～ 潞～ 凉～ 尘～

**撳** qìn 按。
手～ 指～ 暗～ 强～ 狠～

**伈** xǐn 伈伈,形容恐惧。

**囟** xìn 囟门。

**芯** xìn 芯子。蛇舌。
(另见平声 xīn)

**信** xìn 确实。信用。信息。
[旧属十二震]
诚～ 相～ 自～ 忠～ 深～ 别～
印～ 报～ 口～ 不～ 违～ 弃～
电～ 书～ 家～ 轻～ 音～ 春～
花～ 背～ 亲～ 守～ 笃～ 取～
送～ 偏～ 凭～ 寄～ 迷～ 威～
听～ 通～ 喜～ 可～ 来～ 书～
平安～ 千里～ 求爱～ 潮有～
不失～ 慰问～ 匿名～ 鸡毛～

**衅** xìn 嫌隙;争端。
[旧属十二震]
间～ 恶～ 乘～ 因～ 言～ 肇～
洗～ 动～ 血～ 罪～ 妖～ 余～
寻～ 挑～ 搆～ 作乐～ 侵弱～
钩党～

**焮** xìn 烧;灼。
[旧属十三问]
火～ 疱～ 叶～ 池上～ 龙甲～

**舋** xìn 同'衅'。
[旧属十二震]

**训** xùn 训诫。训练。准则。
[旧属十三问]
家～ 培～ 轮～ 军～ 垂～ 蒙～
集～ 芳～ 轨～ 教～ 祖～ 典～
古～ 遗～ 箴～ 古今～ 童蒙～
孝悌～

**讯** xùn 询问。消息;信息。
[旧属十二震]
问～ 音～ 芳～ 旁～ 歌～ 书～
商～ 喜～ 征～ 托～ 临～ 遗～
受～ 审～ 通～ 嘉～ 鞫～ 考～

**汛** xùn 河流定期的涨水。
[旧属十二震]

潮～ 防～ 伏～ 大～ 秋～ 夏～
桃花～

## 迅 xùn 迅速。
[旧属十二震]
轻～ 奋～ 激～ 敏～ 振～ 劲～
流～ 翼～ 箭～ 鲁～ 雷霆～

## 驯 xùn 顺服的;善良。
[旧属十一真]
马～ 调～ 温～ 雅～ 性～ 犬～
伏～ 服～ 扰～ 和～ 不～ 日～
鸟雀～ 虎狼～ 孰可～

## 徇 xùn 依从。对众宣示。
[旧属十二震]
私～ 夸～ 使～ 顾～ 周～ 伏～
木铎～ 车裂～ 左右～

## 逊 xùn 谦虚。差;比不上。
[旧属十四愿]
谦～ 和～ 恭～ 辞～ 稍～ 言～
敬～ 廉～ 不～ 远～ 才～ 色～
耕者～ 应对～ 二程～

## 殉 xùn 殉葬。牺牲。
[旧属十二震]
为～ 慕～ 足～ 外～ 鹤～ 身～
以道～ 以身～

## 浚 xùn 河南浚县。
[旧属十二震]
在～ 有～ 复～ 幽～ 易～
(另见 jùn)

## 巽 xùn 八卦名。
[旧属十四愿]
重～ 上～ 卦～ 艮～ 占～ 谦～
健而～ 顺而～ 精于～

## 蕈 xùn 高等菌类。
地～ 香～ 毒蝇～

## 噀 xùn 含在口中而喷出。
[旧属十四愿]
静～ 水～ 下～ 喷～ 龙～ 鱼～
取酒～ 再三～

## 尹 yǐn 旧时官名。姓。
[旧属十一轸]
府～ 道～ 县～ 令～ 百～ 师～
京兆～

## 引 yǐn 牵引。离开。伸着。引起。
[旧属十一轸十二震]
牵～ 导～ 汲～ 指～ 推～ 远～
典～ 广～ 前～ 接～ 承～ 新～
雁～ 云～ 笛～ 援～ 招～ 吸～
勾～ 旁～ 博～ 索～ 荐～ 歌～
幽谷～ 明月～ 渔父～

## 吲 yǐn 吲哚,可制香料等。

## 饮 yǐn 喝。饮料。含着。
[旧属二十六寝]
冷～ 群～ 膳～ 当～ 海～ 对～
蝉～ 轰～ 醉～ 夏～ 陪～ 狂～
畅～ 宴～ 欢～ 牛～ 小～ 痛～
酣～ 豪～ 纵～ 杯～ 瓢～ 酌～
凿井～ 香苏～ 流杯～ 曲水～
满堂～ 明月～
(另见 yìn)

## 蚓 yǐn 蚯蚓。
[旧属十一轸]
春～ 蝼～ 大～ 尺～ 蚁～ 蜗～
蛇～ 蛩～ 穴～ 聚～ 紫～ 丝～
地～ 寒～ 断～ 篱下～ 钓鱼～
草间～

## 殷 yǐn 形容雷声。
[旧属十二吻]
殷～ 雷～ 声～
(另见平声 yīn;十一先 yān)

## 隐 yǐn 隐藏。潜伏。隐秘。
[旧属十二吻十三问]
索～ 无～ 小～ 半～ 屏～ 有～
归～ 不～ 潜～ 内～ 退～ 藏～
坐～ 灵～ 探～ 心～ 微～ 思～
月～ 帆～ 恻～ 隐～ 渔～ 大～
贤人～ 为君～ 高士～ 含泪～
市人～ 何年～ 山林～

## 靷 yǐn 引车前行的皮带。
[旧属十一轸十二震]
皮～ 阴～ 贯～ 执～ 车～ 结～
长～ 虹～ 失～ 奉～

## 讔 yǐn 隐语。谜语。

## 歙 yǐn 同'饮'。

檃 yǐn 檃栝,矫正木材的器具。

癮 yǐn 泛指浓厚的兴趣。

　　毒~　烟~　酒~　过~　上~

螾 yǐn 同'蚓'。

印 yǐn 图章。痕迹。符合。
[旧属十二震]
　　盖~　刚~　石~　排~　刻~　操~
　　大~　玉~　封~　私~　篆~　重~
　　红~　铅~　影~　脚~　掌~　夺~
　　官~　汉~　弄~　金~　手~　指~
　　烙~　刊~　油~　打~　复~　空~
　　丹砂~　辟邪~　心相~

饮 yìn 给牲畜水喝。
[旧属二十七沁]
　　致~　递~　逼~　牧~　强~
　　（另见 yǐn）

茚 yìn 有机化合物。

荫 yìn 荫庇。
[旧属二十七沁]
　　茂~　得~　门~　父~　世~　憩~
　　午~　桑~　柳~　垂~　凉~　祖~
　　慈~　庇~　余~
　　（另见平声 yīn）

胤 yìn 后代。后嗣。
[旧属十二震]
　　后~　祚~　广~　传~　苗~　枝~
　　贤~　淑~　名~　垂~　赵匡~

垽 yìn 沉淀物。

鮣 yìn 海鱼,用吸盘附船底。

窨 yìn 地下室。
[旧属二十七沁]
　　（另见平声 xūn）

慭 yìn 宁愿。损伤;残缺。
[旧属十二震]
　　慭~　不~　未~　厥~　吾~

允 yǔn 允许。公平;适当。
[旧属十一轸]
　　公~　应~　众~　中~　清~　忠~
　　莫~　默~　信~　听~　称~　贵~
　　俯~　明~　平~　依~　庶事~

狁 yǔn 猃狁,古民族。
[旧属十一轸]

陨 yǔn 陨落。
[旧属十三问]
　　星~　涕~　荣~　叶~　风~　失~
　　志~　情~　珠~　身~　花~　红~
　　霜~　石~　沉~　百卉~　时易~
　　曲蓬~

殒 yǔn 死亡。
[旧属十一轸]
　　哀~　天~　消~　凋~　心~

孕 yùn 怀胎。身孕。
[旧属二十五径]
　　怀~　有~　不~　妇~　先~　遗~
　　胎~　腹~　妊~　避~　身~　含~

运 yùn 运动。搬运。运气。
[旧属十三问]
　　命~　幸~　好~　红~　时~　世~
　　托~　厄~　转~　应~　天~　财~
　　气~　牌~　船~　客~　空~　货~
　　春~　调~　车~　通~　漕~　营~
　　装~　起~　海~　陆~　水~　官~
　　走~　行~　恶~　奥~　国~　工~
　　自然~　妙思~　华盖~　桃花~

员 yùn 姓。
[旧属十三问]
　　（另见平声 yún;十一先 yuán）

郓 yùn 郓城,山东地名。
[旧属十三问]
　　处~　入~　古~　兖~　居~

恽 yùn 姓。
[旧属十二吻]

晕 yùn 头晕。光影。
[旧属十三问]
　　日~　月~　灯~　红~　含~　淡~
　　浅~　湿~　轻~　娇~　流~　眉~
　　酒~　霞~　墨~　脸~　晴~　波~
　　土~　沁~　环~　吐~　春~　乳~
　　五色~　初日~　风生~　灯生~
　　（另见平声 yūn）

**酝** yùn 酿酒。
[旧属十三问十二吻]

佳～内～醇～初～香～美～
芳～嘉～春～家～薄～野～
千年～ 三升～ 宜城～

**愠** yùn 怒。
[旧属十三问]

喜～微～解～愤～忧～烦～
轻～客～情～不～

**缊** yùn 碎麻。
[旧属十三问]

束～衣～袍～敝～服麻～
（另见平声 yūn）

**韫** yùn 包含；蕴藏。

玉～椟～石～德～匮～

**韵** yùn 好听的声音。情趣。
[旧属十三问]

诗～词～新～押～谐～协～
次～步～和～叠～宽～险～
逸～音～旧～落～失～哀～

神～流～气～风～远～高～
余～琴～泉～清～遗～竹～
笛～松～盥～莺～娇～古～
情～曲～丰～金石～流水～
三百～

**熨** yùn 同'熨'。
[旧属十二文]
（另见平声 yūn）

**蕴** yùn 包含；蓄积。
[旧属十二吻十三问]

底～密～宝～潜～琼～幻～
开～气～情～幽～精～发～
才～内～余～精华～ 三才～
平生～

**熨** yùn 用熨斗烫平。
[旧属五物]

烙～火～铁～平～毒～身～
砭～洗～重～攻～轻～新～
素手～ 伏床～ 五分～
（另见 六鱼 yù）

# 十 八 真

## 平 声

**奔** bēn 急跑。紧赶。逃跑。
[旧属十三元]
飞～ 迅～ 狂～ 雷～ 车～ 夜～
竞～ 私～ 策～ 将～ 虎～ 追～
南～ 惊～ 骏～ 风～ 浪～ 龙～
云～ 鹿～ 群～ 狐兔～ 铁骑～
万马～ 万壑～ 雪浪～ 大江～
（另见仄声 bèn）

**贲** bēn 勇者。
[旧属十二文十三元]
虎～ 旅～ 黝～ 孟～ 诸～ 飞～
（另见八齐 bì）

**栟** bēn 木名。
[旧属八庚]
蕉～ 珠～
（另见十九青 bīng）

**犇** bēn 同'奔'。

**锛** bēn 削木工具。

**参** cēn 参差。
[旧属十二侵]
（另见 shēn；十一先 cān）

**岑** cén 小而高的山。崖岸。
[旧属十二侵]
山～ 峻～ 江～ 云～ 林～ 雾～
春～ 玉～ 郊～ 秋～ 寒～ 丘～
秀～ 峰～ 层～ 远～ 烟～ 西～
孤～ 梅～ 碧～ 翠～ 青～ 仙～
明月～ 白雪～ 翠微～ 远近～

**涔** cén 积水。雨水多。
[旧属十二侵]
洪～ 江～ 清～ 蹄～ 红～ 伏～
潜～ 淳～ 海～ 养鱼～ 重渊～
泪涔～

**抻** chēn 拉；扯。抻面。

**郴** chēn 郴州，湖南地名。
[旧属十二侵]
绕～ 客～ 韶～ 虔～ 柳～ 都～

**綝** chēn 止。善。
[旧属十二侵]
（另见十七侵 lín）

**琛** chēn 珍宝。
[旧属十二侵]
国～ 海～ 天～ 山～ 航～ 怀～
蛮～ 浮～ 效～ 移～ 奇～ 龙～
南～ 献～ 宫～ 名～ 纳～ 守～
珪璋～ 玉为～ 希世～

**嗔** chēn 怒；生气。
[旧属十一真]
似～ 非～ 怨～ 贪～ 佯～ 生～
自～ 若～ 笑～ 微～ 风～ 北～
意谁～ 旁人～ 花应～ 君勿～

**伧** chēn 寒伧。
[旧属八庚]
（另见三江 cāng）

**膜** chēn 肿胀。

**瞋** chēn 张目发怒。
[旧属十一真]
怒～ 怨～ 佯～ 微～ 贪～ 恶～
多～ 不～ 若～ 忘～ 妻～ 醉～
天公～ 官长～ 玉女～ 任客～

**臣** chén 君主时代的官吏。
[旧属十一真]
功～ 良～ 亲～ 称～ 宠～ 奸～
媚～ 诶～ 权～ 旧～ 群～ 勋～
诤～ 乱～ 忠～ 老～ 重～ 弄～
大～ 谋～ 谏～ 贤～ 佞～ 名～
社稷～ 股肱～ 辅弼～ 画策～

**尘** chén 灰土，尘世。踪迹。
[旧属十一真]

红～ 器～ 风～ 拂～ 洗～ 沙～
游～ 暗～ 车～ 纤～ 望～ 劫～
凝～ 玉～ 扫～ 梵～ 粉～ 扬～
黄～ 灰～ 出～ 边～ 绝～ 烟～
音～ 埃～ 芳～ 前～ 轻～ 微～
征～ 飞～ 洒～ 步后～ 不染～
心生～ 积年～ 漠漠～ 十丈～

**辰** chén 地支第五位。时光。
[旧属十一真]
星～ 吉～ 良～ 日～ 午～ 初～
北～ 芳～ 寿～ 诞～ 时～ 佳～
花～ 参～ 嘉～ 不逢～ 柳眠～

**沉** chén 往下落。
[旧属十二侵]
深～ 消～ 阴～ 低～ 石～ 昏～
下～ 日～ 月～ 浮～ 陆～ 升～
鱼～ 湮～ 西～ 影～ 醉～ 幽～
舟～ 碑～ 地～ 珠～ 音～ 久～
夜沉～ 夕阳～ 锦鳞～ 雁影～

**忱** chén 情意。
[旧属十二侵]
热～ 忠～ 谢～ 微～ 悃～ 克～
劝～ 尔～ 荩～ 蔽～ 情～

**陈** chén 安放。叙说。旧的。
[旧属十一真]
直～ 横～ 因～ 指～ 口～ 面～
愿～ 新～ 推～ 敷～ 铺～ 杂～
条～ 毕～ 粗～ 荐～ 朱～ 列～
钩～ 明～ 开～ 百味～ 夹道～

**宸** chén 深邃的房屋。
[旧属十一真]
紫～ 枫～ 侍～ 帝～ 玉～ 槐～

**梣** chén 小叶白蜡树。

**晨** chén 早晨。
[旧属十一真]
清～ 凌～ 夕～ 拂～ 秋～ 江～
司～ 风～ 临～ 霜～ 莺～ 侵～
芳～ 鸡～ 昏～ 艳阳～ 水云～
冰雪～ 夜连～ 闹彻～ 㷀讴～

**谌** chén 相信。诚然。
[旧属十二侵二十六寝]
裨～ 荩～ 皆～ 天难～

**春** chūn 春季。情欲。生机。
[旧属十一真]
迎～ 新～ 芳～ 阳～ 报～ 回～
探～ 寻～ 怀～ 惜～ 买～ 游～
早～ 逢～ 三～ 孟～ 仲～ 暮～
争～ 送～ 残～ 熙～ 宜～ 嬉～
晚～ 丽～ 偷～ 扶～ 长～ 锦～
添～ 赏～ 初～ 司～ 盛～ 翘～
茂～ 酿～ 半～ 如～ 富～ 当～
一枝～ 天下～ 四时～ 江南～
透帘～ 故乡～ 绿影～ 梨花～
一犁～ 总是～ 草木～ 万象～
万里～ 淡淡～ 玉楼～ 一夜～

**椿** chūn 椿树。
[旧属十一真]
香～ 来～ 庭～ 江～ 大～ 仙～
庄～ 灵～ 松～ 叶万～ 白崖～

**蝽** chūn 蝽象,昆虫名。

**鰆** chūn 鰆鱼,海鱼。

**輴** chūn 灵车。

**纯** chún 纯净。纯粹。纯熟。
[旧属十一真十三元]
单～ 温～ 清～ 忠～ 思～ 精～
真～ 含～ 贞～ 懿～ 德～ 性～
文章～ 政体～

**莼** chún 莼菜。
[旧属十一真]
香～ 嫩～ 秋～ 细～ 雉～ 忆～
紫～ 采～ 鲈～ 野～ 菰～ 吴～
湖～ 江～ 思～ 秋风～ 故乡～
碧涧～ 张翰～ 豉调～ 羹忆～

**唇** chún 嘴唇。
[旧属十一真]
丹～ 反～ 斗～ 摇～ 口～ 膏～
焦～ 朱～ 入～ 濡～ 猩～ 石～
檀～ 牛～ 桃～ 樱～ 点～ 龙～
沾～ 脂～ 歌～ 莺～ 香～ 舐～
樱桃～ 巧弄～ 点绛～

**淳** chún 淳朴。
[旧属十一真]
真～ 归～ 民～ 温～ 至～ 敦～

朴～ 风～ 忠～ 清～ 端～ 化～
习俗～ 道德～ 雅化～ 太古～

**镎** chún 古代铜制乐器。
[旧属十一真十贿]
金～ 鼓～ 周～ 铜～ 鱼～ 浑～
山水～ 器乐～
（另见五微 duì）

**鹑** chún 鹌鹑。
[旧属十一真]
野～ 鸣～ 飞～ 画～ 雁～ 衣～

**漘** chún 水边。
[旧属十一真]
河～ 湖～ 江～ 海～ 溪～

**醇** chún 味道纯正。
[旧属十一真]
饮～ 芳～ 清～ 酌～ 甘～ 贞～
鸿～ 化～ 醇～ 交如～ 酒酿～
旨酒～ 醍醐～ 百花～ 醇乎～

**村** cūn 村庄。粗俗。
[旧属十三元]
农～ 江～ 山～ 花～ 渔～ 乡～
新～ 烟～ 雨～ 邻～ 后～ 梅～
前～ 远～ 孤～ 暮～ 近～ 鸦～
竹～ 绕～ 古～ 荒～ 晴～ 穷～
绿杨～ 杏花～ 三家～ 夕阳～
水云～ 隔溪～ 凤凰～ 度假～

**皴** cūn 皮肤冻裂。画法。
[旧属十一真]
皮～ 面～ 冻～ 鳞～ 风～ 手～
麻皮～ 梅粉～ 远山～ 玉蕊～

**踆** cūn 踢。退;止。
[旧属十一真]
踆～ 昼～ 乌～ 复～ 行～ 脚～
已事～ 逆而～

**存** cún 存在;生存。保留。
[旧属十三元]
长～ 永～ 心～ 温～ 名～ 相～
幸～ 文～ 兼～ 图～ 苟～ 惠～
并～ 固～ 备～ 默～ 库～ 独～
储～ 残～ 犹～ 思～ 身～ 日～
志犹～ 遗范～ 万古～ 风雅～
功业～ 古风～ 赤心～ 礼乐～

**吨** dūn 公制重量单位。
一～ 公～ 万～ 每～

**惇** dūn 笃厚。敦厚。
[旧属十三元]
风～ 树～ 世～ 弥～ 五～ 卿～
世风～

**敦** dūn 诚恳。
[旧属十三元十四愿]
安～ 民～ 情～ 清～ 宜～ 贵～
相～ 道～ 厚～ 夙～ 契～ 陪～
风教～ 四海～ 诗书～ 道侣～
（另见五微 duì）

**墩** dūn 土堆。
[旧属十三元]
桥～ 土～ 树～ 千～ 黄～ 坳～
沙～ 锦～ 泥～ 绣～ 玉～ 孤～
高～ 篁～ 青～ 落星～ 东山～
谢公～ 玉女～

**驐** dūn 阉家畜家禽。
[旧属十三元]

**礅** dūn 整块石头。
石～ 泥～ 木～ 水泥～

**镦** dūn 冲压金属板使变形。
[旧属十一队]
戟～ 前～ 距为～ 锐如～
（另见五微 duì）

**蹾** dūn 重重地往下放。

**蹲** dūn 屈腿而歇。
[旧属十三元]
石～ 虎～ 凤～ 猿～ 熊～ 久～
舞蹲～ 龟趺～ 低伏～ 石笋～

**奀** ēn 瘦小,多用于人名。

**恩** ēn 恩惠。
[旧属十三元]
母～ 报～ 沐～ 知～ 感～ 隆～
慈～ 前～ 施～ 厚～ 垂～ 大～
降～ 开～ 谢～ 承～ 鸿～ 殊～
深～ 沾～ 蒙～ 酬～ 怀～ 旧～
骨肉～ 雨露～ 教育～ 主人～
父母～ 往日～ 沐天～ 漂母～

**蒽** ēn 制染料原料。

**分** fēn 分开。分配。辨别。
[旧属十二文]
群~　平~　十~　春~　秋~　万~
划~　鼎~　区~　瓜~　中~　满~
斜~　半~　分~　兵~　均~　三~
俵~　扒~　难~　百~　高~　两~
泾渭~　贵贱~　皂白~　楚汉~
月色~　胜负~　印象~
(另见仄声 fèn)

**芬** fēn 香气。
[旧属十二文]
清~　幽~　含~　遗~　余~　凝~
怀~　扬~　馥~　流~　争~　郁~
奇~　采~　灵~　英~　遐~　垂~
桂子~　浥露~　吐异~　兰麝~

**吩** fēn 吩咐。

**纷** fēn 纷乱。纷争。
[旧属十二文]
缤~　纠~　解~　披~　纷~　喧~
俗~　世~　尘~　絮~　交~　发~
万绪~　绿萝~　蘼芜~　五音~

**玢** fēn 赛璐玢,玻璃纸。
(另见十七侵 bīn)

**氛** fēn 气;气象。
[旧属十二文]
气~　埃~　秋~　香~　俗~　瑞~
曙~　夜~　嚣~　阴~　战~　祥~
妖~　烟~　野~

**棻** fēn 有香味的木头。

**酚** fēn 有机化合物。
苯~

**雰** fēn 雾气;气。
[旧属十二文]
雾~　降~　浓~　薄~　炎~　暮~
清~　碧~　霜~　雾~　紫~　绛~

**坟** fēn 坟墓。
[旧属十二文十二吻]
祖~　古~　筑~　守~　典~　丘~
先~　孤~　荒~　秋~　上~　新~
黑~　土~　乱~　百年~　点点~

**汾** fén 汾河,山西水名。
[旧属十二文]
河~　横~　寻~　枕~　临~　树~

**蚡** fén 同'鼢'。
[旧属十二吻]
田~　盲~

**棼** fén 纷乱。
[旧属十二文]
棼~　丝~　柳~　益~　林~

**焚** fén 烧。
[旧属十二文]
如~　遭~　烟~　野~　同~　火~
香~　自~　手~　俱~　膏~　巢~
玉石~　山泽~　积草~

**濆** fén 水边。
[旧属十二文]
水~　汀~　江~　幽~　溪~　淮~
荥阳~　积水~　汝为~

**豮** fén 雄性牲畜。
[旧属十二文]

**鼢** fén 鼢鼠。
[旧属十二文]
田~　盲~　小~

**根** gēn 根基。本原。依据。
[旧属十三元]
菜~　树~　草~　苗~　芦~　无~
遗~　掘~　拔~　藕~　插~　墙~
剔~　立~　山~　本~　竹~　扎~
归~　寻~　六~　同~　生~　除~
萍~　病~　盘~　祸~　连~　耳~
乔木~　润枯~　染花~　误金~
枕石~　百事~　削葱~　嗜欲~

**跟** gēn 脚跟。跟从。
[旧属十三元]
高~　断~　后~　紧~

**哏** gén 滑稽;有趣。
真~　逗~　捧~　抓~

**痕** hén 痕迹。
[旧属十三元]
泪~　刀~　伤~　裂~　剑~　春~
细~　腮~　斧~　墨~　水~　玉~
露~　苔~　雨~　新~　沙~　波~

癥～ 疤～ 旧～ 席～ 秋～ 屦～
啼～ 残～ 勒～ 蹄～ 眉～ 香～
血～ 酒～ 月～ 印～ 花～ 吻～
斧凿～ 胭脂～ 照妆～ 泪竹～
落潮～ 月移～ 水漱～ 屦齿～

### 昏 hūn 黄昏。模糊。
[旧属十三元]

夕～ 晨～ 朝～ 晓～ 月～ 云～
烟～ 雨～ 雾～ 山～ 灯～ 昏～
景～ 睡～ 耄～ 醉～ 林～ 苔～
柳～ 智～ 神～ 眼～ 日～ 尘～
月黄～ 千里～ 烟树～ 晚色～
天地～ 为利～ 落照～ 烛影～

### 荤 hūn 荤菜。葱蒜等。
[旧属十二文]

五～ 膻～ 去～ 破～ 开～ 肥～
膳～ 绝～ 酒～ 有～ 吃～ 避～
不茹～ 病破～ 不食～
（另见十七侵 xūn）

### 阍 hūn 看门。宫门。
[旧属十三元]

天～ 重～ 叫～ 内～ 司～ 叩～
守～ 当～ 卫～ 九～

### 惛 hūn 糊涂。
[旧属十三元]

惛～ 迷～ 智～ 钝～ 气～ 瞀～

### 婚 hūn 结婚。婚姻。
[旧属十三元]

新～ 未～ 求～ 约～ 订～ 定～
男～ 初～ 早～ 晚～ 成～ 主～
证～ 通～ 离～ 连～ 世～ 重～
难～ 禁～ 复～ 再～ 逼～ 金～
二月～ 善时～ 异国～

### 棔 hūn 古代指合欢树。
[旧属十三元]

合～

### 浑 hún 浑浊。糊涂。
[旧属十三元十三阮]

雄～ 浑～ 潮～ 水～ 波～ 气～
带雨～ 黄流～ 千载～ 道眼～

### 珲 hún 一种玉。
（另见五微 huī）

### 锟 hún 馄饨，面食。

### 混 hún 同'浑'。
[旧属十三阮]
（另见仄声 hùn）

### 魂 hún 灵魂。指精神。
[旧属十三元]

英～ 忠～ 芳～ 国～ 鬼～ 销～
游～ 精～ 梦～ 迷～ 诗～ 心～
神～ 孤～ 归～ 惊～ 断～ 旅～
别～ 醉～ 片～ 慰～ 香～ 招～
冰～ 月～ 怨～ 安～ 幽～ 羁～
离～ 冤～ 花～ 贞～ 春～ 客～
民族～ 去国～ 月夜～ 千载～

### 坤 kūn 八卦之一。指女性。
[旧属十三元]

乾～ 母～ 转～ 厚～ 履～ 流～
事～ 禀～ 仪～ 纯～ 法～ 令～
江抹～ 鳌负～ 乾转～

### 昆 kūn 哥哥。子孙;后嗣。
[旧属十三元]

后～ 玉～ 弟～ 诸～ 金～ 天～
望～ 长～ 贤～ 堂～ 仲～

### 崑 kūn 崑岺，山名，今作昆仑。
[旧属十三元]

云～ 登～ 西～ 曾～ 焚～

### 堃 kūn 同'坤'，用于人名。

### 裈 kūn 裤子。
[旧属十三元]

脱～ 露～ 曝～ 百～ 绯～ 红～
敝～ 裩～ 布～ 花下～ 阮郎～
妇无～ 屋为～

### 琨 kūn 一种美玉。
[旧属十三元]

玉～ 瑶～ 琅～ 佩～ 刘～

### 焜 kūn 明亮。
[旧属十三阮]

### 髡 kūn 古剃去男发的刑罚。
[旧属十三元]

醉～ 留～ 岁～ 黥～ 钳～

### 鹍 kūn 鹍鸡，像鹤的鸟。
[旧属十三元]

鸿～ 金～ 翔～ 离～ 鹏～

**锟** kūn 锟铻，指宝剑。

**鲲** kūn 传说中的大鱼。
[旧属十三元]
鹏～ 九～ 鲸～ 罗～ 长～ 大～
横海～ 北溟～ 鱼有～

**抡** lūn 用力挥动。扔。
[旧属十一真十三元]
胡～ 金～ 粉～ 来～ 木～ 舞～
把刀～
（另见 lún）

**仑** lún 条理；伦次。
[旧属十三元]
昆～

**伦** lún 人伦。同类；同等。
[旧属十一真]
天～ 绝～ 超～ 夺～ 大～ 彝～
等～ 冠～ 轶～ 同～ 异～ 罕～
论～ 出～ 常～ 殊～ 无～ 绝～
莫与～ 富无～ 道德～

**论** lún 论语。
[旧属十三元]
上～ 下～ 细～ 比～ 与～ 能～
羞～
（另见仄声 lùn）

**抡** lún 挑选；选拔。
[旧属十一真十三元]
选～ 世所～ 匠石～
（另见 lūn）

**峇** lún 崑峇，山名，今作昆仑。
[旧属十三元]

**囵** lún 囫囵。

**沦** lún 沉没。没落。
[旧属十一真]
沉～ 颓～ 泥～ 迷～ 浑～ 湮～
隐～ 渊～ 委～ 漂～ 清～ 漪～

**纶** lún 丝线；丝带。
[旧属十一真]
丝～ 锦～ 涤～ 钓～ 经～ 垂～
长～ 红～ 彩～ 收～ 曳～ 纷～
（另见十一先 guān）

**轮** lún 轮子。轮船。圆形。
[旧属十一真]
巨～ 铁～ 环～ 璧～ 江～ 油～
车～ 美～ 日～ 月～ 渔～ 年～
飞～ 齿～ 渡～ 海～ 法～ 征～
半～ 转～ 三～ 一～ 金～ 风～
玉～ 卧～ 驰～ 冰～ 拖～ 蟾～
风火～ 驾飚～ 月开～ 远洋～

**闷** mēn 不透气。不吭声。
[旧属十四愿]
气～ 愁～ 渴～ 饱～ 心～ 磨～
闲～ 孤～ 处～ 人～ 倦～ 滞～
自～ 寂～ 胸～ 气海～ 一日～
（另见仄声 mèn）

**们** mén 人的复数。
人～ 你～ 他～ 她～ 我～ 咱～
同志～ 乡亲～ 同胞～ 女士～

**门** mén 门户。门派。门类。
[旧属十三元]
龙～ 名～ 豪～ 家～ 国～ 闺～
权～ 法～ 贵～ 后～ 千～ 出～
临～ 热～ 球～ 重～ 候～ 君～
窍～ 入～ 关～ 过～ 上～ 辕～
晨～ 荆～ 闭～ 空～ 南～ 夺～
石～ 山～ 敲～ 鸿～ 鬼～ 破～
寒～ 冷～ 将～ 蓬～ 柴～ 衡～
登～ 叩～ 闸～ 当～ 满～ 朱～
盈～ 海～ 玉～ 斗～ 同～ 大～
犬吠～ 月下～ 半掩～ 夜打～
雀罗～ 不二～ 将相～ 天安～

**扪** mén 按；摸。
[旧属十三元]
手～ 醉～ 可～ 仰～ 莫～ 自～

**钔** mén 金属元素，有放射性。

**璊** mén 赤色的玉。
[旧属十三元]
如～ 琼琥～

**亹** mén 亹源，青海地名。
[旧属十三元]
（另见五微 wěi）

**麇** nún 香气。
[旧属十三元]

温～　吞～　宝～

## 喷
<sup>pēn</sup> 受压力而射出。
[旧属十三元十四愿]

鲸～　水～　俯～　仰～　烟～　饭～
声～　血～　泉～　云～　笛～　气～
香喷～　昂首～　瑞兽～　绛雪～
（另见仄声 pèn）

## 盆
<sup>pén</sup> 盛物器具。
[旧属十三元]

瓦～　花～　金～　玉～　泥～　木～
火～　大～　击～　围～　僵～　杯～
红～　绿～　埋～　栽～　铜～　面～
倾～　翻～　临～　酒～　香～　米～
瓦～　扣～　木～　脸～　澡～　骨～
雨泻～　玉女～　月在～　洗头～
盂兰～　金莲～　受辛～

## 溢
<sup>pén</sup> 水往上涌。
[旧属十三元]

匡～　青～　河水～

## 人
<sup>rén</sup>
[旧属十一真]

诗～　丽～　情～　亲～　玉～　佳～
贤～　美～　家～　商～　市～　工～
恩～　达～　愚～　贱～　能～　完～
伟～　骚～　行～　巨～　人～　仙～
异～　路～　树～　成～　新～　宜～
惊～　真～　可～　弃～　择～　故～
伊～　哲～　畸～　山～　道～　仁～
罪～　主～　待～　法～　夫～　文～
丈～　戍～　私～　个～　任～　怀～
天～　育～　爱～　非～　他～　何～
佞～　吉～　生～　野～　石～　动～
来～　狂～　谁～　旁～　醉～　前～
后～　误～　寺～　围～　骄～　艺～
圣～　至～　高～　通～　神～　军～
中国～　意中～　不如～　远小～
负心～　歧路～　外星～　读书～
梦中～　陌路～　失意～　虞美～

## 壬
<sup>rén</sup> 天干的第九位。
[旧属十二侵]

孔～　有～　百～　妇～　辛～　克～
仲～　向～　金～　亥～　金～　三～
纳甲～　长于～　月在～

## 仁
<sup>rén</sup> 仁爱。敬辞。果核。
[旧属十一真]

同～　宽～　敦～　怀～　温～　假～
小～　广～　尧～　友～　归～　当～
成～　果～　杏～　虾～　不～　至～
亲～　行～　得～　成～　里～　苡～
妇人～　愚类～　慈母～　雨露～
核桃～　花生～　天公～　化育～

## 任
<sup>rén</sup> 姓。
[旧属十二侵]
（另见仄声 rèn）

## 眴
<sup>rún</sup> 眼皮跳动。

眼～　左～　右～

## 森
<sup>sēn</sup> 森林。繁密。阴暗。
[旧属十二侵]

萧～　阴～　凛～　肃～　森～　严～
戈～　矛～　郁～　萧～　孤～　清～
武卫～　夏木～　夜气～　塔院～
万灵～　毛发～　诸境～　紫笋～

## 申
<sup>shēn</sup> 申述。地支第九位。
[旧属十一真]

甲～　重～　吐～　虹～　春～　申～
自～　降～　冤～　天～　庚～　夭～
福禄～　志不～　午过～　斗指～

## 屾
<sup>shēn</sup> 两山并立。

## 伸
<sup>shēn</sup> 展开。
[旧属十一真]

引～　屈～　道～　不～　义～　势～
展～　僵～　眉～　志～　延～　欠～
士气～　卷复～　倦难～　尺蠖～

## 身
<sup>shēn</sup> 身体。生命。自己。
[旧属十一真]

养～　修～　立～　献～　独～　贫～
舍～　躬～　染～　自～　亲～　只～
切～　屈～　洁～　藏～　卑～　裸～
树～　河～　船～　一～　寄～　空～
全～　绕～　投～　卖～　浑～　轻～
倾～　前～　操～　腾～　龙～　金～
容～　安～　挺～　化～　伤～　正～
栖～　随～　守～　脱～　忘～　持～
终～　失～　此～　缠～　托～　腰～
翻～　奋～　抽～　存～　出～　半～
自在～　不顾～　物外～　长寿～
月满～　不赀～　金刚～　清净～
八尺～　老病～　不辱～　寄此～

呻 shēn 吟诵。
[旧属十一真]
哀~ 嚬~ 酸~ 眠中~ 役夫~

侁 shēn 侁侁，形容往来众多。
[旧属十一真]

诜 shēn 诜诜，形容众多。
[旧属十一真]
献策~ 咏尔~

参 shēn 人参。星名。
[旧属十二侵]
奎~ 昂~ 商~ 横~ 扪~ 辰~
昏~ 晓~ 岑~ 秋~ 识~ 见~
枕~ 丹~ 白~ 野~ 沙~ 红~
煮~ 洗~ 地~ 月映~ 西洋~
高丽~ 千岁~ 百济~ 上党~
（另见 cēn,十一先 cān）

绅 shēn 士大夫的腰带。
[旧属十一真]
儒~ 劣~ 书~ 垂~ 士~ 缨~
荐~ 锦~ 华~ 解~ 佩~ 朝~

珅 shēn 一种玉。

駪 shēn 駪駪，形容马多。
[旧属十一真]

莘 shēn 形容众多。
[旧属十一真]
莘~ 维~ 有~ 耕~ 前~ 降~
（另见十七侵 xīn）

甡 shēn 甡甡，形容众多。
[旧属十一真]

娠 shēn 胎动。
[旧属十一真十二震]
妊~ 有~ 方~ 万物~

深 shēn 深度。深奥。深刻。
[旧属十二侵二十七沁]
情~ 水~ 夜~ 山~ 幽~ 色~
精~ 思~ 旨~ 虑~ 意~ 源~
忧~ 言~ 高~ 春~ 秋~ 恩~
雪~ 根~ 艰~ 苔~ 交~ 海~
草木~ 意味~ 林树~ 月色~
白云~ 烟雨~ 花径~ 碧潭~

棽 shēn 棽棽，繁盛茂密。

糁 shēn 谷类碎粒。
玉米~
（另见十一先 sǎn）

燊 shēn 炽盛。

什 shén 什么。
[旧属十四辑]
说~ 为~ 做~ 道~ 有~ 见~
（另见四支 shí）

神 shén 神灵。精力。神气。
[旧属十一真]
精~ 心~ 传~ 养~ 入~ 鬼~
六~ 颐~ 人~ 定~ 求~ 供~
留~ 出~ 安~ 费~ 瘟~ 天~
降~ 蛇~ 殚~ 怡~ 海~ 花~
洛~ 形~ 会~ 凝~ 劳~ 伤~
酒乱~ 智慧~ 剑有~ 验如~

孙 sūn 孙子。孙辈以后。
[旧属十三元]
儿~ 子~ 曾~ 玄~ 童~ 幼~
长~ 外~ 公~ 弄~ 耳~ 龙~
麟~ 翁~ 课~ 犊~ 抱~ 孝~
嫡~ 携~ 王~ 喜添~ 膝上~
乳下~ 贻子~

荪 sūn 香草。
[旧属十三元]
兰~ 溪~ 芳~ 荃~ 蕙~ 春~
芷~ 若~ 芹~ 池~

狲 sūn 猢狲，猴。

飧 sūn 晚饭。熟食。
[旧属十三元]
素~ 客~ 饭~ 蔬~ 朝~ 晚~
夕~ 设~ 盛~ 洁~ 奉~ 壶~
荐盘~ 笋可~ 对篦~ 阿姑~

吞 tūn 吞咽。并吞;吞没。
[旧属十三元]
鲸~ 气~ 并~ 横~ 雄~ 暗~
独~ 狼~ 鱼~ 北~ 噬~ 虎~
咽~ 兼~ 悲~ 梦~ 侵~ 潮~
声~ 波~ 鼋~ 傍~ 啄~ 鳄~
泪欲~ 日月~ 风雨~ 势欲~
一口~ 慢吞~ 吐还~ 囫囵~

**暾** tūn 刚出的太阳。[旧属十三元]

朝～ 初～ 海～ 晓～ 暾～ 浴～ 早～ 日～ 瑞～ 清～ 始～ 景～ 晨～ 晴～ 温～ 东方～ 扶桑～ 碣石～ 丹府～

**屯** tún 聚集。驻扎。村庄。[旧属十一真十三元]

荒～ 军～ 营～ 秋～ 空～ 土～ 兵～ 旧～ 千～ 暮～ 远～ 分～ 云～ 边～ 野～ 临～ 联～ 将～ 霜雪～ 黄沙～ 风烟～ 细柳～

(另见 zhūn)

**囤** tún 储存。

(另见仄声 dùn)

**饨** tún 馄饨。[旧属十三元]

**忳** tún 忳忳,烦闷的样子。

**豚** tún 小猪。[旧属十三元]

羔～ 海～ 河～ 蒸～ 鸡～ 土～ 归～ 放～ 羊～ 杀～ 烹～ 卖～ 食～ 小～ 奋～ 濡～ 馈～ 孤～ 俎上～ 乳下～ 虎啖～ 放野～

**鲀** tún 河豚鱼。

**臀** tún 屁股。[旧属十三元]

肥～ 腰～ 丰～ 扭～ 猴无～

**温** wēn 温度。温柔。温习。[旧属十三元]

春～ 炉～ 气～ 日～ 水～ 性～ 酒～ 言～ 含～ 寒～ 降～ 辞～ 香～ 体～ 常～ 高～ 低～ 泉～ 灯～ 芳～ 微～ 升～ 裘～ 色～ 玉～ 云～ 余～ 一襦～ 南风～ 席未～ 雁沙～

**榅** wēn 榅桲,落叶灌木。

**辒** wēn 辒辌,丧车。[旧属十三元十二吻]

晨～ 送～ 别～ 哭～ 截～

**瘟** wēn 急性传染病。

降～ 时～ 遭～ 鸡～ 牛～

**蕰** wēn 蕰草,水生杂草。[旧属十三问]

**鳁** wēn 沙丁鱼。

**文** wén 文学。文章。礼仪。[旧属十二文]

中～ 汉～ 韵～ 斯～ 行～ 杂～ 雄～ 古～ 天～ 水～ 遗～ 弄～ 研～ 人～ 温～ 论～ 散～ 篆～ 一～ 舞～ 虚～ 繁～ 锦～ 回～ 梵～ 身～ 著～ 檄～ 成～ 属～ 分～ 空～ 短～ 浮～ 语～ 缀～ 鸿～ 奇～ 异～ 英～ 摛～ 遒～ 甲骨～ 钟鼎～ 应用～ 囊中～ 小品～ 文言～ 乞巧～ 千字～

**纹** wén 花纹。[旧属十二文]

罗～ 波～ 水～ 锦～ 玉～ 断～ 绮～ 多～ 螺～ 湖～ 墨～ 皱～ 冰～ 斑～ 帘～ 指～ 枕～ 绫～ 龟～ 木～ 簟～ 苔～ 龙～ 裂～ 锦绣～ 五花～ 鱼鳞～ 水生～

**闻** wén 听见。消息。名声。[旧属十二文十三问]

惊～ 遥～ 耸～ 新～ 见～ 耳～ 旧～ 寡～ 博～ 异～ 熟～ 习～ 喜～ 要～ 声～ 百～ 风～ 侧～ 传～ 奇～ 卧～ 独～ 自～ 绯～ 静夜～ 不堪～ 未之～ 四海～ 处处～ 两岸～ 空谷～ 何所～

**蚊** wén 蚊子。[旧属十二文]

飞～ 驱～ 燎～ 野～ 惊～ 夜～ 避～ 暗～ 饥～ 憎～ 捕～ 暮～ 花～ 拍～ 苍～ 虻～ 秋～ 蝇～ 聚～ 灭～

**阌** wén 阌乡,河南旧县名。[旧属十二文]

**雯** wén 有花纹的云彩。[旧属十二文]

晓～ 素～ 晴～ 彤～ 苍～

## 蚉
wén 同'蚊'。
[旧属十二文]

## 贞
zhēn 坚定不变。贞节。
[旧属八庚]

坚～ 忠～ 守～ 妻～ 芳～ 妇～
身～ 心～ 存～ 不～ 贵～ 清～
淑～ 端～ 女～ 艰～ 静～ 诚～
松筠～ 含气～ 君子～ 幽人～

## 针
zhēn 缝衣工具。针剂。
[旧属十二侵]

穿～ 引～ 藏～ 拈～ 停～ 金～
方～ 杵～ 拔～ 细～ 吞～ 银～
神～ 砭～ 芒～ 松～ 指～ 顶～
秧～ 磨～ 悬～ 打～ 钩～ 曲～
杵成～ 绣花～ 乞巧～ 七夕～

## 侦
zhēn 暗中察看。
[旧属八庚二十四敬]

预～ 候～ 伺～ 游～ 远～
闪眸～ 远烽～

## 珍
zhēn 宝贵的东西。
[旧属十一真]

山～ 家～ 藏～ 国～ 市～ 袖～
奇～ 异～ 八～ 宝～ 名～ 典～
膳～ 掌～ 犀～ 自～ 海～ 馔～
献～ 含～ 厨～ 席上～ 金玉～
天下～ 翰墨～ 希世～ 廊庙～
连城～ 四方～

## 帧
zhēn 量词。幅。

## 朕
zhēn 鸟类的胃。
[旧属十一轸]

鸡～ 鸭～ 素～ 鸟～ 穿～

## 浈
zhēn 浈水，广东水名。

## 真
zhēn 真实。肖像。本性。
[旧属十一真]

归～ 至～ 传～ 太～ 抱～ 写～
认～ 率～ 鉴～ 识～ 纯～ 天～
情～ 清～ 逼～ 含～ 乱～ 求～
失～ 养～ 全～ 性～ 似～ 果～
当～ 本～ 守～ 返～ 舍～ 顶～
山水～ 镜中～ 面目～ 记不～
梦非～ 画难～ 幻中～ 觉处～

## 桢
zhēn 筑墙的柱子。
[旧属八庚]

木～ 瑶～ 家～ 国～ 基～ 周～
廊庙～ 毗代～ 万寻～

## 砧
zhēn 砧板。
[旧属十二侵]

刀～ 秋～ 暮～ 寒～ 清～ 霜～
夜～ 槌～ 闻～ 杵～ 玉～ 孤～
远～ 疏～ 稿～ 兰～ 木～ 铁～
捣衣～ 月明～ 万家～

## 祯
zhēn 吉祥。
[旧属八庚]

周～ 瑞～ 祥～ 禅～ 休～ 地～
欢～ 降～ 嘉～ 国～ 匪～ 异～
土效～ 象德～ 物与～

## 蓁
zhēn 草木茂盛。
[旧属十一真]

蓁～ 葳～ 深～

## 斟
zhēn 倒酒或倒茶。
[旧属十二侵]

浅～ 共～ 满～ 盈～ 细～ 闲～
费～ 小～ 频～ 缓～ 自～ 芳～
数～ 轻～ 同～ 孤～ 独～ 罢～
满意～ 且莫～ 不停～ 玉杯～
皓腕～ 醉复～ 带愁～ 对客～

## 椹
zhēn 同'砧'。
[旧属十二侵]

木～ 树～ 射～ 铁～
（另见仄声 shèn）

## 甄
zhēn 审查。鉴定。
[旧属十一真一先]

自～ 感～ 陶～ 两～ 考～ 精～
难～ 左～ 右～ 钧～ 采～ 乞～
化元～ 赋咸～ 片善～ 圣心～

## 獉
zhēn 獉狉，草丛野兽出没。

## 溱
zhēn 古水名。
[旧属十一真]

渭～ 西～ 涉～ 却～ 溱～ 临～
万祥～
（另见十七侵 qín）

## 榛
zhēn 落叶乔木。榛子。
[旧属十一真]

荆～ 蒿～ 风～ 丛～ 棘～ 蓬～

披~ 墟~ 秋~ 成~ 荒~ 绿~
紫~ 长~ 残~ 新罗~ 果坠~

**祯** <sup>zhēn</sup> 吉祥。用于人名。

**箴** <sup>zhēn</sup> 劝告;劝戒。
［旧属十二侵］
言~ 苦~ 规~ 忠~ 自~ 酒~
垂~ 攸~ 时~ 世~ 学~ 官~
舌~ 相~ 女~ 求~ 献~ 良~
文~ 心~ 司~ 药石~ 座右~
谕善~ 玉斧~ 古人~ 富贵~

**臻** <sup>zhēn</sup> 达到。来到。
［旧属十一真］
日~ 骈~ 德~ 屡~ 荐~ 泽~
并~ 来~ 云~ 雨露~ 群英~
佳宾~ 络绎~ 福禄~ 商贾~

**鱵** <sup>zhēn</sup> 近海鱼。

**屯** <sup>zhūn</sup> 屯邅,同'迍邅'。
［旧属十一真十三元］
（另见 tún）

**迍** <sup>zhūn</sup> 迍邅,迟疑,困顿。
［旧属十一真］
贱~ 邅~ 艰~

**肫** <sup>zhūn</sup> 诚恳。鸟类的胃。
鸭~ 鸡~ 剖~ 肫~

**窀** <sup>zhūn</sup> 窀穸。墓穴。
［旧属十一真十三元］

**谆** <sup>zhūn</sup> 恳切。
［旧属十一真十二震］
谆~ 谵~ 言~ 周~ 千~
愚且~ 守诲~ 嘱谕~

**尊** <sup>zūn</sup> 地位或辈分高。
［旧属十三元］
自~ 世~ 德~ 誉~ 至~ 长~
名~ 师~ 家~ 独~ 道~ 位~
屈~ 居~ 席~ 忘~ 养~ 天~
妄自~ 世所~ 布衣~ 无二~
万国~ 学者~

**遵** <sup>zūn</sup> 依照。
［旧属十一真］
严~ 敬~ 依~ 咸~ 奉~ 式~

永~ 是~ 聿~ 知所~ 祖德~
迹常~

**樽** <sup>zūn</sup> 盛酒器具。
［旧属十三元］
金~ 寿~ 芳~ 酒~ 瑶~ 一~
壶~ 彝~ 清~ 把~ 倾~ 开~
琴~ 设~ 银~ 琼~ 孤~ 残~
空~ 百~ 闲~ 玉~ 满~ 侑~
月人~ 倒芳~ 凤凰~ 江上~
喜盈~ 劝客~ 酒盈~ 桂花~

**鳟** <sup>zūn</sup> 鱼名。
［旧属十三阮］
鲂~ 赤眼~ 巩洛~

# 仄声

**本** <sup>běn</sup> 本源。本钱。版本。
[旧属十三阮]

根~原~资~基~务~治~
蓝~草~木~政~教~归~
标~样~定~印~写~传~
正~无~真~拓~书~诗~
抄~善~古~底~赝~副~
新~刻~校~藏~手~孤~
本~赔~够~蚀~知~保~
舍~探~追~还~剧~稿~
不忘~人为~信为~不伤~
未损~治安~

**苯** <sup>běn</sup> 有机化合物。

**畚** <sup>běn</sup> 簸箕。
[旧属十三阮]

挈~执~织~苦~鬻~枕~
负~千~荷~

**坋** <sup>bèn</sup> 尘埃。
[旧属十二吻十三问]

隐~氛~尘~灰~微~颓~
（另见 fēn）

**坌** <sup>bèn</sup> 尘埃。粗劣。
[旧属十四愿]

颓~坚~还~遏~泥~尘~
困在~缘垣~裂污~

**奔** <sup>bèn</sup> 直向目的地走去。
[旧属十三元]

投~直~同~来~车~狂~
西~疾~宵~归~飞~齐~
（另见平声 bēn）

**笨** <sup>bèn</sup> 理解力和记忆力差。

嘴~愚~人~太~不~脑~
手~呆~蠢~粗~

**墋** <sup>chěn</sup> 墋黩,混浊不清。

**趻** <sup>chěn</sup> 趻踔,跳跃。

**硶** <sup>chěn</sup> 杂有沙子。难看。

牙~寒~

**踸** <sup>chěn</sup> 踸踔,同'趻踔'。
[旧属二十六寝]

**衬** <sup>chèn</sup> 贴身衣。
[旧属十二震]

陪~反~映~帮~背~叶~
天~浪~霞~衣~相~云~
秋云~夕晖~金盘~龙绪~

**疢** <sup>chèn</sup> 病。
[旧属十二震]

疾~

**齔** <sup>chèn</sup> 孩童换牙。
[旧属十二震十二吻]

童~未~笄~婴~冲~髫~
七岁~

**称** <sup>chèn</sup> 适合;相当。
[旧属二十五径]

对~匀~相~不~未~
（另见二庚 chēng）

**儭** <sup>chèn</sup> 旧时布施僧道。
[旧属十二震]

注~斋~

**趁** <sup>chèn</sup> 追逐;赶。趁机。
[旧属十二震]

追~赶~寻~相~远~好~
风雷~早潮~前村~

**櫬** <sup>chèn</sup> 空棺。
[旧属十二震]

舆~焚~为~重~掩~宁~
扶~抚~灵~幽~旅~攀~

**讖** <sup>chèn</sup> 预言。预兆。
[旧属二十七沁]

符~梦~古~秘~善~图~
语~信~呈~吉~诗~辨~
合~应~遗~凶~

**蠢** <sup>chǔn</sup> 笨拙。蠢动。
[旧属十一轸]

蠢~窘~顽~狂~灵~愚~
拙且~

**刌** cǔn 割;截断。[旧属十三阮]
分～ 争～ 肺～

**忖** cǔn 细想;揣度。
自～ 思～

**寸** cùn 长度单位。[旧属十四愿]
尺～ 分～ 一～ 七～ 半～ 几～
方～ 径～ 过～ 金～ 铢～ 得～
积～ 盈～ 寸～ 脍鱼～ 不及～

**吋** cùn 英寸。

**扽** dèn 猛一拉。

**盹** dǔn 很短时间的睡眠。
打～ 醒～

**趸** dǔn 整批。
现～

**囤** dùn 储粮器具。
粮～ 满～ 大～ 仓～ 谷～ 草～
(另见平声 tún)

**沌** dùn 模糊不清的样子。[旧属十三阮]
浑～ 殄～ 沌～
(另见十一先 zhuàn)

**炖** dùn 文火久煮。[旧属十三元]
温～

**砘** dùn 石砘子。

**钝** dùn 不锋利。[旧属十四愿]
迟～ 愚～ 痴～ 锋～ 斧～ 懦～
刀～ 疲～ 文～ 肥～ 性～ 嫌～
利～ 驽～ 顽～ 处世～ 莫邪～

**盾** dùn 盾牌。[旧属十一轸]
矛～ 坚～ 戟～ 刀～ 铁～ 叠～
破～ 箭～ 持～ 执～ 弃～ 掷～
举～ 操～ 兽～ 戈～ 甲～ 犀～
剑～ 藤～ 拥～ 外为～ 竹椑～

**顿** dùn 稍停。安置。疲乏。[旧属十四愿]
整～ 顿～ 迟～ 打～ 停～ 劳～
安～ 疲～ 困～ 委～ 挫～
(另见七无 dú)

**遁** dùn 逃走。隐藏;消失。[旧属十三阮十四愿]
隐～ 逃～ 远～ 阴～ 南～ 徙～
流～ 幽～ 盗～ 败～ 奸～ 奔～
敌～ 靡～ 伪～ 宵～ 远～ 潜～
飞～ 夜～ 水～ 望风～ 卷甲～

**楯** dùn 同'盾'。[旧属十一轸]
(另见 shǔn)

**摁** èn 用手按。

**粉** fěn 粉末。食品。粉丝。[旧属十二吻]
脂～ 妆～ 拭～ 淡～ 梅～ 稻～
艳～ 傅～ 施～ 腻～ 铅～ 蠹～
蛀～ 米～ 面～ 奶～ 金～ 红～
抹～ 蝶～ 花～ 香～ 扑～ 涂～
匀～ 白～ 银～ 藕～ 凉～ 线～
薄～ 着～ 药～ 红蕊～ 匀面～
精白～

**分** fèn 成分。职责。[旧属十三问]
部～ 情～ 天～ 才～ 名～ 充～
身～ 水～ 盐～ 养～ 本～ 过～
非～ 年～ 月～ 充～ 职～ 缘～
安～ 随～ 成～ 双～ 过～ 股～
(另见平声 fēn)

**份** fèn 整体里的一部。
股～ 一～ 省～ 年～ 双～ 没～

**坋** fèn 古坋,福建地名。[旧属十二吻十三问]
(另见 bèn)

**奋** fèn 振作。举起。[旧属十三问]
勤～ 兴～ 迅～ 思～ 振～ 争～
雷～ 自～ 齐～ 感～ 霆～ 发～

鸿笔～　羽翼～　鱼龙～　士气～

**忿** fèn 同'愤'。
[旧属十二吻十三问]

怒～　恚～　小～　积～　醉～　私～
幽～　不～　激～　衔～　惩～　忿～
睚眦～　一朝～　士卒～

**偾** fèn 毁坏;败坏。
[旧属十三问]

疾～　孤～　车～　倾～　身～　旗～
起～　马～

**粪** fèn 粪便。施肥。
[旧属十三问]

扫～　挑～　拾～　上～　马～　牛～
坼～　土～　溉～　逐～　鼠～　大～
佛头～　百亩～　花落～

**愤** fèn 发怒。
[旧属十二吻]

悲～　义～　公～　气～　怨～　私～
遗～　含～　泄～　旧～　抱～　发～
孤～　感～　积～　恚～　激～　蕴～
冤～　耻～　怀～　忧～　幽～　愤～
壮士～　切齿～　万古～

**鲼** fèn 海鱼。

**濆** fèn 地下水喷出漫溢。

**艮** gěn 性子直;说话生硬。
[旧属十四愿]

真～　太～
（另见 gèn）

**亘** gèn 延续不断。
[旧属二十五经]

弥～　经～　联～　横～　延～　虹～
上～　绵～　遐～　远～　云～　连～
翠微～　千里～　云相～

**艮** gèn 八卦之一。
[旧属十四愿]

卦～　乾～　甲～　敦～　震～
（另见 gěn）

**茛** gèn 毛茛,草药。
[旧属七阳]

藏～　水～

**衮** gǔn 古代君王的礼服。
[旧属十三阮]

龙～　披～　华～　绣～　衮～　饰～

**绲** gǔn 绳。绲边。
[旧属十三阮]

镶～　束～　珩～

**辊** gǔn 滚动机件。
[旧属十三阮]

皮～　毂～　雷～

**滚** gǔn 滚动。走开。翻腾。

滚～　翻～　打～　水～　沸～　石～
波浪～　油锅～　浓烟～

**磙** gǔn 石磙。

**鲧** gǔn 传说是禹的父亲。
[旧属十三阮]

共～　郊～　举～　如～　续～　殛～

**棍** gùn 棍子。无赖;坏人。
[旧属十三阮]

木～　拐～　恶～　光～　冰～　操～
拄～　讼～　警～　拾～　粗～　长～

**很** hěn 副词,程度相当高。
[旧属十三阮]

好得～

**狠** hěn 残忍。厉害。
[旧属十三阮]

凶～　忿～　心～　疾～　面～　骄～
强～　淫～　戾～　愎～　险～　狼～
愚～　傲～　斗～

**恨** hèn 怨恨。悔恨。
[旧属十四愿]

含～　饮～　可～　愤～　憎～　怀～
积～　留～　愧～　销～　茹～　嫉～
遗～　愁～　春～　自～　抱～　离～
长～　不～　吞～　雪～　恚～　别～
余～　幽～　旧～　苦～　痛～　仇～
东风～　心头～　刻骨～　千年～
多少～　终身～　空闺～　夺妻～

**诨** hùn 戏谑;开玩笑。

打～　优～

**圂** hùn 厕所。

圂～

**混** hùn 搀杂。蒙混。苟且。
[旧属十三阮]

鬼~ 混~ 相~ 阴~阳~ 含~
牝牡~ 善恶~ 未尝~
（另见平声 hún）

**溷** hùn 混乱。厕所。
[旧属十四愿]

粪~ 厕~ 弃~世~ 浊~ 藩~
除~ 相~ 不~清~ 浑~ 登~
依~ 猪~ 溷~

**恩** hùn 忧患。扰乱。羞辱。
[旧属十四愿]

久~ 不~ 厌~ 不足~ 主不~

**肯** kěn 肯定。肯綮。
[旧属二十四迥]

綮~ 莫~ 未~ 讵~ 不~ 岂~
首~ 中~ 谁~ 惠然~ 众莫~
心难~ 中心~

**垦** kěn 翻土；开垦。
[旧属十三阮]

围~ 田~ 春~ 劝~ 耕~ 辟~
翻~ 勤~ 备~ 募~ 农~

**恳** kěn 真诚。请求。
[旧属十三阮]

忠~ 勤~ 惭~ 沥~ 恳~ 诚~

**啃** kěn 一点一点往下咬。
[旧属十二文]

嘴~ 牙~ 慢~ 细~ 硬~ 斜~
蚂蚁~ 桑蚕~ 骨头~

**裉** kèn 上衣腋下接缝部分。

**捆** kǔn 捆绑；捆扎。
[旧属十三阮]

自~ 一~ 绳~ 稻~ 柴~ 草~

**阃** kǔn 门坎。妇女内室。
[旧属十三阮]

闺~ 门~ 画~ 椒~ 外~ 分~
灵~ 天~ 出~ 桂~ 内~ 香~
不越~ 闺中~ 决地~

**悃** kǔn 真心诚意。
[旧属十三阮]

诚~ 忠~ 守~ 愚~ 悃~ 积~

**壸** kǔn 宫里的路。
[旧属十三阮]

宫~ 内~ 巷~ 中~ 慈~

**困** kùn 围困。困难。疲乏。
[旧属十四愿]

贫~ 解~ 帮~ 抚~ 济~ 穷~
心~ 春~ 人~病~ 饥~ 疲~
乏~ 酒~ 屡~告~ 久~ 内~
身~ 微~ 劳~家~ 抱~ 惆~
非所~ 花柳~ 昔时~ 智勇~

**坽** lǔn 田地中的土垄。

**论** lùn 论辩。论理。论点。
[旧属十四愿]

理~ 讨~ 辩~ 政~ 议~ 评~
言~ 争~ 妙~ 舆~ 立~ 通~
文~ 序~ 雅~ 雄~ 阔~ 史~
新~ 谈~ 坐~ 众~ 时~ 清~
绪~ 谬~ 结~ 空~ 悖~ 高~
何~ 世~ 休~ 定~ 推~ 概~
谠~ 公~ 细~ 共~ 确~ 持~
唯物~ 相对~ 平心~ 破群~
古今~ 蜗角~ 养生~ 矛盾~
（另见平声 lún）

**闷** mèn 心情不舒畅。密闭。
[旧属十四愿]

心~ 孤~ 消~ 排~ 处~ 食~
愤~ 释~ 浇~ 寂~ 愁~ 纳~
苦~ 解~ 遣~ 郁~ 忧~ 闷~
烦~ 窒~ 无~ 意~ 饱~ 破~
厌厌~ 胸中~ 一日~ 青山~
（另见平声 mēn）

**焖** mèn 炖熟。

油~ 火~ 细~

**懑** mèn 烦闷。愤慨；生气。
[旧属十四旱]

愤~ 忧~ 吐~ 惧~ 悗~ 悲~
幽~ 愁~ 凄~ 烦~

**恁** nèn 那么。这么。
[旧属二十六寝]
（另见十七侵 nín）

**嫩** nèn 娇嫩。阅历浅。
[旧属十四愿]

柔~ 鲜~ 草~ 枝~ 苞~ 抽~
芽~ 细~ 笋~ 柳~ 笔~ 红~

肥～　叶～　色～　茸～　颜～　轻～
酥～　纤～　粉～　花～　脸～　春～
桃花～　腰肢～　茶色～　鹅黄～

# 喷 <sup>pèn</sup> 喷香,喷喷香。
[旧属十三元十四愿]
（另见平声 pēn）

# 忍 <sup>rěn</sup> 忍耐;忍受。忍心。
[旧属十一轸]
残～　容～　坚～　隐～　相～　安～
百～　刚～　能～　未～　自～　含～
强～　贪～　甘～　休～　暗～　暂～
不可～　穷且～　小不～

# 荏 <sup>rěn</sup> 软弱。
[旧属二十六寝]
内～　葵～　桂～　种～　苏～　苒～

# 稔 <sup>rěn</sup> 庄稼成熟。年。
[旧属二十六寝]
丰～　岁～　积～　麦～　粟～　盈～
大～　历～　夏～　登～　秋～　示～
稼穑～　雨田～　年来～　禾苗～

# 刃 <sup>rèn</sup> 刀口。刀。用刀杀。
[旧属十二震]
刀～　利～　自～　手～　锋～　白～
操～　吞～　挟～　染～　霜～　蹈～
游～　血～　雪～　迎～　兵～　含～
怀～　露～　引～　飞～　袖～　甲～
吹毛～　切玉～　刮骨～

# 认 <sup>rèn</sup> 认识。同意。
[旧属十二震]
否～　辨～　追～　确～　细～　公～
供～　指～　招～　错～　误～　难～
承～　不～

# 仞 <sup>rèn</sup> 八尺为一仞。
[旧属十二震]
万～　千～　九～　峭～　数～　累～
墙～　云～　孤～　寻～

# 讱 <sup>rèn</sup> 言语迟钝。
[旧属十二震]
言～　敌～

# 任 <sup>rèn</sup> 任用。职务。任凭。
[旧属二十七沁]
担～　胜～　责～　重～　信～　大～
自～　听～　身～　连～　兼～　受～
亲～　久～　宠～　放～　肩～　独～

荣～　选～　解～　在～　到～　同～
委～　可～　难～　负～　堪～　职～
高～　谢～　显～　载～　眷～　远～
为己～　恨莫～　使者～　万里～
（另见平声 rén）

# 纫 <sup>rèn</sup> 用针缝。深深感谢。
[旧属十一真]
缝～　至～　针～　补～　蒲～　裁～
幽兰～　秋衣～　蒲苇～　楚客～

# 韧 <sup>rèn</sup> 柔软而结实。
[旧属十二震]
坚～　柔～　强～　紧～　茧～　蔓～

# 轫 <sup>rèn</sup> 塞车轮木。
[旧属十二震]
发～　头～　动～　玉～　云～　车～
安～　渐～　游～　常～

# 牣 <sup>rèn</sup> 充满。
[旧属十二震]
充～　泽～　盈～　鱼～　储～

# 饪 <sup>rèn</sup> 做饭做菜。
[旧属二十六寝]
烹～　鼎～　常～　厨～　调～　羹～

# 妊 <sup>rèn</sup> 妊娠。
[旧属二十七沁十二侵]
怀～

# 纴 <sup>rèn</sup> 纺织。
[旧属十二侵]
织～　执～　结～　鹤～

# 衽 <sup>rèn</sup> 衣襟。睡席。
[旧属二十七沁二十六寝]
床～　敝～　衾～　左～　连～　敛～
结～　下～　披～　拂～　束～　开～

# 葚 <sup>rèn</sup> 桑树的果穗。
[旧属二十六寝]
桑～　打～　收～　夏～　烂～　慕～
红～　紫～　新～　醉～
（另见 shèn）

# 闰 <sup>rùn</sup> 闰年。闰月。闰日。
[旧属十二震]
年～　盈～　正～　满～　纪～　节～
立～　历～　经～　厄～　岁～　成～
岁方～　忘旧～　逢秋～　三月～

# 润 <sup>rùn</sup> 细腻光滑。利益。
[旧属十二震]

滋~　利~　丰~　湿~　柔~　光~
玉~　浸~　土~　滑~　沾~　础~
德~　膏~　细~　秀~　内~　云~
水~　恩~　墨~　屋~　温~　红~
清~　肥~　潮~　身~　芳~　壁~
泽~　体~　春~　衣~　伏~　濡~
雨露~　溪石~　涓滴~　泥香~

**沈** shěn 汁。姓。
[旧属二十六寝二十七沁]

墨~　钱~　流~　桃~　玄~　米~

**审** shěn 详细。审查。审讯。
[旧属二十六寝]

阅~　初~　复~　终~　精~　详~
公~　听~　清~　聪~　证~　初~
会~　端~　贞~　检~　官~　取~
谨~　勘~　通~　细~　外~　编~
谁能~　万事~　法制~　披簿~

**哂** shěn 微笑。
[旧属十一轸]

微~　众~　俗~　相~　客~　大~
鼻~　嘲~　自~　笑~　浅~　一~
识者~　世俗~　人所~

**矧** shěn 况且。

**谂** shěn 知道。劝告。
[旧属二十六寝]

来~　咏~　密~　老~

**婶** shěn 婶母。
[旧属二十六寝]

婶~　求~

**瞫** shěn 往深处看。
[旧属二十六寝]

狼~

**肾** shèn 五脏之一。
[旧属十一轸]

心~　肝~　脾~　虎~　羊~　腰~
石~　铁~　换~　狗去~　鸡无~

**甚** shèn 很；极。超过。
[旧属二十六寝二十七沁]

尤~　颇~　愈~　喜~　乐~　弥~
太~　滋~　雨~　陋~　酷~　益~
恨~　怒~　贫~　欢~　倦~　香~
醉~　妙~　已~　孤寂~　痴绝~
怀愧~　思乡~　相思~　饥渴~

**昚** shèn 同'慎'。用于人名。

**脤** shèn 有机化合物的一类。

**渗** shèn 渗入。渗透。
[旧属二十七沁]

血~　淋~　下~　辍~　噤~　细~

**葚** shèn 桑树的果穗。
[旧属二十六寝]

桑~　干~　紫~　醉~　煎~　夏~
余~　新~　著~　扶桑~　春采~
(另见 rèn)

**椹** shèn 同'葚'。
[旧属十二侵]
(另见平声 zhēn)

**蜃** shèn 大蛤蜊。
[旧属十一轸十二震]

海~　蛤~　朝~　狂~　翠~　文~
白~　蛟~　老~　腹似~　雉为~
气如~

**瘆** shèn 使人害怕;可怕。

**慎** shèn 谨慎;小心。
[旧属十二震]

审~　恪~　恭~　戒~　笃~　矜~
不~　谦~　失~　温~　思~　肃~
敬~　自~　克~　淑~　贞~　愚~
动作~　缄口~　言行~

**吮** shǔn 吮吸;嘬。
[旧属十一轸十六铣]

饮~　研~　吻~　引~　嗽~　徐~
自~　玩~　含~

**楯** shǔn 阑干。
[旧属十一轸]

栏~　引~　板~　疏~　丹~　堂~
危~　轩~　檐~　戟~
(另见 dùn)

**顺** shùn 顺利。顺从。
[旧属十二震]

风~　孝~　和~　柔~　通~　依~
大~　附~　耳~　百~　归~　不~
思~　委~　民~　心~　势~　谦~
貌~　时~　恭~　慈~　驯~　安~

天地~ 国家~ 风色~ 辞令~

**舜** shùn 上古帝王名。
[旧属十二震]

尧~ 虞~ 帝~ 大~ 禹~ 如~
戴~ 授~ 佐~ 比~ 咨~ 慕~
知~ 体~

**瞬** shùn 一眨眼，时间短促。
[旧属十二震]

一~ 少~ 转~ 时~ 倏~ 妙~
未曾~ 千秋~ 不敢~

**损** sǔn 减少。损害。刻薄。
[旧属十三阮]

亏~ 日~ 行~ 减~ 自~ 不~
无~ 何~ 折~ 增~ 酌~ 毁~
坐~ 内~ 阴~ 劳~ 把~ 耗~
费~ 利~ 痿~ 渐~ 得~ 霜~
天~ 积~ 揉~ 物~ 益~ 谦~
功名~ 满招~ 损不~ 书帙~

**笋** sǔn 竹的嫩芽。
[旧属十一轸]

竹~ 新~ 翠~ 初~ 鲜~ 萌~
野~ 获~ 荐~ 苞~ 抽~ 冬~
进~ 泥~ 掘~ 煮~ 山~ 拔~
石~ 玉~ 蔬~ 芦~ 春~ 牙~
含露~ 穿林~ 头番~

**隼** sǔn 凶猛的鸟。
[旧属十一轸]

鹰~ 鹯~ 射~ 雕~ 花~ 惊~
飞~ 鸷~ 落~ 翔~ 养~ 鸟~
青~ 苍~ 宿~ 贯~ 孤~ 奋~
见秋~ 搏鸠~

**榫** sǔn 榫头。
[旧属十一轸]

合~ 接~ 卯~ 开~ 拔~ 嵌~

**簨** sǔn 悬挂钟鼓的架子。
[旧属十一轸]

灵~ 横~ 举~ 翠~ 红~

**潠** sùn 喷出。
[旧属十四愿]

静~ 水~ 喷~ 龙~ 下~ 泉~
取酒~ 再三~ 西南~

**氽** tǔn 漂浮。油炸。

油~ 水上~ 随风~

**褪** tùn 脱去。
[旧属十四愿]
（另见五微 tuì）

**刎** wěn 用刀割脖子。
[旧属十二吻]

自~ 颈~ 手~

**抆** wěn 擦；拭。
[旧属十二吻十三问]

悃~

**吻** wěn 嘴唇。接吻。吻合。
[旧属十二吻]

口~ 引~ 唇~ 点~ 香~ 虎~
健~ 重~ 伤~ 兽~ 渴~ 馋~
亲~ 飞~ 饥~ 血~ 火~ 热~
不及~ 豺狼~ 缄其~

**紊** wěn 杂乱；纷乱。
[旧属十三问]

不~ 淆~ 弛~ 亏~ 多~ 政~
字~ 繁~ 散~ 礼~ 尘~ 目~
章程~ 纲纪~ 机制~

**稳** wěn 稳固。稳重。稳妥。
[旧属十三阮]

安~ 平~ 未~ 坐~ 睡~ 床~
梦~ 深~ 车~ 步~ 浪~ 难~
枕~ 路~ 巢~ 圆~ 稳~ 船~
把~ 站~ 栖~ 行~ 马~ 句~
风枝~ 泥步~ 行不~ 牛背~

**问** wèn 询问。慰问。追究。
[旧属十三问]

访~ 探~ 疑~ 学~ 百~ 借~
不~ 顾~ 追~ 待~ 失~ 伴~
羞~ 惊~ 发~ 审~ 善~ 轻~
寻~ 质~ 责~ 勤~ 戏~ 究~
查~ 讯~ 应~ 察~ 遥~ 遣~
反~ 严~ 勤~ 下~ 笑~ 垂~
自~ 诘~ 休~ 请~ 莫~ 相~
卒然~ 不可~ 荷杖~ 避席~
每事~ 无人~ 稽首~ 苍生~

**汶** wèn 汶水，山东水名。
[旧属十三问]

渡~ 浮~ 会~ 新~ 沂~

**揾** wèn 用手指按。擦。

**璺** wèn 破痕。玉器上裂痕。

[旧属十三问]

微～瑕～粗～痕～冰～疵～
红～石～冻～龟～兆～山～

**怎** zěn 怎么。

**谮** zèn 诬陷;中伤。

[旧属二十七沁]

巧～谋～毁～冤～听～谮～
被～谗～诬～飞～丑～猜～
朋友～谗人～上书～

**诊** zhěn 诊察。

[旧属十一轸十二震]

出～会～求～急～门～原～
审～听～视～善～

**枕** zhěn 枕头。

[旧属二十六寝二十七沁]

高～安～玉～独～孤～山～
花～荐～同～卧～对～长～
角～警～抚～夜～藤～芳～
昵～香～倦～醉～宿～晓～
水～琴～衾～竹～石～瓷～
相思～床头～绣花～眠雪～

**纾** zhěn 扭;转。

[旧属十一轸]

错～乖～缪～万～

**轸** zhěn 车后横木。悲痛。

[旧属十一轸]

轮～乘～停～飞～奎～照～
琴～隐～心～伤～前～接～

**畛** zhěn 田间小路。

[旧属十一真十一轸]

封～畦～疆～千～遥～交～
连～郊～修～区～接～徂～
沟上～一径～地一～

**疹** zhěn 皮肤上起小疙瘩。

[旧属十一轸]

风～麻～疾～赤～抱～疴～
疫～热～积～疡～颜如～

**袗** zhěn 单衣。华美。

[旧属十一轸十二震]

被～毕～

**缜** zhěn 细致。

[旧属十一轸十一真]

范～韩～

**鬒** zhěn 头发稠而黑。

[旧属十一轸]

秀～云～鬓～鸦～落～

**圳** zhèn 田野间的水沟。

深～

**阵** zhèn 战列。阵地。段落。

[旧属十二震]

军～列～战～戎～交～凌～
上～雁～合～破～布～对～
变～临～出～方～问～火～
天～奇～鸦～蚁～八～陷～
突～山～搅～摧～蛇～棋～
笔～心～雪～锦～败～雨～
远～盘～花～阵～作～搅～
百万～背水～龙门～牧野～

**纼** zhèn 拴牲口的绳。

[旧属十一轸]

执～彩～马～失～脱～红～

**鸩** zhèn 毒鸟。毒酒。

[旧属二十沁]

饮～引～献～惧～取～腐～
怀～仰～雄～烧～甘～

**振** zhèn 挥动。振动。奋起。

[旧属十二震十一真]

威～声～名～气～再～复～
末～不～风～业～自～誉～
东～奋～腾～玉～兵～弘～
鹭羽～朝纲～威名～金鼓～

**朕** zhèn 皇帝自称。先兆。

[旧属十一轸二十六侵]

称～告～隐～傅～辅～学～
裁量～视其～

**赈** zhèn 赈济。

[旧属十一轸十二震]

赡～施～存～长～殷～隐～
富～同～哀～假～开仓～

**揕** zhèn 用刀剑等刺击。

[旧属二十七沁]

右手～匕首～

**瑱** zhèn 戴在耳垂上的玉。

[旧属十七霰十二震]

角～　玉～　象～　规～　佩～　锦～
环～　碧～　命～　垂～　盈～

# 震

zhèn 震动。八卦之一。
[旧属十二震]

名～　威～　声～　地～　霆～　鼓～
怒～　远～　防～　闻～　遇～　兵～
事～　响～　屋～　势～　权～　雷～
功名～　三川～　鼓吹～　金石～

# 镇

zhèn 压;抑制。镇守。
[旧属十二震]

城～　市～　乡～　雄～　旧～　古～
水～　重～　威～　坐～　山～　地～
留～　治～　远～　藩～　军～　边～
芙蓉～　千金～　东南～　社稷～

# 准

zhǔn 准许。标准。准确。
[旧属九屑十一轸]

水～　世～　规～　无～　批～　核～
不～　鼻～　允～　依～　隆～　瞄～
绳～　定～　恒～　平～　常～　左～
万物～　类相～　无凭～　天地～

# 埻

zhǔn 箭靶的中心。

# 撙

zǔn 节省。
[旧属十三阮]

节～　荐～

# 捘

zùn 用手指按。

# 十 九 青

## 平 声

**冰** bīng 冰冻。
[旧属十蒸]
坚~　春~　凿~　寒~　薄~　饮~
履~　融~　破~　块~　残~　语~
伐~　结~　溜~　释~　凝~　藏~
冷于~　冷冰~　玉壶~　千丈~

**并** bīng 山西太原的别称。
[旧属八庚二十四敬]
幽~　守~
（另见仄声 bìng）

**兵** bīng 兵器。军人。战争。
[旧属八庚]
士~　当~　新~　招~　征~　奇~
练~　募~　治~　精~　疑~　动~
按~　用~　戎~　出~　举~　折~
收~　引~　骑~　点~　哨~　调~
民~　天~　甲~　逃~　交~　伞~
水~　列~　工~　屯~　尖~　阅~
罢~　刀~　哀~　重~　骄~　败~
救~　休~　短~　起~　分~　老~
论~　发~　神~　草木~　上等~
喜谈~　帐中~　子弟~　百万~
虎翼~　轻骑~

**栟** bīng 栟榈，木名。
[旧属八庚]
蕉~　棕~
（另见十八真 bēn）

**槟** bīng 槟榔。
（另见十七侵 bīn）

**丁** dīng 成年男子。人口。
[旧属九青八庚]
园~　庖~　壮~　兵~　零~　白~
补~　鸡~　肉~　半~　役~　单~
孤~　丙~　丁~　人~　添~　成~
一~　东~　布~　不识~　星见~

斗指~　付丙~
（另见二庚 zhēng）

**仃** dīng 伶仃,孤独。
[旧属九青]

**叮** dīng 虫子叮。叮嘱。

蚊~　虫~　千~

**玎** dīng 玉声。
[旧属九青]
玲~　嘲~

**盯** dīng 注视。

**町** dīng 田地。
[旧属九青二十四迥]
接~　成~　畦~　竹~　编~　畹~
（另见仄声 tǐng）

**钉** dīng 钉子。
[旧属九青二十四敬]
拔~　鞋~　洋~　铁~　长~　木~
图~　敲~　铆~　竹~　铜~　环~
眼中~　索榨~　嘴如~　螺丝~
（另见仄声 dìng）

**疔** dīng 疔疮。小疮。

毒~　红~　浓~　生~　脚~　面~

**耵** dīng 耵聍,耳垢。

**酊** dīng 酊剂的简称。
[旧属二十四迥]
（另见仄声 dǐng）

**靪** dīng 补鞋底。

补~

**坙** jīng 水脉。

**茎** jīng 植物体的一部分。
[旧属八庚]

根~ 芝~ 纤~ 丝~ 细~ 风~
连~ 刀~ 剑~ 荷~ 枯~ 阴~
生草~ 雪千~ 缀紫~ 铸金~

# 京 jīng 首都。北京。
[旧属八庚]

燕~ 进~ 南~ 神~ 东~ 上~
入~ 定~ 西~ 离~ 帝~ 抵~
回~ 玉~ 两~ 还~ 赴~ 天~
莫与~ 召至~

# 泾 jīng 河沟。
[旧属九青]

浊~ 渡~ 分~ 沟~ 引~ 小~
渭与~ 会于~ 锦帆~

# 经 jīng 经度。经典。经营。
[旧属九青二十五径]

诗~ 五~ 圣~ 取~ 念~ 天~
已~ 西~ 行~ 传~ 石~ 写~
佛~ 心~ 路~ 正~ 水~ 曾~
神~ 诵~ 不~ 茶~ 藏~ 身~
饱~ 惯~ 引~ 山海~ 道德~
金刚~ 三字~
（另见仄声 jìng）

# 荆 jīng 荆棘。
[旧属八庚]

紫~ 负~ 识~ 榛~ 柴~ 披~
笞~ 棘~ 蓬~ 识~ 拙~ 班~

# 菁 jīng 菁华，精华。
[旧属八庚]

菁~ 芜~ 蔓~ 冬~ 芳~ 茹~

# 猄 jīng 黄猄，小型鹿类。

# 旌 jīng 旌旗。
[旧属八庚]

举~ 心~ 风~ 翠~ 耀~ 华~
幡~ 戎~ 云~ 帘~ 旆~ 霓~
五色~ 拂天~ 大将~ 沙塞~

# 惊 jīng 惊讶。惊动。
[旧属八庚]

震~ 不~ 心~ 魂~ 雷~ 梦~
马~ 压~ 吃~ 虚~ 担~ 受~
四座~ 鬼神~ 暗自~ 梦魂~

# 晶 jīng 光亮。晶体。
[旧属八庚]

水~ 光~ 金~ 玉~ 翠~ 结~

亮晶~ 凝寒~ 百川~ 天宇~

# 腈 jīng 腈纶。

毛~ 棉~

# 鹊 jīng 鸂鹊，水鸟。
[旧属八庚]

鸥~ 游~

# 睛 jīng 眼珠。
[旧属八庚二十三梗]

眼~ 点~ 黑~ 曜~ 龙~ 牛~
圆~ 双~ 润~ 鬼~ 猫~ 定~
不转~ 眼中~ 碧玉~ 眼花~

# 粳 jīng 粳稻。
[旧属八庚]

新~ 香~ 白~ 霜~ 早~ 晚~
长腰~ 玉粒~

# 兢 jīng 小心谨慎，认真。
[旧属十蒸]

兢~ 战~ 自~ 日~ 凛~ 惕~
捧玉~

# 精 jīng 精华。完美。精通。
[旧属八庚]

养~ 殚~ 含~ 日~ 内~ 益~
求~ 励~ 聚~ 酒~ 妖~ 山~
白骨~ 害人~ 狐狸~ 兵甲~

# 鲸 jīng 鲸鱼。
[旧属八庚]

海~ 白~ 蓝~ 虎~ 蛟~ 吞~
骇~ 长~ 巨~ 石~ 射~ 骑~
大~ 群~ 戮~ 跨~ 掀~ 游~
掉尾~ 千里~ 吞舟~ 吸川~

# 麖 jīng 水鹿。
[旧属八庚]

麖~ 狐~ 麈~ 多~ 灵~ 屠~

# 鼱 jīng 鼩鼱。

# 令 líng 古地名。姓。
[旧属八庚]

使~ 丁~ 律~ 不~ 顺~ 青~
卢令~ 寺人~ 悉带~ 随所~
（另见仄声 líng；lìng）

# 伶 líng 旧时指戏曲演员。
[旧属九青]

女~　工~　优~　小~　名~　倡~
求~　歌~　酒~　坤~　老~　刘~

**灵** líng 灵活。灵魂。灵柩。
[旧属九青]
英~　心~　机~　精~　生~　性~
失~　不~　通~　地~　显~　停~
魂~　幽~　空~　威~　神~　乞~

**苓** líng 茯苓。
[旧属九青]
采~　芳~　扶~　竹~　参~　松~
千岁~

**囹** líng 图圄。
[旧属九青]
拘~　圄~　幽~　空~

**泠** líng 清凉。
[旧属九青]
西~　泠~　清~　流~　晓~　中~
物象~　窗风~　霁色~

**玲** líng 玲珑，玉声。
[旧属九青]
珑~　玲~　玎~　佩~　玉~

**柃** líng 柃木。

**瓴** líng 盛水的瓶子。
[旧属九青]
建~　扴~　盆~　瓮~　陶~　雪~
瀑泻~　浮侧~

**铃** líng 响器。雷铃。
[旧属九青]
风~　金~　警~　鸣~　塔~　悬~
车~　杠~　棉~　落~　结~　闻~
系~　解~　挂~　振~　衔~　摇~
哑~　驼~　铜~　电~　门~　檐~
雨淋~　护花~　项上~　听鸾~

**岭** líng 白色。

**鸰** líng 鸟名。
[旧属九青]
鹡~　原~

**凌** líng 侵犯。逼近。升高。
[旧属十蒸]
冰~　凌~　寒~　欺~　势~　侵~

**陵** líng 丘陵。陵墓。侵犯。
[旧属十蒸]
禹~　武~　灞~　巴~　茂~　东~
谒~　兰~　金~　黄~　零~　古~
唐~　松~　越~　山~　皇~　广~
杜少~　中山~　严子~　十三~

**聆** líng 听。
[旧属九青]
耳~　静~　远~　俯~　伫~　亲~
断续~　二嬴~　尔其~

**菱** líng 菱角。
[旧属十蒸]
采~　紫~　荚~　荷~　湖~　红~
秋~　青~　霜~　花~　老~　莲~
浮根~　折腰~　一池~　壁上~

**棂** líng 窗棂，窗格子。
[旧属九青]
曲~　风~　疏~　绮~　竹~　翠~
月~　小~　南~　开~　栏~

**蛉** líng 虫名。
[旧属九青]
螟~　晴~　白~　青~

**笭** líng 等箵，打鱼用的盛器。

**舲** líng 有窗户的船。
[旧属九青]
归~　扬~　渔~　鹭~　风~　客~
系孤~　川无~　随虚~　回途~

**翎** líng 羽毛。翎子。
[旧属九青]
雁~　羽~　鸡~　鹅~　花~　白~
红~　锦~　短~　鸟~　鹤~　梳~
孔雀~　凤凰~　覆翮~　大风~

**羚** líng 羚羊。
[旧属九青]
挂角~

**绫** líng 绫子。
[旧属十蒸]
青~　缥~　白~　文~　色~　细~
红~　彩~　锦~　束~　吴~　绮~
龙凤~　一文~　仙纹~　散花~

**棱** líng 穆棱，黑龙江地名。
[旧属十蒸]

（另见二庚 lēng；léng）

## 裣
líng 福。

## 零
líng 零碎。零头。枯萎。
[旧属九青一先]

凋~　涕~　飘~　残~　秋~　枯~
奇~　挂~　丁~　畸~　雨~　露~
草木~　孤零~　客泪~　等于~

## 龄
líng 岁数。年数。
[旧属九青]

芳~　妙~　年~　高~　百~　幼~
颓~　学~　工~　党~　军~　适~
弱~　衰~　遐~　超~　松~　鹤~
无穷~　祝尧~　庆千~　近耄~

## 鲮
líng 鱼名。
[旧属十蒸]

石~

## 酃
líng 酃县，湖南地名。
[旧属九青]

## 醽
líng 醽醁，美酒名。
[旧属九青]

仙~　绿~　旧~　渌~　安仁~

## 名
míng 名字。名义。名声。
[旧属八庚]

诗~　功~　署~　匿~　英~　盛~
成~　闻~　知~　大~　争~　扬~
命~　著~　虚~　威~　沽~　齐~
题~　才~　得~　浮~　声~　盗~
恶~　正~　贪~　联~　出~　无~
有~　挂~　驰~　芳~　慕~　埋~
别~　臭~　留~　清~　美~　莫~
求~　笔~　化~　签~　小~　教~
浪得~　身后~　赫赫~　千古~
清白~　灼灼~　海内~　榜上~
不讳~　万世~　不计~

## 明
míng 明亮。清楚。公开。
[旧属八庚]

文~　清~　聪~　发~　精~　鲜~
问~　不~　深~　英~　天~　神~
目~　月~　光~　显~　透~　开~
晦~　表~　说~　照~　失~　难~
分~　高~　昌~　阐~　声~　晴~
黎~　辨~　微~　启~　通~　花~
照眼~　落照~　松炬~　分外~

## 鸣
míng 叫。发音。表达。
[旧属八庚]

自~　鸟~　哀~　马~　鹿~　长~
争~　齐~　悲~　共~　轰~　蛙~
虫~　鸡~　蝉~　耳~　肠~　雷~
不平~　促织~　绕砌~　万籁~

## 茗
míng 茶叶。喝的茶。
[旧属二十四迥]

香~　品~　煮~　春~　新~　佳~
茶~　饮~　设~　啜~　酌~　山~
嫩~　尝~　试~　绿~　芳~　酒~
一瓯~　龙凤~　新作~　供仙~

## 洺
míng 洺河，河北水名。
[旧属八庚]

临~　邢~　磁~

## 冥
míng 昏暗。深奥。阴间。
[旧属九青]

玄~　冥~　鸿~　高~　青~　晦~
穹~　霄~　空~　幽~　苍~　青~
尘事~　形无~　反自~　云汉~

## 铭
míng 刻字。深刻记住。
[旧属九青]

鼎~　碑~　刻~　箴~　墓~　砚~
钟~　心~　盘~　门~　戒~　为~
座右~　墓志~　陋室~　勒石~

## 蓂
míng 蓂荚，象征祥瑞的草。
[旧属九青]

尧~　落~　数~　观~　新~　祥~
十五~　屡变~　数荚~　香阶~
（另见八齐 mì）

## 溟
míng 海。
[旧属九青二十四迥]

沧~　北~　南~　穷~　东~　溟~

## 榠
míng 榠樝，楙梓。

## 暝
míng 日落；天黑。黄昏。
[旧属九青二十五径]

晦~　夜~　昼~　日~　柳~　成~
既~　晨~　宵~　烟~　山~　村~
海天~　日将~　天已~　晚未~

## 瞑
míng 闭眼。眼花。
[旧属九青十七霰]

目~　瞑~　聋~　不~

**螟** ᵐⁱⁿᵍ 螟虫。
[旧属九青]
蝗~ 飞~ 巢~ 负~ 扑~ 秋~
状似~

**宁** ⁿⁱⁿᵍ 安宁。探望。
[旧属九青]
康~ 清~ 不~ 永~ 民~ 思~
国~ 沪~ 海~ 江~ 南~ 未~
寝~ 长~ 归~ 咸~ 心~ 不~
四时~ 妇子~ 天下~ 万邦~
（另见仄声 nìng）

**苧** ⁿⁱⁿᵍ 有机化合物,有香味。
[旧属六语]
桑~ 东~ 麻~ 食~ 荆~ 青~

**拧** ⁿⁱⁿᵍ 拧手巾的拧。
双手~
（另见仄声 nǐng;nìng）

**咛** ⁿⁱⁿᵍ 叮咛。

**狞** ⁿⁱⁿᵍ 面目凶恶。
[旧属八庚]
狰~ 兽~ 奸~ 酒光~ 犬吠~
白虎~ 头角~

**柠** ⁿⁱⁿᵍ 柠檬。

**聍** ⁿⁱⁿᵍ 耵聍,耳垢。
[旧属九青二十四迥]

**鬡** ⁿⁱⁿᵍ 鬤鬡,头发蓬松。
[旧属八庚]

**凝** ⁿⁱⁿᵍ 凝结。凝神。
[旧属十蒸二十五径]
寒~ 露~ 血~ 香~ 脂~ 霜~
冷~ 云~ 冰~ 烟~ 神~ 目~
芳尘~ 露华~ 满袖~ 瑞气~

**乒** ᵖⁱⁿᵍ 象声词。乒乓。

**俜** ᵖⁱⁿᵍ 伶俜,孤单。
[旧属九青二十四敬]

**娉** ᵖⁱⁿᵍ 娶。娉婷。
[旧属二十四敬]
媒~ 交~ 为~

**平** ᵖⁱⁿᵍ 平坦。平均。安定。
[旧属八庚]
太~ 天~ 公~ 不~ 承~ 和~
均~ 安~ 波~ 气~ 生~ 潮~
升~ 持~ 水~ 清~ 心~ 荡~
天下~ 道路~ 填海~ 玉衡~

**冯** ᵖⁱⁿᵍ 暴虎冯河。
[旧属一东]
（另见二庚 féng）

**评** ᵖⁱⁿᵍ 评论。评判。
[旧属八庚二十四敬]
点~ 好~ 短~ 书~ 品~ 批~
定~ 讥~ 细~ 史~ 诗~ 文~
千古~ 何足~ 邀谁~ 老夫~

**坪** ᵖⁱⁿᵍ 平地。
[旧属八庚]
草~ 花~ 养~ 桑~ 荷~ 寒~
杨家~ 养马~ 团湖~ 牡丹~

**苹** ᵖⁱⁿᵍ 苹果。
[旧属八庚]
青~ 红~ 野~ 食~

**凭** ᵖⁱⁿᵍ 倚靠。证据。
[旧属二十五径十蒸]
文~ 依~ 仰~ 倦~ 共~ 听~
晚~ 任~ 无~ 难~ 闲~ 足~
画栏~ 不敢~ 几可~ 壮心~

**枰** ᵖⁱⁿᵍ 棋盘。
[旧属八庚]
棋~ 石~ 残~ 推~ 纹~ 对~

**軿** ᵖⁱⁿᵍ 軿𱂳,帐幕。庇护。

**洴** ᵖⁱⁿᵍ 洴澼,漂洗丝绵。

**屏** ᵖⁱⁿᵍ 屏风。屏条。遮挡。
[旧属九青二十四敬]
翠~ 绣~ 入~ 列~ 书~ 雕~
开~ 玉~ 帏~ 云~ 帘~ 荧~
掩~ 依~ 金~ 画~ 素~ 锦~
鸾~ 秋~ 曲~ 竹~ 围~ 石~
孔雀~ 山作~ 合欢~ 猩色~
（另见仄声 bǐng）

**瓶** ᵖⁱⁿᵍ 瓶子。
[旧属九青]

花～银～宝～瓷～玉～酒～
水～净～金～空～开～半～
茶～悬～提～暖～瓦～铜～
如意～甘露～行雨～吉祥～

## 萍 <sup>píng</sup> 浮萍。
[旧属九青]

绿～池～白～青～新～翠～
漂～泛～棹～春～啄～锦～
水面～迹如～聚散～柳絮～

## 嫭 <sup>píng</sup> 同'屏'。

## 鲆 <sup>píng</sup> 浅海鱼。

## 青 <sup>qīng</sup> 蓝色。绿色。年轻。
[旧属九青]

踏～年～丹～青～草～冬～
知～山～垂～常～嫩～葱～
淡～苔～沥～汗～靛～杀～
竹叶～柳条～草木～万竿～
隔江～万年～芦叶～数峰～

## 轻 <sup>qīng</sup> 重量少。轻松。
[旧属八庚二十四敬]

重～风～云～言～年～减～
戎～相～鸥～体～衣～燕～
见～才～叶～裙～意～看～
羽～絮～舟～烟～气～驾～
柳絮～得失～鸿毛～马蹄～
不可～身世～往来～手脚～
雪花～片帆～不自～一笑～

## 氢 <sup>qīng</sup> 气体元素。

## 倾 <sup>qīng</sup> 斜。倾向。倒塌。
[旧属八庚]

西～天～心～壶～酒～云～
将～内～车～左～海～翻～
斜～雨～右～巢～权～扶～
肝胆～一坐～东南～花前～

## 卿 <sup>qīng</sup> 高级官名。称呼。
[旧属八庚]

公～世～国～爱～芳～客～
少～正～上～九～荆～卿～
贱可～太常～天子～颜真～

## 圊 <sup>qīng</sup> 厕所。

## 清 <sup>qīng</sup> 纯净。廉洁。清楚。
[旧属八庚]

风～水～河～冰～澄～冷～
血～气～肃～浊～凄～华～
问～泉～神～华～三～廓～
音～明～韵～扫～太～晏～
千里～百虑～竹声～醍醐～
夜语～春山～天宇～玉壶～

## 蜻 <sup>qīng</sup> 蜻蜓。
[旧属八庚]

蜻～雌～好～藏～舞晴～

## 鲭 <sup>qīng</sup> 梭形状的鱼。
[旧属八庚]

腥～冻～饭～言～食～酸～
五侯～醒酒～
(另见二庚 zhēng)

## 勍 <sup>qīng</sup> 强敌。勍敌。
[旧属八庚]

勍～势～间～谁与～敌无～
携强～

## 情 <sup>qīng</sup> 情感。情面。情形。
[旧属八庚]

友～感～恋～爱～真～深～
衷～激～多～纯～私～柔～
温～恩～表～托～盛～人～
旧～薄～乡～寄～旅～亲～
牵～春～绝～催～七～幽～
动～军～灾～心～险～性～
留～承～陈～世～钟～热～
民～同～尽～忘～痴～有～
无～诗～闲～风～含～国～
故园～游子～怀古～昨夜～
陇上～最关～风月～骨肉～

## 晴 <sup>qīng</sup> 天气晴朗。
[旧属八庚]

新～天～晚～雨～春～雪～
阴～花～窗～午～报～初～
祈～快～放～乍～望～弄～
万里～六合～喜为～半边～

## 腈 <sup>qíng</sup> 承受。

## 氰 <sup>qíng</sup> 碳氮化合物，剧毒。

## 檠 <sup>qíng</sup> 灯台。矫弓器。
[旧属八庚二十四敬]

夜~　古~　金~　扶~　伏~　晓~
榜~　短~　宵~　销~　书~　孤~
碧玉~　读书~　洒寒~　撼灯~

**擎** qíng 往上托;举。
[旧属八庚]

高~　携~　笑~　提~　众~　引~
只手~　一柱~　稚子~　云自~

**黥** qíng 脸上刺字。
[旧属八庚]

面~　刑~　犯~　禽~　英~　印~
坐法~　息我~　改姓~　弃灰~

**厅** tīng 客厅。部门名称。
[旧属九青]

餐~　大~　门~　内~　花~　小~
前~　舞~　饭~　办公~　教育~
财政~　龙凤~　鹊栖~　音乐~
南北~

**汀** tīng 水边平地。
[旧属九青二十四敬]

鹤~　江~　寒~　兰~　月~　柳~
露~　绿~　沙~　风~　苇~　芷~
鹭~　春~　长~　烟~　雪~　渔~
蓼花~　白鸥~　草满~　荻芦~
水门~

**听** tīng 听音。听从。
[旧属九青二十五径]

倾~　喜~　静~　好~　怕~　夜~
言~　一~　旁~　秋~　屡~　忍~
偷~　收~　闲~　卧~　耳~　道~
偏~　坐~　清~　羞~　视~　中~
姑妄~　洗耳~　莫我~　不堪~
无由~　枕上~　尽日~　隔墙~

**烃** tīng 碳氢化合物。

**桯** tīng 桯子。床前小桌。
[旧属九青]

**鞓** tīng 皮腰带。

**廷** tīng 朝廷。
[旧属九青二十五径]

宫~　内~　外~　清~　幕~　燕~
卿相~　天王~　五帝~　统万~

**莛** tīng 草本植物的茎。
[旧属九青]

**亭** tíng 亭子。适中;均匀。
[旧属九青]

亭~　兰~　长~　短~　离~　山~
书~　山~　邮~　小~　凉~　闲~
街~　华~　旗~　野~　石~　古~
望~　新~　驿~　茅~　草~　水~
桥~　夜~　雨~　溪~　春~　危~
湖心~　醉翁~　晚香~　翠微~
沧浪~　放鹤~　月满~　环秀~

**庭** tíng 厅堂。院子。
[旧属九青二十五径]

家~　天~　门~　洞~　宫~　分~
披~　帝~　前~　民~　刑~　开~
华~　公~　满~　芳~　讼~　当~
法~　汉~　空~　盈~　边~　闲~
月半~　凤舞~　风扫~　满秋~

**停** tíng 停止。停留。停泊。
[旧属九青]

暂~　船~　车~　不~　雨~　莫~
声~　少~　久~　调~　云~　舞~
今夜~　一息~　未肯~　笔不~

**葶** tíng 葶苈,草本植物。
[旧属九青]

钑~

**蜓** tíng 蜻蜓。
[旧属九青十六铣]

**渟** tíng 水停滞。
[旧属九青]

泉~　澄~　渊~　清~　泓~　渟~

**婷** tíng 婷婷。娉婷。

**霆** tíng 暴雷;霹雳。
[旧属九青]

雷~　如~　风~　疾~　迅~　春~
奔~　轰~　电~　震~　惊~　怒~

**兴** xīng 兴盛。开始。起来。
[旧属十蒸二十五径]

振~　方~　中~　新~　复~　晨~
俱~　不~　时~　初~　选~　大~
隆~　始~　待~
（另见仄声 xìng）

**狌** xīng 同'猩'。
[旧属八庚]

**星** xīng 星星。小点。明星。

[旧属九青]

寿～ 福～ 吉～ 红～ 五～ 流～
卫～ 行～ 恒～ 慧～ 星～ 飞～
摘～ 披～ 陨～ 歌～ 笑～ 明～
救～ 群～ 众～ 双～ 零～ 如～
残～ 晓～ 晨～ 疏～ 繁～ 新～
织女～ 满天～ 北斗～ 天上～

**骍** xīng 红色毛皮。

[旧属八庚]

骍～ 纯～ 用～ 紫～ 犊～ 求～
千里～ 玉鼻～ 锦斑～ 面汗～

**猩** xīng 猩猩。

[旧属八庚]

婴～ 禽～ 鼯～ 黑猩～

**惺** xīng 惺惺:清醒。聪明。

[旧属九青二十四迥]

**腥** xīng 腥气。腥臭。

[旧属九青二十五径]

血～ 鱼～ 闻～ 食～ 雨～ 气～
去～ 脱～ 荤～ 膻～ 水～ 海～
江风～ 浪花～ 夜潮～ 草木～

**箵** xīng 筿箵,捕鱼盛器。

[旧属二十三梗]

**刑** xíng 刑罚。体罚。

[旧属九青]

量～ 动～ 受～ 用～ 慎～ 宫～
腐～ 绞～ 淫～ 威～ 逃～ 行～
设～ 鞭～ 死～ 判～ 缓～ 罪～
严～ 徒～ 肉～ 极～ 上～ 苦～
忘冤～ 刀墨～ 坑戮～ 百日～

**邢** xíng 姓。古国名。

[旧属九青]

尹～ 居～ 城～ 伐～ 入～ 盟～

**行** xíng 走。路程。流通。

[旧属八庚二十四敬]

人～ 日～ 推～ 发～ 风～ 举～
遵～ 执～ 试～ 循～ 庸～ 实～
壮～ 游～ 施～ 运～ 横～ 爬～
同～ 随～ 缓～ 步～ 旅～ 蛇～
流～ 远～ 履～ 奉～ 力～ 饯～
送～ 进～ 飞～ 难～ 奇～ 借～
航～ 夜～ 早～ 山～ 五～ 修～
徐～ 晓～ 倒～ 独～ 舟～ 德～

品～ 言～ 罪～ 兽～ 恶～ 操～
踏月～ 万里～ 一生～ 风雨～
长歌～ 策杖～ 乘风～ 把臂～

(另见二庚 héng;三江 háng)

**饧** xíng 糖稀。精神不振。

[旧属八庚]

蔗～ 粥～ 卖～ 饴～ 春～ 麦～
蜂～ 膏～ 稠～ 白～ 乳～ 分～
胶牙～ 琥珀～ 浓于～ 酒似～

(另见三江 táng)

**形** xíng 形状。表现。对照。

[旧属九青]

有～ 无～ 方～ 象～ 怀～ 图～
隐～ 相～ 忘～ 照～ 还～ 变～
体～ 裸～ 奇～ 外～ 造～ 字～
山～ 圆～ 现～ 销～ 妖～ 见～
阵～ 畸～ 身～ 成～ 雏～ 原～
显～ 菱～ 矩～ 影随～ 犬吠～
万物～ 月露～

**陉** xíng 山脉中断的地方。

[旧属九青]

井～ 北～ 苦～ 松～ 海～ 嶻～
石铭～ 林兰～ 岘与～ 西至～

**型** xíng 模型。类型。

[旧属九青]

新～ 典～ 房～ 车～ 脸～ 血～
小～ 大～ 重～ 仪～ 定～ 成～
流线～ 太空～ 超薄～

**荥** xíng 地名。

[旧属九青]

(另见 yíng)

**钘** xíng 盛酒的器皿。

[旧属九青]

一～ 六～

**硎** xíng 磨刀石。磨制。

[旧属九青]

发～ 临～ 砻～ 深～ 照～ 试～
担车～ 盘薄～ 管乐～ 屠牛～

**铏** xíng 盛菜器皿。祭器。

[旧属九青]

六～ 羞～ 羊～ 设～ 祭～ 鼎～

**应** yīng 答应。

[旧属十蒸二十五径]

料～ 谁～ 唯～ 自～ 算～ 未～

列宿~
（另见仄声 ying）

**英** yīng 花。英杰。
[旧属八庚]

精~琼~群~芝~朝~飞~
云~落~缀~揽~含~春~
撷~秋~吐~女~红~耆~
蒲公~三代~百世~四座~

**莺** yīng 黄莺。
[旧属八庚]

啼~春~乳~初~闻~雏~
晨~小~流~金~晴~晓~
引~新~娇~藏~夜~莺~
啭林~口如~柳迷~是处~

**萦** yīng 同'䕅'。
[旧属八庚]

**婴** yīng 婴儿。触;缠绕。
[旧属八庚]

女~戏~啼~妇~溺~娇~
弃~浴~孩~育~孺~圣~
乳臭~三月~形化~

**媖** yīng 妇女的美称。

**瑛** yīng 美玉。玉光。
[旧属八庚]

玉~琼~蓝~润~瑶~

**煐** yīng 人名用字。

**锳** yīng 铃声。

**蘡** yīng 蘡薁,藤本植物。

**撄** yīng 接触;触犯。扰乱。
[旧属八庚]

相~来~无~勿~难~累~
莫敢~人事~世网~莫我~

**嘤** yīng 鸟叫声。
[旧属八庚]

嘤~飞~鸟~鸣~呦~咿~

**罂** yīng 小口大肚瓶。
[旧属八庚]

木~银~竹~瓶~小~瓷~
瓦~杯~石~青~壶~玉~

小口~香满~琉璃~酒盈~

**缨** yīng 带子。
[旧属八庚]

红~结~香~长~请~系~
悬~执~濯~冠~华~簪~
带~草~解~飞~拂~环~
濯尘~沧浪~泪湿~愤时~

**璎** yīng 似玉的石头。
[旧属八庚]

连~攘~珠~钿~香~宝~

**樱** yīng 樱花。樱桃。
[旧属八庚]

金~庭~早~林~梅~春~
红~残~山~朱~含~新~

**霙** yīng 雪花。
[旧属八庚]

飘~珠~翻~飞~垂~玉~

**鹦** yīng 鹦鹉。
[旧属八庚]

绿~野~笼~啼~春~雪~
架上~能言~不离~陇山~

**膺** yīng 胸。承当。讨伐。
[旧属十蒸]

服~填~胸~拊~垂~荣~
气拂~志士~喜御~职其~

**鹰** yīng 鹰属的鸟类。
[旧属十蒸]

苍~雄~老~放~翻~避~
饥~秋~臂~飞~巢~画~
呼~鱼~雕~雏~隼~山~
猫头~鸠化~金距~九霄~

**鹰** yīng 同'应'。
（另见仄声 yìng）

**迎** yíng 迎接。对着。
[旧属八庚二十四敬]

送~将~相~欢~逢~犬~
来~候~拜~车~敬~花~
待~谁~携~山~出~笑~
壶浆~父老~群鸥~满路~
鼓吹~酒旗~半座~暖气~

**茔** yíng 坟地。
[旧属八庚]

祖~ 冢~ 旧~ 移~ 垅~ 丘~
孤~ 墓~ 残~ 古~ 坟~ 荒~
蒿田~ 三四~ 松柏~ 忠将~

题~ 飞~ 门~ 阶~ 玉~ 殿~
绕~ 轩~ 华~ 雕~ 梁~ 屋~
燕窥~ 柳拂~ 倚画~ 入檐~

**荥** ᵞⁱⁿᵍ 地名。
[旧属九青]
（另见 xíng）

**滢** ᵞⁱⁿᵍ 清澈。
[旧属二十五径]
汀~ 深~

**荧** ᵞⁱⁿᵍ 微光。眼光迷乱。
[旧属九青二十迥]
荧~ 青~ 星~ 火~ 精~ 清~
耳目~ 入夜~ 烛花~

**蝇** ᵞⁱⁿᵍ 苍蝇。
[旧属十蒸]
蚊~ 青~ 逐~ 拂~ 夏~ 蛆~
多~ 寒~ 避~ 灭~ 捕~ 飞~
盘中~ 穿纸~ 字如~ 案头~

**盈** ᵞⁱⁿᵍ 充满。多余。
[旧属八庚]
亏~ 充~ 盈~ 虚~ 满~ 月~
奢~ 杯~ 充~ 骄~ 戒~ 丰~
万户~ 百虑~ 市贾~ 芳尊~

**潆** ᵞⁱⁿᵍ 潆洄。潆绕。

**嬴** ᵞⁱⁿᵍ 姓。
[旧属八庚]
秦~ 侯~ 黔~ 怀~ 强~ 匡~

**莹** ᵞⁱⁿᵍ 光洁像玉。透明。
[旧属二十五径八庚]
晶~ 明~ 圆~ 清~ 雪~ 辉~
凝~ 质~ 冰~ 玉~ 珠~ 光~
寒魄~ 尊垒~ 琥珀~ 仙肌~

**赢** ᵞⁱⁿᵍ 胜。获利。
[旧属八庚]
输~ 计~ 丰~ 操~ 争~ 羡~
双~ 兼~ 半~ 常~ 贵~ 欲~
斗棋~ 百万~ 道我~ 十分~

**萤** ᵞⁱⁿᵍ 萤火虫。
[旧属九青]
草~ 囊~ 集~ 聚~ 流~ 飞~
冷~ 微~ 星~ 窗~ 夜~ 扑~
露~ 秋~ 伴~ 孤~ 寒~ 乱~
读书~ 案上~ 隔溪~ 引桂~

**瀛** ᵞⁱⁿᵍ 大海。
[旧属八庚]
东~ 登~ 大~ 蓬~ 仙~ 方~
浮~ 望~ 云~ 外~ 沧~ 寰~

**营** ᵞⁱⁿᵍ 谋求。经营。军队。
[旧属八庚]
私~ 军~ 自~ 民~ 驻~ 兵~
阵~ 宿~ 营~ 国~ 合~ 连~
屏~ 安~ 钻~ 野~ 露~ 联~
夏令~ 大本~ 无所~ 夜归~
雪照~ 月满~ 宅为~ 龙虎~

**籯** ᵞⁱⁿᵍ 放筷子的笼子。
[旧属八庚]
箱~ 捧~ 旧~ 家~ 箧~ 胜~
金满~ 昆仑~ 银千~

**萦** ᵞⁱⁿᵍ 围绕;缠绕。
[旧属八庚]
梦~ 如~ 蟠~ 烦~ 空~ 牵~
心~ 愁~ 雪~ 丝~ 花~ 云~
名利~ 绿水~ 尘事~ 百虑~

**潆** ᵞⁱⁿᵍ 潆溪,在四川南充。

**崟** ᵞⁱⁿᵍ 华崟,四川山名。

**楹** ᵞⁱⁿᵍ 堂屋前的柱子。
[旧属八庚]

# 仄　声

**丙** <sup>bǐng</sup> 天干第三位。
[旧属二十三梗]
乙~　壬~　出~　丁~　付~　鱼~
日在~　甲乙~

**邴** <sup>bǐng</sup> 姓。
[旧属二十四敬二十三梗]
魏~　张~　华~　归~　受~　入~

**秉** <sup>bǐng</sup> 操持。
[旧属二十三梗]
遗~　总~　素~　亲~　三~　交~
天机~　持国~　不失~　从所~

**柄** <sup>bǐng</sup> 器物的把。话柄。
[旧属二十四敬]
权~　笑~　把~　国~　政~　斗~
刀~　勺~　文~　兵~　朝~　操~
花~　叶~　一~　授~　手~　失~
苕帚~　杀生~　天下~

**昺** <sup>bǐng</sup> 明亮;光明。

**饼** <sup>bǐng</sup> 面食。饼状。
[旧属二十三梗]
画~　蒸~　汤~　煎~　卖~　食~
柿~　羌~　卷~　香~　茶~　大~
烙~　烧~　月~　糕~　薄~　铁~
龙团~　芝麻~　千层~　薄如~

**炳** <sup>bǐng</sup> 光明。显著。
[旧属二十三梗]
文~　炳~　彪~　夜~　炬~　蔚~
夜光~　燃犀~　豹文~　丹青~

**屏** <sup>bǐng</sup> 抑止。除去;排除。
[旧属二十三梗九青]
外~　退~　蕃~　作~　隐~　驱~
左右~　秋扇~　随事~　烦虑~
（另见平声 píng）

**禀** <sup>bǐng</sup> 禀报;禀告。承受。
[旧属二十六寝]

具~　承~　天~　异~　同~　特~
咨~　夙~　资~　容~　回~　虔~

**鞞** <sup>bǐng</sup> 刀鞘。
[旧属二十四迥四纸八齐]
牛~　短~　郁~

**并** <sup>bìng</sup> 合在一起。并排。
[旧属二十三梗二十四敬]
合~　兼~　吞~　一~　归~　俱~
相~　力~　肩~　协~　杂~　未~
新旧~　阴阳~　与俗~　五味~
（另见平声 bīng）

**病** <sup>bìng</sup> 生病。私弊。缺点。
[旧属二十四敬]
疾~　染~　毛~　小~　非~　除~
久~　急~　诟~　癖~　诈~　贫~
衰~　消~　多~　心~　老~　重~
弊~　抱~　扶~　托~　养~　卧~
治~　探~　问~　通~　同~　语~
软骨~　心脏~　何惮~　未尝~

**摒** <sup>bìng</sup> 排除。

**顶** <sup>dǐng</sup> 最高部分。支撑。
[旧属二十迥]
绝~　摩~　极~　山~　天~　抚~
树~　塔~　一~　屋~　露~　窥~
头~　斜~　攀~　高~　扪~　光~
云~　峰~　尖~　透~　鹤~　灭~
灌~　平~　登~　昆仑~　金阙~
丹砂~　最高~

**酊** <sup>dǐng</sup> 酩酊,大醉。
[旧属二十四迥]
（另见平声 dīng）

**鼎** <sup>dǐng</sup> 煮食器物。帝业。
[旧属二十四迥]
钟~　古~　九~　鼎~　举~　宝~
扛~　铸~　问~　定~　大~　沸~
金~　洪~　商~　列~　铭~　夏~
三足~　轩辕~　建国~　万寿~

**订** <sup>dìng</sup> 订立。约定。改正。
征~　修~　校~　拟~　预~　改~
考~　签~　编~　先~　印~　装~

**钉** <sup>dìng</sup> 锭钉,陈设食品。
[旧属二十五径]

果～芳～盘～村～朝～排～
金盘～交错～君子～馒头～

**钉** dìng 钉住。
[旧属二十五径九青]
装～针～误～立～钉～新～
（另见平声 dīng）

**定** dìng 平静。固定。决决。
[旧属二十五径]
坐～商～一～说～未～入～
坚～神～难～初～新～抚～
约～暂～先～论～咬～审～
平～安～稳～断～肯～否～
法～规～协～立～确～奠～
指～必～注～镇～内～鉴～
惊魂～基业～人心～指日～

**啶** dìng 吡啶，有机化合物。

**铤** dìng 未经冶铸的铜铁。
[旧属二十四迥]
金～珍～千～麦秀～皂角～
生藕～割玉～
（另见 tǐng）

**腚** dìng 屁股。

**碇** dìng 系船的石墩。
启～下～

**锭** dìng 锭子。块状金属。
[旧属二十五径]
金～钢～一～万～银～纱～
墨半～虹烛～白蜡～百十～

**井** jǐng 水井。像井的东西。
[旧属二十三梗]
市～乡～背～掘～深～天～
古～枯～竖～探～窨～投～
陷～落～俯～露～穿～金～
凿～坐～汲～油～土～龙～
一口～双眼～辘轳～三尺～

**阱** jǐng 捕猎用的陷坑。
[旧属二十四敬二十三梗]
陷～设～栏～堙～深～虎～
投～入～机～兽～坑～猎～

**泃** jǐng 泃洲，广东地名。

**刭** jǐng 刀割脖子。
[旧属二十四迥]
自～

**肼** jǐng 火箭燃料。

**颈** jǐng 颈项。
[旧属二十三梗]
短～延～刎～折～交～头～
转～曲～长～秀～瓶～香～
断～绕～鹅～缩～引～鹤～
三尺～兵在～刃临～
（另见二庚 gěng）

**景** jǐng 景致。情形。景物。
[旧属二十三梗]
风～夜～清～美～春～园～
苑～内～外～对～暮～晚～
芳～晨～即～残～情～光～
江～场～雪～盆～好～外～
远～取～背～应～布～触～
人间～江南～黄昏～四时～

**儆** jǐng 让人觉悟而不犯错。
[旧属二十四敬二十三梗]
儆～申～弗～交～箴～恩～

**憬** jǐng 醒悟。
[旧属二十三梗]
憧～荒～

**璟** jǐng 玉的光彩。
[旧属二十三梗]
李～宋～柳～

**警** jǐng 戒备。敏锐。警察。
[旧属二十三梗]
机～报～夜～巡～刑～军～
乘～民～武～交～边～宵～
火～袭～闻～告～传～示～

**劲** jìng 坚强有力。
[旧属二十四敬]
强～刚～道～骨～草～坚～
后～瘦～道～秀～苍～清～
笔锋～风霜～弓刀～松枝～
（另见十七侵 jìn）

**径** jìng 小路。径直。
[旧属二十五径]
山～捷～石～花～荒～竹～
松～樵～门～行～穿～寒～

古～　兰～　幽～　曲～　芳～　田～
口～　半～　途～　路～　蹊～　香～
桃李～　芳草～　烟霞～　负薪～

## 净 jìng 清洁。没有剩余。

[旧属二十四敬]

洁～　清～　慧～　香～　光～　地～
素～　纯～　白～　水～　月～　雪～
山～　空～　云～　浴～　眼～　洗～
露～　秋～　天～　干～　扫～　心～
风烟～　澄江～　尘埃～　玉宇～

## 弳 jìng 弧度。

## 经 jìng 经纱。经线。

[旧属九青二十五径]
（另见平声 jīng）

## 胫 jìng 小腿。

[旧属二十四迥二十五径]

铁～　贯～　高～　马～　凤～　赤～
寸～　杖～　鹤～　膝～　叩～　凫～
雪没～　不掩～　三尺～　防风～

## 倞 jìng 强。

（另见三江 liàng）

## 痉 jìng 痉挛。

## 竞 jìng 竞争;竞赛。强劲。

[旧属二十四敬]

纷～　相～　驰～　奔～　争～　物～
莫～　武～　力～　不～　先～　矜～
游鳞～　秋蝉～　士所～　与春～

## 竟 jìng 完毕。终于。

[旧属二十四敬]

未～　不～　究～　毕～　终～　穷～
安心～　农务～　四更～

## 婧 jìng 才女。

## 靓 jìng 妆饰;打扮。

[旧属二十三梗二十四敬]

庄～　妍～　闲～　色～　华～　扮～
晨妆～　月华～　晚妆～　高枝～

（另见三江 liàng）

## 敬 jìng 尊敬。恭敬。

[旧属二十四敬]

孝～　肃～　忠～　致～　谦～　畏～
心～　起～　久～　相～　亲～　礼～
诚～　可～　钦～　失～　回～　不～
乡里～　不足～　俭而～　桑梓～

## 靖 jìng 平安。安定;平定。

[旧属二十三梗]

安～　清～　嘉～　宁～　平～　绥～
忠～　和～　文～　思～　恬～　日～

## 静 jìng 安定。没有声响。

[旧属二十三梗]

清～　宁～　安～　幽～　平～　恬～
寂～　浪～　动～　性～　风～　心～
沉～　冷～　僻～　肃～　镇～　夜～
万籁～　风波～　天河～　仁者～
思虑～　草木～　林壑～　闹中～

## 境 jìng 疆界。区域。境况。

[旧属二十三梗]

家～　仙～　胜～　国～　入～　处～
绝～　心～　诗～　清～　环～　意～
梦～　妙～　险～　拓～　佳～　画～
边～　越～　顺～　逆～　压～　幻～
清凉～　无止～　死生～　荣辱～

## 猄 jìng 像虎豹的兽。

[旧属二十四敬]

枭～　为～

## 镜 jìng 镜子。

[旧属二十四敬]

明～　花～　眼～　凹～　凸～　窥～
对～　破～　心～　玉～　池～　如～
古～　临～　世～　晓～　宝～　妆～
金～　铜～　冰～　月～　借～　悬～
心如～　望远～　三棱～　前人～
千秋～　辟邪～　匣中～　照妖～

## 令 líng 量词。

[旧属八庚]

纸一～

（另见 lìng;平声 líng）

## 岭 lǐng 山脉。

[旧属二十三梗]

峻～　秦～　雪～　云～　南～　层～
五～　峰～　山～　丘～　群～　千～
远～　牯～　越～　分水～　仙霞～
相思～　思乡～

## 领 lǐng 颈。领子。大纲。

[旧属二十三梗]

本～　率～　统～　首～　要～　将～
头～　白～　总～　翻～　尖～　挈～
招～　衣～　心～　占～　纲～　引～
谁与～　不相～　东风～　一笑～

**另** líng 另外。

**令** lìng 命令。酒令。时节。小令。
[旧属二十四敬八庚九青]
节～　时～　月～　号～　政～　戒～
指～　辞～　军～　通～　明～　司～
口～　夏～　冬～　当～　手～　法～
律～　传～　雅～　县～　下～　行～
严～　禁～　遵～　条～　春～　秋～
密～　勒～　违～　逐客～　如梦～
搜遍～　绕口～
（另见 líng;平声 líng）

**呤** líng 嘌呤,有机化合物。

**酩** mǐng 酩酊,形容大醉。
[旧属二十四迥]

**命** mìng 生命。命运。命令。
[旧属二十四敬]
知～　性～　寿～　奔～　使～　奉～
效～　短～　长～　认～　算～　小～
授～　听～　待～　从～　断～　将～
违～　救～　亡～　要～　乞～　送～
殒～　饶～　任～　绝～　狗～　致～
偿～　舍～　救～　宿～　拼～　人～
逃～　受～　请～　父母～　天地～
一条～

**拧** nǐng 拧螺丝。颠倒。抵触。
（另见 nìng;平声 níng）

**宁** nìng 宁可;岂;难道。
[旧属九青二十五径]
无～　共～
（另见平声 níng）

**佞** nìng 花言巧语谄媚人。
[旧属二十五径]
谄～　献～　恶～　邪～　奸～　忠～
谀～　狡～　贪～　权～　不～　卑～

**拧** nìng 偏强。
真～

（另见 nǐng;平声 níng）

**泞** nìng 烂泥。
[旧属二十四迥二十四敬]
泥～　路～　道～　陷～　深～　冻～

**苘** qǐng 苘麻,通称青麻。

**顷** qǐng 地积单位。顷刻。
[旧属八庚二十三梗]
一～　千～　数～　半～　俄～　年～
居～　自～　在～　少～　有～　食～
弹指～　数百～　三万～　梦幻～

**请** qǐng 请求。邀请。
[旧属二十四敬八庚二十三梗]
聘～　恩～　迎～　申～　延～　祈～
催～　三～　有～　固～　烦～　礼～

**庼** qǐng 小厅堂。

**綮** qǐng 肯綮,关键。
[旧属八荠]
（另见八齐 qǐ）

**謦** qǐng 謦欬,咳嗽,借指谈笑。
[旧属二十四迥]

**庆** qìng 庆祝。纪念日。
[旧属二十四敬]
国～　喜～　吉～　荣～　校～　家～
余～　相～　共～　同～　大～　重～
丰年～　额手～　万邦～　天下～

**亲** qìng 亲家的亲。
[旧属十二震]
（另见十七侵 qīn）

**清** qìng 凉。
[旧属二十敬]
夏～　轻～　温～　就～

**箐** qìng 山间的大竹林。
梅子～　杉木～

**磬** qìng 打击乐器。
[旧属二十五径]
浮～　玉～　石～　笙～　听～　编～
韵～　鼓～　钟～　和～　清～　古～

**罄** qìng 尽;空。
[旧属二十五径]

告～ 酒～ 粟～ 情～ 钱～ 输～
贫～ 虚～ 窘～ 空～ 囊～ 粮～
箪瓢～ 军粮～ 懿末～ 搜奇～

# 町 tǐng 田界。田亩；田地。
[旧属二十四迥九青]

畦～
（另见平声 dīng）

# 侹 tǐng 侹侹，平而直。
[旧属二十四迥]

# 挺 tǐng 硬而直。特出。
[旧属二十四迥]

劲～ 秀～ 峻～ 英～ 兰～ 茂～
坚～ 天～ 笔～ 剑～ 清～ 硬～
直挺～ 灵茅～ 竹千～ 珠簪～

# 珽 tǐng 玉笏。
[旧属二十四迥]

玉～ 执～ 御～ 搢～ 三尺～

# 梃 tǐng 棍棒。梃子。
[旧属二十四迥]

门～ 窗～ 白～ 直～ 横～ 制～
（另见 tìng）

# 脡 tǐng 长条的干肉。直。
[旧属二十四迥]

五～ 十～ 鲜鱼～

# 铤 tǐng 快走的样子。
[旧属二十四迥]

（另见 dìng）

# 颋 tǐng 正直；直。
[旧属二十四迥]

# 艇 tǐng 比较轻便的船。
[旧属二十四迥]

游～ 快～ 汽～ 小～ 舰～ 野～
放～ 风～ 叶～ 泛～ 鱼～ 钓～
潜水～ 救生～ 飞凫～ 摩托～

# 梃 tǐng 梃猪。
[旧属一先二十四迥]

（另见 tǐng）

# 省 xǐng 反省。探望。醒悟。
[旧属二十三梗]

不～ 自～ 修～ 日～ 三～ 内～
痛～ 心～ 默～ 猛～ 退～ 深～
欲为～ 通宵～ 言常～ 不知～
（另见二庚 shěng）

# 醒 xǐng 酒醒。睡醒。觉悟。
[旧属二十四迥九青]

觉～ 独～ 欲～ 晨～ 苏～ 初～
醉～ 吹～ 暂～ 酒～ 自～ 皆～
清～ 梦～ 提～ 半～ 惊～ 唤～
眠未～ 片时～ 为谁～ 蝶梦～
狂不～ 三日～ 草木～ 龙睡～

# 擤 xǐng 排泄鼻涕。

# 兴 xìng 兴致；兴趣。
[旧属二十五径十蒸]

乘～ 败～ 秋～ 逸～ 诗～ 比～
余～ 高～ 雅～ 遣～ 新～ 春～
尽～ 扫～ 助～ 即～ 吟～ 幽～
有～ 佳～ 游～ 清～ 酒～ 豪～
芳春～ 五湖～ 垂钓～ 一生～
（另见平声 xīng）

# 杏 xìng 杏树。杏子。
[旧属二十三梗]

北～ 红～ 银～ 桃～ 青～ 枣～

# 幸 xìng 幸福；幸运。侥幸。
[旧属二十三梗]

荣～ 庆～ 不～ 得～ 欢～ 喜～
有～ 巡～ 欣～ 大～ 最～ 亲～
私～ 万～ 恩～ 佞～ 宠～ 薄～
今日～ 三生～

# 性 xìng 性格。性质。性能。
[旧属二十四敬]

男～ 女～ 本～ 养～ 悟～ 人～
常～ 情～ 秉～ 生～ 知～ 水～
中～ 共～ 属～ 习～ 野～ 灵～
品～ 物～ 阳～ 弹～ 惰～ 特～
烈～ 两～ 索～ 记～ 兽～ 党～
药～ 粘～ 碱～ 油～ 雄～ 雌～
任～ 耐～ 使～ 韧～ 成～ 硬～
血～ 个～ 异～ 惯～ 灵～ 天～
心～ 理～ 感～ 阴～ 变～ 酸～
积极～ 关键～ 姜桂～ 科学～

# 姓 xìng 姓氏。
[旧属二十四敬]

贵～ 百～ 尊～ 名～ 本～ 问～
同～ 万～ 易～ 冒～ 族～ 庶～

# 荇 xìng 荇菜。
[旧属二十三梗]

菱～ 紫～ 流～ 藻～ 水～ 风～

连钱~ 穿红~ 参差~

**悻** xìng 悻悻,怨恨愤怒。
[旧属二十四迥]

**婞** xìng 倔强固执。
[旧属二十四迥]
狠~

**郢** yǐng 楚国都城。
[旧属二十三梗]
城~ 亡~ 哀~ 歌~ 郊~ 古~

**颍** yǐng 水名。
[旧属二十三梗]
箕~ 城~ 涉~ 临~ 汝~ 淮~

**颖** yǐng 尖端。聪明。
[旧属二十三梗]
聪~ 新~ 秀~ 锋~ 奇~ 丰~
短~ 擢~ 毛~ 脱~ 才~ 眉~
出囊~ 自然~ 差若~ 刃为~

**影** yǐng 影子。照片。电影。
[旧属二十三梗]
倒~ 窥~ 顾~ 射~ 日~ 疏~
树~ 合~ 塔~ 人~ 花~ 弄~
从~ 浮~ 窗~ 对~ 烛~ 云~
佛~ 梦~ 照~ 移~ 身~ 月~
竹~ 投~ 剑~ 阴~ 背~ 帘~
灯~ 踪~ 共~ 浴~ 幻~ 形~
留~ 帆~ 摄~ 鬼~ 黑~ 魔~
惊鸿~ 秋千~ 水中~ 梧桐~
杯中~ 山水~ 潭底~ 张三~

**瘿** yǐng 瘤子。
[旧属二十三梗]

生~ 割~ 颈~ 肉~ 垂~ 槐~

**应** yìng 回答。允许。适应。
[旧属二十五径十蒸]
内~ 酬~ 巧~ 呼~ 答~ 感~
必~ 顺~ 响~ 报~ 因~ 接~
和~ 适~ 反~ 供~ 相~ 照~
山谷~ 心手~ 千里~ 心已~
(另见平声 yīng)

**映** yìng 映照;衬托。
[旧属二十四敬]
辉~ 照~ 掩~ 月~ 霞~ 反~
倒~ 相~ 雪~ 玉~ 云~ 放~
水~ 远~ 交~ 珠~ 花~ 上~
灯火~ 青山~ 澄潭~ 红妆~

**硬** yìng 坚硬。刚强。勉强。
[旧属二十四敬]
生~ 强~ 嘴~ 腕~ 过~ 僵~
死~ 瘦~ 手~ 硬碰~ 功夫~
骨头~

**暎** yìng 同'映'。
[旧属二十四敬]

**媵** yìng 陪送出嫁。姜。
[旧属二十五径]
美~ 姜~ 置~ 纳~ 荡~ 小~
鼎俎~ 楚宫~ 衣文~

**鹰** yìng 同'应'。

(另见平声 yīng)

# 二十儿

## 平　声

**儿** ér 小孩子。儿子。
[旧属四支]
婴~ 孤~ 少~ 小~ 男~ 健~
生~ 妻~ 呼~ 家~ 痴~ 僮~
麟~ 女~ 哺~ 这~ 那~ 哪~
娇~ 幼~ 怜~ 狂~ 义~ 养~
宠~ 孙~ 干~ 弄潮~ 褓中~
世上~ 泥孩~
(另见八齐 ní)

**而** ér 连词。
[旧属四支]
远~ 已~ 殆~ 好~ 在~ 庶~

**洏** ér 涕泪交流。
[旧属四支]
涟~ 凄~

**栭** ér 斗拱。蕈类。
[旧属四支]
芫~ 绣~ 兰~ 重~ 云~ 木~

**輀** ér 灵輀,丧车。

**胹** ér 煮;煮烂。
[旧属四支]
调~ 任~ 鼎~ 宰夫~

**鸸** ér 鸸鹋,形似鸵鸟。
[旧属四支]

**鲕** ér 鱼卵。
[旧属四支]
鲲~ 东海~

## 仄　声

**尔** ěr 你。如此。后缀。
[旧属四纸]
燕~ 卓~ 偶~ 果~ 率~ 莞~
非~ 乃~ 复~ 尔~ 云~ 保~
不得~ 徒为~ 浑浑~ 何烦~

**耳** ěr 耳朵。像耳的东西。
[旧属四纸]
悦~ 掩~ 逆~ 震~ 顺~ 贯~
牛~ 人~ 塞~ 两~ 满~ 洗~
充~ 卷~ 倾~ 附~ 刺~ 银~
盈~ 穿~ 木~ 竹~ 口~ 在~
交~ 侧~ 黄~ 隔墙~ 勿信~
不用~ 闲人~ 执牛~ 风过~
言在~

**迩** ěr 近。
[旧属四纸]
遐~ 路~ 修~ 惧~ 如~ 密~

**洱** ěr 洱海,云南湖名。
普~

**饵** ěr 糕饼。鱼饵。引诱。
[旧属四寘]
垂~ 为~ 食~ 香~ 药~ 果~
贪~ 忘~ 吞~ 毒~ 甘~ 芳~
钓~ 惑~ 投~ 诱~ 鱼~ 争~
千金~ 以官~ 不设~ 蜗蚓~

**骊** ěr 骏马。
[旧属四纸]
骎~ 骥~

**珥** ěr 耳环。
[旧属四支四寘]
坠~ 簪~ 两~ 玉~ 钗~ 宝~
金~ 贯~ 珠~ 珰~ 脱~ 落~
连环~ 传玑~ 日月~

**铒** ěr 稀土金属。

一 èr 数目。

一 [旧属四寘]

一~ 无~ 择~ 共~ 知~ 百~ 不~ 第~ 无~ 丈~ 兼~ 莫~ 分为~ 二月~ 无与~ 七十~

弍 èr 同'二'。

刵 èr 割耳朵的酷刑。

[旧属四寘]

劓~ 刖~

佴 èr 停留;置。

(另见十开 nài)

贰 èr '二'大写。变节。

[旧属四寘]

不~ 劝~ 佐~ 疑~ 离~ 携~

咡 èr 口旁;两颊。

[旧属四寘]

辟~ 循~ 不食~

樲 èr 酸枣树。

[旧属四寘]

养~

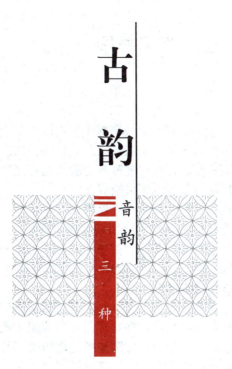

古韵

音韵

三种

# 佩文诗韵(诗韵)

## 上平声

[一東] 東同銅桐筒童僮瞳筩中衷忠蟲沖終戎崇嵩菘弓躬宮融雄熊穹窮馮風楓豐充隆空公功工攻蒙濛籠聾櫳瓏洪紅鴻虹叢翁葱聰驄騣通蓬篷烘潼曚朧藭悤礱峒罿螽狨灃癃幪夢罞訌葼緵堫豵涷曈鮦狆忡崧彤芃酆豐釭饛雺瞢璁䲨恫鬉總樬梭逢蝀侗絧艟犝氃爞瀜窿悾曚朦罜懵嚨曨礱龐渱叢篊葼艐朣衕獞烕穜詷舸种盅篛綜霳漴茙駥摐芎渢豐汎忼琉蘁靈倥崆玒玐冢髼艨懵襱泽慂驄稯輚豵塽猣譂鬔菶墶螉螉巃酮絨泔

[二冬] 冬農宗鍾鐘龍舂松衝容蓉庸封胸雍濃重從逢縫蹤茸峰蜂鋒烽蛩筇慵恭供琮悰淙儂鬆蘢凶墉鏞傭溶鎔醲穠蛬邛共憧鄘顒喁邕壅癰饔縱龔樅賨膿淞凇忪彸惷衝瑢葑匈兇洶訩禺雝噰廱丰葓鱅鏦銎銎懵霳蚣攏揗踳騞驄劊艟穜蹱遻戯輷鬆榕犎碚飈跫恟灉襛蝩桻蘚鄘梥茦篷鬈彤褣瞛橦牗

[三江] 江杠矼釭扛厖尨哤駹窗摐鏦邦缸降瀧雙艭𢤱龐逄腔撞幢樁淙泽橦茳娏眬惷腔峴谾瑽潨豇雙蜐垹梆𨄓雙𨆌稯逄悾譁椌玒

[四支] 支枝移爲垂吹陂碑奇宜儀皮兒離施知馳池規危夷師姿遲龜眉悲之芝時詩棊旗辭詞期祠基疑姬絲司葵醫帷思滋持隨癡維卮麋螭麾墀彌慈遺肌脂雌披嬉尸貍炊湄籬茲差疲茨卑彛虧蕤陲騎曦歧岐誰斯私窺敧熙欺疵貲笞羈彝髭頤資糜飢衰錐姨楣夔祇涯伊蓍追緇箕椎罷鬹篪蠡萎匙澌脾坻嶷治驪嫣颸屍綦怡尼漪虆匜犧飴而鴯推縻璃祁綏逵咿巇酏絺羲羸肢騏訾獅奇嗤吡咨墮萁其醨粢睢漓蠡噫騅馗菑輜褵邳錡胝緌鰭栭迆蛇陴淇蜊庨褩媸淄麗氂瀰篩纚朞斯氏痍椸娭壝甆蘺犧脽蘄耏嫠貔比椑僖驤貽祺葹嘻撝鸝瓷鶿鈹羅琦觚洏疷洟騤鬌唲

訑峗伲攐駓熹孜台蚩僙裨裨虒孈茋紕橢倕丕琪傲
耆衰惟猗劑絁羈伾薺鸒偲濰提吖醿堬魋藓鮞蒗衹
魝禧峗庳居睿鬐梔漸踦蠆戲鎚蚔畸雛羧劚褫椅腷
楮坤跁�磁腄杈峄錍嗺郖睚瘘釃霽椵离桾誃肔貤
孏劵佳齌槮錙陑雖蚑攙郫嚱鏉籽仔觷禧寅鄙摧鮪
麒槌芘委鍉鵗秅蜞頾藦軝劋梀襹摘箷崎嶷啙褫隋
罦眵藋邿龆蛪嗚麎蛦媒敠鵯樀姼柂榸鼑膺縻旄菠
觜蘺鑕緫匰鉃趁鵬鳥虆桐纕萑霅雊齻秜秠豴怀泜
㴞毗濱跠惛黟稽瓶悷陂峓徣郊澦逐秡藨騳蓸跔荍跰
諆圮瓴覻璙洢羼倭麜鑛妏怇檆爔稀劙穳窀翅嵯采
賀褘籭婎詖玭劋檃觭猗稜榴兹肜齎禔觿黎犂灕蓁酈
裼

微薇暉煇徽揮翬韋圍幃闈違霏菲妃騑緋飛
非扉肥腓威祈旂畿機幾譏磯蟣璣饑稀希晞衣依沂
巍歸褘誹淝痱欷豨溦徾楎餥騛㕍蘬葳昕鐖刉機譏
鵗譆澄犘酢蜚頎碕圻禨睎䮓

魚漁初書舒居裾車渠蕖余予譽輿餘胥狙鋤
疏蔬梳虛噓徐豬閭廬驢諸除儲如墟菹琚旟璵與畬
疽苴樗攄於紓茹蛆且沮袪袪蜍罦櫚臚秴砠淤瀦陼
胠妤袽篨睢媇蓬腒鑢鷗鶋椐紓籹躇槸趄璩駕滁屠
筡礜藘練歔耡䃋醵据璖齬蜍歔唹驉琚摴蝑雛籧呿
鴽櫖鯹咶犤萮鋙疋駆懊咀葦蕖湑薗衙涂徐泇藷慮
虞愚娛隅芻無蕪巫于盂臞衢儒濡襦須鬚株
誅蛛殊銖瑜榆諛愉腴區驅軀朱珠趨扶符鳧雛敷夫
膚紆輸樞廚俱駒模謨蒲胡湖瑚乎壺狐弧孤辜姑觚
菰徒途塗荼圖屠奴呼吾梧吳租盧鱸鑪蘆蘇酥烏汙
枯矑都鋪禺喁誣竽雩吁盱瞿劬胊絇軥斪繻貙叜
俞逾窬揄萸庾歈渝嶇蔞鏤屢夫苻荂孚枎邘俘柎
跗鈇迂姝躕拘斪摹醋蒱醐糊䴗鵑酤鴣沽呱蛄菟験
荼膴憮鸒笯駑逋艫壚徂莩瀘櫨餔唪玗嚅踣麤衭諏
姁扶玞襦跔母軵眾瘏郙旅痡毋杆邘訏芺噳喁鶘顱
鱸壚斸吁㢟句戵醹邾洙褕翎瘉蝓閶慺膢桴泭罦黻
枹阽膜嫫䴙筁瓠筑樟虖鋙菹惡刳髑溇躍瑜投荂斛
甗芋姁欨嘔鸒嫛吷趺鼓瓿甒闍喻𦜕纗鯛枸欋鸕㺜
蝸鍋臑獳跦揄㢤箊休齬狐慜瓝鮬憮鶒瀦禂罳忬軿齎

粄悏甒牏瓿颰穮婸秩迋陓捄錞柧駼盦㻉籚痀穌麻杇
於誧㤏鮬怤鸔懦帑楰稌寙拊

[八齊] 齊蠐臍黎犂藜梨蠡瓈黧妻萋淒悽隄羝騠低
氐詆磾稊題提荑蹏嗁䬾霋締銻蛈綈騠瑅鮧禔鶗媞
鵜緹罤折篦錍陛雞稽笄枅兮奚嵇蹊㜎傒徯騱磎鼷
鷖䃜堅鷖倪齯霓猊鯢輗醯西栖犀澌嘶撕梯鼙椑膍
甎批躋齏齎擠懠迷鼙泥巂谿圭閨袿窐邽睽奎刲攜
畦觿蠵烓蘔驪鸝緀淒桋睼禔㡞卟繄兒祝蜺榼䶵剶
暌聧巂鑴酅䨳轠笓錍粞

[九佳] 佳街鞋牌柴釵靫差厓涯階偕諧骸排乖懷淮
豺儕埋霾齋媧蝸娃哇皆荄喈薢揩膎蛙湝颽楷痎櫰
槐緒偕鮭簰廬緺騧閜輩哇挨俳褢鏵華

[十灰] 灰恢魁隈回徊槐枚梅媒煤瑰雷罍隤催摧堆
陪杯醅嵬推開哀埃臺苔該才材財裁來萊栽哉災猜
胎台顋孩㢈颸罳悝洄莓禖縗崔裴培坏駘垓陔騋徠
鬗毸皚鋂傀焞萑欸絯唻郲詼煨緭脢塺鎚頣肧桅唉
鮐炱荄纔郃頦能椳茴酶膭蚽㶌儓薹晐侅峐秾䚡偎
漼隗捼咍擡磓𤡮鮠咳

[十一眞] 眞因茵辛新薪晨辰臣人仁神親申伸紳身
賓濱鄰鱗麟珍瞋塵陳春津秦頻蘋顰嚬銀垠筠巾囷
民珉緡貧淳醇蒓純脣倫綸輪淪勻旬巡馴鈞均臻榛
姻闉宸寅嬪齗旻彬鶉皴遵循振甄禋岷諄椿詢恂峋
湑莘堙屯駰呻粼磷轔璘瀕嚚罠笢閩豳逡踆奫昀侁
歅塡闇狺泯旼忞洵溱駪詵桭湮儐驎燐黂荀郇錞迍
𦨖竣紃蓁輑磌侲帪䟴籈諲農娠柛璡螓紉蠙齗鄞縜
齋麇箘鶤珣掄蜦窀櫄僎鶉畬袀姺牲墐穜眕潾嶙瞵獜
眴斌䏩甡氤㻀

[十二文] 文聞紋蟁雲氛分紛芬焚墳羣裙君軍勤斤
筋勳薰曛熏醺纁葷耘云芸棼汾濆枌雰氳員欣芹殷
沄昕饙縕翂熅幩蕡賁焄炘紜鄖縜豶妘獖鼖肦饙宭
臐獯麇皸帉蒑磤慇濦㥯穩懃慬廑瘽堇垠齦狺鄞闇
齗閿雯㺜蒕衯蝹鳼涓贇澐橒魵羒轒鼢斳

[十三元] 元原源黿園猨轅垣煩繁蕃樊翻旛暄萱喧
冤言軒藩魂渾褌溫孫門尊罇存蹲敦墩暾屯豚村盆
奔論坤昏婚閽痕根恩吞騵沅嫄湲媛援膰蹯燔爰薠

蘩袢礬幡墦繙轓番璠反諼貆啍焞塤騫鴛宛掀鞬昆琨鵾鯤緼捫蓀飧惇芚賁崙髡惛蟁跟垠蠠潘輓管摷樢𩜍蹇飱鶤驐弴掄軘榬蘊唔鞎緷甗犍靬杬豲芫蚖榞邧阮袁洹毾鐢笲暖晅咺眢帑鵷怨蜿樠韗沄溷崑瑥輼璊虋亹嶟繜燉蜳飩臀庉溫棔腀噴拫纯

[十四寒]寒韓翰丹殫單安鞌難餐灘壇檀彈殘干肝竿乾闌欄瀾蘭看刊丸桓紈端湍酸團摶攢官觀冠鸞鑾欒巒歡寬盤蟠漫鞔汗鄲歎攤姍珊玕奸貆刓剜漙慱棺驩讙鑽磐鞶瘢鏝鬘謾瞞潘嘽跚豲剬胖弁豻箪癉攔幱完瓛岏莞貛髖般磻拌撣驙萑萑汍芄綄巑欑穳敦倌繁曼饅鰻瘓禪忓籣讕貒峘洹狻眢涫灤羉樠䨲

[十五刪] 刪潸關瘝彎灣闤還環鐶鬟鍰寰圜班斑頒般蠻顏姦菅攀頑豻山鰥閒蕑艱閑閒嫺鷳慳孱潺殷媥斕湲綸販憪擐啥轘𦆉跧扳瞯鬘狦鬜癏嚬黰訕澴靬患獌虥贙

## 下 平 声

[一先]先前千阡箋韉天堅肩賢弦絃煙燕蓮憐田塡鈿年顛巔牽妍研眠淵涓蠲邊籩編玄縣泉遷仙鮮錢煎然延筵氈旃鱣羶禪蟬纏廛躔連聯漣篇偏便緜全宣鐫穿川緣鳶鉛捐旋娟船涎鞭銓筌專甎圓員乾虔愆騫權拳椽傳焉躚芊濺舷咽零駢闐軿鶣綖埏饘甄邅挻梴鋋嗎瀍翩扁平櫋牷朘儇翾嬛瑌沿還悁痟鯿詮痊佺悛荃篿遄卷顴鬈攣弮棬燀戔豣幵韆純祆蜎媊仟湔枅蚿畋佃磌蹎驒滇汧胼蠙鬋諓蜒潺孱嬋儃楩瑄蠉懁駽睆撊蝝漩璿箯顓篅跧湲犍褰搴蔫嫣褼硟秮鵑歂瘨岍緶骿弲稍廯脠郔莚驙澶單仚譞駩絟竣騝鄢籛磾沺輇楄焆鋗鱻秈鬋㹕鷏扇揎塡璇潫猭鍵踡蜷棉鰱櫞鯾

[二蕭]蕭簫挑貂刁凋彫雕迢條髫跳蜩苕調梟澆聊遼寥撩僚寮堯嶢幺宵消霄綃銷超朝朝潮囂樵譙驕嬌焦蕉椒燋饒橈蕘燒遙傜姚搖謠軺瑤韶昭招飈標杓鑣瓢苗描貓要腰邀鴞喬橋橋妖夭漂飄翹僑祧佻

恌徼㾁鷍漻僥嘵哨藃榣熇獢穚膲噍嬈飄鰩愮陶佋嘌熛麃儦穮瀌葽喓弨趫橇劭瀟韶鰷驍飂獠僇料橑簝膮痟硝蛸魈罾歊鐎鷂鴞繇摽窯珧銚鷂猺藵褕釗髟臕瀌篻蟯嶠轎鄡菽蕎蘨斛儵憿敿鐐繆嘹垚愮逍掣怊燎鼛憔爝繇嗂鉊驍剽緢紗鍫簌幧翿僄

[三肴]肴巢交郊茅嘲鈔包膠爻苞梢蛟庖匏坳敲胞抛鮫崤鐃骹炮髾筲哮呶捎譊麃茭淆虓蛸弰泡怓媌磝恔旓跑墝磬筊咬啁教咆巙鞘罩潲詨䶩勦箾譟轈鉋罦髇嗃佼抓鵁姣橑謷嘐掊硇瓟擙訬窌鄛脬颮鵤枹䈾鄗洨庨莦艽偹摎勹颮捊顟罝嵺巢鞄嫪聛涍轇䘯僇娋颮嘮

[四豪]豪毫操絛髦刀萄猱褒桃糟漕旄袍撓蒿濤皋號陶鼇翱鼇敖曹𧢝遭餻篙羔高嘈搔毛艘滔騷韜繅膏牢醪逃槽濠駋綯勞簩艚魛洮慅叨裯慆醄颾璈翿芼舠螬裯忉饕騺獒熬臊槄檮裪匋槮澇弢螃翿淘尻鼘鑣謷咷挑槔嚻臑撈鞠嘷嗸蜪嶆螃橐咎橄秏謟䑿騊颾敖 狫嚎溞螃嶅

[五歌]歌多羅河戈阿和波科柯陀娥蛾鵝蘿荷何過磨螺禾窠哥娑駝佗沱鼉峩佗那苛訶珂軻痾莎蓑梭婆摩魔訛贏韡坡頗瑳抄紽酡鮀迆瘥莪俄哦拕儺呵皤麽薖渦窩茄迦伽舸磋傞跎髊詑番礐菏蹉搓馱驒醛緺獻囮覶皤蝌挼駉睋灑絅輻過踒籮鍋倭娿囉髿堝麼嵯劘硪枷矬簻牠鑼堶嶓茉

[六麻]麻花霞家槎華沙車牙蛇瓜斜邪芽嘉瑕紗鴉遮叉葩奢楂琶衙賒涯誇巴加耶嗟遐笳差蟆蛙譁蝦拏豭葭髽茄撾檛呀罝闍枷啞媧爬杷蝸騧爺芭鯊窊豝緺珈騢谺枒釾驊椵娃哇窪霞洼畬丫苴艖汙駕筊髿逽羓麳鉈肥夸裟瘕些跏塗椏杈樝奢痂姱岈鋘虵溠衺秅荂哆碬䃲爹椰葮節蒩苛皻吒砑齖煆忬犖爹嵰釵笆樺琊齇颬䶑划椵迦揶鍜吾婼厙瘥蒫鎈艖剅靡廅鶛鯊穛戲葙涻髽瘥頣寮靿呱宲鋣磚袓鄜佘鈀柴咩

[七陽]陽楊揚香鄉光昌堂章張王房芳長塘妝常涼霜藏場央泱鴦秧嫱狼牀方漿觴梁娘莊黃倉皇裝肪殤襄驤相湘緗箱廂創忘芒望嘗償鱨檣槍坊囊郎唐狂強腸康岡蒼匡荒遑行妨棠翔良航颺倡倀羌慶姜

僵薑繮橿疆萇糧穰將牆桑剛祥詳洋暘徉佯粱量羊傷湯魴樟彰漳麞璋猖鋩商防筐煌艎篁隍凰徨蝗惶璜榔廊浪簹襠滄綱亢吭潢鋼喪穅肓篢忙茫傍汪臧琅蜋當璫庠裳昂鶆鄣障餹瘍鏘湯鏜尪硠桁杭頏邙贓牂湟滂桹溏碭將驦筤禳攘蹌鶬醬瀼瓤枋螗搶戕螳踉宊眶煬鍚稂菖鐺洸閶蛘瑲蹡勷纕彭蘉蔣牀亡殃薌堈嫜鯧礓壤薔喤瑒敭醇慞鑲鬤汸邡鈁孀螀洭搪莨芫磄歋趪餭朚汒枊儣矼滄彷駠肒艡劻膷畦甗盄鴹綡恇蝹惹蚄鉠榶傏瑭鋃稅鱑胱韁霶雱磅膀螃

[八庚]庚更羹秔阬盲横觥彭棚亨鎗英瑛烹平評枰京驚荆明盟鳴榮瑩兵兄卿生甥笙牲檠擎鯨黥迎行衡耕萌氓甍紘宏閎莖罌罃鶯櫻泓橙爭箏清情晴精睛菁旌晶盈楹瀛嬴羸營嬰纓貞成盛城誠呈程酲聲征正鉦輕名令并傾縈鍚瓊鵬賡嬴鸎鍠喤祊輣搒撐瞠槍謍霙傖崢苹麖棖猩鼪勍珩蘅桁鏗硜牼翃嶸丁嚶鸚儜鬡錚琤砰怦繃伻弸轟訇鍧瞪蜻鶄籯塋瓔楨攖禎赬檉蟶偵郕珵裎鯖頃惸嬛騂榜洺觪栟鵬甖諍獰抨絣趟棖䳘娙鐄飈蘉蠑醟瀅甏嵤坪泙鵁縈紭浤呟搫娙請

[九青]青經涇形刑邢硎鉶型陘娙亭庭廷霆莛蜓渟楟停丁寧釘玎仃馨星腥鯹醒惺篁俜娉靈櫺蠕醽齡鈴苓伶泠零玲舲翎鴒瓴囹聆聽廳汀冥溟蓂螟銘瓶屏軿萍熒螢滎扃垧駉葶鼮町軨鄜聹桯瞑暝娪濙絅俐鈃綎娗筳靇鞓綎嵤

[十蒸]蒸烝承丞懲澂陵凌綾蔆冰膺鷹應譍蠅繩澠乘塍昇升勝興繒憑仍兢矜徵凝稱偁登簦豋燈僧鬙崩增曾憎罾矰橧層曾嶒能棱朋鵬堋弘鞃肱薨騰滕藤縢恆絙脅僜悛鯪崚䔖輘凭馮憴鱦陾艿癥鄫驓僜噌磳甏瞢鬅薾掤軿蕿塍幐癥搄鼟縢淩殑夌螣淜譝騬礽扔竲庱砅翧髫弦幐驣淜

[十一尤]尤郵優憂流斿旒留榴騮劉由油游猷悠攸牛修脩羞秋楸周州洲舟酬讎柔儔疇籌稠丘抽瘳湫遒收鳩不搜騶愁休囚輈求裘毬仇浮謀牟眸侔矛侯猴喉謳漚鷗甌樓婁陬偷頭投鉤溝韝幽虯彪疣訧櫌麀颼綢台嘍鏐遛飀瀏鶹瘤鰌鞦鶖蝣槱猶蕕輶啾揫

酋犨賙售湭蹂揉捄蒐颼叟鎪廋溲鄒搊篘貅鬏庥咻泅紬裯幬儵啁球逑絿銶觩俅賕蜉桴罦罘𧀮蛑鍪篌餱鍭歐膢慺摟寠彄摳牏軥裒鬮髏螻璆兜句妯惆菆嘐褠篝抔呦緱鬏嘔媮繆諏繇蓲睺僂枹樛艛剾膮鯫掫呣齁𩩞逌琈烰粰籔蔞鄹嗺鷄磆紑鵂摎脙馗鞻螑髟槮菽扰蘨冘蚰卣庮啾䰀鍒鞣睬腬涑儁調鵃椒謅鍮筧怮龜瀌莤餈脊區緅骰㔀鯥鮋㑇頄艽茉鄇貗

[十二侵]侵尋潯林霖臨鍼箴斟沈碪深淫心琴禽擒欽衾吟今襟金音陰岑簪駸鐔鬵琳琛椹諶忱壬任紝霪蟫愔黔嶔崟歆禁喑瘖森參蔘涔篸芩灊燖淋郴鵀妊檎紟鱏霠霒槮綅祲綝湛

[十三覃]覃潭譚驔曇參驂南枏男諳庵含涵函嵐蠶篸探貪眈耽湛龕堪戡弇談惔甘三酣籃柑甝玵坩藍錟擔唅郯䞨妉泔邯醃籃蜬儋盦鬖蚶憨䈄毵鐔鄿淦痰瘎䗃棽嵁甔藫鴿滰閹菴頷傪鋡犙篹諵酖甜崊襤倓澹苷鐕唵䤈甜壜餤橝窞蟫趁𧾷媕醰

[十四鹽]鹽檐廉簾嫌嚴占髯謙匳纖籤瞻蟾炎添兼縑霑尖潛閻鐮幨黏淹箝甜恬拈銛暹詹襜漸殲黔鈐懕猒蒹鮎鉆蘄痁燅忺阽鶼磏覘帘沾僉蘞縿憸噡苫杴霎蚦簾湉撏佔蠊薕襳詀鬑韂鍼枏崦閹醃熸瀸濳鸞鰜噞枮礂砭

[十五咸]咸鹹函緘嵒讒銜巖帆衫杉監凡饞巉鑱芟喃嵌摻瑊劖碞諴儳欃攙毚颿械巖詀黬蜮鴿髟縿獑杴巖䉷

## 上　声

[一董]董動孔總籠澒汞桶蠓空蓯滃琫傯懵蓊攏穗嵷洞挏曚懞鬉玤愡菶菶懂硐塕䟴埲侗嗊㧬

[二腫]腫種踵寵隴壟擁壅冗茸氄重冢奉捧㯳勇涌踊甬俑慂蛹恐尰拱珙栱蛬鞏竦悚聳洶詾湩鞏烘溶㪌恟駷銅鮮輁軱

[三講]講港棒蚌項缿玤傋耩㧬稖

[四紙]紙只咫諟是軹枳砥抵氏靡彼毀燬委詭傀髓瀡絫妓掎綺觜此泚蘂豸褫徙屣蓰髀爾邇弭瀰婢庳

侈弛豕紫捶箠揣企旨指視美訾否兕几姊匕比妣軌水藟䛖唯止市恃徵喜己紀跪技螘迆酏俾鄙㕡簋晷匭宄子梓矢菌洧鮪雉死履壘誄揆癸沚趾芷畤以已苡似耜汜姒巳祀史使駛耳珥騏里理裏李俚鯉枲起芑杞屺跂士仕柹俟涘戺始峙痔齒矣擬薿恥祉滓笫胏骩垝巂艤錡蔿薳玼鳫壐邐醨纚鞞敉芈哆㛂呰䮒庀跬頍秕机氿㠥檽圮痞庤儗坻禔郈庋㐮蘬阤旎址阯悝娌嗺佹壝匜剞踦秄仳旎䩙讄秭秠倚被㡳痏歸絹檾你仔

[五尾] 尾鬼葦扆螘卉虺幾亹偉韙篚朏煒豨顗韡斐誹菲悱棐蟣榧豈薆偯暐匪瑋蜚甀颵蟗蘬唏梶

[六語] 语圉圄禦齬敔吕侣旅膂紵苧抒宁杼伫羜與予渚煮汝茹暑鼠黍杵處貯褚楮醑糈諝湑女敉許拒距炬怇虡鉅秬苣所楚礎阻俎沮舉莒筥敘序緒鱮藇嶼墅籞衙峿穭衪篨梠愳蠩癙著稰巨駏岠詎鐻濋齼䶥咀跙苴欅跜柜簴溆紓去傴

[七麌] 麌雨羽禹宇舞父府鼓鼓虎古股羖賈蠱土吐圃譜庾户樹麈煦貐琥怙嶁蒟昨仵咻醹楔珇窶滷謱努弣罟肚嫵滬齲枸魁㝑鄔瞀鄜噳膴蘆鏻輔組乳弩補魯櫓艣覩竪腐鹵數簿姥普拊侮五廡斧聚午伍鬴縷部柱矩武脯苦取撫浦主杜隝祖堵愈祜扈雇虜父甫黼莆甒腑俯憮簠膴估詁鹽牯瞽酤怒俁瑀栩煦踽窶楛稌滸詡栩窳炷拄剖鵡岵溥砮睹瘉籔傴僂蔞莽滏

[八薺] 薺禮體米啓醴陛洗邸底詆抵牴柢坻弟悌娣遞涕濟蠡澧欐鱧泚綮䭫脋棨髀禰徯媞觝癠咪蔙瀰醍緹

[九蟹] 蟹解駭買灑楷獬廌澥騃孋鍇躧駴擺罷枴矮蕒夥

[十賄] 賄悔改采彩綵海在辠宰醢載餧鎧愷待怠殆倍猥隗磈嵬嵔磥蕾瘤儡礧櫑錞脮骽尯宷鬃茝紿詒篙蓓鼐頦駘欸琲塏廆浼皠頠匯鯘瘣漼璀毎磓亥乃

[十一軫] 軫敏允引尹盡忍準隼筍盾楯閔憫泯菌箘蚓靷紖診畛眕胗参紾哂腎脤臏牝龗賑窘蜃隕殞蠢惷緊狁簨縝袗踳純偆賈愍眹稛吮朕稹囷黽嶙

[十二吻] 吻粉藴憤隱謹近惲忿槿堇坋弅墳醬听齔

刎扐蠡蚡殷

[十三阮] 阮遠本晚苑返反阪損飯偃堰衮遯穩蹇幰
巘楗揵婉菀蜿跪盌宛畹琬闄梱壼緐悃捆輼緄鱒蓴
搏很懇墾畚圈盾刌綣鄢混沌鼲鰥鰥庵厹噂婉烜咺
焜棍鼲

[十四旱] 旱煖管琯滿短館盥緩盌款嬾繖卵散伴誕
罕澣瓚斷笴侃算疃纘嘆蜑但鄲衎癉脘坦袒亶秆窾
皈悍灖纂罞簅痯亶籰趲

[十五潸] 潸眼簡版剗產限睅撰棧綰臠赧㦹灊㠀醆
豩剷屡弅僝莞㨏莞偄㨏䀋鈑䀋悁㠭

[十六銑] 銑善遣淺典轉衍犬選冕輦免展繭辯辨篆
勉翦卷顯踐餞昞喘蘚頓巘蹇睿演峴棧舛桑扁齴讅
闡充變跣腆鮮戩鉉呟辮件筧槤㦛㨃硯撚泫墡鱓墠
單畎褊偏艑瑑蜓跈硯靦蜆螼贙佝緬沔湎跰鍵報緗獮
褊靦蕆輾蚕搴蜎琄睍晛蜆峴洗鱔鬋戩焂笓癬猏煇
郾諓錢趁堟俔輾秎箯雋撋揃歂繾忍㦬㠉幝謕撰劙奊
韆論圖譔宴姺㠍倦㡹

[十七篠] 篠小表鳥了曉少擾繞遶嬈紹杪秒沼眇矯
蓼皦皎瞭祒朓窲杳窅窈嬝嫋儇裊褭皛臫溫窱挑掉湫肇
旍挑䮥鮡慓摽鷚摽醥簝渺紗訬藐森侶祒蟜撟嬌譑
觺蹻摽標嫽殍恌鷮悄愀鈔繚僚鷹昭夭佻嫽趙兆

[十八巧] 巧飽卯昴狡爪鮑撓攪絞拗茆佼姣齩炒獠
泖媌鉸筊狖瑤

[十九皓] 皓寶藻早棗老好道稻造腦惱島倒禱擣抱
討考燥埽嫂槁潦獠保葆堡裸鎬稾草暭昊浩顥郜
懆滈繰璪皂襖繰駣蟜澡蓏灝栲橰媼奧蜫夭杲暠縞
橑轐犵藁恅芺蔽藻栳磝套璪骷娼潦燠

[二十哿] 哿火笴舸瑳軃哆柁扡沱我硪娜儺荷可坷
軻左果裹蠃朵鎖瑣墮垜惰妥坐麼裸蠃毦跛簸頗叵
禍夥輠顆砢攭鬌癉笴埵那卵騀吪嬶嬶娑脞脞魋埵
爹倮娜橢㢱隋妸我問揣隋

[二十一馬] 馬下者野雅瓦寡社寫瀉夏冶也鮓把賈
假捨赭罦廈嘏檟惹若踝姐哆啞柂且瘕錁撦疋妊㖞
啁覣榷髁跒𧦝厊厔輠痄丮灑

[二十二養] 養痒鞅快泱像象橡仰朗獎槳敞昶㹲枉

迋顙彊穰沆崵盪簜惘磢昉放仿駔蠁兩緉帑讜儻囊杖響掌黨想榜爽廣享丈仗幌晃莽漭繈襁紡蔣攘盎蛃羪坱欓潒髒蒼駹長上網蕩壤瀁賞往倣罔輞蟒滉吭榥灢髒蚢剩甥鑲駚磉魍曭搶怳慌蚌廠慷獷緥嚮盪旊晾曭臟梆莠奘

[二十三梗] 梗影景井嶺領境警請屏餅永騁逞頴穎頃整靜省幸眚頸郢猛炳癭杏丙邴打哽綆秉鯁耿璟憬荇獷併皿冏哽靚礦艋蜢黽麷怲蛃窉骾痯箵冷靖檄奝惺睛裎

[二十四迥] 迥炯茗挺梃艇鋌町頲醒溟酊娗奵脡謦錭褧娗殑冼庱珽剄莛竝等鼎頂洞詗婞侹脛肯熲濘拯涬酩

[二十五有] 有酒首手口母後柳友婦斗狗久負厚叟走守綬右否醜受膴偶耦阜九后咎藪吼帚垢畝舅紐藕朽臼肘韭剖誘牡缶酉扣歐笱瓿黝蔀蹂取鈕狃掊耇莠丑苟糗某玖拇紂糾嗾卣溲罶杻瞍槱枸塿忸瀏郈赳蚪籔懰芣培滫敎甋醙擻牯嶁釦蘷莕掫姷茩朽蓇黈綹眑庮鴝漊簍颼鶹趣陡料羑輈楺鯫琇珣蟉壽毆

[二十六寢] 寢飲錦品枕審甚廩衽飪稔稟葚沈凜懍噤瀋諗淰踗瘁踸瞫朕荏恁痕訦澿唫鋟嬸類煩

[二十七感] 感覽擥欖膽澹憺噉坎慘憯敢頷闇禫窞黮萏歜糂撼毯菼紞槧礘瞫唵槮菡莟黕喊揜黲醓澉鏔顉轗輡糰眈寁尶嗿醰髧昝轗頗衴顑橄罯塹嵌緂欿贛

[二十八琰] 琰啖斂儉險檢臉染掩點簟貶冉苒陝諂奄漸玷忝嵰剡瀲颭芡閃㵎嗛歉慊溓隒广獫黶檿魘儼店㯺湆

[二十九豏] 豏檻範減艦犯湛斬黯范帆鼸摻闞喊鋄淰圀獑㺜嵁轞笵濫蓳黤歉惐瀺巉

# 去　声

[一送] 送夢鳯洞眾甕弄貢凍痛棟仲中糉諷慟鞚空控哢湩閧恫贛賵幪礱霿哄玒瞢傯詷絧澒衷涷緵㚇豅淞藭𨸏

[二宋] 宋重用頌誦統縱訟種綜俸共供從縫葑壅雍封雺惷恐瘲

[三絳] 絳降巷惷撞虹洚閧幢憧幢艟簦靚漴胖糉淙戇

[四寘] 寘置事地意志治思淚吏賜字義利器位戲至次累僞寺瑞智記異致備肆翠騎使試類棄餌媚鼻易轡墜醉議翅避笥幟粹侍誼帥厠寄睡忌貳萃穗帔臂嗣吹遂恣四驥季刺駟柶泗識痣誌寐魅邃燧隧穟襚璲檖繸睟頪謚牸植熾織飼食積忮被芰懿悸覬冀暨懻惎洎穊旣媿匱鐀饋簣蕢恚比庇畀痹奰詖跽閟泌秘鷙贄摯觶蔵躓漬稺遲埴祟豉珥衈咡刵示伺嗜自眥骴詈莅痢莉緻輊譬彗篲肂眙惴儗懟縊贔屓餧劓啻饎企曬勩毦膇爲賁糒膩施鄪遺跂槌旞柲邲鞴犕屎鵗僿哆謚潩蜼詒值柴樲髲出萎敍澌垝敧輢髊硾腄巇蚑跽鍦掎殪瀡貤呰樻禬諉縋蜼蚝貤纍廙殔坒憙其异誶屣錘佽鷊施庳孳睢鷙愦司諉鞁臬陂塈甀二狶価啞幾近始術裹欸躍瑟德蒔杫鏅䟤

[五未] 未味氣貴費沸尉畏慰蔚魏緯胃渭彙謂諱卉毅溉既機暨欨旡蔇衣餼黷熂㲹憠豨忥欷塈摡盬誹芾鬃疿黂涁費罻屝痱蜚蜚翡罻惈緭黂气藾

[六御] 御處去慮譽署據馭曙助絮著豫翥箸恕與遽疏庶詛預倨茹語踞鋸狙沮勴洳澦飫淤蕷胠醵除鐻瘀覷椽鑢呿瘀怚悆蕷礐如鸒櫖悇椐穥麔欯女詎歔楚嘘屛忬

[七遇] 遇路潞輅賂璐露鷺樹度渡賦布步固痼錮素具數怒務霧鶩鶩附兔故顧雇句墓暮慕募注註澍駐炷胙祚阼裕誤悟寤晤住戍庫護頀蒦屨訴蠹妒懼趣娶鑄絝胯傅付諭嫗芋捕哺汙忤厝措錯醋鮒袝仆賻赴酺惡互孺怖煦寓冱酤瓠輸吐鋪諕泝屢嗉塑跗斁捂簬眗瞿驅訃菟艀鉒畀姁婺柘籲屬作嫭酗雨霔穫

坿秅鍍凅傃圃戽鏂駙鞋足捬苦餔蚹蒟味姹擭

［八霽］霽制計勢世麗歲衛濟第藝惠慧幣桂滯際厲涕契獘斃帝蔽潎髻銳戾裔袂繫祭隸閉逝綴翳製替砌細稅壻例誓筮蕙偈詣礪勵瘞噬繼脃諦系叡毳劑曳蔕睇憇彗睨垷纈醊貰疐穧柢沴枻逮褅芮掣傺豬薊穄妻擠眥禊弟墆嘒邌鈦迏鷩璏躛槸呭瘵栔題砅蠣悷潎颲瞖禲睥筆衞棨嚔盭竁枘篲遞澨愒猘鱖糲癘蘗蹶齊棣說毳噎離茘汭泥蜕贅儷揭帨唳薙泄殪娣澨嚌劌薜澨轊蔧懠袣秇囈濞捩蠇羿髢謎軑鴂杕憓蜧欐茷蘻瘌緳筭啜墆締鯷甈悷瘵涖蛃嘒瀱嫕晢濟觢屜揥湃忕切踶躛螮医槷鬻褹槥剶

［九泰］泰會帶外蓋大旆瀨賴籟蔡害最貝靄藹沛艾兑匄柰奈繪檜膾澮獪會儈禬旝鄶禬廥薈磕壒太忕汰汏鈦軑癩糲霈蜕娧濊翽噦酹懀狽茷祋藾愒餲娧眛

［十卦］卦挂懈廨隘賣畫瘥派債怪壞誡戒界介芥械薤拜快邁話敗稗曬噫瘵屆疥玠澅湃聵憊鎩殺夬噲噦蠆喝解祭齘蒯蕢韛犗餲繲絓粺眦魪龂价喟獪懘砦詿勱繣簣唄欸寨

［十一隊］隊內塞愛輩佩代退載碎態背穢菜對廢誨晦昧礙戴貸配妹喙潰黛賚吠逮槩岱佾埭肺溉耒慨愾嘅塊繢乂忞碓賽刈耐悖曖倅晬淬敦憒闠鎧磑纇焙在再欸孛鄁瑁痗茷薉柿靅憝礧酹簺瀣薆靉鐓睞徠裁襶睫靆䵂儗采廢囘顡焠栽輩誖北祓綷葑劾瑇誶脢棌悔癈豫鼐眛朏擂

［十二震］震信印進潤陣鎮填刃順慎鬢晉駿閏峻釁振儁舜吝恪燼訊胤仞軔殯儐迅瞬櫬儭諄藎憖殣饉藺濬徇殉賑覲畯餕擯菣瑨璡酳僅牣認遴賮櫬晙鬊瑾趁齔娩蕣輴軔訒侲汛轥磷躪粦驎浚墐胒縉搢娠軻引濱瞵麐袗診蜃瑱疢親駿揗

［十三問］問聞運暈韻訓糞奮忿醞郡分紊汶僨慍焮靳近斤拄絻鄆韗員緼璺拚攟韗隱薀坋傿

［十四願］願論怨恨萬飯獻健寸困頓遯建憲勸蔓券鈍悶遜嫩販愿溷遠巽潠曼噴艮敦坌圂綣郾褪畹楦堰圈

[十五翰]翰岸漢難斷亂歎幹觀散畔旦算玩爛貫半案按炭汗贊讚漫冠灌爨竄幔粲燦璨換煥喚悍扞彈燀段看判叛腕渙奐絆惋雚偄鑽縵鍛旰閈瀚釬骭豻胖暵讕騂蒜鑵爟瓘酇浒喭衎泮泮逭祼漶墁彖鰕鳱罕榦盰矸謾灡碫垾攛褖攤侃癱騂悹館灘晏盥

[十六諫]諫鴈患澗閒宦晏慢辦盼豢鷃棧慣贗轘串轘莧綻幻訕丱綰骭縵嫚謾汕疝瓣亂擐篡鏟槵羝暖覸襉戲蝬豣柵孿粯扮襻

[十七霰]霰殿面縣變箭戰扇煽膳傳見硯選院練錬醼燕宴弮賤電饍薦絹彥掾甸便眷麵線倦羨堰奠徧戀囀眩釧蒨倩卞汴弁拚忭嚥片禪譴絢諺緣顫擅援媛瑗佃鈿淀澱繕鄯狷罥睊煎旋淀瑱唁穿竄茜甗濺楝揀纏牽先剸衒袨炫眴善繾遣研嬿猭顯瞑汧塡莇臶洊栫蜆晛贙趼敓綖泂孌鄄弁莚俔譔鬋盿諓衍櫏輾轉綪縓偭涀健餞

[十八嘯]嘯笑照廟竅妙詔召劭邵要曜耀燿調釣弔叫踃燎嶠少徼眺陗誚料肖尿剽掉鞘鷂糶藋噭轎窔朓僬燒療醮嘸漂醮銚驃蔦爝趭皾慓繞摽嬈覞獥搖竂要鷦顠敫訆哨約僄篠嘹勡篎寮鱐嬥撉璙裱俵趒

[十九效]效教貌校孝橈鬧淖豹鼩儤爆罩踔趠拗窖酵嗃袎稍樂傚較鈔礉皰敲恔笊磝櫂覺珓斅勒窌膠

[二十號]號帽報導盜操譟噪竈奧隩告誥暴好到蹈勞傲秏眊耄躁澇漕造冒悼纛幬倒驁瑁娼翿縞懊澳慥嫪冡趮菢虓膏犒部芼鑿氉埽禱墺瀑旄燠鱮靠梋糙

[二十一箇]箇个賀佐作邏坷軻馱大餓奈那些過和挫課堁唾播簸剉莝磨惰稬座坐破臥貨磋涴左莝銼惰婠癉譒䌰

[二十二禡]禡駕夜下謝榭罷夏暇霸灞嫁赦借藉炙蔗假化舍價射射罵稼架詐亞婭罅跨麝咤怕訝詫嗄椏欛迓蜡胯帊柘崋奼卸貰弝瀉醡杷砑靶乍樺杷垻

[二十三漾]漾上望相將狀帳浪唱讓曠壯放向仗暢量葬匠障謗尚漲餉樣藏舫訪貺養醬嶂抗當釀亢況臟瘴王纊鬯諒亮妄愴挪喪悵兩壙宕伉忘傍碭恙吭煬颺張閬脹行廣悢湯炕韔長創誑桁緉恙踼閌漷頏

醠傍掠妨搒旺迋珦蕩潢防怏償盪盎仰瀁饟擋儻

[二十四敬] 敬命正令政性鏡盛行聖詠姓慶映病柄鄭勁競淨竟孟迸聘穽諍泳請倩禜硬凊靚檠晟獍怲更横矃榜迎娉敻輕併儆評郱証詗偵并遉盟

[二十五徑] 徑定聽勝磬應乘媵贈佞稱罄鄧甑脛瑩證孕興經濘甯醒廷錠庭頲矴飣釘艴暝瀅烝賸剩凭凝嶝鐙隥橙磴墱凳蹬懵堋亙

[二十六宥] 宥候堠就授售壽秀繡宿奏富獸鬭漏陋守狩晝寇茂楙舊胄冑宙袖褎岫柚覆復救廄臭齅幼佑祐右侑囿豆脰竇逗溜霤瘤廇留構遘媾覯冓購透瘦漱瘶呪鏤貿鶩走副狖詬糅酎究湊謬繆籀疚灸彀畜槈雊鷇柩繇驟甃首皺縐戊句袤鼬僦瞀味穽蹂姆貁漚姤廖腠蔟又鬭鎦鷚輳逅蔲伏簉蜼檦收狃嗾鍑猶餖瘻後油霿仆鞣后伷厚扣琇譳腬楱愗彀酘擩搯鏃吼懋輮綬蓄讀詸幬裯恒輻飂櫾輶睺篕鄮楙菽謏僂

[二十七沁] 沁飲禁任蔭讖浸祲譖鴆枕衽賃臨滲喑揕窨絍闖僸僸妊噤紟吟罧深瘵甚侺顉矜沈

[二十八勘] 勘暗濫啗擔憾纜瞰琀憺紺闞三暫莟甔磡灨參澹淡憨瞰槧淦撍艦爁賧

[二十九豔] 豔劍念驗贍壍店占斂厭灩燗瀲墊欠塹窆僭釅坫韂幨砭饜噞獫殮瞼苫粘掞譫痁曆鹽沾鬑兼唸闇槏酓砛脅梵钐嫯趁甓鮐窚埝綜苫俺潛蹌爁阽霑貼旜嬮惉忝撿塹椾嚵墻傔

[三十陷] 陷鑑監汎梵帆懺賺儳蘸甓舚闞讒鑱劍欠淹站

## 入　声

[一屋] 屋木竹目服福祿轂熟谷肉族鹿腹菊陸軸逐牧伏宿讀犢瀆牘櫝黷讟斆復粥肅育六縮哭幅斛戮僕畜蓄叔淑菽獨卜馥沐速祝麓鏃蹙築穆睦啄覆鶩麴禿縠扑衄鬻燠澳輻瀑漉蔌愿洑鵩竺筑簇蔟暴掬箙濮鞫鞠匊郁矗複簏蓿塾樸蹴煜謖碌娽琭蠡踘醭斶毓舳柚蝠楅昱菔轆肭慉踧槭稑夙踏蝮彧餗柷匐淯觫鱐霂猞僇殰俶搣繆輹龐螰罷蓼倏熇鵴顣澓槲蹜鷇剭茜蓫囿楝薁菖罷棨膜稪纀苜礵麴儵噈槭茯

涑翻眹磚髑誺慮枤瘃偪鸂副勠埶摗箂縠

[二沃] 沃俗玉足曲粟燭屬録籙辱獄緑毒局欲束鵠
蜀促觸續督矚篤浴酷縟矚躅褥旭蓐慾頊梏幞纛蠋
歇裺溽鬝瘃苗跔挶葷勖醁淥逯騄譽牿襏郿鴒狢告鎔
熇僕

[三覺] 覺角桷捔罳珏較榷搉嶽樂鷟渥濁汋鷲捉穋
穛斲妮朔數稍矟欶斵卓諑涿嚄倬琢斝犖剥趵爆駁
駮邈督兒旽雹摸暴懪鰒呴驕骲曓縠璞樸璞颮殼確
懇埆觳穀硞錠濁擢鶴鷟濯幄鷖喔偓楃芍握渥
捖踔斁晵逴犖學鸒豿硺齪

[四質] 質日筆出室實疾術一乙壹吉秩密率律逸佚
失桼漆栗畢恤邲蜜橘溢瑟膝匹述慄黜躃弼七叱卒
蝨悉謐术軼詰帙戌佶馹櫛暱窒必姪蛭泌鎰秫苾蟀
嫉唧篳通鷸篳胏鵻佾怵縪珌鑕帥韠崒潏碛聿姞挟
馹邲桎屋鉶颮挃眰乭泆汨繘崒茁帗畢必铚燁樺駜
櫛鉍霄鶍麊蛣餙罅袥咥溧汩密驔蕎瑟獝鉍尼堲柣
蒺鱄颶潏拮歄抏喞謋

[五物] 物佛拂屈鬱乞掘訖吃紱黻韍絀弗茀髴祓絀
崛勿熨欻厥刷沕仡釳迄汔怫艴剸不屹肸芴岉裾黹
菀岪咈埻嗽倔泼尉蔚

[六月] 月骨髮闕越謁沒伐罰卒竭窟笏鉞歇發突忽
韄勃蹶鶻撅筏厥蕨掘閟訥歿粤悖兀碣卒猝樾羯羯
汩窣咄惚捽渤凸齕蠍滑刖軏刜崒膌孛紇浡暍矹淈
鷹核敉餑堡馘荸搰蠓杌棁稡抈蚏撅鱖狘闕虺杌
硉扤矵虺楬榾焆敄誖峗潹嗢泏堀胐稡扢抇狘猾愲
師魃挬曰曷訐钀峃

[七曷] 曷達达末闊活活鉢脫奪褐割沫拔葛闥渴撥
豁括聒抹秣遏撻柉薩掇喝跋魃獺撮怛闥剌辥秳笪
鈸潑輵軷茇頞桲越斡剢巀捋韃鴰鶡駃喝鰈嘬袜轕
蕶适掇撘澾禷薥蠚馣獦薉佸葀夊挛笪鷍泧皵荒堨呾
咄粖妭餲汏糲妲

[八黠] 黠札拔猾鶷八察殺刹軋羍刖蛃菝舭刼剴髂
鱝傄螖眣嚙豽肭鴰鑭蔡戛秸嘠扴磍圠揠猰蒮氽猰
疙圿黜苗砎圔鱉楬鷞瞎獺刮窫錣鴶鷝帕妠搚䘥䏿
刷鎩頡猾

[九屑] 屑節雪絶列烈結穴説血舌潔别缺裂熱決鐵滅折折拙切悦轍訣泄咽噎傑徹别哲鱉設齧劣碣掣譎玦截竊纈蠥綴閲埒訐餮瞥擎茢蛚臬闑鴂媟昳鮧巀鍥耋抉挈洌捩楔蹩褻颲襭絰巁蠛嵲隉揑篞醊茁竭契躃觼鐍讞岊癤齕巀涅頡擷撒跌蔑浙鷩澈窬威趹瞲篾蕝揲澈蛭揭垤孑孼凸閉蒯闋櫱鍥齛辥紲窼瀎沉渫偈啜櫱楬蛥軼蜺桀茶㓢輟薆晢迭歠吶咥覈惙姪冽颲辥掇呋啜剟準梲拮蛣批橇絜觖

[十藥] 藥薄惡略作樂落閣鶴爵弱約腳雀幕洛壑索郭博錯躍若縛酌託削鐸灼鑿卻絡鵲度諾萼橐漠鑰著著虐掠穫泊搏籥崿鍔藿嚼杓勺簙酪謔廓綽霍爍鑊莫籜鑠繳諤鄂亳恪箔攫涸汋礿醫瘧爚钁鶚龠礿郝髆屩駱膜粕鏌飥霩遌妁礴瀄濼絡襮躒拓蠖鎛鰐格昨柝酢臛醵蘀蹻斫摸蘁貉䨼珞愕怍鞹柞垩寞笮玃膊鑮臄靳鑿噱瘼爝箬蒻魄猝烙濼䨼葯堮焯擢鄗謞嗃籰熇厝噩咢澤嫋碏矍硌各散猎嫭暯昔矐躇芍婼躩䋯咢踖踱砉沰袦蠕霍斅爍礴劇懼岝貉郝燋迮逴澤鶴臭彍構玃嚼鰭魠蝷

[十一陌] 陌石客白澤伯迹宅席策碧籍格役帛戟璧驛麥額柏魄積脈夕液册尺隙逆畫百鬩赤易革脊獲翮屐適幘劇戹磧隔益柵窄核覈舄擲責墌惜僻癖辟辟掖腋釋舶拍索擇磔軶摘射襗懌斥奕弈帟廹疫譯昔瘠赫炙謫虢腊簀碩赜奭螫藉翟襞嗌穸砉祏亦鬲擗踖貘愬舶骼隻鯽珀謚借膈嘖搤躑埸蜴幗摑蹐嫿嚍摵嶧斁綌蓆貊擘檗蹠擿馘阸汐堉碣剨浩摵啞柞摭醳唶霢齚咋嚇郤躄刺百莫潟蘥襫甋瞯覛蟈襗䩹耤厝霸霹

[十二錫] 錫壁曆歷櫪擊績勣笛敵滴鏑檄激寂翟覿逖䍮析皙溺覓摘狄荻冪鶪戚鏚慼滌的菂喫甓霹瀝靂壢藶癧鏖惕裼踢剔緆礫櫟轢皪鬲汨砉適嫡啇靮闃闃焱鶪蹢迪覡鄜踧菥淅蜥幘簻弔遖霓鷊澼趯獥虉倜轂惄塓臭殈菽駒樀艗

[十三職] 職國德食蝕色力翼墨極息直得北黑側飾賊刻則塞式軾域殖植敕飭棘惑默織匿億臆憶特勒劾慝昃仄稷識逼克剋蜮唧即拭弋陟測冒翊抑惻扐

沕肋亟殛忒湜緎棫淢罭罭㝁恆勝腘蒯鷘閾嶷僰繶㯰
奰洫踣熄寔穡嗇埴葍匐釴芅蜮默瀷艻犆膩惡轖鯽
楖繶檍阞扐腷湢楅艴餩璧螅魊㳄鱡奭樴幅祴杙愊副
仂或鼊愎醷翌侐栻塱㙕稄蠈薏軀䳼琙濇

[十四緝] 緝輯戢立集邑急入泣溼習給十拾什襲及
級𥔲粒揖汁笈蟄笠執隰汲吸唈縶茸褶㵫苙伋岌翕
歙濈褭浥熠槢揖潝霫䑧悒廿挹壋𦣇岦鈒蕺㕁湆霵

[十五合] 合合塔答納榻閤雜臘蠟匝闔蛤衲沓榼鴿
踏颯搨拉遝搭韐漯盍欱蓋鞳唈鞁鉝馺趿噆闒諳軜
溘荅嗑騔蹹姶渻鞳𡃆卋黭嗒磕

[十六葉] 葉帖貼牒接獵妾蝶疊篋涉鬣捷頰楫攝躡
諜堞協俠莢曄厭愜氎緤睫浹笈懾慴蹀挾鋏屧喋箑
燮褶鑷靨楪韘爗燁讋摺裛讘饁跕歙霅欇魘褋擪怗躐
艓擸踕輒緁襵蓮謵捻躞苶惵鍱灄衱婕牒壏㽣聶敠
籋緤鍂梜椄萎獦倢浹艓霎蛺鸕

[十七洽] 洽狹峽硤法甲業鄴匣壓鴨乏怯劫蜐脅愶
插鍤歃牐押狎袷祫帢翜掐䕕唼夾筴恰眨呷胛萐箑
柙郟鵊霅霎扱喋劄擖跲鯌嚌歃鮯欱㗇圔㑖渫鉀韐

# 词林正韵 (词韵)

[清]戈载　辑

## 第一部

平声　一東二冬三鍾通用

東涷倷辣通蓮侗恫狪涳倷同童僮侗瞳瞳銅峒桐橦
絧罿峒筒箽穜董潼烔衕鮦鶇橦橦酮氃戙籠櫳聾嚨
曨朧襱巃瓏罿瀧蘴龎蓬芃篷靐髼轏蒙懞濛雺朦曚
饛鸏蠓懵蒙忽聰蔥熜總驄夒駿髮猣猣鯪蝬椶稯緫
葼騣瘛朦叢篹濚洪潈篊紅鴻魟虹訌洰烘空箜崆倥
悾崆涳公工功攻釭豇蚣翁螉嗡豐鄷灃儢夒風楓瘋
馮瘋颯曹僝嵩崧娀菘充珫忳祝流終螽褽戎駥狨絨
莪崇濛中衷忠忡沖盅翀蟲燭沖隆癃窿嶐霳融瀜肜
雄熊弓躬匑宮穹芎窮藭

冬冬彤懵攀農噥震懭儂膿蕽鬆宗棕賨悰琮淙鬃
鍾鐘伀妑忪鉯舂捀踣惷鷞衝憧鯆慵茸筇氃氄嵷
潈淞樅鏦璁摐縱蹤松從蟴丰荃蜂鋒桻烽峯封埲尌
逢縫傭遜重蝩龍蘢釀濃禯穠鬞容鬆裕庸廊鎔鏞楄
榕蓉溶塘瑢鱅鮡蟲跫恭龔供共珙匂胷凶訩洶邕廱
䧳雍嗈饔灘癰禺禹喁鰅蚣蚕邛筇

仄声　一董二腫一送二宋三用通用

### 上声

董董倷懂侗桶恫動嘣峒籠攏瑲玤蠓俸唪菶埲懞曚
曚懵懞捅總鬆傯穩㻌蓯嵷瑽唪孔空汞蓊霧滃螲壅鶲
蓶颮
腫種踵旭宂毦氄倷悚憽聳駷捧冢湩寵隴壠甬埇勇
踊遉俑衙湧蛹汹訩恐拱珙鞏栱玜擁壅

### 去声

送淞糉傯縱夐鰀䰀涷楝倷痛洞峒詷慟恫弄哄齈濃
哄鬨控輕空貢贛酃灶戆賣甕懞霧夢葺䡆諷鳳宋霥葼
哄中仲

宋綜統謍哃渾
用俸縫葑縱瘲頌誦訟從種踵重緟恐供拱共雍灉壅

# 第二部

平声　四江十陽十一唐通用

江莊豇扛杠矼釭腔椌豇降缸洚邦梆垹龐䲾逄尨厖駹
蛖駹哤雙䑋瀧䨻隡窗摐縱淙漴樁幢撞瀧
陽暘煬揚徉佯洋錫瘍颺楊鴹羊垟裼芳妨方坊肪祊
枋鳲蚄房防魴亡忘望竎鎈襄緗纕瓖驤相廂箱襄瀼
湘鑲蠰瑲鏘將槍蹌斨牄嗆鶬將漿蔣螿詳祥牂庠翔
牆檣牂嬙薔商觴傷殤湯鶶螗昌倡閶狷菖鯧鵗章彰
嫜璋墇漳樟麞常裳嘗徜償鱨鶿穰穰禳鬤攘懹纕瓤瀼
躟勷霜孀驦鷞創瘡愴莊妝裝奘牀張糧漲募悢瞠鬤
長腸場萇良量糧粱梁涼涼飊躟駺娘香蘘鄉腳麖羌
蜣薑疆姜僵漒欔韁蜣強鱇央殃鞅鴦鉠泱秧霙快王
惶餭徨匡筐悾劻眶狂迋
唐餹堂塘溏簹棠鸐鶶螗蟷碭當禟璫鐺簹艡湯盪鐺郎
廊閬哴踉浪崀硠琅銀㫰筤稂根榔狼駺狼襄螗幫挈
彭滂霙磅旁傍螃芒茫邙覆甿桑喪騷倉蒼滄鶬臧贓
牂藏穅康慷岡剛鋼綱亢牁远崗卬昂聊棉航杭行桁翃
吭頏魧汪眶漮荒慌肓衁幌縒光洸胱桄黃皇媓遑徨惶
喤鍠瑝璜簧篁餭煌埕隍潢湟艎凰騜鱑蝗鸏

仄声　三講三十六養三十七蕩四絳四十一
漾四十二宕通用

## 上　声

講港耩搆項缿棒玤蚌
養癢瀁膁象像橡漾橡蟓獎蔣槳兩緉裲魎鞅怏餎怏
強鏹仰搶愴想鲞掌爽驦塽敞氅廠儌響鄗享饗蟗繈
襁丈杖仗昶壤穰攘賞仿紡鶀罔網惘蛧輞眆倣瓨枉
往眍怳謊長上徎迋
蕩盪崵璗簜黨讜灙曠帑儻倘惝朗硠閬曩灢榜膀旁
莽䒠㳽鏟蟒蟒顙嗓磉褬蒼駔髒沆吭慷坱泱岇晃幌

滉愰慌恍廣瀇

### 去声

絳降洚巷糉戇幢憧撞

漾羕樣恙養咩煬颺訪放舫妄忘望相醬將匠鷗餉向嚮唱障嶂瘴尚上讓壯裝創愴狀帳脹漲粻悵暢鬯韔仗長杖諒亮喨醇颹量兩緉釀鄉旺王迋況貺誑

宕踢碭儻盪蕩當擋浪眼埌謗搒傍蹡喪葬藏臟吭行桁亢抗伉閌炕盎醠曠壙纊桄

## 第三部

### 平声　五支六脂七之八微十二齊十五灰通用

支枝肢紋衼禔梔巵只氏菽鳷吱眵騔施葹絁弛釃籭褷欐吹炊差鹺嵯衰匙鍉垂陲倕兒唲痿斯廝澌凘虒鷈螔㯕雌貲訾髭媊觜策疵玼觜茈隨隋知蜘腄箠摛螭魑黐痴馳篪池褫鬐錘甀離鸝蠡麗縭褵羅罹蘺籬樆醨灕璃驪孋孋鵹劙穲羸披帔陂羆碑錍詖皮疲郫縻醾縻蘼靡卑庳裨俾椑蓽箄陴埤脾紕彌瀰鸍移栘匜椸箷簃誃酏暆蛇迤衹岐歧伎蚑軝芪蠵墮窺規摫羈羇奇畸掎剞犧羲嚱曦巇欹崎觭踦觭碕奇騎錡埼漪猗椅宜儀艤㕒涯崖爲潙鰞麾撝虧媯隗逶委崣萎危

脂衹泜砥鴲隹雖騅錐尸鳲蓍師篩獅鰤螄衰榱鴟推蓷誰蕤綏浽私綏雖濉咨資齎姿粢齍濱醻蛍茨瓷胝追絺郗絺墀坻遲菭蚳椎槌鎚糂梨蔾犂黧蜊𪆟纍藟虆樏嫘尼怩呢狔夷姨洟痍彝鮧蛦惟維唯遺濰蠵帷伊咿蛜飢肌机龜騩耆鰭鬐祁葵馗逵夔騤戣巋丕邳伾呸秠駓魾悲毗比琵枇笓貔魮阰紕眉嵋湄楣蓶篃黴糜郿蘪

之芝菑緇輜錙淄鶅鯔詩邿崽媸嗤颸時塒蒔鰣漦而髵洏胹陑栭輀鴯鮞思偲罳緦箟絲司蕬兹孜孳孖仔滋嵫鼒鎡鰦耔詞辭祠慈磁鷀兹嵫癡笞治持釐氂貍狸梩飴頤宧台眙怡貽詒僖嬉嘻禧熙嘻欺僛姬朞基箕其萁醫噫疑嶷觺其期棊旗琪璂綦萁蘄淇祺麒騏䳢蜞

微薇溦霏菲緋妃斐裶騑非誹斐扉緋飛肥腓淝芘痱機
鐖機幾譏饑璣磯鞿歸希稀俙欷晞稀鶺暉輝揮鶖徽
禕翬𪚥徽衣依譩威葳幃蟣沂澄巍犛祈頎旂畿圻獶
韋違幃闈圍褘

齊臍蠐𪗱西棲栖撕嘶犀妻萋淒凄霙悽齋躋擠齏氏
低碑鞞秕梯緹鵜題嗁提媞褆綈幨躋醍隄稊黃綈鵜
騠蝭鯷蕛泥𪘸黎璨藜雞稽乩笄谿谿蹊醯兮奚婗傒
蹊麑榽豯鷖醫嫛堅鷖醫倪齯𥄂輗鯢霓蜺麑猊郳圭
閨窐邽袿鮭奎刲攜巂螝觿畦酅笙楎鎠幌睳椑批鈚
砒鼙䌕迷糜

灰豗烠恢詼悝魁盔隈根峎煨緄偎傀瑰褢回徊洄槐
茴椳嵬磓追搥堆䭔鎚鞾推萑穓頹雷儡罍擂捼毸崔嶊
催摧漼栝胚坏醅抔坯裴徘培㟅醅紑陪枚梅苺媒禖
腜玫鋂煤

## 入声作平声

室鞋實石祏碩脫射湜殖埴植食蝕湮十什拾入褶悉
膝蟋昔惜席蓆夕汐錫裼晳析淅息熄習襲隰𪭢唧疾
嫉蒺積脊迹鯽籍藉績寂卽緝茸輯渠集怭佖泌苾弼
佛躄逼幅愎踾窒挃銍帙秩姪隻擲躑職織跕稙直犆
值吉戟激擊㦸襋棘急給級及笈蟄赫嚇格覈翮核劾
黑獲畫或惑的適嫡蹢甋鏑滴菂逖籊狄敵趷迪覿滌
笛荻翟賊鰂蟙

仄声　四紙五旨六止七尾十一薺十四賄五
寅六至七志八未十二霽十三祭十四
太半十八隊二十廢通用

## 上　声

紙砥坻只咫枳軹疻弛豕侈哆誃恀姼是諟氏舓爾邇
躧蹝屣徙縰𦾓釃纚揣捶箠錘菙紫藥蕊徙璽此佌泚
紫呰訾呰批魮髀灑霹觜蕊褫豸廌阤杝邐枳衼施狔
酏迤企跂趾頍綺觭碕掎踦剞技妓倚旑輢猗裿蟻錡
艤頎婑硊鵗委娓萎蔿䲷葰閨毀燬烜橢郥潁塊詭桅跪
桅蜲跪俾髀韠箄庀仳蚍婢庳弭濔敉芈瞇彼被埤糜
孈䣪穲紫

旨恉指厎矢視水死姊秭兕觜嶉湝履柅壘累崥蘦藟
樏潔諫耒唯壝瀢癸揆几机麂跽洧鮪鱎軌簋匭暑宄
屠氿鄙嚭秭否痞圯美眯匕比姺秕疕

止趾址沚時芷沝齒茝始市恃耳駬珥滓第胏史使駛
士仕柹阤俟涘枲蕙子仔耔梓似巳祀姒耜汜圯苢徵
恥峙痔塒里理悝娌悝裏李鯉桸以巳苢矣唉喜嬉
嬉起屺杞芑已紀巹擬儗薿譩你

尾娓亹蕇梶斐韙俳朏菲誹匪篚棐榧豨唏燹豈薲蟻
幾機辰顗螘躧偉煒暐韡葦瑋緯羋虺卉鬼魂

薺鱭穧洗姺濟沛擠米瀰陛邸氏痕底柢詆抵舐弤砥
阺體涕緹醍弟娣悌遞禮醴澧蠡鱧禰嬭泥昵聻启桀
綮垝睨祝

賄悔傀䰄塊瘣匯麂猥根瘣俳洈每痗漼璀嶉罪崔腿
磊瘣磥槥蕾儡餒娞

## 入声作上声

質鑕磧隲蛭窒桎銍隻摭蹠炙職織陟執汁失室釋適
奭襫蟄識飾式軾拭濕叱尺赤斥敕飭鷙悉膝蟋昔腊
惜舄碏錫裼晢析淅蜥息熄七漆戚鏚慽鑿碱緝葺輯
稐戢塈積禝脊踖迹績勣卽唧稷鰂必畢饆幂潷柲韠踾
篳鉍蓽泌鮅苾辟襞璧碧壁躄逼匹僻癖游擗劈筆北
詰蛣乞泣吉拮姞佶訖吃戟劇屐激擊亟襋棘急給級
汲芨一壹乙釳瑟璱飋蝨澀迄汔隙卻綌橄赦闃吸潝
的適嫡蹢靮鏑滴樀菂踢惕剔摘闃鶂殈測惻德得忒
慝塞則黑克剋刻國

## 去声

賓忮觶翅啻施妭鯷憏吹瑞倕睡諉鞁屣賜刺莉庇裁
積漬齜柴眥智暋離縋槌錘硾甄累媠易肔施袘椸企
跂蚑縊螠恚饻戲寄徛芰騎輢倚踦義議誼爲餧委僞
譬臂孹避比帔賁詖陂詖髲被骳
至摯贄憇磧鷙織嗜視示諡二貳樲出帥率四肆駟泗
柶次伙髮欻恣自悴粹晬誶祟翠醉橇遂燧鐩隧襚旞
璲繸檖篲檖穗萃嫭悴瘁地致質叀躓輕憒屎緻稺稚
治遲稚箈利痢菈颲膩墜譵類襰淚類肆勸廙棄遺壝
蜼悸痍季鷇咥器冀覬摡驥洎嫉暨懿饐噎劓位尉㖣愧

餽騩匱櫃簣蕢饋畀庛鼻庳痹祕秘毖閟鞁泌邲費轡柲濞淠備贔奰糒蒲媚魅篚

志誌識痣幟試熾埴饎侍蒔時餌珥咡刵胾鷂椔駛使廁事笥思伺寺嗣飼字孳置值植吏異食意亟記忌惎諅意檍薏

未味費髴鬢芾沸怫誹瀵屝剕厞費翡狒蜚饙塈愾熂黖摡氣嘳旣漑衣毅胃謂慣娟緯渭蝟彙蜎諱卉汫貴尉慰畏罻蔚瑋霨魏犩

霽濟擠隮穧細壻些切砌妻嚌醹懠劑齊薺媲睥閉薜謎帝諦嚏楴蒂蝃締替剃揥涕裼屜薙弟第悌娣鬄睇遰遞禘棣杕麗隸儷戾悷盭颰颲沴蛠棙荑荔唳泥詍系繫係褉眄殢契鍥瞀脊計繼髻薊檵蛣医翳緊嫕殪曀堅瞖蘙鹼詣栺羿睨垷霓慧惠蕙橞蟪繐嘒嘒嘒噦桂罣趹

祭際穄傺歲繐脆蕝彗轊蔧世貰勢掣懘制製晣瀱淛誓噬筮逝澨稅說祱帨銳涚毳竄橇贅惙汭芮枘蜹餲瘞鷊憩揭猘罽𦈌瀱偈衛讆躛劌橛蹶鱖滯彘墆例厲礪禲勵犡蠣糲綴餟曳拽袣裔詍澨栧渫洩睿銳蓺藝槸囈蔽鷩潎敝幣獘弊獙袂

貝鯆茷梖狽娧蛻駾兑酹霈沛旆眛沬昧韎最會繪璯譮翽噦濊儈會禬膾獪廥澮旝檜薈憎霫外

隊霨薱憝錞逮瑇對碓敦退類擂耒內背褙輩配妃佩琲背悖焙邶妹痗黴瑁秼碎誶倅淬焠啐睟綷潰嬇讃繢萱誨悔晦靧塊憒磑

廢祓橃肺吠茷乂刈鴱薉穢鐬濊喙

入声作去声

日衵馹入廿蜜宓蔤謐密覓羃塓汨栗慄溧飃篥歷靂瀝礫瓅皪鬲轢櫪曆瀝櫟力立粒笠苙逸佚佾軼泆溢鎰一壹乙逆益嗌齸繹襗醳掖腋亦奕弈帟懌斁射譯驛嶧埸液易蜴役疫惄溺鷁艗虉匿慝弋杙翼翊翌妋億憶臆抑醷域減罭棫蜮緎閾揖挹熠邑浥悒裛唈劇屐勒肋扐泐墨默冒纆

## 第四部

### 平声　九魚十虞十一模通用

魚漁於箊淤虛驢歔嘘嘘墟祛阹胠魼袪居据椐裾琚
車腒渠鶋蕖蘧籧鐻璩磲醵胥湑糈鰖蝑疽蛆雎狙趄
沮岨麆苴且罝徐蔬梳疏練書舒紓瑹初菹諸藷櫧礑
蠩鋤耡駔蜍如茹洳駕豬瀦攄摴樗瓍除儲躇滁篨蒢
臚閭廬櫚瀘驢袽帤余予歟譽妤悇輿旟餘畬藇璵狳鴒
雞鱮芧嶼
虞禺愚娛澞嵎隅蝺鰅喁于迂盂釪竽雩玗杅汙訏吁
旴昫姁旴紆軒陓雩宇區嶇驅摳軀鮬拘齁眗跔俱駒岣
鮈痀約劬癯躍衢瞿氍鸜枸敷藪荸麩稃桴艀孚俘紨
罦郛蚹枹鴩琈痡膚趺夫鈇玞柎䴸扶符苻芙莵夫泭
凫蚨鬿無毋蕪巫誣憮璑鷡廡礁須鬚需繻顉蕦趨諏
輸毹愉萸樞芻朱邾絑珠侏袾硃傷鵃殊銖殳洙茱雛
儒濡襦繻嚅醹鱬孺株誅跦蛛鴸姝貙踰廚躕幮慺婁
蔞鏤漊瘻俞逾渝愉覦窬牏瑜貐榆楰臾腴瘐揄歈諛
褕騟羭蝓犏
模摹謨膜嫫獏鋪逋晡餔蒲蒱醐匍蘇穌酥麤租徂殂
阼都闍瑹稌徒途塗嵞鍍荼圖屠瘏酴駼鵌鶟菟盧罏
鑪壚顱矑嚧櫨纑瓐瀘艫轤蘆鱸鸕奴孥帑駑砮笯胡
乎壺瓠葫瑚餬糊醐弧湖狐猢鶘孤辜姑酤沽觚柧菰
呱槔罛鴣蛄枯刳骻骷呼謼滹嫭吾吴齬鋘峿梧鼯蜈
鼯烏洿杇鎢鳴鄔陓窏浮

入声作平声

斛縠槲鵠鶻濮幞僕暴曝瀑匐孛艴勃浡渤蔟鏃族慼
顣踧緎牘讀讟黷嬻犢髑匱櫝瀆獨篤督毒纛突伏服
復紱茯輹覆鵩佛咈怫茀坲孰熟塾淑蜀蠋屬襡鸀贖
術述秫术逐柚軸舳蓫躅育棆鬱菀蔚熨續藚俗局跼
倔掘玉聿遹霱潏繘鷸驈兀扤杌矹舤核

### 仄声　八語九噳十姥九御十遇十一暮通用

上　声

語齬圄圉禦籞敔許滸去蚯舉莒筥椐巨拒秬柜距虡

鉅詎炬酤稰糈醑湑蝑苴疽敍序緒醑潊嶼鱮咀沮趄
所阻詛俎楚齼礎齟暑鼠黍蝑瘋鸒渚杵處墅紓抒汝
籹茹貯著竚楮褚宁佇苧紵杼斧呂膂旅侶女與予藇
噓魖俁傴噢嫗諝咻昫欨煦姁栩訏蜘齬踽矩楀椇狗
窶羽禹偊雨宇鄅瑀撫柎拊弣甫府俯腑脯鬴簠斧蚼
莆鬠父輔鬴釜腐稃武舞侮嫵憮膴廡憮砥瓿鵡取聚
數籔主炷麈豎裋樹乳醹尌拄柱縷褸僂窶嶁僂籔蔞
庾斞愈瘉瘦窳楰貐

姥莽牡普溥浦補譜圃簿部輔祖珇組覩賭堵土吐杜
莊肚魯虜鹵櫓艣怒弩砮努孥虎琥滸苦篅古詁鼓瞽
股賈鹽蠱罟牯羖估酤戶怙祜姻扈鄠岵簄楛雇鄔鄢
滹五伍仵迕午缶否母某畝

入声作上声

屋剭沃鋈兀杌屼哭酷礐窟矻縠觳谷告牿梏骨汩愲
滑淈卜撲醭速餗蔌楸蔟禿鵚福腹複幅輻復蝠輹
蓿馥拂制髴弗戟黻綍紱茀泼肅夙飂蓿鵩騼威顣
蹴菽叔俶縮謖蹜束祝屸粥竹竺筑築燭屬囑矚瘃黀
蠋畜慉觸歜蓄旭昫頊淢麯曲苗屈詘倔福菊掬踘鞠
鞠饟菊鵴掬獝橘郁澳隩燠噢菓鬱蔚熨篤督粟剝邺
恤賉戌促趣足卒

去 声

御馭敔語飫飪棜瘀菸淤去據倨踞鋸鐻据遽醵絮覰
狙怚沮疏詛俎助廬恕庶處疇署曙薯茹洳著箸除宁
慮鑢櫖女豫預譽與礜礜潊藇鸒
遇寓禹嫗鏂煦昫酗姁呴韗屨轈絇句瞿蒟懼具堁餽
颶芋雨裕諭類覶赴訃仆付傅賦附坿衬跗購駙鮒蚹
柎務婺霧騖鶩娶趣足聚戍輸注註炷鑄軴蛀跓羿吐
樹裋澍孺數駐軼遹住屢
暮慕募墓怖鋪布佈步捕哺舖酺素訴愬愫泝塑嗉措
厝錯醋作胙阼胙妬妒斁蠹秏兔吐度渡鍍路輅賂璐
露潞簬鷺笯怒護濩頀嫭姻瓠互瓠冱涸頀護庫袴胯
顧雇詁故固錮酤痼汙惡杇誤悟寤晤捂迕忤婦負阜
副富

### 入声作去声

木沐霂楘鹜目睦缪牧苜穆没殁禄漉盍瑑篴麓攎醁
辘肉辱蓐缛溽鄏入六陆稑蓼戮录簶绿碌渌骤莱
律繂葎率育毓昱煜鬻堉或稢郁澳燠欲慾浴鹆玉狱
蔚聿通鬻鬵䲛骃勿物䂓沕讷朒

## 第五部

平声　十三佳半十四皆十六咍通用

佳街膎鲑鞵緀厓崖涯睚捱牌箄㠱篱筷釵差犲柴柴
䶒
皆偕阶楷稭湝喈鶛蜡揩緒挨谐骸乖怀櫰槐淮斋
豺儕排俳埋霾㟴
咍开该赅垓陔峐荄絯孩痎咳孩颏鳃侅哀唉埃欸颤
猤飁胎台邰鲐臺儓骀擡苔臺㥂炱能来徕䅘莱崃
䯃鯠鰓鬐颐醅猜偲哉栽裁裁纔才材财

### 入声作平声

白帛舶鮊宅泽择襗檡薄翟获蒦砉渍剒画劃罏嘈幢
蚱蚱塞

仄声　十二蟹十三骇十五海十四太半十五卦
半十六怪十七夬十九代通用

## 上　聲

蟹解獬澥解矮枴罫擺罷买嘪䚊灑躧鞴纚廌豸嬭撮
駭絯駴孩鍇楷緒挨駭
海醢恺凯塏闓鎧嘅改胲亥闔欸霭偗倍痱采採綵彩
寀棌宰載在茝待迨殆駘駾怠紿怠乃嘼

### 入声作上声

率帥俾蟀櫛迮窄蚱舴咋責嘖幘簀摘謫拍魄珀劈百
伯迫柏瓵檗擘拆庍策册栅测恻客喀搭克剋刻格搭
骼貉隔篇膈革搹鬲槅嗝㓦渍剒虢瀪鹹幗摑聝碱蠈
索溹摵摸㥂瘗揀侧仄昃蒯剒色嗇穡濇嫱

### 去　声

太泰汰忲帶大賴賚癩瀨籟柰奈蔡縩害蓋丐藹餲靄
壒䃺瀊艾鴱外懈廨嶰邂解隘搤嗌派粺稗賣曬攦瘥
衩債呰眦
怪蒯蕢簣喟塊壞蘾聵戒誡介价界犗玠疥衸届魪芥
械薤瀣骱齘欬拜湃憊韛糒朒韎鎩殺瘵祭
夬獪澮快噲駃譮躗餲敗唄邁勱佅寨嘬啐蠆蔕
代岱黛袋逮埭靆玳靆貸態戴襶徠睞賚耐鼐褦塞簺
賽再載縡菜埰綵在慨愾嘅欬鎧漑摡槩愛僾薆靉曖
瑷礙閡

### 入声作去声

陌佰貊貃貘驀麥霢脈覛墨啞額詻客厄阸搤軶鞹搦

## 第六部

### 平声　十七真十八諄十九臻二十文二十一欣二十三魂二十四痕通用

真禛畛桭甄磌鷏侲振袗稹縝申身娠伸呻紳神瞋嗔
辰晨宸臣神人仁辛新薪莘親津璡秦螓繽賓矉檳濱
蠙頻顰嬪嚬嬪蠙蘋瀕民份彬玢邠豳貧珉岷閩旻緡
泯珍甗陳塵鄰嶙粼磷潾璘瞵轔麟驎獜獜鱗燐紉因
姻諲歅禋絪氤緸裀茵陻闉湮駰硡寅夤螾巾銀琨誾
狺垠嚚
諄惇肫春純蒓蓴醇錞淳焞鶉脣脣漘紃犉撊瞤荀詢
恂洵郇峋珣逡踆竣皴遵鶽旬巡循馴緧滣屯迍窀杶
椿輴鷗倫綸掄淪侖棆輪艑鯩匀昀沟鈞均贇頵蝹筠
莙囷菌箘麕
臻搸榛溱蓁莘姺侁詵甡駪
文紋玟駁汶鳼聞蚊雯芬雰帉紛棻衯分饙汾枌魵棼
賁蕡濆轒豶焚蕡墳幩扮豮頒氛黂鼢雲云芸耘妘鄖
溳澐紜沄員䢵篔熅氳緼豱蝹輼熏薰纁曛獯醺臐勳
葷焄煇君軍皸羣裙
欣炘訢昕殷慇斤筋勤懃慬芹㞬齗听
魂餛渾焜猑緷昆褌崐琨錕蜫鯤騉鶤温轀猛緼瘟蒀

昏婚惛閽棔涽坤髡奔賁鵍歕噴盆湓門捫毴璊樠糜
孫猻搎蓀飧村尊罇存蹲袸敦墩弴暾燉啍屯沌飩庉
豚臀炖囤論崙嚳
痕根跟恩吞

仄声　十六軫十七準十八吻十九隱二十一混
二十二很二十一震二十二稕二十三
問二十四焮二十六慁二十七恨通用

上　聲

軫診疹眕鬒顛賑䞞袗紾縝畛稹㐱哂腎裖蜃忍訒橉
儘盡藎牝臏螾泯黽筍愍慜閔憫敏蠠紖靷緊引縯釰
蚓碽隕殞賈湏愪窘菌箘
準蠢惷鬊賰僔盾吮楯輴筍簨隼尹允銃駞狁
吻脗抆刎忞忿魵粉黺憤弅坋鼢惲藴褞韞緼醞搵
隱濦磤轀靐檃謹堇卺槿瑾巹近瘽听
混渾緷焜棍梱閫壼悃捆綑衮緄輥袞滾錕鯀穩本畚
笨楍夽濍損忖刌撙噂蓴鱒囤盾沌遯腯
很詪懇墾齦

去　声

震賑振侲娠袗鬒慎蜃刃韌仞訒認軔牣儐鬢殯擯信
訊卂迅阠汛晉縉搢璡進燼贐藎櫬襯儭酳鎮瑱疢趁
陣診吝躪燐藺允靷悚菣印釁僅覲瑾廑墐瘽饉殣憖
稕諄舜蕣瞬鬊順閏潤峻陖濬浚駿稄俊㑺晙餕畯駿
殉鵔雋殉徇
問聞紊絻抆汶忿魵糞拚瀵僨奮分坋運暈餫緷韗鄆
韻鶤訓熏捃皸郡窘醞慍熅緼藴
焮靳近隱檼穩垽
慁恩溷惛困搵顐諢奔噴歕坌悶巽潠遜寸焌巽捘鐏
䞣頓敦鈍遁腯論嫩
恨艮硍饐

# 第七部

平声　二十二元二十五寒二十六桓二十七
删二十八山一先二仙通用

元原源邊沅嫄㤞鵷羱杬楥黿蚖袁爰援媛園垣轅湲
猿暄喧諼誼萱壎貆晅咺鴛鵷蜿冤怨瞀裷鞙言攓軒
掀騫鞬犍騝翻旛幡繙番反藩樊蕃輷煩繁緐袢璠礬
墦蹯膰燔蠜笲蕔蘩橎璊圈

寒韓邗汗翰犴頇豻看刊軒干乾肝竿杆玕幹安鞍豻
珊珊姍餐殘單襌殫丹簞癉鄲灘攤嘆嘽幝壇檀彈癉
癉驒驒鱣闌讕欄蘭襴瀾㰈難

桓梡完丸峘洹汍紈綄芄莞萑脘皖歡讙驩獾寬髖官
倌冠觀棺剜岏刓潘捹般槃盤般蹣胖婆瘢鑿磐磻蟠
瞞漫謾懣顢鬘蹣塓曼糆饅鏝霣鰻酸痠霰鑽攢欑攢
積岢端褍穳鱄湍煓團剸摶漙鷒糰鱒鸞鑾鵉樂
巒灓圝孌

删潸關癏攌彎灣樠蠻還環鐶鍰寰闤轘澴鬟鼣闤姦
菅顏豻班斑頒般鬢鴳玢攀販蠻鷼鬟

山疝訕潺虦屵僝姍孎閑憪嫻覸癇騆鷴睪慳髯閒艱
菅顆殷鰥綸頑

先跣千阡芊箋韉籛濺牋戔前騚邊邉蔫編楄鯿蹁褊
肨骿鞯駢眠顛巓癲騬滇天䰙田佃畋填闐輠磌鈿沺
年蓮憐零堅肩銒鵳猏鰹菺牽岍汧蚈枅賢弦絃舷礥
煙燕咽湮妍研趼涓蠲鵑絹眴蜎鞙狷鋗駽弲元懸蚿
淵鼘

仙鮮鱻鸇韆秈鱻褼遷轏橏籩煎湔鬋嬋涎錢羶扇煽
燀嘽鐥羘栴毶鸇襌嬋蟬然遭驙鱣腱䖰梴纏躔廛瀍
蟺連漣聯漣鏈樏婵鰱甄嗎嫣延埏筵綖裖鋋蜓漹焉
焉蔫鄢愆褰騫攑搴乾虔犍騝鍵捷鞭篋篇偏翩媥扁
翩便平嬶楩緜棉帀緡鸏宣揎詮銓拴痊佺悛駩絟筌
絟荃鐫旋還鏇璇漩嫙全牷泉穿川專顓鱄甎篿剸
遄篅船瑞瑞椽傳攣沿鉛椽捐鳶緣翾儇蠉嬛娟悁員
圓勬卷豢惓權拳瘑惓顴踡婘惓鬈䥕蜷鬈

仄声　二十阮二十三旱二十四緩二十五潸二十六産二十七銑二十八獮二十五願二十八翰二十九换三十諫三十一襉三十二霰三十三線通用

上　声

阮沅宛婉畹踠裷鞔䩩琬晼苑菀蜿遠咺愃諼晅烜綣
棬圈卷幰攇蠔犍揵楗齴巘甗蹇偃匽偃隁堰郾褗鶠
鼴鰋蝘反返魬飯笲鵗晚挽娩
旱睅罕厂熯侃衎笴稈散繖傘饊饡趲瓚亶癉坦但袒
誕觛繵蜑嬾讕
緩捖澣綄梡莞盌捥款窾管琯盥痯逭脘滿懣䉽伴拌
算篹纂纘酇穳短裋斷畽緞卵暖餪
潸獌蝬撰饌赧戁僩憪撊睆皖綰揹版板蝂鈑阪魬
産摌獑嵼汕滻剗鏟弗孱醆琖棧輚峧虥限簡襉柬揀
眼
銑洗筅跣毨姺杙扁匾緶萹辮艑眄典腆靦㥏淟殄餮
蜓沴捵顯韅蜆晛繭璽𧕿峴睍犬蜎畎狷羂泫鉉琄鞙
駽鋗
獮鮮㷰癬蘚淺翦揃戩諓媊鬋籛譾踐俴餞選巽雋吮
闡幝嘽燀顫饘善嬗膳墠墡鱓蟮鱔舛喘荈膞剸膞軟
碝蝡譔僎褊諞惼楩緬愐勔湎沔辨辯免娩勉冕展襢
輾蕆邅輦謰璉轉篆瑑臠孌遣繾演衍縯戭黃蘨蜑蠉
沇騐兗蹇謇攓搴攐鍵件嵃甗钀卷眷捲

去　声

願愿遠瑗媛楦券桊綣勸圈怨獻憲建健楗鍵堰甗鬳
販畈飯萬万曼輓蔓獌
翰螒騂豻悍汗瀚扞釬垾閈軒漢暵厈看侃衎旰盰幹
榦骭榦汧按案岸頇喭犴繖㦎散粲璨燦妟贊讚饡襸趲
瓚酇旦疸觛鴠炭歎憚但彈爛爤糷瓓讕難
换逭喚奐煥渙貫冠觀祼悺痯館瓘爟灌鑵盥鏆鸛惋
腕婉玩翫半姅絆靽判泮泮沜畔叛伴縵幔鞔漫墁攢
筭蒜竄攛爨鑽鍛斷碫彖褖段斷緞亂薍偄
諫晏晏騴鷃嚥鴈贗慣丱患宦轘繯槵豢綄襻販慢嫚
謾訕汕疝鏟棧輚戲綰彎篡

襉閒覸繝澗莧幻扮盼瓣辧袓羼

霰先蒨茜綪倩篟薦荐洊𤸃袸殿唸瑱電殿奠甸畋佃鈿淀澱靛闐塡練鍊湅揀楝萰晛見現韅俔蜆見宴讌醼咽嬿燕硯趼豜縣眩炫袨衒泫絢眴睊䣍罥鋗徧片麪瞑眄巇湎綻駽

線箭鬋濺煎餞羨賤選潠縓漩旋鏇縼嫙扇謆煽蝙戰顫繕禪膳嬗擅單墠剸釧穿玔堧饌譔僎撰䐣纏邅輾碾囀轉傳瑑戀衍延莚涎譴掾緣㣧蝝絹狷悁彥唁諺甗讞瑗援媛褑院鍰楥眷睠拳倦便面偭變卞汴弁抃忭玣

## 第八部

### 平声　三蕭四宵五爻六豪通用

蕭簫箾橚彇䬔蠨熽貂雕鵰刁琱彫凋芀舠鯛祧庣挑恌朓條迢跳佻髫齠調鞗條苕岧蜩鰷鮡怊聊膋瞭嘹飂僚寮寥遼撩嫽憀料敹廖鐐繚橑簝漻潦熮璙鷯蟟驍梟蟂澆膮嘵憢蹺蹻幺怮紗堯嶢垚僥藨嬈

宵消霄颵逍痟綃銷硝翛㺒髾魈穛燋焦燋蕉膲椒噍鷦鐎蟭醮鷦樵憔譙猋飆剽標摽杓幖熛蔈篻旚驃髟漂嫖僄鶓飄謤彯螵瓢薸鑣儦瀌穮麃苗描貓燒弨昭招釗韶軺玿饒橈蕘超颻朝鼂朝潮遙媱傜繇飖窯鰩銚姚搖謠愮陶鷂褕洮瑤猺窕鮡珧蕘要腰邀褸喓葽䳃翹荍鴞妖夭囂枵歊獢藃驕憍嬌鷮簥撟矯喬僑嶠橋趫嚻轎蕎蟜

爻肴姣誵殽筊崤淆交詨教咬膠艽轇郊嘐茭蛟鮫鵁敲磽墝虓哮烋痚顤窅坳凹聱謷磝包胞苞脬拋泡庖炮咆跑鞄匏茅媌罞蝥梢艄捎髾鞘弰旓䘯筲鮹蛸譟鈔訬璅罺抓巢轈啁嘲䬉鐃呶譊怓撓猇

豪毫號嗥濠壕蒿薅尻栲高皋羔膏餻櫜鼛篙槔臯麈敖遨翱摮慠嗷熬嶅鏊鼇鰲螯鷔驁嫯璈褒袍毛髦髳氂旄芼毷酕騷搔繅臊鱢艘溞艘颾慅𥳑操糟遭曹嘈褿槽艚漕螬傮刀魛忉舠饕叨慆謟縧韜弢舠滔騊陶燾淘濤颻掏逃䎄鞀醄謟咷萄桃檮綯騊蜪幬勞嘮澇牢簩醪撈蟧癆猱峱

## 入声作平声

學鸒嚻梟嗀塈剥駮爆雹胞爆鰒煦博髆餺搏鎛欂泊
薄簿箔礴鉑亳樸朴撲粕洎鷟濁濯擢斀鐲霾縛韛嚼
杓芍汋著噱醵臄籔鐸度慔劇踱嗠澤昨酢鑿柞筰絆
咋鶴貉涸穫鑊濩膗蠖臛

**仄声** 二十九篠三十小三十一巧三十二晧
三十四嘯三十五笑三十六效三十七
号通用

## 上 声

篠硣謏鳥蔦寫胱窱宨挑掉嫋了嫽衦暸憭嫽肝繚釕蓼
嘹褭嫋嫋嬝晶溫杳窅窈騕葽交驍磽曉膮皎皦璬
絞繳佼僥
小悄劋勦少沼紹佋褶擾繞遶趙肇晁兆朓旐駣挑狣
鮡狣漅晉夭妖麔矯撟敿懦譑蹻蟜鱎褾縹醥篻摽鬚
膘鰾眇渺淼藐篍秒杪表孚
巧絞狡攪笅鉸姣佼咬拗曉齩飽鮑骲靮卯泖媌昂茆
稍炒訬爪瑤笓抓獠
晧嚻昊顥皓皜浩灝鎬鄗鰝好考薧拷栲杲縞藁菒蠹
笴槁媼燠襖懊寶葆鴇堡保褓抱荢媚芼嫂燥埽草懆
慅早蚤璪澡璪繰繰棗藻皁棹造倒擣禱魗懤討飻道
稻纛老恅轑橑藻栳潦潦腦惱璢

## 入声作上声

覺角捔桷推榷較珏腳蹻屬殼彀愨确埆曼擢躩钁玃
卻恪渥喔齷握幄約葯剥駮爆朔數槊削齺捉斲矗穛
掔琢焯棳琢卓踔倬諑啄涿灼勺酌妁礿斫著洎鷟礴
趩皷鵲爵雀爝鑠爍綽婥謔託橐柝拓魄籜飥博髆襮
搏鎛索搮鏰錯造作簎柞膗郝壑嗃熇各閣惡堊廓鞟
擴潹郭橔彍

## 去 声

嘯熽甹釣耀眺覜頫越調掉銚篠藋跳嫽璙嘹料鐐廖
尿竅叫訆嗷徼窔
笑肖鞘峭悄哨俏帩醮釂鱎焦爝勦噍誚少燒照詔邵

劭饒繞召燎療獠鷂燿曜耀鷂要褄嶠轎勡剽僄漂影驃票妙裱廟
效傚斅恔校孝磽教覺校較窖玟挍絞靿崾袎詏樂豹犦爆僄趵奅炮礮皰靤鉋泡貌稍鈔抓笊罩趠踔櫂橈淖閙
号號秏好犒靠誥告部膏槔奧隩燠懊傲奡鶩報暴虣饕帽冒瑁耄旄娼鶻芼耗噪燥譟慅操造慥糙竈躁漕到倒韜套導翿纛燾盜悼蹈勞嫪潦

入声作去声

嶽岳樂鷟藥躍礿瀹爚龠籥鑰約犖洛酪落絡珞樂烙駱雒末沫抹秣莫幕漠瞙膜摸瘼寞鏌弱蒻若箬芍略掠謔虐瘧䨼嬳諾惡咢噩咢諤愕鄂崿蕚鍔鶚鱷

# 第九部

## 平声　七歌八戈通用

歌哥柯牁菏珂軻訶呵阿娿疴何河荷苛莪䄉哦娥峨峩鵝俄蛾睋娑抄髿些荾桫蹉瑳搓磋傞醝醝鹺嵯瘥䴾嵯差鬌艖多他拖駝佗馱驒狏鮀鼉沱陀迱跎柁酡紽羅蘿籮饠灑欏囉邏鑼襹鱺那儺哪䕢難挪
戈過鍋緺過科窠薖蝌髁倭渦窩和禾吪訛囮波番嶓頗坡陂婆鄱皤摩磨麽魔蓑莎桬梭莏娑髿唆趖魦矬痤銼垜祼詑牠堶羸騾螺穲鸁挼韡肥瘸伽茄迦

入声作平声

學濁躅濯擢鐲钃佛縛孛勃誖浡渤垺烞餑鶉曷褐鶡鶡鶡鶴合郃盒盍闔嗑榼溘活越豁濊斛括穫鑊跋拔犮魃軷鈸茇博泊薄箔鑮礴餺亳杓鐸度昨酢鑿筰怍

## 仄声　三十三哿三十四果三十八箇三十九過通用

上　声

哿舸笴菏哦可軻坷荷閜旃椏婀我硪騀左譚哆㚤瘴拕爹柁舵砢攞邐娜那㢵褭樣縒褨娑瑳髿

果裹輠蜾顆堁敤火禍夥媒婐跛駊播簸頗叵麼鎖瑣
脞硰坐朵綏垛鞁髻祼埵妥嶞惰媠墮隋鱓裸卵贏蓏

### 入声作上声

璞朴扑粕數齪涩捉琢琢卓啄涿曷餲遏閜頞惡喝猲
渴瘑葛割澔轕各閣閤合輵鴿蛤抹活括聒适栝鴰郭
豁濊涸蘳曤霍癨濶斡捾臛鷝撥跋襏鉢鱍茇脖搏撮
錯縒攃作掇剟裰呭脱棁索廓擴

### 去 声

箇个個呵呼坷軻賀餓皒些磋蹉左佐作瘥馱大邏那
過裹貨課髁堁和涴臥播譒簸嶓破頗磨摩剉莝銼挫
侳蓌座坐槳剁唾蜕惰媏挼懦糯縛

### 入声作去声

末袜沫抹秣莫幕漠膜摸瘼寞鏌捋剌洛酪落絡樂烙
弱蒻若箬諾惡堊咢噩諤愕鄂崿萼鶚鱷

## 第十部

平声　十三佳半九麻通用

佳涯娃哇洼媧緺騧蝸蛙
麻蟆蟇肥巴蚆犯芭笆钯疤爬杷琶笓些嗟罝蓌邪斜
奢賒車硨遮奓譇闍佘蛇茶沙砂髿紗裟鯊叉杈差鞍
嵯楂齰歃樝渣滀髽査瘖楂爹樀摣佗耗窊娵荼挐拏笯
擖耶㭨琊鎁捓枒椰遐蝦鍜霞椵瑕鍜碬韷遐煆䶒岈呀
閜嬰嘉加家珈袈跏痂痕枷迦笳葭茄瘕蝦麚鴉椏丫
啞牙齖芽枒衙華驊鷨蠌划譁花誇夸荂姱胯瓜抓孤
窊汙呱靴

### 入声作平声

㸒掘撅㮰鐝屧月穴揭竭碣傑桀搩伐罰垡閥傠筏乏
嶭栫怛妲靼闥撻達沓黠䐸踏逯渣駾楷蹋闒篖猾猾
拔妭鮺綛凸跌迭咥垤軼䮘眣喋楪諜喋揲疊氎堞蝶
鰈鰈㜺繨襊擷頁頡鱉搋瘑別絕蛣舌折涉哲徹撤轍
蟄輒雜蟲磼閘插雪喋睫婕捷倢協叶勰袷脅愶挾俠

洽袷峡狭硖炲祫狎匣柙押帢

## 仄声　三十五馬十五卦半四十禡通用

### 上　声

馬瑪把笆寫瀉且姐炧捨舍撦者赭社惹若喏灑鲊槎
蚱奼野也冶下夏廈閜賈斝假椵瘕檟榎㨯啞婭雅庌
踝輠觟鮭髁岭寡𡨴笴剮瓦打耍那

### 入声作上声

闕闋缺厥瘚劂蹶蕨蹷玦觼觖决抉訣譎駃鴂歇蠍猲
血泬威嚇熁嗋揭羯偈謁暍髮發法蘿薩撒趿鞁鈒馺
颯卅闥撻達澾獺塔嚃漯榻塌遢蓊闒戞秸恝夾裌韐
甲胛乞札扎紮蛰剳八朳殺煞鎩猷翣唼箑蓮霎察臿
鍤插瞎呷諢刮刷屑糏薛褻媟契洩躃楔燮躞切竊妾
唼節瘤接楫鐵餮驖帖怗貼挈契蛣客篋愜怯結桔拮
潔鍥孑頰筴鋏莢刼擎瞥嫳雪蕝橇設攝葉韘歙掣轍
徹撤澈浙晣折哲蜇讋慴摺褶啜拙梲茁輟惙啜剟説
鱉驚别姶罨帀咂嚃答搭踏褡嗒笈恰掐

### 去　声

卦挂詿罣畫絓
禡罵溤帊怕霸壩灞靶弝欛杷罷卸瀉蝑借唶謝榭㴱
躤藉舍厙赦騇柘蔗炙鷓射麝貰嗄詐笮溠乍蜡咤奼
詫侘秺夜鵺偖暇下夏罅嚇駕架價假嫁榢稼亞婭啞
稏欱訝迓齖砑庌華摦樺䉉話化跨胯窊跒㧟汊杈衩

### 入声作去声

月刖軏越鉞曰粵樾蠘狘悦閲襪刺辣揧拉搚臘蠟鑞邋
擸末帓袜沫抹秣劼刮鬝軋㓝鴶比魤押壓鴨壓茁刷
妠納衲揦軜湼埕篞捻苶翻闑臬隉蜺嵲孼蘗蘖蘖聶
鑷躡驪蔑懱蠛矆篾蠛滅熱若爇吶列烈冽冽裂蛚茢
鬣獵躐劣跢鋝埒拽葉鍱饁業鄴

# 第十一部

平声 十二庚十三耕十四清十五青十六蒸
十七登通用

庚賡更秔羹鶊坑阬亨脝行衡珩桁蘅横觵鮏祊駖浜
硼泙烹澎彭軯棚膨蟛盲甍撑瞠根振鬢兵平評坪枰
苹明盟鳴生甥笙牲狌鼪鎗槍鏘傖京荆驚麔卿擎勍
黥棨鯨迎英瑛霙榮嶸瑩縈兄

耕鏗摼硍硁娙罌甖嚶鸚鶯櫻謍莖宏閎紘鈜翃泓訇
淘鉤轟琤錚争筝猙崢絜丁橙瞪停薴獰繃怦姘伻砰
嘣甍萌甿氓

清精晶菁鶄蜻睛旌箐餳情晴鼪騂并栟名洺聲征正鉦
怔鯖成郕城誠盛晟禎貞楨樫稹螳呈程酲裎跉令盈楹
嬴嫘瀛羸籯輕鼜鼪嬰纓攖瘦營塋瀯傾瓊荥惸縈榮

青綪星惺醒箜腥猩骍甹芉鯖傡瓶鲜屏萍箪帲冥頩
幎銘溟覭螟丁釘矴疔仃叮虹聽廳汀綎桯町庭廷亭
停渟婷霆莛艇蜓梃靈零泠伶靇聆鈴玲醽鄈齡囹瓴
䃩舲軨苓笭羚鴒翎蛉寧嚀蟶經涇馨蟶形刑硎型鉶
陘郢邢娙熒螢肩垌駉

蒸烝脀承丞繩愢乘澠塍鱦升昇陹勝稱倗仍礽陾艿
冰掤溯砅凭凴馮繒鄫驓矰嶒甑噌徵癥徵澄懲陵淩
凌輘痿綾崚菱鲮庱䃥蠅膺應鷹蟷鸁凝興磳兢矜殑
登燈䙷簦鼟騰縢膡幐滕藤䲢騰籐楞楞能崩朋鵬
堋輣傽僜簦僧譄增曾憎罾矰層曾矰揯絚鯠恒峘薨
肱宏輄

仄声 三十八梗三十九耿四十静四十一迥
四十二拯四十三等四十三映四十四
静四十五勁四十六徑四十七證四十
八隥通用

# 上 声

梗哽鯁骾綆埂杏荇礦猛艋蜢打炳浜冷丙臩恦蜗邴
秉病皿省苕瘠影璟景璥境儆警橄永憬暻臦諱

耿幸倖悻黽黿䵷
靜靖婧阱猙靚省惺渻箵筸請井整逞騁裎悜領嶺衿
頸癭郢梬潁穎頃餅鉼併屏
迥泂炯絅詗褧熲侗婞脛涬謦罄剄頩竝茗嫇酩溟冥
醒頂奵鼎酊珽脡侹頲町鋌挺艇梃娗莛渟薵
拯殑庱殑洗
等肯

去　声

映敬璥曔竟獍鏡更鞕硬行絎橫孟蜢倀偵㥉幀柄怲
炳病命瀎慶競儆檠迎詠泳禜醟
評迸偋
勁輕敻詗摒併聘娉性姓婧清倩淨瀞穽靚請聖正政証
盛偵遉鄭令
徑經涇陘剄罄磬甓謦脛瑩濴暝瞑艴矴釘訂飣定頲
聽庭定錠奠寧佞濘
證烝勝稱乘賸甸甑禬凭瞪凌孕媵興應凝
隥嶝磴鐙凳墱鄧蹬縢堋懵癮蹭贈亘組

## 第十二部

### 平声　十八尤十九侯二十幽通用

尤疣郵訧休庥咻髹貅鵂烋邱蚯惆鳩朻求裘俅絿仇
厹逑毬捄觩頄觓釚銶球賕艽朹牛慢優憂瀀麀櫌怮
蚴呦由揄卣遊繇猶猷悠攸滺油櫾櫯輶庮鮋蝣蝓儵
祓輈啁譸盩侜鵃抽妯瘳儔躊幬裯紬綢疇稠籌檮留
遛劉憀瘤鏐旒斿琉裗硫榴流瀏飀騮駠颵鶹蟉鎏脩
羞滫鱐秋鞦萩楸鶖湫鰍鰌愀揫䕡啾楢囚泅鮂酋遒
蝤收荍犨周賙州洲舟婤矪雔酬詶魗柔揉蹂鶔搜廋
蒐鄋叟鎪颼溲掫掫篘謅鄒鄹陬緅菆棷騶媰娵愁不
鴀紑浮涪桴茉烰罦蜉謀眸侔牟麰矛鍪蛑蝥
侯猴鍭喉餱篌謳嘔歐漚區甌鷗彄摳鏂曉齁鉤句枸
軥冓溝韝褠篝抔瓿棓踣掊裒涑諏剽鯫兜偷媮頭投
骰婁樓廔塿僂髏慺謱褸鞻摟簍蔞貗螻
幽泑彪彪滮滮樛朻糾鬮虯璆繆

### 入声作平声

叔倏祝刴粥孰熟塾淑婌蜀蠋蠋逐妯柚軸舳

## 仄声　四十四有四十五厚四十六黝四十九宥五十候五十一幼通用

### 上声

有右友栯朽糗九久玖韭臼舅萫咎懮酉牖羑誘卣槱琇莠缶否婦負阜蝜萯滫醙酒愀首手守帚歸醜受授綬壽蹂揉溲醙獀鯫肘丑杽紂柳罶懰綹瀏飀罶紐忸鈕扭狃杻

厚后後郈姤吼犼口叩扣敂釦耇詬詢玽垢苟笱狗枸毆嘔偶耦藕掊剖蔀部培瓿錇母拇踇畝某鴞牡莽姆叟瞍嗾廋擻藪籔趣棷走斗抖陡蚪姓鼪鋀銗塿嶁嘍艛簍鷇

黝怮眑岰泑蚴糾赳朻黝蟉

### 入声作上声

宿菽叔倏俶縮束祝刴粥竹竺筑燭

### 去声

宥又右佑祐侑酭痏囿齅糗救究疚灸廄舊柩鮥㹨鼬褎柚櫾副覆仆富鍑復秀琇繡鏽宿僦岫袖就鷲狩守獸首臭咒授綬壽售輮蹂肉瘦莤簉縐甃㛮皺驟僽晝咮畜胄宙籀酎溜霤廇餾塯窌瘤糅狃

候堠郈逅後鍭鱟垢后厚詬吼蔻寇扣釦冓構遘覯媾姤購句彀雊韝轂搆漚軀戊茂楙袤懋瞀姆務貿霧漱嗽嗾湊輳鏃腠楱蔟奏走鬬豴透豆餖脰逗酘竇窬荳讀漏陋鏤嶁耨譳幼柚糾蹞螑謬繆

### 入声作去声

肉辱蓐褥縟溽鄏六陸勠戮僇朒恧衄畜

## 第十三部

### 平声　二十一侵獨用

侵駸浸綅心杺祲梫尋鐔鬵灊潯鄩燖樳鱏深斟鍼箴瑊葴諶忱煁湛壬任妊紝鵀森槮葠襂棽滲摻篸簪岑涔梣踛碪椹琛賝郴沈霃莐枕魫林箖臨琳霖淋痳淫霪蟫愔窨音陰霒瘖喑吟崟歆廞欽衾嶔今金衿襟禁琴擒庈黔芩檎禽

### 仄声　四十七寑五十二沁通用

**上　声**

寑浸鋟梫寢罧蕈審諗瞫淰魫沈腍嬸瀋枕甚葚訦飪稔恁衽荏棯瘁淼稟品踸朕臘膽黮廩懍凜錦噤唫顉澿飲怎

**去　声**

沁浸祲瞫枕甚傄妊任衽紝鵀恁滲槮讖譖揕鴆臨痳賃禁僸襟玪噤澿紟妗蔭廕䤃窨喑飲深㾕揜吟鐔蕈森

## 第十四部

### 平声　二十二覃二十三談二十四鹽二十五沾二十六咸二十七銜二十八嚴二十九凡通用

覃譚潭橝蟫䕭鐔䢺醰曇壜蕁貪探耽酖妉湛眈婪嵐南男楠諵毿鬖慘參驂簪鐕揝蠶崯酓䤃唅蜬龕堪戡弇淦含函顄頷涵錎䈄蜬諳鵮媕醃醃盦庵菴唵

談郯惔倓痰餤錟甜聃儋擔甔藍籃襤三憨鏨蚶憨坩甘磨泔柑疳姏苷酣邯甝鉗笘蚺

鹽檐櫩閻閻阽讇棪厭魘銛纖綅孅襳摻暹霾爓瀸籤籖僉憸鋟尖漸熸蔪爓潛灊鬵燂燖苫痁襜幨詹瞻占沾蟾簷鶼噡棎撏髯誗袡柟霑覘廉帘匳鐮鐮蠊簾黏鮎炎淹閹崦稖𪎈噞嶮箝拑黔鉗鈐鍼黔黚㺐砭

沾添醃髻甜銛恬湉鬑磏鮎拈䶩謙兼縑鶼䅦蒹䈴鰜

嫌
咸諴鹹函輱鰔蝛葴堿椷緘黬喦碞攕撕讒儳纔饞艬
毚嘶詀喃
銜監㔋礛嵌巉礹衫縿彡髟杉芟欃攙巉嶄鑱劖獑
巖巃巗杴蘞忺欦㾾嵁醃腌
凡帆颿芝

仄声　四十八感四十九敢五十琰五十一忝五十二儼五十三豏五十四檻五十五范五十三勘五十四闞五十五豔五十六㮇五十七驗五十八陷五十九鑑六十梵通用

上　声

感禫灨鱤坎惂軬轗欿埳顑頷顄撼菡蜭晻黭黤唵闇
醃糝槮慘憯噆黲寁歜䶃黕眈衴紞襑肬盬嗿禫髧糮
醰嘾窞黮霮萏壈轗湳罱
敢橄喊澉槧鏨嵌膽礵黵岬荚緂毯裧啖澹淡憺覽攬
欖灠
琰㚴剡舕扊棪黶靥魘壓檿厭醶塹慊漸磏蕲閃潣
睒覢陝颭冉姌染苒篛柟諂斂撿瀲蘞險嶮譣玁獫槏
頗隒鐮檢撿臉儉芡奄弇掩揜罨裺閹媕晻渰崦醃貶
疺
忝餂銛點玷簟店稴溓淰鼸嗛歉慊
儼曮嬐广噞鰜埯
豏㺌槏減鹻瀸黯摻撕斬瀺巉湛
檻艦轞䍐槧闞獥黤
范蒞笵範犯鋄

去　声

勘轗憾琀唅顑鹹紺黚淦贛暗闇暗謲參馱鴆儋撢探醰
闞瞰嵌憨三暫鏨甓擔甔憺啗淡澹賧睒濫懢醶纜爁
豔焰焱鹽灩厭饜壓悇俺壍槧瀸漸閃燗掞襜韂瞻占
贍髯覘
㮇磹忝店坫點痁墊唸玷磹稴念綸酓礆僭瞀
驗釅噞䊴窆砭斂殮瀲㺒瀲脅欠劒

陷臽鋡䑐䨲蘸站賺
覽檻譀鑑監㔋懺㩆鑱
梵帆泛汎氾盌

## 第十五部

### 入声　一屋二沃三燭通用

屋剭𪒠熇㲉哭觳縠㱿榖轂嗀谷𤞚穀斛鷇礐槲㶉卜濮
轐䑑樸蹼纀䗱撲扑墣醭穙朴僕暴瀑蠓匐木沐霂毣
𣝗鶩𧊜速遬餗𣨼涑蔌樕蝛䅟簌蔟簇瘯磔鏃嗾族秃
誎掭䳜牘讀讟黷嬻犢殰髑匵櫝瀆瓄𨻶獨騳䔽彔漉
盝琭碌簏簶麗麓䁖娽摝角觻樚轆鹿䮉螰福腹複幅
輻復蝠箙鍑䴅輹楅覆葍蝮複伏虙服復紱茯𤦷軷艆
栿棴洑菔馥鵩鰒目睦繆牧坶苜穆肅夙宿潚䎘摍橚
蓿䃤鷫翻驌鱐慼顣蹴踧𠹀褫菽叔儵倏儵𩵽俶珬祝
㸌粥柷孰熟塾淑肉衄縮莤謖蹜琡矗竹竺筑築茿蓄
畜滀搐逐妯柚軸舳蓫䱊蚰六陸稑蓫蓼䡜勠戮騄鯥
蜻朒恧育毓昱煜錥鬻緎槒蛸湇堉畜慉麴匊掬踘鞠
蜘鞫𩛠菊㘬鵴鯏或稶郁澳燠噢薁鴴栯國
沃鋈鵠鷽礐熇膗嚳㰻嗃酷焅硞嚳告牿梏䍣襮爆鏷
䑑雹鞄㳙䙭篤督毒薄纛碡北
燭屬囑矚纚蠾束倲觸歜臅蜀蠋屬韣鐲檋贖辱蓐褥
縟溽鄏粟䁜促趣數足哫續藚俗𣞂瘃斸欘孎豖梀亍
躅錄籙逯綠淥醁騄菉欲慾浴鋊𤞚䳢旭勖頊曲笛𧾵
臼挶輂局跼駶侷玉獄

## 第十六部

### 入声　四覺十八藥十九鐸通用

覺角捔桷榷較傕玨瑴㱿謞滈嗃㱿觳搉愨確礐埆學
鷽嚳𣝗嶨确渥媉偓喔齷握幄嶽鸑剥駮駁爆䳰璞樸
㩧颮矴雹譽懪鰒暴邈貌眊毣藐朔數槊揱㪉㯁娖齪
擉捉浞灂汋鷟篧斲琢椓㧻卓倬逴諑啄涿濁躅濯擢
戳鐲鸐鸐灂搦犖礐䂉
藥躍蹫礿瀹爚龠籥鑰𢅡蘥濼鸙蠕蘥縛削㪉碏踖散

鵲猎䱜爵雀嚼嚼爝鑠爍灼焯勺酌妁彴禚斫犳趵斮
綽婥杓仢汋弱嫋鄀蒻若箬渃芍著逽躇婼㚖蘸略掠
蜋謔卻腳屩噱醵蹻臄約葯箹虐瘧籰貜䢲矆彏戄䜭躩
䢸戄攫钁䡅玃䴉臒䨼嬳逽
鐸度䩲剫踱喥澤託橐柝拓托跅魄擇籜馲飥洛酪落
絡輅珞硌樂挌烙轢駱鵅鮥雒洛諾博簙髆餺襮襮搏
薄鑮鑮爆獏欂膊粕䪇泊薄簿箔礴鉑亳莫幕漠塻瞙
膜摸瘼寞鏌索捸颾褨錯剒作柞昨酢鑿筰䋏怍㸲岝
鶴貉涸嚯膗鰝鄗郝壑嗃謞熇矐恪各閣格惡堊咢噩
齶諤遻鄂崿碍蕚咢鍔鶚鱷穫鑊濩篗檴擭霍燺霍藿擢
癯廓鞟劆擴啷郭椁彍蠖臒艧陌

第十七部

入声　五質六術七櫛二十陌二十一麥二十
二昔二十三錫二十四職二十五德二十
六緝通用

質鑕劕晊桎櫍礩眰郅隲蛭躓失室叱實日衵馹率帥
蟀䘹悉膝蟋褻七榛漆垔㗊蝍唧疾嫉槉蒺謓必畢罼饆
䟆滭滭珌彃韠蹕覕鮅縪蓽匹鵯邲怭佖飶苾鉍駜蜜宓
謐筆弼佛密沕滵蔤樒窒庢挃銍螲抶咥秩紩帙柣姪
㹢栗慄瑮搮溧凓飃篥鷅暱昵㥾尼逸詄佚佾軼泆溢
鎰駃妷欯佶恄咭詰趌劼蛣吉拮部洁狤一壹肸姞佶
鮚乙鳦颮扴汩鋈垤獝
術述沭秫出䘏恤䘏䘏戌珬蛾卒啐崒踤捽誶怞窋茁遻
㲋黜詘趉怵术律繂葎膟率壘聿遹趫矞霱燏潏繘鴥
鷸蟠驈鱊橘蕎
櫛楖瀄瑟璱蝨
陌䘕貊貘驀拍魄霸珀百伯迫柏䴽佰白帛舶鮊磔搩
坼拆㧞宅澤擇檡蠌踖搦垎輅赫嚇㬺客喀格假挌骼
觡茖鴼蛒啞額頟詻客諜碧涬剨虢㶁䝞擭韄嚄濩碧
索迮窄岝笮蚱舴唶虢隙卻綌戟蔱劇欲屐逆
麥霢脈覛薜檗擘䜸檗䌟楝摵愬涑策筴册栅䄍責嘖幘
簀賾鰿摵槭摘謫覈滆翮核隔篇膈革鬲槅嗝厄阸䮥
搤扼軛豟嗌鷊鳽輵畫劃嫿繣澅獲馘漍幗摑嘓蟈𠜾

礖

昔腊焟惜舃磶蒵猎潟皵刺磧踖積襀膌脊蹐嵴迹鶺蟦鯽席蓆夕穸汐籍耤藉瘠塉釋適奭襫螫尺赤斥隻摭蹠跖炙石祏碩鼫射擲躑益嗌睪繹襗掖醳掖腋亦奕弈帟懌斁射譯驛嶧埸圛燡液易蜴役疫辟躄襞璧僻癖澼擗辟闢

錫裼緆啲晳晣析淅蜥戚鏚慼鼜磩績勣寂壁霹劈甓覓覭冪幎鼏幦汨的弔適嫡蹢靮玓甋鏑滴樀菂商逖逷趯踢倜惕剔鬄狄敵踧迪岫覿糴滌笛籊荻翟妯歷壢靂癧嚦躒磿礫瓅皪鬲轢櫪曆瀝濼藶櫟惄溺檄鷔覡閴欯喫激擊墼獥鶩嗷譥鷊甓艗虉闃狊鶪鵙湨郹衁瞁

職織膱樴蘵蠟識飾式軾拭絉栻寔湜殖埴植食蝕側仄昃稄泏色嗇穡濇測惻畟萴息熄鄎即稷陟稙敕飭鷘直犆幟值力朸匿㥾弋杙翼翊翌廙妐釴潩黓蝌瀷殛亟慽㯪棘蕀棘赩蘁億憶臆繶抑醷檍穟極嶷薿鶈域蜮淢罭棫蜮鶪緎閾魊洫侐堛畐稫副愊逼楅幅湢愎楅

德得忒慝特螣勒肋扐仂泐功北菔匐踣墨默纆蠌艒塞墄則賊鰂蠈蕀刻黑克剋刻勀或惑國冒

緝葺咠諿輯霵靸卅鈒嗺濈湒稓檝習謵襲褶漝霫隰鷚騽鰼簹集濕䁯執汁十什拾入廿澀戢濈觙縶蟄立粒鉝笠苙霫湇籋揖挹熠煜吸諗歙翕擒闟潝嬆噏泣湆急彶給級汲芨跲及笈邑浥悒裛婮唈厭岌圾

第十八部

入声　八勿九迄十月十一没十二曷十三末
十四黠十五舝十六屑十七薛二十九
葉三十帖通用

勿物岉沕芴拂刜髴岪袚艴踋茀霈弗不韍黻紱綍紼怫柫泏颵沸佛咈佛弟坲炥屈詘鶌蝠猸趉緢屈厥剧豯倔掘裍椈崛鬱菀蔚熨爩黦灪尉

迄肸釳汔乞芞契訖吃扢疙仡圪屹忔

月刖軏越鉞曰粵絨樾螁泧颰狘峸闕厥礦瘚劂橛蹶蕨蟨蟩鱖鷢撅蹷趣橛噦瘚鐝紇歇蠍猲訐揭鍻羯藒竭碣楬謁暍髮發颰伐茷罰坺墢閥瞂筏韈

没殁孛侼勃誖悖浡渤垏烸馞馪桲脖鹁驈窣猝卒卒
倅粹捽峷呐柮怵馳突腯葵挼埃瘁瘷筴硨訥呐麳齕
扢撱扣鶻忽惚昒笏窟崛骨汩僭樒鯂兀扤杌矹屼
軏阢厐

曷褐骺鞨鶡蝎喝渴瘸磕鴨葛割濿蓋轕遏闕堨頞嶭
蘖蘗薩掇撥繰怛妲鴠笪靻狟闒撻達澾獭鱖達剌粹
攋瘌颲捺

末休袜秣沬抹秣活豁韈闊括聒銛佸适栝筈秳鴰斡
掊撥襪鉢墢鐅潑鰁跋胈友魃報馛坺茇妭撮襊繓掇
剟褁脱奪鮛捋捋

黠藍劼刮髻戛楔嘎秸鴰軋揠猰窫乱扎滑硝猾鯦蛞
婠亝八扎捌汃叭拔殺鍛椴察札紮夗鳥虷扎茁窫鶏
豽喈噠

鞾轄瞎篦鳷刮帓刹昕

屑糈偰添切竊節瘌窠蜘鰤截鐵餮驖耋經凸跌迭咥
蛭垤抰涅揑蔖茶纈襭擷頁絜頡獵猰挈鍥結桔袺
拮潔蛣噎咽嘰咽栖搚齧祝闃臬隉陧蜺穴鴂血泬闋抉
餷欮潎決訣譎憰跌駃鳩缺抉妜撤劣辟弊鱉秘蔑懱
巘覕幪箟鶖鱴蠛

薛緤緤褻瞥媟契卨渫洩齛蹩楔雪蒩絕設斅撆掣瘈
淛昕折舌折熱説歔啜拙熪梲掇蓺刷唰哲徹撤晢鷜
轍澈列烈咧洌冽裂挒鴷爇蜘莂栵孨輟郠餟惙啜醊
涳劣銶将滸蛚拽孑紓悦説閲蛻威缺觖揭愒偈傑杰
楬榤孼蘖讞蘗蘗輾瓹鼈鷩鷓漵滅箹莂別
葉偞楪鍱魘厭靨攝煜饁极笈衱裛妾鰈繺涘接椄椄
睫婕荽聿捷捷崨攝檋懾葉鞨歃雺篋萐嫨謵喦疊慴
褶摺涉拾檋讘囁輒帴脮鬣獵轍儑攝躡邋灄驪讘聶爗
篽鑷躐驫

帖怗貼鉆鍱喋跕牒諜疊氎堞褋鰈渫蝶鰈鰈鰈蹀
捻鈰敜唸惗協叶蝦挾俠裌頰莢鋏莢蛺篋悏峽岌慊
燮屧躞浹

# 第十九部

入声　二十七合二十八盍三十一業三十二
洽三十三狎三十四乏通用

合部 盒欱閤合匌欱頜鞈鴿蛤鮯姶媕唈跋靸鈒妠馺
颯卅啑帀呷嚕鉔趿雜矗蕺答搭褡嗒鍺帢鞳黯讉噎潔
鞈沓諮搨踏遝溚駘槎拉納袡靹妠軜蒳匼盍磕闔蓋
嗑譫榼搕盧瞌轄溘頜鎑蓋闟鮯匌磼囃搚剽喝榻偈
塌遏毾騚蹋溻磲闟塔蹋箌墖臘蠟鑞燀邋搚

業部 鄴懾嶪驜鮺脅肬嚅憎擪怯抾劫刦抾衱祫蛣跲袷
笈腌浥裛

洽部 洽祫峽狹恰帢掐夾郟袷筴鵊歃臿鍤插眨霅譀萐澆
騝届蝶劄

狎部 狎匣評柙甲胛押壓鴨厴呷翣褋唼箑霎霅溠喋

乏部 乏法㚲瓈

# 中原音韵（曲韵）

[元]周德清　著

## 東　鍾

### 平　声

(阴)東冬/鍾鐘中忠衷終/通蓪/松嵩/冲充衝舂忡憃瞳瘒翀种/邕喁雍/空倥/宗椶騣/風楓豐封葑峯鋒烽丰蜂/鬆惚/匆葱聰驄囱/蹤縱椶/穹芎傾/工功攻公蚣弓躬恭宮龔供肱觥/烘叿轟薨/凶兇胸洶兄/翁鶲癰廱雍泓/崩絣/烹

(阳)同筒銅桐峒童僮瞳瞳朣潼鼕/戎茙駥絨毪茸/龍隆癃窿/窮藭趷𧊲笻/籠瓏朧欞瓏籠聾礱嚨/膿農儂/濃穠醲/重蟲慵鱅崇/馮逢縫/叢藂琮/熊雄/容溶蓉瑢鎔庸傭郎鏞墉融榮/蒙濛朦矇甍盲蕒萌/紅谼虹洪鴻宏紘橫嶸弘/蓬篷芃髼彭棚鵬/從

### 上　声

董懂/腫踵種冢/孔恐/桶統/汞嗊/隴壟/駷攏/洶澒/聳竦/拱鞏珙/勇慂涌踊恿永俑/蠓懜猛艋蜢/總/捧/寵/冗/㩒/喺

### 去　声

洞動棟凍湅/鳳奉諷縫/貢共供/宋送/弄哢斠/控空輕/訟誦頌/甕齆齈/痛慟/衆中仲重種/縱從粽/夢孟/用詠塋/哄閧橫/綜/迸/銃

## 江　陽

### 平　声

(阴)姜江杠釭薑疆韁殭僵/邦梆幫/桑喪/雙艭霜孀

鵝騔/章漳獐樟璋彰麞張/商傷殤觴湯/漿螿將/莊
粧裝椿/岡剛鋼綱缸扛玒亢/康糠/光胱/當璫簹襠
膅/荒穢肓/香鄉/錆滂霧/腔箜鞔羌/鴦央殃秧泱/
方芳枋妨坊肪/昌猖娼菖閶/湯鐋/湘廂相箱襄驤/
搶鏘蹌/匡筐眶/汪尫/倉蒼/窗瘡/臟臧
(阳)陽揚楊暘易颺羊徉洋佯/忙茫邙芒鋩哤哤厖/
粮良涼綡輬梁粱量/穰禳瓤瓢/忘亡/郎榔廊螂稂浪
琅狼/杭行頏航/昂卬/床幢撞眛/傍旁房龐逄/房防
/長萇腸場常裳嘗償/唐搪塘糖堂棠/詳祥翔/牆檣
嫱戕/黃潢簧鰉蝗皇篁凰惶艎遑隍/藏/強/娘/降/
王/狂/囊

## 上 声

講港鋼/養痒鞅/蔣獎槳/兩魎/想鮝/蟒莽漭/爽塽/
響蠁享饗夯/敞氅昶/壤穰/舫倣放訪昉/罔網輞/枉
往/顙磉嗓/榜綁/倘帑/黨讜/掌長/朗/謊恍/仰/廣
/沆/髒/強/搶/賞晌

## 去 声

絳降洚虹糨強/象像相/亮諒量緉輛/養恙煬養樣快
餦漾恙/狀壯撞/上尚餉/讓懹釀/帳脹漲丈仗杖障
墇瘴/巷向項/匠將醬/唱倡暢悵幽/創剏/望忘妄/
旺王/放訪/蕩宕碭當擋/浪閬/葬藏戀/謗傍蚌棒/
炕亢抗/曠壙纊/晃幌/況貺/釀/仰/喪/胖/行/愴/
誑/盎/戧/鋼/盪燙

## 平 声

(阴)支枝肢卮氏梔楮之芝脂胝/髭觜觜茲孳孜滋資
咨淄諮姿籽/眵眵差/施詩師獅螄尸屍鳲著/斯撕廝
澌鷥颸思司私絲偲罳/雌

(阳)兒而洏/慈鶿磁茲睿茨疵玭呰/時塒鰣匙/詞祠辭嶍

## 上声

紙砥底旨指止沚芷趾祉阯址徵咫/爾邇耳餌珥駬/此玼跐泚/史駛使弛豕矢始屎齒/子紫姊梓/死/齒仔

(入声作上声)澀瑟/塞

## 去声

是氏市柿侍士仕使示諡蒔恃事施嗜豉試弒笫視噬/似兕賜姒巳汜祀嗣飼笥耜涘俟寺食思四肆泗駟/次刺莿/字漬牸自恣骴眥/志至誌/二貳餌/翅/廁

## 齊　微

### 平声

(阴)機幾磯璣譏肌飢笄萁箕基雞稽饑姬奇羈羇/歸圭邽龜閨規/虀齎擠躋/雖荽綏睢尿/低堤碑眠氐羝/妻凄萋棲悽/西犀嘶/灰揮暉輝翬麾徽隳/杯悲卑碑陂/追騅錐/威偎隈煨/非扉緋霏騑騛菲妃飛/溪欺欹/希稀狶羲曦犧醯熹僖熙/衣依伊醫鷖猗漪繄/吹炊推/醅披邳丕呸胚経/魁盔虧窺瑰奎/笞癡郗蚩媸螭鴟絺/崔催衰榱/紕批鈚/堆艡/篦鎞/知蜘/梯

(阳)微薇維惟/黎犁黧藜璨離璃籬醨羅离鸝驪麗狸鯬釐釐漓/泥尼齉/梅莓枚媒煤眉湄楣嵋麋縻醾靡/雷檑縲罍嬴/隋隨/齊臍/回徊迴/圍闈韋幃違嵬巍危桅為/肥淝/奇騎琦碕其期旗旂萁祈祁其畿祇耆鬐芪岐麒琪蘄/奚兮睳攜蹊/移扅兒鯢鯓倪猊輓姨夷痍疑嶷黐沂宜儀鸃彝眙怡胎飴坏頤遺虵/啼蹄

提題醍緹梯／鎚垂陲／裴陪培皮／葵馗夔逵／池馳遲／墀篪持／頽魋／脾疲比毗罷／迷彌瀰／誰／摧／蕤

（入声作平声，阳）實十什石射食蝕拾／直值姪秩擲／疾嫉茸集寂／夕習席襲／荻狄敵逖笛糴／及極／惑／逼／劾／賊

（去声作平声，阳）鼻

## 上　声

迤旖／尾亹／倚椅錡庪俙蟻矣已以苡顗擬艤／浼美／蟣幾己几麂紀／恥侈／捶箠／痞否嚭圮秕／鬼簋癸軌詭晷宄／悔賄毀卉譭燬虺／妣比匕／禮醴里裏理鯉娌李蠡履／濟擠／底邸詆柢牴／洗璽枲徙屣／起棨啓綮綺杞豈／米弭眯／你旎襧／彼鄙／喜蟢／委猥唯隗葦偉／壘磊儡蕾／體／腿／蕊／觜／髓／水／餒

（入声作上声）質隻炙織隰汁只／七戚漆刺／匹闢僻劈／吉擊激誣棘戟急汲給／筆北／失室識適拭軾飾釋濕爽／唧積稷績跡脊鯽／必畢蹕篳碧壁璧躄／昔惜息錫淅／尺赤喫勒叱鶒／的靮嫡滴／德得／滌剔踢／吸隙翕／檄覡／乞泣訖／國／黑／一

## 去　声

未味／胃蝟渭謂曖尉慰緯穢衛魏畏餒位飫／貴櫃餽愧悸桂檜膾鱠跪獪繪／吠沸費肺廢芾／會晦誨諱惠蕙慧潰闠／翠脆頗倅萃悴淬焠／異裔義議誼毅藝易翳瘞劓枻曳臂詣饐刈乂意勩懿／氣器棄憩契禊／霽濟祭際劑／替剃涕嚔／帝諦締弟娣第悌地遞蒂棣／背貝狽焙倍婢備避犕被弊幣臂髮詖帔／利痢莉俐例唳戾滲離隸癘礪厲莅荔罸劙麗／砌妻／細壻／罪醉最／對隊碓兌／計記寄繫繼妓忮技髻偈忌季縊騎覬驥冀薊鱖／閉蔽畀笓斃嬖庇比秘陛賁／謎仫／睡稅說瑞

退蜕/歲碎粹崇邃繸穗燧隧遂彗/墜贅綴縋懟/製制
置滯雉稚致巇治智幟熾質/世勢逝誓/淚累酹擂類
纇誄耒磑/配佩珮轡霈沛悖誖/妹昧媚魅袂瑁寐/戲
系係/簀賮揆/殯膩泥/蚋芮鋭炳/吹喙/内

（入声作去声）日入/覓蜜/墨密/立粒笠曆歷櫪瀝癧
靂櫟力栗/逸易埸譯驛益溢鎰鷁液腋掖疫役一佾泆
逆乙邑憶擑射翊翼/勒肋/劇/匿

<h2 style="text-align:center">魚　模</h2>

<h3 style="text-align:center">平　声</h3>

（阴）居裾琚鶋車駒拘俱/諸猪瀦朱姝株蛛誅珠邾侏
/蘇酥蔴甦/逋餔哺/樞樗摳/粗麤/梳蔬疏疎/虛墟
噓嘘歔吁/蛆趄/疽沮趄苴狙雎/孤姑辜鴣酤沽蛄菰
觚/枯刳/迂紆於/鳴汙烏/書舒輸紓/區軀驅嶇貙/
須湑鬚胥醑需繻/膚夫鈇玞趺敷麩孚郛荸枹枰郛/
呼/初/都/租

（阳）廬閭驢臚蕖/如茹駕儒薷襦繻嚅濡/無蕪巫誣/
模謨摸謀/徒圖菟屠荼途瘏駼塗/奴孥笯駑/盧蘆顱
鱸轤艫櫨瀘鱸爐/魚漁虞余餘竽于訏雩與璵旟璵玗
妤歟譽愚盂隅禺臾楡愉俞覦魼瑜窬逾渝闍腴諛萸/
吾浯鋙蜈珸吳梧娛齬/雛鋤/殊茱銖洙/渠蕖磲籧劬
瞿衢臞/除蜍滁筱櫥㕑躕儲/扶夫蚨符芙凫浮/蒲脯
酺捕/胡糊湖醐瑚鶘壺狐弧乎/殂徂/徐

（入声作平声）獨讀牘瀆犢毒突纛/復佛伏鵩袱服/鶻
鶻斛槲/曘屬述秫術术/俗續/逐軸/族鏃/僕/局/淑
蜀孰熟塾

<h3 style="text-align:center">上　声</h3>

語雨與圉圄齬敔禦愈羽宇禹庾/呂侶旅膂縷僂/主

煮拄渚塵墅蠚/汝乳/鼠黍暑/阻俎/杵楮褚處杼/數所/祖組/武舞鵡侮廡/土吐/魯櫓虜鹵滷/覩堵賭/古罟詁沽牯蠱估鹽鼓瞽股羖賈/五伍午仵忤塢鄔/虎滸/補浦圃鵏/普溥譜/甫斧撫黼脯府俯腑父否/母某牡姥畝/楚礎憷/舉莒矩欅/弩努/許詡/取/苦/咀/女/嶼/偏去

(入声作上声) 谷穀觳骨/蓛縮謖速/復福輻蝠腹覆拂/卜不/菊踘局/笏忽/築燭粥竹/粟宿/曲麯屈/哭窟酷/出黜畜/叔菽/督篤/暴撲/觸束/簇/足/促/禿/卒/蹙/屋沃兀

## 去　声

御馭遇嫗裕諭芋譽預豫/慮濾屢/鋸懼句據詎巨拒柜距炬苣踞屨絇具/恕庶樹戍豎署曙/覷趣娶/注澍住著柱註鑄舞炷駐紵苧貯竚/數疏/絮序敍緒/孺茹/杜妬肚渡鍍斁度蠹/赴父釜輔付賦傅富仆鮒賻訃/祔婦附皁負/戶扈護瓠互冱護岵怙/務霧騖戊/素訴塑遡泝嗉/暮慕墓募/路潞鷺輅露賂/故錮固顧雇/誤悟悟寤惡汙/布怖佈部簿哺捕步/醋措錯/做祚胙詛/兔吐/怒/鋪/處/去/聚/助

(入声作去声) 祿鹿漉麓/木沐穆睦沒牧目鶩/錄籙綠醁陸戮律/物勿/辱褥入/玉獄欲浴郁育鵒/訥

## 皆　來

### 平　声

(阴)皆楷階喈街偕楷揩/該垓荄胲/哉栽災/釵差/台胎駘咍邰/哀埃唉/猜/挨/衰/腮/歪/開/揩/齋/乖/篩/揣

(阳)來萊騋/鞋諧骸/排牌簿俳/懷淮槐褢瀤/埋霾

騃毸/孩頦/柴柴豺儕/崖厓捱/才材財裁纔/臺薹擡
儓苔炱篦/能

(入声作平声)白帛舶/宅擇澤擇/畫劃

## 上　声

海醢/鼃詅紿/駭蟹/宰載/采彩採宋綵/靄藹乃毐/
奶乃/崴拐夬/凱鎧塏/揣/擺/矮/解/楷/買/改

(入声作上声)拍珀魄/策冊柵測跚/伯百栢迫擘檗/
骼革隔格/客刻/賾幘摘謫側窄仄昃簀迮/色穡索/
摑/摔/嚇/則

## 去　声

懈械薤解獬/寨豸瘵債蠆眦/態泰太汰/蓋丐/艾愛
噫餲/掑隘阸搤/柰奈耐鼐/害亥妎/帶戴怠迨待代
袋大黛岱/戒誡廨解界介芥疥屆玠犗觢/外躗/快噲
塊/在再載/賣邁/賴籟瀨賚癩/拜湃敗憊粺/菜蔡/
曬灑煞鎩/賽塞/恠/壞/慨/派/帥率/溾

(入声作去声)麥貊陌驀脈/額厄峉鞡/搦

## 眞　文

## 平　声

(阴)分紛芬氛汾/昏惛婚葷閽/因姻茵湮殷闉/申紳
伸身/嗔瞋/春椿/詢荀/吞/暾/諄迍/逡皴/根跟/欣
忻昕/氳熅/眞珍振甄/新薪辛/賓濱鑌彬/坤髠/君
麔軍皸均鈞/榛臻/莘詵/薰醺勳曛燻/鯤鵾裩昆/溫
瘟/孫湌蓀猻/尊樽/敦墩燉/奔賁犇/巾斤筋/村/親
/遵/恩/噴/哏/津

(阳)隣燐鱗磷麟粦轔/貧瀕頻蘋顰嚬/民珉緡旻/人
仁/倫綸掄輪淪/裙羣/勤懃芹/門捫/論崘/文紋聞

蚊/銀闇齦垠寅夤嚚鄞/盆溢/陳臣塵娠辰晨宸/秦
篘/脣純蓴淳醇錞鶉/巡旬馴循/雲芸云紜耘匀員筼
/墳焚棼/魂渾/豚屯飩臀/神/存蹲/痕/紉

## 上 声

軫疹診稹/肯懇墾齦/緊謹槿菣瑾/隱引蚓尹/閔憫
泯愍敏/准準/刎吻/筍隼/允殞隕狁/本畚/閩壼咽
悃窘困/哂矤/牝品/狠/不/忍/盾撙/損/蠢/忖/
粉/穩/袞/瞬/儘

## 去 声

震陣振賑鎮/信訊迅賮燼/刃訒仞認/吝恡藺磷/鬢
殯臏/腎慎/醞慍運蘊愠暈韻/盡晉進雋/忿分糞奮
/近覲/襯齔/印孕/峻浚殉噀/遜巽/俊駿/舜順/閏潤
/問紊/頓囤鈍遯盾沌/悶懣/奔倴/訓/郡/困/噴/僨
/論混/寸/恨/嫩/褪/搵諢/趁疢

## 平 声

(阴)山刪潸/丹單殫鄲簞/干竿肝玕乾/安鞍/姦奸
間艱菅/刊看/關綸鰥擐/擐拴/斑班般扳頒/彎灣/
灘攤/番蕃翻轓旛藩反/珊珊/攀/慳/赸/餐/跧/殷
(阳)寒邯韓汗翰/闌蘭欄斕襴攔/還環鬟寰闤圜鐶/
殘戔/閑鷼癇/壇檀彈/煩繁膰礬蠻帆樊凡/難/蠻/
顏/潺/頑

## 上 声

反返坂/散傘繖/晚挽/板鈑/簡揀/產鏟剗/嬋亶/趕
稈斡/坦袒/罕/侃/懶趲/繖/赧/盞琖/眼

### 去　声

旱悍銲漢翰瀚汗骭骬/旦誕嘽彈憚但/萬蔓曼/嘆炭
/案按岸犴旰閈嗲/幹榦/粲燦璨/棧綻組/盼襻/譔
饌/渲灒/慢嫚謾/慣丱摜/贊讚瓚瓉酇/患幻宦擐豢
/間澗諫覵/訕疝汕/辦瓣扮絆/飯販販範泛范犯/限
閬莧/鴈贗晏鷃/看/爛/篡/散/難/腕

## 桓　歡

### 平　声

(阴)官冠棺觀/搬般/歡讙驩貛貆/潘拚/端耑/剜豌
蜿/酸狻/寬/鑽/湍/攤

(阳)鸞鑾孿欒灤圞/瞞謾縵漫鞔饅霒鏝/桓統/丸刓
汍綄紈完瓛岏/團摶漙博/盤槃瘢磐/鬅般鼚婆磻蟠
胖弁幋/攢穳

### 上　声

館管痯琯皖/纂纘禶酇/欵/盥灙/满满/暖餪/椀/疃
/卵/短

### 去　声

喚換煥渙緩逭奐/忨玩腕惋/鏝幔漫墁/窾鬝攛躥/
斷鍛段/算蒜/判拚/貫冠觀灌裸瓘鸛/半伴泮沜畔
絆/鑽/亂/象/懁

## 先　天

### 平　声

(阴)先仙躚鮮/煎湔箋韉濺籛/堅肩甄/顛癲巔/鵑涓
娟蠲/邊邊編鞭編/喧暄萱垣誼/氈鸇鱣饘邅旃栴/
羶扇煽/專磚/千阡芊遷韆/軒掀杴/烟燕胭咽嫣/牽

愆褰騫/篇扁蹁偏翩/淵宛眢鵷鴛蜿/痊詮筌銓悛朘荃/宣揎瑄/川穿/圈/天/鐉

(阳)連蓮憐/眠綿/然燃/廛躔纏禪蟬/前錢/田畋闐塡鈿/賢絃弦舷懸/玄/延筵鋋埏蜓緣妍言研焉沿/乾虔/元黿圓員捐園圜袁猿轅原嫄源垣鉛鳶湲援/全泉/旋還璇/船傳椽/拳顴權鬈/胼駢骿便/聯攣/年/涎

### 上 声

遠阮苑婉/兗偃演堰衍齴/卷捲/鮮跣洗銑毨筅獮蘚癬/腆殄沴/驐謇繭筧梘齴/剪翦/撚輾碾讞/輦璉/孁變/囀轉/貶扁匾艑緶/沔湎黽免冕勉俛眄/喘舛/闡蔵/典/顯/犬/淺/展/遣/吮/軟/選/讅

### 去 声

院願愿怨遠援/勸券/見建健絹件/獻現憲縣/楦眩絢/電殿甸佃鈿填闐靛奠/硯燕嚥讌諺堰緣搽宴彦嗲嬿/眷倦圈綣絹狷骨/面麪/片騙/變便遍徧辨辦卞汴弁/線羨霰/釧穿串/扇善煽鱔禪饍擅墠單/箭薦煎賤濺餞踐牮/鏇選旋漩/傳囀轉篆/戰顫纏/譴牽/練煉楝/戀

萧 豪

### 平 声

(阴)萧箫潇繡飈綃消銷宵霄硝蛸痟魈筱/刁貂琱彫鵰凋/梟鴞嚣枵驍歊/梢捎弰筲艄髾鞘颮/嬌驕/蕉焦椒樵譙/標膘腰縹杓飆/交蛟咬郊茭鮫膠教/包胞苞/嘲抓啁/高篙膏羔糕槔皋纍鼛/刀叨舠魛/騷搔艘臊繰飂/遭糟/鏖蹻爊/昭招朝/邀夭訞么喓腰妖

要葽/飄漂/抛胞脬/絛掏饕叨謟韜慆/趒橇/哮虓怵
嘐詨/敲礉/抄謅/坳凹/蒿薅/燒/襃/挑/超/鍬/操

(阳)豪毫號濠嗥/寮遼僚鷯憭聊/饒橈蕘/苗描緢/
毛芼旄茅蝥猫髦/猱獿蟯呶恢撓譊/牢勞轑潦醪撈/
迢髫蜩調條佻跳/潮朝韶龜/遙搖謠瑤颮窯堯陶姚
嶢樵瞧譙/鼇鰲嗷厫敖璈聱獒鼇遨熬螯/喬蕎橋
僑翹/爻肴淆殽/袍炮跑鞄匏咆庖/桃逃咷鼗陶萄綯
醄淘濤檮/曹漕槽嘈螬/瓢藻/巢漅

(入声作平声)濁濯鐲擢/鐸度踱/薄箔泊博/學鷽/縛
/鶴涸/鑿/鑊/著/芍杓

上　声

小篠謏/皎繳矯橋/裊鳥嫋嫋/了瞭燎蓼/杳夭妖吕/
遶繞嬈擾/眇渺秒藐淼/悄愀/寶保堡褓葆/卯昂/狡
攪鉸姣茭絞/老姥獠潦獠橑/腦惱碯嫋/掃嫂/殍漂
僄剽勡/早棗澡藻蚤塸/倒島搗禱/呆藁縞鎬鄗槁/
襖懊媼/考栲/挑窕/沼/少/表/巧/曉/飽/爪/炒/討
/草/好/撓/鲛/稍/剖/缶

(入声作上声)角覺脚桷/捉卓琢/斫酌繳灼/爍鑠煠/
鵲雀趞/託拓橐魄飥柝/縤索掿/郭廓/朔矟/剥駁/
爵/削/柞作繫/錯道/閣各/壑熇/綽婥/謔/戳棚

去　声

笑嘯肖鞘/耀眺跳/釣吊窵調掉/豹爆瀑/抱報暴鮑
鞄袌/竈皂造漕懆躁/料鐐廖罳療/傲奡鼇/趙兆照
旐詔召肇/少紹邵燒/號皓好昊皞耗浩顥灝/道翿纛
燾盜導悼蹈稻到倒/曜耀矅要鷂/叫轎嶠/醮噍/糙
操造慥/俏峭誚/僄鰾縹/孝効傚校/窖校教覺狡鉸
較酵徼/罩笊棹/拗軪樂凹/貌冒帽耄眊茂/砲泡/告
誥郜/澇勞嫪/噪燥譟掃/妙廟/閙淖/奥懊澳/鈔窾

/溺/哨/覆

(入声作去声)岳乐药约跃龠瀹/挪诺/末幕漠寞莫沫/落络烙洛酪乐珞/萼鹗鳄恶愕/弱蒻箬/略掠/虐瘧

## 歌 戈

### 平 声

(阴)歌哥柯牁/科蝌窠/轲珂/戈過鍋/莎簑唆唆梭娑挲/磋瑳蹉瘥鹾搓/他拖佗詑/阿婀/窝渦倭踒/坡颇/波玻旛番/呵訶/多/麼

(阳)罗萝蠡傩囉鑼螺騾灑欏蠃鏍/摩磨魔劘麼/挪那挼儺/禾和/何河荷苛菏/駝紽陀迱跎鮀酡沱鼉馱/矬醝/哦蛾娥峨莪鵝俄/婆皤鄱膰/訛鈋

(入声作平声)合盒鶴盍/跋魃/縛佛/活鑊/薄箔勃泊渤/鐸度/濁濯鐲/學/鑿/奪/着/杓

### 上 声

鎖瑣鏁/果裹蜾/裸蠃攞夥惈/舸哿/朵趓嚲跢髻/娜那/荷哆/可坷軻/頗叵/妸跛簸/我/左/妥/火/顆/嬤/脞

(入声作上声)葛割鴿閣蛤/鉢撥跋/潑粕鏺/眜括/渴瘌闊/撮/掇/脫/抹

### 去 声

賀荷樏/佐左坐座/舵墮鬌憜剁垜大馱癉/銼挫剉莝磋/禍貨和/邏囉摞/簸播譒/磨麼/臥涴/糯懦那柰/箇个/餓/些/過/課/唾/破/嗑

(入声作去声)岳樂藥約躍龠/幕末沫莫寞/諾挪/若弱蒻/落洛絡酪樂烙/萼鶚鱷惡垩鄂/略掠/虐瘧

## 家　麻

### 平　声

(阴)家加跏珈笳枷袈迦痂葭豭麚佳嘉/巴疤笆豝芭/蛙洼窪哇媧蝸/沙砂紗鯊裟/查楂蹅吒/撾抓髽/鴉丫呀/叉杈靫差艖鎈/誇夸/蝦/葩/花/瓜

(阳)麻蟆痲摩/譁划華驊/牙芽衙涯衙崖/霞遐瑕/琶杷爬/茶槎搽/拏/咱

(入声作平声)達撻踏沓/滑猾/狎轄鍺俠峽洽匣袷/乏伐筏罰/拔/雜/閘

### 上　声

馬媽/雅瘂/洒/寡

(入声作上声)塔獺榻塌/殺霎/劄扎/咂匝/察插鍤/法發髮/甲胛夾/答搭嗒蹅/颯撒薩靸/笈/刮/瞎/八/恰掐

### 去　声

駕嫁稼價架假/凹宄/跨胯髁/亞迓訝砑瘂/汊咤姹詫覩/帕怕/詐乍榨棤/下芐夏嚇罅暇廈/化畫華韄樺話/那/罷霸壩靶灞鈀弝/卦掛/厙/大/罵

(入声作去声)臘蠟鑞拉糲辣/納衲/壓押鴨/抹/襪/刷

## 車　遮

### 平　声

(阴)嗟罝/奢賒/車/遮/爹/靴/些

(阳)爺耶琊鎁呆/斜邪/蛇佘/俫/瘸

(入声作平声)協穴俠挾纈/傑竭碣/疊迭牒揲喋諜垤絰凸蝶跌/鐝撅/折舌涉/捷截睫/別/絶/嶭

### 上 声

野也冶/者赭/寫瀉/捨舍/惹若喏/撦哆/姐/且
(入声作上声)屑薛緤泄媟褻燮屟疿/切竊妾沏/結潔
刔頰鋏莢/怯挈篋客/節接楫癤/血歇嚇蝎/闋缺闕/
玦決訣譎蕨鴂/鐵餮帖貼/瞥撇/鼈別懶/拙輟/轍撤
澈掣/哲褶摺折浙/設攝灄/啜/雪/説

### 去 声

舍社射麝貰赦/謝卸榭瀉/夜射/柘鷓炙蔗/借藉/赿
/偖
(入声作去声)捏聶躡鑷囁臬糵/滅篾蔑/拽曳謁葉燁
/業鄴額/裂冽獵鬣列/月悦説閲軏越鉞樾蟩刖/熱
褻/劣

## 庚　青

### 平 声

(阴)京麖庚鶊賡更粳羹畊驚荆經兢矜涇/精晴晶旌
鶄菁/生甥笙牲猩/箏爭/丁釘玎仃/扃坰/征正貞禎
徵蒸烝/冰兵并/登簦毠甂燈/轟薨/憎曾矰罾增/鐺
錚猙琤撑瞠/稱秤頳檉蟶/英瑛鷹應膺櫻嬰嚶膺鸚
纓瓔縈/輕坑卿誙硜鏗傾鏗/馨興/青清鯖/聲升勝
昇陞/汀廳聽輕鞓/星醒惺鯹腥騂/崩繃/觥肱/甖/
僧/亨/兄/泓/烹
(阳)平評萍枰憑馮凭屏瓶傳娉/明盟鳴名銘鳴冥溟
暝螟冥/靈欞醽廲令零苓伶聆鈴齡蛉泠瓴翎鴒陵凌
菱綾淩/鵬朋棚/楞稜/層曾/能獰/藤滕騰縢螣疼
莖恒/盈贏攍瀛塋螢營迎蠅凝贏/擎檠鯨黥勍/行形
刑邢桁衡鉶珩硎/情睛晴繒/亭停婷廷庭蜓霆/瓊煢

愣/澄呈程酲成城宬誠盛承丞懲乘塍/熒瞢/盲氓甍萌/横宏紘閎嶸鈜弘/橙棖党/榮/寧/仍/繩/餳

### 上 声

景儆璟撖骾鯁綆梗警境頸耿哽/頃檾/丙炳邴秉餅屏/惺醒省瘖/影郢潁癭/省眚/礦鑛懭/憪冏/艋蜢/整拯/茗皿酩/騁逞/領嶺/鼎酊頂/艇挺誔町奵/冷/井/請/等/永/涬

### 去 声

敬徑俓經鏡獍竟競勁更/暎應膺凝硬/慶罄磬謦罄/命暝/鄧凳嶝隥鐙磴/迥詗敻/倩請/諍掙/正政鄭證/詠瑩/病並柄凭/令淩/聖賸勝乘剩盛/性姓/娉聘/佞濘甯/淨靜穽甑竫凊圊/杏幸倖脛興行/稱秤/定錠矴釘訂飣/贈/聽/迸/孟/横/撑/亘

## 尤 侯

### 平 声

(阴)啾揫湫/鳩鬮/搜颼/鄒諏鯫陬騶緅/休咻貅庥/謳鷗漚甌歐區/鉤勾篝溝鞲緱/兜篼/秋鰍鞧楸鞦鶖/憂幽優櫌麀/脩修羞饈/抽瘳/周賙啁週洲州舟輈/丘坵/偸媮鍮/篘搊/溲鎪餿/彪/收/齁/摳

(阳)尤蚰疣訧遊游蝣由油郵牛卣猷蕕輶猶繇蕕楢悠攸/侯猴喉餱篌/劉留遛瘤榴鶹騮流旒/柔揉鍒蹂糅/抔裒/繆矛眸鍪蝥牟麰侔/樓婁艛摟髏慺/囚泅/紬稠綢犨讎酬籌儔躊疇惆/求賕銶毬逑球俅仇璆裘虬/酋遒/頭投骰/愁

(入声作平声)軸逐/熟

### 上 声

有酉牖羑友誘蒡黝/柳罶颲/杻狃紐鈕忸/丑醜/九韭久玖糾灸疚/首手守/叟瞍藪/斗枓蚪陡抖/狗垢苟耇枸/藕耦偶嘔毆/搜嶁簍/肘帚酎/朽/酒/扭/剖/吼/走/否/揉/口/偢/瞍

(入声作上声)竹燭粥/宿

### 去 声

又右佑祐狖宥袖幼囿侑/晝呪胄紂宙簉咮/臼舅舊咎救柩廄究/受授綬壽獸首售狩/秀岫袖綉琇宿/嗽漱/皺驟/溜霤留餾鎦瘤瀏窌/扣寇蔻/后逅候堠後厚/就鷲/豆脰竇鬥逗/搆遘媾購姤彀詬勾/湊輳輳/漏陋鏤瘻/謬繆/臭/嗅/瘦/慸/耨/奏/透/貿懋

(入声作去声)肉褥/六

## 侵 尋

### 平 声

(阴)針斟篸砧椹鱵瑊/金今衿襟禁/駸綅浸祲/深葇/簪鮮/森槮參/琛綝郴/音瘖陰暗/心杺/欽衾嶔/侵/歆

(阳)林淋琳痳霖臨綝箖/壬任紝姙/尋潯鱘鐔燖蕁/吟淫崟婬霪蟫/琴芩禽檎擒噙/岑鵶鑸涔霣/沈霃鈂湛/忱堪

### 上 声

廩懍凜/稔餁淰衽荏/審嬸沈瞫/錦噤/碜墋瘆/枕/飲/您/怎/寢

### 去 声

朕沈鴆枕/甚葚/任衽紝姙/禁嚛澿衿/蔭廕窨飲恁/

沁伈/浸褆/臨淋/滲罧/讖/譖/賃/啉/唔

## 監　咸

### 平　声

(阴)菴庵鵪醃唵諳/擔聃儋耽湛酖眈/監緘械/堪龕/戡弇/三毿䰐/甘柑疳泔/杉衫/貪探/參驂/憨酣/簪/篸臜七/嵌/鵮/玷嵫/淰/攬

(阳)南諵喃楠男/咸鹹諴函銜啣/婪燣爧藍籃嵐/覃潭談餤譚燂薄曇痰/鹽慚/含涵邯/讒毚饞鑱劖巉/巖岩/嗒

### 上　声

感鱤噉敢/覽攬欖爦/膽礝統/慘黲/掊晻罯/喊㺇/毯襢俠苕窞/減鰔/坎砍/昝歁/俺/糝/黯/斬/腩

### 去　声

勘磡/贛淦紺/憾撼頷琀荅唅/淡啖惔擔/轞檻艦餡陷/濫醂纜欖/瞰嵌闞/蘸站賺湛/鑑監/暫鏨蔘搩/暗闇/三/探/淰/慘/懺/訕

## 廉　纖

### 平　声

(阴)瞻詹占粘沾霑/兼縑鶼鎌/淹腌醃稭閹厭懨/纖銛憸暹韱/憸槧籤/襜韂覘/杴忺/尖漸殲/掂/苫/謙/添

(阳)廉簾帘奩帘/鮎黏拈/撏燖/鈐鉗黔/蟾憺/鹽炎閻簷嚴/甜恬/髥/潛/嫌

## 上　声

掩魘黡埯奄晻崦琰剡／撿鎌臉／歃臉／染苒冉／閃陝／

忝舔／險譣／颭／點／謟

## 去　声

艶焰厭靨驗灩釅筜／瞻苫／欠芡歉／玷店坫墊／澰歃

殮／念俺／劍儉／僭漸／塹茜嶄／染／占／韅

# 诗律

体式

三十六式

中国的诗歌源远流长,历史辉煌。自唐以后,诗歌体式逐渐趋于划一,对于句数、押韵、平仄、对仗,始有严格的规定,正式形成了格律诗,后世称作近体诗。

于此之前的诗一般称为古诗,包涵五言、七言和乐府。《诗经》和《楚辞》是我国最早的诗集。五言诗起源于西汉的民谣,《古诗十九首》是最早出现的成熟的五言诗。七言诗最早的是汉武帝和群臣的联句《柏梁诗》,曹丕的《燕歌行》是第一首完整的七言诗,真正隔句为韵的七言诗,起于鲍照的《拟行路难》。乐府本是汉代官署的名称,其职责是收集民歌并为配上乐谱,后来将这些配乐的歌词皆称为"乐府"。此后,一些文人沿袭乐府旧题或模仿乐府体裁写诗,也称为乐府。到齐梁时代,随着四声的发现,诗歌开始讲究声律,诗体逐渐演进成型。

到了唐代,大约因为科举的关系,诞生了规范的格律诗。其与古诗的不同之处,主要有四点:1. 规定句数;2. 严格押韵;3. 讲究平仄;4. 要求对仗。格律诗大致分为律诗和律绝两类。

格律诗用韵严格,一般只用平声韵。除首句平收的体式,其首句当用衬韵外,无论律绝、律诗、长律,必须逐双一韵到底。即不能出韵,且要避免重韵。出韵和重韵均为格律诗之大忌。

格律诗最本质的特点是讲究平仄。平仄相间,方可抑扬顿挫。《切韵指南》有口诀云:"一三五不论,二四六分明。"且大致可用,然当注意:如"仄仄平平仄仄平"句,第三字必须是平,若改为仄,全句除了韵脚以外,只剩一个平声字,此称"犯孤平"。再如"平平仄仄平平"句,第五字必须是仄,若改为平,句末连用三个平声字,此称"三平调"。"犯孤平"和"三平调"均为诗家之大讳。

诗人对于拗句,往往用"救"。拗而能救,即不为"病"。所谓"拗救",就是上面该平的地方用了仄声,则在下面该仄的地方用平声,以为抵偿;如果上面该仄的地方用了平声,下面该平的地方则用仄声,以为抵偿。拗救多采用本句自救和对句相救两种方法。

对仗是律诗的必要条件。就一般情形而论,律诗的对仗是用于颔联和颈联;换言之,即第三句和第四句对仗,第五句和第六句对仗。所谓对仗,就是句法结构的相互对称,讲究的是虚对虚,实对实;名词对名词,动词对动词,形容词对形容词,副词对副词。两两相对,相辅相成。

以上所述为格律诗之特性,下分列出律诗、律绝共十六种标准体式。

# 五 绝

常式(仄起不入韵式)

仄仄平平仄,平平仄仄平。
平平平仄仄,仄仄仄平平。


\+｜－－｜(句)－－＋｜－(韵)
\+－－｜｜(句)＋｜｜－－(韵)


白日依山尽,黄河入海流。
欲穷千里目,更上一层楼。

王之涣(登鹳雀楼)

红豆生南国,春来发几枝。
愿君多采撷,此物最相思。

王 维(相思)

诗是无形画,
画是有形诗。
张舜民《跋百之诗画》

# 五 绝

常式(平起不入韵式)

平平平仄仄,仄仄仄平平。
仄仄平平仄,平平仄仄平。

+ − −||(句) +|| − −(韵)
+| − −|(句) − − +| −(韵)

鸣筝金粟柱,素手玉房前。
欲得周郎顾,时时误拂弦。

李 端(听筝)

寒川消积雪,冻浦渐通流。
日暮人归尽,沙禽上钓舟。

欧阳修(晚过水北)

熟读唐诗三百首,
不会吟诗也会吟。
蘅塘退士引俗谚

# 五　绝

（仄起入韵式）

仄仄仄平平，平平仄仄平。
平平平仄仄，仄仄仄平平。

+｜｜－－(韵)　－－+｜－(韵)
+－－｜｜(句)　+｜｜－－(韵)

睡稳叶舟轻，风微浪不惊。
任君芦苇岸，终夜动秋声。

　　　　　　钱　起(江行)

北斗七星高，哥舒夜带刀。
至今窥牧马，不敢过临洮。

　　　　　　西鄙人(哥舒歌)

好诗圆美流转如弹丸。
《南史》引谢朓语

# 五 绝

（平起入韵式）

平平仄仄平，仄仄仄平平。
仄仄平平仄，平平仄仄平。

－－＋｜－(韵)＋｜｜－－(韵)
＋｜－－｜(句)－－＋｜－(韵)

花明绮陌春，柳拂御沟新。
为报辽阳客，流光不待人。

王　涯（闺人赠远）

江南渌水多，顾影逗轻波。
落日秦云里，山高奈若何。

李嘉祐（白鹭）

诗言志，歌永言，
声依永，律和声。
《尚书·尧典》

# 七　绝

常式(平起入韵式)

平平仄仄仄平平，仄仄平平仄仄平。
仄仄平平平仄仄，平平仄仄仄平平。

+ － + ｜ ｜ － －(韵) + ｜ － － + ｜ －(韵)
+ ｜ + － － ｜ ｜(句) + － + ｜ ｜ － －(韵)

朝辞白帝彩云间，千里江陵一日还。
两岸猿声啼不住，轻舟已过万重山。

李　白(下江陵)

烟笼寒水月笼沙，夜泊秦淮近酒家。
商女不知亡国恨，隔江犹唱后庭花。

杜　牧(泊秦淮)

发言为诗。
在心为志，
《毛诗序》

# 七 绝

常式(仄起入韵式)

仄仄平平仄仄平,平平仄仄仄平平。
平平仄仄平平仄,仄仄平平仄仄平。

+ | − − + | −(韵) + − + | | − −(韵)
+ − + | − − |(句) + | − − + | −(韵)

月落乌啼霜满天,江枫渔火对愁眠。
姑苏城外寒山寺,夜半钟声到客船。

张　继(枫桥夜泊)

远上寒山石径斜,白云生处有人家。
停车坐爱枫林晚,霜叶红于二月花。

杜　牧(山行)

温柔敦厚,诗教也。
《礼记·经解》

# 七　绝

（平起不入韵式）

平平仄仄平平仄，仄仄平平仄仄平。
仄仄平平平仄仄，平平仄仄仄平平。

＋ － ＋ ｜ － － ｜（句）＋ ｜ － － ＋ ｜ －（韵）
＋ ｜ ＋ － － ｜ ｜（句）＋ － ＋ ｜ ｜ － －（韵）

邯郸驿里逢冬至，抱膝灯前影伴身。
想得家中夜深坐，还应说着远行人。

　　　　　　　白居易(邯郸冬至夜思家)

伤心欲问前朝事，惟见江流去不回。
日暮东风春草绿，鹧鸪飞上越王台。

　　　　　　　窦　巩(南游感兴)

诗者，民之情性也。
王通《文中子》

# 七 绝

（仄起不入韵式）

仄仄平平平仄仄，平平仄仄仄平平。
平平仄仄平平仄，仄仄平平仄仄平。

+｜+－－｜｜(句)+－+｜｜－－(韵)
+－+｜－－｜(句)+｜－－+｜－(韵)

独在异乡为异客，每逢佳节倍思亲。
遥知兄弟登高处，遍插茱萸少一人。

　　　　　　王 维(九月九日忆山东兄弟)

荷尽已无擎雨盖，菊残犹有傲霜枝。
一年好景君须记，正是橙黄橘绿时。

　　　　　　苏 轼(赠刘景文)

诗非他，人之性灵所寄也。

焦竑《雅娱阁集序》

# 五　律

常式(仄起不入韵式)

仄仄平平仄，平平仄仄平。
平平平仄仄，仄仄仄平平。
仄仄平平仄，平平仄仄平。
平平平仄仄，仄仄仄平平。

＋｜－－｜(句)－－＋｜－(韵)
＋－－｜｜(句)＋｜｜－－(韵)
＋｜－－｜(句)－－＋｜－(韵)
＋－－｜｜(句)＋｜｜－－(韵)

细草微风岸，危樯独夜舟。
星垂平野阔，月涌大江流。
名岂文章著，官应老病休。
飘飘何所似，天地一沙鸥。

　　　　　　杜　甫(旅夜书怀)

国破山河在，城春草木深。
感时花溅泪，恨别鸟惊心。
烽火连三月，家书抵万金。
白头搔更短，浑欲不胜簪。

　　　　　　杜　甫(春望)

动天地，感鬼神，莫近于诗。

钟嵘《诗品序》

# 五　律

常式(平起不入韵式)

平平平仄仄,仄仄仄平平。
仄仄平平仄,平平仄仄平。
平平平仄仄,仄仄仄平平。
仄仄平平仄,平平仄仄平。

+ － － ｜ ｜(句)+ ｜ ｜ － －(韵)
+ ｜ － － ｜(句)－ － + ｜ －(韵)
+ － － ｜ ｜(句)+ ｜ ｜ － －(韵)
+ ｜ － － ｜(句)－ － + ｜ －(韵)

空山新雨后,天气晚来秋。
明月松间照,清泉石上流。
竹喧归浣女,莲动下渔舟。
随意春芳歇,王孙自可留。

王　维(山居秋暝)

高楼聊引望,杳杳一川平。
远水无人渡,孤舟尽日横。
荒村生断霭,深树语流莺。
旧业遥清渭,沉思忽自惊。

寇　準(春日登楼怀归)

诗意高谓之格高,意下谓之格下。

王昌龄《诗中密旨》

# 五　律

（仄起入韵式）

仄仄仄平平，平平仄仄平。
平平平仄仄，仄仄仄平平。
仄仄平平仄，平平仄仄平。
平平平仄仄，仄仄仄平平。

＋｜｜－－（韵）－－＋｜－（韵）
＋－－｜｜（句）＋｜｜－－（韵）
＋｜－－｜（句）－－＋｜－（韵）
＋－－｜｜（句）＋｜｜－－（韵）

城阙辅三秦，风烟望五津。
与君离别意，同是宦游人。
海内存知己，天涯若比邻。
无为在歧路，儿女共沾巾。

王　勃（杜少府之任蜀州）

太乙近天都，连山接海隅。
白云回望合，青霭入看无。
分野中峰变，阴晴众壑殊。
欲投人处宿，隔水问樵夫。

王　维（终南山）

［注］在第七句"平平平仄仄"中，第三字应用平而用了仄，那么第四字要由仄改为平，即
全句变成"平平仄平仄"。在这种拗救的情况下，注意：本句的第一字必须是平声。
其实，这种"平平仄平仄"句式，在近体诗中反而运用得更为普遍，可作为正格。

空中之音，相中之色，
水中之月，镜中之象，言
有尽而意无穷。

严羽《沧浪诗话》

# 五 律

(平起入韵式)

平平仄仄平，仄仄仄平平。
仄仄平平仄，平平仄仄平。
平平平仄仄，仄仄仄平平。
仄仄平平仄，平平仄仄平。

- - + | -(韵) + | | - -(韵)
+ | - - | (句) - - + | -(韵)
+ - - | | (句) + | | - -(韵)
+ | - - | (句) - - + | -(韵)

深居俯夹城，春去夏犹清。
天意怜幽草，人间重晚晴。
并添高阁迥，微注小窗明。
越鸟巢干后，归飞体更轻。

　　　　　　　　李商隐(晚晴)

蝉声未发前，已自感流年。
一入凄凉耳，如闻断续弦。
晴清依露叶，晚急畏霞天。
何事秋卿咏，逢时一悄然。

　　　　　刘禹锡(答白刑部闻新蝉)

诗最可贵者清。
胡应麟《诗薮》

# 七　律

常式(平起入韵式)

平平仄仄仄平平，仄仄平平仄仄平。
仄仄平平平仄仄，平平仄仄仄平平。
平平仄仄平平仄，仄仄平平仄仄平。
仄仄平平平仄仄，平平仄仄仄平平。

+ － + ｜ ｜ － －(韵) + ｜ － － + ｜ －(韵)
+ ｜ + － － ｜ ｜(句) + － + ｜ ｜ － －(韵)
+ － + ｜ － － ｜(句) + ｜ － － + ｜ －(韵)
+ ｜ + － － ｜ ｜(句) + － + ｜ ｜ － －(韵)

腰间羽箭久凋零，太息燕然未勒铭。
老子犹堪绝大漠，诸君何至泣新亭。
一身报国有万死，双鬓向人无再青。
记取江湖泊船处，卧闻新雁落寒汀。

陆　游(夜泊水村)

瞿塘峡口曲江头，万里风烟接素秋。
花萼夹城通御气，芙蓉小苑入边愁。
珠帘绣柱围黄鹄，锦缆牙樯起白鸥。
回首可怜歌舞地，秦中自古帝王州。

杜　甫(秋兴)

[注] 在第七句"仄仄平平平仄仄"中，第五字应用平而用了仄，那么第六字要由仄改为平，即
　　全句变成"仄仄平平仄平仄"。在这种拗救的情况下，注意：本句的第三字必须是平声。
　　其实，这种"仄仄平平仄平仄"的句式，在近体诗中反而运用得更为普遍，可作为正格。

诗宜朴不宜巧，
然必须大巧之朴；诗
宜淡不宜浓，然必须
浓后之淡。
　袁枚《随园诗话》

# 七 律

常式(仄起入韵式)

仄仄平平仄仄平,平平仄仄仄平平。
平平仄仄平平仄,仄仄平平仄仄平。
仄仄平平平仄仄,平平仄仄仄平平。
平平仄仄平平仄,仄仄平平仄仄平。

+|--+|-(韵)+-+||--(韵)
+-+|--|(句)+|--+|-(韵)
+|+--||(句)+-+|||-(韵)
+-+|--|(句)+|--+|-(韵)

风急天高猿啸哀,渚清沙白鸟飞回。
无边落木萧萧下,不尽长江滚滚来。
万里悲秋常作客,百年多病独登台。
艰难苦恨繁霜鬓,潦倒新停浊酒杯。

杜 甫(登高)

水玉簪头白角巾,瑶琴寂历拂轻尘。
浓阴似帐红薇晚,细雨如烟碧草春。
隔竹见笼疑有鹤,卷帘看画静无人。
南山自是忘年友,谷口徒称郑子真。

温庭筠(题李处士幽居)

诗有三境:一曰
物境,二曰情境,三
曰意境。

王昌龄《诗格》

# 七　律

(平起不入韵式)

平平仄仄平平仄，仄仄平平仄仄平。
仄仄平平平仄仄，平平仄仄仄平平。
平平仄仄平平仄，仄仄平平仄仄平。
仄仄平平平仄仄，平平仄仄仄平平。

+－+｜－－｜(句)+｜－△+｜－(韵)
+｜+－－｜｜(句)+－+｜｜－－(韵)
+－+｜－－｜(句)+｜－－+｜－(韵)
+｜+－－｜｜(句)+－+｜｜－－(韵)

巴山楚水凄凉地，二十三年弃置身。
怀旧空吟闻笛赋，到乡翻似烂柯人。
沉舟侧畔千帆过，病树前头万木春。
今日听君歌一曲，暂凭杯酒长精神。

　　　　刘禹锡(酬乐天扬州初逢席上见赠)

留春不住登城望，惜夜相将秉烛游。
风月万家河两岸，笙歌一曲郡西楼。
诗听越客吟何苦，酒被吴娃劝不休。
从道人生都是梦，梦中欢笑亦胜愁。

　　　　白居易(城上夜宴)

作诗须多诵古今人诗。
欧阳修《归田录》

# 七 律

（仄起不入韵式）

仄仄平平平仄仄，平平仄仄仄平平。
平平仄仄平平仄，仄仄平平仄仄平。
仄仄平平平仄仄，平平仄仄仄平平。
平平仄仄平平仄，仄仄平平仄仄平。

＋｜＋－－｜｜（句）＋－＋｜｜－－（韵）
＋－＋｜－－｜（句）＋｜－－＋｜－（韵）
＋｜＋－－｜｜（句）＋－＋｜｜－－（韵）
＋－＋｜－－｜（句）＋｜－－＋｜－（韵）

剑外忽传收蓟北，初闻涕泪满衣裳。
却看妻子愁何在，漫卷诗书喜欲狂。
白日放歌须纵酒，青春作伴好还乡。
即从巴峡穿巫峡，便下襄阳向洛阳。

杜 甫（闻官军收河南河北）

五岁优游同过日，一朝消散似浮云。
琴诗酒伴皆抛我，雪月花时最忆君。
几度听鸡歌白日，亦曾骑马咏红裙。
吴娘暮雨萧萧曲，自别江南更不闻。

白居易（寄殷协律）

诗不学古，谓之野体。然泥古而不能通变，犹学书者
但讲临摹，分寸不失，而己之神理不存也。

沈德潜《说诗晬语》

# 词谱

体式

四百调

# 凡　　例

　　一、本编所收词调,以长短分先后,以所采标准作品之字数多寡,以少至多次第为序。

　　二、本编所遴选词调,以为历来名家多填者,而又利于抒发不同情感者为主,间亦偶采尚具价值之僻调,以备一格,俾倚声者所考。

　　三、每一词牌,写明字数,注明词名原委及一调异名之故,说明填写中当兼顾之事项,间或指出该词调宜表达之情感,无从查考或可泛用者从略。

　　四、所采词调,依据《词谱》、《词律》,或诸家所最习用者为正格。原有平韵、仄韵两体者,视其应用范围之广狭以定隶属。

　　五、所出词调正格,皆标明韵脚。韵有平韵、仄韵、入声韵者,间入仄韵于平韵中者,有换韵者,有叠韵者,有短韵藏于句中者,逐一说明。谱内以整句为句,半句蝉联不断者为读。凡旧谱分调分段及句读音韵不无舛误,悉据善本之唐宋词校定。

　　六、所出正格,除标出韵、句、读外,每字逐一标明平仄,以 – 表平,以 l 表仄,以 + 表示可平可仄。倘需细索 + 中属原平可仄或原仄可平者,可稽查正格后所举之唐宋词范例。

# 竹　枝

　　十四字,平韵。又名《巴渝辞》。竹枝之音起于巴蜀,唐人所作皆咏蜀中风景,后人因效其体。宋王灼《碧鸡漫志》和元郭茂倩《乐府诗集》均有记述。刘禹锡与白居易倡和竹枝甚多。词中"竹枝"、"女儿"为随和之声,"枝"、"儿"押韵。别格有作仄韵者,同见皇甫松词;有作二十八字,平韵者,见刘禹锡词。

## 正　格

－－||竹枝|－－女儿(韵)－－||竹枝|－－女儿(韵)

**例一**

　　芙蓉并蒂(竹枝)一心连(女儿)。花侵槅子(竹枝)眼应穿(女儿)。

皇甫松

**例二**

　　山头桃花(竹枝)谷底杏(女儿)。两花窈窕(竹枝)遥相映(女儿)。

皇甫松

**例三**

　　山桃红花满上头。蜀江春水拍山流。花红易衰似郎意,水流无限似侬愁。

刘禹锡

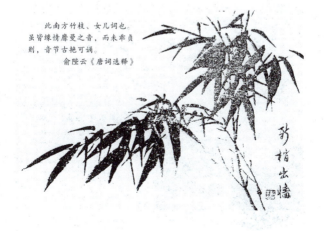

　　此南方竹枝、女儿词也。虽皆缘情靡曼之音,而未乖贞则,音节古艳可诵。
　　　　俞陛云《唐词选释》

# 十六字令

十六字，平韵。蔡伸词名《苍梧谣》；袁去华词名《归字谣》；周玉晨词名《十六字令》。有版本刻"归梧谣"者误。林大椿《词式》云："第一句，以一字句起韵。"《词谱》云："张(孝祥)词别首第二句'十万人家儿样啼'，儿字平声；蔡伸词第二句'休使圆蟾照客眠'，休字平声；第四句'桂影自婵娟'，桂字仄声；谱内可平可仄据此。"

## 正　格

−(韵) +丨−− +丨−(韵) −−丨(句) +丨丨−−(韵)

例一

天。休使圆蟾照客眠。人何在，桂影自婵娟。

蔡　伸

例二

归。目断吾庐小翠微。斜阳外，白鸟傍山飞。

袁去华

例三

眠。月影穿窗白玉钱。无人弄，移过枕函边。

周玉晨

按《词统》，以《十六字令》
始于周邦彦，《片玉集》中不载

沈雄《古今词话》

# 闲 中 好

十八字,平韵。调见唐段成式《酉阳杂俎》,即以首句三字为调名。有平韵仄韵两体,兹以平韵体为正格。仄韵体见郑符词。此调宜写细心静鉴之景致,抒悠然自得之闲情。

## 正 格

－－|(句) +||－－(韵)||－－|(句) －－－|－(韵)

**例一**

闲中好,尘务不萦心。坐对当窗木,看移三面阴。

段成式

**例二**

闲中好,尽日松为侣。此趣人不知,轻风度僧语。

郑 符(题永寿寺)

合上篇,皆见静机。
陈廷焯《别调集》

# 渔 父 引

十八字,平韵。此调三句三韵,《乐府雅词》注:"黄庭坚、徐俯曾取二词合为《浣溪沙》歌之。"此与张志和《渔歌子》极为宋人传诵。

## 正 格

－｜－－｜－(韵)｜－｜｜－－(韵)－－｜｜－－(韵)

例

新妇矶边月明。女儿浦口潮平。沙头鹭宿鱼惊。

顾 况

道翁(顾况)家吾邑之横山,至今读书台遗址犹存,宅边有禅寂寺,故有"家在双峰兰若边"之句。有集二十卷,皇甫湜为序。湜尝曰:"自吾为顾况集序,未尝许人也。"其为名流叹重如此。

张宗楠《词林纪事》

# 梧 桐 影

二十字,仄韵。又名《明月斜》。宋周紫芝《竹坡诗话》云:"大梁景德寺峨嵋院壁间,有吕岩题字。寺僧相传:有蜀僧号峨嵋道者,戒律甚严,不下席者二十年。一日,有布衣青裘,昂然一伟人来,与语良久。期以明年是日,复相见于此,愿少见待。明年是日,日方午,道者沐浴端坐而逝。至暮,伟人果来,问道者,曰:'亡矣。'伟人叹息良久,忽不见。明日书长短句于堂侧壁上绝高处。宣和间,余游京师,犹及见之。"《庚溪诗话》亦载此事,情节小异。后人因词中有"明月斜"句,故又名《明月斜》。

## 正 格

－｜－(句)－－｜(韵) －｜｜－－｜(句) －－｜｜－－｜(韵)

例

明月斜,秋风冷。今夜故人来不来,教人立尽梧桐影。

吕 岩(景德寺僧房)

相传此词,自国初时即有之柳耆卿词云:"愁绪终难整。人立尽,梧桐碎影。"用回仙(吕岩)语也。

胡仔《苕溪渔隐丛话后集》

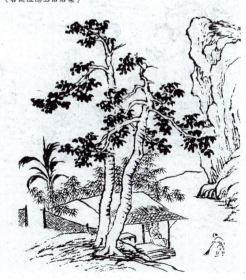

# 醉 妆 词

二十二字，仄韵。阮阅《诗话总龟》云："蜀后主（王衍）自裹小巾，卿士皆同之。宫妓多衣道服，簪莲花冠，每侍燕酗醉，则容其同辈免冠，鬓然其髻，别为一家之美。因施胭脂，粉颊莲额，号曰醉妆。国人效之。又作歌词。"此调只有此词，平仄宜悉从之。

## 正 格

｜－｜（韵）｜－｜（叠）｜｜－－｜（韵）｜－｜（叠）｜－｜（叠）｜
｜－－｜（韵）

**例**

者边走。那边走。只是寻花柳。那边走。者边走。莫厌金杯酒。

王 衍

极写游宴忘归之致，自适其乐耶？意有所讽耶？
音节谐婉，有古乐府遗意。

俞陛云《五代词选释》

# 南 歌 子

　　二十三字，平韵。唐教坊曲名。温庭筠词名《春宵曲》;张泌词名《水晶帘》和《碧窗梦》;郑子聃词名《十爱词》;周邦彦词名《南柯子》;程垓词名《望秦川》;田为词名《风蝶令》。《词律》、《词谱》名《南歌子》。此词有单调双调。单调者，始自温庭筠词。双调者，有平韵仄韵两体;平韵者，始自毛熙震词;仄韵者，始自《乐府雅词》，数石孝友词最为谐婉。兹以温庭筠单调词为正格。另附例双调仄韵体石孝友词于后。

## 正　格

　　+丨－－丨(句)－－丨丨－(韵)－丨丨－－(韵)丨－－丨丨(句)
丨－－(韵)

**例一**

　　手里金鹦鹉,胸前绣凤凰。偷眼暗形相。不如从嫁与,作鸳鸯。

温庭筠

**例二**

　　春浅梅红小,山寒岚翠薄。斜风吹雨入帘幕。梦觉南楼呜咽、数声角。

　　歌酒工夫懒,别离情绪恶。舞衫宽尽不堪着。若比那回相见,更消削。

石孝友

　　此词前后两结,或上六字豆下三字句,或上四字豆下五字句,务须蝉联一气,可豆不可断句。宋词或用上六下三,或用上四下五,填者均甚多。凡词中若此等句法最多,务须注意。举此一例,可以类推。

　　林大椿《词式》

# 荷 叶 杯

二十三字,平仄韵递转,以平韵为主,两仄韵间于平韵之内。唐教坊曲名。毛先舒《填词名解》云:"《荷叶杯》,取隋殷英童《采莲曲》:'莲叶捧成杯。'"此词有单调双调,单调见温庭筠体,双调见韦庄体。此调宜缘题起词,节奏天然。

## 正 格

|||－－|(仄韵)－|(叶仄)|－－(平韵)|－－||－|(换仄韵)
－|(叶仄)|－－(叶平)

**例一**

镜水夜来秋月。如雪。采莲时。小娘红粉对寒浪。惆怅。正相思。

温庭筠

**例二**

记得那年花下。深夜。初识谢娘时。水堂西面画帘垂。携手暗相期。

惆怅晓莺残月。相别。从此隔音尘。如今俱是异乡人。相见更无因。

韦 庄

唐人多缘题起词,如《荷叶杯》,佳题也。此公(温庭筠)按题矣,词短而无深味;韦相尽多佳句,而又与题茫然:令人不无遗恨。

汤显祖评《花间集》

# 柘枝引

二十四字,平韵。唐教坊曲名。《乐苑》羽调曲。《乐府杂录》健舞曲。《宋史·乐志》云:"小儿舞队有柘枝。"最初为女子独舞,舞姿矫健,节奏多变,大多以鼓伴奏。后来为双人舞,名《双柘枝》。用两女童藏于莲花中,花开后相对舞蹈,雅妙绝伦。宋代发展为人数众多的队舞。按沈括《梦溪笔谈》所云:"柘枝旧曲,遍数极多,今已不传,存此以志其概。"

## 正 格

－－｜｜｜－－(韵)＋｜｜－－(韵)＋｜－－｜(句)－－｜｜｜
－－(韵)

**例**

将军奉命即须行。塞外领强兵。闻道烽烟动,腰间宝剑匣中鸣。

无名氏

古也郅支之伎,今也柘枝之名。
卢肇《湖南观双柘枝赋》

# 花非花

二十六字,仄韵。此调见白居易《白氏长庆集》。《古今词统》云:"乐天(白居易)自度曲。"茅暎《词的》云:"此乐天自谱体也。语甚趣。"杨慎《词品》云:"予独爱其《花非花》一首。盖其自度之曲,因情生文者也。"此调以首句为调名。前四句皆三言,由七绝前两句折腰而成。后两句仍为七言,显系由七言绝句衍化而成长短句。《词谱》云:"诗本于古歌谣,词本于诗。"于此可见演变之迹。

## 正 格

－－－(句)|－|(韵)||－(句)－－|(韵)－－－||－－(句)
||－－－||(韵)

**例**

　　花非花,雾非雾。夜半来,天明去。来如春梦不多时,去似朝云无觅处。

白居易

《白乐天诗集》收《花非花》于歌行曲引卷中。《词律》云:"此本长庆长短句诗,而后人名之为词者。"于后二句"来如春梦不多时,去似朝云无觅处",注"来"字、"春"字可仄,"去"字可平,不知有无佐证。既收入词而为之制谱,则不得因其本是诗,而遂以诗句平仄注词谱也。若即依诗句之平仄,则何以"来"、"春"、"去"三字肯注,而"朝"字独不注为可仄耶?宋元似无倚此词者,或有之而余未得见。余所见者明人计南阳一首云:"同心结,合欢树。四更风,五更雨。画眉山上鹧鸪啼,画眉山下郎行去。"平仄小异,末句全反。万氏(树)所注,又非据此,其或别有所据耶?
徐䚿《词律笺榷》

# 摘 得 新

　　二十六字，平韵。唐教坊曲名。录自《花间集》。此调以首句为调名。唐宫庭旧制，有赐百官樱桃以尝新之事。杜甫《野人送朱樱》诗，有咏开元天宝间宫中赐樱桃尝新之盛况。王建《宫词一百首》之四十五云："众里遥抛新摘子，在前收得便承恩。"调名即源于此。谱内可平可仄，据皇甫松词两首对校。《词律》云："'经风'二字平声，《摘得新》一首用'几十'两字，'几'字上声，'十'字入声，盖可借作平，不碍歌喉，乃深于音律者所用也。初学若谓此二字可仄，而填用去声字，则大谬矣。"填者当细审。

## 正　格

　　||－(韵)－－||－(韵)|－－||(句)|－－(韵)－－
+|＋＋|(句)|－－(韵)

### 例一

　　摘得新。枝枝叶叶春。管弦兼美酒，最关人。平生都得几十度，展香茵。

皇甫松

### 例二

　　酌一卮。须教玉笛吹。锦筵红蜡烛，莫来迟。繁红一夜经风雨，是空枝。

皇甫松

皇甫松为牛僧孺甥，以《天仙子》二首为著名，终不若《摘得新》有达观之见。沈雄《古今词话》引黄昇语

# 忆 江 南

二十七字，平韵。唐段安节《乐府杂录》载此词乃李德裕为亡妓谢秋娘所作，本名《谢秋娘》。后因白居易词，更今名，又名《江南好》；刘禹锡词有"春去也，多谢洛阳城"句，名《春去也》；温庭筠词有"独倚望江楼"句，名《望江南》；又因皇甫松词有"闲梦江南梅熟日"句，名《梦江南》。李煜词名《望江梅》。以上皆属唐词单段，至宋时始成为两段。王安中词名《安阳好》；张镃词名《梦仙游》；蔡真人词名《步虚声》；宋自逊词名《壶山好》。词中七言两句，多用对偶。别格有双调，见王琪词。

## 正 格

－＋｜（句）＋｜｜－－（韵）＋｜＋－－｜｜（句）＋－－｜｜－
－（韵）－｜｜－－（韵）

**例一**

江南好，风景旧曾谙。日出江花红胜火，春来江水绿如蓝。能不忆江南。

白居易

**例二**

梳洗罢，独倚望江楼。过尽千帆皆不是，斜晖脉脉水悠悠。肠断白蘋洲。

温庭筠

**例三**

江南雨，风送满长川。碧瓦烟昏沉柳岸，红绡香润入梅天。飘洒正潇然。
朝与暮，长在楚峰前。寒夜愁欹金带枕，暮江深闭木兰船。烟浪远相连。

王 琪(江景)

予考此曲，自唐至今，皆南吕宫，字句亦同，止是今曲两段，盖近世曲子无单遍者然卫公（李德裕）为谢秋娘作此曲，已出两名。乐天又取《忆江南》，又各以《谢秋娘》。近世又取乐天首句名以《江南好》，予尝叹世间有改易错乱误人者是也

王灼《碧鸡漫志》

# 南乡子

二十七字,平仄韵转换。唐教坊曲名。此词有单调双调,单调者始自欧阳炯词,冯延巳、李珣俱为添字;双调者始自冯延巳词,欧阳修、赵长卿等皆有增减。此词多咏南国风情。别格有作平韵者,见辛弃疾词。

## 正 格

||－－(平韵)＋＋＋＋｜＋－(叶平)＋｜＋＋－＋｜(换仄韵)
－｜(叶仄)＋｜＋－＋｜｜(叶仄)

**例一**

画舸停桡。槿花篱外竹横桥。水上游人沙上女。回顾。笑指芭蕉林里住。

欧阳炯

**例二**

乘彩舫,过莲塘。棹歌惊起睡鸳鸯。游女带香偎伴笑。争窈窕。竞折团荷遮晚照。

李　珣

**例三**

何处望神州。满眼风光北固楼。千古兴亡多少事,悠悠。不尽长江滚滚流。

年少万兜鍪。坐断东南战未休。天下英雄谁敌手,曹刘。生子当如孙仲谋。

辛弃疾(登京口北固亭有怀)

晋国高士全隐于南乡,因以为名也。
周邦彦《片玉集》

# 春 晓 曲

二十七字，仄韵。《词谱》云："此词见《花草粹编》，第二句本六字，乃旧谱于'香'字下增一'寒'字，作七言四句，名'阿那曲'。查唐宋词并无'阿那曲'名，自明杨慎以唐诗绝句，伪托为词，今正之。"因朱敦儒词有"西楼月落鸡声急"句，又名《西楼月》。别格张元幹词与朱词同，惟第二句作三字两句异。

## 正 格

－－｜｜－－｜（韵）｜｜－－｜｜（韵）｜－＋｜｜－－（句）
｜｜｜－－｜｜（韵）

**例一**

西楼落月鸡声急。夜浸疏香淅沥。玉人酒渴嚼春冰，晓色入帘横宝瑟。

朱敦儒

**例二**

瑶轩倚槛春风度。柳垂烟，花带露。半闲鸳被怯余寒，燕子时来窥绣户。

张元幹

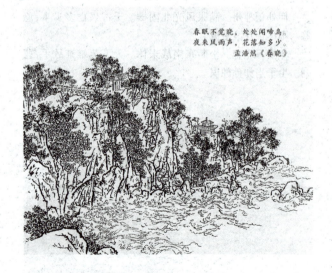

春眠不觉晓，处处闻啼鸟。
夜来风雨声，花落知多少。
孟浩然《春晓》

# 捣 练 子

　　二十七字，平韵。以咏捣练而得名，多作妻子怀念征夫之辞。一名《捣练子令》。因李煜词(《词谱》作冯延巳词)起结有"深院静"、"数声和月到帘栊"句，又名《深院月》。贺铸填此词，曾更名《夜捣衣》、《杵声齐》、《夜如年》、《剪征袍》、《望书归》。此调有单、双调不同诸格体，《太和正音谱》注："双调。"有双调别格三十八字，见《天机余锦》无名氏词。

## 正　格

　　+||(句)|－－(韵)+|－－+|－(韵)+|+－－||(句)
|－+||－－(韵)

**例一**

　　深院静，小庭空。断续寒砧断续风。无奈夜长人不寐，数声和月到帘栊。

李　煜

**例二**

　　砧面莹，杵声齐。捣就征衣泪墨题。寄到玉关应万里，戍人犹在玉关西。

贺　铸

**例三**

　　林下路，水边亭。凉吹水曲散余酲。小藤床，随意横。犹记得，旧时径，翠荷闹雨做秋声。怎时节，不堪听。

无名氏(见《天机余锦》)

李重光「深院静」《捣练子》，即庵曰词名《捣练子》，即咏捣练也。徐釚《词苑丛谈》

# 桂 殿 秋

二十七字,平韵。《词谱》云:"本唐李德裕送神迎神曲。有'桂殿夜凉吹玉笙'句,取为调名。"《苕溪渔隐丛话》作《桂花曲》;《彦周诗话》作《步虚词》。《词谱》以向子諲词为准。李德裕词两首,清朱彝尊《词综》作李白词,恐误。今从《词谱》。其一首第二句"玉炼颜","炼"字仄声;其一首第三句"桂殿夜凉吹玉笙","桂"字"殿"字皆仄声,"凉"字"吹"字俱平声,"玉"字仄声,谱内可平可仄据此。此与《捣练子》字句悉同,所辨在每句平仄之间,皆古人音律所寓,填者宜悉遵之。

## 正 格

－∣∣(句)∣＋－(韵)＋＋－＋＋＋－(韵)－－∣∣－－∣(句)
∣∣－－∣∣－(韵)

**例一**

秋色里,月明中。红旌翠节下蓬宫。蟠桃已结瑶池露,桂子初开玉殿风。

向子諲

**例二**

仙女下,董双成。桂殿夜凉吹玉笙。曲终却从仙官去,万户千门惟月明。

李德裕

**例三**

河汉女,玉炼颜。云軿往往在人间。九霄有路去无迹,袅袅香风生佩环。

李德裕

《词综》列为李白《桂殿秋》二首,别有《忆秦娥》而不闻《菩萨蛮》,李集之考核者多矣。吴虎臣得于石刻而无其腔,刘无言倚其声歌之,惟未足信。

沈雄《古今词话》

# 章 台 柳

　　二十七字，仄韵。见《全唐诗·附词》。《词谱》云："唐韩翃制，以首句为调名。"源于《太平广记》唐许尧佐《柳氏传》韩翃与爱姬柳氏悲欢离合的故事。《柳氏传》载：韩翃为大历十才子之一，得柳氏后中进士，回籍省亲，留柳氏于京师。安史之乱，两京沦陷。柳氏剪发毁形，寄迹尼庵。长安克复，翃乃遣使间行，求柳氏，因有此两首赠答之词。翃词起句用韵，首两句叠韵，柳词起句不用韵，以首句名《杨柳枝》。

## 正 格

　　 – +|(韵) – –|(叠)|| – – + +|(韵)|| – – || –(句)
　|| + – + + –|(韵)

### 例一

　　章台柳。章台柳。往日依依今在否。纵使长条似旧垂，也应攀折他人手。

韩　翃(寄柳氏)

### 例二

　　杨柳枝，芳菲节。可恨年年赠离别。一叶随风忽报秋，纵使君来岂堪折。

柳　氏

　　《章台柳》，即《潇湘神》仄韵。本唐韩翃寄柳姬词，后人即名此词为《章台柳》，以姬家章台街也。姬答词起句为"杨柳枝"三字，故有名为《杨柳柳》第一体，又名为《折杨柳》者。其实与此调同为二十七字，与《柳枝》二十八字者不同也。

《历代诗余》

# 渔歌子

　　二十七字，平韵。唐教坊曲名。《唐书·张志和传》："志和居江湖，自称烟波钓徒。每垂钓不设饵，志不在鱼也。尝撰《渔歌》，宪宗图真求其歌，不能致。"此调实始于此。又名《渔父词》。和凝词更名《渔父》；徐积词名《渔父乐》；郭茂倩《乐府诗集》所收张志和词五首名《渔父歌》。词中三言两句，宜用对偶。

## 正　格

　　+｜－－｜｜－(韵) －－－｜｜－－(韵) －+｜(句)｜－－(韵)
－－－++｜－－(韵)

### 例一

　　西塞山前白鹭飞。桃花流水鳜鱼肥。青箬笠，绿蓑衣。斜风细雨不须归。

张志和

### 例二

　　白芷汀寒立鹭鸶。蘋风轻剪浪花时。烟幂幂，日迟迟。香引芙蓉惹钓丝。

和　凝

### 例三

　　水曲山隈四五家。夕阳烟火隔芦花。渔唱歇，醉眠斜。纶竿蓑笠是生涯。

徐　积

真，求访玄真子（张志和）《渔歌》，不能致。余世与玄真子有旧，早闻其名，又感明主贵异爱才，见思如此。每梦想遗逸，今乃获之，如遇良宝。

德裕顷在内庭，伏睹宪宗皇帝写

李德裕《玄真子渔歌记》

# 潇　湘　神

　　二十七字,平韵。首两句叠句叠韵。又名《潇湘曲》。此调为唐代湘江一带祭祀湘妃的神曲。湘妃,指帝舜二妃娥皇、女英。《水经注·湘水注》云:"大舜之陟方(巡视四方)也,二妃从征,溺于湘水,神游洞庭之渊,出入潇湘之浦。"《词谱》云:"调始自唐刘禹锡咏湘妃词,所谓赋题本意也。"

## 正　格

　　－｜－(韵)　－｜－(叠)｜－＋｜｜－－(韵)｜｜｜－－｜｜(句)－－－｜｜－－(韵)

**例一**

　　湘水流。湘水流。九疑云物至今秋。若问二妃何处所,零陵芳草露中愁。

刘禹锡

**例二**

　　斑竹枝。斑竹枝。泪痕点点寄相思。楚客欲听瑶瑟怨,潇湘深夜月明时。

刘禹锡

唐刘禹锡作小词咏舜二妃,即名其调曰《潇湘神》,神一作"曲"。
毛先舒《填词名解》

# 十样花

二十八字,仄韵。宋李弥逊词十首,分咏十样花,故名。此词以"陌上风光浓处"为起句,李词十首皆然。此调可平可仄即参后词。例二第四句,多押一韵。

## 正 格

‖−−−‖(韵)+‖+−−‖(韵)‖+−+(句)−−+‖(句)‖−‖(韵)‖−−‖‖(韵)

**例一**

陌上风光浓处。第一寒梅先吐。待得春来也,香消减,态凝仁。百花休漫妒。

李弥逊

**例二**

陌上风光浓处。红药一番经雨。把酒绕芳丛,花解语。劝春住。莫教容易去。

李弥逊

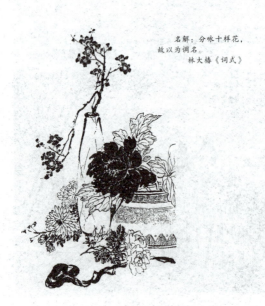

名解:分咏十样花,故以为调名。

林大椿《词式》

# 采 莲 子

二十八字，平韵。唐教坊曲名。此调见《花间集》，调名赋本意。《词律》云："其'举棹'、'年少'字，乃相和之声。说见《竹枝》。然'竹枝'二字，用于句中。'女儿'二字用于句尾。此则一句一换耳。或曰《竹枝》之'枝'、'儿'两字，此调之'棹'、'少'两字，亦自相为叶，不可不知。"《词谱》云："此亦七言绝句，其'举棹'、'年少'，乃歌时相和之声，与《竹枝》体同。"

## 正 格

+｜－－｜｜－举棹(韵) +－－｜｜－－年少(韵) +－｜
｜－－｜举棹(句) +｜－－｜｜－年少(韵)

**例一**

菡萏香连十顷陂(举棹)。小姑贪戏采莲迟(年少)。晚来弄水船头湿(举棹)，更脱红裙裹鸭儿(年少)。

皇甫松

**例二**

船动湖光滟滟秋(举棹)。贪看年少信船流(年少)。无端隔水抛莲子(举棹)，遥被人知半日羞(年少)。

皇甫松

写出闺娃雅憨情态，匪夷所思，是何笔妙乃尔！

况周颐《餐樱庑词话》

# 甘州曲

二十九字,平韵。唐教坊曲名。此调见《全唐诗·附词》。《新五代史·前蜀世家》云:"(王衍)尝与太后、太妃游青城山,宫人衣服,皆画云霞,飘然望之若仙。衍自作《甘州曲》,述其仙状,上下山谷,衍常自歌,而使宫人皆和之。"《说郛》引《五国故事》云:"后衍降中原,宫妓多沦落人间,始验其语。"《唐书·礼乐志》云:"天宝间乐曲,皆以边地为名,《甘州》其一也。"毛先舒《填词名解》云:"《甘州曲》沿唐乐府名。又有《甘州子》,较此调首句多四字。"顾敻词名《甘州子》。词谱云:"(顾敻词)惟起句多四字,旧谱泥于《甘州曲》、《甘州子》两名小异,而另列之,不知'曲'、'子'两字,互为省文,并无分别也。"

## 正　格

Ⅰ－－(韵)－ⅠⅠ(句)Ⅰ－－(韵)＋－－ⅠⅠ－－(韵)ⅠⅠ
Ⅰ－－(韵)＋ⅠⅠ(读)－ⅠⅠ－－(韵)

**例一**

画罗裙。能解束,称腰身。柳眉桃脸不胜春。薄媚足精神。可惜许、沦落在风尘。

王　衍

**例二**

一炉龙麝锦帷傍。屏掩映,烛荧煌。禁楼刁斗喜初长。罗荐绣鸳鸯。山枕上、私语口脂香。

顾　敻

吴任臣:咸康元年九月奉太后太妃祷青城山,宫人皆衣云霞之衣,自制《甘州曲》,令宫人唱之。其词哀怨,闻者凄惨。后主之意,本以神仙而在凡尘耳。后降中原,宫妓多沦落人间,始验其语。

《十国春秋》

# 法驾导引

　　三十字,平韵。宋陈与义词序云:"世传顷年都下市肆中,有道人携乌衣椎髻女子,买斗酒独饮,女子歌词以侑,凡九阕,皆非人世语,或记之,以问一道士,道士惊曰:'此赤城韩夫人所制水府蔡真君《法驾导引》也。乌衣女子疑龙云。'得其三,而忘其六,拟作三阕。"《全宋词》按:"《词品》卷一误以此三首为赤城韩夫人作。"此词与《望江南》相近,但起句下多一叠句。

## 正　格

　　– +丨(句) – +丨(叠) +丨丨 – –(韵) +丨 + – –丨丨(句) + – –丨丨 – –(韵) –丨丨 – –(韵)

### 例一

　　朝元路,朝元路,同驾玉华君。千乘载花红一色,人间遥指是祥云。回望海光新。

陈与义

### 例二

　　烟漠漠,烟漠漠,天淡一帘秋。自洗玉舟斟白醴,月华微映是空舟。歌罢海西流。

陈与义

　　南宋绍兴中,杭都酒肆中,有道人携乌衣椎髻女子,买斗酒独饮,女子歌以侑之。歌词非人世语。或记之,以问一道士。道士曰:"此赤城韩夫人作《法驾导引》也。乌衣女子盖龙云。"其词曰:"朝元路"云云。此辞即《法曲》之腔,文士好奇,故神其事以传尔。岂有天仙而反取开元人间之腔乎。
杨慎《词品》

# 秋 风 清

　　三十字，平韵。《词谱》以李白之作为准，云："此本三五七言诗，后人采入词中。"《词律》以寇準之作为准，云："两三两五两七，或曰此莱公（寇準）自度曲。"兹从《词谱》。一名《秋风引》；寇準词名《江南春》；刘长卿仄韵，词名《新安路》。《词谱》以《秋风清》词为李白之作，恐误。李调元《全五代诗》为韦縠作。此词声调谐婉。

### 正 格

－－－(韵)－|－(韵)|||－|(句)－－－|－(韵)－－－|－－|(句)|－||－－－(韵)

**例一**

　　秋风清。秋月明。落叶聚还散，寒鸦栖复惊。相思相见知何日，此时此夜难为情。

李　白

**例二**

　　波渺渺，柳依依。孤村芳草远，斜日杏花飞。江南春尽离肠断，蘋满汀洲人未归。

寇　準

**例三**

　　新安路。人来去。早潮复晚潮，明日知何处。潮水无情亦解归，自怜长在新安住。

刘长卿

　　《秋风清》一名《秋风辞》，字数与长短句《江南春》调同，但起句两平韵，与《江南春》一仄韵、一平韵稍异。

　　　　　　　　《全唐五代词·唐词》

# 醉吟商小品

　　三十字,仄韵。双调。姜夔自度曲。其序云:"石湖老人谓予云:'琵琶有四曲,今不传矣。曰《蒨索梁州》、《转关绿腰》、《醉吟商湖渭州》、《历弦薄媚》也。'予每念之,辛亥之夏,予谒杨廷秀丈于金陵邸中,遇琵琶工,解作《醉吟商湖渭州》,因求得品弦法,译成此谱,实双声耳。"《词谱》云:"按《湖渭州》,唐教坊曲名。《醉吟商》,其宫调也。姜夔自度,乃夹钟商曲。盖借旧曲名,另倚新腔耳。"

## 正　格

||| － －(句)||| － －|(韵)| － － －|(韵)|| － － －|(韵)
|| － － － －|(韵) － － ||(韵)

例

　　又正是春归,细柳暗黄千缕。暮鸦啼处。梦逐金鞍去。一点芳心休诉。琵琶解语。

姜　夔

《醉吟商小品》,单段三十字,六句五仄韵

林大椿《词式》

# 一叶落

　　三十一字，仄韵。此调见《尊前集》，为五代后唐庄宗李存勖自度曲。《淮南子·说山训》云："见一叶落而知岁之将暮。"此调取首句为调名。《词谱》云："此词第六句，即叠第五句，亦是和声，填者宜遵之。"此调宜抒悲秋念旧之情。

## 正　格

　　｜｜｜(韵)－－｜(韵)｜－｜｜｜－｜(韵)｜－｜｜－(句)－－－－｜(韵)－－｜(叠)｜｜－－｜(韵)

**例**

　　一叶落。褰珠箔。此时景物正萧索。画楼月影寒，西风吹罗幕。吹罗幕。往事思量着。

李存勖

《一叶落》，《淮南子》："一叶落而天下知秋。"

唐庄宗词："一叶落，褰珠箔。"遂以名调。

毛先舒《填词名解》

# 忆 王 孙

　　三十一字,平韵。《梅苑词》名《独脚令》;谢克家词名《忆君王》;吕渭老词名《豆叶黄》;陆游词有"画得蛾眉胜旧时"句,名《画蛾眉》;张辑词有"几曲阑干万里心"句,名《阑干万里心》。双调五十四字者,见《复雅歌词》,或名《怨王孙》,与单调绝不同。《词谱》称:《忆王孙》词调"创自秦观"。《全宋词》为李重元所作。此谱格依《词谱》,作者据《全宋词》。此调句句相押。

## 正 格

　　＋－＋｜｜－－(韵) ＋｜－－＋｜－(韵) ＋｜－－＋｜
－(韵) ｜－－(韵) ＋｜－－＋｜－(韵)

**例一**

　　萋萋芳草忆王孙。柳外楼高空断魂。杜宇声声不忍闻。欲黄昏。雨打梨花深闭门。

李重元

**例二**

　　小楼柳色未春深。湘月牵情入苦吟。翠袖风前冷不禁。怕登临。几曲阑干万里心。

张 辑

　　宋元人填此词者,悉与此(萋萋芳草忆王孙)同。
　　　　　林大椿《词式》

# 蕃女怨

三十一字，平仄韵转换。此调为温庭筠所创。温庭筠两词，俱咏蕃女之怨。《词谱》云："温词别首'碛南沙上惊雁起。飞雪千里。''雁'字'雪'字俱仄声，旧谱注可平者误。"兹从之，填者当细审。

## 正 格

｜－－｜－｜｜(仄韵) +｜－｜(叶仄)｜－－(句) －｜｜(叶仄) +－－｜(叶仄)｜－－｜｜－－(换平韵)｜－－(叶平)

**例一**

万枝香雪开已遍。细雨双燕。钿蝉筝，金雀扇。画梁相见。雁门消息不归来。又飞回。

温庭筠

**例二**

碛南沙上惊雁起。飞雪千里。玉连环，金镞箭。年年征战。画楼离恨锦屏空。杏花红。

温庭筠

吴瑞荣：歌体中用拗句以入于歌喉。万红友《树》谓此体起于温八叉《庭筠》，余鲜作者，自合音律。

《唐诗笺要·附词》

# 调笑令

　　三十二字，平仄韵转换。《乐苑》商调曲。一名《调笑》，《词谱》名《古调笑》，一名《宫中调笑》；白居易《代书诗一百韵寄微之》："打嫌《调笑》易，饮讶《卷波》迟。"自注："抛打曲有《调笑令》。"戴叔伦词名《转应曲》。此调两叠韵，词中平韵再换仄韵时，二言叠句须接应上句六言的最末两字颠转为之，故名《转应曲》。冯延巳词名《三台令》，与《调笑令》不同。别格有三十八字，不转韵，句句押仄韵者，见毛滂词。

## 正　格

　　–|(仄韵)–|(叠)+|+–+|(叶仄)+–+|+–(转平韵)+ +
+ –|–(叶平)–|(再换仄韵)–|(叠)+|+– –|(叶仄)

### 例一

　　蝴蝶。蝴蝶。飞上金枝玉叶。君前对舞春风。百叶桃花树红。红树。红树。燕语莺啼日暮。

王　建

### 例二

　　边草。边草。边草尽来兵老。山南山北雪晴，千里万里月明。明月。明月。胡笳一声愁绝。

戴叔伦

### 例三

　　芳草。恨春老。自是寻春来不早。落花风起红多少。记得一枝春小。绿阴青子空相恼。此恨平生怀抱。

毛　滂(苕子)

　　王仲初（建）《古调笑》，融情会景，犹不失题旨。
　　　　顾起纶《花庵词选》跋

# 遐方怨

三十二字，平韵。唐教坊曲名。此调有两体：单调者，始于温庭筠；双调者，始于顾敻、孙光宪。《词谱》云：此调"惟《花间集》有之，宋人无填此者。"

## 正 格

−||(句)|−−(韵)||−−(句)|−−+−|−|(韵)|−−
||−−(韵)|−−||(句)|−−(韵)

**例一**

　凭绣槛，解罗帏。未得君书，断肠潇湘春雁飞。不知征马几时归。海棠花谢也，雨霏霏。

温庭筠

**例二**

　红绶带，锦香囊。为表花前意，殷勤赠玉郎。此时更自役心肠。转添秋夜梦魂狂。

　思艳质，想娇妆。愿早传金盏，同欢卧醉乡。任人猜妒尽堤防。到头须使似鸳鸯。

孙光宪

熟读温（庭筠）韦（庄）词，则意境自厚。
陈廷焯《白雨斋词话》

# 西溪子

三十三字,平仄韵换押。四仄韵一叠韵两平韵,单调。唐教坊曲名。录自《花间集》。《词谱》云:“此词三换韵,两仄一平,与间叶者不同。其第四、五句用叠韵,或非定格,校下毛词可见。”别格毛文锡、李珣词,与牛峤词同,惟第七句添两字作五字句异。

## 正 格

||－－－|(仄韵)－|＋－－|(叶仄)|－－(句)－||(换仄韵)－||(叠)－|－－||(叶仄)|－－(平韵)|－－(叶平)

**例一**

捍拨双盘金凤。蝉鬓玉钗摇动。画堂前,人不语。弦解语。弹到昭君怨处。翠蛾愁。不抬头。

牛 峤

**例二**

昨夜西溪游赏。芳树奇花千样。锁春光,金尊满。听弦管,娇妓舞衫香暖。不觉到斜晖。马驮归。

毛文锡

**例三**

金缕翠钿浮动。妆罢小窗圆梦。日高时,春已老。人未到。满地落花慵扫。无语倚屏风。泣残红。

李 珣

短句颇不易作。此作(牛峤词)字字的当,有意有笔,能品也。
陈廷焯《白雨斋词评》

# 如 梦 令

三十三字，仄韵，词中两字句为叠韵。此词为五代后唐庄宗李存勖所创。苏轼词序云："此曲本唐庄宗制，名《忆仙姿》，嫌其名不雅，故改为《如梦令》。盖庄宗作此词，卒章云：'如梦。如梦。和泪出门相送。'因取以为名。"周邦彦又因此词首句，改名《宴桃源》。沈会宗词名《不见》；张辑词名《比梅》；《梅苑》词名《古记》；《鸣鹤余音》词名《无梦令》；魏泰双调词名《如意令》。别格有作平韵者，见吴文英词。

## 正 格

+｜－+｜(韵)+｜+－+｜(韵)+｜｜－－(句)+｜+－－｜(韵)－｜(韵)－｜(叠)+｜+－+｜(韵)

**例一**

　　曾宴桃源深洞。一曲清歌舞凤。长记欲别时，和泪出门相送。如梦。如梦。残月落花烟重。

李存勖

**例二**

　　常记溪亭日暮。沉醉不知归路。兴尽晚回舟，误入藕花深处。争渡。争渡。惊起一滩鸥鹭。

李清照

**例三**

　　秋千争闹粉墙。闲看燕紫莺黄。啼到绿阴处，唤回浪子闲忙。春光。春光。正是拾翠寻芳。

吴文英

　　后唐庄宗修内苑，掘得断碑，中有字三十三，曰："曾宴桃源深洞，一曲舞鸾歌凤。长记欲别时，残月落花烟重。如梦。如梦。和泪出门相送。"（第四句与结句互换，各本有异）庄宗使乐工入律歌之，名曰"古记"，又使翰林作数篇。

杨湜《古今词话》

# 诉 衷 情

　　三十三字，以平韵为主，仄韵换押。唐教坊曲名。毛文锡词有"桃花流水漾纵横"句，又名《桃花水》。《花间集》此调有两体，单调者，或间入一仄韵，或间入两仄韵；双调者，全押平韵。别格甚多。双调见毛文锡、陆游词。

## 正 格

-|(仄韵) -|(叶仄) -||(叶仄)|-- (平韵) -||(换仄韵) -|(叶仄)|--(叶平)+||--(叶平)--(叶平)+--|-(叶平)|--(叶平)

**例一**

　　莺语。花舞。春昼午。雨霏微。金带枕。宫锦。凤凰帷。柳弱燕交飞。依依。辽阳音信稀。梦中归。

温庭筠

**例二**

　　桃花流水漾纵横。春昼彩霞明。刘郎去，阮郎行。惆怅恨难平。

　　愁坐对云屏。算归程。何时携手洞边迎。诉衷情。

毛文锡

**例三**

　　当年万里觅封侯。匹马戍梁州。关河梦断何处，尘暗旧貂裘。

　　胡未灭，鬓先秋。泪空流。此生谁料，心在天山，身老沧洲。

陆　游

　　此词以平韵为主，间两仄韵于平韵之内。按《花间集》此体第九句，类用叠字，如"轻轻"、"迢迢"、"沉沉"皆然。其第八句"柳"字可平，第十句"辽"字可仄。则参韦庄词也。

《词谱》

# 天 仙 子

三十四字，仄韵。唐教坊曲名。咏调名本意。陈寅恪《元白诗笺证稿》云："唐代，仙（女性）之一名，遂多用作妖艳妇人，或风流放诞之女道士之代称，亦竟有以目倡妓者。"《词谱》据《乐府杂录》谓李德裕进《万斯年》即《天仙子》。不确。本调有不同诸格体。唐五代多用单调，间有重叠为之而成双调者。兹以皇甫松单调体为正格。双调，见敦煌曲子词和张先词。

## 正 格

+|+ － －||（韵）+|－ － －||（韵）+ － +||－
－（句）－ +|（韵）－ +|（韵）+|+ － －||（韵）

**例一**

柳色披衫金缕凤。纤手轻捻红豆弄。翠蛾双敛正含情，桃花洞。瑶台梦。一片春愁谁与共。

和　凝

**例二**

燕语莺啼三月半。烟蘸柳条金线乱。五陵原上有仙娥，携歌扇。香烂漫。留住九华云一片。

犀玉满头花满面。负妾一双偷泪眼。泪珠若得似珍珠，拈不散。知何限。串向红丝应百万。

敦煌曲子词

**例三**

水调数声持酒听。午醉醒来愁未醒。送春春去几时回，临晚镜。伤流景。往事后期空记省。

沙上并禽池上暝。云破月来花弄影。重重帘幕密遮灯，风不定。人初静。明日落红应满径。

张　先（时为嘉禾小倅，以病眼，不赴府会）

《词谱》云："单调始于唐人，两段始于宋人。"其实不然。敦煌石室之唐人写本《云谣集杂曲子》，有《天仙子》一首，两段六十八字，与张先词句律均同。则知两段不自宋人始也。

林大椿《词式》

# 风 流 子

　　三十四字,仄韵。唐教坊曲名。单调者,唐词一体;双调者,宋词三体。有上下片起句不用韵者;有上片起句用韵,下片起句不用韵者;有上下片起句,俱用韵者。双调诸体皆在百字以上,各体句读有异。兹以孙光宪词为正格。

## 正　格

－｜＋－＋｜(韵)＋｜＋－＋｜(韵)－｜｜(句)｜－－(句)＋｜
＋－＋｜(韵)－｜(韵)－｜(韵)＋｜＋－－｜(韵)

## 例一

　　楼倚长衢欲暮。瞥见神仙伴侣。微傅粉,拢梳头,隐映画帘开处。无语。无绪。慢曳罗裙归去。

孙光宪

## 例二

　　木叶亭皋下,重阳近、又是捣衣秋。奈愁入庾肠,老侵潘鬓,谩簪黄菊,花也应羞。楚天晚、白蘋烟尽处,红蓼水边头。芳草有情,夕阳无语,雁横南浦,人倚西楼。

　　玉容,知安否。香笺共锦字,两处悠悠。空恨碧云离合,青鸟沉浮。向风前懊恼,芳心一点,寸眉两叶,禁甚闲愁。情到不堪言处,分付东流。

张　耒

　　《风流子》,出《文选》。刘良《文选》注曰:"风流,言其风美之声流于天下。子者,男子之通称也。徐钒《词苑丛谈》引《南濠诗话》

# 归自谣

三十四字,仄韵。上下两片。《词谱》云:"一名《风光子》,赵彦端词名《思佳客》,《词律》编入《归国遥》者误。"陈秋帆《阳春集笺》云:"《词谱》、《历代诗余》:'《归自谣》,一名《归国遥》。'《词律》《归自谣》注:'谣'或作'遥'。古《归自谣》合三十四字、四十二字、四十三字,均作一调。别为又一体而已。是《归自谣》即《归国遥》、《归国谣》也。而《花草粹编》、《全唐诗》、《词综》等,便均作《归国谣》。《词律拾遗》又谓《归国遥》,万氏作《归国谣》,误。如此则'自'与'国'、'谣'与'遥'似又不可通。余谓当依延巳三十四字为《归自谣》,四十三字为《归国遥》。诸家于此二词多混乱,误'自'为'国',遂有归国谣之伪,实仅有《归自谣》、《归国遥》耳。"

## 正 格

－｜｜(韵)＋｜＋－－｜｜(韵)＋－＋｜－－｜(韵)
＋－＋＋－－｜(韵)－－＋｜(韵)＋－＋｜－－｜(韵)

**例一**

何处笛。终夜梦魂情脉脉。竹风檐雨寒窗滴。
离人数岁无消息。今头白。不眠特地重相忆。

冯延巳

**例二**

春艳艳。江上晚山三四点。柳丝如剪花如染。
香闺寂寞门半掩。愁眉敛。泪珠滴破胭脂脸。

冯延巳

按此三阕均窜入《六一集》:"何处笛"一阕,《乐府雅词》、《词律》均作欧,《花草粹编》、《全唐诗》作冯;"春艳艳"一阕,《乐府雅词》、《历代诗余》、《词谱》均作欧,《花草粹编》、《全唐诗·附词》作冯。"寒山碧"一阕,《粹编》与与《历代诗余》、《全唐诗》则均作冯词。

陈秋帆《阳春集笺》

# 饮 马 歌

三十四字,仄韵。此调见《松隐集》,曹词自序云:"此腔自房中传至边。饮牛马,即横笛吹之,不鼓不拍,声甚凄断。闻兀尤每遇对阵之际,吹此则鏖战无还期也。"《词谱》云:"此词第五六句,'悲'、'低'二字,疑是间押二平韵,然无他首可校。"

## 正 格

－－－|| (韵) || －－| (韵) | －－－| (韵) | －－－| (韵) | －－(句) +| － (句) || －－| (韵) | －| (韵)

## 例

边城春未到。雪满交河道。暮沙明残照。塞烽云间小。断鸿悲,陇月低,泪湿征衣悄。岁华老。

曹 勋

朔风吹雪透刀瓶,
饮马长城窟更寒。
卢汝弼

# 思帝乡

三十四字,平韵。唐教坊曲名。此调创自温飞卿。韦庄词较温词少两字。《词谱》以温词为准,《词律》以韦词为准。历来选本采韦词者多,今依《词律》,以韦词为正格。

## 正 格

－｜－(韵)｜－－｜－(韵)｜｜－－－｜(句)｜－－(韵)｜
｜－－｜｜(句)｜－－(韵)｜｜－－｜(句)｜－－(韵)

**例一**

春日游。杏花吹满头。陌上谁家年少,足风流。妾拟将身嫁与,一生休。纵被无情弃,不能羞。

韦 庄

**例二**

花花。满枝红似霞。罗袖画帘肠断,卓香车。回面共人闲语,战篦金凤斜。惟有阮郎春尽,不归家。

温庭筠

**例三**

如何。遣情情更多。永日水晶帘下,敛羞蛾。六幅罗裙窣地,微行曳碧波。看尽满池疏雨,打团荷。

孙光宪

小词以含蓄为佳,亦有作决绝语而妙者。如韦庄"谁家年少,足风流。妾拟将身嫁与,一生休。纵被无情弃,不能羞"之类是也;牛峤"须作一生拼,尽君今日欢"抑亦其次;柳耆卿"衣带渐宽终不悔,为伊消得人憔悴",亦即韦意,而气加婉矣。

贺裳《皱水轩词筌》

# 江　城　子

　　三十五字,平韵。唐词单调,以韦庄词为主,余俱照韦词填字。晁补之改名《江神子》;韩滤词有"腊后春前村意远"句,更名《村意远》;谭宣子词名《江城子令》。宋人始作双调,见苏轼词。

## 正　格

　　＋－－＋＋－－(韵)丨－－(韵)＋－－(韵)＋－＋丨(句)＋丨丨－－(韵)＋丨＋－－丨丨(句)－－丨(句)丨－－(韵)

**例一**

　　髻鬟狼籍黛眉长。出兰房。别檀郎。角声呜咽,星斗渐微茫。露冷月残人未起,留不住,泪千行。

韦　庄

**例二**

　　鵁鶄飞起郡城东。碧江空。半滩风。越王宫殿,蘋叶藕花中。帘卷水楼鱼浪起,千片雪,雨濛濛。

牛　峤

**例三**

　　老夫聊发少年狂。左牵黄。右擎苍。锦帽貂裘,千骑卷平冈。为报倾城随太守,亲射虎,看孙郎。

　　酒酣胸胆尚开张。鬓微霜。又何妨。持节云中,何日遣冯唐。会挽雕弓如满月,西北望,射天狼。

苏　轼(密州出猎)

此是唐调,宋词俱照此加后一叠。
林大椿《词式》

# 定西番

三十五字,以平韵为主,仄韵换押。上下两片。别格平仄韵脚稍有出入者,见牛峤词;有作四十一字者,见张先词。

## 正 格

+|∣−−∣(仄韵)−∣∣(句)∣−−(平韵)∣−−(叶平)
+|∣−−∣(叶仄)∣−−∣(叶平)+∣∣−−∣(叶仄)∣−−(叶平)

**例一**

细雨晓莺春晚。人似玉,柳如眉。正相思。
罗幕翠帘初卷。镜中花一枝。肠断塞门消息。雁来稀。

温庭筠

**例二**

紫塞月明千里,金甲冷,戍楼寒。梦长安。
乡思望中天阔,漏残星亦残。画角数声呜咽。雪漫漫。

牛 峤

**例三**

捍拨紫槽金衬,双秀蕈,两回鸾。齐学汉宫妆样,竞婵娟。
三十六弦蝉闹,小弦蜂作团。听尽昭君幽怨。莫重弹。

张 先

按《定西番》,调名始见《教坊记》。有三十五字、四十一字等五体,前后阕首句及后阕第三句,均叶仄韵,应为正体,其不相叶韵者,是为变体。

《全唐五代词》

# 望 江 怨

三十五字，仄韵。此调见《花间集》，为牛峤所创。沈雄《古今词话·词评》引陆游语云："牛峤《定西番》为塞下曲，《望江怨》为闺中曲，是盛唐遗音。"《词谱》云："《花间集》，此调止有牛峤一词，平仄当遵之。《啸余谱》所注平仄，及《词统》所采明词，皆误。"况周颐《餐樱庑词话》云："牛松卿(峤)《望江怨》词，繁弦促柱间，有劲气暗转，愈转愈深。"兹正格据《词谱》，单调七句，除第六句外，句句押仄韵。《词综》作双调，显属舛误。

## 正 格

－－｜(韵)｜｜－－｜－｜(韵)－－－｜｜(韵)｜－－｜－｜(韵)｜－｜(韵)｜｜｜－－(句)｜－－｜｜(韵)

**例**

东风急。惜别花时手频执。罗帏愁独入。马嘶残雨春芜湿。倚门立。寄语薄情郎，粉香和泪泣。

牛 峤

《望江怨》，有急弦促柱之妙。
许昂霄《词综偶评》

# 风 光 好

三十六字,平仄韵转换。调见释文莹《玉壶清话》,其体始于陶穀。《词谱》云:"因陶词涉俚,故采此词(欧词)作谱。"兹仍以陶词为正格,可平可仄据欧词校。

## 正 格

丨——(平韵)丨——(叶平)＋丨——丨丨——(平韵)丨——(叶平)
——＋丨——丨(仄韵)——丨(叶仄)＋丨——丨丨——(叶平)丨——(叶平)

例一

好姻缘。恶姻缘。只得邮亭一夜眠。别神仙。
琵琶拨尽相思调。知音少。待得鸾胶续断弦。是何年。

陶 穀

例二

柳阴阴。水沉沉。风约双凫立不禁。碧波心。
孤村桥断人迷路。舟横渡。旋买村醪浅浅斟。更微吟。

欧 良

小词《风光好》"待得鸾胶续断弦,是何年"之句,《江南野录》谓是曹翰使江南赠婼妓词,《本事曲》谓是陶穀使钱塘赠骆女词,《冷斋夜话》谓是陶穀使江南赠韩熙载歌姬词,是一词有三说也。其他类此者甚众,殆不可遍举。

胡仔《苕溪渔隐丛话》

# 长 相 思

三十六字，平韵，上下片首两句叠韵。唐教坊曲名。《乐府解题》曰："《长相思》，古怨思二十五曲之一。"林逋词有"吴山青"句，名《吴山青》；张辑词有"江南山渐青"句，名《山渐青》；王行词名《青山相送迎》；《乐府雅词》名《长相思令》，又名《相思令》。此调多抒相思缠绵之意。

## 正 格

+ + −(韵) + + −(叠) +｜− −｜−(韵) + − +｜−(韵)
+ + −(韵) + + −(叠) +｜− − +｜−(韵) + − +｜−(韵)

**例一**

汴水流。泗水流。流到瓜洲古渡头。吴山点点愁。
思悠悠。恨悠悠。恨到归时方始休。月明人倚楼。

白居易

**例二**

长相思。长相思。若问相思甚了期。除非相见时。
长相思。长相思。欲把相思说似谁。浅情人不知。

晏幾道

**例三**

吴山青。越山青。两岸青山相送迎。谁知离别情。
君泪盈。妾泪盈。罗带同心结未成。江头潮已平。

林逋

客从远方来，遗我一书札。
上言长相思，下言久离别。
《古诗十九首》

# 何 满 子

三十六字，平韵。唐教坊曲名。又名《河满子》。白居易诗云："世传满子是人名，临就刑时曲始成。一曲四词歌八叠，从头便是断肠声。"自注云："开元中，沧州歌者姓名，临刑进此曲，以赎死，上竟不免。"元稹《何满子歌》云："何满能歌声宛转，天宝年中世称罕。婴刑系在囹圄间，下调哀音歌愤懑。梨园弟子奏元宗，一唱承恩羁纲缓。便将何满为曲名，御府亲题乐府纂。"元白平生交友，闻见率同，独纪此事少异。又《卢氏杂说》云："唐文宗命宫人沈翘翘，舞《河满子》词。"《词谱》云："又属舞曲。"别格作七十四字，双调，见张先词。

## 正 格

+｜＋－＋｜(句) ＋－＋｜－－(韵) ＋｜－－－｜(句) ＋－－｜－－(韵) ＋｜＋－＋｜(句) ＋－＋｜－－(韵)

**例一**

写得鱼笺无限，其如花锁春晖。目断巫山云雨，空教残梦依依。却爱熏香小鸭，羡他长在屏帏。

和　凝

**例二**

溪女送花随处，沙鸥避乐分行。游舸已如图障里，小屏犹画潇湘。人面新生酒艳，日痕更欲春长。

衣上交枝斗色，钗头比翼相双。片段落霞明水底，风纹时动妆光。宾从夜归无月，千灯万火河塘。

张　先（陪杭守泛湖夜归）

故国三千里，深宫二十年。
一声何满子，双泪落君前。
张祜《何满子》

# 相 见 欢

　　三十六字，平韵，过片处押两仄韵。唐教坊曲名。南唐李煜词有"无言独上西楼。月如钩"句，更名《秋夜月》，又名《上西楼》，又名《西楼子》；康与之词名《忆真妃》；张辑词有"唯有渔竿明月上瓜洲"句，名《月上瓜洲》，或名《乌夜啼》。此别名之《乌夜啼》，与作四十七字者、李煜《乌夜啼》"昨夜风兼雨"不同。

## 正 格

　　＋－＋｜－－(平韵)｜－－(叶平)＋｜＋－＋｜｜－－(叶平)
　　＋－｜(仄韵)＋－｜(叶仄)｜－－(叶平)＋｜＋－＋｜｜－－(叶平)

例一

　　林花谢了春红。太匆匆。无奈朝来寒雨晚来风。
　　胭脂泪。留人醉。几时重。自是人生长恨水长东。

李　煜

例二

　　无言独上西楼。月如钩。寂寞梧桐深院锁清秋。
　　剪不断。理还乱。是离愁。别是一般滋味在心头。

李　煜

例三

　　金陵城上西楼。倚清秋。万里夕阳垂地大江流。
　　中原乱。簪缨散。几时收。试倩悲风吹泪过扬州。

朱敦儒

　　《相见欢》，词之妙处，亦别是一般滋味。
　　　　　　王闿运《湘绮楼评词》

# 望梅花

　　三十八字,仄韵。唐教坊曲名。《梅苑词》作《望梅花令》。此调有单调仄韵者,见和凝词;有双调平韵者,见孙光宪词。《花间集》旧本,刻作单调,故兹以单调仄韵体为正格。

## 正　格

–｜｜–––｜(韵)｜｜–––｜(韵)｜｜–––｜｜(韵)
｜｜–––｜(韵)–｜｜––｜｜(韵)–｜｜–––｜(韵)

例一

　　春草全无消息。腊雪犹余踪迹。越岭寒枝香自坼。
冷艳奇芳堪惜。何事寿阳无处觅。吹入谁家横笛。

和　凝

例二

　　数枝开与短墙平。见雪萼、红跗相映,引起谁人边塞情。
帘外欲三更。吹断离愁月正明。空听隔江声。

孙光宪

　　《望梅花》,始见《教坊记》,共三十八字,分平仄韵两体。此调专咏梅花。《历代诗余》云:「和凝作《望梅花》词,即以名词。」果尔,则此调当为和凝所创。

《全唐五代词》

# 醉太平

三十八字,平韵。又名《凌波曲》,孙惟信词名《醉思凡》,周密词名《四字令》。此调前后段起两句第三字宜用去声字。上下片结句为上一下四句式。别格有作四十五字者,见辛弃疾词。

### 正　格

+－丨－(韵)+－丨－(韵)+－+丨－－(韵)丨－－丨－(韵)
+－丨－(韵)+－丨－(韵)+－+丨－－(韵)丨－－丨－(韵)

**例一**

情深意真。眉长鬓青。小楼明月调筝。写春风数声。
思君忆君。魂牵梦萦。翠绡香暖云屏。更那堪酒醒。

刘　过

**例二**

态浓意远。眉颦笑浅。薄罗衣窄絮风软。鬓云欺翠卷。
南园花树春光暖。红香径里榆钱满。欲上秋千又惊懒。且归休怕晚。

辛弃疾

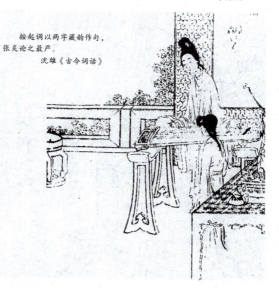

按起调以两字藏韵作句,
张炎论之最严。
　　沈雄《古今词话》

# 上 行 杯

　　三十九字,仄韵。唐教坊曲名。此调见《花间集》,有不同诸格体,俱为单调。有作双调者,以前四句为上片,后六句为下片,恐误。万树《词律》云:"以余断之,则是单调。小令原不宜分作两段也。合之为妥。"兹以孙光宪词为正格。此调第一、三、四、五句用仄韵,第七、八、九、十句换押入声韵。别格作四十一字,不换韵,全押仄韵,见韦庄词。

## 正 格

　–|　–　–||(韵) –||(读)|–　–|(韵)||–　–　–||(韵)
–　–||(韵)|–　–(句) –||(换韵) –|(韵) –||(韵) –|–　–|
(韵)

**例一**

　　离棹逡巡欲动。临极浦、故人相送。去住心情知不共。金船满捧。绮罗愁,丝管咽。回别。帆影灭。江浪如雪。

孙光宪

**例二**

　　芳草灞陵春岸。柳烟深、满楼弦管。一曲离声肠欲断。今日送君千万。红缕玉盘金缕盏。须劝。珍重意,莫辞满。

韦　庄

　　词之难于令曲,如诗之难于绝句,不过十数句,一句一字闲不得。末句最当留意,有有余不尽之意始佳。

张炎《词源》

# 长命女

三十九字，仄韵。唐教坊曲名。《乐府杂录》载："大历中，有才人张红红者，本与其父歌于衢路，丐食过将军韦青所居。青于街脑中闻其歌者喉音寥亮，仍有美色，即纳为姬。其父舍于后户，优给之。乃自传其艺，颖悟绝伦。尝有乐工自撰一曲，即古曲《长命西河女》也。"《碧鸡漫志》云："此曲起开元以前，大历间，乐工加减节奏。"原为五言四句声诗，后成长短句。和凝词名《薄命女》，《全唐诗·附词》作《薄命妾》。《词谱》于"再拜陈三愿"处分片，作双调。

## 正　格

－｜｜（韵）＋｜＋－－｜｜（韵）＋｜－－｜（韵）
｜＋－－＋｜（句）＋｜＋－＋｜（韵）＋｜－－｜｜（韵）＋
｜－－｜（韵）

**例一**

春日宴。绿酒一杯歌一遍。再拜陈三愿。

一愿郎君千岁，二愿妾身长健。三愿如同梁上燕。岁岁长相见。

冯延巳

**例二**

天欲晓。宫漏穿花声缭绕。窗里星光少。

冷露寒侵帐额，残月光沉树杪。梦断锦帏空悄悄。强起愁眉小。

和　凝

南唐宰相冯延巳有乐府一章，名《长命女》。其后有以其词改为《雨中花》云："我有五重深深愿：第一愿且图久远；二愿恰如雕梁双燕，岁岁得长相见；三愿薄情相顾恋；第四愿永不分散；五愿奴留收因结果，做个大宅院。"味冯公之词，典雅丰容，虽置之古乐府，可以无愧。一遭俗子窜易，不惟句意重复，而鄙恶甚矣。

徐釚《词苑丛谈》

# 感 恩 多

三十九字,平仄韵转换。唐教坊曲名。双调,上片四句两仄韵、两平韵;上片五句两平韵、一叠韵。此词下片第三句必用叠句。别格作四十字,换头七字句,与正格小异。

## 正 格

‖－‖|(仄韵)－|－－|(叶仄)|－－|(平韵)|－－(叶平)
‖－－‖(句)|－－(叶平)|－－(叠)‖－－(句)|－
－|－(叶平)

### 例一

两条红粉泪。多少香闺意。强攀桃李枝。敛愁眉。
陌上莺啼蝶舞,柳花飞。柳花飞。愿得郎心,忆家还早归。

牛 峤

### 例二

自从南浦别。愁见丁香结。近来情转深。忆鸳衾。
几度将书托烟雁,泪盈襟。泪盈襟。礼月求天,愿君知我心。

牛 峤

二词情韵谐婉,
纯以白描见长。
李冰若《栩庄漫记》

# 生　查　子

　　四十字，仄韵。上下两片。唐教坊曲名。《词律》云："生查子，本樝梨之'樝'，省笔作'查'。今有读作'查考'之查，且取'浮查（槎）'事以为解者。若是所乘之查，如何加一'生'字耶!"《本草纲目》云："樝子乃木瓜之酢涩者，小于木瓜，色微黄。"即今木桃。此说甚是，调名取此。《尊前集》注："双调。"别格有作四十一字者，见牛希济词。宋人多抒怨郁之情。

## 正　格

+－－+－(句) +|－-|(韵) +||－－(句) +|－-|(韵)
+－－+－(句) +|－-|(韵) +||－－(句) +|－-|(韵)

**例一**

　　去年元夜时，花市灯如昼。月上柳梢头，人约黄昏后。
　　今年元夜时，月与灯依旧。不见去年人，泪湿春衫袖。

　　　　　　　　　　　　　　　　　　欧阳修（元夕）

**例二**

　　春山烟欲收，天淡稀星小。残月脸边明，别泪临清晓。
　　语已多，情未了。回首犹重道。记得绿罗裙，处处怜芳草。

　　　　　　　　　　　　　　　　　　牛希济

《生查子》，查，古槎字，张骞乘槎事也。
　　　　　杨慎《词品》

# 抛 球 乐

　　四十字,平韵。唐教坊曲名。盛唐时原为五言六句声诗,乃唐人催酒之曲。《唐音癸签》云:"《抛球乐》,酒筵中抛球为令,其所唱之词也。"《宋史·乐志》云:"女弟子舞队,三曰《抛球乐》。"《词谱》云:"此调三十字者,始于刘禹锡词。皇甫松本此填,多一和声。四十字者,始于冯延巳词,因词有'且莫思归去'句,或名《莫思归》。至宋柳永,则借旧曲名,别倚新声,始有两段一百八十七字体,《乐章集》注林钟商调,与唐词小令体制,迥然各别。"兹以冯延巳词为正格。

## 正　格

　　+｜－－+｜－(韵)+－－｜｜－－(韵)+－+｜+－
｜(句)+｜+－+｜－(韵)+｜－－｜(句)+｜－－+｜－(韵)

**例一**

　　酒罢歌余兴未阑。小桥秋水共盘桓。波摇梅蕊当心白,风入罗衣贴体寒。且莫思归去,须尽笙歌此夕欢。

冯延巳

**例二**

　　珠泪纷纷湿绮罗。少年公子负恩多。当初姊姊分明道,莫把真心过与他。子细思量着,淡薄知闻解好么。

敦煌曲子词

五色绣团圆,登君玳瑁筵。
最宜红烛下,偏称落花前。
上客如先起,应须赠一船。

春早见花枝,朝朝恨发迟。
及看花落后,却忆未开时。
幸有抛球乐,一杯君莫辞。
刘禹锡《抛球乐词二首》

# 昭君怨

　　四十字,平仄韵转换。《乐府解题》曰:"王嫱,字昭君。《琴操》载:昭君,齐国王穰女。端正闲丽,未尝窥门户。穰以其有异于人,求之者皆不与。年十七,献之元帝。元帝以地远不之幸,以备后宫。积五六年,帝每游后宫,常怨不出。后单于遣使朝贡,帝宴之,尽召后宫。昭君盛饰而至,帝问欲以一女赐单于,能者往。昭君乃越席请行。时单于使在旁,惊恨不及。昭君至匈奴,单于大悦,以为汉与我厚,纵酒作乐。遣使报汉,白璧一只,骊马十匹,胡地珍宝之物。昭君恨帝始不见遇,乃作怨思之歌。"朱敦儒词咏洛妃,名《洛妃怨》;侯寘词名《宴西园》。此调可平可仄据《词谱》。

## 正　格

＋｜＋－＋｜(仄韵)＋｜＋－＋｜(叶仄)＋｜｜－－(转平韵)｜－－(叶平)
＋｜＋－＋｜(仄韵)＋｜＋－＋｜(叶仄)＋｜｜－－(转平韵)｜－－(叶平)

### 例一

　　午梦扁舟花底。香满西湖烟水。急雨打篷声。梦初惊。
　　却是池荷跳雨。散了真珠还聚。聚作水银窝。泻清波。

杨万里(咏荷上雨)

### 例二

　　谁作桓伊三弄。惊破绿窗幽梦。新月与愁烟。满江天。
　　欲去又还不去。明日落花飞絮。飞絮送行舟。水东流。

苏　轼(送别)

秋木萋萋,其叶萎黄。
有鸟处山,集于苞桑。
养育毛羽,形容生光。
既得升云,上游曲房。
离宫绝旷,身体摧藏。
志念抑沈,不得颉颃。
虽得委食,心有徊徨。
我独伊何,改往变常。
翩翩之燕,远集西羌。
高山峨峨,河水泱泱。
父兮母兮,道里悠长。
呜呼哀哉,忧心恻伤。
王嫱《昭君怨》

# 酒 泉 子

　　四十字，平仄韵转换。唐教坊曲名。酒泉本地名，《元和郡县图志》载："以城下有泉，其味若酒，故名酒泉。"盖调名所本。《酒泉子》有诸不同格体。兹依《词谱》，以温庭筠词"花映柳条"为正格。此词上片五句两平韵、两仄韵，下片五句三仄韵、一平韵。《词谱》所列《酒泉子》二十二体，四十至四十五字，字数小异，然末句概作三言。毛文锡词全押平声韵，前后段第二句各七字，宋人多照此体填之。

## 正　格

　　+|+−(平韵)+|+−+|(仄韵)++−(句)−+|(叶仄)|−−(叶平)
　　+−+|+−|(换仄韵)+−−+|(叶仄)++−(句)−+|(叶仄)|−−(叶平)

**例一**

　　花映柳条。吹向绿萍池上。凭阑干，窥细浪。雨潇潇。
　　近来音信两疏索。洞房空寂寞。掩银屏，垂翠箔。度春宵。

温庭筠

**例二**

　　绿树春深，燕语莺啼声断续，蕙风飘荡入芳丛。惹残红。
　　柳丝无力袅烟空。金盏不辞须满酌，海棠花下思朦胧。醉春风。

毛文锡

　　汉武帝置酒泉郡，城下有泉味甘如酒。郭弘好饮，尝曰得封酒泉郡，实出望外。调名取此，曰《酒泉子》。
　　毛先舒《填词名解》

# 女 冠 子

　　四十一字，平仄韵转换。唐教坊曲名。唐词内容多咏女道士。徐釚《词苑丛谈》云："《女冠子》则述道情。"《词谱》云："小令始于温庭筠，长调始于柳永。"一名《女冠子慢》。别格有作一百余字仄韵者，见柳永词。

### 正　格

+－+|(仄韵)+++－+|(叶仄)|－－(平韵)+|－－|(句)－
－||－(叶平)

+－－||(句)+||－－(叶平)+|－－|(句)|－－(叶平)

**例一**

　　含娇含笑。宿翠残红窈窕。鬓如蝉。寒玉簪秋水，轻纱卷碧烟。

　　雪胸鸾镜里，琪树凤楼前。寄语青娥伴，早求仙。

温庭筠

**例二**

　　断云残雨。洒微凉，生轩户。动清籁、萧萧庭树。银河浓淡，华星明灭，轻云时度。莎阶寂静无睹。幽蛩切切秋吟苦。疏篁一径，流萤几点，飞来又去。

　　对月临风，空恁无眠耿耿，暗想旧日牵情处。绮罗丛里，有人人、那回饮散，略曾谐鸳侣。因循忍便睽阻。相思不得长相聚。好天良夜，无端惹起，千愁万绪。

柳永

凡道士给田三十亩，女冠二十亩，僧尼亦如之。

《唐六典·户部尚书》

# 中兴乐

　　四十一字，平仄韵递转。此调见《花间集》，牛希济词有"泪湿罗衣"句，名《湿罗衣》。《词谱》云："此词(毛文锡词)六仄韵，即间入平韵之内。旧谱失注，今照《词暆》本点定。"兹据《词谱》，以毛文锡词为正格。有作四十二字平韵者，不间入仄韵，两结句读，亦与毛词异，见牛希济词。

## 正格

　　‖－－－‖(平韵) －－‖‖－(叶平)‖－‖(仄韵) －‖(叶仄)‖
－－(叶平)

　　－－‖‖－－‖(叶仄) －－‖(叶仄)‖－－‖(叶仄) －‖(叶仄)‖‖
－－(叶平)

**例一**

　　豆蔻花繁烟艳深。丁香软结同心。翠鬟女。相与。共淘金。

　　红蕉叶里猩猩语。鸳鸯浦。镜中鸾舞。丝雨。隔荔枝阴。

毛文锡

**例二**

　　池塘暖碧浸晴晖。蒙蒙柳絮轻飞。红蕊凋来，醉梦还稀。春云空有雁归。珠帘垂。东风寂寞，恨郎抛掷，泪湿罗衣。

牛希济

古淘金多妇女，大约出于两粤土俗。毛文锡《中兴乐》词云云，皆粤中俗也。今楚蜀多有之，然皆用男子矣。

李调元《雨村词话》

# 玉 蝴 蝶

四十一字，平韵。小令始于温庭筠，长调始于柳永。《乐章集》注："仙吕调。"一名《玉蝴蝶慢》。别格九十九字，见柳永词。

## 正 格

－－｜－－(韵) ＋＋＋－－(韵) ＋｜｜－－(韵) －－＋｜－(韵)
－－－｜｜(句) ＋｜｜－－(韵) ＋｜｜－－(韵) －－＋｜－(韵)

**例一**

秋风凄切伤离。行客未归时。塞外草先衰。江南雁到迟。
芙蓉凋嫩脸，杨柳堕新眉。摇落使人悲。断肠谁得知。

温庭筠

**例二**

望处雨收云断，凭栏悄悄，目送秋光。晚景萧疏，堪动
宋玉悲凉。水风轻、蘋花渐老，月露冷、梧叶飘黄。遣情伤。
故人何在，烟水茫茫。

难忘。文期酒会，几孤风月，屡变星霜。海阔山遥，未
知何处是潇湘。念双燕、难凭远信，指暮天、空识归航。黯
相望。断鸿声里，立尽斜阳。

柳 永

"塞外"十字，抵多少《秋
声赋》。飞卿(温庭筠)词"此情
谁得知"、"梦长君不知"、"断肠
谁得知"，三押"知"字，皆妙。
　　　陈廷焯《白雨斋词评》

# 纱窗恨

　　四十一字，平仄韵递转。唐教坊曲名。毛文锡词有"月照纱窗，恨依依"句，取以为名。此调上片起句，乃间入仄韵，非本韵也。《词律》于第二句，注换平者，误。谱内可平可仄，参校毛文锡词"双双蝶翅"。其词作四十二字，韵脚同，惟下片第三句，较前词多一字，宋词谓之添字。

## 正　格

－－｜｜－｜(仄韵)｜－－(平韵)｜－＋｜－｜(叶仄)｜－－(叶平)
｜－｜(读)｜＋－｜(句)＋＋＋(读)｜｜－(叶平)｜｜－－(句)｜－－(叶平)

**例一**

　　新春燕子还来至。一双飞。垒巢泥湿时时坠。沍人衣。
　　后园里、看百花发，香风拂、绣户金扉。月照纱窗，恨依依。

毛文锡

**例二**

　　双双蝶翅涂铅粉。咂花心。绮窗绣户飞来稳。画堂阴。
　　二三月、爱随风絮，伴落花、来拂衣襟。更剪轻罗片，傅黄金。

毛文锡

（毛）文锡词大致匀净，可歌也。不及（毛）熙震，其所撰《纱窗恨》，

沈雄《古今词话》

# 春 光 好

　　四十一字,平韵,双调。唐教坊曲名。王灼《碧鸡漫志》载:"春光好,《羯鼓录》云:'明皇尤爱羯鼓玉笛,云八音之领袖。时春雨始晴,景色明丽,帝曰:"对此岂可不与他判断。"命取羯鼓,临轩纵击,曲名《春光好》。回顾柳杏,皆已微坼。上曰:"此一事不唤我作天工,可乎。"'今夹钟宫《春光好》,唐以来多有此曲。"后用作词调名。晏幾道词有"拌却一襟怀远泪,倚阑看"句,名《愁倚阑令》,或名《愁倚阑》,或名《倚阑令》。此调别格甚多,有作四十二字者,见晏幾道词。

## 正　格

　　－ ＋｜(句)｜－ －(韵)｜－ －(韵)－｜－ －＋ ＋ －(韵)｜－ －(韵)
　　＋｜－ － ＋｜(句)－ － ｜｜ ＋ －(韵)＋｜ ＋ － － ｜｜(句)｜－ －(韵)

**例一**

　　蘋叶软,杏花明。画船轻。双浴鸳鸯出绿汀。棹歌声。
　　春水无风无浪,春天半雨半晴。红粉相随南浦晚,几含情。

和 凝

**例二**

　　天初暖,日初长。好春光。万汇此时皆得意,竞芬芳。
　　笋迸苔钱嫩绿,花偎雪坞浓香。谁把金丝裁剪却,挂斜阳。

欧阳炯

**例三**

　　花阴月,柳梢莺。近清明。长恨去年今夜雨,洒离亭。
　　枕上怀远诗成。红笺纸、小研吴绫。寄与征人教念远,莫无情。

晏幾道

写出春光骀宕之状。
李冰若《栩庄漫记》

# 点 绛 唇

四十一字，仄韵。《古今词谱》曰："本仙吕宫，又入高平调。"宋王禹偁词名《点樱桃》；王十朋词名《十八香》；张辑词有"邀月过南浦"句，名《南浦月》，又有"遥隔沙头雨"句，名《沙头雨》；韩淲词有"更约寻瑶草"句，名《寻瑶草》。填此词文藻宜雅洁。

## 正 格

+|－－(句) +－+|－－|(韵) +－+|(韵) +|－－|(韵)

+|－－(句) +|－－|(韵) －+|(韵) +－+|(韵) +|－－|(韵)

例一

雨恨云愁，江南依旧称佳丽。水村渔市。一缕孤烟细。
天际征鸿，遥认行如缀。平生事。此时凝睇。谁会凭阑意。

王禹偁

例二

缥缈危亭，笑谈独在千峰上。与谁同赏。万里横烟浪。
老去情怀，犹作天涯想。空惆怅。少年豪放。莫学衰翁样。

叶梦得（绍兴乙卯登绝顶小亭）

白雪凝琼貌，明珠点绛唇。
江淹《咏美人春游诗》

# 醉 花 间

四十一字,仄韵,首两句叠韵。上下片。唐教坊曲名。《宋史·乐志》:"双调。"别格有作五十字者,见冯延巳词。

## 正 格

－－|(韵)|－|(叠)－|－－|(韵)－||－－(句)－|－－|(韵)

|||－－(句)－－－||(韵)－||－－(句)||－－|(韵)

**例一**

休相问。怕相问。相问还添恨。春水满塘生,鸂鶒还相趁。

昨夜雨霏霏,临明寒一阵。偏忆戍楼人,久绝边庭信。

毛文锡

**例二**

晴雪小园春未到。池边梅自早。高树鹊衔巢,斜月明寒草。

山川风景好,自古金陵道。少年看却老。相逢莫厌醉金杯,别离多,欢会少。

冯延巳

《花间集》毛文锡三十一首,余只喜其《醉花间》后段"昨夜雨霏霏"数语。情景不奇,写出政复不易,语淡而真,亦轻清,亦沉着。

况周颐《餐樱庑词话》

# 归国遥

四十二字，仄韵。唐教坊曲名。此调在清筂吹乐章中，有辞，有谱，见《律吕正义》。遥，一作"谣"，盖缘宋人词调《归自谣》而误。此与《归自谣》不同，详参见前三十四字《归自谣》。颜奎词名《归平遥》。此词双调，有不同诸格体。《词谱》以温、韦两词为正体。韦词首句比温词起句增出一字。

## 正 格

　－｜(韵)｜｜＋－－｜｜(韵)＋＋＋＋－｜(韵)＋－－｜｜(韵)
　＋｜｜－－｜(韵)｜－｜｜(韵)＋＋＋＋－｜(韵)＋－－｜｜(韵)

例一

双脸。小凤战篦金飐艳。舞衣无力风软。藕丝秋色染。
锦帐绣帏斜掩。露珠清晓簟。粉心黄蕊花靥。黛眉山两点。

　　　　　　　　　　　　　　　　　　　温庭筠

例二

春欲暮。满地落花红带雨。惆怅玉笼鹦鹉。单栖无伴侣。
南望去程何许。问花花不语。早晚得同归去。恨无双
翠羽。

　　　　　　　　　　　　　　　　　　　韦　庄

词有高下之别，有轻重之别。飞卿(温庭筠)下语镇纸，端己(韦庄)揭响入云，可谓极两者之能事。
　　　周济《介存斋论词杂著》

# 沙塞子

　　四十二字,平韵。唐教坊曲名。一名《沙碛子》。此调上下两片字句相同。别格有作四十九字,见赵彦端词。

### 正　格

　|‖+－－|(句) －‖(句)|－－(韵) +|+－－|(句)|－－(韵)
　|‖+－－|(句) －‖(句)|－－(韵) +|+－－|(句)|－－(韵)

**例一**

　　万里飘零南越,山引泪,酒添愁。不见凤楼龙阙,又惊秋。
　　九日江亭闲望,蛮树绕,瘴云浮。肠断红蕉花晚,水西流。

朱敦儒

**例二**

　　春水绿波南浦,渐理棹、行人欲去。黯销魂、柳上轻烟,花梢微雨。
　　长亭放盏无计住。但芳草、迷人去路。忍回头、断云残日,长安何处。

赵彦端

　　朱希真(敦儒),洛阳人,流落岭外,九日作《沙塞子》词,不减唐人语。

　　　　吴曾《能改斋漫录》

# 恋 情 深

　　四十二字，平仄韵转换。唐教坊曲名。毛文锡词两首俱以"恋情深"结，因此名题。上片第二句，如"醉红楼月"，作上一中二下一句法，《词谱》云："填此调宜从之。"别格同见毛词，下片第三句六字折腰句法，与前词微异。此调当抒男女深情。

## 正 格

‖ − − − ‖(仄韵)‖ − ‖(叶仄)+ − + ‖ − −(换平韵)‖ − −(叶平)
+ − − ‖ − −(叶平)+ ‖ − −(叶平)‖‖ − − ‖(句)‖ − −(叶平)

**例一**

　　滴滴铜壶寒漏咽。醉红楼月。宴余香殿会鸳衾。荡春心。
真珠帘下晓光侵。莺语隔琼林。宝帐欲开慵起，恋情深。

毛文锡

**例二**

　　玉殿春浓花烂漫。簇神仙伴。罗裙窣地缕黄金。奏清音。
酒阑歌罢两沉沉。一笑动君心。永愿作、鸳鸯伴，恋情深。

毛文锡

簸弄风月，陶写性情，词婉于诗；盖声出莺吭燕舌间，稍近乎情可也。

　　　　张炎《词源》

# 浣溪沙

　　四十二字，平韵。过片两句用对偶。唐教坊曲名。张泌词有"露浓香泛小庭花"句，名《小庭花》。贺铸名《减字浣溪沙》。韩淲词有"芍药酴醾满院春"句，名《满院春》；有"东风拂槛露犹寒"句，名《东风寒》；有"一曲西风醉木犀"句，名《醉木犀》；有"霜后黄花菊自开"句，名《霜菊黄》；有"广寒曾折最高枝"句，名《广寒枝》；有"春风初试薄罗衫"句，名《试香罗》；有"清和风里绿阴初"句，名《清和风》；有"一番春事怨啼鹃"句，名《怨啼鹃》。别格有《摊破浣溪沙》，又名《山花子》，上下片结处增三字，见李璟词。

## 正　格

+丨+－+丨－(韵)＋－+丨－－(韵)＋－+丨－－(韵)
+丨+－－丨丨(句)＋－+丨－－(韵)＋－+丨－－(韵)

**例一**

　　一曲新词酒一杯。去年天气旧亭台。夕阳西下几时回。
无可奈何花落去，似曾相识燕归来。小园香径独徘徊。

晏　殊

**例二**

　　漠漠轻寒上小楼。晓阴无赖似穷秋。淡烟流水画屏幽。
自在飞花轻似梦，无边丝雨细如愁。宝帘闲挂小银钩。

秦　观

**例三**

　　手卷珠帘上玉钩。依前春恨锁重楼。风里落花谁是主，
思悠悠。

　　青鸟不传云外信，丁香空结雨中愁。回首绿波春色暮，
接天流。

李　璟

玉面耶溪女，青娥红粉妆。
一双金齿屐，两足白如霜。
　　李白《浣纱石上女》

# 醉 垂 鞭

　　四十二字，平仄韵递转。见张先《安陆集》，此调上下片各五句，三平韵，两仄韵，两仄韵即间押于平韵之内，以平韵为主。

## 正 格

　　+|| - -(平韵) - - |(仄韵) - - |(叶仄) +|| - -(叶平) + - +
| - (叶平)

　　+ - - ||(换仄韵) - - |(叶仄) | - -(叶平) +|| - -(叶平) + - +
| - (叶平)

**例一**

　　双蝶绣罗裙。东池宴。初相见。朱粉不深匀。闲花淡
淡春。

　　细看诸处好。人人道。柳腰身。昨日乱山昏。来时衣
上云。

张　先

**例二**

　　酒面浥金鱼。吴娃唱。吴潮上。玉殿白麻书。待君归
后除。

　　勾留风月好。平湖晓。翠峰孤。此景出关无。西州空
画图。

张　先(钱塘送祖择之)

横绝。
周济《宋四家词选》

# 伤 春 怨

四十三字,仄韵。双调。吴曾《能改斋漫录》云:"此为王安石梦中作。"

## 正 格

｜｜－－｜(韵)｜｜－－－｜(韵)｜｜｜－－(句)｜｜－－
－｜(韵)
｜－－－｜(韵)｜｜－－｜(韵)｜｜｜－－(句)｜｜｜(读)－－
｜(韵)

**例**

　　雨打江南树。一夜花开无数。绿叶渐成阴,下有游人归路。

　　与君相逢处。不道春将暮。把酒祝东风,且莫恁、匆匆去。

王安石(梦中作)

王江宁(安石)元丰间,尝得乐章两阕于梦中,云:"雨打江南树。……"

吴曾《能改斋漫录》

# 清 商 怨

四十三字,仄韵。《古乐府》有清商曲辞,其音多哀怨,故取以为名。周邦彦以欧阳修词有"关河愁思"句,更名《关河令》,又名《伤情怨》。周词首句作六字。此调上片第二句为上一下四句法,填者宜从之。

### 正　格

－－－|－＋|(韵)|＋－＋|(韵)＋|－－(句)＋－－||(韵)
＋－－＋|(韵)|＋＋(读)＋－－|(韵)＋|－－(句)＋－－
||(韵)

**例一**

关河愁思望处满。渐素秋向晚。雁过南云,行人回泪眼。
双鸾衾裯悔展。夜又永、枕孤人远。梦未成归,梅花闻塞管。

欧阳修

**例二**

枝头风势渐小。看暮鸦飞了。又是黄昏,闭门收返照。
江南人去路缈。信未通、愁已先到。怕见孤灯,霜寒催睡早。

周邦彦

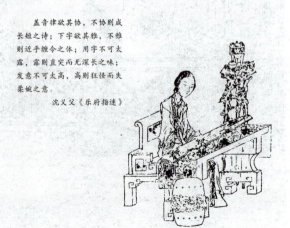

盖音律欲其协,不协则成长短之诗;下字欲其雅,不雅则近乎缠令之体;用字不可太露,露则直实而无深长之味;发意不可太高,高则狂怪而失柔婉之意。

沈义父《乐府指迷》

# 霜天晓角

　　四十三字,仄韵。张辑词有"一片月、当窗白"句,名《月当窗》;程垓词有"须共踏夜深月"句,名《踏月》;吴礼之词有"长桥月"句,名《长桥月》。《词谱》云:"此调押仄韵者,以林(逋)词辛(弃疾)词为正体。若赵(师侠)词葛(长庚)词之多押两韵,程(垓)词吴(文英)词之添字,皆变格也。"别格有作平韵者,见蒋捷词。

## 正　格

　　+－+|(韵)++－|(韵)+|+－+|(句)－+|(读)+－|(韵)
　　+|(韵)+||(韵)++－|(韵)+|+－+|(句)－+|(读)+－|(韵)

**例一**

　　冰清霜洁。昨夜梅花发。甚处玉龙三弄,声摇动、枝头月。
　　梦绝。金兽爇。晓寒兰烬灭。更卷珠帘清赏,且莫扫、阶前雪。

林　逋

**例二**

　　倚天绝壁。直下江千尺。天际两蛾凝黛,愁与恨、几时极。
　　怒潮风正急。酒醒闻塞笛。试问谪仙何处? 青山外、远烟碧。

韩元吉(题采石蛾眉亭)

**例三**

　　人影窗纱。是谁来折花。折则从他折去,知折去、向谁家。
　　檐牙。枝最佳。折时高折些。说与折花人道,须插向、鬓边斜。

蒋　捷

两结六字句, 定体也。
万树《词律》

# 卜算子

　　四十四字,仄韵。万树《词律》云:"毛氏(先舒)云:'骆义乌(宾王)诗用数名,人谓为'卜算子',故牌名取之。'按山谷(黄庭坚)词'似扶着,卖卜算',盖取义以今卖卜算命之人也。"苏轼词有"缺月挂疏桐"句,名《缺月挂疏桐》;秦湛词有"极目烟中百尺楼"句,名《百尺楼》。僧皎词有"目断楚天遥"句,名《楚天遥》;无名氏词有"蹙破眉峰碧"句,名《眉峰碧》。别格有添衬字者,见李之仪词。宋教坊衍为慢曲,八十九字,仄韵,有柳永词。

## 正　格

　　+||－－(句) +|－－|(韵) +|－－||－(句) +|－－|(韵)
　　+||－－(句) +|－－|(韵) +|－－||－(句) +|－－|(韵)

**例一**

　　缺月挂疏桐,漏断人初静。谁见幽人独往来,缥缈孤鸿影。
　　惊起却回头,有恨无人省。拣尽寒枝不肯栖,寂寞沙洲冷。

苏　轼(黄州定慧院寓居作)

**例二**

　　驿外断桥边,寂寞开无主。已是黄昏独自愁,更著风和雨。
　　无意苦争春,一任群芳妒。零落成泥碾作尘,只有香如故。

陆　游(咏梅)

**例三**

　　我住长江头,君住长江尾。日日思君不见君,共饮长江水。
　　此水几时休,此恨何时已。只愿君心似我心,定不负、
相思意。

李之仪

　　此调以此词(苏轼词)为正体,增韵、添字皆为变体。

《词谱》

# 后　庭　花

　　四十四字,仄韵。唐教坊曲名。《词谱》引《碧鸡漫志》云:"玉树后庭花,陈后主造。其诗皆以配声律,遂取一句为曲名。伪蜀时,孙光宪、毛熙震、李珣有《后庭花》曲,皆赋后主故事。"别格有作四十六字,下片添二字,见孙光宪词。

## 正　格

　　＋－＋｜－－｜(韵)｜－－｜(韵)＋＋－＋－＋｜(韵)｜＋－｜(韵)

　　＋－＋｜－－｜(韵)｜－－｜(韵)＋＋＋＋－＋｜(韵)｜＋－｜(韵)

**例一**

　　轻盈舞妓含芳艳。竞妆新脸。步摇珠翠修蛾敛。腻鬟云染。

　　歌声慢发开檀点。绣衫斜掩。时将纤手匀红脸。笑拈金靥。

毛熙震

**例二**

　　景阳钟动宫莺啭。露凉金殿。轻飙吹起琼花旋。玉叶如剪。

　　晚来高阁上,珠帘卷。见坠香千片。修蛾曼脸陪雕辇。后庭新宴。

孙光宪

周密《齐东野语》称毛词新花"不为俭薄,余尤爱其《后庭花"不独意胜,即以调论,亦有隽上清越之致,视文锡蒦如也。王国维《毛秘书词》跋语

# 采桑子

　　四十四字，平韵。《词谱》云："唐教坊曲有《杨下采桑》，调名本此。"李煜词名《丑奴儿令》，冯延巳词名《罗敷媚歌》，贺铸词名《丑奴儿》，陈师道词名《罗敷媚》。别格有两结句各添二字平韵，词中四字句叠韵，见李清照词。

## 正　格

　　＋－＋｜－－｜(句) ＋｜－－(韵) ＋｜－⌣(韵) ＋｜－－＋｜－(韵)
　　＋－＋｜－－｜(句) ＋｜－－(韵) ＋｜－⌣(韵) ＋｜－－＋｜－(韵)

**例一**

　　群芳过后西湖好，狼藉残红。飞絮蒙蒙。垂柳阑干尽日风。

　　笙歌散尽游人去，始觉春空。垂下帘栊。双燕归来细雨中。

欧阳修

**例二**

　　窗前谁种芭蕉树，阴满中庭。阴满中庭。叶叶心心，舒卷有余情。

　　伤心枕上三更雨，点滴凄清。点滴凄清。愁损离人，不惯起来听。

李清照

《采桑子》，即古相和歌中《采桑曲》。崔令钦《教坊记》

# 菩 萨 蛮

　　四十四字，平仄韵转换，上下片。唐教坊曲名。《宋史·乐志》："女弟子舞队名。"钱易《南部新书》："大中初，女蛮国入贡奉，其国人危髻金冠，缨络被体，故谓之菩萨蛮。当时倡优遂制《菩萨蛮》曲，文士亦往往声其词也。"《词谱》又引孙光宪《北梦琐言》："唐宣宗爱唱《菩萨蛮》词，令狐绹命温庭筠新撰进之。"温庭筠词有"小山重叠金明灭"句，名《重叠金》；李煜词名《子夜歌》；韩淲词名《花间意》，或名《梅花句》，或名《花溪碧》，或名《晚云烘日》；康与之词名《菩萨蛮令》。龙榆生谓此词"情调由紧促转低沉，历来名作最多"。

## 正 格

　　＋－＋丨－－丨(仄韵) ＋－＋丨－－丨(叶仄) ＋丨丨－－(换平韵) ＋－＋丨－(叶平)
　　＋－－丨丨(再换仄韵) ＋丨－－丨(叶仄) ＋丨丨－－(再换平韵) ＋－＋丨－(叶平)

**例一**

　　平林漠漠烟如织。寒山一带伤心碧。暝色入高楼。有人楼上愁。
　　玉阶空伫立。宿鸟归飞急。何处是归程。长亭更短亭。

李　白

**例二**

　　人人尽说江南好。游人只合江南老。春水碧于天。画船听雨眠。
　　垆边人似月。皓腕凝霜雪。未老莫还乡。还乡须断肠。

韦　庄

　　大中初，女蛮国贡双龙犀，有二龙，蟠蟠爪角悉备。明霞锦，云炼水香麻以为之也，光耀芬馥着人，五色相间，而美丽于中国之锦。其国人危髻金冠，璎珞被体，故谓之菩萨蛮。当时倡优遂制《菩萨蛮》曲，文士亦往往声其词。

苏鹗《杜阳杂编》

# 天 门 谣

四十五字,仄韵。贺铸词有"牛渚天门险"句,因取为调名。李之仪《姑溪词》注:"次韵贺方回(铸)登采石蛾眉亭。"谱内可平可仄据李之仪词校。此调上片结句为上一下四句法,下片起句为上一下七句法,填者当辨之。

## 正 格

－｜－－｜(韵)｜＋｜(读)｜－－｜(韵)－｜｜(韵)｜－－－｜(韵)

｜＋｜－－－｜｜(韵)｜｜－－－｜｜(韵)－｜｜(韵)｜｜－｜(读)－－＋｜(韵)

**例一**

牛渚天门险。限南北、七雄豪占。清雾敛。与闲人登览。

待月上潮平波滟滟。塞管轻吹新河滥。风满槛。历历数、西州更点。

贺　铸

**例二**

天堑休论险。尽远目、与天俱占。山水敛。称霜晴披览。

正风静云闲平漱滟。想见高吟名不滥。频扣槛。杳杳落、沙鸥数点。

李之仪(次韵贺方回登采石蛾眉亭)

况周颐曰:按填词以厚为要旨。苏、辛词皆极厚,然不易学,或不能得其万一,而转滋流弊,如粗率叫嚣、澜浪之类。东山词亦极厚,学之卸无流弊。信能得其神似,进而窥苏、辛堂奥,何难奏、厚之一字,关系性情。

《历代词人考略》

# 好 女 儿

　　四十五字,平韵。此调有两体,四十五字者,起于黄庭坚,因词有"懒系酥胸罗带,羞见绣鸳鸯"句,名《绣带儿》;或名《绣带子》。六十二字者,起于晏幾道,与黄词迥别。兹以黄庭坚词为正格。

## 正 格

　　+‖－－(韵)+‖－－(韵)+‖－－‖(句)+‖－－(韵)
　　+‖－－(韵)‖++(读)+‖－－(韵)+－－‖(句)－－‖‖(句)‖‖－－(韵)

**例一**

　　小院一枝梅。冲破晓寒开。晚到芳园游戏,满袖带香回。
　　玉酒覆银杯。尽醉去、犹待重来。东邻何事,惊吹怨笛,雪片成堆。

黄庭坚(张宽夫园赏梅)

**例二**

　　绿遍西池。梅子青时。尽无端、尽日东风恶,更霏微细雨,恼人离恨,满路春泥。
　　应是行云归路,有闲泪、洒相思。想旗亭、望断黄昏月,又依前误了,红笺香信,翠袖欢期。

晏幾道

黄山谷(庭坚)词用意深至。惟敛以生字俚语,侮弄世俗,若为金元曲家溫觞。自非小才所能辨。

刘熙载《艺概》

# 好事近

四十五字，仄韵。张辑词有"谁谓百年心事，恰钓船横笛"句，名《钓船笛》；韩淲词有"吟到翠圆枝上"句，名《翠圆枝》。此调以入声韵为宜。上下片结句为上一下四句法。

## 正　格

+｜｜－－(句)＋｜＋－－｜(韵)＋｜＋－＋｜(句)｜＋－－
｜(韵)

　　+－＋｜＋－＋(句)＋＋＋＋－｜(韵)＋｜＋－＋｜(句)｜＋－
＋｜(韵)

**例一**

摇首出红尘，醒醉更无时节。活计绿蓑青笠，惯披霜冲雪。

晚来风定钓丝闲，上下是新月。千里水天一色，看孤鸿明灭。

朱敦儒(渔父词)

**例二**

月未到诚斋，先到万花川谷。不是诚斋无月，隔一林修竹。

如今才是十三夜，月色已如玉。未是秋光奇绝，看十五十六。

杨万里(七月十三日夜登万花川谷望月作)

读词之法，取前人名句意境绝佳者，将此意境缔构于吾想望中。然后澄思渺虑，以吾身入乎其中而涵泳索之。吾性灵与相浃而俱化，乃真实为吾有而外物不能夺。

况周颐《蕙风词话》

# 谒 金 门

四十五字,仄韵。唐教坊曲名。《教坊记·曲名表》有《儒士谒金门》;敦煌曲子词《谒金门》有"得谒金门朝帝庭"句:即调名所源。因韦庄词起句有"空相忆",名《空相忆》;张辑词有"无风花自落"句,名《花自落》;又有"楼外垂杨如此碧"句,名《垂杨碧》。李清臣词有"杨花落"句,名《杨花落》。李石词名《出塞》;韩淲词名《东风吹酒面》,或名《不怕醉》,或名《醉花春》,或名《春早湖山》。别名甚多,不一一枚举。

## 正 格

－＋丨(韵)＋丨＋－＋丨(韵)＋丨＋－－丨丨(韵)＋－－丨丨(韵)
＋丨＋－＋丨(韵)＋丨＋－丨丨(韵)＋丨＋－－丨丨(韵)＋
－－丨丨(韵)

**例一**

风乍起。吹皱一池春水。闲引鸳鸯香径里。手挼红杏蕊。

斗鸭阑干独倚。碧玉搔头斜坠。终日望君君不至。举头闻鹊喜。

冯延巳

**例二**

春已半。芳草池塘绿遍。山北山南花烂熳。日长蜂蝶乱。

闲掩屏山六扇。梦好强教惊断。愁对画梁双语燕。故心人不见。

毛 羽

五代干戈、四海瓜分豆剖,斯文道熄。独江南李氏君臣尚文雅,故于"小楼吹彻玉笙寒","吹皱一池春水"之词,语虽奇甚,所谓亡国之音哀以思也。

李清照《词论》

# 散 余 霞

　　四十五字,仄韵。南朝诗人谢朓《晚登三山还望京邑诗》有"余霞散成绮,澄江静如练"句,调名本此。此调上下片各四句三仄韵,《词谱》云:"此调只此一词,无别首可校。"

## 正 格

　　－－－｜－－｜(韵)｜｜－｜｜(韵)－｜－｜－－(句)｜－－｜｜(韵)

　　－－－｜－｜｜(韵)｜｜－－｜(韵)－－｜｜｜－－(句)｜－－｜｜(韵)

**例**

　　墙头花□寒犹喋。放绣帘昼静。帘外时有蜂儿,趁杨花不定。

　　阑干又还独凭。念翠低眉晕。春梦枉恼人肠,更恹恹酒病。

毛 滂

厚,再求沉郁;沉郁之中,运以顿挫,方是词中最上乘。

入门之始,先辨雅俗,雅俗既分,归诸忠厚;既得忠

陈廷焯《白雨斋词话》

# 忆 少 年

　　四十六字，仄韵。万俟咏词有"上陇首，凝眸天四阔"句，名《陇首山》；朱敦儒词，名《十二时》；元刘秉忠词有"恨桃花流水"句，更名《桃花曲》。《词谱》以晁补之词为正体。此调用入声韵部为宜。上下片两结句为一、四句法。别格有于过片首句添一领字者，见孙道绚词。

## 正　格

　　+－+丨(句) +－+丨(句) +－+丨(韵) －－丨-丨(句) 丨+－
－丨(韵)

　　丨丨－－－丨丨(韵) +++(读) 丨+－丨(韵) －－丨-丨(句)
+－－丨(韵)

**例一**

　　无穷官柳，无情画舸，无根行客。南山尚相送，只高城人隔。

　　罨画园林溪绀碧。算重来、尽成陈迹。刘郎鬓如此，况桃花颜色。

晁补之

**例二**

　　雨晴云敛，烟花淡荡，遥山凝碧。驱车问征路，赏春风南陌。

　　正雨后梨花幽艳白。悔匆匆、过了寒食。归家渐春暮，探酴醾消息。

孙道绚

结句如《水龙吟》之"作霜天晓""系斜阳缆"亦是一法，如《忆少年》之"况桃花颜色"，《好事近》之"放真珠帘隔"，紧要处，前结如奔马收缰，须勒得住，又似住而未住；后结如众流归海，要收得尽，又似尽而不尽者。

沈雄《古今词话》

# 忆秦娥

　　四十六字,仄韵,以入声韵为宜。此调因李白词有"秦娥梦断秦楼月"句,故名《忆秦娥》,更名《秦楼月》;苏轼词有"清光偏照双荷叶"句,名《双荷叶》;无名氏词有"水天摇荡蓬莱阁"句,名《蓬莱阁》。至贺铸始易仄韵为平韵。张辑词有"碧云暮合"句,名《碧云深》;宋媛孙道绚有"花深深"句,名《花深深》。此调上下片第三句叠韵。别格作平韵者,见贺铸词。

## 正　格

　　＋＋｜(韵)＋－＋｜－－｜(韵)－－｜(叠)＋＋＋＋(句)＋＋
－｜(韵)

　　＋－＋｜－－｜(韵)＋－＋｜－－｜(韵)－－｜(叠)＋－＋
｜(句)＋＋－｜(韵)

**例一**

　　箫声咽。秦娥梦断秦楼月。秦楼月。年年柳色,灞陵伤别。

　　乐游原上清秋节。咸阳古道音尘绝。音尘绝。西风残照,汉家陵阙。

李　白

**例二**

　　晓朦胧。前溪百鸟啼匆匆。啼匆匆。凌波人去,拜月楼空。

　　去年今日东门东。鲜妆辉映桃花红。桃花红。吹开吹落,一任东风。

贺　铸

《菩萨蛮》、《忆秦娥》二词,为百代词曲之祖。
　　黄昇《唐宋诸贤绝妙词选》

# 西 地 锦

四十六字，仄韵。此调有两体，作四十六字者，如蔡伸词，上下片两结句各四字；作四十八字者，如石孝友词，上下片两结句各五字。兹以蔡伸词为正格。此调上下片第二句皆作上一下四句法。

## 正 格

+｜+－+｜(韵)｜+－－｜(韵)－－｜｜(句)－－｜｜(句)+
－－｜(韵)

+｜+－+｜(韵)｜+－－｜(韵)－－｜｜(句)－－｜｜(句)+
－－｜(韵)

例一

寂寞悲秋怀抱。掩重门悄悄。清风皓月，朱阑画阁，双鸳池沼。

不忍今宵重到。惹离愁多少。蓬山路杳，蓝桥信阻，黄花空老。

蔡 伸

例二

回望玉楼金阙。正水遮山隔。风儿又起，雨儿又急，好愁人天色。

两岸荻花枫叶。争舞红吹白。中秋过也，重阳近也，作天涯孤客。

石孝友

盖隋以来，今之所谓曲子者渐兴，至唐稍盛。今则繁声淫奏，殆不可数。古歌变为古乐府，古乐府变为今曲子，其本一也。后世风俗益不及古，故相悬耳。而世之士大夫，亦多不知歌词之变。

王灼《碧鸡漫志》

# 巫山一段云

四十六字,平仄韵递转。唐教坊曲名,《乐章集》注:"双调。"徐钶《词苑丛谈》云:"《巫山一段云》则状巫峡。"此曲原咏巫山神女事,后用作词调名。别格有作平韵者,见毛文锡词。此调多抒哀艳之情。

## 正格

　　+|–––|(句)––+|–(平韵)––+||––(叶平)++|––(叶平)

　　+|+––|(仄韵)+|+––|(叶仄)+––+||––(平韵)++|––(叶平)

**例一**

蝶舞梨园雪,莺啼柳带烟。小池残日艳阳天。苧萝山又山。

青鸟不来愁绝。忍看鸳鸯双结。春风一等少年心。闲情根不禁。

李　晔

**例二**

古庙依青嶂,行宫枕碧流。水声山色锁妆楼。往事思悠悠。

云雨朝还暮,烟花春复秋。啼猿何必近孤舟。行客自多愁。

李　珣

**例三**

雨霁巫山上,云轻映碧天。远风吹散又相连。十二晚峰前。

暗湿啼猿树,高笼过客船。朝朝暮暮楚江边。几度降神仙。

毛文锡

《巫山一段云》,唐昭宗宫人题于宝鸡驿壁者。换头用六字句,叶仄韵,与柳耆卿(永)之咏游仙相类。昭宗宫人云:"青鸟不来愁绝,忍看鸳鸯双结。春风一等少年心。闲情根不禁"柳郎中云:"一曲云谣为寿,倒尽玉壶春酒。微酞争搓白榆花。路碎九光霞。"笺体中应备之。

沈雄《古今词话》

# 更 漏 子

　　四十六字，平仄韵转换。此调始于温庭筠。古代以滴漏计时，夜间凭漏刻传更，调名缘此而起。此调以温、韦两词为正体，唐人多宗温词，宋人多宗韦词。韦词，惟换头句不用韵异。其余押韵异同，或有减字，皆变格也。此调多咏长夜秋思。

## 正　格

　　|＋－(句)－＋|(仄韵)＋|＋－－|(叶仄)＋＋|(句)|－－(换平韵)＋
－＋|－(叶平)

　　－＋|(再换仄韵)－＋|(叶仄)＋|＋－－|(叶仄)＋＋|(句)|－－(再换平韵)
＋－－＋|－(叶平)

### 例一

　　玉炉香，红蜡泪。偏照画堂秋思。眉翠薄，鬓云残。夜长衾枕寒。

　　梧桐树。三更雨。不道离情正苦。一叶叶，一声声。空阶滴到明。

温庭筠

### 例二

　　钟鼓寒，楼阁暝。月照古桐金井。深院闭，小庭空。落花香露红。

　　烟柳重，春雾薄。灯背水窗高阁。闲倚户，暗沾衣。待郎郎不归。

韦　庄

庭筠工于造语，极为绮靡。《花间集》可见矣。《更漏子》一词尤佳。
　　　　　　　胡仔《苕溪渔隐丛话后集》

# 相 思 引

四十六字，平韵。《词谱》云："此调有两体：四十六字者，押平声韵。房舜卿词名《玉交枝》；周紫芝词名《定风波令》；赵彦端词名《琴调相思引》。四十九字者，押仄声韵。《古今词话》无名氏词，名《镜中人》。"无名氏词两首，均押仄韵，其中一首作四十八字，结句有"吹断相思引"句，疑调名即缘此。兹以袁去华词为正体。

## 正 格

+｜－－+｜－(韵)+－－｜｜－－(韵)+－－｜(句)+｜
｜－－(韵)
+｜+－－｜｜(句)+－－｜｜－－(韵)+－－｜(句)+｜｜
－－(韵)

**例一**

晓鉴胭脂拂紫绵。未忺梳掠鬓云偏。日高人静，沉水袅残烟。

春老菖蒲花未着，路长鱼雁信难传。无端风絮，飞到绣床边。

袁去华

**例二**

柳烟浓，梅雨润。芳草绵绵离恨。花坞风来几阵。罗袖沾香粉。

独上小楼迷远近。不见浣溪人信。何处笛声飘隐隐。吹断相思引。

无名氏(《古今词话》)

《梅苑》无名氏词二首，亦名《相思引》，虽与袁体迥别，因调名同，故为类列。

《词谱》

# 清 平 乐

四十六字，上片仄韵，下片平韵。张辑词有"忆着故山萝月"句，名《忆萝月》，张翥词有"明朝来醉东风"句，名《醉东风》。此调多作清逸风雅之声。

## 正 格

+ + +丨(仄韵) +丨－－丨(叶仄) +丨+ － － 丨(叶仄) +丨－
+ 丨(叶仄)

+ － +丨－－(换平韵) + + +丨+ －(叶平) +丨－ － 丨(句) + +
+丨－ －(叶平)

**例一**

　　茅檐低小。溪上青青草。醉里吴音相媚好。白发谁家翁媪。

　　大儿锄豆溪东。中儿正织鸡笼。最喜小儿无赖，溪头卧剥莲蓬。

辛弃疾(村居)

**例二**

　　风高浪快。万里骑蟾背。曾识姮娥真体态。素面原无粉黛。

　　身游银阙珠宫。俯看积气蒙蒙。醉里偶摇桂树，人间唤作凉风。

刘克庄(五月十五夜玩月)

《鉴戒录》载五代时陈裕诗："阿家能舞清平乐。"乃舞曲。温庭筠《清平乐》辞："新岁清平思同辇。"显为《两都赋》"海内清平，朝廷无事"之意，并不指清调、平调。《唐书》谓南诏有清平官，司朝廷礼乐，犹唐之宰相。近人杨宪益《零墨新笺》谓此曲乃南诏乐，因官得名。

　　　　任半塘《教坊记笺订》

# 乌夜啼

　　四十七字，平韵。唐教坊曲。《太和正音谱》注："南吕宫。"又"大石调"。与前《相见欢》之别名《乌夜啼》不同。调名源自郭茂倩《乐府诗集》引《唐书·乐志》："乌夜啼者，宋临川王义庆所作也。元嘉十七年徙彭城王义康于豫章。义庆时为江州。至镇相见而哭。文帝闻而怪之。征还宅，大惧。伎妾夜闻乌夜啼声，扣斋阁云：'明日应有赦。'其年更为南兖州刺史，因此作歌。"此盖借旧曲名而另翻新声。宋欧阳修词名《圣无忧》，赵令畤词名《锦堂春》，作四十八字。

## 正　格

　　||－－|(句)＋－||－－(韵)＋－＋|－－|(句)＋||
－－(韵)
　　＋|＋－＋|(句)＋－||－－(韵)＋－＋|－－|(句)＋|
|－－(韵)

**例一**

　　昨夜风兼雨，帘帏飒飒秋声。烛残漏断频欹枕，起坐不能平。

　　世事漫随流水，算来一梦浮生。醉乡路稳宜频到，此外不堪行。

李　煜

**例二**

　　楼上萦帘弱絮，墙头碍月低花。年年春事关心事，肠断欲栖鸦。

　　舞镜鸾衾翠减，啼珠凤蜡红斜。重门不锁相思梦，随意绕天涯。

赵令畤（春思）

此词（李煜词）若出于清谈之名流，善怀之秋士，便是妙词。乃以李后主任兆民之重，而自甘颓弃，何耶？但论其词句，固能写牢愁之极致也。俞陛云《五代词选释》

# 甘草子

四十七字,仄韵。柳永《乐章集》注正宫。《词谱》录寇凖词和柳永词两体,于寇词下注云:"此调前段四句押韵者,只有此词(寇凖体)。柳词二首,自注宫调,又有杨无咎词可校,故可平可仄,悉注于柳词之下。"兹依《词谱》,以柳词为正格。

## 正 格

－｜（韵）｜｜－－（句）｜｜－－｜（韵）｜｜｜－－（句）＋｜－－｜（韵）

－｜｜－－－｜（韵）｜＋｜（读）＋－－｜（韵）＋｜－－＋＋｜（韵）｜｜－－｜（韵）

**例一**

秋暮。乱洒衰荷,颗颗真珠雨。雨过月华生,冷彻鸳鸯浦。

池上凭阑愁无侣。奈此个、单栖情绪。却傍金笼共鹦鹉。念粉郎言语。

柳 永

**例二**

春早,柳丝无力,低拂青门道。暖日笼啼鸟。初圻桃花小。

遥望碧天净如扫。曳一缕、轻烟缥缈。堪惜流年谢芳草。任玉壶倾倒。

寇 凖

《湘山野录》:寇莱公(凖)尝曰:"母氏富吾初生,两耳垂有玉环,数岁方合。"自疑尝为异僧,好游佛寺,遇虚寂静院,唯喜与僧谈真。公历富贵四十年,无田园邸舍。诗人魏野献诗曰:"有官居鼎鼐,无地起楼台。"来诗者以为中的,北使至大名,问公曰:"莫是'无地起楼台'相公否?"公因早春宴客,自撰《甘草子》词,伻工歌之。

张宗橚《词林纪事》

# 阮 郎 归

　　四十七字,平韵。唐教坊曲有《阮郎迷》,疑为其初名。宋丁持正词有"碧桃春昼长"句,名《碧桃春》;李祁词名《醉桃源》;曹冠词名《宴桃源》;韩淲词有"濯缨一曲可流行"句,名《濯缨曲》。此调源自《神仙记》中故事,阮肇、刘晨入天台山采药,遇二女子,邀至家,留半年,其地气候草木常如春时;迨还乡,子孙已历七世。故宋人多作思归凄苦之音。

## 正　格

　　+－－||－－(韵) +－+|－(韵) +－+||－－(韵) +－+|－(韵)
　　+ +|(句)|－－(韵) +－+|－(韵) +－+||－－(韵) +－+|－(韵)

**例一**

　　湘天风雨破寒初。深沉庭院虚。丽谯吹罢小单于。迢迢清夜徂。

　　乡梦断,旅魂孤。峥嵘岁又除。衡阳犹有雁传书。郴阳和雁无。

秦　观

**例二**

　　渔舟容易入春山。仙家日月闲。绮窗纱幌映朱颜。相逢醉梦间。

　　松露冷,海霞殷,匆匆整棹还。落花寂寂水潺潺。重寻此路难。

司马光

天和树色霭苍苍,
霞重岚深路渺茫。
云实满山无鸟雀,
水声沿涧有笙簧。
碧沙洞里乾坤别,
红树枝前日月长。
愿得花间有人出,
免令仙犬吠刘郎。
曹唐《刘阮洞中遇仙子》

# 画 堂 春

　　四十七字,平韵。调见《淮海集》,即咏画堂春色,取以为名。别格有上下片两结句各添一字者,见张先词。

## 正 格

　　＋－＋｜｜－－(韵)＋－＋｜－－(韵)｜－－｜｜－－(韵)＋｜－－(韵)

　　＋｜＋－＋｜(句)＋－＋｜－－(韵)＋－＋｜｜－－(韵)＋｜－－(韵)

**例一**

　　落红铺径水平池。弄晴小雨霏霏。杏园憔悴杜鹃啼。无奈春归。

　　柳外画楼独上,凭阑手撚花枝。放花无语对斜晖。此恨谁知。

秦　观

**例二**

　　外湖莲子长参差。霁山青处鸥飞。水天溶漾画桡迟。人影镜中移。

　　桃叶浅声双唱,杏红深色轻衣。小荷障面避斜晖。分得翠阴归。

张　先

秦少游词,体制淡雅,气骨不衰,清丽中不断意脉,咀嚼无滓,久而知味。

张炎《词源》

# 喜 迁 莺

　　四十七字，平仄韵转换。《诗·小雅·伐木》："伐木丁丁，鸟鸣嘤嘤。出自幽谷，迁于乔木。"《禽经》云："莺鸣嘤嘤。"调名即本此。此调有小令、长调两体。小令起于唐人。因韦庄词有"鹤冲天"句，更名《鹤冲天》；和凝词有"飞上万年枝"句，名《万年枝》；冯延巳词有"拂面春风长好"句，名《春光好》；宋夏竦词，名《喜迁莺令》；晏幾道词，名《燕归来》；李德载词有"残脂里，早梅芳"句，名《早梅芳》。长调起于宋人，见康与之词。此调古时多赋登第，以作及第贺词。

## 正　格

　　－＋｜(句)｜－－(平韵)＋｜｜－－(叶平)＋－＋｜｜－－(叶平)＋｜｜－－(叶平)

　　｜＋－(句)－＋｜(换仄韵)＋｜＋－＋｜(叶仄)＋－＋｜｜－－(再换平韵)＋｜｜－－(叶平)

**例一**

　　街鼓动，禁城开。天上探人回。凤衔金榜出云来。平地一声雷。

　　莺已迁，龙已化。一夜满城车马。家家楼上簇神仙。争看鹤冲天。

韦　庄

**例二**

　　秋寒初劲。看云路雁来，碧天如镜。湘浦烟深，衡阳沙远，风外几行斜阵。回首塞门何处，故国关河重省。汉使老，认上林欲下，徘徊清影。

　　江南烟水暝。声过小楼，烛暗金猊冷。送目鸣琴，裁诗挑锦，此恨此情无尽。梦想洞庭飞下，散入云涛千顷。过尽也，奈杜陵人远，玉关无信。

康与之(秋夜闻雁)

　　刘梦得《嘉话》云："今谓进士登第为迁莺者久矣。盖自《毛诗·伐木》篇云：'伐木丁丁，鸟鸣嘤嘤，出自幽谷，迁于乔木。'又曰：'嘤其鸣矣，求其友矣。'并无莺字，顷岁省试《平莺友友诗》，又《莺出谷诗》，别书固无证据，斯大误也。"余谓今人咏咏，多用迁莺出谷之事，又曲名《喜迁莺》者，皆循袭唐人之误也。

黄朝英《靖康缃素杂记》

# 人 月 圆

四十八字,平韵。此调始于王诜,因词中"人月圆时"句,取以为名。吴激词有"青衫泪湿"句,又名《青衫湿》。

## 正 格

+－+｜－－｜(句) +｜｜－－(韵) +－+｜(句) －－+｜(句)
+｜－－(韵)
　　+－+｜(句) +－+｜(句) +｜－－(韵) +－+｜(句) －－+｜(句)
+｜－－(韵)

**例一**

小桃枝上春来早,初试薄罗衣。年年此夜,华灯盛照,
人月圆时。

禁街箫鼓,寒轻夜永,纤手同携。更阑人静,千门笑语,
声在帘帏。

王　诜(元夜)

**例二**

南朝千古伤心地,还唱后庭花。旧时王谢,堂前燕子,
飞入人家。

恍然在遇,天姿胜雪,宫鬓堆鸦。江州司马,青衫泪湿,
同是天涯。

吴　激(宴张侍御家有感)

王晋卿(诜)歌姬名啭春莺。晋卿得罪外滴,姬为密县人所得,至汝阴道中,闻歌声曰:「此啭春莺也。」访之,果然。赋诗云:「佳人已属沙吒利,义士曾无古押衙。」有足成之者云:「回首音尘两沉绝,又是天涯。晋卿有《人月圆》、《烛影摇红》、《花发沁园春》诸调。春莺休啭上林花。」寻复归晋卿。

蔡绦《西清诗话》

# 三字令

　　四十八字，平韵。调见《花间集》，上下片俱三字句，故名。此调始于欧阳炯词。别格有于上下片第二句后各增第三句三字，成对偶者，即本欧词添字，作五十四字，见向子諲词。

## 正　格

　　－｜｜(句)｜－－(韵)－－(韵)－｜｜(句)｜－－(韵)｜｜－(句)
－｜｜(句)｜－－(韵)

　　－｜｜(句)｜－－(韵)－－(韵)－｜｜(句)｜－－(韵)｜｜－(句)
－｜｜(句)｜－－(韵)

**例一**

　　春欲尽，日迟迟。牡丹时。罗幌卷，翠帘垂。彩笺书，红粉泪，两心知。

　　人不在，燕空归。负佳期。香烬落，枕函欹。月分明，花淡薄，惹相思。

欧阳炯

**例二**

　　春尽日，雨余时。红蔌蔌，绿漪漪。花满地，水平池。烟光里，云影上，画船移。

　　纹鸳并，白鸥飞。歌韵响，酒行迟。将我意，入新诗。春欲去，留且住，莫教归。

向子諲

十六句皆三字，短兵相接，一句一意。如以线贯珠，粒粒分明，仍一丝萦曳。

俞陛云《五代词选释》

# 双 鸂 鶒

　　四十八字,仄韵。调见朱敦儒《樵歌词》,因词有"一对双飞鸂鶒"句,故名。此调无宋词可校,平仄当遵之。

## 正　格

　　||－－－|(韵)||－－－|(韵)－||－－|(韵)－－－|－|(韵)

　　||－－－|(韵)－||－－|(韵)||－－－|(韵)－－－|－|(韵)

**例**

　　拂破秋江烟碧。一对双飞鸂鶒。应是远来无力,相偎揹下沙碛。

　　小艇谁吹横笛。惊起不知消息。悔不当时描得。如今何处寻觅。

朱敦儒

　　朱希真居嘉禾,与朋侪诣之,闻笛声自烟波间起,顷之,棹小舟而至,则与俱归,室中悬琴、筑、阮咸之类,檐间有珍禽,皆目所未睹,室中篮缶贮果实脯醢,客至,挑取以奉客。

陆游《澄怀录》

# 庆 金 枝

四十八字,平韵。《高丽史·乐志》名《庆金枝令》。此调有无名氏词两首和张先词一首,三首三体,每体只有一词,可平可仄即以三词参定。张先词,作五十字,两结句俱六字折腰,与无名氏词稍异。

## 正 格

　＋－＋|－|(韵)|－|(读)|－－(韵)＋－＋||－|(句)||
|－－(韵)

　　＋－||－－|(句)＋＋|(读)|－－(韵)＋－＋||－－(韵)
|||－－(韵)

**例一**

　　莫惜金缕衣。劝君惜、少年时。花开堪折直须折,莫待折空枝。

　　一朝杜宇才鸣后,便从此、歇芳菲。有花有酒且开眉。莫待满头丝。

无名氏(《高丽史·乐志》)

**例二**

　　青螺添远山。两娇靥、笑时圆。抱云勾雪近灯看。算何处、不堪怜。

　　今生但愿无离别,花月下、绣屏前。双蚕成茧共缠绵。更重结、后生缘。

张　先

　　十一月戊午,故后郭氏薨。后之获罪者也,上直以一时之忿,且为吕夷简、阎文应所捃,故废之,既而悔之。后出居瑶华宫,章惠太后亦遂杨尚二美人而立曹后。久之,上游后园,见郭后故肩舆,凄然伤之,作《庆金枝》词。
　　　　司马光《涑水纪闻》

# 武 陵 春

四十八字，平韵。毛先舒《填词名解》云：取唐人诗"为是仙才登望处，风光便似武陵春"以为词调名。《梅苑》名《武林春》，"陵"作"林"，误。此调以毛滂词为正体。别格作四十九字，于下片五言结句添一字，作六字句，见李清照词。

## 正 格

+|+－－||(句) +||－－(韵) +|－－+|－(韵) +
||－－(韵)

+|+－－||(句) +||－－(韵) +|－－+|－(韵) +
||－－(韵)

**例一**

风过冰檐环佩响，宿雾在华茵。剩落瑶花衬月明。嫌怕有纤尘。

凤口衔灯金炫转，人醉觉寒轻。但得清光解照人。不负五更春。

毛 滂

**例二**

风住尘香花已尽，日晚倦梳头。物是人非事事休。欲语泪先流。

闻说双溪春尚好，也拟泛轻舟。只恐双溪舴艋舟。载不动、许多愁。

李清照

武陵，或作"武林"，误。

万树《词律》

# 秋蕊香

四十八字，仄韵。此调始于晏殊，当为晏殊所创。《词谱》云："此调只有此体，但周邦彦以前，悉照此词平仄填；周邦彦以后，即照周词平仄填。"兹两收之。另有九十七字者，平韵，如赵以夫词。两词迥别，仅调名同。另柳永有六十字《秋蕊香引》，为变格。兹不赘列。

## 正 格

+｜+－－｜(韵)+｜+－－｜(韵)+－+｜－－｜(韵)+｜+－－｜(韵)

+－+｜－－｜(韵)+－｜(韵)+－+｜－－｜(韵)+｜－－｜(韵)

### 例一

梅蕊雪残香瘦。罗幕轻寒微透。多情只似春杨柳。占断可怜时候。

萧娘劝我杯中酒。翻红袖。金乌玉兔长飞走。争得朱颜依旧。

晏　殊

### 例二

乳鸭池塘水暖。风紧柳花迎面。午妆粉指印窗眼。曲里长眉翠浅。

闻知社日停针线。探新燕。宝钗落枕春梦远。帘影参差满院。

周邦彦

今人家闺房，遇春秋社日，不作组细，谓之忌作。故周美成（邦彦）《秋蕊香》词云云。予见张籍《吴楚词》云："庭前春鸟啄林声，红夹罗襦缝未成。今朝社日停针线，起向朱樱树下行。"乃知唐时已有此忌，循习至今也。

张邦基《墨庄漫录》

# 桃源忆故人

　　四十八字，仄韵。《词谱》一名《虞美人影》；张先词名《胡捣练》；陆游词名《桃园忆故人》；赵鼎词名《醉桃园》；韩淲词有"杏花风里东风峭"句，名《杏花风》。此调以欧阳修词为正体，宋人多依此填。别格有作四十九字，于下片第二句添一字，作上三下四句法，见王庭珪词。

## 正　格

　　＋－＋｜－－｜（韵）＋｜＋－＋｜（韵）＋｜＋－＋｜（韵）＋｜－－｜（韵）
　　＋－＋｜－－｜（韵）＋｜＋－＋｜（韵）＋｜＋－＋｜（韵）＋｜－－｜（韵）

**例一**

　　梅梢弄粉香犹嫩。欲寄江南春信。别后寸肠萦损。说与伊争稳。

　　小炉独守寒灰烬。忍泪低头画尽。眉上万重新恨。竟日无人问。

欧阳修

**例二**

　　催花一霎清明雨。留得东风且住。两岸柳汀烟坞。未放行人去。

　　人如双鹄云间举。明月夜、扁舟何处。只向武陵南渡。便是长安路。

王庭珪

　　其（欧阳修）词与元献（晏殊）同出南唐，而深致则过之。宋至文忠（欧阳修），文始复古，天下翕然师尊之，风尚为之一变。即以词言，亦疏隽开于瞻（苏轼），深婉开少游（秦观）。
　　冯煦《宋六十一家词选例言》

# 海 棠 春

四十八字，仄韵。《词谱》云："此调始自秦观。""《全宋词》作无名氏。因词中有"试问海棠花，昨夜开多少"句，故名。马庄父词名《海棠花》，史达祖词名《海棠春令》。兹依《词谱》以秦观词为正体。别格句读小异，见吴潜词。

## 正 格

　+－+|－－|(韵)+ +|(读) +－+|(韵)+|||－－(句)+
|－－|(韵)
　|－+|－－|(韵)|+|(读)－－||(韵)|||－－(句)|
|－－|(韵)

**例一**

　　流莺窗外啼声巧。睡未足、把人惊觉。翠被晓寒轻，宝篆沉烟袅。

　　宿酲未解宫娥报。道别院、笙歌宴早。试问海棠花，昨夜开多少。

秦　观

**例二**

　　天涯芳草迷征路。还又是、匆匆春去。乌兔里光阴，莺燕边情绪。

　　云梢雾末，溪桥野渡，尽是春愁落处。把酒劝斜阳，小向花间驻。

吴　潜(郊行)

吟残荔枝雨，
咏彻海棠春。
　　郑谷

# 眼 儿 媚

　　四十八字,平韵。阮阅词有"斜月小栏干"句,名《小栏干》;韩
淲词有"东风拂槛露犹寒"句,名《东风寒》;陆游词名《秋波媚》。兹
以无名氏"萧萧江上荻花秋"词为正体。别格首句前四字有作"－｜
－－"者,为变格。

## 正　格

　　＋－＋｜｜－－(韵)＋｜｜－－(韵)｜－｜｜(句)｜－－｜(句)
＋｜－－(韵)
　　｜－＋｜－－｜(句)＋｜｜－－(韵)－－｜｜(句)＋－－｜(句)
＋｜－－(韵)

**例一**

　　萧萧江上荻花秋。做弄许多愁。半竿落日,两行新雁,
一叶扁舟。

　　惜分长怕君先去,直待醉时休。今宵眼底,明朝心上,
后日眉头。

无名氏(《词综》)

**例二**

　　迟迟春日弄轻柔。花径暗香流。清明过了,不堪回首,
云锁朱楼。

　　午窗睡起莺声巧,何处唤春愁。绿杨影里,海棠亭畔,
红杏梢头。

朱淑真

　　《书舟归愚词》,俱以《朝中
措》,误作《眼儿媚》,毛子晋跋
《归愚》云:「《眼儿媚》不合谱,
未敢妄为更定。」芑《朝中措》亦
不辨邪。至《图谱》失收此调,更
为疏略。

万树《词律》

# 朝 中 措

　　四十八字,平韵。李祁词有"初见照江梅"句,名《照江梅》;韩淲词名《芙蓉曲》,又有"香动梅梢圆月"句,名《梅月圆》。《词谱》以欧阳修词为正体。此调宋人填者甚多。

## 正 格

+－+‖－－(韵) +‖－－(韵) +丨+－+丨(句) +－+丨－－(韵)

+－+丨(句) +－+丨(句) +丨－－(韵) +丨+－+丨(句) +－+丨－－(韵)

**例一**

　　平山栏槛倚晴空。山色有无中。手种堂前垂柳,别来几度春风?

　　文章太守,挥毫万字,一饮千钟。行乐直须年少,尊前看取衰翁。

欧阳修

**例二**

　　年来玉帐罢兵筹。灯市小迟留。花外香随金勒,酒边人倚红楼。

　　沙堤此去,传柑侍宴,天上风流。还记月华小队,春风十里潭州。

侯 寘(元夕上潭帅刘共甫舍人)

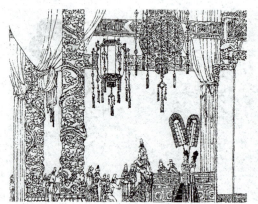

有一美措(指士人),傲睨直入。

郑綮《开天传信记》

# 喜 团 圆

四十八字,平韵。调见《小山乐府》。《花草粹编》无名氏词有"与个团圆"句,更名《与团圆》。兹以晏幾道词为正体。别格有全作四字句者,见《梅苑》无名氏词。

## 正 格

－－｜｜(句)－－｜｜(句)＋｜－－(韵)－－｜｜－－｜(句)｜－｜－－(韵)

＋－＋｜(句)＋－＋｜(句)＋｜－－(韵)＋－｜｜(句)－－＋｜(句)｜｜－－(韵)

**例一**

危楼静锁,窗中远岫,门外垂杨。珠帘不禁春风度,解偷送余香。

眠思梦想,不如双燕,得到兰房。别来只是,凭高泪眼,感旧离肠。

晏幾道

**例二**

轻攒碎玉,玲珑竹外,脱去繁华。尤殢东君,最先点破,压倒群花。

瘦影生香,黄昏月馆,深浅溪沙。仙标淡泞,偏宜幺凤,肯带栖鸦。

无名氏(《梅苑》)

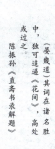

(晏幾道)其词在诸名胜中,独可追逼《花间》,高处或过之。
——陈振孙《直斋书录解题》

# 撼庭秋

　　四十八字，仄韵。唐教坊曲名。一作《感庭秋》。双调，上片五句三仄韵，下片六句两仄韵。上片第二句和下片第四句作上一下四句法。此调平仄无别首可校。此调与《撼庭竹》无涉。

## 正　格

　　｜－－｜–｜(韵)｜｜–－｜(韵)｜－－｜(句)－－｜｜(句)｜－－｜(韵)

　　－－｜｜(句)－－－｜(句)｜－－｜(韵)｜－－－｜(句)－－｜(句)｜－－｜(韵)

## 例

　　别来音信千里。恨此情难寄。碧纱秋月，梧桐夜雨，几回无寐。

　　楼高目断，天遥云暗，只堪憔悴。念兰堂红烛，心长焰短，向人垂泪。

晏　殊

　　《高道传》云："唐末有狂道士，不知何许人，又晦其名氏，游成都，忽诣紫极宫谒杜光庭先生，求寓泊之所，先生诺之，而不与之通。道士日货药于市，所得钱，随多少沽酒饮之，惟唱《感庭秋》一词，其意感蜀之将亡，如秋庭之衰落然；人未之晓，但呼为感庭秋道士。"

胡仔《苕溪渔隐丛话后集》

# 一落索

　　四十九字，仄韵。欧阳修词名《洛阳春》，张先词名《玉连环》，辛弃疾词名《一络索》。诸体各异，有作四十四字、四十五字、四十六字、四十七字、四十八字等，此以陈凤仪词为准。别格录一首，四十六字，见朱敦儒词。

## 正　格

　　‖－－‖－‖(韵)‖－－－‖(韵)‖－‖‖－－(句)‖‖‖(读)－－‖(韵)
　　‖‖‖－－‖(韵)‖－－－‖(韵)‖－‖‖－－(句)－‖‖(读)－－‖(韵)

**例一**

　　蜀江春色浓如雾。拥双旌归去。海棠也似别君难，一点点、啼红雨。

　　此去马蹄何处。向沙堤新路。禁林赐宴赏花时，还忆着、西楼否。

陈凤仪（送蜀守蒋龙图）

**例二**

　　惯被好花留住。蝶飞莺语。少年场上醉乡中，容易放、春归去。

　　今日江南春暮。朱颜何处。莫将愁绪比飞花，花有数、愁无数。

朱敦儒

　　问：填词如何乃有风度？答：由养出，非由学出。问：如何乃为有养？答：自蓄葆吾本有之清气始。问：清气如何善葆？答：花中疏梅、文杏，亦复托根尘世，甚且断井、颓垣，乃至摧残为红雨，犹香。

况周颐《蕙风词话》

# 太 常 引

四十九字,平韵。《词谱》云:"一名《太清引》。"韩淲词有"小春时候腊前梅"句,名《腊前梅》。龙榆生云:"两结句倒数第二字定要去声。"当参之。别格作五十字,于上片第二句作六字,见高观国词。

## 正 格

+ − +｜｜− −(韵) +｜｜− −(韵) +｜｜− −(韵)｜+
｜(读)− −｜−(韵)
+ − +｜(句) + − +｜(句)+｜｜− −(韵) +｜｜− −(韵) + +
｜(读)− −｜−(韵)

**例一**

一轮秋影转金波。飞镜又重磨。把酒问姮娥。被白发、欺人奈何。

乘风好去,长空万里,直下看山河。斫去桂婆娑。人道是、清光更多。

辛弃疾(建康中秋为吕潜叔赋)

**例二**

玉肌轻衬碧霞衣。似争驾、翠鸾飞。羞问武陵溪。笑女伴、东风醉时。

不飘红雨,不贪青子,冷淡却相宜。春晚涌金池。问一片、将愁寄谁。

高观国

京师僧念梁州八相、太常引、三皈依、柳含烟等,号"唐赞"。而南方释子作渔父、拨棹子、渔家傲、千秋岁唱道之辞。盖本毗奈耶云:"王舍城南方,有乐人名膞婆,取菩萨八相,缉为歌曲。令敬信者,闻生欢喜。"

吴曾《能改斋漫录》

# 月　宫　春

　　四十九字，平韵。调见《花间集》毛文锡词，周邦彦更名《月中行》。别格有作五十字者，所异在下片第二句作上三下四句法，及第三句多一字并押韵。

## 正　格

　　｜－－｜｜－－(韵)＋－＋｜－(韵)＋－－｜｜－－(韵)＋－＋｜－(韵)

　　＋｜＋－－｜｜(句)－－＋｜｜－－(韵)＋｜－－｜｜(句)｜－－｜－(韵)

**例一**

　　水晶宫里桂花开。神仙探几回。红芳金蕊绣重台。低倾玛瑙杯。

　　玉兔银蟾争守护，姮娥姹女戏相偎。遥听钧天九奏，玉皇亲看来。

毛文锡

**例二**

　　蜀丝趁日染干红。微暖口脂融。博山细篆霭房栊。静看打窗虫。

　　愁多胆怯疑虚幕，声不断、暮景疏钟。团围四壁小屏风。啼尽梦魂中。

周邦彦

名解：青琐《早行》诗云："主人灯下别，羸马月中行。"又刘宾客《晚泊》诗云："无人能咏史，独自月中行。"林大椿《词式》

# 忆余杭

四十九字,平仄韵转换。此为宋初潘阆自度曲,见《湘山野录》。因忆钱塘西湖诸胜,故名《忆余杭》。《词谱》云:"《词律》编入《酒泉子》者,误。"

## 正 格

－｜－－(句)＋｜－－－｜｜(句)＋－＋｜｜－－(平韵)＋｜｜－－(叶平)

｜－－｜－－｜(仄韵)｜｜－－｜－｜(叶仄)＋－＋｜｜－－(换平韵)＋｜｜－－(叶平)

**例一**

长忆钱塘,不是人寰是天上,万家掩映翠微间。处处水潺潺。

异花四季当窗放。出入分明在屏障。别来隋柳几经秋。何日得重游。

潘 阆

**例二**

长忆西湖,尽日凭阑楼上望,三三两两钓鱼舟。岛屿正清秋。

笛声依约芦花里。白鸟成行忽惊起。别来闲整钓鱼竿。思入水云寒。

潘 阆

**例三**

长忆观潮,满郭人争江上望,来疑沧海尽成空。万面鼓声中。

弄潮儿向涛头立。手把红旗旗不湿。别来几向梦中看。梦觉尚心寒。

潘 阆

潘逍遥(阆)狂逸不羁,往往有出尘之语。自制《忆余杭》三首,一时盛传。东坡爱之,书于玉堂屏风,石曼卿使画工绘之作图。

《历代诗余》引《古今词话》

# 极 相 思

四十九字，平韵。宋彭乘《墨客挥犀》云："仁庙朝，皇族中太尉夫人，一日入内，再拜告帝曰：'臣妾有夫，不幸为婢妾所惑。'帝怒，流婢于千里，夫人亦得罪，居于瑶华宫，太尉罚俸而不得朝。经岁，方春暮，夫人为词曲，名《极相思》。"《词谱》云："或加'令'字。"

## 正　格

+－+｜－－(韵) +｜｜－－(韵) －－－｜(句) +－｜｜(句) +
｜－－(韵)

　+｜｜－－｜｜(句) +++(读) +｜－－(韵) +－－｜(句) +－
+｜(句) +｜－－(韵)

**例一**

柳烟霁色方春。花露映金茎。秋千院落，海棠渐老，才过清明。

嫩玉腕托香脂脸，相傅粉、更与谁情。秋波绽处，相思泪迸，天阻深诚。

无名氏

**例二**

碧檐鸣玉玎珰。金锁小兰房。楼高夜永，飞霜满院，璧月沉缸。

云雨不成巫峡梦，望仙乡、烟水茫茫。风前月底，登高念远，无限凄凉。

蔡　伸

或问歌曲所起，曰：天地始分，而人生焉，人莫不有心，此歌曲所以起也。《舜典》曰："诗言志，歌永言，声依永，律和声。"《诗序》曰："在心为志，发言为诗，情动于中，而形于言。言之不足，故嗟叹之，嗟叹之不足，故永歌之，永歌之不足，不知手之舞之足之蹈之。"

王灼《碧鸡漫志》

# 河 渎 神

四十九字，上片平韵，下片仄韵。唐教坊曲名。徐钶《词苑丛谈》云："《河渎神》则缘祠庙。"唐宋词人多咏祠庙。别格有全押平韵者，见张泌词。

## 正　格

+|ー－(平韵) + －－+ + －(叶平) + － +|| － －(叶平) +|

－ － + －(叶平)

+ + + － －||(换仄韵) + － － －|(叶仄) +|+ － －|(叶仄)

－ －|－|(叶仄)

**例一**

　　河上望丛祠。庙前春雨来时。楚山无限鸟飞迟。兰棹空伤离别。

　　何处杜鹃啼不歇。艳红开尽如血。蝉鬓美人愁绝。百花芳草佳节。

温庭筠

**例二**

　　古树噪寒鸦。满庭枫叶芦花。昼灯当午隔轻纱。画阁珠帘影斜。

　　门外往来祈赛客，翩翩帆落天涯。回首隔江烟火，渡头三两人家。

张　泌

《河渎神》三章寄哀怨于迎神曲中，得《九歌》之遗意。

陈廷焯《别调集》

# 柳梢青

四十九字。此调两体，或押平韵，或押仄韵，字句悉同。押平韵者，以僧挥词为正体，《词谱》误作秦观词。押仄韵者，以蔡伸词为正体，《词谱》误作贺铸词。《古今词话》无名氏词有"陇头残月"句，名《陇头月》；元张雨词名《早春怨》。

## 正　格

+｜－－(韵) ＋－＋｜(句) ＋｜－－(韵) ＋｜－－(句) ＋－＋
｜(句) ＋｜－－(韵)

＋－＋｜－－(韵) ＋＋｜(读)－－｜(韵) ＋｜－－(句) ＋－＋
｜(句) ＋｜－－(韵)

**例一**

岸草平沙。吴王故苑，柳袅烟斜。雨后寒轻，风前香细，春在梨花。

行人一棹天涯。酒醒处、残阳乱鸦。门外秋千，墙头红粉，深院谁家。

僧　挥

**例二**

子规啼血。可怜又是，春归时节。满院东风，海棠铺绣，梨花飞雪。

丁香露泣残枝，算未比、愁肠寸结。自是休文，多情多感，不干风月。

蔡　伸

白花檐外朵，
青柳槛前梢。
杜甫

# 贺圣朝

四十九字,仄韵。唐教坊曲名。此调源于冯延巳。冯词作四十七字,除首句七字外,余皆为四字句。《词谱》云:"《花间集》有欧阳炯词,本名《贺明朝》,《词律》混入《贺圣朝》,误。"兹以叶清臣词为正体。此调上片第二句和下片第三句与上下片两结句,皆作上一下四句法。

## 正 格

　+－+｜+－｜(韵)｜+－－｜(韵)－－+｜｜－－(句)｜
+－－｜(韵)
　－－－｜(句)+－+｜(韵)｜－－－｜(韵)+－+｜｜－－(句)
｜+－－｜(韵)

## 例一

满斟绿醑留君住。莫匆匆归去。三分春色二分愁,更一分风雨。

花开花谢,都来几许。且高歌休诉。不知来岁牡丹时,再相逢何处。

叶清臣(留别)

## 例二

断霞收尽黄昏雨。滴梧桐疏树。帘栊不卷夜沉沉,锁一庭风露。

天涯人远,心期梦悄,苦长宵难度。知他窗外促织儿,有许多言语。

赵　鼎(镇试府学夜坐作)

别有无名氏之《转调贺圣朝》,系押平声韵,与此截然不同。

林大椿《词式》

# 醉乡春

四十九字，仄韵。宋惠洪《冷斋夜话》云："少游在黄州，饮于海桥，桥南北多海棠，有老书生家于海棠丛间，少游醉宿于此，明日题其柱云云。"此调创自秦观，因后结有"醉乡广大人间小"句，故名《醉乡春》。又因前结有"春色又添多少"句，一名《添春色》。

## 正　格

　|||－－|(韵)－||－－|(韵)|－|(句)|－－(句)－|
|－－|(韵)

　|||－－|(韵)||－－||(韵)|－|(句)|－－(句)|
－||－－|(韵)

**例**

　　唤起一声人悄。衾冷梦寒窗晓。瘴雨过，海棠开，春色又添多少。

　　社瓮酿成微笑。半缺椰瓢共舀。觉颠倒，急投床，醉乡广大人间小。

秦　观

冯煦曰：少游以绝尘之才，早与胜流，不可一世，而一谪南荒，遽丧灵宝。故所为词，寄慨身世，闲雅有情思，酒边花下，一往而深，而怨悱不乱，情乎得小雅之遗，后主而后，一人而已。昔张天如论相如之赋云："他人之赋，赋才也；长卿，赋心也。"予于少游之词亦云：他人之词，词才也；少游，词心也；得之于内，不可以传。虽子瞻之明俊，耆卿之幽秀，犹若为瞠乎后者，况其下耶？

《宋六十一家词选例言》

# 少 年 游

五十字，平韵。调见《珠玉集》，因词有"长似少年时"句，取以为名。此调最为参差，诸体纷杂，或添一字，摊破上下片起句，作四字两句者；或减一字，摊破上下片第三四句，作七字一句者；或于上下片第二句，添一字者；或于两结句，添字减字者，其源俱出于晏殊词。

## 正 格

+－+||－－(韵)+||－－(韵)++++(句)+－+|(句)－||－－(韵)

++++－+|(句)+||－－(韵)++++(句)|－+|(句)+||－－(韵)

**例一**

芙蓉花发去年枝。双燕欲归飞。兰堂风软，金炉香暖，新曲动帘帷。

家人拜上千春寿，深意满琼卮。绿鬓朱颜，道家装束，长似少年时。

晏 殊

**例二**

并刀如水，吴盐胜雪，纤手破新橙。锦幄初温，兽烟不断，相对坐调笙。

低声问，向谁行宿，城上已三更。马滑霜浓，不如休去，直是少人行。

周邦彦

(此调别体较多,)其更变俱在换头。

《古今词谱》

# 归 田 乐

　　五十字，仄韵。有晁补之词和蔡伸词两体，蔡词上下阕字句相同，极为整齐，兹以蔡词为正体。黄庭坚词名《归田乐引》作七十字，录此以备一格。

## 正　格

　　－－＋｜－－｜(韵) －｜｜－－｜(韵) ＋｜｜－－(句) －｜
－－｜－｜(韵)
　　－－＋｜－－｜(韵) －｜｜－－｜(韵) ＋｜｜－－(句) －｜
－－｜－｜(韵)

**例一**

　　风生蘋末莲香细。新浴晚凉天气。独自倚朱阑，波面双双彩鸳戏。

　　鸾钗委坠云堆髻。谁曾此时情意。冰簟玉琴横，还是月明人千里。

蔡　伸

**例二**

　　暮雨濛阶砌。漏渐移、转添寂寞，点点心如碎。怨你又恋你。恨你惜你。毕竟教人怎生是。

　　前欢算未已。奈何如今愁无计。为伊聪俊，消得人憔悴。这里诮睡里。梦里心里。一向无言但垂泪。

黄庭坚

赋诗末章曰：「人亦有言，有因有缘。官无中人，不如归田。」

《晋书·李密传》

# 西江月

五十字，平仄韵同部换押。上下片各两平韵，两结句定押仄韵。唐教坊曲名。欧阳炯词有"两岸蘋香暗起"句，名《白蘋香》；程沁词名《步虚词》；王行词名《江月令》。此调始于南唐欧阳炯。上下片两起句，俱押仄韵，自宋苏轼、辛弃疾外，填者绝少，故此调必以柳词为正体。沈义父《乐府指迷》云："《西江月》起头押平声韵，第二、第四，就平声去，押侧声韵。如平声押'东'字，侧声须押'董'字、'冻'字韵方可。"其说正与柳词体合。

## 正　格

　+|+－+|(句) +－+|－－(平韵) +－+||－－(叶平) +|+－+|(叶仄)

　+|+－+|(句) +－+|－－(平韵) +－+||－－(叶平) +|+－+|(叶仄)

**例一**

　凤额绣帘高卷，兽环朱户频摇。两竿红日上花梢。春睡厌厌难觉。

　好梦狂随飞絮，闲愁浓胜香醪。不成雨暮与云朝。又是韶光过了。

柳　永

**例二**

　明月别枝惊鹊，清风半夜鸣蝉。稻花香里说丰年。听取蛙声一片。

　七八个星天外，两三点雨山前。旧时茅店社林边。路转溪桥忽见。

辛弃疾（夜行黄沙道中）

只今惟有西江月，曾照吴王宫里人。

卫万《吴宫怨》

# 应天长

五十字,仄韵。此调有令词、慢词。令词始于韦庄,又有顾夐、毛文锡两体,宋毛开词名《应天长令》;慢词始于柳永,作九十三字,亦为仄韵,又有周邦彦 一体,名《应天长慢》。此列韦庄词和柳永词各一首。

## 正 格

+ + + + − +|(韵) +| + − −|| (韵) + − +(句) + +|(韵)

+| + − −|| (韵)

|− −(句) −|| (韵) +| + − −|(韵) +| + − +|(韵)

+ + + |(韵)

**例一**

绿槐阴里黄莺语。深院无人春昼午。画帘垂,金凤舞。寂寞绣屏香一炷。

碧天云,无定处。空有梦魂来去。夜夜绿窗风雨,断肠君信否。

韦 庄

**例二**

残蝉渐绝。傍碧砌修梧,败叶微脱。风露凄清,正是登高时节。东篱霜乍结。绽金蕊、嫩香堪折。聚宴处,落帽风流,未饶前哲。

把酒与君说。恁好景佳辰,怎忍虚设。休效牛山,空对江天凝咽。尘劳无暂歇。遇良会、剩偷欢悦。歌未阕。杯兴方浓,莫便中辍。

柳 永

端己(韦庄)词清艳绝伦,初日芙蓉春月柳,使人想见风度

周济《介存斋论词杂著》

# 留春令

五十字，仄韵。此调见晏幾道《小山乐府》。《词谱》以晏词为正体。别格句读稍异，见李之仪词。

## 正 格

｜－－｜(句)｜－－｜(句)＋－－｜(韵)＋｜－－｜－－(句)｜
－｜(读)－－｜(韵)

｜｜－－＋｜(韵)｜＋－－｜(韵)＋｜－－｜－－(句)｜
－｜(读)－－｜(韵)

**例一**

画屏天畔，梦回依约，十洲云水。手捻红笺寄人书，写无限、伤春事。

别浦高楼曾漫倚。对江南千里。楼下分流水声中，有当日、凭高泪。

晏幾道

**例二**

梦断难寻，酒醒犹困，那堪春暮。香阁深沉，红窗翠暗，莫羡颠狂絮。

绿满当时携手路。懒见同欢处。何时却得，低帏昵枕，尽诉情千缕。

李之仪

此调以此词（晏词）
为正体。此词前段第四句，
及后段第三句，俱作拗句，
填者宜注意之。
　　　林大椿《词式》

# 烛影摇红

五十字，仄韵。宋吴曾《能改斋漫录》云："王都尉（诜）有《忆故人》词，徽宗喜其词意，犹以不丰容宛转为恨，遂令大晟府别撰腔，周美成（邦彦）增损其词，而以首句为名，谓之《烛影摇红》。"王诜词本小令，原名《忆故人》。或名《归去曲》，以毛滂词有"送君归去添凄断"句。赵雍词名《玉珥坠金环》；元好问词名《秋色横空》。周邦彦词则合毛、王两体为一，衍为慢曲。此仅列王诜、毛滂词。

### 正　格

‖－－(句)‖－－(句)‖‖(读)－－‖(韵)－－－‖‖－－(句)
－‖－－‖(韵)

　－‖－－‖‖(韵)‖－－(读)－－‖‖(韵)‖－－‖(句)‖‖－
－(句)－－－‖(韵)

**例一**

烛影摇红，向夜阑，乍酒醒、心情懒。尊前谁为唱阳关，离恨天涯远。

无奈云沉雨散。凭阑干、东风泪眼。海棠开后，燕子来时，黄昏庭院。

王　诜

**例二**

老景萧条，送君归去添凄断。赠君明月满前溪，直到西湖畔。

门掩绿苔应遍。为黄花、频开醉眼。橘奴无恙，蝶子相迎，寒窗日短。

毛　滂（送会宗）

原词（王诜词）甚佳，美成（周邦彦）增益，真所谓续凫为鹤也。

朱彝尊《词综》

# 惜 分 飞

五十字，仄韵。贺铸词名《惜双双》，刘弇词名《惜双双令》，曹冠词名《惜芳菲》。《词谱》以毛滂词为正体。别格有作五十二字者，有作五十四字者，有作五十六字者，参见张先词。

## 正 格

+|+－－+|(韵) +|+－+|(韵) +|－－|(韵)|－
+|－－|(韵)
　+|+－－+|(韵) +|+－+|(韵) +|－－|(韵)|－
+|－－|(韵)

**例一**

泪湿阑干花着露。愁到眉峰碧聚。此恨平分取。更无言语空相觑。

断雨残云无意绪。寂寞朝朝暮暮。今夜山深处。断魂分付潮回去。

毛 滂（富阳僧舍代作别语）

**例二**

城上层楼天边路。残照里、平芜绿树。伤远更惜春暮。有人还在高高处。

断梦归云经日去。无计使、哀弦寄语。相望恨不相遇。倚桥临水谁家住。

张 先（溪桥寄意）

秦少游发郴州，反顾有所属，其词曰：“雾失楼台”云云。山谷云：“语意极似刘梦得楚、蜀间语”。“泪湿阑干花着露”云云，毛泽民（滂）元祐间曾杭州法曹，至富阳所作赠别词也。因是受知东坡。语尽而意不尽，意尽而情不尽，何酷似少游也？

周辉《清波杂志》

# 梁 州 令

　　五十字，仄韵。唐教坊曲名。一名《凉州令》。《碧鸡漫志》云："凉州，即梁州，有七宫曲。"此调另有作五十二字、五十五字、一百四字。晁补之词名《梁州令叠韵》，即合五十二字两首为一首也，参见欧阳修词。兹以晏幾道词为正体。

### 正　格

　　+｜－－｜(韵)｜｜－－－｜(韵)－－｜｜｜－－(句)－－
｜｜－－｜(韵)
　　－－+｜－－｜(韵)｜｜－－｜(韵)－－｜｜－｜(韵)－－
｜｜－－｜(韵)

**例一**

　　莫唱阳关曲。泪湿当年金缕。离歌自古最销魂，闻歌更在魂销处。

　　南桥杨柳多情绪。不系行人住。人情却似飞絮。悠扬便逐春风去。

晏幾道

**例二**

　　翠树芳条飐。的的裙腰初染。佳人携手弄芳菲，绿阴红影，共展双纹簟。插花照影窥鸾鉴。只恐芳容减。不堪零露春晚，青苔雨后深红点。

　　一去门闲掩。重来却寻朱栏。离离秋实弄轻霜，娇红脉脉，似见胭脂脸。人非事往眉空敛。谁把佳期赚。芳心只愿依旧，春风更放明年艳。

欧阳修（东堂石榴）

　　凉州，宋称梁州，盖凉州之讹，唐人已多误用。
　　　　夏敬观《词调溯源》

# 满宫花

五十字，仄韵。调见《花间集》，尹鹗赋宫怨词有"满地禁花慵扫"句，取以为名。许棐词名《满宫春》。兹以尹鹗词为正体。别格有作五十一字者，换头作七字一句，见张泌词。

## 正 格

　｜－－(句)－｜｜(韵)＋｜＋－－｜(韵)＋－＋｜｜－－(句)＋
｜＋－－｜(韵)
　＋＋－(句)－｜｜(韵)＋｜＋－－｜(韵)＋－＋｜｜－－(句)＋
｜＋－－｜(韵)

### 例一

月沉沉，人悄悄。一炷后庭香袅。草深辇路不归来，满地禁花慵扫。

离恨多，相见少。何处醉迷三岛。漏清宫树子规啼，愁锁碧窗春晓。

尹　鹗

### 例二

花正芳，楼似绮。寂寞上阳宫里。钿笼金锁睡鸳鸯，帘冷露华珠翠。

娇艳轻盈香雪腻。细雨黄莺双起。东风惆怅欲清明，公子桥边沉醉。

张　泌

（尹词）绮丽风华，仿佛仲初宫词。
陈廷焯《白雨斋词评》

# 滴 滴 金

　　五十字,仄韵。毛先舒《填词名解》云:"《滴滴金》,取菊以名也。史铸《菊谱辩疑》称:越俗有菊,由花梢引露,滴入土,却生新根而出。故名滴滴金。"《词谱》以李遵勖词和晏殊词为正体。晏词与李词略同,而上下片第三句俱押韵。

## 正　格

　　+－+｜+－｜(韵)+－+(读)｜－｜(韵)+－－+｜－－(句)
｜+－－｜(韵)
　　+－+｜+－｜(韵)+－+(读)｜－｜(韵)+－－+｜－－(句)
｜+－－｜(韵)

### 例一

　　帝城五夜宴游歇。残灯外、看残月。都人犹在醉乡中,听更漏初彻。

　　行乐已成闲话说。如春梦、觉时节。大家同约探春行,问甚花先发。

李遵勖

### 例二

　　梅花漏泄春消息。柳丝长、草芽碧。不觉星霜鬓边白。念时光堪惜。

　　兰堂把酒留嘉客。对离筵、驻行色。千里音尘便疏隔。合有人相忆。

晏殊

　　李驸马(遵勖)正月十九日所撰《滴滴金》词也。京师上元,国初放灯止三夕。时钱氏纳土,进钱买两夜　其后十七、十八两夜灯,因钱氏而添,故词云"五夜"。
　　　　　　吴曾《能改斋漫录》

# 凤 来 朝

　　五十一字，仄韵。调见周邦彦《清真词》。此词后段第三句，《片玉集》作"待起难舍拌"。《清真集》作"待起又、如何拌。"史达祖词"扇底弄、团圆影。"陈允平和词："买一笑、千金拌。"俱六字折腰，应以六字者为定本。

## 正 格

　　‖－－‖(韵)‖－－(读)‖－‖‖(韵)‖－－‖(读)－－‖(韵)‖＋‖(读)‖－‖(韵)

　　‖‖－－＋‖(韵)‖－－(读)‖－‖‖(韵)‖‖‖(读)－－‖(韵)‖＋‖(读)‖－‖(韵)

**例一**

　　逗晓看娇面。小窗深、弄明未辨。爱残朱宿粉、云鬟乱。最好是、帐中见。

　　说梦双蛾微敛。锦衾温、酒香未断。待起又、如何拌。任日炙、画楼暖。

周邦彦(佳人)

**例二**

　　晕粉就妆镜。掩金闺、彩丝未整。趁无人、学指鸳鸯颈，恨谁踏、藓花径。

　　一梦蒲香葵冷，堕银瓶、脆绳挂井。扇底弄、团圆影。只此是、沈郎病。

史达祖(五日感事)

此词后段第三句，作六字折腰，为此词定格。

林大椿《词式》

# 雨中花

　　五十一字,仄韵。此调始于晏殊《珠玉词》。一作《雨中花令》;王观词名《送将归》。《雨中花》调与《夜行船》调易相混。宋人词集中,每多误刻。此照《花草粹编》所编,以两结句五字者,为《雨中花》;两结句六字七字者,为《夜行船》。兹以晏殊词为正体。别格句读稍异,见王观词。

## 正　格

　　+｜+－+｜(韵)+｜+－+｜(韵)+｜－－－｜｜(句)+｜－－｜(韵)

　　+｜+－－｜｜(韵)｜+｜(读)｜－－｜(韵)｜｜｜(读)｜－－｜｜(句)+｜－－｜(韵)

**例一**

　　剪翠妆红欲就。折得清香满袖。一对鸳鸯眠未足,叶下长相守。

　　莫傍细条寻嫩藕。怕绿刺、胃衣伤手。可惜许、月明风露好,恰在人归后。

晏　殊

**例二**

　　百尺清泉声陆续。映潇洒、碧梧翠竹。面千步回廊,重重帘幕,小枕欹寒玉。

　　试展鲛绡看画轴。见一片、潇湘凝绿。待玉漏穿花,银河垂地,月上栏干曲。

王　观(夏词)

此调始于此词（晏殊词）。宋人填者,添减摊破,其源皆出于此也。

林大椿《词式》

# 思 越 人

五十一字，平仄韵转换。调见《花间集》。因孙光宪词有"馆娃宫外春深"，又"魂消目断西子"句，张泌词有"越波堤下长桥"句，俱咏西施事，故名《思越人》。与《鹧鸪天》之别名《思越人》不同。毛先舒《填词名解》云："《思越人》，亡吴之曲也。"《词谱》云："此调只有唐词可校，宋人无填此者。"

## 正 格

｜－－(句)－｜｜(句)＋－＋｜－－(平韵)＋｜＋－－｜｜(句)
－＋｜－－(叶平)

＋－＋｜－－(仄韵)＋－＋｜－｜(叶仄)＋｜＋－－｜｜(叶仄)
＋－＋｜－｜(叶仄)

**例一**

古台平，芳草远，馆娃宫外春深。翠黛空留千载恨，教人何处相寻。

绮罗无复当时事。露花点滴香泪。惆怅遥天横渌水。鸳鸯对对飞起。

孙光宪

**例二**

双燕飞，莺百啭，越波堤下长桥。斗钿花筐金匣恰，舞衣罗薄纤腰。

东风淡荡慵无力。黛眉愁聚春碧。满地落花无消息。月明肠断空忆。

张　泌

王后主咸康年，昼作鬼神，夜为狼虎，潜入诸宫内，惊动嫔妃，老小奔走，往往致卒。或狂游玉垒，书王一于倡楼；或醉幸青城，溺内家于灌口。数涂脂粉，频作戎装。又内臣严凝月等竞唱《后庭花》《思越人》及搜求名公艳丽绝句为柳枝词。君臣同座，悉去朝衣，以昼连宵，弦管喉舌相应。酒酣则嫔御执厄，后宫填辞醉眼相盼，以至履舄交错，合手相召，遂亡其国。是时淫风大行，狼藉杯盘。

何光远《鉴诫录》

# 探 春 令

五十一字，仄韵。此调宋人俱咏初春风景，或咏梅花，故名"探春"。此调有两体，或上片四字三句起，或上片七字一句、五字一句起。兹以宋徽宗赵佶词为正体。

## 正 格

+－+|(句)|－－|(句)+－－|(韵)|－||－－|(韵)|
+|(读)－－|(韵)

+－+|－－|(韵)|－－+|(韵)||－(读)||－－(句)－
|||－－|(韵)

**例一**

帘旌微动，峭寒天气，龙池冰泮。杏花笑吐香犹浅。又还是、春将半。

清歌妙舞从头按。等芳时开宴。记去年、对着东风，曾许不负莺花愿。

赵 佶

**例二**

雪梅风柳，弄金匀粉，峭寒犹浅。又还近、三五银蟾满。渐玉漏、声初短。

尊前重约年时伴。拣灯词先按。便直饶、心似蛾儿撩乱。也有春风管。

杨无咎

徽宗（赵佶）天才甚高，于诗文外，尤工长短句。尝为《探春令》云："帘旌微动"云云。

吴曾《能改斋漫录》

# 越 江 吟

五十一字，仄韵。宋释文莹《续湘山野录》云："太宗酷爱琴曲《十小词》，命近臣十人，各探一调，撰一词。苏翰林易简探得《越江吟》，遂赋此调。"后贺铸词，因苏词起句有"非烟非雾瑶池宴"句，更名《宴瑶池》；苏轼词名《瑶池宴》；《乐府雅词》名《瑶池宴令》。苏轼词上片起句，摊破七字一句，作四字一句，三字一句，又多押一韵，与苏易简词稍异。

## 正 格

　－－－｜－－｜(韵)｜｜(韵)＋－＋｜－｜(韵)－－｜(韵)
－｜｜(韵)－－｜(韵)

　＋－－(读)－＋－｜(韵)＋－｜(韵)＋－＋｜－｜(韵)－－｜(韵)
－－｜｜(韵)－－｜(韵)

**例一**

非烟非雾瑶池宴。片片。碧桃冷落谁见。黄金殿。虾须半卷。天香散。

春云和、孤竹清婉。入霄汉。红颜醉态烂漫。金舆转。霓旌影乱。箫声远。

苏易简

**例二**

飞花成阵。春心困。寸寸。别肠多少愁闷。无人问。偷啼自搵。残妆粉。

抱瑶琴、寻出新韵。玉纤趁。南风未解幽愠。低云鬈。眉峰敛晕。娇和恨。

苏 轼

世传琴曲宫声十小调，皆隋贺若弼所制，最为绝妙，一、不博金，二、不换玉，三、峡泛，四、越溪吟，五、越江吟，六、孤猿吟，七、清夜吟，八、叶下闻蝉，九、三清，十、亡其名，琴家但名《贺若》而已。太宗尤爱之，为之改十不博金曰楚泽涵秋，不换玉曰塞门积雪，仍命词臣各探调制词。时北人学士苏易简探得《越江吟》。

释惠洪《冷斋夜话》

# 燕 归 梁

　　五十一字，平韵。此调始于晏殊《珠玉词》，因词有"双燕归飞绕画堂。似留恋虹梁"句，取以为名。兹即以晏殊词为正体。此调上片第二句作上一下四句法。

## 正 格

　　+|－－||－(韵)　+　+|－－(韵)　+－+||－－(韵)　+
+|(读)|－－(韵)
　　+－+|(句)　+－+|(句)　+||－－(韵)　+－+||－－(韵)
+　+|(读)|－－(韵)

### 例一

　　双燕归飞绕画堂。似留恋虹梁。清风明月好时光。更何况、绮筵张。

　　云衫侍女，频倾寿酒，加意动笙簧。人人心在玉炉香。庆佳会、祝延长。

晏　殊

### 例二

　　芳草年年惹恨幽。想前事悠悠。伤春伤别几时休。算从古、为风流。

　　春山总把，深匀翠黛，千叠在眉头。不知供得几多愁。更斜日、凭危楼。

石延年(春愁)

冯煦曰：晏同叔（殊）去五代未远，馨烈所扇，得之最先，故左宫右徵，和婉而明丽，为北宋倚声家初祖。
《宋六十一家词选例言》

# 入　塞

五十二字，平韵。古乐府横吹曲，有《入塞》曲，调名本此。程
垓《书舟集》只此一词，宋词亦无别首可校。上下片两结名，俱押叠
韵，当是体例，填者当遵之。

## 正　格

　　｜－－(韵)｜－－(读)｜｜－(韵)｜－－｜｜(句)｜｜｜－－(韵)
－｜－(韵)｜｜－(叠)
　　｜－－－｜｜－(韵)｜｜－(读)－｜｜－(韵)－－－｜｜－
－(韵)－｜－(韵)｜｜－(叠)

**例**

好思量。正秋风、半夜长。奈银缸一点，耿耿背西窗。
衾又凉。枕又凉。

露华凄凄月半床。照得人、真个断肠。窗前谁浸木犀
黄。花也香。梦也香。

程　垓

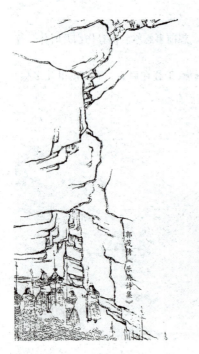

郭茂倩《乐府诗集》

《晋书·乐志》曰：「《出塞》《入塞》曲，李延年造。」曹嘉之
《晋书》曰：「刘畴尝避乱坞壁，贾胡百数欲害之，畴无惧色，援笳
而吹之，为《出塞》《入塞》之声，以动其游客之思，于是群胡皆
垂泣而去。」按《西京杂记》曰：「戚夫人善歌《出塞》《入塞》
《望归》之曲。」则高帝时已有之，疑不起于延年也。唐又有《塞上》
《塞下》曲，盖出于此。

郭茂倩《乐府诗集》

# 迎 春 乐

五十二字，仄韵。《词谱》云：“此体始于晏(殊)词，因晏词换头句八字，宋人无照此填者，故取此词(柳永词)作谱。”兹依《词谱》。

## 正 格

+－+｜－－｜(韵)＋＋＋(读)＋－｜(韵)｜－－(读)｜｜－－
｜(韵)＋｜｜(读)－－｜(韵)

　+｜｜(读)＋－＋｜(韵)＋＋｜(读)＋－－｜(韵)｜｜－－＋
｜(句)｜｜－－｜(韵)

**例一**

近来憔悴人惊怪。为别后、相思煞。我前生、负你愁烦债。便苦恁、难开解。

良夜永、牵情无奈。锦被里、余香犹在。怎得依前灯下，恣意怜娇态。

柳 永

**例二**

长安紫陌春归早。辴垂杨、染芳草。被啼莺、语燕催清晓。正好梦、频惊觉。

当此际、青楼临大道。幽会处、两情多少。莫惜明珠百琲，占取长年少。

晏 殊

立春之日，天子亲帅三公、九卿、诸侯、大夫以迎春于东郊。
《礼记》

# 青门引

五十二字，仄韵。此调见《乐府雅词》和《天机余锦词》。谱内可平可仄，据《全芳备祖》马古洲词校，因词俚不录。

### 正 格

‖－－‖(韵)－‖‖－－‖(韵)－－‖‖‖－－(句)＋－
＋‖(句)‖‖‖－‖(韵)

－－‖‖－－‖(韵)‖‖－－‖(韵)‖－‖‖－‖(句)‖－
－‖‖－‖(韵)

**例**

乍暖还轻冷。风雨晚来方定。庭轩寂寞近清明，残花中酒，又是去年病。

楼头画角风吹醒。入夜重门静。那堪更被明月，隔墙送过秋千影。

张　先(春思)

落寞情怀，写来其幽思。角声而曰「风吹醒」，「醒」字极尖刻。至末句那堪送影，真是描神之笔，极希微窅渺之致。借闺情以写其幽思。

黄蓼园《蓼园词评》

# 品 令

五十二字，仄韵。《填词名解》云："《品令》，商调曲也。"宋人填《品令》者，类作俳语，其句读亦不一，即上片起句，或三字，或四字，或五字不同。兹择优雅者，以曹组词为正体。别格见周紫芝词。

## 正 格

｜－｜(韵)＋＋｜(读)＋｜－－＋｜(韵)＋－＋(读)＋｜－－｜(句)｜＋＋(读)＋－｜(韵)

＋｜＋－＋｜(句)⋮｜＋＋－｜(韵)＋－＋(读)＋｜－－｜(句)｜＋＋(读)＋－｜(韵)

**例一**

乍寂寞。帘栊静、夜久寒生罗幕。窗儿外、有个梧桐树，早一叶、两叶落。

独倚屏山欲寐，月转惊飞乌鹊。促织儿、声响虽不大，敢教贤、睡不着。

曹组

**例二**

霜蓬零乱。笑绿鬓、光阴晚。紫茱时节，小楼长醉，一川平远。休说龙山佳会，此情不浅。

黄花香满。记白苎、吴歌软。如今却向，乱山丛里，一枝重看。对着西风搔首，为谁肠断。

周紫芝

# 菊 花 新

五十二字，仄韵。《词谱》云："《菊花新》谱，教坊都管王公谨作也。"此调以张先词为正体，有柳永词可校。若杜安世词之多押一韵。或少押一韵，皆变格也。

## 正 格

　　+｜+－－｜｜(韵)+｜+－－｜｜(韵)+｜｜－－(句)－+｜(读)++－｜(韵)

　　+－++－－｜(韵)++－(读)+－－｜(韵)+｜｜－－(句)－+｜(读)++－｜(韵)

### 例一

堕髻慵妆来日暮。家在画桥堤下住。衣缓绛绡垂，琼树杪、一枝红雾。

院深池静娇相妒。粉墙低、乐声时度。长恐舞筵空，轻化作、彩云飞去。

　　　　　　　　　　　　　　　张 先

### 例二

怎奈花残莺又老。栏里青梅数枝小。新荷长池沼。当晴昼、燕子声闹。

亭阑花绽颜色好。风雨催、等闲开了。酒醒暗思量，无个事、着甚烦恼。

　　　　　　　　　　　　　　　杜安世

思陵朝，掖庭有菊夫人者，善歌舞，妙音律，为仙韶院之冠，宫中号为菊部头。一日，得疾颇以不获际幸为恨，即称疾告归。官者陈源以厚礼聘归，蓄于西湖之谧安园。屡下教引，帝思之不置。一日，提举官关礼知上意不乐，因从容奏曰："此事非菊部头不可。"上遂令宣唤，颇知其事，于是再入掖禁，陈源憾恨成疾。有某士者，名之曰《菊花新》以献之，陈大喜，副以田宅金帛甚厚，其谱则教坊都管王公谨所作也。陈每闻歌，辄泪下不胜情，未几物故。

　　　　周密《齐东野语》

# 望 江 东

五十二字,仄韵。上下两片。此调为黄庭坚所创。调见《山谷集》,因词有"望不见、江东路"句,取以为名。《词谱》云:"此调只此一词,无别首可校。"

## 正 格

－｜－－｜－｜(韵)｜｜｜(读)－－｜(韵)－－｜｜｜－｜(韵)
｜＋｜(读)－－｜(韵)
－－｜｜－－｜(韵)｜｜｜(读)－－｜(韵)－－｜｜｜－｜(韵)
｜＋｜(读)－－｜(韵)

例

江水西头隔烟树。望不见、江东路。思量只有梦来去。更不怕、江阑住。

灯前写了书无数。算没个、人传与。直饶寻得雁分付。又还是、秋将暮。

黄庭坚

胜败由来不可期,
包羞忍耻是男儿。
江东子弟多才俊,
卷土重来未可知。
杜牧《题乌江亭》

# 醉花阴

　　五十二字，仄韵。调始见宋毛滂《东堂词》，因其词有"人在翠阴中"，"劝君对客杯须覆"句，故取其意作词调名。下片第二句为上一下四句法。亦可用作二、三句法，则第一字可用平声。此调只有此体，诸家所填，多与之合，但平仄不同，句法间有小异。

## 正　格

　　+｜+－－｜｜(韵) +｜－－｜(韵) +｜｜－－(句) +｜－
－(句) +｜－－｜(韵)

　　+－｜｜－－｜(韵) +｜－－｜(韵) +｜｜－－(句) +｜－
－(句) +｜－－｜(韵)

### 例一

　　檀板一声莺起速。山影穿疏木。人在翠阴中，欲觅残春，春在屏风曲。

　　劝君对客杯须覆。灯照瀛洲绿。西去玉堂深，魄冷魂清，独引金莲烛。

毛　滂

### 例二

　　薄雾浓云愁永昼。瑞脑销金兽。佳节又重阳，玉枕纱厨，半夜凉初透。

　　东篱把酒黄昏后。有暗香盈袖。莫道不消魂，帘卷西风，人比黄花瘦。

李清照

今日花前饮，甘心醉数杯。
但愁花有语，不为老人开。
刘禹锡《饮酒看牡丹》

# 杏　花　天

五十四字，仄韵。辛弃疾词名《杏花风》。此调微近《端正好》，坊本颇多误刻。今以六字折腰者，为《端正好》；六字一气者，为《杏花天》。《词律》云："毛氏(先舒)谓此调即《于中好》，非也。《于中好》两结，皆三字豆者，此则六字直下。其后起句，与前段同，亦非如《杏花天》上三下四句法。"兹以朱敦儒词为正体。宋元人俱照此填。

## 正　格

　＋－＋｜－－｜(韵)｜＋＋(读)＋－＋｜(韵)＋－＋｜－－
｜(韵)＋｜＋－＋｜(韵)
　＋＋｜(读)＋－＋｜(韵)｜＋＋(读)＋－＋｜(韵)＋－＋｜－－
｜(韵)＋｜＋－＋｜(韵)

**例一**

残春庭院东风晓。细雨打、鸳鸯寒峭。花尖望见秋千了。无路踏青斗草。

人别后、碧云信杳。对好景、愁多欢少。等他燕子传音耗。红杏开也未到。

朱敦儒

**例二**

谢娘庭院通芳径。四无人、花梢转影。几番心事无凭准。等得青春过尽。

秋千下、佳期又近。算毕竟、沉吟未稳。不成又是教人恨。待倩杨花去问。

江　开

关中寒食雨，
湖上杏花天。
李频《送狄明府赴九江》

# 金 错 刀

　　五十四字,平韵。调见《花草粹编》。汉张衡诗:"美人赠我金错刀。"调名本此。一名《醉瑶瑟》,因叶李押仄韵词,有"余归路。君来路。天理昭昭胡不悟"句,名《君来路》。兹以冯延巳词为正体。

## 正 格

　　－－｜(句)｜－－(韵)－－＋｜｜－－(韵)＋－＋｜－－｜(句)
＋｜－－｜｜－(韵)
　　－｜｜(句)｜－－(韵)－－＋｜｜－－(韵)＋－＋｜－－｜(句)
＋｜－－｜｜－(韵)

**例一**

　　双玉斗,百琼壶。佳人欢饮笑喧呼。麒麟欲画时难偶,
鸥鹭何猜兴不孤。

　　歌宛转,醉模糊。高烧银烛卧流苏。只销几觉懵腾睡,
身外功名任有无。

冯延巳

**例二**

　　日融融,草芊芊。黄莺求友啼林前。柳条袅袅拖金线,
花蕊茸茸簇锦毡。

　　鸠逐妇,燕穿帘。狂蜂浪蝶相翩翩。春光堪赏还堪玩,
恼煞东风娱少年。

冯延巳

我所思兮在太山,
欲往从之梁父艰。
侧身东望涕沾翰。
美人赠我金错刀,
何以报之英琼瑶。
路远莫致倚逍遥,
何为怀忧心烦劳?
张衡《四愁诗》

# 恋 绣 衾

　　五十四字,平韵。韩淲词有"泪珠弹、犹带粉香"句,名《泪珠弹》。此调以朱敦儒词为正体。别格有作五十六字者,于上下片第三句各多一衬字,见赵汝芜词。

## 正 格

　　+|+−+|−(韵)|−−(读)−||−(韵)|+ +(读)−−|(句)|−−(读)−||−(韵)

　　+−+|−−|(句)|−−(读)−||−(韵)|+ +(读)−−|(句)|−−(读)−||−(韵)

**例一**

　　木落江南感未平。雨潇潇、衰鬓到今。甚处是、长安路,水连空、山锁暮云。

　　老人对酒今如此,一番新、残梦暗惊。又是洒、黄花泪,问明年、此会怎生。

朱敦儒

**例二**

　　柳丝空有千万条。系不住、溪头画桡。想今宵、也对新月,过轻寒、何处小桥。

　　玉箫台榭春多少,溜啼红、脸霞未消。怪别来、胭脂慵傅,被东风、偷在杏梢。

赵汝芜

填词要天资,要学力。平日之阅历,目前之境界,亦与有关系。无词境,即无词心。矫揉而强为之,非合作也。境之穷达,天也,无可如何者也。雅俗,人也,可择而处者也。

况周颐《蕙风词话》

# 浪 淘 沙

　　五十四字,平韵。柳永词名《浪淘沙令》;贺铸词名《曲入冥》;李清照词名《卖花声》;史达祖词名《过龙门》;马钰词名《炼丹砂》。《词谱》云:"唐人《浪淘沙》,本七言断句,至南唐李煜,始制两段令词,虽每段尚存七言诗两句,其实因旧曲名,另创新声也。"别格诸体,其源皆出于李煜词。下列宋祁词,全押仄韵,前结三满字,后结三远字,皆上声,不可用去声替,句读有异。此调多咏凄壮激越之情。

## 正 格

　　+||－－(韵)+|－－(韵)+－+||－－(韵)+|+－－||(句)+|－－(韵)

　　+||－－(韵)+|－－(韵)+－+||－－(韵)+|+－－||(句)+|－－(韵)

**例一**

　　帘外雨潺潺。春意阑珊。罗衾不耐五更寒。梦里不知身是客,一响贪欢。

　　独自莫凭栏。无限江山。别时容易见时难。流水落花春去也,天上人间。

李　煜

**例二**

　　少年不管。流光如箭。因循不觉韶光换。至如今、始惜月满花满酒满。

　　扁舟欲解垂杨岸。尚同欢宴。日斜歌阕将分散。倚兰桡、望水远天远人远。

宋　祁

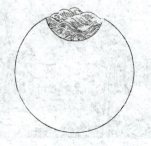

南唐李后主归朝后,每怀江国,且念妓妾散落,郁郁不自聊。尝作长短句「帘外雨潺潺」,含思凄惋,未几下世。

蔡绦《西清诗话》

# 端正好

五十四字，仄韵。杨无咎词名《于中好》。《词谱》以杨无咎词为正体，注云："此与杜词同，因平仄妥顺，采以为式。"

## 正　格

－－‖－－｜(韵)｜－｜(读)｜－－｜(韵)｜－＋｜－－
｜(韵)｜－｜(读)－－｜(韵)
－－‖－－｜(韵)｜－｜(读)｜－－｜(韵)｜－＋｜－－
｜(韵)｜－｜(读)－－｜(韵)

**例一**

溅溅不住溪流素。忆曾记、碧桃红露。别来寂寞朝朝暮。恨遮断、当时路。

仙家岂解空相误。嗟尘世、自难知处。而今重与春为主。尽浪蕊、浮花妒。

杨无咎

**例二**

槛菊愁烟沾秋露。天微冷、双燕辞去。月明空照别离苦。透素光、穿朱户。

夜来西风凋寒树。凭阑望、迢迢长路。花笺写就此情绪。待寄传、知何处。

杜安世

操、引、谣、讴、歌、曲、词、调八者，起于郊祭军宾吉凶苦乐之际。在音声者，因声以度词，审调以节唱，句度长短之数，声韵平上之差，莫不由之准度。而又别其在琴瑟者，为操、引，采民氓者，为讴、谣，备曲度者，总谓之歌曲词调。斯皆由乐以定词，非选词以配乐也。

王灼《碧鸡漫志》引
元稹《序乐府古题》

# 木 兰 花

　　五十五字，仄韵，不同部换押。唐教坊曲名，别格甚多，有作《木兰花令》，五十六字，仄韵；有作《减字木兰花》，四十四字，平仄韵互换；有作《偷声木兰花》，五十字，平仄韵互换；有作《木兰花慢》，一百零一字，平韵。还有其他变格，皆为演化而出。

## 正 格

　　｜｜｜－－｜｜(韵)＋｜＋－－｜｜(韵)－｜｜(句)｜－－(句)
｜｜｜－－｜｜(韵)
　　｜｜｜－－｜｜(换韵)＋｜＋－－｜｜(韵)－－＋｜｜
－(句)｜｜｜－－｜｜(韵)

**例一**

　　独上小楼春欲暮。愁望玉关芳草路。消息断，不逢人，却敛细眉归绣户。

　　坐看落花空叹息。罗袂湿斑红泪滴。千山万水不曾行，魂梦欲教何处觅。

韦 庄

**例二**

　　掩朱扉，钩翠箔。满院莺声春寂寞。匀粉泪，恨檀郎，一去不归花又落。

　　对斜晖，临小阁。前事岂堪重想着。金带冷，画屏幽，宝帐慵熏兰麝薄。

毛熙震

　　《花间集》载《木兰花》、《玉楼春》两调，其七字八句者，为《玉楼春》体。《木兰花》，则韦(庄)词，毛(熙震)词，魏(承班)词，共三体，从无与《玉楼春》同者。自《尊前集》误刻以后，宋词相沿，率多混填。今照《花间集》本分列，旧谱误者，悉为校正。

《词谱》

# 芳草渡

五十五字,平仄韵递转。毛先舒《填词名解》云:"《芳草渡》,取胡宿诗:'荡桨远从芳草渡。'"此调有两体:令词始自欧阳修,作五十五字,有张先等词可校;慢词始自周邦彦,作八十九字,有陈允平等词可校。兹以欧阳修词为正体。

## 正 格

－－ｌ(句)ｌ－－(平韵)－－ｌ(句)ｌ－－(叶平)－－＋ｌｌ－－(叶平)
－ｌｌ(句)－ｌｌ(句)ｌ－－(叶平)
－－ｌ(仄韵)－ｌｌ(叶仄)ｌｌ－－ｌｌ(叶仄)－－ｌ(句)ｌ－－(叶平)
－－ｌ(叶平)－ｌｌ(叶仄)ｌ－－(叶平)

### 例一

梧桐落,蓼花秋。烟初冷,雨才收。萧条风物正堪愁。人去后,多少恨,在心头。

燕鸿远。羌笛怨。渺渺澄波一片。山如黛,月如钩。笙歌散。梦魂断。倚高楼。

欧阳修

### 例二

昨夜里,又再宿桃源,醉邀仙侣。听碧窗风快,珠帘半卷疏雨。多少离恨苦。方留连啼诉。凤帐晓,又是匆匆,独自归去。

愁睹。满怀泪粉,瘦马冲泥寻去路。漫回首、烟迷望眼,依稀见朱户。似痴似醉,暗恼损、凭阑情绪。淡暮色,看尽栖鸦乱舞。

周邦彦(别恨)

昨夜轻阴结夕霏,
城南十里有香泥。
初闻山鸟惊新晴,
遥见林花识旧蹊。
荡桨远从芳草渡,
垫巾还傍绿杨堤。
罗衾正苦蚕眠事,
惆怅南来五马蹄。
胡宿《城南》

# 金凤钩

　　五十五字，仄韵。始见晁补之《琴趣外篇》。《词谱》云："此调微近《夜行船》，其实不同也。"晁补之两词：一作五十五字，上片起句作三字两句；一作五十四字，上片起句作六字一句，结处亦异。兹以五十五字为正体。

## 正　格

　　| − − |(句)| − − |(韵)| | |(读)| − − |(韵)| − − |(句)| − − |(句)| − | | − + |(韵)

　　| − − + | − − |(韵)| | |(读)| − − |(韵)| − − |(句)| − − |(韵)| | − − + |(韵)

**例一**

　　春辞我，向何处。怪草草、夜来风雨。一簪华发，少欢饶恨，无计殢春且住。

　　春回常恨寻无路。试向我、小园徐步。一阑红药，倚风含露。春自未曾归去。

晁补之(送春)

**例二**

　　雪消闲步花畔。试屈指、早春将半。樱桃枝上最先到，却恨小梅芳浅。

　　忽惊拂水双来燕。暗自忆、故人犹远。一分风雨占春愁，一来又对花肠断。

晁补之

　　学东坡者，必自无咎（晁补之）始，再降则为叶石林（梦得），此北宋正轨也。

张尔田《忍寒词序》

# 夜 行 船

五十五字，仄韵。《太平乐府》、《中原音韵》俱注双调。黄公绍词名《明月棹孤舟》。《词律》以《夜行船》混入《雨中花》，今依《花草粹编》、《词谱》分列。此调以欧阳修词为正体。上片起句六字，上下片第三句皆七字，两结句皆七字，是定格。

## 正　格▶

+丨+－－丨(韵)丨++(读)丨－－丨(韵)+－+丨丨－－(句)
丨－－(读)丨－+丨(韵)

+丨+－－丨丨(韵)丨++(读)丨－－丨(韵)+－+丨丨－
－(句)丨－－(读)丨－+丨(韵)

**例一**

忆昔西都欢纵。自别后、有谁能共。伊川山水洛川花，细寻思、旧游如梦。

今日相逢情愈重。愁闻唱、画楼钟动。白发天涯逢此景，倒金尊、殢谁相送。

欧阳修

**例二**

昨夜佳期初共。鬓垂低、翠翘金凤。尊前和笑不成歌，意偷转、眼波微送。

草草不容成楚梦。渐寒深、翠帘霜重。相看送到断肠时，月西斜、画楼钟动。

谢 绛（别情）

此调五十五字者，以欧（阳修）词为正体；五十六字者，以史（达祖）为正体；五十八字者，以赵（长卿）词为正体；其余或摊破句法，或句读参差，或添韵，或添字，皆变格也。

《词谱》

# 河　传

　　五十五字。《河传》之名始于隋代,其词则创自温庭筠。张先词名《庆同天》;李清照词名《月照梨花》;徐昌图词名《秋光满目》;辛弃疾词名《唐河传》。《花间集》所载唐词,句读韵脚,参差不一,大致分为三体:有上下片两仄两平四换韵者,如温庭筠词,宋人多宗之;有上片仄韵,下片仄韵平韵递换者,如孙光宪词,宋词无填此调者;有上下片皆仄韵者,如张泌词,宋词亦宗之。《碧鸡漫志》引《脞说》云:"《水调》、《河传》,炀帝将幸江都时所制,声韵悲切。"

## 正　格

　　+|(仄韵)－|(叶仄)|－－(换平韵)+|+－|－(叶平)+－+|+|－(叶平)+－(叶平)+－－|－(叶平)

　　+|+－－||(换仄韵)－－|(叶仄)+|+－|(叶仄)|－－(换平韵)+|－(叶平)+－(叶平)+－－|－(叶平)

### 例一

　　湖上。闲望。雨潇潇。烟浦花桥路遥。谢娘翠蛾愁不销。终朝。梦魂迷晚潮。

　　荡子天涯归棹远。春已晚。莺语空肠断。若耶溪。溪水西。柳堤。不闻郎马嘶。

温庭筠

### 例二

　　渺莽,云水。惆怅暮帆,去程迢递。夕阳芳草,千里万里。雁声无限起。

　　梦魂悄断烟波里。心如醉。相见何处是。锦屏香冷无睡。被头多少泪。

张　泌

　　《河传》,唐词存者二,其一属南吕宫,凡前段平韵,后仄韵。其一乃今《怨王孙》曲,属无射宫。以此知炀帝所制《河传》,不传已久。然欧阳永叔所集词内《河传》,附越调,亦《怨王孙》曲。今世《河传》,乃仙吕调,皆令也。

王灼《碧鸡漫志》

# 鹧 鸪 天

　　五十五字,平韵,赵令畤词名《思越人》,又名《思远人》;李元膺词名《思佳客》;贺铸词有"剪刻朝霞钉露盘"句,名《剪朝霞》;韩淲词有"只唱骊歌一叠休"句,名《骊歌一叠》;卢祖皋词有"人醉梅花卧未醒"句,名《醉梅花》。此调上片三四两句与过片三言两句须作对偶。

## 正　格

　　＋｜－－＋｜－(韵)＋－＋｜｜－－(韵)＋－＋｜－－｜(句)＋｜－－＋｜－(韵)

　　－｜｜(句)｜－－(韵)＋－＋｜｜－－(韵)＋－＋｜－－｜(句)＋｜－－＋｜－(韵)

**例一**

　　彩袖殷勤捧玉钟。当年拚却醉颜红。舞低杨柳楼心月,歌尽桃花扇底风。

　　从别后,忆相逢。几回魂梦与君同。今宵剩把银釭照,犹恐相逢是梦中。

晏幾道

**例二**

　　黄菊枝头生晓寒。人生莫放酒杯干。风前横笛斜吹雨,醉里簪花倒着冠。

　　身健在,且加餐。舞裙歌板尽清欢。黄花白发相牵挽,付与时人冷眼看。

黄庭坚

春游鸦鹿塞,
家在鹧鸪天。
郑嵎《艺林伐山》

# 玉楼春

　　五十六字，仄韵。白居易诗有"玉楼宴罢醉和春"；《花间集》顾敻词，起句有"月照玉楼春漏促"句，又有"柳映玉楼春日晚"句；《尊前集》欧阳炯词，起句有"春早玉楼烟雨夜"句，又有"日照玉楼花似锦，楼上醉和春色寝"句，因取为调名。李煜词名《惜春容》；朱希真词名《西湖曲》；康与之词名《玉楼春令》。《高丽史·乐志》名《归朝欢令》。此以李煜词为正体，宋人俱如此填。此调与《木兰花》平仄韵脚虽同，但于宋时，教坊入乐调有异，故为分列。

## 正 格

　　+－+｜－－｜(韵)+｜+－－｜｜(韵)+－+｜｜－－(句)+｜+－－｜｜(韵)

　　+－+｜－－｜(韵)+｜+－－｜｜(韵)+－+｜｜－－(句)+｜+－－｜｜(韵)

**例一**

　　晚妆初了明肌雪。春殿嫔娥鱼贯列。凤箫声断水云间，重按霓裳歌遍彻。

　　临风谁更飘香屑。醉拍阑干情味切。归时休放烛花红，待踏马蹄清夜月。

李　煜

**例二**

　　东城渐觉风光好。縠皱波纹迎客棹。绿杨烟外晓寒轻，红杏枝头春意闹。

　　浮生长恨欢娱少。肯爱千金轻一笑。为君持酒劝斜阳，且向花间留晚照。

宋　祁

　　(词)有字数多寡同，而所入之宫调异，名亦因之异者。如《玉楼春》与《木兰花》同，而以《木兰花》歌之，即入"大石调"。

徐釚《词苑丛谈》

# 步 蟾 宫

　　五十六字，仄韵。韩淲词名《钓台词》，刘拟词名《折丹桂》。宋元词俱宗蒋捷体，兹以蒋捷词为正体。此调虽亦七言八句五十六字体，然与《玉楼春》迥别，上下片第二第四两句，俱作上三下四句法，填者宜注意。

## 正 格

　　+－+｜－－｜(韵)｜+｜(读)+－+｜(韵)+－+｜｜－－(句)｜+｜(读)+－+｜(韵)
　　+－+｜－－｜(韵)｜+｜(读)+－+｜(韵)+－+｜｜－－(句)｜+｜(读)+－+｜(韵)

**例一**

　　玉窗掣锁香云涨。唤绿袖、低敲方响。流苏拂处字微讹，但斜倚、红梅一晌。

　　蒙蒙月在帘衣上。做池馆、春阴模样。春阴模样不如晴，这催雪、曲儿休唱。

蒋　捷（春景）

**例二**

　　玉京此去春犹浅。正雪絮、马头零乱。姮娥剪就绿云裳，待来步、蟾宫与换。

　　明年二月桃花岸。棹双桨、浪平烟暖。扬州十里小红楼，尽卷上、珠帘一半。

汪　存（冬日送任赴省）

　　《步蟾宫》系平调，不知原起是何人？但见蒋竹山（捷）咏桂一首。《词统》有传一士人访妓，妓在开府侍宴，候之以寄阁者，误达开府。开府见词清丽，呼士人以妓与之。词云："东风捍就腰肢细。系六幅裙儿不起。看来只惯掌中行，怎教在烛花影里？
　　更阑应是铅华褪。暗蹙损、眉峰双翠。夜深着纳小鞋儿，斜靠着、屏风立地。"

　　沈雄《古今词话》

# 卓 牌 子

五十六字,仄韵。此调有两体:五十六字者,始自杨无咎,一名《卓牌子令》;九十七字者,始自万俟咏,一名《卓牌子慢》,《词综》名《卓牌儿》。兹以杨无咎词为正体。杨词上下段两结,两句俱十字,虽前结上六下四,后结上四下六,然句读纵异,而平仄则同也。

## 正　格

－－－＋｜(韵)－｜｜(读)－－｜｜(韵)＋｜｜｜－－(句)｜－
－｜－－(句)｜－－｜(韵)
　　－－－＋｜(韵)－｜｜(读)－－｜｜(韵)＋｜｜｜－－(句)｜－
－｜(句)－－｜－－｜(韵)

### 例一

西楼天将晚。流素月、寒光正满。楼上笑揖姮娥,似看罗袜尘生,鬒云风乱。

珠帘终夕卷。判不寐、阑干凭暖。好在影落清尊,冷侵香幄,欢余未教人散。

杨无咎(中秋次田不伐韵)

### 例二

东风绿杨天,如画出、清明院宇。玉艳淡泊,梨花带月,胭脂零落,海棠经雨。单衣怯黄昏,人正在、珠帘笑语。相并戏蹴秋千,共携手、同倚阑干,暗香时度。

翠窗绣户。路缭绕、潜通幽处。断魂凝伫。嗟不似飞絮。闲闷闲愁难消遣,此日年年意绪。无据。奈酒醒春去。

万俟咏(春晚)

# 茶瓶儿

　　五十六字，仄韵。调见《花庵词选》，始自北宋李元膺，至南宋赵彦端、石孝友两家，又摊破两结句法，减去两起句字，自成新声。《词谱》于李词后注云："此词无别首可校，后采赵、石二词，其源虽出于此。然句读不同，音律亦变，未可参校。旧谱混注平仄者误。"兹以李元膺词为正体。

## 正　格

　　+｜－－－｜｜(韵)＋＋｜(读)－－－｜(韵)－｜－｜－｜(韵)
｜－－｜(句)＋｜－－｜(韵)
　　+｜－－－｜｜(韵)＋＋｜(读)－－－｜(韵)－｜－｜－｜(韵)
｜－－｜(韵)＋｜－－｜(韵)

**例一**

　　去年相逢深院宇。海棠下、曾歌金缕。歌罢花如雨。翠罗衫上，点点红无数。

　　今岁重寻携手处。空物是、人非春暮。回首青云路。乱红飞絮。相逐东风去。

李元膺

**例二**

　　淡月华灯春夜。送东风、柳烟梅麝。宝钗宫髻连娇马。似记得、帝乡游冶。

　　悦亲戚之情话。况溪山、坐中如画。凌波微步人归也。看酒醒、凤鸾谁跨。

赵彦端(上元)

　　许彦周曰："李元膺作南京教官，丧妻，作长短句曰：(词略)。李元膺寻亦卒。"
　　释惠洪《冷斋夜话》

# 鹊桥仙

　　五十六字，仄韵。此调始自欧阳修，因词中有"鹊迎桥路接天津"句，取为调名。周邦彦词名《鹊桥仙令》；《梅苑》词名《忆人人》；韩淲词名《金风玉露相逢曲》；张辑词名《广寒秋》。宋词多赋七夕，咏牛郎织女相会事，数秦观词最胜，兹以为正体。

## 正　格

　　+－+|(句)＋－+|(句)＋|＋－+|(韵)＋－+||－－(句)＋＋|(读)＋－+|(韵)
　　+－+|(句)＋－+|(句)＋|＋－+|(韵)＋－+||－－(句)＋＋|(读)＋－+|(韵)

### 例一

　　纤云弄巧，飞星传恨，银汉迢迢暗度。金风玉露一相逢，便胜却、人间无数。
　　柔情似水，佳期如梦，忍顾鹊桥归路。两情若是久长时，又岂在、朝朝暮暮。

秦　观

### 例二

　　月波清霁，烟容明淡，灵汉旧期还至。鹊迎桥路接天津，映夹岸、星榆点缀。
　　云屏未卷，仙鸡催晓，肠断去年情味。多应天意不教长，恁恐把、欢娱容易。

欧阳修

七夕，织女当渡河，使鹊为桥。
《风俗记》

# 瑞 鹧 鸪

　　五十六字,平韵。《词谱》云:"《瑞鹧鸪》原本七言律诗,因唐人歌之,遂成词调。"冯延巳词名《舞春风》;陈彭年词名《桃花落》;尤袤词名《鹧鸪词》;元丘长春词名《拾菜娘》;《乐府纪闻》名《天下乐》。《梁溪漫录》词有"行听新声太平乐"句,名《太平乐》;有"犹传五拍到人间"句,名《五拍》。此皆七言八句也。此调上下片起句、结句,第二字和第六字俱平声,中二句第二字和第六字俱仄声,宋人俱照此填,其余平仄惟取协调,可不必拘。至柳永有添字体,作六十四字,见例二;另又有慢词体,作八十八字,见《乐章集》。

## 正　格

　　－－－｜｜－－(韵)｜｜－－｜｜－(韵)｜｜＋－－｜
｜(句)｜－｜｜－－(韵)
　　－－｜｜－－｜(句)｜｜－－｜｜－(韵)｜｜＋－－｜｜(句)
｜－｜｜－－(韵)

**例一**

　　清溪西畔小桥东。落叶纷纷水映空。五夜客愁花片里,一年春事角声中。

　　歌残玉树人何在,舞破山香曲未终。却忆孤山醉归路,马蹄香雪衬东风。

尤　袤(落梅)

**例二**

　　三吴嘉景古风流。渭南往岁忆来游。西子方来,越相功成去,千里沧波一叶舟。

　　至今无限盈盈者,尽来拾翠芳洲。最好簇簇寒村,遥认南朝路,晚烟收。三两人家古渡头。

柳　永

　　《瑞鹧鸪》,一名《鹧鸪词》。其第一体又名《舞春风》,盖唐人七言律诗叶之声歌也。特起句第二字,颔作平声,不得如诗可平可仄。《小秦王》亦是七言绝句,然可随意平仄,与唐人作诗无异。《鹧鸪天》则《瑞鹧鸪》之变体也;《忆王孙》、《浣溪沙》则《小秦王》之变体也。苕溪渔隐云:"《瑞鹧鸪》依字可歌,若《小秦王》必杂以虚字乃可歌。"

毛先舒《填词名解》

# 虞 美 人

　　五十六字，平仄韵转换。唐教坊曲名。当以项羽"虞兮"之歌命名。《乐府雅词》名《虞美人令》；周紫芝词有"只恐怕寒，难近玉壶冰"句，名《玉壶冰》；张炎词赋柳树，因名《忆柳曲》；王行词取李煜"恰似一江春水向东流"句，名《一江春水》。此调以李煜词和毛文锡词为正体。宋人依李体填者尤多。毛词上下片亦四换韵，但两结句作七字一句，三字一句，多一字，多押一韵，与李煜词体稍异。

## 正　格

　　+－+｜－－｜(仄韵) +｜－－｜(叶仄) +－+｜｜－－(换平韵) +｜+－+｜｜－－(叶平)

　　+－+｜－－｜(换仄韵) +｜－－｜(叶仄) +－+｜｜－－(再换平韵) +｜+－+｜｜－－(叶平)

**例一**

　　春花秋月何时了。往事知多少。小楼昨夜又东风。故国不堪回首月明中。

　　雕栏玉砌应犹在。只是朱颜改。问君能有几多愁。恰似一江春水向东流。

李　煜

**例二**

　　宝檀金缕鸳鸯枕。绶带盘宫锦。夕阳低映小窗明。南国绿树语莺莺。梦难成。

　　玉炉香暖频添炷。满地飘轻絮。珠帘不卷度沉烟。庭前闲立画秋千。艳阳天。

毛文锡

力拔山兮气盖世，时不利兮骓不逝。骓不逝兮可奈何，虞兮虞兮奈若何。

项羽《垓下歌》

# 一斛珠

　　五十七字，仄韵。调名始见宋佚名《梅妃传》所载。《宋史·乐志》名《一斛夜明珠》；晏幾道词名《醉落魄》；张先词名《怨春风》；黄庭坚词名《醉落拓》；李彭老词名《章台月》。苏轼、张先、晏幾道三作与李煜词同，余宋词俱照张先词体填；张词惟换头句平仄，与李词有异。

## 正　格

　　+－+｜(韵)+－+｜－－｜(韵)+－+｜－－｜(韵)｜｜－－(句)+｜－－｜(韵)
　　+｜+－－｜｜(韵)+－+｜－－｜(韵)+－+｜－－｜(韵)｜｜－－(句)+｜－－｜(韵)

### 例一

　　晚妆初过。沉檀轻注些儿个。向人微露丁香颗。一曲清歌，暂引樱桃破。

　　罗袖裛残殷色可。杯深旋被香醪涴。绣床斜凭娇无那。烂嚼红茸，笑向檀郎唾。

李　煜

### 例二

　　山围画障。风溪弄月清溶漾。玉楼苕馆人相望。下若酴醾，竞欲金钗当。

　　使君劝醉青娥唱。分明仙曲云中响。南园百卉千家赏。和气兼春，不独花枝上。

张　先(吴兴苇老席上)

　　上（唐玄宗）在花萼楼，会夷使至，命封珍珠一斛密赐妃。妃不受，以诗付使者，曰："为我进御前也。"曰："柳叶双眉久不描，残妆和泪湿红绡。长门自是无梳洗，何必珍珠慰寂寥。"上览诗，怅然不乐，令乐府以新声度之，号《一斛珠》，曲名始此也。

佚名《梅妃传》

# 夜 游 宫

　　五十七字，仄韵。林大椿《词式》云："唐明皇与虢国夫人，正月十五夜游宫中观灯。"一说调名源于此。贺铸词有"江北江南新念别"句，更名《新念别》，又名《念彩云》。宋人填此词者，其字句韵悉同，惟句中平仄略有小异。

## 正 格

　　+|--||(韵)++|(读)+--|(韵)+|--|-|(韵)
|++(句)|--(句)-||(韵)
　　+|--|(韵)++|(读)+--|(韵)+|--|-|(韵)
|++(句)|--(句)-||(韵)

**例一**

　　叶下斜阳照水。卷轻浪、沉沉千里。桥上酸风射眸子。立多时，看黄昏，灯火市。
　　古屋寒窗底。听几片、井桐飞坠。不恋单衾再三起。有谁知，为萧娘，书一纸。

周邦彦

**例二**

　　雪晓清笳乱起。梦游处、不知何地。铁骑无声望似水。想关河，雁门西，青海际。
　　睡觉寒灯里。漏声断、月斜窗纸。自许封侯在万里。有谁知，鬓虽残，心未死。

陆 游（记梦寄师伯浑）

《夜游宫》，古诗："昼短苦夜长，何不秉烛游。"《拾遗记》："汉成帝于太液池旁，起宵游宫。"又：隋炀帝好以月夜从宫女数千骑，游西苑，作《清夜游》曲，于马上奏之。词名盖取诸此。

毛先舒《填词名解》

# 家 山 好

　　五十七字,平韵。调见《湘山野录》,因词中有"水晶宫里家山好"句,取为调名。《词谱》云:"此调仅见此词,无别首可校。"因词牌涵意淳美,采入以备一体。调内平仄,填者悉宜遵之。

## 正　格

　　|－－||－－(韵)－－|(句)|－－(韵)－－||－－|(句)|－－(韵)|－|(句)|－－(韵)

　　|－－|－－|(句)|||－－(韵)－－||(句)－－|||－－(韵)－－||－(韵)

**例**

　　挂冠归去旧烟萝。闲身健,养天和。功名富贵非由我,莫贪他。者歧路,足风波。

　　水晶宫里家山好,物外胜游多。晴溪短棹,时时醉唱捏梭罗。天公奈我何。

刘　述

释文莹《湘山野录》

刘孝叔吏部公述,深味道腴,东吴端清之士也。方强仕之际,后将引年,方得请为三茅宫巳恬于进。撰一阕以见志曰:(词略)。失何已先朝露。歌此阕几卅年,信乎一像始有《养天和》之渐。林泉与轩冕,难为必期。

# 小重山

五十八字,平韵。沈雄《古今词话》引《尧山堂外纪》云:"韦庄留蜀,蜀主夺其姬之善词者入宫。韦庄念之,因作《小重山》宫词,流传入宫,姬闻之不食死。"调名源此。李邴词名《小冲山》;姜夔词名《小重山令》;韩淲词有"点染烟浓柳色新"句,名《柳色新》。此调以薛昭蕴词为正体,宋人词俱照此填。余或添字,或减字,或押仄韵,皆变体也。此词多抒悲怨之音。

## 正　格

　　+｜－－+｜－(韵)+－－｜｜(读)｜－－(韵)+－+｜｜
－－(韵)－+｜(句)+｜｜－－(韵)
　　+｜｜－－(韵)+－－｜｜(读)｜－－(韵)+－+｜｜－－(韵)
－+｜(句)+｜｜－－(韵)

**例**

　　春到长门春草青。玉阶华露滴、月胧明。东风吹断玉箫声。宫漏促,帘外晓啼莺。

　　愁起梦难成。红妆流宿泪、不胜情。手挼裙带绕花行。思君切,罗幌暗尘生。

薛昭蕴

（薛词）不为诡奇,却是古雅　徐士俊《古今词统》

# 临 江 仙

五十八字,平韵。唐教坊曲名,后用作词调名。黄昇《唐宋诸贤绝妙词选》云:"《临江仙》则言仙事。"五代《临江仙》之辞几乎首首咏"仙",全为艳情之曲。《花庵词选》云:"唐词多缘题所赋,《临江仙》之言水仙,亦其一也。"李煜词名《谢新恩》;贺铸词有"人归落雁后"句,名《雁后归》;韩淲词有"罗帐画屏新梦悄"句,名《画屏春》;李清照词有"庭院深深深几许"句,名《庭院深深》。此调诸体甚多。多为登临寄慨之作。

### 正 格

+丨+ − −丨(句)+ − +丨 − −(韵)+ − +丨丨 − −(韵)+
− −丨丨(句)+丨丨 − −(韵)
+丨+ − −丨(句)+ − +丨 − −(韵)+ − +丨丨 − −(韵)+
− −丨丨(句)+丨丨 − −(韵)

**例一**

梦后楼台高锁,酒醒帘幕低垂。去年春恨却来时。落花人独立,微雨燕双飞。

记得小蘋初见,两重心字罗衣。琵琶弦上说相思。当时明月在,曾照彩云归。

晏幾道

**例二**

忆昔午桥桥上饮,坐中多是豪英。长沟落月去无声。杏花疏影里,吹笛到天明。

二十余年如一梦,此身虽在堪惊。闲登小楼看新晴。古今多少事,渔唱起三更。

陈与义(夜登小阁忆洛中旧游)

《临江仙》,多赋水媛江妃,
南唐人多效为之。
《唐词纪》

# 踏 莎 行

五十八字,仄韵。上下片四言句宜用对偶。曹冠词名《喜朝天》;赵长卿词名《柳长春》;《鹤鸣余音词》名《踏雪行》。此调以晏词为正体,宋元人填此调者,句律悉同。

## 正 格

+｜－－(句)＋－＋｜(韵)＋－＋｜－－｜(韵)＋－＋｜－－(句)＋－＋｜－－｜(韵)

+｜－－(句)＋－＋｜(韵)＋－＋｜－－｜(韵)＋－＋｜－－(句)＋－＋｜－－｜(韵)

**例一**

细草愁烟,幽花怯露。凭阑总是销魂处。日高深院静无人,时时海燕双飞去。

带缓罗衣,香残蕙炷。天长不禁迢迢路。垂杨只解惹春风,何曾系得行人住。

晏　殊

**例二**

候馆梅残,溪桥柳细。草薰风暖摇征辔。离愁渐远渐无穷,迢迢不断如春水。

寸寸柔肠,盈盈粉泪。楼高莫近危阑倚。平芜尽处是春山,行人更在春山外。

欧阳修

韩翃诗:"踏莎行草过春溪。"词名《踏莎行》,本此。

杨慎《词品》

# 冉 冉 云

五十九字，仄韵。韩淲词有"倚遍阑干弄花雨"句，更名《弄花雨》。兹以卢炳词为正体。

## 正 格

丨丨－－丨－丨(韵)＋＋－(读)丨－－丨(韵)－丨丨(读)＋丨－
－－丨(韵)丨丨丨(读)－－丨丨(韵)
丨丨－－丨－丨(韵)＋＋－(读)丨－－丨(韵)－丨丨(读)＋丨－
－－丨(韵)＋丨－－＋丨(韵)

**例一**

雨洗千红又春晚。留牡丹、倚阑初绽。娇娅姹、偏赋精
神君看。算费尽、工夫点染。

带露天香最清远。太真妃、院妆体段。拚对花、满把流
霞频劝。怕逐东风零乱。

卢 炳(牡丹盛开招同官小饮赋此)

**例二**

倚遍阑干弄花雨。卷珠帘、草迷芳树。山崦里、几许云
烟来去，画不就、人家院宇。

社寒梁燕呢喃舞。小桃红、海棠初吐。谁信道、午醉醒
时情绪。闲整春衫自语。

韩 淲

此调与范成大《宜男草》，句拍并同，只后结少一字耳。六十字体。 林大椿《词式》

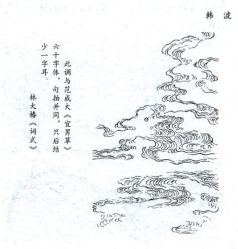

# 一 剪 梅

　　六十字,平韵。周邦彦词起句有"一剪梅花万样娇"句,取以为名。韩淲词有"一朵梅花百和香"句,名《腊梅香》;李清照词有"红藕香残玉簟秋"句,名《玉簟秋》。此调亦有作句句押韵者,声调尤为流转,见蒋捷词。

## 正 格

　　+|－－+|－(韵) +|－－(句) +|－－(韵) +－+||
－－(句) +|－－(句) +|－－(韵)
　　+|－－+|－(韵) +|－－(句) +|－－(韵) +－+||
－－(句) +|－－(句) +|－－(韵)

**例一**

　　一剪梅花万样娇。斜插疏枝,略点眉梢。轻盈微笑舞低回,何事尊前,拍手相招。

　　夜渐寒深酒渐消。袖里时闻,玉钏轻敲。城头谁恁促残更,银漏何如,且慢明朝。

周邦彦

**例二**

　　一片春愁带酒浇。江上舟摇。楼上帘招。秋娘渡与泰娘桥。风又飘飘。雨又萧萧。

　　何日归家洗客袍。银字笙调。心字香烧。流光容易把人抛。红了樱桃。绿了芭蕉。

蒋　捷(舟过吴江)

　　美成(周邦彦)自号清真,二百年来,以乐府独步。贵人、学士、市侩、妓女,皆知美成词为可爱。

陈郁《藏一话腴》

# 七 娘 子

六十字，仄韵。此调《词谱》以毛滂词为正体。云："上下片第二句，俱八字。宋贺铸、谢逸、向子諲、王之道、陈亮诸词，俱如此填。"蔡伸词与毛词同，惟上下片第二句，各减一字异。诸体或句法小异，或平仄微拗，大体相同。

## 正 格

+ － ＋｜ － － ｜(韵)｜＋ － (读) ＋｜ － － ｜(韵) ＋｜ － － (句) ＋
－ ＋｜(韵) ＋ － ＋｜ － － ｜(韵)

+ － ＋｜ － － ｜(韵)｜＋ － (读) ＋｜ － － ｜(韵) ＋｜ － － (句) ＋
－ ＋｜(韵) ＋ － ＋｜ － － ｜(韵)

### 例一

山屏雾帐玲珑碧。更绮窗、临水新凉入。雨短烟长，柳桥萧瑟。这番一日凉一日。

离多绿鬓多时白。这离情、不似而今惜。云外长安，斜晖脉脉。西风吹梦来无迹。

毛 滂(舟中早秋)

### 例二

天涯触目伤离绪。登临况值秋光暮。手捻黄花，凭谁分付。雝雝雁落蒹葭浦。

凭高目断桃溪路。屏山楼外青无数。绿水红桥，琐窗朱户。如今总是销魂处。

蔡 伸

凡人学词，功候有浅深，即浅亦非疵，功力未到而已。不安于浅而致饰焉，不恤鬐眉、蜗齿，楚楚作态，乃是大疵，最宜切忌。
况周颐《蕙风词话》

# 钗头凤

　　六十字,仄韵换押。上下片结句三字叠韵。调名源自《古今词话》无名氏《撷芳词》:"都如梦,何曾共。可怜孤似钗头凤。"此调为陆游所创,写词人与前妻唐琬的爱情悲剧,情调凄切。附例唐琬和词。

## 正　格

　　－－|(韵)－－|(叶仄)|－－|－－|(叶仄)－－|(换仄)－－|(叶二仄)＋－－|(句)|－－|(叶二仄)|（叶二仄)|(叠)|(叠)
　　－－|(叶一仄)－－|(叶一仄)|－－|－－|(叶一仄)－－|(叶二仄)－－|(叶二仄)＋－－|(句)|－－|(叶二仄)|(叶二仄)|(叠)|(叠)

**例一**

　　红酥手。黄縢酒。满城春色宫墙柳。东风恶。欢情薄。一怀愁绪,几年离索。错。错。错。
　　春如旧。人空瘦。泪痕红浥鲛绡透。桃花落。闲池阁。山盟虽在,锦书难托。莫。莫。莫。

陆　游

**例二**

　　世情薄。人情恶。雨送黄昏花易落。晓风干。泪痕残。欲笺心事,独语斜阑。难。难。难。
　　人成各。今非昨。病魂常似秋千索。角声寒。夜阑珊。怕人寻问,咽泪装欢。瞒。瞒。瞒。

唐　琬

　　陆务观初娶唐氏,闳之女也,于其母夫人为姑侄。伉俪相得而弗获于其姑。既出,而未忍绝之,则为别馆,时时往焉。姑知而掩之,虽先知挈去,然事不得隐,竟绝之,亦人伦之变也。唐后改适同郡宗子士程。尝以春日出游,相遇于禹迹寺南之沈氏园。唐以语赵,遣致酒肴。翁怅然久之,为赋《钗头凤》一词,题园壁间。
　　周密《齐东野语》

# 唐多令

　　六十字，平韵。一名《糖多令》。周密因刘过词有"二十年、重过南楼"句，名《南楼令》；张翥词有"花下钿箜篌"句，名《箜篌曲》。《词谱》以刘过词为正体，列吴文英词为变体。吴词与刘词同，惟上片第三句多一衬字异。

## 正　格

　　+||－－(韵)＋－＋|－(韵)|＋－(读)＋|－－(韵)＋|
＋－－||(句)＋＋|(读)|－－(韵)
　　+||－－(韵)＋－＋|－(韵)|＋－(读)＋|－－(韵)＋|
＋－－||(句)＋＋|(读)|－－(韵)

**例一**

　　芦叶满汀洲。寒沙带浅流。二十年、重过南楼。柳下系舟犹未稳，能几日、又中秋。
　　黄鹤断矶头。故人今在否。旧江山、浑是新愁。欲买桂花同载酒，终不似、少年游。

刘　过

**例二**

　　何处合成愁。离人心上秋。纵芭蕉、不雨也飕飕。都道晚凉天气好，有明月、怕登楼。
　　年事梦中休。花空烟水流。燕辞归、客尚淹留。垂柳不萦裙带住，漫长是、系行舟。

吴文英(惜别)

词之为体，要眇宜修。能言诗之所不能言，而不能尽言诗之所能言。诗之境阔，词之言长。

王国维《人间词话》

# 望远行

六十字,平韵。唐教坊曲名。调名本义与汉横吹曲《望行人》同。令词始自韦庄,慢词始自柳永。韦词平韵,柳词仄韵,作一百六字。兹以韦庄词为正体。别格甚多,此不枚举。

## 正 格

‖－－‖‖－(韵)－‖‖－－(韵)‖－－‖‖－－(韵)－‖‖－－(韵)

－‖‖(句)‖－－(换韵)‖－－‖－－(韵)‖－－‖‖－－(韵)－‖‖－‖－－(韵)‖‖‖－‖(句)‖‖‖－－(韵)

### 例一

欲别无言倚画屏。含恨暗伤情。谢家庭树锦鸡鸣。残月落边城。

人欲别,马频嘶。绿槐千里长堤。出门芳草路萋萋。云雨别来易东西。不忍别君后,却入旧香闺。

韦 庄

### 例二

长空降瑞,寒风剪、淅淅瑶花初下。乱飘僧舍,密洒歌楼,迤逦渐迷鸳瓦。好是渔人,披得一蓑归去,江上晚来堪画。满长安、高却旗亭酒价。

幽雅。乘兴最宜访戴,泛小棹、越溪潇洒。皓鹤夺鲜,白鹇失素,千里广铺寒野。须信幽兰歌断,彤云收尽,别有瑶台琼树。放一轮明月,交光清夜。

柳 永(雪)

此调始见《教坊记》。有五十三字、五十五字、六十字、一百四字、一百六字诸体。此调前后阕两用平韵,后阕第五句拗。

《全唐五代词》

# 锦 帐 春

六十字,仄韵。调见辛弃疾《稼轩集》,因词有"春色难留"及"恨重帘不卷,翠屏天远"句,故名。《词谱》云:"此调以辛(弃疾)词、程(珌)词为正体。"程词与辛词同,惟上下片第六句,俱不押韵异。汲古阁本,此词误刻《锦堂春》,《词律》、《全宋词》犹沿其误,今据《词谱》校正。

## 正 格

+|－－(句)|－－|(韵)|+|(读)＋－＋|(韵)|－－(句)－
||(句)|＋－＋|(韵)＋－－|(韵)

+|－－(句)|－－|(韵)|+|(读)＋－＋|(韵)|－－(句)－
||(句)|＋－＋|(韵)＋－－|(韵)

**例一**

春色难留,酒杯常浅。把旧恨、新愁相间。五更风,千里梦,看飞红几片。这般庭院。

几许风流,几般娇懒。问相见、何如不见。燕飞忙,莺语乱,恨重帘不卷。翠屏天远。

辛弃疾(席上和杜叔高)

**例二**

最是春来,苦兼风雨。但只恁、匆匆归去。看游丝,都不恨,恨秦淮新涨,向人东注。

醉里仙人,惜春曾赋。却不解、留春且住。问何人,留得住。怕小山更有,碧芜春句。

程 珌(留春)

稼轩雄深雅健,自是本色。然作词之多,亦无如稼轩者。中调、短令亦间作妩媚语。观其得意处,真有压倒古人之意。

邹祗谟《远志斋词衷》

# 蝶恋花

　　六十字，仄韵。唐教坊曲，本名《鹊踏枝》，晏殊词改今名。任半塘《教坊记笺订》："此调至五代已改名《蝶恋花》。"冯延巳词有"杨柳风轻，展尽黄金缕"句，名《黄金缕》；赵令畤词有"不卷珠帘，人在深深院"句，名《卷珠帘》；司马槱词有"夜凉明月生南浦"句，名《明月生南浦》；韩淲词有"细雨吹池沼"句，名《细雨吹池沼》；贺铸词名《凤栖梧》；李石词名《一箩金》；衷元吉词名《鱼水同欢》；沈会宗词名《转调蝶恋花》。

## 正　格

　　+|+－－||(韵) +|－－(句) +|－－|(韵) +|－－||(韵) －－+|－－|(韵)

　　+|+－－||(韵) +|－－(句) +|－－|(韵) +|－－||(韵) －－+|－－|(韵)

**例一**

　　六曲阑干偎碧树。杨柳风轻，展尽黄金缕。谁把钿筝移玉柱。穿帘海燕双飞去。

　　满眼游丝兼落絮。红杏开时，一霎清明雨。浓睡觉来莺乱语。惊残好梦无寻处。

冯延巳

**例二**

　　花褪残红青杏小。燕子飞时，绿水人家绕。枝上柳绵吹又少。天涯何处无芳草。

　　墙里秋千墙外道。墙外行人，墙里佳人笑。笑渐不闻声渐悄。多情却被无情恼。

苏　轼

毛先舒《填词名解》：《蝶恋花》商调曲也。采梁简文帝乐府："翻阶蛱蝶蝶恋花情"为名。

# 玉 堂 春

六十一字，平仄韵转换。调见《珠玉词》。《词谱》云："《玉堂春》，双调六十一字，前段七句两仄韵、两平韵，后段五句两平韵。"《珠玉词》载晏殊词三首，上片第一二句，俱押仄韵，当是定格，填者宜遵之。

## 正 格

|－－|(仄韵)＋|＋－－|(叶仄)||－－(句)||－－(平韵)|||－－(句)||－－|(句)＋|－－||－(叶平)

||＋－－|(句)－－－|－(叶平)||－－(句)||－－|(句)＋|－－||－(叶平)

**例一**

帝城春暖。御柳暗遮空苑。海燕双双，拂飏帘栊。女伴相携，共绕林间路，折得樱桃插髻红。

昨夜临明微雨，新英遍旧丛。宝马香车，欲傍西池看，触处杨花满袖风。

晏 殊

**例二**

斗城池馆。二月风和烟暖。绣户珠帘，日影初长。玉辔金鞍，缭绕沙堤路，几处行人映绿杨。

小栏朱阑回倚，千花浓露香。脆管清弦，欲奏新翻曲，依约林间坐夕阳。

晏 殊

《李寻传》："过随众贤待诏，食太官，衣御府，久污玉堂之署。"王先谦补注："何焯曰：'汉时待诏于玉堂殿，唐时待诏于翰林院，至宋以后，翰林遂并蒙玉堂之号。'沈钦韩曰：'后书《百官志》，玉堂署长，宦者为之，寻待诏于其署耳。'"

《汉书》

# 系裙腰

六十一字，平韵。调见张先词集，宋媛魏氏词名《芳草渡》。《词谱》云："此词前后段第三句，及换头句，俱用仄声字住，不押韵。其第四句，俱作四字句，各用一衬字，不独后段第五句，多一'问'字为衬字也。"兹依《词谱》，以张先词为正体。别格作五十九字者，句读小异，见刘仙伦词。

## 正 格

－－＋｜｜－－(韵)－＋｜(读)｜－－(韵)＋－＋｜＋－｜(句)
｜｜－－(韵)＋＋｜(句)｜－－(韵)
＋｜＋－－｜｜(句)－＋｜(读)｜－－(韵)＋－＋｜＋－｜(句)
｜｜－－(韵)｜＋＋｜(句)｜－－(韵)

## 例一

清霜蟾照夜云天。朦胧影、画勾阑。人情纵似长情月，算一年年。又能得，几番圆。

欲寄西江题叶字，流不到、五亭前。东池始有荷新绿，尚小如钱。问何日藕，几时莲。

张 先

## 例二

山儿矗矗水儿清。船儿似、叶儿轻。风儿更没人情。月儿明。厮合造，送人行。

眼儿薮薮泪儿倾。灯儿更、冷清清。遭逢着、雁儿又没前程。一声声。怎生得，梦儿成。

刘仙伦(愁别)

子野(张先)词，凝重古拙，有唐、五代之遗音。慢词亦多用小令作法。在北宋诸家中，可云独树一帜。比之于书，乃钟繇之体也。

夏敬观《手批张子野词》

# 苏 幕 遮

六十二字，仄韵。唐教坊曲名。《唐书·宋务光传》云："比见都邑坊市，相率为浑脱队，骏马戎服，名'苏幕遮'。"周邦彦词更名《鬂云松令》。《词谱》云："《张说集》有《苏幕遮》七言绝句，宋词盖因旧曲名，另度新声也。"宋人俱依范仲淹词填。

## 正 格

｜－－(句)－｜｜(韵)＋｜－－(句)＋｜－－｜(韵)＋｜＋－－
｜｜(韵)＋｜－－(句)＋｜－－｜(韵)
｜－－(句)－｜｜(韵)＋｜－－(句)＋｜－－｜(韵)＋｜＋－－
｜｜(韵)＋｜－－(句)＋｜－－｜(韵)

### 例一

碧云天，黄叶地。秋色连波，波上寒烟翠。山映斜阳天接水。芳草无情，更在斜阳外。

黯乡魂，追旅思。夜夜除非，好梦留人睡。明月楼高休独倚。酒入愁肠，化作相思泪。

范仲淹(别恨)

### 例二

露堤平，烟墅杳。乱碧萋萋，雨后江天晓。独有庚郎年最少。窣地春袍，嫩色宜相照。

接长亭，迷远道。堪怨王孙，不记归期早。落尽梨花春又了。满地残阳，翠色和烟老。

梅尧臣(草)

苏幕遮，西戎胡语也。本云"飒磨遮"，此云戏也。出龟兹国，至今有此曲。
慧琳《一切经音义》

# 明月逐人来

六十二字，仄韵。李持正自度曲。吴曾《能改斋漫录》："乐府有《明月逐人来》词，李太师撰谱，李持正制词。云：'星河明淡……'东坡曰：'好个皓月随人近远。'"因词中有"皓月随人近远"句，取其意以为调名。谱内可平可仄据张元幹词校。

## 正 格

－－－|(韵)－－－|(韵)－－|(读)＋－＋|(韵)|－＋|(句)＋|－－|(韵)||－－＋|(韵)

－|－(句)＋|＋－－|(韵)－－|(读)＋－＋|(韵)|－＋|(句)－|－－|(韵)||－－＋|(韵)

### 例一

星河明淡。春来深浅。红莲正、满城开遍。禁街行乐，暗尘香拂面。皓月随人近远。

天半鳌山，光动凤楼两观。东风静、珠帘不卷。玉辇待归，云外闻弦管。认得宫花影转。

李持正（上元）

### 例二

花迷珠翠。香飘罗绮。帘旌外、月华如水。暖红影里，谁会王孙意。最乐升平景致。

长记宫中，五夜春风鼓吹。游仙梦、轻寒半醉。凤帏未暖，归去熏浓被。更问阴晴天气。

张元幹（灯夕赵礼端席上）

暗尘随马去，明月逐人来。
苏味道《正月十五夜》

# 定风波

　　六十二字,平仄韵递转。唐教坊曲名。《古今词谱》云:"商调曲也,始于欧阳炯为之。"李珣词名《定风流》;张先词名《定风波令》;胡铨词名《转调定风波》。别格有作六十字者,六十三字者,九十九字,全押仄韵者。

## 正　格

　　+|－－+|－(平韵)+－+||－－(叶平)+|+－－|
|(仄韵)－|(叶仄)+－+||－－(叶平)
　　+|+－－||(换仄韵)+|(叶仄)+－+||－－(叶平)+|+
－||(再换仄韵)－|(叶仄)+－+||－－(叶平)

### 例一

　　暖日闲窗映碧纱。小池春水浸晴霞。数树海棠红欲尽。争忍。玉闺深掩过年华。
　　独凭绣床方寸乱。肠断。泪珠穿破脸边花。邻舍女郎相借问。音信。教人羞道未还家。

欧阳炯

### 例二

　　莫听穿林打叶声。何妨吟啸且徐行。竹杖芒鞋轻胜马。谁怕。一蓑烟雨任平生。
　　料峭春风吹酒醒。微冷。山头斜照却相迎。回首向来萧瑟处。归去。也无风雨也无晴。

苏轼

谁人散去定风波。
敦煌曲子词《定风波》

四塞忽闻狼烟起，问儒士，

# 破 阵 子

六十二字,平韵。唐教坊曲名。出自《破阵乐》,后用作词调名。一名《十拍子》。《词谱》引陈旸《乐书》云:"唐《破阵乐》属龟兹部,秦王(李世民)所制,舞用二千人,皆画衣甲,执旗旆。外藩镇春衣犒军设乐,亦舞此曲,兼马军引入场,尤壮观也。"龙榆生《唐宋词格律》按:"《秦王破阵乐》为唐开国时所创大型武舞曲,震惊一世。玄奘往印度取经时,有一国王曾询及之。见所著《大唐西域记》。此双调小令,当是截取舞曲中之一段为之,犹可想见激壮声容。"此调上下片七言两句多用对偶。此调宜抒激昂慷慨、悲壮豪迈之情。

## 正 格

+|－+|(句)＋－+|－－(韵)|＋+｜－－||(句)＋|
－－+|－(韵)＋－+|－(韵)
+|＋－+|(句)＋－+|－－(韵)|＋+｜－－||(句)＋|
－－+|－(韵)＋－+|－(韵)

**例一**

燕子来时新社,梨花落后清明。池上碧苔三四点,叶底黄鹂一两声。日长飞絮轻。

巧笑东邻女伴,采桑径里逢迎。疑怪昨宵春梦好,元是今朝斗草赢。笑从双脸生。

晏　殊

**例二**

醉里挑灯看剑,梦回吹角连营。八百里分麾下炙,五十弦翻塞外声。沙场秋点兵。

马作的卢飞快,弓如霹雳弦惊。了却君王天下事,赢得生前身后名。可怜白发生。

辛弃疾(为陈同甫赋壮语以寄)

(声调)粗和哔发。
　　　杜佑《通典》

# 渔家傲

　　六十二字，仄韵，句句押韵。此调始自晏殊，当为晏殊所创。因词有"神仙一曲渔家傲"句，取以为名。此调以晏殊词为正体，上下阕相同，宋人俱照此填。

## 正　格

　　+丨+－－丨丨(韵) + － +丨－－丨(韵)丨+ +－－丨丨(韵)－ +丨(韵) + － +丨－－丨(韵)

　　+丨+－－丨丨(韵) + － +丨－－丨(韵)丨+ +－－丨丨(韵)－ +丨(韵) + － +丨－－丨(韵)

**例一**

　　画鼓声中昏又晓。时光只解催人老。求得浅欢风日好。齐揭调。神仙一曲渔家傲。

　　绿水悠悠天杳杳。浮生岂得长年少。莫惜醉来开口笑。须信道。人间万事何时了。

晏　殊

**例二**

　　花底忽闻敲两桨。逡巡女伴来寻访。酒盏旋将荷叶当。莲舟荡。时时盏里生红浪。

　　花气酒香清厮酿。花腮酒面红相向。醉倚绿阴眠一饷，惊起望。船头阁在沙滩上。

欧阳修

楚大夫往见庄子，持竿不顾，是渔家傲也。
周邦彦《片玉集注》

# 侍香金童

六十四字，仄韵。《开天遗事》云："王元宝常于寝帐床前，雕矮童二人，捧七宝博山炉，自暝焚香彻晓。"调名取此。无名氏词，即咏其事也。兹即以无名氏词为正体。

## 正 格

｜－－｜(句)｜｜－－｜(韵)｜｜－－－｜｜(韵)＋｜＋－－｜｜(韵)＋｜－－(句)｜＋－｜(韵)

｜＋－｜｜(句)＋－－｜｜(韵)｜｜＋｜(读)－－－｜(韵)｜｜＋－－｜｜(韵)＋｜－－(句)｜｜－｜(韵)

**例一**

宝台蒙绣，瑞兽高三尺。玉殿无风烟自直。迤逦傍怀盈绮席。苒苒菲菲，断处凝碧。

是龙涎凤髓，恼人情意极。想韩寿、风流应暗识。去似彩云无处觅。惟有多情，袖中留得。

无名氏

**例二**

宝马行春，缓辔随油壁。念一瞬、韶光堪重惜。还是去年同醉日。客里情怀，倍添凄恻。

记南城锦径，名园曾遍历。更柳下、人家似织。此际凭栏愁脉脉。满目江山，暮云空碧。

蔡 伸

填词平仄及断句皆定数。而词人语意所到，时有参差。别如二句分作三句，三句合作二句者尤多。然句法虽不同，而字数不少。妙在歌者上下纵横取协尔。

杨慎《词品》

# 淡 黄 柳

六十五字，仄韵，宜押入声韵。此调为宋姜夔自度曲。其词前小序云："客居合肥南城赤栏桥之西，巷陌凄凉，与江左异，唯柳色夹道，依依可怜。因度此阕，以纾客怀。"别格张炎词与姜词同，惟下片第四句少一字，不押韵；第五句多一字异。

## 正 格

+ －｜｜(韵) －｜－－｜(韵)｜｜－－－｜｜(韵)｜｜－－＋｜(韵) －｜－－｜－｜(韵)

｜－｜(韵) －－｜－｜(韵) ＋＋｜(读)｜－｜(韵)｜－－(读)－－－｜(韵)｜｜－－(句)｜－－｜(句) －｜－－｜｜(韵)

**例一**

空城晓角。吹入垂杨陌。马上单衣寒恻恻。看尽鹅黄嫩绿。都是江南旧相识。

正岑寂。明朝又寒食。强携酒、小桥宅。怕梨花、落尽成秋色。燕燕飞来，问春何在，唯有池塘自碧。

姜 夔

**例二**

楚腰一捻。羞剪青丝结。力未胜春娇怯怯。暗托莺声细说。愁蹙眉心斗双叶。

正情切。柔枝未堪折。应不解、管离别。奈如今已入东风睫，望断章台，马蹄何处，闲了黄昏淡月。

张 炎(赠苏氏柳儿)

白石、稼轩，同音笙磬。但清脆与镗鞳异响，此事自关性分。

谭评《词辨》

# 喝 火 令

六十五字，平韵。调见《琴趣外篇》。《词谱》云："后段句法，若准前段，则第四句应作'星月雁行低度'，今叠用三'晓也'字，摊作三句，当是体例应然，填者须遵之。"

## 正　格

‖－－‖(句)－－‖‖(韵)‖－－‖‖－－(韵)－‖‖
－－‖(句)＋‖‖－－(韵)
‖－－‖(句)－－‖‖(韵)‖－－‖‖－－(韵)‖‖－
－(句)‖‖‖－－(韵)‖‖‖－－‖(句)＋‖‖－－(韵)

**例**

见晚情如旧，交疏分已深。舞时歌处动人心。烟水数年魂梦，何处可追寻。

昨夜灯前见，重题汉上襟。便愁云雨又难寻。晓也星稀，晓也月西沉。晓也雁行低度，不会寄芳音。

黄庭坚

诗词一理，然亦有不尽同者，诗之高境，亦在沉郁，然或以古朴胜，或以冲淡胜，或以巨丽胜，或以雄苍胜，纳沉郁于四者之中，固是化境，即不尽沉郁，如五七言大篇，畅所欲言者，亦别有可观。若词则含沉郁之外，更无以为词，倘一直说去，不留余地，虽极工巧之致，识者终笑其浅矣。

陈廷焯《白雨斋词话》

# 行 香 子

六十六字，平韵。上下片两结句，皆以一去声字领下三言三句。全词音调舒畅。《词谱》以晁补之词和秦观词为正体。

## 正 格

+｜－－(句)+｜－－(韵)｜＋－(读)+｜－－(韵)＋－＋｜(句)
+｜－－(韵)｜＋－＋(句)＋＋｜(句)｜－－(韵)

＋－＋｜(句)＋－＋｜(句)｜＋－(读)＋｜－－(韵)＋－＋｜(句)
+｜－－(韵)｜＋－＋(句)＋＋｜(句)｜－－(韵)

**例一**

前岁栽桃，今岁成蹊。更黄鹂、久住相知。微行清露，细履斜晖。对林中侣，闲中我，醉中谁。

何妨到老，常闲常醉，任功名、生事俱非。衰颜难强，拙语多迟。但酒同行，月同坐，影同归。

晁补之

**例二**

树绕村庄。水满陂塘。倚东风、豪兴徜徉。小园几许，收尽春光。有桃花红，李花白，菜花黄。

远远围墙。隐隐茅堂。扬青旗、流水桥傍。偶然乘兴，步过东冈。正莺儿啼，燕儿舞，蝶儿忙。

秦 观

晁尝云：「今代词手，唯秦七、黄九，他人不能及也」然二公之词，亦自有不同者，若晁无咎(补之)佳者，固未多逊也。

陈振孙《直斋书录解题》

# 庆 春 泽

　　六十六字,仄韵。此调有两体:六十六字者,见张先词;九十八字者,见《梅苑》词。《词谱》于无名氏九十八字体下注云:"此词见《梅苑》,亦名《庆春泽》,录之以备一体。至《词律》所收刘镇词一百八字者,系《高阳台》,与此无涉。"兹以张先词为正体。

## 正　格

　　+|+－－|(韵)－+|－－|(句)+－－|(韵)－||－－|(句)
+－－|(韵)||－－|(句)|－|－|(韵)
　　－－||－|(韵)－+|－－|(句)+－－|(韵)－||－－|(句)
　　+－－|(韵)||－－|(句)|－|－|(韵)

### 例一

　　飞阁危桥相倚。人独立东风,满衣轻絮。还记忆江南,如今天气。正白蘋花,绕堤涨流水。

　　寒梅落尽谁寄。方春意无穷,青空千里。愁草树依依,关城初闭。对月黄昏,角声傍烟起。

张　先

### 例二

　　晓风严,正萧然兔园,薄雾微罩。梅渐弄白。耸危苞匀小。胭脂半点琼瑰胜,望江南、信息何杳。纵寿阳妍姿,学就新妆,暗香须少。

　　幽艳满寒梢,更游蜂舞蝶,浑无飞绕。天赋品格、借东皇施巧。孤根占得春前俊,笑雪霜、漫欺容貌。况此花高强,终待和羹,肯饶芳草。

无名氏(《梅苑》)

作大词,先须立间架,将事与意分定了。第一要起得好,中间只铺叙,过处要清新,最紧是末句,须是有一好出场方妙。小词只要些新意,不可太高远,却易得古人句,同一要炼句。

沈义父《乐府指迷》

# 谢 池 春

六十六字，仄韵。李石词名《风中柳》；《高丽史》无名氏词名《风中柳令》；孙道绚词名《玉莲花》；黄澄词名《卖花声》。《词谱》以陆游词为正体。上下片第五句为上一下四句法，宋词中无一异者。别格有衍为慢词者，作九十字，见张先词。

## 正　格

+｜－－(句)+｜+－－｜(韵)｜－－(读)－－｜｜(韵)+－+｜(句)｜+－－｜(韵)｜－－(读)｜－－｜(韵)

－－｜｜(句)+｜+－－｜(韵)｜－－(读)－－｜｜(韵)+－+｜(句)｜+－－｜(韵)｜－－(读)｜－－｜(韵)

### 例一

壮岁从戎，曾是气吞残虏。阵云高、狼烽夜举。朱颜青鬓，拥雕戈西戍。笑儒冠、自来多误。

功名梦断，却泛扁舟吴楚。漫悲歌、伤怀吊古。烟波无际，望秦关何处。叹流年、又成虚度。

　　　　　　　　　　　　　　　　陆　游

### 例二

缭墙重院，时闻有、啼莺到。绣被掩余寒。画幕明新晓。朱栏连空阔，飞絮无多少。径莎平，池水渺。日长风静，花影闲相照。

尘香拂马，逢谢女、城南道。秀艳过施粉，多媚生轻笑。斗色鲜衣薄，碾玉双蝉小。欢难偶，春过了。琵琶流怨，都入相思调。

　　　　　　　张　先(玉仙观道中逢谢媚卿)

学填词，先学读词。抑扬
顿挫，心领神会。日久，胸次
都豁，信手拈来，自然丰神谐
鬯矣。
　　况周颐《蕙风词话》

# 锦 缠 道

六十六字,仄韵。《全芳备祖》、《乐府》名《锦缠头》;江衍词名《锦缠绊》。下片第一、五两句为上一下四句法。别格无名氏词与此词同,惟下片第五句添一衬字异。

## 正 格

||－－(句)|||－－|(韵)|－－(读)＋－－|(韵)＋－＋|－－|(韵)||－－(句)||－－|(韵)

|－－|(句)|－－|(韵)|－－(读)＋－－|(韵)||－(读)＋|＋－|(句)＋－＋|(句)||－－|(韵)

**例一**

燕子呢喃,景色乍长春昼。睹园林、万花如绣。海棠经雨胭脂透。柳展宫眉,翠拂行人首。

向郊原踏青,恣歌携手。醉醺醺、尚寻芳酒。问牧童、遥指孤村道,杏花深处,那里人家有。

无名氏

**例二**

雨过园林,触处落红微绿。正桑叶、新齐如沃。娇羞只恐人偷瞩。背立墙阴,慢展纤纤玉。

听啼鸠几声,耳边相促。念蚕饥、四眠初熟。劝路傍、立马莫踟蹰,是邦人口里,却道秋胡曲。

无名氏

词中句法,要平妥精粹。一曲之中,安能句句高妙?只要拍搭稳,于好发挥笔力处,极要用工,不可轻易放过,读之使人击节可也。

张炎《词源》

# 酷 相 思

六十六字,仄韵。上下片两结句为叠韵,两八言句为一去声字领七言句法。此调宜抒相忆之苦,思念之切。

## 正 格

‖－－－‖‖(韵)‖+‖(读)－－‖(韵)‖－‖(读)－－－‖
‖(韵)－‖‖(读)－－‖(韵)－‖‖(读)－－‖(叠)
‖‖－－－‖‖(韵)‖+‖(读)－－‖(韵)‖－‖(读)－－－‖
‖(韵)－‖‖(读)－－‖(韵)－‖‖(读)－－‖(叠)

**例**

月挂霜林寒欲坠。正门外、催人起。奈离别、如今真个是。欲住也、留无计。欲去也、来无计。

马上离魂衣上泪。各自个、供憔悴。问江路、梅花开也未。春到也、须频寄。人到也、须频寄。

程 垓

《酷相思》词。

眉山程正伯(垓),号书舟与锦江某妓眷恋甚笃,别时作

徐釚《词苑丛谈》

# 青玉案

　　六十七字，仄韵。此调取名于汉张衡《四愁诗》："美人赠我锦绣段，何以报之青玉案。"贺铸词有"凌波不过横塘路"句，名《横塘路》；韩淲词有"苏公堤上西湖路"句，名《西湖路》；又名《一年春》。《词谱》以贺铸词为正体。亦有上下片倒数第二句不押韵者，见辛弃疾词。

## 正　格

　　＋－＋｜－－｜(韵)｜＋｜(读)－－｜(韵)＋｜＋－－｜｜(韵)
＋－＋｜(句)＋－－｜(韵)＋｜－－｜(韵)

　　＋－＋｜－－｜(韵)＋｜－－｜－｜(韵)＋｜＋－－｜
｜(韵)＋－＋｜(句)＋－－｜(韵)＋｜－－｜(韵)

**例一**

　　凌波不过横塘路。但目送、芳尘去。锦瑟华年谁与度。月桥花院，琐窗朱户。只有春知处。

　　飞云冉冉蘅皋暮。彩笔新题断肠句。若问闲情都几许。一川烟草，满城风絮。梅子黄时雨。

贺　铸

**例二**

　　东风夜放花千树。更吹落、星如雨。宝马雕车香满路。凤箫声动，玉壶光转，一夜鱼龙舞。

　　蛾儿雪柳黄金缕。笑语盈盈暗香去。众里寻他千百度。蓦然回首，那人却在，灯火阑珊处。

辛弃疾(元夕)

　　贺铸字方回，本山阴人，徙姑苏之醋坊桥。方回尝游定力寺，访僧不遇，因题一绝，王荆公极爱之。自此声价愈重，有小筑，在盘门之南十余里，地名横塘，方回往来其间，尝作《青玉案》词

龚明之《中吴纪闻》

# 感 皇 恩

　　六十七字,仄韵。唐教坊曲名。陈旸《乐书》云:"祥符中,诸工请增龟兹部如教坊,其曲有双调《感皇恩》。"党怀英词名《叠萝花》。《词谱》以毛滂词为正体。晁冲之词与毛词同,惟上下片第三句,各藏短韵。沈伯时《乐府指迷》云:"所谓句中韵,歌时应拍,不可不押者也。"

## 正　格

　　+||－－(句)+－+|(韵)+|－－|－|(韵)|－+|(句)
+|+－－|(韵)+－－||(句)－－|(韵)
　　+||+－(句)+－+|(韵)+|－－|－|(韵)|－+|(句)+
|+－－|(韵)+－－||(句)－－|(韵)

### 例一

　　绿水小河亭,朱阑碧甃。江月娟娟上高柳。画楼缥缈,尽挂窗纱帘绣。月明知我意,来相就。

　　银字吹笙,金貂取酒。小小微风弄襟袖。宝熏浓炷,人共博山烟瘦。露凉钗燕冷,更深后。

毛　滂(镇江待闸)

### 例二

　　蝴蝶满西园,啼莺无数。水阔桥南路。凝伫。两行烟柳,吹落一池飞絮。秋千斜挂起,人何处。

　　把酒劝君,闲愁莫诉。留取笙歌住。休去。几多春色,禁得许多风雨。海棠花谢也,君知否。

晁冲之

　　昔我先人鲁公遭逢圣主,立政建事,以致康泰,每区区其间。有毛滂泽民者,有时名,上十词,甚伟丽,而骤得进用。

　　　蔡絛《铁围山丛谈》

# 两 同 心

六十八字，仄韵。此调有三体：平韵者，创自晏幾道；仄韵者，创自柳永；三声叶韵者，创自杜安世。杜词仅见杜集，无别首可校。兹仅类列柳、晏两词。

## 正格

+｜－－(句)｜－－｜(韵)＋＋｜(读)＋｜－－(句)＋＋｜(读)＋－
＋｜(韵)｜＋－(句)＋｜－－(句)＋＋＋｜(韵)

＋＋＋－＋｜(韵)｜－－｜(韵)＋＋｜(读)＋｜－－(句)＋＋
｜(读)＋－＋｜(韵)｜＋－(句)＋｜－－(句)＋＋＋｜(韵)

**例一**

伫立东风，断魂南国。花光媚、春醉琼楼，蟾彩迥、夜游香陌。忆当时，酒恋花迷，役损词客。

别有眼长腰搦。痛怜深惜。鸳鸯阻、夕雨凄飞，锦书断、暮云凝碧。想别来，好景良时，也应相忆。

柳　永

**例二**

楚乡春晚，似入仙源。拾翠处、闲随流水，踏青路、暗惹香尘。心心在，柳外青帘，花下朱门。

对景且醉芳尊。莫话销魂。好意思、曾同明月，恶滋味、最是黄昏。相思处，一纸红笺，无限啼痕。

晏幾道

我乘油壁车，郎乘青骢马。
何处结同心，西陵松柏下。
《乐府诗集·苏小小歌》

# 看花回

六十八字，平韵。琴曲有《看花回》，调名本此。此调有两体：六十八字者，始自柳永，《乐章集》注大石调，《中原音韵》注越调，无别首宋词可校；一百一字者。始自黄庭坚，有周邦彦、蔡伸、赵彦端诸词可校。兹以柳永词为正体。

## 正 格

‖－－‖‖－(韵)＋｜－－(韵)｜－－｜－－｜(句)｜＋－(读)‖－－(韵)＋－－‖(句)＋｜－－(韵)

‖－－‖‖－(韵)＋｜－－(韵)｜－－｜－－｜(句)｜＋－(读)‖－－(韵)＋－－‖(句)＋｜－－(韵)

**例一**

玉城金阶舞舜干。朝野多欢。九衢三市风光丽，正万家、急管繁弦。凤楼临绮陌，嘉气非烟。

雅俗熙熙物态妍。忍负芳年。笑筵歌席连昏昼，任旗亭、斗酒十千。赏心何处好，惟有尊前。

柳 永

**例二**

夜永兰堂，醖饮半倚颓玉。烂漫坠钿堕覆，是醉时风景，花暗残烛。欢意未阑，舞燕歌珠成断续。催茗饮、旋煮寒泉，露井瓶窦响飞瀑。

纤指缓、连环动触。渐泛起、满瓯银粟。香引春风在手，似粤岭闽溪，初采盈掬。暗想当时，探春连云寻箬竹。怎归得、鬓将老，付与杯中绿。

黄庭坚(茶词)

紫陌红尘拂面来，无人不道看花回。
玄都观里桃千树，尽是刘郎去后栽。
刘禹锡《元和十一年自朗州承
召至京戏赠看花诸君子》

# 殢人娇

六十八字，仄韵。此调以晏殊词为正体。上下片倒数第二句作上一下四句法，宋人词莫不皆然，填者须宗之。别格上下片结句有作五字一句、四字一句者，见杨无咎词。

## 正 格

+|+－(句)+|+－－|(韵)＋＋＋(读)＋－＋|(韵)＋－＋|(句)|＋－－|(韵)＋＋|(读)＋－＋－－|(韵)

　+|+－(句)+－＋|(韵)＋＋＋(读)－＋＋|(韵)＋－＋|(句)|＋－－|(韵)＋＋|(读)＋－＋－－|(韵)

**例一**

二月春风，正是杨花满路。那堪更、别离情绪。罗巾掩泪，任粉痕沾污。争奈向、千留万留不住。

玉酒频倾，宿眉愁聚。空肠断、宝筝弦柱。人间后会，又不知何处。魂梦里、也须时时飞去。

晏 殊

**例二**

露下天高，最是中秋景胜。喜银蟾、十分增晕。嫦娥飞下，见雾鬟风鬓。念八景园中，画谁能尽。

慢奏云韶，美斟仙醖。清不寐、桂香成阵。只愁来夕，又阴晴无准。却待约重圆，后期难问。

杨无咎

词有平仄可以通融者，有必不可以通融者，一字偶乖，便不合拍。究心于词律，自无不协之弊。

　　　　陈廷焯《白雨斋词话》

# 千秋岁

　　七十一字,仄韵。一名《千秋节》。《词谱》以秦观词为正体。宋人皆照此填。此调多为惜时之作。别格有《千秋岁引》,为变体,作八十二字,见王安石词。《高丽史·乐志》名《千秋岁令》;李冠词名《千秋万岁》。

## 正　格

　　 + − + | (韵) + | − − | (韵) + + | (句) − − | (韵) + − − |
| (句) + | − − | (韵) − + | (句) + − + | − − | (韵)

　　 + | − − | (韵) + | − − | (韵) + + | (句) − − | (韵) + − −
| | (句) + | − − | (韵) − + | (句) + − + | − − | (韵)

**例一**

　　水边沙外。城郭春寒退。花影乱,莺声碎。飘零疏酒盏,离别宽衣带。人不见,碧云暮合空相对。

　　忆昔西池会。鹓鹭同飞盖。携手处,今谁在。日边清梦断,镜里朱颜改。春去也,飞红万点愁如海。

秦　观

**例二**

　　别馆寒砧,孤城画角。一派秋声入寥廓。东归燕从海上去,南来雁向沙头落。楚台风,庾楼月,宛如昨。

　　无奈被些名利缚。无奈被他情担阁。可惜风流总闲却。当初漫留华表语,而今误我秦楼约。梦阑时,酒醒后,思量着。

王安石(秋景)

《唐书》曰:「开元十七年八月,玄宗降诞日,宴百僚于花萼楼下,百僚表请以每年八月五日为千秋节。」
郭茂倩《乐府诗集》

# 忆 帝 京

七十二字，仄韵。柳永《乐章集》注南吕调。《词谱》以柳永词为正体。别格有作七十六字者，句读稍异，见黄庭坚词。

## 正 格

　+ + + + － －|(韵)|||－ －|(韵) +||－ －(句)||
－ －|(韵)|||－ －(句)||－ －|(韵)
　+||(读) + － － |(韵)| + |(读) + + +|(韵)||－ －(句)－
－ +|(句)|| + |－ － |(韵)|||－ －(句)||－ － |(韵)

**例一**

薄衾小枕凉天气。乍觉别离滋味。展转数寒更，起了还重睡。毕竟不成眠，一夜长如岁。

也拟待、却回征辔。又争奈、已成行计。万种思量，多方开解，只恁寂寞厌厌地。系我一生心，负你千行泪。

柳 永

**例二**

银烛生花如红豆。占好事、而今有。人醉曲屏深，借宝瑟、轻招手。一阵白蘋风，故灭烛、教相就。

花带雨、冰肌香透。恨啼鸟、辘轳声晓。岸柳微凉吹残酒。断肠时，依旧镜中消瘦。恐那人知后。镇把你、来僝僽。

黄庭坚(私情)

《忆帝京》，采唐人诗：「际晓穿巴峡，乘春忆帝京。」毛先舒《填词名解》

# 离亭宴

七十二字,仄韵。一名《离亭燕》。"宴"、"燕"相通。此调始见张先词,因词中有"随处是、离亭别宴"句,取以为名。然张先词作七十七字,无别首宋词可校,宋人多依张昇词填之。

## 正　格

```
+ | + — — | (韵) + + | — — | (韵) + | + — — + | (句) |
| + — — | (韵) | | | — — (句) + | + — — | (韵)
      — | + — — | (韵) + + | — — | (韵) + | + — — + | (句) |
| + — — | (韵) | | | — — (句) + | + — — | (韵)
```

**例一**

一带江山如画。风物向秋潇洒。水浸碧天何处断,霁色冷光相射。蓼屿荻花洲,掩映竹篱茅舍。

云际客帆高挂。烟外酒旗低亚。多少六朝兴废事,尽入渔樵闲话。怅望倚层楼,寒日无言西下。

张　昇

**例二**

捧黄封诏卷。随处是、离亭别宴。红翠成轮歌未遍。早已恨、野桥风便。此去济南非久,惟有凤池鸾殿。

三月花飞几片。又减却、芳菲过半。千里恩深云海浅。民爱比、春流不断。更上玉楼西望,雁与征帆共远。

张　先(公择别吴兴)

张康节公居江南,有词云:"一带江山如画。"公晚年鳏居,有侍妾宴康,奉公甚谨,未尝少违意。公尝召而谓曰:"吾死亦当从我尔。"妾亦恭应曰:"唯命是从。"公薨,妾相继果死,人以为异。

范公偁《过庭录》

# 粉 蝶 儿

七十二字,仄韵。此调始见毛滂《东堂词》。因词有"粉蝶儿,这回共花同活"句,取以为名。《词谱》以毛词为正体。

## 正 格

+｜－－(句)＋－＋＋＋｜(韵)｜－－(读)｜－－｜(韵)｜－
－(句)－｜｜(句)＋－－｜(韵)｜－－(读)＋＋＋｜－－｜(韵)
＋－＋｜(句)＋－＋＋＋｜(韵)｜－－(读)｜－－｜(韵)｜－
－(句)－｜｜(句)＋－－｜(韵)｜－－(读)＋＋＋｜－－｜(韵)

例一

雪遍梅花,素光都共奇绝。到窗前、认君时节。下重帏,香篆冷,兰膏明灭。梦悠扬、空绕断云残月。

沈郎带宽,同心放开重结。褪罗衣、楚腰一捻。正春风,新着摸,花花叶叶。粉蝶儿、这回共花同活。

毛 滂

例二

昨日春如,十三女儿学绣。一枝枝、不教花瘦。甚无情,便下得,雨僝风僽。向园林、铺作地衣红绉。

而今春似,轻薄荡子难久。记前时、送春归后。把春波,都酿作,一江春酎。约清愁,杨柳岸边相候。

辛弃疾(和晋臣赋落花)

滂词情韵特胜,陈振孙谓滂他词虽工,终无及苏轼所赏一首者,亦随人之见,非笃论也。《四库全书提要》

# 惜奴娇

　　七十二字，仄韵。《高丽史·乐志》云："宋赐大晟乐，内有《惜奴娇》。"此调始于晁补之词，但上片第二句作五字，宋人如此填者甚少。兹以史达祖词为正体。

## 正　格

　　+｜－－(句)｜+｜(读)－－｜(韵)+－+(读)+－＋｜(韵)｜｜
－－(句)｜+ +(读)+－｜(韵)+｜(韵)｜+ +(读)－－｜｜(韵)
　　+｜－－(句)｜+｜(读)－－｜(韵)+－+(读)+－＋｜(韵)｜｜
－－(句)｜+ +(读)+－｜(韵)+｜(韵)｜+ +(读)－－｜｜(韵)

**例一**

　　香剥酥痕，自昨夜、春愁醒。高情寄、冰桥雪岭。试约黄昏，便不误、黄昏信。人静。倩娇娥、留连秀影。

　　吟鬓簪香，已断了、多情病。年年待、将春管领。镂月描云，不枉了、闲心性。漫听。谁敢把、红儿比并。

史达祖

**例二**

　　歌阕琼筵，暗失金貂侣。说衷肠、丁宁嘱咐。棹举帆开，黯行色、秋将暮。欲去。待却回、高城已暮。

　　渔火烟村，但触目、伤离绪。此情向、阿谁分诉。那里思量，争知我、思量苦。最苦。睡不着、西风夜雨。

晁补之

张玉田（炎）曰：填词先审题，因题择调名。次命意，次选韵，次措词。其起结须先有成局，然后下笔。

王又华《古今词论》

# 撼 庭 竹

七十二字,平韵。此调有平韵、仄韵两体:平韵者,见黄庭坚词;仄韵者见王诜词。兹以黄庭坚平韵体为正体。

## 正 格

+|+－+|－(韵)－+|－(韵)+－+||－－(韵)+
－－||－－(韵)+||－|(句)－||－－(韵)

+|+－+|－(韵)－+|－－(韵)+－+|－－|(句)+
|－－|－－(韵)+||－|(句)－||－－(韵)

**例一**

　　呜咽南楼吹落梅。闻鸦树惊栖。梦中相见不多时。隔城今夜也应知。坐久水空碧,山月影沉西。

　　买个宅儿住着伊。刚不肯相随。如今却被天瞋你,永落鸡群受鸡欺。空恁可怜伊,风日损花枝。

黄庭坚(离别)

**例二**

　　绰略青梅弄春色。真艳态堪惜。经年费尽东君力。有情先到探春客。无语泣寒香,时暗度瑶席。

　　月下风前空怅望,思携手同摘。画栏倚遍无消息。佳辰乐事再难得。还是夕阳天,空暮云凝碧。

王 诜

境非独谓景物也。喜怒哀乐,亦人心中之一境界。故能写真景物、真感情者,谓之有境界。否则谓之无境界。

王国维《人间词话》

# 隔 浦 莲

　　七十三字,仄韵。唐白居易集有《隔浦莲》曲,调名本此。一名《隔浦莲近》;《词谱》名《隔浦莲近拍》。《词谱》以周邦彦、赵彦端词为正体,宋人俱照此填。

## 正 格

　　＋－－｜｜｜(韵)＋｜－－｜(韵)｜｜＋－｜(句)－－＋(句)＋＋｜(韵)＋｜－｜｜(韵)－－｜(韵)＋｜－－｜(韵)

　　＋－｜(韵)－－｜｜(句)＋－－｜－｜(韵)－－＋｜(句)＋｜＋－－｜(韵)＋｜－－｜｜｜(韵)＋｜(韵)＋－＋｜－｜(韵)

### 例一

　　新篁摇动翠葆。曲径通深窈。夏果收新脆,金丸落,惊飞鸟。浓霭迷岸草。蛙声闹。骤雨鸣池沼。

　　水亭小。浮萍破处,檐花帘影颠倒。纶巾羽扇,困卧北窗清晓。屏里吴山梦自到。惊觉。依然身在江表。

周邦彦(中山县圃姑射亭避暑作)

### 例二

　　西风吹断梦草。来度芙蓉老。座上人谁在,辰参疏影相照。幽馆寒意早。檐声小。醉语秋屏晓。

　　记年少。相携胜处,黄花香满乌帽。如今将见,璧月琼枝空好。准拟新歌待见了。不道。些儿心事还恼。

赵彦端

隔浦爱红莲,
昨日看犹在,
夜来风吹落,
只得一回采。
花开虽有明年期,
复愁明年还暂时。
白居易《隔浦莲》

# 传言玉女

七十四字，仄韵。《汉武内传》云："帝闲居承华殿，忽见一女子曰：'我墉宫玉女王子登也。至七月七日，王母暂来'言讫，不知所在，世所谓传言玉女也。"调名取此。《词谱》以晁冲之词为正体。

## 正　格

　　+｜－－(句)+｜｜－｜(韵)＋－＋｜(句)｜＋－＋｜(韵)－＋｜＋(句)＋｜＋－－｜(韵)＋－＋｜(句)＋－－｜(韵)
　　+｜－－(句)｜＋－(读)｜｜｜(韵)＋－＋｜(句)｜＋－＋｜(韵)－＋｜＋(句)＋｜＋－－｜(韵)＋－＋｜(句)＋－－｜(韵)

### 例一

　　一夜东风，吹散柳梢残雪。御楼烟暖，对鳌山彩结。箫鼓向晚，凤辇初回宫阙。千门灯火，九衢风月。

　　绣阁人人，乍嬉游、困又歇。艳妆初试，把珠帘半揭。娇羞向人，手捻玉梅低说。相逢长是，上元时节。

晁冲之(上元)

### 例二

　　凤阙龙楼，清夜月华初照。万点星球，护花梢寒峭。华胥梦里，老去欢情终少。花愁酒闷，总消除了。

　　紫陌嬉游，不是少年怀抱。珠帘十里，听笙箫声杳。幽期密约，暗想浅颦轻笑。良时莫负，玉山频倒。

曾规

大抵起句便见所咏之意，不可泛入闲事，方入主意。咏物尤不可遏。

沈义父《乐府指迷》

# 剔 银 灯

　　七十四字，仄韵。一名《剔银灯引》。《词谱》云："此词以柳（永）词、毛（滂）词、杜（安世）词为正体。"柳永词作七十五字；杜安世词作七十六字。范仲淹词添字作七十八字。为变格也。兹依《词谱》，择毛滂词为正体。

## 正　格

　　+|－－||(韵) +||－－|(韵) －|－－(句)|－－+|(句)
　　+|－－－|(韵)|－－|(韵)|＋|(读)－－||(韵)
　　　+|－－||(韵) +||－－|(韵) －|－－(句)|－－+|(句)
　　+|－－－|(韵)|－－|(韵)|＋|(读)－－||(韵)

**例一**

　　帘下风光自足。春到席间屏曲。瑶瓮酥融，羽觞蚁斗，花映鄱湖寒绿。汨罗愁独。又何似、红围翠簇。

　　聚散悲欢箭速。不易一杯相属。频剔银灯，别听牙板，尚有龙膏堪续。罗熏绣馥。锦瑟畔、低迷醉玉。

毛　滂

**例二**

　　何事春工用意。绣画出、万红千翠。艳杏夭桃，垂杨芳草，各逗雨膏烟腻。如斯佳致。早晚是、读书天气。

　　渐渐园林明媚。便好安排欢计。论篮买花，盈车载酒，百琲千金邀妓。何妨沉醉。有人伴、日高春睡。

柳　永

宋毛滂制此调云："同公素赋，侑歌者以七息拍七拜劝酒。"以词中「频剔银灯」语名之。
毛先舒《填词名解》语

# 下　水　船

七十五字，仄韵。唐教坊曲名。王定保《唐摭言》云："裴廷裕，乾宁中在内廷，文书敏捷，号为'下水船'。"调名取此。兹以贺铸词为正体。别格有作七十六字者，见晁补之之词。

## 正　格

+｜－－｜(韵)－｜－－+｜(韵)+｜－－(句)－－｜－+
｜(韵)+＋+｜(韵)+｜－－+｜(韵)+｜－－+｜(韵)
　+－｜(韵)+｜－－｜(韵)－｜－－+｜(韵)+｜－－(句)
－｜－+｜(韵)+＋｜(韵)+｜－－+｜(句)+｜－－+｜(韵)

### 例一

芳草青门路。还拂京尘东去。回想当年，离声送君南浦。愁几许。尊酒留连薄暮。帘卷津楼烟雨。

凭栏语。草草蘅皋赋。分首惊鸿不驻。灯火虹桥，难寻弄波微步。漫凝伫。莫怨无情流水，明日扁舟何处。

　　　　　　　　　　　　　　　　　　　　　　　　贺　铸

### 例二

上客骊驹系。惊唤银瓶睡起。困倚妆台，盈盈正解罗结。凤钗垂。缭绕金盘玉指。巫山一段云委。

半窥镜，向我横秋水。斜额花枝交镜里。淡拂铅华，匆匆自整罗绮。敛眉翠。虽有惜惜密意。空作江边解佩。

　　　　　　　　　　　　　　　　　　　　　　　　晁补之

梁太祖受禅，姚洎为学士，尝从容，上问及廷裕行止，洎对曰："顷岁左迁，今闻旅寄衡水。"上曰："颇知其人构思甚捷。"对曰："向在翰林，号为下水船。"太祖应声谓洎曰："卿便是上水船也。"洎微笑，深有惭色。议者以洎为急滩头上水船也。

王定保《唐摭言》

# 千 年 调

　　七十五字,仄韵。曹组词名《相思会》,因词有"人无百年人,刚作千年调"句,辛弃疾改名《千年调》。《词谱》云:"辛词有二首,其源似出于曹词,但曹词句读参差,又添衬字,故以辛词为谱。"兹从之,以辛弃疾词为正体。

## 正　格

　　＋＋｜－－(句)＋｜＋ －｜(韵)｜｜－－｜｜(句)｜＋ －｜(韵)
＋－＋｜(句)｜｜－－｜(韵)＋＋｜(句)｜－－(句)－｜｜(韵)
　　＋－｜｜(句)＋｜＋ －｜(韵)｜｜－－｜｜(句)｜＋ －｜(韵)
－＋｜(句)｜｜－－｜(韵)＋＋｜(句)｜－－(句)－｜｜(韵)

**例一**

　　厄酒向人时,和气先倾倒。最要然然可可,万事称好。滑稽坐上,更对鸱夷笑。寒与热,总随人,甘国老。

　　少年使酒,出口人嫌拗。此个和合道理,近日方晓。学人言语,未会十分巧。看他们,得人怜,秦吉了。

辛弃疾(蔗庵小阁名曰厄言,作此词以嘲之)

**例二**

　　人无百年人,刚作千年调。待把门关铁铸,鬼见失笑。多愁早老,惹尽闲烦恼。我醒也,枉劳心,漫计较。

　　粗衣淡饭,赢取暖和饱。住个宅儿,只要不大不小。常教洁净,不种闲花草。据见定,乐平生,便是神仙了。

曹　组

作词有三要,曰重、拙、大。
南渡诸贤不可及处在是。
　　　况周颐《蕙风词话》

# 长 生 乐

七十五字,平韵。调见《珠玉集》。晏殊词两首,大同小异。其上片结句,例作拗句。上片第六句,旧本作"来添福寿",今依《词谱》,校作"福寿来添",方合平仄韵脚,观晏词另首"飘散歌声","声"字用韵可证。晏词后首惟上片起句不用韵,下片第三四句俱七字,稍异。

### 正 格

‖－－‖‖－(韵)＋‖‖－－(韵)‖－－‖(句)‖‖‖－－(韵)‖‖－－－‖(句)＋‖－－(韵)－－＋‖(句)＋‖－－‖－－(韵)

－－‖‖(句)‖‖－－(韵)－－‖‖－－(韵)－‖‖(读)‖‖‖－－(韵)‖－－‖－‖(句)＋＋‖－－(韵)

### 例一

玉露金风月正圆。台榭早凉天。画堂嘉会,组绣列芳筵。洞府星辰龟鹤,福寿来添。欢声喜色,同入金炉泛浓烟。

清歌妙舞,急管繁弦。榴花满酌觥船。人尽祝、富贵又长年。莫教红日西晚,留着醉神仙。

晏 殊

### 例二

阆苑神仙平地见,碧海架蓬瀛。洞门相向,倚金铺微明。处处天花撩乱,飘散歌声。装真延寿,赐与流霞满瑶觥。

红鸾翠节,紫凤银笙。玉女双来近彩云。随步朝夕拜三清。为传王母金箓,祝千岁长生。

晏 殊

深根固柢,长生
久视之道也。
《老子》

# 扑 蝴 蝶

　　七十五字,仄韵。周密《癸辛杂识》云:"吴有小妓,善舞《扑胡蝶》,疑是舞曲。"邵叔齐词名《扑蝴蝶近》。兹以曹组词为正体。别格有作七十七字者,见丘崈词。

## 正 格

　　+－+|(句) +－－||(韵) +－+|(句) +－－||(韵) +－
+|－－(句) +|＋－－|(句) －－|－＋|(韵)
　　|－|(韵) +－+|(句) +－－||(韵) +－+|(句) +－－|
|(韵) +－+|－－(句) +|＋－－|(句) －－|－＋|(韵)

**例一**

　　人生一世,思量争甚底。花开十日,已随尘逐水。且看欲尽花枝,未厌伤多酒盏,何须细推物理。

　　幸容易。有人争奈,只知名和利。朝朝日日,忙忙劫劫地。待得一晌闲时,又却三春过了,何如对花沉醉。

曹 组

**例二**

　　鸣鸠乳燕。春在梨花院。重门镇掩。沉沉帘不卷。纱窗红日三竿,睡鸭余香一线。佳眠悄无人唤。

　　漫消遣。行云无定,楚雨难凭梦魂断。清明渐近,天涯人正远。尽教闲了秋千,觑着海棠开遍。难禁旧愁新怨。

丘 崈(蜀中作)

　　词之作必须合律,然律非易学,得之指授方可;若词人方始作词,必欲合律,恐无是理。所谓"千里之程,起于足下",当渐而进可也;正如方得离俗为僧,便要坐禅守律,未曾见道,而祸已至,岂能进于逍哉? 音律所当参究,词章先宜精思。俟品句妥溜,然后正之音谱,二者得兼,则可造极玄之域。

　　　　　　张炎《词源》

# 解 蹀 躞

七十五字，仄韵。此调始见《清真集》，当为周邦彦所创。曹勋词名《玉蹀躞》。《词谱》以周词为正体，云："若杨（无咎）词之多押一韵，吴（文英）词之少押一韵，方（千里）及杨词别首之句读参差，曹（勋）词之句读小异，皆变格也。但杨吴曹三体，字句整齐，方词及杨词别首，则采以备考，不可为法。"

## 正 格

+｜－－－｜(句)－－｜－｜(韵)＋－－｜(读)－－｜－｜(韵)
+｜＋｜－－(句)｜－＋｜－－(句)｜－－｜(韵)
　｜－｜(韵)＋｜－－－｜(韵)－－｜－｜(韵)＋－－｜(读)－
－｜－｜(韵)＋｜＋｜－－(句)｜－＋｜－－(句)｜－－｜(韵)

**例一**

候馆丹枫吹尽，回旋随风舞。夜寒霜月、飞来伴孤旅。还是独拥秋衾，梦余酒困都醒，满怀离苦。

甚情绪。深念凌波微步。幽房暗相遇。泪珠都作、秋宵枕前雨。此恨音驿难通，待凭征雁归时，带将愁去。

周邦彦

**例二**

醉云又兼醒雨，楚梦时来往。倦蜂刚着梨花、惹游荡。还做一段相思，冷波叶舞愁红，送人双桨。

暗凝想。情共天涯秋黯，朱桥锁深巷。会稀投得轻分、顿惆怅。此去幽曲谁来，可怜残照西风，半妆楼上。

吴文英

名解：古诗曰："白马黄金鞍，蹀躞柳城前。"蹀躞，缓行貌。

林大椿《词式》

# 碧 牡 丹

　　七十五字，仄韵。兹以程垓词为正体。晏幾道词作七十四字，于上片第二句作五字，《词谱》云："惟《小山集》有此体，宋人皆三字两句也。故可平可仄，详注程词之下。"程词与晏词同，惟上片第二句，添一字作三字两句。两结句，各摊破句法，作三字两句。

## 正　格

　　+｜－－｜(韵)＋＋｜(句)－－｜(韵)｜｜－－(句)｜＋＋－｜(韵)｜｜－－(句)＋｜－－｜(韵)｜－－(句)｜－｜(韵)

　　｜－｜(韵)＋｜－－｜(韵)－－｜－｜(韵)｜｜－－(句)｜＋＋＋－｜(句)｜｜－－(句)＋｜－－｜(韵)｜－－(句)｜－｜(韵)

### 例一

　　睡起情无着。晓雨尽，春寒弱。酒盏飘零，几日顿疏行乐。试数花枝，问此情何若。为谁开，为谁落。

　　正愁却。不是花情薄。花原笑人萧索。旧观千红，至今冷梦难托。燕麦春风，更几人惊觉。对花羞，为花恶。

程　垓

### 例二

　　翠袖疏纨扇。凉叶催归燕。一夜西风，几处伤高怀远。细菊枝头，开嫩香还遍。月痕依旧庭院。

　　事何限。怅望秋意晚。离人鬓华将换。静忆天涯，路比此情犹短。试约鸾笺，传素期良愿。南云应有新雁。

晏幾道

此词前段第七句，后段第七句，例应作上一下四句法。

林大椿《词式》

# 于飞乐

七十六字，平韵。史达祖词名《鸳鸯怨曲》。兹照《词谱》意，以毛滂词为正体。别格有作七十三字者，见张先词。

## 正格

| － －(句) － | | (句) ＋ | － －(韵) | － －(读) ＋ | － －(韵) | －
－(句) － | | (句) ＋ | － －(韵) | － | | (句) ＋ － ＋(读) ＋ | － －(韵)

| － －(句) － | | (句) ＋ | － －(韵) | － －(读) ＋ | － －(韵) | －
－(句) － | | (句) ＋ | － －(韵) | － | | (句) ＋ － ＋(读) ＋ | － －(韵)

**例一**

水边山，云畔水，新出烟林。送秋来、双桧寒阴。桧堂寒，香雾碧，帘箔清深。放衙隐几，谁知共、云水无心。

望西园，飞盖夜，月到清尊。为诗翁、露冷风清。褪红裙，祛碧袖，花草争春。劝翁强饮，莫孤负、风月留人。

毛　滂

**例二**

宝奁开，菱鉴净，一掬清蟾。新妆脸、旋学花添。蜀红衫，双绣蝶，裙缕鹈鹕。寻思前事，小屏风、巧画江南。

怎空教，草解宜男。柔桑暗、又过春蚕。正阴晴天气，更暝色相兼。幽期消息，曲房西、碎月筛帘。

张　先

《左传》："凤凰于飞，和
鸣锵锵。"词取以名。
　　毛先舒《填词名解》

# 风 入 松

　　七十六字，平韵。《词谱》云："古琴曲有《风入松》；唐僧皎然有《风入松歌》，见《乐府诗集》。调名本此。"《乐府诗集》云："《琴集》曰：《风入松》，晋嵇康所作也。"此调一名《风入松慢》；韩淲词有"小楼春映远山横"句，名《远山横》。

## 正 格

　　＋－＋｜｜－－（韵）＋｜｜－－（韵）＋－＋｜－－｜（句）＋
－＋（读）＋｜－－（韵）＋｜－－｜（句）＋－＋｜－－（韵）
　　＋－＋｜｜－－（韵）＋｜｜－－（韵）＋－＋｜－－｜（句）＋
－＋（读）＋｜－－（韵）＋｜－－｜（句）＋－＋｜－－（韵）

**例一**

　　一春长费买花钱。日日醉湖边。玉骢惯识西湖路，骄嘶过、沽酒楼前。红杏香中箫鼓，绿杨影里秋千。

　　暖风十里丽人天。花压鬓云偏。画船载取春归去，余情付、湖水湖烟。明日重扶残醉，来寻陌上花钿。

俞国宝

**例二**

　　小窗晴碧飐帘波。昼影舞飞棱。惜春休问花多少，柳成阴、春已无多。金字初寻小扇，铢衣早试轻罗。

　　园林未肯受清和。人醉牡丹坡。啸歌且尽平生事，问东风、毕竟如何。燕子寻常巷陌，酒边莫唱西河。

张　炎（陈文卿酒边偶赋）

一日，御舟经断桥，桥旁有小酒肆，颇雅洁，中饰素屏，书《风入松》一词于上。光尧驻目，称赏久之，宣问何人所作，乃太学生俞国宝醉笔也。

周密《武林旧事》

# 荔枝香

七十六字，仄韵。《唐史·乐志》："帝幸骊山，贵妃生日，命小部张乐长生殿，奏新曲，未有名，会南方进荔枝，因名《荔枝香》。"《脞说》云："太真妃好食荔枝，每岁忠州置急递上进，五日至都。天宝四年夏，荔枝滋甚，比开笼时，香满一室，供奉李龟年撰此曲进之，宣赐甚厚。"此调有两体：七十六字者，始自柳永，有周邦彦、方千里、杨泽民、陈允平及吴文英词可校；七十三字者，始自周邦彦，有方千里、杨泽民、陈允平和词及袁去华词可校，一名《荔枝香近》。《词谱》以柳永词为正体。

## 正　格

‖＋－＋｜(句)－‖(韵)‖＋｜－－(句)＋｜－－｜(韵)
＋＋＋＋＋－＋(句)＋｜－－｜(韵)－｜(读)‖｜－－｜－｜(韵)
＋＋｜(句)｜｜＋(读)－－｜(韵)‖＋－(句)＋‖－－｜(韵)
＋｜－－(句)｜｜－｜－｜(韵)＋＋－＋＋｜(韵)

## 例一

甚处寻芳赏翠，归去晚。缓步罗袜生尘，来绕琼筵看。金缕霞衣轻裾，似觉春游倦。遥认、众里盈盈好身段。

拟回首，又伫立、帘帷畔。素脸红眉，时揭盖头微见。笑整金翘，一点芳心在娇眼。王孙空恁肠断。

柳　永

## 例二

照水残红零乱，风唤去。尽日恻恻轻寒，帘底吹香雾。黄昏客枕无聊，细响当窗雨。看两两相依燕新乳。

楼下水，渐绿遍、行舟浦。暮往朝来，心逐片帆轻举。何日迎门，小槛朱笼报鹦鹉。共剪西窗蜜炬。

周邦彦

唐甘泽谣云，天宝四载六月一日，明皇骊山驻跸，会贵妃诞辰，上命小部音声乐入长生殿奏新曲，未有名，会南海贡荔枝，因名其曲为《荔枝香》。

李上交《近事会元》

# 婆罗门引

　　七十六字，平韵。《唐教坊记》有《婆罗门》小曲。《宋史·乐志》有《婆罗门》舞队。《乐苑》曰："《婆罗门》，商调曲也。开元中，西凉节度杨敬述进。"《理道要诀》云："天宝十三载，改《婆罗门》为《霓裳羽衣》，属黄钟商。"此调名即源出于此。《梅苑词》名《婆罗门》；因曹组词咏望月，又更名《望月婆罗门引》。此调《词谱》以曹组词为正体。

## 正　格

　　＋－＋｜(句)＋－＋｜｜－－(韵)＋－＋｜－－(韵)＋｜＋－＋｜(句)＋｜｜－－(韵)｜＋－＋｜(句)＋｜－－(韵)

　　＋－｜－(韵)｜＋｜(读)｜－－(韵)＋｜＋－＋｜(句)＋｜－－(韵)＋－＋｜(句)｜＋＋(读)＋｜｜－－(韵)＋＋｜(读)＋｜－－(韵)

**例一**

　　涨云暮卷，漏声不到小帘栊。银河淡扫澄空。皓月当轩高挂，秋入广寒宫。正金波不动，桂影朦胧。

　　佳人未逢。叹此夕、与谁同。望远伤怀对景，霜满愁红。南楼何处，想人在、长笛一声中。凝泪眼、泣尽西风。

曹　组(望月)

**例二**

　　风涟乱翠，酒霏飘汗洗新妆。幽情暗寄莲房。弄雪调冰重会，临水暮追凉。正碧云不破，素月微行。

　　双成夜笙，断旧曲、解明珰。别有红娇粉润，初试霓裳。分莲调郎。又拈惹、花茸碧唾香。波晕切、一盼秋光。

吴文英

　　曹元宠(组)本善作词，特以《红窗迥》戏词，盛行于世，遂掩其名。如望月《婆罗门》词，亦岂不佳，词云：(词略)此词病在"霜满愁红"之句，时太早耳。曾端伯编《雅词》，乃以此词为杨如晦作，非也。

　　胡仔《苕溪渔隐丛话后集》

# 侧　犯

七十七字,仄韵。陈旸《乐书》云:"唐自天后末年,剑气入浑脱,始为犯声。明皇时,乐人孙处秀,善吹笛,好作犯声,时人以为新意而效之,因有犯调。"姜夔词注云:"唐人《乐书》,以宫犯羽者为《侧犯》。"此调创自周邦彦,调名本于此。兹以周邦彦词为正体。

## 正　格

｜－＋｜(句)｜－＋｜－－｜(韵)－｜(韵)｜｜｜－－｜－
｜(韵)－－｜｜＋(句)＋｜－－｜(韵)－｜(韵)＋｜｜－－｜－｜(韵)
　－－｜｜(句)＋｜－－｜(韵)－｜｜(韵)｜－＋(句)－｜｜
｜(韵)｜｜－－(句)｜－＋｜(韵)＋｜＋＋(句)｜－－｜(韵)

### 例一

暮霞霁雨,小莲出水红妆靓。风定。看步袜江妃照明镜。飞萤度暗草,秉烛游花径。人静。携艳质追凉就槐影。金环皓腕,雪藕清泉莹。谁念省。满身香,犹是旧荀令。见说胡姬,酒垆寂静。烟锁漠漠,藻池苔井。

周邦彦

### 例二

恨春易去。甚春却向扬州住。微雨。正茧栗梢头弄诗句。红楼二十四,总是行云处。无语。渐半脱宫衣笑相顾。金壶细叶,千朵围歌舞。谁念我。鬓成丝,来此共尊俎。后日西园,绿阴无数。寂寞刘郎,自修花谱。

姜　夔(咏芍药)

古之乐章、乐府、乐歌、乐曲,皆出于雅正。尊自隋唐以来,声诗间为长短句,至唐人则有《尊前》、《花间集》。迄于崇宁,立大晟府,命周美成(邦彦)诸人讨论古音,审定古调,沦落之后,少得存者。由此八十四调之声稍传;而美成诸人又复增演慢曲、引、近,或移宫换羽为三犯、四犯之曲,按月律为之,其曲遂繁。

张炎《词源》

# 祝英台近

　　七十七字，仄韵。忌用入声韵。此调名取自梁山伯、祝英台故事。辛弃疾词有"宝钗分，桃叶渡"句，名《宝钗分》；张辑词有"趁月底重修箫谱"句，名《月底修箫谱》。此调多抒宛转凄楚之音。

## 正　格

　｜－－(句)　－＋｜(句)＋｜＋－｜(韵)＋｜－－(句)＋｜－－｜(韵)
　＋－＋｜－－(句)＋－＋｜(句)＋＋｜(读)－－－｜(韵)
　　｜＋｜(韵)＋＋＋｜－－(句)＋＋＋｜(韵)＋｜－－(句)＋｜
　－－｜(韵)｜－＋｜－－(句)＋－＋｜(句)＋＋｜(读)－＋｜(韵)

**例一**

　　倚危栏，斜日暮，蓦蓦甚情绪。稚柳娇黄，全未禁风雨。春江万里云涛，扁舟飞渡，那更听、塞鸿无数。

　　叹离阻。有恨流落天涯，谁念泣孤旅。满目风尘，冉冉如飞雾。是何人惹愁来，那人何处，怎知道、愁来不去。

　　　　　　　　　　　　　　德佑太学生(德佑乙亥)

**例二**

　　淡烟横，层雾敛。胜概分雄占。月下鸣榔，风急怒涛飐。关河无限清愁，不堪临鉴。正霜鬓、秋风尘染。

　　漫登览。极目万里沙场，事业频看剑。古往今来，南北限天堑。倚楼谁弄新声，重城正掩。历历数、西州更点。

　　　　　　　　　　　　　　岳　珂(北固亭)

吴骞《桃溪客语》

梁山伯，晋会稽人。字处仁。相传曾与上虞女扮男装之祝英台同学三年。后访上虞，始知祝为女，求婚不得，忧疾而死。后人挽入神话，谓祝后嫁马氏，过梁墓，大恸，墓忽开，祝身随入。同化为蝴蝶。

# 一丛花

七十八字，平韵。调见《东坡乐府》，有欧阳修、晁补之、秦观、程垓等词可校。张先词名《一丛花令》。此调只有此一体，宋词俱照此填，惟句中平仄小异。兹以苏轼词为正体。

## 正 格

　+－+｜｜－－(韵)+｜｜－－(韵)+－－｜－－｜(句)｜
－+(读)+｜－－(韵)+｜－(句)+－－｜(句)+｜｜－－(韵)
　+－+｜｜－－(韵)+｜｜－－(韵)+－－｜－－｜(句)｜
－+(读)+｜－－(韵)+｜－(句)+－－｜(句)+｜｜－－(韵)

**例一**

今年春浅腊侵年。冰雪破春妍。东风有信无人见，露微意、柳际花边。寒夜纵长，孤衾易暖，钟鼓渐清圆。

朝来初日半衔山。楼阁淡疏烟。游人便作寻芳计，小桃杏、应已争先。衰病少惊，疏慵自放，惟爱日高眠。

苏 轼(初春病起)

**例二**

冰轮斜辗镜天长。江练隐寒光。危栏醉倚人如画，隔烟林、何处鸣根。乌鹊倦栖，鱼龙惊起，星斗挂垂杨。

芦花千顷水微茫。秋色满江乡。楼台恍似游仙梦，又疑是、洛浦潇湘。风露浩然，山河影转，今古照凄凉。

陈 亮(溪堂玩月作)

北宋人词，如潘逍遥之超逸，宋子京之华贵，欧阳文忠之骚雅，柳屯田之广博，晏小山之疏俊，秦太虚之婉约，张子野之流丽，黄文节之隽上，贺方回之醇肆，皆可模拟得其仿佛。唯苏文忠之清雄，敻乎轶尘绝迹，令人无从步趋。

王鹏运《半塘遗稿》

# 阳关引

　　七十八字，仄韵。此调始自宋寇準词，本隐括唐王维《阳关曲》而作，故名。晁补之词名《古阳关》。兹以寇準词为正体。此调上片第六句为上一下四句法，下片第三句为上一下三句法，填者宜慎之。

## 正 格

||－－|(韵)||－－|(韵)－－||(句)－－|(句)＋－|(韵)|＋－＋|(句)||－－|(韵)||－(句)－＋|||－|(韵)＋|＋－|(句)－||(韵)|－－|(句)－－|(句)＋－|(韵)|＋－＋|(句)||－－|(韵)||－(读)－＋|||－|(韵)

### 例一

　　塞草烟光阔。渭水波声咽。春朝雨霁，轻尘敛，征鞍发。指青青杨柳，又是轻攀折。动黯然，知有后会甚时节。
　　更尽一杯酒，歌一阕。叹人生里，难欢聚，易离别。且莫辞沉醉，听取阳关彻。念故人、千里自此共明月。

寇　準

### 例二

　　暮草蛩吟咽。暗柳萤飞灭。空庭雨过，西风紧，飘黄叶。卷书帷寂静，对此伤离别。重感叹，中秋数日又圆月。
　　沙嘴樯竿上，淮水阔。有飞凫客，词珠玉，气冰雪。且莫教皓月，照影惊华发。问几时，清尊夜景共佳节。

晁补之

渭城朝雨浥轻尘，客舍青青柳色新。
劝君更尽一杯酒，西出阳关无故人。

王维《阳关曲》

# 御 街 行

七十八字，仄韵。《古今词话》无名氏词有"听孤雁、声嗷唳"句，又名《孤雁儿》。《词谱》以范仲淹词为正体。别格有作七十六字、七十七字、八十字、八十一字者，或句读参差，或添字，皆为变格。若七十六字者，上下片三字两句改作五字句，见晏幾道词。

## 正 格

－－||－－|(韵) ＋＋|(读)－－|(韵)－－－||－－(句)
－|－－－|(韵)－－－|(句)＋－－|(句)－|－－|(韵)

－－||－－|(韵)＋＋|(读)－－|(韵)－－－||－－(句)
－|－－－|(韵)－－||(句)＋－－|(句)－|－－|(韵)

### 例一

纷纷坠叶飘香砌。夜寂静、寒声碎。真珠帘卷玉楼空，天淡银河垂地。年年今夜，月华如练，长是人千里。

愁肠已断无由醉。酒未到、先成泪。残灯明灭枕头欹，谙尽孤眠滋味。都来此事，眉间心上，无计相回避。

范仲淹

### 例二

街南绿树春绕絮。雪满游春路。树头花艳杂娇云，树底人家朱户。北楼闲上，疏帘高卷，直见街南树。

阑干倚尽犹慵去。几度黄昏雨。晚春盘马踏青苔，曾傍绿阴深驻。落花犹在，香屏空掩，人面知何处。

晏幾道

词全以调为主，调全以字之音为主。音有平仄，多必不可移者，间有可移者。仄有上去入，多可移者，间有必不可移者。倘必不可移者，任意出入，则歌时有棘喉涩舌之病。故宋时一调，作者多至数十人，如出一吻。

俞彦《爰园词话》

# 山亭柳

七十九字，平韵。此调有平韵仄韵两体：平韵者，始自晏殊；仄韵者，始自杜安世。兹以晏殊平韵体为正格。

## 正　格

－｜－－(韵)｜｜｜－－(韵)－｜｜(句)｜－－(韵)｜｜＋－
＋｜(句)｜－＋｜－－(韵)｜｜－－＋｜(句)＋｜－－(韵)
　　｜－－｜－－｜(句)－－｜｜｜－－(韵)－－｜(句)｜－－(韵)
｜｜＋－＋｜(句)｜－＋｜－－(韵)｜｜－－＋｜(句)＋｜－－(韵)

**例一**

　　家住西秦。赌博艺随身。花柳上，斗尖新。偶学念奴声调，有时高遏行云。蜀锦缠头无数，不负辛勤。

　　数年来往咸京道，残杯冷炙漫销魂。衷肠事，托何人。若有知音见采，不辞遍唱阳春。一曲当筵落泪，重掩罗巾。

晏　殊(赠歌者)

**例二**

　　晓来风雨，万花飘落。叹韶光，虚过却，芳草萋萋，映楼台、淡烟漠漠。纷纷絮飞院宇，燕子过朱阁。

　　玉容淡妆添寂寞。檀郎孤愿太情薄。数归期，绝信约。暗恨春宵，向平康、恣迷欢乐。时时闷饮绿醑，甚转转、思量着。

杜安世

词中转折宜圆。笔圆，下乘也；
意圆，中乘也；神圆，上乘也。
　　况周颐《蕙风词话》

# 红林檎近

　　七十九字，平韵。此调始于《清真集》，以周邦彦词为定格。《词谱》云："前段起四句，后段起二句，似五言古诗。后段结句拗体。"《蒋氏十三调》注："双调。"林檎是一种名为"花红"的植物，亦名"沙果"。周词两首，袁去华词一首，及方千里、杨泽民、陈允平和词六首皆然。

## 正　格

　　＋｜＋－｜(句)－－｜－(韵)＋｜＋－｜(句)－－｜－(韵)＋＋＋－｜｜(句)＋＋＋｜－－(韵)＋＋＋｜－－(韵)－＋｜－－(韵)
　　　＋｜＋－｜(句)｜｜－－(韵)＋－｜｜(句)－－＋｜－－(韵)｜－＋＋｜(句)－－＋｜(句)｜－＋｜－｜－(韵)

### 例一

　　高柳春才软，冻梅寒更香。暮雪助清峭，玉尘散林塘。那堪飘风递冷，故遣度幕穿窗。似欲料理新妆。呵手弄丝簧。

　　冷落词赋客，萧索水云乡。援毫授简，风流犹忆东梁。望虚檐徐转，回廊未扫，夜长莫惜空酒觞。

周邦彦

### 例二

　　森木蝉初噪，淡烟梅半黄。睡起傍檐隙，墙梢挂斜阳。鱼跃浮萍破处，碎影颠倒垂杨。晚庭谁与追凉。清风散荷香。

　　望极霞散绮，坐待月侵廊。调冰荐饮，全胜河朔飞觞。渐参横斗转，怀人未寝，别来偏觉今夜长。

袁去华

谢灵运《山居赋》："杷林檎，带谷映渚。"
《宋书》

# 金人捧露盘

　　七十九字，平韵。一名《铜人捧露盘》；程垓词名《上平西》；张元幹词名《上西平》，又名《西平曲》；刘昂词名《上平南》。唐李贺《金铜仙人辞汉歌》序云："魏明帝青龙元年八月，诏宫官牵车西取汉孝武捧露盘仙人，欲立置前殿。宫官既拆盘，仙人临载，乃潸然泪下。"《词谱》以高观国词和程垓词为正体。此调别格甚多。

## 正　格

　　|－－(韵)－＋|(句)|－－(韵)＋＋|(读)＋|－－(韵)＋－＋|(句)
＋－＋||－－(韵)＋－·|(句)|－＋(读)＋|－－(韵)

　　＋－＋(句)＋|(句)－＋|(句)|－－(韵)＋＋|(读)＋|－－(韵)
＋－＋|(句)＋－||－－(韵)＋－＋|(句)|－(读)＋|－－(韵)

**例一**

　　念瑶姬。翻瑶佩，下瑶池。冷香梦、吹上南楼。罗浮梦杳，忆曾清晓见仙姿。天寒翠袖，可怜是、倚竹依依。

　　溪痕浅，雪痕冻，月痕淡，粉痕微。江楼怨、一笛休吹。芳音待寄，玉堂烟驿两凄迷。新愁万斛，为春瘦、却怕春知。

高观国（梅花）

**例二**

　　爱春归，忧春去，为春忙。旋点检、雨障云妨。遮红护绿，翠帏罗幕任高张。海棠明月杏花天，更惜浓芳。

　　唤莺吟，招蝶拍，迎柳舞，倩桃妆。尽唤起、万籁笙簧。一觞一咏，尽教陶写绣心肠。笑他人世漫嬉游，拥翠偎香。

程　垓（惜春）

袁兰送客咸阳道，
天若有情天亦老。
李贺《金铜仙人辞汉歌》

# 过 涧 歇

八十字，仄韵。一名《过涧歇近》。柳永《乐章集》注中吕调。《词谱》以柳永词为正体。别格上片第一韵和第二韵作叠韵，见晁补之词。

## 正　格

+|(韵)|+ +(读)+|+ +− −(句)||− − −|(韵)+ +|(韵)
||− −||(句)||− −|(韵)|||(句)||− −|−|(韵)
||−|(句)||− − +||(韵)|− +|(句)− − −|−|(韵)
+|− −(句)||− −(句)+ + + +|(句)|+ +|− −|(韵)

**例一**

淮楚。旷望极、千里火云烧空，尽日西郊无雨。厌行旅。
数幅轻帆渐落，舣棹兼葭浦。避畏景，两两舟人夜深语。

此际争可，便恁奔名竞利去。九衢尘里，衣冠冒炎暑。
回首江乡，月观风亭，水边石上，幸有散发披襟处。

柳　永

**例二**

归去。奈故人、尚作青眼相期，未许明时归去。放怀处。
买得东皋数亩，静爱园村趣。任过客，剥啄相呼昼扃户。

堪笑儿童事业，华颠向谁语。草堂人悄，圆荷过微雨。
都付邯郸，一枕清风，好梦初觉，砌下槐影方亭午。

晁补之（东皋寓居）

柳词总以平叙见长，或发端，或结尾，或换头，以一二语勾勒提掇，有千钧之力。
周济《宋四家词选》

# 斗 百 花

八十一字,仄韵。一名《夏州》。柳永《乐章集》注正宫。《词谱》以柳永词为正体。别格与柳词同,惟上片第三句,多押一韵异,见晁补之词。

## 正 格

+|－－+|(韵)+|－－+|(韵)+－+|+－(句)+|
－－+|(韵)－||+(句)－+||－－(句)+|－+|(韵)+|
－－|(韵)

+|－－(句)+|+－+|(韵)－||+(句)++|+－|(韵)
+|－－(句)－－||－－(句)+|+－+|(韵)

**例一**

　　煦色韶光明媚。轻霭低笼芳树。池塘浅蘸烟芜,帘幕闲垂风絮。春困厌厌,抛掷斗草工夫,冷落踏青心绪。终日扃朱户。

　　远恨绵绵,淑景迟迟难度。年少傅粉,依前醉眠何处。深院无人,黄昏乍拆秋千,空锁满庭花雨。

柳 永

**例二**

　　斜日东风深院。绣幕低迷归燕。潇洒小屏娇面。仿佛灯前初见。与选筵中,银盆半拆姚黄,插向凤凰钗畔。微笑遮纨扇。

　　教展香茵,看舞霓裳促遍。红飚翠翻,惊鸿乍拂秋岸。柳困花慵,盈盈自整罗巾,须劝倒垂金盏。

晁补之

长安士女春时斗花,戴插以奇花多者为胜,皆用千金市名花植于庭苑中,以备春时之斗也。

王仁裕《开元天宝遗事》

# 柳 初 新

八十一字，仄韵。一名《柳初新慢》。《词谱》云："宋周密《天基圣节乐次》第十三盏：'霄篥起，柳初新慢'。"《乐章集》注："大石调。"别格有作八十二字者，上下片第六句，俱七字，与柳词小异，见《梅苑》无名氏词。

## 正 格

　+－+｜－－｜(韵)+｜｜(读)－－｜(韵)+－－｜(句)－－｜
｜(句)+｜｜－－｜(韵)－｜－－+｜(韵)｜－－(读)－－－｜(韵)
　　｜｜－－｜｜(韵)+－－(读)+－－｜(韵)+－－｜(句)－－｜
｜(句)+｜｜－｜(韵)｜+ +(读)－－+｜(韵)｜－+(读)+－－｜(韵)

**例一**

东郊向晓星杓亚。报帝里、春来也。柳抬烟眼，花匀露脸，渐觉绿娇红姹。妆点层台芳树。运神功、丹青无价。

别有尧阶试罢。新郎君、成行如画。杏园风细，桃花浪暖，竞喜羽迁鳞化。遍九陌、相将游冶。骤香尘、宝鞍骄马。

柳　永

**例二**

千林凋谢严凝日。青帝许、梅花坼。孤根回暖，前村雪里，昨夜一枝凝白。天匠与、雕琼镂玉。淡然非、人间标格。

别有神仙第宅。绣帘垂、碧纱窗隔。月明风送，清香苒苒，着摸美人词客。向晓来、芳苞乍摘。对菱花、倍添姿色。

无名氏(《梅苑》)

温厚和平，诗教之正，亦词之根本也。然必须沉郁顿挫出之，方是佳境，否则不失之浅露，即难免平庸。
陈廷焯《白雨斋词话》

# 最 高 楼

　　八十一字,平仄韵递转。《青琐高议》名《醉高楼》;《情史》名《醉高春》。《词谱》云:"此调押平声韵,或押仄声韵,但宋金元词押平韵者居多。"此调上片起句三字,第三句五字或六字者为正体。如辛弃疾和毛滂词。此词韵调舒卷,开元人散曲先声。别格有作八十字、八十二字、八十三字、八十五字者,见八十字平韵柳富词。

## 正 格

　　－＋丨(句)＋丨丨－－(平韵)＋丨丨－－(叶平)＋－＋丨＋－丨(句)＋－＋丨丨－－(叶平)丨－－(句)－丨丨(句)丨－(叶平)

　　＋＋丨(读)＋－丨丨(换仄韵)丨＋丨(读)＋－丨丨(叶仄)－＋丨(读)丨－－(换平韵)＋－＋丨＋－丨(句)＋－＋丨丨－－(叶平)丨－－(句)－丨丨(句)丨－(叶平)

### 例一

　　花知否,花一似何郎。又似沈东阳。瘦棱棱地天然白,冷清清地许多香。笑东君,还又向,北枝忙。

　　着一阵、霎时间底雪。更一个、缺些儿底月。山下路、水边墙。风流怕有人知处,影儿守定竹旁厢。且饶他,桃李趁,少年场。

辛弃疾(客有败棋者,代赋梅)

### 例二

　　人间最苦,最苦是分离。伊爱我,我怜伊。青草岸头人独立,画船东去橹声迟。楚天低,回望处,两依依。

　　后会也知俱有愿,未知何日是佳期。心下事、乱如丝。好天良夜还虚过,辜负我、两心知。愿伊家,衷肠在,一双飞。

柳　富(别妓王幼玉)

　　富因久游,亲促其归。幼玉潜往别,共饮野店中。是夕同宿于江上。翌日,富作词别幼玉,名《醉高楼》。富唱其曲以沽酒,音调辞意悲惋,不能终曲,乃饮酒相与大噱。富乃登舟。(《填词名解》按:其词颇有盛宋风味,词调或起于柳,然莫可考也。)

刘斧《青琐高议》

# 早梅芳

八十二字,仄韵。一名《早梅芳近》。《词谱》云:"此调以此词(缭墙深)为正体。周词别首"花竹深"词,陈允平和词二首,正与此同。若李(之仪)词、无名氏(《梅苑》)词之句读异同,皆变格也。"

## 正　格

｜－－(句)＋｜｜(韵)＋｜－－｜(韵)＋－－＋｜(句)＋｜＋－｜
－｜(韵)＋－－｜｜(句)＋｜－－｜(韵)｜－－｜｜(句)＋｜｜－｜(韵)
　　｜－－(句)＋｜｜(韵)＋｜－－｜(韵)＋－－｜(句)＋｜＋－｜
－｜(韵)＋－－｜｜(句)＋｜－－｜(韵)｜－－(句)＋＋＋｜｜(韵)

**例一**

缭墙深,丛竹绕。宴席临清沼。微呈纤履,故隐烘帘自嬉笑。粉香妆晕薄,带紧腰围小。看鸿惊凤翥,满座叹轻妙。

酒醒时,会散了。回首城南道。河阴高转,露脚斜飞夜将晓。异乡淹岁月,醉眼迷登眺。路迢迢,恨满千里草。

周邦彦(牵情)

**例二**

雪初晴,陡觉寒将变。已报梅梢暖。日边霜外,逦迤枝条自柔软。嫩苞匀点缀,绿萼轻裁剪。隐深心,未许清香散。

渐融和,开欲遍。密处疑无间。天然标韵,不与群花斗深浅。夕阳波似动,曲水风犹懒。最销魂,弄影无人见。

李之仪

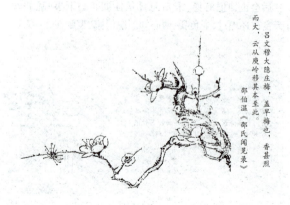

而大,云从废岭移其本至此。
吕文穆大隐庄梅,盖早梅也,香甚烈
邵伯温《邵氏闻见录》

# 蓦山溪

　　八十二字，仄韵。《翰墨全书》名《上阳春》。《词谱》以程垓词为正体，于程词后注云："宋词填此调者，其字句并同，惟押韵各异。此词前后段起句，及第七八句，俱不押韵，宋人如此者甚多，自应编为正体。"别格平仄韵脚有异，见易祓词。

### 正　格

　　+－+|(句) +|－－|(韵) +||－(句) +++(读) +－－|(韵) +－+|(句) +||－－(句) +++(句)|－－(句) +|－－|(韵)

　　+－+|(句) +|－－|(韵) +||－(句) +++(读) +－－|(韵) +－+|(句) +||－－(句) +++(句)|－－(句) +|－－|(韵)

**例一**

　　老来风味，是事都无可。只爱小书舟，剩围着、琅玕几个。呼风约月，随分乐生涯，不羡富，不忧贫，不怕乌蟾坠。
　　三杯径醉，转觉乾坤大。醉后百篇诗，尽从他、龙吟鹤和。升沉万事，还与本来天，青云上，白云间，一任安排我。

程　垓

**例二**

　　海棠枝上，留得娇莺语。双燕几时来，并飞入、东风院宇。梦回芳草，绿遍旧池塘，梨花雪，桃花雨。毕竟春谁主。
　　东郊拾翠，襟袖沾飞絮。宝马趁雕轮，乱红中、香尘满路。十千斗酒，相与买春闲，吴姬唱，秦娥舞。拚醉青楼暮。

易　祓(春情)

伯乐向前看，
旋毛在腹间。
只今掊白草，
何日蓦青山。
李贺《马诗》

# 新荷叶

八十二字，平韵。赵扑词名《折新荷引》，又因词中有"画桡稳泛兰舟"句，或名《泛兰舟》，然与仄韵《泛兰舟》调迥别。《词谱》以黄裳、赵彦端词为正体，宋人皆如此填。

## 正 格

+｜－－(句) +－+｜－－(韵) +｜－－(句) +－+｜－－(韵)
+－｜｜(句) +++(读) +｜－－(韵) +－－｜(句) +++｜－－(韵)
+｜－－(句) +－+｜－－(韵) +｜－－(句) +－+｜－－(韵)
+－+｜(句) +++(读) +｜－－(韵) +－－｜(句) +－+｜－－(韵)

### 例一

落日衔山，行云载雨俄鸣。一顷新荷，坐间疑是秋声。
烟波醉客，见快哉、风恼娉婷。香和清点，为人吹在衣襟。
珠珮欢言，放船且向前汀。绿伞红幢，自从天汉相迎。
飞鸥独落，芦边对、几朵繁英。侑觞人唱，乍闻应似湘灵。

黄　裳(雨中泛湖)

### 例二

欲暑还凉，如春有意重归。春若归来，任他莺老花飞。
轻雷淡雨，似晚风、欺得单衣。檐声惊醉，起来新绿成围。
回首分携。光风冉冉菲菲。曾几何时，故山疑梦还非。
鸣琴再抚，将清恨、都入金徽。永怀桥下，系船溪柳依依。

赵彦端

六月中别无时节，往往风亭水榭，峻宇高楼，雪槛冰盘，浮瓜沉李，流杯曲沼，苞鲊新荷，远迩笙歌，通夕而罢。

孟元老《东京梦华录》

都人最重三伏，盖

# 洞　仙　歌

八十三字，仄韵。唐教坊曲名。康与之词名《洞仙歌令》；潘牥词名《羽仙歌》；袁易词名《洞仙词》；《宋史·乐志》名《洞中仙》。此调有令词，有慢词。令词自八十三字至九十三字，慢词自一百十八字至一百二十六字，诸体甚多。《词谱》云："宋人填《洞仙歌》令词者，句读韵脚，互有异同，惟苏、辛两体，填者最多。"兹以苏、辛词为正体。此调音节舒缓摇曳之致。

## 正　格

　　+－＋｜(句)＋＋－－｜(韵)｜＋｜－－｜－｜(韵)｜－－(读)＋
｜＋｜－－(句)＋＋｜(句)＋｜＋－＋｜(韵)

　　＋＋－＋｜(句)＋｜－－(句)＋｜－｜－｜－｜(韵)｜＋＋＋
＋(读)＋｜－－(句)＋＋｜(读)－－＋｜(韵)｜＋＋(读)＋＋｜－－(句)＋
＋｜(读)－－｜－－｜(韵)

### 例一

　　冰肌玉骨，自清凉无汗。水殿风来暗香满。绣帘开、一点明月窥人，人未寝，欹枕钗横鬓乱。

　　起来携素手，庭户无声，时见疏星渡河汉。试问夜如何、夜已三更，金波淡、玉绳低转。但屈指、西风几时来，又不道、流年暗中偷换。

苏　轼

### 例二

　　婆娑欲舞，怪青山欢喜。分得清溪半篙水。记平沙鸥鹭、落日渔樵，湘江上，风景依然如此。

　　东篱多种菊，待学渊明，酒趣诗情不相似。十里涨春波、一棹归来，只做个、五湖范蠡。是则是、一般弄扁舟，争知道、他家有个西子。

辛弃疾(所居徙山为仙人舞袖形)

余七岁时，见眉州老尼，姓朱，忘其名，年九十余。自言尝随其师入蜀主孟昶宫中。一日，大热，蜀主与花蕊夫人夜纳凉摩诃池上，作一词。朱具能记之。今四十年，朱已死久矣，人无知此词者，但记其首两句。暇日寻味，岂《洞仙歌令》乎？乃为足之云。

苏轼《洞仙歌》序

# 满 路 花

八十三字，平韵。此调有平韵仄韵两体：平韵者，始自柳永；仄韵者，始自秦观。秦观词一名《满园花》；周邦彦词名《归去难》；袁去华词名《一枝花》；《词谱》名《促拍满路花》；牛真人词名《喝马一枝花》。兹以柳永词为正体。

## 正 格

+｜－－｜(句)+｜｜－－(韵)+－－｜｜－－(韵)+－+
｜(句)+｜｜－－(韵)++－+｜(句)+｜－+｜(句)+｜－－(韵)
｜－－｜－｜(句)+｜｜－－(韵)+－－｜｜－－(韵)+－
+｜(句)+｜｜－－(韵)++－+｜(句)+｜－+(句)｜－+｜－－(韵)

### 例一

香靥融春雪，翠鬓嚲秋烟。楚腰纤细正笄年。凤帏夜短，偏爱日高眠。起来贪颠耍，只恁残却黛眉，不整花钿。

有时携手闲坐，偎依绿窗前。温柔情态尽人怜。画堂春过，悄悄落花天。最是娇痴处，尤殢檀郎，未教拆了秋千。

柳 永

### 例二

露颗添花色。月彩投窗隙。春思如中酒，恨无力。洞房咫尺，曾寄青鸾翼。云散无踪迹。罗帐残残，梦回无处寻觅。

轻红腻白。步步熏兰泽。约腕金环重，宜妆饰。未知安否，一向无消息。不似寻常忆。忆后教人，片时存济不得。

秦 观

柳七（永）亦自有唐人妙境，今人但从浅俗处求之，遂使金荃、兰畹之音，流入挂枝黄莺之调，此学柳之过也。

彭孙遹《金粟词话》

# 踏 歌

八十三字，仄韵。三段。调见《太平樵唱词》，又见《梅苑群贤词》。唐《辇下岁时记》云："先天初，上御安福门观灯，令朝士能文者，为《踏歌》。"陈旸《乐书》云："《踏歌》，队舞曲也。"此调与唐人五言六句《踏歌词》迥别，求本溯源，当为其滥觞。《梅苑》词作八十四字，于第三段起二句，添一字，作七字一句，见无名氏词。

## 正 格

||(韵)|－－(读)||－－|(韵)＋－＋(读)||－－|(韵)|－－||－－|(韵)

||(韵)|＋－(读)＋|－－|(韵)＋－|(读)||＋－|(韵)|＋－＋|－－|(韵)

－||(句)|||(韵)－－(读)||－－|(韵)＋＋|－－(句)||－－|(韵)＋＋－|＋－|(韵)

**例一**

宴阕。散津亭、鼓吹扁舟发。离魂黯、隐隐阳关彻。更风愁雨细添凄切。

恨结。叹良朋、雅会轻离诀。一年价、把酒风花月。便山遥水远分吴越。

书倩雁，梦借蝶。重相见、且把归期说。只愁到他日，彼此萍踪别。总难如前会时节。

朱敦儒

**例二**

带雪。向南枝一朵江梅坼。许多时、甚处收香白。占千葩百卉先春色。

莹洁。正广寒宫殿人窥隔。销魂更、画角声声彻。剩暗香浮动黄昏月。

最潇洒处最奇绝。孤标迥、不与群芳列。吟赏竟连宵，痛饮无休歇。输有心牧童偷折。

无名氏（《梅苑》）

彩女迎金屋，仙姬出画堂。
鸾骞裁锦袖，翡翠贴花黄。
歌响舞分行，艳色动流光。
　　崔液《踏歌词》

# 秋 夜 月

　　八十四字，仄韵。调见《尊前集》。因尹鹗词起句有"三秋佳节"及"夜深，窗透数条斜月"句，取以为名。《词律》云："此比前词（指柳永词）整齐可学。"兹以尹鹗词为正体。别格作八十三字，句读参差，见柳永词。

## 正　格

　　－－－|(韵)|－－(句)－||(句)＋－－|(韵)||－－－|(句)
－－|(韵)＋－＋(句)－－|(句)＋－＋|(韵)＋＋(读)|||－－|(韵)
　　－－－|(韵)|－－(句)－||(句)＋－－|(韵)||－－－|(句)
－－|(韵)＋－－(句)－＋|(句)＋－－|(韵)＋＋(读)＋||－－|(韵)

### 例一

　　三秋佳节。罩晴空，凝碎露，茱萸千结。菊蕊和烟轻捻，酒浮金屑。微云雨，调丝竹，此时难辍。欢极，一片艳歌声揭。

　　黄昏慵别。炷沉烟，熏绣被，翠帷同歇。醉并鸳鸯双枕，暖偎春雪。语丁宁，情委曲，论心正切。夜深、窗透数条斜月。

尹　鹗

### 例二

　　当初聚散。便唤作、无由再逢伊面。近日来，不期而会重欢宴。向尊前，闲暇里，敛着眉儿长叹。惹起旧愁无限。

　　盈盈泪眼。漫向我耳边，作万般幽怨。奈你自家心下，有事难见。待音信，真个怎、别无萦绊。不免收心，共伊长远。

柳　永

尹鹗《秋夜月》颇觉迫<br/>古，而非正赏之音。<br/>沈雄《古今词话》

# 梦玉人引

八十四字,仄韵。此调有平韵仄韵两体:仄韵者,始自沈会宗;平韵者,见吕渭老词,只此一体,无别首宋词可校。兹以沈会宗词为正体。

## 正 格

+ + - |(句)+ + +(句)| - |(韵)+ | - -(句)+ + + + - |(韵)
+ | - -(句)| | -(读)+ | + - |(韵)+ | - -(句)| + - - |(韵)
| - - |(句)+ + +(读)+ | | - |(韵)| + - -(句)+ + + + -
|(韵)+ | - -(句)+ + - - |(韵)| - | - -(句)| | |(读)| - - |(韵)

**例一**

追旧游处,思前事,俨如昔。过尽莺花,横雨暴风初息。
杏子枝头,又自然、别是般天色。好傍垂杨,系画船桥侧。

小欢幽会,一霎时、光景也堪惜。对酒当歌,故人情分难
觅。山远水长,不成空相忆。这归去重来,又却是、几时来得。

沈会宗

**例二**

上危梯望,画阁迥,绣帘垂。曲水飘香,小园莺唤春归。
舞袖弓弯,正满城、烟草凄迷。结伴踏青,趁蝴蝶双飞。

赏心欢计,从别后、无意到西池。自检罗囊,要寻红叶留
诗。懒约无凭据,莺花都不知。怕人问,强开怀、细酌荼蘼。

吕渭老

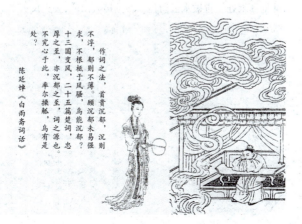

作词之法,首贵沉郁,沉则不浮,郁则不薄。顾沉郁未易强求,不根柢于风骚,乌能沉郁?十三国变风、二十五篇楚词,忠厚之至,亦沉郁之至,词之源也。不究心于此,率尔操觚,乌有是处?

陈廷焯《白雨斋词话》

# 清 波 引

八十四字，仄韵。调见《白石词》，姜夔自度曲。张炎词下片第二句改七字为六字，上下片第五句俱押韵，与姜词异。

## 正 格

+ － + | (韵) | － | (读) | － | | (韵) | － － | (韵) + － | －
| (韵) | | + － | (句) | | － － － | (韵) | － + | | － (句) + － | (读)
| | － | (韵)

　　+ － + | (韵) | － | (读) － | | | (韵) | － | (韵) | － | －
| (韵) － + + － | (句) | | + － － | (韵) + + + | | － (句) | － | | (韵)

### 例一

冷云迷浦。倩谁唤、玉妃起舞。岁华如许。野梅弄眉妩。屐齿印苍藓，渐为寻花来去。自随秋雁南来，望江国、渺何处。

新诗漫与。好风景、长是暗度。故人知否。抱幽恨难语。何时共渔艇，莫负沧浪烟雨。况有清夜啼猿，怨人良苦。

姜　夔

### 例二

江涛如许，更一夜、听风听雨。短篷容与。盘礴那堪数。弭节澄江树。不为莼鲈归去。怕教冷落芦花，谁招得、旧鸥鹭。

寒汀古溆。尽日无人唤渡。此中清楚。寄情在潭尘。难觅真闲处。肯被水云留住。冷然棹入川流，去天尺五。

张　炎（横舟。是时以湖湘廉使归）

姜夔《清波引》序：

予久客古沔，沧浪之烟雨，鹦鹉之草树，头陀、黄鹤之伟观，郎官、大别之幽处，无一日不在心目间。胜友二三，极意吟赏。竭来湘浦，岁晚凄然，步绕园梅，摘笔以赋。

# 蕙兰芳引

　　八十四字，仄韵。调见《清真乐府》，为周邦彦所创。方千里、杨泽民、陈允平俱有和词。杨词一名《蕙兰芳》，无"引"字。

## 正　格

　　−||−(句)|−|(读)|−−|(韵)|+|−−(句)+||−
+|(韵)|−||(句)+||(读)+−−|(韵)||−+|(句)||−
−−|(韵)

　　+|−−(句)+−−|(句)||−|(韵)|+|−−(句)+||
−+|(韵)+−+|(句)|−+|(韵)+|−(读)−||−−|(韵)

## 例一

　　寒莹晚空，点清镜、断霞孤鹜。对客馆深扃，霜草未衰更绿。倦游厌旅，但梦绕、阿娇金屋。想故人别后，尽日空疑风竹。

　　塞北氍毹，江南图障，是处温燠。更花管云笺，犹写寄情旧曲。音尘迢递，但劳远目。今夜长、争奈枕单人独。

周邦彦

## 例二

　　空翠染云，楚山迥、故人南北。秀骨冷盈盈，清洗九秋涧绿。奉车旧晼，料未许、千金轻赎。浅笑还不语，蔓草罗裙一幅。

　　素女情多，阿真娇重，唤起空谷。弄野色烟姿，宜扫怨蛾淡墨。光风入户，媚香倾国。湘佩寒、幽梦小窗春足。

吴文英(林钟商，俗名歇指调。赋藏一家吴郡王画兰)

逸志忘鸿鹄，
清香披蕙兰。
　　李商隐

# 踏 青 游

八十四字，仄韵。调见苏轼词，踏青时所作，因词有"踏青游"句，取以为名。《词谱》于苏词后注云："此调以此词为定格。"王诜词与苏词同，惟上下片第七八句，俱不押韵异。

## 正 格

+｜－－(句)＋＋｜－－(韵)｜＋｜(读)＋－＋｜(韵)｜－－(句)＋＋｜(句)＋－－｜(韵)＋＋｜(韵)＋＋｜－＋｜(韵)＋｜｜－－｜(韵)

+｜－－(句)＋＋｜－－(韵)｜＋｜(读)＋－＋｜(韵)｜－－(句)＋＋｜(句)＋－－｜(韵)＋＋｜(韵)＋＋｜－＋｜(韵)＋＋｜＋－｜(韵)

**例一**

改火初晴，绿遍禁池芳草。斗锦绣、大城驰道。踏青游，拾翠惜，袜罗弓小。莲步袅。腰肢佩兰轻妙。行过上林春好。

今困天涯，何限旧情相恼。念摇落、玉京寒早。任关心，空目断，蓬山难到。仙梦杳。良宵又还过了。楼台万象清晓。

苏 轼

**例二**

金勒狨鞍，西城嫩寒春晓。路渐入、垂杨芳草。过平堤，穿绿径，几声啼鸟。是处里，谁家杏花临水，依约靓妆斜照。

极目高原，东风露桃烟岛。望十里、红围绿绕。更相将，乘酒兴，幽情多少。待向晚，从头记将归去，说与凤楼人道。

王 诜

《月令广义》："蜀俗正月初八日，踏青游冶。"《岁华纪丽谱》："二月二日踏青节，初郡人游赏，散在四郊。"《秦中岁时纪》："上巳(三月初三)赐宴曲江，都人于江头禊饮，践踏青草，谓之踏青履。"

秦味芸《月令粹编》引

# 华 胥 引

八十六字，仄韵。调见《清真集》。《词谱》引《列子》："黄帝昼寝而梦，游于华胥，既寤，怡然自得。"又："二十八年，天下大治，几若华胥国矣。"调名取此。此调上片第七句和下片第六句，作上一下四句法，填者宜注意。

## 正 格

－－－｜(句)＋｜－－(句)｜－＋｜(韵)｜｜－－(句)－－｜｜－｜｜(韵)＋｜＋｜－－(句)｜＋－－｜(韵)＋｜－－(句)｜－＋｜－｜(韵)

＋｜－－(句)｜＋＋(读)｜－｜(韵)＋－＋｜(句)＋－－－｜｜(韵)－｜＋－＋｜(句)｜＋－－｜(韵)＋｜－(句)｜－＋｜－｜(韵)

### 例一

川原澄映，烟月冥蒙，去舟如叶。岸足沙平，蒲根水冷留雁唼。别有孤角吟秋，对晓风鸣轧。红日三竿，醉头扶起还怯。

离思相萦，渐看看、鬓丝堪镊。舞衫歌扇，何人轻怜细阅。检点从前恩爱，但凤笺盈箧。愁剪灯花，夜来和泪双叠。

周邦彦(秋思)

### 例二

温泉浴罢，酣酒才甦，洗妆犹湿。落莫云深，瑶台月下逢太白。素衣初染天香，对东风倾国。惆怅东阑，炯然玉树独立。

只恐江空，顿忘却、锦袍清逸。柳迷归院，欲远花妖未得。谁写一枝淡雅，傍沉香亭北。说与莺莺，怕人错认秋色。

张 炎

（黄帝）昼寝而梦，游于华胥氏之国。……其国无帅长，自然而已；其民无嗜欲，自然而已；不知乐生，不知恶死，故无夭殇；不知亲己，不知疏物，故无爱憎；不知背逆，不知向顺，故无利害。

《列子·黄帝》

# 江城梅花引

八十七字,平韵。《词谱》云:"万俟咏《梅花引》,句读与《江城子》相近,故可合为一调。程垓词,换头句藏短韵者,名《摊破江城子》。洪皓词,三声叶韵者,四首,每首有一'笑'字,名《四笑江梅引》。周密词,三声叶韵者,名《梅花引》;全押平韵者,名《明月引》。陈允平词,名《西湖明月引》。"兹以程垓词为正体。

## 正 格

+ - +‖--(韵)‖--(韵)‖-(叠)+‖+-(句)+‖
--(韵)+‖+--‖(句)++‖(句)‖--(读)‖‖-(韵)
　‖-(叠)‖-(叠)++-(韵)++-(韵)+‖-(韵)‖‖‖(句)
‖‖(读)+‖--(韵)+‖--(句)+‖-‖-(韵)+‖+--‖
‖(句)-‖(句)‖--(读)‖‖-(韵)

**例一**

　娟娟霜月冷侵门。怕黄昏。又黄昏。手捻一枝,独自对芳尊。酒又不禁花又恼,漏声远,一更更、总断魂。

　断魂。断魂。不堪闻。被半温。香半熏。睡也睡也,睡不稳、谁与温存。惟有床前,银烛照啼痕。一夜为花憔悴损,人瘦也,比梅花、瘦几分。

程　垓

**例二**

　白鸥问我泊孤舟。是身留。是心留。心若留时,何事锁眉头。风拍小帘灯晕舞,对闲影,冷清清、忆旧游。

　旧游。旧游。今在否。花外楼。柳下舟。梦也梦也,梦不到、寒水空流。漠漠黄云,湿透木棉裘。都道无人愁似我,今夜雪,有梅花、似我愁。

蒋　捷(荆溪阻雪)

《江城梅花引》,采李白诗:"江城五月落梅花。"其体盖取《江城子》前半调,《梅花引》后半调,合为此词也。

毛先舒《填词名解》

# 惜 红 衣

八十八字，仄韵。宜押入声韵。姜夔自度曲，取词内"红衣半狼藉"句为名。其词前小序云："吴兴号水晶宫，荷花盛丽。陈简斋云：'今年何以报君恩，一路荷花相送到青墩。'亦可见矣。丁未之夏，予游千岩，数往来红香中。自度此曲，以无射宫歌之。"此调上片结句与下片倒数第二句，皆为上一下四句法。

## 正 格

||－－(句)－－||(韵)|－－|(韵)＋|－－(句)－－|－|(韵)
－－||(句)＋＋＋(读)－＋－|(韵)－|(韵)＋|＋－(句)＋－－－|(韵)
　－－||(韵)＋|－－(句)－－|－|(韵)－－＋|||(韵)|－
|(韵)＋||－|(句)＋|＋－－|(韵)|＋－－|(句)－|＋＋－|(韵)

### 例一

簟枕邀凉，琴书换日。睡余无力。细洒冰泉，并刀破甘碧。墙头唤酒，谁问讯、城南诗客。岑寂。高柳晚蝉，说西风消息。

虹梁水陌。鱼浪吹香，红衣半狼藉。维舟试望故国。眇天北。可惜渚边沙外，不共美人游历。问甚时同赋，三十六陂秋色。

姜　夔

### 例二

鹭老秋丝，蘋愁暮雪，鬓那不白。倒柳移栽，如今暗溪碧。乌衣细语伤伴，惹茸红、曾约南陌。前度刘郎，寻流花踪迹。

朱楼水侧。雪面波光，汀莲沁颜色。当时醉近绣箔。夜吟寂。三十六矶重到，清梦冷云南北。买钓舟溪上，应有烟蓑相识。

吴文英

白石道人（姜夔），中兴诗家名流，词极精妙，不减清真乐府，其间高处，有美成所不能及。

黄昇《中兴绝妙词选》

# 醉思仙

　　八十八字，平韵。调见吕渭老词，因词有"怎惯不思量"及"当时醉倒残缸"句，取以为名。《词谱》以吕渭老词及孙道绚词为正体。孙词上片第八句，添一字，稍异。

## 正 格

　　｜－－(韵)｜＋－｜｜(句)＋｜－－(韵)｜＋－＋｜(句)＋｜－－(韵)＋＋｜(句)＋－＋(句)｜｜｜－－(韵)｜－－(句)｜＋｜(句)｜－＋｜－－(韵)

　　＋｜－＋｜(句)＋－＋｜－－(韵)｜＋－＋｜(句)｜｜－－(韵)＋＋｜(句)＋－＋(句)｜＋｜(读)｜－－(韵)｜－－(句)｜＋｜(句)｜－＋｜－－(韵)

**例一**

　　断人肠。正西楼独上，愁倚斜阳。称鸳鸯鸂鶒，两两池塘。春又老，人何处，怎惯不思量。到如今，瘦损我，又还无计禁当。

　　小院呼卢夜，当时醉倒残缸。被天风吹散，凤翼难双。南窗雨，西廊月，尚未散、拂天香。听莺声，悄记得，那时舞板歌梁。

吕渭老

**例二**

　　晚霞红。看山迷暮霭，烟暗孤松。动翩翩风袂，轻若惊鸿。心似鉴，鬓如云，弄清影、月明中。漫悲凉，岁冉冉，骅华潜改衰容。

　　前事销凝久，十年光景匆匆。念云轩一梦，回首春空。彩凤远，玉箫寒，夜悄悄、恨无穷。叹黄尘，久埋玉，断肠挥泪东风。

孙道绚(寓居妙湛悼亡作此)

兴废每饮之，聊向醉中仙。
李白

# 鹤 冲 天

八十八字，仄韵。调见柳永《乐章集》。集中《鹤冲天》"闲窗漏永"词，注大石调；"黄金榜上"词，注黄钟宫。此调与《喜迁莺》、《春光好》别名《鹤冲天》者不同。

## 正　格

　－－｜｜(韵)＋｜－－｜(韵)＋｜｜－－(句)－－｜(韵)｜｜－－｜(句)－｜｜－－｜(韵)－－－｜｜(韵)＋｜－－(句)｜｜｜－｜(韵)

　－－｜｜(句)－｜－－－｜(韵)＋｜｜－－(句)－－｜(韵)｜｜－－｜｜(句)－－｜(读)－－｜(韵)－－－｜｜(韵)＋｜－－(句)｜｜｜－－｜(韵)

例

　黄金榜上。偶失龙头望。明代暂遗贤，如何向。未遂风云便，争不恣游狂荡。何须论得丧。才子词人，自是白衣卿相。

　烟花巷陌，依约丹青屏障。幸有意中人，堪寻访。且恁偎红倚翠，风流事、平生畅。青春都一饷。忍把浮名，换了浅斟低唱。

柳 永

仁宗留意儒雅，务本理道，深斥浮艳虚薄之文。初，进士柳三变，好为淫冶讴歌之曲，传播四方。尝有《鹤冲天》词云："忍把浮名，换了浅斟低唱。"及临轩放榜，特落之。曰："且去浅斟低唱，何要浮名！"景祐元年方及第，后改名永，方得磨勘转官。

吴曾《能改斋漫录》

# 鱼游春水

八十九字,仄韵。《复斋漫录》云:"政和中,一中贵人使越州回,得词于古碑阴。无名无谱,不知何人作也。录以进御。命大晟府填腔,因词中语,名《鱼游春水》。"别格有多押两韵者,见赵闻礼词。

## 正 格

－－－＋｜(韵)｜＋－－｜｜(韵)＋－＋｜(句)＋｜＋－
＋｜(韵)｜＋－＋＋＋(句)＋｜－＋－－｜(韵)－｜｜－(句)＋－
－｜(韵)

＋｜－－｜｜(韵)＋｜＋－－｜(韵)－－－｜－－(句)－
－｜｜(韵)｜＋－＋＋＋(句)＋｜－｜－－｜(韵)－＋｜｜(句)｜
－－｜(韵)

**例一**

秦楼东风里。燕子还来寻旧垒。余寒犹峭,红日薄侵罗绮。嫩草方抽碧玉茵,媚柳轻窣黄金蕊。莺啭上林,鱼游春水。

几曲阑干遍倚。又是一番新桃李。佳人应怪归迟,梅妆泪洗。凤箫声绝沉孤雁,望断清波无双鲤。云山万重,寸心千里。

无名氏(春景)

**例二**

青楼临远水。楼上东风飞燕子。玉钩珠箔,密密锁红藏翠。剪胜裁幡春日戏。簇柳簪梅元夜醉。闲忆旧欢,暗弹新泪。

罗帕啼痕未洗。愁见同心双凤翅。长安十日轻寒,春衫未试。过尽征鸿知几许。不寄萧娘书一纸。愁肠断也,那人知未。

赵闻礼

余尝见《本事曲》,《鱼游<br>春水》词云:"因开汴河,得一<br>碑石,刻此词,以为唐人所作。"<br>陈鹄《耆旧续闻》

# 雪 狮 儿

　　八十九字，仄韵。此调始见程垓《书舟词》，兹即以程垓词为正体。

## 正　格

　　+－+|(句)－－||(句)－－－|(韵)+|－－(句)+|＋－－|(韵)＋－+|(韵)+||(读)＋－－|(韵)＋+|(读)＋－+|(句)＋－－|(韵)

　　|＋－－||(韵)|－－(读)＋||－－|(韵)＋|－－(句)＋|＋－－|(韵)＋－+|(韵)+||(读)＋－－|(韵)－+|(韵)||＋－－|(韵)

## 例

　　断云低晚，轻烟带暝，风惊罗幕。数点梅花，香倚雪窗摇落。红炉对谑。正酒面、琼酥初削。云屏暖、不知门外，月寒风恶。

　　迤逦慵云半掠。笑盈盈、闲弄宝筝弦索。暖极生春，已向横波先觉。花娇柳弱。渐倚醉、要人搂着。低告托。早把被香熏却。

程　垓

《狮儿词》，一名《雪狮儿》。
毛先舒《填词名解》

# 探 芳 信

九十字,仄韵。此调始见《梅溪词》。周密词名《探芳讯》;张炎词名《西湖春》。别格有作八十九字者,见周密词。

## 正 格

Ｉ－Ｉ(韵)Ｉ+Ｉ－－(句)＋－＋Ｉ(韵)ＩＩ－＋Ｉ(句)－＋Ｉ
－Ｉ(韵)＋－＋Ｉ－Ｉ(韵)＋Ｉ－－Ｉ(韵)Ｉ－－(读)ＩＩ－－(句)Ｉ
－－Ｉ(韵)

＋Ｉ＋－Ｉ(韵)Ｉ+Ｉ－－(句)＋－Ｉ(韵)ＩＩ－－(句)＋－
Ｉ(读)Ｉ－Ｉ(韵)＋－＋Ｉ－Ｉ(韵)＋Ｉ－－Ｉ(韵)Ｉ－－(读)ＩＩ－
－ＩＩ(韵)

**例一**

　　谢池晓。被酒滞春眠,诗萦芳草。正一阶梅粉,都未有人扫。细禽啼处东风软,嫩约关心早。未烧灯、怕有残寒,故园稀到。

　　说道试妆了。也为我相思,占它怀抱。静数窗棂,最欢听、鹊声好。半年白玉台边话,屡见琼钩小。指芳期、夜月花阴梦老。

史达祖

**例二**

　　步晴昼。向水院维舟,津亭换酒。叹刘郎重到,依依谩怀旧。东风空结丁香怨,花与人俱瘦。甚凄凉、暗草沿池,冷苔侵甃。

　　桥外晚风骤。正香雪随波,浅烟迷岫。废苑尘梁,如今燕来否。翠云零落空堤冷,往事休回首。最销魂、一片斜阳恋柳。

周　密(西泠春感)

宋南渡后,梅溪、白石、竹屋、梦窗诸子,极妍尽态,反有秦、李未到者。虽神韵天然处或减,要自令人有观止之叹,正如唐绝句,至晚唐刘宾客、杜京兆,妙处反进青莲、龙标一尘。

王士禛《花草蒙拾》

# 八六子

九十一字，平韵。秦观词有"黄鹂又啼数声"句，又名《感黄鹂》。《词谱》以晁补之词为正体。全词以六字句为主。别格作八十八字，见秦观词。

## 正 格

｜－－(韵)｜－－｜(句)＋－＋｜－－(韵)｜｜｜＋＋＋(句)
＋＋－＋＋｜(句)－－｜＋＋－(韵)

－－＋｜－－(韵)＋｜＋－＋｜(句)＋－｜｜－－(韵)｜＋
｜－－(句)＋－－｜(句)｜－＋｜(句)｜｜－－(韵)－－｜(读)｜｜－－
｜｜(句)＋－＋｜－－(韵)｜－－(韵)－－｜－｜－(韵)

**例一**

喜秋晴。淡云萦缕，天高群雁南征。正露冷初减兰红，风紧潜凋柳翠，愁人漏长梦惊。

重阳景物凄清。渐老何时无事，当歌好在多情。暗自想朱颜，并游同醉，宦名缰锁，世路蓬萍。难相见、赖有黄花满把，从教渌酒深倾。醉休醒。醒来旧愁旋生。

晁补之（重九即事呈徐倅祖禹十六叔）

**例二**

倚危亭。恨如芳草，萋萋刬尽还生。念柳外青骢别后，水边红袂分时，怆然暗惊。

无端天与娉婷。夜月一帘幽梦，春风十里柔情。怎奈向、欢娱渐随流水，素弦声断，翠绡香减，那堪片片飞花弄晚，蒙蒙残雨笼晴。正销凝。黄鹂又啼数声。

秦 观

宋人词中以此词（晁词）为正体。此调虽始自杜牧，而杜词后段第二句起，凡三十一字始押一韵，似太辽阔，疑有讹处，且晁词较谐音律，又为宋人常用之体，故采晁词为式。

林大椿《词式》

# 夏 云 峰

　　九十一字,平韵。调见《乐章集》。《词谱》以柳永词为正体。张元幹词与柳词同,惟上片起句不押韵,上下片第八九句,俱两字一读,句读稍异。别格有《梅苑》无名氏词和赵长卿词,虽亦俱作九十一字,然句读参差,不可为法。

## 正 格

　　＋＋－(韵)＋－丨(读)＋＋＋丨－－(韵)－丨丨－＋丨(句)丨丨－－(韵)＋－－丨(句)＋丨丨(读)＋丨－－(韵)＋丨丨(读)＋－丨丨(句)＋－丨－－(韵)

　　＋－＋丨＋－(韵)＋－丨(读)＋＋＋丨－－(韵)－丨丨－＋丨(句)丨丨－－(韵)＋－－丨(句)＋丨丨(读)＋丨－－(韵)＋丨丨(读)＋－丨丨(句)＋丨－－(韵)

**例一**

　　宴堂深。轩楹雨、轻压暑气低沉。花洞彩舟泛斝,坐绕清浔。楚台风快,湘簟冷、永日披襟。坐久觉、疏弦脆管,时换新音。

　　越娥兰态蕙心。逞妖艳、昵欢邀宠难禁。筵上笑歌间发,鸟履交侵。醉乡归处,须尽兴、满酌高吟。向此免、名韁利锁,虚费光阴。

柳　永

**例二**

　　涌冰轮,飞沆瀣,霄汉万里云开。南极瑞占象纬,寿应三台。锦肠珠唾,钟间气、卓荦天才。正暑、有祥光照社,玉燕投怀。

　　新堂深处捧杯。乍香泛水芝,空翠风回。凉送艳歌缓舞,醉堕瑶钗。长生难老,都道是、柏叶仙阶。笑傲、且山中宰相,平地蓬莱。

张元幹(丙寅六月为筠翁寿)

　　(前后段第三句第四句)是十字一气,所谓可上可下者也。结句“向此免”以下,亦是语气贯下,音韵谐适,不必拘也。

万树《词律》

# 醉 翁 操

九十一字，平韵。此本琴曲。苏轼自序云："琅琊幽谷，山川奇丽，泉鸣空涧，若中音会。醉翁喜之，把酒临听，辄欣然忘归。既去十余年，而好奇之士沈遵闻之，往游，以琴写其声，曰《醉翁操》。节奏疏宕，而音指华畅，知琴者以为绝伦。然有其声而无其辞。翁虽为作歌，而与琴声不合。又依《楚辞》作《醉翁引》。好事者亦倚其辞以制曲。虽粗合韵度，而琴声为词所绳约，非天成也。后三十余年，翁既捐馆舍，遵亦没久矣。有庐山玉涧道人崔闲，特妙于琴，恨此曲之无词，乃谱其声，而请东坡居士以补之云。"《词谱》云："此本琴曲，所以苏词不载，自辛稼轩编入词中，复遂沿为词调。在宋人中，亦只有辛词一首可校。"此词可平可仄即据辛词校。此词以元、寒、删、先，四韵同用。辛弃疾词以东、冬、江，三韵同用，犹遵古韵，填者审之。

## 正 格

－－(韵)－－(韵)－－(韵)｜－－(韵)－－(韵)－－｜＋＋－－(韵)｜＋－｜－(韵)＋｜－(韵)＋｜｜－－(韵)｜＋－＋－｜－(韵)｜－｜｜(句)－－｜－(韵)｜－｜｜(句)＋｜－－｜－(韵)＋｜－－－－(韵)｜｜－－－－(韵)＋－－｜－(韵)－－－｜－(韵)＋｜｜－－(韵)｜－＋｜－｜－(韵)

### 例

琅然。清圆。谁弹。响空山。无言。惟翁醉中知其天。月明风露娟娟。人未眠。荷蒉过山前。曰有心也哉此贤。

醉翁啸咏，声和流泉。醉翁去后，空有朝吟夜怨。山有时而童巅。水有时而回川。思翁无岁年。翁今为飞仙。此意在人间。试听徽外三两弦。

苏 轼

庆历中，欧阳文忠公谪守滁州，有琅琊幽谷，山川奇丽，鸣泉飞瀑，声若环佩。公临听忘归。僧智仙作亭其上，公刻石为记，以遵州人。既去十年，太常博士沈遵，好奇之士，闻而往游，其山水秀绝，以吟写其声为醉翁吟，盖宫声三叠后，会公河朔。遵援琴作之，公歌以遗遵，并为《醉翁引》，以叙其事，然调不注声，为知琴者所惜。后三十余年，公薨，遵亦没。其后庐山道人崔闲，遵客也。妙于琴理，常恨此曲无词，乃谱其声，请于东坡居士子瞻，以补其缺，然后声词皆备，遂为琴中绝妙。
陈秀明《东坡诗话录》

# 东风齐着力

九十二字，平韵。调见《草堂诗余》。为胡浩然除夕词也。《礼记·月令》云："孟春之月，东风解冻。"又唐诗人曹松《除夜》诗："残腊即又尽，东风应渐闻。"调名源此。《词谱》云："此调只有此词，无别首宋词可校。"列此以备一格。

## 正 格

－｜－－(句)－－－｜(句)｜｜－－(韵)＋－｜｜(句)｜｜｜－－(韵)｜｜－－｜｜(句)－－｜(读)｜｜－－(韵)－－｜(句)－－｜｜(句)＋｜－－(韵)

｜｜｜－－(韵)－｜｜(读)｜－｜｜－－(韵)＋－｜｜(句)｜｜｜－－(韵)｜｜－－｜｜(句)－－｜(读)｜｜－－(韵)－－｜(句)－－｜｜(句)＋｜－－(韵)

**例**

残腊收寒，三阳初转，已换年华。东君律管，迤逦到山家。处处笙簧鼎沸，排佳宴、坐列仙娃。花丛里，金炉满爇，龙麝烟斜。

此景转堪夸。深意祝、寿山福海增加。玉觞满泛，且莫厌流霞。幸有迎春寿酒，银瓶浸、几朵梅花。休辞醉，园林秀色，百草萌芽。

胡浩然(除夕)

作词难，选词尤难。以我之才思，发我之性情，犹易也。以我之性情，通古人之性情，则非易矣。

陈廷焯《白雨斋词话》

# 金盏倒垂莲

九十二字。此调有平韵仄韵两体:平韵者,见《琴趣外篇》及《梅苑词》;仄韵者,见《松隐词》。

## 正 格

－｜－－(句)｜＋－＋｜(句)＋｜－－(韵)＋｜－－(句)＋｜｜－－(韵)｜｜｜(读)－－－｜(句)｜－－｜－－(韵)｜｜｜｜(句)－－＋｜－－(韵)

－－＋－＋｜(句)｜＋－＋｜(句)＋｜－－(韵)＋｜－－(句)＋｜｜－－(韵)｜｜｜(读)－－－｜(句)｜－－｜－－(韵)｜｜｜｜(句)－－＋｜－－(韵)

**例一**

休说将军,解弯弓掠地,昆岭河源。彩笔题诗,绿水映红莲。算总是、风流余事,会须行乐年年。况有一部,随轩脆管繁弦。

多情旧游尚忆,寄秋风万里,鸿雁天边。未学元龙,豪气笑求田。也莫为、庭槐兴叹,便伤摇落凄然。后会一笑,犹堪醉倒花前。

晁补之

**例二**

谷雨初晴,对晓霞乍敛,暖风凝露。翠云低映,捧花王留住。满阑嫩红贵紫,道尽得、韶光分付。禁籞浩荡,天香巧随天步。

群仙倚春似语。遮丽日、更着轻罗深护。半开微吐。隐非烟非雾。正宜夜阑秉烛,况更有、姚黄娇妒。徘徊纵赏,任放蒙蒙柳絮。

曹 勋(牡丹)

元丰七年秋宴,神庙举御觞示丞相王岐公下,忽暴得风疾,手颤觞倒,余酒沾污御袍。是时京师方盛歌倒金盏,皇城司中官以为不祥,有奏者辄收系之,由是遂绝。先楚公进裕陵复挽词有云:"辂从元朔朝时破,花是高秋宴后蓁。"二句皆当时实事也。

陆游《老学庵笔记》

# 法曲献仙音

　　九十二字,仄韵。周密词名《献仙音》;姜夔词名《越女镜心》,唐张籍《酬朱庆余》诗有"越女新妆出镜心"句,姜词调名本此。陈旸《乐书》云:"法曲兴于唐,其声始出清商部,比正律差四律,有铙、钹、钟、磬之音。《献仙音》其一也。"又云:"法曲乐器,有琵琶、五弦筝、箜篌、笙笛、𩮞篥、方响、拍板,其曲所存,不过道调《望瀛》、小石《献仙音》而已,其余皆不复见矣。"

## 正　格

　　+|－－(句)＋－－|(句)||－－－|(韵)＋|－－－(句)|－
－|(句)＋＋＋＋－－|(韵)|＋|－－－|(韵)－－|－|(韵)
　　|－|(韵)|－－(读)|－＋|(句)－＋|(读)－||－＋|(韵)
＋||－－(句)|＋＋(读)－＋－|(韵)＋|－－－(句)|－＋(读)＋＋＋
|(韵)|＋－＋|(句)||－－－|(韵)

## 例

　　蝉咽凉柯,燕飞尘幕,漏阁签声时度。倦脱纶巾,困便湘竹,桐阴半侵庭户。向抱影凝情处。时闻打窗雨。

　　耿无语。叹文园、近来多病,情绪懒、尊酒易成间阻。缥缈玉京人,想依然、京兆眉妩。翠幕深中,对徽容、空在纨素。待花前月下,见了不教归去。

周邦彦

谱,字训不通,莫知是非。或谓今燕部有《献仙音》曲,乃小石调法曲,今《献仙音》乃其遗声。然宽素本道调法曲,今燕部有《献仙音》,相传是宽素谱,未知孰是。

今蒲中逍遥楼栏上有唐人横书梵字,

沈括《梦溪笔谈》

# 意 难 忘

　　九十二字,平韵。此调只此一体,宋人俱如此填。兹以程垓词为正体。《词谱》此首误作苏轼词。此词上下片第四五两句,例作五言对偶,第七句例作上一下四句法,填者宜遵之。

## 正 格

　　+丨－－(韵)丨+－+丨(句)+丨－－(韵)+－－丨丨(句)+丨丨－－(韵)－丨丨(读)丨－－(韵)+ +丨－－(韵)丨+ +(读)+ － －丨(句)+丨－－(韵)
　　+－+丨－－(韵)丨+－+丨(句)+丨－－(韵)+－－丨丨(句)+丨丨－－(韵)－丨丨(读)丨－－(韵)+ +丨－－(韵)丨+ +(读)+ － +丨(句)+丨－－(韵)

**例一**

　　花拥鸳房。记驼肩髻小,约鬓眉长。轻身翻燕舞,低语啭莺簧。相见处、便难忘。肯亲度瑶觞。向夜阑、歌翻郢曲,带换韩香。

　　别来音信难将。似云收楚峡,雨散巫阳。相逢情有在,不语意难量。些个事、断人肠。怎禁得凄惶。待与伊、移根换叶,试又何妨。

程　垓

**例二**

　　清泪如铅。叹咸阳送远,露冷铜仙。岩花纷坠雪,津柳暗生烟。寒食后、暮江边。草色更芊芊。四十年,留春意绪,不似今年。

　　山阴欲棹归船。暂停杯雨外,舞剑灯前。重逢应未卜,此别转堪怜。凭急管、倩繁弦。思苦调难传。望故乡、都将往事,付与啼鹃。

范晞文

　　昔人论诗词,有景语、情语之别。不知一切景语,皆情语也。
　　王国维《人间词话》

# 塞 翁 吟

　　九十二字,平韵。调见《清真乐府》。取《淮南子》塞上叟事为调名。此词上片第五句、第十句,例作上一下四句法。

## 正 格

　　+丨——丨(句)+丨+丨——(韵)+ +丨(句)丨——(韵)丨丨丨——(韵)——丨丨——丨(句)+丨丨——(韵)+丨丨(句)丨——(韵)丨+丨——(韵)

　　——(韵)+ +丨(读)———丨(句)—+丨(读)——丨——(韵)丨+丨(读)———+丨(句)丨—丨(读)丨丨——(句)+丨——(韵)+ —丨丨(句)丨丨——(句)+丨——(韵)

**例一**

　　暗叶啼风雨,窗外晓色胧朣。散水麝,小池东。乱一岸芙蓉。蕲州簟展双纹浪,轻帐翠缕如空。梦远别,泪痕重。淡铅脸斜红。

　　忡忡。嗟憔悴、新宽带结,羞艳冶、都销镜中。有蜀纸、堪凭寄恨,等今夜、洒血书词,剪烛亲封。菖蒲渐老,早晚成花,教见薰风。

周邦彦

**例二**

　　有约西湖去,移棹晓折芙蓉。算才是,称心红。染不尽薰风。千桃过眼春如梦,还认锦叠云重。弄晚色,旧香中。旋撑入深丛。

　　从容。情犹赋、冰车健笔,人未老、南屏翠峰。转河影、浮槎信早,素妃叫、海月归来,太液池东。红衣卸了,结子成莲,天劲秋浓。

吴文英(饯梅津除郎赴阙)

　　近塞上之人,有善术者,马无故亡而入胡,人皆吊之。其父曰:"此何遽不为福乎?"居数月,其马将胡骏马而归,人皆贺之。其父曰:"此何遽不能为祸乎?"家富良马,其子好骑,堕而折其髀,人皆吊之。其父曰:"此何遽不为福乎?"居一年,胡人大入塞,丁壮者引弦而战,近塞之人,死者十九,此独以跛之故,父子相保。故福之为祸,祸之为福,化不可极,深不可测也。

《淮南子·人间训》

# 露　华

九十二字，仄韵。唐李白《清平调》云："春风拂槛露华浓。"调名本此。此调有仄韵、平韵两体，周密平韵词名《露华慢》。兹以王沂孙仄韵词为正体。

## 正　格

+－|∣(韵)∣∣∣－－(句)＋|－∣(韵)∣∣＋－(句)＋∣＋－－∣(韵)∣＋＋∣－－(句)＋∣∣－－(韵)－＋∣(句)－－∣＋(句)∣＋－∣(韵)

+－|∣－∣(韵)∣∣∣－－(句)＋∣－∣(韵)∣∣＋－＋∣(句)＋∣－∣(韵)＋＋＋∣－－(句)＋∣∣－∣(韵)－＋∣(句)－－∣－∣∣(韵)

**例一**

绀葩乍坼。笑烂漫娇红，不是春色。换了素妆，重把青螺轻拂。旧歌共渡烟江，却占玉奴标格。风霜峭，瑶台种时，付与仙骨。

闲门昼掩凄恻。似淡月梨花，重化清魄。尚带唾痕香凝，怎忍攀摘。嫩绿渐满溪阴，蔌蔌粉云飞出。芳艳冷，刘郎未应认得。

王沂孙(碧桃)

**例二**

暖消蕙雪，渐水纹漾锦，云淡波溶。岸香弄蕊，新枝轻袅条风。次第燕归将近，爱柳眉、桃靥烟浓。鸳径小，芳屏聚蝶，翠渚飘鸿。

六桥旧情如梦，记扇底宫眉，花下游骢。选歌试舞，连宵恋醉珍丛。怕里早莺啼醒，问杏钿、谁点愁红，心事悄，春娇又入翠峯。

周　密(忆别和寄闲韵)

云想衣裳花想容，
春风拂槛露华浓。
若非群玉山头见，
会向瑶台月下逢。
——李白《清平调》

# 凄 凉 犯

九十三字，仄韵。此调为姜夔自度曲。自注："仙吕调犯商调。"其词前小序云："合肥巷陌皆种柳，秋风夕起骚骚然。予客居阖户，时闻马嘶。出城四顾，则荒烟野草，不胜凄黯，乃著此解。琴有《凄凉调》，假以为名。凡曲言犯者，谓以宫犯商、商犯宫之类。如道调宫'上'字住，双调亦'上'字住。所住字同，故道调曲中犯双调，或于双调曲中犯道调，其他准此。唐人乐书云：'犯有正、旁、偏、侧。宫犯宫为正，宫犯商为旁，宫犯角为偏，宫犯羽为侧。'此说非也。十二宫所住字各不同，不容相犯，十二宫特可犯商、角、羽耳。予归行都，以此曲示国工田正德，使以哑觱栗角吹之，其韵极美，亦曰《瑞鹤仙影》。"谱内可平可仄据吴文英词和张炎词校。

## 正 格

　＋－｜｜(韵)－－｜(读)－－｜｜－｜(韵)＋＋｜＋(句)＋－＋｜(句)｜－＋｜(韵)－－｜｜(韵)｜＋｜－－｜(韵)｜－－(读)＋＋＋＋(句)＋｜｜－｜(韵)

　＋｜＋－｜(句)＋｜－－(句)｜－－｜(韵)＋－｜｜(句)｜－－(读)｜－－｜(韵)＋｜－－(句)｜－｜－｜｜(韵)｜－－(读)＋＋＋(句)｜｜｜(韵)

**例**

　绿杨巷陌。秋风起、边城一片离索。马嘶渐远，人归甚处，戍楼吹角。情怀正恶。更衰草寒烟淡薄。似当时、将军部曲，迤逦度沙漠。

　追念西湖上，小舫携歌、晚花行乐。旧游在否，想如今、翠凋红落。漫写羊裙，等新雁来时系着。怕匆匆、不肯寄与，误后约。

姜　夔

自宣政间，周美成、柳耆卿出，自制乐章，有曰："侧犯"、"尾犯"、"花犯"、"玲珑四犯"。
张端义《贵耳集》

# 满 江 红

九十三字,仄韵。宜用入声韵。此调有仄韵平韵两体。仄韵词,宋人填者最多,其体不一,《词谱》以柳词为正体。此调激越高亢,多咏豪壮情感,抒发襟怀。

## 正　格

　　+|－－(句)+||(读)+－+|(韵)－+|(读)+－+|(句)+－
－|(韵)+|+－－||(句)+－+|－－|(韵)|+ +(读)+||
－－(句)－－|(韵)
　　－+|(句)－+|(韵)－+|(句)－+|(韵)|+－+|(句)+|
－|(韵)+|+－－||(句)+－+|－－|(韵)|+ +(读)+||
－－(句)－－|(韵)

**例一**

　　暮雨初收,长川静、征帆夜落。临岛屿、蓼烟疏淡,苇风萧索。几许渔人飞短艇,尽载灯火归村落。遣行客、当此念回程,伤漂泊。

　　桐江好,烟漠漠。波似染,山如削。绕严陵滩畔,鹭飞鱼跃。游宦区区成底事,平生况有云泉约。归去来、一曲仲宣吟,从军乐。

柳 永

**例二**

　　怒发冲冠,凭栏处、潇潇雨歇。抬望眼、仰天长啸,壮怀激烈。三十功名尘与土,八千里路云和月。莫等闲、白了少年头,空悲切。

　　靖康耻,犹未雪。臣子恨、何时灭。驾长车踏破,贺兰山缺。壮志饥餐胡虏肉,笑谈渴饮匈奴血。待从头、收拾旧山河,朝天阙。

岳 飞

《满江红》,唐《冥音录》载曲名《上江虹》,后转易二字得今名。

毛先舒《填词名解》

# 一 枝 春

九十四字，仄韵。此调为南宋杨缵自度曲。张炎词与杨词同，惟上下片第二句，俱作五字一句，四字一句，上片第八句多押一韵异。

## 正 格

+｜－－(句)｜－－(读)｜｜－－－｜(韵)－－｜｜(句)＋｜｜－＋｜(韵)－－｜｜(句)｜－｜(读)｜－－｜(韵)－｜＋(读)＋｜－－(句)｜＋｜－－｜(韵)

－＋｜－－｜(韵)｜－－(读)｜｜－－－｜(韵)－－｜｜(句)＋｜｜－＋｜(韵)－－｜｜(句)｜－｜(读)｜－－｜(韵)－｜＋(读)＋｜－－(句)｜－｜｜(韵)

**例一**

竹爆惊春，竞喧阗、夜起千门箫鼓。流苏帐暖，翠鼎缓腾香雾。停杯未举，奈刚要、送年新句。应自有、歌字清圆，未夸上林莺语。

从他岁穷日暮。纵闲愁、怎减刘郎风度。屠苏办了，迤逦柳欺梅妒。宫壶未晓，早骄马、绣车盈路。还又把、月夜花朝，自今细数。

杨　缵（除夕）

**例二**

竹外横枝，并阑干试数，风才一信。幺禽对语，仿佛醉眠初醒。遥知是雪，甚都把、暮寒消尽。清更润。明月飞来，瘦却旧时疏影。

东阁漫撩诗兴。料西湖树老，难认和靖。晴窗自好，胜事每来独领。融融向暖，笑尘世、万花犹冷。须酿成、一点春腴，暗香在鼎。

张　炎（为陆浩斋赋梅南）

至除夕，则比屋以五色钱纸酒果，以迎送六神于门。至夜贲烛糊盆，红映霄汉，爆竹鼓吹之声，喧阗彻夜，谓之"聒厅"。小儿女终夕博戏不寐，谓之"守岁"。守岁之词虽多，极难其选，独杨守斋《一枝春》最为近世所称。

周密《武林旧事》

# 六 幺 令

九十四字，仄韵。王灼《碧鸡漫志》："或云：此曲拍无过六字者，故曰六幺。《六幺》一名《绿腰》；一名《乐世》；一名《录要》。"《乐章集》注仙吕调。《词谱》以柳永词为正体。

## 正 格

+－+∣(句)+∣－－∣(韵)+－+＋－∣(句)+∣+－∣(韵)
+∣－－∣∣(句)+∣－∣(韵)+－－∣(句)+－+∣(句)+∣+
－∣－∣(韵)
　∣∣－－－∣(句)+∣－－∣(韵)+∣+∣－－(句)+∣－
∣(韵)+∣－－∣∣(句)+∣－∣(韵)+－－∣(句)+－+∣(句)
∣+－∣－∣(韵)

**例一**

淡烟残照，摇曳溪光碧。溪边浅桃深杏，迤逦染春色。昨夜扁舟泊处，枕底当滩碛。波声渔笛。惊回好梦，梦里欲归归不得。

展转翻成无寐，因此伤行役。思念多媚多娇，咫尺千山隔。都为深情密爱，不忍轻离拆。好天良夕。鸳帏寂寞，算得也应暗相忆。

柳　永

**例二**

绿阴春尽，飞絮绕香阁。晚来翠眉宫样，巧把远山学。一寸狂心未说，已向横波觉。画帘遮匝。新翻曲妙，暗许闲人带偷掐。

前度书多隐语，意浅愁难答。昨夜诗有回文，韵险还慵押。都待笙歌散了，记取留时霎。不消红蜡。闲云归后，月在庭花旧阑角。

晏幾道

杨慎云：古之六博，即今骰子也。晋谢艾传，枭者邀也，六博得么者胜。即骰子之么也。曲名六幺序，义取六博之采。

沈雄《古今词话》

# 玉 漏 迟

九十四字，仄韵。韩嘉彦词(《词谱》作宋祁词)起句不押韵，北宋词俱照此填；赵闻礼词起句押韵，南宋词俱照此填。

## 正 格

+－－||(句)+－+|(句)+－－|(韵)+|+－(句)+|+
－－|(韵)+|+－+|(句)++|(读)+－－|(韵)－||(韵)++
++(句)+－－|(韵)

+++|－－(句)++|－－(句)+－－|(韵)+|+－(句)+
|+－－|(韵)+|+－+|(韵)++|(读)+－－|(韵)－||(韵)
+++|－－|(韵)

例一

　　杏香消散尽，须知自昔，都门春早。燕子来时，绣陌乱铺芳草。蕙圃妖桃过雨，弄笑脸、红篩碧沼。深院悄。绿杨巷陌，莺声争巧。

　　早是赋得多情，更遇酒临花，镇辜欢笑。数曲阑干，故国漫劳凝眺。汉外微云尽处，乱峰锁、一竿修竹。间琅玕。东风泪零多少。

韩嘉彦

例二

　　絮花寒食路。晴丝胃日，绿阴吹雾。客帽欺风，愁满画船烟浦。彩柱秋千散后，恨尘销、燕帘莺户。从间阻。梦云无准，鬓霜如许。

　　夜久绣阁藏娇，记掩扇传歌，剪灯留语。月约星期，细把花须频数。弹指一襟幽恨，漫空倩、啼鹃声诉。深院宇。黄昏杏花微雨。

赵闻礼

（韩嘉彦《玉漏迟》）案《草堂诗余》前集卷上此首作无名氏；《类编草堂诗余》卷三误作宋祁词；别又误入吴文英《梦窗词集》。

《全宋词》

# 尾　犯

　　九十四字，仄韵。调见《乐章集》，"夜雨滴空阶"词，作九十四字，注正宫；"晴烟幂幂"词，作九十八字，注林钟商。秦观词名《碧芙蓉》。别格蒋捷、晁补之、《梅苑》无名氏词之添字者，皆为变体。

## 正　格

　　+｜｜－－(句)－｜｜－(句)－｜－｜(韵)+｜－－(句)｜－－－｜(韵)++｜(读)－－｜｜(句)｜－－(读)+－｜｜(韵)+－－｜(句)+｜+－(句)+｜+－｜(韵)

　　+－－｜｜(句)+｜｜+－｜(韵)+｜－－(句)｜－－－｜(韵)++｜(读)－－－｜(句)｜－－(读)+－｜｜(韵)+－+｜(句)｜｜+｜+－｜(韵)

**例一**

　　夜雨滴空阶，孤馆梦回，情绪萧索。一片闲愁，想丹青难貌。秋渐老、蛩声正苦，夜将阑、灯花旋落。最无端处，总把良宵，只恁孤眠却。

　　佳人应怪我，别后寡信轻诺。记得当初，剪香云为约。甚时向、幽闺深处，按新词、流霞共酌。再同欢笑，肯把金玉珍珠博。

柳　永

**例二**

　　晴烟幂幂。渐东郊芳草，染成轻碧。野塘风暖，游鱼动触，冰澌微坼。几行断雁，旋次第、归霜碛。咏新诗、手捻江梅，故人赠我春色。

　　似此光阴催逼。念浮生，不满百。虽照人轩冕，润屋珠金，于身何益。一种劳心力。图利禄、殆非长策。除是恁、点检笙歌，访寻罗绮消得。

柳　永

　　自宣政间，周(邦彦)、柳(永)诸公自制乐章，有《侧犯》、《尾犯》、《花犯》、《玲珑四犯》等曲
毛先舒《填词名解》

# 雪 梅 香

九十四字，平韵。此调为柳永所创。《乐章集》注正宫。上片第三句为上一下四句式。

## 正 格

Ｉ—Ｉ(句)——＋ＩＩ——(韵)Ｉ———Ｉ(句)＋—ＩＩ——(韵)＋Ｉ＋—Ｉ—Ｉ(句)Ｉ——ＩＩ——(韵)＋—Ｉ(句)ＩＩ——(句)＋Ｉ——(韵)

——(韵)Ｉ—Ｉ(句)ＩＩ——(句)ＩＩ——(韵)＋Ｉ——(句)＋—ＩＩ——(韵)＋Ｉ＋—Ｉ—Ｉ(句)Ｉ——ＩＩ——(韵)＋—Ｉ(句)Ｉ——(句)＋Ｉ——(韵)

**例一**

景萧索，危楼独立面晴空。动悲秋情绪，当时宋玉应同。渔市孤烟袅寒碧，水村残叶舞愁红。楚天阔，浪浸斜阳，千里溶溶。

临风。想佳丽，别后愁颜，镇敛眉峰。可惜当年，顿乖雨迹云踪。雅态妍姿正欢洽，落花流水忽西东。无聊意，尽把相思，分付征鸿。

柳 永

**例二**

岁将暮，云帆风卷正凄凉。见梅花呈瑞，素英淡薄含芳。千片逞姿向江国，一枝无力倚邻墙。凝眸望，昨夜前村，雅态难忘。

争妍斗鲜洁，皓彩寒辉，冷艳清香。姑射真人，更兼傅粉容光。梁苑奇才动佳句，汉宫娇态学严妆。无聊恨，独对光辉，别岸垂杨。

无名氏(《词谱》)

真字是词骨。情真、景真，所作必佳，且易脱稿。
况周颐《蕙风词话》

# 水调歌头

　　九十五字，平韵，上下片两六言句夹押仄韵。据《隋唐嘉话》，《水调歌》为隋炀帝开凿汴河时所作。《词谱》云："《水调》，乃唐人大曲，凡大曲有歌头，此必裁截其歌头，另倚新声也。"毛滂词名《元会曲》；张榘词名《凯歌》。别格有不夹押仄韵者，有平仄互押，几于句句用韵者。兹以苏轼夹押仄韵词为正体。

## 正 格

　　+|| −|(句) +|| − −(平韵) + − −|− +(句) +|| −−(叶平) +|− −|(仄韵) +| − −|(叶仄) +|| −−(叶平) +|+ −|(句) +|| − −(叶平)

　　+ + +(句) + +|(句)|− −(叶平) + − −|(句) − + +|| −−(叶平) +|− −|(换仄韵) +| − −|(叶仄) +|| −−(叶平) +|+ −|(句) +|| − −(叶平)

**例**

　　明月几时有，把酒问青天。不知天上宫阙，今夕是何年。我欲乘风归去。又恐琼楼玉宇。高处不胜寒。起舞弄清影，何似在人间。

　　转朱阁，低绮户，照无眠。不应有恨，何事长向别时圆。人有悲欢离合。月有阴晴圆缺。此事古难全。但愿人长久，千里共婵娟。

　　　　　　　苏　轼(丙辰中秋，欢饮达旦，大醉，作此篇，兼怀子由)

　　《乐苑》曰："《水调》，商调曲也。"旧说：《水调》、《河传》，隋炀帝幸江都时所制。曲成奏之，声韵悲切。

　　　　郭茂倩《乐府诗集》

# 扫花游

　　九十五字，仄韵。此调以周邦彦词为正体。因词中有"扫花寻路"句，取以为名。《全宋词》名《扫地花》；《词谱》名《扫地游》。别格有作起句多用一韵者，见杨无咎词。

## 正　格

　　＋－｜｜(句)｜＋｜－－(句)＋－－｜(韵)＋－｜｜(韵)｜－－
＋｜(句)｜－＋｜(韵)｜｜－－(句)＋｜＋－＋｜(韵)＋－｜(韵)｜＋
＋｜－(句)＋＋－｜(韵)

　　＋＋＋＋｜(韵)｜＋｜－－(句)＋－－｜(韵)＋－｜｜(韵)｜
－－＋｜(句)｜－＋｜(韵)｜｜－－(句)＋｜＋－＋｜(韵)＋－｜(韵)
｜－－(读)｜－＋｜(韵)

### 例一

　　晓阴翳日，正雾霭烟横，远迷平楚。暗黄万缕。听鸣禽按曲，小腰欲舞。细绕回堤，驻马河桥避雨。信流去。想一叶怨题，今在何处。

　　春事能几许。任占地持杯，扫花寻路。泪珠溅俎。叹将愁度日，病伤幽素。恨入金徽，见说文君更苦。黯凝伫。掩重关、遍城钟鼓。

周邦彦

### 例二

　　乳莺啭午。正好梦初醒，小轩清楚。水沉细缕。趁游丝落絮，缓随风舞。冒起春心，又是愁云怨雨。玉人去。遍徙倚旧时，曾并肩处。

　　相望知几许。纵远隔云山，不遮愁路。捧杯荐俎。记低歌丽曲，共论心素。薄恨斜阳，不道离情最苦。正凝伫。向谯门、又催笳鼓。

杨无咎

呼童且扫花边地，
便作群仙醉倒傍。
　　　　舒亶

# 满 庭 芳

　　九十五字，平韵。据《词谱》，此调又名《锁阳台》、《满庭霜》、《潇湘夜雨》、《话桐乡》、《江南好》、《满庭花》、《转调满庭芳》。陈叔方《颍川语小》云："作词于《满庭芳》换头处第二字当押韵，如秦少游云：'销魂。当此际。'周美成云：'年年。如社燕。'魂、年，韵也。"过片两句亦有并为五言句者。

## 正　格

　　+|－－(句)＋－＋|(句)＋－＋|－－(韵)＋－＋|(句)＋|－－(韵)＋|＋－＋|(句)＋＋|(读)|＋|－－(韵)－－|(句)＋－＋|(句)＋||－－(韵)

　　＋－(韵)－||(句)＋－＋|(句)＋|－－(韵)|＋＋－|(句)|－－(韵)＋|＋－＋|(句)＋＋|(读)|＋|－－(韵)－－|(句)＋－＋|(句)＋||－－(韵)

**例**

　　风老莺雏，雨肥梅子，午阴嘉树清圆。地卑山近，衣润费炉烟。人静乌鸢自乐，小桥外、新绿溅溅。凭栏久，黄芦苦竹，疑泛九江船。

　　年年。如社燕，飘流瀚海，来寄修椽。且莫思身外，长近尊前。憔悴江南倦客，不堪听、急管繁弦。歌筵畔，先安簟枕，容我醉时眠。

　　　　　　　　　　　　　*周邦彦（夏日溧水无想山作）*

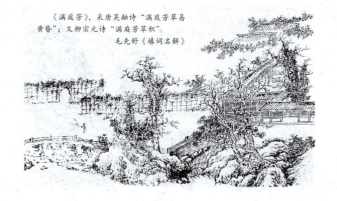

　　《满庭芳》，采唐吴融诗"满庭芳草易黄昏"；又柳宗元诗"满庭芳草积"。
　　　　　　　　　　*毛先舒《填词名解》*

# 徵 招

　　九十五字,仄韵。《宋史·乐志》:"政和间,诏以大晟雅乐,施于燕飨,御殿按试,补徵角二调,播之教坊。"调名始此。《词谱》以赵以夫词为正体。此词上下片第四句和下片结句,为上一下四句法,填者宜依之。

## 正 格

　　|－+|－－|(句)－－|－－|(韵)|||－－(句)|+－+|(韵)+－－||(韵)++|(读)+－－|(韵)||－－(句)|－－|(句)|－－|(韵)

　　+||－－(句)－－|(读)－－|－－|(韵)|||－－(句)|+－+|(韵)+－－||(韵)++|(读)+－－|(韵)+－|(读)||+－(句)||－－|(韵)

**例**

　　玉壶冻裂琅玕折,骎骎逼人衣袂。暖絮涨空飞,失前山横翠。欲低还又起。似妆点、满园春意。记忆当时,刹中情味,一溪云水。

　　天际绝人行,高吟处、依稀灞桥邻里。更剪剪梅花,落云阶月地。化工真解事。强勾引、老来诗思。楚天暮、驿使不来,怅曲阑独倚。

赵以夫(雪)

召太师曰:"为我作君臣相说之乐。"盖《徵招》、《角招》是也。
《孟子·梁惠王》

# 天 香

九十六字，仄韵。《法苑珠林》云："天童子天香甚香。"调名本此。《词谱》云："此调以贺（铸）、王（观）、毛（滂）、吴（文英）四词为正体。"宋人多以此调咏龙涎香。

## 正 格

+|－－(句)+－－+|(句)++++－|(韵)+|－－(句)+－+|(句)||+－－|(韵)+－－+|(句)++|(读)+－+|(韵)+|+－+|(句)－+++－|(韵)

+++－+|(韵)|－－(读)++－|(韵)+|+－+|(句)|－－|(韵)+|－－||(韵)|+|(读)－－+|(韵)+|－－(句)－－||(韵)

**例一**

烟络横林，山沉远照，迤逦黄昏钟鼓。烛映帘栊，蛩催机杼，共苦清秋风露。不眠思妇，齐应和、几声砧杵。惊动天涯倦宦，骎骎岁华行暮。

当年酒狂自负。谓东君、以春相付。流浪征骖北道，客樯南浦。幽恨无人晤语。赖明月、曾知旧游处。好伴云来，还将梦去。

贺　铸

**例二**

孤峤蟠烟，层涛蜕月，骊宫夜采铅水。泛远槎风，梦深薇露，化作断魂心字。红瓷候火，还乍识、冰环玉指。一缕萦帘翠影，依稀海天云气。

几回殢娇半醉。剪春灯、夜寒花碎。更好故溪飞雪，小窗深闭。荀令如今顿老，总忘却、尊前旧风味。谩惜余熏，空篝素被。

王沂孙（龙涎香）

楼观沧海日，门对浙江潮。
桂子月中落，天香云外飘。
宋之问《灵隐寺》

# 汉 宫 春

九十六字,平韵。《高丽史·乐志》名《汉宫春慢》。依据《词谱》,此调有平韵仄韵两体,平韵以晁冲之词为正体,仄韵以康与之词为正体。

## 正 格

+|－－(句)|＋－＋|(句)＋|－－(韵)－－＋＋＋|(句)＋|－－(韵)－－＋|(句)|＋＋(读)＋|－－(韵)＋||(读)＋－＋|(句)＋－＋|－－(韵)

+|＋－＋|(句)|＋－＋|(句)＋|－－(韵)－－＋＋＋|(句)＋|－－(韵)－－＋|(句)|＋＋(读)＋|－－(韵)＋||(读)＋－＋|(句)＋－＋|－－(韵)

**例一**

潇洒江梅,向竹梢稀处,横两三枝。东君也不爱惜,雪压风欺。无情燕子,怕春寒、轻失花期。惟是有、南来归雁,年年长见开时。

清浅小溪如练,问玉堂何似,茅舍疏篱。伤心故人去后,冷落新诗。微云淡月,对孤芳、分付他谁。空自倚、清香未减,风流不在人知。

晁冲之(梅)

**例二**

云海沉沉,峭寒收建章,雪残鸦鹊。华灯照夜,万井禁城行乐。春随鬓影,映参差、柳丝梅萼。丹禁杳、鳌峰对耸,三山上通寥廓。

春衫绣罗香薄。步金莲影下,三千绰约。冰轮桂满,皓色冷浸楼阁。霓裳帝乐,奏升平、天风吹落。留凤辇、通宵宴赏,莫放漏声闲却。

康与之(慈宁殿元夕被旨作)

晁冲之撰。压卷《汉宫春》梅词(潇洒江梅)行于世,或云李汉老(邴)作,非也。

陈振孙《直斋书录解题》

# 步 月

九十六字。此调有平韵仄韵两体:平韵者,见史达祖《梅溪词》;仄韵者,见施岳《梅川词》。仄韵词,前结七字一句,四字一句,后结三字一句,六字一句,较平韵词少两字;上片次句押韵,换头句不押短韵,而押于句末,较平韵词多一韵。

## 正 格

||－－(句)|－－|(句)|－－|－－(韵)|－－|(句)－|
|－－(韵)|－|(读)－－||(句)||＋(读)－|－－(韵)－－|(读)－
－||(句)－||－－(韵)

－－(韵)－||(句)|－|||(句)－|－－(韵)|－－|(句)－
||－－(韵)|－|(读)－－||(句)||＋(读)－|－－(韵)－－|(句)
－－|||－－(韵)

**例一**

剪柳章台,问梅东阁,醉中携手初归。逗香帘下,璀璨缕金衣。正依约、冰丝射眼,更茬苒、蟾玉西飞。轻尘外、双鸳细蹙,谁赋洛滨妃。

霏霏。红雾绕,步摇共鬓影,吹入花围。管弦将散,人静烛笼稀。泥私语、香樱乍破,怕夜寒、罗袜先知。归来也,相偎未肯入重帏。

史达祖

**例二**

玉宇薰风,宝阶明月。翠丛万点晴雪。炼霜不就,散广寒霏屑。采珠蓓、绿萼露滋,嗅银艳、小莲冰洁。花魂在、纤指嫩痕,素英重结。

枝头香未绝。还是过中秋,丹桂时节。醉乡冷境,怕翻成消歇。玩芳味、春焙旋熏,贮秾韵、水沉频爇。堪怜处,输与夜凉睡蝶。

施 岳(茉莉)

# 剑器近

　　九十六字,仄韵。调名取自唐杜甫诗《观公孙大娘剑器行》。唐舞曲有《剑器》。《词谱》云:"《宋史·乐志》:'教坊奏《剑器》曲,其一属中吕宫;其二属黄钟宫。'又有《剑器》舞队。此云近者,其声调相近也。""近"为宋教坊曲体之一种。龙榆生考其调云:"此当是截取《剑器曲》中之一段为之。"此调《词律》不载,《词谱》云:"此调惟有此词,无别首可校。"情调抑郁低徊。

## 正 格

　　|–|(韵)|||(读)–––|(韵)|–|––|(韵)|–|(韵)
|–|(韵)|||(读)––||(韵)––|––|(韵)|–|(韵)
　　–|(韵)|––||(韵)––||(句)|||(句)||–|(韵)
––––||(句)|–––|(句)|––|–|(韵)|––|(韵)
||––(句)||––||(韵)|–||––|(韵)

**例**

　　夜来雨。赖倩得、东风吹住。海棠正妖娆处。且留取。悄庭户。试细听、莺啼燕语。分明共人愁绪。怕春去。

　　佳树。翠阴初转午。重帘未卷,乍睡起,寂寞看风絮。偷弹清泪寄烟波,见江头故人,为言憔悴如许。彩笺无数。去却寒暄,到了浑无定据。断肠落日千山暮。

袁去华

　　大历二年十月十九日,夔府别驾元持宅,见临颍李十二娘舞剑器,壮其蔚跂,问其所师,曰:"余公孙大娘弟子也。"开元三载,余尚童稚,记于郾城观公孙氏舞剑器浑脱,浏漓顿挫,独出冠时。
　　杜甫《观公孙大娘弟子舞剑器行》序

# 黄 莺 儿

九十六字，仄韵。此调为柳永所创，即咏黄莺儿。上下片中各以一平声字领五言对句。别格有作九十七字者，见晁补之词。

## 正 格

　　+－－｜－－｜(韵)+｜－－(句)－｜－－(句)+ + －－(句)+
+ －｜(韵)－｜｜｜－－(句)｜｜－－－｜(韵)｜－－｜－－(句)｜｜
－－(句)－｜－｜(韵)
　　－｜(韵)｜｜｜－－(句)｜｜－－－｜(韵)｜－－ +(句)｜｜－
－－(句)－－ + + －｜(韵)－｜｜｜－－(句)｜｜－－｜(韵)｜+ +｜
－－(句)+｜－－｜(韵)

**例一**

　　园林晴昼春谁主。暖律潜催，幽谷暄和，黄鹂翩翩，乍迁芳树。观露湿缕金衣，叶映如簧语。晓来枝上绵蛮，似把芳心，深意低诉。

　　无据。乍出暖烟来，又趁游蜂去。恣狂踪迹，两两相呼，终朝雾吟风舞。当上苑柳秾时，别馆花深处。此际海燕偏饶，都把韶光与。

柳 永

**例二**

　　南园佳致偏宜暑。两两三三，修篁新笋出初齐，猗猗过檐侵户。听乱飐芰荷风，细洒梧桐雨。午余帘影参差，远树蝉声，幽梦残处。

　　凝伫。既往尽成空，暂遇何曾住。算人间事，岂足追思，依依梦中情绪。观数点茗浮花，一缕香萦炷。怪来人道陶潜，做得羲皇侣。

晁补之(东皋寓居)

打起黄莺儿，莫教枝上啼。
啼时惊妾梦，不得到辽西。
金昌绪《春怨》

# 塞 垣 春

九十六字，仄韵。调见《片玉词》，为周邦彦所创。周密词名《采绿吟》。《词谱》即以周邦彦词为正体。别格有作九十八字者，于下片第二句添两字，见吴文英词。

## 正 格

||－－|(韵)|||(读)－－|(韵)－－||(句)|－－|(句)
－|－|(韵)|+－||－－|(韵)|||(读)－－|(韵)|－－(读)
－－|(句)|－－|－|(韵)

+||－－(句)－－|(读)－|－|(韵)|||－－(句)+－|
－|(韵)|－－(读)+|－|(句)－－|(读)|－－－|(韵)+||－
|(句)|－－||(韵)

## 例一

暮色分平野。傍苇岸、征帆卸。烟村极浦，树藏孤馆，秋景如画。渐别离气味难禁也。更物象、供潇洒。念多才、浑衰减，一怀幽恨难写。

追念绮窗人，天然自、风韵娴雅。竟夕起相思，漫嗟怨遥夜。又还将、两袖珠泪，沉吟向、寂寥寒灯下。玉骨为多感，瘦来无一把。

周邦彦

## 例二

漏瑟侵琼管。润鼓借、烘炉暖。藏钩怯冷，画鸡临晓，邻语莺啭。殢绿窗、细咒浮梅盏。换蜜炬、花心短。梦惊回、林鸦起，曲屏春事天远。

迎路柳丝裙，看争拜东风，盈瀳桥岸。髻落宝钗寒，恨花胜迟燕。渐街帘影转，还似新年，过邮亭、一相见。南陌又灯火，绣囊尘香浅。

吴文英(丙午岁旦)

《塞垣春》，塞垣二字出《后汉书·鲜卑列传》。
徐釚《词苑丛谈》引《南濠诗话》

# 八声甘州

九十七字,平韵。唐边塞曲。原名《甘州》。张炎词名《潇潇雨》;白朴词名《燕瑶池》。《词谱》云:"此调前后段八韵,故名'八声'。"此调以柳永词为正体。填者当注意词中较多的领格字,以及连属句法。别格有上片首句作五言、八言两句者,如张元幹词。

## 正　格

丨＋－＋丨丨－－(句)＋＋丨－－(韵)丨＋－＋丨(句)＋－＋丨(句)＋丨－－(韵)＋丨＋－＋丨(句)＋丨丨－－(韵)＋丨＋－丨(句)＋丨－－(韵)

＋丨＋－＋丨(句)丨＋－－丨(句)＋丨－－(韵)丨＋－＋丨(句)＋丨丨－－(韵)丨＋＋(读)＋－＋丨(句)丨＋－(读)丨丨－－(韵)－－丨(读)＋－＋丨(句)＋丨－－(韵)

**例**

对潇潇暮雨洒江天,一番洗清秋。渐霜风凄紧,关河冷落,残照当楼。是处红衰翠减,苒苒物华休。惟有长江水,无语东流。

不忍登高临远,望故乡渺邈,归思难收。叹年来踪迹,何事苦淹留。想佳人、妆楼颙望,误几回、天际识归舟。争知我、倚阑干处,正恁凝愁。

柳　永

《甘州》,世不见,今仙吕调有曲破,有八声慢,有令,而中吕调有像甘州八声,他宫调不见也。凡大曲就本宫调制引、序、慢、近、令,盖度曲者常态。若像甘州八声,即是用其法于中吕调,此例甚广。伪蜀毛文锡,有《甘州遍》,顾敻、李珣有《倒排甘州》,顾敻又有《甘州子》,皆不着宫调。

王灼《碧鸡漫志》

# 长亭怨慢

　　九十七字,仄韵。此调为姜夔自度曲。或作《长亭怨》,无慢字。姜词小序云:"予颇喜自制曲,初率意为长短句,然后协以律,故前后阕多不同。桓大司马(温)云:'昔年种柳,依依汉南。今看摇落,凄怆江潭。树犹如此,人何以堪。'此语予深爱之。"

## 正　格

　　|+|(读)+－+|(韵)+|－+(句)|+－|(韵)||－－(句)
+－||－|(韵)|－－|(句)－||(读)－－|(韵)+||－
－(句)－+|(读)+－－|(韵)

　　+|(韵)|－－+|(句)+|+－－|(韵)+－||(句)|+
(读)+－－|(韵)++(读)+|－(句)|+|(读)+－－|(韵)|+
|－－(句)+|+－－|(韵)

## 例

　　渐吹尽、枝头香絮。是处人家,绿深门户。远浦萦回,暮帆零乱向何许。阅人多矣,谁得似、长亭树。树若有情时,不会得、青青如此。

　　日暮。望高城不见,只见乱山无数。韦郎去也,怎忘得、玉环分付。第一是、早早归来,怕红萼、无人为主。算空有并刀,难剪离愁千缕。

　　　　　　　　　　　　　　　　　　姜　夔

　　麦孺博云:(姜夔《长亭怨慢》)浑灏流转,夺胎稼轩。

　　　　　　《艺蘅馆词选》

# 凤凰台上忆吹箫

　　九十七字，平韵。调名取自《列仙传拾遗》吹箫引凤故事。《高丽史·乐志》一名《忆吹箫》。《词谱》以晁补之词为正体。别格有作九十五字者，见李清照词。

## 正　格

　　+|－－(句)＋－－|(句)＋－－|－－(韵)|＋|(读)－－|
|(句)＋|－－(韵)＋＋＋－＋|(句)＋＋(读)＋|－－(韵)＋－|(句)
＋＋|＋(句)＋|－－(韵)

　　－＋＋－|(句)－＋|(句)＋－＋|－－(韵)|＋|(读)－－
||(句)＋|－－(韵)＋＋＋－＋|(句)＋＋(读)＋|－－(韵)＋－
|(句)＋＋||－－(韵)

**例一**

　　千里相思，况无百里，何妨暮往朝还。又正是、梅初淡伫，禽未绵蛮。陌上相逢缓辔，风细细、云日斑斑。新晴好，得意未妨，行尽春山。

　　应携后房小妓，来为我，盈盈对舞花间。便拚了、松醪翠满，蜜炬红残。谁信轻鞍射虎，清世里、曾有人闲。都休说，帘外夜久春寒。

晁补之（自金乡之济至羊山迎次膺）

**例二**

　　香冷金猊，被翻红浪，起来慵自梳头。任宝奁尘满，日上帘钩。生怕离怀别苦，多少事、欲说还休。新来瘦，非干病酒，不是悲秋。

　　休休。这回去也，千万遍阳关，也则难留。念武陵人远，烟锁秦楼。惟有楼前流水，应念我、终日凝眸。凝眸处，从今又添，一段新愁。

李清照

　　《列仙传拾遗》云，萧史善吹箫，作鸾凤之响。秦穆公有女弄玉，善吹箫，公以妻之，遂教弄玉作凤鸣。居十数年，凤凰来止。公为作凤台，夫妇止其上。数年，弄玉乘凤，萧史乘龙去。调名取此。

　　　　　　　　　　　《词谱》

# 庆 清 朝

　　九十七字，平韵。一名《庆清朝慢》。《词谱》云："此调前后段第四五句，惟王(观)词作上六下四，宋人如此填者甚少。史(达祖)词作上四下六。曹(勋)词，李(清照)词前段用王词体，后段用史词体。而宋人依史词体填者为多。"兹依《词谱》，以史达祖词为正体。

## 正　格

　　‖——(句)＋—‖(句)＋＋＋‖——(韵)——‖(句)＋＋＋‖—一(韵)＋‖＋——‖(句)＋—＋‖——(韵)——‖(句)‖—＋‖(句)＋‖——(韵)

　　＋‖＋——‖(句)‖—一‖(句)‖—一(韵)——‖(句)＋＋＋‖—一(韵)＋‖＋——‖(句)＋—＋‖——(韵)——‖(句)‖—＋‖(句)＋‖——(韵)

**例**

　　坠絮孳萍，狂鞭孕竹，偷移红紫池亭。余花未落，似供残蝶经营。赋得送春诗了，夏帷揎断绿阴成。桑麻外，乳鸦稚燕，别样芳情。

　　荀令旧香易冷，叹俊游疏懒，枉自销凝。尘侵谢屐，幽径斑驳苔生。便觉寸心尚老，故人前度漫丁宁。空相娱，祓兰曲水，挑菜东城。

史达祖

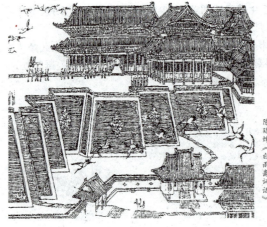

也；差以毫釐，谬以千里矣。　陈廷焯《白雨斋词话》<br>文采可也，浮艳不可也；朴实可也，鄙陋不可

# 声 声 慢

　　九十七字。《词谱》云："此调有平韵仄韵两体：平韵者，以晁补之、吴文英、王沂孙词为正体；仄韵者，以高观国词为正体。"宋人多宗平韵格；而李清照词所用入声韵，最为世所传诵，兹据以为正格。晁补之词名《胜胜慢》；吴文英词有"人在小楼"句，名《人在楼上》。别格有作一韵到底者，如蒋捷词。毛先舒《填词名解》云："词以慢名者，慢曲也。拖音袅娜，不欲辄尽。"

## 正 格

－－丨丨(韵)丨丨－－(句)－－丨丨丨(韵)丨丨－－－丨(句)
丨－－丨(韵)－－丨+丨丨(句)丨+－(读)丨+＋丨(韵)丨丨丨(句)丨
－－(读)丨丨丨－－丨(韵)
　　丨丨－－－丨(韵)－丨丨(读)－－丨－丨(韵)丨丨－－(句)丨
丨丨－丨丨(韵)－－丨+丨丨(句)丨+－(读)丨+＋丨(韵)丨丨丨(句)
丨丨丨(读)－丨丨丨(韵)

**例**

　　寻寻觅觅。冷冷清清，凄凄惨惨戚戚。乍暖还寒时候，最难将息。三杯两盏淡酒，怎敌他、晚来风急。雁过也，正伤心、却是旧时相识。

　　满地黄花堆积。憔悴损、如今有谁堪摘。守着窗儿，独自怎生得黑。梧桐更兼细雨，到黄昏、点点滴滴。这次第，怎一个、愁字了得。

李清照

　　此词首句四字，他作皆不起韵，与第二句四字时偶。第四五句，李词作上六下四，然查他家此词，则皆于第四字断句。
　　　　　　　　　　　《考正白香词谱》

# 迷 神 引

　　九十七字，仄韵。此调以柳永词为正体。若朱雍词之多押两韵，乃变体也。

## 正　格

　　+｜－－－－｜(韵)｜｜＋－－｜(韵)－－｜｜(句)｜－－｜(韵)｜－－(句)－－｜(句)＋－｜(韵)＋｜－－－｜(句)＋－｜(韵)＋｜－－｜(句)｜－｜(韵)

　　｜｜－－(句)｜｜－－｜(韵)｜｜－－(句)－－｜(韵)｜－＋｜(句)｜－＋(读)－－｜(韵)｜－－(句)－－｜(句)＋－｜(韵)＋｜－－｜(句)＋－｜(韵)－－－－｜(句)｜＋｜(韵)

**例一**

　　红板桥头秋光暮。淡月映烟方煦。寒溪蘸碧，绕垂杨路。重分飞，携纤手，泪如雨。波急隋堤远，片帆举。倏忽年华改，尚期阻。

　　暗觉春残，渐渐飘花絮。好夕良天，长孤负。洞房闲掩，小屏空、无心觑。指归云，仙乡杳，在何处。遥夜香衾暖，算谁与。知他深深约，记得否。

柳　永

**例二**

　　白玉楼高云光绕。望报新蟾同照。前村暮雪，霁梅林道。泂风平，波声渺。喜登眺。疏影寒枝袅。太春早。临水凝清浅，靓妆巧。

　　瘦体伤离，向此萦怀抱。觉璧华轻，冰痕小。倦听塞管，转鸣咽、令人老。素光回，长亭静，无尘到。烟锁横塘暖，香径悄。飞英难拘束，任春晓。

朱　雍

　　诗人必有轻视外物之意，故能以奴仆命风月。又必有重视外物之意，故能与花鸟共忧乐。

王国维《人间词话》

# 倦寻芳

九十七字，仄韵。一名《倦寻芳慢》。《词谱》以潘元质词为正体，宋人俱如此填。别格作九十六字，见王雱词。

## 正　格

　　＋－＋∣(句)＋∣－－(句)＋＋－∣(韵)＋∣－－(句)＋∣∣
－∣(韵)＋∣－－－∣∣(句)＋－＋∣－－∣(韵)∣－－(句)∣＋＋
＋＋(句)＋－－∣(韵)

　　∣∣∣(读)－－＋∣(句)＋∣－－(句)＋＋－∣(韵)＋∣－－(句)
＋∣∣－－∣(句)＋－＋∣－－∣(韵)∣－－(句)
∣＋＋(句)∣－－∣(韵)

**例一**

　　兽环半掩，鸳甃无尘，庭院潇洒。树色沉沉，春尽燕娇
莺姹。梦草池塘青渐满，海棠轩槛红相亚。听箫声，记秦楼
夜约，彩鸾齐跨。

　　渐迤逦、更催银箭，何处贪欢，犹系骄马。旋剪灯花，两
点翠眉谁画。香灭羞回空帐里，月高犹在重帘下。恨疏狂，
待归来，碎揉花打。

潘　汾（闰思）

**例二**

　　露晞向晚，帘幕风轻，小院闲昼。翠迳莺来，惊下乱红
铺绣。倚危墙，登高榭，海棠经雨胭脂透。算韶华，又因循
过了，清明时候。

　　倦游燕、风光满目，好景良辰，谁共携手。恨被榆钱，买
断两眉长斗。忆得高阳人散后。落花流水仍依旧。这情
怀，对东风，尽成消瘦。

王　雱

　　（潘汾《倦寻芳》）前半皆景语也。换头
以下，则触景生情，复缘情布景，节节转换，
秾丽周密，譬之织锦家，真窦氏回文梭矣。
　　　　　　《词林纪事》引《词筌》

# 暗 香

　　九十七字,仄韵。宜用入声韵。此调为姜夔自度曲。其小序云:"辛亥之冬,予载雪诣石湖,止既月,授简索句,且征新声,作此两曲。石湖把玩不已,使工妓隶习之,音节谐婉,乃名之曰《暗香》、《疏影》(见后一百十字)。"张炎以此调咏荷花,更名《红情》。

## 正 格

　　+－+|(韵)|+－+|(句)+－－|(韵)||+－(句)+|－－|－|(韵)+|+－||(句)+++(读)+－－|(句)+++(读)+|－－(句)+||－|(韵)

　　+|(韵)|+|(韵)||++－(句)++－|(韵)|－||(韵)－|+－|－|(韵)+|－－+|(句)+++(读)+－－|(韵)|+(读)－||(句)|－+|(韵)

例

　　旧时月色。算几番照我,梅边吹笛。唤起玉人,不管清寒与攀摘。何逊而今渐老,都忘却、春风词笔,但怪得、竹外疏花,香冷入瑶席。

　　江国。正寂寂。叹寄与路遥,夜雪初积。翠尊易泣。红萼无言耿相忆。长记曾携手处,千树压、西湖寒碧。又片片、吹尽也,几时见得。

　　　　　　　　　　　　　　　　　　　姜 夔

　　小红,顺阳公(范成大)青衣也,有色艺。顺阳公之请老,姜尧章诣之。一日授简征新声,尧章制《暗香》、《疏影》两曲。公使二妓隶习之,音节清婉。姜尧章归吴兴,公寻以小红赠之。其夕大雪,过垂虹赋诗曰:"自琢新词韵最娇,小红低唱我吹箫。曲终过尽松陵路,回首烟波十四桥。"

　　　　　　　　　　　　　　陆友仁《砚北杂志》

# 瑶台第一层

九十七字,平韵。陈师道《后山诗话》云:"武才人出庆寿宫,裕陵得之,会教坊献新声,为作词,号《瑶台第一层》。"此调张元幹另首作九十八字,于下片第三句,添一字,稍异。

## 正 格

+|－－(句)－||(读)－－||－(韵)|－－|(句)＋－＋|(句)
+|－－(韵)|－－||(句)||＋(读)＋|－－(韵)＋－|(句)|＋
－－|(句)＋|－－(韵)

　－－(韵)＋－＋|(句)|－＋||－－(韵)|－－|(句)＋－＋
|(句)|＋－－(韵)|－||(句)||＋(读)＋|－－(韵)|－－(韵)
|＋－－|(句)＋|－－(韵)

**例一**

宝历祥开,飞练上、青冥万里光。石城形胜,秦淮风景,威凤来翔。腊余春色早,兆钓璜、贤佐兴王。对熙旦,正格天同德,全魏分疆。

荧煌。五云深处,化钧独运斗魁旁。绣裳龙尾,千官师表,万事平章。景钟文瑞世,醉尚方、难老金浆。庆垂芳。看云屏间坐,象笏堆床。

张元幹(寿)

**例二**

江左风流,钟间气、洲分二水长。凤凰台畔,投怀玉燕,照社神光。豆花初秀雨,散暑空、洗出秋凉。庆生诞,正圆蟾呈瑞,仙桂飘香。

眉扬。掞文摘藻,看乘云跨鹤下鹓行。紫枢将命,紫微加绋,常近君王。旧山同梓里,荷月旦、久已平章。九霞觞。荐刀圭丹饵,衮绣朝裳。

张元幹

武才人以色最后庭,
教坊词名《瑶台第一层》,
● 托意于梅云:(词略)
吴曾《能改斋漫录》

# 醉 蓬 莱

　　九十七字,仄韵。毛先舒《填词名解》云:"《醉蓬莱》,李适之有九品酒器,其一蓬莱盏,其五金蕉叶。"赵磻老词有"璧月流光,雪消寒峭"句,名《雪月交光》;韩淲词有"玉作山前,冰为水际,几多风月"句,名《冰玉风月》。《词谱》以柳永词为正体,注云:"此词前段起句,第五句、第八句,后段第六句、第九句,皆作上一下四句法。"

## 正　格

　　|+－+|(句)+|－－(句)+－－|(韵)+|－－(句)|+－－|(韵)+|－－(句)+－－|(句)|+－－|(韵)+|－－(句)+－+|(句)+－－|(韵)

　　+|－－(句)+－+|(句)+|－－(句)+－－|(韵)+|－－(句)|+－－|(韵)+|－－(句)+－+|(句)|+－－|(韵)+|－－(句)+－+|(句)+－－|(韵)

例

　　渐亭皋叶下,陇首云飞,素秋新霁。华阙中天,锁葱葱佳气。嫩菊黄深,拒霜红浅,近宝阶香砌。玉宇无尘,金茎有露,碧天如水。

　　正值升平,万几多暇,夜色澄鲜,漏声迢递。南极星中,有老人呈瑞。此际宸游,凤辇何处,度管弦声脆。太液波翻,披香帘卷,月明风细。

柳　永

　　柳三变游东都南、北二巷,作新乐府,骫骳从俗,天下咏之,遂传禁中。仁宗颇好其词,每对酒,必使侍从歌之再三。三变闻之,作宫词号《醉蓬莱》,因内官达后宫,且求其助。仁宗闻而觉之,自是不复歌其词矣。会改京官,乃以无行黜之,后改名永,仕至屯田员外郎。

陈师道《后山诗话》

# 万　年　欢

　　九十八字,平韵。唐教坊曲名。一名《满朝欢》。《高丽史·乐志》名《万年欢慢》。此调有两体:平韵者,作九十八字,始自王安礼;仄韵者,作一百字,始自晁补之。兹以王安礼仄韵体为正格。

## 正　格

　　‖－－(韵)｜＋－＋｜(句)＋｜－－(韵)＋｜－－(句)－＋＋｜－－(韵)＋｜－－‖(句)｜＋＋(读)＋｜－－(韵)－－｜(读)＋｜－－(句)｜－｜‖－－(韵)

　　－－＋＋＋＋(句)｜＋＋＋＋(句)＋｜－－(韵)＋｜－－－｜(句)＋｜－－(韵)＋｜－－‖(句)｜＋＋(读)＋｜－－(韵)－－｜(读)＋｜－－(句)＋｜－－(韵)

例

　　雅出群芳。占春前信息,腊后风光。野岸邮亭,繁似万点轻霜。清浅溪流倒影,更黯淡、月色笼香。浑疑是、姑射冰姿,寿阳粉面初妆。

　　多情对景易感,况淮天庾岭,迢递相望。愁听龙吟凄绝,画角悲凉。念昔因谁醉赏,向此际、空恼危肠。终须待、结实恁时,佳味堪赏。

王安礼

　　《万年欢》,沿唐教坊曲名,亦名《满朝欢》。
　　　　　　　　　　毛先舒《填词名解》

# 双双燕

九十八字，仄韵。此调见《梅溪词》，为史达祖所创，词咏双燕，即赋题本意。上片首句为一二一句式，上片第二句和下片第三句首字为领格字，宜用去声，当遵之。

## 正格

|－||(句)|＋|－－(句)|－－|(韵)＋－＋|(句)＋||－
－|(韵)－|－－||(韵)|＋|(读)－－＋|(韵)－－||－－(句)|
|－－－|(韵)

　　－|(韵)－－||(韵)|＋|－－(句)|－－|(韵)＋－＋|(句)
＋||－－|(韵)－|－－|(韵)|＋|(读)－－＋|(韵)－＋|
|＋－(句)＋||－＋|(韵)

### 例一

　　过春社了，度帘幕中间，去年尘冷。差池欲住，试入旧巢相并。还相雕梁藻井。又软语、商量不定。飘然快拂花梢，翠尾分开红影。

　　芳径。芹泥雨润。爱贴地争飞，竞夸轻俊。红楼归晚，看足柳昏花暝。应自栖香正稳。便忘了、天涯芳信。愁损翠黛双蛾，日日画阑独凭。

史达祖(咏燕)

### 例二

　　小桃谢后，双双燕，飞来几家庭户。轻烟晓暝，湘水暮云遥度。帘外余寒未卷，共斜入、红楼深处。相将占得雕梁，似约韶光留住。

　　堪举。翩翩翠羽。杨柳岸，泥香半和梅雨。落花风软，戏逐乱红飞舞。多少呢喃意绪。尽日向、流莺分诉。还又怜过短墙，谁会万千言语。

吴文英

贺黄公谓："姜论史词，不称其'软语商量'而称其'柳昏花暝'，固知不免项羽学兵法之恨。"然"柳昏花暝"，自是欧、秦辈句法，前后有画工、化工之殊，吾从白石，不能附和黄公矣。

王国维《人间词话》

# 扬 州 慢

　　九十八字，平韵。此调为姜夔自度曲。其词序云："淳熙丙申至日，予过维扬。夜雪初霁，荠麦弥望。入其城则四顾萧条，寒水自碧，暮色渐起，戍角悲吟。予怀怆然，感慨今昔。因自度此曲，千岩老人以为有黍离之悲也。"谱内可平可仄据赵以夫、李莱老词。上片第四第五两句和下片第三句皆为一、四句式。此调悲凉感慨。

## 正 格

　　＋｜－－(句)＋－＋｜(句)＋－＋｜－－(韵)｜－－＋｜(句)＋＋｜－－(韵)｜＋｜(读)－－＋｜(句)＋－＋｜(句)＋｜－－(韵)｜－－(读)＋＋－＋(句)－｜－－(韵)

　　＋－＋｜(句)｜－－(读)＋｜－－(韵)｜＋｜－－(句)＋－＋｜(句)＋｜－－(韵)｜｜＋－－｜(句)－－｜(读)＋｜－－(韵)｜＋－－｜(句)＋－＋｜－－(韵)

**例**

　　淮左名都，竹西佳处，解鞍少驻初程。过春风十里，尽荠麦青青。自胡马、窥江去后，废池乔木，犹厌言兵。渐黄昏、清角吹寒，都在空城。

　　杜郎俊赏，算而今、重到须惊。纵豆蔻词工，青楼梦好，难赋深情。二十四桥仍在，波心荡、冷月无声。念桥边红药，年年知为谁生。

姜　夔

　　绍兴三十年，完颜亮南寇，江淮军败，中外震骇。亮寻为其臣下弑于瓜洲。此词作于淳熙三年，寇平已十有六年，而景物萧条，依然废池乔木之感。此与《凄凉犯》当同属江淮乱后之作。

　　郑文焯批《白石道人歌曲》

# 芰荷香

九十八字,平韵。调见《大声集》。《词谱》云:"宋人填此调者,句读悉同。惟换头句,或七字,或六字耳。"换头句减一字,作九十七字者,见赵彦端词。

## 正 格

｜－－(韵)｜－＋｜｜(句)＋｜－－(韵)＋－＋｜(句)＋＋＋｜
－－(韵)＋－＋｜(句)｜＋＋(读)＋｜－－(韵)＋｜＋＋－(韵)＋－
｜｜(句)＋｜－－(韵)

＋｜－－｜＋｜(句)｜＋－＋｜(句)｜－－(韵)＋－＋｜(句)
＋＋＋｜－(韵)＋－＋｜(句)｜＋＋(读)＋｜－－(韵)＋｜＋＋
－(韵)＋－｜｜(句)＋｜－－(韵)

**例一**

　　小潇湘。正天影倒碧,波面容光。水仙朝罢,间列绿盖红幢。风吹细雨,荡十顷、泹泹清香。人在水晶中央。霜绡雾縠,襟袂收凉。

　　款放轻舟闹红里,有蜻蜓点水,交颈鸳鸯。翠阴密处,曾觅相并青房。晚霞散绮,泛远净、一叶鸣榔。拟去尽促雕舫。歌云未断,月上飞梁。

万俟咏

**例二**

　　燕初归。正春阴暗淡,客意凄迷。玉筯无味,晚花雨褪凝脂。多情细柳,对沈腰、浑不胜垂。别袖忍见离披。江南陌上,强半红飞。

　　乐事从今一梦散,纵锦囊空在,金椀谁挥。舞裙歌扇,故应闲锁幽闺。练江诗就,算舣舟、宁不相思。肠断莫诉离杯。青云路稳,白首心期。

赵彦端(席上用韵送程德远罢金溪)

制芰荷以为衣兮,集芙蓉以为裳。

屈原《离骚》

# 并蒂芙蓉

九十八字，仄韵。吴曾《能改斋漫录》云："政和癸巳，大晟乐成。嘉瑞既至，蔡元长(京)以晁端礼次膺荐于徽宗。诏乘驿赴阙。次膺至都，会禁中嘉莲生。分苞合跗，复出天造，人意有不能形容者。次膺效乐府体属词以进，名《并蒂芙蓉》。"

## 正　格

||－－(句)|＋－||(句)－－－|(韵)＋||－－(句)|－
|－|(韵)－－|－||(句)||－－＋－|(韵)|－||(韵)|
－－(读)||－－－|(韵)

　－－|－||(句)|＋－||(句)－－－|(韵)＋||－－(句)
|－|－|(韵)－－|－||(句)||－－＋－|(韵)|－||(韵)
|－－(读)|－－|(韵)

例

　　太液波澄，向鉴中照影，芙蓉同蒂。千柄绿荷深，并丹脸争媚。天心眷临圣日，殿宇分明敞嘉瑞。弄香嗅蕊。愿君王、寿与南山齐比。

　　池边屡回翠辇，拥群仙醉赏，凭阑凝思。尊绿揽飞琼，共波上游戏。西风又看露下，更结双双新莲子。斗妆竞美。问鸳鸯、向谁留意。

晁端礼

俱飞蛱蝶元相逐，
并蒂芙蓉本自双。
杜　甫

# 孤 鸾

九十八字，仄韵。此调始见朱敦儒《太平樵唱》。兹即以朱敦儒词为正体。此词上下片结句，作上一下四句法，填者宜辨之。

## 正 格

　+－－｜(韵)｜+｜－－(句)＋－－｜(韵)｜｜－－(句)｜｜－－－｜(韵)－－｜－｜｜(句)｜－(读)｜－－｜(韵)＋｜+－+｜(句)｜｜－－｜(韵)

　｜+－(读)＋｜+－｜(韵)｜+｜－－(句)＋+＋＋｜(韵)｜｜－－｜(句)｜+－+｜(韵)＋－｜－｜｜(句)｜－－(读)｜－－｜(韵)＋＋+－+｜(句)｜+－－｜(韵)

### 例一

天然标格。是小萼堆红，芳姿凝白。淡泞新妆，浅点寿阳宫额。东君想留厚意，借年年、与传消息。昨日前村雪里，有一枝先坼。

念故人、何处水云隔。纵驿使相逢，难寄春色。试问丹青手，是怎生描得。晓来一番雨过，更那堪、数声羌笛。归来和羹未晚，劝行人休摘。

朱敦儒

### 例二

江南春早。问江上寒梅，占春多少。自照疏星冷，只许春风到。幽香不知甚处，但迢迢、满汀烟草。回首谁家竹外，有一枝斜好。

记当年、曾共花前笑。念玉雪襟期，有谁知道。唤起罗浮梦，正参横月小。凄凉更吹塞管，漫相思、鬓边惊老。待觅西湖半曲，对霜天清晓。

赵以夫(梅)

玉匣清光不复持，菱花散乱月轮亏。
秦台一照山鸡后，便是孤鸾罢舞时。
李商隐《破镜》

# 昼 夜 乐

九十八字，仄韵。此调创自柳永。《词谱》云："有前后段第五句俱押韵者，有前段第五句押韵，后段第五句不押韵者。"此词上下片两结句，俱上一下四句法。

## 正 格

+－+丨－－丨(韵)丨++(读)+－丨(韵)＋－丨丨－－(句)＋
丨+－+丨(韵)+丨－－－丨丨(韵)丨++(读)丨－－丨(韵)+丨
丨－－(句)丨+－－丨(韵)

+－+丨－－丨(韵)丨++(读)+－丨(韵)＋－丨－－(句)＋
丨+－+丨(韵)+丨－－－丨丨(句)丨++(读)丨－－丨(韵)+丨丨
－－(句)丨+－－丨(韵)

**例一**

洞房记得初相遇。便只合、长相聚。何期小会幽欢，变作离情别绪。况值阑珊春色暮。对满目、乱花狂絮。直恐好风光，尽随伊归去。

一场寂寞凭谁诉。算前言、总轻负。早知恁地难拚，悔不当初留住。其奈风流端正外，更别有、系人心处。一日不思量，也攒眉千度。

柳 永

**例二**

夜深记得临歧语，说花时、归来去。教人每日思量，到处与谁分付。其奈冤家无定据。约云朝、又还雨暮。将泪入鸳衾，总不成行步。

元来也解知思虑。一封书、深相许。情知玉帐堪欢，为向金门进取。直待腰金拖紫后，有夫人、县君相与。争奈会分疏，没嫌伊门路。

黄庭坚

耆卿（柳永）乐府多，故恶滥可笑者多。使能珍重下笔，则北宋高手也。
周济《介存斋论词杂著》

# 逍遥乐

九十八字，仄韵。调见黄庭坚《琴趣外篇》。《词谱》云："即赋本意。"

## 正　格

－‖－－‖(韵)‖‖－－(句)－‖‖－－‖(韵)‖‖－－(句)
‖‖－－(句)‖‖－－‖(韵)‖－‖(韵)‖－－(读)‖‖－－(句)
‖－－‖(韵)‖‖‖－－(句)‖‖－‖(韵)
　－‖－－－‖(韵)‖‖－－－‖(句)－－－‖－‖(句)－‖‖(句)
‖－‖(韵)－－‖‖‖(句)－‖－－‖(韵)－－‖－‖‖(句)－－－
－‖(韵)

**例**

春意渐归芳草。故国佳人，千里信沉音杳。雨润烟光，晚景澄明，极目危阑斜照。梦当年少。对尊前、上客邹枚，小鬟燕赵。共舞雪歌尘，醉里谈笑。

花色枝枝争好。鬓丝年年渐老。如今遇风景，空瘦损，向谁道。东君幸赐与，天幕翠遮红绕。休休醉乡岐路，华胥蓬岛。

黄庭坚

今子有大树，患其无用，何不树之于无何有之乡，广莫之野，彷徨乎无为其侧，逍遥乎寝卧其下；不夭斤斧，物无害者。无所可用，安所困苦哉？

庄子《逍遥游》

# 留客住

九十八字，仄韵。唐教坊曲名。周邦彦词作九十四字。《词谱》云："柳词前段四韵，此词（周词）前段三韵。《词律》误认为北音，以'没'字'绿'字为韵。不知宋人长调，以韵多者为急曲子，韵少者为慢词，原不必强注韵脚也。"

## 正　格

　｜－｜(韵)｜｜－(读)｜－－｜(句)｜－－｜(句)｜｜－－｜｜(韵)
－－｜｜－｜(句)｜｜－＋(句)－－－｜｜(韵)－－｜｜(句)｜－－(读)
｜｜｜－－｜(韵)

　｜－｜(韵)｜｜｜－－(句)－－｜｜(韵)｜｜－－(句)｜｜－－
－｜(韵)－｜｜－－｜(句)｜｜－＋(句)－－－｜｜(韵)－－｜｜(句)
｜－－(读)｜｜｜－－｜(韵)

**例一**

　　偶登眺。恁小楼、艳阳时节，乍晴天气，是处闲花野草。遥山万叠云散，涨海千里，潮平波浩渺。烟村院落，是谁家、绿树数声啼鸟。

　　旅情悄。念远信沉沉，离魂杳杳。对景伤怀，度日无言谁表。惆怅旧欢何处，后约难凭，看看春又老。盈盈泪眼，望仙乡、隐隐断霞残照。

柳　永

**例二**

　　嗟乌兔。正茫茫、相催无定，只恁东生西没，半均寒暑。昨见花红柳绿，处处林茂，又睹霜前篱畔，菊散余香，看看又还秋暮。

　　忍思虑。念古往贤愚，终归何处。争似高堂，日夜笙歌齐举。选甚连宵彻昼，再三留住。待拟沉醉扶上马，怎生向、主人未肯交去。

周邦彦

# 燕春台

九十八字,平韵。此调始自张先,盖春宴词也。一名《宴春台慢》。因黄裳有夏宴词,刘泾改名《夏初临》。《词谱》云:"旧谱或以《燕春台》与《夏初临》两列者,误。"黄裳词作九十七字,下片第七句押韵,第十句四字,凡调名《夏初临》者,俱如此填。

## 正　格

　　+丨－－(句)＋－＋丨(句)＋－＋丨－－(韵)＋丨－－(句)＋－
＋丨－(韵)＋－＋丨－－(韵)丨－(读)＋丨－－(韵)＋－－丨(句)
＋－＋丨(句)丨丨－－(韵)

　　＋－＋丨(句)＋丨－－(句)丨－＋丨(句)＋丨－－(韵)－－丨丨(句)
＋－丨丨－(韵)丨丨－－(句)丨丨－(读)＋丨－－(韵)丨－－(韵)－
丨－＋丨(句)＋丨－－(韵)

例一

　　丽日千门,紫烟双阙,琼林又报春回。殿阁风微,当时去燕还来。五侯池馆频开。探芳菲、走马天街。重帘人语,辚辚绣轩,远近轻雷。

　　雕舫霞滟,翠幕云飞,楚腰舞柳,宫面妆梅。金猊夜暖,罗衣暗裹香煤。洞府人归,放笙歌、灯火楼台。下蓬莱。犹有花上月,清影徘徊。

张　先(东都春日李阁使席上)

例二

　　夏景舒长,麦天清润,高低万木成阴。晓意寒轻,一声未放蝉吟。但闻莺友同音。燕华堂、绿水中心。芙蓉都没,红妆信息,终待重寻。

　　清泠相照,邂逅俱欢,翠娥簇拥,芳醑频斟。笙歌引步,登临更向遥岑。卧影沉沉。好风来、与客披襟。纵更深。归来洞府,红烛如林。

黄　裳(初夏宴芙蓉堂)

# 丁 香 结

九十九字，仄韵。调见《片玉词》。为周邦彦所创。古诗有："芳草牵愁远，丁香结恨深。"调名本此。此调只有此体，宋人俱如此填。

## 正 格

－｜－－(句)｜－－｜(句)＋＋｜－－｜(韵)｜｜－－｜(韵)｜
｜｜(读)｜｜－－－｜(韵)｜－－｜｜(句)－－｜(读)｜＋｜｜(韵)－
－－｜(句)｜｜｜｜－－｜(韵)

－｜(韵)｜｜｜－－(句)｜｜＋－＋｜(韵)｜｜－－(句)－－｜
｜(句)｜－－｜(韵)－｜－｜｜｜(句)｜｜－－｜(韵)＋－－＋｜(句)
＋｜－－｜｜(韵)

### 例一

苍藓延阶，冷萤粘屋，庭树望秋先阴。渐雨凄风迅。淡暮色、倍觉园林清润。汉姬纨扇在，重吟玩、弃掷未忍。登山临水，此恨自古消磨不尽。

牵引。记醉酒归时，对月同看雁阵。宝幄香缨，熏炉象尺，夜寒灯晕。谁念留滞故国，旧事劳方寸。惟丹青相伴，那更尘昏蠹损。

周邦彦

### 例二

香嫩红霏，影高银烛，曾纵夜游浓醉。正锦温琼腻。被燕踏、暖雪惊翻庭砌。马嘶人散后，秋风换、故园梦里。吴霜融晓，陡觉暗动偷春花意。

还似。海雾冷仙山，唤觉环儿半睡。浅薄朱唇，娇羞艳色，自伤时背。帘外寒挂淡月，向日秋千地。怀春情不断，犹带相思旧子。

吴文英(秋日海棠)

青鸟不传云外信，
丁香空结雨中愁。
李璟《浣溪沙》

# 三姝媚

九十九字，仄韵。此调始见史达祖《梅溪集》。毛先舒《填词名解》云："《三姝媚》，古乐府有《三姝艳诗》，缘以名。亦名《三姝媚曲》。"《词谱》云："此调以史词为正体。"谱中可平可仄据吴文英、王沂孙诸校。

## 正 格

　　+--||(韵)|+|--(句)+--|(韵)+|--(句)|+--|(仂)--|(韵)+|--(句)-||(读)+--|(韵)+|--(句)|+--(句)+-+|(韵)

　　+|-+|(韵)|+|--(句)+--|(韵)+|--(句)|+--||(句)|--|(韵)+|--(句)-||(读)+--|(韵)+|---||(句)+-+|(韵)

**例**

　　柳摇缥瓦。望晴檐多风，柳花如洒。锦瑟横床，想泪痕尘影，凤弦常下。倦出犀帷，频梦见、王孙骄马。讳道相思，偷理绡裙，自惊腰衩。

　　惆怅南楼遥夜。记翠箔张灯，枕肩歌罢。又入铜驼，遍旧家门巷，首询声价。可惜东风，将恨与、闲花俱谢。记取崔徽模样，归来暗写。

史达祖

大妇裁云毂，中妇蝶冰练。
小妇端清景，含歌登玉殿。
丈人且徘徊，临风仿流霰。
刘铄《三妇艳诗》

# 三 部 乐

　　九十九字，仄韵。调见《东坡乐府》。苏轼词上片起句、下片第八句，俱用韵，然后人无如此填者，宋人俱照周邦彦词填。兹以周词为正体。

## 正　格

　　－｜－－(句)｜＋｜＋－(句)｜－－｜(韵)＋－－｜(句)＋｜－－－｜(韵)＋＋｜(读)－｜－－－(句)｜｜－｜｜(句)｜＋－｜(韵)｜＋｜＋(句)＋｜＋－－｜(韵)

　　＋－＋＋＋＋(句)｜＋－｜｜(句)｜－－－｜(韵)＋＋｜－｜｜(句)－－－｜(韵)｜－－(读)｜－｜｜(韵)＋＋｜(读)＋－｜｜(韵)＋｜｜(句)＋＋｜(读)＋＋－｜(韵)

### 例一

　　浮玉飞琼，向邃馆静轩，倍增清绝。夜窗垂练，何用交光明月。近闻道、官阁多梅，趁暗香未远，冻蕊初发。倩谁折取，寄赠情人桃叶。

　　回文近传锦字，道为君瘦损，是人都说。只如染红着手，胶梳粘发。转思量、镇长堕睫。都只为、情深意切。欲报信息，无一句、堪喻愁结。

周邦彦(梅雪)

### 例二

　　美人如月。乍见掩暮云，更增妍绝。算应无恨，安用阴晴圆缺。娇羞甚、空只成愁，待下床又懒，未语先咽。数日不来，落尽一庭红叶。

　　今朝置酒强起，问为谁减动，一分香雪。何事散花却病，维摩无疾。却低眉、惨然不答。唱金缕、一声怨切。堪折便折。且惜取、少年花发。

苏　轼

# 月 华 清

九十九字，仄韵。调见《空同词》。《词谱》云："此调只有一体，宋元人俱照此填。有马庄父、朱淑真、蔡松年，《高丽史·乐志》词可校。"

## 正 格

+｜｜－(句)－－－｜(句)｜+－+－｜(韵)+｜－－(句)+｜+－－｜(韵)++｜(读)+｜－－(句)+｜｜(读)+－－｜(韵)－｜(韵)｜－－+｜(句)+－－｜(韵)

+｜+－+｜(韵)｜｜++－(句)+－－｜(韵)+｜－－(句)+｜+－－｜(韵)++｜(读)+｜－－(句)+｜｜(读)+－－｜(韵)－｜(韵)｜－－+｜(句)+－+｜(韵)

**例一**

花影摇春，虫声吟暮，九霄云幕初卷。谁驾冰蟾，拥出桂轮天半。素魄映、青琐窗前，皓彩散、画阑干畔。凝眄。见金波溟漾，分辉鹊殿。

况是风柔夜暖。正燕子新来，海棠微绽。不似秋光，只照离人肠断。恨无奈、利锁名缰，谁为唤、舞裙歌扇。吟玩。怕铜壶催晓，玉绳低转。

洪 瑹《春夜对月》

**例二**

雪压庭春，香浮花月，揽衣还怯单薄。欹枕徘徊，又听一声干鹊。粉泪共、宿雨阑干，清梦与、寒云寂寞。除却。是江梅曾许，诗人吟作。

长恨晓风漂泊。且莫遣香肌，瘦减如削。深杏夭桃，端的为谁零落。况天气、妆点清明，对美景、不妨行乐。拌着。向花前时取，一杯独酌。

朱淑真《梨花》

词，淡语要有味，壮语要有韵，秀语要有骨

刘熙载《艺概》

# 凤 箫 吟

　　九十九字,平韵。韩缜词名《芳草》;晁补之词名《凤箫吟》。《词谱》云:"此调前段起句不用韵者,以韩词为正体;前段起句用韵者,以晁词为正体。"韩缜词,历来选本多采之,兹以韩缜词为正体。

## 正 格

　　｜｜－－(句)－－＋｜(句)－＋＋｜－－(韵)＋－－｜｜(句)＋－－｜(句)｜｜－－(韵)＋－－｜｜(句)｜－－(读)＋｜－－(韵)＋｜｜(读)－－｜｜(句)＋｜－－(韵)

　　－－(韵)－－｜｜(句)＋－＋(读)｜｜－－(韵)｜－－｜｜(句)＋－－｜｜(句)＋｜－－(韵)＋－－｜｜(句)｜－－(读)＋｜－－(韵)｜｜｜(读)－－｜｜(句)＋｜－－(韵)

例

　　锁离愁,连绵无际,来时陌上初熏。绣帏人念远,暗垂珠泪,泣送征轮。长亭长在眼,更重重、远水孤云。但望极、楼高尽日,目断王孙。

　　销魂。池塘别后,曾行处、绿妒轻裙。恁时携素手,乱花飞絮里,缓步香茵。朱颜空自改,向年年、芳意长新。遍绿野、嬉游醉眼,莫负青春。

韩 缜

　　韩缜有爱姬,能词。韩奉使时,姬作《蝶恋花》送之云:"香作风光浓着露。正恁双栖,又遣分飞去。密诉东君应不许,泪波一洒奴裏素。"神宗知之,遣使送行。刘贡父赠以诗:"巷耳幸容留婉娈,皇华何曾有光辉。"莫测中旨何自而出。后乃知姬人别曲传入内庭也。韩亦有词云云。此《凤箫吟》咏芳草以留别,与《兰陵王》咏柳以叙别同意。后人竟以芳草为调名,则失《凤箫吟》原唱意矣。

　　《历代诗余》引《乐府纪闻》

# 国 香

　　九十九字，平韵。周密词名《国香慢》，自注："夷则商。"此调以张炎词为正体。《词谱》云："有周密词及张词别首可校。若曹（勋）词之句读参差，乃变体也。"

## 正 格

　　+｜－－(韵)｜+－－｜(句)｜+｜－－(韵)＋－｜－｜(句)｜
｜－－(韵)｜｜－－+｜(句)｜－－(读)＋｜｜－－(韵)－－｜+｜(句)
｜｜－－(句)＋｜－－(韵)

　　+－－｜｜(句)｜－－｜｜(句)＋｜－－(韵)＋－－｜(句)＋｜
+｜－－(韵)｜｜－－+｜(句)｜－－(读)＋｜－－(韵)－－｜+
｜(句)｜｜－－(句)＋｜－－(韵)

## 例

　　空谷幽人。曳冰簪雾带，古色生春。结根倦随萧艾，独抱孤贞。自分生涯淡薄，隐蓬蒿、甘老山林。风烟共憔悴，冷落吴宫，草暗花深。

　　霁痕消蕙雪，向崖阴饮露，应是知心。所思何处，愁满楚水湘云。肯信遗芳千古，尚依依、泽畔行吟。香魂已成梦，短操谁弹，月冷瑶琴。

张　炎（赋兰）

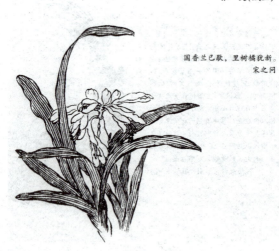

国香兰已歇，里树橘犹新。
宋之问

# 金菊对芙蓉

九十九字,平韵。《词谱》注云:"蒋氏《九宫谱》,中吕引子。"此调只此一体,上片十句四平韵,下片十句五平韵,宋词俱如此填。参见辛弃疾词。

## 正 格

+|－－(句)+－+|(句)|－－|－－(韵)|+－+|(句)+
|－－(韵)+－+|－|(句)|+－(读)+|－－(韵)+－+|(句)
+－+|(句)+|－－(韵)

|+||－－(韵)|+－++(句)||－－(韵)|+－+|(句)
+|－－(韵)+－+|－|(句)|+－(读)+|－－(韵)+－+
|(句)+－+|(句)+|－－(韵)

## 例一

梧叶飘黄,万山空翠,断霞流水争辉。正金风西起,海燕东归。凭阑不见南来雁,望故人、消息迟迟。木犀开后,不应误我,好景良时。

只念独守孤帏。把枕前嘱付,一旦分飞。上秦楼游赏,酒殢花迷。谁知别后相思苦,悄为伊、瘦损香肌。花前月下,黄昏院落,珠泪偷垂。

康与之(秋怨)

## 例二

远水生光,遥山耸翠,霭烟深锁梧桐。正零瀼玉露,淡荡金风。东篱菊有黄花吐,对映水、几簇芙蓉。重阳佳致,可堪此景,酒酽花浓。

追念景物无穷。叹少年胸襟,忒煞英雄。把黄英红萼,甚物堪同。除非腰佩黄金印,座中拥、红粉娇容。此时方称情怀,尽拚一饮千钟。

辛弃疾(重阳)

词或前景后情,或前情后景,或
情景俱到,相间相融,各有其妙。
刘熙载《艺概》

# 玲珑四犯

　　九十九字，仄韵。《词谱》云："此调创自周邦彦《清真集》，方千里、杨泽民、陈允平，俱有和词。"姜夔又有自度曲，与周词句读迥别，仅调名同。姜夔词为世所传诵，兹以姜词为正体。

## 正　格

　　|||-(句)----|(句)----|-|(韵)|--||(句)|
|--|(韵)--|-||(韵)|-+(读)+--|(韵)||--(句)|
|--|(句)-||-|(韵)
　　--|(读)---|(韵)|--||(句)-|-|(韵)|--|
|(句)||--|(韵)--||--|(句)|-|(读)+--|(韵)-
-||(韵)---|(读)--||(韵)

**例一**

　　叠鼓夜寒，垂灯春浅，匆匆时事如许。倦游欢意少，俯仰悲今古。江淹又吟恨赋。记当时、送君南浦。万里乾坤，百年身世，惟有此情苦。

　　扬州柳、垂官路。有轻盈换马，端正窥户。酒醒明月下，梦逐潮声去。文章信美知何用，漫赢得、天涯羁旅。教说与。春来要、寻花伴侣。

姜　夔（越中岁暮闻箫鼓感怀）

**例二**

　　秾李夭桃，是旧日潘郎，亲试春艳。自别河阳，长负露房烟脸。憔悴鬓点吴霜，细念想、梦魂飞乱。叹画阑、玉砌都换。才始有缘重见。

　　夜深偷展香罗荐。暗窗前、醉眠葱蒨。浮花浪蕊都相识，谁更曾抬眼。休问旧色旧香，但认取、芳心一点。又片时一阵，风雨恶，吹分散。

周邦彦

此调（周词）精湛处在"旧色"、"芳心"二句。<br>已色衰香褪，而芳心一点，历久不渝，句意并美，宜<br>为后人传诵。通首皆本此意。

俞陛云《宋词选释》

# 琐 窗 寒

　　九十九字，仄韵。一名《锁窗寒》，又名《锁寒窗》。调见《片玉集》。因词中有"静锁一庭愁雨"及"故人剪烛西窗语"句，取以为名。

## 正　格

　　‖－－(句)－－‖(句)‖－－‖(韵)－－‖‖(句)＋‖＋－－‖(韵)‖＋－(读)＋‖＋－(句)＋－＋‖－－‖(韵)‖＋－－‖(句)＋－＋‖(句)‖－－‖(韵)

　　－‖(韵)－－‖(韵)‖＋‖＋＋(句)‖－＋‖(韵)－－＋‖(句)‖‖＋－－‖(韵)‖＋－(读)＋‖＋－(句)＋－＋‖－＋‖(韵)‖＋－(读)＋‖－－(句)‖＋－＋‖(韵)

**例**

　　暗柳啼鸦，单衣伫立，小帘朱户。桐花半亩，静锁一庭愁雨。洒空阶、夜阑未休，故人剪烛西窗语。似楚江暝宿，风灯零乱，少年羁旅。

　　迟暮。嬉游处。正店舍无烟，禁城百五。旗亭唤酒，付与高阳俦侣。想东园、桃李自春，小唇秀靥今在否。到归时、定有残英，待客携尊俎。

周邦彦（寒食）

始见西南楼，纤纤如玉钩。
末映东北墀，娟娟似蛾眉。
蛾眉蔽珠栊，玉钩隔琐窗。
三五二八时，千里与君同。
鲍照《玩月城西门解中诗》

# 燕山亭

　　九十九字，仄韵。又名《宴山亭》。《词谱》云："'燕'或作'宴'，然与《山亭燕》无涉。"此调以赵佶词为正体。此调可平可仄据曾觌、毛开、王之道诸词校。

## 正　格

　　+｜－－(句)＋＋｜＋(句)＋｜－－｜(韵)－｜｜－(句)＋｜－－(句)＋＋＋－－｜(韵)＋｜－－(句)＋＋｜(读)＋－－｜(韵)－｜(韵)｜＋＋＋＋(句)＋－－｜(韵)

　　－＋＋＋－＋(句)｜＋＋(读)＋＋＋－－｜(韵)＋－－｜(句)＋｜－＋(句)＋＋＋－－｜(韵)＋｜－－(句)＋＋｜(读)＋－－｜(韵)－｜(韵)－｜｜(读)＋－＋｜(韵)

**例**

　　裁剪冰绡，轻叠数重，淡着燕脂匀注。新样靓妆，艳溢香融，羞杀蕊珠宫女。易得凋零，更多少、无情风雨。愁苦。问院落凄凉，几番春暮。

　　凭寄离恨重重，这双燕、何曾会人言语。天遥地远，万水千山，知他故宫何处。怎不思量，除梦里、有时曾去。无据。和梦也、新来不做。

赵　佶(北行见杏花)

# 月 下 笛

一百字,仄韵。此调始自周邦彦《片玉词》,因词中有"凉蟾莹彻"及"静依官桥吹笛"句,取以为名。宋人无照周邦彦词填者,皆如张炎词填。兹以张词为正体。

## 正 格

+|－－(句)＋－＋|(句)|－－|(韵)－－||(韵)＋|－－|－|(韵)＋－＋|－－|(句)＋||(读)－－＋|(韵)|－－＋|(句)－－＋|(韵)|＋－|(韵)

＋|(韵)－－|(韵)|＋|－－(句)＋－－|(韵)－－||(韵)＋－－|－|(韵)＋－＋|－－|(句)＋||(读)－－＋|(韵)＋＋|(句)|－－(句)－|－－||(韵)

例

万里孤云,清游渐远,故人何处。寒窗梦里。犹记经行旧时路。连昌约略无多柳,第一是、难听夜雨。漫惊回凄悄,相看烛影,拥衾谁语。

张绪。归何暮。半零落依依,短桥鸥鹭。天涯倦旅。此时心事良苦。只愁重洒西州泪,问杜曲、人家在否。恐翠袖,正天寒,犹倚梅花那树。

张 炎

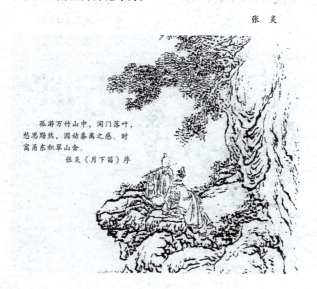

孤游万竹山中,闲门落叶,愁思黯然,因动黍离之感。时寓甬东积翠山舍。
张炎《月下笛》序

# 双头莲

一百字，仄韵。调见陆游《放翁集》。此调与周邦彦词作一百三字者，句读迥异。兹以陆游词为正体。上下片第二句、第八句作上一下四句法，填者宜辨之。

## 正格

　　+|--(句)-||--(句)+--|(韵)--||(韵)||
|(读)+|---|(韵)||||--(句)+---|(韵)-||(韵)
||--(句)--|---|(韵)

　　+|||--(句)|--||(句)+--|(韵)--||(韵)|
||(读)+|---|(韵)||||--(句)+---|(韵)-|
|(句)||--(句)--+|(韵)

## 例

　　华鬓星星，惊壮志成虚，此身如寄。萧条病骥。向暗里、消尽当年豪气。梦断故国山川，隔重重烟水。身万里。旧社凋零，青门俊游谁记。

　　尽道锦里繁华，叹官闲昼永，柴荆添睡。清愁自醉。念此际、付与何人心事。纵有楚柁吴樯，知何时东逝。空怅望，鲙美菰香，秋风又起。

陆　游(呈范至能待制)

　　陆放翁词，安雅清赡，其尤佳者，在苏、秦间。然乏超然之致，天然之韵，是以人得测其所至。

刘熙载《艺概》

# 引驾行

一百字，仄韵。《词谱》云："此调有五十二字者，有一百字者，有一百二十五字者。五十二字词，即一百字词前段；一百二十五字词，亦就一百字词，多五句也。晁补之一百字词名《长春》。柳永一百字词，注中吕调；一百二十五字词，注仙吕调。"兹以柳永词为正体。此调下片结句，作上一下一中二字相连句法，填者当依之。

## 正 格

－－－｜(句)－－｜｜－－｜(韵)｜－－(读)｜－｜(句)－＋｜－－｜(韵)－｜(韵)｜｜｜－－(句)－－＋｜｜－｜(韵)｜＋｜(读)－－｜｜(句)｜－－(读)｜＋｜(韵)

＋｜(韵)－－－｜｜(句)｜｜－－－｜(韵)｜｜｜－－(句)－－｜｜(句)｜－｜(韵)－｜(韵)｜－－＋｜(句)－－＋｜｜－｜(韵)｜＋｜(读)－－｜｜(句)｜－－｜(韵)

**例**

虹收残雨，蝉嘶败柳长堤暮。背都门、动销黯，西风片帆轻举。愁睹。泛画鹢翩翩，灵鼍隐隐下前浦。忍回首、佳人渐远，想高城、隔烟树。

几许。秦楼永昼，谢阁连宵奇遇。算赠笑千金，酬歌百琲，尽成轻负。南顾。念吴邦越国，风烟萧索在何处。独自个、千山万水，指天涯去。

柳 永

诗余之"余"，作"赢余"之"余"解。唐人朝成一诗，夕付管弦，往往声希节促，则加入和声。凡和声皆以实字填之，遂成为词。词之情文节奏，并皆有余于诗，故曰"诗余"。世俗之说，若以词为诗之剩义，则误解此"余"字矣。

况周颐《蕙风词话》

# 东风第一枝

一百字,仄韵。《词谱》以史达祖词为正体。其词小序云:"壬戌闰腊望。雨中立癸亥春,与高宾王各赋。"

## 正　格

+|－－(句)＋－＋|(句)＋－＋|－|(韵)－－＋|－－(句)
＋＋＋－＋|(韵)＋－－|(句)＋＋＋(读)－－|(韵)|＋|(读)
|－－(句)＋||－－|(韵)

　＋＋＋(读)＋＋＋|(韵)＋|＋(读)＋－＋|(韵)＋－＋|－
－(句)＋＋＋－＋|(韵)－－|(句)＋＋＋(读)－－|(韵)|＋|(读)
＋|－－(句)＋＋|－－|(韵)

## 例

草脚愁苏,花心梦醒,鞭香拂散牛土。旧歌空忆珠帘,彩笔倦题绣户。粘鸡贴燕,想立断、东风来处。暗惹起、一掬相思,乱若翠盘红缕。

今夜觅、梦池秀句。明日动、探花芳绪。寄声沽酒人家,预约俊游伴侣。怜他梅柳,怎忍后、天街酥雨。待过了、一月灯期,日日醉扶归去。

史达祖

姜尧章(夔)云:史邦卿(达祖)之词奇秀清逸,有李长吉之韵,盖能融情景于一家,会句意于两得。
杨慎《词品》

# 念 奴 娇

　　一百字,仄韵。宜用入声韵。苏轼《赤壁怀古》词有"大江东去","一尊还酹江月"句,因名《大江东去》,又名《酹江月》,又名《赤壁词》,又名《酹月》;曾觌词名《壶中天慢》;姜夔词名《湘月》,自注即《念奴娇》。张翥词名《百字令》,又名《百字谣》;戴复古词名《大江西上曲》;姚述尧词名《太平欢》;韩淲词名《寿南枝》,又名《古梅曲》;张辑词名《淮甸春》;米友仁词名《白雪词》;丘长春词名《无俗念》;游文仲词名《千秋岁》;《翰墨全书》词名《庆长春》,又名《杏花天》。王灼《碧鸡漫志》云:"今大石调《念奴娇》,世以为天宝间所制曲,予固疑之。然唐中叶渐有今体慢曲子,而近世有填《连昌词》入此曲者。"元稹《连昌宫词》自注:"念奴,天宝中名娼,善歌。"五代王仁裕《开元天宝遗事》:"念奴有色善歌,宫伎中第一。帝尝曰:'此女眼色媚人。'又云:'念奴每执板当席,声出朝霞之上。'"词名取义于此。此调有平韵仄韵两体,诸体句读参差,大同小异。《词谱》以苏轼"凭空眺远"词为正体,然苏轼"大江东去"词最为世所传诵。 兹以其为正格。 谱内可平可仄据苏轼诸词所校。 此调音节昂扬,多用以抒发英雄豪迈之气。

## 正　格

　　＋－＋｜(句)｜－｜(读)＋｜＋－－｜(韵)＋｜＋－(句)－‖(读)＋｜＋－‖(韵)＋｜－－(句)＋－＋｜(句)＋｜－－｜(韵)＋－＋｜(句)－－｜＋｜(韵)

　　＋｜＋｜－－(句)＋－＋‖(句)＋－－｜(韵)＋｜＋－(句)－‖(读)＋｜＋－－｜(韵)＋｜－－(句)＋－＋‖(句)｜－－｜(韵)＋－＋｜(句)－－｜＋｜(韵)

**例**

　　大江东去,浪淘尽、千古风流人物。故垒西边,人道是、三国周郎赤壁。乱石穿空,惊涛拍岸,卷起千堆雪。江山如画,一时多少豪杰。

　　遥想公瑾当年,小乔初嫁了,雄姿英发。羽扇纶巾,谈笑间、樯橹灰飞烟灭。故国神游,多情应笑我,早生华发。人生如梦,一尊还酹江月。

苏　轼(赤壁怀古)

# 夜合花

　　一百字，平韵。此调始见晁补之《琴趣外篇》。调名取自唐窦叔向诗"夜合花开香满庭"句。夜合花，即合欢树。此调虽始自晁补之，惟晁词句拍，宋人填者不多见；而史达祖此词，较为习见之体，遂采以为式。

## 正　格

　　+｜｜－(句) ＋－＋｜(句)｜－－｜－－(韵) －－｜｜(句) ＋－
＋｜｜－(韵) ＋｜｜(句)｜－－(韵)｜＋＋(读) ＋｜－－(韵) ＋－
｜(句) ＋－＋｜(句) ＋｜－－(韵)

　　－－＋｜－－(韵) ＋｜－｜｜(句) ＋｜－－(韵) －－｜｜(句)
＋－＋｜－－(韵) ＋｜｜(句)｜－－(韵)｜＋＋(读) ＋｜－－(韵) ＋－
－｜(句) ＋－＋｜(句)｜｜－－(韵)

例一

　　柳锁莺魂，花翻蝶梦，自知愁染潘郎。轻衫未揽，犹将泪点偷藏。念前事，怯流光。早春窥、酥雨池塘。向销凝里，梅开半面，情满徐妆。

　　风丝一寸柔肠。曾在歌边惹恨，烛底萦香。芳机瑞锦，如何未织鸳鸯。人扶醉，月依墙。是当初、谁敢疏狂。把闲言语，花房夜久，各自思量。

史达祖

例二

　　柳暝河桥，莺晴台苑，短策频惹春香。当时夜泊，温柔便入深乡。词韵窄，酒杯长。剪蜡花、壶箭催忙。共追游处，凌波翠陌，连棹横塘。

　　十年一梦凄凉。似西湖燕去，吴馆巢荒。重来万感，依前唤酒银罂。溪雨急，岸花狂。趁残鸦、飞过苍茫。故人楼上，凭谁指与，芳草斜阳。

吴文英(自鹤江入京泊葑门外有感)

# 绕 佛 阁

一百字，仄韵。调见《清真乐府》。《词谱》云："此词只有此体，吴文英、陈允平词俱如此填。"谱内可平可仄即据吴、陈词所校。

## 正 格

｜－｜｜(韵)－｜｜｜(句)－｜－｜(韵)－｜＋｜(韵)｜－｜
｜(读)－－｜－｜(韵)｜－｜｜(韵)－｜｜｜(句)－｜－｜(韵)＋＋＋
｜(韵)＋－－｜(句)－＋｜－｜(韵)

｜｜｜－＋(句)＋｜－－－｜｜(韵)－｜｜＋(读)－－－｜
｜(韵)｜｜｜－－(句)－＋－｜(韵)｜－－｜(韵)｜｜｜－－(句)－｜
－｜(韵)｜－(读)｜－－｜(韵)

**例**

暗尘四敛。楼观迥出，高映孤馆。清漏将短。仄闻夜久、签声动书幔。桂华又满。闲步露草，偏爱幽远。花气清婉。望中迤逦，城阴度河岸。

倦客最萧索，醉倚斜桥穿柳线。还似汴堤、虹梁横水面。看浪飔春灯，舟下如箭。此行重见。叹故友难逢，羁思空乱。两眉愁、向谁舒展。

周邦彦(旅情)

作慢词，看是甚题目，先择曲名，然后命意；命意既了，思量头如何起，尾如何结，方始选韵，而后述曲。最是过片不要断了曲意，须要承上接下。

张炎《词源》

# 绛 都 春

　　一百字，仄韵。《词谱》以吴文英词为正体。此调有平韵仄韵两体，宋词多填仄韵。上片第二句首字是领格字，宜用去声。上片第四五两句和下片第六七两句为对偶。《词谱》云："填者能悉如吴词，始格律谨严也。"

## 正 格

　　－－＋｜(韵)｜＋＋＋(句)－＋－｜(韵)＋｜＋－(句)＋｜－
－－＋｜(韵)＋－＋｜－｜(韵)｜＋｜(读)＋－－｜(韵)｜－＋
｜(句)＋－＋｜(句)｜－＋｜(韵)
　　＋｜(韵)－－｜｜(句)｜－｜(读)｜｜＋－－｜(韵)＋｜＋－(句)
＋｜－－＋｜(韵)－＋－｜－－｜(韵)｜＋｜(读)＋－＋｜(韵)
＋＋＋｜－－(句)｜－＋｜(韵)

## 例

　　情粘舞线。怅驻马灞桥，天寒人远。旋剪露痕，移得春娇栽琼苑。流莺长语烟中怨。恨三月、飞花零乱。艳阳归后，红藏翠掩，小坊幽院。

　　谁见。新腔按彻，背灯暗、共倚赁屏葱茜。绣被梦轻，金屋妆深沉香换。梅花重洗春风面。正溪上、参横月转。并禽飞上金沙，瑞香雾暖。

吴文英

　　况周颐曰：近人学梦窗（吴文英），辄从密处入手。梦窗密处，能令无数丽字一一生动飞舞，如万花为春，非若珊瑚麂绣，毫无生气也。如何能运动无数丽字？恃聪明，尤恃魄力。如何能有魄力？唯厚乃有魄力。梦窗密处易学，厚处难学。

《香东漫笔》

# 高 阳 台

一百字，平韵。此调首见于僧皎如词。南宋末年词人常填之。毛先舒《填词名解》谓调名"取宋玉赋神女事"。刘镇词名《庆春泽慢》；王沂孙词名《庆春宫》。《词谱》以刘镇词为正体，云："此词有吴文英、王沂孙、李彭老、李莱老、王亿之等词可校。"又云："若蒋（捷）"燕卷晴丝"词之换头句押韵，张炎"接叶巢莺"词之前后段第八句押韵，皆变体也。"此调句法整洁，音节谐婉，跌宕生姿，为写情佳制。

## 正　格

　　+|－－(句) +－||(句) +－+|－－(韵) +|－－(句) +－+|－－(韵) ++|－－||(句)|+－(读) +|－－(韵)|－－(句) +|－－(句)|－－(韵)

　　+－+|－－|(句)|+－+|(句) +|－－(韵) +|－－(句) +－+|－－(韵) ++|－－||(句)|+－(读) +|－－(韵)|－－(句) +|－－(句) +|－－(韵)

## 例

灯火烘春，楼台浸月，良宵一刻千金。锦步承莲，彩云簇仗难寻。蓬壶影动星球转，映两行、宝珥瑶簪。恣嬉游，玉漏声催，未歇芳心。

笙歌十里夸张地，记年时行乐，憔悴而今。客里情怀，伴人闲笑闲吟。小桃未静刘郎老，把相思、细写瑶琴。怕归来，红紫欺风，三径成阴。

刘　镇（丙子元夕）

（神女）去而辞曰："妾在巫山之阳，高丘之阻，旦为朝云，暮为行雨。朝朝暮暮，阳台之下。"

宋玉《高唐赋》

# 琵琶仙

一百字，仄韵。此调为姜夔自度曲。此调只有此词，无别首可校。其词序云："《吴都赋》云：'户藏烟浦，家具画船。'唯吴兴为然。春游之盛，西湖未能过也。己酉岁，予与萧时父载酒南郭，感遇成歌。"

## 正 格

– | – – (句) | – | (读) | | – – – | (韵) – | – | – – (句)
– – | – | (韵) – | | (读) – – | | (句) | – | (读) | – – – | (韵) | | –
– (句) – – | | (句) – | – | (韵)

　　| – | (读) – | – – (句) | | – | (读) – – – | (韵) – | | –
| (句) | | – – – | (韵) – | | (读) – – | | (句) | | – (读) | | – | (韵)
| – | – – (句) | – – | (韵)

### 例

　　双桨来时，有人似、旧曲桃根桃叶。歌扇轻约飞花，蛾眉正奇绝。春渐远、汀洲自绿，更添了、几声啼鴂。十里扬州，三生杜牧，前事休说。

　　又还是、宫烛分烟，奈愁里、匆匆换时节。都把一襟芳思，与空阶榆荚。千万缕、藏鸦细柳，为玉尊、起舞回雪。想见西出阳关，故人初别。

姜　夔

此湖州冶游，怅融合肥旧事之作，"桃根桃叶"比其人姊妹。合肥人善琵琶，《解连环》有"大乔能拨春风"句，《浣溪沙》有"恨入四弦"句，可知此调名《琵琶仙》之故。
夏承焘《姜白石词编年笺校》

# 解语花

　　一百字，仄韵。徐釚《词苑丛谈》引《南濠诗话》云："《解语花》，出天宝遗事，亦明皇称贵妃语。"调名源此。《词谱》以秦观词为正体，云："周邦彦、杨泽民、吴文英、方千里、张炎、陈允平、王行诸词，俱如此填。"周邦彦词与秦同，又传诵已久，兹列以为正格。谱内可平可仄据秦、吴、方、张诸词所校。

## 正　格

　　－－||(句)||－－(句)－|＋－|(韵)|－＋|(韵)＋－
＋(读)＋|＋－－|(韵)－－＋|(韵)＋＋|(读)＋－－|(韵)＋|
－(读)＋|－－(句)＋|－－|(韵)

　　＋＋＋＋＋|(韵)|＋－＋|(句)＋＋＋|(韵)|－＋|(韵)
＋－＋(读)＋|＋－＋|(韵)－－|(韵)＋＋|(读)＋－＋|(韵)＋
|－(读)＋|－－(句)＋|－－|(韵)

**例**

　　风销焰蜡，露浥洪莲，灯市光相射。桂华流瓦。纤云散、耿耿素娥欲下。衣裳淡雅。看楚女、纤腰一把。箫鼓喧、人影参差，满路飘香麝。

　　因念都城放夜。望千门如昼，嬉笑游冶。钿车罗帕。相逢处、自有暗尘随马。年光是也。唯只见、旧情衰谢。清漏移、飞盖归来，从舞休歌罢。

周邦彦（元宵）

明皇秋八月，太液池有千叶白莲数枝盛开，帝与贵戚宴赏焉。左右皆叹羡。久之，帝指贵妃示左右曰："争如我解语花？"
王仁裕《开元天宝遗事》

# 渡 江 云

　　一百字,平仄韵同部换押。周密词名《三犯渡江云》,《词谱》以周邦彦词为正体。此调片下第四句须押同一部仄韵,为上一下四句式,乃一定之格,宋元人俱如此填。

## 正　格

　　+－－||(句)+－+|(句)+||－－(平韵)|+－+|(句)+|－－(句)+||－－(叶平)－－+|(句)+++(读)+|－－(叶平)+|+(读)+－+|(句)+||－－(叶平)

　　－－(叶平)+－+|(句)||－－(句)|+－+|(叶仄)+++(读)－－+|(句)+|－－(叶平)+－+|－－|(句)+++(读)+|－－(叶平)－||(读)+－+|－－(叶平)

## 例

　　晴岚低楚甸,暖回雁翼,阵势起平沙。骤惊春在眼,借问何时,委曲到山家。涂香晕色,盛粉饰、争作妍华。千万丝、陌头杨柳,渐渐可藏鸦。

　　堪嗟。清江东注,画舸西流,指长安日下。愁宴阑、风翻旗尾,潮溅乌纱。今宵正对初弦月,傍水驿、深舣蒹葭。沉恨处、时时自剔灯花。

周邦彦(春词)

名解:杜甫诗:"风入渡江云。"<br>见周邦彦《片玉集注》。

林大椿《词式》

# 凤 归 云

　　一百一字，平韵。唐教坊曲名。此调始见柳永《乐章集》。柳永作有两体：平韵一百一字者，注仙吕调；仄韵一百十八字者，注林钟商调。仄韵与平韵，句读不同，宫调亦异。兹以一百一字平韵体为正格。敦煌石室之唐人写本《雲谣集》有《凤归云》四首，字数参差，句拍亦异，脱误既多，为变格也。

## 正 格

　　｜－－（句）｜－｜｜｜－－（韵）｜｜｜－（句）－｜｜－－（韵）＋｜－－（句）＋＋＋｜（句）｜｜｜－－（韵）｜｜｜－－｜（句）＋－－｜（句）｜－－｜－（韵）

　　＋－－｜（句）｜｜－－（句）＋｜－＋｜（句）－｜｜－－（句）｜｜－－｜（读）｜－－（韵）＋｜－（句）＋＋＋｜（句）｜｜｜－－（韵）｜｜｜－－｜（句）＋－－｜（句）｜－－｜－（韵）

**例**

　　向深秋，雨余爽气肃西郊。陌上夜阑，襟袖起凉飙。天末残星，流电未灭，闪闪隔林梢。又是晓鸡声断，阳乌光动，渐分山路迢迢。

　　驱驱行役，苒苒光阴，蝇头利禄，蜗角功名，毕竟成何事，漫相高。抛掷林泉，狎玩尘土，壮节等闲消。幸有五湖烟浪，一船风月，会须归老渔樵。

柳永

云门若邪里，泛鹢路才通。
凤归暳处士，鹿化阆仙公。
　　宋之问《宿云门寺》

# 玉烛新

一百一字，仄韵。此调始见《清真乐府》。《尔雅》云："四时和，谓之玉烛。"取以为名。《词谱》以周邦彦词为正体。

## 正　格

　－－－∣∣(韵)∣＋∣－－(句)∣－－∣(韵)＋－＋∣(句)－－
∣(读)∣∣＋－－∣(韵)＋－＋∣(句)＋∣∣－－∣(韵)－∣∣(读)
＋∣－－(句)－－∣∣－∣(韵)

　－－∣∣－－(句)∣＋∣－－(句)∣－－∣(韵)＋－＋∣(韵)
－∣(读)∣∣＋－－∣(韵)＋－＋∣(句)＋∣∣－－∣(韵)－∣
∣(读)＋∣－－(句)－－∣∣(韵)

## 例

　溪源新腊后。见数朵江梅，剪裁初就。晕酥砌玉，芳英嫩、故把春心轻漏。前村昨夜，想弄月黄昏时候。孤岸峭、疏影横斜，浓香暗沾襟袖。

　尊前付与多才，问岭外风光，故人知否。寿阳漫斗。终不似、照水一枝清瘦。风娇雨秀。好乱插繁花盈首。须信道、羌笛无情，看看又奏。

周邦彦(梅花)

# 曲 江 秋

　　一百一字，仄韵。此调见杨无咎《逃禅词》，为杨无咎所创。兹以杨词为正体。《词谱》云："杨词三首，句韵悉同。惟后段结处，其一首：'伫望久、空叹无才可赋，厌听鹧鸪。'句读与此小异。盖此十三字，一气贯下，蝉联不断，或作三句，或作两句，俱不妨也。"

## 正　格

　　－－｜｜(韵)｜＋｜－－(句)＋－－｜(韵)＋｜｜－(句)－－｜｜(句)＋｜－－｜(韵)－｜｜＋｜(韵)＋－｜(句)－－｜(韵)＋｜＋－(句)－－｜＋(句)｜－－｜(韵)

　　＋｜(韵)－－｜｜(韵)｜－｜(读)－－｜｜(韵)＋－－｜｜(句)－－＋｜(句)＋｜－－｜(韵)｜｜｜－－(句)－－＋｜＋－｜(韵)｜＋｜(句)－－＋－(句)｜｜｜－－｜(韵)

## 例

　　香消烬歇。换沉水重燃，熏炉犹热。银汉墜怀，冰轮转影，冷光侵毛发。随分且宴设。小槽酒，真珠滑。渐觉夜阑，乌纱露濡，画帘风揭。

　　清绝。轻纨弄月。缓歌处、眉山怨叠。持杯须我醉，香红映脸，双腕凝霜雪。饮散晚归来，花梢指点流萤灭。睡未稳，东窗渐明，远树又闻鹧鸪。

杨无咎

　　曲江池，本秦世陂洲，开元中疏凿，遂为胜境。其南有紫云楼、芙蓉苑，其南有杏园、慈恩寺。花卉环周，烟水明媚，都人游玩，盛于中和、上巳之节。
　　康骈《剧谈录》

# 寿 楼 春

一百一字,平韵。此调见《梅溪集》,为史达祖自度曲。《词谱》云:"此词无他作可校。前后段多作拗句,皆连用平声字,当是音律所关,填者审之。"此词情调悲凄沉郁,当为悼亡之作,忌填寿词。

## 正 格

－－－－－(韵)｜－－｜｜(句)－｜－－(韵)｜｜－－－｜(句)
｜－－－(韵)－｜｜(读)－－－(韵)｜｜－(读)－－－－(韵)｜｜｜
－(句)－－｜｜(句)－｜－－(韵)

－－｜(句)－－－(韵)｜－－｜｜(句)－｜－－(韵)｜｜－－－
｜(句)｜－－－(韵)－｜｜(句)－－－(韵)｜｜－(读)－－－－(韵)｜－
－｜－－(句)－－｜－｜－(韵)

## 例

裁春衫寻芳。记金刀素手,同在晴窗。几度因风残絮,照花斜阳。谁念我、今无裳。自少年、消磨疏狂。但听雨挑灯,欹床病酒,多梦睡时妆。

飞花去,良宵长。有丝阑旧曲,金谱新腔。最恨湘云人散,楚兰魂伤。身是客,愁为乡。算玉箫、犹逢韦郎。近寒食人家,相思未忘蘋藻香。

史达祖(寻春服感念)

俞陛云《唐五代两宋词选释》

百余字之长调,惟《寿楼春》有一句全用平声字者,有七字中五平声者,有四字三平声者,词意易为拗滞。此词因寻春服悼逝而作,当日剪刀尺里,回针密缕,皆窗意之回肠,是切年少清狂,疏于领略,迨湘兰香散,剩有愁边等田居情味!惜年少清狂,疏于领略,迨湘兰香散,剩有愁边鳏客,谁念无裳,再世玉箫,徒存虚愿,赢得洞南蘋藻,长此相思耳。情与文一气旋转,忘其为声调所拘,转觉助其凄韵,自是名手。

# 桂 枝 香

一百一字，仄韵，宜用入声韵。调见《乐府雅词》。张辑词有"疏帘淡月，照人无寐"句。又名《疏帘淡月》。《词谱》以王安石词为正体，下片第四五两句，《词谱》作四字一句，六字一句。上下片第二句首字为去声领格字。

## 正 格

　+ − +|(韵)|+|+ −(句)+ + −|(韵)|| − − +|(句)|
− − |(韵)+ − +| − −|(句)| − −(读)+ − +|(韵)| − −|(句)|
+ − +|(韵)| − −|(韵)

　|+ +(读) − −||(韵)|+| − +(句)+ + −|(韵)+|−
− −(句)+|| − −|(韵)+ − +| − −|(句)| − −(读)+ + −|(韵)
+ − +|(句)+ − +|(句)| − −|(韵)

**例**

登临送目。正故国晚秋，天气初肃。千里澄江似练，翠峰如簇。征帆去棹残阳里，背西风、酒旗斜矗。彩舟云淡，星河鹭起，画图难足。

念往昔、繁华竞逐。叹门外楼头，悲恨相续。千古凭高，对此漫嗟荣辱。六朝旧事随流水，但寒烟、衰草凝绿。至今商女，时时犹唱，后庭遗曲。

王安石（金陵怀古）

金陵怀古，诸公寄调于《桂枝香》者三十余家，独介甫（王安石）为绝唱。东坡见之，叹曰："此老乃野狐精也！"
沈雄《古今词话》

# 真 珠 帘

一百一字,仄韵。或名《珍珠帘》。此调始自陆游《放翁词》。兹即以陆游词为正体。

## 正　格

－－∣∣－－∣(韵)∣－－(读)∣∣－－－∣(韵)∣∣－－(句)
－∣∣－－∣(韵)＋∣－－－∣∣(句)∣∣＋(读)－－－∣(韵)－
∣(韵)∣－－－∣(句)＋－＋∣(韵)

　　∣∣(韵)－－－∣(韵)∣－－(读)∣∣－－－∣(韵)∣∣－
－(句)∣∣－－∣(韵)＋∣－－－∣∣(句)∣∣＋(读)－－－∣(韵)∣
∣(韵)∣－－－∣(句)＋－＋∣(韵)

例

　　山村水馆参差路。感羁游、正似残春风絮。掠地穿帘,知是竟归何处。镜里新霜空自悯,问几时、鸾台鳌署。迟暮。漫凭高怀远,书空独语。

　　自古。儒冠多误。悔当年、早不扁舟归去。醉下白蘋洲,看夕阳鸥鹭。菰菜鲈鱼都弃了,只换得、青衫尘土。休顾。早收身江上,一蓑烟雨。

陆　游

　　通首大意不过言羁旅无聊,亟思归去耳。以放翁之才气,不难奋笔疾书,乃上阕以身世托诸风絮,下阕“赣州”三句以隐居之绝好风景,设想在抗尘走俗之前,复归到一蓑烟雨,知词境之顿挫胜于率直也。放翁生平,初无谪逐之事,而词中深感羁游,殆在任夔、严二州时所作。唐宋人之官京朝者,出知外郡,便嗟沦谪,香山、东坡皆同此感也。

俞陛云《宋词选释》

# 彩云归

一百一字，平韵。此调见柳永《乐章集》，注"中吕调。"《宋史·乐志》入"仙吕调"。《词谱》校曰："汲古阁刻《乐章集》，前段第七句，脱一'恨'字，今从《花草粹编》增定。"

## 正　格

－－｜｜｜－－(韵)｜－－(读)｜｜－－(韵)－｜－｜(句)｜－－｜(句)－｜｜(读)｜｜－－(韵)｜＋－(读)＋－＋｜(句)｜－－｜－(韵)＋＋｜(读)｜－－｜(句)｜｜－－(韵)

－－(韵)－－｜｜(句)｜－－(读)｜｜－－(韵)｜－｜｜(句)－｜－｜(句)｜｜－－(韵)｜＋－(读)＋－＋｜(句)｜｜－｜－－(韵)＋＋｜(句)－｜－－(句)｜｜－－(韵)

## 例

蘅皋向晚舣轻航。卸云帆、水驿鱼乡。当暮天霁，色如晴昼，江练静、皎月飞光。那堪听、远村羌管，引离人断肠。此际恨、浪萍风梗，度岁茫茫。

堪伤。朝欢暮散，被多情、赋与凄凉。别来最苦，襟袖依约，尚有余香。算得伊、鸳衾凤枕，夜永争不思量。牵情处，惟有临岐，一句难忘。

柳　永

当时明月在，曾照彩云归。
晏几道《临江仙》

# 剪牡丹

一百一字,仄韵。《宋史·乐志》:"女弟子舞队,第四曰佳人剪牡丹队。"调名本此。《词谱》以张先词为正体。

## 正 格

‖－－(句)－－－‖(句)‖－‖－‖(韵)－‖－－(句)‖－
‖－‖(韵)－－‖‖－－(句)－－‖‖(句)‖－‖‖－‖(韵)－‖－
－(句)‖－‖－‖(韵)

　　‖－－‖－‖(韵)‖‖－(读)‖－－‖(韵)－－‖‖－－(句)－‖
‖－－‖－‖(韵)‖－‖‖‖－‖(韵)‖‖－‖(句)－‖‖－‖(韵)
－‖(韵)‖‖－‖‖(句)－－‖‖(韵)

**例**

野绿连空,天青垂水,素色溶漾都净。柔柳摇摇,坠轻絮无影。汀洲日落人归,修巾薄袂,撷香拾翠相竞。如解凌波,泊烟渚春暝。

彩绦朱索新整。宿绣屏、画船风定。金凤响双槽,弹出古今幽思谁省。玉盘大小乱珠迸。酒上妆面,花艳媚相并。重听。尽汉妃一曲,江空月静。

张　先(舟中闻双琵琶)

自然中之物,互相关系,互相限制。然其写之于文学及美术中也,必遗其关系、限制之处。故虽写实家,亦理想家也。又虽如何虚构之境,其材料必求之于自然,而其构造,亦必从自然之法则。故虽理想家,亦写实家也。

王国维《人间词话》

# 喜朝天

一百一字,平韵。调见《张子野词》,为张先所创。唐教坊有《朝天曲》,《宋史·乐志》有越调《朝天乐曲》,此盖借旧曲名,自翻新声也。

## 正 格

｜－－(韵)｜－｜－－(句)｜｜－－(韵)｜｜－｜(句)｜－＋
｜(句)＋｜－－(韵)－｜＋－＋｜(句)｜－－(读)＋｜｜－－(韵)－＋
｜(读)＋－＋｜(句)＋｜－｜(韵)

－－｜｜－｜(句)｜－－｜(句)－｜－－(韵)｜｜－｜(句)｜
－＋｜(句)＋｜－－(韵)－｜＋－＋｜(句)｜－－(读)＋｜｜－－(韵)
－＋｜(读)＋－＋｜(句)＋｜－－(韵)

## 例

晓云开。睨仙馆凌虚,步入蓬莱。玉宇琼甍,对青林近,归鸟徘徊。风月顿消清暑,带江山、野色助诗才。箫鼓宴、璇题宝字,浮动持杯。

人多送目天际,识渡舟帆小,时见潮回。故国千里,共十万室,日日春台。睢社朝京未远,正和羹、民口渴盐梅。佳景在、吴侬还望,分阃重来。

张 先(清暑堂赠蔡君谟)

填词之难,造句要自然,又要未经前人说过。自唐五代已还,名作如林,那有天然好语,留待我辈驱遣。必欲得之,其道有二。曰性灵流露,曰书卷酝酿。性灵关天分,书卷关学力。学力果充,虽天分少逊,必有资深逢源之一日。书卷不负人也。中年以后,天分便不可恃,苟无学力,日见其衰退而已。江淹才尽,岂真梦中人索还囊锦耶?

况周颐《蕙风词话》

# 锦堂春

　　一百一字,平韵。此调始见《青箱杂记》,为司马光所创。《梅苑词》名《锦堂春》;《词谱》作《锦堂春慢》。宋人之减字添声各体,俱从此出。

## 正格

　　+|--(句)--||(句)---|--(韵)+|--(句)+||--(韵)+|---|(句)+++|--(韵)|+--+|(句)+|--(句)+|--(韵)

　　+--++|(句)|---||(句)+|--(韵)+|+--|(句)+|--(韵)||---+|(句)||+(读)+|--(韵)||--+|(句)+|--(句)+|--(韵)

**例**

　　红日迟迟,虚廊转影,槐阴迤逦西斜。彩笔工夫,难状晚景烟霞。蝶尚不知春去,漫绕幽砌寻花。奈猛风过后,纵有残红,飞向谁家。

　　始知青鬓无价,叹飘零宦路,荏苒年华。今日笙歌丛里,特地咨嗟。席上青衫湿透,算感旧、何止琵琶。怎不教人易老,多少离愁,散在天涯。

司马光

　　人传温公（司马光）《西江月》词,流播已久,今又得一首名《锦堂春》云:"红日迟迟"云云。

赵葵《行营杂录》

# 翠楼吟

　　一百一字，仄韵。此调为姜夔自度曲。其词序云："双调。淳熙丙午冬，武昌安远楼成，与刘去非诸友落之，度曲见志。予去武昌十年，故人有泊舟鹦鹉洲者，闻小姬歌此词，问之，颇能道其事，还吴为予言之。兴怀昔游，且伤今之离索也。"此调上下片第七句和下片第八句，首字是去声领格字；下片第三句是上一下四句法。

## 正　格

　　||－－(句)－－||(句)－－|－－|(韵)+－－||(句)|－|(读)－－－|(韵)－－－|(韵)|||－－(句)－－－|(韵)－－|(韵)|－－|(句)|－－|(韵)

　　||(韵)－|－－(句)||－－|(句)|－－|(韵)+－－|(句)|－|(读)－－－|(韵)－－－|(韵)|||－－(句)－－－|(韵)－－－|(韵)|－－|(句)|－－|(韵)

**例**

　　月冷龙沙，尘清虎落，今年汉酺初赐。新翻胡部曲，听毡幕、元戎歌吹。层楼高峙。看槛曲萦红，檐牙飞翠。人姝丽。粉香吹下，夜寒风细。

　　此地。宜有词仙，拥素云黄鹤，与君游戏。玉梯凝望久，叹芳草、萋萋千里。天涯情味。仗酒祓清愁，花销英气。西山外。晚来还卷，一帘秋霁。

姜　夔

　　"月冷龙沙"五句，题前一层，即为题中铺叙，手法最高
　"玉梯凝望久"五句，凄婉悲壮，何减王粲《登楼》一赋。
许昂霄《词综偶评》

# 霓裳中序第一

一百一字，仄韵，宜用入声韵。唐白居易《霓裳羽衣舞歌》云："散序六奏未动衣，阳台宿云慵不飞，中序擘騞初入拍，秋竹吹裂春冰坼。"自注云："散序六遍无拍，故不舞。中序始有拍，亦名拍序。"宋沈括《梦溪笔谈》云："《霓裳曲》凡十二叠，前六叠无拍，至第七叠，方谓之叠遍。自此始有拍而舞。"《词谱》云："按此知《霓裳曲》十二叠，至七叠中序始舞，故以第七叠为中序第一，盖舞曲之第一遍也。"姜夔词序云："丙午岁，留长沙，登祝融，因得其祠神之曲，曰《黄帝盐》、《苏合香》。又于乐工故书中得商调《霓裳曲》十八阕，皆虚谱无词。按沈氏乐律，《霓裳》道调，此乃商调。乐天诗云：'散序六阕'，此特两阕，未知孰是。然音节闲雅，不类今曲。予不暇尽作，作中序一阕传于世。予方羁游，感此古音，不自知其辞之怨抑也。"此调上片第四句首字是领格字，须用去声。

## 正 格

　　－－｜｜｜(韵)｜｜－－－｜｜(韵)＋｜＋－－｜(韵)｜＋
｜＋－(句)＋－－｜(韵)＋－｜｜(韵)｜｜＋(读)－＋－｜(韵)－－
｜(句)＋－＋｜(句)｜｜｜－｜(韵)

　　－｜(韵)＋－－｜(韵)｜＋｜(读)＋－＋｜(韵)－－｜｜(韵)
＋｜＋－(句)＋＋－｜(韵)｜－－｜(韵)＋｜＋(读)－＋－｜(韵)－
－｜(句)＋－＋｜(句)｜｜｜－｜(韵)

## 例

亭皋正望极。乱落红莲归未得。多病怯无气力。况纨扇渐疏，罗衣初索。流光过隙。叹杏梁、双燕如客。人何在，一帘淡月，仿佛照颜色。

幽寂。乱蛩吟壁。动庾信、清愁似织。沉思年少浪迹。笛里关山，柳下坊陌。坠红无信息。漫暗水、涓涓溜碧。飘零久，而今何意，醉卧酒垆侧。

姜夔

# 上林春慢

　　一百二字，仄韵。此调见晁冲之、晁补之词。或作《上林春》，无慢字。毛先舒《填词名解》云："《上林春》，司马相如赋：'独不闻天子之上林乎。'《天禄阁外史》：'绷缊而苍苍，内有离宫别馆，昆明西陂，辇道纡曲而相属者，秦之上林也。'"《词谱》云："此调两晁词，俱为正体。"两晁词同。惟晁补之词上片结句作三字一句、六字一句，与此稍异。

## 正　格

　　＋｜－－(句)－｜｜＋(句)｜｜＋－－｜(韵)｜＋＋＋(句)－－＋｜(句)－＋｜－－｜(韵)＋－＋｜(句)｜－｜(读)｜－＋｜(韵)｜－－(句)｜＋＋｜＋(句)＋－－｜(韵)

　　｜－－(读)｜－｜｜(韵)－－｜(读)｜｜－－＋｜(韵)｜＋＋(句)－－＋｜(句)－＋｜－－｜(韵)＋－＋｜(句)｜－｜(读)｜－｜(韵)｜－－(句)｜＋｜(读)｜－－｜(韵)

## 例

　　帽落宫花，衣惹御香，凤辇晚来初过。鹤降诏飞，龙擎烛戏，端门万枝灯火。满城车马，对明月、有谁闲坐。任狂游，更许傍禁街，不扃金锁。

　　玉楼人、暗中掷果。珠帘下、笑著春衫袅娜。素蛾绕钗，轻蝉扑鬓，垂垂柳丝梅朵。夜阑饮散，但赢得、翠翘双亸。醉归来，又重向、晓窗梳裹。

晁冲之

　　都下元宵观游之盛，前人或于歌词中道之。而故族大家、宗藩戚里宴赏往来，车马骈阗，五昼夜不止。每出必穷日尽，夜漏乃始还家，往往不及小憩。虽舍醒溢疲惫，亦不眠寐，皆相呼理残妆，而逐客者巳在门矣。又妇女首饰，至此一新，髻鬏参插，如蛾蝉蜂蝶。雪柳、玉梅、灯球，袅袅满头，其名件甚多，不知起何时，而词家未有及之者。晁叔用(冲之)作《上林春慢》。
　　朱弁《续骫骳说》

# 山亭宴

一百二字，仄韵。此调为张先自度曲，见张先词集，一名《山亭宴慢》。此调只此一词，无别首可校。上下片各八句五仄韵，《词谱》云："《词律》以前后段校注平仄者，非。"

## 正　格

|－||－－|(韵)|－+(读)|－+|(韵)+||－－(句)|
+|(读)－－||(韵)+－－||－－(句)|+|(读)+－－|(韵)+
||－－(句)|||(读)－－|(韵)

　　|－||－－|(韵)|－+(读)|－+|(韵)+||－－(句)|
+|(读)－－||(韵)+－－||－－(句)|+|(读)+－－|(韵)+
||－－(句)|||(读)－－|(韵)

## 例

　　宴亭永昼暄箫鼓。倚青空、画阑红柱。玉莹紫微人，蔼和气、春融日煦。故宫池馆更楼台，约风月、今宵何处。湖水动鲜衣，竞拾翠、湖边路。

　　落花荡漾愁空树。晓山静、数声杜宇。天意送芳菲，正黯淡、疏烟逗雨。新欢宁似旧欢长，此会散、几时还聚。试为挹飞云，问解寄、相思否。

张　先(有美堂赠彦猷主人)

本朝有两张先，皆字子野。一则枢密副使逊之孙，与欧阳文忠同在洛阳幕府，其后文忠为作墓志，称其"志守端方，临事敢决"者。一乃与东坡先生游，东坡推为前辈，诗中所谓"诗人老去莺莺在，公子归来燕燕忙。"能为乐府，号"张三影"者。

王明清《玉照新志》

# 水 龙 吟

一百二字，仄韵。曾觌词结句有"是丰年瑞"句，名《丰年瑞》；吕渭老词名《鼓笛慢》；史达祖词《龙吟曲》；杨樵云词，因秦观词起句，更名《小楼连苑》；方味道词结句有"伴庄椿岁"句，名《庄椿岁》；《高丽史·乐志》名《水龙吟令》，又名《水龙吟慢》。此调格式各家所填出入甚大，《词谱》云："此调句读最为参差。"此调以苏轼词"似花还似非花"和辛弃疾词"楚天千里清秋"最为世所传诵，然均属变格。《词谱》以苏轼词"露寒烟冷兼葭老"为正体，兹从之。《水龙吟》声调激越，多抒豪放之情。

## 正 格

　＋－＋丨－丨(句)＋丨＋－－丨(韵)＋－＋丨(句)＋－＋丨(句)＋－＋丨(韵)＋丨－－(句)＋－－丨(句)＋－－丨(韵)丨＋丨－－(句)＋－＋丨(句)－丨－－丨(读)－－丨(韵)

　＋丨－－＋丨(韵)丨－(读)＋－＋丨(韵)＋－＋丨(句)＋－＋丨(句)＋－＋丨(韵)＋丨－－(句)＋－－丨(句)＋－－丨(韵)丨－－丨(句)＋－＋丨(句)＋－－丨(韵)

例

露寒烟冷兼葭老，天外征鸿嘹唳。银河秋晚，长门灯悄，一声初至。应念潇湘，岸遥人静，水多菰米。乍望极平田，徘徊欲下，依前被、风惊起。

须信衡阳万里。有谁家、锦书遥寄。万重云外，斜行横阵，才疏又缀。仙掌月明，石头城下，影摇寒水。念征衣未捣，佳人拂杵，有盈盈泪。

苏　轼(咏雁)

《水龙吟》，越调曲也。
来李白诗："笛奏龙吟水。"
毛先舒《填词名解》

# 忆 旧 游

一百二字，平韵。此调始见《清真乐府》。一名《忆旧游慢》。《词谱》以周邦彦词为正体。此调领格字甚多，如周词中"记"、"听"、"渐"、"道"、"叹"、"但"，皆用去声，当辨之。

### 正 格

　｜＋－＋｜(句)＋｜－－(句)＋｜－－(韵)＋｜－－｜(句)｜＋－＋｜(句)＋｜－－(韵)＋＋｜＋－｜(句)＋｜｜－－(韵)｜＋｜－－(句)＋－＋｜(句)｜＋｜－－(韵)

　　－－(韵)｜－｜(句)｜＋＋＋＋(句)＋｜－－(韵)＋｜－－｜(句)｜＋－＋｜(句)＋｜－－(韵)＋＋｜＋－｜(句)＋｜｜－－(韵)｜｜－－(句)＋－＋｜－｜－(韵)

**例**

　　记愁横浅黛，泪洗红铅，门掩秋霄。坠叶惊离思，听寒蛩夜泣，乱雨萧萧。凤钗半脱云鬓，窗影烛花摇。渐暗竹敲凉，疏萤照晓，两地魂销。

　　迢迢。问音信，道径底花阴，时认鸣镳。也拟临朱户，叹因郎憔悴，羞见郎招。旧巢更有新燕，杨柳拂河桥。但满目京尘，东风竟日吹露桃。

周邦彦

何地避春愁，终年忆旧游。
　　顾况《洛阳早春》

# 石 州 引

一百二字，仄韵。一名《石州慢》。贺铸词有"长亭柳色才黄"句，名《柳色黄》；谢懋词名《石州引》。《词谱》以贺铸词为正体。此调上下片两结句作上一下四句法，填者宜辨之。

## 正 格

+｜－－(句)－｜｜－(句)+｜－｜(韵)+－+｜－－(句)+｜+－－｜(韵)+－+｜(句)+｜+｜－－(句)+－+｜－－｜(韵)+｜－－(句)｜－－－｜(韵)

－｜(韵)｜－+｜(句)+｜+－－(句)+－+｜(韵)｜｜－－(句)+｜+－－｜(韵)+－｜(句)+｜+｜－－(句)+－+｜－－｜(韵)+｜｜－－(句)｜－－－｜(韵)

**例**

薄雨初寒，斜照弄晴，春意空阔。长亭柳色才黄，远客一枝先折。烟横水际，映带几点归鸿，东风销尽龙沙雪。还记出关来，恰如今时节。

将发。画楼芳酒，红泪清歌，顿成轻别。回首经年，杳杳音尘都绝。欲知方寸，共有几许新愁，芭蕉不展丁香结。枉望断天涯，两厌厌风月。

贺　铸

贺方回春一妓，别久，妓寄诗云："独倚危栏泪满襟，小园春色懒追寻。深恩纵似丁香结，难展芭蕉一寸心。"贺得诗，初叙分别之景色，后用所寄诗，成《石州引》。

吴曾《能改斋漫录》

# 氐州第一

一百二字,仄韵。此调始见《清真乐府》,为周邦彦所创。一名《熙州摘遍》。兹即以周词为正体。

## 正 格

－│－－(句)－＋│││(句)－－││－│(韵)││－－(句)－－
＋│(句)－│－－＋│(韵)－│－－(句)＋＋│(读)－－＋│(韵)＋│
－－(句)＋－＋│(句)│－－│(韵)

　　││＋－－││(韵)＋＋│(读)＋－－│(韵)││－－(句)－－
＋│(句)││－－│(韵)│－－(读)＋││(句)＋＋│(读)－－＋│(韵)│
│－－(句)│－－(读)－－││(韵)

## 例

　　波落寒汀,村渡向晚,遥看数点帆小。乱叶翻鸦,惊风破雁,天角孤云缥缈。官柳萧疏,甚尚挂、微微残照。景物关情,川途换目,顿来催老。

　　渐解狂朋欢意少。奈犹被、思牵情绕。座上琴心,机中锦字,觉最萦怀抱。也知人、悬望久,蔷薇谢、归来一笑。欲梦高唐,未成眠、霜空已晓。

周邦彦

《氐州第一》,商调曲。唐乐府有<br>
《氐州歌第一》,盖歌头也。<br>
——毛先舒《填词名解》

# 西平乐

一百二字，仄韵。此调有仄韵平韵两体：仄韵者，始自柳永，《乐章集》注"小石调"；平韵者，始自周邦彦，作一百三十七字，一名《西平乐慢》。兹以柳永仄韵格为正体。此词上下片分段依《词谱》，可平可仄参朱雍词和晁补之词校。

## 正　格

　　||－－||(句)＋|－－－|(韵)＋|－－||(句)－|－－||(句)－|－－＋|(韵)－－||(句)＋|－－＋|(韵)|－|(韵)　　－＋|(句)－||(韵)＋|－－＋|(句)＋|－－||(句)||－－|(韵)|||(读)－－||(韵)－－||(句)＋＋－|(句)－||(句)|－|(韵)＋|－－||(韵)＋－||(句)－|－－||(韵)

## 例

　　尽日凭高寓目，脉脉春情绪。嘉景清明渐近，时节轻寒乍暖，天气才晴又雨。烟光淡荡，装点平芜远树。黯凝伫。

　　台榭好，莺燕语。正是和风丽日，几许繁红嫩绿，雅称嬉游去。奈阻隔、寻芳伴侣。秦楼凤吹，楚台云约，空怅望，在何处。寂寞韶光暗度。可堪向晚，村落声声杜宇。

柳　永

平乐，观名，在城之西。

《后汉书》

# 齐天乐

一百二字,仄韵。周邦彦《清真乐府》,姜夔《白石道人歌曲》,周密《梦窗词集》皆入"黄钟宫",俗名"正宫"。周邦彦词有"绿芜凋尽台城路"句,名《台城路》;沈端节词名《五福降中天》;张辑词有"如此江山"句,名《如此江山》。《词谱》云:"此调以此词(周邦彦词"绿芜凋尽台城路")为正体。周词别首,及吴(文英)词、姜(夔)词体,宋人亦同为之。若方(千里)词、陆(游)词、吕(渭老)词之添字,又摊破句法,皆变格也。"

## 正 格

＋－＋｜－－｜(句)－＋｜－－＋｜(韵)＋｜－－(句)＋－＋
｜(句)＋｜－－＋｜(韵)＋－＋｜(韵)｜＋｜－－(句)＋－－｜(韵)
＋｜－－(句)＋－＋｜｜－｜(韵)

＋－＋｜－＋｜(句)｜－－｜｜(句)＋＋－｜(韵)＋｜－－(句)
－＋｜(句)＋｜－－＋｜(韵)＋－－＋｜(韵)｜＋｜－－(句)＋－－
｜(韵)＋｜－－(句)｜－－｜｜(韵)

## 例

绿芜凋尽台城路,殊乡又逢秋晚。暮雨生寒,鸣蛩劝织。深阁时闻裁剪。云窗静掩。叹重拂罗茵,顿疏花簟。尚有练囊,露萤清夜照书卷。

荆江留滞最久,故人相望处,离思何限。渭水西风,长安乱叶,空忆诗情宛转。凭高眺远。正玉液新刍,蟹螯初荐。醉倒山翁,但愁斜照敛。

周邦彦(秋思)

此清真荆南作也,
胸中犹有块垒。南宋谱
公多模仿之。
周济《宋四家词选》

# 庆春宫

　　一百二字，平韵。一名《庆宫春》。此调有平韵仄韵两体：平韵体始自北宋，有周邦彦诸词；仄韵体始自南宋，有王沂孙诸词。宋人多依平韵体填。

## 正 格

　　＋｜－－(句)－－＋｜(句)｜－＋｜－－(韵)＋｜－－(句)＋－
＋｜(句)＋＋｜－－(韵)＋－－｜(句)｜＋｜(读)－－｜－(韵)＋－
－｜(句)＋｜＋－(句)＋｜－－(韵)

　　＋－｜｜－－(韵)＋＋－－(句)＋｜－－(韵)＋｜－－(句)＋－
＋｜(句)＋＋｜－－(韵)＋－－｜(句)｜＋｜(读)－－｜－(韵)＋
－｜(句)＋｜＋－(句)＋｜－－(韵)

## 例

　　云接平冈，山围寒野，路回渐转孤城。衰柳啼鸦，惊风驱雁，动人一片秋声。倦途休驾，淡烟里、微茫见星。尘埃憔悴，生怕黄昏，离思牵萦。

　　华堂旧日逢迎。花艳参差，香雾飘零。弦管当头，偏怜娇凤，夜深簧暖笙清。眼波传意，恨密约、匆匆未成。许多烦恼，只为当时，一晌留情。

周邦彦

　　词不嫌方。能圆，见学力。能方，见天分。但须一落笔圆，通首皆圆。一落笔方，通首皆方。圆中不见方，易。方中不见圆，难。

况周颐《蕙风词话》

# 花　犯

　　一百二字，仄韵。此调始见《清真乐府》。周密词名《绣鸾凤花犯》。《词谱》以周邦彦词为正体。《词律》论此调下片第七句"烟浪里"三字，必须平去上；结句"照水"两字，必须去上。细校宋词皆然，填者审之。

## 正　格

　　｜｜－（句）－－｜（句）－－｜｜（韵）＋－｜（韵）＋｜｜－
－（句）＋｜－｜（韵）＋－｜｜－－（韵）－－－｜｜（韵）＋｜｜（读）＋
－－｜（句）＋－－｜｜（韵）

　　－－｜｜－－（句）－－｜｜｜（句）＋－－｜（韵）－｜｜（句）－
｜（读）＋｜－｜（韵）－－｜（读）｜－｜｜（句）＋＋｜（读）－－－｜｜（韵）
＋｜｜（读）＋－－｜（句）＋－－｜｜（韵）

**例**

　　粉墙低，梅花照眼，依然旧风味。露痕轻缀。疑净洗铅华，无限佳丽。去年胜赏曾孤倚。冰盘共燕喜。更可惜、雪中高树，香篝熏素被。

　　今年对花最匆匆，相逢似有恨，依依愁悴。吟望久，青苔上、旋看飞坠。相将见、脆丸荐酒，人正在、空江烟浪里。但梦想、一枝潇洒，黄昏斜照水。

周邦彦（咏梅）

　　宋词中咏"梅花"者，佳色挠称，各极其工。此词论题旨，在"旧风味"三字而以"去年"、"去年"分前、后段标明之。下阕自"吟望久"至结句，纯从空处落笔，非实赋梅花。闰庵云："此数语极吞吐之妙。"

　　俞陛云《宋词选释》

# 雨 霖 铃

　　一百二字，仄韵，宜用入声韵。此调见柳永《乐章集》。唐教坊曲名。《词谱》引《明皇杂录》云："帝幸蜀，初入斜谷，霖雨弥日，栈道中闻铃声，采其声为《雨霖铃曲》。宋词盖借旧曲名，另倚新声也。"《词谱》以柳永词为正体。此词情调哀怨。

## 正　格

　　－－＋｜(韵)｜－－｜(句)｜｜－｜(韵)－－＋｜－｜(句)－｜｜(读)＋－－｜(韵)｜｜－－＋｜(句)｜－＋－｜(韵)｜｜＋(读)＋｜－－(句)｜｜－－｜－｜(韵)
　　＋－｜｜－－｜(韵)｜－－(读)｜｜－－｜(韵)－－＋｜－｜(句)－｜｜(读)｜－－｜(韵)｜｜－－(句)－｜－－｜＋－｜(韵)｜｜＋(读)＋｜－－(句)｜｜－－｜(韵)

**例**

　　寒蝉凄切。对长亭晚，骤雨初歇。都门帐饮无绪，留恋处、兰舟催发。执手相看泪眼，竟无语凝噎。念去去、千里烟波，暮霭沉沉楚天阔。

　　多情自古伤离别。更那堪、冷落清秋节。今宵酒醒何处，杨柳岸、晓风残月。此去经年，应是良辰好景虚设。便纵有、千种风情，更与何人说。

柳 永

　　《明皇杂录》及《杨妃外传》云："帝幸蜀，初入斜谷，霖雨弥旬，栈道中闻铃声，帝方悼念贵妃，采其声为《雨霖铃》曲以寄恨。时梨园弟子，惟张野狐一人善觱篥，因吹之，遂传于世。"
　　王灼《碧鸡漫志》

# 南 浦

一百二字,平韵。《词谱》云:"唐教坊记有《南浦子曲》,宋词盖借旧曲名,另倚新声也。"此调有平韵仄韵两体,兹以鲁逸仲平韵体为正格。

## 正 格

－－｜｜(句)｜－－(读)－｜｜－－(韵)＋＋－－＋｜(句)＋｜
｜－－(韵)｜｜｜－－｜(句)｜－－(读)｜｜｜－－(韵)｜｜－－
｜(句)｜－－｜(句)－｜｜－－(韵)

｜｜｜－｜(句)｜－－(读)－｜｜－－(韵)＋＋－－＋｜(句)
＋｜｜－－(韵)｜｜｜－－｜(句)｜－－(读)｜｜｜－－(韵)｜｜－
－｜(句)｜－－｜｜－－(韵)

## 例

风悲画角,听单于、三弄落谯门。投宿骎骎征骑,飞雪满孤村。酒市渐阑灯火,正敲窗、乱叶舞纷纷。送数声惊雁,乍离烟水,嘹唳度寒云。

好在半胧淡月,到如今、无处不销魂。故园梅花归梦,愁损绿罗裙。为问暗香闲艳,也相思、万点付啼痕。算翠屏应是,两眉余恨倚黄昏。

鲁逸仲(旅怀)

子交手兮东行,
送美人兮南浦。
屈原《九歌·河伯》

# 昼 锦 堂

一百二字。此调有平韵仄韵两体：平韵者，见《全宋词》无名氏词；仄韵者，见陈允平《日湖渔唱》。仄韵者，句读与平韵词大同小异。兹以无名氏平韵词为正体。此词《词谱》误作周邦彦词。

## 正 格

+|－－(句)－－||(句)＋＋－|－－(韵)||＋－＋|(句)
+|－－(韵)＋－＋|－＋|(句)＋－－||－－(韵)－－|(句)＋
|＋－(句)－－＋|－－(韵)
　－－(韵)＋||(句)－||(句)＋－＋|－－(韵)||＋－＋
|(句)＋|－－(韵)＋－＋|－＋|(句)＋－＋||－－(韵)－－
|(句)－|＋－＋|(句)＋|－－(韵)

## 例

雨洗桃花，风飘柳絮，日日飞满雕檐。懊恼一春幽恨，尽属眉尖。愁闻双飞新燕语，更堪孤枕宿醒饮。云鬟乱，独步画堂，轻风暗触珠帘。

多厌。晴昼永，琼户悄，香销金兽慵添。自与萧郎别后，事事俱嫌。短歌新曲无心理，凤箫龙管不曾拈。空惆怅，常是每年三月，病酒恹恹。

无名氏(闺情)

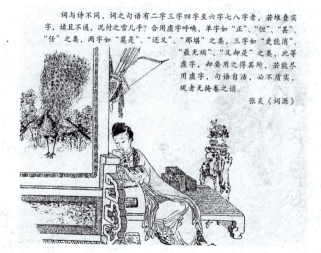

词与诗不同，词之句语有二字三字四字至六字七八字者，若堆叠实字，读且不通，况付之雪儿乎？合用虚字呼唤，单字如"正"、"但"、"甚"、"任"之类，两字如"莫是"、"还又"、"那堪"之类，三字如"更能消"、"最无端"、"又却是"之类，此等虚字，却要用之得其所，若能尽用虚字，句语自活，必不质实，观者无掩卷之诮。

张炎《词源》

# 倒 犯

一百二字，仄韵，此调始见《清真乐府》，一名《吉了犯》。《词谱》以周邦彦词为正体。此调上片起句七字，上二字，例作一读，宋人皆以此填，不可误作上三下四句法。

## 正　格

ⅠⅠ(读)Ⅰ－－Ⅰ－(句)Ⅰ－－Ⅰ(韵)－－ⅠⅠ(韵)－－Ⅰ(读)Ⅰ
－－Ⅰ(韵)－－ⅠⅠ(读)－Ⅰ－－－Ⅰ(韵)ⅠⅠⅠ－－(句)＋Ⅰ－
－Ⅰ(韵)Ⅰ－－(句)Ⅰ－Ⅰ(韵)

　－Ⅰ＋－(句)ⅠⅠ－－(句)－－－ⅠⅠ(韵)ⅠⅠⅠ＋Ⅰ(句)Ⅰ－
Ⅰ(句)－＋Ⅰ(韵)ⅠⅠⅠ(读)－－Ⅰ(韵)Ⅰ＋－(读)－＋－＋Ⅰ(句)＋Ⅰ
Ⅰ－－(句)＋Ⅰ－－Ⅰ(韵)Ⅰ－－ⅠⅠ(韵)

## 例

　霁景、对霜蟾乍开，素烟如扫。千林夜缟。徘徊处、渐移深窈。何人正弄、孤影翩跹西窗悄。冒露冷貂裘，玉晷邀云表。共寒光，饮清醥。

　淮左旧游，记送行人，归来山路弯。驻马望素魄，印遥碧，金枢小。爱秀色、初娟好。念漂浮、绵绵思远道。料异日宵征，必定还相照。奈何人自老。

周邦彦(新月)

秦吉了

状如鸲鹆金翅色黑而眼双目黄肉冠嘴脚皆黄性善言人言

凡作词，当以清真(周邦彦)为主。盖清真最为知音，且无一点市井气，下字运意，皆有法度，往往自唐宋诸贤诗句中来，而不用经史中生硬字面，此所以为冠绝也。

沈义父《乐府指迷》

# 宴清都

一百二字，仄韵。此调始见周邦彦《清真乐府》。程垓词名《四代好》。《词谱》以周邦彦词"地僻无钟鼓"为正体。

## 正 格

+｜－－｜(韵)－＋｜(句)＋＋－｜－｜(韵)－－｜｜(句)＋－
＋｜(句)＋－－｜(韵)－＋｜－＋(句)｜＋｜(读)＋－＋｜(韵)｜＋
＋(读)｜｜－－(句)＋－－｜－｜(韵)

－－｜｜－－(句)＋－＋｜(句)－＋＋｜(韵)－－｜｜(句)＋－
＋｜(句)＋－－｜(韵)－－＋｜－＋(句)｜＋｜(读)＋－＋｜(韵)｜＋
＋(读)｜｜－－(句)＋－｜｜(韵)

**例**

地僻无钟鼓。残灯灭，夜长人倦难度。寒吹断梗，风翻暗雪，洒窗填户。宾鸿漫说传书，算过尽、千俦万侣。始信得、庾信愁多，江淹恨极须赋。

凄凉病损文园，徽弦乍拂，音韵先苦。淮山夜月，金城暮草，梦魂飞去。秋霜半入清镜，叹带眼、都移旧处。更久长、不见文君，归时认否。

周邦彦(秋思)

朝止阊阖宫，暮宴清都阙。

沈约《和竟陵王游仙诗》

# 湘春夜月

一百二字，平韵。此调为黄孝迈自度曲。宋刘克庄《后村先生大全集》卷一百六《题跋·黄孝迈长短句》载："孝迈年英妙才，超逸词采，口出天设神授，朋侪推独步，耆宿避三舍。酒酣耳热，倚声而作者，殆欲蹴刘改之、孙季蕃之垒。"《词谱》云："此调只有此一词，无他作可校。"

## 正 格

｜－－(句)｜－｜－－(韵)｜｜｜｜－－(句)－｜｜－－(韵)
｜｜｜－－｜(句)｜｜－－｜(句)｜｜－－(韵)｜｜－｜｜(句)－－
｜｜(句)－｜｜－(韵)
－－｜｜(句)－－｜｜－(韵)｜｜－－(句)－｜｜(读)｜
－－｜(句)－｜－－(韵)－－｜｜(句)｜｜－(读)－｜－－(韵)｜｜｜(句)
｜－－｜｜(读)－－｜｜(句)－｜－－(韵)

**例**

　　近清明，翠禽枝上销魂。可惜一片清歌，都付与黄昏。欲共柳花低诉，怕柳花轻薄，不解伤春。念楚乡旅宿，柔情别绪，谁与温存。

　　空尊夜泣，青山不语，残月当门。翠玉楼前，惟是有、一波湘水，摇荡湘云。天长梦短，问甚时、重见桃根。这次第，算人间没个，并刀剪断，心上愁痕。

黄孝迈

　　有造境，有写境，此理想与写实二派之所由分。然二者颇难分别。因大诗人所造之境，必合乎自然，所写之境，亦必邻于理想故也。

王国维《人间词话》

# 瑞 鹤 仙

　　一百二字，仄韵。《夷坚志》云："乾道中，吴兴周权知衢州西安县，一日，令术士沈延年邀紫神姑，赋《瑞鹤仙》牡丹词，有'睹娇红一捻'句，因名《一捻红》。"《词谱》云："此调始自北宋，应以周（邦彦）词为正体；但南宋人填此调者，悉同史（达祖）词。"兹依《词谱》以周邦彦词为正格。

## 正　格

　　｜－－｜｜(韵) ＋＋＋(句) ＋＋－＋｜(韵) －－＋｜(韵)
＋－＋(句)｜＋｜＋－－｜(韵) ＋－｜｜(韵)｜＋－(读)－＋｜｜(韵)｜
－－｜｜(句)－＋＋＋(句)｜＋－｜(韵)
　　　＋｜－－＋｜(句)＋＋－＋(韵)｜＋－｜(韵)＋－｜｜(韵)＋＋
｜(句)＋－｜(韵)｜－(句)＋｜－－｜(句)－＋＋＋｜(韵)｜－
－｜｜(韵)－＋｜－｜｜(韵)

**例**

　　悄郊原带郭。行路永，客去车尘漠漠。斜阳映山落。敛余红，犹恋孤城阑角。凌波步弱。过短亭、何用素约。有流莺劝我，重解绣鞍，缓引春酌。

　　不记归时早暮，上马谁扶，醒眠朱阁。惊飙动幕。扶残醉，绕红药。叹西园，已是花深无地，东风何事又恶。任流光过却。犹喜洞天自乐。

周邦彦

美成以待制提举南京鸿庆宫，自杭徙居睦州，梦中作《瑞鹤仙》一阕，既觉，犹能全记，了不详其所谓也。

王明清《玉照新志》

# 瑶　华

　　一百二字,仄韵。调见《梦窗词》。一名《瑶花慢》。《词谱》云:"此调始自吴文英,因吴词有讹字,故采此词作谱。"兹即依《词谱》以周密词为正体。其词前小序云:"后土之花,天下无二本。方其初开,帅臣以金瓶飞骑,进之天上,间亦分致贵邸。余客辇下,有以一枝(以下残缺十八行)。"

## 正　格

　　－－＋｜(韵)＋｜－－(句)｜＋－－｜(韵)－－＋｜(句)＋｜(读)＋｜－－｜(韵)－－＋｜(句)｜＋｜(读)－－－｜(韵)＋＋－(读)－｜－－(句)｜｜＋－－｜(韵)

　　＋－＋｜－－(句)｜＋｜－－(句)＋｜－｜(韵)－－｜｜(句)－｜｜(读)＋｜＋－－｜(韵)｜－＋｜(句)｜｜｜(读)－－－｜(韵)｜｜＋(读)＋｜－－(句)｜｜＋－－｜(韵)

**例**

　　朱钿宝玦。天上飞琼,比人间春别。江南江北,曾未见、漫拟梨云梅雪。淮山春晚,问谁识、芳心高洁。消几番、花落花开,老了玉关豪杰。

　　金壶剪送琼枝,看一骑红尘,香度瑶阙。韶华正好,应自喜、初识长安蜂蝶。杜郎老矣,想旧事、花须能说。记少年、一梦扬州,二十四桥明月。

周　密

折疏麻兮瑶华，将以遗兮离居。
　　　　　　　　　　《楚辞》

# 龙山会

一百三字，仄韵。此调见赵以夫《虚斋乐府》。兹以赵以夫词为正体。其词前有小序云："去年九日，登南涧无尽阁，野涉赋诗，仆与东溪、药窗诸友皆和。今年陪元戎游升山，诘朝始克修故事，则向之龙蛇满壁者，易以山水矣。拍阑一笑。游兄、几叟分韵得苦字，为赋商调《龙山会》。"

## 正 格

+|－－|(韵)+|－－(句)||－－|(韵)+－－||(韵)
++|(读)+|－－|(韵)+||－－(句)++|(读)－－|(韵)
+－+(读)+－||(句)|－－|(韵)
－+|－|－(句)+|－－(句)||－－|(韵)+－－||(韵)
++|(读)+|－－|(韵)+||－－(句)++|(读)－－|(韵)
+－+(读)+－||(句)|－－|(韵)

**例**

九日无风雨。一笑凭高，浩气横秋宇。群峰青可数。寒城小、一水萦回如缕。西北最关情，漫遥指、东徐南楚。黯销魂、斜阳冉冉，雁声悲苦。

今朝黄菊依然，重上南楼，草草成欢聚。诗朋休浪赋。旧题处、俯仰已随尘土。莫放酒行疏，清漏短、凉蟾当午。也全胜、白衣未至，独醒凝伫。

赵以夫

龙山何处？记当年高会，
重阳佳节。
辛弃疾《念奴娇》重九席上

# 曲游春

一百三字，仄韵。此调见《蘋洲渔笛谱》。其词序云："禁烟湖上薄游，施中山赋词甚佳，余因次其韵。盖平时游舫，至午后则尽入里湖，抵暮始出，断桥小驻而归，非习于游者不知也。故中山极击节余'闲却半湖春色'之句，谓能道人之所未云。"《词谱》云："此调始自此词，应以此词为正体。若施（岳）词之添字，赵（文）词之减字，皆变格也。"

## 正 格

+|－－|(句)|+－－|(句)－|－|(韵)||－－(句)|+－－|(句)+－－|(韵)+|－－|(韵)+||(读)+－－|(韵)||－(读)+|－－(句)++＋－－|(韵)

||(韵)－－＋|(韵)|+|－－(句)－|－|(韵)+|－－(句)+－－||(句)+－－|(韵)+|－－|(韵)+||(读)+－－|(韵)||－(读)+|－－(句)+－||(韵)

## 例

禁苑东风外，飏暖丝晴絮，春思如织。燕约莺期，恼芳情偏在，翠深红隙。漠漠香尘隔。沸十里、乱弦丛笛。看画船、尽入西泠，闲却半湖春色。

柳陌。新烟凝碧。映帘底宫眉，堤上游勒。轻暝笼寒，怕梨云梦冷，杏香愁幂。歌管酬寒食。奈蝶怨、良宵岑寂。正满湖、碎月摇花，怎生去得。

周 密

都城自过收灯，贵游巨室，皆争先出郊，谓之"探春"，至禁烟为最盛。龙舟十余，彩旗叠鼓，交午曼衍，粲如织锦。内有曾经宣唤者，则锦衣花帽，以自别于众。京尹为立赏格，竞渡争标，内珰贵客，赏犒无算。都人士女，两堤骈集，几于无置足地。水面画楫，栉比如鱼鳞，亦无行舟之路。歌欢箫鼓之声，振动远近，其盛可以想见。若游之次第，则先南而后北，至午则尽入西泠桥里湖，其外几无一舸矣。弁阳老人有词云："看画船、尽入西泠，闲却半湖春色。"盖纪实也。

周密《武林旧事》

# 竹马子

一百三字，仄韵。《词谱》名《竹马儿》。毛先舒《填词名解》云："《竹马子》，取后汉郭细侯事。"此调见《乐章集》，为柳永所创。兹即以柳词为正体。谱中可平可仄据叶梦得词校。

## 正 格

－－｜－－(句)－－｜｜(句)｜－－｜(韵)｜－＋｜｜(句)－＋
＋｜(句)－－－｜(韵)｜｜＋｜－－－(句)－－｜｜(句)｜－－｜(韵)＋
｜｜－(句)｜－－(句)－｜－－－｜(韵)

｜｜－－｜(句)－－｜｜(句)｜－－｜(韵)－－｜＋－｜(韵)＋
｜－－－｜(韵)｜｜｜｜－－(句)｜－－｜(句)－｜－－｜(韵)－－
｜｜(句)｜＋－－｜(韵)

**例**

登孤垒荒凉，危亭旷望，静临烟渚。对雌霓挂雨，雄风拂槛，微收烦暑。渐觉一叶惊秋，残蝉噪晚，素商时序。览景想前欢，指神京，非雾非烟深处。

向此成追感，新愁易积，故人难聚。凭高尽日凝伫。赢得销魂无语。极目霁霭霏微，暝鸦零乱，萧索江城暮。南楼画角，又送残阳去。

柳 永

始至行部，到西河美稷，有童儿数百，各骑竹马，道次迎拜。

《后汉书·郭伋传》

# 安平乐慢

一百三字,平韵。调见万俟咏《大声集》。兹以万俟咏词为正体。此调有曹勋词可校,曹词添一字,下片第五句作上三下四句法,与此稍异。

## 正　格

||－－(句)|－||(句)－－||－－(韵)－－||(句)||－－(句)－＋＋|－＋(韵)||－－(句)|－－－|(句)||－－(韵)||－－－－(韵)－－||－－(韵)

|＋|－－(句)|－－|(句)－|－|－－(韵)－＋－－|(句)|－|||－－(韵)||－－(句)＋||(读)－－|－(韵)|－－(读)＋－||(句)＋－－|－－(韵)

例

瑞日初迟,绪风乍暖,千花百草争香。瑶池路稳,阆苑春深,云树水殿相望。柳曲沙平,看尘随青盖,絮惹红妆。卖酒绿阴傍。无人不醉春光。

有十里笙歌,万家罗绮,身世疑在仙乡。行乐知无禁,五侯半隐少年场。舞妙歌妍,空妒得、莺娇燕忙。念芳菲、都来几日,不堪风雨疏狂。

　　　　　　　　　　　　万俟咏(都门池苑应制)

读古人词,贵取其精华,遗其糟粕。
　　陈廷焯《白雨斋词话》

# 花 心 动

　　一百三字，仄韵。曹勋词名《好心动》；曹冠词名《桂飘香》；《鸣鹤余音》名《上升花》；《高丽史·乐志》名《花心动慢》。《词谱》云："此调始自周邦彦，但周词后段多押两韵，宋人照此填者甚少。"宋人填此词，或添字、或减字、或句读参差，诸体各异。兹以赵鼎词为正体。谱内可平可仄据周邦彦、史达祖、吴文英、赵长卿词校。

## 正　格

　　+丨－－(句)丨－－(读)－－丨－－丨(韵) +丨＋－(句) +丨－
－(句) +丨丨－－丨(韵)丨－－丨－－丨(句) ＋＋丨(读) －－－丨(韵)
丨－丨(句)－－丨丨(句)丨－－丨(韵)

　　丨丨－－＋丨(韵)－丨－－(句)丨丨－丨(韵) +丨＋－(句) +丨
－－(句) +丨丨－－丨(韵)丨－－丨－－丨(句) ＋＋丨(读) －－－丨(韵)
丨＋丨(读) ＋－丨－丨丨(韵)

## 例

　　江月初升，听悲风、萧瑟满山零叶。夜久酒阑，火冷灯青，奈此愁怀千结。绿琴三叹朱弦绝，与谁唱、阳春白雪。但遐想，穷年坐对，断编遗册。

　　西北欃枪未灭。千万乡关，梦遥吴越。慨念少年，横槊风流，醉胆海涵天阔。老来身世疏篷底，忍憔悴、看人颜色。更何似、归欤枕流漱石。

　　　　　　　　　　　　　　　　赵　　鼎(偶居杭州七宝山国清寺冬夜作)

　　怨彼浮花心，飘飘无定所。
　　　　孟郊

# 还京乐

一百三字，仄韵。唐教坊曲名。《词谱》引《唐书》云："明皇自潞州还京师，制《还京乐曲》。宋词盖借旧曲名，另翻新声也。"此调为周邦彦所创，兹以周词为正体。

## 正 格

+ − ｜(句) + ｜(读) − − ｜｜ − + ｜(韵)｜ + − + ｜(句)｜ − ＋ ｜(句) − − − ｜(韵)｜｜ − − ｜(韵) + − ｜｜ − − ｜(韵)｜｜｜(句) − ｜ + + (句) − − − ｜(韵)

｜ − − ｜(韵)｜ + − − ｜(句) − − ｜｜(句) − + + + ｜｜(韵) − − ｜｜ − − (句)｜ − − (读)｜ − − ｜(韵)｜ − − (读) + ｜｜ − − (句) − − ｜｜(韵)｜｜ − − ｜(句) + − − ｜ − ｜(韵)

例

禁烟近，触处、浮香秀色相料理。正泥花时候，奈何客里，光阴虚费。望箭波无际。迎风漾日黄云委。任去远，中有万点，相思清泪。

到长淮底。过当时楼下，殷勤为说，春来羁旅况味。堪嗟误约乖期，向天涯、自看桃李。想而今、应恨墨盈笺，愁妆照水。怎得青鸾翼，飞归教见憔悴。

周邦彦

《乐府杂录》云："唐明皇自蜀反正，乐人张野狐所制，亦曰《还京乐》。"李上交《近事会元》

# 金 盏 子

一百三字,仄韵。此调有平韵仄韵两体:仄韵者,见史达祖《梅溪词》及吴文英《梦窗词》;平韵者,见《高丽史·乐志》。兹以吴文英词为正体。其词前小序云:"吴城连日赏桂,一夕风雨,悉已零落,独寓窗晚花方作小蕾,未及见开,有新邑之役,竭来西馆,篱落间嫣然一枝可爱,见似人而喜,为赋此解。"

## 正 格

||--(句)||--|(句)|--|(韵)+||-(句)--|(句)-+|--|(韵)++||--(句)|-一+|(韵)-+|(句)++|+-+(句)|+-|(韵)

-|(韵)|-|(韵)-+|(句)-+|+|(韵)--+++-+(句)--|(句)--||+|(韵)++||--(句)|--+|(韵)--|(读)+||+--(句)|+-|(韵)

## 例

赏月梧园,恨广寒宫树,晓风摇落。莓砌扫蛛尘,空肠断,熏炉烬销残葊。殿秋尚有余花,锁烟窗云幄。新雁又,无端送人江上,短亭初泊。

篱角。梦依约。人一笑,惺忪翠袖薄。悠然醉魂唤醒,幽丛畔,凄香雾雨漠漠。晚吹乍颤秋声,早屏空金雀。明朝想、犹有数点蜂黄,伴我斟酌。

吴文英

前段第八句及后段第九句,例作上一下四句法。又前段第五句第六句,及后段第六句第七句各九字,系属一气,分豆可以不拘,填者宜注意之。

林大椿《词式》

# 眉　妩

　　一百三字，仄韵。姜夔词注：“一名《百宜娇》。”《词谱》云：“此调以此词（姜夔词“看垂杨连苑”）为正体。若王（沂孙）词之少押一韵，张（翥）词之多押两韵，皆变格也。”此词可平可仄参王沂孙、张翥两词校。

## 正　格

　　｜－－－｜(句)｜｜－－(句)－｜｜－｜(韵)＋｜－－｜(句)－－｜(句)－－－｜－｜(韵)｜－｜｜(韵)｜｜－(读)－｜－｜(韵)｜－｜(句)｜｜－－－｜(句)｜－｜－｜(韵)

　　　－｜(韵)－－－｜(韵)｜｜－＋｜(句)－｜－｜(韵)＋｜－－｜(句)－－｜(句)－－－｜－｜(韵)｜－｜｜(韵)｜｜－(读)－｜－｜(韵)｜－｜－－(句)－｜｜(读)｜－｜－(韵)

**例**

　　看垂杨连苑，杜若侵沙，愁损未归眼。信马青楼去，重帘下，娉婷人妙飞燕。翠尊共款。听艳歌、郎意先感。便携手，月地云阶里，爱良夜微暖。

　　无限。风流疏散。有暗藏弓履，偷寄香翰。明日闻津鼓，湘江上，催人还解春缆。乱红万点。怅断魂、烟水遥远。又争似相携，乘一舸、镇长见。

姜　夔（戏张仲远）

　　陈鹄《耆旧续闻》：“姜尧章尝寓吴兴张仲远家，仲远屡外出，其室人知书，宾客通问，必先窥来札。性颇妒。尧章戏作《百宜娇》词以遗仲远云：（词略）。仲远归，竟莫能辨，则受其爪损面，至不能外出云。”

《绝妙好词笺》引

# 探春慢

一百三字，仄韵。或作《探春》，无"慢"字。《词谱》云："此调以此词（姜夔词"衰草愁烟"）为正体。若周密词之换头多押一韵，陈允平词之后结句读小异，犹不失正。若吴文英词之句读全异，则变格也。"姜夔词序云："予自孩幼从先人宦于古沔，女须因嫁焉。中去复来几二十年。岂惟姊弟之爱，沔之父老儿女子，亦莫不予爱也。丙午冬，千岩老人约予过苕雪，岁晚乘涛载雪而下。顾念依依，殆不能去。作此曲别郑次皋、辛克清、姚刚中诸君。"

## 正　格

　　+｜－－(句)＋－＋｜(句)－－－｜－｜(韵)＋｜－－(句)＋－＋｜(句)＋｜＋－＋｜(韵)－｜＋－＋(句)｜＋｜(读)－－｜(韵)｜＋－｜－－(句)＋－＋｜－｜(韵)

　　+｜＋－＋｜(句)＋＋｜＋－(句)＋＋－｜(韵)｜－－(句)＋－＋｜(句)｜＋－＋｜(韵)－｜＋－＋(句)｜＋｜(读)－－｜(韵)＋｜－－(句)＋－＋｜－｜(韵)

例

　　衰草愁烟，乱鸦送日，风沙回旋平野。拂雪金鞭，欺寒茸帽，还记章台走马。谁念漂零久，漫赢得、幽怀难写。故人清沔相逢，小窗闲共情话。

　　长恨离多会少，重访问竹西，珠泪盈把。雁碛沙平，渔汀人散，老去不堪游冶。无奈苕溪月，又照我、扁舟东下。甚日归来，梅花零乱春夜。

姜　夔

# 情 久 长

　　一百三字，仄韵。调见《圣求词》。一名《情长久》。《词谱》云："此调只有此体。吕渭老集中二首，字句悉同，故此词可平可仄，悉参'冰梁跨水'词。"

## 正　格

　　＋－丨丨(句)－－丨丨－丨(韵)丨丨丨(读)丨－丨－丨(句)－丨－丨(韵)＋－－丨丨(句)丨丨丨(读)－丨－－丨(韵)丨－丨(读)－－－丨丨(句)丨丨－－(句)－丨丨(读)－－－丨(韵)

　　＋丨－－(句)丨丨－－丨(韵)丨丨丨(读)丨－－丨(句)＋＋－丨(韵)＋－丨丨(句)丨＋丨(读)－丨－－丨丨(韵)丨－丨(读)－－丨丨(句)－－－(句)－丨丨(读)－－丨(韵)

### 例

　　琐窗夜永，无聊尽作伤心句。甚近日、带腰移眼，梨脸沾雨。春心偿未足，怎忍听、啼血催归杜宇。暮帆挂、沉沉暝色，滚滚长江，流不尽、来无据。

　　点检风光，岁月今如许。趁此际、浦花汀草，一棹东去。云窗雾阁，洞天晓、同作烟霞伴侣。算谁见、梅帘醉梦，柳陌晴游，应未许、春知处。

　　　　　　　　　　　　　　　　　　　吕渭老

两情若是久长时，又岂在朝朝暮暮。
　　　　秦观《鹊桥仙》

# 湘江静

　　一百三字,仄韵。此调见史达祖《乐府雅词》,一名《潇湘静》。《词谱》云:"此调史(达祖)词外,只有无名氏词。故此词可平可仄悉参之。"

## 正　格

　　＋＋－＋－＋丨(韵)丨－－(读)丨丨－－(韵)－－丨丨(句)丨－－－丨(韵)＋丨丨－－(句)＋－丨(读)＋－－丨(韵)－－丨丨(句)－－丨＋(句)－－丨(读)丨－丨(韵)

　　丨丨－(句)－丨丨(韵)丨－－(读)丨－－丨(韵)－－丨丨(句)－－丨丨(句)丨－－－丨(韵)＋丨丨－－(句)＋－丨(读)＋－－丨(韵)－－丨丨(句)－－丨丨(句)－－丨丨(韵)

## 例

　　暮草堆青云浸浦。记匆匆、倦篙曾驻。渔榔四起,沙鸥未落,怕愁沾诗句。碧袖一声歌,石城怨、西风随去。沧波荡晚,菰蒲弄秋,还重到、断魂处。

　　酒易醒,思正苦。想空山、桂香悬树。三年梦冷,孤吟意短,屡烟钟津鼓。屐齿厌登临,移橙后、几番凉雨。潘郎渐老,风流顿减,闲居未赋。

史达祖

梅溪(史达祖)甚有心思,而用笔多涉尖巧,所谓一勾勒即薄者。梅溪词中,喜用偷字,非大方家数,足以定其品格矣。
　　周济《介存斋论词杂著》

# 二 郎 神

一百四字，仄韵。唐教坊曲名。南宋吴曾《能改斋漫录》云："本朝乐府有《二郎神》，非也。按唐《乐府杂录》曰：武后朝，有一士人陷冤狱，籍家族。妻配人掖庭，善吹筚篥，乃撰此曲以寄情焉，初名大郎神，盖取良人行第也。乃以大为二，传写之误。"《四库全书》本《能改斋漫录》卷一"乐府名大郎神"条云："盖取良人行第也。既畏人知，遂三易其名，曰《悲切子》，又曰《怨回鹘》。乃以大为二，传写之误。"徐伸词名《转调二郎神》；吴文英词名《十二郎》。《词谱》云："此调有两体：前段起句三字者，名《二郎神》；前段起句四字者，名《转调二郎神》。前段第三四句，后段第四五句，第六七句，及两结句读，亦不同。《词律》疏于考证，以转调为本调，误矣。"兹以柳永词为正体。

## 正 格

　　＋－｜（韵）｜＋｜（读）＋－－｜（韵）｜＋｜（读）＋－－｜｜（句）＋
｜（读）＋－－｜（韵）＋｜＋－－｜｜（句）｜＋｜（读）－－＋｜（韵）｜
＋｜（读）－－＋｜（句）｜＋｜－－｜（韵）

　　－｜（韵）－＋＋｜（句）＋－－｜（韵）｜＋｜（读）＋－－｜｜（句）＋
｜（读）＋－－｜（韵）＋｜＋－－｜｜（句）｜＋｜（读）－－＋｜（韵）｜
－｜－－（句）｜｜－－（句）－－－｜（韵）

## 例

　　炎光谢。过暮雨、芳尘轻洒。乍露冷、风清庭户爽，天如水、玉钩遥挂。应是星娥嗟久阻，叙旧约、飙轮欲驾。极目处、微云暗度，耿耿银河高泻。

　　闲雅。须知此景，古今无价。运巧思、穿针楼上女，抬粉面、云鬟相亚。钿合金钗私语处，算谁在、回廊影下。愿天上人间，占得欢娱，年年今夜。

　　　　　　　　　　　　　　　　　柳　永

唐则天时，士人陷冤狱。有妻配入掖庭，其夫善吹芦管，乃撰此曲以寄哀情。始名《二郎神》，盖取良人行第也，畏人知，遂三易其名，亦曰《悲切子》。终号《怨回鹘》。

李上交《近事会元》

# 双 声 子

一百四字,平韵。此调见柳永《乐章集》,为柳永所创。《词谱》
云:"此调只有柳永一词,其平仄宜遵之。"

## 正 格

┃－－┃(句)┃－－┃(句)－－＋┃－－(韵)－－－┃(句)－－
－┃(句)－＋┃┃－－(韵)┃－－┃┃(句)－┃┃(读)－┃－－(韵)－
－┃(句)┃－┃(句)－－－┃－－(韵)

　　┃－－(句)－┃－┃┃(句)－－＋┃－－(韵)－－－┃(句)－－
－┃(句)－＋┃┃－－(韵)┃－－┃┃(句)－┃┃(读)－┃－－(韵)－
－┃┃－－(句)┃－┃┃－－(韵)

**例**

　　晚天萧索,断蓬踪迹,乘兴兰棹东游。三吴风景,姑苏
台榭,牢落暮霭初收。叹夫差旧国,香径没、徒有荒丘。繁
华处,悄无睹,惟闻麋鹿呦呦。

　　想当年,空运筹决战,图王取霸无休。江山如画,云涛
烟浪,翻输范蠡扁舟。验前经旧史,嗟漫载、当日风流。斜
阳暮草茫茫,尽成万古遗愁。

柳 永

柳耆卿词,昔人比之杜
诗,为其实说无表德也。余
谓此论其体则然;若论其旨,
少陵恐不许之。耆卿词,细
密而妥溜,明白而家常,善
于叙事,有过前人。惟绮罗
香泽之态,所在多有,故觉
风期未上耳。

刘熙载《艺概》

# 归 朝 欢

一百四字，仄韵。此调以柳永词为正体。此后宋词大家如苏轼、张先、辛弃疾等，俱如此填。辛弃疾词有"菖蒲自照清溪绿"句，名《菖蒲绿》；赵崇磻词名《归朝歌》。

## 正　格

　　＋｜＋－－｜｜(韵)＋｜＋－－｜｜(韵)＋－＋｜－－(句)＋－＋｜－－｜(韵)＋＋－｜｜(韵)＋－＋｜－－｜(韵)＋－－(句)＋－＋｜(句)＋｜＋－｜(韵)

　　＋｜＋－－｜｜(韵)＋｜＋－－｜｜(韵)＋－＋｜－－(句)＋－＋｜－－｜(韵)＋＋－｜｜(韵)＋－＋｜－－｜(韵)＋－－(句)＋－＋｜(句)｜｜＋－｜(韵)

**例**

别岸扁舟三两只。葭苇萧萧风浙浙。沙汀宿雁破烟飞，溪桥残月和霜白。渐渐分曙色。路遥山远多行役。往来人，只轮双桨，尽是利名客。

一望乡关烟水隔。转觉归心生羽翼。愁云恨雨两牵萦，新春残腊相催逼。岁华都瞬息。浪萍风梗诚何益。问归期，玉楼深处，有个人相忆。

柳 永

《归朝欢》，一名《菖蒲绿》，以辛幼安词得名。
毛先舒《填词名解》

# 永 遇 乐

　　一百四字，仄韵。此调有平韵仄韵两体；仄韵者，始自北宋，《乐章集》注："林钟商"。晁补之词名《消息》，自注"越调"。平韵者，始自南宋，陈允平创为之。《词谱》以苏轼词为正体，宋词俱如此填。此调气势较雄壮，宜抒慷慨豪壮之情。

## 正　格

　　+|－－(句)＋－＋|(句)＋＋－|(韵)+|－－(句)＋－＋|(句)
+|－－|(韵)＋－＋|(句)＋－＋|(句)+|＋－＋|(韵)＋－
＋(读)－－＋|(句)＋＋|＋－|(韵)
　　＋－＋|(句)＋－＋|(句)+|＋－－|(韵)+|－－(句)＋－
＋|(句)+|－－|(韵)＋－＋|(句)＋－＋|(句)+|＋－＋|(韵)
＋－＋(读)－－＋|(句)＋－||(韵)

## 例

　　明月如霜，好风如水，清景无限。曲港跳鱼，圆荷泻露，寂寞无人见。纥如三鼓，铿然一叶，黯黯梦云惊断。夜茫茫、重寻无处，觉来小园行遍。
　　天涯倦客，山中归路，望断故园心眼。燕子楼空，佳人何在，空锁楼中燕。古今如梦，何曾梦觉，但有旧欢新怨。异时对、黄楼夜景，为余浩叹。

　　　　　苏　轼（彭城夜宿燕子楼，梦盼盼，因作此词）

　　此调前阕第十句七字，上三字豆。结句六字。后阕第四句至第十句，与前第四句至第十句同；结句四字，乃是定格。尾句末二字"去、上"连用，定律甚严。
　　　　　　　　《考正白香词谱》

# 春从天上来

一百四字，平韵。调见《中州乐府》吴激词。《词谱》云："此调以此词（吴激词）为正体。若张翥词之多押一韵，张炎词之添字，周伯阳词之减字，皆变格也。"吴词前小序云："会宁府遇老姬，善鼓瑟，自言梨园旧籍，因感而赋此。"

## 正　格

　+｜｜－－(韵)｜｜｜－－(句) +｜｜－－(韵) +｜－｜(句) +｜－
－(韵) +｜｜｜－－(韵)｜－－－｜(句) + +｜(读) +｜－－(韵)｜｜－
－(句)｜+ －｜｜(句) +｜－－(韵)

　－－｜｜ +｜(句)｜｜｜－－(句) +｜－－(韵) +｜－｜(句) +
－－｜(句) +｜+｜－－(韵)｜－－－｜(句) + +｜(读) +｜－－(韵)
｜｜－－(韵)｜+ －－｜(句) +｜－－(韵)

**例**

　海角飘零。叹汉苑秦宫，坠露飞萤。梦里天上，金屋银屏。歌吹竞举青冥。问当时遗谱，有绝艺、鼓瑟湘灵。促哀弹，似林莺呖呖，山溜泠泠。

　梨园太平乐府，醉几度春风，鬓变星星。舞彻中原，尘飞沧海，风雪万里龙庭。写秋筝幽怨，人憔悴、不似丹青。酒微醒。对一轩凉月，灯火青荧。

吴　激

源流，此调见《中州乐府》，或是吴激所创作。

林大椿《词式》

# 拜星月慢

一百四字,仄韵。唐教坊曲名。或作《拜星月》;一作《拜新月》。此调上片第五句和结句,下片第四句和结句,皆为上一下四句法。《词谱》以周邦彦词为正体。

## 正　格

‖－－(句) + －＋‖(句) +‖－－＋‖(韵)‖‖－－(句)‖－－－‖(韵)‖－‖(句)‖‖(读)－－‖‖－‖(句)‖‖ + －－‖(韵) +‖ + －(句)‖－－－‖(韵)

‖－－(读)‖‖－－‖(韵) + －－ +(读)‖‖－－‖(韵) +‖‖ + －+(句)‖－－－‖(韵)‖－－(读)‖‖－－‖(韵)－－－(读) +‖－－‖(韵) + +‖(读) +‖－－－(句)‖－－‖‖(韵)

## 例

夜色催更,清尘收露,小曲幽坊月暗。竹槛灯窗,识秋娘庭院。笑相遇,似觉、琼枝玉树相倚,暖日明霞光烂。水盼兰情,总平生稀见。

画图中、旧识春风面。谁知道、自到瑶台畔。眷恋雨润云温,苦惊风吹散。念荒寒、寄宿无人馆。重门闭、败壁秋虫叹。怎奈向、一缕相思,隔溪山不断。

周邦彦(秋思)

全是追思,却纯用实写,但读前阕,几疑是赋也。换头再为加倍跌宕之,他人万万无此力量。

周济《宋四家词选》

# 倾杯乐

　　一百四字,仄韵。一名《古倾杯》;亦名《倾杯》。唐教坊曲名。《乐府杂录》云:"宣宗喜吹芦管,自制此曲。"《宋史·乐志》载有二十七宫调,柳永《乐章集》注:"宫调七。"《词谱》云:"此调(《倾杯乐》)柳永《乐章集》中凡七首,自一百四字至一百十六字,各注宫调,然亦有同一宫调,而字句参差者,旧谱失传,不能强为论定也。"

## 正　格

　　+｜－－(句)｜－－｜(句)－－｜｜－(韵)｜＋｜｜(句)＋｜
｜｜(句)｜｜－－(韵)＋－｜｜＋－｜(句)｜＋－－｜(韵)－－｜
｜(句)－｜｜(读)＋｜－－－｜(韵)

　　｜＋(韵)＋－－｜(句)｜－－｜(句)－｜－｜(韵)｜｜｜－
－(句)＋－－｜｜(句)－－－(韵)｜｜－－(句)＋－－｜(句)＋｜－
｜(韵)｜－｜(韵)－｜｜(读)＋－＋｜(韵)

**例**

　　鹜落霜洲,雁横烟渚,分明画出秋色。暮雨乍歇,小楫夜泊,宿苇村山驿。何人月下临风处,起一声羌笛。离愁万绪,闻岸草、切切蛩吟如织。

　　为忆。芳容别后,水遥山远,何计凭鳞翼。想绣阁深沉,争知憔悴损,天涯行客。楚峡云归,高阳人散,寂寞狂踪迹。望京国。空目断、远峰凝碧。

柳　永

　　唐太宗贞观初,内宴长孙无忌,造此曲。又《乐府杂录》云:"唐宣宗善吹芦管,自制此曲,有数拍不均。上初捻管令,俳儿辛骨脆拍不中节,上瞋目顾之。脆忧,一日而卒。"上交详此二说,恐先者是宫调,后来宣宗转于他调制之也。又明皇开元中亦用此曲,每日轮马三十四舞。

李上交《近事会元》

# 绮 罗 香

一百四字，仄韵。此调始自《梅溪词》，为史达祖所创。《词谱》云："此调以此词（史达祖词"做冷欺花"）为正体。陈允平、王沂孙、张榘、张翥诸词，俱如此填。若张炎词之多押一韵，或减一字，皆变格也。"

## 正 格

+｜－－(句)－－｜｜(句)+｜－－－｜(韵)+｜－－(句)+｜｜－－｜(韵)++｜(读)+｜－－(句)｜++(读)+－－｜(韵)｜++(读)+｜－－(句)+－－｜｜－｜(韵)

－－－｜+｜(句)－｜－－+｜(句)++－｜(韵)+｜－－(句)+｜｜－－｜(韵)++｜(读)+｜－－(句)｜++(读)+－－｜(韵)++(读)+｜－－(句)｜－－｜｜(韵)

## 例

做冷欺花，将烟困柳，千里偷催春暮。尽日冥迷，愁里欲飞还住。惊粉重、蝶宿西园，喜泥润、燕归南浦。最妨他、佳约风流，钿车不到杜陵路。

沉沉江上望极，还被春潮晚急，难寻官渡。隐约遥峰，和泪谢娘眉妩。临断岸、新绿生时，是落红、带愁流处。记当日、门掩梨花，剪灯深夜语。

史达祖(咏春雨)

"临断岸"以下数语，最为姜尧章称赏。
黄昇《中兴绝妙词选》

# 绮寮怨

一百四字，平韵。此调见《片玉词》。兹以周邦彦词为正体。

## 正 格

||－－＋|(句)|－－|－(韵)＋＋|(读)＋|－－(句)＋－
|(读)＋|－－(韵)－－＋－＋|(句)＋＋|(读)||－|－(韵)|＋
－(读)||－－(句)－－|(读)＋|－|－(韵)

＋|＋－－|(韵)－－＋|(句)＋－||－－(韵)＋|－－(韵)
＋＋|(读)|－－(韵)－－|－－|(句)＋||(读)|－(韵)－－
－(韵)＋－|＋|(句)－|－(韵)

## 例

上马人扶残醉，晓风吹未醒。映水曲、翠瓦朱檐，垂杨
里、乍见津亭。当时曾题败笔，蛛丝罩、淡墨苔晕青。念去
来、岁月如流，徘徊久、叹自愁思盈。

去去倦寻路程。江陵旧事，何曾再问杨琼。旧曲凄清。
敛愁黛、与谁听。尊前故人如在，想念我、最关情。何须渭
城。歌声未尽处，先泪零。

周邦彦(思情)

《文选·魏都赋》云："皦日笎光于
绮寮。"《说文》曰："绮文缯也，察小窗
也，言绮窗之人有所思而怨感耳。"
林大椿《词式》

# 忆 瑶 姬

一百五字,平韵。此调有仄韵平韵两体:仄韵者,始自曹组,一名《别素质》,仅曹词一首,宋人无照其填者;平韵者,始自万俟咏,一名《别瑶姬慢》。兹依《词谱》以万俟咏词为正体。

## 正　格

+|－－(韵)|+－||(句)||－－(韵)＋－－||(句)||
－＋|(句)＋|－－(韵)＋－||(句)＋|－－(句)|－＋|－(韵)|
|－(读)－|－|－－|(句)＋|－－(韵)

|＋|(读)||－－(句)|＋－||(句)||－－(韵)＋－－|
||(句)||－＋|(句)＋|－－(韵)＋－||(句)＋|－－(句)|－＋|
－(韵)||＋(句)－|－－||－(韵)

**例**

可惜香红。又一番骤雨,几阵狂风。霎时留不住,便夜来和月,飞过帘栊。离愁未了,酒病相仍,便堪此恨中。片片随、流水斜阳去,各自西东。

又还是、九十春光,误双飞戏蝶,并采游蜂。人生能几许,细算来何物,得似情浓。沈腰暗减,潘鬓先秋,寸心不易供。望暮云,千里沉沉障翠峰。

　　　　　　　　　　　　　　　　　*万俟咏*

宋玉《高唐赋》序:"妾,巫山之女也。"注引《襄阳耆旧传》:"赤帝女瑶姬　未行而卒,葬于巫山之阳,故曰巫山之女。楚怀王游于高唐,昼寝,梦见与神遇,自称是巫山之女,王因幸之,遂为置观于巫山之南,号为朝云。"
　　　　　　《文选》

# 西吴曲

一百五字，仄韵。《词谱》云："调见《龙洲集》。"龙榆生《唐宋词格律》云："今所传《龙洲词》无之。可能为刘过自度，音节极苍凉激楚。"此词见《历代诗余》。

## 正　格

｜－－（读）｜｜－（韵）｜－－｜｜（读）｜－｜（韵）｜－－
｜（句）－－｜－｜（韵）｜｜－－（句）－｜｜（读）－－－｜（韵）｜｜｜（读）
－｜－－（句）｜｜｜（读）｜－－｜（韵）
　　｜－－｜（句）－－｜｜－（句）－－｜－｜｜（韵）｜｜｜（韵）｜－
－｜－－（句）－｜｜－－（句）｜－－｜｜（韵）－－－｜（句）｜｜｜｜
－－（句）－｜｜－－（句）－｜｜－｜（韵）

## 例

　　说襄阳、旧事重省。记铜驼巷陌、醉还醒。笑莺花别后，刘郎憔悴萍梗。倦客天涯，还买个、西风轻艇。便欲访、骑马山翁，问岘首、那回风景。

　　楚王城里，知几度经过，摩挲故宫抑瘿。漫吊景。冷烟衰草凄迷，伤心兴废，赖有阳春古郢。乾坤谁望，六百里路中原，空老尽英雄，肠断剑锋冷。

刘　过（怀襄阳）

源流，此调见刘过所创作。<br>《龙洲词》，或是刘过所<br>林大椿《词式》

# 西 河

一百五字,分上中下三片,皆押仄韵。张炎词名《西湖》。《碧鸡漫志》云:"大石调《西河慢》声犯正平,极奇古。"又引《脞说》:"大历初,有乐工取古《西河长命女》,加减节奏,颇有新声。"《词谱》以周邦彦词为正体。

## 正 格

　－＋｜(韵)＋－＋｜－｜(韵)＋－＋｜｜－－(句)＋－＋｜(韵)
＋－＋｜｜－－(句)＋－＋｜－｜(韵)

　＋＋＋(句)＋＋｜(韵)＋－＋｜－｜(韵)＋－＋｜｜－(句)｜
－｜｜(韵)｜－＋｜｜－－(句)＋－＋｜－｜(韵)

　｜－｜｜｜｜(韵)＋－＋(读)－＋－｜(韵)＋｜＋－－｜(韵)
｜－－(读)｜｜－－(句)＋｜＋｜－－(句)－－｜(韵)

**例**

佳丽地。南朝盛事谁记。山围故国绕清江,髻鬟对起。怒涛寂寞打孤城,风樯遥度天际。

断崖树,犹倒倚。莫愁艇子曾系。空余旧迹郁苍苍,雾沉半垒。夜深月过女墙来,伤心东望淮水。

酒旗戏鼓甚处市。想依稀、王谢邻里。燕子不知何世。入寻常、巷陌人家,相对如说兴亡,斜阳里。

周邦彦(金陵怀古)

张玉田谓清真最长处,在善融化古人诗句,如自己出。读此词可见此中三昧。

梁启超《饮冰室评词》

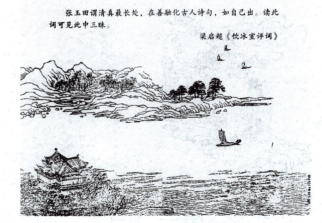

# 曲玉管

一百五字,平仄韵同部换押。唐教坊曲名。柳永《乐章集》注:"大石调。"《词谱》云:"此调前段,截然两对,即《瑞龙吟》调,所谓双拽头也。"此调《词谱》作双调,别本如《全宋词》、《宋词三百首笺注》等有作上中下三段者。

## 正格

‖－－(句)－－‖‖(句)－－‖‖－－‖(仄韵)‖‖－－－‖(句)－‖－(平韵)‖－(叶平)‖‖－－(句)－－‖‖(句)‖－‖－(叶仄)‖‖－－(句)‖‖－‖－(叶平)‖－‖(叶平)

‖‖－－(句)‖－‖(读)－－－‖(句)‖－‖－－(句)－－‖‖－(叶平)‖－(叶平)‖‖－－‖(句)‖‖－－(句)‖－‖(句)‖－－(句)‖‖－－(叶平)

**例**

　　陇首云飞,江边日晚,烟波满目凭阑久。立望关河萧索,千里清秋。忍凝眸。杳杳神京,盈盈仙子,别来锦字终难偶。断雁无凭,冉冉飞下汀洲。思悠悠。

　　暗想当初,有多少、幽欢佳会,岂知聚散难期,翻成雨恨云愁。阻追游。每登山临水,惹起平生心事,一场消黯,永日无言,却下层楼。

柳　永

耆卿(柳永)词,善于铺叙,羁旅行役,尤属擅长。然意境不高,思路微左,全失温(庭筠)韦(庄)忠厚之意。词人变古,耆卿首作俑也。

陈廷焯《白雨斋词话》

# 秋　霁

　　一百五字，仄韵。一名《春霁》。《词谱》云："此调始自胡浩然赋春晴词，即名《春霁》；赋秋晴词，即名《秋霁》。"兹依《词谱》，以史达祖词为正体。

## 正　格

　　＋｜－－(句)｜｜｜－－(句)｜｜－｜(韵)＋｜－－(句)＋－＋｜(句)＋－｜＋－｜(韵)＋－｜｜(韵)｜－＋｜－－｜(韵)｜｜｜(韵)－｜(读)｜－－｜｜－｜(韵)

　　－＋｜｜(句)｜｜－－(句)｜＋－－(句)＋＋－｜(韵)｜－＋(读)－－－｜(韵)－－｜｜－｜(韵)＋｜｜－－｜｜(韵)｜＋－｜(句)＋＋｜｜－－(句)｜＋－＋(句)｜－－｜(韵)

## 例

　　江水苍苍，望倦柳愁荷，共感秋色。废阁先凉，古帘空幕，雁程最嫌风力。故园信息。爱渠入眼南山碧。念上国。谁是、脍鲈江汉未归客。

　　还又岁晚，瘦骨临风，夜闻秋声，吹动岑寂。露蛩悲、清灯冷屋，翻书愁上鬓毛白。年少俊游浑断得。但可怜处，无奈苒苒魂惊，采香南浦，剪梅烟驿。

史达祖

　　苕溪渔隐曰：《秋霁》一词，即是《春霁》，俨然胡浩然声口。"孤鹭高飞，晚霞相映"，昔人已辨之。

　　沈雄《古今词话》

# 尉迟杯

一百五字，仄韵。《词品》云："《尉迟杯》，尉迟敬德饮酒必用大杯，故以名曲。"此调有平韵仄韵两体：仄韵者，见柳永《乐章集》；平韵者，见晁补之《琴趣外篇》。《词谱》云："此调（晁补之词）押平韵者，只此一体，无别首宋词可校。"宋人无填平韵者。兹以周邦彦词仄韵体为正格。

## 正 格

+－|(韵)|＋＋(读)＋|＋＋|(韵)－－||－－(句)＋＋＋
＋－|(韵)－－|(句)＋|(读)＋＋＋|(韵)||－(读)||－
－(句)|＋－＋－|(韵)
－＋||－－(句)－－|(读)＋|＋－|(韵)||－－
|(句)＋||(读)＋－|(韵)－－＋(读)－－|(句)＋|(读)＋＋＋
＋|(韵)|－－(读)||－－(句)|＋＋＋－|(韵)

**例**

隋堤路。渐日晚、密霭生深树。阴阴淡月笼沙，还宿河桥深处。无情画舸，都不管、烟波隔前浦。等行人、醉拥重衾，载将离恨归去。

因思旧客京华，长偎傍、疏林小槛欢聚。冶叶倡条俱相识，仍惯见、珠歌翠舞。如今向、渔村水驿，夜如岁、焚香独自语。有何人、念我无聊，梦魂凝想鸳侣。

周邦彦（离恨）

夫词，非寄托不入，专寄托不出。

周济《宋四家词选》

# 安公子

　　一百六字，仄韵。唐教坊曲名。《碧鸡漫志》云："据《理道要诀》，唐时《安公子》在太簇角，今已不传。其见于世者，中吕调。有《安公子近》，般涉调；有《安公子慢》。"此调柳永有两体；一作八十字，自注中吕调；一作一百六字，自注般涉调。今依《词谱》，以一百六字体"远岸收残雨"词为正体。

## 正　格

　　+|－－|(韵)|－+|－－|(韵)+|＋－－||(句)|
＋－－|(韵)|+|(读)－－+|－－|(韵)－|＋(读)+|－
|(韵)|＋＋－＋(句)＋＋＋－＋|(韵)
　　+|－－|(韵)＋|＋－－|(韵)+|＋－－||(句)|
＋－－|(韵)|+|(读)－－+|－－|(韵)－|＋(读)+|－－
|(韵)|＋＋－＋(句)＋＋＋－＋|(韵)

**例**

　　远岸收残雨。雨残稍觉江天暮。拾翠汀洲人寂静，立双双鸥鹭。望几点、渔灯隐映蒹葭浦。停画桡、两两舟人语。道去程今夜，遥指前村烟树。
　　游宦成羁旅。短墙吟倚闲凝仁。万水千山迷远近，想乡关何处。自别后、风亭月榭孤欢聚。刚断肠、惹得离情苦。听杜宇声声，劝人不如归去。

柳　永

　　《安公子》，《通典》及《乐府杂录》称，炀帝将幸江都，乐工王令言者，妙达音律，其子弹胡琵琶作《安公子》曲。令言惊问那得此。对曰："宫中新翻。"令言流涕曰："慎毋从行。宫，君也；宫往而不返，大驾不复回矣。"据《理道要诀》，唐时《安公子》在太簇角，今已不传。其见于世者，中吕调。般涉调有令。然尾声皆无所归宿，亦异矣。
　　王灼《碧鸡漫志》

# 青门饮

　　一百六字，仄韵。《词谱》云："调见《淮海词》，黄裳词亦名《青门引》，然与《青门引》令词不同。"此调宋词人秦观、黄裳、曹组、时彦等皆填之，句读大同小异，以时彦词稍胜，为选家所青睐。兹以时彦词为正体。

## 正　格

　　－｜－－(句)｜－－｜(句)－－｜｜(句)＋－－｜(韵)＋｜－－(句)
｜－－｜(句)－｜｜－－｜(韵)＋｜－－｜(句)｜＋－(读)＋－－｜(韵)
｜＋－＋(句)＋＋＋＋(句)－＋－｜(韵)

　　＋｜＋－－｜(韵)－－｜｜(句)＋－－｜(韵)＋｜－－(句)｜－
－｜(句)＋｜｜－－｜(韵)＋｜－－｜(句)｜＋－(读)＋－－｜(韵)｜
－｜｜－－(句)｜｜－－－｜(韵)

例

　　胡马嘶风，汉旗翻雪，彤云又吐，一竿残照。古木连空，乱山无数，行尽暮沙衰草。星斗横幽馆，夜无眠、灯花空老。雾浓香鸭，冰凝泪烛，霜天难晓。

　　长记小妆才了。一杯未尽，离怀多少。醉里秋波，梦中朝雨，都是醒时烦恼。料有牵情处，忍思量、耳边曾道。甚时跃马归来，认得迎门轻笑。

时　彦(寄宠人)

词以境界为最上。有境界则自成高格，自有名句。五代北宋之词所以独绝者在此。

王国维《人间词话》

# 夜 飞 鹊

一百六字,平韵。此调始见《片玉词》,一名《夜飞鹊慢》。《词谱》以周邦彦词为正体。此调上下片中领格字宜用去声。

## 正　格

－－｜－｜(句)＋｜－－(韵)－＋｜｜－－(韵)＋－＋｜＋
＋｜(句)＋－＋｜－－(韵)－－｜－｜(句)｜－－＋｜(句)＋｜－－(韵)
－－＋｜(句)｜－－(读)＋｜－－(韵)

　－｜｜－－｜(句)－｜｜－－(句)＋｜－－(韵)＋｜－－＋
｜(句)＋－｜｜(句)－｜－－(韵)＋－＋｜(句)｜－－(读)＋｜－－(韵)｜
－－－｜(句)－－｜｜(句)＋｜－－(韵)

## 例

河桥送人处,良夜何其。斜月远堕余辉。铜盘烛泪已流尽,霏霏凉露沾衣。相将散离会,探风前津鼓,树杪参旗。花骢会意,纵扬鞭、亦自行迟。

迢递路回清野,人语渐无闻,空带愁归。何意重经前地,遗钿不见,斜径都迷。兔葵燕麦,向残阳、影与人齐。但徘徊班草,欷歔酹酒,极望天西。

周邦彦(别情)

一首送别词耳,自将行至远送,又自去后写怀望之情。层次井井,而意致绵密,词采秾深,时出雄厚之句,耐人咀嚼。

黄蓼园《蓼园词评》

# 解 连 环

一百六字,仄韵。此调始自柳永,以词有"信早梅、偏占阳和"及"时有香来,望明艳、遥知非雪"句,名《望梅》;后因周邦彦词有"纵妙手、能解连环"句,更名《解连环》;张辑词有"把千种旧愁,付与杏梁语燕"句,又名《杏梁燕》。宋人多填周邦彦体,兹以周邦彦词为正体。

## 正 格

　｜－－｜(韵)＋－－｜｜(句)＋＋－｜(韵)｜｜＋(读)＋｜－－(句)｜＋｜＋－(句)｜＋－｜(韵)＋｜－－(句)｜＋｜(读)＋－－｜(韵)｜＋－｜｜(句)＋｜＋－(句)＋＋－｜(韵)

　－－｜－｜｜(韵)＋－－｜｜(句)＋＋－｜(韵)｜｜＋(读)＋｜－－(句)｜＋｜＋－(句)｜＋－｜(韵)＋｜－－(句)｜＋｜(读)＋－－｜(韵)＋－＋(读)｜－｜｜(句)｜－｜｜(韵)

## 例

怨怀无托。嗟情人断绝,信音辽邈。纵妙手、能解连环,似风散雨收,雾轻云薄。燕子楼空,暗尘锁、一床弦索。想移根换叶,尽是旧时,手种红药。

汀洲渐生杜若。料舟依岸曲,人在天角。漫记得、当日音书,把闲语闲言,待总烧却。水驿春回,望寄我、江南梅萼。拚今生、对花对酒,为伊泪落。

周邦彦

《解连环》,出《庄子》,连环可解也。徐釚《词苑丛谈》引《南濠诗话》。

# 楚宫春慢

一百六字，仄韵。调见《宝月词》。可平可仄，悉参周密词。周密词作一百八字。林大椿《词式》名《楚宫春》，云："周密为洛花度此曲，当是周密所创作。"《词谱》列僧挥词在前，参周词校僧挥词，兹依《词谱》以僧挥词为正体。

## 正　格

－－｜｜(韵)｜－｜－－(句)＋｜－｜(韵)＋｜｜－(句)－｜－－－｜(韵)＋｜－－｜｜(句)｜｜｜(读)－－－｜(韵)｜｜－－(句)－｜｜(读)＋｜－－(句)｜｜＋－－｜(韵)

－－｜｜(句)－－｜｜(读)－＋－－－｜(韵)＋｜｜－(句)－｜－－－｜(韵)＋｜－－｜｜(句)｜｜｜(读)－－－｜(韵)｜｜－－(句)－｜｜(读)＋｜－－(句)｜｜＋－－｜(韵)

**例**

轻盈绛雪。乍团聚同心，千点珠结。画馆绣帏，低舞融融香彻。笑里精神放纵，断未许、年华偷歇。信任芳春，都不管、渐渐南薰，别是一家风月。

扁舟去后，回望处、娃宫凄凉凝咽。身似断云，零落深心难说。不与雕阑寸地，忍觑着、漂流离缺。尽日怏怏，总无语、不及高唐，梦里相逢时节。

僧　挥

最是楚宫俱泯灭，
舟人指点到今疑。
杜甫《咏怀古迹》

# 望 海 潮

一百七字，平韵。此调为柳永所创。《词谱》以柳永词为正体。

## 正 格

+－－|(句)－－+|(句)+－+|－－(韵)－||－(句)－－
||(句)+－+|－－(韵)+||－－(韵)+＋+|－|(句)+|－
－(韵)|＋－－(句)＋＋|(句)|－－(韵)

　　+－+|－－(韵)|＋－||(句)+|－－(韵)－||－(句)－
－||(句)+－+|－－(韵)+||－－(韵)＋＋+|－|(句)+|－
－(韵)|＋－－+|(句)+|||－－(韵)

## 例

　　东南形胜，三吴都会，钱塘自古繁华。烟柳画桥，风帘
翠幕，参差十万人家。云树绕堤沙。怒涛卷霜雪，天堑无
涯。市列珠玑，户盈罗绮，竞豪奢。

　　重湖叠巘清嘉。有三秋桂子，十里荷花。羌管弄晴，菱
歌泛夜，嬉嬉钓叟莲娃。千骑拥高牙。乘醉听箫鼓，吟赏烟
霞。异日图将好景，归去凤池夸。

柳　永

孙何帅钱塘，柳耆卿作《望海潮》赠之云："东南形胜"云云。此词流播，金主亮闻歌，欣然有慕于"三秋桂子，十里荷花"，遂起投鞭渡江之志。近时谢处厚诗云："谁把杭州曲子讴，荷花十里桂三秋。那知卉木无情物，牵动长江万里愁。"余谓此词虽牵动长江之愁，然卒为金主送死之媒，未足恨也。至于荷艳桂香，妆点湖山之清丽，使士夫流连于歌舞嬉游之乐，遂忘中原，是则深可恨耳。

罗大经《鹤林玉露》

# 一 寸 金

一百八字，仄韵。此调始于柳永词。《词谱》云："此调始于此（柳永）词，但后段句读参差，且宋词多照周邦彦词体填。"兹依《词谱》，以周邦彦词为正体。

## 正 格

+｜－－(句)｜｜－－｜－｜(韵)｜｜－＋｜(句)＋－＋｜(句)＋－＋｜(句)－－＋｜(韵)＋｜－－｜(句)－＋｜(读)＋－｜｜(韵)－－｜(读)＋｜－－(句)｜｜－－｜－｜(韵)

+｜－－(句)－－＋｜(句)－＋｜－｜(韵)｜｜－＋｜(句)＋－＋｜(句)＋－＋｜(句)－－＋｜(韵)＋｜－－｜(句)－＋｜(读)＋－｜｜(韵)－－｜(读)＋｜－－(句)｜｜－｜｜(韵)

**例**

州夹苍崖，下枕江山是城郭。望海霞接日，红翻水面，晴风吹草，青摇山脚。波暖凫鹥泳，沙痕退、夜潮正落。疏林外、一点炊烟，渡口参差正寥廓。

自叹劳生，经年何事，京华信漂泊。念渚浦汀柳，空归闲梦，风轮雨楫，终辜前约。情景牵心眼，流连处、利名易薄。回头谢、冶叶倡条，便入渔钓乐。

周邦彦(江路)

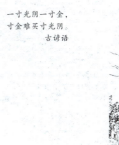

一寸光阴一寸金，
寸金难买寸光阴。
　　　古谚语

# 一萼红

一百八字,平韵。此调有平韵仄韵两体:平韵者,见姜夔词;仄韵者,见《乐府雅词》,因词有"未教一萼,红开鲜蕊"句,取以为名,然仄韵者惟有此词。《词谱》以姜夔词为正体。其词序云:"丙午人日,予客长沙别驾之观政堂。堂下曲沼,沼西负古垣,有庐橘幽篁,一径深曲。穿径而南,官梅数十株,如椒如菽,或红破白露,枝影扶疏。着屐苍苔细石间,野兴横生,亟命驾登定王台,乱湘流入麓山。湘云低昂,湘波容与。兴尽悲来,醉吟成调。"

## 正 格

　丨－－(韵)丨＋－＋丨(句)＋丨丨－－(韵)＋丨＋－(句)＋－＋
丨(句)－丨＋丨－－(韵)丨＋丨(读)＋－＋丨(句)＋＋＋(读)－丨丨
－(韵)＋丨－(句)＋－＋丨(句)丨丨－－(韵)

　＋丨＋－＋丨(句)丨＋－－丨(句)＋丨－(韵)＋丨－－(韵)＋
－＋丨(句)－丨＋丨－－(韵)丨＋丨(读)＋－＋丨(句)＋＋＋(读)丨丨
－－(韵)＋丨＋－＋(句)丨丨－－(韵)

## 例

古城阴。有官梅几许,红萼未宜簪。池面冰胶,墙腰雪老,云意还又沉沉。翠藤共、闲穿径竹,渐笑语、惊起卧沙禽。野老林泉,故王台榭,呼唤登临。

南去北来何事,荡湘云楚水,目极伤心。朱户黏鸡,金盘簇燕,空叹时序侵寻。忆曾共、西楼雅集,想垂杨、还袅万丝金。待得归鞍到时,只怕春深。

姜 夔

周尔墉云:"石帚(姜夔)词换头处,多不放过,最宜深味。"
周评《绝妙好词》

# 大 圣 乐

　　一百八字，仄韵。《宋史·乐志》注道调宫。此调有平韵仄韵两体；平韵者，见康与之《顺庵乐府》；仄韵者，见周密《蘋洲渔笛谱》。兹以周密词仄韵体为正格。谱内较多上一下六、上一下七、上一下四句法，填者当辨之。

## 正　格

　　+｜－－(句)｜－－｜(句)｜－－｜(韵)｜｜－＋｜－－(句)＋
｜｜－(句)－｜＋－－｜(韵)｜｜＋－－－｜(句)｜－｜－－｜
｜(韵)－－｜(句)｜－＋｜＋(句)－｜－｜(韵)
　　－－｜－｜｜(韵)｜＋｜－－－｜｜(韵)｜｜－－｜(句)－
－＋｜(句)－－－｜(韵)｜｜＋－－－｜(句)｜－｜－－－｜｜(韵)
－－｜(句)｜－－(读)｜－－｜(韵)

## 例

　　娇绿迷云，倦红颦晓，嫩晴芳树。渐午阴帘影移香，燕语梦回，千点碧桃吹雨。冷落锦宫人归后，记前度兰桡停翠浦。凭阑久，漫凝想凤翘，慵听金缕。

　　留春问谁最苦。奈花自无言莺自语。对画楼残照，东风吹远，天涯何许。怕折露条愁轻别，更烟暝长亭啼杜宇。垂杨晚，但罗袖、暗沾飞絮。

周　密(东园饯春即席分题)

　　草窗(周密)词尽洗靡曼，独标清丽，有韶倩之色，有绵渺之思，与梦窗(吴文英)旨趣相伴，二窗并称，允矣无忝。其于律亦极严谨，盖交游甚广，深得切劘之益。

　　戈载《宋七家词选》

# 惜黄花慢

一百八字,平韵。此调有平韵仄韵两体:仄韵者,见杨无咎《逃禅集》;平韵者,见吴文英《梦窗词》。兹以吴文英词平韵体为正格。其词前小序云:"次吴江小泊,夜饮僧窗惜别,邦人赵簿携小妓侑尊,连歌数阕,皆清真词。酒尽,已四鼓,赋此词饯尹梅津。"

## 正 格

‖− −(韵)‖ −‖(句)＋‖− −(韵)‖− ＋‖(句)‖− ‖(句)− −‖‖(句)＋‖− −(韵)‖− ＋‖− −‖(句)‖− ‖(读)＋‖− −(韵)‖− (韵)‖− ‖(句)− ‖− (韵)

− −‖‖− −(韵)‖‖ −‖(句)＋‖− −(韵)‖‖ − ＋‖(句)‖− ‖(句)− −‖‖(句)＋‖− −(韵)‖− ＋‖− −‖(句)‖− ‖(读)＋‖− −(韵)‖‖ −(韵)‖− ‖‖− −(韵)

## 例

送客吴皋。正试霜夜冷,枫落长桥。望天不尽,背城渐杳,离亭黯黯,恨水迢迢。翠香零落红衣老,暮愁锁、残柳眉梢。念瘦腰。沈郎旧日,曾系兰桡。

仙人凤咽琼箫。怅断魂送远,九辨难招。醉鬟留盼,小窗剪烛,歌云载恨,飞上银宵。素秋不解随船去,败红趁、一叶寒涛。梦翠翘。怨鸿料过南谯。

吴文英

梦窗词,七宝楼台,拆下不成片段,然其用字精审处,严确可爱。其所用正、试、夜、望、背、渐、翠、念、瘦、旧、系、凤、张、送、醉、载、素、梦、翠、怨、料诸去声字,两篇皆相合。律吕之学,必有不可假借如此。

万树《词律》

# 薄　幸

一百八字，仄韵。调见贺铸《东山乐府》。《词谱》云："此调以此词(贺铸词)为正体。毛开词，正与此同。若沈(端节)词之多押一韵，又句读小异；韩(元吉)词之减字，皆变格也。"

## 正　格

｜－－｜(韵)｜＋｜(读)－－｜｜(韵)｜＋｜(读)－－－｜(句)＋｜＋－＋｜(韵)｜＋－(读)－｜－－(句)－－｜｜－－｜(韵)｜｜｜－－(句)＋－＋｜(句)＋｜－－＋｜(韵)

＋＋｜(读)－－｜(句)｜｜(读)＋－＋｜(韵)＋－＋＋｜(句)－－＋｜(句)＋－＋｜－－｜(韵)｜－－｜(韵)｜－－－＋｜(句)－－｜｜－－｜(韵)－－｜｜(句)＋｜－－｜｜(韵)

例

艳真多态。更的的、频回眄睐。便认得、琴心相许，与绾合欢双带。记画堂、斜月朦胧，轻频浅笑娇无奈。向睡鸭炉边，芙蓉帐掩，羞把香罗暗解。

自过了、收灯后，都不见、踏青挑菜。几回凭双燕，丁宁深意，往来却恨重帘碍。约何时再。正春浓酒困，人间昼永无聊赖。恹恹睡起，犹有花梢日在。

贺　铸(忆故人)

落魄江湖载酒行，
楚腰纤细掌中轻。十年
一觉扬州梦，赢得青楼
薄幸名。

　　杜牧《遣怀》

# 高山流水

　　一百十字，平韵。此调见《梦窗词》，为吴文英自度曲。《词谱》云："赠丁基仲妾作也。妾善琴，故以《高山流水》为调名。"此调吴文英自制，无别首宋词可校，其平仄当从之。

## 正　格

　　|-山|--(韵)|--(读)-|-|-(韵)--|-|--(句)--
--||--(韵)--|(读)||--(韵)--|(句)-|-|-||(句)
||--(韵)|--||(句)|||--(韵)
　　--(韵)--|-|(句)-||(读)||--(韵)-||--(句)
||||--(韵)|--(读)||--(韵)|-|(句)-|-|-|
|(句)||--(韵)|--|(句)|-|(读)|--(韵)

**例**

　　素弦——一起秋风。写柔情、都在春葱。徽外断肠声，霜霄暗落惊鸿。低鬟处、剪绿裁红。仙郎伴，新制还赓旧曲，映月帘栊。似名花并蒂，日日醉春浓。

　　吴中。空传有西子，应不解、换徽移宫。兰蕙满襟怀，唾碧总喷花茸。后堂深、想费春工。客愁重，时听蕉寒雨碎，泪湿琼钟。恁风流也，称金屋、贮娇慵。

吴文英

伯牙善鼓琴，钟子期善听。伯牙鼓琴，志在登高山，钟子期曰："善哉，峨峨兮若泰山。"志在流水，钟子期曰："善哉，洋洋兮若江河。"

《列子·汤问》

# 疏　影

一百十字，仄韵，当用入声韵。此调为姜夔自度曲。张炎词咏荷叶，易名《绿意》；彭元逊词有"遗佩环、浮沉沣浦"句，名《解佩环》。

## 正　格

　+-||(韵)|+-||(句)-|-|(韵)+|--(句)+|--(句)++++-|(韵)+-+|--|(句)++|(读)---|(韵)|+-(读)+|--(句)+|+--|(韵)

　-|-||(句)|++||(句)-|-|(韵)+|--(句)+|--(句)++++-|(韵)+-+|--|(句)++|(读)---|(韵)|+-(读)+|--(句)+|+--|(韵)

## 例

苔枝缀玉。有翠禽小小，枝上同宿。客里相逢，篱角黄昏，无言自倚修竹。昭君不惯胡沙远，但暗忆、江南江北。想佩环、月夜归来，化作此花幽独。

犹记深宫旧事，那人正睡里，飞近蛾绿。莫似春风，不管盈盈，早与安排金屋。还教一片随波去，又却怨、玉龙哀曲。等恁时、重觅幽香，已入小窗横幅。

姜　夔

诗之赋梅，惟和靖（林逋）一联而已。世非无诗，不能与之齐驱耳。词之赋梅，惟姜白石（夔）《暗香》、《疏影》二曲，前无古人，后无来者，自立新意，真为绝唱。
张炎《词源》

# 选冠子

一百十一字,仄韵。一名《选官子》;一名《过秦楼》;鲁逸仲词名《惜余春慢》;侯寘词名《苏武慢》。《词谱》以周邦彦词为正体。

## 正　格

+|－－(句)＋－－|(句)＋|＋－－|(韵)－－||(句)|－－(句)＋||－－|(韵)－|＋＋＋－(句)＋|－－(句)＋－＋|(韵)|－－＋|(句)＋＋－|(句)|－－|(韵)

＋＋＋(读)＋|－－(句)＋－－|(句)＋|＋－－|(韵)－－||(句)|－－(句)＋||－－|(韵)＋|－－(句)|－＋|－－(句)＋－＋|(韵)|－－＋|(句)－|＋－＋|(韵)

## 例

水浴清蟾,叶喧凉吹,巷陌马声初断。闲依露井,笑扑流萤,惹破画罗轻扇。人静夜久凭阑,愁不归眠,立残更箭。叹年华一瞬,人今千里,梦沉书远。

空见说、鬓怯琼梳,容销金镜,渐懒趁时匀染。梅风地溽,虹雨苔滋,一架舞红都变。谁信无聊,为伊才减江淹,情伤荀倩。但明河影下,还看稀星数点。

　　　　　　　　　　　周邦彦(夜景)

通篇只做前结三句。前起逆入,后结仍用逆挽。构局精奇,金针度尽。

陈洵《海绡说词》

# 霜 叶 飞

一百十一字,仄韵。调名取自杜甫诗:"清霜洞庭叶,故欲别时飞。"此调见周邦彦《片玉集》,因有"素娥青女斗婵娟"句,更名《斗婵娟》。《词谱》云:"此调以此词(周邦彦词)为正体。若方(千里)词、张(炎)词之减字,张词别首之句读小异,沈(唐)词二首及黄(裳)词之摊破句法,皆变格也。"兹依《词谱》,以周邦彦词为正格。

## 正 格

　　+－－|(韵)－－|(句)－＋－|－|(韵)|－＋||－－(句)
||－－|(韵)|＋|(读)－－||(韵)－－＋|－－|(韵)
|－－(句)|||(读)－－||(句)＋|－|(韵)
　　＋|＋|－－(句)＋－－|(句)|＋－|－|(韵)|－＋||
－－(句)||－－|(韵)|＋|(读)－－||(韵)－－＋|－－|(韵)
||＋(读)－－|(句)＋|－－(句)|－－|(韵)

**例**

　　露迷衰草。疏星挂,凉蟾低下林表。素娥青女斗婵娟,正倍添凄悄。渐飒飒、丹枫撼晓。横天云浪鱼鳞小。见皓月相看,又透入、清辉半晌,特地留照。

　　迢递望极关山,波穿千里,度日如岁难到。凤楼今夜听秋风,奈五更愁抱。想玉匣、哀弦闭了。无心重理相思调。念故人,牵离恨,屏掩孤檠,泪流多少。

周邦彦

前段以清利之笔写秋色,已足制胜。后段言情,"秋风"、"玉匣"四句凄清欲绝。虽上阕写景,下阕写情,而"清辉"与"皓月"句相映带,非情景前后判然,且句中复顿挫生姿。

俞陛云《宋词选释》

# 透碧霄

一百十二字，平韵。调见《乐章集》，为柳永所创，即以此为定格。

## 正格

｜－－(韵)｜－－｜｜－－(韵)｜－｜｜(句)－－－｜(句)｜｜
－－(韵)＋－－｜(句)－－＋｜(句)＋｜－－(韵)｜－－(读)＋｜－－(韵)
｜＋－＋｜(句)－－－｜(句)｜｜－－(韵)
｜－－｜｜(句)－－－｜(句)＋｜｜－－(韵)｜｜－(读)－｜－｜(句)
－｜｜｜－－(韵)＋－－｜(句)－－＋｜(句)＋｜－－(韵)｜－－(读)
＋｜－－(韵)｜＋－＋｜(句)－｜－－(句)｜｜－－(韵)

**例**

月华边。万年芳树起祥烟。帝居壮丽，皇家熙盛，宝运当千。端门清昼，觚棱照日，双阙中天。太平时、朝野多欢。遍锦街香陌，钧天歌吹，阆苑神仙。

昔观光得意，狂游风景，再睹更精妍。傍柳阴、寻花径，空恁弹箏垂鞭。乐游雅戏，平康艳质，应也依然。仗何人、多谢婵娟。道宦途踪迹，歌酒情怀，不似当年。

柳 永

自高庙车驾由建康幸杭驻跸，凡近二百余年，户口蕃息，近百万余家。杭城之外城，南西东北，各数十里，人烟生聚，民物阜蕃，市井坊陌，铺席骈盛，数日经行不尽，各可比外路一州郡，足见杭城繁盛矣。

吴自牧《梦梁录》

# 丹 凤 吟

一百十四字，仄韵。调见周邦彦《清真乐府》，《词谱》以周邦彦
词为正体。

## 正 格

　+｜－－－｜(句)｜｜－－(句)－－－｜(韵)－－+｜(句)－｜－
｜－－(韵)－－｜｜(句)+－－｜(句)｜｜－－(句)－－－｜(韵)｜
｜－－｜｜(句)｜｜－－(句)－｜－｜－｜(韵)

　　｜｜+－+｜(句)｜－｜－｜｜(韵)+｜－－｜(句)｜－－
+｜(句)++－｜(韵)－－－｜(句)++｜－－｜(韵)｜｜+－－｜
｜(句)｜－－－｜(韵)｜－｜(句)－｜－｜｜(韵)

**例**

　　迤逦春光无赖，翠藻翻池，黄蜂游阁。朝来风暴，飞絮
乱投帘幕。生憎暮景，倚墙临岸，杏靥夭斜，榆钱轻薄。昼
永惟思傍枕，睡起无聊，残照犹在庭角。

　　况是别离气味，坐来便觉心绪恶。痛饮浇愁酒，奈愁浓
如酒，无计销铄。那堪昏暝，蔌蔌半檐花落。弄粉调朱柔素
手，问何时重握。此时此意，长怕人道着。

周邦彦

白云苍梧去，
丹凤咸阳来。
梁简文帝

# 沁 园 春

　　一百十四字，平韵。吴曾《能改斋漫录》云："今世乐府，传《沁园春》词。案，《后汉书》：'窦宪女弟立为皇后，宪恃宫掖声势，遂以县直请夺沁水公主园。'然则沁水园者，公主之园也。故唐人类用之。"张辑词结句有"号我东仙"句，名《东仙》；李刘词名《寿星明》；秦观减字词名《洞庭春色》。《词谱》以苏轼词为正体。此调壮怀豪放。龙榆生称此调："格局开张，宜抒壮阔豪迈情感，苏、辛一派最喜用之。"

## 正　格

　　+｜－－(句) +｜－－(句) +｜－－(韵)｜+－+｜(句) +－+｜(句) +－+｜(句) +｜－－(韵) +｜－－(韵) +－+｜(句) +｜－+｜－(韵) +－｜(句)｜+－+｜(句) +｜－－(韵)

　　+－+｜－－(韵) +｜(读) +－+｜－(韵)｜+－+｜(句) +－+｜(句) +－+｜(句) +｜－－(韵) +｜－－(韵) +－+｜(句) +｜－－+｜(韵) +－｜(句)｜+－+｜(句) +｜－－(韵)

**例**

　　孤馆灯青，野店鸡号，旅枕梦残。渐月华收练，晨霜耿耿，云山摛锦，朝露团团。世路无穷，劳生有限，似此区区长鲜欢。微吟罢，凭征鞍无语，往事千端。

　　当时共客长安。似二陆、初来俱少年。有笔头千字，胸中万卷，致君尧舜，此事何难。用舍由时，行藏在我，袖手何妨闲处看。身长健，但优游卒岁，且斗尊前。

　　　　　　　苏　轼(赴密州早行马上寄子由)

　　《沁园春》，取汉沁水公主园以名，一名《洞庭春色》，一名《寿星明》。先舒按：填词到有《大圣乐》调，比《沁园春》少四字，《寿星明》比此调亦少二字，疑亦别一调也。

　　　　　　　毛先舒《填词名解》

# 梅 花 引

　　一百十四字,平仄韵递转。贺铸词名《小梅花》;高宪词有"须信在家贫也乐"句,名《贫也乐》。《词谱》收贺铸词"城下路"一首五十七字,谓《梅花引》有两体:一为五十七字体,一为一百十四字体,即照五十七字体再加一叠。实则《词律》及《词谱》所收之五十七字体,只录前半阕之残编而已。兹取校贺铸《东山词》及王特起《梅花引》(《全金元词》),可证《词律》及《词谱》之误,《梅花引》词,实无五十七字体。兹以贺铸词为正体。

## 正 格

　　+－|(仄韵)+－|(叶仄)+－+|＋－|(叶仄)|－－(平韵)|－－(叶平)＋－||(句)＋||－－(叶平)＋－＋|－－|(换仄韵)＋|＋－＋＋|(叶仄)|－－(换平韵)|－－(叶平)＋－＋|(句)＋||－－(叶平)
　　＋－|(换仄韵)＋－|(叶仄)＋－＋|＋－|(叶仄)|－－(换平韵)|－－(叶平)＋－||(句)＋||－－(叶平)＋－＋|－－|(换仄韵)＋|＋－＋＋|(叶仄)|－－(换平韵)|－－(叶平)＋－＋|(句)＋||－－(叶平)

**例**

　　缚虎手。悬河口。车如鸡栖马如狗。白纶巾。扑黄尘。不知我辈,可是蓬蒿人。衰兰送客咸阳道。天若有情天亦老。作雷颠。不论钱。谁问旗亭,美酒斗十千。

　　酌大斗。更为寿。青鬓长青古有无。笑嫣然。舞翩然。当垆秦女,十五语如弦。遗音能记秋风曲。事去千年犹恨促。揽流光。系扶桑。争奈愁来,一日却为长。

贺　铸(述怀)

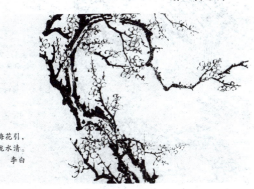

羌笛梅花引,
吴溪陇水清。
李白

# 瑶台月

　　一百十四字,仄韵。调见《梅苑·鸣鹤余音》无名氏词。一名《瑶池月》。《词谱》云:"此调以此词(严风凛冽)为正体。若葛(长庚)词及无名氏词(扁舟寓兴)之各添短韵,皆变格也。"

## 正格

　　－－＋｜(句)＋＋｜(句)－－－｜－｜(韵)－－｜｜(句)＋＋＋＋－｜(韵)｜＋＋(读)＋｜－－(句)＋＋｜(读)－－＋｜(韵)－＋｜(句)－－｜(韵)＋＋｜(句)＋＋｜(韵)－－｜｜(句)－－＋｜(韵)

　　｜＋＋(读)＋＋＋｜(韵)｜｜＋＋＋＋｜(韵)＋＋＋＋｜(句)＋－－｜(韵)｜＋＋(读)＋｜－－(句)＋＋｜(读)－－＋｜(韵)－＋｜(句)－－｜(韵)＋＋｜(句)＋＋｜(韵)－－｜｜(句)－－＋｜(韵)

## 例

　　严风凛冽,万木冻,园林萧静如洗。寒梅占早,争先暗吐香蕊。逞素容、探暖欺寒,偏妆点、亭台佳致。通一气,超群卉。值腊后,雪清丽。开筵共赏,南枝宴会。

　　好折赠、东君驿使。把陇头信息远寄。遇诗朋酒侣,尊前吟缀。且优游、对景欢娱,更莫厌、陶陶沉醉。羌管怨,琼花坠。结子用,调鼎饵。将军止渴,思得此味。

无名氏(《苑花》)

《瑶台月》,取太白诗句:"会向瑶台月下逢"<br>毛先舒《填词名解》

# 八 归

一百十五字，仄韵。此调有平韵仄韵两体；仄韵者，见《白石词》，姜夔自度曲；平韵者，见《竹屋痴语》，高观国自度曲。兹以姜夔词仄韵体为正格。

## 正 格

－－｜｜(句)－－－｜(句)－｜｜｜+｜(韵)－－｜｜－－
｜(句)－｜｜－－｜(句)－+－｜(韵)｜｜+－－｜｜(句)｜｜｜(读)－
－－｜(韵)｜｜｜(读)+｜－－(句)｜｜｜－｜(韵)

　－｜－－｜｜(句)－－－｜(句)｜｜－－－｜(韵)｜－－｜(句)
｜－－｜(句)｜｜－－－｜(韵)｜－－｜｜(句)｜｜－－｜－｜(韵)
－－｜(读)｜－－｜(句)｜｜－－(句)－－－｜｜(韵)

## 例

　　芳莲坠粉，疏桐吹绿，庭院暗雨乍歇。无端抱影销魂处，还见篠墙萤暗，藓阶蛩切。送客重寻西去路，问水面、琵琶谁拨。最可惜、一片江山，总付与啼鴂。

　　长恨相从未款，而今何事，又对西风离别。渚寒烟淡，棹移人远，缥缈行舟如叶。想文君望久，倚竹愁生步罗袜。归来后、翠尊双饮，下了珠帘，玲珑闲看月。

姜　夔(湘中送胡德华)

刀挥不断。
麦丈（孺博）云：全首一气到底，
梁启超《饮冰室评词》

# 贺 新 郎

　　一百十六字，仄韵。叶梦得词有"唱金缕"句，名《金缕歌》，又名《金缕曲》，又名《金缕词》。苏轼词有"乳燕飞华屋"句，名《乳燕飞》；有"晚凉新浴"句，名《贺新凉》；有"风敲竹"句，名《风敲竹》。张辑词有"把貂裘换酒长安市"句，名《貂裘换酒》。《词谱》云："此调始自苏轼，因苏轼词后段'花前对酒'句，少一字，且格调未谐，故以此词(叶梦得词"睡起流莺语")作谱。"兹从《词谱》。此调高亢，宜抒激昂豪壮或沉郁悲凉之情。

## 正　格

　　+｜－－｜(韵)｜－－(读)－－＋｜(句)＋－－｜(韵)－｜－－－｜(句)＋｜＋－＋｜(韵)＋＋｜(读)＋－＋｜(韵)＋｜＋－－｜(句)｜＋－(读)＋｜－－｜(韵)－｜｜(句)｜－｜(韵)

　　＋－－｜－－(韵)｜＋－(读)＋＋＋｜(句)｜－＋｜(韵)－－－－－｜(句)＋｜＋－＋｜(韵)＋＋｜(读)＋－＋｜(韵)＋｜＋－－｜(句)｜＋－(读)＋｜－－｜(韵)－｜｜(句)｜－｜(韵)

## 例

　　睡起啼莺语。掩青苔、房栊向晚，乱红无数。吹尽残花无人见，惟有垂杨自舞。渐暖霭、初回轻暑。宝扇重寻明月影，暗尘侵、尚有乘鸾女。惊旧恨，遽如许。

　　江南梦断横江渚。浪黏天、葡萄涨绿，半空烟雨。无限楼前沧波意，谁采蘋花寄取。但怅望、兰舟容与。万里云帆何时到，送孤鸿、目断千山阻。谁为我，唱金缕。

叶梦得

余倅杭日，府僚湖中高会，群妓毕集，惟秀兰不来，营将督之再三乃来，仆问其故，答曰："沐浴倦卧，忽有扣门声，急起询之，乃营将催督也。整妆赴命，不觉稍迟。"时府僚有属意于兰者，见其不来，恚恨不已，云必有私事，秀兰含泪力辩，而仆亦从旁冷语，阴为之解。府僚终不释怀也。适榴花盛开，秀兰以一枝籍手献坐中，府僚愈怒，责其不恭。秀兰进退无据，但低首垂泪而已。仆乃作一曲，名《贺新凉》。令秀兰歌以侑觞，声容妙绝，府僚大悦，剧欢而罢。

毛晋刻东坡词《贺新郎》题

# 摸 鱼 儿

一百十六字,仄韵。唐教坊曲名。一名《摸鱼子》。此调始见晁补之《琴趣外篇》,其词有"买陂塘、旋栽杨柳"句,更名《买陂塘》,又名《陂塘柳》,或名《迈陂塘》;辛弃疾赋怪石词名《山鬼谣》;李冶赋并蒂荷词有"请君试听双蕖怨"句,名《双蕖怨》。《词谱》以晁补之、辛弃疾、张炎词为正体,辛词最为传诵,兹录辛词。

## 正 格

｜－－(读)＋－－｜(韵)＋－＋｜－｜(韵)＋－＋｜－－｜(句)
＋｜＋－－｜(韵)－｜｜(韵)＋｜｜(读)＋－－＋｜－－｜(韵)＋－
＋｜(韵)＋｜｜－－(句)＋－－｜(句)＋｜＋－｜(韵)

－－｜(句)＋｜－－＋｜(韵)＋－＋｜－｜(韵)＋－＋｜－
－｜(句)＋｜＋－－｜(韵)－｜｜(韵)＋｜｜(读)＋－＋｜－－｜(韵)
＋－＋｜(韵)＋｜｜－－(句)＋－－｜(句)＋｜＋－｜(韵)

**例**

更能消、几番风雨。匆匆春又归去。惜春长恨花开早,何况落红无数。春且住。见说道、天涯芳草无归路。怨春不语。算只有殷勤,画檐蛛网,尽日惹飞絮。

长门事,准拟佳期又误。蛾眉曾有人妒。千金纵买相如赋,脉脉此情谁诉。君莫舞。君不见、玉环飞燕皆尘土。闲愁最苦。休去倚危阑,斜阳正在,烟柳断肠处。

辛弃疾

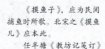

《摸鱼子》,应为民间
捕鱼时所歌。北宋之《摸鱼
儿》应本此。
任半塘《教坊记笺订》

# 金 明 池

　　一百二十字，仄韵。此调见秦观《淮海词》，词赋东京金明池，即以调为题。李弥逊词名《昆明池》；僧挥词名《夏云峰》；刘弇词名《金明春》。兹以秦观词为正体，可平可仄据李弥逊词和僧挥词校。

## 正　格

　　+｜－－(句)－－＋｜(句)｜｜－－＋｜(韵)－＋｜(读)－－＋
｜(句)－＋｜(读)＋－＋｜(韵)｜－－(读)｜｜－－(句)＋｜｜(读)＋｜－－
－｜(韵)｜＋｜－－(句)＋｜＋｜(句)｜｜＋－－(韵)

　　－｜｜－－＋｜(韵)｜｜＋－－(句)＋－－｜(韵)－＋｜(读)－－
－＋｜(句)－＋｜(读)＋－＋｜(韵)＋－＋(读)＋｜－－(句)｜＋｜－
－(句)＋－＋｜(韵)｜＋｜－－(句)＋－＋｜(句)｜｜＋－－｜(韵)

例

　　琼苑金池，青门紫陌，似雪杨花满路。云日淡、天低昼永，过三点、两点细雨。好花枝、半出墙头，似怅望、芳草王孙何处。更水绕人家，桥当门巷，燕燕莺莺飞舞。

　　怎得东君长为主。把绿鬓朱颜，一时留住。佳人唱、金衣莫惜，才子倒、玉山休诉。况春来、倍觉伤心，念故国情多，新年愁苦。纵宝马嘶风，红尘拂面，也只寻芳归去。

秦　观(春游)

　　琼林苑、金明池、宜春苑、玉津园，谓之四园。琼林苑孔德中置，太平兴国中，复凿金明池于北苑，导金水河水注之，以教神卫虎翼水军，习舟楫，因为水嬉，今惟琼林金明最盛，岁以二月开，命士庶纵观，谓之开池，至上巳驾车临幸毕，即闭，岁赐二府从官宴，及进士闻喜宴皆在其间，金明水战不复习，而诸军犹为鬼神戏，谓之早教。

叶梦得《石林燕语》

# 笛 家 弄

　　一百二十五字，仄韵。调见《乐章集》。一名《笛家弄慢》。有朱雍词可校。朱词上片第三句押韵，下片结句作五字一句、四字一句，与此稍异。兹以柳永词为正体。

## 正　格

　　－｜－－(句)｜＋－｜(句)－－－｜(句)｜－－｜－－｜(韵)｜＋－｜(句)｜｜－－(句)＋－｜｜(句)－－－｜(韵)｜｜－－(句)｜－－｜(句)＋｜－－｜(韵)｜－－(句)｜－｜(句)｜｜－－(句)｜－＋｜(韵)

　　｜｜(韵)｜＋－｜(句)－－｜｜(句)｜｜－－(句)｜｜－－(句)＋－－｜(韵)｜｜(读)｜｜－－－｜(句)｜｜＋－－｜(韵)｜｜－－(句)｜－－｜(句)＋｜－－｜(韵)－－｜(句)｜－－(句)｜｜－－(句)｜－＋｜(韵)

**例**

　　花发西园，草薰南陌，韶光明媚，乍晴轻暖清明后。水嬉舟动，禊饮筵开，银塘似染，金堤如绣。是处王孙，几多游妓，往往携纤手。遣离人，对嘉景，触目伤怀，尽成感旧。

　　别久。帝城当日，兰堂夜烛，百万呼卢，画阁春风，十千沽酒。未省、宴处能忘弦管，醉里不寻花柳。岂知秦楼，玉箫声断，前事难重偶。空遗恨，望仙乡，一晌消凝，泪沾襟袖。

柳　永

　　诗人视一切外物，皆游戏之材料也。然其游戏，则以热心为之。故该谐与严重二性质，亦不可缺一也。

　　王国维《人间词话》

# 兰陵王

　　一百三十字，仄韵。此调分三段。唐教坊曲名。《词谱》引《碧溪漫志》、《北齐史》、《隋唐嘉话》云："齐文襄之长子长恭，封兰陵王。与周师战，尝著假面对敌，击周师金墉城下，勇冠三军。武士共歌谣之，曰《兰陵王入阵曲》。今越调《兰陵王》，凡三段，二十四拍。或曰遗声也。此曲声犯正宫，管色用大凡字、大一字、勾字，故一名《大犯》。"此调始于秦观词，应以秦词为正格，但秦词下片结句，作七字句，宋人无如此填者。兹依《词谱》，以周邦彦词为正体。宋人俱如此填。

## 正　格

　　＋－｜（韵）＋｜－－｜｜（韵）－－｜（句）－｜＋－（句）＋｜－＋｜－｜（韵）＋－｜＋｜（韵）－｜（韵）－－｜｜（韵）－－｜（句）＋｜｜－（句）＋｜－－｜－｜（韵）

　　＋－｜－｜（韵）｜＋｜－＋（句）＋｜－｜（韵）＋－＋｜＋｜（韵）＋＋－＋｜（句）＋－＋｜（句）－＋＋｜｜＋｜（韵）｜＋＋－｜（韵）

　　＋｜（韵）｜－｜（韵）｜＋｜－－（句）＋＋－｜（韵）＋－＋｜－－｜（韵）｜＋－＋｜（句）＋－＋｜（句）＋＋＋｜（句）｜＋｜（句）｜＋｜（韵）

**例**

　　柳阴直。烟里丝丝弄碧。隋堤上，曾见几番，拂水飘绵送行色。登临望故国。谁识。京华倦客。长亭路，年去岁来，应折柔条过千尺。

　　闲寻旧踪迹。又酒趁哀弦，灯照离席。梨花榆火催寒食。愁一箭风快，半篙波暖，回头迢递便数驿。望人在天北。

　　凄恻。恨堆积。渐别浦萦回，津堠岑寂。斜阳冉冉春无极。念月榭携手，露桥闻笛。沉思前事，似梦里，泪暗滴。

周邦彦（柳）

兰陵王每入阵必先，故歌其勇。<br>杨慎《词品》

# 大 酺

一百三十三字,仄韵。此调见周邦彦《清真集》。《词谱》云:"唐教坊曲有《大酺乐》,《羯鼓录》亦有太簇商《大酺乐》。宋词盖借旧曲名,自制新声也。"兹以周邦彦词为正体。

## 正 格

‖－－(句)－－‖(句)＋‖＋－－‖(韵)－－－‖‖(句)＋－＋‖(句)＋－－‖(韵)＋‖－－(句)－－＋‖(句)＋‖＋－－‖(韵)－＋－＋‖(句)‖－＋＋(句)‖－－‖(韵)‖＋‖－－(句)＋－＋‖(句)‖－－‖(韵)

＋＋＋‖‖(韵)‖－‖(读)＋‖＋－‖(韵)‖＋‖(读)－－＋‖(句)＋‖－－(句)‖－－(读)‖－－‖(韵)‖‖－＋‖(句)＋＋＋(读)＋－－‖(韵)‖＋‖(读)－－‖(韵)－＋‖(句)‖‖－－－‖(韵)‖＋＋＋‖(韵)

## 例

对宿烟收,春禽静,飞雨时鸣高屋。墙头青玉旆,洗沿霜都尽,嫩梢相触。润逼琴丝,寒侵枕障,虫网吹粘帘竹。邮亭无人处,听檐声不断,困眠初熟。奈愁极频惊,梦轻难记,自怜幽独。

行人归意速。最先念、流潦妨车毂。怎奈向、兰成憔悴,卫玠清羸,等闲时、易伤心目。未怪平阳客,双泪落、笛中哀曲。况萧索、青芜国。红糁铺地,门外荆桃如菽。夜游共谁秉烛。

周邦彦(春雨)

《大酺》,越调曲也。汉唐制皆有赐酺词,取以名。唐教坊曲有《大酺乐》。按《乐苑》云:"《大酺乐》,商调曲。"唐张文收造。

毛先舒《填词名解》

# 瑞 龙 吟

一百三十三字，仄韵。黄昇云："此调前两段，双拽头，属正平调；后一段，犯大石调；'归骑晚'以下，仍属正平调也。"《词谱》以周邦彦词为正体。兹从之。

## 正 格

　＋ －｜(韵) －｜｜－－(句)｜－ ＋｜(韵) －－ ＋｜－－(句) ＋
－ ＋｜(句) －－｜｜(韵)

　＋ －｜(韵) －｜｜－－｜(句)｜－ ＋｜(韵) －－ ＋｜－－(句) ＋
－ ＋｜(句) －－｜｜(韵)

　－｜－－－｜(句)｜－ ＋｜(句) ＋－－｜(韵) ＋｜｜－－(句)
－｜－｜(韵) －＋｜(句) ＋｜－－｜(韵) －－(读) －－＋｜(句) －
－＋｜(韵)｜｜－－(韵)｜－｜｜(句) －－｜｜(韵) ＋｜－－｜(韵)
－｜｜(句) －－＋－－｜(韵) ＋－｜｜(句) －－＋｜(韵)

### 例

　　章台路。还见褪粉梅梢，试花桃树。愔愔坊陌人家，定巢燕子，归来旧处。

　　黯凝伫。因念个人痴小，乍窥门户。侵晨浅约宫黄，障风映袖，盈盈笑语。

　　前度刘郎重到，访邻寻里，同时歌舞。惟有旧家秋娘，声价如故。吟笺赋笔，犹记燕台句。知谁伴、名园露饮，东城闲步。事与孤鸿去。探春尽是，伤离意绪。官柳低金缕。归骑晚，纤纤池塘飞雨。断肠院落，一帘风絮。

周邦彦

　　此词自"章台路"至"归来旧处"是第一段，自"黯凝伫"至"盈盈笑语"是第二段，此谓之双拽头，属正平调。自"前度刘郎"以下即犯大石，系第三段。至"归骑晚"以下四句，再归正平。今诸本皆于吟笺赋笔处分段者，非也。

黄昇《花庵词选》

# 玉女摇仙佩

一百三十九字，仄韵。调见《乐章集》。此调有朱雍词可校。朱词上片第五句押韵，结句作七字一句，六字一句，与此稍异。兹以柳永词为正体。

## 正　格

　－－｜｜(句)｜｜－－(句)｜｜－－－｜(韵)｜｜－－(句)－－
＋｜(句)｜｜＋－－｜(韵)｜｜－－｜(韵)｜－－｜｜(句)｜－－
｜(韵)｜＋＋(读)－－｜｜(句)－｜－－｜｜｜(韵)－－｜－－(句)
｜｜－－(句)－－｜｜(韵)

　－｜－－｜｜(句)｜｜－－(句)｜｜－－＋｜(韵)｜｜－－(句)
－－＋｜(句)｜｜＋－－(韵)｜｜－－｜(韵)＋－｜(读)＋｜－－
－｜(韵)｜＋＋(读)－－｜｜(句)＋－＋｜(句)｜－－(韵)－－｜(韵)
－－｜｜－－｜(韵)

### 例

　　飞琼伴侣，偶别珠宫，未返神仙行缀。取次梳妆，寻常言语，有得几多姝丽。拟把名花比。恐旁人笑我，谈何容易。细思算、奇葩艳卉，惟是深红浅白而已。争如这多情，占得人间，千娇百媚。

　　须信画堂绣阁，皓月清风，忍把光阴轻弃。自古及今，佳人才子，少得当年双美。且恁相偎倚。未消得、怜我多才多艺。但愿取、兰心蕙性，枕前言下，表余深意。为盟誓。今生断不孤鸳被。

柳　永 (佳人)

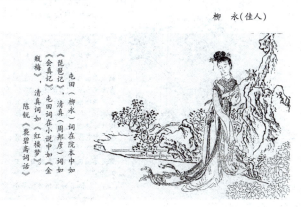

屯田（柳永）词在院本中如《琵琶记》、清真（周邦彦）词如《会真记》。屯田词在小说中如《金瓶梅》，清真词如《红楼梦》。

——陈锐《袌碧斋词话》

# 多　丽

一百三十九字,平韵。徐钒《词苑丛谈》引卓珂月语云:"多丽,张均妓名,善琵琶者也。"调名取此。一名《鸭头绿》。周格非词名《陇头泉》。此调有平韵仄韵两体。《词谱》以晁端礼平韵词为正体。

## 正　格

丨－－(句)丨－＋丨－－(韵)丨－－(读)＋－－丨(句)＋＋＋丨－－(韵)丨＋(读)＋－＋丨(句)＋＋丨(读)＋丨－－(韵)＋丨－－(句)＋－丨丨(句)＋－＋丨丨－－(韵)丨＋丨(读)＋－＋丨(句)＋丨丨－－(韵)－＋丨(句)＋－丨(句)＋丨－－(韵)

丨＋－(读)＋－＋丨(句)丨＋－丨－－(韵)丨＋(读)＋－＋丨(句)＋＋丨(读)＋丨－－(韵)－＋丨(句)－丨丨(句)＋丨＋－－(韵)丨＋丨(读)＋－＋丨(句)丨丨－－(韵)－＋丨(句)＋－＋丨(句)＋丨－－(韵)

**例**

晚云收,淡天一片琉璃。烂银盘、来从海底,皓色千里澄辉。莹无尘、素娥淡伫,静可数、丹桂参差。玉露初零,金风未凛,一年无似此佳时。露坐久、疏萤时度,乌鹊正南飞。瑶台冷,阑干凭暖,欲下迟迟。

念佳人、音尘别后,对此应解相思。最关情、漏声正永,暗断肠、花影偷移。料得来宵,清光未减,阴晴天气又争知。共凝恋、如今别后,还是隔年期。人强健,清尊素月,长愿相随。

晁端礼(咏月)

《复斋漫录》:蔡君谟知泉州,寄良定公书云:"新传《多丽》词,述宴游之娱,使病夫举首增叹耳。"又,近日有客至自京师,言诸公春日多会于元伯园池,因念昔游,辄形篇咏:"绿柳春水走潺湲,画阁峰密映碧鲜。酒令已行金盏侧,乐声初认翠裙圆。清游胜事传都下,多丽新词到海边。曾是尊前沉醉客,天涯回首重依然。"

张宗橚《词林纪事》

# 六　丑

一百四十字，仄韵，宜用入声韵。此调始见《清真集》，为周邦彦所创。周密《浩然斋雅谈》载，周邦彦曾对宋徽宗言："此犯六调，皆声之美者，然绝难歌。昔高阳氏有子六人，才而丑，故以比之。"《词谱》云："此调以此词（周邦彦词"正单衣试酒"）为正体。此词平仄异同处遍校诸家，不过数字，可见古人声律之严。"此调中诸领格字均用去声。

## 正　格

｜－－｜｜(句)｜｜｜(读)－－－｜(韵)｜－｜+(句)－－－｜｜(韵)｜｜－｜(韵)｜｜－－｜(句)+－－+｜(句)｜+－－｜(韵)－－｜｜－｜(韵)｜｜－－(句)－－+｜(韵)｜－－｜｜(韵)｜－－｜｜(句)+｜－｜(韵)

－－－｜(韵)｜－－｜｜(韵)｜｜－－｜(句)－｜｜(韵)+－｜｜－｜(韵)｜－－+｜(句)｜－－｜(韵)｜－｜(读)+－－｜(韵)｜｜(读)｜｜－｜｜(句)｜－｜(韵)｜｜－｜(读)－－｜(读)+｜－｜(韵)｜｜+(读)｜｜－－｜(句)－+－｜｜(韵)

## 例

正单衣试酒，怅客里、光阴虚掷。愿春暂留，春归如过翼。一去无迹。为问花何在，夜来风雨，葬楚宫倾国。钗钿堕处遗香泽。乱点桃蹊，轻翻柳陌。多情为谁追惜。但蜂媒蝶使，时叩窗槅。

东园岑寂。渐朦胧暗碧。静绕珍丛底，成叹息。长条故惹行客。似牵衣待话，别情无极。残英小、强簪巾帻。终不似、一朵钗头颤袅，向人欹侧。漂流处、莫趁潮汐。恐断红、尚有相思字，何由见得。

周邦彦（蔷薇谢后作）

宣和中，李师师以能歌舞称。时周邦彦为太学生，每游其家。一夕值祐陵临幸，仓卒隐去。既而朝廷赐酺，师师又歌《大酺》、《六丑》二解，上顾教坊使袁绹问，绹曰："此起居舍人新知潞州周邦彦作也。"问《六丑》之义，莫能对，急召邦彦问之。
周密《浩然斋雅谈》

# 六州歌头

　　一百四十三字，平仄韵同部互押。《词谱》引程大昌《演繁露》云："《六州歌头》，本鼓吹曲也。近世好事者倚其声为吊古词，音调悲壮，又以古兴亡事实文之。闻其歌，使人慷慨，良不与艳词同科，诚可喜也。"此调有押平韵者，有平仄韵互换者，《词谱》以贺铸词同部平仄互押为正体。

## 正格

```
|－||(句)＋||－－(平韵)－||(仄韵)－||叶仄)|－－(叶平)
|－－(叶平)＋|－－|(叶仄)－－|(叶仄)－－|(叶仄)－||(叶仄)－－
|(叶仄)|－－(叶平)－||－(句)＋|－－|(叶仄)||－－(叶平)|－－
||(句)＋||－－(叶平)－－(叶平)|－－(叶平)
```

```
|－||(叶仄)－－(叶仄)－||(叶平)|－－(叶平)－||(叶仄)－|
(叶仄)|－－(叶平)|－－(叶平)＋|－－|(叶仄)－||(叶仄)|－－(叶平)
－||(叶仄)－－(叶仄)|－－(叶平)||－－(句)＋|－－|(叶仄)||－
－(叶平)|＋－－|(句)＋||－－(叶平)||－－(叶平)
```

## 例

　　少年侠气，交结五都雄。肝胆洞。毛发耸。立谈中。死生同。一诺千金重。推翘勇。矜豪纵。轻盖拥。联飞鞚。斗城东。轰饮酒垆，春色浮寒瓮。吸海垂虹。闲呼鹰嗾犬，白羽摘雕弓。狡穴俄空。乐匆匆。

　　似黄粱梦。辞丹凤。明月共。漾孤篷。官冗从。怀倥偬。落尘笼。簿书丛。鹖弁如云众。供粗用。忽奇功。笳鼓动。渔阳弄。思悲翁。不请长缨，系取天骄种。剑吼西风。恨登山临水，手寄七弦桐。目送归鸿。

贺　铸

　　《六州歌头》，本鼓吹曲也。音调悲壮。又以古兴亡事实之，闻之使人慷慨，良不与艳词同科，诚可喜也。《六州》得名，盖唐人西边之州：伊州、梁州、甘州、石州、渭州、氐州也。此词宋人大祀、大恤，皆用此调。国朝大恤，则用《应天长》云。

杨慎《词品》

# 夜 半 乐

　　一百四十四字，仄韵。唐教坊曲名。柳永《乐章集》注中吕调，盖借旧曲名，另倚新声也。兹以柳永词为正体。此调格局开张，陈锐《裒碧斋词话》云："此种长调不能不有此大开大阖之笔。"

## 正　格

　　丨一丨丨一丨(句)一一丨丨(句)一丨一一丨(韵)丨丨丨一一(句)
丨一一丨(韵)丨一丨丨(句)一一丨(韵)丨一一丨一一丨(句)丨一一
丨(韵)丨丨丨(读)一一一丨一丨(韵)

　　丨一丨丨丨丨(句)丨丨一一丨(句)丨一一丨(韵)一丨丨(读)一一一
一一丨(韵)丨一一丨丨(句)一一丨丨(句)丨一丨一一(句)丨一一丨(韵)
丨一丨(读)一一丨一丨(韵)

　　丨丨一丨(句)丨丨一丨(句)丨一一丨(韵)丨丨丨(读)一一丨一丨(韵)
一一一(读)一丨丨丨一一丨(韵)一丨丨(读)丨丨一一一丨(韵)丨一一丨
一一丨(韵)

**例**

　　冻云黯淡天气，扁舟一叶，乘兴离江渚。渡万壑千岩，越溪深处。怒涛渐息，樵风乍起。更闻商旅相呼，片帆高举。泛画鹢、翩翩过南浦。

　　望中酒旆闪闪，一簇烟村，数行霜树。残日下、渔人鸣榔归去。败荷零落，衰杨掩映，岸边两两三三，浣纱游女。避行客、含羞笑相语。

　　到此因念，绣阁轻抛，浪萍难驻。叹后约、丁宁竟何据。惨离怀、空恨岁晚归期阻。凝泪眼、杳杳神京路。断鸿声远长天暮。

柳　永

　　《夜半乐》，《唐史》云："民间以明皇自潞州还京师，夜半举兵，诛韦皇后，制《夜半乐》、《还京乐》二曲。"《乐府杂录》云："明皇自潞州入平内难，半夜新长安门关，领兵入宫乱，撰《夜半乐》曲。"今黄钟宫有《三台夜半乐》，中吕调有慢、有近拍、有序，不知何者为正。
王灼《碧鸡漫志》

# 宝鼎现

　　一百五十五字，仄韵，三段。李弥逊词名《三段子》，陈合词名《宝鼎现》。据《全宋词》，此调始见《中吴纪闻》，为范仲淹侄孙范周所创。《词谱》云此调见康与之《顺庵乐府》，并以康词为正体。兹依《全宋词》和《词谱》，以范周词为正格。第一段第八句和第二段第八句均为上一下四句法，第三段第八句为上一下三句法，当细审。

## 正 格

+－+|(句)||－+(句)－－－|(韵)－||(读)－－－|(句)－|－－－||(韵)+|(读)|－－+|(句)+|－－||(韵)||+(读)+－+|(句)+|－－+|(韵)

||+|－|(韵)|－－(读)+|－|(韵)－||(读)－－+|(句)－|－－－||(韵)|+|(读)|－－+|(句)+|－－||(韵)||+(读)－－||(句)+|－－+|(韵)

||－(句)－||(读)－－+(韵)|－－(读)－|－(句)－||(韵)|+|(读)|－－|(韵)||－－|(韵)||+(读)+|+－(句)|+|－－+|(韵)

## 例

　　夕阳西下，暮霭红隘，香风罗绮。乘丽景、华灯争放，浓焰烧空连锦砌。睹皓月、浸严城如画，花影寒笼绛蕊。渐掩映、芙蓉万顷，迤逦齐开秋水。

　　太守无限行歌意。拥麾幢、光动珠翠。倾万井、歌台舞榭，瞻望朱轮骈鼓吹。控宝马、耀貔貅千骑。银烛交光数里。似乱簇、寒星万点，拥入蓬壶影里。

　　宴阁多才，环艳粉、瑶簪珠履。恐看看、丹诏催奉，宸游燕侍。便趁早、占通宵醉。缓引笙歌妓。任画角、吹老寒梅，月落西楼十二。

范 周

　　《宝鼎现》，《东观汉记》云："永平六年，庐江太守献宝鼎，出上雄山。"班固《东都赋》："宝鼎见兮色纷纭。""见"读现。词名昉诸此。又，吴赤乌十二年，有宝鼎出临平湖云。

毛先舒《填词名解》

# 三　台

　　一百七十一字，仄韵，三段。《唐音统签》云："唐曲有《三台》、《急三台》、《宫中三台》、《上皇三台》、《怨陵三台》、《突厥三台》。《三台》为大曲。"冯鉴《续事始》曰："汉蔡邕三日之间，周历三台，乐府以邕晓音律，为制此曲。"刘禹锡《嘉话录》曰："邺中有曹公铜雀金虎冰井三台，北齐高洋毁之，更筑金凤圣应崇光三台，宫人拍手呼上台送酒，因名其曲为《三台》。"李氏《资暇录》曰："《三台》三十拍促曲名，昔邺中有《三台》，石季龙常为宴游之所，而造此曲以促饮。"《乐苑》云："唐《三台》，羽调曲也。"兹以万俟咏词为正体。《词谱》云："此调只此一词，无他首可校。按旧刻亦有作双调者。《词律》改为三叠，今从之。"

## 正　格

　　｜－－＋｜｜｜(句)｜＋＋－－｜(韵)｜｜＋(读)＋｜｜－
－(句)｜＋｜(读)－－－｜(韵)－－｜(句)｜｜－－｜(韵)｜｜｜(读)－－
－｜(韵)｜＋｜(读)＋｜－－(句)｜＋(读)－－｜(韵)

　　｜－－＋｜｜｜(句)｜＋＋－－｜(韵)｜｜＋(读)＋｜｜－
－(句)｜＋｜(读)－－－｜(韵)－－｜(读)｜｜－－｜(韵)｜｜｜(读)－－
－｜(韵)｜＋｜(读)＋｜－－(句)｜＋(读)－－｜(韵)

　　｜－－－｜｜｜(句)｜－｜－－｜(韵)｜｜－(读)｜｜｜－
－(句)｜－｜(读)－－－｜(韵)－－｜(读)｜－－｜｜(韵)｜｜－(读)－｜
－｜(韵)｜－｜(读)－｜－－(句)｜－－(读)｜－－｜(韵)

**例**

　　见梨花初带夜月，海棠半含朝雨。内苑春、不禁过青门，御沟涨、潜通南浦。东风静、细柳垂金缕。望凤阙、非烟非雾。好时代、朝野多欢，遍九陌、太平箫鼓。

　　乍莺儿百啭断续，燕子飞来飞去。近绿水、台榭映秋千，斗草聚、双双游女。饧香更、酒冷踏青路。曾暗识、夭桃朱户。向晚骤、宝马雕鞍，醉襟惹、乱花飞絮。

　　正轻寒轻暖漏永，半阴半晴云暮。禁火天、已是试新妆，岁华到、三分佳处。清明看、汉宫传蜡炬。散翠烟、飞入槐府。敛兵卫、阊阖门开，任传宣、又还休务。

万俟咏(清明应制)

# 哨　遍

　　二百三字，仄韵，平仄韵同部换押。此调有作三叠者，兹依《词谱》作双调，以苏轼词为正体。其词序云："陶渊明赋《归去来》，有其声而无其声，余既治东坡，筑雪堂于上，人俱笑其陋。独鄱阳董毅夫过而悦之，有卜邻之意。乃取《归去来》词，稍加隐括，使就声律，以遗毅夫。使家童歌之，时相从于东坡，释耒而和之，扣牛角而为之节，不亦乐乎。"

## 正　格

　　+||-(句)-||-(句)+|--|(仄韵)+|+(句)+||--(平韵)|+-++|(叶仄)|+-(叶平)+-|--|(句)+-+|--|(叶仄)-||--(句)--||(句)+-+|+|(叶仄)+++-||--(叶平)|||++++-(叶平)+|-(句)+++(句)|-+|(叶仄)

　　-(叶平)+|-(叶平)++++-|(叶仄)+|-+|(句)+++-(叶仄)|||-+-(句)+-+|(句)+-||--|(叶仄)++|--(句)+++|(句)+---|(叶仄)|+-+||-(叶平)+|+-|--(叶平)|++(读)++-|(叶仄)--|-+(句)--||(句)+|-+|(叶仄)+-+||--(叶平)|+-(读)+++|(叶仄)

**例**

　　为米折腰，因酒弃家，口体交相累。归去来，谁不遣君归。觉从前皆非今是。露未晞，征夫指余归路，门前笑语喧童稚。嗟旧菊都荒，新松暗老，吾年今已如此。但小窗容膝闭柴扉。策杖看孤云暮鸿飞。云出无心，鸟倦知还，本非有意。

　　噫。归去来兮。我今忘我兼忘世。亲戚无浪语，琴书中有真味。步翠麓崎岖，泛溪窈窕，涓涓暗谷流春水。观草木欣荣，幽人自感，吾生行且休矣。念寓形宇内复几时。不自觉皇皇欲何之。委吾心、去留谁计。神仙知在何处，富贵非吾志。但知临水登山啸咏，自引壶觞自醉。此生天命更何疑。且乘流、遇坎还止。

苏　轼

# 戚　氏

　　二百十二字,平仄韵同部换押。分三段。柳永《乐章集》注"中吕调"。丘处机词名《梦游仙》。

## 正　格

　　｜－－(平韵)＋＋－｜｜－－(叶平)｜｜－－(句)｜－＋｜｜－－(叶平)－－(叶平)｜－－(叶平)－－＋｜｜－－(叶平)－－｜｜－｜(句)｜＋－｜｜－－(叶平)＋＋－｜(句)－－＋｜(句)｜－＋｜－－(叶平)｜－｜｜(句)－＋＋｜(句)＋｜－－(叶平)

　　－｜｜｜－－(叶平)－＋｜｜(句)｜｜｜－－(叶平)－－｜(读)｜－＋｜(叶仄)｜｜－－(叶平)｜－－(叶平)｜｜｜｜(句)－－｜(句)｜｜－(叶平)｜－｜｜(句)｜｜－(句)＋｜＋｜－－(叶平)

　　｜｜－－｜(句)＋－｜｜(句)｜｜－－(叶平)｜｜－－｜｜(句)｜－－｜｜｜－(叶平)｜－｜｜－(句)｜｜｜(句)＋｜－－｜(叶仄)｜｜－(读)＋｜－－｜(叶仄)＋＋＋(读)－｜－－(叶平)｜｜－(句)＋｜－－(叶平)｜＋＋(读)｜｜｜－－(叶平)｜－－｜(叶仄)－－｜｜(句)｜｜－－(叶平)

**例**

　　晚秋天。一霎微雨洒庭轩。槛菊萧疏,井梧零乱惹残烟。凄然。望江关。飞云黯淡夕阳间。当时宋玉悲感,向此临水与登山。远道迢递,行人凄楚,倦听陇水潺湲。正蝉吟败叶,蛩响衰草,相应喧喧。

　　孤馆度日如年。风露渐变,悄悄至更阑。长天净、绛河清浅。皓月婵娟。思绵绵。夜永对景,那堪屈指,暗想从前。未名未禄,绮陌红楼,往往经岁迁延。

　　帝里风光好,当年少日,暮宴朝欢。况有狂朋怪侣,遇当歌对酒竞留连。别来迅景如梭,旧游似梦,烟水程何限。念名利、憔悴长萦绊。追往事、空惨愁颜。漏箭移,稍觉轻寒。渐呜咽、画角数声残。对闲窗畔。停灯向晓,抱影无眠。

　　　　　　　　　　　　　*柳永*

# 莺啼序

　　二百四十字，仄韵，分四段。一名《丰乐楼》。此调见《梦窗乙稿》。《词谱》以吴文英词"残寒正欺病酒"为正体，兹从之。调中诸多领格字皆宜用去声。

## 正　格

　　－－｜－｜｜(句)｜－－＋｜(韵)＋＋｜(读)＋｜－－(句)｜＋＋｜－｜(韵)＋＋｜(读)－－｜｜(句)－－｜｜－－(句)｜＋－＋｜(句)＋－＋＋－｜(韵)

　　＋｜－－(句)＋＋＋｜(句)｜＋－－｜(韵)＋＋｜(读)｜－－(句)＋－－＋＋｜(韵)｜－－(读)＋－｜｜(句)＋＋｜(读)＋－－｜(韵)｜＋－(句)｜｜＋－(句)＋－｜(韵)

　　＋－＋｜(句)＋｜＋－(句)＋＋＋＋｜(韵)＋｜｜(读)＋＋＋｜(句)＋｜＋(句)｜｜－－(句)｜＋｜(韵)＋－＋｜(句)－－｜(句)＋－＋｜－－(句)｜｜＋－(句)｜＋－(读)＋｜－(韵)＋｜－(句)＋＋＋＋－｜(韵)

　　＋－｜(句)＋｜－(句)｜｜－｜(韵)｜＋｜(读)＋－＊｜(韵)｜｜－－(句)＋｜－｜(句)＋＋＋｜(韵)－－｜｜(句)－－－｜(句)＋－＋｜＋｜(句)｜－(读)＋｜－｜(韵)＋－＋｜(句)＋－＋｜(韵)＋－－(句)｜－＋｜(韵)

## 例

　　残寒正欺病酒，掩沉香绣户。燕来晚、飞入西城，似说春事迟暮。画船载、清明过却，晴烟冉冉吴宫树。念羁情游荡，随风化为轻絮。

　　十载西湖，傍柳系马，趁娇尘软雾。溯红渐、招入仙溪，锦儿偷寄幽素。倚银屏、春宽梦窄，断红湿、歌纨金缕。暝堤空，轻把斜阳，总还鸥鹭。

　　幽兰渐老，杜若还生，水乡尚寄旅。别后访、六桥无信，事往花委，瘗玉埋香，几番风雨。长波妒盼，遥山羞黛，渔灯分影春江宿，记当时、短楫桃根渡。青楼仿佛，临分败壁题诗，泪墨惨淡尘土。

　　危亭望极，草色天涯，叹鬓侵半苎。暗点检、离痕欢唾。尚染鲛绡，亸凤迷归，破鸾慵舞。殷勤待写，书中长恨，蓝霞辽海沉过雁，漫相思、弹入哀筝柱。伤心千里江南，怨曲重招，断魂在否。

吴文英

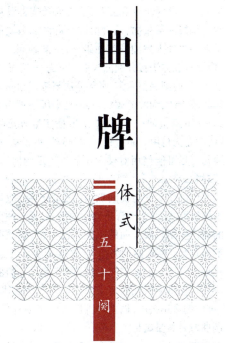

曲牌

体式

五十阕

　　曲从形质上可分为北曲、南曲,两者各有不同的曲牌、格律。体制上则分为小令和套数,前者为单支曲牌或两三支曲牌复合构成的带过曲,后者由同一宫调的数支曲牌按照一定的顺序再加上尾曲或煞曲组成,一韵到底。北曲无入声,入声字按北方语音分别派入平、上、去三声,故"仄声"仅指上、去。南曲则保留入声,平仄分法与诗词相同。

　　曲体相较于诗、词的解放之处,一是平仄通押而致使韵部扩大;二是不避重韵;三是句中于定格字数外可增用衬字,在北曲中尤为自由。制曲有"逢双必对"的说法,即字数相同的曲句间尽可能使用对仗。在某些特定的曲牌中,还可以增添对句。

　　曲是宋词创作惯性与民间歌曲结合的产物,故律句仍是其基本构组形式,而出于音乐特征的需要,部分曲牌亦有较严格的格律限制。如今曲牌唱法久已失传,故填曲一般只要求不违句数、字数,曲句为律句(平仄逢双交错,结末三字避免三平或三仄,五、七字句避免孤平)即可。但曲体极重板式,平声、去声字下板的要求明显不同。故曲律(尤其是北曲)押仄韵多用去声,以上声押韵者句尾多宜采用"平去上",制曲时宜尽量满足。

　　以下列举常见的北、南曲牌五十支供读者了解。至于联套的具体方式,各曲牌精益求精的原始限制,则仍宜参考前人作品的成例以为圭臬。

# 端 正 好

北曲正宫曲牌,专用于套数首曲。若用么篇,则将首两句并为"平平仄仄平平仄(韵)"一句。又入仙吕宫,则专用于杂剧楔子。用作楔子时,第四句后可增三字句若干组,逢双叶韵,参见例二。

## 正 格

丨－－(句)－－丨(韵)＋＋＋(读)＋丨－－(韵)＋－＋丨－－丨(韵)＋丨－－丨(韵)

**例一**(正宫)

(道德)五千言,(礼乐)三千卷。(本待)经纶就、舜日尧天。只因两角蜗蛮战。(贬得我)日近长安远。〔么篇〕瑶台昨夜蛟龙战。玉鳞甲、飞满山川。冯夷饮罢琼林宴。醉把鲛绡剪。

费唐臣《贬黄州》第二折

**例二**(仙吕宫)

(因姐姐)玉精神,花模样。无倒断、晓夜思量。(着一片志)诚心盖抹(了)漫天谎。出画阁,向书房。离楚岫,赴高唐。学窃玉,试偷香。巫娥女,楚襄王。(楚襄王敢)先在阳台上。

王实甫《西厢记》第四本楔子

北曲之重头,谓「么篇」或「么」。
任讷《散曲概论》

# 滚 绣 球

北曲正宫曲牌,专用于套数次曲。第一、二句及九、十句对仗。此下例接[倘秀才],且可与之回环重复成为子母调。

## 正 格

+｜-(句)+｜-(韵)+--｜(韵)+++(读)+｜--(韵)+｜-(句)+｜-(韵)+--｜(韵)+++(读)+｜--(韵)+-+｜-｜-(句)+｜-++｜-(韵)+｜--(韵)

## 例

(只因我天不管)地不收,(那一夜风又清)月又圆。(静巉巉)海棠庭院。(恰遇他)趁花阴、行到坟前。(他把碧桃花)折一枝,(古人诗)念一联。(引的我魂灵儿向)他行活现。(他)醉醺醺、花里(遇)神仙。(可怜我)生埋孤冢三年恨,只得书房一夜眠。并没虚言。

无名氏《碧桃花》第三折

两曲交互叠用,是谓子母调。

任讷《散曲概论》

# 倘 秀 才

北曲正宫曲牌,套数专用,例接于[滚绣球]后。第一、二句对仗。全篇皆押平韵,凡可用仄韵替处,则必须为上声字,见例一、例二。

## 正 格

+ + +(读)－－|+(韵)+ + +(读)－－|+(韵)+|－－+|－(韵)
－||(句)|－－(韵)|+(韵)

**例一**

(这厮他)不知死、飞蛾投火。(你要)我便是、望梅止渴。话不投机一句多。(你待要)装标垛,下锹镬。(哎)罢呵。

贾仲明《对玉梳》第二折

**例二**

(直到那)判生死、阎王殿前。(更到那)掌善恶、曹司案边。(他道我这)枉死情由实可怜。(姻缘注)五百载,(阳寿有)二十年。(因此上把阴魂)放免。

无名氏《碧桃花》第三折

"倘秀才",倜傥秀才也。
章荑荪《曲学讲义》

# 塞鸿秋

北曲正宫曲牌，套数、小令兼用。联套时，可借入仙吕宫或中吕宫。第一、二、三、四句常作联珠对，也可分别对仗。第五、六句对仗。韵宜押去声。

## 正 格

+ － ＋｜－－｜(韵) ＋ － ＋｜－－｜(韵) ＋ － ＋｜－－｜(韵) ＋ － ＋｜－－｜(韵) ＋ － ＋｜－(句)｜｜－－｜(韵) ＋ － ＋｜－－｜(韵)

**例**

长江万里白如练。淮山数点青如靛。江帆几片疾如箭。山泉千尺飞如电。晚云都变露，新月初学扇。塞鸿一字来如线。

*周德清《塞鸿秋·浔阳即景》*

周德清以出类拔萃通济之才，
为移宫换羽制作之具。
项非复初《中原音韵序》

# 叨 叨 令

北曲正宫曲牌，套数、小令兼用。此牌实为［塞鸿秋］的变体，仅于第五、六句改为"｜＋也么（末）哥"或"｜＋也波哥"的定格而少一韵。对仗规则同［塞鸿秋］，且第七句常与第一、二、三、四句遥对而成"鸾凤和鸣对"。

## 正 格

＋－＋｜－－｜(韵)＋－＋｜－－｜(韵)＋－＋｜－－｜(韵)＋－＋｜－－｜(韵)｜＋也么哥(句)｜＋也么哥(叠)＋－＋｜－－｜(韵)

## 例

鸣呀(呀)塞雁空中叫。扑咚(咚)禁鼓楼头报。淅零(零)疏雨窗间哨。吉丁(当)铁马檐前闹。睡(不)着也末哥，睡(不)着也末哥，纵然有梦还惊觉。

*周文质《叨叨令》小令*

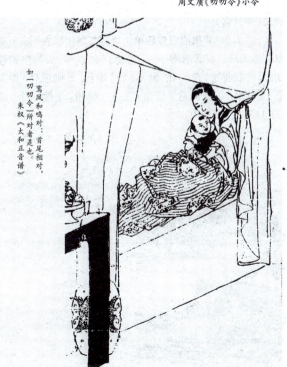

如一叨叨令所对者：首尾相对也。
鸾凤和鸣对：
朱权《太和正音谱》

# 小 梁 州

北曲正宫曲牌，套数、小令兼用。联套时，可借入中吕宫，此时首句多作"＋｜－－＋｜－(韵)"。么篇之第三、四句对仗。

## 正 格

＋－＋｜－－(韵)＋｜－(韵)＋－＋｜｜－(韵)－－｜(韵)＋｜｜－(韵)[么篇]＋－＋｜－｜(韵)＋－－(读)＋｜－(韵)＋｜＋(句)－－｜(韵)＋－＋｜(句)＋｜｜－(韵)

**例一**(正宫)

画船撑入柳阴凉。一派笙簧。采莲人和采莲腔。声嘹亮。惊起宿鸳鸯。[么]佳人才子游船上。醉醺醺、笑饮琼浆。归棹晚，湖光荡。一钩新月，十里芰荷香。

贯云石《小梁州·夏》

**例二**(中吕宫)

(他为你)梦里成双觉后单。废寝忘餐。罗衣不奈五更寒。愁无限。寂寞泪阑干。[么篇](似这等)辰勾空把佳期盼。(我将这)角门儿、世不(曾)牢拴。(则愿你)做夫妻，无危难。(我向这)筵席(头上)整扮。(做一个)缝(了)口(的)撮合山。

王实甫《西厢记》第三本第二折

么篇有如词调之换片者，[小梁州]是也。
章荑荪《曲学讲义》

# 醉 太 平

（一）北曲正宫曲牌，又名［凌波曲］。套数、小令兼用。联套时，可借入仙吕宫或中吕宫。第一、二句对仗，第五、六、七句成鼎足对。韵脚规定仄韵处宜用去声，可平可仄而仄押处宜用上声。（二）南曲正宫曲牌，亦入南吕宫。套数过曲，其换头在首句前加"平平"一韵。套数中多径用换头。

## 正　格

### 北曲

+ - | + （韵） + | - - （韵） + - + | | - - （韵） + - | + （韵） + - + | -
- | （韵） + - + | - - | （韵） + - + | | - - （韵） + - | + （韵）

### 南曲

- - | | （韵） | + - + | （句） + - - | （韵） - - | | （句） - - | | - - （韵）
- （韵） + - - | | - - （句） | - + （读） + - - | （韵） + - - | （韵） - - | | - -
（韵）

**例一**（北曲）

金华洞冷。铁笛风生。寻真何处寄闲情。（小）桃源暮景。数枝黄菊勾诗兴。一川红叶迷仙径。四山白月共秋声。诗翁醉醒。

张可久《醉太平·金华山中》

**例二**（南曲）

多娇。颇怜才调。但暗中摸索，（那知）姓氏虚嚣。（他说）春风隔院，（有）佳人代掌诗瓢。堪嘲。沈郎空自说丰标，总认作、别家年少。琐窗深杳。（叹）连宵（盼断）双理迢遥。

吴炳《绿牡丹》第廿一出［醉太平换头］

# 黑漆弩

北曲正宫曲牌，又名［鹦鹉曲］、［学士吟］、［江南烟雨］。相传为北宋田为（不伐）所制，为最早的曲牌之一。小令专用，套数极为少见。押韵除第四句用上声外，其余四处皆需用去声。

## 正　格

＋－＋｜－－｜（韵）＋｜｜（读）｜｜－｜（韵）｜－－（读）＋｜－－（句）｜｜＋－＋｜（韵）［么篇］｜－－（读）＋｜－－（句）｜｜＋－－｜（韵）｜－－（读）＋｜－－（句）｜＋｜（读）＋－｜｜（韵）

## 例

孤村三两人家住。终日对、野叟田父。说今朝、绿水平桥，昨日溪南新雨。［么］碧天边、云归岩穴，白鹭一行飞去。便芒鞋、竹杖行春，问底是、青帘舞处。

冯子振《鹦鹉曲·野渡新晴》

邓子晋《太平乐府序》盖嘉其字按四声，字字不苟。之始，采海粟所和白仁甫《黑漆弩》为

# 点 绛 唇

（一）北曲仙吕宫曲牌，专用于套数首曲。此曲由词牌［点绛唇］演变而来。（二）南曲黄钟宫曲牌，套数引子。实为词牌［点绛唇］的移用。第二句可拆为四字、三字二句。又套数中可不使用［换头］。

## 正 格

**北曲**

+｜－－(韵)＋－＋｜(韵)－－｜(韵)＋｜－－(韵)＋｜－－｜(韵)

**南曲**

+｜－－(句)＋－＋｜－－｜(韵)｜－－｜(韵)＋｜－－｜(韵)［换头］＋｜－－(句)＋｜－－｜(韵)－－｜(韵)｜－－｜(韵)＋｜－－｜(韵)

**例一**（北曲）

　　讲论诗词。笑谈街市。学难似。风里飏丝。一世常如此。

关汉卿《谢天香》第一折

**例二**（南曲）

　　月淡星稀，建章宫里千门晓。御炉烟袅。隐隐鸣梢杳。［换头］忽忆年时，问寝高堂早。鸡鸣了。闷索怀抱。此际愁多少。

高明《琵琶记》第十六出

曲牌有全袭词牌者，如……［点绛唇］。

章荑荪《曲学讲义》

# 混 江 龙

　　北曲仙吕宫曲牌,专用于套数次曲。第三、四句,第五、六句及八、九句对仗。第六句后可增三字对句、四字对句或七字对句若干组,逢双押韵,亦可以之取代第七句。详见例二。又第七句可作"＋－＋丨－－(韵)"。此曲后例接[油葫芦]。

## 正 格

＋－＋丨(韵)＋－＋丨丨－－(韵)＋－＋丨(句)丨丨－－(韵)＋丨－－丨丨(句)＋－丨丨－－(韵)－－丨(韵)＋－＋丨(句)丨丨－－(韵)

## 例 一

　　晚来乘兴。一襟爽气酒初醒。(松开了)龙袍罗扣,(偏斜了)凤带红鞓。侍女齐扶碧玉辇,宫娥双挽绛纱灯。顺风(听)一派箫韶令。(多咱是)胭娇簇拥,粉黛施呈。

白朴《梧桐雨》第一折

## 例 二

　　(我劝咱人便)休生奸狡。(则恐怕)命中无福也难消。(大古来)前生注定,(谁许你)今世贪饕。(那一个)积趱(的)运穷(呵)君子拙,(那一个)享用(的)家富(也)小儿骄。做买卖,恣虚嚣。开田地,广锄铇。断河泊,截渔樵。凿山河,取煤烧。(则他那)经营(处恨不的)占尽(了)利名场,(全不想)到头(时刚)落得(个)邯郸道。(都是些)喧檐燕雀,巢苇(的这)鹪鹩。

秦简夫《东堂老》第一折

《梧桐雨》散曲,力重千钧。
梁廷枏《藤花亭曲话》

# 油 葫 芦

　　北曲仙吕宫曲牌，套数专用，例接于［混江龙］后。第四、五及六、七句对仗。第八句可拆为两四字句或两三字句（参见例二）。声韵上首句可作"＋｜－－－｜｜（韵）"。第二句若押仄韵，全句三字必须是"平去上"。第七句同，而又可作"仄平平"。此曲后例接［天下乐］。

## 正　格

　　＋｜－－＋｜－(韵)－｜－(韵)－＋－－｜｜－－(韵)＋－＋｜－－｜(句)＋－＋｜－－｜(韵)＋｜－(句)＋｜＋(韵)＋－＋｜－－｜(韵)＋｜－－(韵)

## 例一

　　九曲风涛何处显。（只除是）此地偏。（这河带）齐梁（分）秦晋隘幽燕。（雪浪拍）长空天际秋云卷，（竹索缆）浮桥水上苍龙偃。（东西）汇九州，（南北）串百川。归舟紧（不）紧如何见。（却便似）弩箭乍离弦。

王实甫《西厢记》第一本第一折

## 例二

　　憔悴潘郎鬓有丝。（杜韦娘不）似旧时。（带）围宽清减（了）瘦腰肢。（一个）睡昏（昏）不待观经史，（一个）意悬（悬）懒去拈针指。（一个丝桐上调弄出）离恨谱，（一个花笺上删抹成）断肠诗，（一个笔下）写幽情，（一个弦上）传心事。（两下里都）一样害相思。

王实甫《西厢记》第三本第一折

北曲固当以《西厢》压卷。
王世贞《曲藻》

# 天 下 乐

（一）北曲仙吕宫曲牌，套数专用，例接于［油葫芦］后。第五、六句对仗。第二句两平字间常插"也么"、"也波"之类的衬字。（二）南曲仙吕宫曲牌，亦入中吕宫。套数引子。第三句可拆为三字二句。

## 正　格

**北曲**

　+｜－－+｜－(韵)－－(韵)+｜－(韵)+－+｜－｜－(韵)+｜－(句)
+｜－(韵)+－－｜+(韵)

**南曲**

　+｜－－+｜－(韵)－－+｜｜－(韵)－－+｜－－｜(韵)+｜－+｜
－(韵)

**例一**（北曲）

　　（只）疑是银河落九天。渊泉。云外悬。（入）东洋不离此径穿。（滋洛阳）千种花,（润梁园）万顷田。（也曾泛）浮槎（到）日月边。

王实甫《西厢记》第一本第一折

**例二**（南曲）

　　乘传归来万马迎。漫夸前是一书生。纱笼不自人间定。多少鸿儒到未能。

李渔《风筝误》第二十八出

唱者,其能播入管弦,便于伶人演惟推李渔为最。

徐慕云《中国戏剧史》

# 寄 生 草

　　北曲仙吕宫曲牌,套数、小令兼用,联套时可借入商调。第一、二及六、七句对仗,第三、四、五句成鼎足对。所押仄韵,宜用去声。

## 正 格

　－－｜(句)＋｜－(韵)＋－＋｜－－｜(韵)＋－＋｜－－｜(韵)＋－＋｜－－｜(韵)＋－－｜｜－－(句)＋－＋｜－－｜(韵)

## 例

　　(长醉后)方何碍,(不醒时)有甚思。糟醃两个功名字。醅渰千古兴亡事。麯埋万丈虹霓志。(不)达时皆笑屈原非,(但)知音尽说陶潜是。

白朴《寄生草·饮》

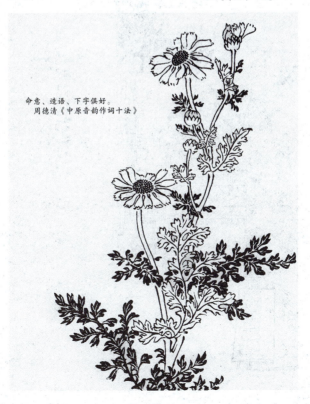

命意、造语、下字俱好。
　周德清《中原音韵作词十法》

# 醉中天

　　北曲仙吕宫曲牌，套数、小令兼用。联套时，可借入双调、越调。第一、二句对仗。第五句若押仄韵，末二字宜作"去上"。

## 正　格

+｜－－｜(韵) +｜｜－－(韵) +｜＋－＋｜－(韵) +｜－－｜(韵) +｜－－｜＋(韵) +－－｜(韵) +－＋｜－－(韵)

## 例

　　疑是杨妃在。怎脱马嵬灾。曾与明皇捧砚来。美脸风流杀。叵奈挥毫李白。觑着娇态。(洒)松烟点破桃腮。

白朴《醉中天·佳人脸上黑痣》

妙。「捧砚」、「点破」俱是上去声，第四句、末句是务头。周德清《中原音韵作词十法》

# 一 半 儿

北曲仙吕宫曲牌,小令专用,套数极为少见。末句以嵌入两个"一半儿"字样为定格。各句以押平韵为常式,若押仄韵,只能用上声,见例一、例二。

## 正　格

+－+｜｜－－(韵)+｜－－－｜+(韵)+｜+－－｜+(韵)｜－－(韵)一半儿－－一半儿+(韵)

### 例一

碧纱窗外静无人。跪在床前忙要亲。骂(了)个负心回转身。(虽是我)话儿嗔,一半儿推辞一半儿肯。

关汉卿《一半儿·题情》

### 例二

银台灯灭篆烟残。独入罗帏淹泪眼。(乍)孤眠(好)教人情兴懒。(薄设设)被儿单。一半儿温和一半儿寒。

关汉卿《一半儿·题情》

关汉卿又有题情《一半儿》二支,亦佳。
吴梅《顾曲麈谈》

# 粉 蝶 儿

（一）北曲中吕宫曲牌，专用作套数首曲。第四、五句对仗。（二）南曲中吕宫曲牌，套数引子。曲中首句后可叠一句，第七句可删。

## 正 格

### 北曲

+｜－－(韵)＋＋－(读)＋－－｜(韵)＋＋－(读)＋｜－－(韵)｜＋－(句)－＋｜(句)＋－－｜(韵)＋｜－－(韵)＋＋－(读)＋－－｜(韵)

### 南曲

+｜－－(句)＋＋｜－－｜(韵)｜－－(读)＋｜－－(韵)｜＋－(句)－＋｜(句)＋－－｜(韵)｜－－(韵)＋＋＋｜－－｜(韵)

## 例一（北曲）

（自）执手临歧。空留下、这场憔悴。想人生、最苦别离。（说话处）少精神，（睡卧处）无颠倒，（茶饭上）不知滋味。（似这般）废寝忘食。折挫得、（一日）瘦如一日。

郑光祖《倩女离魂》第三折

## 例二（南曲）

才上公堂，先唤（那）掌刑司吏。那张千、怎不回归。带尸亲，挈幼子，无端连累。跪阶墀。（望）相公参详真伪。

沈璟《桃符记》第二十六出

（曲牌）又有与词牌名同而实异者，如……[粉蝶儿]。
　　　　　　　　　章荑荪《曲学讲义》

# 醉春风

（一）北曲中吕宫曲牌,专用于套数次曲,例承[粉蝶儿]后。第一、二句对仗,四、五句叠字,第六、七、八句多作鼎足对。第四、五句宜用上,第八句仄韵宜用去。（二）北曲双调曲牌,专用于套数首曲。格律与中吕同,唯四、五两处一字句可并合为一处三字句。本曲实为词牌[醉春风]的演变。

## 正格

**北中吕**

+|| − −(句) + − −|+(韵) + − ||− −(句)|(韵)|(叠) +|−
(句) + − |(句) + − −|(韵)

**例一**（中吕）

（则见他）钗婵玉斜横,鬓偏云乱挽。日高犹自不明眸,（畅好是）懒。懒。半晌抬身,几回搔耳,一声长叹。

王实甫《西厢记》第三本第二折

**例二**（双调）

羞画远山眉,不忺宫样妆。平白（地）招揽这愁肠,枉了想。那日恩情,旧时风韵,（直恁么）改模夺样。

贯云石《醉春风》套数

曲牌有全袭词牌者,如……[醉春风]。

章荑荪《曲学讲义》

# 朝 天 子

(一)北曲中吕宫曲牌,又名[朝天曲]、[谒金门]、[朝天紫]。套数、小令兼用,联套时可借入正宫、双调,例接于[快活三]后,亦可与[快活三]合成带过曲。第六、七及九、十句对仗。第一、二、九、十的两字句,多用"仄平"或"去上"。(二)南曲南吕宫曲牌,亦入中吕,又名[二犯朝天子]。套数过曲。第七、八两句叠。

## 正 格

**北曲**

| + (韵) | + (韵) + | – – | (韵) + – + | | – – (韵) + | – – | (韵) + | –
– (句) + – – | (韵) + – + | – (韵) | + (韵) | + (韵) + | – – | (韵)

**南曲**

+ | – – + | – (韵) + | – – | (句) | + – (韵) + – | | – – (韵) | –
(韵) + – + | – – (韵) | – – | (韵) | – – | (叠)

## 例一(北曲)

早霞。晚霞。妆点庐山画。仙翁何处炼丹砂。一缕白云下。客去离余,人来茶罢。(叹)浮生指落花。楚家。汉家。做了渔樵话。

无名氏《朝天子》小令

## 例二(南曲)

日暮江城未可邀。笑倚东窗下,眼色娇。就中闲处暗相招。系心苗。谁禁晓夜魂摇。逐莺花乱飘。逐莺花乱飘。

梅鼎祚《玉合记》第五出[南吕·朝天子]

庐山《朝天子》云云,通首完称,对偶音律俱好。

李调元《雨村曲话》

# 满 庭 芳

（一）北曲中吕宫曲牌，套数、小令兼用。联套时可借入正宫、仙吕宫。第二、三及六、七句对仗。曲中凡标仄韵处需用去声，第一、六、九句若押仄韵需用上声。（二）南曲中吕宫曲牌，套数引子。实为词牌［满庭芳］的借用，参本书《词谱》"满庭芳"条。

## 正　格

**北曲**

－－｜＋(韵)＋－－｜(句)｜｜－－(韵)＋－＋｜－－｜(韵)＋｜－－(韵)＋＋｜(读)－－｜＋(韵)＋＋－(读)＋｜－－(韵)－－｜(韵)－－｜＋(韵)＋｜｜－－(韵)

**例一**（北曲）

风波几场。急疏利锁，顿解名缰。故园老树应无恙。梦绕沧浪。伴赤松、归软子房。赋寒梅、瘦却何郎。溪桥上。东风暗香。浮动月昏黄。

张可久《满庭芳·山中杂兴》

**例二**（南曲）

清露晨零，新桐初引，壮心又早惊秋。欢情方洽，别恨忽相兜。闻道看花去也，芳魂乱、暗逐行驺。相看处，旅情暗思，何以结绸缪。

沈璟《红蕖记》第三十七出

曲牌有全类词牌者，
如……［满庭芳］。
章荑荪《曲学讲义》

# 红 绣 鞋

（一）北曲中吕宫曲牌，又名[朱履曲]。套数、小令兼用，联套时可借入正宫。第一、二及四、五句对仗，第四、五、六句又可作鼎足对。第二、第六句若押仄韵，宜用上声。（二）南曲中吕宫曲牌，套数过曲。第二、四句分别叠用前句句尾，第五、六句可合为"＋－－｜｜－－（韵）"一句，第九句可析为"｜－＋（句）｜－－（韵）"二句，亦可叠用一遍，见例二。

## 正 格

**北曲**

＋｜＋－－｜（韵）＋－＋｜－＋（韵）＋－－｜｜－－（韵）＋－－｜｜｜（句）
＋｜｜－－（韵）＋－－｜＋（韵）

**南曲**

＋－＋｜－－（韵）－－（叠）＋－＋｜－－（韵）－－（叠）－＋｜（句）｜－
－（韵）－＋｜（句）｜－－（韵）＋－－｜｜－－（韵）

**例一**（北曲）

船系谁家古岸。人归何处青山。且将诗做画图看。雁声芦叶老，鹭影蓼花寒。鹤巢松树晚。

张可久《红绣鞋·虎丘道上》

**例二**（南曲）

本为盖世英雄。英雄。奸邪嫉妒难容。难容。万山深处隐其踪。不是路，且相从。屯作蚁，聚成蜂。屯作蚁，聚成蜂。

施惠《拜月亭记》第九出

字响调圆。

《拜月》意新语俊，

王骥德《曲律》

# 喜 春 来

北曲中吕宫曲牌,又名[阳春曲]、[喜春风]、[惜芳春]。套数、小令兼用,并可与[普天乐]、[醉高歌]合作为带过曲。第一、二句对仗。此曲为元好问首倡,表现"喜春来"的内容,后遂形成惯例。

## 正 格

+ − − | − − |(韵)+ | − − + | −(韵)+ − + | | − −(韵)− | + (韵)+ | | − −(韵)

**例**

残花酝酿蜂儿蜜。细雨调和燕子泥。绿窗春睡觉来迟。谁唤起。窗外晓莺啼。

*胡祇遹《喜春来·春思》*

好,切不可上声。

「调」字,「迟」字俱属阳,妙。「蜜」字去声。

周德清《中原音韵作词十法》

# 卖 花 声

北曲中吕宫曲牌，又名[升平乐]。套数、小令兼用，联套时又名[卖花声煞]，可借入双调，且可代替尾声。第一、二句对仗，也可与第三句组成鼎足对。第四、五句可并为"＋丨－－＋丨－(韵)"的七字句，见例二。曲中押仄韵处宜用去声。

## 正 格

＋－－丨－－丨(韵)丨－－－丨－(韵)＋－＋丨丨－－(韵)＋－＋丨(句)
＋－－丨(韵)丨－－(读)＋－－丨(韵)

## 例一

美人自刎乌江岸。战火曾烧赤壁山。将军空老玉门关。伤心秦汉。生民涂炭。读书人、一声长叹。

张可久《卖花声·怀古》

## 例二

(徽)朱帘猛然离(了)绣幌。携手相将入洞房。欲诉相思晓鸡唱。好梦惊回泪万行。都滴在、枕头儿上。

贯云石《醉春风》套数[双调·卖花声煞]

[美人自刎乌江岸，战火曾烧赤壁山，将军空老玉门关]……评中奇语也。

王世贞《曲藻》

# 山 坡 羊

(一)北曲中吕宫曲牌,又名[山坡里羊]、[苏武持节]。套数、小令兼用,联套时可借入商调、黄钟宫。第一、二及四、五句对仗,第八、九与十、十一句成扇面对。(二)南曲商调曲牌,套数过曲,亦常用作小令。其中第一、二句对仗,三、四两句可合为"＋－＋｜－－｜(韵)"的七字句,第七句可拆作"－－｜｜(句)｜｜－－｜(韵)"两句,两句间使用叠字。第九、十与十一、十二句成扇面对。

## 正 格

**北曲**

＋－－｜(韵)＋－－｜(韵)＋－＋｜－－｜(韵)｜－(韵)｜－－(韵)＋－＋｜－－｜(韵)＋｜＋－－｜＋(韵)－(句)＋｜＋(韵)－(句)＋｜＋(韵)

**南曲**

｜－－(读)＋－－｜(韵)｜－－(读)＋－－｜(韵)｜－－(读)｜－｜(句)｜－－(读)＋｜－－｜(韵)－｜－(韵)＋－－｜＋(韵)－－｜｜－－｜(韵)＋｜－－－｜(韵)－－(韵)－－＋｜(读)－－(韵)－－＋｜(读)

**例一(北曲)**

峰峦如聚。波涛如怒。山河表里潼关路。望西都。意踟蹰。伤心秦汉经行处。宫阙万间都做(了)土。兴,百姓苦。亡,百姓苦。

张养浩《山坡羊·潼关怀古》

**例二(南曲)**

这病儿、何曾经害。这病儿、好难耽待。这病儿、(好似)风前败叶,这病儿、(好似)雨后花羞态。(我)难摆开。心头去复来。黄昏梦断,梦断天涯外。心事难提泪满腮。伤怀。(不为)风寒眼倦开。堪哀。(不为)忧愁头懒抬。

高濂《玉簪记》第十七出

# 一枝花

(一)北曲南吕宫曲牌,又名[占春魁]。专用作套数首牌,下例接[梁州第七]。第一、二,及三、四,六、七,八、九句对仗。第九句若押仄韵,结末二字需作"去上"。(二)南曲南吕宫曲牌,套数引子。第一、二句对仗。

## 正 格

**北曲**

+－－｜－(句)+｜－－｜(韵)+－－｜｜(句)+｜｜－－(韵)+｜－－(句)+｜－－｜(韵)－－－｜(韵)｜＋－(读)+｜－－(句)＋＋＋(读)＋－｜＋(韵)

**南曲**

+－－｜｜(韵)＋｜－－｜(韵)＋－－｜｜(句)｜－｜(韵)＋｜－－(韵)＋－－｜(韵)＋－－｜｜(韵)＋｜－－(韵)＋｜＋－－｜(韵)

## 例一(北曲)

长天落采霞,远水涵秋镜。花如人面红,山似佛头青。生色围屏。翠冷松云径。嫣然眉黛横。但携将、旖旎浓香,何必赋、横斜瘦影。

张可久《一枝花·湖上归》套数

## 例二(南曲)

闲庭槐影转。深院荷香满。帘垂清昼永,怎消遣。十二栏干。无事闲凭遍。闷来(把)湘簟展。梦到家山。(又被)翠竹敲风惊断。

高明《琵琶记》第二十二出

小山[一枝花]云云,有俗夫改"冷"字为"景"字,则索然无余味矣。

陈所闻《北宫词纪》

# 梁州第七

北曲南吕宫曲牌,又名[梁州]。第一、二,及第四、五,六,七,八、九句对仗,第十、十一、十二作鼎足对。第十三、十四句可合并为四字一句。第十六句可分为三字二句。曲中第一句若押仄声,结末二字应作"去上"。

## 正　格

+ +丨(读)+ -丨+(韵)丨+ -(读)+丨-丨-(韵)+ - +丨- -丨(韵)+ - -丨(句)丨- -(韵)+ - +丨(句)+丨- -(韵)丨- +(读)+丨- -(韵)丨- +(读)+丨- -(韵)丨- +(读)+丨- -丨(句)+ +丨(读)+ -丨+(句)- +(读)+丨- -(韵)丨-(韵)丨-(韵)+ - +丨- -丨(句)+丨丨-丨(韵)+丨- - +丨-(句)+丨- -(韵)

## 例

挽玉手、留连锦英。据胡床、指点银瓶。素娥不嫁伤孤零。(想)当年小小,(问)何处卿卿。东坡才调,西子娉婷。总相宜、千古留名。吾二人、此地私行。六一泉、亭上诗成。三五夜、花前月明。十四弦、指下风生。可憎。有情。(捧)红牙合和伊州令。万籁寂,四山静。幽咽泉流水下声。鹤怨猿惊。

张可久《一枝花·湖上归》套数

张小山《湖上晚归》(南吕),当为古今绝唱。
李开先《词谑》

# 四块玉

　　北曲南吕宫曲牌，套数、小令兼用。套数例接［玉交枝］后，有时亦可作为首牌。第一与第二、第五与第六句对仗。第七句若押仄韵，全句须作"平去上"。

## 正　格

　　+Ｉ－(句)－－Ｉ(韵) +Ｉ＋－Ｉ－－(韵) +－＋Ｉ－－Ｉ(韵) +Ｉ－(句) +Ｉ－(韵)－Ｉ＋(韵)

## 例

　　采扇歌，青楼饮。自是知音惜知音。桂英你怨王魁甚。(但见一个)傅粉郎，(早收了)买笑金。(知他是)谁负心。

　　　　　　　　　　　　　　马致远《四块玉·海神庙》

北曲《四块玉》者，原是「采扇歌，青楼饮」，而歌者歌「青」为「晴」，谓此一字欲扬其音。

王骥德《曲律》

# 金 字 经

北曲南吕宫曲牌,又名[阅金经]、[西番经]。套数、小令兼用。

## 正 格

+|+−|(句)+−−|(韵)+|+−+|−(韵)−(韵)+−−|−(韵)−−|(韵)+−−|−(韵)

## 例

泪溅描金袖,不知心为谁。芳草萋萋人未归。期。一春鱼雁稀。人憔悴。愁堆八字眉。

贯云石《金字经》小令

汉武帝时,诸仙从王母下降,皆梳正仙髻,扫八字眉。

祝穆《事文类聚》

# 干荷叶

北南南吕宫曲牌，又名［翠盘秋］。为元人刘秉忠创制。多作小令，偶借入中吕宫或双调套数。

## 正 格

－－｜(句)｜＋－(韵)＋｜－－｜(韵)｜－－(韵)｜－－(韵)＋－＋｜｜－－(韵)＋｜－－｜(韵)

## 例

干荷叶，色苍苍。老柄风摇荡。减(了)清香。越添黄。都因昨夜一场霜。寂寞(在)秋江上。

刘秉忠《干荷叶》小令

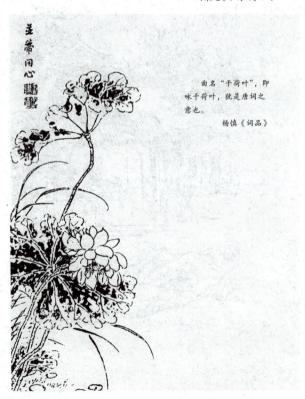

曲名"干荷叶"，即咏干荷叶，犹是唐词之意也。

杨慎《词品》

# 耍 孩 儿

(一)北曲般涉调曲牌,又名[魔合罗]。套数专用,可借入正宫、中吕宫、双调。常用作首牌,下接[煞]曲多支;有时作次牌,接于[哨遍]后。第五、六及八、九句对仗。第二句若押仄韵,末二字须作"去上"。(二)南曲中吕宫曲牌,又名[红衫儿]。套数过曲。

## 正 格

**北曲**

　+ － ＋｜ － － ｜(韵)＋｜ － － ｜ ＋(韵)＋ － － ｜｜ － － (句)＋ － ｜ ＋｜ － －
(韵)＋ － ＋｜ － － ｜(句)＋｜ ＋ － ｜ － (韵) － － ｜(韵)＋ － ＋｜(句)｜ － －
(韵)

**南曲**

　｜｜ － － ＋ － ｜(韵)＋｜ － － ｜(句)｜ － ＋(读)｜ － － (韵) － － ｜｜(句)＋
｜ － － ｜(韵) － － ＋｜ － － ｜(韵)＋｜ － － ｜(韵)

**例一**(北曲)

　钱唐自古繁华地。(有)百处天生景致。幽微尽在浙江西。(惟)西湖山水希奇。(水澄清)玻璃万顷欺蓬岛,(山峻峭)蓝翠千层胜武夷。(山水共)谁相类。(山旖旎)妖妍(如)西子,(水回环)妩媚(似)杨妃。

　　　　　　　　　　　　　　睢玄明《耍孩儿·咏西湖》套数

**例二**(南曲)

　事出非常堪惊诧。已痛兄遭戮,奈臣妾、又受波查。(是)前生(事)已定,薄命应折罚。(望)吾皇急切抛奴罢。(只)一句伤心话。

　　　　　　　　　　　　　　洪昇《长生殿》第二十五出

　睢玄明《咏西湖》,堪与柳词《望海潮》比美。

　　　　梁乙真《元明散曲小史》

# 小 桃 红

（一）北曲越调曲牌，又名[平湖乐]。套数、小令兼用。第六、七句常对仗。全篇所押仄韵皆宜用去声。（二）南曲越调曲牌。套数过曲。在第五韵后，可添三字句若干。

## 正 格

**北曲**

+ － +｜｜ － －(韵) +｜ － － ｜(韵) +｜ － － ｜ － ｜(韵) ｜ － － (韵) + － + ｜ － － ｜(韵) + － ｜ (句) + － + ｜(句) +｜｜ － (韵)

**南曲**

+ － － ｜｜ － － (韵) + + +(读) － － ｜(韵)也(句) +｜ － － (句) +｜ － － (韵) +｜｜ － － (韵) － － － (读)｜ － － (韵)｜ － － (句)｜ － － (句) － － ｜(韵)也(句) + + +(读)｜ － － (句)｜ － － (句)｜ － － (韵)

## 例一（北曲）

柔条不奈晓风梳。乱织新丝绿。瘦倚春寒灞陵路。影扶疏。梨花未肯飘香玉。黄金半吐，翠烟微妒，相伴月儿孤。

*李致远《小桃红·新柳》*

## 例二（南曲）

状元执盏与婵娟。满捧着、金杯劝也。厚意殷勤，到此身边。何异遇神仙。轻轻将、袖儿掀。露春纤，盏儿拈，低娇面也。真个似、柳如花，柳和花，斗春妍。

*古本《拜月亭》*

「轻轻将」云云，每句只三字，末句叶韵，而每句之第二字，又断谁用平。

李渔《闲情偶寄》

# 天 净 沙

北曲越调曲牌,套数、小令兼用。第一、二句对仗。第三句若用仄韵,结末三字须作"平去上"。

## 正 格

+ − +丨− −(韵)+ − +丨− −(韵)+丨− −丨+(韵)+ − −丨(句)+ − +丨− −(韵)

例

枯藤老树昏鸦。小桥流水人家。古道西风瘦马。夕阳西下。断肠人在天涯。

马致远《秋思》

纯是天籁,仿佛唐人绝句。
王国维《宋元戏曲考》

# 寨 儿 令

（一）北曲越调曲牌，又名[柳营曲]。小令专用。第一、二句，及第四、五、七、八、九、十句对仗。第三句若押仄韵，结末三字应作"平去上"。（二）北曲黄钟宫曲牌，又名[古寨儿令]、[塞雁儿]。套数专用。首句可叠一遍，第六、七可并为"＋｜－－｜"一句。

## 正　格

### 北越调

＋｜－(韵)｜－－(韵)＋－｜－－｜＋(韵)＋｜－－(韵)＋｜－－(韵)＋｜
｜－－(韵)｜＋－(读)＋｜－－(韵)｜－(读)＋｜－－(韵)＋－－｜｜(句)
＋｜｜－－(韵)－(韵)＋｜｜－－(韵)

### 北黄钟

－－(韵)＋｜－－(韵)＋｜－－｜－(韵)－｜(句)｜－－(韵)－＋｜(句)
－－｜(韵)

## 例一（越调）

过柳洲。唤兰舟。长空雁声啼暮愁。尊俎风流。笑语温柔。乘兴两三瓯。带黄花、人倚红楼。整乌纱、自笑白头。归期何太晚,醉舞老来羞。幽。谁唱楚天秋。

张可久《寨儿令·九日登高》

## 例二（黄钟）

（可怜我）伶仃。（也那）伶仃。（阁不住）两泪盈盈。手拍（着）胸膛自招承。自感叹,自伤情。自懊悔,自由性。

郑光祖《倩女离魂》第四折

韵脚虽多，字句虽有长短，然读者顺口，作者自能随笔。

李渔《闲情偶寄》

# 新 水 令

（一）北曲双调曲牌，专用作套数首牌，可用么篇。后曲例接〔驻马听〕或〔乔木查〕。第三、四句对仗。第五句后可增"＋｜－－"四字韵句若干。（二）南曲双调曲牌，套数引子。此曲由词牌〔新水令〕演变而来。

## 正　格

**北曲**

　　＋－＋｜｜－－(韵)｜－－(读)＋－－｜(韵)－｜｜(句)｜－－(韵)＋｜－－(韵)＋｜＋－｜(韵)

**南曲**

　　＋－＋｜－－｜(韵)｜－－(读)＋－－｜(韵)＋｜－－｜(韵)｜－－(句)＋－＋｜－－｜(韵)

**例一**（北曲）

　　晚风寒峭透窗纱。控金钩、绣帘不挂。（门阑）凝暮霭，（楼角）敛残霞。恰对菱花。楼上晚妆罢。

王实甫《西厢记》第三本第三折

**例二**（南曲）

　　崎岖历尽南蛮境。为恩人、敢辞贫病。谁个来相警。抵多少，僧敲月下（也）夜方静。

沈璟《埋剑记》第二十五出

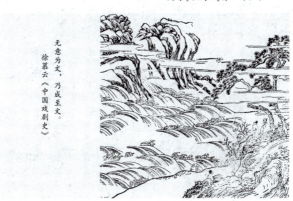

无意为文，乃成至文。
徐慕云《中国戏剧史》

# 驻 马 听

（一）北曲双调曲牌，套数、小令兼用。联套时常接于［新水令］后，作为次牌。第一、二与三、四句成扇面对，第五、六句对仗。第二、七句若押仄韵，末三字须作"平去上"。（二）南曲中吕宫曲牌，套数过曲，也常用作小令。第三、四、五句多作鼎足对，第六、七句对仗。

## 正 格

**北曲**

+｜－－(韵)+｜+－－｜+(韵)+－＋｜(韵)+－＋｜｜－－(韵)+－＋｜｜－－(韵)+－＋｜－－｜(韵)－｜＋(韵)+－＋｜－－｜(韵)

**南曲**

+｜－－(韵)+｜+－－｜－(韵)+－－｜(句)+｜－－(句)+｜－(韵)+－－｜｜－－(韵)+－＋｜－－｜(韵)+｜－－(韵)+－＋｜｜－+(韵)

**例一**（北曲）

不近喧哗。嫩绿池塘藏睡鸭。自然幽雅。淡黄杨柳带栖鸦。金莲蹴损牡丹芽。玉簪抓住荼蘼架。（夜凉）苔径滑。露珠(儿)湿透(了)凌波袜。

王实甫《西厢记》第三本第三折

**例二**（南曲）

虚度年华。望断归舟不到家。（为你）秋捐纨扇，春锁秋千，夜冷琵琶。东园还发旧时花，垂杨不系当年马。一念何差。痴心犹信(着)临歧话。

梁辰鱼《驻马听·闺怨》

"不近喧哗，嫩绿池塘藏睡鸭。自然幽雅，淡黄杨柳带栖鸦"，是骈俪中景语。

王世贞《曲藻》

# 沉醉东风

（一）北曲双调曲牌，套数、小令兼用。联套时多接于［驻马听］后。第一、二及三、四句对仗。第一、七句若押仄韵，末尾二字应作"去上"。（二）南曲仙吕入双调曲牌，套数过曲。

## 正　格

### 北曲

　＋＋｜｜(读)－－｜＋(韵)＋＋－(读)＋｜－－(韵)＋｜－(句)－－｜(韵)＋－＋(读)｜－－｜(韵)＋｜－－｜｜－(韵)＋｜－－｜＋(韵)

### 南曲

　｜－－(读)＋－｜－(韵)｜－＋(读)＋－－｜(韵)＋｜－(韵)－－｜(韵)｜－－(读)＋－－｜(韵)｜－｜－(韵)｜－｜－(韵)＋－｜(读)－－｜－(韵)

## 例一（北曲）

　　银烛冷、秋光画屏。碧天晴、夜静闲亭。（蛛丝）度绣针，（龙麝）焚金鼎。庆人间、七夕佳令。卧看牵牛织女星。（月）转过梧桐树影。

卢挚《沉醉东风·七夕》

## 例二（南曲）

　　你爹行、见得好偏。只一子、不留（在）身畔。（他又道）我不贤。（要将）伊迷恋。这其间、（教人）怎不悲怨。为爹泪涟。为娘泪涟。何曾为（着）、夫妻（上）意牵。

高明《琵琶记》第二出

士大夫以今乐府名者，奇巧莫如……卢疏斋，宫商相宜，皆可被于弦竹者也。

杨维桢《周月湖今乐府序》

# 雁儿落

北曲双调曲牌,又名[平沙落雁]。套数、小令兼用,联套时可借入商调,作小令则需与[得胜令]、[清江引]、[碧玉箫]等组成带过曲。全篇第一与第二、第三与第四句对仗。

## 正 格

+ − +丨−(韵)+丨−−丨(韵)+ − +丨−(韵)+丨−−丨(韵)

**例**

殷勤红叶诗。冷淡黄花市。清江天水笺。白雁云烟字。

乔吉《雁儿落带过得胜令·忆别》

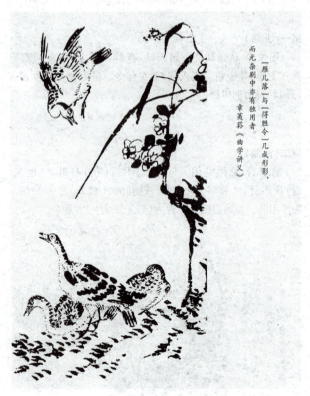

[雁儿落]与[得胜令]几成形影,而元杂剧中亦有独用者。

章荄荪《曲学讲义》

# 得 胜 令

　　北曲双调曲牌,又名[德胜令]、[凯歌回]、[阵阵赢]。套数、小令兼用。套数例接于[雁儿落]后,小令亦常与之合组成带过曲。第一与第二,第三与第四句对仗,第五、六与七、八句作扇面对。第四、第八句可押仄韵,则结末三字需作"平去上"。

## 正　格

+ ||－－(韵) + ||－－(韵) + |－－|(句) + －+ |－(韵) －－(韵) + |－－|(韵) －－(韵) + －+ |－(韵)

## 例

　　名利酒吞蛇。富贵梦迷蝶。蚁阵攻城破,蜂衙报日斜。豪杰。几度花开谢。痴呆。三分春去也。

乔吉《雁儿落带过得胜令·四省》

乔梦符之词,如神鳌鼓浪。
朱权《太和正音谱》

# 折 桂 令

北曲双调曲牌，又名[蟾宫曲]、[步蟾宫]、[天香引]、[广寒秋]、[秋风第一枝]。小令、套数兼用，前者尤常见。第二、三及第七、八句对仗，第四、五、六句常作鼎足对。又第一、七、八句可作六字句，第五、六句可并作七字一句，第九句后可增"+|－－(韵)"一句。此外，还有一种重句体的巧体，为后人模仿而成为定式，被称为"古调蟾宫"，参见例三。

## 正 格

+ + +（读）+|－－（韵）+|－－（句）+|－－（韵）+|－－（句）+－
+|（句）+|－－（韵）+ + +（读）+ －|（韵）+ + +（读）+|－－（韵）+
|－－（韵）+|－－（句）+|－－（韵）

**例一**

对关河、今古苍茫。（甚）一笑骊山，一炬阿房。竹帛烟消，风云日月，梦寐隋唐。快寻趁、王家醉乡。见终南、捷径休忙。茅宇松窗。尽可栖迟，大好徜徉。

卢挚《蟾宫曲·咸阳怀古》

**例二**

沙三伴哥来嗏。两腿青泥，只为捞虾。太公庄上，杨柳阴中，磕破西瓜。小二哥、昔涎剌塔。碌轴上、渰着(个)琵琶。（看）荞麦开花。绿豆生芽。无是无非，快活(煞)庄家。

卢挚《蟾宫曲》小令

**例三**

冷清清、人在西厢。叫一声情郎。骂一声张郎。乱纷纷、花落东墙。问一会红娘。絮一会红娘。枕儿余衾儿剩，温一半绣床。闲一半绣床。月儿斜风儿细，开一扇纱窗，掩一扇纱窗。荡悠悠、梦绕高唐。萦一寸柔肠。断一寸柔肠。

汤式《蟾宫曲》小令

# 清 江 引

北曲双调曲牌，又名[江儿水]。套数、小令兼用，在套数中可代作尾声。第一、第五句若押仄韵，结末二字应用"去上"。

## 正　格

＋＋｜－－｜＋(韵)＋｜－－｜(韵)＋－－｜－(句)＋｜－－｜(韵)＋＋｜
－－｜＋(韵)

## 例

狂风一春十占九。摇撼(的)花枝瘦。沙催杏脸愁。土蚀桃腮皴。阑珊(了)一株金线柳。

朱有燉《清江引》小令

[清江引]"狂风一春十占九"云云，最近元音，前人至屏入酸斋乐府中。

章莁荪《曲学讲义》

# 步 步 娇

(一)北曲双调曲牌,又名[潘妃曲]。套数、小令兼用。第三句押仄韵时,全句须作"平去上"。(二)南曲仙吕入双调曲牌,套数过曲,亦用作小令。

## 正 格

**北曲**

+|+ーーー|(韵)+|ーー|(韵)ー|ー+(韵)+|+ー|ーー(韵)|ーー(韵)+|ーー|(韵)

**南曲**

+|ーーーー|(韵)+|ーー|(韵)ーー+|ー(韵)+|ーー(句)+ーー|(韵)+||ーー(韵)+|ーー|(韵)

**例一**(北曲)

肠断关山传情字。无限伤春事。(因他)憔悴死。只怕傍人问着时。(口儿里)强推辞。(怎)瞒得唐裙裆。

商挺《潘妃曲》小令

**例二**(南曲)

眼底云山皆愁绪。惨淡花深处。春光有似无。入夜狂飚,(雨)又朝和暮。(恁般)雨雨更风风,(天还)不惜离人苦。

沈自晋《步步娇·旅中雨况》

[步步娇]……板式紧遒,衬字最慎。

章莫荪《曲学讲义》

# 寿 阳 曲

北曲双调曲牌，又名[落梅风]、[落梅引]。套数、小令兼用。第一、二句常用对仗。第二、四句若押仄韵，结末三字需作"平去上"，参见例二。

## 正 格

－－｜(句) ＋｜＋(韵)｜＋＋(读) ＋－－｜(韵) ＋－｜－－｜＋(韵)｜＋＋(读) ＋－－｜(韵)

## 例一

寒烟细，古寺清。近黄昏、礼佛人静。(顺)西风晚钟三四声。怎生教、老僧禅定。

马致远《寿阳曲·烟寺晚钟》

## 例二

天将暮，雪乱舞。半梅花、半飘柳絮。江上晚来堪画处。钓鱼人、一蓑归去。

马致远《寿阳曲·江天暮雪》

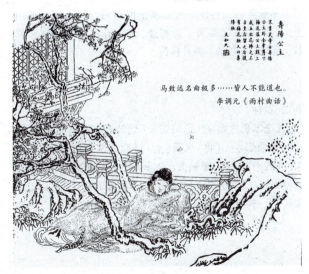

马致远名曲极多……皆人不能道也。

李调元《雨村曲话》

# 水 仙 子

（一）北曲双调曲牌，又名[湘妃怨]、[凌波曲]、[凌波仙]、[冯夷曲]。小令、套数兼用，前者尤常见。第一、二句对仗，或与第三句组成鼎足对，第六、七句对仗。第四句若押仄韵，结末三字须作"平去上"。（二）北曲黄钟宫曲牌，又名[古水仙子]。套数专用。此曲多用衬字，或"呀呀呀"一类的叠字。末句可拆为三字二句，又第二、七句若押仄韵，结末三字须作"平去上"。

## 正 格

### 北双调

＋－＋｜｜－－(韵)＋｜＋－－｜－(韵)＋－＋｜－－(韵)＋－－｜＋(韵)｜－－(读)＋｜－－(韵)－－｜(句)＋｜－(韵)＋｜－－(韵)

### 北黄钟

｜｜－(韵)＋｜－－－｜＋(韵)＋｜－－(句)＋－＋｜(韵)－－＋｜－(韵)－－｜(读)＋｜－－(韵)＋｜＋－－｜＋(韵)＋－＋｜－｜－(韵)＋｜｜－－(韵)

**例一**（双调）

冬前冬后几村庄。溪北溪南两履霜。树头树底孤山上。(冷)风来何处香。忽相逢、缟袂绡裳。(酒醒)寒惊梦，(笛凄)春断肠。淡月昏黄。

乔吉《水仙子·寻梅》

**例二**（黄钟）

(全不想这姻亲)是旧盟。(则待教袄)庙火(刮)刮(匝)匝烈焰生。(将)水面(上)鸳鸯，(忒楞楞腾)分开交颈。(疏喇喇沙鞴)雕鞍撤(了)锁鞰。(斯琅琅汤)偷香处、喝号提铃。(支楞楞争)弦断(了)不续碧玉筝，(吉丁丁珰)精砖(上)摔破菱花镜。(扑通通咚)井底坠银瓶。

郑光祖《倩女离魂》第四折

# 庆 东 原

　　北曲双调曲牌，又名[庆东园]、[郓城春]。套数、小令兼用。第一、二句对仗，第四、五、六句成鼎足对。第七、八句可作三字句，又次句若押仄韵，全句需作"平去上"。

## 正　格

－　－｜(句)＋｜＋(韵)＋－＋｜－－｜(韵)－－｜＋(韵)＋－｜－(韵)＋｜－－(韵)－｜｜－－(句)＋｜－－｜(韵)

## 例一

　　(暖日)宜乘轿,(春风)宜讯马。(恰)寒食(有)二百(处)秋千架。(对)人娇杏花。(扑)人飞柳花。(迎)人笑桃花。来往画船边,招飐青旗挂。

白朴《庆东原》小令

## 例二

　　拔山力,举鼎威。喑呜叱咤千人废。阴陵道北。乌江岸西。(休了)衣锦东归。(不如)醉还醒,醒而醉。

马致远《庆东原·叹世》

　　"二百处秋千架",盖寒食俗以秋千为戏也。

章荩苏《曲学讲义》

# 殿前欢

北曲双调曲牌,又名[凤将雏]、[燕引雏]。套数、小令兼用。第五、六、七句常作鼎足对。第八、九句对仗。

## 正格

| − −(韵)＋ − ＋ | | − −(韵)＋ − ＋ | − − |(韵)＋ | − −(韵)＋ | − (韵)− − ＋ |
− (韵)＋ | − − |(韵)＋ | − − |(韵)＋ − ＋ |(句)＋ | − −(韵)

## 例

凤凰台。金龙玉虎帝王宅。猿鹤只欠山人债。千古兴怀,(梧)桐枯凤不来。(凤)雷死龙何在。(林)泉志猿休怪。销魂楚甸,洗恨秦淮。

乔吉《殿前欢·登凤凰台》

凤凰台上凤凰游,凤去台空江自流。

李白《登金陵凤凰台》

# 玉 芙 蓉

南曲正宫曲牌,套数过曲,亦常用作小令。第一、二句对仗。

## 正 格

－－∣∣－(句)∣∣－－∣(韵)∣－－∣∣(句)＋∣－－(韵)＋－＋∣－－∣(韵)＋∣－－＋∣－(韵)－－∣(句)－－＋∣(韵)∣－－(读)＋－＋∣∣－(韵)

## 例

　　疏梅带雨开,瘦竹随风摆。雨和风着意,(好)为我安排。临风自惜残香洒。冒雨谁从滴翠来。清虚界,(任)风敲雨筛。掩柴扉、(谢他)梅竹伴我冷书斋。

沈自晋《玉芙蓉·雨窗小咏》

〔玉芙蓉〕……板式紧逼,衬字最慎。

章荩荪《曲学讲义》

# 傍 妆 台

南曲仙吕宫曲牌,套数过曲,亦常用作小令。第三、四句,及第五、六句,第七、八句对仗。

## 正 格

丨－－(韵)－－＋丨丨－－(韵)＋丨－－丨(句)＋丨丨－－(韵)＋丨－－丨(句)＋丨－－丨(韵)－－丨(句)＋丨－(韵)＋－－丨丨－－(韵)

## 例

　　路滑滑。恐防跌倒便归家。(乘春)就请樊迟稼,早种邵平瓜。(饥时)一钵雕胡饭,(醉后)三杯阳羡茶。穴中鼠,井底蛙。得矜夸处且矜夸。

*李开先《傍妆台》小令*

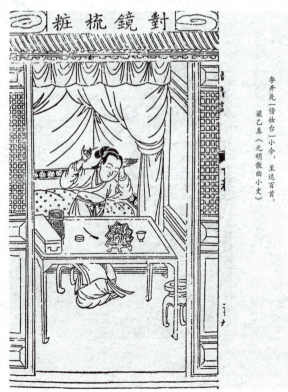

李开先「傍妆台」小令,至达百首。

梁乙真《元明散曲小史》

# 驻 云 飞

南曲中吕宫曲牌,套数过曲,亦常用作小令。第三、第四句对仗。第五句一字常以"哞"字代替。又第二句若押仄韵,结尾需用"平去上",第七句可代用"＋｜－－(韵)"。

## 正 格

＋｜－－(韵)＋｜－－－｜＋(韵)＋｜－－｜(韵)＋｜－－｜(韵)－(韵)＋
｜｜－－(韵)＋－－｜(韵)＋｜－－(句)＋｜－－｜(韵)＋｜－－－｜－(韵)

## 例一

试染霜毫。未展花笺泪自抛。旧事萦怀抱。新恨还多少。焦。写下两三遭。匆匆未了。(被)去使连催,不暇多多道。一半连真一半草。

*梁辰鱼《驻云飞·寄远》*

## 例二

弦索丁冬。绛蜡烧残曲未终。鼓叠江南弄。箫吹秦楼凤。哞,转盼白杨风。挽歌相送。子弟梨园,同入钧天梦。(君看)大地音声总是空。

*尤侗《驻云飞·十空曲》*

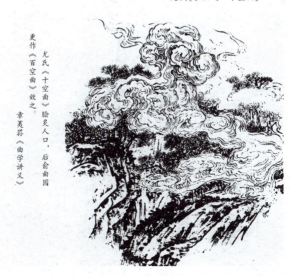

尤氏《十空曲》脍炙人口,后俞曲园更作《百空曲》效之。

章荑荪《曲学讲义》

# 懒画眉

南曲南吕宫曲牌,套数过曲,亦常用作小令。首句可作"＋｜－－｜－－(韵)",参见例二。

## 正　格

－－＋｜｜－－(韵)＋｜－－＋｜－(韵)＋－－｜｜－－(韵)＋｜－－｜(韵)＋｜－－＋｜－(韵)

**例一**

(最)撩人春色是今年。(少甚么)低就高来粉画垣。(却元来)春心无处不飞悬。(睡荼䕷)抓住裙衩线。(恰便是)花似人心好处牵。

汤显祖《牡丹亭》第十二出

**例二**

顿觉余音转愁烦。(似)寡鹄孤鸿和断猿。又如别凤乍离鸾。(只见杀)声在弦中见。(敢)只是螳螂来捕蝉。

高明《琵琶记》第二十二出

是笃于情者所为。

吴仪一《牡丹亭三妇评本》

# 黄 莺 儿

（一）南曲商调曲牌，又名[金衣公子]。套数过曲，亦常用作小令。第五、六句对仗。（二）北曲商角调曲牌，专用于套数首牌，多见于散曲。

## 正 格

### 南曲

+||－－(韵)|－－(句)||－(韵)＋－－|－－|(韵)－－||(韵)－·||－－|(韵)＋－－|－－|(韵)|－－(韵)－－＋|(句)＋||－－(韵)

### 北曲

－|(韵)－|(叠)＋－＋|(句)－－||(韵)|－－(读)||－－(句)－－||(韵)

## 例一（南曲）

清浅小池塘。润幽兰，压众芳。天然一种非凡相。花儿异香。叶儿细长。香风翠带齐飘荡。傍琼窗。岁寒三友，无此不成双。

冯惟敏《黄莺儿·解嘲》

## 例二（北曲）

怀古。怀古。废兴两字，干戈几度。问当时、富贵谁家，陈宫后主。

庾天锡《商角调·黄莺儿》套数

打起黄莺儿，莫教枝上啼。

金昌绪《春怨》

# 锁 南 枝

南曲双调曲牌，套数过曲，亦常用作小令。第一、二句常对仗。第四句可作"＋∣∣－－"的五字句，而与第五句对仗。

## 正 格

－－∣(句)∣＋－(韵)－－∣∣－∣(韵)＋∣－－(句)＋∣－－∣(韵)－－∣(句)∣＋－(韵)∣－－(句)∣－∣(韵)

**例**

湖山景，久撇来。今朝遇雪重感怀。絮滚和盐筛，玉洞翻银海。修竹坞，(还从)荒苑开。古梅株，(是咱)手植在。

沈自晋《锁南枝·雪中偶咏》

衬字最慎。

〔锁南枝〕……板式紧适，

章荄苏《曲学讲义》

# 索引

三种

# 今韵部首检字表

## （一）　部首目录

# （二）　检字表

（字右边的号码指字典正文的页码）

| | | | | | | | |
|---|---|---|---|---|---|---|---|
| 辠 | 329 | 飞 | 90 | | 443 | 丧 | 46 |
| 疑 | 190 | 刃 | 475 | | 446 | | 60 |
| 孵 | 135 | 习 | 195 | 乾 | 278 | 卖 | 256 |
| 鼐 | 257 | 子 | 363 | 豫 | 129 | 卓 | 406 |
| 靠 | 349 | 乡 | 48 | **二 部** | | 卒 | 150 |
| 麁 | 374 | 孓 | 365 | | | | 168 |
| 罍 | 456 | 尹 | 457 | 二 | 497 | 南 | 223 |
| 鼗 | 337 | 尺 | 85 | 亏 | 93 | | 275 |
| 爨 | 295 | | 391 | 五 | 163 | 真 | 469 |
| **、 部** | | 巴 | 219 | 丁 | 167 | 索 | 417 |
| | | 以 | 209 | 亓 | 183 | 隼 | 477 |
| 丫 | 225 | 予 | 118 | 元 | 289 | 喬 | 395 |
| 之 | 71 | | 127 | 云 | 451 | 章 | 51 |
| 卞 | 293 | 孔 | 16 | 式 | 497 | 率 | 130 |
| 为 | 97 | 司 | 70 | 戈 | 270 | | 257 |
| | 111 | 民 | 444 | 些 | 360 | 博 | 402 |
| 主 | 165 | 弗 | 145 | 鼋 | 289 | 韩 | 269 |
| 头 | 426 | 发 | 228 | 瑗 | 250 | 朝 | 327 |
| 必 | 211 | | 240 | 肄 | 253 | | 341 |
| 永 | 18 | 乩 | 177 | **十 部** | | 斡 | 417 |
| 州 | 429 | 乱 | 134 | | | 兢 | 481 |
| 农 | 8 | 尽 | 452 | 十 | 74 | 煆 | 156 |
| 良 | 43 | | 453 | 支 | 71 | | 235 |
| 卷 | 305 | 买 | 256 | 卉 | 104 | 鼍 | 84 |
| | 305 | 乱 | 307 | 古 | 155 | 翰 | 301 |
| 亲 | 445 | 君 | 443 | 叶 | 368 | 蠹 | 168 |
| | 493 | 即 | 192 | | 377 | **厂 部** | |
| 举 | 122 | 嫶 | 237 | 协 | 368 | | |
| 蠲 | 272 | 甫 | 18 | 毕 | 211 | 厂 | 53 |
| **乙(乚一丁乁) 部** | | 乳 | 161 | 早 | 356 | 厅 | 486 |
| | | 隶 | 203 | 华 | 221 | 仄 | 396 |
| 乙 | 216 | 虱 | 73 | | 235 | 历 | 213 |
| 刁 | 328 | 承 | 21 | 孝 | 355 | 厄 | 392 |
| 了 | 349 | 函 | 269 | 克 | 394 | 厉 | 203 |
| | 395 | 既 | 201 | 孛 | 99 | 压 | 231 |
| 乜 | 360 | 思 | 82 | | 402 | | 243 |
| | 373 | 癸 | 103 | 幸 | 494 | 厌 | 319 |
| 卫 | 111 | 矜 | 268 | 直 | 75 | 厍 | 390 |

| | | | | | | | |
|---|---|---|---|---|---|---|---|
| 屋 | 83 | 匪 | 101 | 到 | 344 | 喇 | 222 |
| 厕 | 391 | 匮 | 105 | 列 | 103 | | 222 |
| 厘 | 178 | 匾 | 293 | 剐 | 254 | | 236 |
| 厚 | 433 | | | 制 | 83 | 剩 | 33 |
| 厝 | 408 | **刂 部** | | 刮 | 229 | 割 | 384 |
| 原 | 289 | 刈 | 210 | 例 | 203 | 蒯 | 255 |
| 厢 | 49 | 刊 | 272 | 刽 | 103 | 剽 | 334 |
| 厣 | 318 | 刌 | 472 | 刹 | 230 | 剿 | 327 |
| 厩 | 434 | 刑 | 487 | | 239 | 劂 | 366 |
| 厨 | 133 | 刓 | 283 | 剁 | 408 | 劁 | 334 |
| 厦 | 237 | 列 | 372 | 剂 | 201 | 劀 | 174 |
| | 238 | 划 | 221 | 刻 | 394 | | 347 |
| 雁 | 320 | | 229 | 刷 | 230 | 劆 | 229 |
| 厥 | 366 | | 240 | | 242 | 劐 | 404 |
| 厮 | 70 | | 254 | 荆 | 481 | 劓 | 211 |
| 愿 | 321 | 刚 | 38 | 剋 | 99 | 劘 | 399 |
| 餍 | 378 | 则 | 387 | 剌 | 240 | 劙 | 179 |
| 魇 | 319 | 创 | 36 | 削 | 341 | **卜 部** | |
| 餍 | 321 | | 54 | | 368 | | |
| 赝 | 321 | 刖 | 378 | 剐 | 234 | 卜 | 167 |
| 黡 | 319 | 刎 | 477 | 剑 | 304 | | 412 |
| | | 刘 | 421 | 剺 | 408 | 占 | 290 |
| **匚 部** | | 划 | 294 | 前 | 278 | | 322 |
| | | | 294 | 剃 | 207 | 卢 | 138 |
| 区 | 115 | 别 | 362 | 削 | 412 | 外 | 258 |
| | 423 | | 372 | 剕 | 85 | 贞 | 469 |
| 匹 | 215 | 利 | 203 | 剁 | 177 | 卣 | 314 |
| 巨 | 122 | 删 | 280 | 剒 | 102 | 卤 | 439 |
| 叵 | 410 | 刨 | 333 | 剔 | 194 | 卦 | 234 |
| 匝 | 232 | | 343 | 剖 | 424 | 卧 | 411 |
| 匦 | 189 | 判 | 310 | 剡 | 313 | 桌 | 406 |
| 匡 | 42 | 刺 | 145 | | 318 | 卨 | 376 |
| 匠 | 56 | 刭 | 491 | 剜 | 283 | 睿 | 108 |
| 匣 | 231 | 封 | 93 | 剥 | 341 | **冂 部** | |
| 医 | 188 | 刱 | 497 | | 401 | | |
| 匜 | 102 | 刺 | 67 | 剧 | 129 | 冈 | 38 |
| 匿 | 382 | | 77 | 剽 | 403 | 同 | 10 |
| | 386 | 刳 | 138 | 副 | 155 | | 17 |
| 匦 | 215 | | | | | | |

| | |
|---|---|
| 侏 | 143 |
| 侁 | 467 |
| 侹 | 494 |
| 侨 | 334 |
| 侜 | 429 |
| 佺 | 279 |
| 侩 | 255 |
| 佾 | 217 |
| 佻 | 337 |
| 佩 | 108 |
| 佹 | 103 |
| 佫 | 394 |
| 侈 | 76 |
| 侂 | 405 |
| 侪 | 245 |
| 佼 | 347 |
| 依 | 188 |
| 佯 | 50 |
| 佽 | 77 |
| 侘 | 234 |
| 侬 | 8 |
| 侔 | 423 |
| 俦 | 419 |
| 俨 | 318 |
| 便 | 277 |
| | 293 |
| 俩 | 58 |
| | 236 |
| 俪 | 204 |
| 俅 | 425 |
| 修 | 427 |
| 俏 | 353 |
| 俣 | 127 |
| 俚 | 202 |
| 保 | 342 |
| 俜 | 484 |
| 促 | 168 |
| 俐 | 204 |
| 俄 | 380 |
| 侮 | 164 |
| 俭 | 302 |
| 俗 | 149 |
| 俘 | 135 |
| 俛 | 154 |
| | 309 |
| 信 | 456 |
| 侻 | 109 |
| | 405 |
| 俤 | 199 |
| 俍 | 43 |
| 侵 | 445 |
| 侯 | 420 |
| | 433 |
| [illegible] | 120 |
| 俑 | 18 |
| 俟 | 81 |
| | 184 |
| 俊 | 454 |
| 俸 | 31 |
| 倩 | 311 |
| 债 | 259 |
| 俵 | 343 |
| 倻 | 361 |
| 借 | 370 |
| 偌 | 410 |
| 值 | 75 |
| 倷 | 260 |
| 倚 | 209 |
| 俺 | 291 |
| 倢 | 364 |
| 倾 | 485 |
| 倒 | 344 |
| | 344 |
| 俳 | 247 |
| 俶 | 167 |
| | 216 |
| 倬 | 406 |
| 倏 | 148 |
| 倘 | 36 |
| | 61 |
| 俱 | 114 |
| | 123 |
| 倮 | 410 |
| 倡 | 35 |
| | 53 |
| [illegible] | 455 |
| 候 | 433 |
| 㑩 | 398 |
| 倕 | 90 |
| 倭 | 401 |
| 倪 | 180 |
| 俾 | 196 |
| 倜 | 216 |
| 倞 | 58 |
| | 492 |
| 俯 | 154 |
| 倅 | 100 |
| 倍 | 99 |
| 倦 | 305 |
| 倓 | 281 |
| 倌 | 268 |
| 倥 | 7 |
| | 16 |
| 健 | 304 |
| 倨 | 123 |
| 倔 | 366 |
| | 372 |
| 偾 | 473 |
| 做 | 412 |
| [illegible] | 427 |
| 偃 | 319 |
| 偭 | 309 |
| 偕 | 361 |
| 偿 | 36 |
| 偶 | 436 |
| 偈 | 201 |
| | 364 |
| 偎 | 97 |
| 偲 | 70 |
| | 244 |
| 傀 | 92 |
| | 105 |
| 偊 | 128 |
| 偷 | 426 |
| 偁 | 20 |
| 偬 | 19 |
| 停 | 486 |
| 傺 | 471 |
| 偻 | 124 |
| | 422 |
| 偏 | 276 |
| 假 | 235 |
| | 236 |
| 偓 | 417 |
| 傣 | 252 |
| 傲 | 342 |
| 傤 | 259 |
| 傎 | 265 |
| 傅 | 155 |
| 傈 | 214 |
| 傉 | 172 |
| 傟 | 338 |
| 傥 | 61 |
| 僾 | 250 |
| 傒 | 186 |
| 傍 | 53 |
| 傢 | 222 |
| 傧 | 442 |
| 储 | 152 |
| 傕 | 366 |
| 傩 | 399 |
| 僄 | 352 |

| | | | | | | | | |
|---|---|---|---|---|---|---|---|---|
| 减 | 302 | 讵 | 122 | 试 | 79 | | | 378 |
| 溧 | 214 | 讶 | 238 | 诖 | 234 | | | 405 |
| 渐 | 70 | 讷 | 395 | 诗 | 69 | 诵 | | 17 |
| 凛 | 455 | 许 | 125 | 诘 | 192 | 请 | | 493 |
| 凝 | 484 | 讻 | 380 | | 364 | 诸 | | 143 |
| **冖 部** | | 论 | 465 | 诙 | 92 | 诹 | | 429 |
| | | | 474 | 诚 | 21 | 诺 | | 416 |
| 写 | 370 | 讽 | 11 | 诜 | 333 | 读 | | 144 |
| 军 | 443 | 讼 | 17 | 词 | 18 | | | 431 |
| 罕 | 300 | 讽 | 31 | 诛 | 143 | 诼 | | 406 |
| 冠 | 268 | 设 | 396 | 诜 | 467 | 诽 | | 101 |
| | 300 | 访 | 54 | 话 | 235 | 诿 | | 168 |
| 冢 | 18 | 讹 | 165 | 诞 | 295 | 课 | | 390 |
| 冥 | 483 | 诀 | 365 | 诟 | 432 | 诿 | | 110 |
| 冤 | 288 | 言 | 287 | 诠 | 279 | 谀 | | 118 |
| 幂 | 214 | 诶 | 303 | 诡 | 103 | 谁 | | 96 |
| **讠(言) 部** | | 证 | 33 | 询 | 449 | | | 96 |
| | | 诂 | 155 | 诣 | 210 | 谂 | | 476 |
| 计 | 200 | 诃 | 381 | 净 | 34 | 调 | | 337 |
| 订 | 490 | 评 | 484 | 该 | 245 | | | 345 |
| 讣 | 154 | 诅 | 167 | 详 | 49 | 谄 | | 294 |
| 认 | 475 | 识 | 74 | 诧 | 234 | 谅 | | 58 |
| 讥 | 176 | | 83 | 浑 | 473 | 谆 | | 470 |
| 讦 | 364 | 诈 | 239 | 诩 | 126 | 谇 | | 109 |
| 讧 | 116 | 诉 | 162 | 馗 | 425 | 谈 | | 281 |
| 讨 | 354 | 诊 | 478 | 狱 | 131 | 谊 | | 210 |
| 让 | 60 | 诋 | 198 | 诗 | 429 | 谋 | | 423 |
| 讪 | 313 | 诌 | 429 | 诚 | 370 | 谌 | | 461 |
| 讫 | 215 | 词 | 68 | 诬 | 142 | 谍 | | 362 |
| 训 | 456 | 诎 | 121 | 语 | 127 | 谎 | | 56 |
| 议 | 210 | 诓 | 381 | | 128 | 谏 | | 304 |
| 讯 | 456 | 诡 | 189 | 诮 | 353 | 谐 | | 361 |
| 记 | 200 | 诏 | 357 | 误 | 164 | 谑 | | 377 |
| 讱 | 475 | 诐 | 197 | 诰 | 346 | 谒 | | 377 |
| 讲 | 56 | 译 | 217 | 诱 | 439 | 谓 | | 111 |
| 讳 | 104 | 诒 | 189 | 诲 | 104 | 谔 | | 392 |
| 讴 | 423 | 诔 | 106 | 说 | 109 | 谕 | | 129 |

| | | | | | | | |
|---|---|---|---|---|---|---|---|
| 谖 | 285 | 谰 | 273 | 阡 | 277 | 陧 | 373 |
| 谗 | 263 | 谱 | 161 | 阱 | 491 | 陨 | 458 |
| 谙 | 261 | 谟 | 323 | 阮 | 312 | 除 | 133 |
| 谚 | 320 | 谲 | 366 | 阵 | 478 | 险 | 316 |
| 谛 | 199 | 雪 | 243 | 阳 | 50 | 院 | 321 |
| 谜 | 107 | 谶 | 321 | 阶 | 360 | 陘 | 231 |
| | 180 | 遣 | 311 | 阴 | 449 | 陵 | 482 |
| 谞 | 72 | 谯 | 286 | 阬 | 24 | 陬 | 429 |
| 谓 | 117 | 谵 | 290 | 防 | 38 | 陲 | 89 |
| 誊 | 388 | 謷 | 325 | 阧 | 431 | 陴 | 182 |
| 谟 | 398 | 雪 | 112 | 陆 | 170 | 陶 | 337 |
| 谪 | 381 | 謇 | 303 | | 441 | | 340 |
| 说 | 54 | 讟 | 145 | 际 | 201 | 陷 | 317 |
| 谡 | 173 | 謦 | 493 | 阿 | 219 | 陪 | 95 |
| 谢 | 371 | 警 | 491 | | 380 | 隋 | 96 |
| 谣 | 340 | 谨 | 269 | 陇 | 16 | 随 | 96 |
| 谤 | 53 | 讝 | 471 | 陈 | 461 | 隅 | 119 |
| 谥 | 80 | 膺 | 488 | 阽 | 287 | 陧 | 97 |
| 谦 | 277 | | 495 | | 297 | 陨 | 96 |
| 谧 | 214 | 譬 | 205 | 阻 | 167 | 隍 | 40 |
| 誉 | 73 | | | 阼 | 411 | 隗 | 93 |
| | 85 | 卩 (卩) 部 | | 陁 | 400 | | 110 |
| 督 | 227 | 卬 | 35 | 附 | 155 | 隆 | 7 |
| 誊 | 28 | 叩 | 434 | 陀 | 400 | | 8 |
| 誉 | 129 | 印 | 458 | 陂 | 89 | 隐 | 457 |
| 谨 | 453 | 卯 | 350 | | 181 | 陕 | 325 |
| 谩 | 275 | 爷 | 361 | | 399 | 隔 | 385 |
| | 308 | 却 | 375 | 陉 | 487 | 隙 | 216 |
| 谪 | 388 | 卺 | 452 | 陋 | 435 | 隘 | 250 |
| 谰 | 303 | 卸 | 371 | 陌 | 415 | 障 | 65 |
| 謥 | 457 | 卿 | 485 | 陕 | 312 | 隩 | 132 |
| 谬 | 435 | 脚 | 358 | 降 | 49 | | 358 |
| 誓 | 80 | | 366 | | 56 | 隧 | 109 |
| 訚 | 450 | 御 | 129 | 陔 | 245 | 隰 | 195 |
| 谞 | 187 | | | 限 | 317 | | |
| 谭 | 282 | 阝 (左) 部 | | 陡 | 431 | 阝 (右) 部 | |
| 谮 | 478 | 队 | 101 | 陛 | 197 | 邓 | 30 |
| 谯 | 335 | 阢 | 174 | 陟 | 87 | 邢 | 268 |

| | | | | | | | |
|---|---|---|---|---|---|---|---|
| 勘 | 272 | **又 部** | | 建 | 303 | | 450 |
| 勒 | 99 | 又 | 439 | **工 部** | | 坂 | 292 |
| | 395 | 叉 | 219 | 工 | 4 | 圿 | 13 |
| 勚 | 210 | | 233 | 巧 | 353 | 坃 | 474 |
| 勔 | 309 | | 233 | 圣 | 480 | 坋 | 471 |
| 勖 | 130 | 双 | 47 | 巩 | 14 | | 472 |
| 募 | 160 | 圣 | 32 | 贡 | 15 | 坎 | 306 |
| 勛 | 213 | 对 | 101 | 攻 | 5 | 坍 | 281 |
| 勤 | 446 | 叟 | 78 | 汞 | 15 | 均 | 443 |
| 勰 | 368 | 戏 | 137 | 缸 | 39 | 坞 | 164 |
| 勷 | 46 | | 208 | 豇 | 41 | 坟 | 463 |
| | | 观 | 268 | 疏 | 425 | 坑 | 24 |
| **厶 部** | | | 300 | 壨 | 358 | 坊 | 37 |
| 厶 | 70 | 欢 | 269 | | | | 38 |
| 去 | 125 | 鸡 | 177 | **土 部** | | | 255 |
| 弁 | 293 | 取 | 125 | 土 | 163 | 坚 | 270 |
| 台 | 248 | 叔 | 148 | 圲 | 97 | 坌 | 471 |
| | 248 | 贤 | 285 | | 116 | 灶 | 356 |
| 牟 | 160 | 受 | 437 | 圬 | 142 | 坠 | 112 |
| | 423 | 艰 | 271 | 圭 | 91 | 坩 | 267 |
| 私 | 70 | 竖 | 162 | 寺 | 80 | 坷 | 382 |
| 矣 | 209 | 叟 | 437 | 圪 | 384 | | 389 |
| 叁 | 280 | 叙 | 126 | 圳 | 478 | 坯 | 181 |
| 参 | 262 | 爰 | 289 | 圾 | 176 | 坏 | 151 |
| | 460 | 聂 | 373 | 圹 | 57 | 坪 | 484 |
| | 467 | 难 | 275 | 圮 | 205 | 坫 | 297 |
| 枲 | 208 | | 309 | 坝 | 189 | 垆 | 138 |
| 怠 | 248 | 桑 | 46 | 地 | 199 | 坦 | 314 |
| 垒 | 106 | 嗣 | 160 | | 389 | 坤 | 464 |
| 畚 | 471 | 叠 | 363 | 场 | 36 | 垌 | 6 |
| 能 | 26 | 聚 | 123 | | 53 | 坼 | 391 |
| 欸 | 90 | 歠 | 412 | 坛 | 281 | 坻 | 67 |
| | 90 | 矍 | 367 | 坏 | 254 | | 198 |
| | 101 | **廴 部** | | 坊 | 213 | 垃 | 222 |
| | 101 | | | 址 | 81 | 坨 | 400 |
| | 244 | 廷 | 486 | 坝 | 233 | 坭 | 180 |
| | 250 | 延 | 287 | 圻 | 183 | 坡 | 399 |
| 毵 | 280 | | | | | 坶 | 159 |

| | | | | | | | |
|---|---|---|---|---|---|---|---|
| 坳 | 342 | | 274 | 塲 | 471 | 墁 | 308 |
| 垄 | 16 | 堝 | 398 | 墭 | 403 | 墡 | 12 |
| 型 | 487 | 埙 | 448 | 基 | 177 | 境 | 492 |
| 垚 | 339 | 袁 | 289 | 堙 | 311 | 墑 | 47 |
| 垭 | 225 | 垮 | 372 | 堂 | 48 | 墚 | 43 |
| 垣 | 289 | 埘 | 375 | 堃 | 464 | 墔 | 361 |
| 垮 | 236 | 垳 | 126 | 堕 | 409 | 碣 | 374 |
| 城 | 21 | 㝗 | 58 | 堪 | 272 | 墅 | 162 |
| 垤 | 362 | 埇 | 18 | 堞 | 362 | 塾 | 148 |
| 垱 | 54 | 埃 | 244 | 塔 | 242 | 墜 | 199 |
| 垌 | 10 | 埕 | 458 | 堍 | 40 | 播 | 266 |
| | 14 | 堵 | 152 | 堰 | 320 | 墩 | 462 |
| 垲 | 255 | 埫 | 32 | 埋 | 450 | 墙 | 313 |
| 埏 | 280 | 垯 | 5 | 堧 | 339 | 增 | 28 |
| 垍 | 201 | 埴 | 75 | 堉 | 401 | 墀 | 67 |
| 垧 | 60 | 臺 | 75 | 堥 | 280 | 壈 | 306 |
| 垢 | 432 | 域 | 131 | 堤 | 176 | 樊 | 371 |
| 垛 | 408 | 埼 | 184 | 塄 | 25 | 墼 | 192 |
| | 408 | 埯 | 291 | 堠 | 433 | 壁 | 212 |
| 垖 | 103 | 塲 | 218 | 塆 | 283 | 壕 | 329 |
| 垴 | 351 | 堌 | 157 | 㘆 | 31 | 壑 | 394 |
| 垓 | 245 | 埵 | 408 | 堡 | 151 | 疆 | 41 |
| 垵 | 282 | 垸 | 205 | | 161 | 壤 | 60 |
| 垞 | 220 | 堆 | 90 | | 342 | | |
| 垠 | 450 | 埤 | 182 | 塈 | 201 | 士　部 | |
| 垩 | 392 | | 205 | 填 | 283 | 士 | 78 |
| 垫 | 297 | 埠 | 151 | 塬 | 289 | 吉 | 192 |
| 堡 | 228 | 埝 | 310 | 塌 | 230 | 壮 | 65 |
| 垩 | 433 | 埘 | 26 | 墕 | 33 | 壳 | 358 |
| 垦 | 474 | 塊 | 163 | 塘 | 48 | | 386 |
| 垳 | 331 | 埻 | 479 | 㘩 | 58 | 志 | 82 |
| 埔 | 151 | 培 | 96 | 墓 | 160 | 声 | 27 |
| | 160 | 堉 | 131 | 塑 | 163 | 毒 | 250 |
| 埂 | 31 | 壶 | 474 | 墐 | 454 | 壶 | 137 |
| 垰 | 151 | 埽 | 354 | 墝 | 278 | 奘 | 64 |
| 埕 | 21 | 埠 | 313 | 壊 | 61 | | 65 |
| 埘 | 69 | 埭 | 253 | 墙 | 46 | 壹 | 375 |
| 埋 | 247 | 堀 | 148 | 墟 | 117 | 颉 | 364 |

| | | | | | | | |
|---|---|---|---|---|---|---|---|
| | 166 | 苁 | 211 | 荇 | 494 | 荪 | 467 |
| 扤 | 421 | 茑 | 8 | 茎 | 279 | 莔 | 251 |
| 茉 | 415 | 苣 | 209 | 荟 | 104 | 莩 | 190 |
| 苷 | 267 | 茛 | 445 | 茶 | 220 | 莆 | 139 |
| 苦 | 158 | 莆 | 145 | 荀 | 449 | 莽 | 59 |
| 苯 | 471 | 茴 | 406 | 舜 | 295 | 恭 | 5 |
| 昔 | 194 | 茄 | 221 | 茗 | 483 | 莱 | 247 |
| 苛 | 382 | | 360 | 茗 | 384 | 莲 | 273 |
| 苤 | 370 | 苕 | 336 | 荠 | 184 | 莫 | 415 |
| 若 | 390 | | 337 | | 201 | 莳 | 69 |
| | 416 | 茎 | 480 | 茭 | 330 | | 79 |
| 茂 | 350 | 苔 | 248 | 荒 | 40 | 莴 | 401 |
| 茏 | 7 | | 248 | 荄 | 245 | 莉 | 204 |
| 芰 | 226 | 茅 | 332 | 荛 | 3 | 莠 | 439 |
| 苹 | 484 | 茸 | 9 | 茯 | 68 | 莪 | 380 |
| 苫 | 280 | 茜 | 186 | 茌 | 41 | 莓 | 95 |
| | 313 | | 311 | 茫 | 44 | 荷 | 382 |
| 苜 | 171 | 茌 | 220 | 荡 | 54 | | 389 |
| 苴 | 114 | 荇 | 304 | 荣 | 9 | | 428 |
| 苗 | 332 | 荙 | 227 | 辇 | 448 | 莜 | 204 |
| 英 | 488 | 荑 | 229 | | 464 | 莅 | 141 |
| 苒 | 312 | 荑 | 185 | 胥 | 331 | 茶 | 284 |
| 苘 | 493 | | 189 | 荤 | 414 | 莝 | 408 |
| 苲 | 239 | 荛 | 335 | 荧 | 489 | 莝 | 96 |
| 苻 | 135 | 荜 | 211 | 荥 | 487 | 莘 | 135 |
| 苓 | 482 | 芘 | 68 | | 489 | | 352 |
| 茶 | 367 | 草 | 343 | 荨 | 278 | 获 | 413 |
| 茚 | 458 | 茧 | 302 | | 449 | 莸 | 428 |
| 苟 | 431 | 莒 | 122 | 莨 | 473 | 荻 | 191 |
| 茆 | 332 | 茼 | 10 | 莐 | 453 | 荼 | 345 |
| 茑 | 352 | 茵 | 449 | 荫 | 449 | 莘 | 447 |
| 苑 | 321 | 茴 | 93 | | 458 | | 467 |
| 茕 | 133 | 茱 | 143 | 莜 | 335 | 莎 | 224 |
| 苞 | 325 | 莛 | 486 | 茹 | 140 | | 400 |
| 范 | 298 | 苦 | 229 | 荔 | 204 | 莞 | 268 |
| 苧 | 484 | 荞 | 334 | 莫 | 256 | | 299 |
| 茇 | 368 | 茯 | 146 | 茳 | 6 | | 315 |
| 茎 | 488 | 荏 | 475 | 药 | 358 | 莹 | 489 |

| | | | | | | | |
|---|---|---|---|---|---|---|---|
| 茛 | 43 | 菟 | 142 | 葳 | 294 | 蕂 | 172 |
| | 58 | | 163 | 葬 | 64 | 蒲 | 139 |
| 莺 | 488 | 萄 | 337 | 茸 | 216 | 蓝 | 273 |
| 莙 | 443 | 莒 | 296 | 葛 | 385 | 幕 | 172 |
| 莼 | 461 | 菊 | 120 | | 393 | 蓦 | 415 |
| 菁 | 481 | 萃 | 100 | 黉 | 105 | 蒽 | 462 |
| 著 | 166 | 菩 | 139 | 葸 | 208 | 蒨 | 337 |
| | 391 | 葵 | 314 | 萼 | 392 | 蓓 | 100 |
| | 406 | 菏 | 382 | 菁 | 147 | 莀 | 197 |
| 搴 | 30 | 萍 | 485 | 董 | 14 | 麻 | 410 |
| 菱 | 482 | 萡 | 144 | 萩 | 424 | 蒌 | 250 |
| 萁 | 184 | 菠 | 397 | 葆 | 342 | 翁 | 33 |
| 萩 | 455 | 菪 | 54 | 葩 | 223 | 蓟 | 201 |
| 菥 | 194 | 菅 | 271 | 葎 | 130 | 蓬 | 26 |
| 菘 | 9 | 菀 | 128 | 葡 | 139 | 蓑 | 400 |
| 菫 | 452 | | 315 | 葱 | 4 | 蒿 | 329 |
| 萘 | 257 | 莫 | 204 | 葶 | 486 | 蔟 | 193 |
| 萋 | 183 | 萤 | 489 | 葹 | 69 | 蒻 | 179 |
| 萚 | 417 | 营 | 489 | 蒂 | 199 | 蒉 | 68 |
| 菲 | 91 | 萏 | 488 | 萎 | 422 | 蔀 | 151 |
| | 102 | 萦 | 489 | 蒋 | 56 | 蒟 | 122 |
| 菽 | 148 | 萧 | 338 | 蒆 | 6 | 蒡 | 45 |
| 菓 | 409 | 菉 | 130 | 蒎 | 257 | | 53 |
| 菖 | 36 | | 170 | 蒎 | 241 | 蓄 | 130 |
| 萌 | 25 | 萨 | 241 | 落 | 236 | 蒹 | 271 |
| 萜 | 367 | 菇 | 136 | | 358 | 蒴 | 417 |
| 萝 | 398 | 菰 | 136 | | 405 | 蒲 | 139 |
| 菌 | 443 | 菡 | 301 | | 414 | 蒗 | 58 |
| | 454 | 菑 | 72 | 葵 | 149 | 蓉 | 9 |
| 萎 | 110 | 萸 | 230 | 萱 | 285 | 蒙 | 25 |
| 萸 | 119 | 蔚 | 23 | 扁 | 262 | | 25 |
| 萑 | 270 | | 31 | | 293 | | 32 |
| 草 | 197 | 葚 | 475 | 葭 | 228 | 蓂 | 214 |
| 茢 | 212 | | 476 | 葵 | 93 | | 483 |
| 菜 | 251 | 葫 | 137 | 菽 | 350 | 蓥 | 489 |
| 葱 | 373 | 葙 | 49 | 蓁 | 469 | 蓊 | 416 |
| 菜 | 463 | 葳 | 97 | 蒜 | 314 | 蒨 | 129 |
| 菔 | 146 | 惹 | 390 | 蕃 | 69 | 蒸 | 29 |

| | | | | | | | |
|---|---|---|---|---|---|---|---|
| 蕫 | 105 | 菅 | 25 | 蘩 | 4 | 寻 | 448 |
| 蕎 | 275 | 藜 | 179 | 藏 | 35 | 导 | 344 |
| 薮 | 210 | 蕉 | 330 | | 64 | 寿 | 437 |
| 薔 | 46 | | 335 | 薷 | 140 | 时 | 69 |
| 薂 | 174 | 奠 | 132 | 薰 | 448 | 封 | 23 |
| 萑 | 96 | 蕃 | 266 | 藐 | 351 | 耐 | 257 |
| 蔽 | 198 | | 266 | 薜 | 316 | 酎 | 440 |
| 暮 | 160 | 蕲 | 185 | 蔓 | 8 | 辱 | 172 |
| 摹 | 399 | 蕴 | 468 | 蘷 | 205 | 射 | 390 |
| 慕 | 160 | 蕊 | 108 | 藁 | 346 | 尉 | 111 |
| 蔓 | 275 | 蔬 | 141 | 藻 | 334 | | 131 |
| | 308 | 蕿 | 353 | 膡 | 413 | 爵 | 366 |
| | 316 | 蕴 | 459 | 藕 | 436 | | |
| 藂 | 94 | 蕲 | 6 | 蓺 | 416 | **廾　部** | |
| 蔑 | 373 | | 15 | 蕅 | 218 | 异 | 210 |
| 薨 | 25 | 雍 | 371 | 蘦 | 106 | 弄 | 122 |
| 嫛 | 488 | 蕾 | 106 | 藜 | 179 | 昇 | 293 |
| 葋 | 208 | 蘋 | 445 | 菖 | 348 | 异 | 118 |
| 攲 | 307 | 蕗 | 159 | 藤 | 28 | 羿 | 210 |
| 兜 | 420 | 薯 | 161 | 摩 | 399 | 弊 | 198 |
| 蔡 | 251 | 蘷 | 6 | 蕰 | 326 | 彝 | 190 |
| 蔗 | 391 | 薙 | 207 | 藩 | 266 | **大　部** | |
| 蔟 | 168 | 薐 | 25 | 藥 | 359 | 大 | 234 |
| 蔺 | 455 | 薛 | 368 | 藿 | 413 | | 252 |
| 葉 | 116 | 薇 | 97 | 蓬 | 116 | 太 | 258 |
| 蔻 | 434 | 薜 | 371 | 孽 | 374 | 夸 | 222 |
| 蓿 | 131 | 薪 | 448 | 蘅 | 24 | 夺 | 403 |
| 蔼 | 250 | 蕙 | 218 | 蘑 | 399 | 夼 | 57 |
| 蔚 | 111 | 蕹 | 33 | 藻 | 356 | 尖 | 270 |
| | 129 | 薮 | 437 | 繁 | 267 | 夹 | 462 |
| 蓼 | 171 | 薄 | 341 | 蘗 | 374 | 奁 | 273 |
| | 349 | | 403 | 蘘 | 46 | 夬 | 301 |
| 蕙 | 105 | | 412 | 蘪 | 180 | 奈 | 257 |
| 蕈 | 457 | 薛 | 198 | 蘸 | 323 | 奔 | 460 |
| 蕨 | 366 | 嬸 | 329 | 蘼 | 180 | | 471 |
| 蕤 | 96 | 藉 | 193 | **寸　部** | | 奇 | 177 |
| 蕞 | 112 | 薹 | 248 | 寸 | 472 | | 183 |
| 蕺 | 193 | | | | | | |

| | | | | | | | |
|---|---|---|---|---|---|---|---|
| 呜 | 142 | 呼 | 137 | 咦 | 189 | 哔 | 360 |
| 吭 | 24 | 呤 | 493 | 哓 | 338 | 哝 | 355 |
|  | 39 | 咚 | 4 | 哗 | 211 | 咪 | 179 |
| 呬 | 456 | 鸣 | 483 | 呲 | 67 | 咤 | 239 |
| 呎 | 85 | 咆 | 333 | 咣 | 39 | 哝 | 8 |
| 呩 | 457 | 咛 | 484 | 虽 | 96 | 哼 | 449 |
| 吧 | 219 | 呢 | 392 | 品 | 456 | 哏 | 463 |
|  | 233 | 咏 | 18 | 咽 | 286 | 哪 | 107 |
| 邑 | 217 | 呢 | 180 |  | 319 |  | 237 |
| 呪 | 476 |  | 390 |  | 377 |  | 237 |
| 吼 | 432 | 咄 | 403 | 哆 | 104 |  | 257 |
| 告 | 346 | 呶 | 333 |  | 372 |  | 383 |
| 吝 | 455 | 咖 | 220 | 味 | 440 | 哞 | 423 |
| 启 | 206 |  | 222 | 啉 | 427 | 哟 | 406 |
| 味 | 111 | 哈 | 246 | 哦 | 240 |  | 411 |
| 哎 | 244 | 呦 | 427 | 哗 | 221 | 咨 | 72 |
| 咕 | 136 | 咝 | 70 |  | 221 | 唇 | 461 |
| 呵 | 381 | 知 | 71 | 咱 | 226 | 哲 | 388 |
|  | 382 | 周 | 429 |  | 290 | 哜 | 16 |
| 咂 | 232 | 咎 | 433 | 咿 | 188 | 哇 | 420 |
| 呸 | 95 | 哉 | 249 | 响 | 62 | 唝 | 15 |
| 咙 | 7 | 咸 | 285 | 哌 | 257 |  | 15 |
| 叮 | 220 | 哐 | 42 | 哙 | 255 | 哧 | 73 |
| 咔 | 222 | 啷 | 35 | 哈 | 221 | 哮 | 355 |
|  | 236 | 哇 | 224 |  | 234 | 唠 | 331 |
| 咀 | 112 |  | 238 |  | 234 |  | 349 |
|  | 122 | 咭 | 191 | 咷 | 336 | 哼 | 402 |
| 呻 | 467 | 咡 | 497 | 噪 | 408 | 哺 | 151 |
| 呷 | 228 | 哄 | 5 | 咯 | 236 | 哽 | 31 |
|  | 231 |  | 15 |  | 384 | 唔 | 143 |
| 咒 | 440 |  | 15 |  | 414 | 俩 | 58 |
| 咋 | 232 | 哑 | 225 |  | 414 | 唻 | 256 |
|  | 243 |  | 238 | 哆 | 76 | 唽 | 232 |
|  | 387 | 哂 | 476 |  | 397 | 哨 | 354 |
| 咐 | 155 | 咴 | 92 | 唷 | 201 | 唢 | 410 |
| 呱 | 136 | 哒 | 227 | 唉 | 356 | 哩 | 178 |
|  | 220 | 咧 | 367 | 咳 | 246 |  | 202 |
|  | 234 |  | 372 |  | 383 |  | 204 |

| | | | | | | | |
|---|---|---|---|---|---|---|---|
| 哭 | 147 | 啦 | 222 | 喋 | 232 | 喙 | 105 |
| 喎 | 248 | | 236 | | 362 | 嘗 | 170 |
| 唱 | 218 | 啈 | 323 | 嗒 | 227 | 嗪 | 446 |
| 哦 | 380 | 啡 | 91 | | 242 | 嗽 | 325 |
| | 399 | 啨 | 474 | 喃 | 275 | 嗦 | 162 |
| | 410 | 啙 | 373 | 喳 | 219 | 嘟 | 134 |
| 唪 | 356 | 唬 | 157 | | 226 | 嗜 | 80 |
| 唏 | 186 | | 238 | 嗖 | 339 | 嗑 | 386 |
| 唑 | 412 | 唱 | 54 | 喊 | 300 | | 394 |
| 唤 | 301 | 啰 | 398 | 哑 | 249 | 嗫 | 374 |
| 唁 | 320 | | 398 | 喱 | 179 | 嘀 | 381 |
| 哼 | 24 | | 410 | 唪 | 94 | 嗔 | 460 |
| 唻 | 17 | 唾 | 411 | 喈 | 360 | 嗉 | 405 |
| 唧 | 191 | 唯 | 98 | 喁 | 12 | 嗝 | 385 |
| 啊 | 219 | | 110 | | 119 | 嘎 | 219 |
| | 219 | 啤 | 182 | 喝 | 385 | | 238 |
| | 233 | 啥 | 224 | | 393 | 嗣 | 81 |
| | 233 | 唅 | 454 | 喂 | 111 | 嗅 | 438 |
| | 233 | 啁 | 340 | 喟 | 105 | 嗥 | 329 |
| 唉 | 244 | | 429 | 罺 | 235 | 嗲 | 240 |
| | 250 | 啕 | 337 | 喘 | 295 | 嗳 | 250 |
| 唆 | 400 | 唿 | 147 | 啡 | 251 | | 250 |
| 唐 | 48 | 啐 | 100 | 啾 | 421 | 嗡 | 28 |
| 啈 | 31 | 啜 | 241 | 嗖 | 426 | 嗽 | 160 |
| 啧 | 387 | 啍 | 406 | 喤 | 40 | 嗙 | 59 |
| 啐 | 24 | 啴 | 281 | 喉 | 420 | 嗌 | 218 |
| | 32 | | 294 | 喻 | 129 | | 259 |
| 啮 | 390 | 啖 | 296 | 喨 | 59 | 嗛 | 311 |
| | 416 | 啶 | 491 | 喑 | 450 | 嗍 | 405 |
| 喵 | 332 | 啷 | 42 | 嗲 | 320 | 嗨 | 246 |
| 啉 | 444 | 唳 | 204 | 啼 | 185 | 嗜 | 254 |
| 俺 | 261 | 啸 | 355 | 嗟 | 360 | 嗤 | 66 |
| | 291 | 啜 | 259 | 喽 | 422 | 嗵 | 10 |
| 欻 | 424 | | 412 | | 435 | 嗓 | 60 |
| 啄 | 406 | 售 | 437 | 嗞 | 73 | 嗢 | 11 |
| 婕 | 241 | 凼 | 85 | 喧 | 286 | 嗜 | 105 |
| | 362 | 喷 | 466 | 喀 | 230 | 嘞 | 107 |
| 啪 | 230 | | 475 | 喔 | 406 | | 387 |

| | | | | | | | |
|---|---|---|---|---|---|---|---|
| 嘈 | 327 | | 415 | 嚁 | 413 | | 305 |
| 嗽 | 437 | 噍 | 348 | 嚼 | 341 | 圙 | 90 |
| 嘌 | 352 | 噢 | 399 | | 358 | 圐 | 274 |
| 喊 | 194 | 噙 | 187 | | 367 | 圙 | 270 |
| 嘎 | 228 | 嚟 | 446 | 嚷 | 46 | | 290 |
| | 229 | 噜 | 138 | | 60 | 圝 | 429 |
| | 240 | 噌 | 20 | 曪 | 116 | | |
| 嘘 | 69 | | 21 | 嚯 | 44 | **巾　部** | |
| | 117 | 嘱 | 174 | | | | |
| 嗻 | 137 | 噢 | 457 | **囗　部** | | 巾 | 442 |
| 嘡 | 47 | 噔 | 22 | | | 市 | 145 |
| 嘣 | 20 | 嘤 | 404 | 囚 | 425 | 币 | 196 |
| 嘤 | 488 | | 413 | 四 | 80 | 帅 | 257 |
| 嗝 | 90 | | 416 | 因 | 449 | 市 | 78 |
| | 383 | 噷 | 329 | 团 | 283 | 帆 | 265 |
| 唅 | 373 | 噤 | 454 | 回 | 93 | 帄 | 137 |
| 嘞 | 147 | 嘮 | 25 | 囟 | 275 | 帏 | 98 |
| 嘛 | 383 | 顿 | 445 | 园 | 289 | 帐 | 65 |
| | 391 | 嘴 | 112 | 围 | 98 | 帊 | 237 |
| 嘛 | 237 | 嚎 | 366 | 困 | 474 | 帖 | 367 |
| 嘀 | 190 | | 369 | 囤 | 468 | | 375 |
| 喉 | 437 | 器 | 207 | | 472 | | 376 |
| 嘚 | 296 | 噪 | 357 | 囡 | 380 | 帜 | 83 |
| 嘻 | 187 | 噫 | 231 | 囵 | 465 | 帙 | 87 |
| 嘭 | 26 | 噬 | 80 | 囫 | 147 | 帕 | 237 |
| 噎 | 369 | 噭 | 348 | 国 | 404 | 帔 | 107 |
| 嘶 | 71 | 噫 | 188 | 固 | 156 | 帑 | 288 |
| 噶 | 228 | 噻 | 247 | 囷 | 447 | 帚 | 440 |
| 嘲 | 327 | 噼 | 193 | 囹 | 482 | 帤 | 61 |
| | 341 | 嚏 | 207 | 图 | 141 | 帮 | 35 |
| 噘 | 365 | 嚅 | 140 | 囿 | 439 | 带 | 252 |
| 嘹 | 331 | 嚎 | 329 | 圃 | 160 | 帧 | 469 |
| 嘈 | 322 | 嚓 | 227 | 圂 | 473 | 帡 | 484 |
| 噗 | 148 | | 227 | 圈 | 127 | 帣 | 305 |
| 嘬 | 252 | 嚚 | 451 | 圆 | 289 | | 305 |
| | 407 | 器 | 339 | 圊 | 485 | 帱 | 344 |
| 嘿 | 429 | 嚯 | 390 | 圉 | 128 | | 419 |
| 嘿 | 92 | 嚙 | 300 | 圈 | 272 | 帩 | 353 |
| | | | | | 279 | 帨 | 109 |

| | | | | | | | |
|---|---|---|---|---|---|---|---|
| 帻 | 387 | 岘 | 317 | 崋 | 16 | 崿 | 392 |
| 帼 | 404 | 峇 | 465 | 崁 | 306 | 嶔 | 446 |
| 帷 | 98 | 岑 | 460 | 崂 | 331 | 嵬 | 98 |
| 幅 | 146 | 岚 | 272 | 峬 | 133 | 嵞 | 119 |
| 帽 | 350 | 岜 | 226 | 崃 | 247 | 嵯 | 397 |
| 幄 | 417 | 峉 | 342 | 峭 | 353 | 嵝 | 435 |
| 幈 | 485 | 岔 | 234 | 峨 | 380 | 礠 | 73 |
| 幌 | 56 | 岛 | 344 | 崄 | 316 | 嵋 | 95 |
| 幎 | 214 | 岵 | 157 | 峪 | 131 | 嶅 | 325 |
| 幖 | 326 | 岢 | 389 | 峰 | 23 | 嵊 | 33 |
| 幔 | 308 | 岸 | 291 | 峎 | 58 | 嵲 | 374 |
| 幛 | 65 | 岩 | 287 | 峻 | 454 | 嵴 | 193 |
| 幮 | 134 | 岿 | 93 | 崚 | 25 | 嵩 | 10 |
| 幞 | 147 | 岬 | 240 | 崖 | 225 | 嶂 | 65 |
| 幡 | 266 | 岫 | 438 | 崎 | 184 | 嶲 | 187 |
| 幢 | 37 | 岼 | 411 | 崦 | 287 | 嶕 | 330 |
| | 65 | 岭 | 492 | 崭 | 322 | 嶓 | 397 |
| 幪 | 25 | 岣 | 431 | 崑 | 464 | 嶙 | 444 |
| 幰 | 334 | 岽 | 350 | 崮 | 157 | 嶒 | 20 |
| 幨 | 263 | 岟 | 10 | 崔 | 90 | 嶝 | 30 |
| 幰 | 316 | 岷 | 445 | 崟 | 450 | 嶽 | 319 |

山　部

| | | | | | | | |
|---|---|---|---|---|---|---|---|
| | | 岩 | 337 | 崝 | 339 | 嶰 | 371 |
| | | 峄 | 217 | 崩 | 20 | 巇 | 190 |
| 山 | 280 | 峔 | 159 | 崞 | 404 | 巅 | 265 |
| 岊 | 174 | 岳 | 378 | 崒 | 150 | 巇 | 188 |
| 屿 | 127 | 岱 | 252 | 崇 | 3 | 巍 | 97 |
| 屾 | 466 | 峙 | 79 | 崆 | 7 | 巉 | 264 |
| 屹 | 217 | | 83 | 崈 | 170 | 巇 | 333 |
| | 384 | 炭 | 314 | 崛 | 366 | | |

彳　部

| | | | | | | | |
|---|---|---|---|---|---|---|---|
| 岁 | 109 | 峡 | 231 | 嵌 | 306 | | |
| 岌 | 192 | 峣 | 339 | | 311 | 行 | 24 |
| 岂 | 205 | 峒 | 10 | 崼 | 362 | | 39 |
| 屺 | 205 | | 14 | 嵘 | 9 | | 487 |
| 岐 | 183 | 峤 | 335 | 嵖 | 220 | 彻 | 391 |
| 岖 | 115 | | 348 | 崴 | 97 | 役 | 217 |
| 岈 | 225 | 峋 | 449 | | 258 | 彷 | 44 |
| 岗 | 38 | 峥 | 29 | 嵎 | 119 | | 55 |
| | 55 | 峧 | 330 | 崴 | 258 | 征 | 29 |

| | | | | | | | |
|---|---|---|---|---|---|---|---|
| 徂 | 134 | | 348 | | 486 | 猗 | 188 |
| 往 | 61 | 衡 | 24 | 狐 | 137 | 猖 | 36 |
| 彿 | 145 | 徽 | 93 | 狗 | 431 | 猡 | 398 |
| 彼 | 196 | 衢 | 116 | 狍 | 333 | 猊 | 180 |
| 径 | 491 | | | 狝 | 316 | 猞 | 383 |
| 衎 | 306 | **彡 部** | | 狞 | 484 | 猿 | 281 |
| 待 | 245 | 形 | 487 | 狨 | 439 | 惚 | 147 |
| | 253 | 杉 | 223 | 狒 | 102 | 猄 | 481 |
| 徊 | 93 | | 280 | 狐 | 221 | 猝 | 168 |
| | 246 | 彡 | 412 | 狓 | 181 | 猕 | 179 |
| 徇 | 457 | 彤 | 9 | 狭 | 231 | 猛 | 32 |
| 祥 | 51 | 彤 | 10 | 狮 | 69 | 猥 | 243 |
| 衍 | 318 | 彣 | 314 | 狷 | 210 | 猢 | 137 |
| 律 | 129 | 彬 | 442 | 独 | 144 | 猹 | 220 |
| 很 | 473 | 彪 | 326 | 狯 | 255 | 猩 | 487 |
| 衏 | 321 | 彩 | 251 | 狰 | 29 | 猥 | 111 |
| 徒 | 141 | 彭 | 26 | 狡 | 347 | 猾 | 111 |
| 徕 | 247 | 婴 | 117 | 狩 | 437 | 猲 | 376 |
| | 256 | 彰 | 51 | 狸 | 130 | | 393 |
| 徐 | 117 | 影 | 495 | 狼 | 473 | 猾 | 229 |
| 徘 | 247 | | | 狲 | 467 | 猴 | 420 |
| 徙 | 208 | **犭 部** | | 狞 | 316 | 猷 | 128 |
| 徜 | 36 | 犰 | 425 | 狝 | 83 | 猬 | 95 |
| 得 | 113 | 犯 | 298 | 狴 | 197 | 猱 | 333 |
| | 383 | 犴 | 291 | 狸 | 178 | 獉 | 469 |
| | 392 | 犷 | 55 | 狷 | 305 | 猿 | 290 |
| 衔 | 285 | 犸 | 237 | 狲 | 204 | 猺 | 340 |
| 街 | 360 | 狂 | 42 | 狳 | 118 | 獐 | 90 |
| 衒 | 63 | 犹 | 428 | 狳 | 316 | 獐 | 51 |
| 徨 | 40 | 狈 | 99 | 猎 | 450 | 獍 | 492 |
| 循 | 449 | 狄 | 190 | 狼 | 42 | 獗 | 366 |
| 徧 | 226 | 狙 | 436 | 猛 | 333 | 獠 | 332 |
| 微 | 97 | 狁 | 458 | 狻 | 281 | 獴 | 32 |
| 徭 | 340 | 狉 | 432 | 猜 | 244 | 獭 | 242 |
| 徯 | 187 | 狂 | 181 | 猪 | 144 | 獬 | 371 |
| 德 | 384 | 狙 | 114 | 猎 | 372 | 獯 | 448 |
| 徵 | 82 | 狎 | 231 | 猫 | 332 | 瞿 | 413 |
| 徽 | 347 | 狌 | 27 | | 332 | 獾 | 269 |

| | | | | | | | |
|---|---|---|---|---|---|---|---|
| 鹰 | 488 | 怗 | 367 | 恨 | 473 | 惚 | 147 |
| 麿 | 181 | 怦 | 26 | 悑 | 419 | 惊 | 481 |
| 麂 | 325 | 怛 | 228 | 悖 | 100 | 悙 | 462 |
| 麐 | 481 | 快 | 63 | 悚 | 17 | 惦 | 297 |
| | | 悦 | 55 | 悟 | 164 | 悴 | 101 |
| **忄 部** | | 性 | 494 | 悭 | 181 | 倦 | 279 |
| 忆 | 216 | 怍 | 418 | 悭 | 277 | 惮 | 296 |
| 忉 | 328 | 怕 | 237 | 悄 | 334 | 惊 | 4 |
| 忏 | 267 | 怜 | 273 | | 353 | 悾 | 7 |
| 忖 | 472 | 怡 | 440 | 悍 | 301 | 惋 | 315 |
| 忏 | 294 | 怩 | 180 | 悝 | 93 | 惨 | 293 |
| 忚 | 192 | 怫 | 146 | | 202 | 惙 | 412 |
| 忙 | 44 | 怊 | 327 | 悃 | 474 | 惯 | 300 |
| 忼 | 316 | 怿 | 217 | 悒 | 218 | 愤 | 473 |
| 忧 | 164 | 怪 | 254 | 悔 | 104 | 惵 | 362 |
| 忮 | 83 | 怡 | 189 | 悕 | 186 | 慌 | 40 |
| 怀 | 246 | 恇 | 42 | 悯 | 455 | 愊 | 212 |
| 怄 | 436 | 㤅 | 17 | 悦 | 378 | 惰 | 409 |
| 忳 | 468 | 恃 | 79 | 悌 | 207 | 愐 | 309 |
| 忡 | 3 | 恒 | 24 | 悢 | 58 | 愠 | 459 |
| 忤 | 164 | 恓 | 186 | 悛 | 278 | 惺 | 487 |
| 忾 | 255 | 恹 | 286 | 情 | 485 | 愒 | 207 |
| 怅 | 53 | 恢 | 92 | 悾 | 375 | | 255 |
| 忻 | 447 | 恍 | 56 | 悴 | 495 | | 389 |
| 忪 | 9 | 恫 | 10 | 惜 | 195 | 愦 | 106 |
| | 12 | | 14 | 惭 | 262 | 愕 | 392 |
| 怆 | 54 | 恺 | 255 | 悱 | 102 | 惴 | 112 |
| 㤀 | 284 | 恻 | 391 | 悼 | 345 | 愣 | 32 |
| 忭 | 293 | 恬 | 283 | 恼 | 53 | 愀 | 353 |
| 忧 | 461 | 恤 | 130 | | 61 | 愎 | 212 |
| 快 | 255 | 恰 | 241 | 惧 | 123 | 惶 | 40 |
| 忸 | 436 | 恂 | 449 | 惕 | 216 | 愧 | 106 |
| 怔 | 29 | 恟 | 11 | 惮 | 315 | 愉 | 119 |
| | 34 | 恪 | 394 | 惆 | 61 | 愔 | 450 |
| 怯 | 375 | 恼 | 351 | 悸 | 201 | 愐 | 293 |
| 怙 | 158 | 恹 | 254 | 惟 | 98 | 慨 | 255 |
| 怵 | 167 | 恽 | 458 | 惆 | 419 | 愫 | 163 |
| 怖 | 151 | 恹 | 333 | 惛 | 464 | 愯 | 396 |

| | | | | | | | |
|---|---|---|---|---|---|---|---|
| 涓 | 272 | 淇 | 184 | 湆 | 131 | 滑 | 229 |
| 涡 | 398 | 淋 | 444 | 淡 | 296 | 湃 | 257 |
| | 401 | | 455 | 淙 | 4 | 湫 | 347 |
| 涢 | 452 | 渐 | 195 | 淀 | 297 | | 424 |
| 浥 | 218 | 淞 | 10 | 涫 | 300 | 溲 | 426 |
| 涔 | 460 | 渎 | 145 | 深 | 467 | 湟 | 40 |
| 浩 | 346 | 涯 | 226 | 渌 | 170 | 淑 | 126 |
| 浹 | 380 | 淹 | 287 | 涮 | 314 | 渝 | 119 |
| 海 | 254 | 涿 | 406 | 渗 | 476 | 湲 | 289 |
| 浜 | 35 | 渠 | 116 | 涵 | 269 | 溢 | 466 |
| 涂 | 142 | 渐 | 271 | 淄 | 72 | 湝 | 360 |
| 浠 | 186 | | 304 | 涴 | 288 | 湾 | 283 |
| 浴 | 131 | 淑 | 148 | | 411 | 淳 | 486 |
| 浮 | 135 | 淖 | 351 | 渍 | 463 | 渡 | 153 |
| 洽 | 269 | 淌 | 61 | 湛 | 323 | 游 | 428 |
| 涣 | 301 | 淏 | 347 | 港 | 55 | 湉 | 283 |
| 浼 | 107 | 混 | 464 | 渫 | 376 | 溇 | 239 |
| 涤 | 191 | | 474 | 滞 | 84 | 渼 | 107 |
| 流 | 422 | 润 | 404 | 湝 | 242 | 溇 | 423 |
| 涧 | 475 | 湃 | 205 | 渫 | 489 | 渝 | 271 |
| 涧 | 304 | 澳 | 314 | 湖 | 137 | 滋 | 73 |
| 涕 | 207 | 涸 | 386 | 湘 | 49 | 渲 | 318 |
| 浣 | 301 | 浞 | 27 | 渣 | 226 | 溉 | 254 |
| 浪 | 58 | | 309 | 渤 | 402 | 渥 | 417 |
| 浸 | 453 | 淮 | 246 | 湢 | 212 | 湝 | 455 |
| 涨 | 64 | 淦 | 299 | 湮 | 287 | 湄 | 95 |
| | 65 | 淯 | 339 | 湎 | 309 | 湑 | 117 |
| 涩 | 395 | 渊 | 288 | 溟 | 121 | | 126 |
| 涩 | 309 | 淫 | 451 | 湜 | 75 | 滁 | 133 |
| 涌 | 18 | 沘 | 91 | 渺 | 351 | 湧 | 18 |
| 浹 | 81 | 渔 | 119 | 湿 | 74 | 滟 | 320 |
| 浚 | 454 | 淘 | 337 | 温 | 468 | 溱 | 446 |
| | 457 | 淴 | 147 | 湦 | 27 | | 469 |
| 清 | 485 | 淳 | 461 | 渴 | 394 | 溘 | 394 |
| 渍 | 85 | 液 | 377 | 渭 | 111 | 渻 | 396 |
| 添 | 282 | 淬 | 100 | 溃 | 105 | 满 | 308 |
| 渚 | 165 | 涪 | 136 | 湍 | 283 | 溮 | 59 |
| 鸿 | 6 | 淤 | 117 | 溅 | 304 | 溍 | 454 |

| | | | | | | | |
|---|---|---|---|---|---|---|---|
| 漠 | 415 | 溺 | 215 | 澈 | 299 | 澧 | 203 |
| 滢 | 489 | | 352 | 漏 | 435 | 澡 | 356 |
| 滇 | 265 | 湕 | 84 | 滭 | 331 | 澴 | 270 |
| 溥 | 160 | 滩 | 281 | 潍 | 98 | 滋 | 80 |
| 潣 | 385 | 涊 | 129 | 湜 | 223 | 激 | 192 |
| 溧 | 214 | 潧 | 12 | 潜 | 278 | 澹 | 282 |
| 溽 | 172 | 潢 | 40 | 澍 | 162 | | 296 |
| 源 | 290 | 濛 | 489 | 澎 | 26 | 瀣 | 371 |
| 滤 | 125 | 潅 | 267 | | 26 | 澶 | 263 |
| 滥 | 307 | 潇 | 338 | 渐 | 71 | 濂 | 274 |
| 滉 | 56 | 溇 | 306 | 澈 | 237 | 澼 | 215 |
| 溺 | 230 | 漆 | 194 | 潮 | 328 | 濡 | 140 |
| 涃 | 474 | 潙 | 395 | 潜 | 281 | 濮 | 148 |
| 潋 | 97 | 漕 | 327 | 澸 | 105 | 濞 | 198 |
| 滗 | 197 | 潄 | 162 | 潭 | 282 | 濠 | 329 |
| 溴 | 438 | 漂 | 334 | 瀎 | 366 | 濯 | 407 |
| 潵 | 450 | | 352 | 潦 | 332 | 瀚 | 170 |
| 滔 | 336 | | 352 | | 349 | 瀑 | 172 |
| 溪 | 187 | 湏 | 462 | 潲 | 354 | | 343 |
| 潏 | 28 | 湻 | 137 | 泻 | 216 | 瀧 | 404 |
| | 33 | 澎 | 326 | 澳 | 342 | 瀘 | 264 |
| 溜 | 421 | 漫 | 308 | 潘 | 276 | 瀌 | 326 |
| | 435 | 滇 | 211 | 潼 | 11 | 瀚 | 301 |
| 滦 | 274 | 潔 | 242 | 澈 | 392 | 澄 | 371 |
| 滴 | 347 | | 414 | 澜 | 273 | 瓒 | 322 |
| 潮 | 413 | 潫 | 302 | 潸 | 139 | 瀛 | 489 |
| 漓 | 179 | 潅 | 100 | 潾 | 444 | 灌 | 300 |
| 滚 | 473 | 潃 | 438 | 潺 | 263 | 瀹 | 379 |
| 溏 | 48 | 潋 | 307 | 潠 | 477 | 瀼 | 46 |
| 滂 | 44 | 潴 | 144 | 澄 | 22 | | 60 |
| 潖 | 168 | 漪 | 188 | | 30 | 灒 | 473 |
| 溢 | 218 | 潃 | 202 | 潃 | 132 | 澜 | 180 |
| 溯 | 163 | 瀧 | 171 | 濛 | 25 | 灏 | 347 |
| 滏 | 154 | 漳 | 51 | 濑 | 256 | 瀰 | 233 |
| 滨 | 442 | 滴 | 190 | 濒 | 442 | 灏 | 106 |
| 溶 | 9 | 漩 | 286 | 濂 | 124 | 宀 | 部 |
| 滓 | 85 | 漾 | 64 | 滩 | 96 | | |
| 滇 | 483 | 演 | 319 | 潞 | 159 | 宁 | 484 |

| | | | | | | | |
|---|---|---|---|---|---|---|---|
| | 493 | | 360 | 寥 | 331 | 述 | 173 |
| 它 | 224 | 宵 | 338 | 寮 | 332 | 迪 | 190 |
| 宄 | 102 | 宴 | 320 | 寓 | 454 | 迥 | 15 |
| 宇 | 127 | 宾 | 442 | 褰 | 278 | 迭 | 362 |
| 守 | 436 | 容 | 9 | 寰 | 270 | 迮 | 387 |
| 宅 | 249 | 宰 | 258 | 蹇 | 303 | 迤 | 189 |
| 安 | 261 | 宧 | 447 | | | | 209 |
| 字 | 85 | 案 | 291 | 辶　部 | | 迫 | 260 |
| 完 | 284 | 寇 | 434 | 辻 | 74 | | 416 |
| 宋 | 17 | 宬 | 112 | 边 | 262 | 迩 | 496 |
| 宏 | 6 | 寅 | 451 | 辽 | 331 | 迢 | 337 |
| 牢 | 331 | 寄 | 201 | 迁 | 117 | 迦 | 221 |
| 灾 | 249 | 寂 | 213 | 达 | 227 | 迨 | 252 |
| 宝 | 342 | 宿 | 173 | 迈 | 256 | 迺 | 257 |
| 宗 | 13 | | 438 | 过 | 397 | 选 | 318 |
| 定 | 491 | | 438 | | 409 | 适 | 86 |
| 宕 | 54 | 寀 | 251 | 辿 | 263 | 追 | 98 |
| 宠 | 14 | 寁 | 251 | 迁 | 277 | 迮 | 433 |
| 宜 | 189 | 密 | 214 | 迄 | 215 | 逃 | 336 |
| 审 | 476 | 寒 | 269 | 迅 | 457 | 逢 | 45 |
| 宙 | 440 | 富 | 155 | 巡 | 448 | 逐 | 189 |
| 宦 | 268 | 寔 | 75 | 进 | 453 | 迹 | 212 |
| 宛 | 315 | 寓 | 129 | 远 | 321 | 进 | 30 |
| 实 | 74 | 寐 | 107 | 违 | 97 | 送 | 17 |
| 宓 | 214 | 塞 | 247 | 运 | 458 | 迷 | 179 |
| 宣 | 285 | | 257 | 还 | 246 | 逆 | 215 |
| 宦 | 301 | | 395 | | 269 | 退 | 109 |
| 宥 | 439 | 骞 | 278 | 连 | 273 | 逊 | 457 |
| 戚 | 21 | 寞 | 415 | 迪 | 470 | 通 | 133 |
| 室 | 86 | 寘 | 84 | 迂 | 238 | 速 | 173 |
| 宫 | 5 | 寝 | 456 | 迕 | 163 | 逗 | 431 |
| 宪 | 317 | 寨 | 259 | 近 | 453 | 逦 | 202 |
| 客 | 394 | 赛 | 257 | 返 | 298 | 逐 | 149 |
| 害 | 254 | 搴 | 278 | 迎 | 488 | 逝 | 80 |
| 宽 | 272 | 寡 | 234 | 这 | 112 | 逑 | 425 |
| 宦 | 189 | 寤 | 165 | | 391 | 逍 | 338 |
| 宸 | 461 | 察 | 227 | 远 | 39 | 逞 | 30 |
| 家 | 222 | 蜜 | 214 | 迟 | 67 | 造 | 356 |

| 字 | 页 | 字 | 页 | 字 | 页 | 字 | 页 |
|---|---|---|---|---|---|---|---|
| 透 | 438 | 遝 | 242 | 局 | 120 | **弓 部** | |
| 途 | 142 | 遥 | 340 | 尿 | 96 | 弓 | 5 |
| 逛 | 55 | 遛 | 422 |  | 352 | 弘 | 6 |
| 逖 | 216 |  | 435 | 屈 | 207 | 弝 | 404 |
| 逢 | 23 | 遭 | 340 | 居 | 114 | 弛 | 67 |
| 递 | 199 | 遮 | 383 | 届 | 370 | 弤 | 421 |
| 通 | 10 | 暹 | 284 | 鸤 | 69 | 张 | 51 |
|  | 17 | 遴 | 444 | 屈 | 121 | 弛 | 233 |
| 逡 | 447 | 遵 | 470 | 屋 | 149 | 弧 | 137 |
| 逮 | 93 | 遹 | 132 | 屌 | 345 | 弥 | 179 |
| 逴 | 403 | 遽 | 124 | 屏 | 484 | 弦 | 285 |
| 逻 | 398 | 邀 | 339 |  | 490 | 弨 | 327 |
| 逶 | 97 | 遭 | 290 | 屎 | 78 | 弳 | 492 |
| 逸 | 218 | 避 | 198 | 展 | 322 | 弩 | 160 |
| 道 | 302 | 邈 | 358 | 屡 | 425 | 卷 | 278 |
| 逮 | 252 | 邃 | 109 | 屑 | 376 | 弭 | 204 |
| | 253 | 邋 | 230 | 屐 | 191 | 躬 | 5 |
| 逯 | 170 | **彐(彑)部** | | 屙 | 380 | 弸 | 26 |
| 逼 | 190 | 灵 | 482 | 屠 | 142 | 彊 | 57 |
| 遇 | 129 | 录 | 170 | 屦 | 144 | 弹 | 282 |
| 遏 | 392 | 彖 | 315 | 屢 | 376 | | 296 |
| 遗 | 111 | 彗 | 104 | 犀 | 187 | 弼 | 212 |
| | 190 | 雪 | 376 | 属 | 173 | 强 | 46 |
| 遷 | 392 | 彘 | 84 | | 174 | | 57 |
| 遄 | 264 | 彟 | 369 | 屏 | 365 | | 59 |
| 遑 | 40 | **尸 部** | | 屡 | 124 | 粥 | 132 |
| 遁 | 472 | 尸 | 68 | 屣 | 263 | | 429 |
| 逾 | 119 | 尼 | 180 | | 294 | 彀 | 432 |
| 遒 | 425 | 尻 | 331 | 屦 | 208 | 彎 | 132 |
| 道 | 345 | 层 | 20 | 履 | 124 | **子(子)部** | |
| 遂 | 96 | 屁 | 205 | 屦 | 124 | 子 | 84 |
| | 109 | 屃 | 208 | 羼 | 294 | 孕 | 458 |
| 遍 | 293 | 尾 | 110 | **己(巳)部** | | 李 | 202 |
| 遨 | 225 | | 209 | 己 | 200 | 孚 | 135 |
| 遘 | 325 | 屎 | 10 | 巳 | 80 | 孜 | 72 |
| 遭 | 432 | 屇 | 233 | 已 | 209 | 季 | 201 |
| 遍 | 231 | | | 巽 | 457 | | |
| 遭 | 311 | | | | | | |

| | | | | | | | |
|---|---|---|---|---|---|---|---|
| 学 | 368 | 妖 | 339 | 姥 | 159 | 娭 | 186 |
| 孥 | 139 | 妗 | 453 | | 349 | | 244 |
| 孟 | 32 | 姊 | 84 | 娅 | 239 | 娶 | 125 |
| 孤 | 136 | 妨 | 38 | 姮 | 24 | 婴 | 488 |
| 孢 | 326 | 妫 | 91 | 姱 | 222 | 婆 | 400 |
| 籽 | 84 | 妒 | 153 | 姨 | 189 | 婧 | 492 |
| 籽 | 84 | 妞 | 423 | 娆 | 335 | 婊 | 343 |
| 孩 | 246 | 姒 | 81 | | 353 | 婷 | 495 |
| 罩 | 136 | 好 | 118 | 姻 | 450 | 婼 | 410 |
| 孺 | 140 | 娿 | 177 | 姝 | 140 | | 412 |

**中　部**

| | | | | | | | |
|---|---|---|---|---|---|---|---|
| | | 妻 | 182 | 娇 | 330 | 媄 | 488 |
| | | | 206 | 姤 | 432 | 婳 | 240 |
| 岜 | 69 | 委 | 97 | 姚 | 340 | 婕 | 364 |
| 蛊 | 66 | | 110 | 娓 | 103 | 婥 | 412 |

**女　部**

| | | | | | | | |
|---|---|---|---|---|---|---|---|
| | | 姜 | 374 | 姣 | 330 | 娟 | 36 |
| | | 妺 | 415 | 姘 | 445 | 婗 | 180 |
| 女 | 125 | 妹 | 107 | 姹 | 234 | 婢 | 197 |
| 奶 | 256 | 姑 | 136 | 娜 | 237 | 婚 | 464 |
| 奴 | 139 | 妸 | 380 | | 399 | 婵 | 263 |
| 妆 | 51 | 姐 | 369 | 娑 | 400 | 姊 | 476 |
| 奸 | 270 | 妲 | 228 | 婴 | 380 | 婉 | 315 |
| 如 | 140 | 妯 | 429 | 姬 | 177 | 娜 | 43 |
| 妁 | 416 | 姓 | 494 | 娠 | 467 | 媒 | 95 |
| 妇 | 154 | 姁 | 126 | 娌 | 202 | 媟 | 376 |
| 妃 | 90 | 姗 | 280 | 娱 | 118 | 媚 | 350 |
| 她 | 224 | 妮 | 180 | 娉 | 484 | 媪 | 342 |
| 好 | 346 | 始 | 78 | 娌 | 412 | 嫂 | 353 |
| | 346 | 姆 | 159 | 娟 | 272 | 媛 | 289 |
| 妈 | 222 | 契 | 364 | 娲 | 224 | | 321 |
| 妥 | 411 | 要 | 339 | 娥 | 380 | 婷 | 486 |
| 妍 | 287 | | 356 | 娣 | 95 | 媚 | 107 |
| 妩 | 164 | 威 | 97 | 娩 | 309 | 婿 | 127 |
| 妘 | 451 | 耍 | 238 | | 315 | 媾 | 432 |
| 妓 | 201 | 娄 | 422 | 娴 | 285 | 嫫 | 399 |
| 妪 | 128 | 姿 | 72 | 娣 | 199 | 嫄 | 290 |
| 妣 | 196 | 娀 | 9 | 娘 | 44 | 媳 | 195 |
| 妙 | 351 | 娃 | 224 | 娓 | 110 | 媲 | 205 |
| 妊 | 475 | 姞 | 192 | 婀 | 380 | 媛 | 250 |

| | | | | | | | |
|---|---|---|---|---|---|---|---|
| 鹜 | 342 | 玓 | 199 | 珪 | 92 | | 407 |
| 骝 | 422 | 玖 | 433 | 珥 | 496 | 琥 | 157 |
| 骗 | 313 | 玘 | 206 | 珙 | 15 | 琨 | 464 |
| 骠 | 326 | 玚 | 50 | 顼 | 121 | 琭 | 398 |
| | 352 | | 53 | 珖 | 39 | 琤 | 20 |
| 骙 | 47 | 玛 | 237 | 珰 | 37 | 琼 | 8 |
| 骡 | 398 | 玞 | 134 | 珠 | 143 | 斑 | 261 |
| 骢 | 4 | 玩 | 284 | 珽 | 494 | 琰 | 319 |
| 骤 | 462 | 玮 | 110 | 珩 | 24 | 琮 | 4 |
| 骟 | 294 | 环 | 269 | 珧 | 340 | 琯 | 299 |
| 骤 | 440 | 玭 | 445 | 珣 | 449 | 琬 | 315 |
| 骥 | 202 | 玡 | 225 | 珞 | 414 | 琛 | 460 |
| 骦 | 269 | 现 | 317 | 珓 | 348 | 琭 | 170 |
| 骦 | 47 | 玫 | 94 | 班 | 261 | 琚 | 114 |
| 骧 | 49 | 玠 | 370 | 珲 | 92 | 瑟 | 395 |
| | | 玦 | 3 | | 464 | 瑚 | 137 |
| **幺　部** | | 玢 | 442 | | | 瑊 | 271 |
| | | | 463 | 珥 | 449 | 瑁 | 350 |
| 幺 | 339 | | | 琎 | 453 | 瑞 | 108 |
| 幻 | 301 | 玱 | 45 | 琏 | 307 | 瑰 | 92 |
| 绸 | 15 | 玥 | 378 | 球 | 425 | 瑪 | 128 |
| 畿 | 178 | 玦 | 365 | 琐 | 410 | 瑜 | 119 |
| | | 珏 | 365 | 理 | 202 | 瑗 | 321 |
| **巛　部** | | 珐 | 322 | 琇 | 438 | 瑄 | 286 |
| | | 珐 | 240 | 玲 | 269 | 瑕 | 225 |
| 邕 | 11 | 珂 | 382 | 琉 | 422 | 璩 | 323 |
| 巢 | 327 | 珑 | 7 | 琅 | 42 | 瑙 | 351 |
| 雦 | 12 | 玷 | 297 | 珺 | 454 | 璈 | 325 |
| | | 珅 | 467 | 琫 | 30 | 璃 | 465 |
| **王　部** | | 玳 | 252 | 琹 | 446 | 瑨 | 454 |
| | | 珀 | 416 | 琶 | 182 | 瑱 | 478 |
| 王 | 48 | 珍 | 469 | 琴 | 446 | 瑶 | 340 |
| | 62 | 玲 | 482 | 琶 | 223 | 瑷 | 250 |
| 玉 | 131 | 珠 | 204 | 玭 | 164 | 璃 | 179 |
| 玎 | 480 | 珊 | 280 | 琪 | 184 | 瑭 | 48 |
| 玑 | 176 | 珌 | 197 | 瑛 | 488 | 瑢 | 9 |
| 玓 | 395 | 珉 | 445 | 琳 | 444 | 瑾 | 453 |
| 玕 | 267 | 珈 | 221 | 琦 | 184 | 璜 | 40 |
| 弄 | 16 | | | | | | |
| | 16 | | | | | | |
| 玙 | 118 | 玻 | 397 | 琢 | 407 | | |

| 字 | 页 | 字 | 页 | 字 | 页 | 字 | 页 |
|---|---|---|---|---|---|---|---|
| 璀 | 100 |  | 173 | 枥 | 213 | 枯 | 138 |
| 瓔 | 488 | 札 | 232 | 柜 | 103 | 栉 | 87 |
| 璁 | 4 | 朽 | 438 |  | 122 | 柯 | 382 |
| 璋 | 51 | 朴 | 172 | 枇 | 181 | 柄 | 490 |
| 璇 | 286 |  | 334 | 梄 | 157 | 柘 | 391 |
| 璆 | 425 |  | 405 | 杪 | 351 | 栊 | 7 |
| 璨 | 411 |  | 416 | 杳 | 355 | 枢 | 434 |
| 璞 | 148 | 机 | 219 | 枧 | 99 | 枰 | 484 |
| 璟 | 491 | 机 | 177 | 枘 | 108 | 栋 | 14 |
| 璠 | 266 | 权 | 279 | 枫 | 38 | 栌 | 138 |
| 璘 | 444 | 朵 | 408 | 枧 | 302 | 查 | 220 |
| 璑 | 270 | 杂 | 232 | 杵 | 152 |  | 226 |
| 璨 | 294 | 杆 | 267 | 枚 | 94 | 相 | 49 |
| 璩 | 116 |  | 299 | 枨 | 21 |  | 63 |
| 璐 | 159 | 杜 | 153 | 析 | 194 | 柙 | 231 |
| 璪 | 356 | 杠 | 38 | 板 | 292 | 栂 | 338 |
| 璧 | 212 |  | 55 | 枞 | 4 | 柚 | 428 |
| 瓚 | 322 | 杖 | 64 |  | 13 |  | 439 |
| 瓌 | 92 | 杕 | 199 | 松 | 9 | 枳 | 82 |
| 瓕 | 478 |  | 408 | 枪 | 45 | 枧 | 167 |
| 瓘 | 300 | 杌 | 174 | 枫 | 23 | 柞 | 243 |
| 瓖 | 49 | 材 | 244 | 柳 | 52 |  | 418 |
| **韦(韋) 部** |  | 代 | 217 | 构 | 432 | 桅 | 189 |
| 韦 | 97 | 村 | 462 | 杭 | 39 |  | 409 |
| 韧 | 475 | 杏 | 494 | 枋 | 38 | 树 | 134 |
| 帐 | 53 | 极 | 192 | 杰 | 364 | 柏 | 259 |
| 韨 | 146 | 杓 | 341 | 枕 | 478 |  | 402 |
| 韠 | 211 | 杧 | 44 | 杻 | 430 |  | 412 |
| 韡 | 110 | 杞 | 206 |  | 436 | 柝 | 417 |
| 韫 | 459 | 杨 | 50 | 杷 | 223 | 栀 | 71 |
| 韪 | 111 | 权 | 219 | 杼 | 166 | 柃 | 482 |
| 韝 | 251 |  | 233 | 枭 | 338 | 柢 | 198 |
| 韬 | 336 | 枵 | 237 | 某 | 435 | 枸 | 122 |
| **木　部** |  | 枉 | 61 | 标 | 326 |  | 420 |
| 木 | 171 | 林 | 444 | 栈 | 322 |  | 432 |
| 术 | 149 | 枝 | 71 | 柰 | 257 | 栅 | 243 |
|  |  | 杯 | 89 | 柑 | 267 |  | 280 |
|  |  | 枢 | 140 | 柮 | 210 | 柳 | 434 |

| | | | | | | | |
|---|---|---|---|---|---|---|---|
| 柊 | 12 | 桄 | 39 | 根 | 463 | 梭 | 400 |
| 枹 | 326 | | 55 | 栩 | 126 | 梨 | 178 |
| 栎 | 213 | 档 | 54 | 柴 | 245 | 梁 | 43 |
| | 378 | 桿 | 178 | 臬 | 373 | 棒 | 52 |
| 柱 | 166 | 桐 | 10 | 桀 | 364 | 楮 | 152 |
| 柿 | 79 | 桦 | 461 | 桨 | 56 | 棱 | 25 |
| 栏 | 272 | 桤 | 182 | 梼 | 337 | | 25 |
| 柠 | 484 | 株 | 143 | 械 | 371 | | 482 |
| 柁 | 401 | 梃 | 494 | 梽 | 83 | 棋 | 184 |
| 柲 | 197 | | 494 | 梵 | 298 | 椰 | 361 |
| 柚 | 412 | 栝 | 229 | 婪 | 273 | 椿 | 158 |
| 枷 | 221 | | 413 | 梓 | 402 | | 158 |
| 柽 | 20 | 桥 | 335 | 梗 | 31 | 植 | 75 |
| 树 | 162 | 梅 | 290 | 梧 | 143 | 森 | 466 |
| 柴 | 194 | 栿 | 146 | 梛 | 204 | 棽 | 467 |
| 染 | 312 | 柏 | 434 | 栖 | 89 | 梦 | 463 |
| 架 | 235 | 梴 | 263 | 棶 | 247 | 棼 | 463 |
| 柔 | 425 | 桦 | 235 | 桎 | 197 | 棫 | 131 |
| 栽 | 249 | 桁 | 24 | 梢 | 336 | 椟 | 145 |
| 框 | 57 | 栓 | 281 | | 354 | 椅 | 188 |
| 桝 | 35 | 桧 | 103 | 桯 | 486 | | 209 |
| 栻 | 87 | | 104 | 梏 | 170 | 椒 | 330 |
| 桂 | 103 | 桃 | 337 | 梅 | 95 | 椓 | 407 |
| 桔 | 120 | 桅 | 98 | 检 | 302 | 棹 | 357 |
| | 364 | 枸 | 449 | 樱 | 108 | 排 | 247 |
| 栲 | 348 | 格 | 384 | 桴 | 136 | 棋 | 122 |
| 栳 | 349 | | 385 | 棶 | 194 | 棵 | 382 |
| 栱 | 15 | 桫 | 189 | 桶 | 366 | 棍 | 473 |
| 桠 | 225 | 桩 | 52 | 梓 | 85 | 椤 | 398 |
| 郴 | 460 | 校 | 348 | 梳 | 141 | 椆 | 72 |
| 桓 | 269 | | 355 | 梲 | 406 | 棰 | 90 |
| 栖 | 182 | 栻 | 188 | 梯 | 185 | 椎 | 90 |
| | 186 | 核 | 147 | 杪 | 400 | | 98 |
| 柵 | 496 | | 386 | 梁 | 42 | 棉 | 275 |
| 桡 | 335 | 样 | 63 | 棂 | 482 | 椑 | 89 |
| 桯 | 87 | 栟 | 460 | 椄 | 456 | | 182 |
| 栰 | 226 | | 480 | 桐 | 120 | 棚 | 26 |
| 桢 | 469 | 桉 | 261 | 桶 | 17 | 椿 | 464 |

| | | | | | | | |
|---|---|---|---|---|---|---|---|
| 猋 | 326 | 轨 | 378 | 輋 | 309 | 成 | 21 |
| 献 | 317 | 轫 | 475 | 辊 | 473 | 戒 | 369 |
| 獘 | 325 | 轰 | 5 | 辋 | 61 | 或 | 413 |
| | | 转 | 259 | 锐 | 180 | 戗 | 45 |
| **歹　部** | | | 323 | 辌 | 43 | | 60 |
| | | | 323 | 辒 | 299 | 战 | 323 |
| 歹 | 252 | 轭 | 392 | 辍 | 412 | 裁 | 249 |
| 歼 | 270 | 斩 | 322 | 辐 | 73 | 戚 | 194 |
| 殁 | 415 | 轮 | 465 | 辈 | 100 | 戛 | 229 |
| 残 | 262 | 软 | 312 | 辇 | 93 | 盛 | 21 |
| 殂 | 134 | 轱 | 136 | 毂 | 147 | | 33 |
| 殃 | 50 | 轲 | 382 | | 169 | 戢 | 85 |
| 殇 | 47 | | 389 | 辏 | 430 | 裁 | 245 |
| 殆 | 252 | 轳 | 138 | 辐 | 146 | 戟 | 212 |
| 殊 | 141 | 轴 | 430 | 辑 | 193 | 惑 | 413 |
| 殉 | 457 | | 441 | 辒 | 468 | 戡 | 193 |
| 毙 | 197 | 轵 | 82 | 输 | 141 | 戠 | 272 |
| 殒 | 458 | 轶 | 217 | 辒 | 428 | 戥 | 30 |
| 殓 | 307 | 轷 | 136 | 輮 | 426 | 殽 | 94 |
| 殍 | 352 | 轸 | 137 | 辕 | 290 | 截 | 365 |
| 殖 | 75 | 轹 | 478 | 辖 | 231 | 戤 | 303 |
| 殚 | 265 | 轺 | 213 | 辗 | 322 | 臧 | 51 |
| 殛 | 193 | 轾 | 339 | 辘 | 171 | 戮 | 171 |
| 殢 | 207 | 轻 | 485 | 缪 | 330 | 戴 | 253 |
| 殨 | 105 | 载 | 258 | 辚 | 461 | 戳 | 403 |
| 殡 | 430 | | 258 | 辖 | 385 | | |
| 殪 | 452 | 轼 | 87 | 辙 | 388 | **比　部** | |
| 殰 | 454 | 辅 | 496 | 辚 | 444 | | |
| 殭 | 211 | 轾 | 83 | 辚 | 306 | 比 | 196 |
| | | 轿 | 348 | 辔 | 270 | 昆 | 464 |
| **车(車)部** | | 辀 | 429 | | 302 | 皆 | 360 |
| | | 轾 | 279 | | | 毖 | 197 |
| 车 | 114 | 辂 | 159 | **戈　部** | | | |
| | 380 | 较 | 348 | | | **瓦　部** | |
| 轧 | 228 | 晖 | 92 | 戈 | 381 | | |
| | 232 | 辄 | 388 | 戊 | 164 | 瓦 | 238 |
| | 243 | 辅 | 154 | 戎 | 9 | | 238 |
| 轨 | 102 | 辆 | 58 | 戍 | 121 | 瓯 | 424 |
| 轩 | 285 | | | 戌 | 162 | 瓮 | 33 |
| 轪 | 252 | | | | | 瓴 | 482 |

| | | | | | | | |
|---|---|---|---|---|---|---|---|
| 揫 | 223 | 氛 | 463 | 敢 | 299 | 斲 | 407 |
| | 224 | 氦 | 4 | 散 | 312 | 斸 | 168 |
| | 400 | 氟 | 146 | | 312 | | |
| 掣 | 392 | 氢 | 485 | 敬 | 492 | **爪**(爫) **部** | |
| 掰 | 244 | 氩 | 239 | 敞 | 53 | 爪 | 239 |
| 弄 | 223 | 氤 | 450 | 敦 | 101 | | 357 |
| 擎 | 486 | 氨 | 254 | | 462 | 爬 | 223 |
| 擘 | 412 | 氧 | 63 | 敩 | 347 | 舀 | 356 |
| 攀 | 276 | 氦 | 261 | 数 | 161 | 爱 | 250 |
| **毛 部** | | 氰 | 485 | | 162 | 舜 | 477 |
| | | 氮 | 296 | | 417 | 虢 | 404 |
| 毛 | 332 | 氯 | 130 | 敷 | 135 | 舝 | 340 |
| 眊 | 350 | 氲 | 451 | 夐 | 18 | | 428 |
| 毡 | 290 | | | | | | 440 |
| 耗 | 346 | **攵**(攴) **部** | | **片 部** | | 豩 | 187 |
| 毫 | 350 | 收 | 426 | 片 | 276 | **父 部** | |
| 蚝 | 329 | 改 | 253 | | 310 | | |
| 毬 | 139 | 攽 | 261 | 版 | 292 | 父 | 153 |
| 酕 | 332 | 放 | 55 | 牍 | 145 | | 154 |
| 毻 | 16 | 政 | 34 | 牌 | 247 | 爸 | 233 |
| 氍 | 101 | 故 | 156 | 牒 | 363 | 釜 | 154 |
| 毰 | 96 | 致 | 153 | 牎 | 37 | 爹 | 360 |
| 毯 | 314 | | 217 | 牖 | 439 | **月 部** | |
| 毽 | 304 | 敖 | 325 | **斤 部** | | 月 | 378 |
| 氈 | 350 | 致 | 83 | 斤 | 442 | 肋 | 113 |
| 毺 | 247 | 敌 | 191 | 斥 | 86 | | 387 |
| 毹 | 141 | 效 | 355 | 斯 | 45 | 肝 | 267 |
| 氂 | 53 | 敉 | 204 | 欣 | 447 | 肟 | 411 |
| 氇 | 159 | 赦 | 390 | 斧 | 153 | 肚 | 152 |
| 氆 | 161 | 教 | 330 | 炘 | 447 | | 153 |
| 耗 | 354 | | 348 | 祈 | 183 | 肛 | 38 |
| 氀 | 116 | 敕 | 86 | 颀 | 184 | 肘 | 440 |
| 氊 | 363 | 敔 | 128 | 断 | 298 | 肠 | 36 |
| **气 部** | | 救 | 434 | 斯 | 70 | 肾 | 476 |
| | | 敝 | 197 | 斮 | 407 | 肼 | 491 |
| 气 | 206 | 敏 | 455 | 靳 | 454 | 肤 | 134 |
| 氕 | 367 | 敛 | 307 | 新 | 447 | 阮 | 312 |
| 氘 | 257 | 敦 | 404 | | | | |

239
烀 137
炮 326
333
352
烁 416
炷 166
炫 318
烂 307
炤 357
烃 486
耿 31
烤 349
烘 6
烜 318
烦 266
烧 336
烛 149
烔 10
烟 286
450
烨 377
烩 104
烙 358
414
烊 51
63
烬 453
烫 61
焐 165
焊 301
焕 302
烽 23
焖 474
烷 284
烺 58
焌 115
454
煛 15
煐 488
焯 341
406
焜 464
焮 456
焰 320
焙 100
焯 294
欻 121
220
焱 324
煲 326
煤 95
煳 138
煴 451
459
煜 132
煨 97
煅 298
煌 40
煖 286
煊 286
煸 262
煺 110
煣 426
熄 195
熘 421
熔 9
煽 281
熥 28
熛 326
熳 308
熜 4
熵 47
熠 218
熨 132
459
燎 332
349
燔 271
燠 132
燔 266
燃 280
燧 109
燊 467
燏 132
燥 357
燮 376
燹 316
燿 356
爆 343
爝 349
爊 325
爔 188
爚 379
爝 367


## 斗 部


斗 430
431
戽 158
科 382
料 349
斛 147
斟 469
斠 348
斡 115


## 灬 部


炁 206
点 296
烝 29
烈 372
热 395
羔 328
焘 336
344
烹 26
煮 165
舄 216
焦 330
然 280
煦 127
照 357
煞 230
241
煎 271
熬 325
325
熙 187
㬎 316
熏 448
熊 11
熟 148
426
燕 287
321


## 户 部


户 157
戾 192
肩 271
房 38
扁 276
292
扃 7
扅 190
扆 209
扇 281
313
扈 158
扉 91
雇 157

| | | | | | | | |
|---|---|---|---|---|---|---|---|
| 祳 | 319 | 禄 | 170 | 恶 | 142 | 勰 | 163 |
| **礻** (示) **部** | | 禊 | 208 | | 164 | 慧 | 105 |
| | | 福 | 146 | | 392 | 恚 | 3 |
| 礼 | 202 | 禖 | 95 | | 392 | 愁 | 458 |
| 礽 | 177 | 禋 | 450 | 恶 | 130 | 憋 | 361 |
| 礽 | 27 | 禘 | 199 | 虑 | 125 | 懋 | 455 |
| 社 | 390 | 禛 | 470 | 恩 | 462 | 憨 | 268 |
| 祀 | 81 | 禣 | 407 | 恁 | 445 | 慰 | 112 |
| 祸 | 237 | 襟 | 81 | | 474 | 憩 | 207 |
| 袄 | 284 | 禰 | 286 | 息 | 194 | 慭 | 101 |
| 袢 | 188 | 禧 | 208 | 恋 | 307 | 懃 | 446 |
| 祉 | 82 | 禫 | 296 | 羞 | 63 | 懋 | 351 |
| 祇 | 184 | 禳 | 46 | 恣 | 85 | 瀌 | 474 |
| 祊 | 20 | **心　部** | | 恳 | 474 | 懿 | 211 |
| 袪 | 115 | | | 恕 | 162 | 戀 | 55 |
| 祜 | 158 | 心 | 447 | 悬 | 286 | | 65 |
| 祐 | 75 | 忑 | 396 | 患 | 302 | | |
| 袚 | 146 | 忒 | 99 | 悠 | 427 | **聿** (聿) **部** | |
| 祖 | 167 | | 396 | 您 | 445 | 聿 | 132 |
| 神 | 467 | 忌 | 200 | 悉 | 194 | 肆 | 81 |
| 祝 | 174 | 忍 | 475 | 惠 | 18 | 肄 | 210 |
| 祚 | 412 | 态 | 258 | 基 | 201 | 肇 | 358 |
| 祔 | 155 | 忠 | 12 | 惠 | 105 | 盡 | 216 |
| 祗 | 72 | 怂 | 17 | 悲 | 89 | **彐　部** | |
| 祢 | 179 | 念 | 310 | 怒 | 215 | | |
| 祠 | 68 | 忿 | 473 | 惩 | 22 | 彐 | 276 |
| 祯 | 469 | 忽 | 147 | 想 | 62 | 戕 | 45 |
| 袷 | 231 | 忞 | 445 | 感 | 299 | 牁 | 382 |
| 祧 | 337 | 思 | 70 | 愚 | 120 | 彗 | 51 |
| 祥 | 49 | | 247 | 愁 | 419 | 彘 | 73 |
| 祷 | 344 | 怎 | 478 | 愆 | 278 | **毋** (母) **部** | |
| 祸 | 410 | 急 | 192 | 愈 | 129 | | |
| 祲 | 454 | 怒 | 160 | 慈 | 68 | 毋 | 142 |
| 褛 | 483 | 怼 | 101 | 窓 | 394 | 母 | 159 |
| 祺 | 184 | 怠 | 253 | 慇 | 455 | 毑 | 369 |
| 裸 | 300 | 恝 | 229 | 慝 | 396 | 毒 | 144 |
| 禅 | 263 | 恚 | 104 | 恩 | 474 | | |
| | 313 | 恐 | 16 | 殷 | 450 | | |

| 示 部 | | 砵 | 397 | 确 | 375 | 磁 | 68 |
|---|---|---|---|---|---|---|---|
| | | 砢 | 382 | 硫 | 422 | 碹 | 318 |
| 示 | 78 | 砸 | 232 | 硠 | 43 | 碥 | 293 |
| 祟 | 109 | 砺 | 204 | 硖 | 164 | 磕 | 386 |
| 票 | 352 | 砰 | 26 | 碛 | 216 | 磊 | 106 |
| 祭 | 201 | 砧 | 469 | 碏 | 375 | 磎 | 187 |
| | 259 | 砟 | 239 | 碍 | 250 | 磔 | 388 |
| 石 部 | | 砼 | 10 | 碘 | 296 | 磅 | 473 |
| | | 砥 | 199 | 碓 | 101 | 磅 | 45 |
| 石 | 74 | 砾 | 214 | 碑 | 89 | | 53 |
| | 324 | 硅 | 166 | 硕 | 88 | 磙 | 274 |
| 矶 | 177 | 碇 | 222 | 硼 | 26 | | 278 |
| 矸 | 267 | 砣 | 401 | 碉 | 328 | 碾 | 309 |
| 矼 | 38 | 砩 | 146 | 碎 | 109 | 磉 | 60 |
| 矻 | 148 | 础 | 152 | 碚 | 100 | 磬 | 276 |
| 矹 | 266 | 破 | 410 | 碰 | 32 | 磐 | 493 |
| 矽 | 194 | 砭 | 24 | 碑 | 176 | 磺 | 40 |
| 矿 | 57 | 砉 | 7 | 碇 | 491 | 磲 | 327 |
| 砀 | 54 | 砮 | 160 | 碗 | 315 | 磷 | 207 |
| 码 | 237 | 硎 | 487 | 碌 | 171 | 磣 | 116 |
| 砉 | 121 | 硅 | 92 | | 441 | 磴 | 435 |
| | 229 | 硪 | 44 | 碜 | 471 | 磨 | 399 |
| 研 | 288 | 硒 | 186 | 碧 | 212 | | 410 |
| | 319 | 硕 | 416 | 碶 | 207 | 礓 | 282 |
| 砄 | 134 | 硖 | 231 | 碡 | 430 | 礅 | 64 |
| 砖 | 291 | 硗 | 334 | 碟 | 363 | 礁 | 331 |
| 砗 | 380 | 硐 | 14 | 碴 | 220 | 礌 | 276 |
| 砘 | 472 | 砲 | 98 | | 220 | 礅 | 462 |
| 砒 | 181 | 硚 | 335 | 碱 | 303 | 磷 | 444 |
| 砌 | 207 | 硇 | 333 | 磅 | 239 | 磴 | 30 |
| | 375 | 硇 | 103 | 碣 | 365 | 礤 | 25 |
| 砑 | 238 | 硌 | 393 | 碨 | 112 | 礓 | 41 |
| 砂 | 224 | | 414 | 碍 | 393 | 礓 | 94 |
| 斫 | 406 | 砦 | 259 | 碳 | 314 | 礤 | 233 |
| 砭 | 262 | 硬 | 495 | 碳 | 298 | 礤 | 227 |
| 砍 | 306 | 硝 | 338 | 魂 | 105 | 礴 | 403 |
| 砄 | 365 | 硪 | 411 | 碲 | 199 | 礴 | 410 |
| 砝 | 240 | 硷 | 303 | 磋 | 397 | 礴 | 47 |

**龙(龍)部**

| | |
|---|---|
| 龙 | 7 |
| 眬 | 7 |
| 聋 | 7 |
| 龚 | 5 |
| 袭 | 195 |
| 龛 | 272 |

**业部**

| | |
|---|---|
| 业 | 377 |
| 虚 | 117 |
| 淠 | 82 |
| 凿 | 340 |
| 嶯 | 147 |
| 黼 | 154 |

**目部**

| | |
|---|---|
| 目 | 171 |
| 盼 | 208 |
| 眛 | 410 |
| 眳 | 354 |
| 眳 | 301 |
| 睆 | 302 |
| 睖 | 32 |
| 晬 | 109 |
| 睩 | 171 |
| 睺 | 421 |
| 睩 | 422 |
| 瞋 | 460 |
| 矇 | 26 |
| 盯 | 480 |
| 盱 | 116 |
| 眄 | 308 |
| | 309 |
| 眍 | 421 |
| 盹 | 472 |
| 眇 | 351 |

| | |
|---|---|
| 盼 | 310 |
| 眨 | 243 |
| 眈 | 265 |
| 看 | 272 |
| | 306 |
| 盾 | 472 |
| 眉 | 94 |
| 眮 | 156 |
| 眹 | 138 |
| 眩 | 318 |
| 眠 | 275 |
| 眙 | 77 |
| | 189 |
| 眚 | 32 |
| 眢 | 356 |
| 眶 | 57 |
| 眭 | 96 |
| 眦 | 85 |
| 脉 | 415 |
| 眺 | 354 |
| 眵 | 66 |
| 睁 | 29 |
| 眈 | 14 |
| 眯 | 179 |
| | 179 |
| 眼 | 319 |
| 眸 | 423 |
| 睠 | 305 |
| 睞 | 312 |
| 睐 | 256 |
| 睭 | 305 |
| 睋 | 381 |
| 睎 | 186 |
| 睑 | 303 |
| 睭 | 466 |
| 睧 | 304 |
| 睇 | 199 |
| 睃 | 400 |

| | |
|---|---|
| 督 | 144 |
| 睛 | 481 |
| 睹 | 153 |
| 睦 | 172 |
| 瞄 | 333 |
| 睡 | 226 |
| 睫 | 365 |
| 睡 | 109 |
| 睕 | 205 |
| 睢 | 96 |
| 睥 | 205 |
| 睬 | 251 |
| 瞅 | 430 |
| 瞍 | 437 |
| 睽 | 94 |
| 督 | 351 |
| 瞌 | 386 |
| 瞒 | 275 |
| 瞜 | 421 |
| 瞎 | 231 |
| 瞑 | 483 |
| 瞥 | 367 |
| 瞟 | 352 |
| 瞠 | 21 |
| 瞰 | 306 |
| 瞫 | 476 |
| 瞭 | 350 |
| 瞧 | 335 |
| 瞬 | 477 |
| 瞳 | 11 |
| 瞵 | 444 |
| 瞩 | 174 |
| 瞪 | 30 |
| 瞽 | 156 |
| 瞿 | 116 |
| | 124 |
| 瞻 | 291 |

**田部**

| | |
|---|---|
| 田 | 282 |
| 町 | 480 |
| 甽 | 382 |
| 男 | 275 |
| 甾 | 222 |
| | 494 |
| 畀 | 197 |
| 甾 | 249 |
| 禺 | 118 |
| 畊 | 23 |
| 畎 | 311 |
| 畏 | 111 |
| 毗 | 181 |
| 畋 | 283 |
| 畈 | 298 |
| 界 | 370 |
| 畇 | 452 |
| 畎 | 55 |
| 畖 | 224 |
| 畛 | 478 |
| 畔 | 310 |
| 留 | 422 |
| 畦 | 184 |
| 畤 | 83 |
| 略 | 373 |
| 累 | 94 |
| | 106 |
| | 106 |
| 畴 | 419 |
| 畯 | 454 |
| 畸 | 177 |
| 畹 | 315 |
| 畿 | 409 |
| 疃 | 315 |
| 畾 | 94 |
| 疉 | 266 |

**罒 部**

| | |
|---|---|
| 罗 | 398 |
| 罘 | 135 |
| 罚 | 228 |
| 罡 | 39 |
| 罢 | 233 |
| 罟 | 156 |
| 置 | 114 |
| 罜 | 136 |
| 罝 | 234 |
| 罣 | 204 |
| 罦 | 282 |
| | 446 |
| 署 | 161 |
| 罳 | 84 |
| 罥 | 132 |
| 罨 | 319 |
| 罪 | 112 |
| 罩 | 357 |
| 蜀 | 173 |
| 罴 | 182 |
| 罱 | 306 |
| 罳 | 70 |
| 罶 | 435 |
| 歠 | 174 |
| 羅 | 179 |
| 羀 | 112 |
| 羁 | 178 |
| 羂 | 202 |
| 罿 | 3 |

**皿 部**

| | |
|---|---|
| 皿 | 455 |
| 盂 | 118 |
| 盅 | 12 |
| 盆 | 466 |
| 盈 | 489 |
| 盏 | 322 |
| 盐 | 288 |
| 盍 | 386 |
| 监 | 271 |
| | 304 |
| 盉 | 52 |
| 盌 | 382 |
| 盔 | 93 |
| 盅 | 156 |
| 盓 | 335 |
| 盘 | 276 |
| 盗 | 344 |
| 盖 | 253 |
| | 393 |
| 盟 | 25 |
| 盥 | 126 |
| 籃 | 156 |
| 盟 | 300 |
| 盒 | 261 |
| 盩 | 429 |
| 簋 | 103 |
| 鹽 | 156 |
| 簠 | 154 |
| 鏊 | 204 |

**钅(釒) 部**

| | |
|---|---|
| 钆 | 228 |
| 针 | 469 |
| 钉 | 480 |
| | 491 |
| 钋 | 405 |
| 钊 | 340 |
| 钌 | 349 |
| 釭 | 39 |
| 钍 | 163 |
| 钎 | 277 |
| 钏 | 295 |
| 钐 | 313 |
| 钓 | 345 |
| 钔 | 465 |
| 钕 | 125 |
| 钖 | 50 |
| 钗 | 245 |
| 钘 | 487 |
| 钛 | 134 |
| 钙 | 253 |
| 钛 | 258 |
| 铉 | 6 |
| 钜 | 123 |
| 钝 | 472 |
| 铋 | 181 |
| 钞 | 327 |
| 钟 | 12 |
| 钡 | 99 |
| 钢 | 39 |
| | 55 |
| 钠 | 241 |
| 铽 | 53 |
| 铇 | 205 |
| 钣 | 292 |
| 钑 | 4 |
| 铃 | 278 |
| 钥 | 359 |
| | 378 |
| 钦 | 445 |
| 钧 | 443 |
| 钨 | 142 |
| 钩 | 420 |
| 钫 | 38 |
| 钬 | 409 |
| 钭 | 437 |
| 钮 | 436 |
| 钯 | 233 |
| 钰 | 131 |
| 钱 | 278 |
| 钲 | 29 |
| 钳 | 278 |
| 钴 | 156 |
| 钵 | 401 |
| 铋 | 173 |
| 钜 | 410 |
| 钹 | 402 |
| 钺 | 378 |
| 钻 | 291 |
| | 324 |
| 钽 | 122 |
| | 133 |
| 钾 | 240 |
| 铀 | 428 |
| 钿 | 283 |
| | 297 |
| 铁 | 376 |
| 铂 | 402 |
| 铃 | 482 |
| 铅 | 277 |
| | 288 |
| 铆 | 350 |
| 铄 | 416 |
| | 80 |
| 铉 | 318 |
| 铊 | 224 |
| 铋 | 211 |
| 铍 | 181 |
| | 181 |
| 铍 | 399 |
| | 405 |
| 铎 | 404 |
| 铒 | 160 |
| 铷 | 487 |
| 铸 | 349 |
| 铒 | 496 |
| 铗 | 6 |
| 铠 | 44 |
| 铺 | 439 |

| | | | | | | | |
|---|---|---|---|---|---|---|---|
| 铖 | 21 | 铷 | 140 | 锛 | 460 | 镀 | 270 |
| 铗 | 230 | 铸 | 166 | 锜 | 185 | 镀 | 153 |
| 铙 | 333 | 铢 | 425 | 锝 | 384 | 镁 | 107 |
| 铚 | 87 | 铺 | 139 | 锞 | 390 | 镂 | 435 |
| 锄 | 361 |  | 161 | 锟 | 465 | 镃 | 73 |
| 铛 | 20 | 铻 | 128 | 锡 | 195 | 锵 | 45 |
|  | 37 |  | 143 | 锢 | 157 | 锢 | 95 |
| 铝 | 124 | 铽 | 396 | 锣 | 398 | 镆 | 374 |
| 铜 | 10 | 链 | 307 | 锤 | 90 | 镆 | 415 |
| 锦 | 345 | 铿 | 25 | 锥 | 98 | 镇 | 479 |
| 铟 | 450 | 销 | 338 | 锦 | 453 | 镈 | 403 |
| 铠 | 255 | 锁 | 410 | 锧 | 88 | 镉 | 385 |
| 铡 | 232 | 锃 | 33 | 锨 | 284 | 镋 | 125 |
| 铢 | 143 | 锄 | 133 | 锪 | 404 | 锐 | 61 |
| 铣 | 208 | 锅 | 398 | 锫 | 101 | 镌 | 272 |
|  | 316 | 锆 | 346 |  | 462 | 镍 | 374 |
| 铤 | 491 | 锈 | 438 | 锫 | 96 | 锟 | 176 |
|  | 494 | 锉 | 408 | 锩 | 305 |  | 181 |
| 铦 | 420 | 锊 | 373 | 锬 | 282 | 镏 | 422 |
| 铦 | 284 | 锋 | 23 | 锭 | 491 |  | 435 |
| 铤 | 263 | 锌 | 447 | 锒 | 43 | 镐 | 346 |
| 铧 | 221 | 铳 | 435 | 键 | 305 |  | 347 |
| 铨 | 279 | 铜 | 303 | 锯 | 123 | 镑 | 53 |
| 铪 | 221 |  | 304 | 锲 | 113 | 镒 | 218 |
| 铼 | 230 | 锐 | 108 | 锰 | 32 | 镓 | 222 |
| 铫 | 340 | 锑 | 185 | 锱 | 73 | 镔 | 442 |
|  | 345 | 银 | 43 | 鉬 | 171 | 镕 | 9 |
| 铬 | 393 | 镁 | 456 | 锶 | 375 | 镖 | 41 |
| 铭 | 483 | 锔 | 120 | 锗 | 227 | 镖 | 326 |
| 铮 | 29 |  | 121 | 错 | 255 | 镗 | 47 |
|  | 34 | 铲 | 167 | 锶 | 70 |  | 48 |
| 铯 | 395 | 锖 | 45 | 锷 | 393 | 镘 | 308 |
| 铰 | 347 | 锗 | 390 | 锤 | 227 | 镚 | 30 |
| 铱 | 188 | 锳 | 178 | 锹 | 334 | 镛 | 12 |
| 铲 | 294 | 错 | 412 | 锻 | 298 | 镞 | 150 |
| 铳 | 14 | 锗 | 416 | 锼 | 426 | 镜 | 492 |
| 铴 | 47 | 锚 | 332 | 锽 | 40 | 镝 | 190 |
| 银 | 450 | 锳 | 488 | 锦 | 317 |  | 191 |

| | | | | | | | |
|---|---|---|---|---|---|---|---|
| 蚪 | 37 | | 240 | | 428 | 蟪 | 105 |
| 蛆 | 121 | 蜥 | 195 | 蝙 | 262 | 蟫 | 451 |
| 蛔 | 93 | 蜮 | 132 | 蝥 | 332 | 蟠 | 276 |
| 蛛 | 144 | 蜾 | 409 | 螯 | 325 | 蟮 | 314 |
| 蜓 | 486 | 蝈 | 404 | 蠆 | 215 | 蟹 | 216 |
| 蛞 | 413 | 蝎 | 218 | 融 | 9 | 蠖 | 413 |
| 蜒 | 288 | 蝇 | 489 | 螓 | 446 | 蠓 | 32 |
| 蚓 | 62 | 蜗 | 62 | 螨 | 308 | 蠋 | 150 |
| 蛤 | 229 | 蜘 | 72 | 蟒 | 59 | 蟾 | 264 |
| | 385 | 蜺 | 180 | 蟆 | 223 | 蠊 | 274 |
| 蟥 | 155 | 蝂 | 292 | 螈 | 290 | 蟹 | 371 |
| 蛴 | 184 | 蜱 | 182 | 蝻 | 427 | 蟻 | 373 |
| 蛟 | 330 | 蜩 | 337 | 螅 | 195 | 蠕 | 140 |
| 蛇 | 239 | 蜷 | 279 | 螭 | 66 | 蠢 | 471 |
| 蜉 | 423 | 蝉 | 263 | 螗 | 48 | 蠡 | 179 |
| 蛳 | 58 | 蜿 | 283 | 螃 | 45 | | 203 |
| 蜃 | 476 | 螂 | 43 | 螠 | 218 | | |
| 蜇 | 388 | 蜢 | 32 | 螟 | 484 | 蠼 | 116 |
| | 388 | 蝥 | 41 | 螯 | 87 | 蠷 | 116 |
| 蚰 | 365 | 蜻 | 461 | 螵 | 41 | 蠛 | 188 |
| 蛸 | 336 | 蝶 | 363 | 螓 | 339 | | |
| | 338 | 蝶 | 9 | 螬 | 327 | **缶　部** | |
| 蜈 | 143 | 蝴 | 138 | 蟏 | 199 | 缶 | 431 |
| 蜎 | 288 | 蝻 | 309 | 螵 | 334 | 缺 | 367 |
| 蜗 | 401 | 蝘 | 319 | 蛾 | 183 | 缿 | 63 |
| 蜊 | 179 | 蝲 | 236 | | 194 | 罄 | 493 |
| 蛾 | 381 | 蝠 | 147 | | | 罅 | 238 |
| 蛉 | 133 | 蛏 | 94 | 螳 | 48 | 罐 | 300 |
| 蜉 | 136 | 蝎 | 368 | 螺 | 398 | | |
| 蜂 | 23 | 蝌 | 383 | 蟋 | 195 | **舌　部** | |
| 蛲 | 45 | 蝮 | 169 | 蟑 | 51 | 舌 | 387 |
| 蜕 | 110 | 蝼 | 426 | 蟀 | 258 | 舐 | 80 |
| 蛹 | 18 | 蝣 | 396 | 蟥 | 458 | 甜 | 283 |
| 蜚 | 91 | 蝗 | 40 | 蟶 | 87 | 辞 | 68 |
| | 102 | 蝓 | 120 | | 363 | 舔 | 315 |
| 蜻 | 485 | 蝣 | 428 | 蠹 | 469 | **竹(⺮)　部** | |
| 蜞 | 185 | 蝼 | 423 | 蟊 | 332 | 竹 | 149 |
| 蜡 | 239 | 蝤 | 425 | 蟢 | 208 | 竺 | 149 |
| | | | | 蟛 | 27 | | |

| | | | | | | | |
|---|---|---|---|---|---|---|---|
| 竿 | 267 | 筐 | 42 | 简 | 303 | 篌 | 421 |
| 竽 | 118 | 笙 | 103 | 筮 | 299 | 篓 | 435 |
| 笈 | 192 | 等 | 30 | 箐 | 493 | 箭 | 305 |
| 笃 | 168 | 笭 | 349 | 簪 | 387 | 篇 | 276 |
| 笄 | 177 | 笔 | 349 | 箧 | 375 | 篴 | 134 |
| 笕 | 302 | 筑 | 174 | 箸 | 167 | 篆 | 324 |
| 笔 | 211 | 策 | 391 | 箕 | 178 | 篝 | 420 |
| 笑 | 355 | 笑 | 229 | 箬 | 416 | 箱 | 102 |
| 笊 | 357 | | 391 | 剹 | 391 | 篥 | 214 |
| 第 | 85 | 笝 | 434 | 箧 | 241 | 篮 | 273 |
| 笏 | 170 | 筀 | 211 | 箍 | 137 | 篡 | 295 |
| 笄 | 477 | 筛 | 248 | 箨 | 417 | 篷 | 357 |
| 笆 | 219 | 筜 | 37 | 算 | 314 | 箧 | 198 |
| 笺 | 271 | 筦 | 122 | 算 | 198 | 簇 | 67 |
| 筇 | 8 | 筒 | 17 | 箩 | 398 | 篷 | 26 |
| 笨 | 471 | 筅 | 316 | 箠 | 90 | 篙 | 329 |
| 筐 | 410 | 箸 | 413 | 箪 | 89 | 篱 | 179 |
| 筍 | 299 | 筏 | 228 | | 247 | 節 | 152 |
| 笼 | 7 | 筵 | 288 | | | 簧 | 41 |
| | 16 | 筌 | 279 | 劄 | 232 | 簕 | 395 |
| 笪 | 228 | 答 | 227 | | 232 | 簌 | 174 |
| 笛 | 191 | | 228 | 箙 | 146 | 篾 | 373 |
| 笙 | 27 | 筋 | 443 | 箥 | 102 | 簃 | 190 |
| 笮 | 387 | 筝 | 29 | 箪 | 265 | 篼 | 420 |
| | 407 | 筴 | 347 | 箱 | 403 | 簏 | 171 |
| 符 | 136 | 筹 | 420 | 管 | 299 | 簇 | 168 |
| 笒 | 482 | 算 | 314 | 箜 | 7 | 簖 | 298 |
| 笨 | 374 | 筠 | 443 | 箫 | 338 | 簋 | 297 |
| 筍 | 432 | | 452 | 箓 | 171 | 簝 | 332 |
| 笠 | 419 | 筹 | 331 | 箝 | 180 | 簪 | 290 |
| 笠 | 214 | 筮 | 80 | 参 | 290 | 簰 | 247 |
| 筍 | 81 | 箄 | 55 | | 294 | 簡 | 273 |
| 筷 | 455 | 笆 | 223 | 箴 | 470 | 簣 | 477 |
| 第 | 199 | 筲 | 336 | 箱 | 49 | 簦 | 22 |
| 筶 | 337 | 箕 | 452 | 箸 | 487 | 簸 | 408 |
| 筎 | 222 | 筱 | 355 | 箦 | 106 | | 408 |
| 迮 | 262 | 签 | 277 | 箢 | 71 | 簕 | 256 |
| 筶 | 66 | 筷 | 256 | 篁 | 40 | 箍 | 440 |

| | | | | | | | |
|---|---|---|---|---|---|---|---|
| 翁 | 28 | 麸 | 134 | 豉 | 76 | 酷 | 170 |
| 翀 | 3 | 麨 | 344 | 醋 | 251 | 酶 | 95 |
| 翎 | 482 | 舞 | 423 | 豌 | 283 | 酴 | 142 |
| 翘 | 335 | 麴 | 121 | | | 酹 | 106 |
| | 353 | **走　部** | | **酉　部** | | 酿 | 59 |
| 翔 | 105 | | | 酉 | 439 | 酸 | 281 |
| 翥 | 167 | 走 | 440 | 酊 | 480 | 醋 | 152 |
| 翡 | 102 | 赴 | 155 | | 490 | 醄 | 337 |
| 翟 | 191 | 赵 | 357 | 酐 | 267 | 醇 | 462 |
| | 249 | 赳 | 421 | 酌 | 406 | 醉 | 113 |
| 翠 | 101 | 赶 | 299 | 配 | 108 | 醅 | 95 |
| 蔾 | 303 | 赸 | 313 | 酏 | 209 | 醁 | 171 |
| 翩 | 277 | 起 | 206 | 酝 | 459 | 酸 | 112 |
| 翮 | 386 | 越 | 379 | 酞 | 258 | 醛 | 279 |
| 翯 | 394 | 趄 | 114 | 酗 | 126 | 醐 | 138 |
| 翼 | 218 | | 370 | 酚 | 463 | 醍 | 186 |
| 翻 | 266 | 趁 | 471 | 酘 | 45 | 醒 | 494 |
| 翾 | 286 | 趋 | 115 | 酣 | 268 | 醚 | 180 |
| | | 超 | 327 | 酤 | 137 | 醑 | 126 |
| **糸　部** | | 趔 | 373 | 酢 | 152 | 醢 | 254 |
| | | 趑 | 73 | | 418 | 醨 | 179 |
| 素 | 162 | 趣 | 125 | 酡 | 401 | 醡 | 239 |
| 紧 | 452 | 趟 | 47 | 酸 | 228 | 醪 | 331 |
| 絜 | 253 | | 61 | | 399 | 醇 | 282 |
| 絷 | 76 | | | | 405 | 醵 | 144 |
| 紫 | 85 | 趧 | 216 | 酮 | 10 | 醮 | 348 |
| 絮 | 126 | 趱 | 322 | 酯 | 82 | 醯 | 187 |
| 綦 | 185 | **赤　部** | | 酪 | 358 | 醸 | 124 |
| 繁 | 206 | | | 酩 | 493 | 醴 | 203 |
| | 493 | 赤 | 86 | 酬 | 419 | 醺 | 448 |
| 縠 | 147 | 赧 | 309 | 酴 | 8 | 釄 | 483 |
| 縢 | 28 | 赪 | 20 | 酱 | 57 | 釀 | 180 |
| 繄 | 188 | 赩 | 216 | 酵 | 348 | | |
| 繁 | 267 | 赫 | 393 | 酽 | 320 | **辰　部** | |
| | 400 | 赭 | 390 | 醋 | 139 | | |
| 纂 | 324 | 糖 | 48 | 醝 | 69 | 辰 | 461 |
| **麦(麥)部** | | **豆　部** | | | 248 | **豕　部** | |
| | | | | 醒 | 22 | | |
| 麦 | 259 | 豆 | 431 | | | 豕 | 78 |

豗 92
豝 219
[illegible] 270
豢 302
豨 187
豮 463

**卤(鹵)部**

卤 158
[illegible] 55
鹾 397

**里部**

里 202
野 371
量 43
59

**足部**

足 150
趴 223
趸 472
趵 358
401
趿 230
趼 302
趺 135
跂 184
207
距 123
趾 82
跃 379
趻 471
跄 45
60
践 304
跖 76
跋 226
跕 362
跌 362
跗 135
跅 417
[illegible] 72
跔 114
跚 281
跑 334
352
跞 214
414
跎 401
跏 222
[illegible] 8
跬 105
跨 236
跶 227
跷 334
跸 197
跐 67
77
跩 259
跣 316
[illegible] 284
[illegible] 334
跲 230
跳 355
跺 409
跪 103
路 159
跻 178
跤 330
跰 277
跟 463
踅 368
踌 420
踉 43
59
跼 121
跽 202
踊 18
踆 462
踖 193
踦 209
踧 168
踔 403
踝 246
踢 194
踘 67
踒 401
踬 84
踩 251
踮 297
踣 403
踯 76
踪 13
踺 305
踞 124
踏 231
242
踳 295
踸 471
蹀 363
蹅 233
踶 199
踹 252
踵 19
踽 122
蹡 45
60
踱 404
蹄 186
蹉 397
蹁 277
蹂 426
蹑 374
蹒 276
蹎 265
蹋 242
蹈 344
蹊 183
187
蹐 193
蹓 421
435
蹍 310
蹙 168
蹩 362
躇 134
蹚 47
蹦 30
蹠 76
蹢 76
191
蹜 174
蹰 134
蹶 367
372
蹼 172
蹯 267
蹴 168
434
蹾 462
蹲 462
蹭 30
蹿 264
蹬 22
31
躁 357
躅 150
躈 353
躄 212
躏 455
躔 264

| | | | | | |
|---|---|---|---|---|---|
| 蹒 | 373 | **角　部** | 霁 | 119 | 龀 | 471 |

|  |  |  |  |  |  |  |  |
|---|---|---|---|---|---|---|---|
|  | 64 |  | 169 | 魋 | 339 | 髯 | 27 |
| 鞯 | 292 | 骭 | 299 | 魏 | 112 | 鬠 | 279 |
| 鞍 | 100 | 骰 | 110 | 魁 | 62 | 鬓 | 13 |
| 鞫 | 356 | 骱 | 370 | 魖 | 66 | 鬁 | 240 |
| 鞋 | 361 | 骷 | 138 | 魔 | 399 | 鬐 | 411 |
| 鞑 | 227 | 骶 | 199 |  |  | 鬏 | 421 |
| 鞒 | 335 | 骸 | 100 | **食　部** |  | 鬒 | 303 |
| 鞍 | 261 | 骶 | 68 | 食 | 74 | 鬕 | 185 |
| 鞘 | 336 | 骼 | 421 |  | 81 | 鬓 | 478 |
|  | 353 | 骼 | 385 |  | 210 | 鬣 | 274 |
| 鞓 | 486 | 骸 | 246 | 飨 | 62 | 鬃 | 452 |
| 鞔 | 275 | 髁 | 383 | 餐 | 68 | 鬘 | 275 |
| 鞮 | 236 | 髀 | 198 | 餐 | 262 | 鬐 | 27 |
| 鞞 | 490 | 髑 | 120 | 饕 | 376 | 鬟 | 270 |
| 鞠 | 120 | 髅 | 423 | 饕 | 336 | 鬣 | 373 |
| 鞟 | 414 | 髂 | 241 |  |  |  |  |
| 鞚 | 16 | 髌 | 452 | **音　部** |  | **鬲　部** |  |
| 鞬 | 271 | 髆 | 403 | 音 | 449 | 鬲 | 214 |
| 鞯 | 271 | 髈 | 52 | 韵 | 459 |  | 385 |
| 鞨 | 386 |  | 59 | 黯 | 292 |  |  |
| 鞦 | 424 | 髋 | 272 |  |  | **高　部** |  |
| 鞭 | 262 | 髎 | 332 | **彭　部** |  | 高 | 328 |
| 鞧 | 22 | 髓 | 109 | 髡 | 464 |  |  |
| 鞫 | 120 | 髑 | 145 | 髭 | 176 | **黄　部** |  |
| 鞴 | 424 |  |  | 髦 | 332 | 黄 | 40 |
| 鞣 | 426 | **香　部** |  | 髡 | 296 |  |  |
| 鞲 | 420 | 香 | 49 | 髯 | 280 | **麻　部** |  |
| 鞴 | 100 | 秘 | 212 | 髳 | 484 | 麻 | 222 |
| 鞯 | 361 | 馣 | 403 | 髻 | 337 |  | 223 |
| 鏧 | 276 |  |  | 髮 | 198 | 麽 | 399 |
| 韂 | 295 | **鬼　部** |  | 髻 | 202 | 糜 | 95 |
| 韄 | 278 | 鬼 | 103 | 髭 | 73 |  | 180 |
|  |  | 魂 | 464 | 髹 | 427 | 糜 | 180 |
| **韭　部** |  | 魁 | 94 | 擘 | 29 | 麾 | 180 |
| 韭 | 433 | 魅 | 107 | 髯 | 204 |  | 204 |
|  |  | 魃 | 227 | 鬈 | 226 | 靡 | 465 |
| **骨　部** |  | 魆 | 121 | 鬏 | 191 |  |  |
| 骨 | 147 | 魖 | 58 | 鬖 | 411 |  |  |

# 词谱笔画检字表

# 三　画

## 四　画

# 六　画

# 七　画

## 八　画

## 九　画

## 十　画

## 十 一 画

## 十二　画

## 十三　画

## 十　四　画

## 十五　画

## 十六　画

# 十七　画

# 二十　画

# 二十一　画

# 曲牌笔画检字表

**图书在版编目（CIP）数据**

中华韵典／盖国梁主编.—上海：上海古籍出版社，
2004.2（2022.8重印）
ISBN 978-7-5325-3356-5

Ⅰ.中…　Ⅱ.盖…　Ⅲ.汉语-辞书类
Ⅳ.H11

中国版本图书馆CIP数据核字（2003）第019863号

ISBN 978-7-5325-3356-5

# 中 华 韵 典

## 盖国梁　主编

上海古籍出版社出版、发行

（上海市闵行区号景路159弄1-5号A座5F　邮政编码201101）

（1）网址：www.guji.com.cn

（2）E-mail: gujil@guji.com.cn

（3）易文网网址：www.ewen.co

上海展强印刷有限公司印刷

开本 850×1168　1/32　印张36.25　插页4　字数1200,00

2004年2月第1版　2022年8月第11次印刷

印数：25,651-26,750

ISBN 978-7-5325-3356-5

H·29　定价：96.00 元

如果质量问题，请与承印公司联系

电话：021-66366565